本书为 2013 年国家社会科学基金项目"清代朝贡文书研究"

（项目批准号：13BZS040）研究成果

清代朝贡文书研究

何新华 著

中山大学出版社
·广州·

版权所有　翻印必究

图书在版编目（CIP）数据

清代朝贡文书研究/何新华著. —广州：中山大学出版社，2016.2
ISBN 978-7-306-05603-0

Ⅰ.①清… Ⅱ.①何… Ⅲ.①朝贡贸易—研究—中国—清代 Ⅳ.①F752.949

中国版本图书馆 CIP 数据核字（2016）第 022392 号

出 版 人：	徐　劲
策划编辑：	徐诗荣
责任编辑：	徐诗荣
封面设计：	林绵华
责任校对：	廖丽玲
责任技编：	何雅涛
出版发行：	中山大学出版社
电　　话：	编辑部 020-84110283，84111996，84111997，84113349
	发行部 020-84111998，84111981，84111160
地　　址：	广州市新港西路 135 号
邮　　编：	510275　传真：020-84036565
网　　址：	http://www.zsup.com.cn　E-mail：zdcbs@mail.sysu.edu.cn
印 刷 者：	广州家联印刷有限公司
规　　格：	787mm×1092mm　1/16　51 印张　1238 千字
版次印次：	2016 年 2 月第 1 版　2016 年 2 月第 1 次印刷
定　　价：	198.00 元

如发现本书因印装质量影响阅读，请与出版社发行部联系调换。

目 录

导 言 ··· 1
    一、清代朝贡文书研究现状 ·· 1
    二、清代朝贡文书研究意义 ·· 5
    三、本书研究内容 ··· 10
    四、本书研究方法 ··· 12

第一章 清代朝贡文书制度述略 ·· 15
  第一节 朝贡下行文书制度 ··· 16
    一、诏书 ··· 16
    二、诰命 ··· 17
    三、谕祭文 ·· 18
    四、敕谕 ··· 20
    五、檄谕、移文 ··· 21
    六、札谕、札付、谕贴 ··· 21
  第二节 朝贡上行文书制度 ··· 22
    一、表文 ··· 22
    二、状文 ··· 40
    三、奏本 ··· 40
    四、奏折 ··· 41
    五、奏书 ··· 42
    六、祭文 ··· 42
    七、禀文 ··· 43
    八、呈文 ··· 43
    九、申文 ··· 44
    十、结状 ··· 44
  第三节 朝贡平行文书制度 ··· 44
    一、咨文 ··· 45
    二、照会 ··· 45
    三、柬文、信函 ··· 46
    四、证件 ··· 46
  本章附录：清代常用公文用语选释 ·· 48

第二章　清代中国与朝鲜往来朝贡文书研究 ………… 53
第一节　中朝朝贡下行文书研究 ………… 55
一、诏书例析 ………… 55
二、诰命例析 ………… 62
三、谕祭文例析 ………… 74
四、敕谕例析 ………… 77
第二节　中朝朝贡上行文书研究 ………… 81
一、表文例析 ………… 81
二、状文例析 ………… 89
三、奏本例析 ………… 91
四、奏折例析 ………… 107
五、祭文例析 ………… 109
六、呈文例析 ………… 112
七、申文例析 ………… 119
第三节　中朝朝贡平行文书研究 ………… 120
一、咨文例析 ………… 120
本章附录一：唐朝新罗国王表文 ………… 126
本章附录二：清代朝鲜朝贡文书制撰者名单 ………… 127

第三章　清代中国与琉球往来朝贡文书研究 ………… 131
第一节　中琉朝贡下行文书研究 ………… 132
一、诏书例析 ………… 132
二、诰命例析 ………… 144
三、谕祭文例析 ………… 145
四、敕谕例析 ………… 164
第二节　中琉朝贡上行文书研究 ………… 177
一、表文例析 ………… 177
二、奏本例析 ………… 199
三、奏折例析 ………… 225
四、禀文例析 ………… 227
五、通国结状例析 ………… 229
第三节　中琉朝贡平行文书研究 ………… 230
一、照会例析 ………… 230
二、咨文例析 ………… 231
三、护照例析 ………… 243
四、执照例析 ………… 244
五、符文例析 ………… 250

本章附录：三国时期到明代中日往来朝贡文书 …………………… 252

第四章　清代中国与越南往来朝贡文书研究 …………………………… 257
　第一节　中越朝贡下行文书研究 …………………………………… 258
　　一、诰命例析 ………………………………………………………… 258
　　二、敕谕例析 ………………………………………………………… 268
　第二节　中越朝贡上行文书研究 …………………………………… 285
　　一、表文例析 ………………………………………………………… 285
　　二、奏本例析 ………………………………………………………… 302
　　三、禀文例析 ………………………………………………………… 313
　　四、呈文例析 ………………………………………………………… 317
　第三节　中越朝贡平行文书研究 …………………………………… 319
　　一、照会例析 ………………………………………………………… 319
　　二、咨文例析 ………………………………………………………… 326
　　三、移文例析 ………………………………………………………… 340
　　四、束文例析 ………………………………………………………… 341
　　本章附录：宋、元、明时期中越往来朝贡文书 …………………… 347

第五章　清代中国与暹罗、缅甸、南掌和苏禄往来朝贡文书研究 …… 349
　第一节　中国与东南亚国家朝贡下行文书研究 …………………… 350
　　一、诰命例析 ………………………………………………………… 350
　　二、敕谕例析 ………………………………………………………… 354
　　三、檄谕例析 ………………………………………………………… 369
　　四、札付例析 ………………………………………………………… 383
　第二节　中国与东南亚国家朝贡上行文书研究 …………………… 385
　　一、表文例析 ………………………………………………………… 385
　　二、禀文例析 ………………………………………………………… 418
　　三、呈文例析 ………………………………………………………… 419
　第三节　中国与东南亚国家朝贡平行文书研究 …………………… 421
　　一、照会例析 ………………………………………………………… 421
　　二、咨文例析 ………………………………………………………… 429
　　三、函件例析 ………………………………………………………… 431
　　本章附录一：南朝中国与东南亚国家往来文书 …………………… 435
　　本章附录二：唐代中国颁发尸利佛誓国、骠国的文书 …………… 436
　　本章附录三：宋代占城、浡泥进贡中国表文 ……………………… 436
　　本章附录四：明代中国与浡泥、苏禄往来文书 …………………… 437

第六章 清代中国与中亚国家往来朝贡文书研究 ·········· 439
　第一节 中国与中亚国家朝贡下行文书研究 ·········· 441
　　一、敕谕例析 ·········· 441
　　二、檄谕例析 ·········· 477
　第二节 中国与中亚国家朝贡上行文书研究 ·········· 478
　　一、表文例析 ·········· 478
　　二、禀文例析 ·········· 483
　　三、呈文例析 ·········· 485
　本章附录一：唐代中国册封勃律、小勃律、个失密、罽宾、朅师、护密、
　　　　　　黠戛斯、回鹘的文书 ·········· 489
　本章附录二：明代中国与帖木儿帝国来往外交文书 ·········· 491

第七章 清代中国与南亚国家往来朝贡文书研究 ·········· 495
　第一节 中国与南亚国家朝贡下行文书研究 ·········· 497
　　一、诰命例析 ·········· 497
　　二、敕谕例析 ·········· 499
　　三、檄谕例析 ·········· 505
　　四、札谕例析 ·········· 528
　　五、断牌例析 ·········· 530
　第二节 中国与南亚国家朝贡上行文书研究 ·········· 532
　　一、表文例析 ·········· 532
　　二、奏书例析 ·········· 544
　　三、禀文例析 ·········· 551
　　四、呈文例析 ·········· 576
　　五、甘结例析 ·········· 577
　本章附录：南北朝时期狮子国、天竺国上南朝刘宋表文 ·········· 581

第八章 清代中国与欧洲国家往来朝贡文书研究 ·········· 583
　第一节 中国与欧洲国家朝贡下行文书研究 ·········· 585
　　一、敕谕例析 ·········· 585
　　二、谕贴例析 ·········· 617
　第二节 中国与欧洲国家朝贡上行文书研究 ·········· 620
　　一、表文例析 ·········· 620
　　二、奏本例析 ·········· 650
　　三、禀文例析 ·········· 651
　　四、呈文例析 ·········· 657
　第三节 中国与欧洲国家朝贡平行文书研究 ·········· 660
　　一、照会例析 ·········· 660

二、咨文例析 669
　　三、信函例析 680
　　四、永居票例析 684
　　五、红票例析 685
　　六、船牌例析 687
　　七、执照例析 691
　本章附录一：英国女王伊丽莎白一世给明代中国皇帝的3封国书 693
　本章附录二：俄国外交档案保存的明代中国皇帝致沙皇的2封国书 697
　本章附录三：蒙元时期罗马教廷与蒙古大汗往来国书 698

第九章　晚清近代外交文书 701
　第一节　晚清近代外交文书制度 702
　　一、晚清近代外交文书的特点 702
　　二、晚清近代外交文书的制撰和外部形态 703
　　三、晚清近代外交文书的种类 704
　第二节　晚清外交国书选析 707
　　一、使节国书及其相关文书 707
　　二、出访国书 734
　　三、首脑国书 740
　第三节　晚清外交照会、函件、电报选编 754
　　一、外交照会 754
　　二、外交函件 756
　　三、外交电报 760

本书附录一：本书收录朝贡文书目录总汇（532件） 763

**本书附录二：台湾"中央研究院"史语所内阁大库档案收藏清代属国朝贡表
　　　　　　奏文书目录** 786

参考文献 794

跋 800

插图目录

图1.1	雍正帝为平定噶尔丹告天谕祭文原件	18
图1.2	嘉庆四年（1799年）安南国王呈递的金笺册	26
图1.3	乾隆时期暹罗进贡的金叶表文及其包装	29
图1.4	乾隆时期缅甸进贡的银叶表文及其包装	30
图1.5	清代属国王印的龟形、驼形等钮式	34
图1.6	清代朝鲜王印的三种印面	35
图1.7	清代琉球王印的两种印面	35
图1.8	清代安南王印的两种印面	35
图1.9	清代越南王印的一种印面	36
图1.10	清代暹罗王印的一种印面	36
图1.11	清代南掌国王印印面	36
图1.12	朝鲜奏文上的处理意见	41
图3.1	顺治十一年（1654年）封琉球国王尚质诏书底本	134
图4.1	康熙十六年（1677年）颁给安南国王敕谕原件	272
图4.2	乾隆五十四年（1789年）安南国小目阮光平奏本残件	305
图5.1	乾隆三十一年（1766年）颁给暹罗国王森烈拍照广勒马嘑陆坤司由提雅普埃敕谕残件	355
图5.2	乾隆四十六年（1781年）暹罗国长郑信汉译表文底稿	393
图5.3	乾隆五十一年（1786年）暹罗国长郑华请封汉译表文底稿	397
图5.4	乾隆五十三年（1788年）暹罗国王郑华自译谢恩表文残件	398
图6.1	康熙谕阿玉奇汗满蒙合璧敕书原件	442
图6.2	雍正谕土尔扈特满蒙合璧敕书原件	444
图6.3	乾隆谕渥巴锡等敕书原件的蒙文部分	445
图6.4	乾隆谕渥巴锡等敕书原件的满文部分	446
图6.5	土尔扈特部东归路线示意图	446
图6.6	道光十二年（1832年）霍罕国察哈台语禀文	485
图7.1	光绪三十四年（1908年）驻藏大臣发给廓尔喀国王檄谕的封套	526
图7.2	乾隆五十七年（1792年）廓尔喀拉特纳巴都尔汉译表文底稿局部	535
图8.1	康熙二十五年（1686年）颁给荷兰国王敕谕底稿	588
图8.2	乾隆十八年（1753年）颁给葡萄牙国王敕谕原件局部	594
图8.3	雍正三年（1725年）葡萄牙进贡表文原件	626

图 8.4	嘉庆二十一年（1816 年）英吉利国进贡表文原件	643
图 8.5	康熙二十七年（1688 年）路易十四信函复制品	644
图 8.6	乾隆五十八年（1793 年）斯当东亲写的谢恩呈文	660
图 8.7	康熙五十五年（1716 年）颁给罗马教皇红票原件	686
图 8.8	乾隆六年（1741 年）粤海关发给洋商离港船牌	688
图 9.1	晚清国书封面、封底	704
图 9.2	晚清国书函套封面	704
图 9.3	光绪三年（1877 年）郭嵩焘就任驻英公使国书副本	707
图 9.4	光绪二十一年（1895 年）龚照瑗辞任中国驻法公使国书（稿）	712
图 9.5	光绪二十二年（1896 年）龚照瑗辞任中国驻比利时公使国书（稿）	713
图 9.6	光绪二十二年（1896 年）龚照瑗辞任中国驻意大利公使国书（稿）	714
图 9.7	光绪二十八年（1902 年）张德彝就任中国驻比利时公使国书汉语部分	716
图 9.8	光绪二十八年（1902 年）许珏就任中国驻意大利公使国书汉语部分	717
图 9.9	光绪三十一年（1905 年）杨晟就任中国驻荷兰公使国书	718
图 9.10	光绪二十八年（1902 年）韩国驻华公使朴齐纯就任国书	721
图 9.11	光绪三十年（1904 年）韩国驻华公使朴齐纯辞任国书及封套	723
图 9.12	光绪三十三年（1907 年）外务部颁给中国驻新加坡总领事馆文凭证书	732
图 9.13	宣统元年（1909 年）清廷委任桂芳为海参崴总领事的任命敕谕	733
图 9.14	光绪三十一年（1905 年）清廷遣使考察英国国书	736
图 9.15	光绪三十一年（1905 年）清廷遣使考察法国国书	736
图 9.16	1996 年中国邮政发行《中国古代档案珍藏（T）》之《纸质档案·清代国书》	737
图 9.17	光绪三十四年（1908 年）清廷遣唐绍仪考察各国第二份国书（稿）	739
图 9.18	光绪十六年（1890 年）三月十九日光绪帝致贺葡萄牙国王即位国书局部	741
图 9.19	光绪二十九年（1903 年）清廷致韩国国书局部	746
图 9.20	光绪三十年（1904 年）比利时国王致贺慈禧七旬万寿国书汉译稿	747
图 9.21	光绪三十年（1904 年）葡萄牙国王致贺慈禧七旬万寿国书原件	748
图 9.22	光绪三十年（1904 年）西班牙国王致贺慈禧七旬圣诞国书原件	749
图 9.23	光绪三十年（1904 年）罗马教皇致贺慈禧七旬圣诞国书汉译稿	750
图 9.24	光绪三十年（1904 年）俄国沙皇致贺慈禧七旬万寿国书汉译稿	750
图 9.25	光绪三十四年（1908 年）清廷为宣布宣统帝继位致各国国书（稿）	751
图 9.26	光绪三十四年（1908 年）宣统帝重新委任驻外使臣致各国国书（稿）	752
图 9.27	宣统元年（1909 年）清廷致贺玻利维亚国总统连任国书	753

导　言

朝贡文书是朝贡体制下中外交往使用的一种专用外交文书，历经汉、唐、宋、元、明、清，承继有序。在清代，从崇德二年（1637年）与朝鲜建立宗藩关系开始，直到20世纪初期与不丹的交往，清代朝贡文书流行时间超过两个半世纪。清代朝贡文书使用的地理范围也遍及众多国家。清代朝贡文书种类繁多，规模浩大，仅朝鲜王朝编纂的《同文汇考》、琉球王朝编纂的《历代宝案》收录的朝贡文书数量就令人望洋兴叹，更遑论清代档案。清代朝贡文书作为我国古代外交文书，对其进行系统研究具有重要的学术意义。

一、清代朝贡文书研究现状

1. 资料整理成果

中国与朝鲜往来的朝贡文书，有朝鲜《同文汇考》资料汇编，为李氏朝鲜承文院于18世纪晚期至19世纪末期陆续编纂出版，收录了中朝在崇德元年（1636年）至光绪七年（1881年）间往来的敕谕、表奏，是研究这一时期中朝文书的珍贵史料。国内出版的《〈同文汇考〉中朝史料》[①]，是从朝鲜《同文汇考》相关材料中辑录而成。张存武、叶泉宏所编纂的《清入关前与朝鲜往来国书汇编（1619—1643）》[②]对清廷入关前相关的清鲜来往文书进行了汇总。

中国与琉球往来的朝贡文书，以琉球方面保存的《历代宝案》最为系统，版本有台湾大学收藏的影印版和冲绳教育委员会整理版两种。这是琉球官方保留下来的有关中琉往来的档案汇编，记录了从顺治元年（1644年）到同治六年（1867年）中琉来往的几乎所有文书。国内方面，中国第一历史档案馆所编纂的《清代琉球国王表奏文书选录》[③]，编选了两国来往朝贡文书中的上行文书的两种主要体例表文、奏文154件，影印出版。其中表奏文书原本49件，其余均为史书录存本，时间起自雍正元年（1723年），止于同治十三年（1874年）。《清代中琉关系档案选编》[④]、《清代中琉关系档案续编》[⑤]、《清代中琉关系

[①] 赵兴元：《〈同文汇考〉中朝史料》（一、二、三、四），吉林文史出版社，2003、2004、2005年。
[②] 张存武、叶泉宏：《清入关前与朝鲜往来国书汇编（1619—1643）》，台湾"国史馆"，2000年。
[③] 中国第一历史档案馆：《清代琉球国王表奏文书选录》，黄山书社1997年版。
[④] 中国第一历史档案馆：《清代中琉关系档案选编》，中华书局1993年版。
[⑤] 中国第一历史档案馆：《清代中琉关系档案续编》，中华书局1994年版。

档案三编》①、《清代中琉关系档案四编》②、《清代中琉关系档案五编》③、《清代中琉关系档案六编》④ 和《国家图书馆藏琉球资料汇编》⑤、《国家图书馆藏琉球资料续编》⑥、《国家图书馆藏琉球资料三编》⑦ 等档案汇编，也包含了大量中琉来往的朝贡文书。

中国与越南往来的朝贡文书，保存和整理得不如朝鲜、琉球两国的系统和全面。越南阮朝初年黎统编纂的《邦交录》⑧，收录了从西汉时期到道光六年（1826年）之间两国往来的各种官方文书。越南汉喃院保存的《南北往来柬札》⑨，收录了清代部分中越往来函件。中国社会科学院历史研究所编纂的《古代中越关系史资料选编》⑩，对中越古代历史往来资料按照专题进行分类整理，其中包含一些中越往来的朝贡文书。

中国与越南以外的其他东南亚国家往来的朝贡文书，在中国第一历史档案馆编纂的《清代中国与东南亚各国关系档案史料汇编》（第二册）⑪ 菲律宾卷中，收录了清代中国与苏禄往来的几件朝贡文书。在余定邦、黄重言编纂的《中国古籍中有关缅甸资料汇编》⑫ 中，收录了中缅往来的一些朝贡文书。罗福颐编纂的《国朝史料拾零》⑬ 收录了清代中国与暹罗、苏禄和南掌往来的几件朝贡文书，其中乾隆十八年（1753年）苏禄国王递交的1份使用汉字作为音译符号的表文兼具语言、史料双重价值。

中国和南亚国家往来的朝贡文书，在我国出版的西藏材料中多有保存。中国与尼泊尔、不丹等国的朝贡文书，在《西藏志考》、《西藏奏议》、《西藏奏疏》、《钦定巴勒布纪略》和《钦定廓尔喀纪略》中都有记录。尼泊尔方面保存的中尼朝贡文书现状，有研究者披露："20世纪70年代中，才有少量西藏与廓尔喀的官方文书，从尼泊尔王室档案中流出。传说一位尼泊尔王室成员嗜赌致贫，借其身份从档案馆取得文书，秘密出售图利，辗转流传海外；一说是因王室档案馆火灾而流出。"⑭

中国与欧洲国家往来的朝贡文书，早在20世纪30年代陈垣编纂的《康熙与罗马使节关系文书》⑮ 就收录了康熙年间清廷与意大利教廷之间的往来文书。《清代中俄关系档案

---

① 中国第一历史档案馆：《清代中琉关系档案三编》，中华书局1996年版。
② 中国第一历史档案馆：《清代中琉关系档案四编》，中华书局2000年版。
③ 中国第一历史档案馆：《清代中琉关系档案五编》，中国档案出版社2002年版。
④ 中国第一历史档案馆：《清代中琉关系档案六编》，中国档案出版社2005年版。
⑤ 《国家图书馆藏琉球资料汇编》，北京图书馆出版社2000年版。
⑥ 《国家图书馆藏琉球资料续编》，北京图书馆出版社2002年版。
⑦ 《国家图书馆藏琉球资料三编》，北京图书馆出版社2006年版。
⑧ 黎统：《邦交录》，越南汉喃院藏手抄本。
⑨ 《南北往来柬札》，越南汉喃院藏手抄本。
⑩ 中国社会科学院历史研究所：《古代中越关系史资料选编》，中国社会科学出版社1982年版。
⑪ 中国第一历史档案馆：《清代中国与东南亚各国关系档案史料汇编》（第二册），国际文化出版公司2004年版。
⑫ 余定邦、黄重言：《中国古籍中有关缅甸资料汇编》，中华书局2002年版。
⑬ 罗福颐校录：《国朝史料拾零》，库籍整理处石印本，伪满洲国康德元年（1931年）。
⑭ 王剑智：《中国西藏地方与廓尔喀的官方文书》，载《中国藏学》2010年第1期增刊。
⑮ 陈垣：《康熙与罗马使节关系文书》（影印本），故宫博物院，1932年。

史料选编》①、《俄中两国外交文献汇编（1619—1792年）》②和《故宫俄文史料》③收录了大量清代中国与俄罗斯的往来文书。《明清时期澳门问题档案文献汇编》④、《中葡关系档案史料汇编》⑤收录了清代中国中央政府与葡萄牙的往来文书。《葡萄牙东坡塔档案馆藏清代澳门中文档案汇编》⑥则收录了广东地方政府与葡澳当局往来的众多文书，其中涉及清廷利用澳门作为进出广州的门户内容，显示了澳门在广州贸易体制中的重要地位。马士编著的《东印度公司对华贸易编年史》则收录了乾隆五十二年（1787年）、乾隆五十七年（1792年）和嘉庆二十一年（1816年）英国3次遣使访华的英语表文⑦。许地山的《达衷集》⑧收录了乾隆、嘉庆两朝英国商人向广东地方当局递交的禀文，佐佐木正哉编纂的《鸦片战争前中英交涉文书》⑨收录了鸦片战争前中英往来的各类文书。

《清实录》、《清史稿》以及台湾"中央研究院"（以下简称"中研院"）史语所根据内阁大库档案整理出版的系列丛书《明清史料》录有大量涉及各国、各地区的朝贡文书。李光涛编纂的《明清档案存真选辑》（一、二、三）披露了内阁大库保存的大量一手档案文书。清代一些笔记史料也保存有数量不一的朝贡文书。

以上所述资料，有许多为影印出版，虽然保持了档案的原始风貌，但因无断句而造成了研究上的诸多不便。另有一些虽为整理出版，但断句错误、误字比比皆是，以致有些文书内容不堪卒读。另外，台湾"中研院"史语所保存的朝鲜、琉球、越南、南掌、暹罗、苏禄、缅甸7国的表章文书也未见有系统整理研究。出版经过精心整理、深入解读的高质量朝贡文书资料汇编是学术界的重要任务。

2. 研究论著成果

学术界对清代朝贡文书进行较早研究的学者为李光涛，在其《记清代的朝鲜国表笺程式》（上、下）⑩、《朝鲜实录中的事大文书》⑪、《朝鲜国表文之研究——内阁大库残余档案论丛之二》⑫等论文中，对朝鲜呈递明、清两代中国政府的表、笺进行了探讨；《记清

---

① 中国第一历史档案馆：《清代中俄关系档案史料选编》，中华书局1981年版。
② （俄）尼古拉·班蒂什-卡缅斯基编著，中国人民大学俄语教研室译：《俄中两国外交文献汇编（1619—1792年）》，商务印书馆1982年版。
③ 王之相：《故宫俄文史料》，载《清史译文新编》第一辑，《历史研究》编辑部编印，2005年。
④ 《明清时期澳门问题档案文献汇编》，人民出版社1999年版。
⑤ 中国第一历史档案馆：《中葡关系档案史料汇编》，中国档案出版社2000年版。
⑥ 刘芳辑，章文钦校：《葡萄牙东坡塔档案馆藏清代澳门中文档案汇编》，澳门基金会，1999年。
⑦ Morse H B. The Chronicles of the East India Company Trading to China, 1635—1844. Vol. II. London：Oxford University Press，1926，pp. 244—247.
⑧ 许地山：《达衷集（鸦片战争前中英交涉史料）》，商务印书馆1931年版。
⑨ （日）佐佐木正哉：《鸦片战争前中英交涉文书》，文海出版社1977年版。
⑩ 李光涛：《记清代的朝鲜国表笺程式》（上、下），载《大陆杂志》第12卷第4、5期。
⑪ 李光涛：《朝鲜实录中的事大文书》，载《明清档案论文集》，联经出版事业公司1986年版。
⑫ 李光涛：《朝鲜国表文之研究——内阁大库残余档案论丛之二》，载《明清档案论文集》，联经出版事业公司1986年版。

代暹罗国表文》①则对清代暹罗对华表文做了初步研究。秦国经的《清代中琉关系文书研究》②对清代中琉文书来往的种类进行了概括和分类。丁春梅的《清代中琉关系档案研究》③对清代中琉来往文书进行了较为翔实的研究。秦国经、丁春梅二位研究者把清廷涉及琉球内容的国内文书也算作与琉球往来的文书，诸如福建督抚向清帝报告琉球问题的奏折也归类为朝贡文书，朝贡文书的外延在此过分扩大。朱淑媛的《清代琉球国的谢恩与表奏文书》④专门对琉球向清廷谢恩表奏文书进行了研究。李善洪的《朝鲜对明清外交文书研究》⑤对朝鲜对华朝贡文书的外部形态、制撰者、传送制度以及文书的格式、用语等进行了深入研究。陈龙、沈载权的《从外交表笺看朝鲜文书制作》⑥一文对朝鲜文书的制撰、传送、保存等进行了探讨。乌拉熙春的《清朝、朝鲜关系史的新资料：韩国国立中央博物馆所藏满汉合璧"朝鲜国王奏谢表"》⑦对朝鲜国王李玜、李昇的两份奏谢表的有关背景信息做了分析。潘志平的《浩罕国与西域政治》对浩罕在道光十二年（1832 年）给清廷的 1 份使用察合台文所写禀文进行了释读⑧。王辉的《天朝话语与乔治三世致乾隆皇帝书的清宫译文》⑨研究了英国在乾隆五十七年（1792 年）致清廷的外交文书如何被转换成中国传统朝贡体制下的表文，并最终完成了从平等国书向藩属表文的话语体系转变的过程。

国外学术界对清代朝贡文书也有不少研究成果。韩国学者金暻绿的《朝鲜后期事大文书的种类及其特征》⑩论述了朝鲜事大文书的种类、制撰和特征。《朝鲜后期〈同文汇考〉的编纂及意义》⑪、《朝鲜时代事大文书的制撰与传达体系》⑫、《朝鲜时代对中国外交文书的接受与保存体系》⑬、《朝鲜对清关系的认识与外交体系——以朝鲜后期外交文书的整理为中心》⑭等多篇论文则论述了有关朝鲜朝贡文书的各种制度。荷兰汉学家戴闻达的《最后使华的荷兰使团》对乾隆五十九年（1794 年）荷兰进贡表文进行了考释，对表文中的

---

① 李光涛：《记清代暹罗国表文》，载《明清档案论文集》，联经出版事业公司 1986 年版。
② 秦国经：《清代中琉关系文书研究》，载《历史档案》1994 年第 4 期。
③ 丁春梅：《清代中琉关系档案研究》，中国档案出版社 2007 年版。
④ 朱淑媛：《清代琉球国的谢恩与表奏文书》，载《清史研究》1998 年第 4 期。
⑤ 李善洪：《朝鲜对明清外交文书研究》，吉林人民出版社 2009 年版。
⑥ 陈龙、（韩）沈载权：《从外交表笺看朝鲜文书制作》，载《档案与建设》2010 年第 4 期。
⑦ 乌拉熙春：《清朝、朝鲜关系史的新资料：韩国国立中央博物馆所藏满汉合璧"朝鲜国王奏谢表"》，载《中国文物报》2012 年 8 月 1 日第 7 版。
⑧ 潘志平：《浩罕国与西域政治》，新疆人民出版社 2006 年版，第 161—162 页。
⑨ 王辉：《天朝话语与乔治三世致乾隆皇帝书的清宫译文》，载《中国翻译》2009 年第 1 期。
⑩ （韩）金暻绿：《朝鲜后期事大文书的种类及其特征》，《韩国文化》35，首尔大学韩国文化研究所，2005 年。
⑪ （韩）金暻绿：《朝鲜后期〈同文汇考〉的编纂及意义》，《朝鲜时代史学报》32，2005 年。
⑫ （韩）金暻绿：《朝鲜时代事大文书的制撰与传达体系》，《韩国史研究》134，2009 年。
⑬ （韩）金暻绿：《朝鲜时代对中国外交文书的接受与保存体系》，《韩国史研究》136，2007 年。
⑭ （韩）金暻绿：《朝鲜对清关系的认识与外交体系——以朝鲜后期外交文书的整理为中心》，《梨花史学研究》37，2008 年

人名、地名进行了详细释读①。日本学者三王昌代的《清代中期苏禄与中国之间的文书往来》一文中利用台北故宫博物院收藏的有关汉文、马来文的苏禄外交文书,研究了中国与苏禄来往文书在文本翻译、转换过程中出现的差异,得出两国在身份认知方面的差异。②

以上有关清代朝贡文书的研究成果,大多以一国为限,或以某个时期、某个种类的文书为限,成果比较零散。朝贡文书的地域范围也主要集中在朝鲜、琉球等国,对中国与南亚国家、中亚国家和欧洲国家往来的外交文书较少涉及。在大量清代朝贡文书档案资料已经出版的前提下,学术界需要从制度、名物等各方面对清代朝贡文书进行深入研究。

二、清代朝贡文书研究意义

对清代朝贡文书的研究具有重要的学术意义。长期以来,学术界对于清代朝贡文书的研究意义认识不足,甚至认为其毫无研究价值。民国时期故宫博物院在编辑《清代外交史料》时,认为清宫留存的朝贡文书不属于外交文件而略而不收,"安南、缅甸、琉球、朝鲜等国在当时本附属中国,其朝贡之文件一概不载"。③ 实际上,清代朝贡文书在外交、公文、文学等方面均有很高的学术价值。

1. 清代朝贡文书具有重要的政治话语体系研究价值

清代朝贡文书是研究朝贡话语体系的主要来源。朝贡话语作为古代建构世界政治秩序的重要话语体系,使用特定的词语描述中外双方各自的身份、形象、动作、物品、空间等,这些词汇及其与之相关的句式、篇章一起构成了东亚朝贡制度下特有的话语体系(discourse system):一种表达内、外世界的系列概念,一套阐释中外等级关系的特定符号系统。

清代朝贡话语体系的形成体现了那一时期东亚国家间的现实权力关系,是东亚各国长期互动、整合的结果——既是中国文明不断向周边国家的传播和扩散所致,也是中国军事、经济实力对周边国家的压倒性优势所致。

清代朝贡话语体系具有建构东亚政治秩序基础、提供国家间交往的合法性媒介的功能。正是以朝贡话语作为交往的思想基础、通用语境,清代东亚各国得以进行广泛、深入的政治、经济、文化交流活动。

清代朝贡文书用语别具一格,自成系统,对其整理分析有助于深入理解清代中外国家

---

① Duyvendak. The Last Dutch Embassy to the Chinese Court (1794—1795). T'oung Pao 34 (Leiden: 1938), pp. 29—30.

② (日)三王昌代:《清代中期苏禄与中国之间的文书往来》,载《东洋学报》第九十一卷第一号,2009年。

③ 《清代外交史料·编辑略例》(嘉庆朝)。

之间的互动往来。以下"清代朝贡文书常用的词汇表"（见表0.1），由本书辑录的各类文书中抽取相关词汇而制成。

表0.1 清代朝贡文书常用词汇表

词汇类别	中　国	外　国
描写双方称谓、外貌的词汇	天王、天子、皇帝、皇上、君王、圣人、圣主、大主、真主、主子、共主、玉帝、菩萨、天使、上宪、上国、天朝、中朝、大朝、圣朝、熙朝、朝廷、大国、大宝、大统、盛代、丕基、昊绎、天命、朝命、骏命、巽命、声教、车书、声灵、大德、上德、帝德、王道、皇极、皇仁、皇恩、皇听、皇风、仁风、天颜、天语、天恩、天麻、天休、天眷、天诏、天宪、天戒、天威、天量、天风、天听、天心、玉体、御体、圣体、圣躬、圣心、圣禧、圣慈、圣恩、圣德、圣训、宝训、圣谟、嘉谟、睿谟、睿训、睿算、睿慈、玉谕、钧谕、温旨、纶音、新纶、丝纶、明纶、纶綍、涣号、宸衷、龙光、鼎光、恺泽、恩泽、鸿恩、恩膏、恩纶、隆恩、浩恩、鸿功、渥典、巨典、正朔、雨露、寿域	狄、夷、蛮、戎、番、臣、蠢首、蛮首、夷首、番首、土首、大首、首长、头目、夷目、卑职、末职、首领、国长、臣子、陪臣、草臣、小臣、微臣、微末、微员、幺麽、猥陋、奴辈、奴隶、愚人、虫豸、小番、小孚、远人、远臣、臣庶、土民、诸夷、外夷、远夷、岛夷、难夷、微邦、夷邦、庶邦、小邦、下邦、下国、小国、臣国、末国、卑国、亿国、万邦、部落、远藩、遐藩、蛮方、藩职、藩屏、藩畿、藩封、藩维、封圻、屏翰、裸袒、丑黑、黑身、花面、花肚、乌肚、披发、蓬头、红毛、绿睛、穿鼻、鼻饮、穿耳、口赤、缺舌、齿黑、跣足、徒跣、雕题凿齿、椎髻卷发、断发文身、野莽草僚、乖蛮革夷、使犬使鹿之部
描写双方状态的词汇	乾、刚、大、圣、圣明、昭明、高深、高聪、宸聪、亶聪、涣汗、威灵、至圣、煌煌、巍巍、郁郁、浩荡、溥博、煊赫、遐昌、衽席、优渥、明听、明威、英明、神圣、文武睿聪、乃圣乃仁、至大至尊、至公无私、天高地厚、日月升恒、赫声濯灵、重熙累洽、一统攸同、同轨共文、无远弗届、民胞一体	庸劣、庸猥、朽钝、孝顺、恭顺、贞顺、虔共、敬共、恪恭、忠孝、忠荩、幽忠、愚忠、愚忱、蚁忱、微忱、葵忱、肫忱、肫恳、蚁愿、下悃、悃忱、丹悃、葵悃、葵向、葵倾、葵藿、凛凛、冰兢、局蹐、犬恋主、感惶无地、忠义之歈、啣结之忱、涓埃之报、涓滴微忱、忠心耿耿、驽骀之选、人愚如兽、蚁负怀惭、蚁私莫报、薄德菲材、荒陋成俗、土瘠人愚

续表0.1

词汇类别	中 国	外 国
描写双方动作的词汇	大造、受箓、践阼、统御、御极、临御、建极、布化、圣化、仁化、鸿化、鸿施、陶铸、甄陶、庇宥、宽宥、怙冒、玉冒、绥猷、奄有、生成、宸居、宅中、光宅、光被、照临、照育、抚育、扶绥、遐贲、遐章、化章、栽培、封植、亭育、宣教、锡命、诞膺、诞敷、诞抚、诞告、诞降、诞登、覃敷、骈臻、覆载、覆帱、覆冒、溥施、溥洽、化洽、下被、包荒、含宏、羁縻、招携、汪涵、涵濡、烛照、褒封、纶褒、宸眷、渥眷、眷怀、眷念、轸念、悯念、曲垂、曲轸、赏赐、赏收、赏赉、赐赉、宠赉、宠灵、宠命、宠光、宠赐、申锡、覃恩、推恩、恩养、恩赉、抚绥、抚字、抚辑、顾复、怀保、怀柔、字小、优叙、优恤、优容、矜恤、矜全、矜恕、屡沛、叠沛、特沛、用沛、爱俞、伐罪、恩准、俯察、俯垂、俯顺、俯鉴、曲垂、曲赐、曲轸、轸惜、嘉悦、嘉尚、嘉纳、鉴纳、宸鉴、睿鉴、宣读、贲临、使临、按临、辱临、颁朔、龙驭、升遐、奉天承运、乾行不息、施仁济物、栽培倾覆、兴废继绝、长御远驾、安内养外、近悦远怀、柔远能迩、百族怀归、百神效灵、声罪致讨、弥天极地、化日舒长、一视同仁、厚往薄来、圣人作而万物睹	叨沾、敬叨、叨蒙、久蒙、咸沾、世沐、世荷、恭膺、滥膺、欣跻、忝列、忝任、忝居、谨奏、谨遣、谨奉、谨备、虔赍、抚躬、躬承、躬修、凛遵、恪遵、恪守、颙俟、钦奉、钦承、祇承、承麻、承休、凤慕、慕义、慕化、向化、向日、拱极、拱北、拱命、输诚、摅忱、纳款、授首、臣服、宾服、朝清、朝宗、内附、觐光、遵依、率俾、来庭、来王、来享、享上、奉币、委质、献曝、献芹、献琛、献款、恭进、感戴、翼戴、戴恩、仰酬、仰答、图报、报答、报忠、报称、报效、效珍、伸悃、披沥、披赤、祝叚、祝釐、悔过、冒渎、絮渎、尘渎、干渎、渎陈、伏愿、伏祈、伏望、斋心、斋沐、驱驰、梯航、匍匐、诣阙、翘首、泱髓、顿首、延颈、稽颡、汗颜、趋叩、顶祝、叩祝、叩见、叩头、九叩、俯叩、百拜、拜舞、拜受、仰拜、祇拜、稽拜、望阙、望风、望云、翘望、跂望、企仰、遥瞻、就瞻、瞻依、跪听、跪聆、跪读、捧读、庄诵、盥诵、双擎、三呼、呼嵩、胪欢、遥拱辰枢、星趋辰北、敬天事大、以下奉上、修职奉贡、诣阙朝贡、久沾德化、同被华风、向风慕义、向风景化、任土作贡、百旅阙廷、梯山航海、瞻天仰圣、翘首望云、上渎听闻、不揣冒昧、诚惶诚恐、欢忭踊跃、舞蹈欢忭、踊跃钦从、捐縻顶踵、诚欢诚忭、稽首崩角、刺骨增感、汗浃涕零、心愧难安、感惶无地、感激无地、感佩无穷
描写双方物品的词汇	文物、文琦、文币、文玩、彩币、彩纻、彩缎、织金、锦缎、锦记、罗绮、奇缯、玉帛、玉册、凤縠、冠缨、冠带、冠服、冠裳、袍服、章服、衮绣、珍品、珍玩、嘉珍、名器、甘露、湛露、宸翰、梓宫、天诏、凤诏、凤纶、丹纶、紫诰、焕纶、鸾章、黼座、黼黻、龙章、龙节、光华、物华天宝、华夏衣冠、祖服彩章、天家花翠、天厨之馔、云汉天章、尚方嘉品、内府之藏、仙锦奇珍、奎文炳耀	方物、土物、土产、土仪、谢仪、贡仪、贡物、职贡、微仪、微芹、芹私、芹曝、壤奠、包茅、薄物、片物、名般、溪毛、筐篚、筐包、筐篚、周篚、不腆、菲薄、越雉、卉服、溪毛、溪沼之毛、厥篚织贝、楚茅之包、海芹之献、僻陋之产、产从荒僻、制作匪精、织纴不工、土物非藏、夐暎憬琛、曷足称于享上

续表0.1

词汇类别	中　国	外　国
描写双方空间的词汇	日、月、天、地、广、中、华、天下、敷天、四方、四海、四渎、五岳、六合、六宇、八表、八埏、八纮、九天、九重、九有、九陛、薄海、丕正、区宇、宇宙、寰区、寰瀛、寰中、中邦、中国、中华、中夏、华夏、方夏、函夏、神州、尧天、舜陛、禹甸、神京、上京、金瓯、清霄、北极、辰北、辰枢、宸居、紫宸、紫极、紫垣、紫阶、帝阙、北阙、金阙、象阙、阙廷、枫廷、枫陛、枫宸、彤廷、彤宫、彤墀、丹宸、丹陛、丹墀、龙墀、大庭、天庭、天室、天家、天阍、天衢、帝阍、中天、中宸、中宫、中壸、阊阖、皇天、后土、龙天凤阙、熙皞之天、喧和之地	东、南、西、北、小、远、处、偏、荒、恶、遐远、渺远、笃远、笃处、蜗居、邱垤、蚁垤、蚁封、偏国、茅土、蕞土、蕞尔、弹丸、徼区、遐方、遐边、遐陬、象方、殊方、异地、异域、绝域、边鄙、边陲、西陲、边末、边陬、炎荒、炎方、炎基、炎郊、炎陬、炎徼、要徼、午缴、南徼、南交、桂郊、桂甸、天南、外服、四陲、八荒、遐荒、伦荒、荒陬、荒服、荒略、僻处、僻壤、僻陋、险僻、偏隅、山野、山瘴、深山、茗苑、瘴岚、青霾、红沙、朱崖、赤土、罗刹、鲽域、鲽版、西洋、东瀛、东洋、沧溟、重溟、重瀛、重洋、波区、溟疆、溟渤、海邦、海徼、海隅、海甸、海东、海西、海外、海表、海峤、海岭、岛服、瀛壖、瀛峤、珠岛、澥岛、翰岛、鳌岛、蜃岛、蛟岛、蛟宫、鱼屿、鲲壑、西灏、碧灏、巢山馆海、巢居穴居、海澨山陬、重险波涛、骨敦蓬艾、蛮烟瘴雨、蛮烟蜑雨、邈绝之境、穷岛日域

2. 清代朝贡文书具有重要的公文价值

清代朝贡文书的种类齐全，数量庞大，在撰制格式方面包含了中国传统公文的各种要素，堪作清代中国各类公文体裁的重要标本。清代朝贡文书的原件也是研究我国古代公文材质、规格等外部形态的珍贵材料。

清代的朝贡文书，虽属于外交文书体例，但清代没有发展出如汉代中国与匈奴之间往来的平等书函和宋代诸如"国书"、"誓书"、"条约"等不同于国内文书的专用外交文书。清代内、外文书从种类、体例而言完全一致。中国方面下行国外的诏书、诰命、敕谕不必论，传统属国上行中国朝廷的文书也严格遵守中国国内文书的体裁规范。以朝鲜为例，朝鲜一年四贡过程中，每次都有相应的表文进呈，朝鲜各类表文的书写格式都遵循清廷规定的制度。康熙四十四年（1705年）和乾隆元年（1736年），清廷两次向朝鲜颁布表笺文书格式。朝鲜表文与中国国内大臣进呈的表文几乎一致。清廷甚至对西方国家递交的平等国书要通过翻译手段变成中国标准的表文体例，对违反朝贡文书格式的国书作退回、警告处理。因此，清代朝贡文书与国内文书几乎同质，内、外文书在文体、语体方面高度重合。可以这样说，朝贡文书实际上就是清代国内文书制度的延伸而已。对清代朝贡文书的研究，不仅可以扩大我国公文研究的范围和视野，有的还可以补充国内同类文体的缺失。

3. 清代朝贡文书具有重要的外交史料价值

清代朝贡文书的外交史料价值有3个方面：

其一，朝贡文书是清代朝贡制度的重要组成部分。清代朝贡文书的制撰、交递、批复、反馈，是朝贡制度中不可缺少的部分。对朝贡文书制度进行研究，是理解和把握清代朝贡外交制度重要的一环。

其二，朝贡文书是一种特殊外交文献，为研究清代中国与相关国家外交来往提供了丰富的信息，是深化、细化清代外交史研究的重要资料之一。朝贡文书不同于其他经过多次加工、整理过的历史文献材料，具有官方性、原始性，是研究各国外交思想、外交制度、外交政策的最为直接的材料。清廷向各国发布的众多诏书、敕谕，是研究清代中国政府制定对外政策的重要资料来源。清代中国政府与布鲁克巴往来的10多份朝贡文书，是中国与不丹两国宗藩关系发展的见证。乾隆二十八年（1763年）中国调停巴达克山（今阿富汗东北地区）与博罗尔（今巴基斯坦克什米尔地区）在奇特喇尔（今巴基斯坦吉德拉尔）的争端的敕谕，乾隆三十年（1765年）帕米尔南部部落巴勒提（今巴基斯坦巴尔蒂斯坦）向中国提交的两份外交呈文，这些资料显示了清代中国与克什米尔北部地区交往的历史渊源，弥足珍贵。

其三，朝贡文书提供了中外关系研究最为基本的材料。朝贡文书不仅仅是外交史料，也是古代中外经济和文化交流的重要材料。

在古代政治、经济等历史条件下，中外交往内容的主流都由政府主导。具有官方色彩的朝贡文书内容极具广泛性，除了涉及外交外，还包含经济、文化等其他方面，可谓是中外交流的百科全书。朝鲜王朝编撰的中朝两国朝贡文书汇编《同文汇考》，内容包含了封典、哀礼、进贺、陈慰、问安、节使、陈奏、表笺、请求、锡赉、蠲弊、敕谕、历书、日月食、交易、疆界、犯越、刷还、漂民、推征、军务、赒恤、倭情、杂令、洋舶26大类，几乎涵盖了两国交往的所有内容。琉球王朝编撰的中琉两国朝贡文书汇编《历代宝案》，内容涉及明清几百年来册封、谢恩、陈奏、进贺、海难救助、贸易往来、留学等多方面。因此，加强对朝贡文书的研究，挖掘其中蕴含的丰富历史材料，会大力拓展中外关系研究领域向纵深发展。

4. 清代朝贡文书具有较高的比较文化价值

清代朝贡文书涉及地区范围很广，不同地区的文书体现了该区域独有的宗教、文化、民俗特点。

中国、朝鲜、越南、琉球的朝贡文书体现了儒家文化价值。东亚四国的汉语朝贡文书，引经据典，反映了古代东亚儒家文化圈共有的政治文化传统。中外双方的朝贡文书在承担着中外信息交流基本功能的同时，文书的用典大多取自《尚书》、《诗经》等中国古代文化经典著作，因而承担着伦理教化、思想传递等"言志"、"载道"的功能，充分体现了儒家文明的精髓。儒家文明在中国及周边国家具有的巨大影响力，使儒家文化成为超越特殊国家利益的普世文明，构成东亚国家间交往的重要基础。东南亚苏禄和中亚国家的朝贡文书体现了伊斯兰文明的特点，东南亚暹罗、缅甸和南亚布鲁克巴的朝贡文书体现了佛教文明特色，俄罗斯和西欧国家的朝贡文书则具有鲜明的基督教文明特点。

5. 清代朝贡文书具有文学价值

清代朝贡文书体例虽然是程式化程度相当高的文体，内容和格式也相当固定，但中国和东亚传统属国往来的朝贡文书均融合了中国文学传统中的词、赋等元素，文体大都采用四六骈文，文辞华美，用典丰富，句式充满节奏感，具有较高的文学欣赏价值。

清代中国对外的朝贡文书，都由翰林院等机构内的高级文士撰写，遣词造句凝重、典雅、雍容，不仅显示出中国作为文明宗主的崇高地位，也符合"若乃经国文符，应资博古；撰德驳奏，宜穷往烈"[①]的特点。清廷发往他国的檄文更是介于公文与文学之间，注重辞藻，充满用典和夸饰，气势磅礴，摇人心旌。朝鲜、越南和琉球的朝贡文书同样由汉学造诣高超的专业文人精心撰写。汉化程度很高的朝鲜、越南，面对草原民族入主中国的局面，潜意识中拥有"小中华"的优越感，朝贡文书的文辞力求华丽，用典力求艰深，形式力求精美，以体现该国的文明高度。其中朝鲜、越南发往清廷的一些诸如辩诬、争权的文书，有的慷慨激昂，有的低吟浅唱，字字珠玑，层层递进，直击读者内心。

三、本书研究内容

本书总共收录清代各类朝贡文书500多件，其中包含英文、拉丁文、荷兰文、葡萄牙文20多件。在研究内容的编排方面，第一章综论清代朝贡文书的各项制度，包括种类、撰制、批复、材质、钤印等各个环节；第二章到第八章则按照朝贡文书的地理区域划分章次，每章的开始先对中国与该国或该地区往来文书进行概括性论述，再按照文书的行文方向划分节次，最后对每件文书进行分门别类的研究；第九章研究了晚清出现的近代外交文书，并将其与传统朝贡文书的特点进行对比。

1. 清代中国与传统儒家属国往来的朝贡文书

清代中国与朝鲜、琉球、越南3个国家最早建立宗藩关系，3国与清廷来往也最为密切，因此这些国家与中国往来的朝贡文书数量最多，种类最齐。

朝鲜、琉球、越南的朝贡文书都使用汉语书写，由3国专门的机构撰制、审核。这些国家接受汉文化的历史源远流长，其朝贡文书都以汉语为载体，以儒家文化为背景。中国与这些传统属国往来的朝贡文书，属于汉文化圈内的交流，文辞古奥，显示了深厚的汉文化传统。

---

① 钟嵘：《诗品·序》，上海古籍出版社2007年版，第11页。

2. 清代中国与暹罗、缅甸、南掌、苏禄往来的朝贡文书

清代中国与暹罗、缅甸、南掌、苏禄之间往来的朝贡文书，种类有诰命、敕谕、檄谕、表文、咨文等，主要以敕谕和表文为主。清代中国与这些国家往来密度相对稀疏，南掌、缅甸等国甚至10年才向中国进贡1次，因此，双方往来的朝贡文书如和中国与朝鲜、琉球、越南的相比，数量和种类相对较少。

这一地区虽然属于中国属国范围，但并不属于儒家文化圈，这些国家向中国呈递的朝贡文书的正本均由本国文字写成，均需翻译1份汉文副本才能上达清廷。这些国家从明代以来就属于中国的属国，中国对其的政治、经济影响力巨大，作为汉语副本的朝贡文书因而保留了中国传统朝贡文书的格式、语体，年号也大多署中国年号。清代中国政府向这些国家颁发的汉语诰、敕等文书，虽使用传统的格式，但用典较少，古奥词汇也不多。

3. 清代中国与南亚国家往来的朝贡文书

清代中国与尼泊尔、布鲁克巴和哲孟雄等南亚山国往来的朝贡文书，始于雍正年间。这些国家由于属于西藏的属国，清廷在大多数时期是通过西藏地方政府对这些地区实施间接统治。乾隆后期，在清廷击退尼泊尔入侵西藏的战争之后，开始与尼泊尔等国直接往来，这一时期双方往来的朝贡文书数量急剧增加。南亚国家是与清廷朝贡文书往来结束最晚的国家，时间一直延续到20世纪初期。

尼泊尔、布鲁克巴和哲孟雄等南亚山地国家的一些民族血缘与藏族相近，这些国家向清廷呈递的文书有的采取西藏奏书的形式，对中国皇帝的称呼采用宗教词汇，诸如"西天大菩萨"、"文殊菩萨大皇帝"和"曼珠西立"等；文书语言有"仰叩释迦牟尼佛恩佑"、"合掌诚心"等；文末使用"月之吉"、"水牛年"等藏历纪年法。

4. 清代中国与中亚国家往来的朝贡文书

清代中国与中亚国家的朝贡文书往来主要开始于乾隆平定准部、回部之后。原属准噶尔帝国属国的中亚国家哈萨克、布鲁特、浩罕、巴达克山等纷纷向清廷递交投诚表文，与清代中国正式建立起宗藩关系。清廷也以敕谕形式回文这些国家。

清代中国与中亚国家往来的朝贡文书种类以敕谕和表文为主。这些国家的表文以当地民族文字或托特文字写成，再由通事翻译成汉文。表文的语言体现了伊斯兰特色，对皇帝以诸如"占什特"、"达剌汗"、"楷黑塞劳"、"伊思谦达尔"、"墨乌威尔"等伊斯兰世界著名英雄人物的集合体来进行称谓，时间以伊斯兰纪年。清廷颁给中亚国家敕谕的语言风格也平实无华。双方文书的语言风格体现了地处中亚和北亚游牧民族之间交往的特色。

5. 清代中国与欧洲国家往来的朝贡文书

荷兰、葡萄牙、俄罗斯在顺治年间，意大利教廷在康熙年间，英国在乾隆末年均与清廷有过密切来往。这些国家向清帝呈递各类国书，清帝也相应向以上西方国家颁发了敕谕。除此之外，在广州体制和恰克图体制下，英国东印度公司驻广州大班与广东地方政府、俄罗斯与理藩院有过大量的咨文来往。

西方国家的各类国书，都以本国语言和平等语气写成，进入中国时翻译成朝贡文书格式的汉文。荷兰、葡萄牙、英国、意大利教廷的国书，文末以"天主降生第×年"来纪年，而俄罗斯国书文末以俄历纪年。康熙四十八年（1709 年）意大利教廷国书在文末还印有教皇特殊的"渔人封印"，这是教皇文书的标志。西方国书进入中国后，被翻译成中国传统的表文形式。其中荷兰的国书甚至被翻译成经典的四六骈文风格的朝贡表文格式，诸如康熙五年（1666 年）表文汉译有"外邦之丸泥尺土，乃是中国飞埃；异域之勺水蹄涔，原属天家滴漏"之语。① 俄罗斯国书在顺治年间因书写格式不符清廷规定被退回。中国颁给西方各国的敕谕除了汉文正本外，还附有拉丁文副本。

6. 晚清外交文书

晚清时期出现了与朝贡文书迥异的近代外交文书。为与朝贡文书相对照，本书在最后一章专门对近代外交文书进行了初步研究，旨在展现古代、近代外交文书的发展脉络。

四、本书研究方法

1. 对清代朝贡文书的释读研究

虽然清代朝贡文书数量众多，但对朝贡文书从字、词、句等基础性方面进行研究的成果较少。由于对古代文化经典的隔膜，许多研究论著在引用朝贡文书的原文时经常出现断句、字词等一些基础性错误，导致人们最多只能了解文书的大略内容，而对注重遣词造句、微言大义的国家间来往的外交文书包含的细微、精确含义无法解读出来，极大地影响了对朝贡文书的深入理解。刘勰有言："夫人之立言，因字而生句，积句而成章，积章而成篇。"② 字、句为篇章的基础，不理解字、句，无以明篇章。戴震则言："凡学始乎离词，中乎辨言，终乎闻道。"③ "离词"即正确理解字、词的意义，这是"辨言"（分析）、"闻道"（探索终极意义）的前提条件。由文字通乎词句，由词句通乎章旨。因此，对朝贡文书正确标点、校改、注释是清代朝贡文书研究的基础任务。

---

① 梁廷枏：《海国四说》，《粤道贡国说》卷三，荷兰国，中华书局 1993 年版，第 208 页。
② 刘勰：《文心雕龙》章句第三十四，中州古籍出版社 2008 年版，第 327 页。
③ 《戴震文集》，中华书局 1980 年版，第 165 页。

（1）标点。本书首先对从各类文献资料中选取的清代朝贡文书进行重新标点、断句。对各类朝贡文书标点时，文内如有引用情形，只在后面加冒号，不添加引号，因为传统公文常常出现层层套引，用引号无法正确划分这种套引层次。

（2）校改。对所选朝贡文书中的字、词进行校改时，对错字直接改正，对漏字在与其他版本对照后直接补上。诸如清廷与某南亚国家的1份文书的两种版本中，同一地名有"汪则"、"则江"两种说法，经过核对，两词均属错误，二者明显是"江则"（今译"江孜"）一词的讹写。我国文献中收录的清廷与欧洲国家往来文书中各种音译名称也有许多讹字，1993年中华书局版《海国四说》收录的几件文书，音译的外国人名、地名、物品出现多处错误，诸如将外国人名"部京咸舍"之"舍"误作"含"，将地名"因都士丹"之"士"误作"土"，将药品"古巴依瓦"之"古"先后误作"石"、"右"，等等。在对这些汉语音译名称的原始词源进行对照后，将其一一改正。

（3）注释。对文书中的生字、词进行注解，部分难读字后添加现代汉语拼音。注解内容除了解释字面意义之外，有的还注出词语的经典出处。对于一些汉语外来词，由于来源于中国不同的边疆脉络而拥有不同的译名，导致外国译名缺乏标准化，为此，对文书中出现的"披楞"、"巴勒布"、"察干汗"、"甲噶尔"、"额纳特科克"、"委黎多"、"噶布党"、"噶箕"等众多外来词汇注释时，都注明了语种来源及其演变。每章之内，对重复出现的词条进行注解时，首次出现作详注，重复出现作简注。另外，为适应各层次读者需要，尽量扩大注释字词的范围，以利准确理解文书内容。

2. 对清代朝贡文书的历史研究

朝贡文书是中外交往的媒介，每一件朝贡文书都牵涉到某一外交事件。不必说那些较少有文字、格式限制的咨文、照会，它们涉及大量的中外边界争端、经济来往事件，即使属于程式性很强的那些皇帝颁发属国的册封诏书、诰命、敕谕，也牵涉到属国国王、世子、王妃的废立，这在古代政治文化背景下是头等大事；那些辞章华丽的属国庆贺表奏文书，则牵涉到诸如清廷太子册立的兴废、平叛战争胜利等在中国境内发生的重大事件。

本书对每篇朝贡文书反映的历史事件在"简析"部分均进行或详或略的解说，包括朝贡文书所反映的人物、事件和背景。另外，为了更好地了解朝贡文书的不同面向，一份汉语朝贡文书如有其他语言种类，在"简析"部分中全文列出，以资比较。本书收录了数量不一的外语文书，包括英语、葡萄牙语、荷兰语、拉丁语等。

3. 对清代朝贡文书的公文学研究

朝贡文书是重要的公文种类，每件文书都包含完整的公文要素。按照行文方向，清代朝贡文书可分为上行、下行和平行三大类别。朝贡文书的结构可大体分为以下部分：发送者的名称、正文、结束语、受文者名称、行文的日期、签押、印章。在下行文书中，为了表示权威，还实行标朱制度，即用红笔填写行文日期，在文中的关键字样上用红笔圈点勾勒，用以揭示下级注意。朝贡文书的语体具有鲜明特征，正文主要采取四六骈文形式，辞章华丽，节奏紧凑。

本书主要从文体种类、发送者、接受者、时间、头辞、尾辞、文体、内容、用典等多个方面对清代朝贡文书进行研究，以"文书基本信息表"形式分别列出。如果是不完整文书，一些缺项部分不予列出。

4. 对清代朝贡文书的原件研究

朝贡文书原件是清代中外来往过程中留存下来的外交文件实物。中国第一历史档案馆收藏有大量清代朝贡文书原件，诸如琉球国王呈递清廷的各类表奏文书。2000年，中国第一历史档案馆曾前往日本冲绳县公文书馆展出琉球表奏文书80件，其中49件是原件[①]。该馆保存光绪六年（1880年）朝鲜国王的谢表原件，甚至还收藏有葡萄牙国王给雍正帝、乾隆帝的两份信件。中国国家博物馆收藏有康熙十六年（1677年）发给安南国王要求协助平定吴三桂叛乱的敕谕。台湾"中研院"史语所内阁大库档案则收藏有朝鲜庆贺表文，朝鲜、琉球、越南、南掌、暹罗、苏禄、缅甸7个国家的表章文书以及乾隆三十一年（1766年）清廷颁给暹罗国王的敕谕。福建师范大学图书馆古籍部收藏1份道光十年（1830年）琉球国王的例行进贡表文原件。韩国国立中央博物馆发现了迄今未曾公开的珍贵史料《朝鲜国王李玜奏谢表文》与《朝鲜国王李昪奏谢表文》满、汉文各1册[②]。葡萄牙里斯本阿儒达（Ajuda）图书馆珍藏1份乾隆十八年（1753年）清廷发给葡萄牙国王敕谕原件。大英图书馆收藏嘉庆二十一年（1816年）阿美士德使团访华时英国摄政王写给嘉庆帝的信件。台北故宫博物院收藏1份康熙五十五年（1716年）发给罗马教廷的红票原件。

本书在"简析"部分对某些清代朝贡文书的原件进行研究。它们不仅是最原始的档案材料，可以纠正文书在存录、转录过程中出现的各种错误，而且对了解清代朝贡文书的外部形态起着至关重要的作用。只有通过这些原件，才可了解各类朝贡文书的材质、尺寸以及书写格式、布局、印信的加盖、签名。

5. 对清代朝贡文书的纵向历史比较研究

作为中外双方往来的文字媒介，朝贡文书拥有悠久的历史。秦汉以来，随着中国大一统王朝的建立、发展，中国与周边国家开始建立起控制程度不一的朝贡关系，中外朝贡文书开始系统出现。到清代，朝廷延续了历代中国政府这种传统外交文书体例。

本书在每章的"附录"部分选择清代以前朝代保存下来的数量不一的中国与该地区国家往来的朝贡文书，作为研究清代朝贡文书可资参照的系统。由于篇幅有限，对附录中收录的朝贡文书仅原文照录，未作注释、分析。

---

① 《清代琉球国王表奏文书展在日本冲绳举行》，载《历史档案》2000年第4期。
② （日）乌拉熙春、吉本道雅：《韓半島から眺めた契丹・女真》下编第四章，京都大学学术出版会，2011年。

第一章 清代朝贡文书制度述略

朝贡文书作为一种外交文书，是清代中外官方交往的正式文体。按照行文方向，可分为中国皇帝颁给属国的下行文书、属国上达天朝①的上行文书以及中外双方之间的平行文书。清代各类朝贡文书，在撰制、传递、反馈等各环节，都遵循相应的一套制度。了解这一制度，是研究清代朝贡文书的基础。

第一节　朝贡下行文书制度

朝贡下行文书包括诏书、诰命、谕祭文、敕谕和檄谕等几种形式，是清廷行文属国的主要文体。朝贡下行文书在颁发、宣布时，属国贡使要在午门等处按仪领旨；下行文书到达时，属国方面要备龙亭、设仪仗迎接，就如中国皇帝亲临一般。

朝贡下行文书实际上是中国皇帝的各种命令，是中国国内君臣关系延伸到中外关系的体现，其书写格式反映了中国拥有的宗主国地位。朝贡下行文书均为帝王言论，《文心雕龙》对此类文体的特点论述说："皇帝御宇，其言以神。渊嘿黼扆，而响盈四表，唯诏策乎！"② 具体而言：

> 夫王言崇秘，大观在上，所以白辟其刑，万邦作孚。授官选贤，则义炳重离之辉；优文封策，则气含风雨之润；戒敕恒诰，则笔吐星汉之华；治戎燮伐，则声有洊雷之威；眚灾肆赦，则文有春露之滋；明罚敕法，则辞有秋霜之烈。此诏策之大略也。③

一、诏书

诏书是皇帝布告天下臣民的文书。在周代，君臣上下都可以用诏书。秦代时诏书成为皇帝布告臣民的专用文书。汉承秦制，唐、宋废止不用，元、明、清3代又恢复使用。

清代凡国家有重大的政治事件和隆重庆典，都要用诏书宣告全国："大政事，布告臣民，则有诏。"④ 这些"大政事"包括即位、遗命、罪己、维新、立宪等。此外"册立皇后"和"加上尊号、徽号"均须颁诏。颁诏是国家大事，需要举行隆重的典礼。清代颁诏仪式在紫禁城的太和殿或天安门前举行。仪式完成后，诏书的正本交与礼部进行刊刻、誊黄多份副本，分送内、外各衙门。正本随后被送往内阁机构存储。各省接到誊黄的诏书后再次刊印、誊黄，分发所属衙门宣读、张挂。

清代诏书一般由内阁撰拟。诏书格式，起首以"奉天承运皇帝诏曰"开始，接叙诏告事由，最后以"布告天下，咸使闻知"，或"布告中外，咸使闻知"结束，文尾书明下诏的年、月、日，并加盖"皇帝之宝"。

---

① 在清代朝贡体系下，习惯称清廷为"天朝"。
② 《文心雕龙》，诏策第十九，中州古籍出版社2008年版，第195页。
③ 《文心雕龙》，诏策第十九，中州古籍出版社2008年版，第201页。
④ 《光绪会典》卷二，内阁。

诏书用纸使用硬黄笺，表里二层①，一般宽76～78厘米，长190～200厘米不等，每行22～23字。原文用朱圈断句，也有加在行中的。

朝贡诏书是中国皇帝册封属国国王的诏书。清廷册封朝鲜和琉球两国的国王都要颁发诏书1道，由册封使带往该国。册封使节完成册封任务后，要把诏书带回中国，缴还礼部保存。但琉球国王恳请诏书留在国中作为镇国之宝，清廷都特例允准。

清代册封属国国王的诏书实物至今未见，但第一历史博物馆发现的1件明代册封琉球国王诏书的残件可做参考。据相关资料介绍，诏书"为黄色，纸质较厚硬，正面绘有金色龙云花边图案，背面绘有金色朵云图案。经修复后，现长125厘米，宽90厘米"②。这种黄色的、较厚硬的纸质应该就是《光绪会典》记载的诏书材料"硬黄笺"。

二、诰命

诰命又称诰书，是皇帝封赠官员的专用文书。诰作为王命文书开始于西周，如《尚书》载有"大诰"、"汤诰"、"康王之诰"等篇，是天子用以告诫臣工的文书。秦代废而不用，汉代偶用，唐代则在大除授、大赏罚时使用。到宋代，凡文武官员的迁改职秩、追赠大臣、贬乏有罪、封赠其祖父妻室，使用诰命。元代时，封赠文书使用宣命和敕牒：一品至五品官用宣命，六至九品官用敕牒。明沿宋制，封赠一品至五品官员皆授以诰命，清代因之。

清代颁赐中外文武官员的诰命，首先由吏部和兵部提准被封赠人的职务及姓名，而后翰林院依式撰拟文字。届封典时，中书科缮写，经内阁诰敕房核对无误后，加盖御宝颁发。

诰命文式在清代有着严格的限制，使用骈体文，句起首一般都是"奉天承运皇帝制曰"，内容按品级高低增减字：一品，起始6句，中间事实14句，结尾6句；二品，起始6句，中间12句，结尾6句；三品，起始6句，中间10句，结尾6句；四、五品，起始4句，中间8句，结尾4句；六、七品，起始4句，中间6句，结尾4句；八、九品，起始2句，中间4句，结尾2句。文末加盖"制诰之宝"。

清代诰命是用五色或三色纻丝织成的。由于各官员的品级不同，诰命封赠的范围及轴数、图案也各有不同。清朝规定，凡封镇国公以下、奉恩将军以上，用龙边诰命，锦面，玉轴。封蒙古贝子、镇国公、辅国公、札萨克台吉、塔布囊、蒙古王公福晋及封外国王妃、世子、世孙的诰命，为锦面，犀轴。

在朝贡体制下，诰命用于3种情形：一为册封属国国王；二为追封已故的属国国王；三为册封属国国王的王妃、世子。

康熙十二年（1673年）"四月，册封暹罗国王，赐诰命及驼钮银印"③。嘉庆十五年（1810年），"封世子郑佛为国王。照例给予诰命、银印，交该国使臣祗领，恭赍回国"④。嘉庆七年（1802年），清廷册封阮福映，颁发册封诰命："照例给予诰命、敕书，并驼钮

---

① 《光绪会典》卷五八，工部。
② 朱淑媛：《新发现的明代册封琉球国王诏书原件》，载《历史档案》1995年第2期。
③ 《清史稿》，列传三一五，属国三，暹罗。
④ 梁廷枏：《海国四说》，《粤道贡国说》卷二，暹罗国二。

金银印,命广西按察使带同来使前往,宣封阮福映为越南国王。"① 道光二十一年(1841年),清帝下谕内阁:"据礼部查明,南掌国承袭王爵,应颁诰、敕等语。着即遵照嘉庆二十四年成案,于敕书外,再行颁给诰命一道,以符定制。"②

清代发给朝贡国的诰命由内阁负责撰拟。康熙二十一年(1682年)十一月三日,礼部尚书沙澄的题本《礼部题明册封安南国王应只给予诰命》中称:

> 查康熙五年封安南国王黎维禧时给予诰命、印信在案。今封黎维禛为安南国王,应照前例给予诰命、印信。但先封国王黎维禧之时,已经给有印信,相应停给印信,只给予诰命往封。其诰命由内阁撰拟。③

康熙二十一年(1682年)册封安南国王时,由于康熙五年(1666年)册封国王时清廷曾经颁发过印信,礼部尚书请求此次册封只颁发诰命,诰命由内阁撰写。

三、谕祭文

谕祭文是皇帝祭祀天地、神祇、太庙、历代帝王、先圣先贤、忠烈名臣的文书。

清代的朝贡谕祭文分3类:一是在对属国故王祭奠时使用,主要针对朝鲜、琉球、安南这些"遣使敕封"国家而言;二是对在华去世的外国使节祭奠时使用;三是在中国使节往返海途中对海神祈祷、报谢时使用,为专门针对琉球的文书。

清代的谕祭文由翰林院或内阁负责撰写。谕祭文以"维某年某月某日皇帝遣某某谕祭某某"开始,按叙谕祭内容,末以"谨告"或"尚其歆格"结束。谕祭文钤盖"天子之宝","以祀百神"。

中国国家博物馆藏1件雍正帝告天谕祭文(见图1.1),左满右汉,钤"天子之宝",云龙纹边框,纵59厘米,横179厘米,1921年教育部拨交清内阁大库档案。

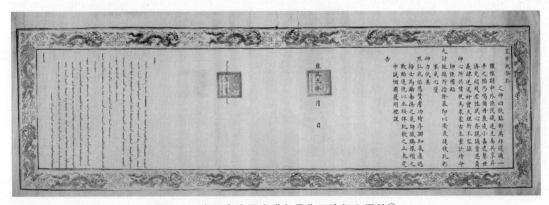

图1.1 雍正帝为平定噶尔丹告天谕祭文原件④

---

① 《光绪会典事例》卷五〇二,礼部。
② 《清宣宗实录》卷三六一,道光二十一年十一月癸丑条。
③ 《明清档案》A39-53。
④ 中国第一历史档案馆:《清代文书档案图鉴》,岳麓书社2004年版,第80—81页。

1. 祭奠故王谕祭文

清代朝贡体制下，中国册封使在朝贡国册封新王之前，一般先要为去世的前代国王进行祭奠，以皇帝名义撰拟的谕祭文表达了尊天敬祖、继往开来的意蕴，符合"生有封，死有祭"之古礼。从册封程序而言，谕祭先王，是表示新王的权力来自先王，这就保证了新王权力来源的合法性。在儒家伦理体制下，由王系家族之外的人物进行登基，是不可容忍的篡夺行为。

康熙二年（1663年），安南国王黎维禔去世，越南遣使告哀。康熙三年（1664年），康熙帝令中朝官员前往谕祭："谕祭故安南国王祭文，内阁撰拟。白金百两，绢五十匹。由户部移取。遣内院礼部官各一人赍往，读文致祭。"①

2. 祭奠贡使谕祭文

清代朝贡体制下，朝贡国因进贡、谢恩、进贺等多种情形向中国派遣使者。一些使者在往返途中去世，另外一些使者在京去世。对于在华不幸去世的外国正、副使者，清廷都会以清帝的名义颁发谕祭文。

3. 祈、报海神谕祭文

在遣使册封国王的3个国家中，朝鲜、安南有陆路与中国相通，中国册封使从陆路进入朝鲜、安南，路途虽然遥远，但一路派兵护送，安全无虞。

琉球是中国唯一派遣册封使节的海外岛国。琉球36岛与大陆相隔大海，双方来往需要跨越海洋这一天然障碍。册封天使②从福州出发，在闽江口外的五虎山出洋，最后到达那霸口外的马齿岛。中、琉之间的人员往来过程中，常有海难发生。《洪北江诗话》记载一则趣闻：

> 本朝册封使至安南、琉球等国，海船中例载漆棺，以备不虞。上必定银牌十数枚，镌曰"天使某人之柩"。盖预防危险时，天使即朝衣、朝冠卧棺内，至船将覆，则棺外施钉，令其随流漂没。海船过而见之，或钩取上船，至内地则告于有司，以还其家。银牌即以犒水手。③

册封天使们在航途中的险恶处境使民间产生了这种传说。此则材料将安南与琉球并举，但清代册封安南的中国天使从不坐船前往安南，这也显示了这一资料的民间谣传特征。

---

① 《光绪会典事例》卷五一三，礼部。
② 在清代朝贡体系中，习惯称清廷派出的使节为"天使"。
③ 章乃炜：《清宫述闻》（上），紫禁城出版社2009年版，第152页。

为保证前往琉球的册封使节在航海途中的绝对安全，中国福建方面制造专门前往琉球的册封舟，或者租用民间最为牢固的商船。这种船体材质坚固，抗风性能良好。但海上航行的风险很高，海途莫测，尽人事后，还须听天意："远涉海涛；虽仰仗皇上威灵，百神自为之效职。"① 对于那些能够保证海途平安的各种海神，清廷都加以祭祀。

清廷对海神的祭祀，符合中国传统礼法。《礼记》曰："夫圣王之制祭祀也，法施于民则祀之，以死勤事则祀之，以劳定国则祀之，能御大灾则祀之，能捍大患则祀之。"② 朝廷设立祭祀的标准有5种："法施于民"（用礼法施惠于民的人）、"以死勤事"（用生命勤勤恳恳敬业的人）、"以劳定国"（凭功绩稳定国家的人）、"能御大灾"（能够抵御大灾祸的人）和"能捍大患"（能够救民于水火的人）。东南沿海以天后为代表的各种海神庇护航海者出入平安，帮助渔民抗御各种海难，符合"御灾捍患则祀之"的标准。为报答这些神祇的功德，祭祀天后等海神成为清代官方祀典之一。因此，以皇帝名义，由册封使节主持的祭祀天后等海神仪式成为册封琉球国王过程中必不可少的环节。册封使在行前和归后的谕祭天后仪式均在怡山院举行。怡山院位于福建莆田湄洲岛上，其中设有天后庙，香火甚盛。

谕祭天后等海神一般都有祈文、报文两道，通常在确定册封琉球使人选后，由礼部移文翰林院撰文。祈文是在乘船出海时向海神的祈祷，希望海神一路"静摄波涛，稳浮樯楫"，保佑使者途中平安；报文是册封使顺利返回大陆后，答谢海神的庇佑。

祈、报海神文制度由明朝嘉靖十三年（1534年）出使琉球的陈侃开创。陈侃经历凶险海途而平安归国，为此上奏"为乞祠典以报神功事"："臣等感其功，不敢不厚其报，……伏望圣慈悯念，下之礼部详议可否。万一其功当报，令福建布政司与祭一坛，庶天恩浩荡而幽冥有光矣。"随后礼部回复："看得给事中陈侃等奉使海外，屡遭风涛之险，幸获保全。海神效职，不可谓无；赐之以祭，礼亦有据。随移翰林院撰祭文一道，行令福建布政司备办祭物、香帛，仍委本司堂上官致祭，以答神庥。"从此，册封琉球国王事先需准备祈、报海神文，"行令福建布政司于广石海神庙备祭二坛：一举于启行之时而为之祈，一举于回还之日而为之报。使后来继今者，永着为例；免致临时惑乱、事后张皇，而神之听之，亦必有和平之庆矣"③。

四、敕谕

敕谕是皇帝谕告下属的文书，颁赐对象只限于某一地区、某一个人、某一事件，与昭告天下的诏书相比，地位略低。

朝贡文书中的敕谕主要用于两种情形：一为册封。清代对朝鲜、琉球、安南、暹罗等属国国王、王妃、世子的册封，在颁发诰命的同时，还要颁发敕谕1道。二为针对国王所提要求，清廷以皇帝名义进行的批复敕谕。早期清廷给西方国家包括荷兰、葡萄牙、英国

---

① 萧崇业：《使琉球录》卷下，台湾文献丛刊第287种，台湾银行经济研究室编印，1970年。
② 《礼记》卷四六，祭法。
③ 萧崇业：《使琉球录》卷下，台湾文献丛刊第287种。

等国的官方文件，都以敕谕的形式颁发。敕谕在一定程度上可算作清廷外交国书的主要形式。

敕谕文体用骈体文，由内阁撰拟、阅定。敕谕格式，文首用"皇帝敕谕某某"开始，接敕谕事由，最后以"钦哉！特谕"结束。满汉文合璧，最后书明颁发敕谕年、月、日，并加盖皇帝"敕命之宝"。

敕谕的用纸分3等：一等为金龙香笺，表裏4层黄纸；二等为画龙笺，表裏3层黄纸；三等为印边龙笺，表裏2层黄纸。

清代外交敕谕实物较多，韩国、葡萄牙等国博物馆都有收藏。

五、檄谕、移文

檄谕是晓谕、通告、责备下属的一种文书体例。"檄者，皦也。宣露于外，皦然明白也。"其功能在于："震雷始于曜电，出师先乎威声。故观电而惧雷壮，听声而惧兵威。兵先乎声，其来已久。"① 因此，檄文语言气势旺盛，词句简洁、明了、有力，目的在于先声夺人，威慑敌胆。

清代外交檄谕主要用于中国与未通贡国家之间的往来，除了用于通告事项外，在双方出现冲突、误会时，也使用檄谕，晓之以理，动之大义，表明中国的严正立场，要求该国遵守规则，勿得妄行以干天咎。这类檄谕的发文主体是中国的地方长官而非最高统治者，一方面因为外国与中国没有建立正式的朝贡关系，另外也有限制冲突规模、为以后转圜预留余地之意。

檄谕对行文对象使用"尔"、"汝"等称谓，文体随意。清代一些重要的外交檄谕均由军机处撰拟，以地方官名义发出。

与檄谕类似的文体，还有移文。"移者，易也，移风易俗，令往而民随者也。"檄文、移文的区别在于文、武场合不同："逆党用檄，顺命资移。"② 移文主要用于洗濯民心、教化人民等文事。

六、札谕、札付、谕贴

札谕、札付是清代上级官府委派下级办事的指示文书。札文的具体程式为：文首以"某某衙门（或某某官员）为札饬事（或给札事）"开始，接着以"照得"或"某某案呈"引叙札饬的内容，最后以"特札"或"须致札者"结束，文尾书明具札年、月、日，并加盖官印。

谕贴是清代各级官府对下属部门、官吏、绅商、百姓发布的指令。篇幅较短的采取纸片谕，篇幅较长的采取折叠而成的折式谕。谕贴的具体程式为：文首以"谕某某"开始，接叙所谕之事，文尾以"特谕"等词结束，文末书有谕贴发出年、月、日，并加盖官印。

---

① 《文心雕龙》，檄移第二十，中州古籍出版社2008年版，第206页。
② 《文心雕龙》，檄移第二十，中州古籍出版社2008年版，第212页。

清代外交札谕、札付主要是用于对缅甸、南亚国家的文书，外交谕贴则以广州官员发给行商有关管理在粤外国商人内容的为多。

第二节　朝贡上行文书制度

朝贡上行文书是属国呈递宗主国的文书。对于上行文书体裁，《文心雕龙》论述说："汉定礼仪，则有四品：一曰章，二曰奏，三曰表，四曰议。章以谢恩，奏以按劾，表以陈情，议以执议。"① 汉代制定的章、奏、表、议4种上行文体及其功能，随着时代推移有所变化。清代时，主要演变为表文、奏本、奏折、禀文等几种形式。其中的表、奏体例，是清代上行文书中的主体，尤其是表文，它是外国行文中国的"国书"。

上行文书在用词方面，一般都有"稽首顿首"、"诚惶诚恐"等表示臣子身份地位低微的词汇。在缮文时遇有"皇帝"、"圣上"、"谕旨"等词汇，必须抬格大写，以表示对皇帝的无比尊崇，而表示属国国王身份的"臣"等字则须小写。

一、表文

（一）表文格式

表文始于汉代，是大臣向皇帝陈述事情的文书。唐宋以来，仅限于陈谢、庆贺、进献所用。元代时，庆贺表文称为表章，每遇皇帝生日、元旦，五品以上官员皆上表章进贺。明代庆贺文书除表文以外，又增加笺文一项，表针对皇帝和皇太后，笺针对皇后。

清代表文制度沿袭明制。清代表文有两项功能：一作庆贺之用。遇有庆典，如登极、传位、册立皇后、上尊号等，王公百官均上表庆贺。贺表由正表和副表各一合为1份组成，正表卷而不折，副表折而不卷，共为1函。庆典结束，贺表送内阁收藏。二作进献修史之用。史书修成，须由总裁官具表进呈。此外，当年考取的文武进士，也要呈表谢恩。

清代表文格式由内阁统一撰拟定式。各地官员所具贺表，依定式录进。表中文字采用汉字，或满汉合璧书写。表笺的文体大都是骈四俪六。其中贺表以"某官某某等，诚惶诚恐，稽首顿首上贺"语句开始，继用"伏以……恭惟皇帝陛下……"等套语分拟文句，末以"臣等无任瞻天仰圣欢忭之至，谨奉表称贺以闻"语句结束。文中出现皇帝、皇太后字样要写在宽1厘米、高29厘米的黄绫上，以示区别。贺表、贺笺文前和文尾均用官印，缮写好以后装入黄色绫质封套之中，封套下方注明贺表、贺笺人的官衔、姓名，盖上官印，然后交官差或驿站递送宫中。

属国表文是清代表文制度中的重要组成部分，是朝贡上行文书中的主要体裁。属国表文也有固定格式。朝鲜国王进献清廷的各类表文，基本与中国国内表文种类的格式相同。其他国家的表文主要属于进贡表文，也须遵循固定格式。同治年间，由于云南地区有回民

---

① 《文心雕龙》，章表第二十二，中州古籍出版社2008年版，第224页。

起义，缅甸贡道断绝，而且云南所存的有关缅甸进贡表文的卷宗因战乱遗失，云贵总督岑毓英特上奏清帝，请求礼部咨发缅甸进贡表文的格式以备查核。以下为岑毓英于同治十三年（1874年）八月十五日所发《请敕部咨发缅甸进贡表式片》的原文：

> 再，缅甸国地方与滇接壤，向来呈进贡物，取道滇省。军兴以来，道路梗阻，职贡不通，历次颁发该国宝诏共六道，交督臣转发，均系发交藩司暂存司库。上年臣督师攻克大理、顺宁、腾越府厅各城。据永昌府属孟定土知府罕忠邦，带领缅官吗汗坐定这呷懦呷他到省，呈投缅字禀函，翻译汉字，据称：缅王闻滇省军务肃清，今其具禀来滇请示呈贡各事。当经臣谕令照例办理，并饬藩司将寄存宝诏六道发交，请补永昌府知府朱百梅、派委副将衔补用游击杨廷瑞等恭赍前往。兹据该府申报，杨廷瑞等由缅甸旋滇，赍来缅字公文四箱。传通事翻译汉字，系致督抚公文各一件，司道公文共一件，永昌府公文一件。除该府公文留署备案外，其余缅文三件并译出汉文三纸，仍交杨廷瑞等赍至省城，请示核半等情。臣当即与署藩司沈寿榕等将各缅文拆阅，据译出汉文内开：该国王奉到宝诏，甚为钦感。现在修路选象，即欲进贡，请先为代奏等语。臣查缅甸僻在荒服，自前明嘉靖后即不通职贡，迨我朝乾隆年间始倾心纳款，百余年贡献不绝。前以军兴道梗，未能展其报效之忱。兹蒙圣主恩周遐迩，泽被蛮荒，内地既已肃清，外域尤思效顺，亟应相机招徕，以示朝廷怀柔之至意。惟该国此次来文，虽语极恭顺，无违悖字样，而国王未列姓名称谓，多有不合。将来进贡表文能否合式尚未可知。前据缅官到滇请示，因滇省前有马荣之变，各署文卷遗失，无案可稽。相应请旨，敕部检查旧案，酌定表文款式，咨发到滇，转行遵办，以崇体制。
>
> 除将缅文原箱暨照钞译出汉文咨送礼部备查外，谨附片具陈，伏乞圣鉴训示。谨奏。①

（二）表文种类

属国表文按照功能大致可以分为以下几种：

1. 进贡表文

进贡表文为属国朝贡中国的正式表文，也是朝贡中国的凭证之一。"定外国朝贡，以表文及方物为凭。该督抚查验的实，方准具题入贡。"② 外藩使臣依规定贡道进入中国后，须先由当地督抚查验该使臣携带的进贡表文，查验无误后才允许进京朝贡。进贡表文是朝贡国来华必不可少的公文，以琉球国表文为例，中国第一历史档案馆现收藏琉球各类表文75件，其中进贡表文就有33件。

---

① 李根源：《永昌府文征》（三），《文录》卷一五，云南美术出版社2001年版，第2542页。
② 《清会典事例》卷五〇三，礼部·朝贡·贡物一。

2. 请封表文

请封表文为属国请求中国皇帝对国王世子、世孙或王妃进行册封的表文。使用请封表文体例最为规范的国家是朝鲜、琉球、越南3国。暹罗、缅甸、廓尔喀等国在与清代中国最初建立朝贡关系时，文书也采取了请封表文形式。

3. 庆贺表文

庆贺表文为属国庆贺中国重要节日、胜利、吉庆的表文。清代凡元旦、冬至、万寿三大节，朝鲜都要例行上表庆贺。其他庆典场合，诸如嗣立、上徽号、平叛等情形，朝贡国也会上表庆贺。道光八年（1828年），清军平定张格尔在南疆发动的叛乱，暹罗政府在道光九年（1829年）遣使"表贺回疆底定"。清宣宗接到两广总督李鸿宾的奏报后说："因擒获张逆，具表叩贺，情词恭顺，甚属可嘉。"① 缅甸国王孟既也"遣使表贺生擒逆裔张格尔、恭上皇太后徽号"②。

4. 谢恩表文

谢恩表文为属国感谢清廷册封、赏赐、恩典或救助的表文。以琉球国为例，在琉球国官派的留学生在国子监学习肄业归国、清帝遣使册封琉球国王礼成、清帝赐琉球国王特殊物品及御书匾额等几种情形下，琉球国王都须上谢恩表文。谢恩表文或由进贡使节附带，或由国王专门派遣谢恩使节进奏。

（三）表文材质

属国表文使用的书写材料，因地区不同而有所差异。清代表文的材质大致有以下几种：

1. 纸质表文

纸质是朝贡表文的主要书写材料，各国使用的纸质各有不同。

朝鲜表文使用高丽纸，表裏数层，用汉字书写，时称"事大文书"。朝鲜表文正本的尺寸规格，在康熙四十四年（1705年）时规定为纵7寸③9分④，横3尺⑤；乾隆元年

---

① 《清宣宗实录》卷一五九，道光九年八月己巳条。
② 《清宣宗实录》卷一六三，道光九年十二月甲子条。
③ 1寸≈3.33厘米。
④ 1分≈0.33厘米。
⑤ 1尺≈33.33厘米。

（1736年）之后，变为长1尺6寸6分。乾隆皇帝对朝鲜进献的贺表赞赏说："字画整齐，纸品精洁，朝鲜事大之节，敬谨如此，可作他藩之法。"①

为保证纸品质量，朝鲜在承文院设置专门制作朝贡文书纸张的机构——造纸局，"专造诸般纸地，以备文书之用"②。但造纸局垄断造纸引起新的弊端："表笺纸，必用京中所造，故捣炼之弊甚巨，欲使下三道，分定造作，以减京中之弊。"③ 朝鲜政府采用向地方外包的方法试图避免"捣炼之弊"。朝鲜政府还对负责捣炼程序的造纸局官吏加大监督，如果出现纰漏，则命司宪府追究责任。

朝鲜的造纸术大约在4世纪传自中国。10世纪以后，朝鲜的造纸技术有了飞快的发展。明初，朝鲜已经设置了造纸所，生产出大批优质的纸张。中国把朝鲜生产的这种纸张称为高丽纸，并认为高丽纸由蚕茧制成。对于这种说法，明代出使朝鲜的使者做了更正：高丽"纸造以楮，而以茧认者，以其捣炼之工。旧皆传其国所出之纸为茧造，至乃知以楮为之，但制造工耳。予尝以火试之而知其然"④。高丽纸由楮树皮制成，也由清代材料证实。康熙帝曾亲自询问朝鲜使臣后得出结论说："彼国人取楮树去外皮之粗者，用其中白皮捣煮，造为纸，乃绵密滑腻，有似蚕茧。"⑤ 由于朝鲜造纸几乎完全保存着其原料楮树皮的纤维质，和绸子一样坚韧，其纤维质易于被碱溶化，所以很柔软，白色度又高，纸面也很光滑。高丽纸这种优良品质，就如明代资料《万历野获编》所言："今中外所有纸，推高丽贡笺第一。厚逾五铢钱，白如截肪切玉。每番揭之为两，俱可供用。以此又名镜面笺。毫颖所至，锋不留行，真可贵尚。独稍不宜于画。"⑥

琉球表文为白纸折叠形式，其规格为纵34厘米、横13厘米。表文为黄色封面，封面上方写"进贡表"或"谢恩表"3字。表文封面、末尾都加盖"琉球国王之印"。

琉球的造纸技术主要从中国引进。康熙三十四年（1695年）是琉球本国制造纸张的开始，康熙四十一年（1702年）琉球创制出楮纸，康熙五十六年（1717年）创制出了芭蕉纸，雍正二年（1724年）创制出了色半纸、广纸，雍正四年（1726年）创制出奉书纸、高檀纸、百田纸，乾隆六年（1728年）创制出稿纸。此后琉球从生产原纸发展到制作印金纸、缎子纸等工艺纸。琉球政府为提高造纸的规模，还专辟造纸区，设置掌管造纸事务的官职。

关于琉球纸张种类，资料记载：

> 纸有数种，皆谷树皮为之，俗呼绵纸、清纸，护寿纸尤佳。大护寿，宽可四尺，直可二尺许；中护寿，宽可二尺，直可尺五；小护寿，视中者宽，直略减一、二寸，而纸料亦远不及。有花纸，俗呼围屏纸，出土噶喇，有绿纹相间者尤

---

① 《朝鲜王朝实录》，正宗十四年九月甲辰条。
② 《朝鲜王朝实录》，宣祖二十九年八月戊申条。
③ 《朝鲜王朝实录》，世祖十一年三月丙子条。
④ 邓士龙：《国朝典故》卷之八九，董越《朝鲜赋》，北京大学出版社1993年版。
⑤ 《康熙几暇格物》，"朝鲜纸"条，上海古籍出版社2007年版，第84页。
⑥ 沈德符：《万历野获编》卷二六，中华书局1959年版，第660页。

佳，然方幅皆仅如中护寿，不宜书，裱窗壁间亦殊可爱。①

根据以上记载内容，琉球纸中的大多数种类由楮树皮（谷树皮）制成。楮树，也叫构树、谷树，所以楮皮纸也叫谷皮纸。我国宣纸与朝鲜高丽纸的制作材料也为楮树皮。琉球所产的各类纸中，护寿纸质量最好，围屏纸则为花纸，可作为糊墙裱窗之用。

对于琉球纸张，琉球册封使徐葆光曾有《球纸》一诗咏之：

> 流水茧纸扶桑蚕，十华捣就藏龙龛。
> 一缣一纸购不得，岛客求书致满函。
> 冷金入手白于练，侧理海涛凝一片。
> 昆刀裁截径尺方，迷雪千层无幂面。
> 我毫弱似痴冻蝇，寒光耀腕愁凌冰。
> 卷迸空箱加什袭，携归到剡夸溪藤。
> 十载京师了书债，廨墙寺壁都遭疥。
> 高丽茧纸称最精，年年贡自朝鲜界。
> 方幅虽宽质此同，两邦职贡皆海东。
> 邛竹蒟酱一水通，望洋浩浩歌皇风。②

诗中不仅对琉球纸称赞有加，而且对朝鲜纸也有很高评价。

越南进贡清廷的朝贡表文材质使用越南本国生产的纸张。越南在宋代时，还无生产纸、笔的能力："不能造纸、笔。"③ 宋代交趾使用的纸张都需要向邻近的中国地区购买，我国钦州地区"小商，近贩纸、笔、米、布之属，日与交人"④。在清代，越南已经向清廷进贡纸张，表明越南生产纸张技术的重大进步。

嘉庆四年（1799年）五月十日，安南国王阮光缵呈递悼挽乾隆皇帝金笺（见图1.2）。该金笺册，横14.5厘米，纵25厘米，共9页。封套，横16.5厘米，纵27.5厘米。⑤ 金笺制作精美，显示了越南精湛的造纸技艺。

图1.2　嘉庆四年（1799年）安南国王呈递的金笺册

---

① 周煌：《琉球国志略》卷一四，物产，台湾文献丛刊第293种，台湾银行经济研究室，1972年。
② 周煌：《琉球国志略》卷一四，物产，台湾文献丛刊第293种，台湾银行经济研究室，1972年。
③ 赵汝适：《诸蕃志》卷上，交趾国，中华书局2000年版，第1页。
④ 周去非：《岭外代答》卷五，财计门，中华书局1999年版，第196页。
⑤ 台北故宫博物院收藏。

俄罗斯表文使用金色花边绘图纸。康熙年间，俄罗斯访华使团携带的国书表文一般都使用这种纸质。康熙十五年（1676年），斯帕法里使团携带的国书"用大张绘图纸书就。整个国书的四周绘有金色花边。神的称呼、君主的称号至'莫斯科'一词之前写的都是金字，而汗的称号，除'至尊的博格德汗'几个字写的是金字外，其余的都是墨水写的"。康熙二十五年（1686年）的维纽科夫使团、康熙三十二年（1693年）的伊兹勃兰特使团携带的俄国国书，"用大张绘图纸书就。整个国书的四周绘有金色花边。金边以内的文字行与行之间衬以银地。国书开头君主和博格德汗的称号写的是金字，信的内容是用黑色墨水写的"①。俄国表文使用的这种绘图纸，雍正时期的俄国萨瓦使团曾向清廷进贡"三令"。

葡萄牙表文使用精美的花边纸张。中国第一历史档案馆收藏有两份葡萄牙表文原件。其中雍正五年（1727年）的葡萄牙表文为纸质，纵33厘米，横44厘米。背面贴有黄签，注有"雍正五年博尔都雅国恭进原表"的字样。②乾隆十八年（1753年）的葡萄牙表文背面也贴有黄签，注有"乾隆十八年博尔都雅国恭进原表"的字样。

英国表文的材质从大英图书馆收藏的1816年阿美士德使团访华的英国表文原件可知。这份表文的设计异常精美，文字写在四周印有花边的长方形纸上，最上的花边中间印有英国皇家盾徽，盾面由4组图案组成，其中两组分别为3只金狮图案，象征英格兰；一组为1只红色狮子图案，象征苏格兰；一组为1个竖琴的图案，象征爱尔兰。盾面左侧为1头狮子，右侧为1只独角兽。盾面上端为帝国王冠。花边内侧的四角分别印有4枚不同款式的星芒状勋章。国书被装在1个信封里，阿美士德在信封上写了如下文字："这是摄政王写给中国皇帝的原信。我没有机会递交。"

以上俄国、葡萄牙和英国表文的材质全为欧洲地区生产的西洋纸。西洋纸具有纹理细腻、纸面光泽、较厚等特点。关于西洋纸的制作方法，《职方外纪》曾有记载："有苎麻之类名利诺者，为布绝细而坚，轻而滑，大胜棉布，敝则可捣为纸，极坚韧，今西洋纸率此物。"③由此可知，西洋纸使用旧的利诺布制成。另据清代中国出使欧洲的外交官黎庶昌记载，欧洲19世纪80年代造纸之法如下：

> 又观一纸作。纸料分三种：一为布筋，一为木皮。木皮来自瑞典。一为草料，其草名为"付尔密要丹纳"。制造之法，先将纸料装入径四寸许铁蒸桶，高悬丈许，用机器旋转之，桶转而汤气贯入，四面皆匀。蒸至十二点钟，料即腐朽，候其冷定，以付洗池。池内有刀梳爬之，梳爬既松，取出压叠成饼，再付清水洗池，加入灰镪水，名为"克诺尔预得收"。约二十分钟，料即渐渐受白。上有机轴匀搅，池水回环动荡。视其形如棉絮，启池底通管漏出滤干。次日，再入清池搅匀如豆渣，始放从大管流入别室。有木槽承之，涧有平齿，料水从平齿上漫过，逐渐停匀。凡四叠而下入五尺宽槽内，一铜丝透空巨轴横挡之，如织布之综然。流过此轴，粗渣尽去，即有白粉一层，垫于细丝铜帘上。两边用印度胶方

---

① （俄）尼古拉·班蒂什-卡缅斯基：《俄中两国外交文献汇编》，商务印书馆1982年版，第430、431、433页。
② 第一历史档案馆：《清代文书档案图鉴》，岳麓书社2004年版，第272页。
③ （意）艾儒略：《职方外纪》卷二，欧罗巴总说，中华书局1996年版，第67—68页。

条约束，以定宽仄。再过一毡轴，而纸以成。过毡后，又入两巨轴间，压平其上面，复卷而上，再压其下面。压毕，腾过四烘轴。轴下热气熏蒸，须臾即干，至末卷成巨捆。凡经机轴六次，皆一次呵成，神速异常，不假人力。是局所用水轮机四十五马力，火机八马力，亦至省矣。①

19世纪80年代欧洲已经开始使用机器动力制作纸张，原料包含布筋、木皮、草皮3种。

阿富汗表文使用金字浡泥蜡纸。乾隆二十七年（1762年），爱乌罕（阿富汗）爱哈默特沙汗进呈一种"浡泥蜡纸金字"表文。乾隆二十八年（1763年）正月，乾隆帝在诗中对阿富汗这一表文材料记载："遣使进表非招致，浡泥蜡纸金字题。"②

阿富汗表文材质"浡泥蜡纸金字"是上书金字的蓝色蜡纸。所谓"浡泥蜡纸"应为磁青纸，这是一种古代珍贵的写经用纸，以桑皮纸为原料，用青花染料染成深青色，再经研光。浡泥是苏勃泥青的简称，即苏麻离青，产自波斯的青花色料，主要被用来制作青花瓷的颜料。屠隆在《考盘余事》形容"磁青纸，如段素，坚韧可宝"③。磁青纸颜色为深蓝，在纸面上用泥金书写文字，色泽鲜亮，明暗相映。

另外，中亚国家也有呈献金花笺表文的。在乾隆《紫光阁赐宴联句》诗中有"金花笺噜克霭表"句，乾隆帝自注曰：噜克霭，"帕尔西语，谓表笺也"④。金花笺又称描金花笺，即在彩色纸、绢上用金银粉加绘各种折纸花图案⑤。

2. 金叶表文

金叶表文使用金箔打制而成。安南、暹罗、缅甸、廓尔喀、荷兰都曾进过金叶表文。各国进金叶表文，仅从乾隆十八年（1753年）至五十一年（1786年），暹罗共7次，安南国共6次。乾隆五十二年（1787年）至五十七年（1792年），暹罗共进3次，缅甸共进5次。乾隆五十八年（1793年）、嘉庆元年（1796年）暹罗分别进1道，嘉庆二年（1797年），进两道。缅甸在乾隆五十九年（1794年）、六十年（1795年）分别进1道⑥。荷兰在康熙五年（1666年）也曾以金叶表文进贡中国："国王耀汉连氏、甘勃氏遣陪臣宾先巴芝奉金叶表。"⑦

关于金叶表文的具体形态，南宋庆元六年（1200年）真里富国进呈中国的1件表文，资料描述："其表系金打卷子，国主亲书黑字。"⑧ 这一表文用黄金捶打成薄片，可在上面书写文字，又可以卷起放入匣内，这是我国史料中最早记载的外国金叶文书。乾隆五十年

---

① 黎庶昌：《西洋杂志》，社会科学文献出版社2007年版，第174页。
② 《〈西域图志〉校注》卷四六，《御制爱乌罕四骏歌》，新疆人民出版社2002年版，第587页。
③ 屠隆：《考盘余事》卷二，浙江人民美术出版社2012年版，第248页。
④ 徐松：《新疆赋》，中华书局2005年版，第526页。
⑤ 沈从文：《谈金花笺》，《龙凤艺术》，北京十月文艺出版社2013年版，第72页。
⑥ 《文献丛编全编》第10册，藩属表章票拟式样，北京图书馆出版社2008年版，第144—145页。
⑦ 梁廷枏：《海国四说》，《粤道贡国说》卷三，荷兰国，中华书局1993年版，第207页。
⑧ 《宋会要辑稿》蕃夷四。

(1785年),在京的朝鲜使臣谢恩书状官李泰永目睹暹罗的金叶表文后描述说:暹罗"表文名曰金叶表,横写字行,恰似梵书,全不可解"①。另外,据清宫内务府档案记载,缅甸国金叶表文的金含量为"八成色"。②

台湾故宫收藏的乾隆时期暹罗进贡的1份金叶表文(见图1.3),横28.5厘米,纵16.3厘米,螺钿盒装,金丝线织锦袋,袋上有金圈,另有龙纹蜜蜡封泥。③

图1.3 乾隆时期暹罗进贡的金叶表文及其包装

3. 银叶表文

银叶表文使用银箔打制而成。乾隆十六年(1751年),缅甸"贡金叶表文一道、银叶

---

① 李光涛:《记清代的暹罗国表文》,载《明清档案论文集》,台北联经出版事业公司1986年版,第1021—1022页。
② 中国第一历史档案馆:《清代中国与东南亚各国关系档案史料汇编》第2册,菲律宾卷,国际文化出版公司2004年版,第463页。
③ http://tech2.npm.edu.tw/Exhibit/sysweb/npm100/images/k4c000064_b.jpg.

表文一道恭进高宗纯皇帝前"①。嘉庆五年（1800年），又恭进"高宗纯皇帝银叶表文一道"②。

台湾故宫博物院收藏乾隆十六年（1751年）缅甸进贡的银叶表文（见图1.4），纵10厘米，横79厘米，象牙表桶装③。银叶仿造贝叶书状制成，两端呈渐尖形。

图1.4　乾隆时期缅甸进贡的银叶表文及其包装

4. 蒲叶表文

这一材质的表文主要由南掌进贡。雍正八年（1730年）、乾隆三十六年（1771年），南掌曾进过销金缅字蒲编、蒲叶表文各1道④。除了南掌外，缅甸也使用蒲叶文书与中国官方来往。资料记载，缅甸"咨呈内地文件，向用蒲叶缅文"⑤。乾隆年间中缅战争时期，缅方就曾使用蒲叶文书与中国多次进行交流。根据中方材料，南掌、缅甸的蒲叶文书有如下特征：

（1）蒲叶外形似薄木片。曾接收南掌表文的云贵总督阮元对蒲叶文书曾有描述："南掌贡表、呈总督文书，不用纸，皆用蒲叶番字，字横行。蒲似木柿，长尺宽寸而圈之。"⑥这一资料描述蒲叶表文的外形如木柿，即削成的薄木片，纵1寸，横1尺，周边加圈装

---

① 《嘉庆礼部则例》卷一七九，主客清吏司。
② 《嘉庆礼部则例》卷一七九，主客清吏司。
③ http：//tech2.npm.edu.tw/Exhibit/sysweb/npm100/images/k4c000051_b.jpg。
④ 《光绪会典事例》卷五〇三，礼部。
⑤ 故宫博物院编：《清代外交史料》，嘉庆朝二，1932年，第17页。
⑥ 阮元：《研经室续集》卷一〇，《辛卯南掌国贡驯象》原注二，商务印书馆1935年版。

饰，蒲叶上以横行书写文字。将零散蒲叶编订成册后即称"蒲编"。

（2）蒲叶是敬佛的书写材料。对于南掌蒲叶的书写功用，云南地方官员曾向南掌贡使专门询问金字表文为何写在蒲叶上？南掌贡使解释说："小国没有纸，敬天敬佛才用蒲叶写金字。若文书用芭蕉叶写字，其余俱用竹片子写字，这蒲叶金字进贡皇帝与敬天敬佛一样。"① 这一资料显示，老挝书写材料有芭蕉叶、竹片和蒲叶，其中蒲叶是最为高级的书写材料。缅甸、老挝一带，常用蒲叶作为书写材料，《云南通志》记载："缅和尚，思茅、威远、宁洱有之。以黄布缠头，披黄布为衣，仿佛喇嘛，所诵佛经皆蒲叶缅文。"② 另清代《普洱府图说》在描摹普洱少数民族的"莽子"图中，有一种"蒲竹"书写材料的形象。在图中，有两个男子披着彩缯，其中一男子坐在树桩上，用铁笔在蒲竹上专心刻字，边上还放有4块蒲竹。另一男子身背一物站在后面观望。图的左上方跋文："莽子，性缓，嗜利，披彩缯而不衣，以铁笔书字于蒲竹，谓之莽字，凡文牍译为缅字，再译为汉字，乃悉思茅有之。"③ 此资料中的蒲竹应该就是书写佛经的蒲叶。

（3）蒲叶具有特殊书写、颜色和装帧方式。在上述阮元对蒲叶表文的描述中，蒲叶上的文字书写为由左向右的横写。蒲叶表文的字迹颜色为金色。南掌珍贵文书，要在蒲叶的边缘涂上金粉，或者蒲叶文字全部用金粉涂抹，此即所谓"销金"字。《竹叶亭杂记》也记载：南掌"每贡用蒲叶金字表文"④。雍正八年（1730年），南掌进贡的表文名为"销金蒲编"，其中"销金"是指文字颜色，而"蒲编"是指将单个蒲叶连缀成册的装帧形式。

根据以上蒲叶表文的几种特征推断，蒲叶与人们熟知的贝叶在物理特性、制作和使用方法等方面完全一样。贝叶是棕榈科植物贝叶棕，一般生长于热带、亚热带地区。制作贝叶文书时，先采下鲜花叶，按一定的规格裁条，压平打捆，加酸角、柠檬入锅共煮，再洗净、晒干压平。用墨线在贝叶上弹成行，用铁笔按行横刻文字。最后，在刻满文字的贝叶上涂上颜色，用布抹擦贝叶表面后，仅文字刻痕内的颜料得以保留，最终呈现出清晰的字迹。在完成所有的贝叶后，对每片贝叶进行穿孔后，再穿以麻绳装帧成册。贝叶是缅甸、老挝、泰国一带地区最为常见的书写材料，一般将佛经抄在贝叶上面装订成册成为贝叶经。由于贝叶书写材料不易保存，1998年，联合国将印度、斯里兰卡、尼泊尔、老挝、不丹、泰国大约10万片的棕榈贝叶手稿纳入《世界记忆名录》的文献遗产项目。

因此，南掌进贡蒲叶表文使用的蒲叶应该就是常见的贝叶。贝叶源于对梵文 Pattra 的翻译。Pattra 本是"树叶"的意思，古代译师为区别一般的树叶，便采取音义混译的办法，将梵文 Pattra 第一个音节 pa 译为"贝"，后加该词的本义"叶"，构成汉译的"贝叶"。蒲、贝发音相似，蒲叶成为贝叶的另外一种译音。

---

① 岑毓英：《云南通志》卷二〇六，光绪二十年刊本。
② 阮元：《云南通志》卷一八六，道光十五年刻本。
③ 熊丽芬：《从普洱府图说看清代当地民族风俗（上）》，载《收藏家》2011年第9期。
④ 姚元之：《竹叶亭杂记》卷三，中华书局1982年版，第89页。

（四）属国表文用印制度与属国王印规格

1. 属国表文用印制度

传统属国递交中国皇帝表文都要钤上清朝颁赐的王印。朝鲜表文"凡踏宝，正本则踏末端年月及皮封面，副本则踏年月及衣面。凡文书连张处踏宝，封纸上踏宝"①。对表笺用印时间也有规定，"入朝文书，自今发程前期五六日，受押安印"②。

清代朝贡文书加盖王印之处以朝鲜发往中国的表、奏、咨文为例，如表1.1所列③。

表1.1 朝鲜文书安宝处列表

安宝的4处位置	表、笺、状正本	表、笺、状副本	奏本	咨文
安宝处①	年月	年月	年月	年月
安宝处②	皮封面	衣面	衣面	
安宝处③	文书连接处	文书连接处	文书连接处	文书连接处
安宝处④	封纸	封纸	封纸	封纸

朝鲜政府在发往中国的朝贡文书上加盖的王印，有的并非使用真印钤盖。为了使文书中的印迹清晰、美观，朝鲜方面有时由承文院、校书馆的篆文书写官摹写或由图画署画员摹画王印。

朝贡国在发往中国的文书上加盖王印的颜色，分为红色和蓝色两种。在平常时期加盖朱印，在中国皇帝去世时加盖蓝印。越南明命元年（1820年）十一月，越南如清使到达中越边境，并与中方约于十月十九日开关。正值嘉庆帝讣闻，越南使臣请示越南方面将递送清朝表文上的朱印改为蓝印。越南国王认为，"约于前，国恤报于后，清人不以朱印为碍，使臣何乃多此一番辗转为邪！即谕令报关以朱表行"④。

属国的朝贡文书如果没有加盖王印，文书的合法性将受到中国政府的怀疑。乾隆四十六年（1781年）暹罗郑昭进贡中国，由于前朝的王印遗失，表文没有加盖属国王印，在文末不得不作了特别说明："昔勘合例盖驼钮印，此番觅该驼钮印不得，暂盖象首印为凭。"⑤ 南掌从嘉庆元年（1796年）到嘉庆十年（1805年）之间，进贡清廷的蒲叶表文没有钤盖王印，引起了清廷的关注⑥。清廷还对南掌以前文书加盖的王印真伪产生怀疑。嘉庆十四年（1809年），为了查对南掌国王王印的真伪，云贵总督伯麟将乾隆六十年（1795

---

① 《通文馆志》卷三。
② 《朝鲜王朝实录》，世祖十二年四月癸卯条。
③ 李善洪：《朝鲜对明清外交文书研究》，吉林人民出版社2009年版，第160页。
④ 《大南实录》，正编第二纪，卷六。
⑤ 《南洋学报》第七卷，第一辑，第15页。
⑥ 《清仁宗实录》卷二一七，嘉庆十四年八月乙卯条。

年)南掌国发给云南的两份咨文上所盖的印样呈交,以便与礼部所藏印模核对①。

2. 清代属国王印规格

清代属国王印规格基本沿袭明代,具体规格如表1.2所示。

表1.2 清代属国王印规格表

属国	台、大小(寸)	材质	钮式	印文语种	印文篆式	印文内容
朝鲜	平台,3.5×1	金(天银镀金)	龟钮	满、汉	芝英篆	朝鲜国王之印
琉球	平台,3.5×1	镀金银	驼钮	满、汉	尚方大篆	琉球国王之印
安南	平台,3.5×1	镀金银	驼钮	满、汉	尚方大篆	安南国王之印
越南	平台,3.5×1	镀金银	驼钮	满、汉	尚方大篆	越南国王之印
暹罗	平台,3.5×1	镀金银	驼钮	满、汉	尚方大篆	暹罗国王之印
南掌	平台,3.5×1	镀金银	驼钮	满、汉	尚方大篆	南掌国王之印
缅甸	平台,3.5×1	镀金银	驼钮	满、汉	尚方大篆	阿瓦缅甸国王之印

从大小而言,清代属国王印与国内的亲王世子的规格相同,方3寸5分(约等于11.5厘米),厚约1寸(3.3厘米)。

从材质而言,清代的属国王印一般为镀金银质,只有朝鲜国王印是金质。按照清代铸印规定,亲王世子的宝印需要五成金300两②。如果参照这一标准,一颗朝鲜国王金印含五成金300两,按照当代1市斤③等于清代16两的标准计算,朝鲜王印重量大约为9.4公斤④。铸造镀金银印需要纹银180两,十成金叶1两2钱⑤,因此一颗镀金银印的重量大约为5.7公斤。

从钮式而言,清代属国王印采用两种钮式:朝鲜国王印的钮式采用龟钮,安南、琉球、暹罗、南掌、缅甸的国王印采用驼钮。

清代龟钮是仅次于龙钮的等级。妃金印、和硕亲王宝、亲王世子宝、朝鲜国王印均采用龟钮。清代龟钮与前代龟钮造型不同,首、尾均作龙形,身躯似龟。现保存的清代和硕智亲王宝、珍妃宝的印钮都为这一形状。这一造型在清代中国文献中未见具体命名,有人认作贔屃,然而在朝鲜文献中却命名这种钮式为"吉吊":

> 朝鲜国王金印,天银镀金,方四寸,台高一寸一分,吉吊钮,长四寸一分,广二寸四分,体高一寸七分,头高二寸六分,刻深半分,郭广无分。安于事大文

---

① 《清仁宗实录》卷二一七,嘉庆十四年八月乙卯条。
② 清代时,1两=31.25克。
③ 1市斤,即1斤=500克。
④ 1公斤=1000克。
⑤ 清代时,1钱=3.125克。

书。奉安大内。

这一资料明白指出清代龟钮造型名为"吉吊"。关于吉吊,宋代孙光宪的《北梦琐言》卷四记载:"又海上人云:龙生三卵,一为吉吊也。"《山海经·北山经》:"堤山……堤水出焉,而东流注于泰泽,其中多龙龟。"郝懿行云:"疑即吉吊也,龙种龟身,故曰龙龟。"可见,吉吊为一种特殊的龟类——龙龟。

清代驼钮仅见于属国王印上。清代驼钮的造型与汉代以来的驼钮相比,更加精致、写真。我国古代驼钮印主要颁给内附中国的北方外族,到清代,领受驼钮印的国家都位于我国东南海洋方向,驼钮形象不再局限于地理上的北方,而更在于其抽象意义——恭顺形象。

以下龟钮图形来自朝鲜文献,驼钮图形(见图1.5)来自法国《法属印度支那的历史图像》一书①。

图1.5　清代属国王印的龟形、驼形等钮式

从印文语言种类而言,属国王印语种的变化经历了入关前和入关后两个阶段(清廷入关时间为1644年)。清廷入关前的印信制度只使用满文1种,清廷颁发给唯一属国朝鲜的国王印是在崇德二年(1637年),因此,朝鲜国王印的印文语种也只有满文,而且为加圈点的新满文。入关后,清廷印信文字采用满汉合璧制度,布局为左满右汉。满人尚左,满语印文居左表示满族地位高于汉族。入关后清廷颁发给朝鲜、琉球、越南、暹罗、南掌、缅甸的所有属国王印的文字种类均采用满汉双语制度。

从印文字体而言,属国王印字体的发展经历了3个阶段。第一阶段为入关前。满文篆体在天聪六年(1632年)就已经初步创制,目的是为了满足玺印制作需要。② 这一时期清廷颁发给唯一的属国朝鲜的国王印,其满文字体为篆体:"印篆,止有清文无汉篆。"③ 第二阶段为入关后到乾隆十三年(1748年)。这一时期满汉合璧印文的满字使用楷体,不加篆,而汉字则加篆。顺治初年的汉字印文篆法并不严格,朝鲜国王印中的汉字使用了玉箸篆体,一般外藩国王印的汉字篆体则均为尚方大篆(即九叠篆)。这一时期的满汉文字虽

---

① P. Boudet et A. Masson：Iconographie historique de l'Indochine française. documents sur l'histoire de l'intervention francaise en indochine. Paris：G. Van Oest, 1931, p. 53.
② 黄锡惠:《清代玺印满文篆字舛误研究》,载《满语研究》2008年第2期。
③ 《清通典》卷九七。

然合璧，但由于字体不统一，印面显得不协调，缺乏美感。第三阶段为乾隆十三年（1748年）之后。乾隆十三年（1748年），清廷开始改革印制。乾隆帝认为，印文的汉文用篆书，而满文不加篆，是因为满字的篆体未备。在乾隆帝的主导下，仿制汉字篆体创制了满文篆书三十二体，满文篆体至此达到完善。清廷规定此后印信的满、汉文字都须统一加篆，其中朝鲜国王印的满、汉印文采用芝英篆，越南、琉球、暹罗3国的国王印的满汉印文采用尚方大篆。清廷随后开始了长达3年的大规模更换印信政策。

属国王印的印文内容，一般都是"某某国王之印"。具体而言，朝鲜为"朝鲜国王之印"（见图1.6），琉球为"琉球国王之印"（见图1.7），越南为"安南国王之印"（阮朝之前）（见图1.8）和"越南国王之印"（阮朝时期）（见图1.9），暹罗为"暹罗国王之印"（见图1.10），缅甸为"阿瓦缅甸国王之印"，南掌为"南掌国王之印"（见图1.11）。①

图1.6　清代朝鲜王印的三种印面

图1.7　清代琉球王印的两种印面

图1.8　清代安南王印的两种印面

---

① 关于清代属国王印制度的详尽论述，参见拙著《最后的天朝：清代朝贡制度研究》，第九章"属国王印制度"，人民出版社2012年版。

图1.9 清代越南王印的一种印面　　图1.10 清代暹罗王印的一种印面　　图1.11 清代南掌国王印印面

（五）表文的装盛

各国表文的装盛，使用封筒、木盒、象牙筒、漆盒等不同器具。

朝鲜表文装在专门的表笺封筒内，用画有龙凤图案的包袱包裹。据《通文馆志》记载："表、笺、状，封筒长八寸九分，广三寸一分，高二寸九分。表筒，黄，画龙，蜡妆；笺筒则红，画龙；状筒则稍狭，红，画凤。"① 朝鲜对封筒、包袱之上的龙凤图案有严格规定，龙、凤肢体羽翼，不可差误一画，表、笺、筒及袱所画龙肢、爪、头、角、耳、目、鼻、口及所画凤足爪、毛羽、口、眼，更须备细审阅。朝鲜政府对龙凤图案因失误而不点眼、不书爪，至拜表之日，如被发现，负责官吏将被弹劾。此外，朝鲜表文置于蜡纸内，防止途中浸水潮湿。

安南表文装在金饰镯匣里，配有金制锁、钥。② 暹罗金叶表文的包装使用螺钿木盒："表用金叶，贮以金筒、锦袱、锦袋，袋上有金钮、金圈，加盛以螺钿盒一，贴金盒一，并有花缎盒套，套上各有金圈。"③ 这种螺钿木盒高17.5厘米，宽28.5厘米，长26厘米。

缅甸金叶表文的包装使用象牙筒："缅甸表用金叶，盛以象牙筒。"④ 象牙筒由一整块象牙雕成，高23厘米，直径10厘米，筒外刻有两条腾龙纹饰。

南掌的蒲叶正、副表文一同装在1只匣内。阮元描述南掌的这种匣子是一种漆器，"盛以如塔之漆木器"⑤。

英国马嘎尔尼使团携带的国书则装在一个镶有钻石的金盒子里。

（六）表文处理程序

清廷对朝贡表文的处理依照一系列流程。

---

① 《通文馆志》卷三，文书封进。
② 《文献丛编全编》第10册，北京图书馆出版社2008年版，第149页。
③ 《光绪会典》卷三九，礼部主客司。
④ 《光绪会典》卷三九，礼部主客司。
⑤ 阮元：《研经室续集》卷一〇，《辛卯南掌国贡驯象》原注二，商务印书馆1935年版。

1. 审查、翻译

外国所进表文首先要经过入境省份的督抚审查。朝鲜、安南、琉球、南掌的表文有正本、副本之分；暹罗、缅甸的表文有正无副。入境处地方督抚对表文的格式、内容审查后，如果发现表文中有词语不符合朝贡话语体系，或所提请求不符合朝贡惯例者，都需发还修改、删节。

如果外国表文由番字写成，还要对其进行汉译。朝鲜、琉球和安南的表文都用汉字书写，只需审核，无须翻译。其他外国的表文都由番字书写，需要翻译成汉语。汉译工作有的由京城四译馆承担，四译馆不能翻译的则由边境督抚下令当地通事翻译："苏禄、南掌文字，馆内原未肄习，与暹罗表章，率由各督抚令通事译录具题"[1]；"有用外国字体者，由督抚译成汉字副本"[2]。

番字表文的汉译方式均按照中国传统朝贡文书的书写格式进行。经过汉译的外国文书，内容、格式变得与传统朝贡表文完全一致。

2. 礼部接收

朝贡表文由属国使者赍捧入京，先向礼部递交。为防止将表文擦损，规定包装表文原有的匣、包袱不得换取。

3. 内阁进行翻译、票拟，添加说帖，并提供节略给中堂

礼部将表文收讫后，再将表文移送内阁汉本堂翻译：汉字表文，要加译满文；番字表文，在原来督抚的翻译基础上，重新翻译为满、汉文。随后将满文粘贴于汉文之后，送往票签处进行票签并加说帖。

票签是票签处根据表章内容替皇帝所拟的最初处理意见。内阁对朝贡表文的票拟内容根据种类而各有不同，如：

进贡表文，票拟"览王奏进贡方物，具见悃忱。知道了。该部知道"。
谢恩表文，票拟"览王奏谢。知道了。该部知道"。
请封表文，票拟"览王奏请袭封爵。已有旨了。该部知道"。
庆贺表文，票拟"览王奏贺进献方物，具见悃忱。知道了。该部知道"。

说帖是与票签一同进呈的、对表文做出说明的文字，包括表章的性质、数量以及处理程序等信息，说帖也有相应的书写样式。如对琉球国王进献表章的说帖样式：

> 查琉球国王世孙尚温进贡表文一道、谢恩表一道、奏本一件，臣等俱照例拟

---

[1] 《清高宗实录》卷三一五，乾隆十三年五月戊申条。
[2] 《嘉庆礼部则例》卷一七一，礼部主客司。

签进呈，理合声明。谨奏。①

对南掌国王进献表章的说帖，下举两种样式。

样式一：

  查南掌国王召温猛庆贺万寿表文、例贡表文各一道，俱系该国土字，臣等照译出原文兼缮清、汉，并将该国正副表各二道一并进呈。谨奏。②

样式二：

  查南掌国王召温猛恭谢册封恩表文一道，臣等照译出原文兼缮清、汉，同原表一并进呈，再查原译表文未经填写年月，理合声明。谨奏。③

对安南或越南国王进献表章的说帖，下举两种样式。

样式一：

  查向来安南国贮表金饰镴匣、金锁钥俱交造办处，今此次该国进贮表金饰镴匣二个、金锁钥二副，俟命下之日仍交造办处。为此谨奏。④

样式二：

  查越南国王阮福晈恭进辛卯、癸巳两贡表一道，臣等谨拟签进呈，其两贡方物随表一件例不票签，理合声明。谨奏。⑤

在把票拟、说帖预备好之后，还要拟写一份呈送中堂的节略，内容包括呈进皇帝的文件票签、礼单内夹某片以及例不呈进的文件，以备查核把关。以下为节略样式。

  计开：

  朝鲜国王××庆贺万万寿圣节表一件（票）；览王奏贺进献方物，具见悃忱，知道了，该部知道（签）；随表礼单一件，内夹朝鲜国王××庆贺万万寿圣节礼单（汉字片一）。以上××件（有礼单）。

  长至使臣参宴谢太上皇恩表一件（票）；览王奏谢，知道了，该部知道（签）。以上××件（无礼单）。

  朝鲜国王××庆贺万寿圣节一件（票）；览王奏贺进献方物，具见悃忱，知道了，该部知道（签）；随表礼单一件，内夹朝鲜国王××庆贺万寿圣节礼单（汉字片一）。以上××件（有礼单）。

  长至使臣参宴谢皇帝恩表一件（票）；览王奏谢，知道了，该部知道（签）；以上××件（无礼单）。

  说帖即照草底缮写。

---

① 《文献丛编全编》第10册，藩属表章票拟式样，北京图书馆出版社2008年版，第146—147页。
② 《文献丛编全编》第10册，藩属表章票拟式样，北京图书馆出版社2008年版，第147页。
③ 《文献丛编全编》第10册，藩属表章票拟式样，北京图书馆出版社2008年版，第149页。
④ 《文献丛编全编》第10册，藩属表章票拟式样，北京图书馆出版社2008年版，第149页。
⑤ 《文献丛编全编》第10册，藩属表章票拟式样，北京图书馆出版社2008年版，第149页。

以上俱系应行进呈之件。

朝鲜国王××又进到庆贺万万寿圣节、万寿圣节谢进、贺使臣参宴恩状各一通。以上例不进呈，俟进呈表出科之日，连某表某项一并交厅贮库。①

4. 进呈皇帝

表章进呈方式分为汇进和随进两种。各国岁贡、谢恩表章在开印后集中汇进皇帝御览，封王、建立世子、国王薨逝、王妃薨逝告讣、请赐谥典、请发列传、请将户口编入中国等类表章，随到随进。

这些进呈皇帝的表章，在由汉票签送到时，不论表章、奏本及礼单多寡，由纸匠根据表章数量、尺寸，每国各做黄匣1个，先期二三日办理妥协，以方便进呈。

5. 皇帝批阅

表章进呈后，皇帝根据票拟内容用朱笔将谕旨写在表文的封面、封底，此即所谓批红谕旨。

6. 执行

皇帝批阅过的表文发回内阁，内阁再将表文下发礼科，由礼科发往礼部。礼部将表文上的皇帝朱批，用咨文反馈给属国国王。

在正月初一太和殿举办的有外国使节参加的朝见活动中，礼部会把各国的进奏表文以案陈设在太和殿中，显示万邦来朝的盛况。

7. 存档

各国表章在经过翻译、票签、进呈、批阅、反馈各环节之后，最后归档保存。所有各国金叶、蒲叶等类表章以及原译表底、印花封套、匣筒等件都贮藏于内阁大库，而历年的说帖草底、单片及草签、礼部文移等项则送往五要档第二要十二号保存。

对于入库的金叶表文，清廷有特殊规定："金叶表文内阁收受后，即将上届所进者交出，由礼部送交内务府。"② 另据乾隆五十五年（1790年）二月初二日的一件满票签传抄说："本日奉旨，暹罗、缅甸所进金叶表文，存贮内阁库内，即将内存金叶表文，仍交内务府。嗣后挨次递换，永以为例。"③

以上两则资料表明，从乾隆五十五年（1790年）二月起，各国最新所进的金叶表文

---

① 《文献丛编全编》第10册，藩属表章票拟式样，北京图书馆出版社2008年版，第141—144页。
② 《嘉庆礼部则例》卷一七一，礼部主客司。
③ 《明清档案》第1册，徐中舒序。

保留在内阁库内，此前保留在内阁库内旧的金叶表文要送交内务府造办处进行熔化提炼。由于清廷保留在内阁大库的金叶表文只有该国最新的1件，因此留存至今的金叶表文实物数量不多。

二、状文

状与表、笺属于同一种文书体例，区别仅仅在于行文对象的不同。表用于皇帝，笺用于皇太子，状则用于皇太后和皇后。明清时期，朝鲜向皇太后、皇后进呈方物均使用方物状。

朝鲜方物状以"朝鲜国王姓某谨备尊号皇太后陛下"（黄签）或"中宫陛下"（红签）开头，中间接"进献礼物：贡品名称与数目"，再以"右件物等，谨奉进以闻"结束。文末署"年号某年、某月、某日，朝鲜国王臣姓某"。

三、奏本

奏本是明清时期臣工向皇帝上奏的文书之一。明初定制，臣民具疏上于朝廷者为奏本。清代奏本仅局限于官员使用。清初，臣工奏事，凡属公事，用题本形式，须加盖官印；凡属私事用奏本，不用印信。

由于题本、奏本体例因公私难以分清导致使用混乱，乾隆十三年（1748年），清廷下令废止奏本。但琉球、越南、朝鲜等朝贡国家国王致书清帝时，一直沿用奏本，并加盖国王印信。因此，此后的奏本几乎成了朝贡专用文书。朝贡奏本有陈奏、庆贺、谢恩、进贡、请封等种类。

奏本一般与表文一起进呈，起着补充说明的作用。由于表文注重格式，在叙事方面具有局限性，因此叙事功能就需由奏本这一形式来完成。由于奏本体例的特点，奏本更能体现中国和朝贡国之间交往的实质内容。

清代奏本定制每幅纵26厘米、横12厘米，篇幅长度以字数多少断幅。首幅开面上方正中写一"奏"字，下押官衔印信关防。自第二幅起为正文，头行书具奏衙门官衔，疏密俱做一行书写。文尾以"谨具奏闻"或"右谨奏闻"4字结束。末幅正中写具奏年、月、日，年、月、日之下写具奏者的官衔、姓名，加盖官衔印信关防。清初规定，奏本文字不得超过300字。奏本正文之后，须注明全文字数及用纸张数。

清廷对朝贡国王奏本的接受方式与朝贡表文不同。对于表文，要求贡使亲自呈送到礼部，再由礼部转交内阁，最后进呈给皇帝。对于奏文，康熙五年（1666年）规定，凡外国奏疏不得由使臣带往北京，必须交由当地督抚转奏。康熙六年（1667年），清廷又出台新规定，命令各省督抚必须先阅读奏文，再根据奏文内容具题上报。后来清廷接收奏文方式有所变通，外国奏本既可以由各省督抚转奏，也可交由礼部呈递。

对于奏文的批复，经由内阁票拟贴黄，清廷根据奏文内容做出不同处理方式。

一般奏报事物，知道内容即可，不必回复。如进贡奏本、谢恩奏本、庆贺奏本等，属于例行公事的奏报，清帝对这类奏本的批语为："览王奏谢。知道了。该部知道。"对于清代公文批复这一程序，西方在华传教士马礼逊有很深的误解。他在对道光皇帝批复"知道了"进行评论时说："中国皇帝似乎不为政事操心，'知道'就是他最常用的批复，向他呈报的事情随后被简单处理了事。"①

在韩国国立中央博物馆收藏的道光八年（1828年）《朝鲜国王李玜谢恩奏文》黄缎册页封面上朱笔书写的处理意见："览王奏谢。知道了。该部知道。"（见图1.12）②

其余奏本，能够直接答复，就将批示直接书写在奏本的首页。清帝无法直接下旨，交有关机构复议再奏，或者将答复意见另外具文下发。朝贡国奏文经皇帝朱批后，交六科抄录一式两份，最后奏文原件和抄件均交给内阁大库保存。

四、奏折

奏折是清代专有的一种文书。奏折的使用，始于康熙中期，最初仅限于皇帝指定的少数亲信官员。雍正皇帝即位后，进一步扩大了使用奏折的范围。除了康熙时期有奏事权的地方将军、督抚、提督和中央的大学士、尚书等人外，一些翰林、科道甚至地方上低微之员，亦允许上奏折。乾隆时停止使用奏本后，奏折成为政府的正式公文，一直沿用到清代灭亡。

奏折为纸质折叠形式，一般折纵23厘米，横10厘米。另有一种小密折，纵仅14厘米，横7厘米。奏折每幅6行，左右两幅称为一扣或称一开。每扣12行，每行20字，平写18字。折面正中书一"奏"字，不加盖任何官印。奏文开首写具折人官衔、姓名及奏报事由。接叙所奏事情的主要情节及处理意见。文尾总括全案事由，请皇帝裁断。最后以"谨奏"二字结束。文后写具奏年、月、日。奏折缮后，如另有事上报，可另附片。

奏折所涉内容非常丰富，大致可分为请安、谢恩、缴批和陈事4类。前3类比较简单，陈事折则非常繁杂，涉及内政、军务、外交，上自国家政务，下至百姓琐事，无一不包，大多不盖印章，直接报告皇帝，因而保密程度很高。奏折成为皇帝控制、了解和掌握内外官员动向的有效途径。

图1.12 朝鲜奏文上的处理意见

---

① （英）艾丽莎·马礼逊编，中国外国语大学中国海外汉学研究中心翻译组译：《马礼逊回忆录》第二卷，大象出版社2008年版，第89页。

② 乌拉熙春：《清朝、朝鲜关系史的新资料：韩国国立中央博物馆所藏满汉合璧"朝鲜国王奏谢表"》，载《中国文物报》2012年8月1日第7版。

奏折的处理制度，不同于题本、奏本。具折官员缮好折子后，或装折匣，或用夹板密封后，派遣专差或通过驿递，直接送到宫内的奏事处，由奏事太监呈皇帝拆阅。皇帝亲用朱笔将批答之词写于折上，此即朱批奏折。朱批奏折由奏事处交军机处封发，或径直交原递折官员领回施行。雍正时期，清廷命令将前朝朱批奏折全部缴还，此后成为定制。雍正七年（1729年），下令实行副本制度。凡奉朱批的奏折，都由军机处誊录1份备查，即为"录副奏折"。极少数奏折事涉机密，被皇帝留在宫中，称为"留中"。留中奏折，不朱批、不录副、不抄发，过后以原折交军机处归档。

奏折用纸多用榜纸、本纸和毛边纸，通称素纸，均为竹纸。当时宣纸名贵，臣僚缮写奏折不用宣纸。

奏折制度是一种密折制度，本不该用于程序和形式主义很高的朝贡文书，但清廷为显现对朝贡国的优容，允许某些朝贡国的朝贡文书以奏折形式进奏。清廷特别允许朝鲜和琉球国王可以采用奏折形式，可见中国和两国的亲密关系。

五、奏书

奏书，也叫唐古特奏书，是西藏上层贵族上书皇帝，呈报政务、陈情言事所用的公文。奏书形式与功能与表文相类似。清代西藏边外的尼泊尔、不丹等国向清廷行文有时也使用奏书这一文体。

奏书的行文用语充满佛教和藏文化特点，常见用语包括对中国皇帝的尊称和奏书作者的谦辞。对于中国皇帝，奏书尊称为"曼殊师利大皇帝"，藏文为 ajams-dbayngs-gaong-ma-chaen-mao，其中 ajams-dbayngs 汉译为"文殊菩萨"、"文殊师利"，蒙语译为"满殊什哩"等。对于具奏者自己，则使用诸如"小僧"、"治下"、"小凡人"、"鄙人"等几种谦辞。奏书的开头和结尾有较为固定的格式。开头为"gnam-bskaos-ajam-dbayngs-gaong-ma-bdag-bao-chaen-pao-zhabs-kayi-pad-ma-darung-dau"（天命文殊大皇帝足下莲花宝座尊前），之后另起一行按照低格书写具奏人的官衔、姓名等，第一个字与上面"zhabs"（足下）垂直对起，表示对皇帝的特殊尊敬。文末有"恭设香案，望阙合十叩奏"或"恭设香案，望阙跪叩奏"、"望阙跪地，拈香合掌"等套语。

六、祭文

清代皇室重要成员有丧，朝贡国须派遣使节往京吊唁，此即所谓进香。使节进香时携带的吊唁文书称为进香祭文。

进香祭文的格式以朝鲜祭皇帝文为例：以"维年号几年岁次某年某月干支某日干支"开头，后接文书的发送主体"朝鲜国王臣姓某"，再接"谨遣陪臣职姓名，以清酌大牢之奠，敢昭告于大行皇帝陛下灵筵"句，中间是以"伏以"起头的正文，文末以"尚飨"结束。

朝鲜递交清廷的进香祭文，使用长广厚白纸书写。

七、禀文

禀文又称禀帖,是清代官府间使用的一种便函,是下级向上级正式行文前事先了解上意、疏通关系的一种文书。清代书吏、衙役及乡绅、官商、乡约、里长、甲长、有身份的百姓,甚至外洋商人,向地方主管请示问题时,都可采用禀帖形式。这里需要注意的是朝贡上行文书中的禀文与表奏两种体裁的区别。它们虽同为上行文书,但禀文不能用于臣子向皇帝进奏,只用于等级不同的臣子们之间的交流,即只用于低级大臣向高级大臣的请示。

禀文的书写格式较为灵活多样。一般而言,禀文开始先写明"某某官署谨禀某某官署",接着以"敬禀者"三字引叙禀报的事由或请示的问题,最后以"肃此具禀"结束全文。文尾书"卑职某某谨禀"、具禀日期,加盖官署或官员印信。

禀帖多采用简便的白折,折面标一"禀"字,外国商人要标"禀明"。

禀帖一般是单张纸片,纵约30厘米,横约20厘米。

在朝贡体制下,禀文是朝贡国向中国地方官员的行文方式。暹罗国王郑信采用过禀文形式与中国官方联络,琉球、安南以及中亚等朝贡国与中国地方官员书信来往也有时采用禀文形式。

在广州体制下,西方国家的贸易代表向中国官员行文主要采取禀文形式。广州体制下西方的禀文呈递方式比较特殊。西方国家上交中国地方政府的禀文首先要交给行商,再由行商这一中介上达中国官员。如果西方国家直接递送禀帖给中国官员,中国官员则拒收。道光十一年(1831年)中国政府曾在禀文递交方式上做出一定让步:如果行商截留禀文,不予转呈,可以允许两三个外商到城门口将禀文递交城门的守卫①。在鸦片战争之前,东印度公司垄断对华贸易的时代,驻广州的公司大班比较安于通过中国行商这一渠道转交禀文给中国官员。但道光十四年(1834年),东印度公司垄断贸易制度结束后,英国驻华代表改为英国政府正式派遣的商务监督。由行商转交禀文这一方式与英国外交体制严重不符。英国为争得直接递送信件的权利,与清廷爆发了激烈的冲突,后来以英国失败告终。

禀文体裁虽然也用在中国与传统属国之间的文书交往中,但中国与传统属国关系密切,行文渠道多样化,禀文体裁并不是双方文书交往的大宗。禀文主要用于中国与朝贡体系外围国家的交往。清代禀文运用最为广泛的是中国与俄罗斯、英国之间的文书来往。

八、呈文

呈文是下级报告上级所用文件,传统朝贡国和西方国家与清廷文书往来都有使用呈文体例的情形。呈文不是以机构名义而是以个人名义向礼部等衙门呈交。

呈文以"某某官署为呈送事"开始,以"案查"二字引叙呈报的事由或请示的问题,最后以"为此备文具呈,伏乞照呈施行。须致呈者"结束。文尾书写具呈年、月、日,并

---

① (美)马士著,张汇文译:《中华帝国对外关系史》第1卷,上海书店出版社2000年版,第80页。

加盖官印。

朝鲜呈文是以在华使臣的名义提交清廷的，不使用印章，因而被称为"无印呈"、"白头呈文"。

九、申文

申文是下级机构发给上级机构的文书。朝贡文书中，主要由朝鲜相关机构行文中国礼部。

申文的文首用"某某官署为申送事"总括语开始，接着以"案奉"二字引叙来文的旨意，然后申达办理或请示答复的意见，最后以"须至申者"结束。文尾写"右申呈某某官署"，书明具申年、月、日，并加盖官印。

十、结状

结状是一种表示负责或承认了解并经过签押的司法保证文书，是古代中国社会愿意承担连带责任的一种形式。结状主要有两种存在形式：一是甘结，由具结者为保证自己的身份、行为而出具的结，又称自具甘结、具结；二是保结，由具结者为担保他人的身份、行为而出具的结，亦即为他人担保。

结状首先列举具结人姓名、身份，再写因何案而具，最后以"所结是实"等套语结尾。

清代朝贡体制下，清廷册封琉球国王时要先由该国的元勋、耆老联名出具保结——通国结状，为请求册封的世子在身份、品德等方面进行担保。通国结状是王位继承人获得册封合法性的前提之一，清廷在对通国结状审核无误后，批准琉球政府的册封请求。另外，光绪十二年（1886年），布鲁克巴政府也曾向清朝驻藏大臣递交3份甘结。

第三节 朝贡平行文书制度

朝贡平行文书大多为清朝部院、督抚、布政使、按察使与朝贡国之间的文书来往。这些文书包括咨文、照会等形式。在朝贡体制下，平行文书虽曰"平行"，但并不代表中国与这些国家是平等关系，属国国王只能与皇帝的臣子进行文书的平行交往，因此，平行文书绝非平等文书，而是朝贡等级文书的一种。

朝贡平行文书内容主要涉及具体的事务性问题，格式比较简单，文体也不是骈体文，文字朴实无华，更多地反映了中国与朝贡国之间最为实质的交往内容。中国与朝贡国之间的边界事务以及中国与俄罗斯、英国两国的来往文件中大量使用平行文书。

一、咨文

清代咨文是官署之间的平行文书，用于平行或不相隶属的司、道以上的高级官署之间的文移。咨文的种类有咨行、咨会、咨请、咨复、咨送、咨商、咨明、咨解等。

咨文为白纸折叠形式，封面上方写一"咨"字。折中每扣4行、5行不等，每行20字不等。以"某某为咨会事"或"某某为何事"开始，接叙咨会的事由，末尾以"右咨某某"结束，文后写明具文年、月、日，并加盖官印。

属国国王与中国地方督抚、布政使、中央部院堂官之间的行文常使用咨文体例。清朝礼部与外国往来文书也用咨文："礼部行文外裔各国，均用咨，来文亦用咨。"①

清朝政府与俄罗斯来往的外交文书中，大部分属于咨文体裁。清初中俄之间因为来往国书问题发生过严重冲突，因此在其后的中俄《恰克图条约》第六款，专门规定了双方文书来往规则：双方来往公文，不再由皇帝具名，只使用清廷理藩院和沙俄萨那特衙门的印信。中国库仑办事大臣行文萨那特衙门则使用库仑办事大臣印文。对于中俄文书交往的这种惯例，陈康祺的《郎潜纪闻初笔》记载："国初与俄罗斯立约往来，不强之修表纳贡；彼此关会，不用诏旨。惟理藩院行文于其'玛玉斯衙门'，如有司咨牒状。盖早恐日后梗化，不至有伤国体也。"②"咨牒状"者，实际就是咨文一类的公文体裁。中俄政府都在力图回避不同外交体制引起的冲突，双方对以这种不涉及国体的文书交流都是默认的。《故宫俄文史料》收集了大量中俄交往文移中的咨文，汉译者统统将这种咨文翻译作函件。

二、照会

照会作为公文名称，始于明代。照会有会同照阅之意，大都是在不相隶属的文武衙门之间行文时使用。明代凡五军都督府行文六部均用照会。清制，总兵行文非所辖的副将，副将行文非所辖的千总，总督行文总兵，提督行文司、道、运司，总兵行文府、厅、州、县，副将行文各州、县，驻防副都统行文非所属之副将，经略行文将军、督抚等，均用照会。

照会的文首以"某官署为照会事"开始，接着用"案照"二字引叙事由缘起，结尾以"须至照会者"结束，末书"右照会某某官署"，具照的年、月、日，再加盖官印。如果行文双方官阶平等，照会日期处通常以墨笔标注，称墨笔照会；如果官阶相悬者，发文者官阶高于收文者的照会，一般用朱笔标注日期，称朱笔照会。

中国地方大员给属国国王的文书，也以照会为主，内容大致都是传达指令或通报情况。

鸦片战争之后，中外官方交流开始广泛使用照会。《南京条约》规定，中英两国官员相互往来使用照会。照会性质和功能发生了重大变化，转变成为近代国家关系来往的平等

---

① 《光绪会典》卷三〇，礼部。
② 陈康祺：《郎潜纪闻初笔》卷一〇，中华书局1984年版，第222页。

文书。

三、柬文、信函

柬文、信函是较不具有正式官方色彩的文书。

清代广州体制下，行商使用信函形式将广州官员下达给外商的谕旨内容转达给大班或商务监督。信函的开头、结尾语句比较亲切、随意。

四、证件

清代前期的中外交往过程中，出现了各种证件类文书，大体分为以下几类：

1. 符文

中琉朝贡文书往来中，琉球方面会颁发符文给前往中国的进贡使团。符文是进贡船随附的证明书，记载船字号、乘船者、装载货物等，并记载赴北京的官员、人员、货物等。符文大都由上京的官员（一般是都通事）付送。

2. 执照

执照主要是琉球政府付与所有渡航船只的证明书，内容除了记载与符文相同的事项之外，还记载留滞于福州的通事等官员或其他人员的名字。在执照上盖有字号的半印，称为"某字某号半印勘合执照"。另外，俄国在与中国交往过程中，曾为早期来华的商人签发过执照。此种执照实际上是一种外交护照。

3. 船牌

清代广州体制下，清廷为西方国家出入广州颁发了各种船牌。内容包括船只、船主名称，所载货物名称及数量等等，是外国船只出入广州的凭证。

4. 永居票

康熙末年，因基督教在华传教发生"礼仪之争"，清廷开始对传教士的活动进行限制。康熙四十五年（1706年）首先实行了在中国的传教士必须领永居票制度，规定凡是在中国境内的传教士必须进京申请，宣誓永远留居中国，不再返回西方，并交上自己的履历，经内务府批准方准留居。"凡不回去的西洋人等，写票用内务府印给发。票写西洋某国人，年若干，在某会，来中国若干年，永不复回西洋，已经来京朝觐陛见，为此给票，兼满汉字,将千字文编成号数,挨次存记。"① 中国第一历史档案馆保存的永居票,内容包括传教士的姓名、年龄、会别、现在中国所居省份、宣誓永不返回的证据、发票的日期等。均用满、汉两种文字并写,按千字文顺序编号,并盖有总管内务府印记。如无永居票者,一概驱逐到澳门。

5. 红票

红票是一种红字印刷的公开信函。康熙五十五年(1716年),清廷为了与罗马教廷联络,印制大量红票,让返回欧洲的传教士、商人捎带到欧洲。这是中外交往史上较为特殊的一种情形。

---

① 《清宫廷画家即世宁年谱——兼在华耶稣会士史事编年》,载《故宫博物院院刊》1988年第2期。

本章附录：清代常用公文用语选释

清代公文用语包含字、词、句式等形式，有的起标点的作用，有的表示尊卑关系。掌握这些特殊用语是理解清代文书的重要途径之一。以下是根据资料整理的部分清代公文常用词。

【邀】求得，得到。上行公文中，用以表示求得上级恩惠、照顾等。

【缴】交还。清代下行批文中，将已批复的下级来文副本发还原下级机关的用语，放在批示结尾。如"照详蒙批：驿递繁苦不独恒属缺马，议留协济河间站银买补，似属未便。……缴"。又，清代上级向下级发出的文书中，要求下级将上级的亲笔批文、皇帝的朱批及上级的其他文件照办后，交还上级时用此语，常出现于批文中。如"……此等蠹吏行迹若真，必当及早惩办，以整官方。其勉为之。此谕遇奏事之便，随折缴上"；"蒙批……该司再一妥招报夺。缴。等因。蒙批到司"。

【嗣】表示时间接续、接着、以后的意思，可与相关词语连用组成惯用语。如"嗣奉、嗣经"等。"嗣经"表示本文书所述之事已经办理的用语；凡正在办理某事、后又接到上级来文时，用"嗣奉"引叙这一后来接到的来文内容。

【职】表称谓时自称用语。用于上下公文作职官自称。如为联合行文，两人合并称职等；如分别称则为"职某某"，于"职"字下加自己的名字以示区别。自称其机关时，用"职"字加机关简称，如"职部"、"职令"、"职处"等。

【称】是"称说"、"称道"的意思。为引述用语，用于引叙下级或人民的来文、口头陈述等时的起首，与引述上级与平级来文的"开"字用法相同。有冒号和前引号的作用，表示以下为引叙文字，经常在引叙完毕时使用"等情"、"等语"与之呼应。如"兹据某某某咨称：……等情"。

【宪】是称谓时表敬用语。明、清时用于上行公文中，各地方衙门下级称呼上级、人民称呼官长，均用此语以表恭敬。如"宪台"、"大宪"、"上宪"、"宪檄"、"督宪"、"宪鉴"等。

【卑】表示谦卑的自称用语，多用于上行公文中。明、清时下级机关或下级官员在上级官员面前自称，其下多与职官、机关名称连用。如州县以下的官员在上级面前自称"卑府"；知县在上级面前自称"卑县"，以此类推。

【者】主要用于区别引叙的来文与自行文，以免连续叙述造成混淆。如白居易《魏徵旧宅状》："右今日守谦宣令撰，与师诏所请收赎宅还与其子，甚合朕心。允依来禀者。"此是引叙，接下来为自叙"臣伏以魏徵是太宗朝宰相"云云，以"者"字相区分，一目了然。

【下】表示行文中"到达、下达"的意思。表示上级来文及其附件下达下级机关时，"下"字紧接机关名称，如"下署"、"下局"、"下村"、"下处"等。是古汉语中单音词表意的遗留，起用时间当为早期。

【著】有"让"的意思，但语气较严重，含命令成分。常和时间词连用，表示命令与催督。如"著即办理"、"著即查复"、"著即施行"、"著即呈候核夺"等；有时和否定词语组成惯用词，如"著不难办"、"著毋庸议"等，用以否定下级来文中曾经提出之事。"著"又写作"着"，"著"、"着"、"仰"、"饬"等都有命令的意思，但"著"的语气最强。

【仰】含"责成"之意，可单独使用，也可与其他请求的字句组成惯用语。单独使用表示"命令"。上级机关向下级机关或人民发布的文书中，表示要求下级或人民遵行某事时用之。如"仰按察司确核，妥为评夺"。组合时置于"请"、"祈"、"恳"等字句之前，表示下级向上级恭敬地表示某事。

【窃】为发语词，引出要行之文，但隐含谦卑之意，只用于上行公文中，绝不用于平行、下行公文。常单独使用，或与相关词语连用组成惯用语。如"窃以"、"窃查"、"窃维"、"窃奉"、"……窃准"、"……窃据"、"窃自"、"窃（某官衔）"。

【合】可单独使用，表示"应该"；亦可和有关词语组成惯用语，如"合无"、"合行"、"合即"、"合亟"、"合就"等。单独使用时，用于下行公文，以之为结全文，说明本文的宗旨和目的。如"合予指示"，"所请各节，合予驳斥"。"合"组成惯用语使用，强调肯定的语气。如表示某事应当办理的"合无仰求皇上覆载宽宏，恩施法外，免追既往，严做将来"；表示应当如何的"合行咨请贵院查照办理"；表示立即的"合即行知贵监督即便遵照办理，其委任状另由本部填写发给可也"；表示催办的"合亟令该道尹即便遵照，查明办理"；说明应如何办理的"今奉前因，除移明藩宪台，合就移行"等。

【具】有"准备"之意，往往与其他词语组成惯用语，表示以什么形式。"具文"，用于上行公文中，表示以文书形式向上级请示等，如"兹奉前因，理合具文呈复察核示遵"；"具报"，用于下行公文中，要求下级遵办某事后，用文书形式将结果报告上级，如"合亟令仰该局遵办具报"；"具复"，用于下行公文中，要求下级按上级指示办理后，将办理情况以文书形式回复上级，如"除指令印发并分令外，合令该道即便遵照，查明具复，以凭核夺"。

【是】表示肯定程序，与多种词语连用组成各种惯用语，如"是实"、"是为"、"是所"等。"是实"单独用于刑名案件审讯文书中，表示犯人所供与事实相符。置于供词之后，如"某某某供：……是实"。"是为"不单用，要与表示严重与希冀的词语组成固定用语，如"是为至要"用于下行公文，表示要求下级办理的事情极为要紧，"是为至盼"用于平行公文，表示对受文者寄予最大希望，与"是所至盼"相似。另外有"是所至祷"、"是所切祷"等语气同此，表极其盼望，多用于上行公文，表示极为迫切地盼望上级批示某事。

【到（过、下）】表示行文方向，后接某机关等受文者。"到"为"已经"，"过"为"将来"。"到……"与"过……"只用于平行公文或下行公文，如"准贵部咨送到会"。而在下行文则应用如"仰即咨送来县"，在平行公文用"即希咨送过县"，而上行文则作"敬请令发下县"。

【等】为概称用语，可与多种相关词语连用组成惯用语，表示原因、情由等，在文书中表示事出有因、行文有据，同时也表示此后将为行文者自叙内容。如"等因"、"等由"、"等情"、"等语"。或在这些用语前再加以"各"字，组成"各等因"、"各等情"、"各等由"、"各等语"、"凡等因"，表示所接引叙之文，不止一处，不止一次。

【蒙】表示"得到"、"承受"的意思。多用于上行公文中。明、清时期下级机关向上级机关报送的文书中，在因所呈请的事情、建议等得到上级批准、采纳，或受到上级各种形式的奖励、提职及其他照顾时使用。如"蒙本道宪牌，蒙本院宪票，为发审事"，"又蒙本司案验，蒙巡抚马部院案验"。"蒙"又常和相关词语连用，组成惯用语，如"蒙此"、"蒙批"等，如"蒙批：……蒙此，随复真定府确查去后"。

【旋】表示时间的快速。与其他有关词语连用组成惯用语，表示某行动的快捷。如"旋奉"、"旋准"、"旋经"等。

【有】常和表示责让的词语连用，组成惯用语，表示批评和责备，多用于下行公文中，如"有亏责守"、"有负委任"、"有玷官箴"等。也可以与其他词语组成惯用语，表示陈述己见后的归结，如"有鉴于此"，下文则转入请求、建议、命令等内容。

【各】为归结用语，凡前叙事实或引文不止一处时，以此语与其相关词语组成的惯用语为归结，如"各在卷"、"各奉此"、"各准此"、"各据此"等。此语前面常要不止一次引叙来文，并有"各等因"、"各等由"等用语结束引文。

【前】表示此前的原因、行为等，常和有关词语连用，组成惯用语，如"前由"、"前因"、"前奉"、"前经"、"前情"、"前准"、"前据"等。这些惯用语多用于引叙时，引叙的内容或办理的情形，都是此前的事情或行为，此后当叙及目前。

【务】表示强调的语气，常与祈望词语连用组成惯用词，表示命令、祈望等语气，可用于下行或平行公文中。如"务仰"、"务希"、"务祈"、"务期"等。

【咨】表示用咨文做什么的意思，常与所表行动的词语连用，组成惯用语，表示与所行咨文有关的事务、行为。如"咨开"、"咨达"、"咨复"、"咨请"等。除"咨开"表示引叙对方来咨内容外，其余用语都表示以咨文做什么。

【奉】表示接到、接受的意思，可单独使用，在引叙上级来文时，用以表示尊敬，如"奉钧署训令内开：……"。此语还可以和其他词语连用，组成多种用语。如"案奉"、"兹奉"、"敬奉"、"前奉"、"嗣奉"、"恭奉"，都有奉令行事之意，以借上级威严。还可组成"奉此"，用于引叙上级来文后的归结，以承上启下。

【奉旨】接受按照皇帝的谕旨。明、清文书中表示接到皇帝颁发的谕旨时用之。如"雍正十二年五月十六日奉旨：该部议奏。钦此"。

【奉批】用于上行公文表示接到上级批语时，用此语引叙批文内容，下面照录批语。如"奉批：闻官丞办石尚能"。

【奉经】用于上行公文，表示接奉上级命令后，曾经立即办理。如"案奉钧部训令内开：……等因。奉经转令某县长前往查明具报"。

【奉查】领起叙述用语，用于引叙上级来文后，以此语表示归结，并领起叙述经考查而得到的结果、事实。如"兹奉电复；筱代电悉。仍仰严催迅速编送并核勿任再延。等因；奉查是项编换预算，各区多已送多……"。

【备具】表示详细列出的意思，常和有关词语连用组成惯用语，表示详细列出原因、意见等，多用于上行公文，如"备具缘由"、"备具管见"等，以供上级查核、考虑。此语后多与"仰祈采择施行"、"仰祈某长核查施行"等连用。

【遽难】表示急切、匆忙间难于做到，多用于下行公文，表示对下级来文所请之事，因种种原因或时间关系，一时难于处置。多与"照准"、"施行"等词语连用，如"遽难照准"、"遽难准行"、"遽难许可"等。

【理合】表示按理应当、于理相合，用于上行公文，表示本文书所拟之事应当向上级请示审核的用语。与此语同义的有"合亟"、"合行"（用于下行公文），"相应"（用于平行公文）。还可以与其他词语组成惯用语，如"理合呈请"、"理合具揭"等。

【声复】用于下行公文，要求下级或人民将某事声明回复上级的用语。如"某案经过详情，合亟令仰该县查明声复"。

【毋渎】告诫用语，多用于下行公文。上级向下级机关或人民发出的文书中，表示告诫下级或人民不许再向上级有所表示时用之。对于越级请示某事，上级也用此语驳斥其对上级轻慢不敬。意思相同的用语还有"毋再呶渎"、"毋再多渎"、"不许多渎"、"毋得率渎"、"毋得越渎"、"毋许超渎"等。

【内称】为引叙用语表示文件内容叙述如下的意思。我国古代历史文书中，在引叙下级机关或人民来文，先写"……文内称"，将此语放在引文前面，表示所引的来文内容即将叙述在后。"称"字带有冒号和前引号的作用。如"又据……来文内称：……"，"据兵部咨文内称：……"。

【内开】用于引叙来文，是文件内容开列如下的意思。历史文书中，凡引叙上级或平级机关的来文，将此语放在引文前面，是引文的明显标志。如引述的上级来文是命令、指令、训令之类文种，则在此语前面多用"窃奉钧部"、"案奉钧长"等语，如"窃奉钧署某月某日某字第某号令内开，……"。如引叙平级机关的公函、咨文等，则在此语前多用"案准某机关……"、"兹准某机关……"，如"案准贵署公函内开……"。

【无任】表"限度"、"程度"。可组成多种用语。平级机关来往文书中表"感激"，出现于全文结尾，如"无任公感"、"无任感盼"等。下级机关向上级机关的行文中，表示对上报并请上级斟酌的事情非常不安时，用"无任惊惶"，在不明上级意图时使用，带有谦卑的意味。还可用于下级机关向上级呈送的文书中，表示文中请求的事情较为紧要，亟待上级迅速察核并予以指示时，往往以如"无任待命之至"、"无任迫切待命之至"、"无任屏营待命之至"作为固定用语置于文书结尾。

【违干未便】违，违背；干，干犯；未便，不便。用于下行公文中，告诫下级或人民对于上级指示不能有所违误，否则将予以惩罚的用语。如"合亟令仰该局长迅即查明具报，违干未便"。

【仰祈钧鉴】用于上行公文的结尾。"仰"有企盼的意思。《诗》云"高山仰止"就是这个意思。"祈"有请求的意思。"钧"是"中"的意思，含义为四方之主；"鉴"是"照"的意思，是说考察明白。"钧鉴"二字连用，为下对上之尊称用语。

【即便遵照】用于上行公文，古时多称恩便、德便。下行公文则用"即便"。六朝时期"教"的程式中已有"主者施行"、"便可施行"。古书所载"令"的程式，前面说"令"，下面就说"便可施行"或"以时施行"。《史记》也有"即不及奏上，辄以便宜施行"。这里"便"有"以时"即按机宜的意思。因命令的性质，有强制和任意两种，前者必须奉令即行，后者受命机关可以斟酌当时当地情形，如不得机宜，则应从缓施行。后世用"即便遵照"就属于后边的意思。

【合行令仰】合，应该的意思；行，行文；仰，盼望。"合行令仰"，本应行文的含义中，另含行文中祈盼之意。"仰"字最初没有尊卑之分，后来有所区别后，含责成之意，近于"著"字用法，但语气较轻。这一用语多用于下行公文，作归结语。与此相近的有"合即令仰"等。

【为……事】用以叙述事由。许多公文在行文开头，常冠以此项用语，用以叙述本次行文是为什么事情，然后再叙述正文。中间多与各该事由所行公文名称或行文目的组成固定用语，如"为训令事"、"为札告事"、"为令饬事"、"为呈请事"、"为照会事"、"为出示晓谕事"等。

【候……仰……】与"仰候"的意思相近，盼望等候的意思，如用"仰候"，为"仰候据情令部查明究办"；如用"候……仰…"格式，为"候据情令县查明究办，仰即知照"。其用法大体相当。

【唯……勉之】为训勉用语，常与有关词语连用，表示对下级的训导勉励，用于下行公文。如"……功在社稷，唯其勉之"。

【须至……者】用于公文之末。"须至"以下，大多写本公文的名称。

【呈为……由】用于上行公文中。用极简约的字数呈叙本文事由的用语，应在其中概括出全文意义及主题，字数以不超过 20 字为宜，越少越好。亦可做"呈为……事"，如"呈为兴学事"。当向上级答复事项时，则有"呈为呈报……由"、"呈为呈复……由"、"呈为呈送……由"、"呈为呈请……由"、"呈为呈解……由"等，其用法都比较接近。

第二章 清代中国与朝鲜往来朝贡文书研究

朝鲜作为清廷最早的属国，是最早与清廷有朝贡文书往来的国家，起始于崇德二年（1637年）。由于中朝之间宗藩关系持续最久，加之朝鲜向清代中国一年四贡的贡期，因而两国往来朝贡文书数量最多，种类最齐。朝鲜呈递清廷的朝贡文书分定例、别行两大场合。定例指每年按照常例在新正、冬至、圣节三大节派遣使节呈递的文书，别行则为诸如因进贺、陈奏、陈慰、起居、进香、告讣等偶发、特殊事件而派遣使节呈递的文书。

清代朝鲜向中国呈递的朝贡文书使用汉语书写，在朝鲜被称为事大文书。古代中华是东亚世界的文明象征，书写质量高的汉文事大文书是朝鲜为争取在中华世界体系中重要位置的主要手段。明、清时期的朝鲜政府都把表笺文书的书写提高到"文章华国"的国家发展战略高度："我国素称文翰之邦，表笺之作，要须精切。本国事大，专用表笺"；"表辞所系匪轻，中国谓我国有文教，须务崇表辞……表章之术，宜令专业"①；"在前我国表笺，多为中朝人所赏，有华国之称，亦尝以此为解纷释难之用"②。因此，朝鲜对表笺文书的撰写高度重视，强调"学问之道，表笺第一"③。

朝鲜事大文书的制作由专门机构承文院（又称槐院）进行总负责。为防止"受表辞不恭之责，则事关非轻，悔之无及"④之局面出现，其撰制、审核严格遵循以下程序：

（1）草稿。文书的最初草稿被称为"黑草"，由朝鲜各类通晓汉文的人才撰制。

（2）定稿。"黑草"提交承文院审核后定稿，称为"毕写"。"毕写"完成后，在表、笺文书上钤盖王印，在咨文上钤盖国王押章。

（3）审核"毕写"。对定稿后的"毕写"，朝鲜还要经过两次查对，一次是在方物封裹当日，一次是在使臣出发之前。

（4）拜表。使臣出发当日，朝鲜举行拜表仪式，以示尊崇。

（5）到达中国边境前，正、副使在黄州、平壤、义州，后又增加安州，对文书进行最后一次查对。

朝鲜政府对各类朝贡文书都归档保管，中国的诏书以及朝鲜的事大、交邻文书，因关系重大，收藏在承政院内，由专人负责管理。此外，朝鲜的各类对外文书，也由承文院负责誊录。

朝鲜的各类朝贡文书用纸尺寸在不同时期有特别规定，朝鲜朝贡文书的尺寸规格如表2.1所示⑤。

---

① 《朝鲜王朝实录》，宣祖二十九年三月甲戌条。
② 《朝鲜王朝实录》，肃宗五年八月己丑条。
③ 《朝鲜王朝实录》，世宗十三年二月癸卯条。
④ 《朝鲜王朝实录》，中宗二十五年五月庚午条。
⑤ 李善洪：《朝鲜对明清外交文书研究》，吉林人民出版社2009年版，第130页。

表2.1　朝鲜朝贡文书的尺寸规格

文书种类	康熙四十四年（1705年）前后（据《通文馆志》）	乾隆元年（1736年）之后（据《典律通补》）
表、笺、状（正本）	长7.9寸，广3尺	长1.66尺
表、笺（副本）	长7.5寸，帖广2.6寸	长1.66尺，广6寸
奏文	长7.5寸，帖广2.6寸	长1.66尺，广6寸
咨文	长1.25尺，帖广3.2寸	长2.88尺，广7.8寸

甲午战争之后，中朝两国朝贡文书往来中断。1897年（光绪二十三年）10月12日，朝鲜国王正式称帝，变更服制，将衮龙袍的龙形圆图由四爪改为五爪，改九章冕服为皇帝等级的十二章冕服，并废去使用500多年的"朝鲜"国号，改国号为"大韩帝国"，改年号为"光武"。大韩帝国的建立，需要各国的承认，特别是前宗主国中国的承认。韩国希望中韩两国建交、互派公使。1898年（光绪二十四年）10月15日，光绪皇帝颁下谕旨，任命徐寿朋为"全权大臣"，使用礼部铸造"大清钦差出使大臣"的木质关防前往韩国外部酌议商约。徐寿朋奉到的赴韩国书，其称呼抬头直接以"大清国大皇帝敬问大韩国大皇帝好"，标志着中朝朝贡文书制度正式转变为近代外交国书制度。

本章正文收录的中朝往来的朝贡文书，内容包含大量礼仪、日常事务等，诸如朝鲜使者在华朝贡途中遇刺、被盗，使者因路途耽搁、经费耗尽后向中国地方政府借款，清廷礼部要求朝鲜官员身穿素服救护日、月食，中国要求朝鲜遵守文书书写的避讳制度，等等，也包含清廷多次册封朝鲜国王、王妃以及朝鲜政府对中国史书牵涉朝鲜历史问题向清廷辩诬等政治事件。

在章末的附录部分，收录1份唐代新罗国王的表文以及清代朝鲜朝贡文书的制撰者名单。

第一节　中朝朝贡下行文书研究

一、诏书例析

1. 顺治六年（1649年）册封朝鲜国王李淏诏书

诏谕朝鲜国臣民曰：帝王保邦致治[1]，懋建[2]屏藩。虽在遐荒，其殚心[3]向化者，咸得永保山河，延厥世祀[4]。此朝廷之巨典[5]，所以广皇仁[6]，风[7]侯服[8]也。故朝鲜国王李倧，世守礼义，兼识先几[9]。当国家受命之时，摅诚[10]归顺，翼翼[11]匪懈[12]，于属国中可谓贤矣。兹陪臣告讣，例当袭封。故王次子李淏，夙著[13]温恭，长称孝友[14]。既协[15]兄终之义[16]，宜承先业之传。前允尔国王奏请，已封世子。兹封为朝鲜国王，俾绵世泽，式顺[17]群情。抚尔臣民，无改承先之孝；安其政教，共坚事大[18]之忠。特兹诏示，咸使闻知。①

【注释】

[1]致治：使国家在政治上安定清平。[2]懋建：勉力建立。《书·盘庚下》："无戏怠，懋建大命。"[3]殚心：竭尽心力。[4]世祀：世代祭祀。[5]巨典：大典，盛典。[6]皇仁：皇帝的仁德。[7]风：教化。[8]侯服：五服之一。此处泛指外藩。[9]先几：预先洞知细微。[10]摅诚：抒发忠诚，表达诚意。[11]翼翼：恭敬谨慎貌。《诗·大雅·大明》："惟此文王，小心翼翼。"[12]匪懈：不懈怠。[13]夙著：一直以来著名。[14]孝友：事父母孝顺，对兄弟友爱。《诗·小雅·六月》："侯谁在矣，张仲孝友。"毛传："善父母为孝，善兄弟为友。"[15]协：协调，符合。[16]兄终之义：兄终弟及之义。[17]式顺：顺从，顺应。式：语气词。[18]事大：顺服大国。

【简析】

顺治六年（1649年），清廷入关后首次颁发册封朝鲜国王的诏书。诏书缅怀已故国王的伟绩后，正式批准新的国王袭封王位，并对新王统治作了美好祝愿。

李淏原为朝鲜的凤林大君，早年与其兄昭显世子李澄一起，被入侵朝鲜的皇太极掳到盛京（今沈阳）当了人质。在顺治元年（1644年）清朝入关后，清廷将朝鲜世子李澄送回朝鲜，而让李淏继续留在中国作人质。顺治二年（1645年）三月，世子李澄返回汉城（今首尔），两个月后暴毙于昌德宫中。李倧向清朝上报"世子病亡"。多尔衮释放李淏返回朝鲜。顺治二年（1645年）六月，李淏回到汉城，十一月被册封为朝鲜世子。顺治六年（1649年），朝鲜国王李倧病逝，李淏正式继任朝鲜国王。

文书基本信息表

文书种类	诏书	头辞	诏谕朝鲜国臣民曰
发送者	中国顺治皇帝	尾辞	特兹诏示，咸使闻知
接受者	朝鲜国王李淏	正文文体	骈文体
纪年标准	中国纪年：顺治六年	正文内容	册封朝鲜国王
语言种类	古代汉语	用典来源	《尚书》、《诗经》

2. 顺治十六年（1659年）册封朝鲜国王李棩诏书

奉天承运皇帝诏曰：分茅[1]敷治[2]，念率土之皆民；建屏[3]抒忠，赖世臣之有后。苟能恪秉成宪[4]，勿替前徽[5]；凝命[6]袭庥[7]，基图[8]宜永。故朝鲜国王姓某[9]，忠贞嗣笃，孝友[10]夙彰。居敬[11]克宽[12]，树仪型[13]于侯服[14]；履谦[15]昭信，矢[16]靖共[17]于

---

① 《清世祖实录》卷四五，顺治六年八月巳刻条。

王家。旧业方昌,壮龄忽殒。兹来讣告,例应袭封。世子姓某[18],世序攸承[19],贤良克类[20],久系家邦之望,允光[21]祖考之基。特俞[22]奏请,袭封为朝鲜国王。式顺[23]舆情[24],俾绵国祚。河山常奠,益虔翊戴[25]之诚;政教咸宜,共尽尊亲之悃。特兹诏示,咸使闻知。

顺治十六年九月二十日①

【注释】

[1]分茅:分封王侯。古代分封诸侯,用白茅裹着泥土授予被封者,象征授予土地和权力。[2]敷治:分治。敷:布,散。[3]建屏:建立屏藩。[4]成宪:原有的法律、规章制度。《书·说命下》:"监于先王成宪,其永无愆。"[5]前徽:前人美好的德行。[6]凝命:使教令严整。[7]袭庥:袭荫。[8]基图:国基。[9]故朝鲜国王姓某:指孝宗李淏。顺治六年(1649年)至顺治十六年(1659年)在位。朝鲜王朝《同文汇考》录入朝贡文书时,遇有朝鲜国王之名,采用避讳方法,以"姓某"代替其名,以示尊重。[10]孝友:事父母孝顺,对兄弟友爱。[11]居敬:持身恭敬。《论语·雍也》:"居敬而行简,以临其民,不亦可乎?"[12]克宽:坚守宽厚的道德。[13]仪型:楷模、典范。[14]侯服:五服之一。此处泛指外藩。[15]履谦:行谦让之德。[16]矢:陈列;施布。[17]靖共:又作靖恭。恭谨地奉守;静肃恭谨。[18]世子姓某:指朝鲜国王显宗李棩。[19]世序攸承:世代继承顺序。[20]克类:明辨是非,区分善恶。类:善。《诗·大雅·皇矣》:"克明克类,克长克君。"[21]允光:光大。[22]特俞:特别允诺。一般指君王的承诺。[23]式顺:顺从,顺应。[24]舆情:群情;民情。[25]翊戴:辅佐拥戴。

【简析】

顺治十六年(1659年),朝鲜国王孝宗李淏去世,清廷对新继任的国王显宗李棩进行例行册封。

李棩出生于崇祯十四年(1641年)二月四日的沈阳质馆,是凤林大君李淏之妻丰安府夫人张氏的长子。随着昭显世子的死亡,李淏被仁祖册立为世子,李棩亦被封为世孙。仁祖去世后,李淏继位,顺治十一年(1654年)封李棩为世子。孝宗李淏去世后,李棩于昌庆宫仁政门即位。康熙十三年(1674年)八月十八日,李棩去世于昌德宫斋庐,葬于杨州崇陵。上谥号纯文肃武敬仁彰孝,庙号为显宗。清朝赐谥庄恪。李棩在位期间,朝鲜制订了禁止同宗同姓婚姻的《相避法》,发明了铜活字印刷技术。

文书基本信息表

文书种类	诏书	头辞	奉天承运皇帝诏曰
发送者	中国顺治皇帝	尾辞	特兹诏示,咸使闻知
接受者	朝鲜国王李棩	正文文体	骈文体
纪年标准	中国纪年:顺治十六年	正文内容	册封朝鲜国王
语言种类	古代汉语	用典来源	《尚书》、《论语》、《诗经》

① 《〈同文汇考〉中朝史料》(一),吉林文史出版社2003年版,第5页。另见《清世祖实录》卷一二八,顺治十六年九月戊寅条。

3. 嘉庆五年（1800年）册封朝鲜国王李玜诏书

奉天承运皇帝诏曰：建侯[1]树屏[2]，绥猷[3]恢[4]柔远之恩；崇德象贤[5]，谨度[6]重承祧[7]之选。辑共球[8]而济美[9]，亮采有邦[10]；绵带砺[11]以凝禧[12]，式序[13]在位。修其礼物，旧有令闻[14]；质尔人民[15]，昭哉嗣服[16]。尔朝鲜国王嗣子姓某[17]，扬芬[18]玉颖[19]，毓粹[20]龆年[21]。岐嶷[22]协于舆情[23]，嗣续延其福绪[24]。当熊占[25]之卜吉，早慰驰谉[26]；维燕翼以贻谋[27]，弥昭誉望。胜衣[28]阅岁，欣征[29]著代[30]于东藩；赐履[31]基禔[32]，喜惬[33]升储[34]于左海[35]。载俞葵表，申锡[36]茅贡，专赉[37]纶函[38]，兼颁绮币。特封尔为朝鲜国王。于戏！连城演泽，绍封[39]章礼仪之风；肯构[40]膺庥[41]，继序[42]秉温文[43]之德。资忠[44]移孝[45]，肃修[46]世范[47]于藩畿[48]；开国承家，渥被[49]恩辉于使节。允绥[50]吉祚[51]，益懋[52]荣勋[53]。钦哉！①

【注释】

[1]建侯：封立诸侯；封侯建国；立功封侯。[2]树屏：树立藩屏。[3]绥猷：安抚海内的藩属。[4]恢：扩大，发扬。[5]象贤：效法先人的贤德。象：效法。[6]谨度：慎行礼法；严守礼法。[7]承祧：承继奉祀祖先的宗庙。[8]共球：珍奇异宝。共：通"珙"，玉的一种。球：美玉。[9]济美：在前人的基础上发扬光大。[10]亮采有邦：辅佐政事。《书·皋陶谟》："日严祗敬六德，亮采有邦。"[11]带砺：黄河变成衣带，泰山变为磨刀石，这是永远不可能发生的事情。比喻所封爵位传之久远，或江山永固。带：衣带。砺：砥石。[12]凝禧：福禄永驻。[13]式序：按照次第；顺序。《诗·周颂·时迈》："明昭有周，式序在位。"[14]令闻：美好的声誉。《书·微子之命》："尔惟践修厥猷，旧有令闻。"[15]质尔人民：安定人民。质：安定。《诗·大雅·抑》："质尔人民，谨尔侯度，用戒不虞。"[16]昭哉嗣服：光明显耀继承先人的事业。《诗·大雅·下武》："永言孝思，昭哉嗣服。"[17]朝鲜国王嗣子姓某：指朝鲜国王正祖李祘次子纯祖李玜。[18]扬芬：比喻盛德和美好的情感与事物。扬：传播和称颂。芬：花香之气。[19]玉颖：美好聪明。[20]毓粹：孕育精华。[21]龆年：幼童时期。古儿童尚未束发时短发自然下垂，故称之，也称作"垂发"。[22]岐嶷（qí yí）：形容幼年聪慧。《诗·大雅·生民》："诞实匍匐，克岐克嶷。"[23]舆情：群情；民情。[24]福绪：延续福气。[25]熊占：古人以为梦熊为生男之兆。因以"熊占"指生男儿。《诗·小雅·斯干》："大人占之，维熊维罴，男子之祥。"[26]谉：在一起商量事情，询问。[27]燕翼以贻谋：原指周武王谋及其孙而安抚其子，后泛指为后嗣做好打算。燕：安。翼：敬。贻：遗留。《诗·大雅·文王有声》："武王岂不仕，诒厥孙谋，以燕翼子。"[28]胜衣：谓儿童稍长，能穿起成人的衣服。[29]欣征：喜证。[30]著代：继承前辈。[31]赐履：君主所赐的封地。[32]基禔（tí）：江山稳固。基：国基。禔：厚实。[33]喜惬：喜悦，满意。[34]升储：升为太子。[35]左海：东海。[36]申锡：厚赐。申：重。锡：赐。《诗·商颂·烈祖》："申锡无疆，及尔斯所。"[37]赉（bì）：盛大装饰。[38]纶函：皇帝诏令。[39]绍封：袭封。[40]肯构：肯构肯堂。原意是儿子连房屋的地基都不肯做，哪里还谈得上肯盖房子。后反其意而用之，比喻儿子能继承父亲的事业。《书·大诰》："以作室喻治政也。父已致法，子乃不肯为堂基，况肯构主屋乎？"[41]膺庥：承受庇护。[42]继序：继绪。《诗·周颂·闵予小子》："于乎皇王，继序思不忘。"[43]温文：温和文雅。[44]资忠：实行忠义之道。[45]移孝：把孝顺父母之心转为效忠君主。[46]肃修：恭敬地修行。[47]世范：世

---

① 《〈同文汇考〉中朝史料》（三），吉林文史出版社2005年版，第91页。

人的典范。[48]藩巚：边远外国。[49]渥被：帝王赐给深厚的恩泽。《楚辞·九辩》："愿衔枚而无言兮，尝被君之渥洽。"[50]允绥：公允平安。[51]吉祚：福运吉祥。[52]益懋：更加努力建立。[53]荣勋：显赫的功勋。

【简析】

嘉庆五年（1800 年），朝鲜正祖李祘去世，其次子李玜继位，清廷派使者赍诏前往朝鲜册封。

李玜在乾隆五十五年（1790 年）六月十八日生于昌庆宫集福轩。嘉庆五年（1800 年），被册封为王世子，七月四日即位于昌德宫之仁政门。道光十四年（1834 年）十一月十三日，李玜去世于庆熙宫之会祥殿，初葬交河，后再移葬广州仁陵，庙号纯宗。清朝赐谥宣恪。

李玜统治时期，朝鲜已经从过去的反清尊明转变为心甘情愿地做清朝的藩属，朝鲜虽然仍然"尊王攘夷"，不过此时的夷已经从"满夷"变成了"洋夷"。道光十二年（1832 年），一艘英国商船来到忠清道洪州海面，提出贸易请求。这是西方国家最早向朝鲜提出的贸易要求。朝鲜恪守"藩臣无外交"的规定，"恪遵法度，正言拒绝"。除了面临西方的贸易要求外，天主教势力也在不断地向朝鲜发展。李玜即位的次年，朝鲜便发生了有名的"辛酉邪狱"，包括来自中国的传教士以及朝鲜教徒等人均被处死，甚至王室宗亲亦受牵连而死。

文书基本信息表

文书种类	诏书	头辞	奉天承运皇帝诏曰
发送者	中国嘉庆皇帝	尾辞	钦哉
接受者	朝鲜国王李玜	正文文体	骈文体
纪年标准	中国纪年：嘉庆五年	正文内容	册封朝鲜国王
语言种类	古代汉语	用典来源	《尚书》、《诗经》、《楚辞》

4. 道光二十九年（1849 年）册封朝鲜国王李昇诏书

奉天承运皇帝诏曰：绥猷[1]冈外，聿[2]同万国之车书；缵服[3]维新，必重一方之屏翰。况忠贞之世，笃永孚[4]于休；为祗敬[5]之日，严式序[6]在位。爰[7]稽[8]彝典[9]，用沛[10]温纶[11]。故朝鲜国王姓某[12]，诒谋[13]克绍[14]，谨度[15]弥恭。八道[16]旬宣[17]，诞振[18]皇风[19]于藩服；三韩[20]保障，宏敷[21]帝泽于海邦。常怀拱极[22]之诚，虔效献琛之节。方期遐寿[23]，遽弃藩封。嗣续维艰，宗祧[24]奚赖。权署国事[25]姓某[26]，行敦孝友[27]，性懋慈仁。本为孝顺之亲，能抚朱蒙[28]之俗。特俞奏请，袭封为朝鲜国王。宠命丕宣[29]，嘉祥伊始。巩河山而延旧德，庶安作息于烝民[30]；明天泽而励赆忱，长被声灵[31]于上国[32]。特兹诏示，咸使闻知。①

【注释】

[1]绥猷：安抚海内的藩属。[2]聿：古汉语助词，用在句首或句中。[3]缵（zuǎn）服：继承职事。[4]孚：信任。[5]祗敬：恭敬。[6]式序：次序；顺序。[7]爰：于是。[8]稽：查考。[9]彝典：常典；旧典。[10]用沛：因此恩赐。[11]温纶：皇帝诏令的敬称。[12]故朝鲜国王姓某：指朝鲜国王宪宗李奂。[13]诒谋：为子孙妥善谋划，使子孙安乐。《诗·大雅·文王有声》："诒厥孙谋，以燕翼子。"[14]克绍：能够继承。《书·冏命》："俾克绍先烈。"[15]谨度：严守礼法。[16]八道：古朝鲜时期全国共分八道：京畿道，首府在汉城府；庆尚道，首府在庆州府；全罗道，首府在全州；忠清道，首府在清州；黄海道，首府在黄州；平安道，首府在平壤府；江原道，首府在江陵；宁安道（咸镜道），首府在咸兴府。[17]旬宣：周遍宣化。旬：遍。《诗·大雅·江汉》："王命召虎，来旬来宣。"[18]诞振：传播光大。[19]皇风：皇帝的教化。[20]三韩：三韩是指古代（公元前2世纪末至公元4世纪左右）朝鲜半岛南部的三个部落联盟，包括马韩、辰韩和弁韩。三韩后来被新罗统一。[21]宏敷：广布。[22]拱极：拱卫、环绕中心。[23]遐寿：高龄；高寿。[24]宗祧：宗庙；家族世系；宗嗣；嗣续。[25]权署国事：暂代国王。朝贡制度下，国王在中国册封之前，继位的朝鲜国王从名分上还未成为正式国王，因此称为"权署国事"。[26]姓某：指朝鲜国王哲宗李昪，全溪大院君第三子。[27]孝友：事父母孝顺，对兄弟友爱。[28]朱蒙：亦作邹牟、众解、中牟、仲牟或都慕，是传说中高句丽的开国国君，约公元前37年，在沸流水（今富河）畔之纥升骨城（今桓仁县五女山城）建高句丽国。[29]丕宣：大力传播。[30]烝民：庶民，是春秋战国时代及之前历代对"百姓"的称谓。[31]声灵：声势威灵。[32]上国：诸侯或蕃邦对中央或中心大国的称呼。

【简析】

道光二十九年（1849年），清廷颁发册封朝鲜国王哲宗李昪的诏书。

李昪为全溪大院君第三子，道光十一年（1831年）六月十七日生于庆幸坊私第。道光二十九年（1849年）六月六日，朝鲜宪宗去世，无子。最后选定庄献世子第三子恩彦君李裀的孙子、全溪君李圹的第三子李昪继承王位。六月八日，18岁的李昪奉纯祖纯元王后金氏之命，封德完君，承纯祖之嗣。次日行冠礼，即位于昌德宫之仁政门。同治二年（1863年）十二月八日，去世于昌德宫之大造殿。李昪在位14年，终年33岁，葬高阳睿陵。清朝赐谥忠敬。

文书基本信息表

文书种类	诏书	头辞	奉天承运皇帝诏曰
发送者	中国道光皇帝	尾辞	特兹诏示，咸使闻知
接受者	朝鲜国王李昪	正文文体	骈文体
纪年标准	中国纪年：道光二十九年	正文内容	册封朝鲜国王
语言种类	古代汉语	用典来源	《尚书》、《诗经》

---

① 《〈同文汇考〉中朝史料》（三），吉林文史出版社2005年版，第110页。

5. 同治三年（1864年）册封朝鲜国王李熙诏书

奉天承运皇帝诏曰：丹书[1]锡宠，本坚带砺[2]之盟；玉册[3]分封，特重屏藩之寄。况清勤[4]之著节[5]，久懔[6]王章[7]；复忠厚之传家，宜延世泽。爰[8]稽[9]彝典[10]，用沛[11]温纶[12]。故朝鲜国王姓某[13]，前猷[14]克绍[15]，臣职弥恭十四年[16]；保障东邦，恩流海甸三千里[17]。朝宗[18]北极，朔奉[19]天家。常输贡献之诚，永拱河山之固。方期遐寿[20]，遽殒[21]长年。嗣续维艰，宗祧[22]奚赖。权署国事姓某[23]，幼敦仁孝，夙秉聪明。既为庄顺[24]之亲，应守宗彝[25]之器。特俞奏请，袭封为朝鲜国王。鸾绋[26]初颁，鸿庥[27]伊始。抚群黎[28]而布政，毋忘夙夜之勤；缵[29]列服[30]以摅忱，其矢靖共[31]之念。特兹诏示，咸使闻知。①

【注释】

[1]丹书：朱笔书写的诏书，或帝王所写的劝诫书。[2]带砺：比喻所封爵位传之久远，或江山永固。[3]玉册：亦称玉策。古代用玉版制作之册书，帝王以玉册祭祀告天和制作皇帝即位册文，亦用于册封太子及后妃。[4]清勤：清廉勤恳。[5]著节：以高尚的节操著称。[6]久懔：长久以来敬畏。[7]王章：王礼；王法；朝廷的法律。[8]爰：于是。[9]稽：查考。[10]彝典：常典。[11]用沛：因此恩赐。[12]温纶：皇帝诏令的敬称。[13]故朝鲜国王姓某：指朝鲜国王哲宗李昪。[14]前猷：先王的谋划。[15]克绍：能够继承。[16]十四年：李昪在位时间为道光二十九年（1849年）至同治二年（1863年），共14年。[17]三千里：朝鲜半岛从南到北长约1144公里，按照朝鲜里来计算，1朝鲜里等于0.4公里，朝鲜半岛从南到北大约有3000朝鲜里，所以自古以来朝鲜被称作"三千里锦绣江山"。[18]朝宗：归顺。[19]朔奉：奉正朔；奉正统。[20]遐寿：高寿。[21]遽殒：突然去世。[22]宗祧：宗庙；宗嗣。[23]权署国事姓某：指朝鲜高宗李熙。[24]庄顺：端庄和顺。[25]宗彝：宗庙祭祀所用酒器。彝：盛鬯的器皿。《书·洪范》："武王既胜殷，邦诸侯，班宗彝。"[26]鸾绋：帝王诏书。[27]鸿庥：对尊长的庇荫关怀的敬称。[28]群黎：万民；百姓。《诗·小雅·天保》："群黎百姓，偏为尔德。"[29]缵：继承。[30]列服：藩属忠诚。[31]靖共：静肃恭谨。

【简析】

同治三年（1864年），清廷颁发册封朝鲜高宗李熙的诏书，这也是中国皇帝最后一次册封朝鲜国王。

李熙为兴宣大院君嫡第二子，咸丰二年（1852年）七月二十五日生于贞善坊私第。同治二年（1863年），哲宗去世，无子，奉翼宗神贞王后赵氏之命入承翼宗大统，封翼成君，行冠礼。同治二年（1863年）十二月十三日李熙即位于昌德宫之仁政门。

李熙是朝鲜李朝的末代君主，大韩帝国的首任皇帝。在其统治时期，朝鲜发生了许多重大历史事件，朝鲜从一个传统封闭的国家被迫开国，最后亡国。

---

① 《〈同文汇考〉中朝史料》（三），吉林文史出版社2005年版，第116页。

文书基本信息表

文书种类	诏书	头辞	奉天承运皇帝诏曰
发送者	中国同治皇帝	尾辞	特兹昭示，咸使闻知
接受者	朝鲜国王李熙	正文文体	骈文体
纪年标准	中国纪年：同治三年	正文内容	册封朝鲜国王
语言种类	古代汉语	用典来源	《尚书》、《诗经》

二、诰命例析

1. 顺治二年（1645年）册封朝鲜世子李淏诰命

奉天承运皇帝制曰：皇图[1]远驭，建屏翰于庶邦[2]；侯服[3]承家，绍箕裘[4]于奕世[5]。象贤[6]攸赖，涣号[7]宜颁。尔姓某[8]乃朝鲜国王姓某[9]之次子，温茂[10]克成，孝恭靡忒[11]。惟尔兄之即世[12]，伦序应及童孙。念主器[13]之得人，贤长莫如立弟。是用[14]特允尔父所请，封尔为朝鲜国王世子，赐之诰命。于戏！守其匕鬯[15]，毋忘执圭[16]之心；眷乃山河，克荷[17]析薪[18]之业。尔其钦哉！毋替朕命。①

【注释】

[1]皇图：王朝的版图；皇位。[2]庶邦：诸侯众国。《书·酒诰》："厥诰毖庶邦庶士越少正御事朝夕曰：祀兹酒。"[3]侯服：五服之一。此处泛指外藩。[4]箕裘：比喻继承前辈事业。箕：用软枝条制箕等器具。裘：缝制皮革做鼓风用皮囊。《礼记·学记》："良冶之子，必学为裘；良弓之子，必学为箕。"[5]奕世：累世，代代。《国语·周语上》："奕世载德，不忝前人。"[6]象贤：效法先人的贤德。[7]涣号：帝王的旨令，恩旨。[8]尔姓某：指朝鲜国王次子李淏。[9]朝鲜国王姓某：指朝鲜国王李倧。[10]温茂：温和美善。[11]靡忒：无任何差错。靡：无。忒：差错。[12]即世：去世。[13]主器：太子。古代国君的长子主宗庙祭器，因以称太子为"主器"。《易·序卦》："主器者莫若长子。"[14]是用：因此。[15]匕鬯：代指宗庙祭祀。匕：勺、匙之类的取食用具。鬯：用郁金草酿黑黍而成的香酒。[16]执圭：又作执珪。以手持圭，表敬谨之至。《论语·乡党》："执圭，鞠躬如也，如不胜。"[17]克荷：能够承担。[18]析薪：继承父业。

【简析】

顺治二年（1645年），清廷颁发册封朝鲜国王李倧次子李淏为世子的诰命。

顺治二年（1645年）五月，在中国做人质的李淏的长兄、朝鲜原世子李澄在归国后"暴病"而亡，李淏随后被册封为世子，在顺治六年（1649年）登朝鲜王位。

---

① 《〈同文汇考〉中朝史料》（一），吉林文史出版社2003年版，第2页。另见《清世祖实录》卷一八，顺治二年十一月己未条。

文书基本信息表

文书种类	诰命	头辞	奉天承运皇帝制曰
发送者	中国顺治皇帝	尾辞	尔其钦哉！毋替朕命
接受者	朝鲜世子李淏	正文文体	骈文体
纪年标准	中国纪年：顺治二年	正文内容	册封朝鲜世子
语言种类	古代汉语	用典来源	《尚书》、《国语》、《易经》、《论语》

2. 顺治六年（1649年）册封朝鲜国王李淏诰命

立极[1]开天之大义，王尽称臣；建邦锡土[2]之洪庥[3]，子当继父。藩屏攸赖，涣号[4]宜加。尔朝鲜国王世子李淏，秉礼[5]淑躬[6]，施仁济物[7]。肯堂肯构[8]，家庭夙信其象贤[9]；曰孝曰恭，臣庶乐推[10]夫雁序[11]。爰[12]稽[13]旧典，式沛[14]新纶[15]。封尔为朝鲜国王。带砺[16]山河，恪职率海东之君长；苞桑[17]社稷，贻谋[18]笃奕世[19]之忠贞。尔其钦哉！毋替朕命。①

【注释】

[1]立极：树立最高准则。[2]锡土：赐土。[3]洪庥：犹洪庇。洪福庇荫。[4]涣号：帝王的旨令。[5]秉礼：秉持礼节。[6]淑躬：善良恭敬。[7]施仁济物：施行仁爱，帮助他人。[8]肯堂肯构：比喻子承父业。[9]象贤：效法先人的贤德。[10]乐推：乐意拥戴。《老子》："是以圣人处上而民不重，处前而民不害，是以天下乐推而不厌。"[11]雁序：有秩序地飞行的雁群；整齐有次序。[12]爰：于是。[13]稽：考究。[14]式沛：发布。[15]新纶：新的圣旨。[16]带砺：比喻所封爵位传之久远，或江山永固。[17]苞桑：牢固的根基；帝王能经常思危而不自安，国家就能巩固。《易·否》："其亡其亡，系于苞桑。"孔颖达疏："若能其亡其亡，以自戒慎，则有系于苞桑之固，无倾危也。"[18]贻谋：为后世子孙作打算。[19]奕世：累世，代代。

【简析】

顺治六年（1649年），清廷颁发册封李淏为国王的诰命。

李淏在顺治二年（1645年）被清廷册封为世子，在顺治六年（1649年）被册封为朝鲜国王。

---

① 《清世祖实录》卷四五，顺治六年八月丁未条。

文书基本信息表

文书种类	诰命	头辞	
发送者	中国顺治皇帝	尾辞	尔其钦哉！毋替朕命
接受者	朝鲜国王李淏	正文文体	骈文体
纪年标准	中国纪年：顺治六年	正文内容	册封朝鲜国王
语言种类	古代汉语	用典来源	《尚书》、《老子》、《易经》

3. 顺治六年（1649年）册封朝鲜国王李淏妃张氏诰命

外藩效顺，世锡鸿恩；内政克勷[1]，均沾盛典，古帝王统御之道也。是以诗咏静贞[2]之德，礼垂[3]爱敬之文。尔朝鲜国王世子妻张氏，克秉[4]妇仪[5]，允娴[6]内则[7]，既隆延世之宠，宜加从爵之荣。特封尔为朝鲜国王妃。其夙夜[8]敬共[9]，鸡鸣[10]交儆[11]。共效忠诚于上国，同奠藩服于东维[12]。敬之哉[13]！勿负朕命。①

【注释】

[1]克勷：能够襄助。勷：辅助。[2]静贞：娴静贞洁。[3]礼垂：礼仪垂青。[4]克秉：能够秉持。[5]妇仪：妇女的容德规范。[6]允娴：公正娴静。[7]内则：家内的典范。[8]夙夜：朝夕，日夜。[9]敬共：恭敬。共：通"恭"。[10]鸡鸣：天明之前。[11]交儆：儆戒；交相儆戒。[12]东维：泛指东方。[13]敬之哉：要警戒啊。《逸周书》："敬之哉！汝慎守弗失。"

【简析】

顺治六年（1649年），清廷颁发册封朝鲜新国王李淏王妃张氏的诰命。

李淏王妃张氏于万历四十六年（1618年）十二月二十五日生于安山。崇祯四年（1631年）行嘉礼于梨岘别宫。初封丰安府夫人，顺治元年（1644年）册封世子嫔，顺治六年（1649年）进封王妃。康熙十三年（1674年）二月二十四日去世于庆熙宫之会祥殿，终年57岁，葬宁陵。

文书基本信息表

文书种类	诰命	头辞	
发送者	中国顺治皇帝	尾辞	敬之哉！勿负朕命
接受者	朝鲜王妃张氏	正文文体	骈文体
纪年标准	中国纪年：顺治六年	正文内容	册封朝鲜王妃
语言种类	古代汉语	用典来源	《逸周书》

---

① 《清世祖实录》卷四五，顺治六年八月丁未条。

4. 顺治十一年（1654年）册封朝鲜世子李棩诰命

奉天承运皇帝制曰：皇恩远沛，宏怙冒[1]于庶邦[2]；侯度[3]谨遵，席[4]荣怀[5]于奕叶[6]。颁之章服[7]，贲[8]以丝纶[9]。尔姓某[10]乃朝鲜国王姓某[11]之嗣子，孝敬性生，温文[12]誉著。以贤以长，国人之望攸归[13]；不愆不忘[14]，乃祖之基有托。是用[15]特允尔父所请，封尔为朝鲜国王世子，赐之诰命。于戏！勉尔箕裘[16]，恪守藩屏之业；执其匕鬯[17]，永延茅土[18]之封。尔其钦哉！毋替朕命。

顺治十一年十二月二十一日①

【注释】

[1]怙冒：广被。[2]庶邦：诸侯众国。[3]侯度：为君之法度。[4]席：凭借，倚仗。[5]荣怀：国家繁荣则万民归附。《书·秦誓》："邦之杌陧，曰由一人；邦之荣怀，亦尚一人之庆。"[6]奕叶：累世，代代。[7]章服：以纹饰为等级标志的礼服。[8]贲：光辉。[9]丝纶：帝王诏书。《礼记·缁衣》："王言如丝，其出如纶。"[10]尔姓某：指李棩。[11]朝鲜国王姓某：指朝鲜国王孝宗李淏。[12]温文：温和文雅。[13]攸归：所归。[14]不愆不忘：没有过失不忘祖。《诗·大雅·假乐》："不愆不忘，率由旧章。"[15]是用：因此。[16]箕裘：比喻继承前辈事业。[17]匕鬯：代指宗庙祭祀。[18]茅土：封土。

【简析】

顺治十一年（1654年），清廷颁发册封李棩为朝鲜世子的诰命。

文书基本信息表

文书种类	诰命	头辞	奉天承运皇帝制曰
发送者	中国顺治皇帝	尾辞	尔其钦哉！毋替朕命
接受者	朝鲜世子李棩	正文文体	骈文体
纪年标准	中国纪年：顺治十一年	正文内容	册封朝鲜世子
语言种类	古代汉语	用典来源	《尚书》、《礼记》、《诗经》

5. 顺治十六年（1659年）册封朝鲜国王李棩诰命

建邦敷化[1]，壮屏翰于东维[2]；式训[3]守成，秉正朔于北极。礼崇嗣位，爰载彝章[4]；国重象贤[5]，应加宠锡。尔朝鲜国王世子李棩，奕叶[6]殚忠[7]，冲龄[8]著美[9]。岐嶷[10]擅誉[11]，永昭圭璧[12]之良；虔惕[13]禔躬[14]，克绍[15]礼仪之绪。念藩属郡邑，既

---

① 《〈同文汇考〉中朝史料》（一），吉林文史出版社2003年版，第4页。

庆纂服[16]之有长君；顺倚望[17]舆情[18]，因隆析爵[19]以焕新命。特封尔为朝鲜国王，提封[20]滨海，赐履[21]承先。明天泽[22]以笃忠贞，无忝[23]作述[24]；抚河山而谨节度，表率臣民。钦哉！勿替朕命。①

【注释】

[1]敷化：布行教化。[2]东维：泛指东方。[3]式训：又作训式。典范，榜样。《诗·大雅·烝民》："古训是式，威仪是力。"[4]彝章：常典，旧典。[5]象贤：效法先贤。[6]奕叶：世代。[7]殚忠：尽忠。[8]冲龄：幼年。[9]著美：美名。[10]岐嶷：形容幼年聪慧。[11]擅誉：著名。[12]圭璧：古代祭祀、朝会用玉器。古为表示瑞信、等级之物。[13]虔惕：虔诚警惕。[14]褆（zhī）躬：犹褆身。安身，修身。褆：安宁，安享。[15]克绍：能够继承。[16]纂服：继承职务。[17]倚望：依赖敬仰。[18]舆情：群情；民情。[19]析爵：任官受爵，泛指封王、封官。析：分颁。古代帝王按爵位高低分颁玉圭。《周礼·大宗伯》："以玉作六瑞，以等邦国：王执镇圭，公执桓圭，侯执信圭，伯执躬圭。"析爵即"析圭而爵"，言分圭而授爵。[20]提封：版图，疆域。[21]赐履：君主所赐的封地。履：所践履之界。《左传·僖公四年》："赐我先君履，东至于海，西至于河，南至于穆陵，北至于无棣。"[22]天泽：喻上下、尊卑。《易·履》："上天下泽"。[23]无忝：不玷辱；不羞愧。《书·君牙》："今命尔予翼，作股肱心膂，缵乃旧服，无忝祖考。"[24]作述：创作传述。比喻后代继承前代事业。《礼记·中庸》："父作之，子述之。"

【简析】

顺治十六年（1659年），清廷颁发册封李棩为朝鲜国王的诰命。

文书基本信息表

文书种类	诰命	头辞	
发送者	中国顺治皇帝	尾辞	钦哉！毋替朕命
接受者	朝鲜国王李棩	正文文体	骈文体
纪年标准	中国纪年：顺治十六年	正文内容	册封朝鲜国王
语言种类	古代汉语	用典来源	《诗经》、《尚书》、《易经》、《礼记》、《周礼》、《左传》

6. 顺治十六年（1659年）册封朝鲜国王李棩妃金氏诰命

来王[1]来享[2]，价藩[3]凛服事之诚；采蘩[4]采苹[5]，邦壶[6]宣[7]协助之美。故子而继父，既世祀[8]之永延；惟妻以相夫，宜国典之攸及[9]。尔朝鲜国王世子妻金氏，凤娴姆训[10]，作配王家。勤定省[11]于三朝，克勤[12]孝养；著仪型[13]于四德[14]，有裨[15]储修[16]。謦欬[17]罔愆，式隆[18]一体之义；珈褕[19]肇锡[20]，聿彰[21]从爵[22]之文。兹特封

---

① 《清世祖实录》卷一二八，顺治十六年九月戊寅条。

尔为朝鲜国王妃，益励柔嘉[23]，交诚忠敬。儆[24]鸡鸣于燕寝[25]，明服[26]于龙章[27]。钦哉！勿替朕命。①

【注释】

[1]来王：指古代诸侯定期朝觐天子。《书·大禹谟》："无怠无荒，四夷来王。"[2]来享：谓远方诸侯前来进献贡物。《诗·商颂·殷武》："莫不敢来享，莫不敢来王。"[3]价藩：大德之人，国家屏藩。价：价人，善人。《诗·大雅·板》："价人维藩，大师维垣。"[4]采蘩：女子采集水草蘩作为祭祀之用，比喻女子责任。蘩：水草名。[5]采苹：女子采集苹菜作为祭祀之用，比喻女子责任。苹：多年生水草，可食。[6]邦壼（kǔn）：主持宫内事务。壼：古代宫中的道路，借指内宫。[7]宣：宣扬，广泛传播。[8]世祀：世代祭祀。[9]攸：所规定。[10]姆训：女师的训诫。[11]定省：子女早晚向亲长问安为"定省"。定：安其床衽。省：问其安否。《礼记·曲礼上》："凡为人子之礼，冬温而夏清，昏定而晨省。"[12]克勷：能够襄助。[13]仪型：楷模、典范。[14]四德：儒家提倡女子遵循的四种德性：德、容、言、功。第一是品德，能正身立本；第二是相貌，出入要端庄稳重持礼，不要轻浮随便；第三是言语，与人交谈要会随意附义，能理解别人所言，并知道自己该言与不该言的语句；第四是治家之道，包括相夫教子、尊老爱幼、勤俭节约等生活方面的细节。[15]有裨（bì）：有益。[16]储修：后宫事务。[17]鞶帨（pán shuì）：古代妇女用的小囊和毛巾。[18]式隆：隆重。式：语助词。[19]珈褕（jiā yú）：尊贵的头饰与服装。珈：古代妇女的一种头饰。褕：华丽衣服。[20]肇锡：初赐。肇：开始。《离骚》："皇览揆余初度兮，肇锡余以嘉名。"[21]聿彰：表彰。聿：语助词。[22]从爵：受爵。[23]柔嘉：柔和美善。《诗·大雅·烝民》："仲山甫之德，柔嘉维则。"[24]儆：警戒。[25]燕寝：古代帝王居息的宫室。《周礼·天官·女御》："女御掌御叙于王之燕寝。"[26]明服：鲜艳的服饰。[27]龙章：龙纹；龙形。《礼记·郊特牲》："旗十有二旒，龙章而设日月，以象天也。"

【简析】

顺治十六年（1659年），清廷颁发册封朝鲜王妃金氏的诰命。

李棩王妃金氏，崇祯十五年（1642年）五月十七日生，顺治八年（1651年）册封世子嫔，行嘉礼于於义洞本宫。顺治十六年（1659年）进封王妃。康熙二十二年（1683年）十二月五日去世于昌庆宫储承殿，终年42岁，葬崇陵。

文书基本信息表

文书种类	诰命	头辞	
发送者	中国顺治皇帝	尾辞	钦哉！毋替朕命
接受者	朝鲜王妃金氏	正文文体	骈文体
纪年标准	中国纪年：顺治十六年	正文内容	册封朝鲜王妃
语言种类	古代汉语	用典来源	《尚书》、《诗经》、《礼记》、《周礼》、《离骚》

---

① 《清世祖实录》卷一二八，顺治十六年九月戊寅条。

7. 嘉庆十七年（1812年）册封朝鲜世子李旲诰命

奉天承运皇帝制曰：朕惟帝王绥远[1]，聿明继体[2]之恩；哲嗣[3]承家，宜懋[4]肇封[5]之典。眷[6]屏藩而期缵绪[7]，业重箕裘[8]；崇位号[9]而畀[10]宠光[11]，辉生纶绋[12]。嘉休[13]克荷[14]，世泽宜绵。尔姓某[15]乃朝鲜国王姓某[16]之嗣子，赋性冲和[17]，秉姿[18]聪慧。动容习语[19]，夙生文物之邦；绕膝娱颜[20]，早禀庭闱[21]之训。美质可承夫前烈[22]，荣施宜被于遐方。爰俞[23]陈请之虔，特贲[24]彝章[25]之渥[26]。兹封尔为朝鲜国王世子。于戏！承亲而思肯构[27]，弥深孝友[28]之诚；报国而秉小心，务励忠勤之节。丕承[29]诰命，永守宗祧[30]。钦哉！①

【注释】

[1]绥远：安定远方。[2]继体：嫡子继承王位，泛指继位。[3]哲嗣：哲子，对别人的儿子的尊称。[4]懋：大，盛大。[5]肇封：始封，初封。[6]眷：眷顾，眷念。[7]缵（zuǎn）绪：继承世业，君主继位。缵：继承。绪：世系、后代。《诗·豳风·七月》："奄有下土，缵禹之绪。"[8]箕裘：比喻继承前辈事业。[9]位号：爵位与名号。[10]畀（bì）：给予。[11]宠光：恩宠光耀。[12]纶绋（fú）：皇帝的诏令。《礼记·缁衣》："王言如丝，其出如纶；王言如纶，其出如绋。"[13]嘉休：幸福，福禄。[14]克荷：能够承担。[15]尔姓某：指朝鲜国王纯祖李玜之次子李旲。[16]朝鲜国王姓某：指朝鲜国王纯祖李玜。[17]冲和：淡泊平和。[18]秉姿：天姿。[19]动容习语：举止、仪容与言语。[20]绕膝娱颜：围绕膝下使父母开颜，形容子女侍奉父母。[21]庭闱：父母居处，又代指父母。[22]前烈：前人的功业。《书·武臣》："公刘克笃前烈。"[23]爰俞：于是俞允。爰：于是。俞：允诺，多用于君主。《书·尧典》："帝曰：'俞。'"[24]贲：光辉。[25]彝章：常典，旧典。[26]渥：沾湿，沾润。《诗·小雅·信南山》："既优既渥。"[27]肯构：能够继承前人事业。[28]孝友：事父母孝顺，对兄弟友爱。[29]丕承：很好地继承。旧谓帝王承天受命，常曰"丕承"。《书·君奭》："惟文王德丕承无疆之恤。"[30]宗祧：宗庙；宗嗣。

【简析】

嘉庆十七年（1812年），清廷颁发册封朝鲜世子李旲的诰命。

李旲于嘉庆十四年（1809年）八月九日生于昌德宫之大造殿。嘉庆十七年（1812年）册封王世子。道光七年（1827年）承命代理国事。道光十年（1830年）五月六日去世于昌德宫之熙政堂，终年22岁，庙号文祜。宪宗即位追尊为王，庙号翼宗。清朝赐谥孝明。

---

① 《〈同文汇考〉中朝史料》（三），吉林文史出版社2005年版，第98页。

文书基本信息表

文书种类	诰命	头辞	奉天承运皇帝制曰
发送者	中国嘉庆皇帝	尾辞	钦哉
接受者	朝鲜世子李旲	正文文体	骈文体
纪年标准	中国纪年：嘉庆十七年	正文内容	册封朝鲜世子
语言种类	古代汉语	用典来源	《诗经》、《礼记》、《尚书》

8. 道光十一年（1831年）册封朝鲜世孙李奂诰命

奉天承运皇帝制曰：朕惟共球[1]辑瑞[2]，守屏[3]承世泽之长；纶绰[4]推恩[5]，胙土[6]廑[7]孙谋[8]之远。衍本支于藩服，益懋[9]永图[10]；颁盛典于遐方，式昭[11]宠命[12]。嘉休[13]克绍[14]，位号[15]宜膺。尔姓某[16]乃朝鲜国王姓某[17]之孙，赋性醇和[18]，秉资[19]聪慧。桐枝[20]擢秀[21]，早滋伟干[22]于恬波[23]；兰蕊[24]扬芬[25]，待沐浓膏于湛露[26]。美质堪延夫积庆[27]，荣名[28]宜被夫恩光[29]。爰俞[30]陈请之虔，特贲[31]彝章[32]之渥[33]。兹封尔为朝鲜国王世孙。于戏！承家而绳祖武[34]，珪璋[35]之法度常遵；报国而迪[36]前光[37]，带砺[38]之庸勋[39]益劭[40]。丕承[41]诰命，永守宗祧[42]。钦哉！①

【注释】

[1]共球：珍奇异宝。[2]辑瑞：会见属下的典礼。《书·舜典》："辑五瑞，既月乃日，觐四岳群牧，班瑞于群后。"[3]守屏：守卫藩屏。[4]纶绰：皇帝的诏令。[5]推恩：广施仁爱、恩惠于他人。[6]胙土：分土。帝王以土地赐封功臣，酬其勋绩。胙：赐予。[7]廑（qín）：殷切挂念。[8]孙谋：为子孙筹划。《诗·大雅·文王有声》："诒厥孙谋，以燕翼子。"[9]懋：大，盛大。[10]永图：长久之计；长久打算。《书·太甲上》："慎乃俭德，惟怀永图。"[11]式昭：用以光大。式：用。昭：明。[12]宠命：加恩特赐的任命。[13]嘉休：幸福，福禄。[14]克绍：能够继承。[15]位号：爵位与名号。[16]尔姓某：指世子李旲之子李奂。因李旲去世，李奂继承其位，成为世孙。[17]朝鲜国王姓某：指朝鲜国王纯祖李玜。[18]醇和：纯正平和。[19]秉资：天资。[20]桐枝：又称桐孙。桐枝挺秀、孳蕃，为子嗣的美称。[21]擢秀：形容草木发荣滋长、人才出众。[22]伟干：魁梧的树干。[23]恬波：平息波澜，使局势平静。[24]兰蕊：兰花之蕊。[25]扬芬：散发芬芳。[26]湛露：浓浓的露水，象征王之恩泽。《诗·小雅·湛露》："湛湛露兮，匪阳不晞。"[27]积庆：行善积福。[28]荣名：令名，美名。[29]恩光：恩泽。[30]爰俞：于是俞允。[31]贲：光辉。[32]彝章：常典，旧典。[33]渥：沾湿，沾润。[34]绳祖武：即绳其祖武。意为踏着祖先的足迹继续前进。比喻继承祖业。绳：继续。武：足迹。《诗·大雅·下武》："绳其祖武。"[35]珪璋：玉制的礼器。古代用于朝聘、祭祀。[36]迪：继承。[37]前光：祖先的功德。[38]带砺：比喻所封爵位传之久远，或江山永固。[39]庸勋：功勋。[40]劭（shào）：美好，高尚。[41]丕承：很好地继承。[42]宗祧：宗庙；宗嗣。

---

① 《〈同文汇考〉中朝史料》（三），吉林文史出版社2005年版，第101页。

【简析】

道光十一年（1831年），清廷颁发册封朝鲜世孙李烉的诰命。

李烉在道光七年（1827年）七月十八日生于昌庆宫之景春殿。道光十一年（1831年）册封王世孙，道光十四年（1834年）十一月十八日行冠礼，即位于庆熙宫之崇政门。由母亲赵大妃垂帘听政。道光二十九年（1849年）六月六日去世于昌德宫之重熙堂。在位15年，终年23岁，葬杨州景陵。清朝赐谥庄肃。

文书基本信息表

文书种类	诰命	头辞	奉天承运皇帝制曰
发送者	中国道光皇帝	尾辞	钦哉
接受者	朝鲜世孙李烉	正文文体	骈文体
纪年标准	中国纪年：道光十一年	正文内容	册封朝鲜世孙
语言种类	古代汉语	用典来源	《尚书》、《诗经》

9. 道光十五年（1835年）追封朝鲜国王李旲诰命

奉天承运皇帝制曰：藩服延休[1]，缵绪[2]式循[3]于继序[4]；孙枝[5]奉业[6]，褒亲[7]宜逮以追崇[8]。念请命之维虔，礼隆[9]溯本[10]；稽[11]易名[12]之有典，义许推恩[13]。尔朝鲜国故世子姓某[14]，凤禀[15]朝封[16]，早孚民望，属年华之不永，致爵位之未膺。兹以尔嗣子姓某[17]袭封国王，加恩追赠尔为朝鲜国王，谥曰康穆。于戏！制自缘情[18]，锡命[19]慰承祧[20]之志；名维从实[21]，传家昭奕叶[22]之荣。祇服[23]宠光[24]，永垂后祉[25]。①

【注释】

[1]延休：长久幸福。[2]缵绪：继承世业，君主继位。[3]式循：遵循。式：语助词。[4]继序：继承世业，君主继位。[5]孙枝：从树干上长出的新枝，喻孙儿。[6]奉业：继承事业。[7]褒亲：褒奖亲人。[8]追崇：对死者追加封号。[9]礼隆：即隆礼。尊崇礼法。《礼记·经解》："是故隆礼、由礼，谓之有方之士；不隆礼、不由礼，谓之无方之民。"[10]溯本：追寻本原。[11]稽：考究。[12]易名：指古时帝王、公卿、大夫死后朝廷为之立谥号。《礼记·檀弓下》："公叔文子卒，其子戍请谥于君，曰：'日月有时，将葬矣，请所以易其名者。'"[13]推恩：广施仁爱、恩惠于他人。[14]故世子姓某：指去世的朝鲜世子李旲。[15]凤禀：即凤秉。早岁秉承。[16]朝封：朝廷封爵。[17]嗣子姓某：指朝鲜国王宪宗李烉。[18]制自缘情：制度因循人情、顺乎人情。[19]锡命：天子有所赐予的诏命。《易·师》："王三锡命。"[20]承祧：承继奉祀祖先的宗庙。[21]名维从实：名称由实存决定。[22]奕叶：世世代代。[23]祇（zhī）服：敬谨奉行。《书·康诰》："子弗祇服厥父事，大伤厥考心。"[24]宠光：恩宠光

---

① 《〈同文汇考〉中朝史料》（三），吉林文史出版社2005年版，第106页。

耀。[25]后祉：后代的福祉。

【简析】

道光十五年（1835年），清廷颁发追封朝鲜国王李旲的诰命。

李旲原为朝鲜王世子，因早逝而未即王位。朝鲜国王宪宗李烉即位后追尊其为王，庙号翼宗，清朝加谥号康穆。

文书基本信息表

文书种类	诰命	头辞	奉天承运皇帝制曰
发送者	中国道光皇帝	尾辞	
接受者	朝鲜国王李旲	正文文体	骈文体
纪年标准	中国纪年：道光十五年	正文内容	追封朝鲜国王
语言种类	古代汉语	用典来源	《礼记》、《易经》、《尚书》

10. 道光十五年（1835年）册封朝鲜国王李旲妃诰命

奉天承运皇帝制曰：贲[1]龙纶[2]而锡祉[3]，恩光[4]酬屏翰之勋；昭燕翼[5]以贻型[6]，懿德[7]式[8]珩璜[9]之范。繄[10]徽音[11]之继序[12]，宜嘉名[13]之优崇。尔朝鲜国故世子姓某[14]之妻赵氏，华胄[15]钟祥[16]，璇闱[17]谨度[18]。既无惭于妇德[19]，更允协[20]乎母仪[21]。兹以尔嗣子姓某[22]袭封国王，加恩追赠故世子姓某[23]王爵，封尔为朝鲜国王妃。于戏！翚翟[24]彰荣[25]，爵本从夫而受祜[26]；赆琛[27]恪职[28]，贵还因子以承庥[29]。特沛恩施，聿[30]颁诰命。①

【注释】

[1]贲：光辉。[2]龙纶：圣旨，诏旨。[3]锡祉：赐福。[4]恩光：恩泽。[5]燕翼：为后嗣作好打算。[6]贻型：树立榜样。[7]懿德：美德。《诗·大雅·烝民》："天生烝民，有物有则。民之秉彝，好是懿德。"[8]式：示范。[9]珩璜（héng huáng）：杂佩，贯佩；比喻符合君子的言行。珩：佩玉上面的横玉，形状像磬。璜：半璧曰璜。[10]繄（yī）：文言助词，惟。[11]徽音：德音。指令闻美誉。徽：美。《诗·大雅·思齐》："大姒嗣徽音，则百斯男。"[12]继序：继绪。[13]嘉名：好名声。《楚辞·离骚》："皇览揆余于初度兮，肇锡余以嘉名。名余曰正则兮，字余曰灵均。"[14]故世子姓某：指去世的朝鲜世子李旲。[15]华胄：贵族的后裔。[16]钟祥：钟聚祥瑞。[17]璇闱：闺房的美称。[18]谨度：严守礼法。[19]妇德：妇女贞顺的德行。[20]允协：确实符合。《书·说命中》："王忱不艰，允协于先王成德。"[21]母仪：人母的仪范。多用于皇后。[22]尔嗣子姓某：指朝鲜国王宪宗李烉。[23]故世子姓某：指去世的朝鲜世子李旲。[24]翚翟（huī dí）：后妃的礼服。翚：五色皆备的雉鸡。翟：长尾山鸡。[25]彰荣：华丽。[26]爵本从夫而受祜（hù）：妇女因丈夫的成功而受爵从而获得福禄。[27]赆琛：进贡的财宝。[28]

---

① 《〈同文汇考〉中朝史料》（三），吉林文史出版社2005年版，第106页。

恪职：尽职。[29]贵还因子以承庥：妇女因儿子的成功而受尊从而获得上天庇护。[30]聿：语助词。

【简析】

道光十五年（1835年），清廷颁发册封朝鲜国王李旲王妃赵氏的诰命。

赵氏为领敦宁府事丰恩府院君赠领议政忠敬公赵万永女。嘉庆二十四年（1819年）被册封为李旲世子嫔，行嘉礼于於义洞本宫。宪宗即位后追封李旲为国王，赵氏获王妃称号，尊为王大妃、大王大妃。哲宗死后，为了同其遗孀金氏势力抗衡，赵氏做主迎外邸的李载晃入大统，是为高宗。光绪十六年（1890年）四月十七日去世于景福宫之兴福殿，终年83岁，葬杨州绥陵。

文书基本信息表

文书种类	诰命	头辞	奉天承运皇帝制曰
发送者	中国道光皇帝	尾辞	
接受者	朝鲜王妃赵氏	正文文体	骈文体
纪年标准	中国纪年：道光十五年	正文内容	册封朝鲜王妃
语言种类	古代汉语	用典来源	《诗经》、《尚书》、《离骚》

11. 道光二十五年（1845年）册封朝鲜国王李烉继妃诰命

奉天承运皇帝制曰：承庥[1]缵服[2]，固惟辟之仔肩[3]；翼用[4]匡猷[5]，实贤媛[6]之助娓[7]。故芳徽[8]懋著[9]，职无忝[10]于易家[11]；斯纶綍[12]遥颁，典特隆乎正内[13]。尔朝鲜国王李烉继妻洪氏，秀毓[14]华宗[15]，德娴[16]嫔则[17]。励苹蘩[18]温情之节，肃穆为仪；秉鸡鸣儆戒[19]之心，恪恭成性。念尔屏藩累世，罔懈忠贞；矧[20]兹壸德[21]勤修，宜膺宠命[22]。兹特封尔为朝鲜国王妃，襄[23]敬共[24]于无怠，著柔顺于不违。庶增伉俪[25]之光，永笃邦家之庆。钦哉！毋替朕命。①

【注释】

[1]承庥：上天庇护。[2]缵服：继承职事。[3]惟辟之仔肩：君王的责任。辟：君主。仔肩：担子、任务。[4]翼用：辅助。[5]匡猷（yóu）：正确的谋略。[6]贤媛：贤惠美貌的女子。[7]助娓（měi）：辅佐善事。娓：美，善。[8]芳徽：即徽芳，盛德，美德。[9]懋著：显著。[10]无忝：不玷辱；不羞愧。[11]易家：比喻妇道。《易·家人》："女正位乎内，男正位乎外。男女正，天地之大义也。"[12]纶綍：皇帝的诏令。[13]正内：妻子守正道，尽职于家中。《易·家人》："女正位乎内，男正位乎外。"[14]秀毓：孕育着优秀的人物。秀：美貌而不俗气，特别优异。毓：孕育，产生。[15]华宗：贵族。[16]德娴：品德雅静。[17]嫔则：为妇的准则。[18]苹蘩：两种可供食用的水草，古代常用于祭祀。后借指能遵祭祀之仪或妇职等。[19]鸡鸣儆戒：与鸡鸣戒旦同义。怕失晓而耽误正事，天没亮就起身。《诗·齐风·鸡鸣序》："《鸡鸣》，思贤妃也。哀公荒淫怠慢，故陈贤妃贞女夙夜警戒相成之道焉。"

---

① 花沙纳：《东使纪程》，中华书局2007年版，第114页。

[20]矧：况且。[21]壸（kǔn）德：妇德。壸：古代宫中的道路，借指内宫。[22]宠命：加恩特赐的任命。[23]襄：成就，完成。[24]敬共：恭敬。共：通"恭"。[25]伉俪：夫妻。

【简析】

道光二十五年（1845年），清廷颁发册封朝鲜国王李烉继妃洪氏的诰命。

继王妃洪氏是领敦宁府事益丰府院君赠领议政翼献公洪在龙之女。道光十一年（1831年）正月二十二日生于咸悦公廨。道光二十五年（1845年）被册封为王妃，行嘉礼于於义洞本宫（孝宗潜邸）。哲宗即位后进号大妃。光绪三十年（1904年）去世于昌德宫，终年74岁，葬景陵。

文书基本信息表

文书种类	诰命	头辞	奉天承运皇帝制曰
发送者	中国道光皇帝	尾辞	钦哉！毋替朕命
接受者	朝鲜王妃洪氏	正文文体	骈文体
纪年标准	中国纪年：道光二十五年	正文内容	册封朝鲜继王妃
语言种类	古代汉语	用典来源	《易经》、《诗经》

12. 光绪元年（1875年）册封朝鲜世子李坧诰命

奉天承运皇帝制曰：大君[1]有命，裕[2]承家开国之规；宗子维城[3]，重崇德象贤[4]之选。献赆琛[5]于东海，职贡[6]维虔；锡鞶带[7]于中朝，恩膏特沛[8]。惟乃祖父世笃忠贞，俾尔炽昌[9]，永膺多福。尔姓某[10]乃朝鲜国王姓某[11]之子，秉资玉粹[12]，毓秀[13]金昭[14]。敏慧[15]著于韶龄[16]，岐嶷[17]孚于众望[18]。熊占[19]叶吉[20]，允迪[21]前光[22]；燕翼诒谋[23]，克延令绪[24]。隆圭组[25]传家之盛，岁始盛衣[26]；著梯航请命之忱，贤能主器[27]。爰俞[28]陈奏，特予赐封。式焕[29]纶音[30]，兼颁珍赐，封尔为朝鲜国王世子。于戏！维屏维翰，他年勉矢[31]夫靖共[32]；肯构肯堂[33]，此日聿隆[34]夫孝敬。节旄[35]万里，遣星使[36]以颁恩；磐石千秋，迓[37]天休[38]而介社[39]。祗承[40]诰命，毋替嘉修[41]。钦哉！

光绪元年十一月二十日①

【注释】

[1]大君：朝鲜王朝对国王嫡子称大君，庶子称君。[2]裕：发扬，广大。[3]宗子维城：宗子是城墙。在宗法制度下，确立嫡长子继承为国家稳定的保障。宗子：嫡长子。《诗·大雅·板》："价人维藩，大师维垣，大邦维屏，大宗维翰。怀德维宁，宗子维城。毋俾城坏，毋独斯畏。"[4]象贤：效法贤人的贤德。[5]赆琛：进贡的财宝。[6]职贡：藩属或外国对朝廷按时的贡纳。[7]鞶（pán）带：皮制的大带，为古代官员的服饰。《易·讼》："或锡之鞶带，终朝三褫之。"[8]特沛：特赐。[9]俾尔炽昌：使

---

① 《〈同文汇考〉中朝史料》（三），吉林文史出版社2005年版，第120页。

你昌盛又兴旺。《诗·鲁颂·閟宫》:"俾尔昌而炽,俾尔寿而富。"[10]尔姓某:指朝鲜国王高宗李熙之子李坧,后任大韩帝国第二任皇帝。[11]朝鲜国王姓某:指朝鲜国王高宗李熙。[12]玉粹:像玉一样的纯美。[13]毓秀:孕育优秀的人才。[14]金昭:金玉之明美。[15]敏慧:聪明。[16]龆龄:七八岁,童年时代。[17]岐嶷:形容幼年聪慧。[18]孚于众望:在群众中享有威望,使大家信服。孚:使人信服、信任、相信。[19]熊占:古人以为梦熊为生男之兆。[20]叶吉:和协吉祥。[21]允迪:诚实遵循。《书·皋陶谟》:"允迪厥德,谟明弼谐。"[22]前光:祖先的功德。[23]燕翼诒谋:为后嗣做好打算。[24]令绪:伟大的事业或业绩。《书·太甲下》:"今王嗣有令绪,尚监兹哉。"[25]圭组:印绶。借指官爵。[26]盛衣:即胜衣。儿童稍长,能穿起成人的衣服。[27]主器:太子。[28]爰俞:于是俞允。[29]式焕:光明。式:语助词。[30]纶音:圣旨。[31]勉矢:勉力表现。[32]靖共:恭谨地奉守。[33]肯构肯堂:儿子能继承父亲的事业。[34]丰隆:看重。[35]节旄:符节上装饰的牦牛尾。[36]星使:古时认为天节八星主使臣事,因称帝王的使者为星使。[37]迓:迎接。[38]天休:天赐福佑。[39]介社:辅佐社稷。介:佐助。[40]祗承:又作祗奉。敬奉。[41]嘉修:努力修养。

【简析】

光绪元年(1875年),清廷颁发册封朝鲜世子李坧的诰命。

李坧在同治十三年(1874年)二月八日生于昌德宫之观物轩,光绪元年(1875年)册封王世子,光绪三十三年(1907年)七月二十日在昌德宫仁政殿即位,改当年为隆熙元年。宣统二年(1910年),韩国被日本吞并。1926年,李坧因病去世于昌德宫大造殿,终年52岁。日本朝鲜总督府为收买人心,为其举行了隆重的国葬仪式,将其安葬在汉城近郊金谷的裕陵。

文书基本信息表

文书种类	诰命	头辞	奉天承运皇帝制曰
发送者	中国光绪皇帝	尾辞	钦哉
接受者	朝鲜世子李坧	正文文体	骈文体
纪年标准	中国纪年:光绪元年	正文内容	册封朝鲜世子
语言种类	古代汉语	用典来源	《诗经》、《易经》、《尚书》

三、谕祭文例析

1. 顺治六年(1649年)谕祭朝鲜国王李倧文

侯服[1]秉朝宗[2]之义,奉职[3]维虔;朝廷广怀远之仁,遇哀斯恤。尔朝鲜国王李倧,秉志公忠[4],牧民[5]仁恕。守箕裘[6]以绍绪[7],克率[8]典常[9];献共球[10]而来王[11],有嘉仪物[12]。故海隅出日,咸近麻光[13];而岛屿沧溟[14],共遵声教[15]。维屏维翰,克长克君;聿辑[16]尔邦,以藩王室。方期彤弓[17]优贶[18],膺宠渥于遐年[19]。讵意[20]悬弧逍遥[21],伤溘逝[22]于一旦。朕闻告讣,悯悼良深。特赐祭赗[23],谥曰庄穆。仍封王世子淏为朝鲜国王,承袭如制。呜呼!盟昭[24]带砺[25],应思华表之归[26];气蔚[27]松楸[28],永郁[29]佳城[30]之色。灵如不昧[31],尚克歆承[32]!①

【注释】

[1]侯服:五服之一。此处泛指外藩。[2]朝宗:归顺。[3]奉职:奉行职事。[4]公忠:公正忠诚;尽忠为公。[5]牧民:治民。《国语·鲁语上》:"且夫君也者,将牧民而正其邪者也,若君纵私回而弃民事,民旁有慝无由省之,益邪多矣。"[6]箕裘:比喻继承前辈事业。[7]绍绪:继承祖先事业。[8]克率:能够遵循。[9]典常:常道,常法。《易·系辞下》:"初率其辞而揆其方,既有典常;苟非其人,道不虚行。"[10]共球:珍奇异宝。[11]来王:指古代诸侯定期朝觐天子。[12]有嘉仪物:庆贺礼物。[13]庥光:上天庇护。[14]沧溟:大海。[15]声教:声威教化。《书·禹贡》:"东渐于海,西被于流沙,朔南暨,声教讫于四海。"[16]聿辑:安抚。[17]彤弓:漆成红色的弓,弓体通红而轻巧,多不用于作战。天子用来赏赐有功诸侯。[18]优贶(kuàng):优赐。贶:赠,赐。[19]遐年:高寿、长寿。[20]讵意:同讵料。不料。[21]慭扃(shǎng)逍遥:逝世的委婉说法。扃:从外面关门的闩、钩等。[22]溘逝:忽然逝世。溘:突然。[23]祭赙(fù):致祭并馈赠财物。赙:以财助丧。[24]盟昭:结盟昭示。[25]带砺:比喻所封爵位传之久远,或江山永固。[26]华表之归:同"鹤归华表"。比喻人世变迁。华表是古时宫殿、宗庙、亭榭、坟墓等建筑前面的一种柱形标志。杜甫:"天寒白鹤归华表,日落青龙见水中。"[27]气蔚:气韵蔚然。[28]松楸(qiū):松树与楸树。墓地多植,因以代称坟墓。[29]永郁:永远郁郁葱葱。[30]佳城:墓地。古代以死人所住的阴宅为"佳城"。[31]灵如不昧:灵魂如可显示。不昧:不损坏;不湮灭。[32]尚克歆承:希望能够欣然享受祭品。

【简析】

顺治六年(1649年),清廷遣礼部启心郎渥赫等往祭朝鲜国王李倧,赐其谥号庄穆王。

文书基本信息表

文书种类	谕祭文	头辞	
发送者	中国顺治皇帝	尾辞	灵如不昧,尚克歆承
接受者	朝鲜已故国王李倧	正文文体	骈文体
纪年标准	中国纪年:顺治六年	正文内容	谕祭朝鲜国王
语言种类	古代汉语	用典来源	《尚书》、《易经》、《国语》

2. 顺治十六年(1659年)谕祭朝鲜国王李淏文

屏藩巩固,垂令誉[1]于海邦;赗唁[2]弘殷[3],锡殊恩于泉壤[4]。尔朝鲜国王李淏,孝友[5]宜家[6],恭勤治国;箴铭[7]日儆[8],图史时亲[9]。不坠前徽[10],弥大[11]箕裘[12]之业;有嘉仪物[13],更昭翊戴[14]之忱。凛[15]予一人[16],明威[17]辑宁[18]东土;抚数千

---

① 《清世祖实录》卷四五,顺治六年八月丁未条。

里，版宇[19]保乂[20]王家。方期乐善[21]以遐龄[22]，讵意[23]婴疴[24]而奄逝[25]。兹闻告讣，悯悼良深。念昔人侍太宗文皇帝[26]，服事输诚，小心翼翼。太宗文皇帝，俯垂爱育，恩礼有加。朕抚今追昔，弥增轸恻[27]。特赐祭赙[28]，谥曰忠宣。仍封王世子李棩为朝鲜国王，承袭如制。于戏！壮长城于东海，奕叶[29]输忠；贲[30]华衮[31]于幽宫[32]，松楸[33]生色。灵如不昧[34]，尚克歆承[35]！①

【注释】

[1]令誉：美誉。[2]赙（fèng）唁：用财物帮助人办丧事并致哀。赙：送财物助人办丧事。[3]弘殷：特别恳切。[4]泉壤：犹泉下，地下。指墓穴。[5]孝友：事父母孝顺，对兄弟友爱。[6]宜家：有利于家庭。[7]箴铭：规诫之言。箴：规诫性的韵文。铭：在古代常刻在器物上或碑石上，兼用于规诫、褒赞。[8]日儆：时时警戒。儆：使人警醒，不犯过错。[9]图史时亲：时常学习图书和历史，使之成为行动的指导。[10]前徽：前人美好的德行。[11]弥大：进一步发展、扩大。[12]箕裘：比喻继承前辈事业。[13]有嘉仪物：庆贺礼物。[14]翊戴：辅佐拥戴。[15]凛：严正、令人敬畏。[16]予一人：古代帝王的自称。《书·汤诰》："王曰：'嗟！尔万方有众，明听予一人诰。'"[17]明威：指上天圣明威严的旨意。《书·多士》："我有周佑命，将天明威，致王罚，勅殷命终于帝。"[18]辑宁：安抚，安定。《书·汤诰》："俾予一人，辑宁尔邦家。"[19]版宇：版图。[20]保乂：又作"保艾"。治理使之安定太平。《书·君奭》："率惟兹有陈，保乂有殷。"[21]乐善：乐于施善。[22]遐龄：长寿。[23]讵意：不料。[24]婴疴（kē）：婴病，缠绵疾病。婴：缠绕。疴：病。[25]奄逝：忽然去世。奄：忽然。[26]太宗文皇帝：清太宗皇太极。[27]轸（zhěn）恻：怜惜关心。轸：伤痛。恻：悲痛。[28]祭赙：致祭并馈赠财物。[29]奕叶：世世代代。[30]贲：光辉。[31]华衮：古代王公贵族的多彩的礼服。常用以表示极高的荣宠。[32]幽宫：坟墓。[33]松楸：代指坟墓。[34]灵如不昧：灵魂如可显示。[35]尚克歆承：希望能够欣然享受祭品。

【简析】

顺治十六年（1659年），清廷遣工部尚书管侍郎事郭科、礼部侍郎祁彻白致祭朝鲜国王李淏，赐其谥号忠宣王。

文书基本信息表

文书种类	谕祭文	头辞	
发送者	中国顺治皇帝	尾辞	灵如不昧，尚克歆承
接受者	朝鲜已故国王李淏	正文文体	骈文体
纪年标准	中国纪年：顺治十六年	正文内容	谕祭朝鲜国王
语言种类	古代汉语	用典来源	《尚书》

---

① 《清世祖实录》卷一二八，顺治十六年九月戊寅条。

四、敕谕例析

1. 顺治元年（1644年）颁给朝鲜国王李倧敕谕

皇帝敕谕朝鲜国王姓某[1]：今朕平定中原，诞登[2]大位，欲使恩及九州，海内欣戴，特颁诏旨，大赦天下。咨尔朝鲜，沾化[3]已久，既列外藩，宜均[4]大赉[5]。特布宽恩，将世子姓某[6]遣归本国，从前罪犯，悉皆赦免。其原奉旨罢黜官员内，李敬舆、李明汉、李景奭、闵圣徽四员，因世子乞恩求用，姑允所请，其余仍不许叙用。念岁贡币物，尽属民膏[7]。今将旧额苎布四百匹，苏木二百斤，茶一千包准予全免。各色绵绸二千匹量减一千匹，各色木棉一万匹量减五千匹，布一千四百匹量减四百匹，粗布七千匹量减二千匹，刀二十口量减十口，腰刀二十口量减十口，余悉照旧额输纳。其元朝[8]、冬至、圣节[9]贺仪[10]亦如旧。因路途遥远，三节表仪[11]具准于元朝并贡，以彰柔远之意。钦哉！故谕。

顺治元年十一月十九日①

【注释】

[1]朝鲜国王姓某：指朝鲜国王仁祖李倧。[2]诞登：登上。诞：大。[3]沾化：文明熏陶。[4]宜均：都应该。[5]大赉：重赏。《书·汤誓》："尔尚辅予一人，致天之罚，予其大赉汝。"[6]世子姓某：指朝鲜国王孝宗李淏。[7]民膏：喻人民用血汗创造的财富。[8]元朝：新年朝贺。[9]圣节：天子生日。[10]贺仪：贺礼。仪：礼物。[11]表仪：进表礼物。

【简析】

顺治元年（1644年），清廷向朝鲜发布敕谕，对朝鲜实行较为友好的政策，释放在沈阳作人质的朝鲜世子，并在世子的请求下赦免了4位朝鲜官员，对朝鲜年贡也有所减免。

文书基本信息表

文书种类	敕谕	头辞	皇帝敕谕朝鲜国王
发送者	中国顺治皇帝	尾辞	钦哉！故谕
接受者	朝鲜国王李倧	正文文体	骈文体
纪年标准	中国纪年：顺治元年	正文内容	遣归世子，赦免有罪官员，减免贡物
语言种类	古代汉语	用典来源	《尚书》

2. 康熙十四年（1675年）颁给朝鲜国王李焞敕谕

皇帝敕谕朝鲜国王姓某[1]：览王奏。尔父王[2]薨逝，朕心恻然[3]。据庄穆王妃赵氏奏

---

① 《〈同文汇考〉中朝史料》（一），吉林文史出版社2003年版，第328页。

称，尔质擅[4]岐嶷[5]，性秉仁孝，克有[6]长人之德[7]，为国人所爱戴，请册承袭。朕俯顺[8]舆情[9]，特允所请。兹遣官赍诏诞告[10]尔国，封尔为朝鲜国王，继理[11]国政。封尔妻金氏为国王妃，佐理内治，并赐尔及妃诰命、彩币[12]等物。尔宜永矢[13]靖共[14]，懋[15]纂承[16]于侯服[17]；迪宣[18]忠顺，作屏翰于天家。尔其钦哉！毋替朕命。故谕。

康熙十四年正月十六日①

【注释】

[1]朝鲜国王姓某：指朝鲜国王肃宗李焞。[2]尔父王：朝鲜国王显宗李棩。[3]恻然：哀怜的样子。恻：哀怜。然：貌，样子。[4]质擅：天资擅长。[5]岐嶷：形容幼年聪慧。[6]克有：能够有。[7]长人之德：君长之德性。[8]俯顺：顺从。用于上对下。[9]舆情：群情；民情。[10]诞告：广泛告知。诞：大。《书·汤诰》："王归自克夏，至于亳，诞告万方。"[11]继理：继世而理；代代相传，行使统治。[12]彩币：赏赐的财帛。[13]永矢：永远表达。[14]靖共：恭谨地奉守。[15]懋：大。[16]纂承：继承。[17]侯服：五服之一。此处泛指外藩。[18]迪宣：公开宣布。

【简析】

康熙十四年（1675年），清廷颁发册封朝鲜国王李焞、王妃金氏的敕谕。

文书基本信息表

文书种类	敕谕	头辞	皇帝敕谕朝鲜国王
发送者	中国康熙皇帝	尾辞	尔其钦哉！毋替朕命。故谕
接受者	朝鲜国王李焞	正文文体	骈文体
纪年标准	中国纪年：康熙十四年	正文内容	册封朝鲜国王、王妃
语言种类	古代汉语	用典来源	《尚书》

3. 康熙二十八年（1689年）颁给朝鲜国王李焞敕谕

皇帝敕谕朝鲜国王姓某[1]：览王奏。继室闵氏失德，难主[2]壸教[3]，兼念苹蘩[4]不可无主，内职[5]不宜久旷，且母以子贵[6]，立副室张氏为继室，陈奏请封。朕念壸范[7]攸关[8]，特允所请。兹遣大臣捧诰命，封张氏为国王妃，佐理内政，并赐彩币[9]等物。惟王暨妃共笃忠诚，和琴瑟[10]而延庆；永谐伉俪[11]，巩带砺[12]以扬休[13]。钦哉！毋替朕命。故谕。

康熙二十八年十二月初九日②

【注释】

[1]朝鲜国王姓某：指朝鲜国王肃宗李焞。[2]难主：难以主持。[3]壸（kǔn）教：后宫事务。壸：

---

① 《〈同文汇考〉中朝史料》（一），吉林文史出版社2003年版，第5—6页。
② 《〈同文汇考〉中朝史料》（一），吉林文史出版社2003年版，第7页。

古代宫中的道路，借指内宫。[4]苹蘩：两种可供食用的水草，古代常用于祭祀。比喻后宫事实。[5]内职：嫔妃等在宫中所尽的职守。《礼记·昏义》："天子听外治，后听内职。"[6]母以子贵：母亲地位的高贵是因为儿子的地位。[7]壸范：后宫典范。[8]攸关：所关。[9]彩币：赏赐的财帛。[10]琴瑟：比喻夫妇间感情和谐。亦借指夫妇匹配。《诗·周南·关雎》："窈窕淑女，琴瑟友之。"[11]伉俪：夫妻。[12]带砺：比喻所封爵位传之久远，或江山永固。[13]扬休：阳气生养万物。扬：通"阳"。《礼记·玉藻》："头颈必中，山立，时行，盛气颠实扬休，玉色。"

【简析】

康熙二十八年（1689年），清廷颁发批准朝鲜国王废除王妃闵氏而册封张氏为王妃的敕谕。

文书基本信息表

文书种类	敕谕	头辞	皇帝敕谕朝鲜国王
发送者	中国康熙皇帝	尾辞	钦哉！毋替朕命。故谕
接受者	朝鲜国王李焞	正文文体	骈文体
纪年标准	中国纪年：康熙二十八年	正文内容	册封朝鲜王妃张氏
语言种类	古代汉语	用典来源	《礼记》、《诗经》

4. 道光二十五年（1845年）颁给朝鲜国王李烉敕谕

皇帝敕谕朝鲜国王李烉：览王奏陈。壸[1]职久旷，念宗祀之重，承祖母妃、母妃之训，纳益丰府院君洪在龙女为继室，陈奏请封。朕以典礼攸关，特允所请，兹遣侍郎花沙纳为正使，副都统德顺为副使，赍捧诰命，封洪氏为国王妃，佐理内治，并赐彩币[2]等物。惟王暨妃共懋[3]肃雍[4]，和瑟琴[5]而衍庆；弥深忠敬，巩带砺[6]以承庥[7]。钦哉！毋替朕令。特谕。①

【注释】

[1]壸（kǔn）职：王后职责。壸：古代宫中的道路，借指内宫。[2]彩币：赏赐的财帛。[3]懋：广大。[4]肃雍：庄严雍容，整齐和谐。后为称颂妇德之辞。[5]瑟琴：比喻夫妇间感情和谐。[6]带砺：比喻所封爵位传之久远，或江山永固。[7]承庥：上天庇护。

【简析】

道光二十五年（1845年），清廷颁发册封朝鲜国王妃的敕谕。

清廷派遣花沙纳等前往朝鲜册封洪氏为继王妃。花沙纳返国后曾作《东使纪程》一书记载其事。

---

① 花沙纳：《东使纪程》，中华书局2007年版，第114页。

文书基本信息表

文书种类	敕谕	头辞	皇帝敕谕朝鲜国王
发送者	中国道光皇帝	尾辞	钦哉！毋替朕令。特谕
接受者	朝鲜国王李烉	正文文体	骈文体
纪年标准	中国纪年：道光二十五年	正文内容	册封朝鲜王妃洪氏
语言种类	古代汉语	用典来源	《诗经》

5. 同治三年（1864年）颁给朝鲜国王李熙敕谕

皇帝敕谕：览奏。尔国王姓某[1]薨逝，朕心恻然[2]。据康穆王妃赵氏奏称，尔仁孝聪明，夙著[3]长人之德[4]，为国人所拥戴，请册承袭。朕俯顺[5]舆情[6]，特允所请。兹遣官赍诏，诞告[7]尔国，封尔为朝鲜国王，继理[8]国政，并赐尔彩币[9]等物。尔宜矢慎矢勤[10]，懋[11]勋劳于王室；维屏维翰，常拱卫夫神京[12]。尔其钦哉！毋替朕命。故谕。

同治三年七月　日①

【注释】

[1]尔国王姓某：指朝鲜国王哲宗李昇。[2]恻然：哀怜的样子。[3]夙著：一直以来著名。[4]长人之德：君长之德性。[5]俯顺：顺从。用于上对下。[6]舆情：群情；民情。[7]诞告：广泛告知。[8]继理：继世而理；代代相传，行使统治。[9]彩币：赏赐的财帛。[10]矢慎矢勤：立誓谨慎和勤勉。[11]懋：大。[12]神京：帝都京城。

【简析】

同治三年（1864年），清廷颁发册封朝鲜国王李熙的敕谕。

文书基本信息表

文书种类	敕谕	头辞	皇帝敕谕
发送者	中国同治皇帝	尾辞	尔其钦哉！毋替朕命。故谕
接受者	朝鲜国王李熙	正文文体	骈文体
纪年标准	中国纪年：同治三年	正文内容	册封朝鲜国王
语言种类	古代汉语	用典来源	

---

① 《〈同文汇考〉中朝史料》（三），吉林文史出版社2005年版，第115—116页。

6. 光绪元年（1875年）颁给朝鲜国王李熙敕谕

皇帝敕谕朝鲜国王姓某[1]：览王奏。以子某年已二岁，请将某豫建[2]储位，以慰一国之望，情词肫挚[3]。朕念王敬绍[4]前徽[5]，用安国本，允兹陈请，特沛[6]恩施，专遣大臣赍捧诰命，封姓某[7]为朝鲜国王世子，并赐如意等物。惟王暨世子勉抒忠悃[8]，延世泽以孔长[9]；益笃本支，巩邦基于永固。钦哉！毋替朕命。特谕。

光绪元年十一月二十日①

【注释】

[1]朝鲜国王姓某：指朝鲜国王高宗李熙。[2]豫建：预先确定。[3]肫挚：真挚诚恳。肫：恳切，真挚。[4]敬绍：继承。[5]前徽：前人美好的德行。[6]特沛：特赐。[7]姓某：指李坧。[8]忠悃：忠诚。[9]孔长：很长。孔：很。

【简析】

光绪元年（1875年），清廷颁发册封朝鲜世子李坧的敕谕。这是清廷最后一次册封朝鲜王世子。

文书基本信息表

文书种类	敕谕	头辞	皇帝敕谕朝鲜国王
发送者	中国光绪皇帝	尾辞	钦哉！毋替朕命。特谕
接受者	朝鲜国王李熙	正文文体	骈文体
纪年标准	中国纪年：同治元年	正文内容	册封朝鲜世子李坧
语言种类	古代汉语	用典来源	

第二节　中朝朝贡上行文书研究

一、表文例析

1. 崇德三年（1638年）朝鲜国王李倧谢册封恩表文

朝鲜国王臣姓讳[1]言：崇德二年十一月二十日臣钦奉敕谕：朕惟礼不废[2]玉帛，赏以劝忠诚，所从来尚[3]矣。念尔归命[4]，宜有封锡。今特遣英俄尔岱、马福塔、达云，封尔为朝鲜国王，赍赐玉钮金印[5]、诰命并黑狐套一领，制帽黑狐皮一张，貂皮百张，纹金雕

---

① 《〈同文汇考〉中朝史料》（三），吉林文史出版社2005年版，第120页。

鞍良马一匹，王其祗受[6]，以见朕优赉[7]至意。故谕。臣钦此、钦遵祗领外，与一国臣民不胜感激，谨奉表称谢者。臣讳诚惶诚恐，稽首稽首：伏以[8]续已坠之绪[9]，幸保旧邦；沛[10]申锡[11]之恩，滥膺[12]新涣[13]。千载异数，八区[14]同欢。伏念臣猥[15]以庸资，叨逢[16]昌会[17]，转祸为福，曲荷[18]生全[19]，欲报无阶，惟思衔结[20]。属兹使华[21]之临贶[22]，获承天语之丁宁[23]。宠赉[24]便蕃[25]，狐貂随玉札[26]共至；荣辉炳焕[27]，裘马[28]与金章[29]并来。矧兹良驷[30]之特颁，复兼彩罽[31]之殊渥，鸿慈[32]及此，鲛泪[33]难禁。兹盖伏遇宽温仁圣皇帝[34]陛下好生之仁，不杀为武。存亡继绝[35]，启光前[36]之宏体[37]；远悦迩安[38]，遵厚往[39]之盛典。遂令藩服，得蒙陶甄[40]。臣敢不稽首拜嘉[41]，刺骨增感[42]。益坚素节[43]，遥瞻北极之尊；倍竭丹忱，永祝南山之寿。臣无任[44]望天仰圣，激切[45]屏营[46]之至。谨奉表称谢以闻。

崇德三年正月十八日朝鲜国王臣姓讳谨上表。①

【注释】

[1]姓讳：指朝鲜国王仁祖李倧。朝鲜王朝《同文汇考》在收录朝贡文书时，遇到原文中的朝鲜国王姓名时，除了以"姓某"代替外，也以"姓讳"代替。[2]不废：不吝惜。[3]尚：推崇。[4]归命：归顺天命。[5]玉钮金印：玉材制作的印钮和黄金打造的印体。中国明清两代赐给朝鲜国王的印信一般为龟钮金印。此处的"玉钮金印"疑有误，玉钮之"玉"或为"龟"的讹字。[6]祗受：恭敬地领受。[7]优赉：优厚的赏赐。[8]伏以：下级向上级报告的公文套语。俯伏下拜陈述以下事情。[9]已坠之绪：已经中断的世系。[10]沛：施予、赐给。[11]申锡：厚赐。[12]滥膺：谦辞，意为滥竽充数地获得。[13]新涣：帝王新的诏命。[14]八区：古朝鲜时期全国共分八道，故曰八区。[15]猥：平庸。[16]叨逢：承蒙遇到。[17]昌会：盛会。[18]曲荷：敬辞，犹承受；承蒙。[19]生全：保全性命。[20]衔结：衔环结草。比喻感恩报德，至死不忘。[21]使华：中国册封使。[22]临贶（kuàng）：惠顾，光临。[23]丁宁：嘱咐，告诫。[24]宠赉：帝王的赏赐。[25]便蕃：频繁；屡次。[26]玉札：对别人书信的敬称。此处指清廷的册封诏敕。[27]炳焕：鲜明华丽。[28]裘马：轻裘肥马。形容生活豪华。《论语·雍也》："赤之适齐也，乘肥马，衣轻裘。"[29]金章：金质的官印。指清廷赐给朝鲜国王的金印。[30]良驷：良马。[31]彩罽：彩线织成的提花织制的精细毛织物。[32]鸿慈：大恩。[33]鲛泪：眼泪。[34]宽温仁圣皇帝：清太宗皇太极。崇德元年（1636年）四月，经代善等诸贝勒再三劝进，皇太极即帝位，尊称为"宽温仁圣皇帝"，改国号为清，年号崇德。[35]存亡继绝：恢复灭亡的国家，延续断绝了的子嗣。[36]光前：光大前人的功业。亦谓功业胜过前人。[37]宏体：大的体统。[38]远悦迩安：远方心悦诚服，近民安居乐业。形容政治清明，国家大治。[39]厚往：在交往中施予丰厚。[40]陶甄（zhēn）：比喻陶冶、教化。甄：制作陶器的转轮。[41]拜嘉：拜谢赞美。[42]刺骨增感：通过针刺骨头来加深感受。[43]素节：清白的操守。[44]无任：敬辞。不胜。多用于表状、章奏或笺、启、书信中。[45]激切：言语直而急。[46]屏营：谦辞，用于信札中，意为惶恐。

【简析】

天聪元年（1627年），后金皇太极上台后，派遣阿敏率军攻打驻守皮岛的毛文龙，顺击朝鲜，迫使朝鲜盟誓，从而与朝鲜建立起兄弟之国的关系。天聪十年（1636年），皇太极称帝，改国号为清，改元崇德。以朝鲜不朝贺为由，再次出兵，迫使朝鲜国王仁祖订立

---

① 张存武、叶泉宏：《清入关前与朝鲜国书汇编 1619—1643》，"国史馆"，2000年，第273—274页。

城下之盟。朝鲜与清由兄弟之国的平等关系变为宗藩关系。崇德二年（1637年），清廷派人前往朝鲜册封朝鲜国王。崇德三年（1638年），朝鲜国王向清帝呈递谢恩表文。

文书基本信息表

文书种类	表文	头辞	朝鲜国王臣言
发送者	朝鲜国王李倧	尾辞	谨奉表称谢以闻
接受者	满洲皇太极	正文文体	骈文体
纪年标准	中国纪年：崇德三年	正文内容	谢恩
语言种类	古代汉语	用典来源	《诗经》、《论语》

2. 顺治九年（1652年）朝鲜国王李淏冬至表和方物表文

（1）冬至表

节届雷复[1]，载见天地之心；道光[2]日升，式衍[3]神人之庆。欢声远播，喜气旁流。钦惟德备刚柔，姿挺英武。抚瑶图[4]而凝绩[5]，化协[6]裁成[7]；纪玉历[8]而授时[9]，泽洽[10]动植[11]。兹当履长[12]之会，益膺泰来之休。伏念偏荷鸿庥[13]，廑保[14]遗业。封藩有截[15]，虽阻骏奔[16]之班；寿考无疆，第[17]切[18]燕贺[19]之悃。

顺治九年十一月二十一日

（2）方物表

日行南至，正值添线[20]之时；星拱北辰，敢申执壤[21]之礼。谨备云云。物目同上甲申[22]冬至方物。右件物等，僻陋之产，菲薄[23]是惭。祗修[24]及物之仪，聊表享上[25]之悃。①

【注释】

[1]雷复：冬至。在中国传统的阴阳五行理论中，冬至是阴阳转化的关键节气，"冬至一阳生"。在十二辟卦体系中，冬至日与雷复卦对应，卦象中上面五个阴爻，下面一个阳爻，象征阳气初生。[2]道光：大道光辉。[3]式衍：延长，开展。式：语助词。[4]瑶图：图籍；版图。[5]凝绩：成就功绩。凝：成就。《书·皋陶谟》："抚于五辰，庶绩其凝。"[6]化协：赞化调和。[7]裁成：又作财成。筹谋而成就之。《易·泰》："天地交泰，后以财成天地之道。"[8]玉历：历书。[9]授时：记录天时以告民。后以称颁行历书。《书·尧典》："历象日月星辰，敬授人时。"[10]泽洽：恩泽遍及。[11]动植：动物和植物。[12]履长（cháng）：指冬至。[13]鸿庥：鸿荫。[14]廑（qín）保：努力保有、保护。廑：殷勤。[15]有截：齐一貌；整齐貌。有：助词。《诗·商颂·长发》："相土烈烈，海外有截。"[16]骏奔：又作骏犇。急速奔走。[17]第：但是。[18]切：迫切。[19]燕贺：祝贺。[20]添线：谓冬至后白昼渐长。[21]执壤：拿出土产。《书·顾命》："一二臣卫，敢执壤奠。"[22]甲申：顺治元年（1644年）。[23]菲薄：微薄。指物的数量少、质量差。[24]祗修：敬谨修身。[25]享上：向皇帝进献贡物。

---

① 《〈同文汇考〉中朝史料》（一），吉林文史出版社2003年版，第115页。

【简析】

顺治九年（1652年），朝鲜向清廷呈递冬至表和方物表。

清代规定，朝鲜1年需要4次进贡清廷。冬至时节是其中的1次。每次的进贡，朝鲜政府都需进呈庆贺表和方物表。

文书基本信息表

文书种类	表文	头辞	
发送者	朝鲜国王李淏	尾辞	
接受者	中国顺治皇帝	正文文体	骈文体
纪年标准	中国纪年：顺治九年	正文内容	冬至庆贺与进献方物
语言种类	古代汉语	用典来源	《尚书》、《易经》、《诗经》

3. 顺治十年（1653年）朝鲜国王李淏正朝表和方物表文

（1）正朝表

节回青阳[1]，正属三元[2]之会；祥开紫极[3]，聿迓诸福之臻[4]。万物皆春，群生[5]净忭[6]。钦惟夙缵[7]凤历[8]，诞抚[9]鸿图[10]。齐七政于璇玑[11]，功成治定；辑五瑞[12]于方岳，近悦远怀[13]。兹当履端[14]之时，益膺鼎新之庆。伏念猥荷[15]洪造[16]，嗣守遗基。小邦攸依，倍殚诚于葵藿[17]；大德必寿，长献祝于冈陵[18]。

顺治十年正月初一日

（2）方物表

天时改纪，载回[19]颂椒[20]之辰；壤奠[21]输诚[22]，敢陈包茅[23]之贡。谨备云云。物目同上甲申[24]正朝方物。右件物等，名般[25]不腆[26]，制作匪精。聊申小邦之诚，敢云多仪之享[27]。①

【注释】

[1]青阳：春天。古代四季有别称：春青阳、夏朱明、秋西颢以及冬玄英（玄冥）。《尔雅·释天》："春为青阳。"[2]三元：正月初一。"元"为始、开端的意思，农历正月初一这一天为年、季、月之始，故称"三元"。[3]紫极：星名。借指帝王的宫殿。[4]臻：到，来到。[5]群生：一切生物。《庄子·在宥》："今我愿合六气之精，以育群生。"[6]净忭：皆大欢喜。净：全。忭：欢喜。[7]夙缵：一直继承。[8]凤历：岁历。含有历数正朝之意。《左传·昭公十七年》："我高祖少皞挚之立也，凤鸟适至，故纪于鸟，为鸟师而鸟名，凤鸟氏，历正也。"[9]诞抚：安抚。诞：大。[10]鸿图：宏大的基业。多指王业帝位。[11]齐七政于璇玑：使天下的一切行政举措能够按照璇玑玉衡的变化密合对应。七政：天、地、人和四时。璇玑：王者正天文之器。《书·舜典》："在璇玑玉衡，以齐七政。"[12]辑五瑞：五瑞聚集。五

---

① 《〈同文汇考〉中朝史料》（一），吉林文史出版社2003年版，第115—116页。

瑞：五种祥瑞之物，黄龙、白鹿、木连理、嘉禾、甘露。[13]近悦远怀：使近处的人们快乐，关怀远处的人们。[14]履端：正月初一。[15]猥荷：卑微地承受。[16]洪造：洪恩。[17]葵藿：葵与藿。古人多用以比喻下对上赤心趋向。葵：胡葵。藿：豆叶。葵、藿都具有倾叶向阳的特性。[18]冈陵：山冈和丘陵。祝寿之词，比喻长寿。《诗·小雅·天保》："如山如阜，如冈如陵。"[19]载回：时节回到。[20]颂椒：古代农历正月初一用椒柏酒祭祖或献之于家长以示祝寿拜贺。[21]壤奠：本土所产的贡物。《书·康王之诰》："皆布乘黄朱，宾称奉圭兼币，曰：'一二臣卫，敢执壤奠。'"[22]输诚：献纳诚心。[23]包茅：古代祭祀时用以滤酒的菁茅。因以裹束菁茅置匣中故称。《书·禹贡》："包匦菁茅。"[24]甲申：顺治元年（1644年）。[25]名般：物件普通。[26]不腆：谦辞。不丰厚，浅薄。[27]多仪之享：注重礼仪。《书·周书·洛诰》："享多仪，仪不及物，惟曰不享。"

【简析】

顺治十年（1653年），朝鲜向清廷呈递正朝表和方物表。

春节元旦向清廷进贡，属于朝鲜每年4次进贡之一。呈递新春庆贺表文、方物是朝贡制度下的惯例。

文书基本信息表

文书种类	表文	头辞	
发送者	朝鲜国王李淏	尾辞	
接受者	中国顺治皇帝	正文文体	骈文体
纪年标准	中国纪年：顺治十年	正文内容	春节庆贺与进献方物
语言种类	古代汉语	用典来源	《尚书》、《诗经》、《左传》

4. 顺治十年（1653年）朝鲜国王李淏圣节表和方物表文

（1）圣节表

圣人作而万物睹[1]，载回[2]电绕[3]之期；皇极[4]建而五福[5]全，茂膺[6]天申[7]之庆。照临所暨[8]，蹈舞惟均[9]。钦惟克绍[10]鸿图，丕阐[11]骏业[12]。威灵[13]广被[14]，文轨[15]同于四方；仁化旁流[16]，雨露浃[17]洽[18]于群品[19]。兹当诞弥[20]之日，益受昌炽[21]之禧。伏念专赖生成[22]，幸保基绪[23]。职在外服[24]，纵阻[25]咫尺之颜[26]；恋结中宸[27]，倍殚[28]华嵩[29]之祝。

顺治十年正月三十日

（2）方物表

虹枢[30]纪瑞[31]，聿迓天休[32]；鳌忭[33]驰诚[34]，恭执壤奠[35]。谨备云云。物目同上甲申[36]圣节方物。右件物等，产从荒僻，品匪珍奇。聊备楚茅之包[37]，曷称周筐[38]之实。①

---

① 《〈同文汇考〉中朝史料》（一），吉林文史出版社2003年版，第116页。

【注释】

[1]圣人作而万物睹：有美好内在人格的人只要一站出来，万物便能清明地见到。比喻有相同特质的东西会彼此吸引，相互感通。作：起。睹：见。《易·乾》："云从龙，风从虎，圣人作而万物睹。"[2]载回：时节回到。[3]电绕：圣人诞育。[4]皇极：帝王统治天下的准则。即所谓大中至正之道。皇：大也。极：中也。《书·洪范》："五，皇极，皇建其有极。"[5]五福：长寿、富贵、康宁、品德高尚、善始善终。《书·洪范》："五福：一曰寿，二曰富，三曰康宁，四曰攸好德，五曰考终命。"[6]茂膺：大大地承受。[7]天申：天子生日。[8]照临所暨：太阳照耀所能到达的地方。[9]蹈舞惟均：都欢欣舞蹈。[10]克绍：能继承。[11]丕阐：大力弘扬。[12]骏业：宏伟的事业。[13]威灵：威望。[14]广被：广泛传播。[15]文轨：文字和车轨。古代以同文轨为国家统一的标志。《中庸》："今天下车同轨，书同文。"[16]仁化旁流：仁德教化广泛流布。[17]雨露：雨水和露水。因能滋长百物，故比喻恩情。[18]浃：深入，融洽。[19]群品：万事万物。[20]诞弥：怀孕足月。后以"诞弥"指生日。《诗·大雅·生民》："诞弥厥月。"[21]昌炽：兴旺，昌盛。《诗·鲁颂·閟宫》："俾尔昌而炽，俾尔寿而富。"[22]专赖生成：生命的形成和发展专门依赖于此。比喻影响生死存亡的极大恩赐。[23]基绪：基业。《书·太甲上》："肆嗣王丕承基绪。"[24]外服：王畿以外的诸侯，与"内服"相对。《书·酒诰》："越在外服，侯甸男卫邦伯；越在内服，百僚庶尹。"[25]纵阻：纵然阻止。[26]咫尺之颜：比喻离天子容颜极近。亦指天子之颜。[27]中宸：朝廷。[28]倍殚：竭尽。[29]华嵩：华山与嵩山的并称。比喻长寿。[30]虹枢：星光。[31]纪瑞：象征瑞物。[32]天休：天赐福佑。[33]鳌忭：感恩戴德、欢呼雀跃。《列子·汤问》载，天帝使巨鳌举首承戴海上神山，后世因用"鳌戴"、"鳌忭"为歌颂天恩圣德之意。[34]驰诚：向远方的人表达诚意。[35]壤奠：本土所产的贡物。[36]甲申：顺治元年（1644年）。[37]楚茅之包：包成捆的楚茅。楚茅：楚地产的一种茅草名为菁茅，有香味，成为献给天子的贡品，用作祭神时渗酒之物。[38]周筐（fěi）：用来盛装进贡周天子贡物的竹器。筐：古代盛物的竹器。

【简析】

顺治十年（1653年），朝鲜向清廷呈递万寿庆贺表和方物表。

万寿圣节向清廷进贡，属于朝鲜每年4次进贡之一。呈递庆贺表文、方物是朝贡制度下的惯例。

文书基本信息表

文书种类	表文	头辞	
发送者	朝鲜国王李淏	尾辞	
接受者	中国顺治皇帝	正文文体	骈文体
纪年标准	中国纪年：顺治十年	正文内容	皇帝万寿节庆贺与进献方物
语言种类	古代汉语	用典来源	《易经》、《尚书》、《诗经》、《中庸》、《列子》

5. 雍正元年（1723年）朝鲜国王李昑谢恩表文

朝鲜国王臣李昑言：雍正元年四月二十七日，钦差敕使特颁圣祖仁皇帝尊谥诏旨，臣与一国臣民不胜欢欣感激,谨奉表称谢者。臣昀诚惶诚恐,稽首稽首。伏以羹墙[1]寄慕,仰圣孝之弥深;纶綍[2]颁恩,睹彝章[3]之载举[4]。龙光[5]所被,鲽域[6]胥欣[7]。钦惟皇帝陛下即位元年,含恤[8]一念。穹壤不极[9],永违长乐之欢;日月有期,俯就先王之制。肆修[10]节惠[11]之盛典,特颁涣汗[12]之温音。伏念臣僻在东藩,义同内服。秉圭兼币[13],虽阻呼嵩之班[14];如星拱辰[15],益殚恋阙之悃[16]。臣无任望天仰圣,激切屏营之至。谨奉表称谢以闻。

雍正元年十月三十日,朝鲜国王臣李昀谨上表。①

【注释】

[1]羹墙:从羹汤中,从墙壁上能看到所思慕人的影子。比喻对先贤的思慕。《后汉书·李固传》:"昔尧殂之后,舜仰慕三年,坐则见尧于墙,食则睹尧于羹。"[2]纶綍:皇帝的诏令。[3]彝章:常典、旧典。[4]载举:记载。[5]龙光:皇帝给予的恩宠,荣光。龙:通"宠"。《诗·小雅·蓼萧》:"既见君子,为龙为光。"[6]鲽域:海东。《全唐文》:"鹅林鲽水,咸归仁寿之乡;海外域中,一变华胥之俗。"[7]胥欣:一切都欣欣向荣。胥:都。[8]含恤:又作衔恤。含哀;心怀忧伤。《诗·小雅·蓼莪》:"无父何怙?无母何恃?出则衔恤,入则靡至。"[9]穹壤不极:天地无限。[10]肆修:尽力实行。[11]节惠:"节以壹惠"的缩略。前代君王把尊崇的称号授予死者,只限于表彰死者的一种美德,这是厌恶名誉超过实际行为。《礼记·表记》:"先王谥以尊名,节以壹惠,耻名之浮于行也。"[12]涣汗:帝王的圣旨、诏令。[13]秉圭兼币:手执圭玉和束帛。[14]虽阻呼嵩之班:虽然没能够亲自来朝觐天子。[15]如星拱辰:就如星星拱卫北极。[16]益殚恋阙之悃:更加竭尽向往天子之诚。

【简析】

雍正元年(1723年)四月,清廷派遣钦差前往朝鲜颁发关于康熙皇帝谥号内容的诏书。同年十月,朝鲜派人向清廷进献谢恩表文。

文书基本信息表

文书种类	表文	头辞	朝鲜国王臣李昀言
发送者	朝鲜国王李昀	尾辞	臣无任望天仰圣,激切屏营之至。谨奉表称谢以闻
接受者	中国雍正皇帝	正文文体	骈文体
纪年标准	中国纪年:雍正元年	正文内容	感谢清廷颁赐诏书
语言种类	古代汉语	用典来源	《诗经》、《礼记》、《后汉书》、《全唐文》

6. 乾隆九年(1744年)朝鲜国王李昀谢使臣参宴表文

朝鲜国王臣姓讳[1]言:乾隆八年十月二十七日,臣承准盛京礼部咨等因。得此。除钦

---

① 李光涛:《明清档案存真选辑》初集,台湾"中研院"史语所,1959年,第226页。

遵外，臣与一国臣民，不胜感戴颂祝之情，谨奉表称谢者。臣讳诚惶诚恐，稽首稽首：伏以礼伸行殿[2]，效执物[3]之微忱；荣及陪臣，侈[4]与宴之隆渥[5]。恍若[6]躬睹[7]，别是[8]宠绥[9]。伏念臣壤近沈都[10]，时值岳狩[11]。封疆有限，想羽旄[12]而驰欣[13]；职度[14]无愆[15]，奉筐篚[16]而将敬。惟下价[17]厕[18]嘉飨[19]之命，则大朝[20]眷敝邦之私。非宗戚而登筵，既逾常格；辱贵近[21]而垂讯[22]，亦未前闻。承涣音[23]而翘心[24]，仰需云[25]而浃髓[26]。兹盖伏遇皇帝陛下，丕阐[27]洪烈[28]，诞抚[29]多方[30]，孝展三陵[31]。履霜露而载惕[32]，威宣万里；御风霆[33]而遥巡[34]，至使偏藩亦被典。臣敢不靡替[35]终始，益笃忠贞。皇恩愈覃[36]，每一饭而不忘厚德，既饱虽百牢[37]而何加。臣瞻天仰圣，无任激切屏营之至。谨奉表称谢以闻。

乾隆九年正月二十二日，朝鲜国王臣姓讳谨上表。①

【注释】

[1]朝鲜国王臣姓讳：指朝鲜国王英祖李昑。[2]行殿：行宫。因清帝由京城出巡至盛京，故将清帝所在地称为行殿。[3]执物：进献礼物。[4]侈：额外。[5]隆渥：优厚。[6]恍若：茫然，好像。[7]躬睹：亲见。[8]别是：另是。[9]宠绥：帝王对各地进行抚绥。《书·泰誓上》："天佑下民，作之君，作之师，惟其克相上帝，宠绥四方。"[10]沈都：沈阳。[11]岳狩：本指四岳巡狩地方之事，后用以指帝王巡狩。[12]羽旄（máo）：乐舞时所执的雉羽和旄牛尾；古时常用鸟羽和旄牛尾为旗饰，故亦为旌旗的代称。[13]驰欣：心驰神往。[14]职度：职分。[15]无愆：没有过失。《书·说命下》："监于先王成宪，其永无愆。"[16]筐篚：包装礼物的器具。筐：方竹器。篚：圆竹器。[17]下价：下臣。[18]厕：加入；参与。[19]嘉飨：又作嘉享。谓祭祀时神灵歆享。[20]大朝：居于正统的朝廷。[21]贵近：显贵的近臣。[22]垂讯：垂询。[23]涣音：帝王的指令。[24]翘心：仰慕，悬想。[25]需云：君臣宴乐之典。比喻遍降于民的朝廷德泽。《易·需》："象曰：云上于天，需。君子以饮食宴乐。"[26]浃髓：浃髓沦肌。浸透肌肉，深入骨髓。比喻感受极深。[27]丕阐：大力弘扬。[28]洪烈：伟大的功业。[29]诞抚：安抚。[30]多方：列国诸侯。《书·多方》："告尔四国多方。"[31]三陵：东北三陵。指清太祖努尔哈赤的福陵、清太宗皇太极的昭陵以及赫图阿拉肇、兴、景、显四祖的永陵。[32]履霜露而载惕：踏霜而知寒冬将至，警惕未来事态的发展。[33]风霆：狂风和暴雷。《礼记·孔子闲居》："地载神气，神气风霆，风霆流形，庶物露生，无非教也。"[34]遥巡：巡视远方。[35]靡替：不衰，不废。[36]愈覃：更加深广。覃：深广，延及。[37]百牢：100份牢。牢：古代祭祀或宴享时用的牲畜。牛、羊、豕各一曰太牢，羊、豕各一曰少牢。

【简析】

乾隆九年（1744年），乾隆皇帝东巡盛京，朝鲜国王派遣陪臣进献贡物。清帝赏赐朝鲜使臣参与国宴，朝鲜国王随后上表谢恩。

---

① 《〈同文汇考〉中朝史料》（一），吉林文史出版社2003年版，第96页。

文书基本信息表

文书种类	表文	头辞	朝鲜国王臣言
发送者	朝鲜国王李昑	尾辞	谨奉表称谢以闻
接受者	中国乾隆皇帝	正文文体	骈文体
纪年标准	中国纪年：乾隆九年	正文内容	朝鲜谢陪臣参宴
语言种类	古代汉语	用典来源	《尚书》、《易经》、《礼记》

7. 乾隆十三年（1748年）朝鲜国王李昑方物表

朝鲜国王臣李昑：右伏以[1]聿迓天休[2]，政属岁新之节；恭执壤奠[3]，敢申星拱之诚[4]。谨备黄细苎布十匹，白细苎布二十匹，黄细绵绸二十匹，白细绵绸二十匹，龙纹帘席二十张，黄花席十五张，满花席十五张，满花方席十五张，杂彩花席十五张，白绵纸一千三百卷。右件物等，制造匪工[5]，名般不腆[6]，曷足称于享上[7]，聊以表乎由中[8]。臣无任兢惶激切之至，谨随表奉进以闻。

乾隆十三年正月初一日，朝鲜国王臣李昑谨上表。

【注释】

[1]右伏以：章、句前表敬意之虚词，领接后面的议论。[2]天休：天赐福佑。[3]壤奠：本土所产贡物。[4]星拱之诚：就像星星拱卫北极星的忠诚。[5]匪工：不精细。[6]名般不腆：谦辞，意指物品无名、粗陋。[7]曷足称于享上：称不上进贡天子的物品。[8]聊以表乎由中：仅仅表达内心的忠诚而已。

【简析】

乾隆十三年（1748年），朝鲜国王进贡，这是朝鲜例进中国皇帝的方物表。

文书基本信息表

文书种类	表文	头辞	朝鲜国王臣李昑
发送者	朝鲜国王李昑	尾辞	谨随表奉进以闻
接受者	中国乾隆皇帝	正文文体	骈文体
纪年标准	中国纪年：乾隆十三年	正文内容	新春进贡方物
语言种类	古代汉语	用典来源	

二、状文例析

1. 顺治元年（1644年）朝鲜国王李倧方物状文

朝鲜国王臣姓讳[1]，谨备中宫[2]殿下。进献礼物：红细苎布一十匹，白细苎布一十匹，白细绵绸二十匹，白细苎布二十匹（黑细麻布二十匹代），满花席一十张，杂花席一十章。右件物等，谨奉进以闻。

顺治元年五月十五日，朝鲜国王臣姓讳。①

【注释】

[1]朝鲜国王臣姓讳：指朝鲜国王仁祖李倧。[2]中宫：皇后居所的代称，也可用以代称皇后。"中宫"一词的由来是因为在古代皇宫建筑格局中，皇后的宫室位于中心，前为皇帝的居室，左右两旁为嫔妃的居室，后为太后等年老女性养老之处。

【简析】

顺治元年（1644年），朝鲜向中国皇后呈递进献方物的状文。

朝鲜向清廷进献贡物，一般分两份，1份进献皇帝，1份进献皇后。贡物的名称都相同，只不过皇后的贡物数量减半。

文书基本信息表

文书种类	状文	头辞	朝鲜国王臣谨备中宫殿下
发送者	朝鲜国王李倧	尾辞	谨奉进以闻
接受者	中国顺治皇帝之皇后	正文文体	
纪年标准	中国纪年：顺治元年	正文内容	进献方物
语言种类	古代汉语	用典来源	

2. 乾隆八年（1743年）朝鲜国王李昑方物状文

朝鲜国王臣姓讳[1]，谨备中宫[2]殿下。进献礼物：紫细绵绸二十匹，白细苎布二十匹，浮椒一十斗，全鳆一十贴，大口鱼一百尾，海参一百斤，红蛤一百斤，八带鱼一十五尾，海带菜一百斤，广鱼五十尾，柏子一十斗，榛子一十斗，干柿一十贴。右件物等，谨奉进以闻。

乾隆八年七月初六日，朝鲜国王臣姓讳。②

【注释】

[1]朝鲜国王臣姓讳：指朝鲜国王英祖李昑。[2]中宫：代称皇后。

【简析】

乾隆八年（1743年），朝鲜国王向中国皇后呈递进献方物的状文。

---

① 《〈同文汇考〉中朝史料》（一），吉林文史出版社2003年版，第213—214页。
② 《〈同文汇考〉中朝史料》（一），吉林文史出版社2003年版，第94页。

文书基本信息表

文书种类	状文	头辞	朝鲜国王臣谨备中宫殿下
发送者	朝鲜国王李昑	尾辞	谨奉进以闻
接受者	中国乾隆皇帝之皇后	正文文体	
纪年标准	中国纪年：乾隆八年	正文内容	进献方物
语言种类	古代汉语	用典来源	

三、奏本例析

1. 顺治二年（1645年）朝鲜国王李倧请册封世子奏本

朝鲜国王臣姓讳[1]谨奏：为特降储嗣封典以安属邦事。议政府[2]状启[3]节该[4]：臣民无禄，世子不意卒逝，储位不可久旷。今幸择长立嗣，举国系望，合无备将前因转奏皇上，亟请[5]封典，允为便宜等因。具启。臣据此参详：臣前妃韩氏有三子，长曰昭显世子讳，次曰凤林大君讳，次曰麟坪大君㴭。兹者不幸，世子遘疾[6]早逝，长孙理宜承嫡。而仍窃伏念臣痼疾婴身[7]，喘息仅延，民心不固，国事多虞，加以长孙稚弱病羸，保育难期，诚恐一朝付托失宜，颠覆无日。而念臣第二子凤林大君讳，聪明孝友[8]，器宇[9]夙成[10]，曾经入侍，圣眷所注，合备储贰[11]，早定国本。臣谨与诸臣僚佥议[12]，群情允惬[13]，已定为嗣子。布告国内，民庶莫不延颈欢喜，此不幸之中幸也。此等事情必须转达天听[14]，早膺封典。伏乞皇上特命该部诞降[15]诰命，使小邦宗祧[16]得有攸属[17]，而举国臣民获睹宠光[18]，则不胜幸甚。除颙俟[19]庆赖[20]外，缘系特降储嗣封典，以安属邦事理。为此谨具奏闻。

右谨奏闻，伏候圣旨。

顺治二年八月二十日，朝鲜国王臣姓讳。①

【注释】

[1]朝鲜国王臣姓讳：指朝鲜国王仁祖李倧。[2]议政府：朝鲜王朝时期的最高行政机构。[3]状启：向政府呈送的报告。[4]节该：转述圣旨、公告等的常用公文领述词。[5]亟（qì）请：屡次请求。亟：屡次。[6]遘疾：遇到疾病。[7]婴身：缠身。婴：缠绕。[8]孝友：事父母孝顺，对兄弟友爱。[9]器宇：气概，风度。[10]夙成：早成，早熟。[11]储贰：储副，太子。[12]佥（qiān）议：众人的意见；共同商议。佥：众人，都。[13]允惬（qiè）：妥帖；适当。[14]天听：上天的听闻；帝王的听闻。[15]诞降：从天而降。[16]宗祧：宗庙；宗嗣。[17]攸属：所属。[18]宠光：恩宠光耀。[19]颙俟（yóng sì）：恭敬地等候。[20]庆赖：庆幸得到依靠。《书·吕刑》："一人有庆，兆民赖之。"

---

① 《〈同文汇考〉中朝史料》（一），吉林文史出版社2003年版，第1页。

【简析】

顺治二年（1645年），朝鲜呈递请求册封世子的奏本。

顺治元年（1644年），清廷入关后释放在沈阳作人质的朝鲜昭显世子回国。顺治二年（1645年），朝鲜世子返回汉城，随后暴病而亡。同为沈阳人质的凤林大君归国后接替其兄任世子，但这一身份还须清廷确认。因此朝鲜国王上奏清廷陈述前后缘由，请求册封凤林大君为新的朝鲜世子。

文书基本信息表

文书种类	奏本	头辞	朝鲜国王臣谨奏
发送者	朝鲜国王李倧	尾辞	为此谨具奏闻
接受者	中国顺治皇帝	正文文体	骈文体
纪年标准	中国纪年：顺治二年	正文内容	请求册封世子
语言种类	古代汉语	用典来源	《尚书》

2. 顺治三年（1646年）朝鲜国王李倧奏本

朝鲜国王臣李倧谨奏：为小邦不禄[1]，变生庭掖[2]，历陈首尾，仰渎皇听[3]事。议政府状启臣等：窃照亡世子嫔姜氏性行凶悖，潜怀异图，预造红锦翟衣，僭称内殿之号，人言籍籍[4]，传播中外。而上年秋间，其兄弟作罪远窜，以此怀愤，常到内寝之近处，凭怒发恶。至废□安，仍将凶秽之物咀呪[5]寝房，多所现发。又为错毒[6]于王上常膳，乃至中毒发痛，几至危境。至于女侍，食此退馔[7]，或狂或仆，王上亦经朔调治，仅得复苏。此诚古今天下所未有之大变。王上虽欲曲全私恩，而其逞奸肆凶，愈往……（约缺数字）掩，决难容息于覆载之间。合将姜氏依律处断，亟将所据颠末[8]转奏天聪，允为便宜等因，具启。据此，臣窃念姜氏性禀枭獍[9]，心蓄阴邪，不思天属之至情，敢怀弑送之□计。情迹败露，舆论奋发，得罪宗社，敀灭[10]人伦，不得已勉循公议而不用极典，减律勘罪。缘臣德薄不能训以义方[11]，致此无前罔测之变。反躬自咎，无以为心。除将姜氏废黜赐死外，仍将右等事状，敢此陈奏。臣无任兢惶屏营之至。缘系小邦不禄，变生庭掖，历陈首尾，仰渎皇听事理。为此谨具奏闻。

自"为"字起，至"此"字止，计字三百五十八个，纸一张。

右谨奏。①

【注释】

[1]不禄：士死的讳词。此处指国家的灾难。《礼记·曲礼下》："天子曰崩，诸侯曰薨，大夫曰卒，

---

① 李光涛：《明清档案存真选辑》三集，台湾"中研院"史语所，1975年，第157页。

士曰不禄。"[2]变生庭掖：变乱产生于内部。[3]皇听：圣听，天听。[4]籍籍：形容喧哗纷乱的样子。[5]咀咒（zuǐ zhòu）：诅咒；咒骂。[6]错毒：放置毒物。[7]退馔：剩下的食物。[8]颠末：始末。[9]枭獍：又作"枭镜"。旧说枭为恶鸟，生而食母；獍为恶兽，生而食父。比喻忘恩负义之徒或狠毒的人。[10]斁（yì）灭：消灭。[11]义方：行事应遵循的规范和道理。

【简析】

顺治二年（1645年），朝鲜原世子从中国返回朝鲜后暴亡。朝鲜政府随后将世子妃以投毒国王等罪名赐死。名义上是一场朝鲜内部的权力斗争，实际上牵涉到清初复杂的中朝关系。

文书基本信息表

文书种类	奏本	头辞	朝鲜国王臣李倧谨奏
发送者	朝鲜国王李倧	尾辞	为此谨具奏闻
接受者	中国顺治皇帝	正文文体	骈文体
纪年标准	中国纪年：顺治三年	正文内容	奏报朝鲜内政问题
语言种类	古代汉语	用典来源	《礼记》

3. 康熙十三年（1674年）朝鲜庄穆王妃请世子嗣位奏本

朝鲜国庄穆王妃妾赵氏谨奏：为承袭事。伏以孙男先臣王讳[1]素婴[2]疾恙，医药无效，续遭丧戚，伤毁罙多[3]。至本年八月初七日证势[4]添剧，乃于十八日将嗣子讳[5]托以国事。是日亥时薨逝。盖嗣子讳自在冲幼[6]，岐嶷[7]英粹[8]，仁孝茂著[9]，已克有长人之德[10]，为国人所拥戴。先臣王每拟具此册建，情愿即行闻奏，以请典礼。只缘小邦自昨岁以来有改迁先臣忠宣王窀穸[11]之事，继又有先王妃之丧，幽嘉事别[12]，理难参错[13]，徽恩[14]祈命，自底才迟延不幸。今者荐罹[15]大割[16]，而宗祧[17]所托既惟在此嗣子，民心所系亦惟在此嗣子。妾于斯时，诚有不可以妇人嫌避者，谨将孙男先臣王临箦[18]嘱咐情节暨先臣王在世时未及请封世子等因，并此具奏。钦请册嗣子讳承袭国王。嗣子讳亦曾聘定光城府院君金万基之女为妻，仍请册金氏为王妃。伏惟皇上天地父母，特命该部诞降[19]诰命，使小邦臣民获睹宠光[20]，不胜幸甚。除颙俟[21]庆赉[22]外，缘系承袭事理云云。

康熙十三年十月初四日①

【注释】

[1]孙男先臣王讳：指朝鲜国王显宗李棩。[2]素婴：一向患有。[3]罙（shēn）多：很多。罙：古通"深"。[4]证势：症势，症状。[5]嗣子讳：指朝鲜国王肃宗李焞。[6]冲幼：年幼。[7]岐嶷：形容幼年聪慧。[8]英粹：杰出。[9]茂著：显著。[10]长人之德：君长的德性。[11]窀穸（zhūn xī）：坟

---

① 《〈同文汇考〉中朝史料》（一），吉林文史出版社2003年版，第5页。

墓。[12]幽嘉事别：丧事与喜事截然不同。[13]参（cēn）错：交互融合。[14]徼（jiǎo）恩：求取恩宠。徼，求。[15]荐臻：面临。[16]大割：古时杀割群牲以祭祀。《礼记·月令》："（孟冬之月）天子乃祈来年于天宗，大割祠于公社及门闾，腊先祖五祀，劳农以休息之。"[17]宗祧：宗庙；宗嗣。[18]临箦（zé）：临终。箦，原意是用竹片编的床垫，此作临终的病榻。[19]诞降：从天而降。[20]宠光：恩宠光耀。[21]颙俟：恭敬地等候。[22]庆赖：庆幸得到依靠。

【简析】

康熙十三年（1674 年），朝鲜呈递请求册封国王、王妃的奏本。

朝鲜国王李棩去世，由其祖母、朝鲜前国王李倧的继妃赵氏向清廷陈奏，请求册封李棩之子李焞为朝鲜继任国王。不过由于李焞的世子身份没有经过清廷的确认，奏文请求清廷直接册封国王。至于李焞的世子身份未经清廷册封，是由于前任国王在世时，因为搬迁忠宣王陵墓、处理王妃去世等丧葬事宜，基于"幽嘉有别"，没来得及向清廷提出册封事宜。

文书基本信息表

文书种类	奏本	头辞	朝鲜国庄穆王妃妾赵氏谨奏
发送者	朝鲜国庄穆王妃	尾辞	
接受者	中国康熙皇帝	正文文体	骈文体
纪年标准	中国纪年：康熙十三年	正文内容	请求册封国王、王妃
语言种类	古代汉语	用典来源	《礼记》、《尚书》

4. 康熙十五年（1676 年）朝鲜国王李焞陈情奏本

朝鲜国王李焞奏：为臣先祖臣穆庄王[1]横被野史诋诬，敢陈冤痛情节，冀许删改，特示昭雪事。臣五代祖昭敬王[2]，于明朝万历戊申岁薨逝。元妃朴氏无子，继妃金氏生一子甫三岁，庶子光海君珲嗣位。盖以金氏遵先王意，舍己出而为之请于中朝，得准封也。光海既立，听信逸贼[3]，自生猜怨，仇视母后，幽闭别宫，僇辱[4]备至，而戕兄杀弟，屠灭诸侄，殄绝[5]彝伦[6]，无复人理。内作色荒[7]，嗜欲无节；外营宫室，十年未已。斥逐[8]耆老[9]，昵狎[10]群小；繁刑重敛，下民嗷嗷[11]；神人咸怒，宗社将坠。

时有金瑬、李贵等，以昭敬王旧臣，不胜[12]邦国危亡之忧，奋发忠愤，誓靖[13]内难，乃于天启癸亥三月，纠合义旅，大集廷臣，奔告王太妃于别宫，宣教[14]废珲，迎立昭敬王孙绫阳君倧，即臣曾祖父穆庄王也，以太妃命，权署国事。遣使请命于明，明朝始不允许，后乃洞察本国事情，特降封典。此实当时天下耳目共所闻知。穆庄王匡复之烈，虽不敢上拟殷周废立之正，亦可谓无愧汉宣[15]。此所以临莅东国二十有七年，而功光[16]往牒[17]、业垂后裔者也。

顷年[18]，陪臣之使还也，偶于沿途买得《皇明十六朝纪》[19]，其中记本国癸亥年事，直以篡逆书之。其他污蔑之言，不啻[20]狼藉[21]。臣先父王棩自得此书，居常[22]腐心[23]，复虑明朝国乘[24]复有诳谬。方拟赴愬[25]天朝，祈加厘正，不幸奄忽[26]，赍志[27]未伸。茕茕[28]微臣，奉此遗戒，何敢一刻忘于中[29]？而重哀荐祸[30]，事有未遑[31]，淹延[32]迟回[33]，遂至今日，此固臣之大罪，而亦臣之日夜衔痛者也。兹敢历陈先祖臣穆庄王受诬事略，冀皇上之哀怜垂察[34]焉。

其所谓《十六朝纪》，不知撰次者为何许人？而乃遽张[35]讹伪[36]，掇拾[37]怨诼[38]。一则曰倧走马试剑，谋勇著闻，常在废君左右用事；二则曰密约继祖母王太妃，以救火为名，令兵入宫，甚至谓绑缚废君，投之烈焰。嘻！此岂人理之所可有者乎！复有登莱巡抚袁可立、侍郎毕自严诸人之疏，至以媾倭[39]等语，大加诋诬。夫以穆庄王之聪明仁孝，素有令闻[40]，留心经术，不学武事，而谓之走马试剑；自际昏乱，弟死逸口，屏处危懔[41]，莫保朝夕，而谓之常在左右；金墉[42]十年，内外隔绝，圜门[43]棘户[44]，穴通[45]饮食，而谓之密约祖妃，其虚罔[46]谬蠚[47]，固已极矣。而当废君之在位也，戮太妃之父，窜[48]太妃之母，夺太妃怀中八岁之儿而杀之。废君之与太妃，非特子道[49]已绝，亦太妃父母之雠也。然而终使昌邑、山阳得以自全于放废之日者，实赖我穆庄王泣涕倦倦[50]，上以宽太妃，下以救群臣，以克尽乎保护之道也。居则赡其衣食，病则济以医药，矜恤[51]之谊，始终不替。故光海君癸亥三月见废，至辛巳七月以天年终，葬以壬午，礼官供祭祀，恩礼之厚，无愧古昔。彼投焰等语，又何诬妄之太甚耶？至于媾倭一款，尤万万无理。日本即小邦先世之深仇，而隔海之外种也。虽强弱不敌，姑与之羁縻，而既是我之仇邦，又非我之匹偶[52]。今以童儒之呆[53]，儓隶[54]之贱，若指之为婿于倭，则亦必骇然而愤，怫然[55]而怒。矧以王室之亲，贵介[56]之尊，宁有忍事忘耻，结秦晋[57]于异类之理哉？穆庄王妃即昭敬王朝宰臣领敦宁府事韩复谦之女。王之在邸，以礼委禽[58]，及至癸亥，进主中壸[59]，与王同受天子诰命、冠服。而其氏族之详，亦既具于当时请封之奏。臣不知登抚诸人[60]，何所征据[61]而作此不伦之语，至上诬天子也。

伊时辽阳既阁，登海初开，中朝声息之流布于小邦者，只是江东毛镇[62]一路而已。小邦情实之得达于中朝者，亦只有江东毛镇一路而已。文龙方且占据一岛，积货自卫，饰功行贿，西面而邀勋爵；凭威肆喝，东向而责馈饷，首尾将十年矣。及其骄虐日肆，意欲无厌，或俵散[63]低货[64]，而勒取貂参；或多纵黠校[65]，而尽括民产；或诱斩边民，而虚充首级。西圉骚然[66]，若在涂炭[67]。穆庄王既缵序[68]，知民不堪，义责常切。彼不悛改[69]，只益嫌衅。而小邦之所以受忕[70]于文龙者，有不可以一二计。则文龙之巧作蜚语[71]，肆然构诬于废兴之际者，又岂可量哉！因此而督抚有奏，因此而礼部有疏，始则以无罪见疑而为忧，终则以至冤将伸而为幸。上自先太妃，下至百官民庶，悉举废君淫暴无道、致伦[72]乱纪之罪。先穆庄王宽仁孝顺、天与人归之状，或直奏于天子，或呈申于当路。文龙亦反前说，更上题本。及其事实悉暴，诬冤大伸，明朝乃于天启乙丑岁遣太监胡良辅等许准封典，仍赐诰命；丙寅，又遣翰林院编修姜曰广等来颁诏、敕，兼以锡赍，恩纶洊叠[73]，昭雪无余，则环东土数千里，亦既脱离覆盆[74]，而获见天日矣。

不料阅历数纪之后，兴亡百变之余，尚有一种传讹，未尽除于私相记载之中者也。夫末俗多陂[75]，流言易讹，斯固叔季[76]之通患。而齐东之人或未悉于秦雍[77]，交南之事多不详于燕代[78]，则草野之所纪述，稗家[79]之所论著，容亦有此孟浪[80]之失矣。至于任当日之记注，执当日之简策，考证有据，闻见亦该，想不至于颠倒纰缪[81]如野史者。而倘或溺于传说，眩[82]于去取，以之而布诸天下，以之而传于后代，其将为先祖九地[83]之冤，小邦百世之痛者，为何如哉？

今臣仄闻[84]天朝方修明朝史书，其于传信纪实之际，必有以正讹[85]厘舛[86]，以成一代之正史。小邦呼吁，此正其时。兹专差陪臣福善君李柟、议政府参赞郑哲等，毕陈卑悃[87]，仰渎[88]天聪，伏乞皇上特命修史诸臣细考明朝行查[89]始末及小邦前后申奏，删除讹误[90]，快许[91]涮雪[92]，以示劝惩，以裁成永世之令典。仍将印本宣赐小邦，则非但小邦今日君臣受恩衔结[93]，糜粉[94]是期，抑臣之先祖、先父亦将感泣于冥冥之中矣。臣不胜大愿[95]，谨具奏闻。①

【注释】

[1]穆庄王：朝鲜国王仁祖李倧。[2]昭敬王：朝鲜国王宣祖李昖。[3]谗贼：诽谤中伤，残害良善；好诽谤中伤残害良善的人。[4]僇（lù）辱：戮辱，刑辱；侮辱。僇：通"戮"。[5]殄绝：灭绝。[6]彝伦：常理；伦常。彝：常也。伦：理也。《书·洪范》："王乃言曰：'呜呼，箕子！惟天阴骘下民，相协厥居，我不知其彝伦攸叙。'"[7]色荒：沉迷于女色。荒：迷乱。《书·五子之歌》："内作色荒。"[8]斥逐：驱逐。[9]耆老：六十曰耆，七十曰老，原指六七十岁的老人。此处指年老而有地位的士绅。[10]昵狎：亲近而态度不庄重。[11]嗷嗷：哀鸣声。[12]不胜：不忍。[13]靖：平定。[14]宣教：宣布教令。[15]汉宣：汉宣帝。汉宣帝由民间入宫成为皇帝，统治时期史称"中兴"。[16]功光：功绩。[17]往牒：往昔的典籍。[18]顷年：近年。[19]《皇明十六朝纪》：明崇祯年间刻行的《皇明十六朝广汇纪》，陈建辑，陈龙可补订，记明洪武至天启16朝事迹。朝鲜记述此书名称不一，或为《明十六朝记》，或为《皇明十六朝汇纪》、《十六朝广记》。[20]不啻：无异于，如同。[21]狼藉：乱七八糟；杂乱不堪；糟蹋。[22]居常：平时；经常。[23]腐心：痛心。[24]国乘：国史。[25]赴愬（shuò）：奔走求告；上诉。《孟子·梁惠王上》："天下之欲疾其君者，皆欲赴愬于王。"[26]奄忽：死亡。[27]赍志：怀抱着志愿。[28]茕茕：孤零貌；忧思的样子。[29]忘于中：心中忘记。[30]重哀荐祸：连续的丧事、灾祸。重：连续。荐：通"洊"，接连。[31]未遑：没有时间顾及；来不及。[32]淹延：拖延。[33]迟回：迟疑，犹豫。[34]垂察：俯察，赐予审察。[35]遽张：无中生有。[36]讹伪：讹错，错误。[37]掇（duō）拾：拾取；摘取。[38]怨谤：怨恨诽谤。[39]媾倭：与倭人通婚。[40]令闻：好名声。[41]危懔：危栗。[42]金墉：西方的城；金城。[43]圜门：圆门；狱门。[44]棘户：科举试场。[45]穴通：通过小洞。[46]虚罔：虚伪荒诞。[47]谬盩（zhōu）：谬误乖悖。盩：乖悖。[48]窜：放逐。[49]子道：为子的伦理道德。[50]惓惓：深切思念；念念不忘。[51]矜恤：怜悯抚恤。[52]匹偶：配偶，婚配。[53]童儒之呆：儿童的幼稚。[54]儓（tái）隶：古代对低级奴隶的名称。[55]怫（fú）然：愤怒的样子。[56]贵介：尊贵。[57]结秦晋：缔结婚姻关系。[58]委禽：纳采。古代结婚礼仪中（即"六礼"），除纳徵外，其他五礼，男方都要向女方送上雁作为赞礼，所以称纳采为委禽。[59]中壸：王后职位。壸：古代宫中的道路，借指内宫。[60]登抚诸人：登莱巡抚等人。[61]征据：证据。[62]毛镇：毛文龙。[63]僄散：散发，分发。[64]低货：低劣的货物。[65]黠校：狡猾的军官。[66]骚然：骚动的样子。[67]涂炭：陷入泥沼，坠入炭火。比喻极其艰难困苦。[68]缵序：按序继承。[69]悛（quān）改：悔改。[70]受怼（duì）：受怨恨。怼：怨恨。[71]蜚语：没有根据的流言。形容诽谤的言辞。[72]敦伦：败坏伦常。[73]洊（jiàn）叠：频仍，重复。洊：屡次，接连。[74]覆盆：比喻蒙冤。[75]末俗多陂：末世或低下的习俗具有种种弊端恶习。末俗：末世的不良风气；低下的习俗。[76]叔季：叔季之

---

① 王士禛：《池北偶谈》卷二，谈故二，朝鲜疏，中华书局1982年版，第44—48页。

世。古时少长顺序按伯、仲、叔、季排列,叔季在兄弟中排行最后,比喻末世将乱的时代。《左传》:"政衰为叔世","将亡为季世"。[77]齐东之人或未悉乎秦雍:东部齐国的人不能完全了解西部秦国的情况。秦雍:古秦地。秦地在《禹贡》为雍州之域,故曰"秦雍"。[78]交南之事多不详于燕代:南部交趾的事情对于北部燕国的人来说是陌生的。燕代:战国时燕国、代国所在地。泛指今河北西北部和山西东北部地区。[79]稗(bài)家:非正统的研究者。[80]孟浪:鲁莽;轻率;大而无当,不着边际。[81]纰缪:错误。[82]眩:迷惑,不知分辨。[83]九地:九泉之下。[84]仄(zè)闻:从旁听到。谓传闻,听说。[85]正讹:改正讹误。[86]厘舛:厘正舛误。[87]卑悃:谦辞。卑微的忠诚。[88]仰渎:亵渎上级。[89]行查:调查。[90]诖(guà)误:欺误;贻误。[91]快许:迅速许诺。[92]湔(jiān)雪:洗雪;洗刷。[93]衔结:衔环结草。比喻感恩。[94]糜粉:粉身碎骨。[95]大愿:最大的愿望。

【简析】

康熙十五年(1676年),朝鲜上奏清廷,要求在修撰《明史》时,正确记载朝鲜17世纪初期的一次政权更迭。它牵涉朝鲜历史上"仁祖反正"这一事件以及国王李倧以来朝鲜王朝的合法性。

朝鲜光海君李珲,万历三年(1575年)乙亥四月生。生母为恭嫔金氏。初封光海君。其长兄临海君李珒(李珲同母兄)为世子,光海君为庶次子。万历二十年(1592年),壬辰倭乱爆发,临海君李珒被俘,宣祖仓皇出奔平壤,命令17岁的光海君李珲摄国事。李珲收集流散的军队和义兵,号召通国勤王。李珲的这个举措振奋了朝鲜民心军心。万历二十一年(1593年),日本撤出汉城,退守釜山,并将虏获的临海君和顺和君两位王子送还,倭乱暂平。

万历二十三年(1595年),宣祖废除原来的世子而册封光海君为世子,并上表明朝请求批准。明朝以"继统大义,长幼定分,不宜僭差"为由不许。万历二十四年(1596年)、三十三年(1605年),朝鲜两次上表请求易储,明廷均不许。万历三十四年(1606年),宣祖仁穆王后生下一子永昌大君,朝鲜出现主张拥立嫡子为世子的派别,与主张拥立光海君的派别分庭抗礼。

万历三十六年(1608年),宣祖大王病逝,未经明廷册封认可的世子光海君嗣位,上表明朝,自称权署国事,请求册封。万历皇帝在拖延了几个月之后,在该年十月册封李珲为朝鲜国王。李珲即位后,宣布仁穆王后为废妃,将其囚禁在西宫(庆云宫)内,自己则搬到新修复的昌德宫(东阙),几年后分别处死了对其王位威胁最大的两个人——同母兄宣祖长子临海君和年仅两岁的弟弟、宣祖嫡子永昌大君。

万历四十四年(1616年),努尔哈赤基本统一女真各部,即位称汗,建立后金政权。万历四十六年(1618年),他正式与明朝决裂,发兵袭破辽东重镇抚顺。明朝于万历四十七年(1619年)春发动了大规模的围剿,出兵10万,分四路夹击后金。战前,明朝令朝鲜出兵助剿。朝鲜私下认为"老酋(朝鲜方面称呼努尔哈赤的名称)桀骜,虽以中朝兵力,未能必其一举而剿灭",但又不敢拒绝明朝的要求,于是采取敷衍之策,建议明军"但当陈兵练武,以作虎豹在山之势,更观伊贼之作为,相机而动",答应将军队开到义州等边境地区。但在明军主帅、20年前有恩德于朝鲜的辽东经略杨镐的严厉申斥下,朝鲜不得不派出了1.3万军队,由都元帅姜弘立统领,前往助战。三月,明军在萨尔浒被努尔哈赤击败。由于光海君在战前密谕朝鲜军队"观势向背,使虏勿为移兵先击之",所以只有左营将军金应河力战而死。努尔哈赤对朝鲜致书笼络，称"尔朝鲜以兵助明，吾知非尔意也，迫于其势有不得已。且明曾救尔倭难，故报其恩而来耳"。光海君则令朝鲜致书后金，称自己臣服明朝是"大义所在，固不得不然"，而与后金的"邻好之情，亦岂无之？"，希望双方"各守封疆，相修旧好"。朝鲜与后金的往来引起了明朝的警惕，大臣徐光启奏称"鲜、奴之交已合"，建议派官员"监护其国"。光海君遣使至北京"辩诬"。

但朝鲜是一个深受儒学影响的国度，光海君在后金和明政权之间的游离，以及在政治上的过于残酷，最终使光海君处于众叛亲离的境地，导致了朝鲜历史上的"仁祖反正"。

天启三年（1623年）春天，在李珲左右任事的亲侄绫阳君李倧见李珲身患疾病，于是令平山节度使李贵教练兵马500人调入京城"防御"。三月十二日，朝鲜发生宫廷政变。李贵、李适、金自点等人在仁穆王后和新崛起的南人党势力的协助下，召集军队在绫阳君（后来的仁祖）的别墅内会合。当晚，仁穆王后手下在庆云宫内举火为号，李倧率领李贵等人以救火为号打入庆云宫，发动宫廷政变，将李珲绑缚，押到仁穆王后面前接受训斥，然后宣布废黜其王位。这一事件朝鲜史称"仁祖反正"。

宫廷政变后的第二天，即三月十三日晨，28岁的绫阳君李倧即位于庆云宫之别堂，是为李朝仁祖。被废黜的光海君则被石灰烧瞎双目，流放于江华岛的乔桐，在后金再次入侵朝鲜（丙子胡乱）之后，于崇祯十年（1637年）转移到南方的济州岛。崇祯十四年（1641年）七月朔日卒，终年67岁。墓在朝鲜杨州赤城洞。

仁祖为了表示自己的正统，为其父亲定远君上尊号"大院君"，不久又追尊其为国王，上庙号元宗。虽然新政权采取一系列拨乱反正的措施，但"篡夺"阴影依然挥之不去，从此李氏朝鲜背上了名节问题的沉重历史包袱。

明朝是一个以儒家纲常伦理为意识形态的政权，与朝鲜一直沿袭着传统的宗藩关系。朝鲜发动政变废除一个经明廷册封的合法君主是明廷绝不能接受的。负责节制朝鲜的登莱巡抚袁可立表示了明确的反对意见："看得废立之事，二百年来所未有者，一朝传闻，岂不骇异。"① 袁可立上疏明熹宗："李珲袭爵外藩已十五年，于兹矣。倧即系亲派，则该国之臣也。君臣既有定分，冠履岂容倒置。即珲果不道，亦宜听大妃具奏，待中国更置。奚至以臣篡君，以侄废伯，李倧之心不但无珲，且无中国，所当声罪致讨，以振王纲。"②

对于明朝的质疑和指责，朝鲜派出使团前往登州拜见登莱巡抚袁可立，祈求他代为转奏辩明原委。朝鲜使团在当年六月十一日一大早便来到登州城外的庙岛。3天后，袁可立接见了朝鲜国使团。使团"升自东阶再拜"，向袁可立"呈申文"。袁可立与朝鲜使者有一段精彩对话：

抚院立语曰："你国旧王在否？"

答曰："在矣。"

曰："有子否？"

答曰："有一子。"

军门曰："在哪里？"

---

① 李民宬：《敬亭集》。
② 《明熹宗实录》卷三三。

答曰："同在一处。"

曰："闻旧王三月十三日已死云，是乎？"

答曰："无此理。"

军门曰："十三日动兵云是耶，抑旧君自退耶？"

答曰："其失德，详在申文中，老爷见之则可以详悉矣。一国大小臣民，不谋而同，推戴新君。昭敬王妃令权署国事，天命人归，从容正位，岂有动兵之事乎？"

军门曰："然则烧宫室云者，何故耶？"

答曰："宫妾所居之处，点灯失火，而正殿则依旧矣。"

军门曰："你国定乎？"

答曰："反正之日，市不易肆，朝野晏然，有何不定之事乎？且总镇毛驻扎敝邦，如有可疑之端，则岂有掩护小邦，欺瞒朝廷之理哉！"

军门曰："晓得。"①

这次见面后，袁可立的态度缓和了许多，"而今观来文，乃悉颠末。效顺之诚，既不异于畴昔。优待之礼，应不减于从前。一切款宴，犒赏夫马等项，已移檄促办矣。合行谕知云云"②。当时明与后金正用兵，明朝国力受限，需要朝鲜政府助剿。袁可立从全局和当时的实际出发退而求其次，"请正词质责之，以济师助剿为券，与廷议合"③。袁可立上疏道："亦当令其退避待罪，朝廷徐颁赦罪之诏，令其祗奉国祀，如国初所以待李成桂者，此又不得已之权也。"④ 明代中国最后承认了政变后的政权。

但"仁祖反正"的余波到清朝时依然荡漾。明代记载仁祖篡位的历史书籍到清代依然在中国传播。在清廷开馆延修《明史》之际，朝鲜派出专使来中国进行"辩冤"，为的是在天朝正史中树立正面形象。中国史书历来就有"《春秋》作，乱臣贼子惧"的政治功能，中国正史的记述还掌控着对周边儒家国家历史的话语权。如果在清朝新修《明史》中，"仁祖反正"事件被作为"篡位"来描述，不仅朝鲜现政权的合法性出现问题，而且朝鲜政府坚持的儒学政治意识形态也将遭到沉重打击。从这一意义来说，新修《明史》中如何记载"仁祖反正"这一事件关系到朝鲜现政权的生死存亡。朝鲜政府向清廷上疏要求按照"正确的史实"撰写是当时朝鲜政府的头等大事。

这道奏疏在3个月后得到礼部议复："查本朝纂修《明史》，是非本乎至公，该国癸亥年废立始末及庄穆王李倧实迹，自有定论，并无旁采野史诸书以入正史，应无庸议。至外国使臣来京，禁买史书。今违禁购买，应遣官往朝鲜会同该王，严加详审议处。伊所进礼物，交来使带回。得旨：这本内事情，免遣大臣往审，着国王将私买史书人犯，逐一严拿详审，确议具奏。"礼部复文于十二月传到朝鲜。清王朝不仅对辩诬事给予了"自有定论"含混应答，而且还反问了朝鲜国私购史册之罪。

---

① 李民宬：《敬亭集》。
② 李民宬：《敬亭集》。
③ 黄道周：《节寰袁公传》。
④ 《明熹宗实录》卷三三。

雍正十年（1732年）三月戊辰，此时《明史》尚未告竣，礼部议定"俟《明史》告成，再行刊发"。但雍正皇帝念及朝鲜国王急欲表先世之诬，屡次陈请，情词恳切，特旨："着照所请，将《朝鲜国列传》先行抄录颁示，以慰该国王恳求昭雪之心。"明令将《明史·朝鲜列传》先行抄录颁给。次年五月，冬至正使洺昌君李樘、副使赵纲、书状官李日跻还国，带回了誊写的《明史·朝鲜列传》。除此之外，还奉进了书写李成桂事迹的《太祖本纪》和记载"仁祖反正"事的《熹宗本纪》，英祖对这个誊本非常看重，认为："诸臣以誊本，谓不如印本，而予意则不然。雍正既御门亲颁，岂非信史乎？"即以此告仁祖庙。同时下教："第必得全部刊本，然后方为成功矣。"雍正十三年（1735年）十二月，《明史》全书告成，计332卷，目录4卷。乾隆皇帝继位，下诏武英殿镂板刊刻。乾隆二年（1737年）四月，朝鲜王朝亦得知《明史》将刊，乾隆三年（1738年）七月，遂派遣金在鲁为陈奏使，陈奏目的是希望清廷颁赐全套《明史》，奏文略曰：

> 雍正十年春，先皇帝诞降恩旨，颁示抄录本国外传，先祖百年之诬，一时昭晰，信史正论凿凿符实。而惟是史书刊刻，又未告竣，印本恩颁，随以淹延，成书之未即快睹，犹为未了之案。若其被诬原委，悉具于两先朝陈奏，今于刊刻告成之际，卒蒙完帙之颁示，则岂独小邦之幸？抑或有光于字小之泽。①

这次请求，清廷没有明确的答复。乾隆三年（1738年），金在鲁等带回了《明史·朝鲜列传》刊本，英祖命具龙亭鼓吹，并亲御宣政殿，跪受史册，为之告庙称贺，但仍以未得《明史》全帙为恨。乾隆五年（1740年），朝鲜译官潜贸得全套《明史》，翌年，以大臣金汉酷进言，这部《明史》由官方给价取入，奉藏于弘文馆瀛阁。英祖的愿望终于实现，迁延60余年的"仁祖反正"辩诬也随着《明史》的东传终告结束。②

文书基本信息表

文书种类	奏本	头辞	朝鲜国王李焞奏
发送者	朝鲜国王李焞	尾辞	臣不胜大愿，谨具奏闻
接受者	中国康熙皇帝	正文文体	骈文体
纪年标准	中国纪年：康熙十五年	正文内容	请求改正史书《皇明十六朝纪》中有关朝鲜国王李倧篡位事
语言种类	古代汉语	用典来源	《尚书》、《孟子》、《左传》

5. 康熙二十年（1681年）朝鲜国王李焞请封王妃奏本

朝鲜国王臣姓讳[1]谨奏：为册立继室事。臣正妃金氏不幸丧逝，壶职[2]久旷。臣母妃金氏以臣未有嗣续，日夜忧惧。臣上念宗祀之重，且奉母妃之教，已纳骊阳府君闵维重女

---

① 《朝鲜王朝实录》英祖十四年七月乙亥条。
② 参见杨艳秋《〈大明会典〉、〈明史〉与朝鲜辩诬》，载《南开学报》2010年第2期。

为继室,陈奏请封,实有旧典。伏乞皇上特令该部颁降恩诰,俾受宠命,以绥敝邦[3],以副恩望,不胜幸甚。除颙俟[4]庆赖[5]外,缘系册立继室事理,为此谨具奏闻。

右谨奏闻,伏候圣旨。

康熙二十年十月二十九日,朝鲜国王臣姓讳。①

【注释】

[1]朝鲜国王臣姓讳:指朝鲜国王肃宗李焞。[2]壸职:王后职责。[3]敝邦:本国谦辞。[4]颙俟:恭敬地等候。[5]庆赖:庆幸得到依靠。

【简析】

朝鲜国王李焞正妃去世后,康熙二十年(1681年),朝鲜呈递请求册封继任王妃的奏本。

文书基本信息表

文书种类	奏本	头辞	朝鲜国王臣谨奏
发送者	朝鲜国王李焞	尾辞	为此谨具奏闻
接受者	中国康熙皇帝	正文文体	骈文体
纪年标准	中国纪年:康熙二十年	正文内容	请求册封继任王妃
语言种类	古代汉语	用典来源	《尚书》

6. 乾隆三十六年(1771年)朝鲜国王李昑请刊正史诬奏本

朝鲜国王臣姓讳[1]谨奏:为事关先故[2],敢暴[3]至恳[4],冀蒙矜许[5]事。窃照小邦恪守藩服,世受皇恩,有叩必应,无愿不遂。今臣有切骨之痛,腐心[6]之冤,而徒怀僭越之惧,不思伸暴[7]之图,则是自阻于仁覆之天也。臣今始得见圣祖仁皇帝丙子年间[8]朱璘所撰《明纪辑略》[9],其中载臣国祖康献王讳[10]宗系及四世祖臣庄穆王讳[11]事迹,而谬悖[12]无伦,污蔑罔极,五内[13]惊悼,宁欲无生。是书之成已七十余岁,流传小邦,亦不知何年。而只缘臣诚孝浅薄,不能早自觉察,登时陈吁。此尤臣私切痛恨者也。盖康献王宗系之误[14],书于《明朝会典》,实由于高丽末奸人等之阴逞[15]丑诬[16]。而自臣先祖恭定王讳[17]以来,积诚祈恳,至神宗戊子,快许[18]刊正,仍赐成书。庄穆王事迹之谬录于《十六朝纪》,亦由于椵岛毛文龙之暗肆譖构[19]。而臣于世宗宪皇帝丙午[20],专价[21]吁天,遄蒙[22]允可。及至我皇上颁示正史,昭揭日星,小邦之前后受诬,至此而涣释[23]无余。仁恩所暨,幽冤[24]克伸,举国含生,莫不口颂顶戴,窃自幸其可以传信于今与后。则顾此《辑略》,不过朱璘私自集纂,非可拟议于国乘不刊之书,而因讹袭谬之说,尚在

---

① 《〈同文汇考〉中朝史料》(一),吉林文史出版社2003年版,第6页。

卷帙[25]之中，传布市肆之间。臣之崩迫[26]冤愤，庸有极乎[27]！然璘之是书，盖有所从来。明人陈建所撰《皇明通纪》亦有小邦宗系罔测[28]之言，而其书起洪武，而止正德，想是嘉靖间所编。而小邦之得见，乃在明朝昭晰[29]之后。伊时小邦之人咸谓《会典》之诬既正，则若此说者将归于自起而自灭，故不复以辨明为事。今以朱璘书见之，盖是掇拾[30]于《通纪》，则又安知此后必无袭璘而为之说者乎！此臣所以必欲拨本而塞源，并举而仰请者也。臣窃伏念一部《明史》，始承先皇帝明命，终蒙我皇上恩颁，其纪载之光明，事体之尊严，顾何如也。而乃以此等诬罔[31]之书，公行鬻卖，无所顾忌，则其为攘乱[32]昭代惇史[33]之观，大违一统同文之义者，亦岂细故也哉[34]！臣自见此书，愤懑腴中[35]，当食忘食，当寝忘寝。若使此书一日留存于天壤之间，则臣将何颜归见臣先祖乎！兹敢涕泣斋沐[36]，沥控血恳[37]，身虽滞东[38]，心则拱北[39]。伏乞皇上俯察小邦伦义之所系，特轸[40]圣朝史例之至重。上项所陈《通纪》、《辑略》二书中悖语之有关小邦者，亟降明旨，并行刊去，以慰微臣冤郁之情。则东土臣民谨当生陨死结[41]，以酬天地曲遂[42]之恩矣。缘系事关先故，敢暴至恳，冀蒙矜许事理云云。

乾隆三十六年五月二十七日①

【注释】

[1]朝鲜国王臣姓讳：指朝鲜国王英祖李昑。[2]先故：祖考；祖先。[3]敢暴：敢于表达。[4]至恳：至诚恳切。[5]矜许：夸耀而自负。[6]腐心：痛心。[7]伸暴：将冤屈上报。[8]丙子年间：康熙三十五年（1696年）。[9]《明纪辑略》：清初朱璘著的明代史书。[10]臣国祖康献王讳：朝鲜国王太祖李成桂。[11]四世祖臣庄穆王讳：朝鲜国王仁祖李倧。[12]谬悖：乖谬悖理。[13]五内：心、肝、脾、肺、肾。[14]康献王宗系之误：误将朝鲜开国始祖李成桂说成是高丽末年权臣李仁任的儿子。最早误记李成桂世系始于朱元璋时《皇明祖训》，后来《明会典》因袭其说，误把李成桂当作高丽末权臣李仁任之子，并言其父子首尾凡弑高丽4王。事实上，李成桂与李仁任毫不相干。因此朝鲜官方称作"康献王宗系之误"，即"康献王出生来历的错误"。万历十五年（1587年）《明朝会典》第3次修订时对其进行了修正："先是永乐元年，其国王具奏世系不系李仁任之后，以辨明《祖训》所载弑逆事，诏许改正。正德、嘉靖中，屡以为请，皆赐敕奖谕焉。万历三年，使臣复申前请，诏付史馆编辑，今录于后。"[15]阴逞：阴谋实现。[16]丑诬：诽谤诬陷。[17]恭定王讳：朝鲜太宗李芳远。[18]快许：迅速许诺。[19]谮（zèn）构：又作潜构。谮间诬陷。谮：诬陷，中伤。[20]世宗宪皇帝丙午：雍正四年（1726年）。[21]专价：派遣专人。[22]遄（chuán）蒙：很快得到。遄：快速。[23]涣释：冰释。[24]幽冤：深冤。[25]卷帙（zhì）：书籍。[26]崩迫：迫切。[27]庸有极乎：哪里有极限。[28]罔测：无据猜测。[29]昭晰：明白宣布。[30]掇拾：拾取。[31]诬罔：诬陷毁谤。[32]攘乱：扰乱。[33]昭代惇史：清明时代的良史、信史。惇史：有德行之人的言行记录。[34]亦岂细故也哉：岂能是小事啊。细故：细小而不值得计较的事。[35]腴中：充实于内。[36]斋沐：斋戒沐浴。[37]沥控血恳：沥恳。披露诚心。[38]滞东：滞留东方。[39]拱北：拱卫北极星。比喻忠于朝廷。[40]特轸（zhěn）：深切挂念。[41]生陨死结：活着应当不惜牺牲性命，死后也要像结草的老人那样报恩。[42]曲遂：曲意顺从。

【简析】

乾隆三十六年（1771年），朝鲜国王以朱璘《明纪辑略》及陈建《皇明通纪》所载

---

① 《〈同文汇考〉中朝史料》（一），吉林文史出版社2003年版，第255—256页。

朝鲜事多有讹误为由呈递奏本，请求清廷予以刊削。

对朝鲜这一请求，乾隆帝下谕："二书一已禁毁，一未见传本，令朝鲜在本国自行查禁。"朝鲜提及的两种书，乾隆帝答复《明纪辑略》已被禁毁，《皇明通纪》则在中国境内没有发现，希望朝鲜政府对两种书籍在国内自行查禁即可。朝鲜随后在国内对从中国买入两书以及进行流通的人员进行大规模迫害，十几人被处以极刑，成为朝鲜版的"文字狱"。

《明纪辑略》在中国本土被禁毁的命运在乾隆四十年（1775年）发生变化。乾隆帝下令废除对该书的禁毁令。《清实录》记载：

> 前据各省查送应毁书籍中，有朱璘《明纪辑略》一种。朕详加批阅，其中叙及明季事实，俱称本朝为"大清"，并恭载我太祖高皇帝庙号。其词尚属敬顺，并无诞妄不经字句，本可无庸禁毁。外省所以一体查缴者，只缘从前浙江省因此书附记明末三王年号，奏请销毁，曾经允行。嗣因评纂《通鉴辑览》，儒臣于本朝定鼎后即削去福王事实。朕以历朝嬗代之际，进退予夺，关系万世至公，必须斟酌，持平权衡，始能允协。若前代偏私曲徇之陋习，朕实不以为然。如明之末造，李自成既陷京师，江左遗臣相与迎立福王，图存宗社。其时江山半壁，疆域可凭，使福王果能立国自强，则一线绵延，未尝不足比于宋高宗之建炎南渡。特因其荒淫孱弱，君若臣相率为燕雀之处堂，寻至自贻颠覆，而偏安之规模未失，不可遽以国亡之例绝之。特命于甲申以后附记福王年号，仍从分注之例，而提纲则书"明"字以别之，直至芜湖被执，始大书"明亡"。并于批阅时，一一详阐其说。盖所以折衷至是，务合乎人情天理之公，以垂示天下后世也。至于唐王、桂王遁迹闽、滇，苟延残喘，不复成其为国。正与宋末昰、昺二王之流离海岛者相类，自不得等于福王之例，是以《辑览》内未经载入。但思二王为明室宗支，与异姓僭窃者不同，本非伪托，且其始末虽无足道，而称尊擅号，首尾十有余年，事迹亦多有可考。与其听不知者私相传述，转致失实无稽，又何如为之约举大凡，俾知当日边隅偷息，不过若是之穷蹙无成，更可以正传闻之讹异。又若其下诸臣，当时因其屡拒王师，率多以伪官为目。然间如白文选等本献贼义子，反侧无常，彼在明已合称贼、称伪，自当准《春秋》书盗之例。又如金堡等之五虎横行，把持国是者，亦为无足齿录。其他各为其主守节不屈以致陨首捐躯者，实不一而足，较宋之文天祥、陆秀夫实相仿佛。虽开创之初，兵威迅扫，不得不行抗命之诛。而诸人琐尾间关，有死无贰，在人臣"忠于所事"之义，实为无愧。迄今日久论定，朕方深为嘉予，不欲令其湮没无传。即使以载笔有体，亦不妨于事涉二王者书之为"附"，以稍存内外之别。而其臣则书为某王之某官某，概不必斥之为伪也。著交《四库全书》馆总裁，将唐、桂二王本末撮叙梗概，并将当时死事诸臣姓名事迹逐一登载，诠次成帙，具禀进呈，候朕裁定后，即刊附《通鉴辑览》之末。俾论史者正名核实，共知朕大中至正，无一毫偏倚之私，而表微阐幽，益称朕崇奖节义之意。所有《明纪辑略》一书不必禁毁，并将此书通谕知之。钦此。①

---

① 《清高宗实录》卷九九五，乾隆四十年闰十月己巳条。

文书基本信息表

文书种类	奏本	头辞	朝鲜国王臣谨奏
发送者	朝鲜国王李昑	尾辞	
接受者	中国乾隆皇帝	正文文体	
纪年标准	中国纪年：乾隆三十六年	正文内容	请求改正《明纪辑略》、《皇明通纪》所载朝鲜史事的错误
语言种类	古代汉语	用典来源	

7. 乾隆五十二年（1787年）朝鲜国王李祘年贡奏本

朝鲜国王臣姓讳[1]议奏：为进贡事。谨备进贡礼物，顺差陪臣议政府右议政俞彦镐、吏曹判书赵琼等赍领进献外，今将礼物开坐[2]，谨具奏闻：白苎布二百匹，红绵绸一百匹，绿绵绸一百匹，白绵绸二百匹，白木棉一千匹，木棉二千匹，五爪龙席二张，各样花席二十张，鹿皮一百张，獭皮三百张，好腰刀一十把，好大纸二千卷，好小纸三千卷，粘米四十石。右谨奏闻。

乾隆五十二年十月二十日，朝鲜国王臣姓讳①

【注释】

[1]朝鲜国王臣姓讳：朝鲜国王正祖李祘。[2]开坐：开列。

【简析】

乾隆五十二年（1787年），朝鲜国王李祘呈递例行的年贡奏本。

文书基本信息表

文书种类	奏本	头辞	朝鲜国王臣议奏
发送者	朝鲜国王李祘	尾辞	右谨奏闻
接受者	中国乾隆皇帝	正文文体	
纪年标准	中国纪年：乾隆五十二年	正文内容	进献贡物
语言种类	古代汉语	用典来源	

---

① 《〈同文汇考〉中朝史料》（三），吉林文史出版社2005年版，第289页。

8. 同治二年（1863年）朝鲜国王请辨正《廿一史约编》奏本

朝鲜国王臣姓某[1]谨奏：为先诬未尽，昭洗衷情，不任冤迫，沥血陈吁，冀蒙矜许[2]事。窃照小邦世守祖业，恪遵侯度[3]，仰邀列圣抚字[4]之眷，视均内服[5]。凡有情恳，靡细[6]不控[7]；若系恩数，虽滥必施。今臣有冤悯[8]痛苦之情，事关祖先，岂可含忍晷刻[9]，自阻[10]闵覆[11]，不思所以，仰首长呼乎！臣之国祖康献王宗系及立国事实，惨被污蔑，曾在明朝屡烦辨奏，既得刊正于《会典》。逮夫圣朝纂修《明史》，仍蒙采录于列传，昭晰伸白[12]，无复余憾。且况臣高祖庄顺王时，以陈建《皇明通纪》、朱璘《明纪辑略》尚袭前讹，陈请刊改，恭奉高宗纯皇帝钦谕：查禁焚销，永杜疑窦。行文直省各督抚，将曾禁书籍有销毁未尽处，再行申禁，毋许私藏，通行晓谕。自此小邦臣民窃料此等秕史[13]谬说，既蒙皇旨申禁，只字片语更无敢流传于寰宇矣。臣近见康熙年间郑元庆所撰《廿一史约编》，其中所记臣国祖先立国事实，掇拾[14]已洗之诬笔，钞节[15]无稽之谰说，论误谬悖[16]，罔有纪极[17]。臣诚痛冤，弸迫[18]五内[19]靡届[20]。是书之行于中外寖有[21]岁年，而臣未觉察，不能早自陈吁，此臣所以尤切痛恨者也。噫！自有先诬以来，小邦陈辨不为不详，圣朝曲循[22]不为不尽，而承伪袭谬，互相传写，尚有此等书种者，必由后世之耳目，寖远[23]陋儒[24]之考据，未该[25]汗漫[26]记述，致此疏失。臣因此而窃惧，夫一种悖诬尚未消泐[27]于天壤之间，兹敢不避申复，历陈始末焉。臣之祖先系本贯全罗道之完山府，始祖讳仕新罗为司空，十七传而讳，入仕元朝后，徙而东，至曾孙讳仕高丽为朔方道万户，是生臣之国祖康献王。康献王父子俱著勋勤[28]，及夫王氏政乱，统嗣又绝，而臣国祖功德渐茂，国人归向，遂请命大邦而受封焉。代序之源远流长，授受之名正言顺有如此焉！叛臣尹彝、李初潜奔上国[29]，构谮罔测，祖系则冒以他族，受国则加以恶名，其曰李仁任者，即中国传记所称李仁人也。而高丽京山府吏长庚之裔当国用事、稔恶[30]而毙者也，于臣国祖族贯[31]殊别，奸人之污辱祖系，其诬一也。恭愍[32]无嗣，丽祚[33]垂讫[34]，王瑶[35]不君[36]，众心有属。臣祖主国之后，赡瑶别邸以终天年。奸人之变幻事实，其诬二也。伊时声闻隔远，谮说易行，遂至会典之失实。臣之祖先积诚祈吁，历二百年快获申雪。至于我圣朝大学士张廷玉奉敕撰《明史》也，乃于本国列传谓臣国祖与宰相李仁人本异族，仍为历揭前后奏文其得国事。又录其时礼部议称：出皇祖命史氏之笔明白纤悉。曲轸[37]之念，夬施[38]之恩，遂至于原史未竣，先命颁发。及到告成，更加宣布，可以垂耀万禩[39]，征信同文[40]。不料村塾缀辑之徒，未见国史惇信[41]之典，冬烘[42]杜撰，烂漫[43]流播。此非独臣一邦之所当辨也，或复疑乱于百世文献之征，乖盭[44]乎！一部衮钺[45]之旨其所为害，亦将何所不至。臣之所大惧者，此也。兹敢斋沐[46]虔诚暴衷悃，伏望圣慈轸小邦伦彝[47]之攸关，念昭代史法[48]之易眩[49]，将上项所陈《廿一史约编》有系本国诬案者，亟行刊去，俾谬妄书种，无得辊留[50]于率土穷宙之间。臣当与环东土含生之伦，北望蹈舞，陨结[51]为期。臣无任瞻天仰圣，涕泣祈恳之至。缘系先诬未尽，昭洗衷情，不任冤迫，沥血陈吁，冀蒙矜许事理。为此谨具奏闻云云。

同治二年二月十三日①

【注释】

[1]朝鲜国王臣姓某：朝鲜国王哲宗李昪。[2]矜许：夸耀而自负。[3]侯度：为君之法度。[4]抚字：安抚关怀。[5]内服：王畿以内的地方的职官，与"外服"相对，包括政务官、事务官和军事官。《书·酒诰》："越在外服，侯甸男卫邦伯；越在内服，百僚庶尹，惟亚惟服宗工，越百姓里居（君），罔敢湎于酒。"[6]靡细：细小。[7]不控：不加限制。[8]冤悯：冤屈、令人怜悯。[9]晷刻：片刻。[10]自阻：阻碍自己获得。[11]闵覆：天赐恩典。闵：又作旻、愍，旻天。[12]伸白：得到公正。[13]秕（bǐ）史：充满错谬的史书。[14]掇拾：拾取。[15]钞节：抄录节略。[16]谬悖：乖谬悖理。[17]罔有纪极：没有穷尽。纪极：终极。[18]弸（péng）迫：紧迫。[19]五内：心、肝、脾、肺、肾。[20]靡届：没有尽头。[21]寖有：渐渐。寖：通"浸"，逐渐。[22]曲循：曲意顺从。[23]寖远：时代遥远。[24]陋儒：地处偏远、学识浅陋的读书人。[25]未该：没有进行完备周详的考证。该：完备；详尽。[26]汗漫：漫无标准；不着边际。[27]消泪：消失、限制。[28]勖勩（yì）：功勋、勋劳。勩：劳苦。[29]上国：诸侯或蕃邦对中央或中心大国的称呼。[30]稔恶：丑恶；罪恶深重。稔：事物积久养成。[31]族贯：家族籍贯。[32]恭愍：高丽王朝第31位国王（1351—1374年在位），谥号恭愍仁文义武勇智明烈敬孝大王。[33]丽祚：高丽王朝的王位。[34]垂讫：接近尽头，比喻到了晚年、末世。讫：尽头，完结。[35]王瑶：高丽王朝第34位国王（1388—1392年在位），洪武二十五年（1392年）七月退位，洪武二十七年（1394年）四月被朝鲜国王李成桂派人绞死。[36]不君：不行君道。[37]曲轸：曲垂。[38]夬（guài）施：上级对下级施恩。《易·四十三卦》："泽上于天，夬。君子以施禄及下，居德则忌。"[39]万禩：万世。[40]征信同文：在同文的世界里取得信任。[41]惇（dūn）信：重视信实。惇：重视。信：诚实。《书·武成》："惇信明义，崇德报功。"[42]冬烘：迂腐，浅陋。[43]烂漫：杂乱繁多。[44]乖盭（lì）：悖谬反常。盭：古通"戾"，乖违。[45]衮钺：褒贬。古代赐衮衣以示嘉奖，给斧钺以示惩罚。[46]斋沐：斋戒沐浴。[47]伦彝：伦常。[48]史法：修史的法则。[49]眩：迷惑。[50]辊（gǔn）留：伪劣留存。辊：混。[51]陨结：受人大恩，生死相报。李密《陈情表》："生当陨首，死当结草。"

【简析】

同治二年（1863年），朝鲜呈递奏本，依然对中国私人编撰史书《廿一史约编》记载的朝鲜王系问题提出申述。

《廿一史约编》为郑元庆著述，8册不分卷，以八音"金石丝竹匏土革木"排序。郑元庆字子余，一字芷畦，浙江归安（今湖州）人。生于顺治十七年（1660年），卒于雍正八年（1730年）。《廿一史约编》清代多有梓行，有鱼计亭、爱日堂、崇文堂、聚锦堂、上洋江左书林、石经楼等版。《廿一史约编》因"内《女直传》，语有关碍"被列为禁书。

---

① 《〈同文汇考〉中朝史料》（三），吉林文史出版社2005年版，第501—502页。

文书基本信息表

文书种类	奏本	头辞	朝鲜国王臣谨奏
发送者	朝鲜国王哲宗李昇	尾辞	为此谨具奏闻
接受者	中国同治皇帝	正文文体	
纪年标准	中国纪年：同治二年	正文内容	请求改正清代史书《廿一史约编》中记载的朝鲜史事错误
语言种类	古代汉语	用典来源	《尚书》、《易经》

四、奏折例析

1. 乾隆四十三年（1778 年）朝鲜国王李祘谢恩奏折

朝鲜国王臣李祘谨奏：为仰谢皇恩俯讼[1]辜愆[2]事。本年三月二十日进贺陪臣河恩君李垙等回自京师，承准礼部咨节该：乾隆四十二年十二月二十九日准朝鲜国来咨并奏折一件，经本部代为恭进，奉圣旨：览王奏。该国有不幸之事而该国王所办极为允协[3]，朕心嘉慰。至折内措词有不合式[4]之处，该部咨王知之。其所请内地边境为该国王诘缉[5]余党一节，已谕盛京将军、山东巡抚实力妥办矣。钦此。本部细看原奏内有"储君"及"国王嗣位"等语，未为合式。盖此等语在该本国自称原属不禁，而叙以上告则乖体制，且该国前此请立世孙及国王嗣爵，皆系请命天朝，遵奉敕旨而行，可见"储君"及"嗣位"之语断不宜列于奏牍。大皇帝因该国素称恭顺，其措词不合，自由外邦未识中朝体式，亦姑弗深究，特谕本部咨知该国王，嗣后一切表奏，辞意勿留，小心检点，毋再违舛[6]，为此合咨朝鲜国王遵奉施行可也等因。臣钦此，钦遵。窃照小邦世守藩封前后，皇恩渝浃[7]肌髓[8]，蠲弛[9]之典，每出特眷；控吁[10]之奏，辄蒙曲副[11]。施及臣身，叨袭[12]封爵。唯皇旨、诰、印炜煌[13]，唯皇旨赐赍便番[14]，亦唯皇旨历选前史，遭逢之盛，罕有若斯者也。臣虽颛蒙[15]，叨守[16]未久，然其拱北[17]之诚，根于秉彝[18]之天；享上[19]之体，得之家庭之训。凡诸奏御文字，别设一司[20]，简畀[21]乃僚[22]。每当使行前，期撰次齐会，陪臣八九查准。焚香而拜表，出郊而送使。其所以致敬尽礼，靡不用极者。一惟成法罔敢荒坠[23]，则岂敢于遗词之际，有一毫之未，尽甘自取其违越之罪也哉！唯是小邦，壤地僻陋，见闻谀寡[24]，谀寡则以非礼为礼，僻陋则以非敬为敬。倘微[25]我大朝[26]，如天地之覆焘[27]而遐迩并育，如山薮[28]之包含而瑕瑜[29]俱藏，则小邦之自底邮罚[30]必无幸矣。顾兹小邦逆孽之诇缉[31]，虽据古例敢有所请，然语则支蔓[32]，事涉渎屑[33]，方以僭猥[34]踰滥[35]，是恐是惧[36]，乃蒙皇上特降明敕，布谕于盛京、山东等处，使之查诘其潜逸，盘获其窜入，皇威一播，边关震肃[37]。唯此尺纸诏命，其为小邦之骈幪[38]，果如何哉！北望九顿[39]，已不胜其感结之私。而至其所上奏文，不觉字句之袭谬，自归体制之违式，虽被谴，何原折写此字，字旁有硃笔一点，所不敢辞。今我皇上以柔远之德，推庇物之仁，不唯不加之罪，乃命该部譬解[40]诲谕[41]，以警来后。从古藩邦得此异数于天朝者，未知有几！命下之日，小邦臣民聚首攒祝[42]，益仰皇赐之迥越常格也。虽然包荒之大度愈恢[43]，而惶愧之私心深切，何者使小邦若能博考中外之仪式，通晓文字之体段[44]，则岂有是哉[45]！只缘委巷[46]之擎跽[47]，乖明廷[48]进退之节；穷谷[49]之言辞，失公门[50]达顺之理。终自陷于违式之科。臣于是含恩畏义，不遑宁处[51]，谨敢复差陪臣，刻日[52]装发[53]，披露[54]诚悃，冒渎[55]崇高。一以颂天朝曲庇之宠，一以追小邦谬妄之罪焉。臣翘首云天，无任兢惶悚慄之至。缘系仰谢皇恩，俯讼辜愆事理。为此谨具奏闻。

右谨奏闻，伏候圣旨。

乾隆四十三年三月二十五日①

【注释】

[1]俯讼：俯就、偏向争论一方的立场。[2]辜愆：罪恶错误。[3]允协：公正合理。[4]不合式：不符合规定。[5]诘缉：盘诘缉拿。[6]违忒：谬误；差错。[7]渝浃：深入，融入。[8]肌髓：肌肉与骨髓。比喻内心深处。[9]蠲（juān）弛：免除（赋税等）。[10]控吁：控诉呼吁。[11]曲副：曲意顺从。[12]叨袭：承袭。[13]炜煌：辉煌。[14]便番：多次。[15]颛（zhuān）蒙：愚昧。[16]叨守：袭守。[17]拱北：拱卫北极星。[18]秉彝：持执常道。秉：执。彝：常。《诗·大雅·烝民》："民之秉彝，好是懿德。"[19]享上：向皇帝进献贡物。[20]别设一司：另设一司。此处指专门负责撰写表奏文书的承文院。[21]简畀：经过选择而付予。《书·多方》："简畀殷命，尹兹多方。"[22]乃僚：官员。《书·说命上》："惟暨乃僚，罔不同心。"[23]荒坠：荒废坠失。《书·五子之歌》："关石和钧，王府则有，荒坠厥绪，覆宗绝祀。"[24]谀（xiǎo）寡：小而少。谀：小。[25]倘微：如果。[26]大朝：居于正统的朝廷。[27]覆焘：又作覆帱。施恩，加惠。焘：覆盖。[28]山薮：山深林密的地方；山林与湖泽。[29]瑕瑜：比喻人的短处和长处或事物的缺点和优点。[30]自底邮罚：自己判罪处罚。邮：通"尤"，过错。《礼记·王制》："邮罚丽于事。"[31]诇（xiòng）缉：侦讯缉拿。诇：密告，探听。[32]支蔓：枝条和藤蔓。引申指末节及派生出来的东西。[33]渎冒：因小事冒犯。[34]僭猥：因小事僭越。[35]踰滥：又作逾滥。过度，漫无限度。[36]是恐是惧：既恐惧又害怕。是：语助词。[37]震肃：因慑于威猛之政而风气肃然。[38]帡幪（píng méng）：覆盖；庇护。古时指帐幕，在旁的叫帡，在上的叫幪。[39]九顿：九顿首。[40]譬解：晓示劝解，解释说明。[41]诲谕：又作诲喻。教诲晓喻。[42]攒（cuán）祝：聚集一起祝福。[43]愈恢：更加宏大。[44]体段（jiǎ）：体例。[45]岂有是哉：难道还有这样的吗？[46]委巷：僻陋小巷。[47]擎跽：拱手跪拜。[48]明廷：圣明的朝廷。[49]穷谷：深谷，幽谷。[50]公门：官署，衙门。[51]不遑宁处：没有闲暇的时候过安宁的日子。指忙于应付繁重或紧急的事务。[52]刻日：即日，近日。[53]装发：整装出发。[54]披露：表露、显露。[55]冒渎：谦辞。冒犯亵渎。

【简析】

乾隆四十二年（1777年），朝鲜国王上奏请求清廷协助朝鲜在中朝边境缉拿叛党。但奏折中出现了"储君"、"国王嗣位"等不合规范的词语。在朝贡体制下，属国册立世子、世孙以及国王继位，都需要中国批准册封后才具有合法性。朝鲜在奏文中使用未经中国册封过的、代表世子身份的这些词汇，属于违反朝贡体制的行为。清廷对这一错误以朝鲜国

---

① 《史料旬刊》第2册，第十四期，北京图书馆出版社2008年版，第255—257页。

王"素称恭顺"为由不加追究,但却提出警告以后不得再犯。对这一宽大政策,朝鲜在乾隆四十三年(1778年)上奏谢恩。

文书基本信息表

文书种类	奏折	头辞	朝鲜国王臣李祘谨奏
发送者	朝鲜国王李祘	尾辞	为此谨具奏闻
接受者	中国乾隆皇帝	正文文体	
纪年标准	中国纪年:乾隆四十三年	正文内容	谢宽恕恩
语言种类	古代汉语	用典来源	《诗经》、《尚书》、《礼记》

五、祭文例析

1. 嘉庆二十五年(1820年)朝鲜国王李玜祭皇帝文

维嘉庆二十五年岁次庚辰十一月甲寅朔初八日辛酉,朝鲜国王臣姓讳[1]谨遣陪臣判中枢府事韩致应,以清酌[2]大牢[3]之奠,敢昭告于大行皇帝灵筵[4](黄签):伏以先膺禅授[5],垂廿五年。有典有谟[6],缉熙[7]仔肩[8]。于休有光[9],天命作对[10]。耆定[11]图功[12],昌炽[13]未艾。执竞[14]维武[15],整我神器[16]。舟车所至,霜露所降。大共小共[17],靡不辐辏[18]。化溢膏烛[19],咸囿飞走[20]。荷天之宠,何福不除[21]。巍勋[22]盛德,史不胜书。顾兹小邦[23],偏承优渥[24]。宠赉颁珍,陪臣锡爵。曩警潢池[25],雄师临境。天威是借[26],式获捷音[27]。厚往薄来,无愿不遂。同我臣庶[28],祝以万祀[29]。天何降割[30],讳音[31]倏承[32]。鼎湖[33]苍茫,虹堕龙升[34]。百姓如丧[35],万邦无禄。深山穷谷,罔不奔哭。逖[36]矣海陆,奄失[37]覆焘[38]。使节遥临,忍读遗诰。十行[39]谆谆[40],涣音[41]如昨。化育神功,敛却无迹。眷被上京[42],感涕增伤,柔远之德。于戏!不忘迹阴蜃卫[43],封疆有守,何以伸诚[44]。瞻依[45]北斗,一价[46]遥驰,摄荐[47]不腆[48]。洋洋在上[49],庶歆明禋[50]。尚飨[51]!①

【注释】

[1]朝鲜国王臣姓讳:指朝鲜国王纯祖李玜。[2]清酌:古代祭祀所用的清酒。[3]大牢:即太牢。[4]灵筵:上供亡灵的几筵;灵座或灵床。[5]禅授:禅让。以帝位让人。[6]有典有谟:按照儒家经典治国。典、谟:《尚书》中《尧典》、《舜典》和《大禹谟》、《皋陶谟》等篇的并称。[7]缉熙:光辉,光明。《诗·大雅·文王》:"穆穆文王,于缉熙敬止。"[8]仔肩:担子、任务。[9]于休有光:美德或勋业。[10]天命作对:上天择立君主。对:当,配,可以担当国君重任的人。《诗·大雅·皇矣》:"帝作邦作对。"[11]耆定:达成。耆:致。定:成。《诗·周颂·武》:"嗣武受之,胜殷遏刘,耆定尔功。"[12]图功:图谋建立功业。[13]昌炽:兴旺,昌盛。《诗·鲁颂·閟宫》:"俾尔昌而炽,俾尔寿而富。"

---

① 《〈同文汇考〉中朝史料》(三),吉林文史出版社2005年版,第245页。

[14]执竞：勇猛强悍。执：借为"鸷"，猛。竞：借为"勍"，强。《诗·周颂·执竞》："执竞武王，无竞维烈。"[15]维武：武功。维：是。[16]神器：国家政权。[17]大共小共：各种宝贝。共：通"珙"，古代玉器，大璧。[18]辐辏：形容人或物聚集像车辐集中于车毂一样。[19]化溢膏烛：使蜡烛融化。[20]咸圉飞走：使鸟兽受到控制。圉：控制。[21]何福不除：哪一种福分都充裕长久。除：通"馀"。多，充饶。《诗·小雅·天保》："天保定尔，亦孔之固。俾尔单厚，何福不除。"[22]巍勋：丰功伟绩。[23]顾兹小邦：顾惜小邦。[24]优渥：优裕，丰厚。[25]曩警潢池：从前有民间骚乱。潢池：积水池。比喻民间草根。[26]天威是借：凭借天威。是：语助词。[27]式获捷音：获得胜利的消息。式：语助词。[28]臣庶：臣民。[29]万祀：万代。[30]降割：降灾。割：害。《书·大诰》："弗吊天降割于我家，不少延。"[31]讳音：噩耗。[32]倏承：突然来到。[33]鼎湖：帝王去世。《史记·封禅书》："黄帝采首山铜，铸鼎于荆山下。鼎既成，有龙垂胡髯下迎黄帝。黄帝上骑，群臣后宫从上者七十余人，龙乃上去。余小臣不得上，乃悉持龙髯，龙髯拔，堕，堕黄帝之弓。百姓仰望黄帝既上天，乃抱其弓与胡髯号，故后世因名其处曰鼎湖，其弓曰乌号。"[34]虹堕龙升：彩虹降下载龙升天。比喻天子去世。[35]百姓如丧：百姓如丧考妣。[36]逖（tì）：远。[37]奄失：突然失去。奄：突然。[38]覆焘：施恩，加惠。[39]十行：指帝王诏书。古代诏书写在简牍上。牍又称"版"、"板"，为长方形，一般书写五行。汉光武帝刘秀则下令书写十行。[40]谆谆：恳切教诲的样子。[41]涣音：皇帝圣旨。涣：帝王发布号令。[42]眷被上京：在上京被眷顾。[43]蜃卫：蜃车。天子柩车。[44]伸诚：表达忠诚。[45]瞻依：瞻仰依恃。表示对尊长的敬意。《诗·小雅·小弁》："靡瞻匪父，靡依匪母。"[46]一价：一名使者。[47]摄荐：奉上祭物。[48]不腆：谦辞。意指物品无名、粗陋。[49]洋洋在上：法力无边的神灵在上。[50]庶歆明蕆：希望神明好好享用完。[51]尚飨：祭文的结语，表示希望死者来享用祭品的意思。

【简析】

嘉庆二十五年（1820年），嘉庆帝去世，朝鲜国王呈递祭文，表达哀悼。

文书基本信息表

文书种类	祭文	头辞	维嘉庆二十五年岁次庚辰十一月甲寅朔初八日辛酉，朝鲜国王臣姓讳谨遣陪臣判中枢府事韩致应，以清酌大牢之奠，敢昭告于大行皇帝灵筵
发送者	朝鲜国王李玜	尾辞	尚飨
接受者	中国嘉庆皇帝	正文文体	骈文体
纪年标准	中国纪年：嘉庆二十五年	正文内容	祭奠嘉庆皇帝
语言种类	古代汉语	用典来源	《诗经》、《尚书》、《史记》

2. 道光十三年（1833年）朝鲜国王李玜祭皇后文

轩曜[1]钟灵[2]，沙麓[3]储祥[4]。笃生[5]圣媛[6]，嫔于大邦[7]。德著中壸[8]，化赞[9]东渐[10]。俪日之辉[11]，薄海[12]同瞻。际兹熙运[13]，久仰柔则[14]。纯禧[15]景福[16]，宜享万亿。天何不吊[17]，民实无禄。厚坤斯倾[18]，徽音永邈。悲深六宫，悼切重宸[19]。凡在率土，恸慕[20]普均。顾惟褊藩[21]，偏荷殊渥。遽奉哀诏，罙[22]增陨戚。疆场阻阂，奔赴无因。敢遣贱价[23]，敬荐[24]明禋[25]。①

【注释】

[1]轩曜：轩辕星的光耀。借指后妃。[2]钟灵：凝聚了天地间的灵气。[3]沙麓：沙山脚下。在今河北大名县。沙麓山是"青龙日奔、玉带腰缠"的风水宝地。先后出过汉孝元皇后王政君。《春秋公羊传·僖公十四年》记载："沙麓者何？沙上之邑也。"《汉书·元后传》："元城建公曰：昔春秋沙麓崩，晋史卜之，曰：'阴为阳雄，土火相乘，故有沙麓崩。后六百四十五年，宜有圣女兴。'其齐田乎！今王翁孺徙，正真其地，日月当之。元城郭东有五鹿之虚，即沙鹿地也。后八十年，当有贵女兴天下。"后人常以"沙麓"比喻孕育圣女之地。[4]储祥：孕育祥瑞。[5]笃生：生而得天独厚。《诗·大雅·大明》："笃生武王，保右命尔。"[6]圣媛：圣女。[7]嫔于大邦：在大邦作嫔妃。[8]中壸：王后职位。[9]化赞：赞化。赞助教化。《礼记·中庸》："能尽物之性，则可以赞天地之化育；可以赞天地之化育，则可以与天地参矣。"[10]东渐：向东传播。[11]俪日之辉：美丽的日光。[12]薄海：到达海边。《书·益稷》："州十有二师，外薄四海，咸建五长。"[13]际兹熙运：适逢兴隆的国运。[14]柔则：柔顺的准则。旧时指妇德规范。[15]纯禧：吉祥。[16]景福：洪福、大福。《诗·周颂·潜》："以享以祀，以介景福。"[17]不吊：不为天所哀悯庇祐。《诗·小雅·节南山》："不吊昊天，不宜空我师。"[18]厚坤斯倾：大地倾覆。皇后为女性，具坤德，代表大地。[19]重宸：深宫。[20]恸慕：悲痛思念。[21]顾惟褊藩：顾惜边远藩属。[22]罙：古同"深"。[23]贱价：谦辞。贱使。[24]敬荐：尊敬地献上。[25]明禋（yīn）：明洁诚敬的献享。明：洁。禋：敬。《书·洛诰》："伻来毖殷，乃命宁予以秬鬯二卣，曰明禋，拜手稽首休享。"

【简析】

道光十三年（1833年），朝鲜呈递悼念道光皇后佟佳氏的祭文。

道光二年（1822年）十一月，道光帝册立佟佳氏为皇后。道光十三年（1833年）四月二十九日，皇后逝世，享年43岁。清廷追封她为"孝慎皇后"。

文书基本信息表

文书种类	祭文	头辞	
发送者	朝鲜国王李玜	尾辞	
接受者	中国道光皇帝之皇后	正文文体	骈文体
纪年标准	中国纪年：道光十三年	正文内容	祭奠道光帝之皇后
语言种类	古代汉语	用典来源	《诗经》、《尚书》、《中庸》

---

① 《〈同文汇考〉中朝史料》（三），吉林文史出版社2005年版，第247页。

六、呈文例析

1. 嘉庆十年（1805年）朝鲜义州府尹给盛京将军呈文

朝鲜国义州府尹洪义浩为呈覆事。本月十一日，凤凰城城守尉递送大人阁下公文节该云云等因。承此。窃照曩者[1]入官木植[2]四百八十五件漂到府境，值冻未下，派定将卒随即搬运，另饬看守，恭俟知会。乃者[3]，副都统大人一经巡查具奏，奉上谕：留赏本国。至承札谕，若非大人阁下仰体天朝字小[4]之德意，何以及此。感颂之极，不知为喻。谨将札谕辞意已为驰闻本国。为此合行呈覆，伏乞照验施行。须至呈者。

右谨呈盛京将军大人阁下。

嘉庆十年六月二十一日①

【注释】

[1]曩者：以往，从前。《礼记·檀弓》："曩者，尔心或开予。"[2]木植：木柱；木材。[3]乃者：近时。[4]字小：抚育、养育小辈。

【简析】

嘉庆九年（1804年），中国官方的485件木材经由河流漂流至朝鲜，朝鲜截获后妥善保存并上报中国。中国政府通知朝鲜，木材不必返还，直接赠送朝鲜。嘉庆十年（1805年），朝鲜向盛京将军递交呈文表达谢意。

文书基本信息表

文书种类	呈文	头辞	朝鲜国义州府尹洪义浩为呈覆事
发送者	朝鲜义州府尹洪义浩	尾辞	须至呈者
接受者	中国盛京将军	正文文体	
纪年标准	嘉庆十年	正文内容	致谢
语言种类	古代汉语	用典来源	

2. 道光元年（1821年）朝鲜使臣给礼部呈文

朝鲜国差来年贡陪臣李羲甲等谨呈：为仰暴[1]微悃[2]，冀蒙恩准事。小邦偏荷大朝字小之恩，区区微诚粗效于不腆[3]土仪[4]者为屡百年矣。此次呈进大行皇帝[5]前圣节、冬至二分礼物，今有交该使带还之命，其在分义[6]固当奉承之不暇。第伏念康熙六十一年壬寅

---

① 《〈同文汇考〉中朝史料》（三），吉林文史出版社2005年版，第540页。

圣祖仁皇帝圣节、冬至礼物,雍正十三年乙卯世宗宪皇帝圣节、冬至礼物俱为领纳于升遐[7]之后。故小邦谨遵成例,三节礼物一体封进,良以此也[8]。今若烦渎[9]是惧,终至带回,则窃念大行皇帝二十五年覆焘[10]之泽,无以仰答于万一,而小邦君臣之情礼[11]悲缺[12],有不可胜言。职等职在承办尤忾[13]、闷隘之忱[14]。兹不避猥屑[15],敢此陈恳。伏乞大部特垂体谅,亟赐裁处[16],千万伏企。为此谨呈。

道光元年正月 日①

【注释】

[1]暴:表达。[2]微悃:微诚。[3]不腆:物品无名、粗陋。[4]土仪:作为礼物的土产品。[5]大行皇帝:中国古代,在皇帝去世直至谥号、庙号确立之前,对刚去世的皇帝的敬称。"大行"就是永远离去的意思。大行皇帝的谥号、庙号一旦确立,就改以谥号、庙号来作为他的正式称号。[6]分义:遵守名分,为所宜为。分:谓上下有分。义:各得其宜。[7]升遐:帝王死去的婉辞。[8]良以此也:良有以也。指某种事情的产生是很有些原因的。良:很。以:因为。[9]烦渎:频繁轻慢;繁杂琐细;冒昧干扰。[10]覆焘:施恩、加惠。[11]情礼:感情与礼仪。[12]悲缺:悲哀遗憾。[13]尤忾(qìn):尤为诚恳。[14]闷隘之忱:发自内心的诚恳。[15]猥屑:琐屑,琐细。[16]裁处:裁决处置。

【简析】

嘉庆二十五年(1820年),朝鲜向嘉庆皇帝进献万寿节、冬至的贡物,但由于嘉庆帝去世,清廷免除朝鲜的贡物。道光元年(1821年),朝鲜向礼部递交呈文,以康熙六十一年(1722年)、雍正十三年(1735年)的案例,请求清廷接收贡物,以表达对嘉庆皇帝的怀念之情。

文书基本信息表

文书种类	呈文	头辞	朝鲜国差来年贡陪臣李羲甲等谨呈
发送者	朝鲜年贡使臣李羲甲	尾辞	为此谨呈
接受者	中国礼部	正文文体	
纪年标准	中国纪年:道光元年	正文内容	陈请接收贡物
语言种类	古代汉语	用典来源	

3. 道光元年(1821年)朝鲜使臣给礼部呈文

朝鲜国差来陈奏陪臣李好敏等谨呈:为仰陈衷恳,冀蒙照察事。卑职等赍捧国王陈情血奏一本,斋沐[1]进献讫[2],矫首[3]瞻天,惟日夕攒祝[4]。即者[5]钦奉皇旨,特准部奏,就将原书中诬案许以删版,俾小邦积郁之冤快蒙昭雪,无有余憾。倘非我皇上天地之仁,丕冒[6]藩服,日月之明,洞照幽隐,彰瘅淑慝[7],扶正伦彝[8],一德咸孚[9],宠绥万方,

---

① 《〈同文汇考〉中朝史料》(三),吉林文史出版社2005年版,第348页。

则其何以得此！况惟我圣祖仁皇帝特准册储之湛恩[10]洪泽[11]于是终惠[12]，而寡君先祖缵序[13]相承之业尤有光焉。职等双擎[14]庄诵[15]，奉若球璧[16]，欢欣忭祝[17]，仰戴如天之恩。而及到归报寡君之日，寡君之感泣攒颂[18]，当做何心！煌煌圣批，特有所重；大部存案，必慎必敬，则文献之修述将在于此，永世之惇信[19]亦在于此。虽其原书相沿已久，而或有流行于海内者，亦可以征其后照[20]而辨其前谬，职等尚复何望！而抑又思之，凡人之情不幸被诬，则欲得其快洗，既幸洗诬则欲得其公案，公案虽存而必欲亲见，而藏弆[21]之者，实出于情之切、望之深而自有所不能已也。前此小邦先君得见明史[22]《十六朝纪》中载有庄穆王之诬，即其陈辨于圣朝，既蒙伸理之谕，继之以抄录列传，先许颁示，前后旷绝之渥[23]沦浃[24]于小邦。今之陈辨亦系小邦罔极之诬，而既蒙我圣明监烛[25]，诬案快洗，皇恩浩荡，视前愈隆，则在小邦祈祝之情，又安得不以前日之所蒙被于圣朝者，望之于今日耶！窃愿大部查照旧例亟取删正一编，特许印颁，如其系干恩典，难于擅变，则据此陪臣呈文之由，转达天听[26]，以候圣旨，求诸事理，允合妥当。伏乞阁下垂察而裁处[27]焉。职等情恳所迫，冒溷[28]至此，实不胜祈祝兢惶之至。伏乞大部照详施行。须至呈者。

道光元年十二月 日①

【注释】

[1]斋沐：斋戒沐浴。[2]讫：完成。[3]矫首：抬头。[4]攒（cuán）祝：不断祝福。攒：积聚。[5]即者：不久。[6]丕冒：广被。《书·君奭》："丕冒海隅出日，罔不率俾。"[7]彰瘅淑慝（tè）：表扬好的，斥责恶的。彰：表明、显扬。瘅：憎恨。淑慝：善恶。《书·毕命》："彰善瘅恶，树之风声。"《书·毕命》："旌别淑慝，表厥宅里。"[8]伦彝：伦常。[9]一德淑孚：专心专意恪守圣王之道而被天下人信服。[10]湛恩：深恩。湛：深。[11]洪泽：大恩。[12]于是终惠：结局如此美好。于是：如此。[13]缵序：按序继承。[14]双擎：双手敬捧。[15]庄诵：庄严诵读。[16]球璧：泛指珍宝。[17]忭祝：欢庆。[18]攒颂：不断赞颂。[19]惇信：重视信实。[20]征其后照：作为后世的参照。[21]藏弆（jǔ）：收藏。[22]明史：明朝史书。此处"明史"为泛指，非特指《明史》。[23]渥：厚恩。[24]沦浃：深入；渗透。[25]监烛：鉴察。监：通"鉴"。[26]天听：上天的听闻。[27]裁处：裁决处置。[28]冒溷（hùn）：冒昧打扰。溷：打扰。

【简析】

道光元年（1821年），朝鲜向清廷递交陈奏，诉说《清朝文献通考》叙及朝鲜英祖事迹部分有误，请求改正。朝鲜英祖在袭封储位前后发生了一场巨大的政治风波。英祖本为次子，无资格继承王位。但由于袭封朝鲜世子的长子长期患疾，朝鲜朝廷以金昌吉为首的一部分大臣要求身为次子的英祖代替长子的世子地位，朝鲜以谋逆罪处死了金昌吉等4位大臣。英祖继位后，立即为金昌吉等拥立英祖的派别昭雪。在《清朝文献通考》中记载此事时，将金昌吉等人的行为依然记载为"谋逆"，朝鲜要求清廷改正这一错误。清廷马上批准了朝鲜的请求，把书内涉及相关内容的38字删除。朝鲜随后派使来华谢恩并向礼部递交呈文，在谢恩的同时，请求依照颁发《明史·朝鲜列传》的前例，把修正后《清朝

---

① 《〈同文汇考〉中朝史料》（三），吉林文史出版社2005年版，第488页。

文献通考》的相关编次颁发朝鲜。

文书基本信息表

文书种类	呈文	头辞	朝鲜国差来陈奏陪臣李好敏等谨呈
发送者	朝鲜使臣李好敏	尾辞	须至呈者
接受者	中国礼部	正文文体	
纪年标准	道光元年	正文内容	请求颁发改正朝鲜史实错误的《清朝文献通考》
语言种类	古代汉语	用典来源	《尚书》

4. 同治二年（1863年）朝鲜使臣给礼部呈文

朝鲜国差来陪臣判中枢府事尹致秀等谨呈：为兹者。寡君之送鄙人等也，非修乎礼之常耳。情有所恫，迫自不能暴刻[1]淹延[2]其诬也。祖先之系，大关乎君臣之分，抱至冤而控血恳[3]。盥手[4]缄封[5]，远出郊埛[6]，北望拜稽而遣毕。职等由是[7]征营[8]，跋涉间关[9]，敢将寡君肝膈[10]之奏，仰彻[11]宸陛[12]慈覆之天。矫首[13]斋心[14]，惟日月攒祝[15]。洎乎[16]钦奉皇旨，特准部议。俾父子、君臣之大伦大义，克有攸正[17]，屡百年冤郁之私，快蒙[18]湔雪[19]，靡有余憾。倘非我皇上德合天地，明并日月，察幽隐于万里，扶纲常于千古，无微不烛，有冤必申，其何以得此！亦粤[20]高宗纯皇帝视远惟明[21]，待以内服[22]，行文各省，查禁焚销。圣揆[23]同于前后，恩遇光于今古。职等双擎[24]九顿[25]，奉若球璧[26]。昭代惇信[27]之谟[28]在此，一统同文之义亦在此。归告寡君之日，寡君之铭镂[29]感戴，容有其极[30]。皇恩之浩荡，史体之严正，炳然若日星之高揭，不但为小邦君臣上下之私自为幸，其将建不悖而俟不惑也[31]。虽其沿袭已久，自此刊厘有期，职等尚复何望！第念辩诬之请已自先明之时，逮夫圣朝有吁辄准，本意虽明于正史，余讹犹存于稗乘[32]。盖其愚儒谫言[33]琐录之私自藏弆[34]者，有非熙朝[35]史阁[36]之所尽察。而苟使片言只字不厘不毁，则安知不为他日以讹传讹之本乎？不可以稗史襍录[37]之非出正史，忽而易之也，审矣[38]！然则已雪之先诬，自如流播之旧误不泐[39]，此岂小邦辨晰之苦心，恐违圣朝征信体裁。职等冒悚[40]陈辞，不得请则不止者，此也。凡人不幸被诬，则辨之乃已，既辨之则欲得公案者，即人情人理之不容不已者也。所谓公案原册是已就《廿一史约编》中木部[41]后编第六十四页，"朝鲜纪自仁人至废"之八字，亟令删改，其下第七字下添入"李"字，其于文势别无相碍，字行吻然相合，此异全部之并刊，不过一页之改刻。行文各省督抚晓然，知某字某句之删正，某板某行之改印，先自京都市长所储并令改榻[42]，则一板正万本可正，为力也易，为惠也大。将此新本归示寡君，以之证明于天下，以之传信于后世，其在圣朝字小体下之德永垂无穷，允符高宗纯皇帝颁发先示之至仁大道。小邦祈祝之情又安得不以所蒙被[43]于前日者，蕲望[44]于今日乎？伏惟[45]金[46]大人阁下选佐[47]乎秩上下、和神人之地[48]，洪赞[49]惇典[50]，永示卒惠[51]。查照旧例，特许更印，其于正史例、熄稗说之义，尤岂不赫然光明乎！伏乞金大人阁下将此事情转达。纻纩[52]之下，千万幸甚。为此谨呈。

同治二年四月 日①

【注释】

[1]晷刻：片刻；少时。晷：日晷。刻：刻漏。[2]淹延：拖延。[3]血恳：极其诚挚的恳求。[4]盥手：洗手。古人常以手洁表示敬重。[5]缄封：封闭，封口。[6]郊坰（jiōng）：郊野。坰：遥远的郊野。[7]由是：因此。[8]征营：惶恐不安貌。[9]间关：形容旅途的艰辛，崎岖、辗转。[10]肝膈：肺腑。比喻内心。[11]仰彻：上达。彻：通，达。[12]宸陛：皇帝陛下。[13]矫首：抬头。[14]斋心：祛除杂念，使心神凝寂。[15]攒祝：不断祝福。[16]洎乎：等到，待及。[17]攸正：有所修正。[18]快蒙：迅速承蒙。[19]湔（jiān）雪：洗雪，洗刷。[20]粤：通"聿"、"越"，文言助词，用于句首或句中。[21]视远惟明：能看到远处，才是视觉锐利。《书·太甲》："视远惟明，听德惟聪。"[22]内服：王畿以内的地方的职官。[23]圣揆：圣人的准则。揆：准则；原则。《孟子·离娄下》："先圣后圣，其揆一也。"[24]双擎：双手敬捧。[25]九顿：九叩头。[26]球璧：泛指珍宝。[27]惇信：重视信实。[28]谟：圣言，圣训。[29]铭镂：在器物上镌刻文字或图案。比喻感受极深，永志不忘。[30]容有其极：达到极点。[31]建不悖而俟不惑也：不违背天理、具有说服力的真理、原则。《中庸》："故君子之道，本诸身，征诸庶民；考诸三王而不谬，建诸天地而不悖，质诸鬼神而无疑，知天也；百世以俟圣人而不惑，知人也。是故君子动而世为天下道，行而世为天下法，言而世为天下则。"[32]稗乘：稗史。与正史有别。通常指记载闾巷风俗、民间琐事及旧闻之类的史籍。[33]谍（chāo）言：以别人的语言文字作为自己的。谍：代别人言。[34]藏弃：收藏。[35]熙朝：兴盛的朝代。[36]史阁：史馆。[37]襍（zá）录：杂录。襍：通"杂"。[38]审矣：要注意啊。[39]不泐（lè）：不限制、约束。泐：通"勒"，限制。[40]冒悚：不避恐惧。[41]木部：《廿一史约编》以八音"金石丝竹匏土革木"排序，木部即木字部。[42]改榻：改版。榻：拓本。[43]蒙被：遭受；受到。[44]蕲（qí）望：期望。蕲：通"祈"，祈求。[45]伏惟：亦作伏维。下对上的敬辞，多用于奏疏或信函，谓念及、想到，表示希望、愿望。[46]佥：众人，都。[47]选佐：选官。[48]秩上下、和神人之地：使上下之间有序、使神人之间协和的地方，借指礼部。[49]洪赞：大力主持。[50]惇典：敦厚的典礼。[51]幸惠：好处。[52]纻纩（zhù kuàng）：将新棉花放在濒临死亡之人的鼻孔前，以验证他是否断气。纻：通"属"，安放。纩：新丝棉。

【简析】

同治二年（1863年），朝鲜使臣向礼部递交呈文，对中国私人编撰史书《廿一史约编》记载的朝鲜王系问题提出申述并提出如何进行改正的建议。

---

① 《〈同文汇考〉中朝史料》（三），吉林文史出版社2005年版，第506—507页。

文书基本信息表

文书种类	呈文	头辞	朝鲜国差来陪臣判中枢府事尹致秀等谨呈
发送者	朝鲜使臣判中枢府事尹致秀	尾辞	为此谨呈
接受者	中国礼部	正文文体	
纪年标准	同治二年	正文内容	改正《廿一史约编》中记载朝鲜史实的错误
语言种类	古代汉语	用典来源	《尚书》、《孟子》、《中庸》

5. 同治四年（1865年）朝鲜大通官给盛京将军呈文

朝鲜国大通官朴遒性等谨呈：为敢陈闷隘[1]之状冀蒙矜谅事。窃职等谢恩使一行，去年十二月二十二日由京回发，昨日方抵此地。而路上所用之往回盘缠，现因换钱之无前踊贵[2]，所赍银货[3]罄竭如洗。且值新年之初，外国客踪之途中借贷非所可论[4]，则此去边门尚有五百里之远，以若事势，万无前进之望。闷隘之极，罔知攸措[5]。兹敢不避屑越[6]，冒渎[7]崇听[8]，伏乞将军大人，仰体柔远之恩，俯垂矜怜之泽，毋论何项银子二百两，特许贷下，济此涸辙[9]之穷。则今十五日到边门，即当如数交纳于凤凰城衙门以待处分矣。并赐体谅焉。为此谨呈。

同治四年正月初十日①

【注释】

[1]闷隘：内心。[2]踊贵：价格昂贵。[3]银货：银质货币。[4]非所可论：不能讨论。[5]罔知攸措：不知所措。[6]屑越：轻易捐弃。[7]冒渎：冒犯亵渎。[8]崇听：高贵的人所听。[9]涸辙：比喻在困境中亟待援救的人。

【简析】

同治四年（1865年），朝鲜谢恩使返回朝鲜路经盛京时，盘缠告罄。因无法向当地商人借贷，无奈求助盛京将军，请求借贷200两银子以渡困厄。朝鲜使臣答允在到达朝鲜边界后，将如期如数归还所借银两。

---

① 《〈同文汇考〉中朝史料》（四），吉林文史出版社2005年版，第490—491页。

文书基本信息表

文书种类	呈文	头辞	朝鲜国大通官朴逎性等谨呈
发送者	朝鲜大通官朴逎性	尾辞	为此谨呈
接受者	盛京将军	正文文体	
纪年标准	同治四年	正文内容	请求借贷
语言种类	古代汉语	用典来源	

6. 光绪七年（1881年）朝鲜大通官给中国官员呈文

朝鲜国大通官李应浚、卞春植、李一溶谨呈：为呈明被劫受伤，恳乞辑贼追回银子严惩事。缘职等奉国王命，随同使臣进京，到盛京落留数日，恭进香币[1]交付章京。七月二十九日巳时行至关外小黑山胡家窝铺距五六里许，忽有手执枪刀二人将车截住，声称要留银两方能放过。职卞春植甚为诧异，用好言开说。伊等逞凶，将通事姜时赫腿上刺伤倒地，又将职腿上及下身四处猛刺，职当下昏倒。贼人即将车上各物与银子多少两割开剽去。职赶紧报明地方，期于获缉。职现在受伤甚重，生死未判，住在此处所经危怖已无可控，一行中回还盘资措办没策，所失银子数爻以别幅[2]录上，望监督即转呈礼部体恤小邦，迅行拿贼惩办，俾职等羁旅[3]之踪，获免栖遑[4]之叹；护送之方，拔例董励[5]之地。为此谨呈。

原单计开丢物数目：纹银五百八十九两，亢罗布单衫一件，养目镜一个（玳瑁边），洋支布袜一件，白绵纸一张，抬轿、买药、店账浮费银合三百两。①

【注释】

[1]香币：进香币帛，用于祭祀之物。[2]别幅：另外书写情况的条幅。[3]羁旅：长久寄居他乡。[4]栖遑：忙碌不安，奔忙不定。[5]董励：监督勉励。董：通"董"。监督，管理。

【简析】

光绪七年（1881年），朝鲜使臣进京途中遭匪徒抢劫银两、随身携带物品，使臣身受重伤。朝鲜使臣向地方官员递交呈文，请求中方迅速破案，缉拿罪犯，追还所失银两和物品。

---

① 《〈同文汇考〉中朝史料》（四），吉林文史出版社2005年版，第510页。

文书基本信息表

文书种类	呈文	头辞	朝鲜国大通官李应浚、卞春植、李一溶谨呈
发送者	朝鲜大通官李应浚、卞春植、李一溶	尾辞	为此谨呈
接受者	中国地方官员	正文文体	
纪年标准	中国纪年：光绪七年	正文内容	请求缉拿罪犯
语言种类	古代汉语	用典来源	

七、申文例析

1. 康熙十三年（1674年）朝鲜国议政府发给礼部的请历申文

朝鲜国议政府议政许积等谨申：为请历日事。照得颁降历日，先期冬至，咨请受来，已有定例。不期小邦无禄，先国王本年八月十八日薨逝。卑府敬奉庄穆王赵妃教令[1]，康熙十四年时宪历日拟合申请。为此专差司译院正李仁凯赍申前去。伏乞贵部查照转奏，颁降施行。须至申者。

右申礼部。

康熙十三年八月二十五日①

【注释】

[1] 教令：又称教旨，朝鲜王朝下行文书种类。大韩帝国成立后，改称敕令、敕旨。

【简析】

康熙十三年（1674年），朝鲜递交申文请求清廷颁布时宪书。

清代中国的周边传统属国每年都由清廷向其颁布历书，其中朝鲜每年在固定时间专门派遣使者前往北京请历。

文书基本信息表

文书种类	申文	头辞	朝鲜国议政府议政许积等谨申
发送者	朝鲜议政府议政许积	尾辞	须至申者
接受者	中国礼部	正文文体	
纪年标准	康熙十三年	正文内容	申请颁赐时宪历
语言种类	古代汉语	用典来源	

---

① 李善洪：《朝鲜对明清外交文书研究》，吉林人民出版社2009年版，第128—129页。

第三节　中朝朝贡平行文书研究

一、咨文例析

1. 乾隆二十四年（1759年）礼部知会朝鲜日食咨文

礼部为日食事。精膳司[1]案呈，准祠祭司[2]付称，礼部抄出，吏部左侍郎、管理钦天监监正事务觉罗勒等题前事，内开：推算得乾隆二十五年庚辰五月初一日甲辰朔日食。京师九分四十二秒，申正一刻十一分初亏[3]，酉初一刻十二分食甚[4]，酉正一刻八分复圆[5]。其食限[6]、分秒、时刻、方位并各省日食分秒时刻，例应先期绘图，恭呈御览。伏乞敕部，照例颁行直隶、各省，一体救护等因。于乾隆二十四年十二月初二日题，本月初四日奉旨：知道了。礼部知道。钦此。抄出到部。除札行顺天府遵照转行所属，至期救护，移付精膳司转行各省，一体救护等因前来。相应移咨朝鲜国王可也云云。计开：朝鲜日食九分十秒，初亏酉初一刻一分，下偏右，食甚酉正初刻十二分，复圆戌初初刻四分，左偏上。

乾隆二十四年十二月 日①

【注释】

[1]精膳司：礼部所属机构，掌燕飨、廪饩、牲牢事务。[2]祠祭司：礼部所属机构，掌吉礼、凶礼事务。[3]初亏：月球（地球）边沿刚刚与太阳（月球）边沿外切，刚刚开始遮挡。[4]食甚：日食或月食过程中，太阳被月亮遮盖最多或月亮被地球阴影遮盖最多时，两者的位置关系。亦指发生上述位置关系的时刻。[5]复圆：太阳（或月亮）已经变圆，日食（月食）结束。[6]食限：日食、月食发生所必须具备的日、月、地三者的相对位置满足一定的界限。在此限度上，太阳圆面（或地球本影的截面）同月球圆面在天球上相互外切。

【简析】

乾隆二十四年（1759年），清廷向朝鲜发出咨文，通知中国各地区、朝鲜日食的时间，要求各地采取一体救护措施。

---

① 《〈同文汇考〉中朝史料》（一），吉林文史出版社2003年版，第370—371页。

文书基本信息表

文书种类	咨文	头辞	礼部为日食事
发送者	中国礼部	尾辞	
接受者	朝鲜国王	正文文体	
纪年标准	中国纪年：乾隆二十四年	正文内容	通知日食时间、范围
语言种类	古代汉语	用典来源	

2. 乾隆四十七年（1782年）礼部发给朝鲜素服救食咨文

礼部为公务事。精膳司[1]案呈：本年八月十五日月食。本部先经行文在案，今准祠祭司[2]付称，内阁抄出。本月十四日奉上谕：礼部具题，本年八月十五日京师月食，百官朝服[3]齐集太常寺[4]行救护礼一本。虽系照例具题，但日月薄蚀，究非经行常度[5]。向来朕遇此等事，皆于宫中素服[6]拈香行救护礼。百官齐集救护，亦应素服将事，以合奏鼓之义[7]。嗣后如遇日月食，当应穿朝服之期，亦著用素服行礼，著为令。钦此，钦遵等因。到部。相应移付精膳司查照等因。移付前来，相应移咨朝鲜国王，一体遵照可也云云。

乾隆四十七年七月十八日①

【注释】

[1]精膳司：掌燕飨、廪饩、牲牢事务的机构。[2]祠祭司：掌吉礼、凶礼事务的机构。[3]朝服：君臣朝会、举行隆重典礼时所穿的礼服。[4]太常寺：礼部附属机构，掌管坛庙祭祀礼仪。[5]经行常度：自然运行的一般常态。[6]素服：本色或白色的衣服。[7]奏鼓之义：奏鼓是祭祀宗庙的庄严仪式，参加祭祀的人们都穿着素服。《诗·商颂·那》："奏鼓简简，衎我烈祖。"

【简析】

乾隆四十七年（1782年），清廷向朝鲜发出咨文，要求统一日月食时的救护礼仪，参与百官一律穿素服而非朝服，以符合庄严肃穆礼仪之义。

文书基本信息表

文书种类	咨文	头辞	礼部为公务事
发送者	中国礼部	尾辞	
接受者	朝鲜国王	正文文体	
纪年标准	中国纪年：乾隆四十七年	正文内容	参与救护礼仪的百官着素服
语言种类	古代汉语	用典来源	《诗经》

---

① 《〈同文汇考〉中朝史料》（一），吉林文史出版社2003年版，第385页。

3. 乾隆五十二年（1787年）朝鲜国王请历咨文

朝鲜国王为时宪书事。照得颁降时宪书[1]，先期冬至，咨请受来，已有定例。乾隆五十三年时宪书拟合照例咨请。为此，专差司译院正李镇复赍咨前去。烦乞贵部照验转奏，颁降施行。须至咨者。

右咨礼部。

乾隆五十二年八月初二日①

【注释】

[1]时宪书：时宪历。乾隆即位后为避其名讳"弘历"，改称"时宪书"。

【简析】

乾隆五十二年（1787年），朝鲜向礼部发出咨文，按照惯例派出赍咨官前往北京领受时宪书。

文书基本信息表

文书种类	咨文	头辞	朝鲜国王为时宪书事
发送者	朝鲜国王	尾辞	须至咨者
接受者	中国礼部	正文文体	
纪年标准	中国纪年：乾隆五十二年	正文内容	请历
语言种类	古代汉语	用典来源	

4. 乾隆五十二年（1787年）礼部发给朝鲜颁历咨文

礼部为颁给时宪书事。祠祭司[1]案呈。乾隆五十二年九月二十八日，准朝鲜国来使咨领乾隆五十三年时宪书[2]到部。查定例，颁发朝鲜国时宪书，令来使在午门外谢恩恭领等因。业经行文该国王在案。今据赍咨官李镇复赴部祇领，本部查照定例，于十月初一日派员带领至午门前谢恩，颁发官时宪书一本、民时宪书一百本，令赍咨官恭领。相应知照朝鲜国王可也。须至咨者。

右咨朝鲜国王。

乾隆五十二年十月二十九日②

---

① 《〈同文汇考〉中朝史料》（四），吉林文史出版社2005年版，第494页。
② 《〈同文汇考〉中朝史料》（四），吉林文史出版社2005年版，第494页。

【注释】

[1]祠祭司：掌吉礼、凶礼事务的机构。[2]时宪书：时宪历。

【简析】

乾隆五十二年（1787年），清廷向朝鲜颁发乾隆五十三年（1788年）时宪书，包括1本官方和100本民间两种。朝鲜赍咨官十月一日在午门领受。

文书基本信息表

文书种类	咨文	头辞	礼部为颁给时宪书事
发送者	中国礼部	尾辞	须至咨者
接受者	朝鲜国王	正文文体	
纪年标准	中国纪年：乾隆五十二年	正文内容	通知朝鲜领受时宪历
语言种类	古代汉语	用典来源	

5. 嘉庆七年（1802年）礼部发给朝鲜国王咨文

礼部为知照事。主客司[1]案呈，内阁抄出。晋昌等奏朝鲜商人申君直在途被窃，照例分赔银两，并将护送地方各官请旨一并交部，分别照例议处[2]等因一折。奉朱批：依议。该部分别议处，具奏。钦此，钦遵。抄出到部。相应抄录原抄，知照朝鲜国王可也。须至咨者。

右咨朝鲜国王。

嘉庆七年五月初九日①

【注释】

[1]主客司：礼部所属机构，掌管朝贡事务。[2]议处：议定其罪给予处分。

【简析】

嘉庆七年（1802年），朝鲜商人在华途中货物遭窃，清廷下令赔偿银两并处分担负护送任务的地方官员。为此，礼部以咨文通知朝鲜。

---

① 《〈同文汇考〉中朝史料》（四），吉林文史出版社2005年版，第497页。

文书基本信息表

文书种类	咨文	头辞	礼部为知照事
发送者	中国礼部	尾辞	须至咨者
接受者	朝鲜国王	正文文体	
纪年标准	中国纪年：嘉庆七年	正文内容	赔偿朝鲜商人被窃银两
语言种类	古代汉语	用典来源	

6. 嘉庆七年（1802年）朝鲜国王复礼部咨文

朝鲜国王为咨复事。嘉庆七年八月初十日，承准贵部咨节该[1]云云等因，得此。窃念小邦僻处海隅，世受皇恩，凡系大小事情，靡不曲庇[2]。至于商人之被窃绸绢事，既微细不足烦闻，而该地方官立即查明原账，以银货[3]照例分赔，俾免失业者。倘非贵部仰体皇上至意，董饬[4]沿路，迥出常格，则何以及此。感颂万千，不知所云。除外，为此合行咨复，请照验施行。须至咨者。

右咨礼部。

嘉庆七年九月初三日①

【注释】

[1]节该：转述圣旨、公告等的常用公文领述词。[2]曲庇：曲意庇护。[3]银货：银质货币。[4]董饬：督促命令。

【简析】

嘉庆七年（1802年），朝鲜呈递咨文，对清廷处理朝鲜商人失窃事件表示感谢。

文书基本信息表

文书种类	咨文	头辞	朝鲜国王为咨复事
发送者	朝鲜国王	尾辞	须至咨者
接受者	中国礼部	正文文体	
纪年标准	中国纪年：嘉庆七年	正文内容	表达感谢
语言种类	古代汉语	用典来源	

---

① 《〈同文汇考〉中朝史料》（四），吉林文史出版社2005年版，第498页。

7. 同治三年（1864年）礼部知会朝鲜国王讳名避写咨文

礼部为通行事。仪制司[1]案呈，同治三年五月二十日内阁抄出。本月十七日奉上谕：御史陈廷经奏：诗文敬避御名[2]，请毋庸兼避偏旁等语。朕御极之初，曾经降旨，将御名上一字毋庸改避，下一字凡臣工章奏，著用"湻"[3]字改避。本未尝谕令兼避他字偏旁。兹览该御史所奏，近来各省奏牍及考试诗文，凡字之偏旁从"享"字，一概改作"亯"字，殊与前降谕旨不符。嗣后诸臣章奏及各项考试文字，于御名下一字仍只敬避本字。钦此，钦遵。到部。相应通行朝鲜国王可也云云。

同治三年五月二十五日①

【注释】

[1]仪制司：礼部所属机构，掌嘉礼、军礼、学校及科举事务。[2]御名：同治帝名载淳。[3]湻（chún）：古同"淳"。

【简析】

同治三年（1864年），清廷礼部向朝鲜发出咨文，通知书写避讳之事。

清代凡涉及皇帝之名的文字必须实行避讳。同治帝登极之初，下令其名"载淳"的第二字"淳"须避讳写作"湻"。但在实际运用中，各地官僚、文人不仅避讳"淳"为"湻"字，而且连有"享"偏旁的字也避作"亯"。同治帝在此重申，只避讳"淳"本字，不必连带避讳有"享"偏旁之字。

另外，乾隆时期，朝鲜因表笺文书中出现"老"字受到指责，"皇上年老，恶见'老'字"，"小邦不能检察文字，以致皇上之严教"。②

文书基本信息表

文书种类	咨文	头辞	礼部为通行事
发送者	中国礼部	尾辞	
接受者	朝鲜国王	正文文体	
纪年标准	中国纪年：同治三年	正文内容	通知朝鲜避讳字的使用
语言种类	古代汉语	用典来源	

---

① 《〈同文汇考〉中朝史料》（四），吉林文史出版社2005年版，第490页。
② 《朝鲜王朝实录》，正祖二年七月己丑条。

本章附录一：唐朝新罗国王表文

唐昭宗乾宁四年（897年）七月，新罗与渤海两国在对唐关系上发生了一次争长事件。渤海王子大封裔前往长安，要求渤海国使节的礼仪席次在新罗使节之上，唐王朝对此拒绝。崔致远以新罗国王名义起草《谢不许北国居上表》致谢唐朝。

臣某言：臣得当蕃宿卫院状报，去乾宁四年七月内，渤海贺正王子大封裔进状，请许渤海居新罗之上。伏奉敕旨：国名先后，比不因强弱而称；朝制等威，今岂以盛衰而改。宜仍旧贯，准此宣示者。纶飞汉诏，绳举周班。积薪之愁叹既销，集木之忧兢转切。惟天照胆，何地容身。（中谢）。臣闻《礼》贵不忘其本，是戒浮虚；《书》称克慎厥猷，唯防僭越。苟不循其涯分，乃自掇其悔尤。臣谨按渤海之源流也，句骊未灭之时，本为疣赘部落。靺鞨之属，实繁有徒，是名粟末小蕃，尝逐句骊内徙。其首领乞四羽及大祚荣等，至武后临朝之际，自营州作孽而逃，辄据荒丘，始称振国。时有句骊遗烬，勿吉杂流，梟音则啸聚白山，鸱义则喧张黑水。始与契丹济恶，旋与突厥通谋。万里耩苗，累拒渡辽之辙；十年食葚，晚陈降汉之旗。初建邑居，来凭邻援，其酋长大祚荣始授臣蕃第五品大阿餐之秩；先天二年方受大朝宠命，封为渤海郡王。迩来渐见辜恩，遽闻抗礼。臣蕃绛、灌同列，所不忍言；廉、蔺用和，以为前诫。而渤海汰之沙砾，区以云泥，莫慎守中，唯图犯上，耻为牛后，觊作龙头；妄有陈论，初无畏忌，岂拘仪于隔座，实昧礼于降阶。伏惟陛下居高[剖毖，怀]远孔昭，念臣蕃之骥或羸而可称，牛虽瘠而非怯；察彼虏之鹰饱腹而高飏，鼠有体而恣贪。永许同事梯航，不令倒置冠屦。闻鲁府之仍旧，验周命之惟新。抑且名位不同，等衰斯在，臣国受秦官极品，彼蕃假周礼夏卿。而乃近至先朝，骤沾优宠。戎狄不可厌也，尧舜其犹病诸，遂攀滕国之争，自取葛王之诮。向非皇帝陛下英襟独断，神笔横批，则必槿花乡廉让自沉，楛矢国毒痛益盛。今者远绥南越，汉文之深意融春；罢省东曹，魏祖之嘉言同晓。自此八裔绝躁求之望，万邦无妄动之徒。确守成规，静销纷竞。臣伏限统戎海徼，不获奔诣天朝。①

---

① 卢思慎、徐居正等纂集《东文选·表笺》卷三三，朝鲜肃宗朝刊，铸字印，日本东洋文库本。

本章附录二：清代朝鲜朝贡文书制撰者名单[①]

时期	种类	制撰者名单
朝鲜仁祖 1623—1649	表笺	李时楷 李植 金寿翼 金弘郁 姜柏年 尹绛 金光煜 李景奭 权瑜 李时梅 李行遇 金霱 严鼎耇 洪命一 沈东龟 李烓 南老星 李圣求 赵维韩 赵重吕 金世濂 李行进 李稠
朝鲜孝宗 1649—1659	表笺	赵备 李端相 金寿兴 郑皙 崔继勋 曹汉英 洪处大 柳硕 李天基 张次周 赵寿益 金振 李元镇 睦行善 李时楷 金寿恒 吴廷垣 李桧 李廷夔 朴日省 赵复阳 洪处尹 洪处亮 金益廉 李一相 柳道三
	祭文	金徽
朝鲜显宗 1659—1674	表笺	赵龟锡 吴始寿 南九万 郑昌胄 闵维重 赵重微
	奏本	金锡胄
	祭文	郭之钦 李廷夔 李凤徵
朝鲜肃宗 1674—1720	表笺	林泳 金文夏 朴权 吴命峻 李彦经 金济谦 李玄锡 姜锐 李允修 赵泰耇 金有庆 赵泰采 俞拓基 俞崇 李夏镇 权瑎 权愈 吴道一 李世白 李塾 李世日 金澍 申懹 安堂 洪万朝 尹彬 沈季良 李东彦 尹儉骏 任相元 权珪 姜铣 沈柭 金元燮 闵昌道 南正重 尹宪重 孟万泽 李肇 金兴庆 宋正明 吴命恒 尹阳来 卢世夏 尹凤朝 李世瑾 金始庆 李尚说 柳世□ 洪万遂 李师命 李彦纲 金昌协 申启华 李颐命 尹敬教 洪万钟 金昌集 崔锡恒 李万元 柳世鸣 沈仲良 睦林重 洪重复 洪塾 闵兴道 李允明 权重经 宋相琦 金宇杭 赵相愚 赵大寿 沈权 柳凤瑞 李益寿 李彦纪 洪受畴 任胤元 尹趾仁 尹世纪 赵泰老 闵震炯 沈枰 尹德骏 宋徵殷 金昌直 李观命 李敏英 朴万鼎 李徵龟 李震殷 尹弘离 鱼史徵 权尚游 赵泰东 金俊相 李廷谦 赵道彬 洪廷弼 申镡 俞夏益 崔锡鼎 洪禹瑞 李重协 洪致中 沈攸 赵滨 洪受浣 俞得一 洪葳 赵持谦 沈儒 徐文裕 朴泰万 朴泰尚 郑来祥 金梦阳 南就明 任堅 郑栻 权瑍 李聃命 李命坤 徐命臣 尹汲 任守□ 闵镇远 赵尚纲
	奏本	李敏叙 闵黯 朴泰尚 崔锡鼎 权愈 朴浚蕃 李需命 洪世泰 李健命
	咨文	金锡胄
	祭文	姜锐 洪启迪 闵昌道
朝鲜景宗 1720—1724	表笺	李真儒 朴弼梦 洪铉辅 金弘锡 李巨源 李瑜 李凤翼 金砺 韩德全 尹游 李真望 柳弼恒 赵镇禧 李圣时 李真淳 吴遂元 申致云 赵远命 郑光汉 鱼有龟 徐命渊 朴弼夔 李承源
	奏本	徐文永
	祭文	李巨源

[①] 李善洪：《朝鲜对明清外交文书研究》，吉林人民出版社2009年版，第211—213页。

续上表

时期	种类	制撰者名单
朝鲜英祖 1724—1776	表笺	成震龄 李重庚 李喆辅 张淀 李㙫 洪应辅 郑述祚 申应显 朴弼琦 洪良汉 尹得养 金华镇 洪景海 安复骏 尹行修 徐宗燮 郑羽良 俞健基 李善行 李寿海 尹光毅 李普显 金在鲁 任珽 金尚星 韩㠎震 李彝章 林硕宪 李光远 南泰齐 郑㝢儒 安兼济 尹冕东 洪乐纯 李镇恒 李会遂 朴天衡 郑寿期 姜必慎 洪圣辅 吴遂采 崔成大 尹得载 沈镂 赵尚炯 吴光运 郑光殷 曹命教 李匡辅 吴彦胄 宋瓆 李奎采 徐志修 南泰庆 金钟正 南绮老 李普观 李得臣 李商建 李东馨 郑宇淳 李□运 徐宗伋 慎无逸 沈星镇 李龟休 姜必庆 赵曒 赵尚命 林象元 金天叙 李宗迪 韩光肇 李惟秀 洪景海 李硕载 南泰耆 李锡祥 李福源 金尚默 任希教 金著耉 赵载伟 沈有镇 赵显命 李海昌
	奏本	尹惠教 黄景源 郑㝡 李徽之 李福源 李宜显 李㙫 尹淳 蔡济恭 元景夏 宋寅明 李鼎辅 尹汲
	咨文	尹汲 李德寿 李㙫 吴瑗 徐宗伋 李鼎辅 南有容 南玄老 李仁培 郑㝡 洪启禧 李命植 李宜哲
	祭文	姜必慎 崔成大
朝鲜正祖 1776—1800	表笺	李昆秀 俞汉敬 申耆 尹尚东 洪明浩 李徽之 赵济鲁 李晋圭 姜寅 李太亨 林济远 申思运 徐有成 金履镛 朴天行 赵肃 李时秀 李鼎运 韩光植 朴钟淳 闵师宣 金近淳 李基宪 崔显重 闵昌赫 林道浩 崔光泰 南公辙 金熙周 朴仑寿 洪乐安 李显默 徐配修 李泰永 李遇济 高宅谦 权坪 郑东干 李始源 李在学 李明渊 徐有榘 宋翼孝 韩致应 洪受浩 尹序东 柳文养 朴奎淳 尹致性 洪乐游
	奏本	金钟秀 徐命膺 李秉模 洪良浩 李晚秀
	咨文	吴载纯 李命植 徐有邻 俞彦镐 黄景源 郑民始 金钟秀 李晚秀 金载瓒 洪亮浩 徐悙修 南公辙
	祭文	李谦彬 李显默
朝鲜纯祖 1800—1834	表笺	朴宗正 郑祖荣 李渊祥 沈启锡 黄秧 权溆 李尚愚 尹丰烈 李彦淳 李渭达 申冕周 赵锡龟 徐龙辅 洪仪泳 洪命周 南履懋 尹永僖 任存常 李寅溥 姜世纶 李潞 林东镇 林处镇 沈英锡 洪义祖 权馥 朴来谦 闵英世 吴致淳 郑德和 朴宗休 宋应龙 金鎌 李沆 林永洙 李勉求 赵忠植 金教喜 尹锡永 尹尚圭 宋勉载 洪奭周 金启河 洪敬谟 任百禧 李钟穆 李敬参 赵钟永 金裕宪 洪晚燮 赵秉常 李止渊 林颜喆 金大坤 徐有赞 李象敬 闵泰镛 宋持养
	奏本	黄升源 洪奭周 李止渊 曹允大 沈象奎
	咨文	徐俊辅 赵弘镇 金镕 金鲁敬 李肇源 黄升源 曹允大 金启洛 李翊会
	祭文	金鎌 李远翊

续上表

时期	种类	制撰者名单
朝鲜宪宗 1834—1849	表笺	俞象焕 柳晏 沈敦永 姜浤 李济达 成好谦 宋谦洙 许晟 任百经 沈承泽 沈膺泰 李教英 朴永辅 李是炼 金逸渊 李正履 赵云卿 权永秀 李鼎信 赵启升 林肯洙 徐相教
	奏本	赵寅永 赵秉龟 金学性
朝鲜哲宗 1849—1863	表笺	赵宪燮 李根弼 朴孝正 曹锡舆 申锡禧 朴文铉 崔遇亨 郑基勉 睦仁会 洪必谟 金直渊 洪澈周 尹龟永 李凝祥 朴升寿 柳光睦 朴履道 金学性 权大肯 李钟淳 张龙逵 黄仁夏 李贞夏 南钟顺 成载球 李钟愚
	奏本	赵斗淳 徐箕淳 金炳学
朝鲜高宗 1863—1897	表笺	洪佑昌 李应夏 金裕行 金允植 李后善 蔡东述 李教铉 郑显英 严世永 王性协 鱼允中 权昌洙 朴齐諴 闵种默 尹升求 李载允 权仁成 任百彦 李范祖 李泰益 李晚焘 李𨥁 赵宇熙 金炳治 柳章熙 李锡弘 李凤德 张锡祚 朴海淳 尹用求 尹致聘 李赫准 闵致痒
	奏本	申锡禧 尹致定 郑基世 金尚铉
	祭文	任百彦

第三章 清代中国与琉球往来朝贡文书研究

清代中国与琉球往来的朝贡文书从顺治年间开始，直到光绪五年（1879年）琉球被日本吞并为止。两国朝贡文书往来的数量和种类仅次于中国与朝鲜往来文书。琉球把清代中国的诏、敕作为该国的镇国之宝保存在首里的王宫内。

清代琉球向中国呈递的朝贡文书，使用汉语书写，撰制者为唐荣（久米村）的"汉字笔者"3人。雍正六年（1728年），"汉字笔者"改名"汉字御右笔"，人数增加到5名。乾隆七年（1642年），琉球政府在唐荣设置"汉文组"，专门掌管汉字公文的撰写。琉球政府的汉字公文撰写者有的是本国培养出的汉学人才，有的是从中国国子监留学归国的深受汉文化熏陶的饱学儒士，他们撰写的各类表奏文书，深合中国古代文书体例的大旨，展示了琉球士人高超的汉学造诣。当然，琉球政府注重对清朝贡文书的撰制，也有出于惧怕与中国政府交往过程中发生重大政治错误，导致危及琉球"国体，甚至招致断交后果"，就如蔡温《独物语》所云：

> 本国汉文、和文兼学并用。日常事务皆用和文，汉文仅限于与中国交往之时。与中国交往的相关职务皆由久米村人专任。由于平时久米村人使用和文，故擅长汉文之人变得寥寥无几，将来会更加稀少。我国平日进贡、接贡的汉语公文撰写可以凭借长期累积的经验，参照旧案即可完成。然而，中国乃大国也，政局变幻莫测。当遇多事之秋，如表、奏、咨文出现不合时宜之辞，两国之间就会发生龃龉，到那时将悔之晚矣！故平时应令久米村人专心治学，写好汉文表、奏、咨文，纵使前往中国的官员衙役在中国有不礼之举，其罪只及本人。若表、奏、咨文有误，则会涉及国体，甚至招致断交之恶果，我方万不可对此掉以轻心。①

本章正文收录的中琉往来的朝贡文书，内容涉及清廷对琉球各代国王的例行册封、礼仪制度、人员交往，也包含清代中琉宗藩关系建立、发展和终结时发生的重大历史事件。中琉朝贡文书种类，既有中国政府颁发给琉球使节、商人的各种护照，也有19世纪末期面对日本吞并，琉球赴华使者的泣血文书，最后使者以自杀方式来求得清廷援助，可谓惊天地泣鬼神。琉球呈递给清廷的文书中，还有一件时间标为"雍正十四年"，琉球因远隔重洋，不知中国此时雍正帝早已去世，纪年也已变成乾隆元年（1736年）。

在章末的附录部分，收录三国到明代以来中日交往的12件朝贡文书。

第一节　中琉朝贡下行文书研究

一、诏书例析

1. 顺治十一年（1654年）封琉球国王尚质诏书

奉天承运皇帝诏曰：帝王祗德[1]底治[2]，协于上下[3]，灵承[4]于天时，则薄海[5]通

---

① （日）崎浜秀明编《蔡温全集》，本邦书籍1980年版，第83页。

道，罔不率俾[6]为藩屏臣。朕懋瓒[7]鸿绪[8]，奄有[9]中夏，声教[10]所绥[11]，无间遐迩[12]，虽炎方[13]荒略[14]，亦不忍遗。故遣使招徕，欲俾仁风暨[15]于海澨[16]。尔琉球国粤[17]在南徼[18]，乃世子尚质达时识势，祗奉[19]明纶[20]。既令王舅马宗毅等献方物、禀正朔，抒诚进表，缴上旧诏、敕、印，朕甚嘉之。故特遣正使兵科副理官张学礼[21]、副使行人司行人王垓[22]赍捧诏、印，往封为琉球国中山王，仍锡以文币[23]等物。尔国官僚及尔氓庶[24]，尚[25]其[26]辅乃王，饬[27]乃侯度[28]；协摅[29]乃荩[30]，守乃忠诚。慎[31]又厥职[32]，以凝[33]休祉[34]，绵于奕世[35]。故兹诏示，咸使闻知。

顺治十一年七月初一日①

【注释】

[1]祗德：敬重德行。[2]厎治：底法，确定法式。厎：通"底"。《书·大诰》："若考作室，既厎法，厥子乃弗肯堂，矧肯构？"[3]协于上下：能够上下和协。协：和协。《左传·宣公三年》："用能协于上下，以承天休。"[4]灵承：善于顺应。《书·多方》："惟我周王，灵承于旅。"[5]薄海：近海地区或海外；泛指海内外地区。[6]率俾：顺从。俾：通"比"，顺从。[7]懋瓒：继承。[8]鸿绪：大统；王业。[9]奄有：全部占有。多用于疆土。[10]声教：声威教化。《书·禹贡》："东渐于海，西被于流沙，朔南暨，声教讫于四海。"[11]绥：安抚。[12]无间遐迩：不分远近。[13]炎方：泛指南方炎热地区。[14]荒略：荒凉没有开发之地。[15]暨：到，至。[16]海澨：海滨。[17]粤：与"聿"、"越"、"曰"通用，用于句首或句中。[18]南徼：南方边陲；南部边界。[19]祗奉：敬奉。[20]明纶：帝王的诏令。[21]张学礼：字立庵，辽阳人，镶蓝旗汉军，官至广西道监察御史，撰有《使琉球记》二卷。[22]王垓：字汉京，山东胶州人。顺治己丑年中进士，授行人，掌传诏、册封等事宜。康熙二年（1663年）奉旨出使琉球。[23]文币：绸缎等丝织品。[24]氓庶：百姓。[25]尚：表示命令或希望。[26]其：当，可，能够。[27]饬：整顿。[28]侯度：为君之法度。《诗·大雅·抑》："质尔人民，谨尔侯度，用戒不虞。"[29]摅：发表，发出。[30]荩：通"进"，进用。后引申为忠诚。《诗·大雅·文王》："王之荩臣，无念尔祖。"[31]慎：谨慎，忠诚。[32]厥职：其职责。厥：其，他的，那个的。[33]凝：凝固，永恒。[34]休祉：福祉。[35]奕世：累世，代代。奕：累，重。《国语·周语上》："奕世载德，不忝前人。"

【简析】

顺治十一年（1654年），清廷派遣张学礼携带诏书前往琉球册封国王尚质，但由于福建沿海反清势力活动频繁，张学礼到达福建后未能成行，册封诏书未能颁发。

随着郑成功病逝台湾以及南明永历帝流亡缅甸，东南沿海反清势力大大削弱。康熙元年（1662年），清廷决定再次派遣张学礼前往琉球册封国王，册封诏书依然使用顺治十一年（1654年）的那份册封诏书。该年十月，康熙帝谕令大学士伊图、苏纳海等查看库存顺治十一年（1654年）颁发的原封琉球国王旧诏，发现旧诏因年久纸张褪色，字迹不清，故经奏准，仍照旧年、月、日誊写颁发。

尚质出生于崇祯二年（1629年）八月十五日，康熙七年（1668年）十一月十七日逝世，是琉球第二尚氏王朝的第10代国王。尚质王在位期间，编写琉球史书《中山世鉴》。

---

① 《历代宝案》第1集，卷三，"国立台湾大学"印行，第116页。

在台湾“中研院”史语所所藏内阁大库档案中，存有这一诏书草稿①（见图3.1），纵68.5厘米，横134.5厘米，由左往右书写，与满文书式同，可能是为翻译满文所用之底本。

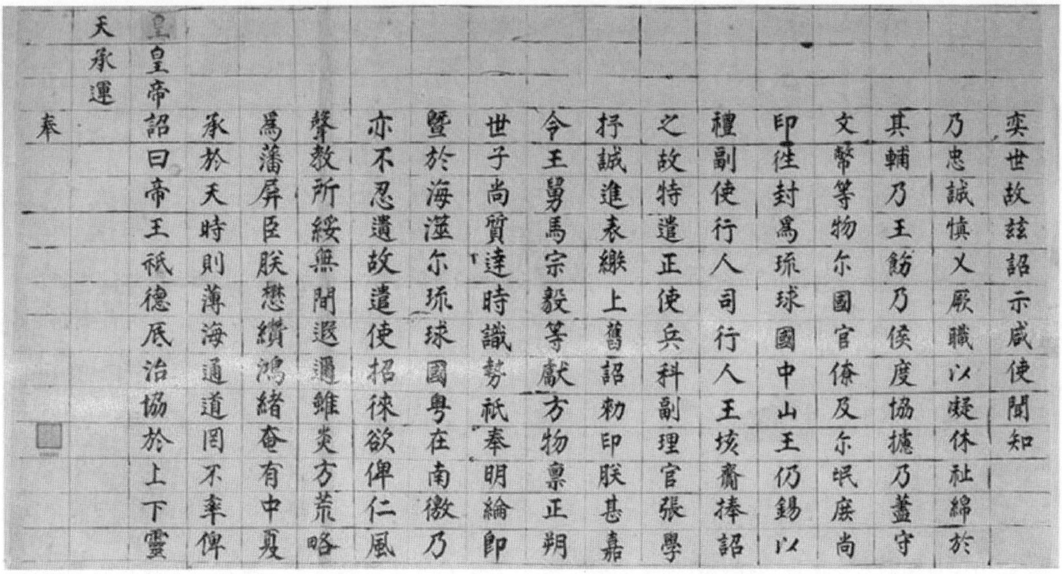
奉
天承運
皇帝詔曰帝王祇德底治協於上下靈
承於天時則薄海通道罔不率俾
爲藩屏臣朕懋纘鴻緒奄有中夏
聲教所綏無間遐邇雖炎方荒略
亦不忍遺故遣使招徠欲俾仁風
暨於海滋爾琉球國粤在南徼乃
世子尚質達時識勢祇奉明綸即
令王舅馬宗毅等獻方物稟正朔
抒誠進表繳上舊詔勅印朕甚嘉
之故特遣正使兵科副理官張學
禮副使行人司行人王垓齎捧詔
印往封爲琉球國中山王仍錫以
文幣等物尓國官僚及尓氓庶尚
其輔乃王飭乃侯度協攄乃藎守
乃忠誠慎乂厥職以凝休祉綿於
奕世故茲詔示咸使聞知

图3.1　顺治十一年（1654年）封琉球国王尚质诏书底本

文书基本信息表

文书种类	诏书	头辞	奉天承运皇帝诏曰
发送者	中国顺治皇帝	尾辞	故兹昭示，咸使闻知
接受者	琉球国王尚质	正文文体	骈文体
纪年标准	中国纪年：顺治十一年	正文内容	册封国王
语言种类	古代汉语	用典来源	《尚书》、《左传》、《诗经》、《国语》

2. 康熙二十一年（1682年）封琉球国王尚贞诏书

奉天承运皇帝诏曰：朕恭膺[1]天眷，统御万邦；声教[2]诞敷[3]，遐迩率俾[4]。粤[5]在荒服[6]，悉溥[7]仁恩；奕叶[8]承祧[9]，并加宠锡。尔琉球国地居炎徼[10]，职列藩封；中山王世子尚贞屡使来朝，贡献不懈。当闽疆反侧[11]、海寇陆梁[12]之际，笃守臣节，恭顺弥昭[13]；克殚[14]忠诚，深可嘉尚[15]。兹以序当[16]缵服[17]，奏请嗣封。朕惟世继[18]为家国之常经[19]，爵命[20]乃朝廷之巨典[21]，特遣正使翰林院检讨汪楫[22]、副使内阁中书

① 台湾“中研院”史语所《明清档案》，登录号：038162。另见李光涛《明清档案存真选辑》（初集），台湾“中研院”史语所，1959年，第218页。

舍人加一级林麟焻[23]，赍诏往封为琉球国中山王。尔国臣僚以及士庶，尚[24]其[25]辅乃王，慎修德政，益励悃忱[26]；翼戴[27]天家，庆延宗祀，实惟尔海邦无疆之休。故兹诏示，咸使闻知。

康熙二十一年六月十一日①

【注释】

[1]恭膺：恭谨的承受。身受。恭：恭谨。膺：承受，蒙受。[2]声教：声威教化。[3]诞敷：遍布。《书·大禹谟》："帝乃诞敷文德，舞干羽于两阶。"[4]率俾：顺从。[5]粤：与"聿"、"越"、"曰"通用，用于句首或句中。[6]荒服："五服"之一。泛指边远地区。[7]悉溥：遍施。[8]奕叶：世世代代。[9]承祧（tiāo）：承继奉祀祖先的宗庙，承继为后嗣。祧：古代称远祖的庙。[10]炎徼：南方炎热的边区。[11]闽疆反侧：指三藩之乱。反侧：不顺从，不安定。[12]陆梁：嚣张，猖獗。[13]弥昭：更加明显。[14]克殚：能够竭尽。[15]嘉尚：赞美；赞许。[16]序当：按顺序承当。[17]缵服：继承职事。[18]世继：世代继承。[19]常经：固定不变的法令规章，永恒的规律。[20]爵命：封爵受职。[21]巨典：朝廷大法。[22]汪楫：字次舟（一作舟次），号悔斋，安徽休宁人，寄籍江苏江都。生于明熹宗天启六年（1626年），卒于清圣祖康熙二十八年（1689年），年64岁。康熙十八年（1679年），荐应"博学鸿儒"，试列一等。授翰林院检讨，纂修《明史》。康熙二十一年（1682年），任册封琉球国王的正使。著有《崇祯长编》、《悔庵集》、《使琉球杂录》、《册封疏钞》、《中州沿革志》、《补天石传奇》、《观海集》一卷等。[23]林麟焻：字石来，号玉岩，清代永积仓（今福建莆田城厢区英龙街东山巷）人。康熙八年（1669年）举乡试，次年中进士，授中书舍人。康熙二十一年（1682年），任册封琉球国王的副使。回京后升户部江南司主事，监督京太平仓，不久升户部广西司员外郎。康熙二十六年（1687年）充四川乡试副主考，迁礼部郎中。康熙三十三年（1694年），任贵州提学佥事。康熙四十三年（1704年），福建巡抚梅铤奉命修纂《莆田县志》，聘林麟焻任总裁。著作有《中山竹枝词》、《星槎草》、《郊居集》、《竹香词》、《玉岩诗集》及其《续集》行世。又辑有《列朝外纪》若干卷。[24]尚：希望。[25]其：当，可。[26]悃忱：诚恳；忠诚。[27]翼戴：辅佐拥戴。

【简析】

康熙二十一年（1682年），清廷颁布册封琉球国王尚贞的诏书。

尚贞是琉球第二尚氏王朝的第11代国王，康熙八年（1669年）至康熙四十八年（1709年）在位。

文书基本信息表

文书种类	诏书	头辞	奉天承运皇帝诏曰
发送者	中国康熙皇帝	尾辞	故兹昭示，咸使闻知
接受者	琉球国王尚贞	正文文体	骈文体
纪年标准	中国纪年：康熙二十一年	正文内容	册封国王
语言种类	古代汉语	用典来源	《尚书》

---

① 《历代宝案》第1集，卷三，"国立台湾大学"印行，第122页。

3. 康熙五十七年（1718年）封琉球国王尚敬诏书

奉天承运皇帝诏曰：朕恭膺[1]天眷，统御万邦；声教[2]诞敷[3]，遐迩率俾[4]。粤[5]在荒服[6]，悉溥[7]仁恩；奕叶[8]承祧[9]，并加宠锡。尔琉球国地居炎徼[10]，职列藩封；中山王世子曾孙尚敬屡使来朝，贡献不懈。当闽疆反侧[11]、海寇陆梁[12]之际，笃守臣节，恭顺弥昭[13]；克殚[14]忠诚，深可嘉尚[15]。兹以序当[16]缵服[17]，奏请嗣封。朕惟世继[18]为家国之常经[19]，爵命[20]乃朝廷之巨典[21]，将遣正使翰林院检讨海宝[22]、副使翰林院编修徐葆光[23]，赍诏往封为琉球国中山王。尔国臣僚以暨士庶，尚[24]其[25]辅乃王，慎修德政，益励悃忱[26]；翼戴[27]天家，庆延宗祀，实惟尔海邦无疆之休。故兹诏示，咸使闻知。

康熙五十七年八月□□日①

【注释】

[1]恭膺：恭谨的承受。身受。恭：恭谨。膺：承受，蒙受。[2]声教：声威教化。[3]诞敷：遍布。[4]率俾：顺从。[5]粤：与"聿"、"越"、"曰"通用，用于句首或句中。[6]荒服："五服"之一。泛指边远地区。[7]悉溥：遍施。[8]奕叶：世世代代。[9]承祧：承继奉祀祖先的宗庙，承继为后嗣。[10]炎徼：南方炎热的边区。[11]闽疆反侧：指三藩之乱。[12]陆梁：嚣张，猖獗。[13]弥昭：更加明显。[14]克殚：能够竭尽。[15]嘉尚：赞美；赞许。[16]序当：按顺序承当。[17]缵服：继承职事。[18]世继：世代继承。[19]常经：固定不变的法令规章，永恒的规律。[20]爵命：封爵受职。[21]巨典：朝廷大法。[22]海宝：康熙五十七年（1718年）册封琉球国王的正使。[23]徐葆光：榜姓潘，字亮直，号澄斋，江南苏州府长洲人。圣祖南巡，伏谒献诗。既举京兆，康熙五十一年（1712年）试礼部不第，特赐一体殿试，遂以一甲三名进士，授翰林院编修。寻充册封琉球副使，赐一品服。乞归数年，雍正元年（1723年）以御史记名起用，未及上任即病卒。徐葆光工诗古文辞，著有《二友斋文集》10卷，《诗集》20卷，《海舶集》3卷及《中山传信录》6卷。[24]尚：希望。[25]其：当，可。[26]悃忱：诚恳；忠诚。[27]翼戴：辅佐拥戴。

【简析】

康熙五十七年（1718年），清廷颁布册封琉球国王尚敬的诏书。诏书内容除了所封国王和册封天使的姓名不同外，其他文字与康熙二十一年（1682年）的册封诏书完全相同。

尚敬是琉球第二尚氏王朝的第13代国王，康熙五十二年（1713年）至乾隆十七年（1752年）在位。

---

① 《历代宝案》第2集，卷一〇，"国立台湾大学"印行，第1798页。

文书基本信息表

文书种类	诏书	头辞	奉天承运皇帝诏曰
发送者	中国康熙皇帝	尾辞	故兹昭示，咸使闻知
接受者	琉球国王尚敬	正文文体	骈文体
纪年标准	中国纪年：康熙五十七年	正文内容	册封国王
语言种类	古代汉语	用典来源	《尚书》

4. 乾隆二十年（1755年）封琉球国王尚穆诏书

奉天承运皇帝诏曰：朕恭膺[1]天眷，统御万方；声教[2]诞敷[3]，遐迩率俾[4]。粤[5]在荒服[6]，悉溥[7]仁恩；奕叶[8]承祧[9]，并加宠锡。尔琉球国地居炎徼[10]，远隔重洋。世列藩封，屡膺朝命[11]；代修职贡[12]，恭顺弥昭[13]。兹以中山王世子尚穆序当[14]缵服[15]，奏请嗣封。朕惟世继[16]为家国之常经[17]，爵命[18]乃朝廷之巨典[19]，特遣正使翰林院侍讲全魁[20]、副使翰林院编修周煌[21]，赍诏往封为琉球国中山王。尔国臣僚以暨士庶，尚[22]其[23]辅乃王，慎修德政，益励悃忱[24]；翼戴[25]天家，庆延宗祀，实惟尔海邦无疆之休。故兹诏示，咸使闻知。

乾隆二十年十二月□□日①

【注释】

[1]恭膺：恭谨的承受。身受。恭：恭谨。膺：承受，蒙受。[2]声教：声威教化。[3]诞敷：遍布。[4]率俾：顺从。[5]粤：与"聿"、"越"、"曰"通用，用于句首或句中。[6]荒服："五服"之一。泛指边远地区。[7]悉溥：遍施。[8]奕叶：世世代代。[9]承祧：承继奉祀祖先的宗庙，承继为后嗣。[10]炎徼：南方炎热的边区。[11]朝命：朝廷的命令；朝廷的任命。[12]职贡：藩属或外国对朝廷按时的贡纳。[13]弥昭：更加明显。[14]序当：按顺序承当。[15]缵服：继承职事。[16]世继：世代继承。[17]常经：固定不变的法令规章。[18]爵命：封爵受职。[19]巨典：朝廷大法。[20]全魁：字斗南，号穆斋，满洲镶白旗人。乾隆十六年（1751年）进士，散馆授检讨。乾隆二十年（1755年）任册封琉球国王正使。历任浙江主考官、安徽学政、内阁学士等职。[21]周煌：字景桓，号绪楚，又号海珊（一作海山），为清代重庆府涪州人。乾隆元年（1736年）中举，次年以二甲第46名考中进士，被选为翰林院庶吉士，26岁时被授予翰林院编修，充任《八旗通谱》馆纂修官。28岁时，以翰林院编修官担任山东乡试副考官。34岁为云南乡试考官。乾隆二十年（1755年）担任国史馆纂修官。乾隆二十年（1755年）被朝廷任命为副使，出使琉球。乾隆四十年（1775年）担任《四库全书》总阅，后历任工部尚书、兵部尚书、皇太子总师傅、都察院左都御史等职。乾隆五十年（1785）去世，被赠太子太傅。他一生能文工诗善书，笔法遒劲，著作甚多，有《琉球国志略》、《海山诗稿》等近10种。[22]尚：希望。[23]其：当，可。[24]悃忱：诚恳；忠诚。[25]翼戴：辅佐拥戴。

---

① 周煌：《琉球国志略》卷首。另见《中山世谱》卷一〇，《国家图书馆藏琉球资料续编》下册，第320—321页。

【简析】

乾隆二十年（1755年），清廷颁布册封琉球国王尚穆的诏书，文字上与康熙二十一年（1756年）的册封诏书相似。

尚穆是琉球第二尚氏王朝的第14代国王，乾隆十七年（1752年）至乾隆五十九年（1794年）在位。

文书基本信息表

文书种类	诏书	头辞	奉天承运皇帝诏曰
发送者	中国乾隆皇帝	尾辞	故兹昭示，咸使闻知
接受者	琉球国王尚穆	正文文体	骈文体
纪年标准	中国纪年：乾隆二十年	正文内容	册封国王
语言种类	古代汉语	用典来源	《尚书》

5. 嘉庆五年（1800年）封琉球国王尚温诏书

奉天承运皇帝诏曰：朕惟抚辰[1]凝绩[2]，宅中[3]恢[4]柔远之经；继世[5]象贤[6]，裕后[7]重承祧[8]之选。隶藩畿[9]于属国，鲲鳌[10]同风[11]；恢图域[12]于遐陬[13]，鸿胪[14]献款[15]。眷怀[16]雁列[17]，律乃有民[18]；诞赉[19]龙光[20]，昭哉嗣服[21]。尔琉球国壤分瀛峤[22]，职奉滇疆[23]。中山王世孙尚温，率乃祖攸行[24]，笃前人成烈[25]。固圉[26]克坚[27]于申画[28]，世守封陲[29]；斋心[30]凤拱[31]于辰居[32]，遥通象译[33]。重洋候律[34]，轮年[35]循奉赆[36]之期；百宿[37]趋朝[38]，菉币[39]効来庭[40]之悃。兹以序当[41]缵服[42]，奏恳嗣封，腾章[43]循览[44]。夫疆臣秉节[45]，遣驰[46]于海屿。特遣正使翰林院修撰赵文楷[47]、副使内阁中书李鼎元[48]赍诏往封为琉球国中山王。尔国臣工以暨士庶，尚[49]其[50]辅乃王，绥宁[51]茅土[52]，殚竭[53]葵忱[54]，践修厥猷[55]；厥邦厥民，越时叙[56]。毋替朕命。朕心朕德，惟乃知。于戏！踰[57]鲽水[58]以褒封，恩垂带砺[59]；锡龙纶[60]而式典[61]，庆洽[62]屏藩。益励忠诚，祗承[63]诏示。

嘉庆五年七月十九日①

【注释】

[1]抚辰：顺从五辰的运行规律。抚：顺从。辰：金、木、水、火、土五辰。《书·皋陶谟》："抚于五辰。"[2]凝绩：实现大业，成就功绩。《书·皋陶谟》："庶绩其凝。"[3]宅中：居中。[4]恢：弘大，发扬。[5]继世：世代承继。《仪礼·士冠礼》："继世以立诸侯，象贤也。"[6]象贤：效法先人的贤德。《书·微子之命》："殷王元子，惟稽古崇德象贤。"[7]裕后：为后人造福。[8]承祧：承继奉祀

---

① 《历代宝案》第2集，卷九〇，"国立台湾大学"印行，第4334页。

祖先的宗庙。[9]藩黐：藩属地区。[10]鳀（tí）壑：亦作鳀海。古称会稽之外海。因其间有东鳀人所建二十余小国而名。[11]同风：一同享受文明教化。[12]恢图域：开拓版图。[13]遐陬：边远一隅。[14]鸿胪：鸿胪寺。[15]献款：归顺，投诚。[16]眷怀：关怀，思念。[17]雁列：像雁行一样地排列。形容排列齐整。[18]律乃有民：以法度约束所有人民。《书·微子之命》："弘乃烈祖，律乃有民。"[19]诞贲：盛大光辉。[20]龙光：龙身上的光。喻指不同寻常的光辉。[21]昭哉嗣服：光明显耀继承先人的事业。《诗·大雅·下武》："永言孝思，昭哉嗣服。"[22]瀛峤：山海之地。[23]溟疆：海疆。溟：海。[24]攸行：所行。[25]成烈：成就的功业。《书·毕命》："钦若先王成烈，以休于前政。"[26]固圉：使边境安静无事。[27]克坚：能够坚守。[28]申画：重新划分。《书·毕命》："申画郊圻，慎固封守，以康四海。"[29]封陲：边疆。[30]斋心：祛除杂念，使心神凝寂。《列子·黄帝》："退而闲居大庭之馆，斋心服形。"[31]凤拱：一直拱卫。[32]辰居：又作宸居。帝王居处。[33]象译：翻译；借指四方之国。[34]候律：又作律候，谓律管候气，喻等待时机。《旧唐书·音乐志三》："律候新风，阳开初蛰。"[35]轮年：按照固定年份。[36]奉赆：贡献珍物。[37]百宿：百日。此处指琉球使节前往北京所需时间。琉球使节从琉球到北京朝贡所需时间超过100天。[38]趋朝：又作趍朝。上朝。[39]菜币：登记礼品。[40]来庭：来朝，谓朝觐天子。《诗·大雅·常武》："四方既平，徐方来庭。"[41]序当：按顺序承当。[42]缵服：继承职事。[43]腾章：上奏章。[44]循览：浏览。[45]秉节：持节。节：使臣所持的符节。[46]遄（chuán）驰：疾行。[47]赵文楷：字介山，号逸书，安徽太湖景宁乡人。嘉庆元年（1796年）状元，后授翰林院修撰等职，嘉庆五年（1800年）出使琉球，嘉庆九年（1804年）出任山西雁平道，署山西按察使，嘉庆十三年（1808年）卒于任上，终年48岁。[48]李鼎元：字和叔，号墨庄，四川绵州人。乾隆三十五年（1770年）举于乡，乾隆四十三年（1778年）中进士，改翰林院庶吉士，散馆，授检讨，改授内阁中书，不久升宗人府主事。嘉庆五年（1800年）任册封琉球副史，回国后升兵部主事。嘉庆十七年（1812年）病卒。著作有《师竹斋集》14卷，《使琉球记》6卷。[49]尚：希望。[50]其：能够。[51]绥宁：安抚。[52]茅土：封土。[53]殚竭：竭尽。[54]葵忱：比喻对君王的忠诚。葵：葵菜，非指从美洲传来的向日葵。因葵性向日，故以"葵忱"表示对君主的忠心。[55]践修厥猷：建功立业。践修：履行和修治。厥：其。猷：计划，功业。《书·微子之命》："尔惟践修厥猷，旧有令闻。"[56]厥邦厥民，越时叙：继承天命统治土地和人民，继承前人基业。越：与，和。时：通"承"，顺承。叙：基业。《书·康诰》："诞受厥命越厥邦厥民，惟时叙。"[57]踰：越过，超过。[58]鲽（dié）水：泛指海洋。鲽：比目鱼的一种。[59]带砺：黄河变成衣带，泰山变为磨刀石，这是永远不可能发生的事情。比喻所封爵位传之久远，或江山永固。带：衣带。砺：砥石。[60]龙纶：圣旨，诏旨。[61]式典：仪式典礼。[62]庆洽：吉庆和谐。[63]祗承：又作祗奉。敬奉。

【简析】

嘉庆五年（1800年），清廷颁布册封琉球国王尚温的诏书。

尚温是琉球第二尚氏王朝的第15代国王，乾隆六十年（1795年）至嘉庆七年（1802年）在位。

文书基本信息表

文书种类	诏书	头辞	奉天承运皇帝诏曰
发送者	中国嘉庆皇帝	尾辞	益励忠诚，祗承诏示
接受者	琉球国王尚温	正文文体	骈文体
纪年标准	中国纪年：嘉庆五年	正文内容	册封国王
语言种类	古代汉语	用典来源	《尚书》、《仪礼》、《诗经》、《列子》

6. 嘉庆十三年（1808年）封琉球国王尚灏诏书

奉天承运皇帝诏曰：朕惟声教[1]覃敷[2]，绥远懋[3]柔怀之典；藩维[4]永固，褒庸[5]励翼戴[6]之忱。昭燕誉[7]以凝禧[8]，箕裘[9]载缵[10]；诣鸿胪[11]而献款[12]，纶绂[13]宜颁。尔琉球国，受职中华[14]，符分[15]瀚岛[16]，承庥[17]奕叶[18]，壤巩瀛壖[19]。中山王世孙尚灏，迪[20]惟前光[21]，用承家以开国；绳其祖武[22]，能移孝以作忠[23]。严申画[24]而拱紫宸[25]，金鳌[26]奠海；矢[27]寅恭[28]而将丹悃[29]，石鮔[30]趋风[31]。共球[32]勿懈于朝宗[33]，带砺[34]允膺[35]夫疆服[36]。兹以序当[37]主鬯[38]，表恳嗣封，特遣正使翰林院编修齐鲲[39]、副使工科给事中费锡章[40]，赍诏往封尔为琉球国中山王。尔国臣工以暨士庶，其[41]咸辅乃王，益励恪恭[42]，永延祉祚[43]。绥兹有众[44]，望协乎宜民宜人[45]；钦乃攸司[46]，勖懋[47]乎维屏维翰[48]。翊[49]皇图[50]于清晏[51]，式孚[52]三锡[53]之崇褒；保世守以牧宁[54]，长荷九重[55]之渥眷[56]。故兹诰示，咸使闻知。

嘉庆十三年八月初一日①

【注释】

[1]声教：声威教化。[2]覃敷：广布。[3]懋：显示；发扬。[4]藩维：藩国。《诗·大雅·板》："价人维藩。"[5]褒庸：褒奖功绩。庸：功绩。[6]翼戴：辅佐拥戴。[7]燕誉：安乐。燕，通"安"。誉：通"豫"，乐。[8]凝禧：福禄永驻。[9]箕裘：比喻继承前辈事业。箕：用软枝条制箕等器具。裘：缝制皮革做鼓风用皮囊。《礼记·学记》："良冶之子，必学为裘；良弓之子，必学为箕。"[10]载缵：继承。载：句首语词。缵：继绪。《诗·豳风·七月》："载缵武功。"[11]诣鸿胪：前往鸿胪寺。鸿胪：鸿胪寺。[12]献款：归顺，投诚。[13]纶绂（fú）：皇帝的诏令。《礼记·缁衣》："王言如丝，其出如纶；王言如纶，其出如绂。"[14]中华：古代华夏族生息、建都于黄河南北，因其在四方之中，因称之为中华。后各朝疆土渐广，凡所统辖，皆称中华，亦称中国。[15]符分：按照符命拥有。[16]瀚岛：遥远的岛屿。[17]承庥：受庇护。庥：庇荫，保护。[18]奕叶：世世代代。[19]瀛壖（ruán）：海岸。瀛：海。壖：岸。[20]迪：通"迪"，遵循。[21]前光：祖先的功德。[22]绳其祖武：继承先人的遗迹、事业。绳：通"承"，继承。武：步武，足迹。《诗·大雅·下武》："绳其祖武"。[23]能移孝以作忠：把孝顺

---

① 齐鲲：《续琉球国志略》首卷。另见《中山世谱》卷一二，《国家图书馆藏琉球资料续编》下册，第425—426页。

父母之心转为效忠君主。[24]申画：重新划分。[25]紫宸：皇宫、宫殿的雅称。[26]金鳌：传说中海里的大龟或大鳖。[27]矢：陈列；施布。[28]寅恭：恭敬。[29]丹悃：赤诚的心。[30]石鲒：一种小章鱼。[31]趋风：追随仿效。[32]共球：珍奇异宝。共：通"珙"，玉的一种。球：美玉。[33]朝宗：归顺。[34]带砺：比喻所封爵位传之久远，或江山永固。[35]允膺：承当。[36]疆服：边疆地区。[37]序当：按顺序承当。[38]主鬯（chàng）：主掌宗庙祭祀。鬯：古代祭祀用的一种香酒。[39]齐鲲：字澄瀛，号北瀛。福建侯官人。嘉庆六年（1801年）中进士，改庶吉士，授编修。嘉庆十三年（1808年）奉命充册封琉球正使。回国后充日讲起居注官记录御史，后调为河南府知府，革除摊派车马的弊政，并勒碑宣示。嘉庆十八年（1813年）大旱，齐鲲亲自视察所属各县，禁绝贪污，以济荒年。嘉庆十九年（1814年）秋，齐鲲调赴睢州为河工，工竣，议叙以道员调用，但因丁忧回乡，不久于福州玉尺山房家宅逝世。著有《东瀛百咏》。[40]费锡章：字焕樵，又字西庸，归安人。乾隆四十九年（1784年）南巡召试，中举人，授内阁中书，任军机章京，历起居注主事、户部贵州主事、陕西司员外、江西道监察御史和河南、四川、京畿道御史，巡视通漕，升吏科给事中。巡视北城，转工部，掌印给事中。嘉庆十三年（1808年），奉诏册封琉球中山王尚灏。使还，再升鸿胪寺少卿、光禄寺少卿、通政使副使。后历官光禄卿、太常寺卿、顺天府府尹，卒于任。赠兵部侍郎官衔。著有《治平要略》、《赐砚斋诗存》，还有记述出使琉球情况的《一品集》和记述任职贵州情况的《使黔集》。[41]其：当，可。[42]恪恭：恭谨，恭敬。《国语·周语上》："王则大徇，耨获亦如之，民用莫不震动，恪恭于农。"[43]祉祚：福禄；幸福。[44]绥兹有众：抚绥大众。[45]宜民宜人：使民众安辑。《诗·大雅·假乐》："假乐君子，显显令德。宜民宜人，受禄于天。"[46]钦乃攸司：做好你们分管的工作。《书·周官》："凡我有官君子，钦乃攸司，慎乃出令，令出惟行，弗惟反。"[47]勋懋：又作懋勋。大功劳。[48]维屏维翰：屏翰。[49]翊：辅佐，帮助。[50]皇图：王朝版图，王朝，皇位。[51]清晏：又作清宴。清平安宁。[52]式孚：授予。[53]三锡：古代帝王优待大臣所给的三种器物。《公羊传·庄公元年》："锡者何？赐也；命者何？加我服也。"何休注："礼有九锡：一曰车马，二曰衣服，三曰乐则，四曰朱户，五曰纳陛，六曰虎贲，七曰宫矢，八曰铁钺，九曰秬鬯。"[54]敉宁：抚定；安定。[55]九重：朝廷。古制，天子之居有门九重，故九重代指中央政府。《楚辞·九辩》："君之门以九重。"[56]渥眷：厚爱，特别照顾。渥：浓，厚。眷：顾念，爱恋。

【简析】

嘉庆十三年（1808年），清廷颁布册封琉球国王尚灏的诏书。

尚灏是琉球第二尚氏王朝的第17代国王，嘉庆九年（1804年）至道光十四年（1834年）在位。

文书基本信息表

文书种类	诏书	头辞	奉天承运皇帝诏曰
发送者	中国嘉庆皇帝	尾辞	故兹昭示，咸使闻知
接受者	琉球国王尚灏	正文文体	骈文体
纪年标准	中国纪年：嘉庆十三年	正文内容	册封国王
语言种类	古代汉语	用典来源	《诗经》、《礼记》、《尚书》、《楚辞》

7. 道光十八年（1838年）封琉球国王尚育诏书

奉天承运皇帝诏曰：朕惟共球[1]向化，荩忱[2]膺丹绰[3]之褒；屏翰铭勋[4]，世守席黄图[5]之旧。嘉象来[6]之致福，久备藩封；绍燕誉[7]以承庥[8]，式颁策命[9]。尔琉球国启疆溟岛[10]，率职[11]海邦。懋[12]奕禩[13]之经纶[14]，奉中朝之正朔。中山王世子尚育，克承先业，丕茂[15]嘉猷[16]。继堂构[17]以维勤，奉币琛[18]而罔懈。效朝宗[19]于碧瀣[20]，风静鲸波[21]；肃拱卫于紫宸[22]，道通鱼屿[23]。兹以序当[24]嗣位，表请锡封，特遣正使翰林院修撰林鸿年[25]、副使翰林院编修高人鉴[26]，赍诏往封尔为琉球国中山王。尔国臣民以暨士庶，其[27]咸弼[28]乃王，益励恪恭[29]，长延福祚[30]。思其艰以图其易[31]，日修庶政以诚和；勤于邦复俭于家，永矢[32]一心而翼戴[33]。缵[34]箕裘[35]于勿替，千秋垂骏烈[36]之光；巩带砺[37]以久安，百世荷龙章[38]之眷。故兹诏示，咸使闻知。①

【注释】

[1]共球：珍奇异宝。[2]荩忱：又作荩臣。忠臣。《诗·大雅》："王之荩臣，无念尔祖。"[3]丹绰：圣旨。[4]铭勋：铭功，在金石上铭刻文辞，记述功绩。[5]黄图：借指中国。[6]象来：传晋成帝时临邑王献一象，知跪拜，因此"象来"喻四方来朝之意。[7]燕誉：安乐。[8]承庥：承受庇护。[9]策命：以策书封官授爵。[10]溟岛：海岛。[11]率职：朝贡；奉行职事。[12]懋：勉力，努力。[13]奕禩：又作奕祀。世代，代代。[14]经纶：整理丝缕、理出丝绪和编丝成绳，统称经纶。引申为筹划治理国家大事。[15]丕茂：宏大。[16]嘉猷：治国的好规划。[17]堂构：继承祖先的遗业。[18]币琛：又作琛币。[19]朝宗：归顺。[20]碧瀣（xiè）：碧海。[21]鲸波：巨浪。[22]紫宸：皇宫、宫殿的雅称。[23]鱼屿：可供垂钓或用于捕鱼的小岛。[24]序当：按顺序承当。[25]林鸿年：字勿村，侯官县人。道光十六年（1836年）状元，授翰林院修撰。道光十八年（1838年），奉旨为册封琉球国王正使。归国后著《使琉球录》。道光二十年（1840年），出任山东乡试副考官，继任国史馆协修、文渊阁校理、方略馆纂修等职。道光二十六年（1846年），任广东琼州知府。道光二十九年（1849年），护理雷琼道，招抚海盗，平定儋州刘文楷之乱。咸丰二年（1852年），丁忧回籍，以在籍官员身份参加办团练有功，实授道衔。咸丰九年（1859年），授云南临安府知府，政绩显著，先后擢按察使、布政使。同治三年（1864年），任云南巡抚，参与镇压太平天国运动。同治五年（1866年），以"畏寇逗留"革职回里，受聘为正谊书院山长，审校道光《福建通志》，并亲自作序。光绪八年（1882年），特赏三品卿衔。逝后有《松风山馆诗抄》传世。[26]高人鉴：字螺舟，浙江钱塘人。道光十一年（1831年）中举，道光十二年（1832年）壬辰恩科第二甲第9名，入翰林院。次年以翰林身份任湖南衡阳知府。道光十八年（1838年）被任命为册封琉球国王的副使。回国后，高人鉴与此次册封正使林鸿年将出使琉球的见闻写成《福建往琉球针路》一书。[27]其：当，可。[28]弼：辅佐。[29]恪恭：恭谨，恭敬。[30]福祚：福禄，福分。[31]思其艰以图其易：思考的过程必须艰深才能得出简单有效的结论。[32]永矢：发誓永远要（做某事）。[33]翼戴：辅佐拥戴。[34]缵：继承。[35]箕裘：比喻继承前辈事业。[36]骏烈：盛业。[37]带砺：比喻所封爵位传之久远，或江山永固。[38]龙章：龙纹，龙形。泛指与皇帝有关的仪仗、旗帜、服饰、文章等。

---

① 《中山世谱》卷一三，《国家图书馆藏琉球资料续编》下册，第532—533页。另见《历代宝案》第2集，卷一六六，"国立台湾大学"印行，第6891—6892页。

【简析】

道光十八年（1838年），清廷颁布册封琉球国王尚育的诏书。

尚育是琉球第二尚氏王朝的第18代国王，道光十五年（1835年）至道光二十七年（1847年）在位。

文书基本信息表

文书种类	诏书	头辞	奉天承运皇帝诏曰
发送者	中国道光皇帝	尾辞	故兹昭示，咸使闻知
接受者	琉球国王尚育	正文文体	骈文体
纪年标准	中国纪年：道光十八年	正文内容	册封琉球国王
语言种类	古代汉语	用典来源	《诗经》

8. 同治五年（1866年）封琉球国王尚泰诏书

奉天承运皇帝诏曰：朕惟典隆圭组[1]，千秋垂带砺[2]之盟；瑞集共球[3]，百世屹屏藩之卫。绍箕裘[4]而勿替，旧德[5]克承；贲[6]纶褒[7]而崇褒，新恩宜沛[8]。尔琉球国拓疆东海，禀朔[9]中朝。庆土宇[10]之久安，荷帡幪[11]之广冒[12]。中山王世子尚泰，夙骞[13]令誉[14]，善继[15]先型[16]。虔述职[17]于重溟[18]，早摅忱[19]于九陛[20]。波恬[21]碧澥[22]，频输琛赆[23]以效珍[24]；星拱紫垣[25]，远涉梯航[26]以请命。兹以序当[27]嗣爵，表吁锡封，特遣正使詹事府右春坊右赞善赵新[28]、副使内阁中书舍人于光甲[29]，赍诏往封尔为琉球国中山王。尔国臣民以暨士庶，其[30]咸辅乃王，益殚[31]忠悃[32]，懋着[33]丰规[34]；绵世泽以孔长[35]，巩邦基于丕固[36]。恩裕后[37]光前[38]之匪易[39]，勉启乃心[40]；念宣猷[41]赞化[42]之宜勤，无忘汝翼[43]。鸿庥[44]滋至[45]，继绳[46]延茅壤[47]之荣；龙节[48]载颁[49]，申锡[50]拜枫廷[51]之赐。故兹诏示，咸使闻知。①

【注释】

[1]圭组：比喻官爵。圭：代表古代诸侯身份的玉器。组：印绶。[2]带砺：比喻所封爵位传之久远，或江山永固。[3]共球：珍奇异宝。[4]箕裘：比喻继承前辈事业。[5]旧德：先人的德泽，往日的恩德。《易·讼》："食旧德，贞厉，终吉。"[6]贲：光辉。[7]纶褒：皇帝的赞美。[8]沛：流出，发布，颁布。[9]禀朔：奉行正朔。喻臣服。[10]土宇：乡土和屋宅；疆土、国土。[11]帡幪（píng méng）：本指古代帐幕之类的物品。后亦引申为覆盖，庇荫。[12]广冒：广布。[13]骞：传播。[14]令誉：美好的声誉。[15]善继：完善地继承先祖遗志和事业。《中庸》："夫孝者，善继人之志，善述人之事者也。"[16]先型：先人榜样。[17]述职：古时诸侯向天子陈述职守。《孟子·梁惠王下》："诸侯朝于天子曰述职。述职者，述所职也。"[18]重溟：大海。[19]摅忱：表达忠诚。[20]九陛：九陛应是九

---

① 赵新：《续琉球国志略》首卷。

级台阶，指朝廷或天庭。陛：帝王宫殿的台阶。[21]波恬：波涛平静。[22]碧瀣：碧海。[23]琛赆：献贡的财货。[24]效珍：奉献珠宝。[25]紫垣：星座名。常借指皇宫。[26]梯航：梯山航海的省语。谓长途跋涉。[27]序当：按顺序承当。[28]赵新：字又铭，侯官人。少年师从著名学者赵在田学习。咸丰二年（1852年）中进士，授翰林院编修，国史馆总纂。同治元年（1862年）任广西乡试副考官。同治五年（1866年）被钦命为册封琉球尚泰王的正使。出使期间，留心琉球的风物典故，回国后著有《续琉球国志略》2卷。[29]于光甲：同治五年（1866年）的册封副使。[30]其：可，当。[31]殚：竭尽。[32]忠悃：忠心。[33]懋著：亦作懋著。显著。[34]丰规：崇高的楷模。[35]孔长：很长。孔：甚，很。[36]丕固：坚固。[37]裕后：为后人造福。[38]光前：光大前人的功业。亦谓功业胜过前人。[39]匪易：不易。[40]勉启乃心：竭诚开导、辅佐君王。《书·说命上》："启乃心，沃朕心。"[41]宣猷：施展谋划与方略。[42]赞化：赞助教化。《礼记·中庸》："能尽物之性，则可以赞天地之化育；可以赞天地之化育，则可以与天地参矣。"[43]无忘汝翼：不忘辅佐。[44]鸿庥：鸿荫，尊长的庇荫关怀。[45]滋至：越来越多的降临。[46]继绳：前后相承，延续不断。[47]茅壤：分封的土地。[48]龙节：奉王命出使者所持之节。[49]载颁：发下，降临。载：词缀，嵌在动词前边。[50]申锡：厚赐。申：重。锡：赐。《诗·商颂·烈祖》："申锡无疆，及尔斯所。"[51]枫廷：朝廷。

【简析】

同治五年（1866年），清廷最后一次颁布册封琉球国王的诏书。

尚泰是琉球第二尚氏王朝的第19代国王，道光二十八年（1848年）至光绪五年（1879年）在位，为琉球末代国王。

文书基本信息表

文书种类	诏书	头辞	奉天承运皇帝诏曰
发送者	中国同治皇帝	尾辞	故兹昭示，咸使闻知
接受者	琉球国王尚泰	正文文体	骈文体
纪年标准	中国纪年：同治五年	正文内容	册封琉球国王
语言种类	古代汉语	用典来源	《易经》、《中庸》、《孟子》、《尚书》《诗经》

二、诰命例析

1. 嘉庆十三年（1808年）追封琉球故世子尚成国王诰命

奉天承运皇帝制曰：景风[1]式典[2]，绍封[3]兼阐[4]夫幽光[5]；湛露[6]覃禧[7]，锡类[8]不忘于继序[9]。永孝思[10]而请命，载鉴葵忱[11]；眷忠顺以推恩[12]，允绥[13]茅胙[14]。尔琉球国权署[15]国事故世子尚成，夙孚民望，摄守[16]藩疆，以禀命[17]之不融[18]，致恩纶[19]之未被[20]。燕翼[21]衍[22]瀛壖[23]之泽，日笃[24]不忘；象贤[25]绵带砺[26]之休，毋替厥服[27]。兹特追封尔为琉球国中山王，锡之诰命。于戏！龙光[28]宠贲[29]本支，慰肯构[30]之思；鸿藻[31]荣膺[32]奕叶[33]，奉来庭[34]之职。克膺茂典[35]，永贲[36]遗徽[37]。

嘉庆十三年六月十五日①

【注释】

[1]景风：祥和之风。[2]式典：仪式典礼。[3]绍封：袭封。[4]阐：发扬光大。[5]幽光：潜隐的光辉。常用以指人的品德。[6]湛露：浓重的露水。湛露能润泽于物，后比喻君王的恩惠。[7]覃禧：福泽广布。覃：深广，延长。[8]锡类：以善施及众人。类：善。《诗·大雅·既醉》："孝子不匮，永锡尔类。"[9]继序：继绪。序：绪。《诗·周颂·闵予小子》："于乎皇王，继序思不忘。"[10]孝思：孝亲之思。《诗·大雅·下武》："永言孝思，孝思维则。"[11]葵忱：比喻对君王的忠诚。[12]推恩：推广恩德。[13]允绥：公正安宁。[14]茅胙：分封侯位和土地。茅：古代分封诸侯时，用白茅裹着的泥土授予被封的人，象征授予土地和权力。胙：酬劳，报答。[15]权署：暂时代理或充任某官职。[16]摄守：掌管。[17]禀命：受之于天的命运或体性。[18]不融：不长久。融：长。[19]恩纶：恩诏。[20]未被：没有波及。[21]燕翼：善为子孙后代谋划。[22]衍：扩展。[23]瀛壖：海岸。[24]日笃：情感日益亲近。[25]象贤：效法先人的贤德。[26]带砺：比喻所封爵位传之久远，或江山永固。[27]毋替厥服：永远归属。[28]龙光：龙身上的光。喻指不同寻常的光辉。[29]宠赉：宠幸照耀。[30]肯构：继承父业。《书·大诰》："若考作室，既底法，厥子乃弗肯堂，矧肯构？"[31]鸿藻：雄文。[32]荣膺：光荣地承受。[33]奕叶：世世代代。[34]来庭：朝觐天子。[35]茂典：盛美的典章、法则。[36]永贲：永远照耀。[37]遗徽：死者生前的美好德行。

【简析】

嘉庆十三年（1808年），清廷颁布追封琉球故世子尚成的诰命。

嘉庆十三年（1808年），清廷派遣使者册封琉球国王尚灏。尚灏之前的琉球国王尚成未及中国册封即病逝。清廷在册封新王尚灏时，特追封尚成为国王。

文书基本信息表

文书种类	诰命	头辞	奉天承运皇帝制曰
发送者	中国嘉庆皇帝	尾辞	克膺茂典，永贲遗徽
接受者	琉球故世子尚成	正文文体	骈文体
纪年标准	中国纪年：嘉庆十三年	正文内容	追封琉球世子为国王
语言种类	古代汉语	用典来源	《诗经》、《尚书》

三、谕祭文例析

（一）祭奠故王谕祭文

1. 康熙二十二年（1683年）谕祭琉球故王尚质文

维康熙二十二年（岁次癸亥）八月庚子朔越[1]六日乙巳，皇帝遣正使翰林院检讨汪

---

① 齐鲲：《续琉球国志略》首卷。

楫[2]、副使中书舍人林麟焻[3]谕祭于故琉球国王尚质之灵曰：朕受天景命[4]，君临万邦；殊方海瀣[5]，罔不宾服。凡有恪共[6]藩职、累世输诚，则必生加锡命[7]之荣，殁[8]隆赙恤[9]之典，所以旌扬[10]归附，柔怀荒远，垂为国宪，昭示亿年。尔琉球国中山王尚质式廓[11]前徽[12]，诞膺[13]世祚[14]。作藩屏于南海，绥岛服[15]以咸宁；辑[16]圭瑞[17]于中邦[18]，莅民人[19]而胥靖[20]。浮航[21]贡赍[22]，凛遵[23]王享[24]之规；逾险[25]求章[26]，虔秉[27]朝宗[28]之志。方谓河山永固，带砺[29]之祚[30]常存。何期霜雪[31]遄临[32]，松柏之姿[33]忽谢！眷言[34]藩服，朕实伤焉！爰沛[35]褒纶[36]，优加祭恤[37]。呜呼！尔敦[38]以下奉上之节，忠诚克励[39]于遐方[40]；朕弘视远如迩[41]之仁，锡赍[42]宜崇乎异数[43]。肆陈芬苾[44]，尚其来歆[45]！①

【注释】

[1]朔越：从初一到某日。[2]汪楫：康熙二十一年（1682年）册封琉球国王的正使。[3]林麟焻：康熙二十一年（1682年）册封琉球国王的副使。[4]景命：大命。指授予帝王之位的天命。《诗·大雅·既醉》："君子万年，景命有仆。"[5]海瀣：海滨。[6]恪共：恭谨。共：通"恭"。[7]锡命：天子所赐予的诏命。《易·师》："王三锡命。"[8]殁：死亡。[9]赙（fù）恤：抚恤助丧。亦指抚恤助丧的财物。[10]旌扬：表扬。[11]式廓：扩大规模、范围。《诗·大雅·皇矣》："上帝耆之，憎其式廓。"[12]前徽：前人美好的德行。[13]诞膺：大受。《书·周书·武成》："我文考文王克成厥勋，诞膺天命，以抚方夏。"[14]世祚：世代享有封爵。[15]岛服：海岛藩属。[16]辑：聚集。[17]圭瑞：玉制符信。[18]中邦：中原；中国。《书·禹贡》："咸赋中邦。"[19]莅民人：管理百姓。[20]胥靖：全部安宁。胥：全部。[21]浮航：并船而成的浮桥。[22]贡赍：进贡。[23]凛遵：严格遵循。[24]王享：进献贡物。[25]逾险：克服险阻。[26]求章：寻求治国的规章。[27]虔秉：虔诚地持有。[28]朝宗：归顺。[29]带砺：比喻所封爵位传之久远，或江山永固。[30]祚：福。[31]霜雪：严酷的遭遇。[32]遄临：突然降临。遄：迅速，快。[33]松柏之姿：松柏可以耐严酷环境考验的特性。[34]眷言：又作眷焉。回顾的样子。言：通"焉"。《诗·小雅·大东》："眷言顾之，潸焉出涕。"[35]爰沛：发布。爰：语助词。[36]褒纶：嘉奖、表扬的诏书。[37]祭恤：祭奠抚恤。[38]敦：诚心诚意。[39]克励：又作克厉。刻苦自励。[40]遐方：远方。[41]视远如迩：远、近一视同仁。[42]锡赍：赏赐。[43]异数：特殊、例外的情形。[44]肆陈芬苾：摆列芳香之物。[45]尚其来歆：希望能够欣然享受。

【简析】

康熙二十二年（1683年），清廷颁布祭奠琉球已故国王尚质的谕祭文。

---

① 周煌：《琉球国志略》卷首。另见《历代宝案》第1集，卷三，"国立台湾大学"印行，第123—124页。

文书基本信息表

文书种类	谕祭文	头辞	维……朔越
发送者	中国康熙皇帝	尾辞	尚其来歆
接受者	琉球故王尚贞	正文文体	骈文体
纪年标准	中国纪年：康熙二十二年	正文内容	谕祭琉球故王
语言种类	古代汉语	用典来源	《诗经》、《易经》、《尚书》

2. 康熙五十八年（1719年）谕祭琉球故王尚贞文

维康熙五十八年（岁次己亥）六月壬寅朔越[1]祭日丁卯，皇帝遣册封琉球国正使翰林院检讨海宝[2]、副使翰林院编修徐葆光[3]谕祭于故琉球国中山王尚贞之灵曰：朕抚绥万邦，中外一体；越在荒服，咸畀[4]湛恩[5]。矧[6]效忠既笃于生前，斯赐恤[7]弥隆[8]于身后。眷言[9]鸿伐[10]，宜贲[11]龙光[12]。尔琉球国中山王尚贞肃凛[13]朝章[14]，丕扬[15]世绪[16]。秉[17]声灵[18]于天府[19]，水静鲸波[20]；奉正朔于大庭[21]，风清岛服[22]。靖共[23]匪懈，恩早锡于九重[24]；贞顺[25]弥加，时将历乎三纪[26]。方谓期颐[27]未艾[28]，何图[29]徂谢[30]遥闻！深用怆怀[31]，特颁祭恤[32]。呜呼！作屏翰于遐方[33]，始终臣节[34]；被优崇[35]于幽穸[36]，炳焕[37]纶襃[38]。用荐苾芳[39]，尚其歆格[40]！①

【注释】

[1]朔越：从初一到某日。[2]海宝：康熙五十七年（1718年）册封琉球国王的正使。[3]徐葆光：康熙五十七年（1718年）册封琉球国王的副使。[4]畀：给予。[5]湛恩：深恩。湛：深。[6]矧：况且。[7]赐恤：官吏死后，根据其生前的功劳大小，追赠官爵，褒封谥号，并给其家属抚恤金。[8]弥隆：更加隆重。[9]眷言：回顾的样子。[10]鸿伐：大功。[11]贲：光辉。[12]龙光：龙身上的光。喻指不同寻常的光辉。[13]肃凛：敬畏。[14]朝章：朝廷的典章。[15]丕扬：弘扬。[16]世绪：世上的功业。[17]秉：持。[18]声灵：声势威灵。[19]天府：职官名。掌守藏祖庙之器具宝物，上士，属春官宗伯。《周礼·春官·天府》："掌祖庙之守藏与其禁令。凡国之玉镇大宝器藏焉。若有大祭大丧，则出而陈之。既事藏之。"[20]鲸波：巨浪。[21]大庭：又作大廷。朝廷。[22]岛服：海岛藩属。[23]靖共：又作靖恭。恭谨地奉守；静肃恭谨。[24]九重：朝廷。古制，天子之居有门九重，故九重代指中央政府。[25]贞顺：臣子的忠贞效顺。[26]三纪：36年。一纪为12年。琉球国王尚贞康熙八年（1669年）至康熙四十八年（1709年）在位，康熙二十一年（1682年）由清廷正式册封为王。尚贞实际在位40年，但如从册封之日算起，在位27年。故在祭文中称"时将历乎三纪"。[27]期颐：百岁的长寿。《礼记·曲礼上》："百年曰期颐。"[28]未艾：未尽；未止。《诗·小雅·庭燎》："夜如何其，夜未艾。"[29]何图：哪里想到。[30]徂（cú）谢：死亡；消逝。[31]怆怀：悲伤。[32]祭恤：祭奠抚恤。[33]遐方：远方。[34]臣节：人臣的节操。[35]优崇：优待而尊崇之。[36]幽穸（xī）：坟墓。[37]炳焕：

---

① 徐葆光：《中山传信录》卷二。另见周煌《琉球国志略》卷首。

鲜明华丽。[38]纶褒：皇帝的赞美。[39]用荐苾芳：进献芬芳之物。[40]尚其歆格：希望能享用。

【简析】

康熙五十八年（1719年），清廷颁布祭奠琉球已故国王尚贞的谕祭文。

文书基本信息表

文书种类	谕祭文	头辞	维……朔越
发送者	中国康熙皇帝	尾辞	尚其歆格
接受者	琉球故王尚贞	正文文体	骈文体
纪年标准	中国纪年：康熙五十八年	正文内容	谕祭琉球故王
语言种类	古代汉语	用典来源	《周礼》、《礼记》、《诗经》

3. 康熙五十八年（1719年）谕祭琉球故王尚益文

维康熙五十八年（岁次己亥）六月壬寅朔越[1]祭日丁卯，皇帝遣册封琉球国正使翰林院检讨海宝[2]、副使翰林院编修徐葆光[3]谕祭于故琉球国王尚益之灵曰：朕承天庥[4]，抚驭区宇[5]；罔有内外，并予辑绥[6]。凡所宾贡[7]，不忘存恤[8]；有庸[9]必报，虽远弗遗，所以示怀柔、昭巨典[10]也。尔琉球国王嗣尚益承先[11]受祚[12]，继志[13]输忠。世著[14]勋劳[15]，奉共球[16]而内向[17]；代修朝请[18]，航溟渤[19]以归诚。乃莅职止于三年，嗣封关于再世。眷言[20]藩服，方期多福之是膺；勉树[21]嘉猷[22]，讵意[23]修龄[24]之难得！讣音[25]远告，褒恤[26]特申[27]。虽锡命[28]未逮[29]于生前，而荣施实隆于身后。爰颁祭酹[30]，用遣专官。呜呼！玉册[31]遥传，庶慰来王[32]之志；纶函[33]覃被[34]，聿昭抚远之忱。载设[35]牲牢[36]，庶其歆格[37]！①

【注释】

[1]朔越：从初一到某日。[2]海宝：康熙五十七年（1718年）册封琉球国王的正使。[3]徐葆光：康熙五十七年（1718年）册封琉球国王的副使。[4]天庥：上天的庇护。[5]区宇：境域；天下。[6]辑绥：安抚。[7]宾贡：归顺纳贡。[8]存恤：慰问救济。[9]有庸：有功。[10]巨典：朝廷大法。[11]承先：继承前代。[12]受祚：受福。[13]继志：继续前人之志。[14]世著：著称于世。[15]勋劳：功勋；劳绩。[16]共球：珍奇异宝。[17]内向：归服朝廷。[18]朝请：泛称朝见皇帝。[19]溟渤：溟海和渤海。多泛指大海。[20]眷言：回顾的样子。[21]勉树：勉励别人谨慎小心地处世立身。[22]嘉猷：治国的好规划。《书·君陈》："尔有嘉谋嘉猷，则入告尔后于内，尔乃顺之于外。"[23]讵意：不料。[24]修龄：长寿。[25]讣音：报丧的信息、文告。[26]褒恤：褒奖抚恤。[27]特申：特别宣告。[28]锡命：天子所赐予的诰命。[29]未逮：不及；没有达到。[30]祭酹（zhuì）：祭酹，祭祀。酹：祭奠。[31]玉册：古代用玉版制作之册书。古制，帝王以玉册用以祭祀告天、皇帝即位册文，亦用于册命太子及后妃。

---

① 徐葆光：《中山传信录》卷二。另见周煌《琉球国志略》卷首。

[32]来王：古代诸侯定期朝觐天子。《书·大禹谟》："无怠无荒，四夷来王。"[33]纶函：帝王诏命。[34]覃被：广被。[35]载设：设置。[36]牲牺：牺牲。[37]庶其歆格：希望能享用。

【简析】

康熙五十八年（1719年），清廷颁布祭奠另外一位琉球已故国王尚益的谕祭文。

尚益是琉球第二尚氏王朝的第12代国王，康熙四十九年（1710年）至康熙五十二年（1713年）在位。

文书基本信息表

文书种类	谕祭文	头辞	维……朔越
发送者	中国康熙皇帝	尾辞	庶其歆格
接受者	琉球故王尚益	正文文体	骈文体
纪年标准	中国纪年：康熙五十八年	正文内容	谕祭琉球故王
语言种类	古代汉语	用典来源	《尚书》

4. 乾隆二十一年（1756年）谕祭琉球故王尚敬文

维乾隆二十一年（岁次丙子）七月丁卯朔越[1]二十有七日癸巳，皇帝遣翰林院侍讲全魁[2]、詹事府右春坊右中允周煌[3]谕祭于故琉球国中山王尚敬之灵曰：朕惟恩昭柔远，眷藩服于东瀛；典著[4]饰终[5]，焕纶[6]褒于北阙[7]。奕世[8]之效忠既笃，中朝之赐恤[9]弥殷[10]。尔琉球国中山王尚敬继绪[11]球阳[12]，作屏华屿[13]。纳赆琛[14]乎万里，曰求厥章[15]；奉珪瑞[16]者三十年，予嘉乃德[17]。方期保艾[18]，膺带砺[19]以延休；何意奄徂[20]，感春秋之屡易！兹以覃恩[21]于嗣服[22]，益深追轸[23]于重泉[24]。式荐苾芬[25]，用昭优渥[26]。呜呼！衍嘉声[27]于世土，业永河山；贲[28]显宠[29]于天朝，光增窀穸[30]。歆兹奠酹[31]，庶克钦承[32]！①

【注释】

[1]朔越：从初一到某日。[2]全魁：乾隆二十年（1755年）册封琉球国王的正使。[3]周煌：乾隆二十年（1755年）册封琉球国王的副使。[4]典著：典仪重视。[5]饰终：人死时给予尊荣。《荀子·礼论》："送死，饰终也。"[6]焕纶：光辉的帝王圣旨。[7]北阙：宫禁或朝廷的别称。[8]奕世：累世。[9]赐恤：官吏死后，根据其生前的功劳大小，追赠官爵，褒封谥号，并给其家属抚恤金。[10]弥殷：更加丰富。[11]继绪：承继先代功业。[12]球阳：对琉球的美称。[13]华屿：高华屿，即钓鱼岛及其附近岛屿。它是隋朝中国正式命名包含在"列姑射"中钓鱼岛的一个名字，是钓鱼岛最原始的命名。[14]赆琛：珍宝。[15]曰求厥章：请求赐予法度典章。《诗·周颂·载见》："载见辟王，曰求厥章。"[16]珪瑞：天子赐的作为凭信的圭玉。[17]予嘉乃德：我欣赏和赞美你的德行。《书·微子之命》："恪慎克

---

① 周煌：《琉球国志略》卷首。

孝，肃恭神人，予嘉乃德，曰笃不忘。"[18]保艾：护养，保养。《诗·小雅·南山有台》："乐只君子，保艾尔后。"[19]带砺：比喻所封爵位传之久远，或江山永固。[20]奄徂：忽然去世。徂：通"殂"。死亡。[21]覃恩：广施恩泽。[22]嗣服：继承先人事业。[23]追畛（zhěn）：追念悲痛。[24]重泉：九泉。[25]式荐苾芬：献上芬芳之物。[26]用昭优渥：用以显示优厚待遇。[27]嘉声：好名声。[28]贲：光辉。[29]显宠：显示宠幸。[30]窀穸（zhūn xī）：墓穴。[31]歆兹奠醊：神灵享用的祭祀用品。[32]庶克钦承：希望能够承受。

【简析】

乾隆二十一年（1756年），清廷颁布祭奠琉球已故国王尚敬的谕祭文。

文书基本信息表

文书种类	谕祭文	头辞	维……朔越
发送者	中国乾隆皇帝	尾辞	庶克歆承
接受者	琉球故王尚敬	正文文体	骈文体
纪年标准	中国纪年：乾隆二十一年	正文内容	谕祭琉球故王
语言种类	古代汉语	用典来源	《荀子》、《诗经》、《尚书》

5. 道光十八年（1838年）谕祭琉球故王尚灝文

维道光十有八年（岁次戊戌）六月庚午朔越[1]二十四日癸巳，皇帝遣正使翰林院修撰林鸿年[2]、副使翰林院编修高人鉴[3]致祭于琉球国中山王尚灝之灵曰：共球[4]奉职[5]，山河膺带砺[6]之封；圭瓒[7]陈卣[8]，筵几[9]沛丝纶[10]之泽。念梯航[11]之恭恪[12]，昭爵罤[13]之哀荣。特用贲章[14]，以扬豫荐[15]。尔琉球国中山王尚灝，渤澥[16]开疆，焘苴[17]分社[18]。璆琳[19]启检[20]，永绥赐履[21]之区；冠带来庭[22]，长效[23]越裳之贡[24]。从鸿胪[25]以典属[26]，琛献[27]爻间[28]；恬鳌极[29]以朝宗[30]，镜清[31]寰海。载徂[32]奄告[33]，抚[34]逝景[35]于桑洲[36]；赐醊[37]遥颁，降恩光[38]于椒醑[39]。诰宣[40]衔凤[41]，传龙节[42]以合符[43]；世守流虬[44]，嘉象胥[45]以缵服[46]。于戏！作溟澨[47]之屏藩，车书[48]承化[49]；发馨香[50]于俎豆[51]，楹桷[52]增华。惟寅恭[53]怀星拱[54]之忱，斯申锡[55]普云礽[56]之庆。褒兹灵爽[57]，尚克歆承[58]！①

【注释】

[1]朔越：从初一到某日。[2]林鸿年：道光十八年（1838年）册封琉球国王正使。[3]高人鉴：道光十八年（1838年）册封琉球国王副使。[4]共球：珍奇异宝。[5]奉职：奉行职事。[6]带砺：比喻所封爵位传之久远，或江山永固。[7]圭瓒：古代的一种玉制酒器，形状如勺，以圭为柄，用于祭祀。《书·文侯之命》："平王锡晋文侯秬鬯圭瓒。"[8]陈卣（yǒu）：放在卣的里面。卣：中国先秦时期酒器，口椭圆形，足为圈形，有盖和提梁，腹深，有圆形、椭圆形、方形、圆筒形等形状。[9]筵几：座席与几案。古代礼敬尊长或祭祀行

---

① 《历代宝案》第2集，卷一六六，"国立台湾大学"印行，第6894页。

礼时的陈设。《周礼·春官·肆师》："大宾客涖筵几，筑鬻，赞果将。"[10]丝纶：帝王诏书。《礼记·缁衣》："王言如丝，其出如纶。"[11]梯航：梯山航海的省语。谓长途跋涉。[12]恭恪：恭敬谨慎。[13]爵斝（jiǎ）：代指各种仪式。爵：古代饮酒的器皿，三足，以不同的形状显示使用者的身份。斝：古代酒器，青铜制，圆口，三足，用以温酒。两者均盛行于商代和西周初期。《诗·大雅·行苇》："或献或酢，洗爵奠斝。"[14]贡章：皇帝诏书。[15]豫荐：王权交替之时，先王预先推荐贤德的人士继任王位。[16]渤澥：渤海古称。此处泛指东海。[17]褒苴（jú）：苴茅褒土。古天子分封诸侯，授以用白茅裹着黄土覆盖的五色土使其归国立社。褒：覆。[18]分社：分立社稷，另立国家。[19]璆（qiú）琳：优美的文辞。此处代指皇帝诏书。[20]启检：打开封缄。[21]赐履：君主所赐的封地。履：所践履之界。《左传·僖公四年》："赐我先君履，东至于海，西至于河，南至于穆陵，北至于无棣。"[22]来庭：朝觐天子。[23]长效：经常效法。[24]越裳之贡：边远国家进贡之举。越裳：古代位于中国南方地区的属国。[25]鸿胪：鸿胪寺。中国传统的外交机构。[26]典属：秦九卿之一典客的属官。典客的职责为管理、掌控边疆民族、属国等地区事务。[27]琛献：进献珍宝。[28]次间：周时诸侯朝会歇息的帐幕。[29]鳌极：神话传说中女娲断鳌足所立的四极天柱。[30]朝宗：归顺。[31]镜清：镜面洁净。比喻清明太平。[32]载徂：死亡，消逝。[33]奄告：突然宣告。奄：忽然，突然。[34]抚：追抚。[35]逝景：逝去的光阴。[36]桑洲：泛指海岛。[37]赐酹（zhuì）：赐祭。酹：祭奠。[38]恩光：恩泽。[39]椒醑（xǔ）：以椒浸制的芳烈之酒。[40]诰宣：诰令宣告。[41]衔凤：《艺文类聚》卷九九引《春秋元命包》："火离为凤皇，衔书游文王之都，故武王受凤书之纪。"后用作帝王使者送达诏书的典实。[42]龙节：奉王命出使者所持之节。[43]合符：合符是中国流传久远的一项合盟信物制度，在文字发明之前常用于重大的政治、行政、庆典、军事等活动。符又称符节、符信，多以竹、木、兽皮、玉、骨等为材料，制成后一分为二，供持有者双方相互印证，也就是合符。[44]流虬：琉球。汉字中的"虬"，是龙的一种，以"琉虬"称琉球群岛，显然是从地理形势上加以冠名的。在成书于7世纪前期的《隋书》中，"琉虬"又被写作"流求"。在中国古代，龙是帝王的象征，与龙相关的字不能乱用，故以同音之字"求"替代了"虬"。其后，在我国史书中，都承袭了这一称谓，虽然在用字上有所出入，或作"流求"，或作"馏求"。至明代洪武五年（1372年），"琉球"一名的用字才被正式确定下来，并一直沿用至今。[45]象胥：周礼官名。古代接待四方使者的官员。亦用以指翻译人员。[46]缵服：继承职事。[47]溟瀛：海岛。[48]车书：车同轨、书同文，国家统一象征。[49]承化：承奉天运，进行教化。[50]馨香：散布很远的芳香、香气。[51]俎豆：祭祀、宴客用的器具。[52]椷楠（jué）：柱与橡。[53]寅恭：恭敬。[54]星拱：如众星环绕北斗。《论语·为政》："为政以德，譬如北辰，居其所，而众星共之。"[55]申锡：厚赐。[56]云礽：又作云仍。遥远的孙辈。比喻后继者。[57]褒兹灵爽：赞美神灵。[58]尚克歆承：希望能欣然承受。

【简析】

道光十八年（1838年），清廷颁布祭奠琉球已故国王尚灏的谕祭文。

文书基本信息表

文书种类	谕祭文	头辞	维……朔越
发送者	中国道光皇帝	尾辞	尚克歆承
接受者	琉球故王尚灏	正文文体	骈文体
纪年标准	中国纪年：道光十八年	正文内容	谕祭琉球故王
语言种类	古代汉语	用典来源	《尚书》、《周礼》、《礼记》、《诗经》、《左传》、《论语》

6. 同治五年（1866年）谕祭琉球故王尚育文

维同治五年丙寅七月丁巳朔越[1]二十日丙子，皇帝遣正使詹事府右赞善赵新[2]、副使内阁中书于光甲[3]致祭于已故琉球国中山王尚育之灵曰：车书[4]承化[5]，东瀛[6]之声教[7]常通；俎豆[8]升香，北阙[9]之恩施远播。念共球[10]之效顺，设爵罼[11]以饰终[12]。载考[13]彝章[14]，用陈嘉荐[15]。尔琉球国中山王尚育，拓疆碧海[16]，禀朔[17]丹宸[18]。常殷[19]就日[20]之心，梯航[21]修贡；凤仰同风[22]之治，琛献[23]来庭[24]。燕誉[25]称贤，槎使[26]屡驰乎龙节[27]；象胥[28]典属[29]，甌章[30]无阻于鲲溟[31]。嗟逝景[32]之难回，沦徂[33]忽告；宜轸怀[34]之倍切，奠醊[35]遥颁。凤诏[36]传宣[37]，谕祭而彤廷[38]宠渥[39]；鹢舟[40]利涉[41]，启行[42]而紫瀚[43]波恬[44]。于戏！祚[45]延茅土[46]之封，永盟带砺[47]；荣荷椒筵[48]之锡，爰沛[49]丝纶[50]。徽溯[51]生前，望宸居[52]而拱极[53]；典隆身后，膺申命[54]而贻庥[55]。告尔潜灵[56]，尚其歆格[57]！①

【注释】

[1]朔越：从初一到某日。[2]赵新：同治五年（1866年）的册封正使。[3]于光甲：同治五年（1866年）的册封副使。[4]车书：车同轨、书同文，国家统一象征。[5]承化：承奉天运，进行教化。[6]东瀛：东部海洋国家。[7]声教：声威教化。[8]俎豆：祭祀、宴客用的器具。[9]北阙：宫禁或朝廷的别称。[10]共球：珍奇异宝。[11]爵罼：代指各种仪式。[12]饰终：人死时给予尊荣。[13]载考：参考。载：语助词。[14]彝章：常典，旧典。[15]嘉荐：祭品。《仪礼·士冠礼》："甘醴惟厚，嘉荐令芳。"[16]碧海：传说比东瀛更东的大海。[17]禀朔：奉行正朔。喻臣服。[18]丹宸：宫殿。[19]常殷：时常有殷切的感情。[20]就日：比喻对天子的崇仰或思慕。[21]梯航：梯山航海的省语。谓长途跋涉。[22]同风：一同享受文明教化。[23]琛献：进献珍宝。[24]来庭：朝觐天子。[25]燕誉：安乐。[26]槎使：海上使节。槎：筏子。[27]龙节：奉王命出使者所持之节。[28]象胥：周礼官名。古代接待四方使者的官员。亦用以指翻译人员。[29]典属：秦九卿之一典客的属官。典客的职责为管理、掌控边疆民族、属国等地区事务。[30]甌章：规章。[31]鲲溟：大海。[32]逝景：逝去的光阴。[33]沦徂：死亡的消息。[34]轸怀：痛念。[35]奠醊：赐祭。[36]凤诏：诏书。[37]传宣：传达宣布。[38]彤廷：宫廷，朝廷。宫廷因以朱漆涂饰，故称。[39]宠渥：皇帝的宠爱与恩泽。[40]鹢（yì）舟：船头画有鹢鸟图像的船。[41]利涉：顺利渡河。《易·需》："贞吉，利涉大川。"[42]启行：出发；起程。《诗·大雅·公刘》："弓矢斯张，干戈戚扬，爰方启行。"[43]紫瀚：大海。[44]波恬：波涛平静。[45]祚：福。[46]茅土：封土。[47]带砺：比喻所封爵位传之久远，或江山永固。[48]椒筵：椒浆筵席，用以祭神。椒：椒浸制的酒浆。《楚辞·九歌·东皇太一》："蕙肴蒸兮兰藉，奠桂酒兮椒浆。"[49]沛：发布。[50]丝纶：帝王诏书。[51]徽溯：功业追溯到。[52]宸居：又作辰居。帝王居处。[53]拱极：拱卫北极星。后因以喻拱卫君王或四裔归附。《论语·为政》："为政以德，譬如北辰，居其所，而众星共之。"[54]申命：任命。[55]贻庥：泽及后人。[56]潜灵：幽魂。[57]尚其歆格：希望能享用。

【简析】

同治五年（1866年），清廷颁布祭奠琉球已故国王尚育的谕祭文。

---

① 赵新：《续琉球国志略》首卷。

文书基本信息表

文书种类	谕祭文	头辞	维……朔越
发送者	中国同治皇帝	尾辞	尚其歆格
接受者	琉球故王尚育	正文文体	骈文体
纪年标准	中国纪年：同治五年	正文内容	谕祭琉球故王
语言种类	古代汉语	用典来源	《诗经》、《仪礼》、《易经》、《论语》

（二）祭奠贡使谕祭文

1. 康熙四十年（1701年）谕祭琉球国正使毛德范文

维康熙四十年十二月十五日，皇帝谕祭琉球国正使毛德范之灵曰：远人效归化之义，入贡天朝；国家隆恤死之恩，均施外域。尔毛德范因使入贡，跋涉远来，黾勉[1]急公[2]，间关[3]况瘁[4]。方期早竣厥事[5]，不意在途遥殒[6]。朕用悯焉，特颁祭典，以慰幽魂。尔如有知，尚克歆餐[7]！①

【注释】

[1]黾勉：又作黾俛。勉励，尽力。《诗·邶风·谷风》："黾勉同心，不宜有怒。"[2]急公：热心公事。[3]间关：形容旅途艰辛。[4]况瘁（cuì）：憔悴，劳累。《诗·小雅·出车》："忧心悄悄，仆夫况瘁。"[5]早竣厥事：极早完成任务。[6]遥殒：死在远方。[7]尚克歆餐：希望能享受。

【简析】

康熙四十年（1701年），清廷颁布祭奠琉球贡使的谕祭文。

琉球正贡使耳目官毛德范在康熙三十九年（1700年）病逝于杭州，后葬于福州。墓左立有谕祭御碑，上刻康熙帝的谕祭文。

文书基本信息表

文书种类	谕祭文	头辞	维某年某月某日
发送者	中国康熙皇帝	尾辞	尚克歆餐
接受者	琉球正使毛德范	正文文体	骈文体
纪年标准	中国纪年：康熙四十年	正文内容	谕祭琉球正贡使
语言种类	古代汉语	用典来源	《诗经》

---

① 徐恭生：《福州与那霸关系史初探》，载《中日关系史论集》（第2辑），吉林人民出版社1984年版，第29页。

2. 乾隆六年（1741年）谕祭琉球国副使蔡其栋文

皇帝谕祭琉球国进贡副使正议大夫蔡其栋之灵曰：远人效归化之义，入贡天朝；国家隆恤死之恩，均施外域。尔蔡其栋因使入贡，跋涉远来，黾勉[1]急公[2]，间关[3]况瘁[4]。方期早竣厥事[5]，不意在途遽殒[6]。朕用悯焉，特颁祭典，以慰幽魂。尔如有知，尚克歆享[7]！①

【注释】

[1]黾勉：又作黾俛。勉励，尽力。[2]急公：热心公事。[3]间关：形容旅途艰辛。[4]况瘁（cuì）：憔悴，劳累。[5]早竣厥事：极早完成任务。[6]遽殒：突然死去。[7]尚克歆享：希望能享受。

【简析】

乾隆六年（1741年），清廷颁布祭奠琉球副贡使的谕祭文。

琉球进贡副使蔡其栋在乾隆六年（1741年）四月病逝于福州柔远驿，后葬于福州。墓左立有谕祭御碑，上刻乾隆帝的谕祭文。

文书基本信息表

文书种类	谕祭文	头辞	
发送者	中国乾隆皇帝	尾辞	尚克歆享
接受者	琉球副使蔡其栋	正文文体	骈文体
纪年标准	中国纪年：乾隆六年	正文内容	谕祭琉球副使
语言种类	古代汉语	用典来源	《诗经》

（三）祈、报海神、天后谕祭文

1. 康熙二十二年（1683年）谕祭海神文（祈、报二道）

祈：维康熙二十二年（岁次癸亥）六月壬申朔越[1]二十日辛卯，皇帝遣册封琉球国正使翰林院检讨汪楫[2]、副使中书舍人林麟焻[3]致祭于海神曰：惟神显异[4]风涛，效灵[5]瀛海。扶危脱险，每著[6]神功；捍患[7]御灾，允符[8]祀典[9]。兹因册封殊域，取道重溟[10]。爰[11]命使臣，洁将[12]禋祀[13]。尚其默佑[14]津途[15]，安流[16]利涉[17]；克将成命，惟神之休[19]！谨告。

---

① 那霸市史编纂委员会：《那霸市史》（资料篇）第一卷六，家谱资料二（上），那霸市企画部市史编集室，昭和五十五年，第311页。

报：维康熙二十二年（岁次癸亥）十二月戊戌朔越八日乙巳，皇帝遣册封琉球国正使翰林院检讨汪楫、副使中书舍人林麟焻致祭于海神曰：惟神显异风涛，效灵瀛海。扶危脱险，每著神功；捍患御灾，允符祀典。兹因册封殊域，取道重溟。爰命使臣，洁将禋祀。尚其默佑津途，安流利涉；克将成命，惟神之休。谨告。①

【注释】

[1]朔越：从初一到某日。[2]汪楫：康熙二十一年（1682年）册封琉球国王的正使。[3]林麟焻：康熙二十一年（1682年）册封琉球国王的副使。[4]显异：呈现奇异的神迹。[5]效灵：发生灵异的效果。[6]每著：每次都显扬。[7]捍患：抵御祸患。[8]允符：符合。[9]祀典：记载祭祀仪礼的典籍。[10]重溟：大海。[11]爰：于是。[12]洁将：洁蠲将事。除去繁杂而简洁地处理事务。[13]禋（yīn）祀：古代祭天的一种礼仪。先燔柴升烟再加牲体或玉帛于柴上焚烧，让天帝嗅味以享祭。禋：升烟祭天以求福。[14]尚其默佑：希望能默默护佑。[15]津途：道路，途经。[16]安流：使水流平静。[17]利涉：顺利渡河。[18]克将成命：能完成使命。[19]惟神之休：全靠神灵的庇护。

【简析】

康熙二十二年（1683年），册封使往返琉球过程中发布的祈祷、报答海神的祭文。

此处海神泛指各种海洋保护神。福建沿海一带，著名海神有天后（妈祖）、那公、陈尚书等。中国册封使出发前往琉球时，一般都将天后、那公等诸海神像一起奉请登舟："国朝册封琉球，向例请天后、那公神像供奉头号船，请尚书神像供奉二号船"②；"到闽日遵照旧章，迎请天后、尚书、那公各神像在船保护诏、敕"。③ 到琉球时，再恭请各路海神像登岸，安奉天妃庙内。归国时，恭请诸海神像登舟，回到福州后，奉安海神像于各自故里，一同致祭。

文书基本信息表

文书种类	谕祭文	头辞	维……朔越
发送者	中国康熙皇帝	尾辞	谨告
接受者	海神	正文文体	骈文体
纪年标准	中国纪年：康熙二十二年	正文内容	谕祭海神
语言种类	古代汉语	用典来源	《尚书》

2. 康熙五十八年（1719年）、五十九年（1720年）谕祭海神文（祈、报二道）

祈：维康熙五十八年（岁次己亥）五月癸酉朔越[1]二十一日癸巳，皇帝遣册封琉球

---

① 周煌：《琉球国志略》卷首。
② 齐鲲：《续琉球国志略》卷三。
③ 赵新：《续琉球国志略》卷二。

国正使翰林院检讨海宝[2]、副使翰林院编修徐葆光[3]致祭于海神曰：惟神显异[4]风涛，效灵[5]瀛海。扶危脱险，每著[6]神功；捍恶[7]御灾，允符[8]祀典[9]。兹因册封殊域，取道重溟[10]。爰[11]命使臣，洁将[12]禋祀[13]。尚其默佑[14]津途[15]，安流[16]利涉[17]；克将成命[18]，惟神之休[19]。谨告。

报：维康熙五十九年（岁次庚子）二月戊戌朔越三十日丁卯，皇帝遣册封琉球国正使翰林院检讨海宝、副使翰林院编修徐葆光致祭于海神曰：惟神诞昭[20]灵贶[21]，阴翊[22]昌图[23]。引使节以遄征[24]，越洪波而利济[25]。殊邦往复，成事无愆[26]；克畅[27]国威，实惟神佑。聿申[28]昭报[29]，重荐[30]苾芬[31]；神其鉴歆[32]，永有光烈[33]。谨告。①

【注释】

[1]朔越：从初一到某日。[2]海宝：康熙五十七年（1718年）册封琉球国王的正使。[3]徐葆光：康熙五十七年（1718年）册封琉球国王的副使。[4]显异：呈现奇异的神迹。[5]效灵：发生灵异的效果。[6]每著：每次都显扬。[7]捍恶：抵御祸患。[8]允符：符合。[9]祀典：记载祭祀仪礼的典籍。[10]重溟：大海。[11]爰：于是。[12]洁将：洁将事。除去繁杂而简洁地处理事务。[13]禋祀：古代祭天的一种礼仪。先燔柴升烟再加牲体或玉帛于柴上焚烧。[14]尚其默佑：希望能默默护佑。[15]津途：道路，途经。[16]安流：使水流平静。[17]利涉：顺利渡河。[18]克将成命：能完成使命。[19]惟神之休：全靠神灵的庇护。[20]诞昭：大为昭著；普遍昭示。[21]灵贶：神灵赐福。贶：赠，赐。[22]阴翊：暗中辅助。[23]昌图：宏图。[24]遄征：急行，迅速赶路。[25]利济：顺利渡河、渡海。[26]无愆：无错。[27]克畅：能够伸张。[28]聿申：表明；实施。[29]昭报：显著的报答。[30]重荐：隆重进献。[31]苾芬：神灵享用的芬芳之物。[32]神其鉴歆：希望神灵能够鉴赏、享受。[33]光烈：大业，伟绩。《书·洛诰》："王命予来，承保乃文祖受命民，越乃光烈考武王，弘朕恭。"

【简析】

康熙五十八年（1719年）、五十九年（1720年），册封使往返琉球过程中发布的祈祷、报答海神的祭文。

文书基本信息表

文书种类	谕祭文	头辞	维……朔越
发送者	康熙皇帝	尾辞	谨告
接受者	海神	正文文体	骈文体
纪年标准	中国纪年：康熙五十八、五十九年	正文内容	谕祭海神
语言种类	古代汉语	用典来源	《尚书》

3. 乾隆二十一年（1756年）、二十二年（1757年）谕祭海神文（祈、报二道）

祈：维乾隆二十一年（岁次丙子）六月丁酉朔越[1]六日壬寅，皇帝遣册封琉球国正

---

① 徐葆光：《中山传信录》卷一。另见周煌《琉球国志略》卷首。

使翰林院侍讲全魁[2]、副使詹事府右春坊右中允周煌[3]致祭于海神曰：惟神显异[4]风涛，效灵[5]瀛海。扶危脱险，每著[6]神功；捍患[7]御灾，允符[8]祀典[9]。兹因册封殊域，取道重溟[10]。爰[11]命使臣，洁将[12]禋祀[13]。尚其默佑[14]津途[15]，安流[16]利涉[17]；克将成命[18]，惟神之休[19]！谨告。

报：维乾隆二十二年（岁次丁丑）二月癸亥朔越十三日乙亥，皇帝遣册封琉球国正使翰林院侍讲全魁、副使詹事府右春坊右中允周煌致祭于海神曰：惟神诞昭[20]灵贶[21]，阴翊[22]昌图[23]。引使节以遄征[24]，越洪波而利济[25]。殊邦往复，成事无愆[26]；克畅[27]国威，实惟神佑。聿申[28]昭报[29]，重荐[30]苾芬[31]；神其鉴歆[32]，永有光烈[33]。谨告。①

【注释】

[1]朔越：从初一到某日。[2]全魁：乾隆二十年（1755年）册封琉球国王的正使。[3]周煌：乾隆二十年（1755年）册封琉球国王的副使。[4]显异：呈现奇异的神迹。[5]效灵：发生灵异的效果。[6]每著：每次都显扬。[7]捍患：抵御祸患。[8]允符：符合。[9]祀典：记载祭祀仪礼的典籍。[10]重溟：大海。[11]爰：于是。[12]洁将：洁蠲将事。除去繁杂而简洁地处理事务。[13]禋祀：古代祭天的一种礼仪。先燔柴升烟再加牲体或玉帛于柴上焚烧。[14]尚其默佑：希望能默默护佑。[15]津途：道路、途经。[16]安流：使水流平静。[17]利涉：顺利渡河。[18]克将成命：能完成使命。[19]惟神之休：全靠神灵的庇护。[20]诞昭：大为昭著；普遍昭示。[21]灵贶：神灵赐福。贶：赠、赐。[22]阴翊：暗中辅助。[23]昌图：宏图。[24]遄征：急行，迅速赶路。[25]利济：顺利渡河、渡海。[26]无愆：无错。[27]克畅：能够伸张。[28]聿申：表明；实施。[29]昭报：显著的报答。[30]重荐：隆重进献。[31]苾芬：神灵享用的芬芳之物。[32]神其鉴歆：希望神灵能够鉴赏、享受。[33]光烈：大业，伟绩。

【简析】

乾隆二十一年（1756年）、二十二年（1657年），册封使往返琉球过程中发布的祈祷、报答海神的祭文。

文书基本信息表

文书种类	谕祭文	头辞	维……朔越
发送者	中国乾隆皇帝	尾辞	谨告
接受者	海神	正文文体	骈文体
纪年标准	中国纪年：乾隆二十一、二十二年	正文内容	谕祭海神
语言种类	古代汉语	用典来源	《尚书》

4. 道光十八年（1838年）谕祭天后文（祈、报二道）

祈：维道光十有八年（岁次戊戌）五月辛丑朔越[1]一日壬寅，皇帝遣册封琉球国王

---

① 周煌：《琉球国志略》卷首。

正使翰林院修撰林鸿年[2]、副使翰林院编修高人鉴[3]致祭护国庇民、妙灵昭应、宏仁普济、福佑群生、诚感咸孚、显神赞顺、垂慈笃佑天后之神曰：唯神坤德[4]含章[5]，坎孚[6]普惠[7]。升灵[8]澥岛[9]，疏鲲壑[10]以波恬[11]；表贶[12]瀛壖[13]，导鲎帆[14]而风顺。应[15]台湾之赞武[16]，曾著[17]丰猷[18]；验闽峤[19]之安澜[20]，聿瞻[21]显应[22]。兹以锡封殊域，取道重溟[23]。爰[24]命使臣，祗将[25]祀典[26]。尚其护兹纶绰[27]，佑彼津途[28]。波浪无惊，飞鹚[29]度高华之屿[30]；苾芬[31]特荐[32]，硕牲[33]祈利济[34]之符。蠲絜[35]式陈[36]，神明来格[37]！

报：维道光十有八年（岁次戊戌）□月□□朔越□日□□，皇帝遣册封琉球国王正使翰林院修撰林鸿年、副使翰林院编修高人鉴致祀护国庇民、妙灵昭应、宏仁普济、福佑群生、诚感咸孚、显神赞顺、垂慈笃佑天后之神曰：惟神诞昭[38]灵应[39]，隆翊[40]昌图[41]。导龙节[42]以南来，丝纶[43]日焕[44]；护鲎帆而北返，旌斾[45]风和。仰神贶[46]之无疆，岛屿胥呈[47]其五色[48]；俾使星[49]之有耀[50]，波涛远涉乎重洋。聿答嘉祥[51]，宜申[52]秩祀[53]。六鳌[54]浪谧[55]，用宣威德于茅封[56]；双鹚云归[57]，式荐[58]苾芬[59]于禾稞[60]。敬酬灵爽[61]，尚鉴馨香[62]！①

【注释】

[1]朔越：从初一到某日。[2]林鸿年：道光十八年（1838年）册封琉球国王正使。[3]高人鉴：道光十八年（1838年）册封琉球国王副使。[4]坤德：地德。喻指皇后的功德。天后为女神，故此处用"坤德"。[5]含章：包含美质。章：美。《易·坤》："六三，含章可贞。"[6]坎孚：在重重艰险中给人信心。《易·坎·象传》："习坎，重险也。水流而不盈，行险而不失其信，维心亨，乃以刚中也。行有尚，往有功也。"[7]普惠：惠及万物。[8]升灵：神灵出现。[9]澥岛：海岛。[10]鲲壑：古称会稽之外海。[11]波恬：波涛平静。[12]表贶：赐福的征兆。[13]瀛壖：海岸。[14]鲎（hòu）帆：鲎背部甲壳可上下翘动，上举时称为鲎帆。此处指在海洋远航的船只。[15]应：感应，对应。[16]赞武：战功。[17]曾著：曾经显扬。[18]丰猷：大功业。[19]闽峤：福建境内的山地。[20]安澜：水波平静。比喻太平。[21]聿瞻：看到。聿：语助词。[22]显应：显示感应。[23]重溟：大海。[24]爰：于是。[25]祗将：恭敬地处理。[26]祀典：记载祭祀仪礼的典籍。[27]纶绰：皇帝的诏令。[28]津途：道路，途经。[29]飞鹚：飞的水鸟。[30]高华之屿：高华屿，即钓鱼岛及其附近岛屿。它是隋朝中国正式命名包含在"列姑射"中钓鱼岛的一个名字，是钓鱼岛最原始的命名。[31]苾芬：神灵享用的芬芳之物。[32]特荐：特别进献。[33]硕牲：肥大的牲畜。《周礼·地官·充人》："展牲则告栓，硕牲则赞。"[34]利济：顺利渡河、渡海。[35]蠲絜：又作蠲洁。清洁。[36]式陈：陈列。[37]神明来格：神明来享用。[38]诞昭：大为昭著；普遍昭示。[39]灵应：灵验。[40]隆翊：大力辅助。[41]昌图：宏图。[42]龙节：奉王命出使者所持之节。[43]丝纶：帝王诏书。[44]日焕：越来越光辉灿烂。[45]旌斾：旗帜。[46]神贶：神赐。[47]胥呈：全部呈现。胥：全，都。[48]五色：指青、黄、赤、白、黑5种色彩。《书·益稷》："以五采彰施于五色，作服，汝明。"[49]使星：使者。[50]有耀：光荣。[51]嘉祥：祥瑞。[52]宜申：应该实施。[53]秩祀：依礼分等级举行之祭。[54]六鳌：神话中负载五仙山的6只大龟。[55]浪谧：风平浪静。[56]茅封：分封诸侯。古代天子分封诸侯时，赐以白茅包裹的社坛方土。[57]云归：乘云归去。仙逝。[58]式荐：进献。式：语助词。[59]苾芬：神灵享用的芬芳之物。[60]禾稞：稞。稞仿照禾稼的样子制造，《正字通》："两柱交似禾稼，故曰稞。"因此"稞"也称"禾稞"。[61]敬酬灵爽：恭进

---

① 赵新：《续琉球国志略》首卷。

地酬谢神灵。[62]尚鉴馨香：希望鉴赏馨香之物。

【简析】

道光十八年（1838年），册封使往返琉球过程中发布的祈祷、报答天后的祭文。

天后崇拜是流传于福建等东南沿海地区的妈祖信仰内容。关于天后事迹，史料多有记载。天后本名林默，北宋时期诞生于福建莆田贤良港，升天于隔海相望的湄洲岛。后被尊为妈祖，被封为"海神"，宋时就已被统治者封为"妃"，元、明时被敕封为"天妃"。康熙十九年（1680年），加封海神天妃为"护国庇民、妙灵昭应、弘仁普济天妃"；康熙二十年（1681年），允福建提臣万正色之请，诏封"昭灵显应仁慈天后"。至此，天妃升格为天后。康熙五十九年（1720年），允准册封使海宝等之请，奉旨"册封琉球，于怡山院祭天妃；并准地方官春秋致祭，编入祀典"。乾隆二年（1737年），允闽督郝玉麟之请，钦定加封"福佑群生"4字。乾隆二十二年（1757年）四月，允册封使全魁的请求，嗣后谕祭天后祈、报文两道，书明天后封号，仍于怡山院天后宫致祭，加封"护国庇民、妙灵昭应、弘仁普济、福佑群生、诚感咸孚天后"。此后，加封的神号越来越多，到同治时期，加封天后的封号已经积至60个字了：护国庇民、妙灵昭应、弘仁普济、福佑群生、诚感咸孚、显神赞顺、垂慈笃佑、安澜利运、泽覃海宇、恬波宣惠、导流衍庆、靖洋锡祉、恩周德溥、卫漕保泰、振武绥疆。

文书基本信息表

文书种类	谕祭文	头辞	维……朔越
发送者	中国道光皇帝	尾辞	神明来格（祈文）、尚鉴馨香（报文）
接受者	天后	正文文体	骈文体
纪年标准	中国纪年：道光十八年	正文内容	谕祭天后
语言种类	古代汉语	用典来源	《易经》、《周礼》、《尚书》

5. 道光十八年（1838年）谕祭南海之神文（祈、报二道）

祈：维道光十有八年（岁次戊戌）□月□□朔越[1]□日□□，皇帝遣册封琉球国王正使翰林院修撰林鸿年[2]、副使翰林院编修高人鉴[3]致祭南海之神曰：惟神惠孚[4]兑泽[5]，位正离明[6]。表觋[7]麟洲[8]，接日星[9]而滉瀁[10]；征祥[11]鳌极[12]，汇江汉以朝宗[13]。遥覃[14]南服之恩波，青云[15]干吕[16]；近接中山[17]之贡道，锦浪[18]乘槎[19]。兹以诏赉[20]藩封，道经巨瀚[21]。用祈庇佑，特荐[22]苾芬[23]。尚其静摄[24]波涛，稳浮[25]樯楫[26]！焕[27]丝纶[28]于华屿[29]，使节霞辉；登罍俎[30]于瑶坛[31]，灵旗[32]风细。恪将[33]秩祀[34]，敬迓[35]神麻[36]！

报：维道光十有八年（岁次戊戌）□□月□□朔越□日□□，皇帝遣册封琉球国王正使翰林院修撰林鸿年、副使翰林院编修高人鉴致祀南海之神曰：惟神泽普无涯，功昭[37]

既济[38]。瑶光[39]交彩[40]，导龙节[41]以遄征[42]；锦缆[43]澄辉[44]，泛鲸波[45]而利涉[46]。鸾章[47]捧至，丸封[48]群慑[49]乎德威；隼旆[50]归来，珠岛[51]益征[52]夫灵贶[53]。聿修[54]牲荐[55]，敬报鸿猷[56]。露舶风樯[57]，效顺纪[58]鸣鼍[59]之候；芬枝[60]黼构[61]，酬庸[62]隆肸蠁[63]之仪。式侑馨香[64]，神其歆格[65]!①

【注释】

[1]朔越：从初一到某日。[2]林鸿年：道光十八年（1838年）册封琉球国王正使。[3]高人鉴：道光十八年（1838年）册封琉球国王副使。[4]惠孚：诚信恩惠。[5]兑泽：水，大海。[6]离明：日光。[7]表贶：赐福的征兆。[8]麟洲：凤麟洲，神仙居住之地。[9]日星：太阳和星星。[10]溟漾：水深广貌。[11]征祥：祥兆。[12]鳌极：神话传说中女娲断鳌足所立的四极天柱。[13]朝宗：归顺。[14]遥覃：恩泽覆盖到遥远的地方。[15]青云：高空的云。[16]干吕：阴气调和。[17]中山：琉球中山国。[18]锦浪：美丽的海浪。[19]乘槎：乘坐竹、木筏。后用以比喻奉使。[20]诏赉：诏书和赏赐。[21]巨澥：大海。[22]特荐：特别进献。[23]苾芬：神灵享用的芬芳之物。[24]静摄：使平静。[25]稳浮：平稳漂浮。[26]樯楫：桅杆和船桨，引申为帆船。[27]焕：光辉。[28]丝纶：帝王诏书。[29]华屿：高华屿，即钓鱼岛及其附近岛屿。它是隋朝中国正式命名包含在"列姑射"中的钓鱼岛一个名字，是钓鱼岛最原始的命名。[30]罍俎（léi zǔ）：祭祀的器具。罍：大型盛酒器和礼器。俎：祭祀时放祭品的器物。[31]瑶坛：用美玉砌成的高台；对祭坛的美称。[32]灵旗：神灵的旗子。[33]恪将：恭敬地处理。[34]秩祀：依礼分等级举行之祭。[35]敬迓：恭敬地迎接。[36]神麻：神灵护佑。[37]功昭：大功。[38]既济：全部完成。[39]瑶光：北极星第7星，象征祥瑞。[40]交彩：错杂多彩。[41]龙节：奉王命出使者所持之节。[42]遄征：鸿业，大业。[43]锦缆：锦制的缆绳，精美的缆绳。[44]澄辉：清光。[45]鲸波：巨浪。[46]利涉：顺利渡河。[47]鸾章：诏书。[48]丸封：守险拒敌。[49]群慑：慑众。[50]隼旆（pèi）：画有隼鸟的旗帜。[51]珠岛：宝岛。[52]益征：更加象征。[53]灵贶：神灵赐福。[54]聿修：置备。聿：语助词。[55]牲荐：进献的牺牲。[56]鸿猷：鸿业，大业。[57]露舶风樯：风雨中的船只。[58]纪：象征。[59]鸣鼍（tuó）：鼍鼓的响声。[60]芬枝：散发香气的树枝。[61]黼构：华丽的建筑物。[62]酬庸：酬劳。[63]肸蠁（xī xiǎng）：散布，弥漫，连绵；比喻灵感通微。肸：振动。蠁：知声虫。[64]式侑馨香：酬答以馨香之物。[65]神其歆格：希望神灵来享受祭品。

【简析】

道光十八年（1838年），册封使发布的祈祷、报答南海之神的祭文。

我国东南沿海的海洋保护神众多，除了妈祖之外，南海等其他海神也是重要的神祇。清廷在册封琉球国王往来过程中，颁发谕祭南海之神的祈、报文两道，于江岸望祭。

---

① 赵新：《续琉球国志略》首卷。

第三章 清代中国与琉球往来朝贡文书研究

文书基本信息表

文书种类	谕祭文	头辞	维……朔越
发送者	中国道光皇帝	尾辞	敬迓神庥（祈文）、神其歆格（报文）
接受者	南海之神	正文文体	骈文体
纪年标准	中国纪年：道光十八年	正文内容	谕祭南海海神
语言种类	古代汉语	用典来源	《易经》

6. 同治五年（1866年）谕祭天后文（祈、报二道）

祈：维同治五年（岁次丙寅）□月□□朔越[1]□日□□，皇帝遣册封琉球国王正使詹事府右赞善赵新[2]、副使内阁中书舍人于光甲[3]致祀护国庇民、妙灵昭应、弘仁普济、福佑群生、诚感咸孚、显神赞顺、垂慈笃佑、安澜利运、泽覃海宇、恬波宣惠、导流衍庆、靖洋锡祉、恩周德溥、卫漕保泰、振武绥疆天后之神曰：唯神功赞[4]乾元[5]，德符坤厚[6]。云軿[7]显异[8]，八闽[9]叨[10]呵护之庥；雾节[11]敷仁[12]，四海切[13]馨香[14]之报。济舳舻[15]之转运，灵偃[16]鲸波[17]；导斧钺[18]以专征，威扬鳌极[19]。巍号[20]迭崇[21]于紫阶[22]，明徽[23]久播于沧瀛[24]。兹以颁诏藩封，渡航渤澥[25]。默冀鸿慈[26]之庇，用修[27]牲荐[28]之仪。尚其佑彼津途[29]，利兹舟楫[30]！锦帆[31]霞灿[32]，捧芝检[33]以宣勤[34]；瑶罋[35]星罗[36]，奠椒浆[37]而告洁[38]。神其来格[39]，鉴此苾芬[40]！

报：维同治五年（岁次丙寅）□月□□朔越□日□□，皇帝遣册封琉球国王正使詹事府右赞善赵新、副使内阁中书舍人于光甲致祀护国庇民、妙灵昭应、弘仁普济、福佑群生、诚感咸孚、显神赞顺、垂慈笃佑、安澜利运、泽覃海宇、恬波宣惠、导流衍庆、靖洋锡祉、恩周德溥、卫漕保泰、振武绥疆天后之神曰：唯神隆翊[41]昌图[42]，诞敷[43]阃泽[44]。波恬[45]析木[46]，导龙节[47]以遄归[48]；日丽[49]扶桑[50]，护鹢舟[51]而径渡[52]。焕[53]丝纶[54]于万里，殊叨湛露[55]之施；扬旌旆[56]于十洲[57]，巨瀚[58]验长风之顺。俾使星[59]之有耀[60]，信灵贶[61]之无涯。爰举[62]明禋[63]，用申[64]寅感[65]。回帆珠岛[66]，允占利涉[67]于南溟[68]；献帛瑶祠[69]，弥切报□于北阙[70]。恪修祀典[71]，冀答神庥[72]！①

【注释】

[1]朔越：从初一到某日。[2]赵新：同治五年（1866年）的册封正使。[3]于光甲：同治五年（1866年）的册封副使。[4]功赞：功在赞化。[5]乾元：世界生成的元动力。《易·乾》："大哉乾元，万物资始，乃统天。"[6]坤厚：大地博厚。[7]云軿（píng）：神仙所乘之车。以云为之，故云。軿：古代一种有帷幔的车，多供妇女乘坐。[8]显异：呈现奇异的神迹。[9]八闽：福建省的别称。福建之内，内陆闽西的建、延、邵、汀的上四府和沿海闽东福、兴、漳、泉的四府，共八府，总称"八闽"。[10]叨：承受。[11]雾节：仪仗盛大的样子。[12]敷仁：推广仁德。[13]切：恳切。[14]馨香：芳香。

---

① 赵新：《续琉球国志略》首卷。

[15]舳舻（zhú lú）：首尾衔接的船只。舳：船尾。舻：船头。[16]偃：使停息。[17]鲸波：巨浪。[18]斧钺：古代兵器，国家权威的象征。[19]鳌极：神话传说中女娲断鳌足所立的四极天柱。[20]巍号：崇高的名号。[21]迭崇：不断地加封崇高的名号。[22]紫阶：代指中央朝廷。[23]明徽：卓著的功业。[24]沧瀛：沧海；东方海隅之地。[25]渤澥：渤海古称。此处泛指东海。[26]鸿慈：大恩。[27]用修：于是置备。用：于是，因此。[28]牲牢：进献的牺牲。[29]津途：道路，途经。[30]利兹舟楫：保佑船只。[31]锦帆：锦制的船帆。借指装饰华丽的船。[32]霞灿：霞光灿烂。[33]芝检：帝王诏书。芝：芝泥，添加香料的封泥。检：在牍检相合后缚之以绳，结绳施泥，泥上钤之以玺印，这一封检之程序，叫"检"。[34]宣勤：褒扬频繁出使的行为。[35]瑶斝：玉制的酒杯。亦用作酒杯的美称。[36]星罗：罗列。[37]椒浆：椒浸制的酒浆。[38]告洁：祭祀过程中的一个环节。[39]神其来格：神灵来享用祭品吧。[40]鉴此苾芬：鉴赏这芳香之物。[41]隆翊：大力辅助。[42]昌图：宏图。[43]诞敷：遍布。[44]阎泽（yì）：又作阎怿。和乐的局面。[45]波恬：波涛平静。[46]析木：古代幽燕地域的代称。此处指东部海边地区。[47]龙节：奉王命出使者所持之节。[48]遄归：快速返回。[49]日丽：日光灿烂。[50]扶桑：传说中的东方海域的古国名。[51]鹢舟：船头画有鹢鸟图像的船。[52]径渡：没有阻碍地渡过。[53]焕：光辉。[54]丝纶：帝王诏书。[55]湛露：比喻君王的恩惠。[56]旌旆：旗帜。[57]十洲：道教称大海中神仙居住的10处名山胜境。亦泛指仙境。[58]巨瀣：大浪。[59]使星：使者。[60]有耀：光荣。[61]灵贶：神灵赐福。[62]爰举：于是举行。[63]明禋：明洁诚敬的献享。明：洁。禋：敬。《书·洛诰》："伻来毖殷，乃命宁予以秬鬯二卣，曰明禋，拜手稽首休享。"[64]用申：因此宣告、实施。[65]寅感：恭敬感。寅：敬。[66]珠岛：宝岛。[67]利涉：顺利渡河。[68]南溟：南方大海。[69]瑶祠：祭祀神仙的祠庙。[70]北阙：宫禁或朝廷的别称。[71]祀典：记载祭祀仪礼的典籍。[72]冀答神庥：希望报答神灵的庇护。

【简析】

同治五年（1866年），册封使往返琉球过程中发布的祈祷、报答天后的祭文。

文书基本信息表

文书种类	谕祭文	头辞	维……朔越
发送者	中国同治皇帝	尾辞	鉴此苾芬（祈文）、冀答神庥（报文）
接受者	天后	正文文体	骈文体
纪年标准	中国纪年：同治五年	正文内容	谕祭天后
语言种类	古代汉语	用典来源	《易经》、《尚书》

7. 同治五年（1866年）谕祭南海之神文（祈、报二道）

祈：维同治五年（岁次丙寅）□月□□朔越[1]□日□□，皇帝遣册封琉球国王正使詹事府右赞善赵新[2]、副使内阁中书舍人于光甲[3]致祀南海之神曰：惟神望超[4]四渎[5]，量纳百川。布阊[6]朱崖[7]，允正[8]离明[9]之位；扬庥[10]碧澥[11]，式符[12]兑泽[13]之占。翔瑞霭[14]于鳌峰[15]，永绥南服；静洪涛于鲲壑[16]，远达中山[17]。显应[18]丕昭[19]，群情共戴。兹以锡封海峤[20]，取道瀛壖[21]。修秩祀[22]以抒忱，冀神聪[23]之默鉴[24]！尚其护

第三章 清代中国与琉球往来朝贡文书研究

兹纶绋[25]，导以津梁[26]。鲎帆[27]宣奉使之勤[28]，辉腾霓旆[29]；龙勺[30]肃荐馨[31]之典，灵集云旗[32]。洁侑[33]丰禋[34]，祗祈嘉贶[35]！

报：维同治五年（岁次丙寅）□月□□朔越□日□□，皇帝遣册封琉球国王正使詹事府右赞善赵新、副使内阁中书舍人于光甲致祀南海之神曰：惟神德懋[36]含宏[37]，惠敷[38]利济[39]。扬舲[40]鱼屿[41]，导星使[42]以宣猷[43]；返旆[44]鹏溟[45]，率波臣[46]而效职[47]。云护[48]十行之丹纶[49]，琼岛[50]遄经[51]；岛回万顷之紫澜[52]，牙樯[53]稳渡[54]。远播天威于殊域，实叨[55]神佑于重洋。默念丰功，宜隆[56]昭报[57]。鸾函[58]恩锡，茅封[59]深翊戴[60]之忱；隼旆[61]吉旋[62]，芝罍[63]肃苾芬之荐[64]。敬酬灵爽[65]，尚冀来歆[66]！①

【注释】

[1]朔越：从初一到某日。[2]赵新：同治五年（1866年）的册封正使。[3]于光甲：同治五年（1866年）的册封副使。[4]望超：威望超越。[5]四渎：中国道教中的江、河、淮、济4条入海河流，为中国民间信仰的河流神的代表。[6]布闿：施布欢乐。闿：通"恺"，欢乐。[7]朱崖：红色山崖。泛指边远地区。[8]允正：允当平正。[9]离明：日光。[10]扬庥：提供庇护。[11]碧瀚：碧海。[12]式符：符合。[13]兑泽：恩惠。[14]瑞霭：吉祥之云气。[15]鳌峰：江海中的岛屿。因如巨鳌背负山峰，故名。[16]鲲壑：古称会稽之外海。[17]中山：琉球中山国。[18]显应：显灵，显示感应。[19]丕昭：特别明显。[20]海峤：海边山岭。[21]瀛壖：海岸。[22]秩祀：依礼分等级举行之祭。[23]神聪：神灵。[24]默鉴：安静地鉴赏。[25]纶绋：皇帝的诏令。[26]津梁：桥梁。[27]鲎帆：鲎背部甲壳可上下翘动，上举时称为鲎帆。此处指在海洋远航的船只。[28]宣奉使之勤：褒扬频繁出使的行为。[29]霓旆：彩色的旗帜。[30]龙勺：古礼器。用以舀酒浆。柄刻龙形，故称。《礼记·明堂位》："其勺，夏后氏以龙勺，殷以疏勺，周以蒲勺。"[31]荐馨：祭祀时进献香物。[32]云旗：以云为旗。《楚辞·九歌·东君》："驾龙舟兮乘雷，载云旗兮委蛇。"[33]洁侑：洁净酬答。侑：酬答。[34]丰禋：丰盛精洁的祭祀。[35]祗祈嘉贶：敬祈美好的赐福。[36]德懋：在德行上勉力。《书·仲虺之诰》："德懋懋官，功懋懋赏。"[37]含宏：又作含弘。包容博厚。《易·坤》："象曰：至哉坤元，万物资生……含弘光大，品物咸亨。"[38]惠敷：恩惠普及。[39]利济：顺利渡河、渡海。[40]扬舲：舟船出海。舲：有窗的小船。[41]鱼屿：可供垂钓或用于捕鱼的小岛。[42]星使：古时认为天节八星主使臣事，因称帝王的使者为星使。[43]宣猷：施展谋划与方略。[44]返旆：回师；返归。旆：古代旗旗末端形如燕尾的垂旒飘带。代指旗帜。[45]鹏溟：泛指大海。[46]波臣：指水族。古人设想江海的水族也有君臣，其被统治的臣隶称为"波臣"。[47]效职：尽职。[48]云护：神仙保护。[49]十行之丹纶：帝王诏书。古代诏书写在简牍上。牍又称"版"、"板"，为长方形，一般书写5行。汉光武帝刘秀则下令书写10行，"其以手迹赐方国者，皆一札十行，细书成文"（《后汉书·循吏传》）。[50]琼岛：海岛。[51]遄经：迅速经过。[52]紫澜：紫色波涛。[53]牙樯：象牙装饰或顶端尖锐如象牙的樯杆，后为樯杆的美称；借指舟船。[54]稳渡：在江河上平安行驶。[55]叨：承受。[56]宜隆：应该隆重。[57]昭报：显著的报答。[58]鸾函：对人所藏书卷的敬称。[59]茅封：分封诸侯。[60]翊戴：辅佐拥戴。[61]隼旆：画有隼鸟的旗帜。[62]吉旋：平安归来。[63]芝罍：尊贵的祭祀用具。[64]苾芬之荐：进献的芬芳之物。[65]敬酬灵爽：诚敬报答神灵。[66]尚冀来歆：希望享用。

【简析】

同治五年（1866年），册封使往返琉球过程中发布的祈祷、报答南海之神的祭文。

---

① 赵新：《续琉球国志略》首卷。

文书基本信息表

文书种类	谕祭文	头辞	维……朔越
发送者	中国同治皇帝	尾辞	祗祈嘉贶（祈文）、尚冀来歆（报文）
接受者	南海之神	正文文体	骈文体
纪年标准	中国纪年：同治五年	正文内容	谕祭南海海神
语言种类	古代汉语	用典来源	《礼记》、《楚辞》、《尚书》、《易经》

四、敕谕例析

1. 顺治四年（1647年）颁给琉球世子尚贤敕谕

谕琉球国王敕曰：朕抚定中原，视天下为一家。念尔琉球自古以来世世臣事中国，遣使朝贡，业有[1]往例。今故遣人敕谕尔国，若能顺天循理，可将故明[2]所给封诰、印、敕，遣使赍送来京，朕亦照旧封锡。特谕。①

【注释】

[1]业有：已有。[2]故明：前代明朝。

【简析】

顺治三年（1646年）九月，清军征南大将军贝勒博洛攻入福建，消灭南明隆武政权。琉球世子尚贤派遣来闽庆贺唐王称帝的琉球使臣随大将军贝勒来京投诚。琉球使臣在顺治四年（1647年）到达京城。清廷礼部颁发敕书1道，命通事谢必振为招抚使往谕琉球。

文书基本信息表

文书种类	敕谕	头辞	谕琉球国王敕曰
发送者	中国顺治皇帝	尾辞	特谕
接受者	琉球世子尚贤	正文文体	
纪年标准	中国纪年：顺治四年	正文内容	下令琉球归顺清朝
语言种类	古代汉语	用典来源	

---

① 《清世祖实录》卷三二，顺治四年六月丁丑条。另见《历代宝案》第1集，卷三，"国立台湾大学"印行，第108页。

2. 顺治八年（1651年）颁给琉球国王尚质敕谕

皇帝敕谕琉球国王：尔国承命向化，奉表[1]投诚，朕甚嘉焉。奏内有云，献琛[2]稍宽于来禩[3]，以故[4]馆留[5]周国盛等三人在京，随于七年五月内，遣梁廷翰等十九人回谕尔国。迄今故明敕、印未缴，并去使无有消息，意者[6]海道迂远，风波险阻，抑有别故未达尔国耶？来使留京日久，朕甚悯念，今赏赐表里[7]、银两遣归，沿途给与脚力、口粮，添人驾船，同通官谢必振回报尔国，听尔国便宜[8]复命，用示朕怀柔至意。故谕。

顺治八年九月初八日①

【注释】

[1] 奉表：上表。[2] 献琛：进献宝贝。[3] 来禩：又作来祀。来年；后世。[4] 以故：因此。[5] 馆留：留在会同馆。[6] 意者：表示选择。意为"是……还是……"。[7] 表里：衣服的面子与里子。亦泛指衣料。[8] 便（biàn）宜：方便合适。

【简析】

清廷通过与琉球初几轮的接触后发现，琉球虽然表示投诚清廷，但并未上缴明朝敕、印，也未派出请封使前往北京。清廷认为琉球有意游移观望。顺治八年（1651年），清廷颁发敕谕，命谢必振再次往谕琉球。

文书基本信息表

文书种类	敕谕	头辞	皇帝敕谕琉球国王
发送者	中国顺治皇帝	尾辞	故谕
接受者	琉球国王尚质	正文文体	
纪年标准	中国纪年：顺治八年	正文内容	追问进贡
语言种类	古代汉语	用典来源	

3. 顺治十一年（1654年）颁给琉球国王尚质敕谕

皇帝敕谕琉球国王世子尚质：惟尔克笃忠顺，向化归心，今遵谕旨。今尔王舅马宗毅等敬修职贡[1]，赴阙[2]来朝，缴上旧诏、敕、印，朕甚嘉之。特遣兵科副理官张学礼、行人司王垓封尔为琉球国中山王并赐尔及妃文币[3]等物。尔宜祗承[4]宠命，恪守藩服。钦哉！特谕。

---

① 《清世祖实录》卷六〇，顺治八年九月壬午条。另见《历代宝案》第1集，卷三，"国立台湾大学"印行，第114页。

颁赐国王：蟒缎二匹，青采缎三匹，蓝彩缎三匹，蓝素缎三匹，衣素二匹，闪缎二匹，锦三匹，绸四匹，罗四匹，纱四匹。

颁赐王妃：青采缎二匹，蓝彩缎二匹，妆缎一匹，闪缎一匹，蓝素缎二匹，衣素二匹，锦二匹，罗四匹，纱四匹。

顺治十一年七月初一日①

【注释】

[1]职贡：藩属或外国对于朝廷按时的贡纳。[2]赴阙：入朝。[3]文币：绸缎等丝织品。[4]祗承：敬奉。

【简析】

顺治十一年（1654年），清廷派遣张学礼、王垓携带册封琉球国王尚质的诏书、敕谕前往琉球。在到达福建后，由于反清势力活动频繁，无法成行。册封使在福建滞留4年，最后无功而返。

文书基本信息表

文书种类	敕谕	头辞	皇帝敕谕琉球国王世子尚质
发送者	中国顺治皇帝	尾辞	钦哉！特谕
接受者	琉球国王尚质	正文文体	
纪年标准	中国纪年：顺治十一年	正文内容	册封琉球国王，颁赐物品
语言种类	古代汉语	用典来源	

4. 康熙元年（1662年）颁给琉球国王尚质敕谕

皇帝敕谕琉球国世子尚质：尔国慕恩向化，遣使入贡，世祖章皇帝[1]嘉乃抒诚，特颁恩赍[2]，命使兵科副理官张学礼等赍捧敕、印，封尔为琉球国中山王。乃[3]海道未通，滞闽多年，致尔使人物故[4]甚多。及学礼等奉挈[5]回京之日，又不将前情奏明，该地方督抚诸臣，亦不行奏请。迨[6]朕屡旨诘问，方悉此情。朕念尔国倾心修贡，宜加优恤，乃使臣及地方各官逗留迟误，岂朕柔远之意！今已将正副使、督抚等官分别处治，特颁使臣恩赍，仍遣正使张学礼、副使王垓，令其自赎前罪，暂还原职，速送使人归还本国。一应敕封事宜，仍照世祖章皇帝前旨行。朕恐尔国未悉朕意，故再降敕谕，俾尔闻知。尔其益殚厥诚[7]，毋替朕命。钦哉！故谕。

---

① 《历代宝案》第1集，卷三，"国立台湾大学"印行，第116—117页。

康熙元年十月二十八日①

【注释】

[1]世祖章皇帝：顺治帝。[2]恩赉：恩赐的财物。[3]乃：可是，然而。[4]物故：去世。[5]奉挈：奉命。[6]迨：到。[7]厥诚：忠诚。厥：其。

【简析】

康熙元年（1662年），郑成功病逝，南明永历帝流亡缅甸。东南反清势力有所削弱，在顺治十一年（1654年）未能完成的册封琉球国王的任务重新提上议事日程。康熙元年（1662年）十月，清廷下令张学礼、王垓再次携带敕谕、诏书等前往琉球册封。康熙二年（1663年）六月，册封使团抵达琉球，十一月事竣返国。清廷历经波折，最终成功册封琉球国王。

文书基本信息表

文书种类	敕谕	头辞	皇帝敕谕琉球国世子尚质
发送者	中国康熙皇帝	尾辞	钦哉！故谕
接受者	琉球国王尚质	正文文体	
纪年标准	中国纪年：康熙元年	正文内容	第二次册封琉球国王
语言种类	古代汉语	用典来源	

5. 康熙二十一年（1682年）颁给琉球国王尚贞敕谕

皇帝敕谕琉球国中山王世子尚贞：惟尔远处海隅，虔修职贡[1]；属在冢嗣[2]，序应承祧[3]。以朝命[4]未膺，罔敢专擅；恪遵典制，奉表[5]请封。朕念尔世守臣节，忠诚可嘉！特遣正使翰林院检讨汪楫[6]、副使内阁中书舍人加一级林麟焻[7]赍敕封尔为琉球国中山王，并赐尔及妃文币[8]等物。尔祗承[9]宠眷，懋绍[10]先猷[11]；辑和[12]臣民，慎固封守[13]。用安宗社[14]于苞桑[15]，永作天家之翰屏。钦哉！毋替朕命。故谕。

康熙二十一年六月十一日②

【注释】

[1]职贡：藩属或外国对于朝廷按时的贡纳。[2]冢嗣：嫡长子。[3]承祧：承继奉祀祖先的宗庙。[4]朝命：朝廷的任命。[5]奉表：上表。[6]汪楫：康熙二十一年（1682年）册封琉球国王的正使。

---

① 《中山世谱》卷八，《国家图书馆藏琉球资料续编》下册，第257—258页。另见《历代宝案》第1集，卷三，"国立台湾大学"印行，第117—118页。

② 《中山世谱》卷八，《国家图书馆藏琉球资料续编》下册，第269页。另见《历代宝案》第1集，卷三，"国立台湾大学"印行，第122—123页。

[7]林麟焻：康熙二十一年（1682年）册封琉球国王的副使。[8]文币：绸缎等丝织品。[9]祗承：敬奉。[10]懋绍：光大继承。[11]先猷：先业。[12]辑和：团结和睦。[13]慎固封守：谨慎坚固封疆之守备。《书·毕命》："慎固封守，以康四海。"[14]宗社：宗庙和社稷的合称，借指国家。[15]苞桑：桑树之本，比喻牢固的根基。

【简析】

康熙二十一年（1682年），清廷颁发册封琉球国王尚质的敕谕。

康熙二十年（1681年），琉球派遣使臣进京请封。当时正值福建地方筹备军队攻打台湾，礼部议复由琉球本国来使赍敕回国而不派使者。对此建议，康熙帝坚决反对并一如既往地派遣汪楫、林麟焻为正、副使前往琉球册封国王。

文书基本信息表

文书种类	敕谕	头辞	皇帝敕谕琉球国中山王世子尚贞
发送者	中国康熙皇帝	尾辞	钦哉！毋替朕命。故谕
接受者	琉球国王尚贞	正文文体	骈文体
纪年标准	中国纪年：康熙二十一年	正文内容	册封琉球国王
语言种类	古代汉语	用典来源	《尚书》

6. 康熙五十七年（1718年）颁给琉球国王尚敬敕谕

皇帝敕谕琉球国中山王世子曾孙尚敬：惟尔远处海隅，虔修职贡[1]；属在冢嗣[2]，序应承祧[3]。以朝命[4]未膺，罔敢专擅；恪遵典制，奉表[5]请封。朕念尔世守臣节，忠诚可嘉；特遣正使翰林院检讨海宝[6]、副使翰林院编修徐葆光[7]赍敕封尔为琉球国中山王，并赐尔及妃文币[8]等物。尔祗承[9]宠眷，懋绍[10]先猷[11]；辑和[12]臣民，慎固封守[13]。用安宗社[14]于苞桑[15]，永作天家之屏翰。钦哉！毋替朕命。故谕。

康熙五十七年八月 日①

【注释】

[1]职贡：藩属或外国对于朝廷按时的贡纳。[2]冢嗣：嫡长子。[3]承祧：承继奉祀祖先的宗庙。[4]朝命：朝廷的任命。[5]奉表：上表。[6]海宝：康熙五十七年（1718年）册封琉球国王的正使。[7]徐葆光：康熙五十七年（1718年）册封琉球国王的副使。[8]文币：绸缎等丝织品。[9]祗承：敬奉。[10]懋绍：光大继承。[11]先猷：先业。[12]辑和：团结和睦。[13]慎固封守：谨慎坚固封疆之守备。[14]宗社：宗庙和社稷的合称，借指国家。[15]苞桑：桑树之本，比喻牢固的根基。

【简析】

康熙五十七年（1718年），清廷颁发册封琉球国王尚敬的敕谕。

---

① 《历代宝案》第2集，卷一〇，"国立台湾大学"印行，第1797页。

清代总共册封琉球国王8次，其中康熙时期就有3次。此次为康熙时期第3次册封琉球国王。此次册封，康熙帝还加派了地理测量官同往琉球，对琉球地理进行实地测量，以补《皇舆全览图》中琉球地图之缺。

文书基本信息表

文书种类	敕谕	头辞	皇帝敕谕琉球国中山王世子曾孙尚敬
发送者	中国康熙皇帝	尾辞	钦哉！毋替朕命。故谕
接受者	琉球国王尚敬	正文文体	骈文体
纪年标准	中国纪年：康熙五十七年	正文内容	册封琉球国王
语言种类	古代汉语	用典来源	《尚书》

7. 乾隆二十年（1755年）颁给琉球中山王世子尚穆敕谕

皇帝敕谕琉球国中山王世子尚穆：惟尔远处海隅，虔修职贡[1]；属在冢嗣[2]，序应承祧[3]。恪遵典制，奉表[4]请封。朕念尔世守藩服，恭顺可嘉！特遣正使翰林院侍讲全魁[5]、副使翰林院编修周煌[6]，赍敕封尔为琉球国中山王，并赐尔及妃文币[7]等物。尔其祗承[8]宠眷，克懋[9]先猷[10]；和辑[11]臣民，增修德政。永延宗社[12]之嘉庥[13]，长作天家之屏翰。钦哉！毋替朕命。故谕。

颁赐国王：蟒缎二匹，青彩缎三匹，蓝彩缎三匹，蓝素缎三匹，闪缎二匹，衣素缎二匹，绵三匹，纱四匹，罗四匹，绸四匹。

颁赐王妃：妆缎一匹，青彩缎二匹，蓝彩缎二匹，蓝素缎二匹，闪缎一匹，衣素缎二匹，绵二匹，纱四匹，罗四匹。

乾隆二十年十二月□□日①

【注释】

[1]职贡：藩属或外国对朝廷按时的贡纳。[2]冢嗣：嫡长子。[3]承祧：承继奉祀祖先的宗庙。[4]奉表：上表。[5]全魁：乾隆二十年（1755年）册封琉球国王的正使。[6]周煌：乾隆二十年（1755年）册封琉球国王的副使。[7]文币：绸缎等丝织品。[8]祗承：敬奉。[9]克懋：能够广大。[10]先猷：先业。[11]和辑：和睦团结。[12]宗社：宗庙和社稷的合称，借指国家。[13]嘉庥：庇护。

【简析】

乾隆二十年（1755年），清廷颁发册封琉球国王尚穆的敕谕。

乾隆二十一年（1756年），清廷派遣全魁、周煌前往册封琉球国王尚穆。途中遭风

---

① 周煌：《琉球国志略》卷首。另见《中山世谱》卷一〇，《国家图书馆藏琉球资料续编》下册，第319—320页。

暴,两艘册封舟先后受损。护送册封使前往琉球的中国兵丁要挟册封使要求琉球国王赔偿。琉球国王不得已先后支付51000余两白银分发兵丁,此即中国兵丁"索银事件"。乾隆二十二年(1757年),册封使团归国后,"索银事件"暴露,清廷对此一事件进行了严厉处分,不仅动用公款归还了琉球支付的银两,而且将带头索银的兵丁头目处以死刑。这一事件的公正处理,显示了在宗藩体制下作为天下共主的中国皇帝维护属国利益和天朝体制的坚定态度。

文书基本信息表

文书种类	敕谕	头辞	皇帝敕谕琉球国中山王世子尚穆
发送者	中国乾隆皇帝	尾辞	钦哉!毋替朕命。故谕
接受者	琉球国王尚穆	正文文体	骈文体
纪年标准	中国纪年:乾隆二十年	正文内容	册封琉球国王
语言种类	古代汉语	用典来源	

8. 乾隆六十年(1795年)颁给琉球国中山王世孙尚温敕谕

皇帝敕谕琉球国中山王世孙尚温:朕惟共球[1]翕集[2],聿昭[3]有截[4]之规;琛赆[5]虔通[6],用表[7]维藩之节。尔中山国王世孙尚温,摄领[8]疆隅,恪循世守。值朕纪年周甲[9],来岁丙辰元旦,传位皇太子,改为嘉庆元年,朕称太上皇帝,国庆骈蕃[10]。适该国贡表[11]远至,是用[12]降敕嘉谕并赐世孙文绮等物。尔其敬受,以俟锡封。自丙辰年以后,凡有呈进表文,俱书嘉庆年号。至朕传位后,凡军国大政及交涉外藩事件,朕仍训示嗣皇帝。一切锡赉绥怀[13],悉循恒典。尔其祗承[14]恩赐,益励荩忱[15],以副宠眷。钦哉!特谕。

乾隆六十年十二月二十九日①

【注释】

[1]共球:珍奇异宝。[2]翕集:聚集。[3]聿昭:昭示。聿:语助词。[4]有截:齐一貌;整齐貌。有:助词。《诗·商颂·长发》:"相土烈烈,海外有截。"[5]琛赆:献贡的财货。[6]虔通:虔诚地进献。[7]用表:用来表示。[8]摄领:代理,暂时代任某项职务。[9]周甲:满60年。干支纪年1甲子为60年。[10]骈蕃:繁多。[11]贡表:进贡表文。[12]是用:因此。[13]绥怀:安抚关切。[14]祗承:敬奉。[15]荩忱:忠臣。

【简析】

乾隆六十年(1795年),清廷颁给琉球国王敕谕。

---

① 《清高宗实录》卷一四九三,乾隆六十年十二月甲辰条。另见《历代宝案》第2集,卷八四,"国立台湾大学"印行,第4107—4108页。

敕谕的主要内容包括：一是告谕琉球国王，乾隆帝传位给皇太子；二是修改年号，自嘉庆元年（1796年）以后，凡是呈进中国文书一律用嘉庆年号；三是乾隆帝作为太上皇，"仍训示嗣皇帝"，也即仍享有至高无上的权力。

文书基本信息表

文书种类	敕谕	头辞	皇帝敕谕琉球国中山王世孙尚温
发送者	中国乾隆皇帝	尾辞	钦哉！特谕
接受者	琉球国中山王世孙尚温	正文文体	骈文体
纪年标准	中国纪年：乾隆六十年	正文内容	通告中国上层政治变动
语言种类	古代汉语	用典来源	《诗经》

9. 嘉庆三年（1798年）颁给琉球国王尚温敕谕

上奉太上皇帝敕谕琉球国中山王世孙尚温：惟昭德怀远，盛世之良规；修职献琛[1]，藩臣之大节。输诚匪懈，宠赉[2]宜颁。尔琉球国中山王世孙尚温，属在遐方[3]，克抒丹悃[4]，遣使赍表纳贡。忠荩[5]之忱，良可嘉尚。是用[6]降敕奖谕，并赐文绮等物。再尔世孙，以天朝叠庆[7]重釐[8]，倍呈方物，固见输诚效顺。但国家厚往薄来、字小柔远，自有定制。惟念尔国僻处海陬[9]，梯航[10]远至，已饬所司将此次贡物俱收受，格外加赏。嗣后只须照例呈进一分，毋庸增添，用示体恤。其祗承[11]休命，世励忠贞，以副恩眷。钦哉！故敕。①

【注释】

[1]献琛：进献宝贝。[2]宠赉：帝王的赏赐。[3]遐方：远方。[4]丹悃：赤诚的心。[5]忠荩：忠诚。[6]是用：因此。[7]叠庆：接连庆祝。[8]重釐：双重福佑。釐：福。[9]海陬：海角。[10]梯航：梯山航海的省语。谓长途跋涉。[11]祗承：敬奉。

【简析】

嘉庆三年（1798年），清廷颁给琉球国王尚温敕谕。

清廷对琉球国王多次遣使庆贺进行褒奖并赏赐文绮等物。由于清廷最高统治者有太上皇乾隆帝和嘉庆帝两位，琉球进献了两份贡物。清廷告知琉球政府，以后只需进贡1份贡物即可。

---

① 《清仁宗实录》卷二六，嘉庆三年正月癸巳条。另见《历代宝案》第2集，卷八七，"国立台湾大学"印行，第4237页。

文书基本信息表

文书种类	敕谕	头辞	上奉太上皇敕谕琉球国中山王世孙尚温
发送者	中国嘉庆皇帝	尾辞	钦哉！故敕
接受者	琉球国王尚温	正文文体	骈文体
纪年标准	中国纪年：嘉庆三年	正文内容	褒奖并颁赐物品
语言种类	古代汉语	用典来源	

10. 嘉庆五年（1800年）颁给琉球国王尚温敕谕

皇帝敕谕琉球国中山王世孙尚温：惟尔远界瀛壖[1]，虔修职贡[2]。嘉象贤[3]于世守，克笃忠贞；绵燕誉[4]于藩维[5]，夙昭恭顺。兹以序膺[6]主鬯[7]，表恳承祧[8]，赍壤奠[9]以来庭[10]，敂[11]疆臣而衷悃[12]。念箕裘[13]之立范，诒厥孙谋[14]；眷带砺[15]之凝禧[16]，绳其祖武[17]。景风[18]式典[19]，俾绥磐石之宗[20]；湛露[21]覃熙[22]，允叶[23]苞桑[24]之系。特遣正使翰林院修撰赵文楷[25]、副使内阁中书李鼎元[26]，敕封尔为琉球国中山王，并赐尔及妃文币[27]等物。尔其敬承渥眷[28]，懋绍[29]先猷[30]，益励肫忱[31]；弥勤翼戴[32]。康乃心而顾乃德[33]，率由典常[34]；视尔师而宁尔邦[35]，慎固封守[36]。向风慕义[37]，聿膺褒渥[38]于新纶[39]；守典承休[40]，遥奉声灵[41]于奕叶[42]。钦哉！特谕。

嘉庆五年七月十九日①

【注释】

[1]瀛壖：海岸。[2]职贡：藩属或外国对朝廷按时的贡纳。[3]象贤：效法先人的贤德。[4]燕誉：安乐。[5]藩维：藩国。[6]序膺：按照顺序承当。[7]主鬯：主掌宗庙祭祀。[8]承祧：承继奉祀祖先的宗庙。[9]壤奠：本土所产的贡物。《书·康王之诰》："皆布乘黄朱，宾称奉圭兼币，曰：'一二臣卫，敢执壤奠。'"[10]来庭：朝觐天子。[11]敂：通"叩"，敲。[12]衷（gòng）悃：进忠心。衷：到达。[13]箕裘：比喻继承前辈事业。[14]诒厥孙谋：为子孙的将来善做安排。《诗·大雅·文王有声》："诒厥孙谋，以燕翼子。"[15]带砺：比喻所封爵位传之久远，或江山永固。[16]凝禧：福禄永驻。[17]绳其祖武：继承先人的遗迹、事业。[18]景风：祥和之风。[19]式典：仪式典礼。[20]磐石之宗：比喻分封的宗室。[21]湛露：比喻君王的恩惠。[22]覃熙：福泽广布。覃：深广，延长。熙：通"禧"。[23]允叶：和洽。[24]苞桑：桑树之本；比喻牢固的根基。[25]赵文楷：嘉庆五年（1800年）册封琉球国王的正使。[26]李鼎元：嘉庆五年（1800年）册封琉球国王的副使。[27]文币：绸缎等丝织品。[28]渥眷：厚爱。[29]懋绍：光大继承。[30]先猷：先业。[31]肫忱：诚恳。肫：诚恳。[32]翼戴：辅佐拥戴。[33]康乃心而顾乃德：安宁你的心，顾惜你的德。《书·康诰》："用康乃心，顾乃德，远乃猷，裕乃以，民宁，不汝瑕殄。"[34]率由典常：遵循成规。率由：沿用。典常：常道，常法。《书·微子之命》："率由典常，以蕃王室。"[35]视尔师而宁尔邦：治理你的臣民，安定你的国家。视：治理。师：

---

① 《历代宝案》第2集，卷九〇，"国立台湾大学"印行，第4335页。

众。《书·文侯之命》："王曰：父义和！其归视尔师，宁尔邦。"[36]慎固封守：谨慎坚固封疆之守备。[37]向风慕义：指向往其教化，仰慕其礼义。[38]聿膺褒渥：荣膺隆重的褒奖。聿：语助词。[39]新纶：新的诏书。[40]守典承休：坚守成规、继承护佑。[41]声灵：声势威灵。[42]奕叶：世世代代。

【简析】

嘉庆五年（1800年），清廷颁发册封琉球国王尚温的敕谕。
该次册封，清廷派遣以赵文楷、李鼎元为正、副使的册封使团前往琉球。

文书基本信息表

文书种类	敕谕	头辞	皇帝敕谕琉球国中山王世孙尚温
发送者	中国嘉庆皇帝	尾辞	钦哉！特谕
接受者	琉球国王尚温	正文文体	骈文体
纪年标准	中国纪年：嘉庆五年	正文内容	册封琉球国王
语言种类	古代汉语	用典来源	《尚书》、《诗经》

11. 嘉庆十三年（1808年）颁给琉球国王尚灏敕谕

皇帝敕谕琉球国中山王世孙尚灏：惟尔世隶藩维[1]，职修方贡。象贤[2]贞度[3]，廸[4]仪矩[5]于觿辰[6]；燕誉[7]延光[8]，振英声[9]于宝胄[10]。兹以系膺绍序[11]，诚吁求章[12]。敏关[13]遥赾[14]于鸿臣[15]，夐赒[16]遄伸[17]夫鲽水[18]。云疆[19]宅宇[20]，虔赍葵表[21]以胪忱[22]；水驿[23]宣纶[24]，俾绍茅封[25]而衍绪[26]。眷忠荩[27]之世笃，诒厥孙谋[28]；昺[29]宠命以时忱，昭哉嗣服[30]。特遣正使翰林院编修齐鲲[31]、副使工科给事中费锡章[32]，敕封尔为琉球国中山王，并赐尔及妃文币[33]等物。尔其祗承[34]恩赉[35]，敬率典常[36]。聿膺荡节[37]之新荣，允副枫廷[38]之笃眷[39]。修其礼物，摅凤悃于共球[40]；质尔人民[41]，廸前光[42]于带砺[43]。绳武[44]禀箕裘[45]之训，亮采有邦[46]；承祧[47]绥磐石之宗[48]，增修厥德[49]。钦哉！特谕。

嘉庆十三年八月初一日①

【注释】

[1]藩维：藩国。[2]象贤：效法先人的贤德。[3]贞度：符合正道的法度。[4]廸：遵循。[5]仪矩：仪法规矩。[6]觿（xī）辰：童年。[7]燕誉：安乐。[8]延光：留传美名；承袭前人的荣誉。[9]英声：美好的名声。[10]宝胄：对人后裔的美称。[11]绍序：继承次序。[12]求章：寻求治国的规章。[13]敏关：叩关。[14]遥赾（gòng）：从遥远的地方到达。[15]鸿臣：雁臣，使臣。古代北方少数民族首领派遣使者，逢秋到京师朝觐，至春始还部落，以避中国之热，故称"雁臣"。鸿：大雁。[16]夐赒：

---

① 齐鲲：《续琉球国志略》首卷。另见《中山世谱》卷一二，《国家图书馆藏琉球资料续编》下册，第426—427页。

远方的珍宝。夐：远。[17]遹伸：频繁进献。遹：频繁。[18]鲽（dié）水：大海。鲽：比目鱼。[19]云疆：边疆。[20]宅宇：住宅；房舍。[21]葵表：表达忠诚、归顺的表文。[22]胪忱：陈述忠诚。[23]水驿：以船为主要交通工具的驿站。[24]宣纶：宣布圣旨。[25]茅封：分封诸侯。[26]衍绪：代代相传。[27]忠猷：忠诚谋划。[28]诒厥孙谋：为子孙的将来善做安排。[29]勖（xù）：同"勖"。勉励。[30]昭哉嗣服：光明显耀继承先人的事业。[31]齐鲲：嘉庆十三年（1808年）册封琉球国王的正使。[32]费锡章：嘉庆十三年（1808年）册封琉球国王的副使。[33]文币：绸缎等丝织品。[34]祗承：敬奉。[35]恩赉：恩赐。[36]敬率典常：诚敬地遵循成规。[37]荡节：使节。荡：通"簜"。古代使者盛符节的竹函。[38]枫廷：朝廷。[39]笃眷：眷爱深厚。[40]共球：珍奇异宝。[41]质尔人民：安定人民。质：安定。《诗·大雅·抑》："质尔人民，谨尔侯度，用戒不虞。"[42]前光：祖先的功德。[43]带砺：比喻所封爵位传之久远，或江山永固。[44]绳武：继承先人的遗迹、事业。[45]箕裘：比喻继承前辈事业。[46]亮采有邦：辅佐政事。《书·皋陶谟》："日严祗敬六德，亮采有邦。"[47]承祧：承继奉祀祖先的宗庙。[48]磐石之宗：比喻分封的宗室。[49]增修厥德：继续修持你的德性。《诗·大雅》："无念尔祖，聿修厥德。"

【简析】

嘉庆十三年（1808年），清廷颁发册封琉球国王的敕谕。

该次册封，清廷派遣以齐鲲、费锡章为正、副使的册封使团前往琉球。

文书基本信息表

文书种类	敕谕	头辞	皇帝敕谕琉球国中山王世孙尚灏
发送者	中国嘉庆皇帝	尾辞	钦哉！特谕
接受者	琉球国王尚灏	正文文体	骈文体
纪年标准	中国纪年：嘉庆十三年	正文内容	册封琉球国王
语言种类	古代汉语	用典来源	《诗经》、《尚书》

12. 道光十七年（1837年）颁给琉球中山王尚育敕谕

皇帝敕谕琉球国中山王世子尚育：惟尔世宅[1]瀛壖[2]，蔚为[3]国胄[4]。承华[5]绮岁[6]，不愆[7]视膳[8]之仪；主器[9]藩方[10]，聿著维城[11]之望。兹以茅封[12]嗣守[13]，葵向胪忱[14]。嘉越雉[15]之遹飞，验东鲲[16]之即序[17]。云帆转海[18]，罗琛赆[19]于十洲[20]；星使[21]来王[22]，拱[23]宸枢[24]于万里。无忝[25]箕裘[26]之绍，爵壤[27]宜仍[28]；用邀英荡[29]之颁，丝纶[30]载锡。特遣正使翰林院修撰林鸿年[31]、副使翰林院编修高人鉴[32]敕封尔为琉球国中山王，并赐尔及妃文币[33]等物。尔祗承[34]宠命，益懋[35]忠猷[36]。助宣酝化[37]于鲲溟[38]，允答稠恩[39]于凤陛[40]。扶桑[41]日丽[42]，被衮绣[43]以扬辉；析木[44]波平，奠藩维[45]而述职[46]。勿坠高曾之矩[47]，俾尔炽昌[48]；永惟带砺[49]之传，延于苗裔。钦哉！特谕。

道光十七年正月二十六日①

【注释】

[1]世宅：世代居住。[2]瀛壖：海岸。[3]蔚为：繁茂达到某种程度。[4]国胄：帝王或贵族的子弟。[5]承华：太子宫室或太子。[6]绮岁：青春；少年。[7]不愆：无过错，无过失。《诗·大雅·假乐》："不愆不忘，率由旧章。"[8]视膳：在皇帝用餐前，担任试毒的太子的职责。[9]主器：太子。古代国君的长子主宗庙祭器，因以称太子为"主器"。《易·序卦》："主器者莫若长子。"[10]藩方：藩属。[11]维城：王室宗族。[12]茅封：分封诸侯。[13]嗣守：继承并遵守和保持。《书·顾命》："在后之侗，敬迓天威，嗣守文武大训，无敢昏逾。"[14]胪忱：陈述忠诚。[15]越雉：古代越系所产的白雉。后作为进贡的典故。[16]东鳀：古国名。[17]即序：又作即续。就序；归顺。[18]云帆转海：船行海上。[19]琛赆：献贡的财货。[20]十洲：道教称大海中神仙居住的10处名山胜境。亦泛指仙境。[21]星使：古时认为天节八星主使臣事，因称帝王的使者为星使。[22]来王：古代诸侯定期朝觐天子。[23]拱：拱卫。[24]宸枢：帝位。[25]无忝：无愧。[26]箕裘：比喻继承前辈事业。[27]爵壤：爵位封地。[28]宜仍：应该延续。[29]英旄：又作英荡。古代竹制的符节，持之以作凭证，犹汉代的竹使符。后亦泛指外任官员的印信和证件。[30]丝纶：帝王诏书。[31]林鸿年：道光十七年（1837年）册封琉球国王正使。[32]高人鉴：道光十七年（1837年）册封琉球国王副使。[33]文币：绸缎等丝织品。[34]祗承：敬奉。[35]益懋：更加努力。[36]忠猷：忠诚谋划。[37]酞（nóng）化：以宽厚的德政教化黎民。[38]鲲溟：大海。[39]稠恩：厚恩。[40]凤陛：宫殿的台阶。代指朝廷。[41]扶桑：传说中的东方海域的古国名。[42]日丽：日光灿烂。[43]衮绣：衮衣绣裳，省称"衮绣"。画有卷龙的上衣和绣有花纹的下裳。古代帝王与上公的礼服。《诗·豳风·九罭》："我觏之子，衮衣绣裳。"[44]析木：古代幽燕地域的代称。此处指东部海边地区。[45]藩维：藩国。[46]述职：古时诸侯向天子陈述职守。[47]勿坠高曾之矩：不要失去祖先的规矩法度。[48]俾尔炽昌：使你昌盛又兴旺。《诗·颂·鲁颂·駉之什·閟宫》："俾尔昌而炽，俾尔寿而富。"[49]带砺：比喻所封爵位传之久远，或江山永固。

【简析】

道光十七年（1837年），清廷颁发册封琉球国王的敕谕。

该次册封，清廷派遣林鸿年、高人鉴为正、副使的册封使团前往琉球。

文书基本信息表

文书种类	敕谕	头辞	皇帝敕谕琉球国中山王世子尚育
发送者	中国道光皇帝	尾辞	钦哉！特谕
接受者	琉球国王尚育	正文文体	骈文体
纪年标准	中国纪年：道光十七年	正文内容	册封琉球国王
语言种类	古代汉语	用典来源	《诗经》、《易经》

---

① 《中山世谱》卷一三，《国家图书馆藏琉球资料续编》下册，第533—534页。另见《历代宝案》第2集，卷一六六，"国立台湾大学"印行，第6892—6893页。

13. 同治五年（1866年）颁给琉球国王尚泰敕谕

皇帝敕谕琉球国中山王世子尚泰：惟尔毓秀[1]海邦，蜚音[2]国胄[3]。誉隆肯构[4]，早骏望[5]之丕昭[6]；德著维城[7]，果象贤[8]之无忝[9]。兹以承祧[10]衍庆[11]，缵业[12]扬麻[13]。逾鳌岛[14]以来王[15]，航鲲溟[16]而命使。瞻云[17]愿切[18]，凤勤修贡于东瀛；捧日[19]心长[20]，弥冀近光[21]于北阙[22]。嘉前徽[23]之克绍，久静鲸波[24]；念崇爵之宜颁，载宣[25]凤绰[26]。特遣正使詹事府右春坊右赞善赵新[27]、副使内阁中书舍人于光甲[28]敕封尔为琉球国中山王，并赐尔及妃文币[29]等物。尔祗膺简命[30]，益励葵忱[31]。式宏翼戴[32]之勋，大启炽昌[33]之绪。祚延茅土[34]，环紫澥[35]以承流；荣被芝泥[36]，翊丹宸[37]而布化。万里效星辰之拱[38]，用扬鸿烈[39]于方来[40]；九天[41]赐雨露之恩，允荷龙光[42]于靡极[43]。钦哉！特谕。①

【注释】

[1]毓秀：孕育着优秀的人物。[2]蜚音：扬名，驰名。[3]国胄：王族。[4]肯构：继承父业。[5]骏望：威望。[6]丕昭：特别明显。[7]维城：王室宗族。[8]象贤：效法先人的贤德。[9]无忝：无愧。[10]承祧：承继奉祀祖先的宗庙。[11]衍庆：绵延吉庆。常用作祝颂之词。[12]缵业：继承事业。[13]扬麻：提供庇护。[14]鳌岛：海岛。[15]来王：古代诸侯定期朝觐天子。[16]鲲溟：大海。[17]瞻云：比喻得近天子。《史记·五帝本纪》："就之如日，望之如云。"[18]愿切：愿望激切。[19]捧日：喻忠心辅佐帝王。[20]心长：心里总是想着。[21]近光：帝王身边。[22]北阙：宫禁或朝廷的别称。[23]前徽：前人美好的德行。[24]鲸波：巨浪。[25]载宣：宣布。载：语助词。[26]凤绰：凤诏，皇帝的命令。[27]赵新：同治五年（1866年）的册封正使。[28]于光甲：同治五年（1866年）的册封副使。[29]文币：绸缎等丝织品。[30]简命：选派任命。[31]葵忱：比喻对君王的忠诚。[32]翼戴：辅佐拥戴。[33]炽昌：昌盛。[34]茅土：封土。[35]紫澥：大海。[36]芝泥：古人缄封书札物件用的封泥。[37]丹宸：宫殿。[38]拱：拱卫。[39]鸿烈：大功业。[40]方来：将来。[41]九天：中央与八方。[42]龙光：龙身上的光。喻指不同寻常的光辉。[43]靡极：没有极限。

【简析】

同治五年（1866年），清廷最后一次颁发册封琉球国王的敕谕。
该次册封，清廷派遣赵新、于光甲为正、副使的册封使团前往琉球。

文书基本信息表

文书种类	敕谕	头辞	皇帝敕谕琉球国中山王世子尚泰
发送者	中国同治皇帝	尾辞	钦哉！特谕
接受者	琉球国王尚泰	正文文体	骈文体
纪年标准	中国纪年：同治五年	正文内容	册封琉球国王
语言种类	古代汉语	用典来源	《尚书》、《史记》

---

① 赵新：《续琉球国志略》首卷。《历代宝案》未收录此敕谕。

第二节　中琉朝贡上行文书研究

一、表文例析

1. 顺治六年（1649年）琉球国中山王尚质投诚表文

琉球国王中山王世子尚质为投诚事。伏以真人[1]抚运[2]，再辟大统[3]之乾坤；圣主招携[4]，惟弛[5]一介[6]之文告。辑瑞[7]以朝群后[8]，一代之令典[9]维新；遣使以抚诸邦，万国之具瞻[10]攸系[11]。欢腾朝野，喜洽[12]寰区[13]。臣质诚惶诚恐，稽首顿首。窃惟七旬而苗格[14]，亘古不磨[15]；因垒而崇降[16]，于今为烈[17]。三代迨乎既降[18]，大道久矣弗彰[19]。文教失宣而武臣用奇[20]，人不见德而惟威闻，是以近不安而远不至。兹盖伏遇皇帝陛下承天御箓[21]，执象临人[22]，复帝王已沦之土宇，修宇宙既坠之纲常。建皇极[23]而抚寰中[24]，登泰阶[25]而平天下。故谓柔远乃创帝[26]盛典，而修词[27]为开国[28]首务。爰命[29]敕使历招[30]诸邦，如臣朽钝亦沐恩光，敢不对扬休命[31]，仰答深仁！歌颂太平，致华封之累祝[32]；稽颡[33]阙庭[34]，效越裳[35]之九译[36]。但天使降临，序已属乎三秋[37]；而芹曝[38]上陈，仪难办于一时[39]。欲投招抚之辖[40]，恐冒愆期之谴[41]；先脂护送之轴[42]，恭致投诚之款。伏愿至尊开天地之量，献琛[43]稍宽[44]来禩[45]；鉴小国效顺之诚，霈祈泽涣[46]于今朝。臣无任瞻天仰圣，欢忭踊跃之至。谨奉表[47]随使以闻。

顺治六年十一月十三日，琉球国王中山王世子臣尚质谨上表。①

【注释】

[1]真人：统一天下的真命天子。[2]抚运：顺应时运。[3]大统：一统国家的事业。[4]招携：招引尚未归心的人；招安。[5]驰：派遣。[6]一介：使者。[7]辑瑞：天子会见属下的典礼。[8]群后：四方诸侯及九州牧伯。《书·舜典》："乃日觐四岳群牧，班瑞于群后。"[9]令典：好的典章法度；泛指宪章法令。[10]具瞻：为众人所瞻望。《诗·小雅·节南山》："赫赫师尹，民具尔瞻。"[11]攸系：所系。[12]喜洽：又作喜恰。和悦可爱。[13]寰区：天下；人世间。[14]七旬而苗格：舜在位时，三苗叛乱，命禹出兵讨伐，但未能救平。于是舜实行德政，70天之后，三苗因受了德化而自动归服。《书·大禹谟》："帝乃诞敷文德，舞干羽于两阶，七旬有苗格。"[15]亘古不磨：自古存在。不磨：没有磨灭。[16]因垒而崇降：文王大军未增一兵一卒，只利用过去所修筑的营垒，崇国就投降了。《左传·僖公十九年》："文王闻崇德乱而伐之。军三旬而不降，退修教而复伐之。因垒而降，此即所修之教也。"[17]于今为烈：所谈之事古已有之，不过如今更为厉害。[18]三代迨乎既降：自从三代降临直到现在。[19]大道久矣弗彰：大道很久以来没有得到彰显。[20]文教失宣而武臣用奇：当不再宣扬礼乐教化时，武将们使用奇兵诡计的场合就多起来了。[21]御箓：承受天命。[22]执象临人：掌握天道来统治人民。象：法令，规则。《老子》："执大象，天下往。往而不害，安平太。"[23]皇极：帝王统治天下的准则。即所

---

① 《历代宝案》第1集，卷一四，"国立台湾大学"印行，第449—450页。

谓大中至正之道。皇：大也。极：中也。《书·洪范》："五，皇极，皇建其有极。"[24]寰中：宇内，天下。[25]泰阶：借指朝廷。[26]创帝：开国帝王。[27]修词：华丽的词句。此处指外交文告之类的外交文书。[28]开国：创建国家。[29]爰命：于是命令。爰：于是。[30]历招：前往各处招抚。[31]对扬休命：对答王命，称扬君王美好于朝廷之上。《诗·大雅·江汉》："虎拜稽首，对扬王休。"[32]致华封之累祝：守疆之人多次表达颂祝。华封：华州守封疆之人。《庄子·天地》："尧观乎华，华封人曰：'嘻，圣人。请祝圣人，使圣人寿。'尧曰：'辞。''使圣人富。'尧曰：'辞。''使圣人多男子。'尧曰：'辞。'封人曰：'寿、富、多男子，人之所欲也，女独不欲，何邪？'尧曰：'多男子则多惧，富则多事，寿则多辱。是三者非所以养德也，故辞。'"后以"华封三祝"为祝颂之辞。[33]稽颡：古代一种跪拜礼，屈膝下拜，以额触地，表示极度的虔诚。[34]阙庭：又作阙廷。朝廷。亦借指京城。[35]越裳：南海古国。[36]九译：辗转翻译。[37]序已属乎三秋：时令已经到了9月。三秋：7、8、9月为秋天，其中9月是秋季的第3月。清廷派出的招抚使谢必振在顺治六年（1649年）九月十三日到达琉球。[38]芹曝：谦辞。谓所献微不足道。[39]仪难办于一时：贡物难以在仓促时间内办齐。仪：仪物，贡物。[40]欲投招抚之辖：本想挽留招抚使在琉球。投：扔掉。辖：车键。投辖：将宾客乘坐车辆的车轴键扔到井里，使其不能成行。喻主人好客，殷勤留客。《汉书》卷九二《游侠列传·陈遵》："遵嗜酒，每大饮，宾客满堂，辄关门，取客车辖投井中，虽有急，终不得去。"[41]恐冒愆期之谴：惧怕遭到延误期限的指责。[42]先脂护送之轴：先用油涂到护送招抚使回国的车辆的轴上，使其先期归国。脂：涂油使润滑以利车辆运转。轴：车轴。[43]献琛：进献宝贝。[44]稍宽：稍微宽限。[45]来禩：来年；后世。[46]需祈泽涣：祈求盛大的恩典。[47]奉表：上表。

【简析】

顺治六年（1649年），琉球正式向清廷呈递投诚表文，归顺大清。但表文中以贡物没有备齐为由，推迟向清廷派出朝贡使臣，也并未提到要缴送明朝颁发琉球的敕、印。这一表文虽然正式宣布归顺清廷，但也流露出琉球的观望心态——在事明、事清之间仍然处于游移中。

文书基本信息表

文书种类	表文	头辞	琉球国王中山王世子尚质为投诚事
发送者	琉球国王尚质	尾辞	谨奉表随使以闻
接受者	中国顺治皇帝	正文文体	骈文体
纪年标准	中国纪年：顺治六年	正文内容	琉球投诚清廷
语言种类	古代汉语	用典来源	《尚书》、《诗经》、《左传》、《老子》、《庄子》、《汉书》

2. 康熙三十一年（1692年）琉球国中山王尚贞谢恩表文

琉球国中山王尚贞谨奉表上言：伏以布教溢中华，设席[1]阐尼山之秘[2]；觐光来异域，执经[3]分泮水之光[4]。《棫朴》篇[5]中，时展缥缃[6]歌夜月[7]；杏花坛[8]上，长垂衣带拂春风。喜动[9]儒林，欢腾海国。恭惟皇帝陛下允文允武，乃圣乃神。王泽广敷，措一代于利乐亲贤[10]之内；文风远播，范四方[11]于诗书礼乐之中。臣贞观海有怀，望洋徒叹。眷中山[12]而颁印绶[13]，蚁封[14]久叨[15]带砺[16]之荣；入国学[17]而奉典章，虎观[18]不遗驽骀[19]之选。一之以声音点画，口诵心维[20]；教之以节义文章，耳提面命[21]。况乎冬裘夏葛[22]，授衣尽内府之藏[23]；兼之朝饔夕飧[24]，赐食悉天厨[25]之馔。恩深似海，难忘推解[26]之隆；泽沛如天，莫报裁成[27]之大！虽三年国子，敢云得《九邱》[28]、《八索》[29]之微言；而一介竖儒[30]，犹幸闻"四书"、"五经"之大旨。只为养亲念切，君门[31]上重译之章；何意逮下恩殊，天阙赐远乡之诏。归而言忠言孝，咸知君父之尊；固当献藻献芹[32]，聊表臣子之敬。伏愿车书一统，玉帛[33]万方！有分土而无分民，到处珠玑生笔下[34]；得大才乃得大用，何人锦绣不胸中！行见耳目股肱[35]，不出图书之府[36]；亦使东西南北，无非翰墨之林矣。臣贞无任瞻天仰圣，激切屏营之至。谨奉表称谢以闻。

康熙三十一年十月二十五日，琉球国中山王臣尚贞谨上表。①

【注释】

[1]设席：设馆授徒，出任教席。[2]阐尼山之秘：阐发儒家思想的真谛。尼山：原名尼丘山，位于曲阜市城东南30公里处。孔子父母"祷于尼丘得孔子"，所以孔子名丘字仲尼，后人避孔子讳将此山称为尼山。[3]执经：手持经书。谓从师受业。[4]分泮水之光：分享儒家文明之光。泮水：古代学宫前的水池，形状如半月。[5]《棫朴》篇：《诗·大雅》里的《棫朴》篇章。因该篇诗序称为咏"文王能官人也"，故多以喻贤材众多。棫：白桵。朴：枹木。[6]缥缃：书卷。缥：淡青色。缃：浅黄色。古时常用淡青、浅黄色的丝帛作书囊书衣，因以指代书卷。[7]歌夜月：歌颂春天。夜月：唐代诗人刘方平以《夜月》为名的一首诗，描写了一个早春时节的夜晚。[8]杏花坛：授徒讲学之所。[9]喜动：听到好消息而高兴动容。[10]利乐亲贤：利益众生，亲近贤人。[11]范四方：规范四方。[12]眷中山：眷顾琉球。[13]印绶：印信和系印的绶带。[14]蚁封：蚁垤，蚁窝。小小的封国。[15]久叨：很久以来承蒙。[16]带砺：比喻所封爵位传之久远，或江山永固。[17]入国学：进入国子监学习。[18]虎观：白虎观的简称。为汉宫中讲论经学之所。后泛指宫廷中讲学处。[19]驽骀：劣马。比喻庸才。[20]口诵心维：口里念诵，心里思考。[21]耳提面命：不但当面教导他，而且揪着他的耳朵向他讲。形容恳切地教导。《诗·大雅·抑》："匪面命之，言提其耳。"[22]冬裘夏葛：冬天的皮衣，夏天的葛衣。泛指美服。[23]内府之藏：皇宫内府的藏品。[24]朝饔（yōng）夕飧（sūn）：早晚的饮食。[25]天厨之馔：皇宫的食物。[26]推解：即"推食解衣"。提供食物和衣物。[27]裁成：栽培。谓教育而成就之。[28]《九邱》：又作《九丘》。论述九州之志的古书，失传。[29]《八索》：论述八王之法的古书，失传。[30]竖儒：儒生的谦称。[31]君门：宫门。亦指京城。[32]献藻献芹：比喻贡士或才学之士。《诗·鲁颂·泮水》："思乐泮水，薄采其芹……思乐泮水，薄采其藻。"[33]玉帛：玉器和丝织品。古代诸侯朝会时献给天子的礼物。[34]珠玑生笔下：笔下生花。[35]耳目股肱：起到耳朵、眼睛、手臂的作用。比喻辅佐帝王的重臣。也比喻十分亲近且办事得力的人。股：大腿。肱：手臂从肘到腕的部分。[36]图书之府：国子监。

【简析】

明清两代琉球派遣官生前往北京太学学习，中国政府提供生活保障。这些留学太学的琉球学子学成后归国，成为中国文化的传播者和中琉交流的重要中介。康熙三十一年

---

① 《历代宝案》第1集，卷一五，"国立台湾大学"印行，第498—499页。

(1692年），蔡文溥等一批北京太学留学的琉球学子归国，琉球国王为此上表谢恩。

文书基本信息表

文书种类	表文	头辞	琉球国中山王尚贞谨奉表上言
发送者	琉球国王尚贞	尾辞	谨奉表称谢以闻
接受者	中国康熙皇帝	正文文体	骈文体
纪年标准	中国纪年：康熙三十一年	正文内容	谢入太学琉球官生归国表文
语言种类	古代汉语	用典来源	《诗经》

3. 康熙五十八年（1719年）琉球国王尚敬谢恩表文

琉球国中山王臣尚敬，诚欢诚忭，稽首顿首，谨奉表上言：伏以圣武弘昭[1]，特重内屏[2]之在；皇文[3]丕振[4]，复膺外翰[5]之权。隆体统[6]于藩臣，安内而兼攘外；焕[7]规模[8]于旧制，纬武[9]即是经文[10]。拜命[11]增虔，抚躬[12]益励。恭惟皇帝陛下，道隆尧舜，德迈汤文。统六合而垂衣，教仁必先教孝；开九重[13]以典礼，作君又兼作师。臣敬世守藩疆，代供贡职[14]。荷龙章[15]之远锡，鲛岛[16]生辉；沐凤诏[17]之追谕，祖庙[18]增色。对天使而九叩，望象阙[19]以三呼[20]。谨遣陪臣向龙翼、程顺则等虔赍土物，聊表芹私[21]。伏愿乾行不息[22]，泽沛弥崇。统王会[23]以开图，合车书者千八百国；占天时而应律[24]，验祯祥于三十六风。将见文麟[25]献瑞，彩凤来仪[26]矣。臣敬无任瞻天仰圣，激切屏营之至。谨奉表称谢以闻。

康熙五十八年十一月二十二日琉球国中山王臣尚敬谨上表。①

【注释】

[1]弘昭：大力发扬。[2]内屏：古代诸侯府第在大门内筑小墙作屏蔽。[3]皇文：文治。[4]丕振：大振。[5]外翰：外藩。[6]体统：体制。[7]焕：光辉。[8]规模：制度，程式。[9]纬武：武略。[10]经文：文治。[11]拜命：受命。多指拜官任职。[12]抚躬：反躬自问。[13]九重：朝廷。古制，天子之居有门九重，故九重代指中央政府。[14]贡职：贡赋；贡品。[15]龙章：龙纹，龙形。泛指与皇帝有关的仪仗、旗帜、服饰、文章等。[16]鲛岛：海岛。[17]凤诏：诏书。[18]祖庙：供祀祖先的宫庙。《周礼·春官·甸祝》："舍奠于祖庙。"[19]象阙：宫室，朝廷。[20]三呼：对皇帝的祝颂仪式，叩头高呼"万岁"3次。《汉书·武帝纪》记载，元封元年春正月，武帝"亲登嵩高，御史乘属，在庙旁吏卒咸闻呼万岁者三，登礼罔不答"。[21]芹私：微薄的礼物。[22]乾行不息：刚健不息。[23]王会：诸侯、四夷或藩属朝贡天子的聚会。[24]占天时而应律：占得天时并应和时令。[25]文麟：有纹饰的麒麟。[26]彩凤来仪：凤凰来舞而有容仪，古人以为瑞应。《书·益稷》："箫韶九成，凤皇来仪。"

【简析】

康熙五十八年（1719年），清廷册封琉球国王。琉球国王为此呈递谢恩表文，表达感

---

① 《历代宝案》第2集，卷一〇，"国立台湾大学"印行，第1804—1805页。

谢之意。

文书基本信息表

文书种类	表文	头辞	琉球国中山王臣尚敬，诚欢诚忭，稽首顿首，谨奉表上言
发送者	琉球国王尚敬	尾辞	谨奉表称谢以闻
接受者	中国康熙皇帝	正文文体	骈文体
纪年标准	中国纪年：康熙五十八年	正文内容	谢天朝册封
语言种类	古代汉语	用典来源	《周礼》、《尚书》、《汉书》

4. 雍正六年（1728年）琉球国王尚敬谢恩表文

琉球国中山王尚敬诚惶诚恐，稽首顿首上言：伏以帝德遍乾坤，中外睹协和[1]之盛；皇恩弥宇宙，遐迩承熙皞[2]之隆。辑班五瑞[3]，百辟[4]咸瞻[5]。有道圣人玉帛[6]万方，八方共仰太平天子。普天庆溢[7]，率土欢腾。恭惟皇帝陛下，道隆尧舜，功迈汤文。大德日新[8]，继百王之道统；覃恩[9]时懋[10]，绍千圣之心传[11]。物阜民康，欣逢圣世明良[12]之会；时雍[13]俗美[14]，喜际[15]熙春泰运之期。四海遍洒仁风，八埏[16]深沾怿泽[17]。臣敬僻处海隅，荷沐天眷，虽竭诚而拜颂，实仰报无从。谨遣陪臣毛鸿基、郑秉彝等恭赍短疏，聊申谢悃。伏愿仁恩愈扩，德泽弥深。西被流沙而东渐渤海，醴泉[18]与芝草[19]俱生；南距五岭而比暨[20]三涂[21]，瑞凤共祥麟偕集[22]。则躬桓蒲谷[23]，觇[24]亿万年有道[25]之长；而玉帛车书[26]，亘千百世无疆之祚矣。臣敬无任瞻天仰圣，激切屏营之至。仅奉表称谢以闻。

雍正六年十一月初十日奏。

七年十月初十日奉旨：览王奏。知道了。该部知道。①

【注释】

[1]协和：和睦，融洽。《书·尧典》："百姓昭明，协和万邦。"[2]熙皞：和乐；怡然自得。[3]辑班五瑞：天子按照等级班定瑞物。[4]百辟：诸侯。《书·洛诰》："汝其敬识百辟享，亦识其有不享。"[5]咸瞻：都来瞻仰。[6]玉帛：玉器和丝织品。古代诸侯朝会时献给天子的礼物。[7]庆溢：充满欢庆。[8]大德日新：大功德日日更新。[9]覃恩：广施恩泽。[10]时懋：时时盛大。懋：盛大。[11]绍千圣之心传：继承历代圣人递相传授精义的心法。[12]明良：贤明的君主和忠良的臣子。《书·益稷》："元首明哉，股肱良哉，庶事康哉！"[13]时雍：和熙。时：是。雍：和。《书·尧典》："百姓昭明，协和万邦，黎民于变时雍。"[14]俗美：风俗美好。[15]喜际：喜逢。[16]八埏（shān）：八方。埏：地之八际。[17]怿泽：恩泽。[18]醴泉：甘露。[19]芝草：灵芝。[20]比暨：比邻。[21]三涂：山名。《左传·昭公四年》："四岳、三涂、阳城、大室、荆山、中南，九州之险也。"[22]瑞凤共祥麟偕集：祥瑞的

---

① 《历代宝案》第2集，卷一六，"国立台湾大学"印行，第2023—2024页。

凤、麒麟聚集一处。[23]躬桓蒲谷：躬圭、桓圭、蒲璧和谷璧，古代代表爵位等级的凭证。此处比喻万国来朝。《周礼·春官·典瑞》："公执桓圭，侯执信圭，伯执躬圭，子执谷璧，男执蒲璧。"[24]觇（chān）：察觉。[25]有道：政治清明。《论语·卫灵公》："邦有道，则仕；邦无道，则可卷而怀之。"[26]玉帛车书：比喻天下一统、太平盛世。

【简析】

雍正二年（1724年），雍正皇帝颁赐御匾"辑瑞球阳"给琉球国王。雍正四年（1726年），琉球进献谢恩贡物和该年正贡贡物。清廷把谢恩贡物留作琉球雍正六年（1728年）的正贡。对清廷的这一恩典，琉球国王在雍正六年（1728年）上表称谢。

琉球国王的这一谢恩表文原件，现藏中国第一历史档案馆①。

文书基本信息表

文书种类	表文	头辞	琉球国中山王尚敬诚惶诚恐，稽首顿首上言
发送者	琉球国王尚敬	尾辞	仅奉表称谢以闻
接受者	中国雍正皇帝	正文文体	骈文体
纪年标准	中国纪年：雍正六年	正文内容	谢雍正四年谢恩贡物充作下次正贡并祝贺雍正万寿圣禧
语言种类	古代汉语	用典来源	《尚书》、《左传》、《论语》

5. 乾隆二年（1737年）琉球国王尚敬祝贺乾隆皇帝登极表文

琉球国中山王臣尚敬诚欢诚忭，稽首顿首上言：伏以皇德开天[1]，周室睹贻谋[2]之盛；帝谟[3]尊祖，夏王隆奕世[4]之休。道冠千秋，前圣作而后圣述[5]；恩敷九有[6]，河出图而洛出书。率土欢腾，普天庆溢[7]。恭惟皇帝陛下御箓[8]登极，乘乾[9]握纪[10]。坐明堂[11]而朝百辟[12]，玉帛[13]来同；惠中国以绥四方[14]，琪球[15]毕集。臣敬藩垣[16]末职[17]，薄海[18]微臣。际景运[19]初启之期，敢不引领戴德；值文明肇开之会，谁弗扪心[20]承恩。谨遣陪臣向启猷、金震等弛叩象阙[21]，恭祝龙禧[22]。伏愿乾纲独秉，泰运长亨[23]。侯甸要荒[24]，尽入职方[25]之府；躬桓蒲谷[26]，悉归王会[27]之图。将见金瓯[28]永固，醴泉[29]与芝草[30]俱生；玉烛[31]常调，彩凤共祥麟并见矣。臣敬无任瞻天仰圣，踊跃欢忭之至。谨奉表称贺以闻。

乾隆二年十二月十一日琉球国中山王臣尚敬谨上表。②

【注释】

[1]皇德开天：大德创世。[2]贻谋：父祖对子孙的训诲。[3]帝谟：帝王的谋略。[4]奕世：累世。

---

① 朱淑媛：《清代琉球国的谢恩与表奏文书》，载《清史研究》1998年第4期。
② 中国第一历史档案馆：《清代琉球国王表奏文书选录》，黄山书社1997年版，第193—194页。另见《历代宝案》第2集，卷二二，"国立台湾大学"印行，第2245—2246页。

[5]前圣作而后圣述：前代圣人创作，后代圣人阐释。[6]九有：九州。《诗·商颂·玄鸟》："方命厥后，奄有九有。"[7]庆溢：充满欢庆。[8]御箓：承天命。箓：符箓，天赐符命之书。[9]乘乾：登极为帝。[10]握纪：掌握纲纪。[11]明堂：帝王宣明政教的地方。凡朝会、祭祀、庆赏、选士、养老、教学等大典，都在此举行。《孟子·梁惠王下》："夫明堂者，王者之堂也。"[12]百辟：诸侯。[13]玉帛：玉器和丝织品。古代诸侯朝会时献给天子的礼物。[14]惠中国以绥四方：加惠中原，安抚四方。《诗·大雅·民劳》："惠此中国，以绥四方。"[15]琪球：又作共球。[16]藩垣：藩国、藩镇。藩：屏。垣：墙。《诗·大雅·板》："价人维藩，大师维垣。"[17]末职：微末职务。[18]薄海：近海地区或海外；泛指海内外地区。[19]景运：好时运。[20]扪心：抚摸胸口。表示反省。[21]象阙：宫室，朝廷。[22]龙禧：帝王之喜庆。[23]长亨：长久亨通。[24]侯甸要荒：侯、甸、要、荒属于五服范围，泛指天下。[25]职方：管理朝贡事务的官职。《周礼》谓夏官司马所属有职方氏，掌地图，辨其邦国、都鄙及九州人民与其物产财用，知其利害得失，规定各邦国贡赋。[26]躬桓蒲谷：躬圭、桓圭、蒲璧和谷璧，古代代表爵位等级的凭证。[27]王会：诸侯、四夷或藩属朝贡天子的聚会。[28]金瓯：比喻疆土之完固。亦用以指国土。[29]醴泉：甘露。[30]芝草：灵芝。[31]玉烛：四时之气和畅。形容太平盛世。

【简析】

乾隆皇帝登极后，琉球国王在乾隆二年（1737年）按照惯例向清廷呈递庆贺表文。

文书基本信息表

文书种类	表文	头辞	琉球国中山王臣尚敬诚欢诚忭，稽首顿首上言
发送者	琉球国王尚敬	尾辞	谨奉表称贺以闻
接受者	中国乾隆皇帝	正文文体	骈文体
纪年标准	中国纪年：乾隆二年	正文内容	庆贺乾隆皇帝登极
语言种类	古代汉语	用典来源	《诗经》、《周礼》、《孟子》

6. 乾隆十九年（1754年）琉球国中山王世子尚穆请封表文

球琉国中山王世子臣尚穆诚惶诚恐，稽首顿首，谨奉表上言：伏以玉版[1]恢图[2]，焕[3]规模[4]于旧制；宝纶[5]沛泽[6]，隆体统[7]于藩臣。率土莫不尊亲，众星拱北；普天咸称神圣，诸水朝宗[8]。欢洽[9]臣民，庆腾宇宙。恭惟皇帝陛下覆育同天，光华匝地[10]。躬桓蒲谷[11]，悉归王会[12]之图；侯甸要荒[13]，尽入职方[14]之府。臣穆世沐帝泽，代守海藩。胙土[15]分茅[16]，自古之帝王大典；请封袭爵，今日之臣子微忱。谨遣陪臣毛元翼、蔡宏谟等仰请纶音[17]，望龙墀[18]而悚慄[19]；叩希[20]天眷，瞻凤诏[21]以遥颁。伏愿至德[22]弥崇，覃恩[23]愈广。制仪制礼，因旧典以广新恩；教孝教忠，由内臣而及外吏。将见川岳效灵[24]，九有[25]觐昭光之盛[26]；江河献瑞，万方沾熙皞[27]之隆矣。臣穆无任瞻天仰圣，激切屏营之至。谨奉表恭进以闻。

乾隆十九年十月二十二日，琉球国中山王世子臣尚穆谨上表。①

【注释】

[1]玉版：有图形或文字，象征祥瑞、盛德或预示休咎的玉片。[2]恢图：拓图。[3]焕：光辉。[4]规模：制度，程式。[5]宝纶：帝王诏书。[6]沛泽：盛大的恩泽。[7]体统：体制。[8]朝宗：归顺。[9]欢洽：欢乐和洽。[10]匝地：遍地，满地。[11]躬桓蒲谷：躬圭、桓圭、蒲璧和谷璧，古代代表爵位等级的凭证。[12]王会：诸侯、四夷或藩属朝贡天子的聚会。[13]侯甸要荒：侯、甸、要、荒属于五服范围，泛指天下。[14]职方：管理朝贡事务的官职。[15]胙土：帝王将土地赐封功臣宗室，以酬其勋劳。胙：酬劳，报答。[16]分茅：分封王侯。古代分封诸侯，用白茅裹着泥土授予被封者，象征授予土地和权力，谓之"分茅"。[17]纶音：帝王的诏令。[18]龙墀：丹墀，借指皇帝。[19]悚慄：恐惧战栗。[20]叩希：恭进地希望。[21]凤诏：诏书。[22]至德：最高的道德；盛德。《易·系辞上》："阴阳之义配日月，易简之善配至德。"[23]覃恩：广施恩泽。[24]效灵：发生灵异的效果。[25]九有：九州。[26]觐昭光之盛：目睹发扬光大祖业之盛况。觐：见。昭光：发扬光大。《书·立政》："以觐文王之耿光，以扬武王之大烈。"[27]熙皥：和乐；怡然自得。

【简析】

乾隆十九年（1754年），琉球世子尚穆向清廷呈递请封表文。

文书基本信息表

文书种类	表文	头辞	球琉国中山王世子臣尚穆诚惶诚恐，稽首顿首，谨奉表上言
发送者	琉球国王尚穆	尾辞	谨奉表恭进以闻
接受者	中国乾隆皇帝	正文文体	骈文体
纪年标准	中国纪年：乾隆十九年	正文内容	请求册封
语言种类	古代汉语	用典来源	《易经》、《尚书》

7. 乾隆二十一年（1756年）琉球国王尚穆谢恩表文

琉球国中山王臣尚穆诚欢诚忭，稽首顿首，谨奉表上言：伏以帝泽旁流[1]，九边[2]尽播史臣[3]之册；皇仁广被，四海悉归王会[4]之图。恩沛九重[5]之膏，湛露[6]时降；瑞兆五云之彩，醴泉[7]常生。欢溢臣民，庆腾宇宙。钦惟皇帝陛下，虑周[8]万物，治冠百王[9]。乃圣乃神，焕[10]规模[11]于典礼；允文允武，隆体统[12]于海陬[13]。臣穆嗣守[14]藩封，代供贡职[15]。拜荷凤诏[16]褒封之典，社稷生辉；仰沐龙墀[17]锡予之章，蜗居[18]增色。对天使而九叩，望象阙[19]以三呼[20]。拜命[21]增虔，抚躬[22]益励。谨遣陪臣马宣哲、郑秉哲等赍捧表章，恭陈帝座。伏愿德合坤乾，恩同川岳。感覆冒[23]者万国，莫不尊亲；沾雨露者四方，尽皆顶祝[24]。将见文麟[25]献瑞，调玉烛[26]以无疆；彩凤来仪[27]，巩金

---

① 《历代宝案》第2集，卷三六，"国立台湾大学"印行，第2740—2741页。

瓯[28]于有永[29]矣。臣穆无任瞻天仰圣，踊跃欢忭之至。谨奉表称谢以闻。

乾隆二十一年十月十二日，琉球国中山王臣尚穆谨上表。①

【注释】

[1]旁流：广泛流布。旁：广。[2]九边：明代在北部边境设立的九处军事要镇。此处泛指边关。[3]史臣：史官。[4]王会：诸侯、四夷或藩属朝贡天子的聚会。[5]九重：朝廷。古制，天子之居有门九重，故九重代指中央政府。[6]湛露：比喻君王的恩惠。[7]醴泉：甘露。[8]虑周：思虑周密、深刻。[9]治冠百王：治理国家的功绩超过历史上所有的帝王。[10]焕：光辉。[11]规模：制度，程式。[12]体统：体制。[13]海陬：海角。[14]嗣守：继承并遵守和保持。[15]贡职：贡赋，贡品。[16]凤诏：诏书。[17]龙墀：丹墀；借指皇帝。[18]蜗居：比喻极为狭小的居室陋巷。[19]象阙：宫室，朝廷。[20]三呼：对皇帝的祝颂仪式，叩头高呼"万岁"3次。[21]拜命：受命。多指拜官任职。[22]抚躬自问。[23]覆冒：荫庇。[24]顶祝：顶礼祝祷；顶礼祝颂。[25]文麟：有纹饰的麒麟。[26]玉烛：四时之气和畅。形容太平盛世。[27]彩凤来仪：凤凰来舞而有容仪，古人以为瑞应。[28]金瓯：比喻疆土之完固。亦用以指国土。[29]有永：永远。

【简析】

乾隆二十一年（1756年），琉球国王尚穆受清廷册封后，立即向清廷呈递谢恩表文。

文书基本信息表

文书种类	表文	头辞	琉球国中山王臣尚穆诚欢诚忭，稽首顿首，谨奉表上言
发送者	琉球国王尚穆	尾辞	谨奉表称谢以闻
接受者	中国乾隆皇帝	正文文体	骈文体
纪年标准	中国纪年：乾隆二十一年	正文内容	谢天朝册封
语言种类	古代汉语	用典来源	《汉书》

8. 乾隆二十七年（1762年）琉球国王尚穆谢恩表文

琉球国中山王臣尚穆诚惶诚恐，稽首顿首，谨奉表上言：伏以帝德明光[1]，焕[2]鸿猷[3]于一统；皇恩浩荡，沛膏雨[4]于万方。物阜民康，治协[5]八风[6]之奏；时雍[7]俗美[8]，化行万国之淳[9]。遐迩倾心，华夷志庆[10]。恭惟皇帝陛下聪明睿知，文武圣神。御极[11]而默契渊源[12]，道高千圣；执中[13]以绥怀[14]区宇，治迈百王[15]。臣穆远岛微臣，膺封南藩职贡[16]，深荷柔远之德。特免谢仪[17]，复沐宠异之恩，准作正贡，宽期至再，倾国难酬。兹当贡期，特遣陪臣马国器、梁煌等恭赍表章，叩谢天眷，伏愿睿筭[18]无疆，乾行不息[19]。祚绵[20]姬篆[21]，九天[22]湛露[23]沾濡[24]；福锡箕畴[25]，八表[26]阳和[27]广

---

① 《历代宝案》第2集，卷三九，"国立台湾大学"印行，第2825—2826页。

被。则亲贤乐利[28]，受润泽者亿万斯年；南朔东西，觐光华者千八百国矣。臣穆无任瞻天仰圣，激切屏营之至。奉谢表称谢以闻。

乾隆二十七年十月十五日，琉球国中山王臣尚穆谨上表。①

【注释】

[1]明光：昌明盛大。[2]焕：光辉。[3]鸿猷：鸿业，大业。[4]膏雨：滋润作物的霖雨。[5]治协：和协。[6]八风：八方之风。[7]时雍：和熙。[8]俗美：风俗美好。[9]化行万国之淳：教化万国而风俗淳美。[10]志庆：表示庆贺。[11]御极：登极；即位。[12]默契渊源：与圣王统治之道相合。[13]执中：持中庸之道，无过与不及。[14]绥怀：安抚关切。[15]治迈百王：功绩超过任何的帝王。[16]职贡：藩属或外国对于朝廷按时的贡纳。[17]谢仪：献恩的贡物。[18]睿算（suàn）：称皇帝的年龄。算：古通"算"，计算。[19]乾行不息：刚健不息。[20]祚绵：国祚绵长。[21]姬箓：天命。[22]九天：中央与八方。[23]湛露：比喻君王的恩惠。[24]沾濡：浸湿。多指恩泽普及。[25]福锡箕畴：赐福天下。该典出自《书·洪范·九畴》。《九畴》因是箕子所述，故亦名《箕畴》。该篇记述箕子向周武王上陈天子治国九法，其中有"皇建其有极，敛时五福，用敷锡厥庶民"。天子建立最高权威的首要方法是将长寿、富贵、健康安宁、遵行美德、高寿善终这五类人间幸福赐给百姓。[26]八表：八方之外，指极远的地方。[27]阳和：祥和的气氛。[28]亲贤乐利：利益众生，亲近贤人。

【简析】

乾隆二十七年（1762年），琉球国王呈递感谢清廷把谢恩贡物留作正贡的表文。

文书基本信息表

文书种类	表文	头辞	琉球国中山王臣尚穆诚惶诚恐，稽首顿首，谨奉表上言
发送者	琉球国王尚穆	尾辞	奉谢表称谢以闻
接受者	中国乾隆皇帝	正文文体	骈文体
纪年标准	中国纪年：乾隆二十七年	正文内容	谢把谢恩贡物留作正贡
语言种类	古代汉语	用典来源	《尚书》

9. 乾隆三十九年（1774年）琉球国王尚穆进贡表文

琉球国中山王臣尚穆诚惶诚恐，稽首顿首，谨奉表上言：伏以圣德覃敷[1]，万国永沾同轨同文之化；皇仁广被，八埏[2]咸肃悉臣悉主[3]之仪。来集彤庭[4]，效三呼[5]以称颂；班联[6]璐砌[7]，齐九叩以拜飏[8]。庆洽[9]寰区[10]，欢腾海表。钦惟皇帝陛下，虑周[11]万物，道贯百王[12]。总揽四方，声灵[13]溢乎宇内；裁成[14]中外，德教沛于海隅。臣穆世守藩封，代供贡职[15]。倾心归命，颂德竭诚。谨遣陪臣向崇猷、蔡懿等，虔效芹私[16]，少

---

① 中国第一历史档案馆：《清代琉球国王表奏文书选录》，黄山书社1997年版，第325—326页。另见《历代宝案》第2集，卷四六，"国立台湾大学"印行，第3043—3044页。

申葵向[17]。伏愿乾纲独秉，泰运长亨[18]。率土为家，虽治而能求治[19]；普天在闼[20]，已安而愈勤安[21]。将见玉烛[22]调辉，与天同长、地同久；金瓯[23]永固，如川方至、日方升[24]矣。臣穆无任瞻天仰圣，激切屏营之至。谨奉表进贡以闻。

乾隆三十九年十一月十一日，琉球国中山王臣尚穆谨上表。①

【注释】

[1]覃敷：广布。[2]八埏：八方。[3]悉臣悉主：天下范围都属于君臣关系。[4]彤庭：又作彤廷。宫廷，朝廷。宫廷因以朱漆涂饰，故称。[5]三呼：对皇帝的祝颂仪式，叩头高呼"万岁"3次。[6]班联：朝班的行列。[7]璐砌：玉阶。璐，美玉。砌，台阶。[8]拜飏：拜颂。飏，通"扬"，扬声。[9]庆洽：吉庆和协。[10]寰区：天下；人世间。[11]虑周：思虑周密、深刻。[12]道贯百王：治国的思想、原则贯通历代先王；集历代先王的大成。[13]声灵：声势威灵。[14]裁成：栽培。[15]贡职：贡赋；贡品。[16]芹私：微薄的礼物。[17]少申葵向：稍稍表达忠诚。[18]长亨：长久亨运。[19]虽治而能求治：虽已良好但追求更好。[20]普天在闼（tà）：天下一家。闼，门，小门。[21]已安而愈勤安：虽已安定但追求更加安定。[22]玉烛：四时之气和畅。形容太平盛世。[23]金瓯：比喻疆土之完固。亦用以指国土。[24]如川方至、日方升：如河水刚涨潮、太阳正升起。比喻事业欣欣向荣、更上一层楼。《诗·小雅·鹿鸣之什·天保》："天保定尔，以莫不兴。如山如阜，如冈如陵，如川之方至，以莫不增。……如月之恒，如日之升。如南山之寿，不骞不崩。"

【简析】

乾隆三十九年（1774年），琉球向清廷例行呈递进贡表文。

文书基本信息表

文书种类	表文	头辞	琉球国中山王臣尚穆诚惶诚恐，稽首顿首，谨奉表上言
发送者	琉球国王尚穆	尾辞	谨奉表进贡以闻
接受者	中国乾隆皇帝	正文文体	骈文体
纪年标准	中国纪年：乾隆三十九年	正文内容	例行进贡
语言种类	古代汉语	用典来源	《诗经》、《汉书》

10. 嘉庆三年（1798年）琉球国世孙尚温请封表文

琉球国中山王世孙臣尚温诚惶诚恐，稽首顿首，谨奉表上言：伏以玉版[1]恢图[2]，焕[3]规模[4]于旧制；宝纶[5]沛泽[6]，隆体统[7]于藩臣。率土莫不尊亲，众星拱北；普天咸称神圣，诸水朝宗[8]。欢洽[9]臣民，庆腾宇宙。恭惟皇帝陛下，光华匝地[10]，覆育同天。侯甸

---

① 中国第一历史档案馆：《清代琉球国王表奏文书选录》，黄山书社1997年版，第374页。另见《历代宝案》第2集，卷六〇，"国立台湾大学"印行，第3375—3376页。

要荒[11]，尽入职方[12]之府；躬桓蒲谷[13]，悉归王会[14]之图。八埏[15]遍沐仁风，四海皆瞻化日[16]。臣温世叨[17]圣泽，代守海藩。祚土[18]分茅[19]，自古帝王之大典；请封袭爵，于今臣子之微忱。谨遣陪臣向国垣、曾谟等，仰请纶音[20]，望龙墀[21]而悚慄[22]；叩希[23]天眷，瞻凤诏[24]以遥颁。伏愿至德[25]弥崇，覃恩[26]愈广。建官分职，由内臣而及外臣；合轨同文，因旧典以开新典。将见江河献瑞，万方沾熙皞[27]之隆；川岳效灵[28]，九有[29]觐昭光之盛[30]矣。臣温无任瞻天仰圣，激切屏营之至。谨奉表恭进以闻。

嘉庆三年八月十九日，琉球国中山王世孙臣尚温谨上表。①

【注释】

[1]玉版：有图形或文字，象征祥瑞、盛德或预示休咎的玉片。[2]恢图：拓图。[3]焕：光辉。[4]规模：制度，程式。[5]宝纶：帝王诏书。[6]沛泽：盛大的恩泽。[7]体统：体制。[8]朝宗：归顺。[9]欢洽：欢乐和洽。[10]匝地：遍地，满地。[11]侯甸要荒：侯、甸、要、荒属于五服范围，泛指天下。[12]职方：管理朝贡事务的官职。[13]躬桓蒲谷：躬圭、桓圭、蒲璧和谷璧，古代代表爵位等级的凭证。[14]王会：诸侯、四夷或藩属朝贡天子的聚会。[15]八埏：八方。[16]化日：太阳光；白昼。[17]世叨：世代承蒙。[18]祚土：帝王将土地赐封功臣宗室，以酬其勋劳。祚：酬劳，报答。[19]分茅：分封王侯。古代分封诸侯，用白茅裹着泥土授予被封者，象征授予土地和权力，谓之"分茅"。[20]纶音：帝王的诏令。[21]龙墀：丹墀，借指皇帝。[22]悚慄：恐惧战栗。[23]叩希：恭敬地希望。[24]凤诏：诏书。[25]至德：最高的道德；盛德。《易·系辞上》："阴阳之义配日月，易简之善配至德。"[26]覃恩：广施恩泽。[27]熙皞：和乐；怡然自得。[28]效灵：发生灵异的效果。[29]九有：九州。[30]觐昭光之盛：目睹发扬光大祖业之盛况。觐：见。昭光：发扬光大。《书·立政》："以觐文王之耿光，以扬武王之大烈。"

【简析】

嘉庆三年（1798年），琉球呈递请封表文。该表文与乾隆十九年（1754年）的请封表文内容几乎一致，只有个别词句有稍许调整。

文书基本信息表

文书种类	表文	头辞	琉球国中山王世孙臣尚温诚惶诚恐，稽首顿首，谨奉表上言
发送者	琉球世孙尚温	尾辞	谨奉表恭进以闻
接受者	中国嘉庆皇帝	正文文体	骈文体
纪年标准	中国纪年：嘉庆三年	正文内容	请求册封
语言种类	古代汉语	用典来源	《易经》、《尚书》

---

① 中国第一历史档案馆：《清代琉球国王表奏文书选录》，黄山书社1997年版，第546—548页。另见《历代宝案》第2集，卷八八，"国立台湾大学"印行，第4262—4263页。

11. 嘉庆十五年（1810年）琉球国王尚灏为祝贺嘉庆帝五十大寿庆贺表文

琉球国中山王臣尚灏诚惶诚恐，稽首顿首，谨奉表上言：伏以帝德宏施[1]，切[2]就瞻[3]乎率土；皇风远畅，隆宠锡于普天。玉检[4]浮□，遍洒天中雨露；金函[5]□来，遥宣日下丝纶[6]。海外欢呼，波中拜舞[7]。恭惟皇帝陛下光华匝地[8]，覆育同天。至德[9]日跻[10]，迈百王之谟训[11]；宸衷[12]时懋[13]，昭千圣之典型。臣灏蛟岛[14]微臣，蚁封[15]外吏，叠蒙异宠，屡沐殊恩。欣逢万寿之昌期[16]，恭被钦颁之恩诏。煌煌[17]天语，爰新岛服[18]之规模；郁郁[19]王言，悉益海邦之壮丽。绥怀[20]溢量[21]，惭感[22]非常。兹值贡期，虔修表奏，谨附陪臣向国柱、蔡肇业等恭呈黼座[23]，叩谢天恩。伏愿睿算[24]无疆，乾行不息[25]。亿万年之道统，益扩[26]前规[27]；接十六字心传[28]，直恢[29]往制。则东西南朔，久沐熙皞[30]之休；侯甸要荒[31]，长享协和[32]之盛矣。臣灏无任瞻天仰圣，激切屏营之至。谨奉表称贺以闻。①

【注释】

[1]宏施：大力实施。[2]切：恳切。[3]就瞻：得近天子。[4]玉检：玉制的封缄。[5]金函：金匣。[6]丝纶：帝王诏书。[7]拜舞：跪拜与舞蹈。古代朝拜的礼节。[8]匝地：遍地。[9]至德：最高的道德；盛德。[10]日跻（jī）：日盛一日。跻：升，登。《诗·商颂·长发》："汤降不迟，圣敬日跻。"[11]谟训：谋略和训诲。《书·胤征》："圣有谟训，明徵定保。"[12]宸衷：帝王的心意。[13]时懋：勉力。时：通"是"，虚词。懋：努力。《书·舜典》："汝平水土，惟时懋哉！"[14]蛟岛：海岛。[15]蚁封：螳垤，蚁窝。[16]昌期：兴隆昌盛时期。[17]煌煌：明亮辉耀貌。[18]岛服：海岛藩属。[19]郁郁：文采盛貌。《论语·八佾》："周监于二代，郁郁乎文哉！吾从周。"[20]绥怀：安抚关切。[21]溢量：过分。[22]惭感：惭愧的感觉。[23]黼座：帝座。天子座后设黼扆，故名。[24]睿算：称皇帝的年龄。[25]乾行不息：刚健不息。[26]益扩：更加扩大。[27]前规：前人的规范、规矩。[28]十六字心传：指《书·大禹谟》中的"人心惟危，道心惟微；惟精惟一，允执厥中"。此16字经宋儒发挥，成了儒家心性理论的重要内容。[29]直恢：超越。[30]熙皞：和乐；怡然自得。[31]侯甸要荒：侯、甸、要、荒属于五服范围，泛指天下。[32]协和：和睦，融洽。

【简析】

嘉庆十四年（1809年），清帝五十大寿颁诏天下。琉球收到这一诏书后，随即向清廷呈递庆贺万寿表文。嘉庆帝五十大寿颁发的这份诏书内容，《清实录》记载：

> 奉天承运皇帝诏曰：朕缵承洪绪，临御寰区。思以眇躬托于兆民之上，所愿万方臣庶，同臻康乐和亲。是以夙夜寅畏，不敢暇逸，以勤求郅治。今兹春秋方届五旬，秉诚执竞，惟日孜孜，曷敢稍存满假，铺饰鸿麻。惟念朕继统膺图，仰荷上苍眷命，列圣垂恩，虔巩宣祜，实有度越恒常者。溯自乾隆三十八年，皇考高宗纯皇帝精心付托，即以朕名默告昊穹，嗣诣盛京，恭谒三陵。复亲率朕躬面

---

① 中国第一历史档案馆：《清代琉球国王表奏文书选录》，黄山书社1997年版，第683—684页。另见《历代宝案》第2集，卷一〇九，第5070—5071页。

稽列祖。维时虽未明示建储，而大统攸属，冲漠之中笃承佑相者已二十余年。至丙辰大廷授玺，恪奉训政三年，尤为千古未有之隆遇。时值承平日久，粮莠藑芽，适有三省教匪不靖之事。朕日禀睿谟，授师筹画，知所式循。洎亲政以后，陈律旌庸，遂获翦艾渠魁，荡除群丑。今亿姓乐业，庶事咸熙。更幸四序均调，雨旸时若，三灵协祉，水土平成。朕恭受蕃釐，履盈思惧。属者内外臣工，效祝输忱，一切繁文缛节，概从屏却。惟允怀古训，天子代天养万民。若以予一人坚执拗抑，使德不下究，海内希恩幸泽之志，郁而弗宣，朕心歉焉。爰祗循茂典，俯顺舆情，举可嘉惠臣民者，布令推恩，靡有靳惜。前已降旨特开恩榜，烝我髦士。兹履端肇庆，载颁纶綍，俾中外远迩咸沾闿泽。溥迓祥和，朕用是以仰答天恩。覃敷考泽，广称仁寿斯民之意。所有应行事宜，开列于后：……（从略）于戏！惟一人受兹多福，用敷锡厥庶民，俾万姓怀于有仁而对扬我光命。布告天下，咸使闻知。①

文书基本信息表

文书种类	表文	头辞	琉球国中山王臣尚灏诚惶诚恐，稽首顿首，谨奉表上言
发送者	琉球国王尚灏	尾辞	谨奉表称贺以闻
接受者	中国嘉庆皇帝	正文文体	骈文体
纪年标准	中国纪年：嘉庆十五年	正文内容	庆贺万寿节
语言种类	古代汉语	用典来源	《诗经》、《尚书》、《论语》

12. 道光四年（1824年）琉球国中山王尚灏谢恩表文

琉球国中山王臣尚灏诚惶诚恐，稽首顿首，谨奉表上言：伏以圣德敷荣[1]，六宇[2]感骈幪[3]之量；皇恩优渥，万方沾雨露之施。御物遥颁，争云霞[4]而有耀；奇珍特赐，射牛斗[5]而生光。喜洽[6]寰中[7]，庆腾海外。钦惟皇帝陛下兼三[8]而治，得一[9]以临。德洽[10]慈和[11]，沾尧封之化雨[12]；歌传解愠[13]，拂舜殿[14]之熏风[15]。臣灏云外[16]藩垣[17]，波中泽国。荷殊荣而膺宠眷，圭璋[18]特锡于上方；叨[19]异数[20]而沐鸿恩，文绮均颁于内府。抚绥备至，感激奚涯[21]。兹值贡期，虔修谢表，谨附陪臣向廷楷、梁光地等，恭呈黻座[22]，叩谢天恩，伏愿大造[23]无私，至仁广运。绥猷[24]邦国，自玉帛[25]以争先；惠恤[26]要荒[27]，悉梯航[28]而恐后。将见山河永固，卜国祚之绵长，龙凤呈祥，知太平之日盛矣。臣灏无任瞻天仰圣，激切屏营之至。谨奉表称谢以闻。

---

① 《清仁宗实录》卷二〇六，嘉庆十四年正月辛酉条。

道光四年八月初六日，琉球国中山王臣尚灏谨上表。①

【注释】

[1]敷荣：草木茂盛貌。[2]六宇：天、地、四方。[3]帡幪：覆盖，庇荫。[4]云霞：彩云和彩霞。[5]射牛斗：光芒直冲牛宿和斗宿。[6]喜洽：和悦可爱。[7]寰中：宇内，天下。[8]兼三：统合天、地、人三才。《易·说卦》："是以立天之道曰阴与阳，立地之道曰柔与刚，立人之道曰仁与义。兼三才而两之，故《易》六画而成卦。"[9]得一：得道；承天命。《老子》："昔之得一者，天得一以清，地得一以宁，神得一以灵，谷得一以盈，万物得一以生，侯王得一以为天下贞。"[10]德洽：德性和融。[11]慈和：慈爱和睦。[12]尧封之化雨：尧对中国疆域进行划分并施以教化。传说尧时命舜巡视天下，划为12州，并在12座大山上封土为坛，以作祭祀。《书·舜典》："肇有十二州，封十有二山。"[13]歌传解阜：舜作《南风》歌以解民困。《史记》乐书记载："昔者舜作五弦之琴，以歌《南风》。"《南风》歌云："南风之薰兮，可以解吾民之愠兮；南风之时兮，可以阜吾民之财兮。"[14]舜殿：舜的宫殿。[15]薰风：和暖的南风或东南风。[16]云外：世外。[17]藩垣：藩国、藩镇。[18]圭璋：两种贵重的玉制礼器。[19]叨：承受。[20]异数：特殊、例外的情形。[21]奚涯：无涯。[22]敝座：帝座。[23]大造：天地。[24]绥献：安抚并为之谋划。[25]玉帛：玉器和丝织品。古代诸侯朝会时献给天子的礼物。[26]惠恤：加恩体恤。[27]要荒：五服中的要服、荒服。泛指边远地区。[28]梯航：梯山航海的省语。谓长途跋涉。

【简析】

道光四年（1824年），琉球国王呈递谢恩兼进贡表文。

文书基本信息表

文书种类	表文	头辞	琉球国中山王臣尚灏诚惶诚恐，稽首顿首，谨奉表上言
发送者	琉球国王尚灏	尾辞	谨奉表称谢以闻
接受者	中国道光皇帝	正文文体	骈文体
纪年标准	中国纪年：道光四年	正文内容	谢恩兼进贡
语言种类	古代汉语	用典来源	《易经》、《尚书》、《老子》、《史记》

13. 道光十年（1830年）琉球国王尚灏进贡表文

琉球国中山王臣尚灏，诚欢诚忭，稽首顿首，谨奉表上言：伏以帝德覃敷[1]，四海集共球[2]之盛；皇仁广被，五方[3]陈圭璧[4]之祥。来集彤庭[5]，效三呼[6]以称颂；班联[7]璐砌[8]，齐九叩以拜飏[9]。遐迩倾心，臣民归命。钦惟功侔[10]天地，道冠古今。绍千圣之心传[11]，惟精惟一[12]；继百王之治统，丕显丕承[13]。臣灏职列外藩，身居僻壤。屡蒙

---

① 秦国经：《清代中琉关系文书研究》，载《历史档案》1994年第4期。此表文收录在《历代宝案》第2集，卷一三八，但"国立台湾大学"印行的版本残缺该卷。

皇恩之湛渥[14]，未报微悃于涓埃[15]。兹当贡期，聊抒野芹[16]之念。谨遣陪臣向国璧、王丕烈等虔赍方物，恭祝圣禧[17]。伸下国之忱诚，效远臣之忠顺。伏愿乾纲独秉，泰运长亨[18]。侯甸要荒[19]，尽入职方[20]之府；躬桓蒲谷[21]，悉归王会[22]之图。将见玉烛[23]常调，瑞凤与祥麟偕集[24]；金瓯[25]永固，醴泉[26]与芝草[27]俱生矣。臣灏无任瞻天仰圣，激切屏营之至。谨奉表恭进以闻。

　　道光十年八月初七日，琉球国中山王臣尚灏谨上表。①

【注释】

　　[1]覃敷：广布。[2]共球：珍奇异宝。[3]五方：东、南、西、北和中央。亦泛指各方。《礼记·王制》："五方之民，言语不通，嗜欲不同。"[4]圭璧：古代王侯朝聘、祭祀时所用的贵重玉器。[5]彤庭：又作彤廷。宫廷，朝廷。宫廷因以朱漆涂饰，故称。[6]三呼：对皇帝的祝颂仪式，叩头高呼"万岁"3次。[7]班联：朝班的行列。[8]璐砌：玉阶。[9]拜飏：拜颂。[10]功侔：功德相当于。[11]绍千圣之心传：继承圣贤的十六字心传。[12]惟精惟一：领悟道心要精益求精、专一其心。《书·大禹谟》："人心惟危，道心惟微；惟精惟一，允执厥中。"[13]丕显丕承：祖先事业光辉伟大。丕：语助词。《诗·周颂·清庙》："于穆清庙，肃雍显相。济济多士，秉文之德。对越在天，骏奔走在庙。丕显丕承，无射于人斯。"[14]湛渥：形容厚恩。[15]涓埃：细流与微尘；比喻微小。[16]野芹：自谦所献菲薄。[17]圣禧：帝王的喜庆。[18]长亨：长久亨运。[19]侯甸要荒：侯、甸、要、荒属于五服范围，泛指天下。[20]职方：管理朝贡事务的官职。[21]躬桓蒲谷：躬圭、桓圭、蒲璧和谷璧，古代代表爵位等级的凭证。[22]王会：诸侯、四夷或藩属朝贡天子的聚会。[23]玉烛：四时之气和畅。形容太平盛世。[24]瑞凤与祥麟偕集：祥瑞的凤、麒麟聚集一处。[25]金瓯：比喻疆土之完固。亦用以指国土。[26]醴泉：甘露。[27]芝草：灵芝。

【简析】

　　道光十年（1830年），琉球国王尚灏向清廷呈递例行进贡的表文。

　　这一表文原件现藏于福建师范大学图书馆古籍部特藏室，20世纪50年代从上海地摊购得，其来源大概从内阁大库档案中辗转流出。表文横108.5厘米，纵33厘米，文末钤有琉球国王印。

文书基本信息表

文书种类	表文	头辞	琉球国中山王臣尚灏，诚欢诚忭，稽首顿首，谨奉表上言
发送者	琉球国王尚灏	尾辞	谨奉表恭进以闻
接受者	中国道光皇帝	正文文体	骈文体
纪年标准	中国纪年：道光十年	正文内容	进贡
语言种类	古代汉语	用典来源	《礼记》、《尚书》、《诗经》、《汉书》

---

　　①《历代宝案》第2集，卷一五一，"国立台湾大学"印行，第6289—6290页。

14. 道光十六年（1836年）琉球国中山王世子尚育请封表文

琉球国中山王世子臣尚育，诚惶诚恐，稽首顿首，谨奉表上言：伏以丹诏[1]辉煌，布恩纶于北阙[2]；星槎[3]迢递[4]，传宠命于南瀛[5]。树屏翰而怀柔，隆兹体统[6]；锡封章以宠贲[7]，焕[8]厥[9]规模[10]。庆洽[11]蚁封[12]，欢腾蜃岛[13]。钦惟皇帝陛下知周[14]万物，治协[15]三王。赫濯[16]声灵[17]，式九围[18]而型于百辟[19]；惇庸典礼[20]，敛五福以锡及万邦。侯甸要荒[21]，尽入职方[22]之府；躬桓蒲谷[23]，悉归王会[24]之图。八埏[25]遍沐仁风，四海皆瞻化日[26]。臣育世叨[27]圣泽，代守瀛壖[28]。胙土[29]分茅[30]，自昔长依禹甸[31]；请封袭爵，于今欣戴[32]尧天[33]。谨遣陪臣向大烋、孙光裕等远叩龙墀[34]，乞降纶音[35]以准袭；遥趋象阙[36]，恭求册使而锡封。伏愿至德[37]弥崇，覃恩[38]愈广。建官分职，由内臣而及外臣；合轨同文，因旧典以开新典。将见阳和[39]布地，醴泉[40]与芝草[41]偕生；瑞气丽天，甘露[42]同景星[43]并见矣。臣育无任瞻天仰圣，激切屏营之至。谨奉表恭进以闻。

道光十六年八月初三日琉球国中山王世子臣尚育谨上表。①

【注释】

[1]丹诏：帝王的诏书。以朱笔书写，故称。[2]北阙：宫禁或朝廷的别称。[3]星槎：往来于天河的木筏；泛指舟船。[4]迢递：遥远的样子。[5]南瀛：南部海域。[6]体统：体制。[7]宠贲：宠幸照耀。[8]焕：光辉。[9]厥：其。[10]规模：制度，程式。[11]庆洽：吉庆和协。[12]蚁封：蚁窝。[13]蜃岛：海岛。[14]知周：无所不知。《易·系辞上》："知周乎万物而道济天下。"[15]治协：和协。[16]赫濯：威严显赫貌。[17]声灵：声势威灵。[18]式九围：管理九州。式：法，制法。九围：九州。九州各有封域疆界，故称。《诗·商颂·长发》："帝命式于九围。"[19]型于百辟：给诸侯树立榜样。型：示范，效法。百辟：诸侯们。《诗·周颂·烈文》："不显惟德，百辟其刑之。"[20]惇庸典礼：敦厚、恒常的典礼。[21]侯甸要荒：侯、甸、要、荒属于五服范围，泛指天下。[22]职方：管理朝贡事务的官职。[23]躬桓蒲谷：躬圭、桓圭、蒲璧和谷璧，古代代表爵位等级的凭证。[24]王会：诸侯、四夷或藩属朝贡天子的聚会。[25]八埏：八方。[26]化日：太阳光；白昼。[27]叨：承受。[28]瀛壖：海岸。[29]胙土：帝王将土地赐封功臣宗室，以酬其勋劳。[30]分茅：分封王侯。[31]禹甸：禹所垦辟之地。后因称中国之地为禹甸。甸：治理。《诗·小雅·信南山》："信彼南山，维禹甸之。畇畇原隰，曾孙田之。"[32]欣戴：欣悦拥戴。[33]尧天：对帝王盛德和太平盛世的称颂。[34]龙墀：丹墀；借指皇帝。[35]纶音：帝王的诏令。[36]象阙：宫室，朝廷。[37]至德：最高的道德；盛德。[38]覃恩：广施恩泽。[39]阳和：祥和的气氛。[40]醴泉：甘露。[41]芝草：灵芝。[42]甘露：甘美的露水。属于祥瑞。[43]景星：大星；德星。属于祥瑞。

【简析】

道光十六年（1836年），琉球国王尚育向清廷呈递请求册封的表文。

---

① 《历代宝案》第2集，卷一六三，"国立台湾大学"印行，第6750—6751页。

文书基本信息表

文书种类	表文	头辞	琉球国中山王世子臣尚育，诚惶诚恐，稽首顿首，谨奉表上言
发送者	琉球国王尚育	尾辞	谨奉表恭进以闻
接受者	中国道光皇帝	正文文体	骈文体
纪年标准	中国纪年：道光十六年	正文内容	请求天朝册封
语言种类	古代汉语	用典来源	《易经》、《诗经》

15. 道光十八年（1838年）琉球国中山王尚育谢恩表文

琉球国中山王臣尚育，诚欢诚忭，稽首顿首，谨奉表上言：伏以文命[1]覃敷[2]，纶绋[3]焕[4]黄封[5]之彩；仁恩广被，沧溟[6]腾紫诰[7]之辉。布涣号[8]于三山[9]，鸿钧[10]亭育[11]；颁乾符[12]于万里，鲽版[13]轩歌[14]。庆溢[15]寰瀛[16]，欢增薄海[7]。钦惟皇帝陛下聪明天亶[18]，恭让性成[19]。黼座[20]垂裳[21]，照尧天[22]之丽日[23]；彤廷[24]挥斡[25]，调舜陛[26]之熏风[27]。臣育嗣守[28]藩封，代供贡职[29]。荷凤诏[30]褒封之典，岛屿炜煌[31]；仰承鸾书[32]锡予之荣，庆云纠缦[33]。瞻神京[34]而九叩，望帝阙以三呼[35]。拜命[36]增凂，抚躬[37]益励。谨遣陪臣翁宽、杨德昌等肃赍土物，叩谢天恩。伏愿大造[38]无私，至诚不息。德政如辰居有所[39]，天涯之箕毕[40]输忱；声灵[41]穷亥步[42]而遥，域外之梯航[43]接踵。将见金瓯[44]永固，河山呈带砺[45]之休；玉烛[46]常调，川岳隶怀柔之化矣。臣育无任瞻天仰圣，激切屏营之至。谨奉表称谢以闻。

道光十八年八月十五日琉球国中山王臣尚育谨上表。①

【注释】

[1]文命：文德教命。[2]覃敷：广布。[3]纶绋：皇帝的诏令。[4]焕：光辉。[5]黄封：皇家的封条，因其色黄，故称黄封。[6]沧溟：大海。[7]紫诰：皇帝诏书。古时书信用泥封，泥上盖印。皇帝诏书为显示高贵，用紫泥封口，上面盖印，后遂称皇帝诏书为紫泥诏，或简称紫泥。《陇右记》："陇西武都紫水有泥，其色紫而粘，贡之用封玺书，故诏、诰有紫泥之美。"（《太平御览》卷七四，地部三十九）[8]涣号：帝王的旨令，恩旨。[9]三山：琉球别称。山南（又称南山）、中山、山北（又称北山）是琉球群岛最初建立的3个国家名称，后以三山指代统一的琉球。[10]鸿钧：又作洪钧。大钧，天。[11]亭育：养育；培育。[12]乾符：帝王受命于天的吉祥征兆。[13]鲽版：岛国、海国。[14]轩歌：高歌颂扬。轩：飞扬。[15]庆溢：充满欢庆。[16]寰瀛：天下；全世界。[17]欢增薄海：欢乐海内外。[18]天亶：帝王的天性。亶：诚实无妄。《书·泰誓上》："亶聪明，作元后。元后作民父母。"[19]恭让性成：谦恭逊让的品性。[20]黼座：帝座。[21]垂裳：谓定衣服之制，示天下以礼。后用以称颂帝王无为而治。[22]尧天：对帝王盛德和太平盛世的称颂。[23]丽日：明亮的太阳。[24]彤廷：宫廷，朝

---

① 《历代宝案》第2集，卷一六七，"国立台湾大学"印行，第6931—6932页。

廷。宫廷因以朱漆涂饰，故称。[25]挥軺：发车。此处引申为出使外国。軺：车。[26]舜陛：朝廷。[27]熏风：和暖的南风或东南风。[28]嗣守：继承并遵守和保持。[29]贡职：贡赋；贡品。[30]凤诏：诏书。[31]炜煌：辉煌。[32]鸾书：书信。[33]庆云纠缦：祥云灿烂、萦回舒卷。纠：通"纠"，结集、连合。缦：萦回舒卷貌。《尚书大传》载《卿云歌》："卿云烂兮，纠缦缦兮，日月光华，旦复旦兮。"[34]神京：帝都，京城。[35]三呼：对皇帝的祝颂仪式，叩头高呼"万岁"3次。[36]拜命：受命。多指拜官任职。[37]抚躬：反躬自问。[38]大造：天地。[39]德政如辰居有所：治理国家如果施行德政，结果就会像北极星那样，自己居于一定的方位，而群星都会环绕在它的周围。《论语·为政》："为政以德，譬如北辰，居其所，而众星共之。"[40]箕毕：二星宿名。箕星主风，毕星主雨。[41]声灵：声势威灵。[42]亥步：相传禹臣竖亥善走，后因称健行为亥步。[43]梯航：梯山航海的省语。谓长途跋涉。[44]金瓯：比喻疆土之完固。亦用以指国土。[45]带砺：比喻所封爵位传之久远，或江山永固。[46]玉烛：四时之气和畅。形容太平盛世。

【简析】

道光十八年（1838年），琉球国王尚育接受清廷册封后，依惯例向清廷呈递谢恩表文。

文书基本信息表

文书种类	表文	头辞	琉球国中山王臣尚育，诚欢诚忭，稽首顿首，谨奉表上言
发送者	琉球国王尚育	尾辞	谨奉表称谢以闻
接受者	中国道光皇帝	正文文体	骈文体
纪年标准	中国纪年：道光十八年	正文内容	感谢天朝册封
语言种类	古代汉语	用典来源	《尚书》、《论语》、《汉书》

16. 同治三年（1864年）琉球中山王世子尚泰请封表文

琉球国中山王世子臣尚泰诚惶诚恐，稽首顿首，谨奉表上言：伏以天子当阳[1]，砺山带河[2]以建国；圣人御宇，苴茅[3]胙土[4]以分藩。颁正朔于赤县神州，咸仰玉册[5]金书[6]之锡；图王会[7]于鬼旟[8]阴羽[9]，共瞻宝函[10]铁券[11]之荣。鳌极[12]奠安，蚁封[13]忭颂[14]。钦惟皇帝陛下恩覃[15]九有[16]，道契[17]三无[18]。乃圣乃神、乃武乃文，亿万年光垂黼黻[19]；自西自东、自南自北，千百国瑞辑[20]冠裳[21]。海浅仁深[22]，岳卑德峻[23]；春台[24]有庆，寿域[25]同登。臣泰躬叨[26]圣泽，世守海邦。服备外藩，夙有请封旧典；统承先绪[27]，仍循嗣爵常经。谨遣陪臣东国兴、毛发荣趋叩[28]龙墀[29]，乞降纶音[30]以准袭；虔伸虎拜[31]，恭迓册使之遥临。伏愿丹诏[32]颁云[33]，黄图[34]辉日。荣膺冠带，广玉帛[35]之会于涂山[36]；宠列屏藩，大封建之模[37]于涧水[38]。则沐日浴月[39]，入荒[40]输琛赆[41]之忱；十雨五风[42]，六宇[43]受雍熙[44]之福矣。臣泰无任瞻天仰圣，激切屏营之至。谨奉表恭进以闻。

同治三年 月 日，琉球国中山王世子臣尚泰谨上表。①

【注释】

[1]当阳：古称天子南面向阳而治；帝王登位。《春秋繁露·天辨在人》："不当阳者，臣子是也；当阳者，君父是也。故人主南面以阳为位也。"[2]砺山带河：山河带砺。意为江山永固。[3]苴茅：古代帝王分封诸侯时，用该方颜色的泥土，覆以黄土，包以白茅，授予受封者，作为分封土地的象征。[4]胙土：帝王将土地赐封功臣宗室，以酬其勋劳。[5]玉册：古代用玉版制作之册书。[6]金书：用金简刻写或金泥书写的文字。[7]王会：诸侯、四夷或藩属朝贡天子的聚会。[8]凫（fú）旌：饰有凫羽的旗。凫：水鸟，俗称"野鸭"。[9]阴羽：饰有雉鸡的旗。[10]宝函：盛佛经、典册及贵重首饰等的匣子。[11]铁券：外形如筒瓦状的铁制品，它在中国古代是皇帝分封功臣爵位时颁赏赐给臣子的信物和凭证。[12]鳌极：神话传说中女娲断鳌足所立的四极天柱。[13]蚁封：蟥垤，蚁窝。[14]忭颂：欢乐祝颂。[15]恩覃：广布恩泽。[16]九有：九州。[17]道契：思想契合。[18]三无：即"天无私覆，地无私载，明无私照"。[19]黼黻：华美。[20]瑞辑：各种祥瑞集合在一起。[21]冠裳：比喻文明、礼仪制度。[22]海浅仁深：仁比海深。[23]岳阜德峻：德比山高。[24]春台：礼部。[25]寿域：人人得尽天年的太平盛世。[26]躬叩：亲受。[27]统承先绪：王统承自祖先。[28]趋叩：前往拜见。[29]龙墀：丹墀；借指皇帝。[30]纶音：帝王的诏令。[31]虎拜：大臣朝拜天子。召穆公名虎，周宣王时人，因平定淮夷之乱有功，王赐给他山川土田，召穆公稽首拜谢。后因称大臣朝拜天子为虎拜。《诗·大雅·江汉》："虎拜稽首，天子万年。"[32]丹诏：帝王的诏书。以朱笔书写，故称。[33]颁云：颁布书信。云：朵云，对别人书信的敬称。[34]黄图：借指中国。[35]玉帛：玉器和丝织品。古代诸侯朝会时献给天子的礼物。[36]涂山：亦名当涂山，俗称东山，为古涂山国所在地，大禹第一次大会诸侯的地方。[37]大封建之模：广大分邦建国的规模。[38]涧水：周代东都洛邑周边的河流。《书·洛诰》："予惟乙卯，朝至于洛师。我卜河朔黎水，我乃卜涧水东、瀍水西，惟洛食。我又卜瀍水东，亦惟洛食。伻来以图及献卜。"[39]沐日浴月：受日月光华的润泽。[40]入荒：边远地区。[41]琛赆：献贡的财货。[42]十雨五风：10天下1场雨，5天刮1次风。谓风调雨顺。[43]六宇：天地四方。[44]雍熙：和乐升平。

【简析】

同治三年（1864年），琉球国王尚泰向清廷呈递请求册封的表文。

文书基本信息表

文书种类	表文	头辞	琉球国中山王世子臣尚泰诚惶诚恐，稽首顿首，谨奉表上言
发送者	琉球国王尚泰	尾辞	谨奉表恭进以闻
接受者	中国同治皇帝	正文文体	骈文体
纪年标准	中国纪年：同治三年	正文内容	请求天朝册封
语言种类	古代汉语	用典来源	《诗经》、《尚书》

---

① 赵新：《续琉球国志略》卷一。

17. 同治五年（1866年）琉球国中山王尚泰谢恩表文

琉球国中山王臣尚泰，诚欢诚忭，稽首顿首，谨奉表上言：伏以皇仁同覆帱[1]，车书集一统之河山；帝德遍乾坤，侯甸沾累朝之雨露。来王[2]来享[3]，屏藩宠锡银章[4]；丕显丕承[5]，带砺[6]荣分铁券[7]。外邦溢庆[8]，环海腾欢。钦惟皇帝陛下道轶羲轩[9]，业高尧舜。安内攘外，河清偕海晏扬休[10]；纬武经文，雨澍[11]共风祥呈瑞。咸颂太平天子，群歌有道圣人。臣泰鲛岛[12]微员，蜃宫[13]荒服。代沐圣朝培植，躬膺王爵袭封。星使[14]遥临，如觐龙光[15]而华祝[16]；纶音[17]远贲[18]，爰[19]伸虎拜[20]以嵩呼[21]。五色焕[22]黄麻[23]，祖庙之苹蘩[24]映彩；十行[25]颁丹诏[26]，球阳[27]之岳渎[28]增辉。册立覃恩[29]，蚁私[30]莫报；缵承旧业，蚊负[31]怀惭[32]。只缘蜗处[33]南隅，匪遂凫趋北阙[34]。谨遣陪臣马朝栋、阮宣诏等肃赍方物，聊效[35]葵倾[36]；叩谢天恩，徒殷[37]曝献[38]。伏愿箕畴备福[39]，姬箓[40]凝庥[41]。披王会[42]之图，执玉帛[43]者八百国；揽职方[44]之掌，奠金瓯[45]于亿万年。将见璧合珠联[46]，永庆雍熙[47]之治；凤仪兽舞[48]，咸游浩荡之天矣。臣泰无任瞻天仰圣，激切屏营之至。谨奉表称谢以闻。①

【注释】

[1]覆帱：又作覆焘。犹覆被。谓施恩，加惠。《礼记·中庸》："辟如天地之无不持载，无不覆帱。"[2]来王：古代诸侯定期朝觐天子。[3]来享：远方诸侯前来进献贡物。享：献。[4]银章：银印。此处指册封琉球国王的驼纽镀金银印。[5]丕显丕承：祖先事业光辉伟大。[6]带砺：比喻所封爵位传之久远，或江山永固。[7]铁券：外形如筒瓦状的铁制品，它在中国古代是皇帝分封功臣爵位时颁赏赐给臣子的信物和凭证。[8]溢庆：充满欢庆。[9]道轶羲轩：统治思想、原则超越伏羲氏和轩辕氏（黄帝）。[10]扬休：阳气生养万物。扬：通"阳"。[11]雨澍：时雨。[12]鲛岛：海岛。[13]蜃宫：蜃气变幻成的宫殿。[14]星使：古时认为天节八星主使臣事，因称帝王的使者为星使。[15]龙光：龙身上的光。喻指不同寻常的光辉。[16]华祝：守疆之人多次表达颂祝。[17]纶音：帝王的诏令。[18]远贲：光耀远方。[19]爰：才。[20]虎拜：大臣朝拜天子。[21]嵩呼：亦称"山呼"。臣下祝颂帝王，高呼"万岁"。汉元封元年春，武帝登嵩山，从祀吏卒皆闻三次高呼"万岁"之声。事见《汉书·武帝纪》。[22]焕：光辉。[23]黄麻：古代诏书用纸。亦借指诏书。古代写诏书，内事用白麻纸，外事用黄麻纸。[24]苹蘩：两种可供食用的水草，古代常用于祭祀；泛指祭品；借指能遵祭祀之仪或妇职等。[25]十行：帝王诏书。古代诏书写在简牍上。牍又称"版"、"板"，为长方形，一般书写5行。汉光武帝刘秀则下令书写10行，"其以手迹赐方国者，皆一札十行，细书成文"。（《后汉书·循吏传》）[26]丹诏：帝王的诏书。以朱笔书写，故称。[27]球阳：对琉球的美称。[28]岳渎：五岳和四渎的并称。[29]覃恩：广施恩泽。[30]蚁私：小小私心愿望。蚁：比喻卑微、微末。[31]蚊负：自谦之词。蚊子背山，喻力所不及。[32]怀惭：心中惭愧。[33]蜗处：僻处。[34]匪遂凫趋北阙：无法欢欣鼓舞地前往朝廷。凫趋：像野鸭一样飞趋；比喻欢欣。[35]聊效：稍稍表达。[36]葵倾：忠心。[37]徒殷：只能诚心地表达。[38]曝献：野人献曝。为所献微薄而意诚的谦辞。[39]箕畴备福：赐福天下。[40]姬箓：天命。[41]凝庥：永恒得到保护。[42]王会：诸侯、四夷或藩属朝贡天子的聚会。[43]玉帛：玉器和丝织品。古代诸侯朝会时献给天子的礼物。[44]职方：管理朝贡事务的官职。[45]金瓯：比喻疆土之完固。亦用以指国土。

---

① 赵新：《续琉球国志略》卷一。

[46]璧合珠联：比喻众美毕集，相得益彰。[47]雍熙：和乐升平。[48]凤仪兽舞：表示圣贤教化的功效极大，能使神异的鸟兽奋然起舞。《书·益稷》："《箫韶》九成，凤皇来仪……击石拊石，百兽率舞。"

【简析】

同治五年（1866年），琉球国王尚泰受清廷册封后，向清廷呈递谢恩表文。

文书基本信息表

文书种类	表文	头辞	琉球国中山王臣尚泰，诚欢诚忭，稽首顿首，谨奉表上言
发送者	琉球国王尚泰	尾辞	谨奉表称谢以闻
接受者	中国同治皇帝	正文文体	骈文体
纪年标准	中国纪年：同治五年	正文内容	感谢天朝册封
语言种类	古代汉语	用典来源	《礼记》、《尚书》、《汉书》

18. 同治九年（1870年）琉球国王尚泰进贡表文

琉球国中山王臣尚泰诚惶诚恐，稽首顿首，谨奉表上言：伏以俊业[1]巩苞桑[2]，带砺[3]绵万年之祚；鸿图奠磐石[4]，车书集一统之麻。侯甸要荒[5]，咸切就瞻[6]于云日[7]；躬桓蒲谷[8]，群思呼祝于华嵩[9]。东渤[10]腾欢，南溟[11]溢庆[12]。钦惟皇帝陛下经天纬地，奋武揆文[13]。声教[14]诞敷[15]，化洽[16]巢山馆海[17]；仁风远被，泽流阴火阳冰[18]。臣泰蕞尔[19]波区[20]，弹丸泽国。累沐圣朝樾荫[21]，清晏[22]扬休[23]；薄输下国葵倾[24]，梯航[25]效顺。谨遣陪臣杨光裕、蔡呈桢等虔赍方物，趋叩[26]丹墀[27]，伏愿文治[28]弥光[29]，渊修[30]愈懋。恩敷带砺[31]，沧溟[32]之鼍浪[33]永恬；泽被屏藩，渤澥[34]之鲸波[35]常靖。将见山皆贡瑞，符兆祥于三十六风；海不扬波[36]，集共球[37]于千八百国矣。臣泰无任瞻天仰圣，激切屏营之至。谨奉表进贡以闻。

同治九年八月初四日，琉球国中山王臣尚泰谨上表。

表文面页批红谕旨：览王表进贡方物，具见悃忱。知道了。该部知道。①

【注释】

[1]俊业：大业。[2]苞桑：桑树之本；比喻牢固的根基。[3]带砺：比喻所封爵位传之久远，或江山永固。[4]磐石：厚而大的石头。比喻稳固。[5]侯甸要荒：侯、甸、要、荒属于五服范围，泛指天下。[6]就瞻：得近天子。[7]云日：云和日；对帝王的美称。[8]躬桓蒲谷：躬圭、桓圭、蒲璧和谷璧，古代代表爵位等级的凭证。[9]华嵩：华山与嵩山的并称。常用以比喻崇高或高大。[10]东渤：东部海域。[11]南溟：南方大海。[12]溢庆：充满欢庆。[13]奋武揆文：文武兼修。[14]声教：声威教化。

---

① 秦国经：《清代中琉关系文书研究》，载《历史档案》1994年第4期。

[15]诞敷：遍布。[16]化洽：教化和融。[17]巢山馆海：古代少数民族居住的偏远地方。《全唐文》卷二二六，张说《宋公遗爱碑颂》："虽有文身凿齿，被髦儋耳，衣卉面木，巢山馆水，种落异俗而化齐，言语不通而心喻矣。"[18]阴火阳冰：自然条件恶劣的地方。[19]蕞尔：形容地区小。蕞：小貌。[20]波区：海国。[21]樾荫：林荫；荫庇。樾：路旁遮阴的树。[22]清晏：清平安宁。[23]扬休：阳气生养万物。[24]葵倾：忠心。[25]梯航：梯山航海的省语。谓长途跋涉。[26]趋叩：前往拜见。[27]丹墀：红色的石阶，代指朝廷。[28]文治：以文教礼乐治民。[29]弥光：长久光明。[30]渊修：追本溯源。[31]带砺：比喻所封爵位传之久远，或江山永固。[32]沧溟：大海。[33]鼍（tuó）浪：巨浪。[34]渤澥：渤海古称。此处泛指东海。[35]鲸波：巨浪。[36]海不扬波：比喻太平无事。[37]共球：珍奇异宝。

【简析】

同治九年（1870年），琉球国王向清廷例行进贡表文。

文书基本信息表

文书种类	表文	头辞	琉球国中山王臣尚泰诚惶诚恐，稽首顿首，谨奉表上言
发送者	琉球国王尚泰	尾辞	谨奉表进贡以闻
接受者	中国同治皇帝	正文文体	骈文体
纪年标准	中国纪年：同治九年	正文内容	进贡
语言种类	古代汉语	用典来源	

二、奏本例析

1. 康熙二年（1663年）中山王尚质谢恩奏本

琉球国中山王臣尚质谨奏：臣质海隅庸劣，遭际[1]圣朝，荷先帝柔远之仁，抚字[2]优恤[3]。十余年来虽海道未通，所赐臣敕、印，滞闽多日。然岛屿之归悃[4]，臣民之向化，未尝一日有遐迩之间[5]也。恭逢皇上践阼[6]，景命[7]维新。臣僻处一隅，远隔万里，不能匍匐梯航[8]，舞蹈阶墀[9]。在天王圣明，量逾覆载不庭之诛[10]，臣实凛凛[11]！乃臣不揣冒昧，敢有披沥[12]君父之前者。皇上仁孝天成，不改父道，仍遣正使兵科副理官张学礼、副使行人司行人王垓赍捧先帝敕、印、币帛，于本年七月十七日臣恭设香案，望阙叩头，跪听宣读。愈知皇上轸念[13]微臣，倍加恩贲[14]。臣弹丸荒陋，即捐糜顶踵[15]，不知何以报天恩于万一也。但臣捧读皇上敕谕，为臣使人物故[16]甚多，滞闽日久，将正、副使并督抚诸臣分别处分。臣抚躬[17]扪心[18]，感悚无地[19]！伏念物故多人，各有命数。已蒙我皇上格外殊恩，死有余荣。至庀材鸠工[20]，缮兵[21]选将，破浪冲风，艰险万里，以竣大典，臣不敢谓非诸臣仰遵皇上恩宠臣至意以至此也！臣已躬承[22]天麻[23]，窃幸亿万斯年世守藩屏。不能少为诸臣之报，而反重为诸臣之累。中外均属臣子，臣何人斯，岂能宴然[24]清夜[25]乎！伏祈皇上推继述[26]先意[27]之诚，广锡类[28]群工[29]之惠，悯念臣恳切愚衷，敕下吏部悉加优叙[30]。庶雷霆雨露，无非天恩。臣踧踖[31]愚忱，得以稍舒矣。臣再有请者，先帝诏书、皇上敕谕，臣已恳留，奉为传国之宝。且使臣子子孙孙，永戴恩于无已也。理合题明。臣曷胜激切悚息待命之至。为此具本，令陪臣吴国用、金正春抱赍。谨具奏闻。

康熙二年十月二十二日，琉球国中山王臣尚质谨上奏。①

【注释】

[1]遭际：遭遇绝佳时机。[2]抚字：安抚体恤。[3]优恤：体恤，优待照顾。[4]归悃：归心。[5]遐迩之间：游移，游离。[6]践阼：即位；登基。[7]景命：大命。[8]梯航：梯山航海的省语。谓长途跋涉。[9]阶墀：台阶。亦指阶面。[10]量逾覆载不庭之诛：洪德大量包容本来应被诛杀的不庭之臣。[11]凛凛：令人敬畏的样子。[12]披沥：犹披肝沥胆，竭诚相见。[13]轸念：悲痛地思念。此处为挂念之意。[14]恩赉：恩赐。[15]捐糜顶踵：捐躯，牺牲。[16]物故：去世。[17]抚躬：反躬自问。[18]扪心：抚摸胸口。表示反省。[19]感悚无地：非常感激惶恐。[20]庀材鸠工：准备材料，聚集工匠。庀：准备。鸠：聚集。[21]缮兵：整治武备；供给军队食粮。缮：通"膳"。[22]躬承：亲承。[23]天庥：上天的庇护。[24]宴然：安定貌；平安貌。[25]清夜：清静的夜晚。[26]继述：继承。《中庸》："夫孝者，善继人之志，善述人之事者也。"[27]先意：先意承志。指孝子不等父母开口就能顺父母的心意去做。[28]锡类：同僚，朋辈。《诗·大雅·既醉》："孝子不匮，永锡尔类。"[29]群工：群臣。[30]优叙：从优叙功；晋升官职。[31]踧踖（cù jí）：恭敬而不安的样子；徘徊不进貌。

【简析】

康熙元年（1662年），清廷派遣张学礼、王垓前往册封琉球国王。康熙二年（1663年），琉球国王上奏谢恩，请求把顺治帝册封诏书、康熙帝册封敕谕留存琉球。

文书基本信息表

文书种类	奏本	头辞	琉球国中山王臣尚质谨奏
发送者	琉球国王尚质	尾辞	谨具奏闻
接受者	中国康熙皇帝	正文文体	
纪年标准	中国纪年：康熙二年	正文内容	感谢天朝册封
语言种类	古代汉语	用典来源	《中庸》、《诗经》

2. 康熙二十二年（1683年）中山王尚贞谢恩奏本

琉球国中山王臣尚贞谨奏：为恭谢天恩，兼陈封舟瑞应[1]，以慰睿怀[2]以彰使节事。臣贞弹丸小国，僻处海隅。感沐皇仁，已经再世。蒙天恩特遣正使翰林院检讨汪楫[3]、副

---

① 《历代宝案》第1集，卷一四，"国立台湾大学"印行，第455—456页。

使内阁中书舍人加一级林麟焻[4]赍捧诏、敕、币帛，封臣贞为琉球国中山王。臣与通国臣民，恭设香案，叩头跪听。宣读毕，又蒙皇上特恩赐臣御笔，煌煌[5]天翰[6]，遥颁小邦，荣光烛天[7]，不特臣守藩之为荣，即奕世[8]之为光矣。臣历查前代请封，虽蒙恩准遣使，而奉命以后，每迟至三四年而后临臣国，甚有十余年而后临臣国者。如前封顺治十一年遣使，直至康熙二年始临臣国。若使臣汪楫、林麟焻之朝拜命[9]而夕就道，且当海疆多事之时，冲风冒险而来，从前所未有也。更有未见之瑞应，不敢不为我皇上陈之。臣国僻在海东，去中国不可以道里计。往者封舟开驾，惟恃西南风而行，中道绝无停泊之处。故二三十日而至者有之，月余而后至者有之。甚至水、米俱尽，更有不可言者。从未有自五虎门开洋，三昼夜而达小国者也。臣差有大夫、通事、舵工、伙长迎护封舟渡海，亲见舟行之际，万鸟绕篷而飞，两鱼夹舟而送。经过之处，恍若梦寐，不知已抵琉球内地矣。通国耆老臣民，无不以为此开辟以来所未有，不啻[10]从天而降。此皆皇上之文德功烈，格天[11]感神。且有御笔在船，所以有如此之瑞应也。臣自受封以后，飓风不作，雨泽应期；五谷有收，穷民得食，臣身亦加安泰。此皆皇上之恩赐也。而两使臣之克副[12]任使，真不愧皇上之特简[13]矣。臣以为宜宣付[14]史馆记载其事，以彰盛期之瑞应，以纪皇上之实政。至两使臣成劳[15]议叙[16]，知皇上自有鉴裁，非臣所敢妄奏。但查前封使臣张学礼等以数年渡海，经先臣奏请蒙加复职之恩。则今日之两使臣勤劳茂著，似不可不从优议叙，以励臣工者也。至于皇上所颁诏、敕，臣恳留为传国之宝，已经两使臣查验前封卷轴，付臣一并珍藏。理合题明。皇上所颁御笔，臣举国瞻仰，惟有舞蹈欢忻，不能仰酬万一。奉上土产物件，少布涓滴[17]微忱。统祈慈鉴。为此具本，特差法司官王舅毛国珍、紫金大夫王明佐、使者昌威、都通事曾益等官赍奏谢恩，臣无任激切屏营之至。谨上奏闻。

自"为"字起，"至"字止，七百九字，纸一张。

康熙二十二年十一月初二日，琉球国中山王臣尚贞谨上奏。①

【注释】

[1]瑞应：古代以为帝王修德，时世清平，天就降祥瑞以应之。[2]睿怀：帝王的心意。[3]汪楫：康熙二十一年（1682年）册封琉球国王的正使。[4]林麟焻：康熙二十一年（1682年）册封琉球国王的副使。[5]煌煌：明亮辉耀貌。[6]天翰：皇帝的翰墨。[7]荣光烛天：光辉照亮天空。[8]奕世：累世。[9]拜命：受命。多指拜官任职。[10]不啻：无异于，如同。[11]格天：感通上天。《书·君奭》："在昔成汤既受命，时则有若伊尹，格于皇天。"[12]克副：能完成。[13]特简：特别任命。[14]宣付：明令交付。[15]成劳：成功。[16]议叙：清制对考绩优异的官员，交部核议，奏请给予加级、记录等奖励。[17]涓滴：点滴的水；比喻极少量的钱、物或贡献。

【简析】

康熙二十二年（1683年），琉球国王上奏感谢清廷册封并赐御书匾额，请求将册封诏书、敕谕留为传国之宝。此外奏书中还提到此次册封舟前往琉球时的祥瑞景象：不仅20昼夜的海程缩短为3昼夜，而且册封舟行进时"万鸟绕篷而飞，两鱼夹舟而送"，因此请求将此瑞应宣付史馆记载。

---

① 《历代宝案》第1集，卷一五，"国立台湾大学"印行，第482—483页。

文书基本信息表

文书种类	奏本	头辞	琉球国中山王臣尚贞谨奏
发送者	琉球国王尚贞	尾辞	谨上奏闻
接受者	中国康熙皇帝	正文文体	
纪年标准	中国纪年：康熙二十二年	正文内容	感谢天朝册封兼陈述海途神奇现象
语言种类	古代汉语	用典来源	《尚书》

3. 康熙五十八年（1719年）琉球中山王尚敬请存旧礼以劳使臣奏本

琉球国中山王臣尚敬谨奏：为颁封大典已竣恳存旧礼以劳使臣事。臣敬弹丸小国，僻处海隅，深蒙皇恩，允臣嗣封，于康熙五十八年钦差正使翰林院检讨海宝[1]、副使翰林院编修徐葆光[2]恭奉诏、敕、币帛，于本年六月初一日按临[3]敝国。二十六日，先蒙谕祭臣曾祖琉球国中山王尚贞，复蒙谕祭臣父琉球国王尚益。续于七月二十六日，宣读诏、敕，封臣敬为中山王，荷授钦赐蟒缎等项并赐妃彩缎等物。此诚天朝之殊恩，而臣敬永代[4]之荣光也。窃惟皇上覆载无外，覃恩[5]于弱小之邦。使臣冲风破浪，艰险惊虞[6]，莫此为甚！且使臣入国以来，抚绥海邦，约束兵役，举国臣民，无不感仰。惟臣敬所深愧者，臣在海隅，穷岛无以将敬。故于宴款[7]之际，代物以金。虽自知乎菲薄，实是缘以为例。乃辱使臣屡辞，往还再三，坚持大义，固却不受。在使臣冰兢自矢[8]，允矣有耻不辱[9]，为圣朝使节之光矣。但念使臣间关[10]劳瘁[11]，远涉万里风涛，实为臣躬之故。借物表敬，礼不将仪[12]，心窃难安。至临行时，复将屡宴前金，特差法司、大夫、长史等官专送恳受，不意使臣复遣送还。清白之操，可谓始终靡间[13]。独是微臣酬德报功，莫展万一，殊惭旧礼有阙[14]。谨将送还屡次宴金二封共计一百九十二两，具本附遣陪臣法司王舅向龙翼、紫金大夫程顺则等进呈，恳乞圣恩敕赐使臣收受。为此理合上疏奏明，伏祈皇上睿鉴施行。臣敬无任战栗惶恐之至。谨具奏闻。

自"为"字起，"至"字止，共计四百六十字，纸一张。

康熙五十八年十一月二十二日琉球国中山王臣尚敬谨奏。①

【注释】

[1]海宝：康熙五十七年（1718年）册封琉球国王的正使。[2]徐葆光：康熙五十七年（1718年）册封琉球国王的副使。[3]按临：巡视。[4]永代：世世代代。[5]覃恩：广施恩泽。[6]惊虞：惊吓忧患。[7]宴款：筵宴款待。[8]冰兢自矢：恐惧、谨慎，自我小心约束。冰兢：恐惧、谨慎。自矢：犹自誓。立志不移。[9]允矣有耻不辱：恰当啊，知道适可而止就不会受到侮辱。允矣：公允。[10]间关：形容旅途艰辛。[11]劳瘁：因辛劳过度而致身体衰弱；辛苦劳累。《诗·小雅·蓼莪》："哀哀父母，生我劳瘁。"[12]礼不将仪：礼物达不到礼仪要求。[13]始终靡间：始终没有间断。[14]有阙：有缺失。

---

① 《历代宝案》第2集，卷一〇，"国立台湾大学"印行，第1807—1808页。

【简析】

康熙五十八年（1719年），清廷册封琉球国王后，琉球国王依例上奏谢恩，并将册封使在琉球辞却的宴金192两进呈，希望回国的册封使接受。

文书基本信息表

文书种类	奏本	头辞	琉球国中山王臣尚敬谨奏
发送者	琉球国王尚敬	尾辞	谨具奏闻
接受者	中国康熙皇帝	正文文体	
纪年标准	中国纪年：康熙五十八年	正文内容	感谢天朝册封并赠送使臣宴金
语言种类	古代汉语	用典来源	《诗经》

4. 雍正元年（1723年）琉球中山王尚敬庆贺奏本

琉球国王中山王臣尚敬谨奏：为庆贺登极事。窃照臣国海外属岛，世沐天朝鸿恩，有加无已。兹欣逢皇上受菉[1]膺图[2]，正朔维新，正臣子报效之日。奈分藩蚁封[3]，莫遂登朝[4]之愿。特遣陪臣王舅翁国柱、正议大夫曾历等，虔赍表文，谨备土产：金靶鞘腰刀二把，银靶鞘腰刀二把，金罐一合（共重七十六两），银罐一合（共重六十两），细嫩土蕉布五十匹，细嫩花蕉布五十匹，细嫩土夏布一百匹，金彩画围屏一对，精制雅扇二百把，围屏纸五千张，红铜五百斤，白刚锡五百斤，恭进御前。复备金粉匣一合（共重八两），银粉匣一合（共重七两三钱），细嫩土蕉布二十匹，细嫩花蕉布二十匹，细嫩土夏布四十匹，精制雅扇八十把，进奉皇后殿下，恭陈贺敬。但海岛荒陬，匮乏包茅[5]，惟有效顺愚诚，聊献芹曝[6]。为此具疏奏明。伏祈皇上睿鉴，敕部施行。臣敬无任欢忭踊跃之至。谨具奏以闻。

自"为"字起，"至"字止，共计二百七十七字，纸一张。

雍正元年十月初九日

  雍正二年十月十四日奉旨：览王奏。进贡方物，具见悃诚。知道了。该部知道。①

【注释】

[1]受菉：承受天命。[2]膺图：承受瑞应之图。指帝王得国或嗣位。[3]蚁封：蚁垤，蚁窝。[4]登朝：入朝。[5]包茅：古代祭祀时用以滤酒的菁茅。因以裹束菁茅置匣中，故称。[6]芹曝：谦辞。谓所献微不足道。

---

① 中国第一历史档案馆：《清代琉球国王表奏文书选录》，黄山书社1997年版，第24—25页。另见《历代宝案》第2集，卷一三，"国立台湾大学"印行，第1894页。

【简析】

雍正帝继位后,琉球国王在雍正元年(1723年)依例上奏庆贺并进献贡物。

文书基本信息表

文书种类	奏本	头辞	琉球国王中山王臣尚敬谨奏
发送者	琉球国王尚敬	尾辞	谨具奏以闻
接受者	中国雍正皇帝	正文文体	
纪年标准	中国纪年:雍正元年	正文内容	庆贺雍正帝登极
语言种类	古代汉语	用典来源	

5. 雍正元年(1723年)琉球中山王尚敬进香奏本

琉球国王中山王臣尚敬谨奏:为进香[1]事。康熙六十年冬,臣敬钦遵贡典,遣耳目官毛弘健等恭进方物。弘健等所坐头号船一只于十一月三十日在福宁州横山洋面冲礁打破,进贡表文、方物、官员人等俱沉失无存。其都通事红士显等所坐二号船无恙到福建,报知头号船事时,特当圣祖仁皇帝宾天[2]之后。皇上御极[3]之初,念臣敬效顺竭诚,恩膏特沛[4]。雍正元年五月夏至后,二号船返棹[5]。都通事红士显等赍福建巡抚、布政司咨文,本年六月十九日到国。奉此。臣敬恭顺天朝,世沐隆恩,有加无已,顶踵捐糜[6],何能不报。伏思圣祖仁皇帝德施九有[7],化被八荒[8],仁深泽厚,宜寿与天齐。讵忍[9]晏驾[10],奄弃[11]臣民。臣敬叨[12]蒙封典,念切[13]凄怆[14],谨遣陪臣翁国柱、曾历等赍捧香烛、祭品等物,共代仪白银一百两,恭陈祭典,邀先皇在天之鉴纳[15]远臣一念之诚[16]。为此具疏奏明。伏乞皇上睿鉴,敕部施行。臣敬无任激切屏营之至。谨具奏以闻。

雍正元年十月初九日①

【注释】

[1]进香:到圣地或庙宇烧香朝拜。[2]宾天:皇帝驾崩。[3]御极:即位。[4]恩膏特沛:帝王施以厚恩。[5]返棹:乘船返回。泛指还归。棹:划船的一种工具,形状和桨差不多。[6]顶踵捐糜:捐躯,牺牲。[7]九有:九州。[8]化被八荒:教化所有的边远世界。[9]讵忍:何忍。[10]晏驾:帝王死亡的讳称。[11]奄弃:忽然舍弃;永别,死亡。[12]叨:承受。[13]念切:关切。[14]凄怆:悲伤;悲凉。[15]鉴纳:鉴赏容纳。[16]一念之诚:一份忠诚之心。

【简析】

康熙六十一年(1722年),前往中国进贡的琉球船只到达福建后,得知康熙帝去世,

---

① 中国第一历史档案馆:《清代琉球国王表奏文书选录》,黄山书社1997年版,第16—17页。另见《历代宝案》第2集,卷一三,"国立台湾大学"印行,第1895页。

于雍正元年（1723年）派遣使臣上奏进香，祭奠康熙帝。

文书基本信息表

文书种类	奏本	头辞	琉球国王中山王臣尚敬谨奏
发送者	琉球国王尚敬	尾辞	谨具奏以闻
接受者	中国雍正皇帝	正文文体	
纪年标准	中国纪年：雍正元年	正文内容	进香祭奠康熙帝
语言种类	古代汉语	用典来源	

6. 雍正十年（1732年）琉球中山王尚敬谢恩奏本

琉球国中山王臣尚敬谨奏：为恭谢天恩事。窃照臣敬僻处海滨，感沐皇恩异数[1]眷膺[2]，虽竭顶踵[3]，未罄涓埃[4]。兹准礼部咨开：为颁赏事。主客清吏司案呈，礼科抄出，本部题前事内开：议得琉球国中山王尚敬差王舅向克济、正义大夫蔡文河等进贡谢恩来京，应照雍正七年加恩之例，赏赐该国王蟒缎六匹，青蓝彩缎十匹，蓝素缎十匹，衣素缎十匹，闪缎八匹，锦六匹，绸十匹，罗十匹，纱十匹，共八十匹。由内阁将赏赐缎匹数目，撰敕交付来使带回，其赏赐之物于户部移取，在午门前赏给等因。于雍正九年十二月二十一日题，本日奉旨：依议。钦此，钦遵。抄出到部。相应知会琉球国王可也等因。又为知会事。主客清吏司案呈：雍正十年三月初七日皇上特赐琉球国王舅向克济黄玻璃瓶一对，红玻璃瓶一件，绿玻璃瓶一件，白玉笔搁一件，白玉双喜觥一件，汉玉双喜杯一件，红玛瑙水盛一件，牛油石福寿盒一件，铜珐琅花瓶一件，铜珐琅茶盘一件，琼石荷叶觥一件，青绿鼎一件，彩漆小圆盘八件，哥窑四系花囊一件，蓝瓷瓶一件，霁红瓶二件，霁青胆瓶一件，哥窑瓶一件，官窑双管瓶一件，填白双圆瓶一件，粉红瓷小瓶一件，青花瓷桃式盒一件，五彩套杯一套，五彩酒盅四件，洋红酒盅四件，于本日在午门内一一交予王舅向克济跪领讫。相应知会琉球国王可也。为此合咨前去，查照施行等因。雍正十年七月十三日王舅向克济等赍捧敕书、蟒缎等到国。奉此。臣敬叨[5]蒙皇恩，感愧无地，愈为凛凛[6]。谨择良辰，恭率百官，迎接敕书、蟒缎、玉器等物，望阙嵩呼[7]，一一拜领。并令王舅向克济叩受御赐玉器等物，永为传家之宝，举国臣民舞蹈欢忭。惟臣中夜[8]图报，不能仰酬万分之一。钦遵敕谕，具表，附贡使温思明、郑仪等顺赍赴京，叩谢天恩，仰冀睿慈[9]，俯鉴下悃。臣敬无任激切屏营之至。谨具奏以闻。

雍正十年十月二十四日

雍正十二年正月二十三日奉旨：览王奏谢。知道了。该部知道。①

---

① 《历代宝案》第2集，卷一九，"国立台湾大学"印行，第2146—2147页。

【注释】

[1]异数：特殊、例外的情形。[2]眷膺：加恩承受。[3]顶踵：身躯。[4]未罄涓埃：不到很小的一部分。[5]叨：承受。[6]凛凛：令人敬畏的样子。[7]嵩呼：亦称"山呼"。臣下祝颂帝王，高呼"万岁"。[8]中夜：半夜。形容悚惧惟危，夜半以起。《书·冏命》："怵惕惟厉，中夜以兴，思免厥愆。"[9]睿慈：皇帝的仁爱。

【简析】

雍正十年（1732年），琉球国王尚敬为感谢清廷颁给琉球国王、王舅的礼物而上奏谢恩。

琉球国王的这一谢恩奏本原件现藏中国第一历史档案馆①。

文书基本信息表

文书种类	奏本	头辞	琉球国中山王臣尚敬谨奏
发送者	琉球国王尚敬	尾辞	谨具奏以闻
接受者	中国雍正皇帝	正文文体	
纪年标准	中国纪年：雍正十年	正文内容	谢颁赏
语言种类	古代汉语	用典来源	

7. 雍正十四年（1736年）琉球国王尚敬进贡奏本

琉球国王中山王臣尚敬谨奏：为遵旨进贡事。窃臣敬僻居蛟岛[1]，世沐天朝鸿恩，遵依旧典，两年一贡。奉贡效忠，未罄涓埃[2]。而于雍正二年间叨[3]蒙皇上天高地厚、未有伦比之旷典，即倾国以贡，安能报答。特遣陪臣向得功等奉表谢恩，又沐皇仁浩荡，以地处重洋之外，奉表修贡，远涉风涛，不欲收其贡物，准作下次正贡。臣敬嗣是[4]屡陈奏请，仍遵旧典，按期入贡。叠蒙皇上愈加优恤，屡沛恩纶与海邦休息之至意。开天辟地，未有此日；揆今准古[5]，仅见斯时[6]。不特举国臣民感呼，臣敬子子孙孙，没齿难忘覆载矣。查雍正十二年八月十九日，陪臣耳目官温思明等赍捧敕书、蟒缎等物回国。臣敬躬率臣僚，望阙拜领，跪读敕谕：琉球远隔海洋，不必专遣使臣谢恩，著俟正贡之年一同奏谢。后准礼部咨开：为琉球国具表进贡方物事。主客清吏司案呈，礼科抄出琉球国王中山王尚敬奏前事，内开：遵依旧典，二年一贡，特遣耳目官温思明、正议大夫郑仪等赍捧表文，进到雍正十年分正贡硫磺一万二千六百斤，红铜三千斤，白刚锡一千斤等因。于雍正十年十月二十四日奏、十二年正月二十三日奉旨：琉球国十年进贡方物，曾经降旨准作十二年正贡，今该国王复行奏请，仍遵旧典，按期入贡，情词恳切，具见悃诚，著仍遵前

---

① 朱淑媛：《清代琉球国的谢恩与表奏文书》，载《清史研究》1998年第4期。

旨，行该部知道。钦此，钦遵。抄出到部，议得琉球国进到雍正十年正贡，除硫磺一万二千六百斤照旧例交与福建布政使存储，应移文工部听其取用外，其炼熟白刚锡一千斤，红铜三千斤，所进数目俱与例相符，相应交送总管内务府照数查收，遵旨准作十二年正贡可也等因。于雍正十二年二月十四日题、本月十六日奉旨：依议。钦此，钦遵，抄出到部，相应知照该国王可也。为此合咨前去等因。准此。伏念弊国世供贡职[7]，既无越雉[8]之奇，深蒙皇恩，格外旷典。及再四宽贡期，臣敬何人，斯沐兹异宠。感惶[9]无地，臣节难安。虽已叩蚁愿[10]之深如海，然又承纶音[11]之重若山，故于雍正十二年不敢遣使入贡。兹当十四年分进贡之期，特遣陪臣耳目官毛光润、正议大夫郑国柱等赍捧表文、方物前来赴京，叩祝圣禧[12]，伏冀睿慈[13]俯察下悃，敕部施行。臣敬无任激切屏营之至。谨具奏以闻。

雍正十四年[14]十月十三日琉球国中山王臣尚敬谨奏。①

【注释】

[1]蛟岛：海岛。[2]未罄涓埃：不到很小的一部分。[3]叨：承受。[4]嗣是：随后。[5]揆今准古：揆度古今。[6]仅见斯时：只出现在此时。[7]贡职：贡赋；贡品。[8]越雉：古代越裳所产的白雉。后作为进贡的典故。[9]感惶：感到惶愧。[10]蚁愿：小小个人的愿望。[11]纶音：帝王的诏令。[12]圣禧：帝王的喜庆。[13]睿慈：皇帝的仁爱。[14]雍正十四年：雍正皇帝逝世于雍正十三年（1735年），其次年改元为乾隆。琉球不知其由，故仍纪年为雍正十四年。

【简析】

雍正十二年（1734年）本应是琉球"两年一贡"的进贡年份，但由于雍正十年（1732年）琉球进贡的方物被允准抵作雍正十二年（1734年）的正贡，因此雍正十二年（1734年）琉球没有派遣使者进贡。雍正十四年（1736年），琉球派遣使臣向清廷进贡。"雍正十四年"是一个清朝纪年中没有的纪年，实即乾隆元年（1736年），琉球王国没有及时得到清朝改元的信息而继续使用雍正年号。

文书基本信息表

文书种类	奏本	头辞	琉球国王中山王臣尚敬谨奏
发送者	琉球国王尚敬	尾辞	谨具奏以闻
接受者	中国雍正皇帝	正文文体	
纪年标准	中国纪年：雍正十四年（乾隆元年）	正文内容	进贡
语言种类	古代汉语	用典来源	

---

① 中国第一历史档案馆：《清代琉球国王表奏文书选录》，黄山书社1997年版，第142—144页。《历代宝案》第2集，卷二一，"国立台湾大学"印行，第2213—2215页。

8. 乾隆七年（1742年）琉球国王尚敬进贡奏本

琉球国中山王臣尚敬诚惶诚恐，稽首顿首，谨奏：为恭陈纳款下情，叩请恩旨遵行事。切琉球僻处海滨，遵依本朝定制，二年一贡。自高曾祖父以及臣身，从无敢愆期，已历百有余年。欣逢圣圣相承之世，加意怀柔，格外优渥。雍正四年间特遣陪臣向得功赴京谢恩。叩沐世宗宪皇帝加惠远藩，不欲收其贡物。又念航海远来，不忍令其带回本国，将谢恩礼物准作下次正贡。嗣是臣敬屡贡奏陈，悉蒙谕旨曲为优容。乾隆二年，特遣陪臣向启猷等赴京庆贺，荷蒙皇上召见乾清宫，颁赐御书匾额，臣敬凛凛袛受，即应修表谢恩。跪读敕谕：该臣收受赐物，不必专遣使臣进表谢恩，著于正贡之年一同奏谢。遵于乾隆五年分贡典，特遣使臣紫巾官翁鸿业等赴京进贡，恭谢天恩，已属迟缓，愧赧[1]无已。又恐君恩优渥，准作下次正贡。窃念恪遵贡期，输诚纳款，岁和年丰，风调雨顺，蛟宫[2]蚁垤[3]，久在照临。陪臣翁鸿业等临行再四谆嘱，务必具呈，哀求大部转奏，奉旨：该臣所奏，知道了。仍遵前旨行。钦此。臣敬下悃得达天知，诚琉球举国之福。复蒙召见使臣，慰问臣躬。臣何人斯而得沐皇上高天厚地之眷顾。中夜[4]抚心，何能仰酬万一。即倾国以贡，未罄涓埃，矧在常制而敢遽缺，查臣当进贡之期，向例于本年二月内修葺船只，采办方物。于雍正八年陈奏在案。深沐皇仁，有已经起程即准作下年正贡之旨。兹使臣翁鸿业等赍捧敕谕，钦赏到国。臣接准部咨曰，舟俱皆齐备出港，官伴、水梢踊跃，鼓舞向前，不敢不照例入贡。臣敬不揣冒昧，仍遵旧典，特遣耳目官毛文和，正议大夫蔡用弼，都通事郑国观等赍捧表章，驾船二只，装载煎熟硫磺一万二千六百斤，红铜三千斤，炼熟白刚锡一千斤，前来福建布政使投递，赴京伸祝圣禧[5]。为此缮具疏文叩陈。伏恳睿慈[6]俯鉴恩准，敕部施行。臣敬无任急切惶恐之至。谨具奏以闻。

自"为"字起，至"至"字止，共计六百三字，纸一张。
乾隆七年十一月十三日琉球国中山王臣尚敬谨奏。①

【注释】

[1]愧赧（nǎn）：因羞愧而脸红。[2]蛟宫：龙宫。[3]蚁垤：蚁窝。[4]中夜：半夜。[5]圣禧：帝王的喜庆。[6]睿慈：皇帝的仁爱。

【简析】

乾隆七年（1742年），琉球国王递送奏文例行进贡清廷。

---

① 李光涛：《明清档案存真选辑》三集，台湾"中研院"史语所，1975年，第168—169页。

文书基本信息表

文书种类	奏本	头辞	琉球国中山王臣尚敬诚惶诚恐，稽首顿首，谨奏
发送者	琉球国王尚敬	尾辞	谨具奏以闻
接受者	中国乾隆皇帝	正文文体	
纪年标准	中国纪年：乾隆七年	正文内容	例行进贡
语言种类	古代汉语	用典来源	

9. 乾隆十五年（1750年）琉球中山王尚敬谢恩奏本

琉球国中山王臣尚敬谨奏：为恭谢天恩事。窃臣敬僻居海隅，世沐天朝圣泽，输诚纳款，屡蒙皇恩浩荡，有加无已。揆今准古[1]，仅见斯时[2]。查康熙二十三年准礼部咨称：今海禁已开，各省人民海上贸易行走者甚多，应移文滨海外国王等，各饬该管地方，凡有船只漂至者，令收养解送等因。钦遵在案。兹乾隆十四年十一、十二两月间，有太仓、泉州等处商民林仕兴等先后共十船，遭风飘至敝国，便将船身坚固之林仕兴等六船商人一百三十名，拨给桅木、廪饩[3]回籍。复将被风失舟之吴永盛、陈得昌等四船共计九十二名，给廪备舟，遣都通事阮超群等，先已送回福建。嗣后有顺天、苏州、漳州等处商民田圣思等先后共六船飘至敝国，皆系被风失舟之难民，也随将圣思等一百十三名给廪备舟，遣都通事陈以桂等解送至闽在案。乃蒙福建总督喀尔吉善、巡抚潘思榘即已以都通事阮超群等护送难民事，转为题奏。恭蒙上谕：据福建总督喀尔吉善、巡抚潘思榘奏称：乾隆十四年十一、十二两月，内地出洋船只遭风飘至琉球国者，先后共十船。该国王将船身坚固之林仕兴等六船商人水手一百三十名，拨给桅木、廪饩回籍。复将被风失舟之吴永盛、陈得昌等四船九十二名，给廪备舟，遣都通事阮超群等送回福建等语。琉球国中山王尚敬素称恭顺，内地商船遭风飘往该国，加意资送回籍，诚款可嘉，著赏赐该国王蟒缎二匹，闪缎二匹，锦二匹，彩缎四匹，素缎四匹，以示嘉奖。其伴送之都通事阮超群、东观旭等，著该督抚优加赏赉。该部行文该国王知之。钦此。乾隆十五年九月初九日，阮超群等赍捧御赐蟒缎二匹，闪缎二匹，锦二匹，彩缎四匹，素缎四匹到国，并接部咨文。奉此。臣敬叨[4]蒙殊恩，感愧无地，谨择良辰，躬率百官，恭接御赐蟒缎等物，望阙嵩呼[5]，一一拜领，举国臣民舞蹈欢忭。臣敬思救护难民藩职之当然，过蒙皇恩，抚躬[6]增励，中夜[7]图报，不能仰酬万一。肃具奏文，附贡使毛元烈、阮为标等顺赍赴京，叩谢天恩，仰冀睿慈[8]，俯鉴下悃。臣敬无任激切屏营之至。谨具奏以闻。

自"为"字起，"至"字止，共计六百七十九字，纸一张。

乾隆十五年十一月十八日，琉球国中山王臣尚敬谨奏。①

---

① 《历代宝案》第2集，卷三一，"国立台湾大学"印行，第2605—2606页。

【注释】

[1]揆今准古：揆度古今。[2]仅见斯时：只出现在此时。[3]廪饩：由公家供给的粮食之类的生活物资。[4]叨：承受。[5]嵩呼：亦称"山呼"。臣下祝颂帝王，高呼"万岁"。[6]抚躬：反躬自问。[7]中夜：半夜。[8]睿慈：皇帝的仁慈。

【简析】

乾隆十四年（1749年）十一月、十二月，中国直隶、江苏、福建等地10艘商船遭风漂流到琉球，琉球依照海难救助惯例为船员提供廪饩并派人将他们送到福建。清廷为此奖赏琉球缎匹等物。琉球为谢奖赏上奏谢恩。

文书基本信息表

文书种类	奏本	头辞	琉球国中山王臣尚敬谨奏
发送者	琉球国王尚敬	尾辞	谨具奏以闻
接受者	中国乾隆皇帝	正文文体	
纪年标准	中国纪年：乾隆十五年	正文内容	感谢天朝赏赐
语言种类	古代汉语	用典来源	

10. 乾隆十九年（1754年）琉球中山王世子尚穆请封奏本

琉球国中山王世子臣尚穆谨奏：为沥恳[1]循例封袭，以光世土，以效忠勤事。窃以敝国蕞尔[2]弹丸，渺兹[3]尺土。世沐天朝深仁厚泽，有加无已。臣元祖[4]尚质于顺治十一年荷蒙天恩颁给王爵印篆为中山王，永奠海邦。臣高祖尚贞于康熙二十一年恭沐诏、敕册封。臣曾祖纯、祖益，未及请封，早已辞世。臣父敬于康熙五十七年叨[5]蒙册封为中山王。嗣爵以来，夙夜惟寅[6]，矢勤矢慎[7]，虔输忠诚，恪恭匪懈。一旦婴病[8]，医药无效，于乾隆十六年正月二十九日易箦[9]薨逝。念臣小子穆恭循典例，以嫡继统，谨遣陪臣耳目官毛元翼、正议大夫蔡宏谟、都通事蔡功熙等趋叩[10]丹墀[11]，虔赍奏请，伏乞圣恩，体循[12]臣元、高祖，臣父事例，差选天使按临[13]蛟岛[14]，俾臣穆拜纶音[15]于海表[16]，永守藩疆；膺诏命于波区[17]，代供贡职[18]。则顶祝[19]皇恩浩荡，世世不朽矣！伏祈睿鉴，敕部施行。臣穆不胜惶悚待命之至。谨具奏以闻。

乾隆十九年十月二十二日，琉球国中山王世子臣尚穆谨奏。①

【注释】

[1]沥恳：犹竭诚。披露诚心。[2]蕞尔：形容地区小。[3]渺兹：遥远。[4]元祖：玄祖。清代实

---

① 《历代宝案》第2集，卷三六，"国立台湾大学"印行，第2744—2745页。

行文字避讳制度，凡涉及皇帝名字的字，需要用另外的字代替。此处的"元祖"本该是"玄祖"，但为避讳康熙帝名字"玄烨"中的"玄"而改用"元"字。下文中"臣元、高祖"中的"元"，也是"玄"的代替字。[5]叨：承受。[6]夙夜惟寅：一直保持言行敬谨。为官吏箴戒之辞。《书·舜典》："夙夜惟寅，直哉惟清。"[7]矢勤矢慎：立誓谨慎和勤勉。矢：发誓。[8]婴病：缠绵疾病。[9]易箦：更换寝席。后用作病危将死的典故。箦：华美的竹席。《礼记·檀弓上》："曾子寝疾，病。乐正、子春坐于床下，曾元、曾申坐于足，童子隅坐而执烛。童子曰：'华而睆，大夫之箦与？'子春曰：'止！'曾子闻之，瞿然曰：'呼！'曰：'华而睆，大夫之箦与？'曾子曰：'然。斯季孙之赐也，我未之能易也。元，起易箦。'曾元曰：'夫子之病革矣！不可以变。幸而至于旦，请敬易之！'曾子曰：'尔之爱我也，不如彼。君子之爱人也以德，细人之爱人也以姑息。吾何求哉？吾得正而毙焉，斯已矣！'举扶而易之，反席未安而没。"[10]趋叨：前往拜见。[11]丹墀：红色的石阶，代指朝廷。[12]体循：遵循。[13]按临：巡视。[14]蛟岛：海岛。[15]纶音：帝王的诏令。[16]海表：海外远国。[17]波区：海国。[18]贡职：贡赋；贡品。[19]顶祝：顶礼祝颂。

【简析】

乾隆十九年（1754年），琉球国王尚穆向清廷呈递请求册封的奏本。

文书基本信息表

文书种类	奏本	头辞	琉球国中山王世子臣尚穆谨奏
发送者	琉球国王尚穆	尾辞	谨具奏以闻
接受者	中国乾隆皇帝	正文文体	
纪年标准	中国纪年：乾隆十九年	正文内容	请求天朝册封
语言种类	古代汉语	用典来源	《尚书》、《礼记》

11. 乾隆二十一年（1756年）琉球国王尚穆谢恩兼陈封舟情形奏本

琉球国中山王臣尚穆谨奏：为恭谢天恩兼陈封舟情形，仰祈睿鉴事。臣穆弹丸小国，僻处海隅。荷沐皇上鸿慈[1]，允臣嗣封。乾隆二十一年，钦差正使翰林院侍讲全魁[2]、副使翰林院侍讲周煌[3]等持节赍捧诏、敕、币帛、钦颁新印[4]，于本年七月初八日按临[5]臣国。臣穆即率百官臣庶，于迎恩亭恭请皇上圣躬万安，奉诏、敕安于天使馆。择吉于七月二十七日，先蒙谕祭臣父王臣尚敬。随于八月二十七日，荷蒙宣读诏、敕，封臣穆为中山王，钦赐臣并妃蟒缎、彩缎等物。臣穆率领百官拜舞[6]叩头谢恩外，随请于天使恳留诏、敕为传国之宝。蒙天使查验前封卷轴，依听许留，付臣一并珍藏。复蒙颁赐清篆镀金银印一颗，臣穆恭设香案，拜受讫[7]。其顺治十一年所领镀金银印一颗，臣谨亲交天使代送缴销。窃惟圣朝加意抚柔，有同覆载；臣穆忝膺[8]宠命，曷胜感激！惟是臣夙夜欷厌[9]，不能自安者，六月十七日据姑米地方报称：册封头号宝船于十四日因风不顺，暂在姑米港口抛下碇索候风，臣随即连遣官问候天使起居。讵意[10]二十四日夜风暴大作，碇索已断，封舟触礁致坏。幸赖皇上之洪福，圣朝之庥恩，天使亲奉诏、敕登岸，随封二百余人皆获

211

安全。臣得报之下，恐惧靡宁。星夜趱备[11]海船，差法司官马宣哲等迎接。七月初八日转到那霸，得见天使，询无恙，大喜且惊。但护封二号船被风飘回，十二月十二日已抵臣国，始知洋面遭飓经危[12]之事。臣心惴惴，既乃安然。为此特遣陪臣法司王舅马宣哲、紫金大夫郑秉哲、使者向廷瑛、都通事毛如苞、通事郑鸿勋、金宿等赍捧表章、土仪，赴京叩谢天恩。仰冀睿慈[13]，俯鉴下悃。臣穆无任激切屏营之至。谨上奏以闻。

自"为"字起，"至"字止，共计五百四十五字，纸一张。

乾隆二十一年十二月二十四日，琉球国中山王臣尚穆谨奏。①

奉朱批：览王奏谢，具见悃忱。知道了。其进贡方物，念中国加惠外藩，不欲频烦贡献。但航海远来，又不便令其携带回国。着将所进方物，留作下次正贡。该部知道。②

【注释】

[1]鸿慈：大恩。[2]全魁：乾隆二十年（1755年）册封琉球国王的正使。[3]周煌：乾隆二十年（1755年）册封琉球国王的副使。[4]新印：新的王印。[5]按临：巡视。[6]拜舞：跪拜与舞蹈。[7]讫：完成。[8]忝胙（tiǎn）：愧蒙。[9]歉仄：心怀不安。[10]讵意：不料。[11]趱（zǎn）备：赶备。[12]遭飓经危：遭受飓风，经历危难。[13]睿慈：皇帝的仁爱。

【简析】

乾隆二十年（1755年），清廷派遣使者册封琉球国王。随后琉球国王派遣使臣上奏谢恩。奏本中除了谢恩之外，还论及册封舟不畏艰难到达琉球的经过，请求留存册封诏、敕以作国宝，接受清廷印制改革后的新式国王印，上缴顺治十一年（1654年）接受的国王印，等等。琉球国王的奏文中并未叙及此次册封时发生的中国兵丁"索银事件"，体现了琉球政府息事宁人的善意。

文书基本信息表

文书种类	奏本	头辞	琉球国王中山王臣尚穆谨奏
发送者	琉球国王尚穆	尾辞	谨上奏以闻
接受者	中国乾隆皇帝	正文文体	
纪年标准	中国纪年：乾隆二十一年	正文内容	感谢天使册封兼陈述册封舟情形
语言种类	古代汉语	用典来源	

12. 乾隆二十一年（1756年）琉球国王尚穆请存旧礼以劳使臣奏本

琉球国中山王臣尚穆谨奏：为颁封事竣，恳存旧礼以劳使臣事。乾隆二十一年，蒙钦

---

① 《历代宝案》第2集，卷三九，"国立台湾大学"印行，第2827—2828页。
② 周煌：《琉球国志略》卷一一。

差正使翰林院侍讲全魁[1]、副使翰林院侍讲周煌[2]等持节恭奉诏、敕、币帛、篆印[3]，于本年七月初八日按临[4]臣国。二十七日，先蒙谕祭臣父王臣尚敬。续于八月二十一日，荷蒙宣读诏、敕，封臣穆为中山王，钦赐臣并妃蟒缎、彩缎等物。此诚皇上天高地厚之殊恩，而臣穆永代[5]之荣光也。窃惟天使入国以来，抚绥海邦臣民，无不感仰。惟臣穆所深愧者，臣国边海无以将敬，故于宴款之际，代物以金。虽自知乎菲薄，实是缘以为例。乃辱使臣屡辞，往还再三，固却不受。在使臣冰兢自矢[6]，允矣有耻不辱[7]，为天朝使节之光矣。但念使臣间关[8]劳瘁[9]，远涉风涛，实为臣穆之故。借物表敬，礼不将仪[10]，心已难安。况重以姑米之险，行李损失，辛苦倍常，尤臣所悚惕[11]靡宁者也。臣于临行时，复将屡宴前金特差法司、大夫、长史等官专送恳受，使臣仍复送还。清白之操，可谓始终无间。独是微臣酬德报功，莫展万一；殊惭旧礼有阙，寸志莫伸。谨将送还屡次宴金二封，共计一百九十二两，具本附遣陪臣法司王舅马宣哲、紫金大夫郑秉哲等赍进，恳乞钦赐使臣收受。臣穆不胜惶恐激切之至。谨上奏以闻。

自"为"字起，"至"字止，计三百九十六字，纸一张。

乾隆二十一年十月十二日，琉球国中山王臣尚穆谨奏。①

奉朱批：览王奏，知道了。使臣奉命册封，自应仰体朕意，不欲滋扰外藩。所送宴金，不必收受；着仍令该国使臣带回。该部知道。②

【注释】

[1]全魁：乾隆二十年（1755年）册封琉球国王的正使。[2]周煌：乾隆二十年（1755年）册封琉球国王的副使。[3]篆印：满汉印文字体全部加篆的王印。[4]按临：巡视。[5]永代：世世代代。[6]冰兢自矢：恐惧、谨慎，自我小心约束。[7]允矣有耻不辱：恰当啊，知道适可而止就不会受到侮辱。[8]间关：形容旅途艰辛。[9]劳瘁：因辛劳过度而致身体衰弱。[10]礼不将仪：礼物达不到礼仪要求。[11]悚惕：恐惧。

【简析】

乾隆二十一年（1756年），琉球国王把册封使在琉球辞却的宴金进呈清廷，请求转交回国的册封使。

文书基本信息表

文书种类	奏本	头辞	琉球国中山王臣尚穆谨奏
发送者	琉球国王尚穆	尾辞	谨上奏以闻
接受者	中国乾隆皇帝	正文文体	
纪年标准	中国纪年：乾隆二十一年	正文内容	进呈宴金
语言种类	古代汉语	用典来源	

---

① 《历代宝案》第2集，卷三九，"国立台湾大学"印行，第2829—2830页。
② 周煌：《琉球国志略》卷一一。

13. 乾隆二十三年（1758年）琉球国王尚穆为遣官生入国子监奏本

琉球国王中山王臣尚穆谨奏：为奉旨遣官生入太学[1]读书事。乾隆二十三年正月初一日，准福建等处承宣布政使司咨开：为遵旨议奏事。奉巡抚部院钟[2]宪牌[3]，乾隆二十三年六月十九日准礼部咨主客司[4]案呈，乾隆二十二年四月二十三日内阁抄出翰林院侍讲全魁等奏：为据词代请事。臣等蒙恩简用，远使琉球，事竣将旋，中山王臣尚穆诣馆宴送，令陪臣通事向臣等致词云：海隅下国，叠被皇仁，宸翰[5]荣褒，纶音[6]宠锡，但僻处弹丸，荒陋成俗，向学有心，执经无地，先于康熙二十二年经恳前使汪楫等代请陪臣子弟四人入学读书，奉部议准，遣官生阮维新等入学在案。嗣于康熙五十九年恳前使海宝等援例代奏，复蒙许遣。今幸天朝遣使臣至国，敢祈陈明远人向化之诚，俾得再遣入学读书，下国不胜悚企[7]等语。臣等理合据词缮折代奏，伏候圣鉴。敕部议复施行等因。于乾隆二十二年四月二十一日具奏，奉旨：该部议奏。钦此，钦遵。抄出到部。查康熙二十三年册封使臣翰林院检讨汪楫、康熙五十九年使臣翰林院检讨海宝等事竣回京具奏，称该国王恳求转奏，令陪臣子弟入监[8]读书，经臣部复准具奏，奉旨：依议。钦此，钦遵。随据该国王前后遣令官生到京，臣部并札国子监读书三年遣令归国各在案。今翰林院侍讲全魁[9]等既称该国王尚穆向化输诚，恳请陪臣子弟入学，应如所请，准其于应贡之年遣令来京。臣部札行国子监肄业，俟命下之日行文福建巡抚转行该国王遵照，谨奏请旨等因。于乾隆二十二年五月初一日奏，本日奉旨：依议。钦此。相应抄录原奏知照福建巡抚可也等因。咨院行司，奉此。兹贡船回国，合就移知。为此备咨贵国王请烦钦遵，查照施行等因。准此。臣穆蚁垤[10]藩封，蜗居[11]荒服，恭逢天朝文教广敷，德泽远施。今蒙隆恩俞允，俾陪臣子弟得入学执经，俯聆圣训，不特臣穆感戴无穷，举国人民欢跃忭舞[12]矣。谨遣官生梁允治、郑孝德、蔡世昌、金型四人同贡使毛世俊等赴京入监读书外，赍贡土产围屏纸三千张，细嫩蕉布五十匹，少布涓滴[13]微忱。为此合具奏明，伏乞皇上睿鉴，敕部施行。臣穆无任战栗惶恐之至。谨具奏以闻。

自"为"字起，至"至"字止，共计七百二十七字，纸一张。

乾隆二十三年十月十一日，琉球国中山王臣尚穆谨奏。①

【注释】

[1]太学：国子监。[2]钟：钟音。乾隆十九年（1754年）至二十三年（1758年）任福建巡抚。[3]宪牌：官府的告示牌或捕人的票牌。[4]主客司：礼部所属部门，掌管朝贡事务。[5]宸翰：帝王的墨迹。[6]纶音：帝王的诏令。[7]悚企：引颈举踵而望。形容殷切盼望。[8]入监：入太子监。[9]全魁：乾隆二十年（1755年）册封琉球国王的正使。[10]蚁垤：蚁窝。[11]蜗居：比喻极为狭小的居室陋巷。[12]忭舞：高兴得手舞足蹈。[13]涓滴：点滴的水；比喻极少量的钱、物或贡献。

---

① 中国第一历史档案馆：《清代琉球国王表奏文书选录》，黄山书社1997年版，第344—346页。另见《历代宝案》第2集，卷四二，"国立台湾大学"印行，第2916—2917页。

第三章 清代中国与琉球往来朝贡文书研究

【简析】

乾隆二十二年（1757年），册封琉球国王尚穆的册封使全魁等转奏琉球国王派遣4位学子留学国子监的请求，清廷依照惯例批准。乾隆二十三年（1758年），琉球国王派遣琉球官生梁允治等4人与例行进贡使臣一同前往北京，为此琉球加贡围屏纸、蕉布等物。

文书基本信息表

文书种类	奏本	头辞	琉球国王中山王臣尚穆谨奏
发送者	琉球国王尚穆	尾辞	谨具奏以闻
接受者	中国乾隆皇帝	正文文体	
纪年标准	中国纪年：乾隆二十三年	正文内容	派遣官生留学中国国子监
语言种类	古代汉语	用典来源	

14. 乾隆二十七年（1762年）琉球国王尚穆为补贡职事奏本

琉球国王中山王臣尚穆谨奏：为恭进表章以补贡职[1]事。窃臣穆查乾隆二十一年感戴天朝褒封之隆恩，恭遣陪臣马宣哲等赍表谢恩，该使臣于乾隆二十三年捧敕到臣。臣穆九叩跪读敕谕，将所进方物留作下次正贡。臣穆跪聆之下，感戴皇恩，有加无已，心愧难安。是以循例恭遣陪臣郑士绰等赍表入贡，于乾隆二十五年十月内奉有部咨，议复郑士绰等赍到贡物，准作庚辰年[2]正贡，其庚辰年应进表文于壬午年[3]应贡之时一同恭进。奉旨：依议。钦此，钦遵。抄出到部等因到臣。臣仰拜君命再下，感惶[4]无地，直为凛凛[5]。业于其庚辰年不敢进贡在案，兹当壬午年贡期，贡进表章，叩祝圣禧[6]外，将其庚辰年应进表文顺附贡使耳目官马国器、正议大夫梁煌等遵旨一同恭进，是系补进表章以敬臣职之事。合具奏本声明。伏乞睿鉴，敕部施行。臣穆无任激切屏营之至。谨具奏以闻。

乾隆二十七年十月十五日，琉球国中山王臣尚穆谨奏。①

【注释】

[1]贡职：贡赋；贡品。[2]庚辰年：乾隆二十五年（1760年）。[3]壬午年：乾隆二十七年（1762年）。[4]感惶：感到惶愧。[5]凛凛：令人敬畏的样子。[6]圣禧：帝王的喜庆。

【简析】

乾隆二十三年（1758年），琉球国王尚穆进献感谢册封的贡物，清廷将此贡物抵作乾隆二十五年（1760年）的例行贡物。因此，琉球在乾隆二十五年（1760年）不必派遣专

---

① 中国第一历史档案馆：《清代琉球国王表奏文书选录》，黄山书社1997年版，第358—360页。另见《历代宝案》第2集，卷四六，"国立台湾大学"印行，第3046页。

人进献贡物，但依照惯例，进贡表文不得免除，必须在下次例行进贡时补进。在乾隆二十七年（1762年）琉球例行进贡时，除了该年度的进贡表文外，还补进乾隆二十五年（1760年）的进贡表文。琉球国王为此上奏清廷加以说明。

文书基本信息表

文书种类	奏本	头辞	琉球国王中山王臣尚穆谨奏
发送者	琉球国王尚穆	尾辞	谨具奏以闻
接受者	中国乾隆皇帝	正文文体	
纪年标准	中国纪年：乾隆二十七年	正文内容	补进乾隆二十五年的进贡表文
语言种类	古代汉语	用典来源	

15. 乾隆二十七年（1762年）琉球国王尚穆为请准官生归国事奏本

琉球国王中山王臣尚穆谨奏：为请归官生以广文教、以沐圣化事。窃臣穆僻处弹丸，荒陋成俗，向学有心，执经无地，幸于乾隆二十一年叨[1]蒙天恩册封，封典事竣，天使将旋，臣诣馆宴送兼援旧例，恳求天使全魁、周煌代奏，陈明远人向化之诚，俾得再遣陪臣子弟入学读书，不胜悚企[2]。已经天使回京代奏，复蒙许遣，不胜欢跃。遵于乾隆二十三年遣官生郑孝德、蔡世昌等入监读书在案。查康熙二十二年、五十九年前后，官生在监读书各三年而归国在案。伏念官生郑孝德等于乾隆二十七年之贡使到京日，其在监读书过三年，则亲炙[3]圣训，坐春风中[4]亦不可言不久，当必文固能成篇，学亦有就，将兹考其前后官生之例，即应奏请归国。为此，肃具疏章，特附贡使马国器等敬谨奏请，将官生郑孝德、蔡世昌赐归下国。臣将见其归国后，则广皇上文教以成雅俗[5]矣。伏祈睿鉴，敕部施行。臣穆无任惶恐屏营之至。谨具奏以闻。

乾隆二十七年十月十五日，琉球国中山王臣尚穆谨奏。

　　乾隆二十八年十一月二十九日奉旨：该部议奏。①

【注释】

[1]叨：承受。[2]悚企：引颈举踵而望。形容殷切盼望。[3]亲炙：亲受教育熏陶。[4]坐春风中：像置身于春风中一样。比喻良师的教诲。比喻受到良好的教育。[5]雅俗：雅正的风气。

【简析】

乾隆二十三年（1758年），清廷批准琉球官生留学的请求后，琉球政府随后派遣4名官生前往国子监。乾隆二十七年（1762年），该批留学官生学习已经年满3年，按照惯例

---

① 中国第一历史档案馆：《清代琉球国王表奏文书选录》，黄山书社1997年版，第297—304页。另见《历代宝案》第2集，卷四六，"国立台湾大学"印行，第3048—3049页。

应学成归国。琉球国王因此上奏清廷，要求留学官生与进贡使臣一同返回琉球。

文书基本信息表

文书种类	奏本	头辞	琉球国王中山王臣尚穆谨奏
发送者	琉球国王尚穆	尾辞	谨具奏以闻
接受者	中国乾隆皇帝	正文文体	
纪年标准	中国纪年：乾隆二十七年	正文内容	请求赐归留学官生
语言种类	古代汉语	用典来源	

16. 乾隆三十一年（1766年）琉球国王尚穆为恭谢天恩事奏本

琉球国王中山王臣尚穆谨奏：为恭谢天恩事。窃臣于乾隆二十九年以再恳圣恩，于准买丝斤定数之内，许令量买缎绸等项具疏恳请外，备咨福建布政使转详督抚，恳代先行据情具奏，仰冀圣恩，准臣配买缎绸，俾夏汛贡船带回。经督抚会折[1]具奏，琉球国王岁买丝斤八千斤之内，改配绸缎二千斤，仍请照广东英吉利国洋船于丝斤内配买绸缎，每绸缎一千斤扣抵丝一千二百斤之例，按数扣除，准其买带等因。于乾隆三十年三月十九日奏，四月十六日奉到朱批：此何不可之有。钦此，钦遵。到院行司，司移咨到臣。臣躬率臣僚，望阙叩头谢恩，祈伏念臣国土瘠人愚，织纴[2]不工。仰荷皇上于格外加恩之中，又复施恩准臣改配缎绸，从此臣国既有丝斤以裕臣工常服[3]之资，复得缎绸以为朝祭[4]章服[5]之彩。安而且吉[6]，深叨[7]衣锦之荣；文而得中[8]，愈觉被恩之重。不特臣及举国官吏共衔圣德靡涯[9]，即子子孙孙亦戴天恩无既[10]，恭缮奏折附贡使阿必振、阮大鼎等恭呈黼座[11]，叩谢天恩，仰祈圣慈，俯鉴下悃，谨奏谢以闻。

乾隆三十一年十一月二十四日①

【注释】

[1]会折：会衔写奏章。[2]织纴：织作布帛之事。[3]常服：平时穿的服装。[4]朝祭：朝会和祭祀。[5]章服：以纹饰为等级标志的礼服。[6]安而且吉：舒适又漂亮。安：舒适。吉：美，善。《诗·唐风·无衣》："岂曰无衣。七兮。不如子之衣，安且吉兮？"[7]叨：承受。[8]文而得中：华丽但又适当。[9]靡涯：无涯，无穷。[10]无既：无穷，不尽。[11]黼座：帝座。

【简析】

乾隆二十九年（1764年），琉球政府请求在允许购买8000斤丝斤的定额中，改配2000斤绸缎。乾隆三十年（1765年），清廷批准这一请求。具体折算方法采用清廷给予英吉利的购买标准进行，即购买1000斤绸缎抵折1200斤丝斤。如果按照这种办法，琉球购

---

① 中国第一历史档案馆：《清代琉球国王表奏文书选录》，黄山书社1997年版，第415—417页。另见《历代宝案》第2集，卷五〇，"国立台湾大学"印行，第3177—3178页。

买 2000 斤绸缎相当于购买 2400 斤丝斤，因此琉球购买 8000 斤丝斤的定额此次变成 2000 斤绸缎、5600 斤丝斤。对清廷这一恩典，琉球在乾隆三十一年（1766 年）上奏谢恩。

文书基本信息表

文书种类	奏本	头辞	琉球国王中山王臣尚穆谨奏
发送者	琉球国王尚穆	尾辞	谨奏谢以闻
接受者	中国乾隆皇帝	正文文体	
纪年标准	中国纪年：乾隆三十一年	正文内容	感谢天朝允许购买丝绸
语言种类	古代汉语	用典来源	《诗经》

17. 道光十六年（1836 年）琉球中山王世子尚育请封奏本

琉球国中山王世子臣尚育谨奏：为沥恩[1]循例封袭以光世土，以效忠勤事。窃以敝国蕞尔[2]弹丸，渺兹[3]尺土，世沐天朝深仁厚泽，有加无已。臣先祖尚质于顺治十一年荷蒙天恩，颁给王爵印篆为中山王，永奠海邦。臣先祖尚贞于康熙二十一年叨[4]荷诏、敕册封。臣先祖尚敬于康熙五十七年祗受[5]封王。臣太高祖尚穆于乾隆二十一年恭沐皇恩，封袭王爵。臣高祖尚哲为世子时弃世。臣曾祖尚温于嘉庆五年叨蒙册封。臣祖尚成未及请封，早已弃世。臣父尚灏于嘉庆十三年仰蒙册封为中山王。臣祖于是年恭荷诰命，追封王爵。臣父嗣爵以来，恭勤匪懈。一旦婴病[6]，医药无效，于道光十四年五月二十九日薨逝。念臣小子以嫡继统，恭循典例，应请封袭。谨遣陪臣耳目官向大烋、正议大夫孙光裕等趋叩[7]丹墀[8]，虔赍奏请。伏乞圣恩，体循[9]臣先世事例，差选天使按临[10]蛟岛[11]。俾臣育拜纶音[12]于海表[13]，世守藩疆；膺诏命于波区[14]，代供贡职[15]。则顶祝[16]皇恩浩荡，世世不朽矣。伏祈圣鉴，敕部施行。臣育不胜惶悚待命之至。谨具奏以闻。

自"为"字起，"至"字止，共计三百三十八字，纸一张。

道光十六年八月初三日，琉球国中山王世子臣尚育谨奏。①

【注释】

[1]沥恩：披露诚心。[2]蕞尔：形容地区小。[3]渺兹：遥远。[4]叨：承受。[5]祗受：恭敬地领受。[6]婴病：缠绵疾病。[7]趋叩：前往拜见。[8]丹墀：红色的石阶，代指朝廷。[9]体循：遵循。[10]按临：巡视。[11]蛟岛：海岛。[12]纶音：帝王的诏令。[13]海表：海外远国。[14]波区：海国。[15]贡职：贡赋；贡品。[16]顶祝：顶礼祝颂。

【简析】

道光十六年（1836 年），琉球国王向清廷呈递请封奏文。

---

① 《历代宝案》第 2 集，卷一六三，"国立台湾大学"印行，第 6755—6756 页。

文书基本信息表

文书种类	奏本	头辞	琉球国中山王世子臣尚育谨奏
发送者	琉球国王尚育	尾辞	谨具奏以闻
接受者	中国道光皇帝	正文文体	
纪年标准	中国纪年：道光十六年	正文内容	请求天朝册封
语言种类	古代汉语	用典来源	

18. 道光十八年（1838年）琉球国王尚育谢恩奏本

琉球国中山王臣尚育谨奏：为恭谢天恩事。窃臣育弹丸小国，僻处海隅。仰沐皇上鸿慈[1]，允臣嗣封藩服，于道光十八年钦差正使翰林院修撰林鸿年[2]、副使翰林院编修高人鉴[3]持节赍捧诏、敕、御书、币帛，随带员役人等驾船一只，于本年五月初九日按临[4]敝国。臣育率领臣庶于迎恩亭[5]恭请皇上圣躬万安。即敬迓诏、敕、御书、币帛，奉安天使馆内。择吉于六月二十四日，先蒙谕祭臣父王尚灏。续于八月初三日，荷蒙宣读诏、敕，封臣育为中山王，优赍臣及臣妃蟒缎、彩缎等物。臣育恭设香案，望阙叩头谢恩讫。随援照成例请于天使，恳留诏、敕为传国之宝。蒙天使查验前封卷轴，特允所请，付臣一并珍藏。复蒙颁赐御书"弼服海隅"匾额。臣育及臣庶瞻仰欢忭，叩头祗领。伏念臣育世居岛屿，凤隶骈幪[6]。兹当嗣位之初，仰邀特简[7]词臣[8]，远来异域。眷旧臣而赐醊[9]，褒世胄[10]而锡封。宸翰[11]腾辉，奇缯[12]耀彩。诚宠荣之已极，洎[13]存殁[14]之同欣。臣育曷胜感激，特遣陪臣法司王舅翁宽、紫金大夫杨德昌、使者马维兴、都通事魏学源、通事郑思恭、梁大章等赍奉表章，率领官伴、梢役坐驾船只，装载土仪：金鹤形一对（鹤踏银岩座各全），盔甲一领（护手、护胁各全），金靶鞘腰刀二把，银靶鞘腰刀二把，黑漆靶鞘镀金铜结束腰刀二十把，黑漆靶鞘镀金铜结束枪一十把，黑漆靶鞘镀金铜结束衮刀一十把，黑漆洒金马鞍一座（辔衔络头前后牵鞦㲪脊障泥镫俱全），金彩画围屏二对，精制折扇五百把，土丝绵二百束，练蕉布三百匹，土苎布一百匹，白刚锡五百斤，红铜五百斤。再蒙颁赐御书，另具金鹤形一对（鹤踏银岩座各全）前来，赴京叩谢天恩。伏冀圣慈俯鉴下悃，臣育无任激切屏营之至。谨奏。

自"为"字起，"至"字止，共计五百五十八字，纸一张。

道光十八年八月十五日，琉球国中山王臣尚育谨奏。①

【注释】

[1]鸿慈：大恩。[2]林鸿年：道光十八年（1838年）册封琉球国王正使。[3]高人鉴：道光十八年（1838年）册封琉球国王副使。[4]按临：巡视。[5]迎恩亭：在那霸港堤上。明洪武时，武宁王建。

---

① 《历代宝案》第2集，卷一六七，国立台湾大学印行，第6934—6935页。

凡封舟到港，陪臣班列，皆集亭下迎诏至馆。国王至亭前迎诏，徒步至亭中，恭请圣安。[6]帡幪：覆盖，庇荫。[7]特简：特别任命。[8]词臣：文学侍从之臣，如翰林之类。[9]赐醊：赐祭。[10]世胄：世家子弟；贵族后裔。[11]宸翰：帝王的墨迹。[12]奇缯（zēng）：华丽的丝织品。[13]洵：实在。[14]存殁：生者和死者。

【简析】

道光十八年（1838年），清廷派遣使臣册封琉球国王并赐琉球国王"弼服海隅"御匾。琉球国王尚育随即遣使上奏谢恩。

文书基本信息表

文书种类	奏本	头辞	琉球国中山王臣尚育谨奏
发送者	琉球国王尚育	尾辞	谨奏
接受者	中国道光皇帝	正文文体	
纪年标准	中国纪年：道光十八年	正文内容	感谢天朝册封
语言种类	古代汉语	用典来源	

19. 道光十八年（1838年）琉球中山王尚育请存旧礼以劳使臣奏本

琉球国中山王臣尚育谨奏：为恳存旧礼以酬使臣，仰祈圣鉴事。窃臣育海外藩垣[1]，边隅[2]泽国。叨[3]蒙恩命，允臣嗣封。于道光十八年钦差正使翰林院修撰林鸿年[4]、副使翰林院编修高人鉴[5]持节恭奉诏、敕、御书、币帛，于本年五月初九日按临[6]敝国。六月二十四日，先行谕祭臣父王尚灏。续于八月初三日，宣读诏、敕，封臣育为中山王，钦赐臣及臣妃蟒缎、彩缎等物，复蒙颁赐御书匾额。此诚皇上天高地厚之殊恩，而臣育万世无穷之光宠也。窃惟天使入境以来，裁省供亿[7]，约束丁胥[8]，上体圣主怀柔至意，严禁从前滋扰旧规。举国臣民同声感颂。臣育僻处海隅，无能隆礼。故于宴款之际，代物以金。虽自知乎菲薄，实欲借以将敬。乃使臣屡辞不受，义正词严。允矣有耻不辱[9]，足为天朝慎简[10]得人庆矣。但念使臣间关[11]劳瘁[12]，远涉风涛，实为臣育之故。酬德报功，未展万一。殊惭旧礼之有缺，愈觉寸忱之莫伸。谨将却还宴金二封共计一百九十二两，附遣陪臣法司王舅翁宽、紫金大夫杨德昌等进呈。吁叩圣恩，敕赐使臣收受，庶臣育微忱得遂，益坚爱戴之诚矣。理合上疏奏明，伏乞皇上圣鉴，臣育无任战栗惶恐之至。谨奏。

自"为"字起，"至"字止，共计三百八十字，纸一张。

道光十八年八月十五日，琉球国中山王臣尚育谨奏。①

【注释】

[1]藩垣：藩国、藩镇。[2]边隅：边境。[3]叨：承受。[4]林鸿年：道光十八年（1838年）册封

---

① 《历代宝案》第2集，卷一六七，"国立台湾大学"印行，第6936—6937页。

琉球国王正使。[5]高人鉴：道光十八年（1838年）册封琉球国王副使。[6]按临：巡视。[7]供亿：供给，供应。[8]丁胥：官府中的小吏。[9]允矣有耻不辱：恰当啊，知道适可而止就不会受到侮辱。[10]慎简：谨慎简选。《书·冏命》："慎简乃僚，无以巧言令色。"[11]间关：形容旅途艰辛。[12]劳瘁：因辛劳过度而致身体衰弱。

【简析】

道光十八年（1838年），琉球国王把册封使在琉球辞却的宴金进呈清廷，请求转交回国的册封使。

文书基本信息表

文书种类	奏本	头辞	琉球国中山王臣尚育谨奏
发送者	琉球国王尚育	尾辞	谨奏
接受者	中国道光皇帝	正文文体	
纪年标准	中国纪年：道光十八年	正文内容	进呈宴金
语言种类	古代汉语	用典来源	《尚书》

20. 同治二年（1863年）琉球国中山王世子尚泰为恭谢天恩奏本

琉球国王中山王世子臣尚泰谨奏：为恭谢天恩事。窃照敝国地瘠民贫，向蒙圣朝洪恩，俾中外又安，永受太平之福。讵[1]前有佛[2]、英[3]、亚[4]三国各夷人等先后到国逗留，百般骚扰。臣先父育暨臣泰等旦夕焦思，别无筹策，节经将各情形备具密咨，特遣陪臣前抵闽省，投请布政使司转详督抚两院据情具题，恭请宣宗成皇帝、文宗显皇帝之灵谟[5]，俾该三国将各夷人接取归国，以期永久相安。且每逢进接贡船入闽之便，屡经咨请撤回，叠蒙布政使司转详督抚两院恭折具奏，并移咨两广、两江总督饬示三国酋长及早撤回。为此，该亚夷于咸丰四年六月二十三日、英夷于咸丰五年十月十九日、佛夷于同治元年闰八月十九日先后驾船回去。伏念敝国以贫弱之邦被各夷滋扰有年，而今竟得潜驱异类，上下又安，皆籍使小邦人民共乐更生[6]者也。臣何人斯幸生，叼[7]沐鸿恩如此极优且握，感激无涯。惟臣身守海藩，莫由趋叩[8]丹墀[9]，躬伸谢悃。谨遣陪臣王舅马文英、正议大夫毛克述等虔赍表章、方物，庆贺皇上登极外，恭进金鹤形一对（鹤踏银品座各全），黑漆嵌螺五爪龙盖碗三十个，黑漆嵌螺五爪龙圆盘三十个，银攒盒二具（内一具黑漆嵌螺画方盆，一具朱漆堆锦画圆盆俱全），染花绸五十匹，染花棉布五十匹，精熟织花蕉布五十匹，茧纸一千张，护寿纸五千张，精制折扇二百把，聊籍溪毛[10]之薄产，用伸泥首[11]之微忱。所有欢忭情由，伏乞垂鉴，敕部施行。臣泰无任激切屏营之至。谨奏。①

---

① 中国第一历史档案馆：《清代琉球国王表奏文书选录》，黄山书社1997年版，第768—772页。

【注释】

[1]讵：不料。[2]佛：法国。[3]英：英国。[4]亚：美国。[5]灵谟：遗训。[6]共乐更生：共同庆祝获得新生。[7]叨：承受。[8]趋叩：前往拜见。[9]丹墀：红色的石阶，代指朝廷。[10]溪毛：溪边野菜。[11]泥首：以泥涂首，表示自辱服罪。后指顿首至地。

【简析】

英国于道光二十三年（1843年）、二十五年（1845年）派遣船只前往琉球海面进行非法测量。道光二十六年（1846年），英国船只到达琉球后，派遣英国医生伯德令及其家眷非法上岸居住。法国人在道光二十四年（1844年）到达琉球的那霸洋面，派遣1名执事、1名通事强行登岛居住。美国后来也有人登岛居住。琉球将西方国家人员登岛非法居留情形上报清廷。清廷命令时任两广总督兼五口通商大臣、专办中国对西方外交事务的耆英负责开导英、法等西方国家，要求居住琉球的外国人员撤离琉球。后来美国人、英国人和法国人在咸丰四年（1854年）、咸丰五年（1855年）和同治元年（1862年）分别撤离琉球。同治二年（1863年），琉球国王为此向清廷上奏谢恩。

文书基本信息表

文书种类	奏本	头辞	琉球国王中山王世子臣尚泰谨奏
发送者	琉球国王尚泰	尾辞	谨奏
接受者	中国同治皇帝	正文文体	
纪年标准	中国纪年：同治二年	正文内容	感谢天朝驱离英、法、美异类
语言种类	古代汉语	用典来源	

21. 同治三年（1864年）琉球国中山王世子尚泰请封奏本

琉球国中山王世子臣尚泰谨奏：为援例陈情，恳请封袭以光疆宇，以效忠勤事。窃维敝国鲲壑[1]外藩，蜗居[2]荒服。世沐天朝厚泽深仁，有加无已。臣先祖尚质于顺治十一年荷蒙天恩，颁给王爵印篆为中山王，永奠海邦。先祖尚贞、尚敬、尚穆，均于康熙二十一年及五十七年并乾隆二十一年先后恩准封袭。太高祖尚哲为世子时即世[3]弗禄[4]。高祖尚温于嘉庆五年叨[5]蒙封袭王爵。曾祖尚成虽未及请封，早已弃世。而祖尚灏于嘉庆十三年叨蒙封袭王爵。曾祖亦于是年恭荷诰命，特许追封。父尚育复于道光十八年祇受[6]册封为中山王。感列圣之遭逢[7]，励儿孙以职守。嗣爵以来，夙夜钦承，忠贞匪懈。讵意[8]偶婴[9]微疾，医药无灵，遽[10]于道光二十七年九月十七日薨逝。臣以嫡长继统，恭循典例，虔请封袭。冀藉皇威之远被，庶几[11]寿域[12]之同登。谨遣陪臣耳目官东国兴、正议大夫毛发荣趋叩[13]彤墀[14]，摅陈丹悃[15]。伏乞圣恩，体循[16]臣先世事例，钦选天使按临[17]海疆。俾臣泰迓纶音[18]于北阙[19]，世守藩封；膺玺命[20]于东瀛，代修职贡[21]。则顶祝[22]皇仁，长承恩眷。仰八纮[23]之在宥[24]，愿万叶[25]以为基矣。伏祈圣鉴，饬部施行。臣泰不胜惶悚待命之至。谨奏。

同治三年八月初四日，琉球国中山王世子臣尚泰谨奏。①

【注释】

[1]鲲壑：古称会稽之外海。[2]蜗居：比喻极为狭小的居室陋巷。[3]即世：去世。[4]弗禄：寿命不长。[5]叨：承受。[6]祗受：恭敬地领受。[7]遭逢：际遇。[8]讵意：不料。[9]偶婴：偶染。[10]遽：突然。[11]庶几：希望；但愿。[12]寿域：人人得尽天年的太平盛世。[13]趋叩：前往拜见。[14]彤墀：丹墀。[15]丹悃：赤诚的心。[16]体循：遵循。[17]按临：巡视。[18]纶音：帝王的诏令。[19]北阙：宫禁或朝廷的别称。[20]玺命：帝命。[21]职贡：藩属或外国对朝廷按时的贡纳。[22]顶祝：顶礼祝颂。[23]八纮：八方极远之地。[24]在宥：任物自在，无为而化。多用以赞美帝王的仁政、德化。在：自在。宥：宽。《庄子·在宥》："闻在宥天下，不闻治天下也。"[25]万叶：万世。

【简析】

同治三年（1864年），琉球国王尚泰呈递请封奏文。

文书基本信息表

文书种类	奏本	头辞	琉球国中山王世子臣尚泰谨奏
发送者	琉球国王尚泰	尾辞	谨奏
接受者	中国同治皇帝	正文文体	
纪年标准	中国纪年：同治三年	正文内容	请求天朝册封
语言种类	古代汉语	用典来源	《庄子》

22. 同治五年（1866年）琉球国中山王尚泰谢恩奏本

琉球国中山王臣尚泰谨奏：为恭谢天恩事。窃臣泰弹丸小国，僻处海隅。仰沐皇上鸿慈[1]，允臣嗣封藩服。于同治五年钦差正使詹事府右赞善赵新[2]、副使内阁中书舍人于光甲[3]持节赍捧诏、敕、币帛，随带员役人等驾船二只于本年六月二十二日按临[4]敝国。臣泰率领臣庶于迎恩亭[5]恭请皇太后、皇上圣躬万安。即敬迓诏、敕、币帛，奉安天使馆内。择吉于七月二十日，先蒙谕祭臣父王臣尚育。续于□月□日，荷蒙宣读诏、敕，封臣泰为中山王，优赉臣及臣妃蟒袍、彩缎等物。臣泰恭设香案，望阙叩头谢恩讫。随援照成例，请于天使，恳留诏、敕为传国之宝。蒙天使查验前封卷轴，特允所请，付臣一并珍藏。臣泰及臣庶瞻仰欢忭，叩头祗领[6]。伏念臣泰世居岛屿，凤隶幈幪[7]。兹当嗣位之初，仰邀特简[8]词臣[9]远来异域。眷旧臣而赐醱[10]，褒世胄[11]而锡封。龙章[12]腾辉，凤毂[13]耀彩。诚宠荣之已极，泂[14]存殁[15]之同欣。臣泰曷胜感激，特遣陪臣法司王舅马朝

---

① 《历代宝案》第3集，卷一〇，"国立台湾大学"印行，第8640—8641页。

栋、紫金大夫阮宣诏、使者向永仪、都通事蔡呈祯、通事金良弼、阮成勋等赍捧表章，率领官伴、梢役坐驾船只，装载土仪：金鹤形一对（鹤踏银岩座各全），盔甲一领（护手、护肷各全），金靶鞘腰刀二把，银靶鞘腰刀二把，黑漆靶鞘镀金铜结束腰刀二十把，黑漆靶鞘镀金铜结束枪一十把，黑漆靶鞘镀金铜结束衮刀一十把，黑漆洒金马鞍一座（辔衔络头前后牵䩞屦脊障泥镫俱全），金彩画围屏二对，精制折扇五百把，土丝绵二百束，蕉布三百匹，土布一百匹，白刚锡五百斤，红铜五百斤前来，赴京叩谢天恩。伏冀圣慈，俯鉴下悃。臣泰无任激切屏营之至。谨奏。①

【注释】

[1]鸿慈：大恩。[2]赵新：同治五年（1866年）的册封正使。[3]于光甲：同治五年（1866年）的册封副使。[4]按临：巡视。[5]迎恩亭：琉球国王修建在那霸港堤上迎接中国册封使的建筑。明洪武时，武宁王建。凡封舟到港，陪臣班列，皆集亭下迎诏至馆。国王至亭前迎诏，徒步至亭中，恭请圣安。[7]帡幪：覆盖，庇荫。[8]特简：特别任命。[9]词臣：文学侍从之臣，如翰林之类。[10]赐酹：赐祭。[11]世胄：世家子弟；贵族后裔。[12]龙章：龙纹，龙形。泛指与皇帝有关的仪仗、旗帜、服饰、文章等。[13]凤縠（hú）：华美的丝织品。縠：有皱纹的纱。[14]洵：实在。[15]存殁：生者和死者。

【简析】

同治五年（1866年），清廷遣使册封琉球国王，琉球随即遣使上奏谢恩。

文书基本信息表

文书种类	奏本	头辞	琉球国中山王臣尚泰谨奏
发送者	琉球国王尚泰	尾辞	谨奏
接受者	中国同治皇帝	正文文体	
纪年标准	中国纪年：同治五年	正文内容	感谢天朝册封
语言种类	古代汉语	用典来源	

23. 同治五年（1866年）中山王尚泰请存旧礼以劳使臣奏本

琉球国中山王臣尚泰谨奏：为恳存旧礼以酬使臣，仰祈圣鉴事。窃臣泰海外藩垣[1]，边隅[2]泽国。叨[3]蒙恩命，允臣嗣封。于同治五年钦差正使詹事府右赞善赵新[4]、副使内阁中书于光甲[5]持节恭奉诏、敕、币帛，于本年六月二十二日按临[6]敝国。七月二十日，先行谕祭臣父王臣尚育。续于八月二十七日，宣读诏、敕，封臣泰为中山王，钦赐臣及臣妃蟒缎、彩缎等物。此诚皇上天高地厚之殊恩，而臣泰万世无穷之光宠也。窃惟天使入境以来，裁省供亿[7]，约束丁胥[8]，上体圣主怀柔至意，严禁从前滋扰旧规。举国臣民，同

---

① 《历代宝案》第3集，卷一二，"国立台湾大学"印行，第8694—8695页。

声感颂。臣泰僻处海滨，无能隆礼。故于宴款之际，代物以金。虽自知乎菲薄，实欲借以将敬。乃使臣屡辞不受，义正词严。允矣有耻不辱[9]，足为天朝慎简[10]得人庆矣。但念使臣间关[11]劳瘁[12]，远涉风涛，实为臣泰之故。酬德报功，未展万一。殊惭旧礼之有缺，愈觉寸志之莫伸。谨将却还宴金二封共计一百九十二两，附遣陪臣法司王舅马朝栋、紫金大夫阮宣诏等进呈。吁叩圣恩，敕赐使臣收受。庶臣泰微忱得遂，益坚爱戴之诚矣。理合上疏奏明，伏乞皇上圣鉴。臣泰无任战栗惶恐之至。谨奏。①

【注释】

[1]藩垣：藩国、藩镇。[2]边隅：边境。[3]叨：承受。[4]赵新：同治五年（1866年）的册封正使。[5]于光甲：同治五年（1866年）的册封副使。[6]按临：巡视。[7]供亿：供给，供应。[8]丁胥：官府中的小吏。[9]允矣有耻不辱：恰当啊，知道适可而止就不会受到侮辱。[10]慎简：谨慎简选。[11]间关：形容旅途艰辛。[12]劳瘁：因辛劳过度而致身体衰弱。

【简析】

同治五年（1866年），琉球国王把册封使在琉球辞却的宴金进呈清廷，请求转交回国的册封使。

文书基本信息表

文书种类	奏本	头辞	琉球国中山王臣尚泰谨奏
发送者	琉球国王尚泰	尾辞	谨奏
接受者	中国同治皇帝	正文文体	
纪年标准	中国纪年：同治五年	正文内容	进呈宴金
语言种类	古代汉语	用典来源	

三、奏折例析

1. 道光元年（1821年）八月十六日琉球国中山王尚灏奏折

琉球国中山王臣尚灏谨奏：为钦颁宝诏，恭谢天恩事。窃臣灏蚁蛭[1]藩封，蜗居[2]荒服，世蒙圣恩，毫无报称[3]。嘉庆二十五年，谨遣陪臣耳目官向邦正、正议大夫蔡肇基等，恭进表文方物，前诣福建，乃际皇上登极大典，颁赐臣灏宝诏。时该使臣向邦正等由闽起程，未到京师，礼部将特颁宝诏颁发福建巡抚，转交都通事蔡濂。道光元年五月二十四日，蔡濂恭捧宝诏到国。臣灏感激无涯，举国忭跃。谨择良辰，躬率臣僚迎接，望阙嵩呼[4]，拜领讫，跪请宝诏。普天沐德，穷岛沾恩。灏抚躬[5]增励，中夜[6]图报，不能仰酬

---

① 赵新：《续琉球国志略》卷一。

万一,惟有顶祝[7]圣寿与乾坤悠久,皇图[8]偕日月升恒耳。兹值庆贺之便,恭缮奏折,谨附陪臣王舅向廷谋等,顺赍赴京,叩谢天恩,仰冀圣慈,俯鉴下悃。谨奏谢以闻。

道光元年八月十六日,琉球国中山王臣尚灏谨奏。

朱批:览。①

【注释】

[1]蚁蛭:螳垤,蚁窝。[2]蜗居:比喻极为狭小的居室陋巷。[3]报称:报答。[4]嵩呼:亦称"山呼"。臣下祝颂帝王,高呼"万岁"。[5]抚躬:反躬自问。[6]中夜:半夜。[7]顶祝:顶礼祝颂。[8]皇图:王朝版图,王朝,皇位。

【简析】

道光皇帝登极后,清廷在嘉庆二十五年(1820年)八月二十七日颁诏天下。琉球接到诏书之后,在道光元年(1821年)上奏折谢恩。清廷的这份诏书内容,《清实录》记载:

> 我大清笃承天眷,粤自太祖、太宗肇造洪基,世祖统一区夏,圣祖、世宗、高宗德盛化神,重熙累洽。我皇考大行皇帝,临御天下二十五年,兢兢业业,宵旰不遑,以勤求上理,政治休明,朝廷祗肃,仁心仁政,洽于寰区。用是中外乂安,万民蒙福。方期景祚延洪,永膺多祜,讵意临幸滦阳,遽升龙驭。圣志先定,于亲政之岁,即以神器默属藐躬。朕自惟薄德,深惧弗胜。顾念列圣诒谋,皇考付托,天位不可久虚,勉抑哀忱,钦遵成命,于八月二十七日,祗告天、地、宗庙、社稷即皇帝位,以明年为道光元年。仰绍前徽,抚衷寅惕。际新纶之昭布,宜锡类以推恩。所有应行事宜,条列于左:……(从略)于戏!膺兹继体,用康乂我兆民;弼予仔肩,式敬承夫丕绪。诸王文武大小臣工,其各抒忠悃,翊赞鸿猷,以光我国家亿万年无疆之祚。布告天下,咸使闻知。
>
> 嘉庆二十五年八月二十七日②

文书基本信息表

文书种类	奏折	头辞	琉球国中山王臣尚灏谨奏
发送者	琉球国王尚灏	尾辞	谨奏谢以闻
接受者	中国道光皇帝	正文文体	
纪年标准	中国纪年:道光元年	正文内容	感谢天朝颁发宝诏
语言种类	古代汉语	用典来源	

---

① 秦国经:《清代中琉关系文书研究》,载《历史档案》1994年第4期。
② 《清宣宗实录》卷三,嘉庆二十五年八月庚戌条。

四、禀文例析

1. 光绪五年（1879年）五月十四日琉球使者向德宏求援禀文

琉球国陈情孤臣紫巾官国戚向德宏，为泣血呼天立救国难事。窃照本年闰三月有漂风难民来闽，据称敝国业于本月间被日本灭亡。闻信之下，心神迷乱，手足无措，业经沥血[1]具禀闽省各大宪在案。尔时即欲躬赴宪辕[2]，叩恳救难。但恐事益彰露，转速非常之祸。乃著蔡大鼎等先行北上，密陈苦情。当蒙中堂[3]恩准，速为函致总理衙门定夺，并承道宪[4]郑传示训词，宏等感激涕零，焚香碰头。据于四月十七日（阳历六月六日）倭回闽商[5]交到敝国王世子密函，内云：业于本月初三日（阳历六月二十二日）有日本内务大书记官松田道之，率领官员数十名，兵丁数百名，到琉咆哮发怒，备责国主何以修贡天朝等事。又不从日谕，乃敢吁请天朝劝释，如此行径，甚属悖逆，应即废藩为县。现虽合国君臣士庶誓不甘心屈服，而柔弱小邦，素无武备，被其兵威胁制，国主万不得已，退出城外，举国惊骇。松田又限定日期，欲敝国主赴日候令。当有官民人等再三哀请，敝国主染病卧床，乞免赴日。松田不允。敝世子思欲延缓日期，以待天朝拯救。已于闰三月间前抵日京，具禀日国政府，号泣哀恳，暂缓敝国主赴日之期。该政府不允所请，敝世子拟即禀明钦差大臣，而日人查禁甚严，不能通达消息。不得已托闽商带回密函，饬宏迅速北上，沥血呼天，万勿刻缓。如不能收复，惟有绝食而死，不能辱国负君，泪随笔下。宏泣读之余，肝胆几裂，痛不欲生。溯查敝国前明洪武五年（一三七二年）录入版图，至天朝定鼎之初，首先效顺，纳款输诚，叠蒙圣世怀柔，有加无已，恪遵《大清会典》，间岁一贡，罔敢愆期。不意光绪元年日本禁阻进贡，又阻庆贺皇上登极各大典，当即具备情由，百般恳请，该日本不肯允准。敝国主特遣宏等捧咨赴闽陈明。荷蒙福建督抚列宪具奏，钦奉上谕，著总理各国事务衙门即传示出使日本大臣，相机妥筹办理。钦此，钦遵在案。嗣于钦差大臣抵任之日，敝国驻日法司官等，屡次沥禀[6]恳求设法，节蒙钦差大臣与日国外务省剀切[7]理论，冀可劝释。讵料日人悍然不顾，竟敢大肆凶威，责灭数百年藩臣之祀。主忧臣辱，主辱臣死，宏等有何面目复立天地之间？生不愿为日国属人，死不愿为日国属鬼！虽糜身碎首，亦所不辞！在闽日久，千思万想，与其旷日持久，坐待灭亡，曷若薙发改装，早日北上。与其含垢忍辱，在琉偷生，不如呼天上京，善道守死。合国臣民及商人乡农，雪片信至，催宏上道，效楚国申包胥之痛哭[8]，为安南裴伯耆之号求[9]。用敢[10]不避斧钺，来津呼泣，伏维中堂威惠于天下，海岛小邦久已奉若神明，必能体天子抚绥之德，救敝国倾覆之危。吁请据情密奏，速赐拯援之策，立兴问罪之师。不特上自国主，下及臣民，世世生生，永戴皇恩宪德于无既[11]，即日本欺悖[12]之志，亦不敢复萌，暹罗、朝鲜、越南、台湾、琼州亦可皇图[13]永固矣！再此番北上情节，应先禀明闽省各大宪，再行启程。只恐枉需时日，缓不济急，故敢星夜奔驰，径趋相府，犯法之罪，谅不容辞。宏等在上海闻得日本之党，密防敝国来华请救，遇必拿捉，宏等为此薙发更服，延邀通事等同伴，以作贸易赴京。然谣多言杂，心怯神迷，且风土不悉，饮食艰难，可否恩赐保护怜察，或可有人照料，以全孤臣。临词苦哭，稽颡[14]延颈[15]待命之至。须至禀者。①

---

① 《李鸿章全集》第8册，时代文艺出版社1998年版，第4431—4432页。

【注释】

[1]沥血:滴血。[2]宪辕:官衙。[3]中堂:内阁大学士的尊称。此处指李鸿章。[4]道宪:对道台的尊称。[5]倭回闽商:从日本回来的福建商人。[6]沥禀:点滴不漏地禀告实情。[7]剀切:切实;恳切。[8]楚国申包胥之痛哭:楚昭王十年(公元前506年),吴王用伍子胥计破楚入郢。申包胥随昭王撤出辗转随国。后自请赴秦,求秦哀公出兵救楚。初未获允,乃七日不食,日夜哭于秦廷。哀公为之感动,终于答应发兵车500乘前往救援。在秦、楚军队的反击下,楚人驱走吴国军队,收复了郢都。[9]安南裴伯耆之号求:明朝永乐时期,安南陈朝发生篡位事件。1404年8月,原安南陈氏陪臣裴伯耆向明廷告发了黎氏父子弑主篡位、杀害忠良的罪行,请求明政府"哀无辜之众,兴吊伐之师,隆灭绝之义"。明廷后来派兵护送流亡中国的前安南国王之孙陈天平前往安南复位。[10]用敢:因此敢于。[11]无既:无穷,不尽。[12]欺悖:荒谬。[13]皇图:王朝版图,王朝,皇位。[14]稽颡:一种跪拜礼,屈膝下拜,以额触地,表示极度的虔诚。[15]延颈:伸长头颈。引申指仰慕,渴望。

【简析】

这是一份令壮士扼腕叹息、让后人万分惆怅的历史性文件,至今读来都能感受到作禀者那份为国献身的高尚情操。这则禀文没有任何虚文套词,可谓字字血泪,控诉着一段被人遗忘的亡国史。

光绪五年(1879年)闰三月,正在福州的琉球使者向德宏听闻祖国琉球亡国时如晴天霹雳,"心神迷乱,手足无措"。四月收到被带到日京的琉球世子捎来的密函,下令向德宏赶紧向天朝求援,"万勿刻缓",如果不能收复故国,只有绝食而死。琉球世子密函中的字迹处处沾满泪痕,向德宏阅读完密函,"肝胆几裂,痛不欲生",发誓"生不愿为日国属人,死不愿为日国属鬼!"向德宏决定星夜直奔天津向北洋大臣李鸿章求援。此时日本也向华派出人员阻截琉球使者。向德宏剃发易服,以商人身份继续前行。面对如此艰难局面,向德宏希望清廷对其提供保护。

琉球是一个"无兵"的国家,这是明、清两代琉球朝贡中国的和平"红利"。作为宗主国的中国,维护琉球独立、繁荣是中国政府天经地义的职责。琉球灭国,无论从政治、法律层面,还是从道义层面,清代中国都负有不可推卸的责任。中日间"琉球悬案"再议,或许可以找回一个迟到的正义。

文书基本信息表

文书种类	禀文	头辞	琉球国陈情孤臣紫巾官国戚向德宏,为泣血呼天立救国难事
发送者	琉球国紫巾官向德宏	尾辞	须至禀者
接受者	北洋大臣李鸿章	正文文体	
纪年标准	中国纪年:光绪五年	正文内容	请求天朝救援琉球
语言种类	古代汉语	用典来源	

五、通国结状例析

1. 乾隆十九年（1754年）琉球国通国结状

琉球国中山王府法司官向俭德、马元烈、向杰，长史郑秉和、毛如苞等为请袭王爵以重封典、永固海疆事。该俭德等遵照旧例，结得先国王于乾隆十六年正月二十九日婴疾[1]薨逝。今嗣君王世子穆诚系嫡长，端重谨厚，纯孝笃实，臣庶归心，宜嗣王位，以光藩服。相应连金[2]确具[3]甘结，亲画花押，呈缴查考。伏乞大部大人俯鉴舆情[4]，照例奏请敕赐荣封，永固海疆。俭德等遵将继统缘由禀明。所结是实，不敢冒结，致干虚逛[5]之咎。须至结状者。

乾隆十九年十月二十二日具结状。中山王府法司官向德检、法司官马元烈、法司官向杰（以下省略72个人名）……①

【注释】

[1]婴疾：染病。[2]连金：联名。[3]确具：切实具呈。[4]舆情：群情；民情。[5]虚逛：虚假捏冒。

【简析】

乾隆十九年（1754年），琉球请封时向清廷例行呈交的结状。

文书基本信息表

文书种类	通国结状	头辞	琉球国中山王府法司官向俭德、马元烈、向杰，长史郑秉和、毛如苞等为请袭王爵以重封典、永固海疆事
发送者	琉球中山王府法司官	尾辞	须至结状者
接受者	清廷	正文文体	
纪年标准	中国纪年：乾隆十九年	正文内容	保证继承琉球王位者的身份、品德
语言种类	古代汉语	用典来源	

---

① 《历代宝案》第2集，卷三六，"国立台湾大学"印行，第2753—2755页。

第三节 中琉朝贡平行文书研究

一、照会例析

1. 嘉庆八年（1803年）十月二十一日福建巡抚李殿图转发礼部关于藩属国行文中国时公文书写须避讳给琉球国王尚温照会

兼署闽浙总督盐政印务、兵部侍郎兼都察院右副都御史、巡抚福建等处地方提督军务李为咨行事。嘉庆八年九月二十二日准礼部咨仪制司案呈，准行在礼部咨本部在侍郎莫等奏称：窃照安南一国内属已久，而越南阮福映来从农耐国[1]，系新立，恐未必即能知天朝讳名之义，昨令通官向其陪价[2]询问，果皆未能明白。臣等拟于该贡使回国时，由臣衙门敬谨将应行避写、代写字样，开具清单知照该国，于嗣后所进表文内知所遵循，留心检点，以著下国敬事之诚，以昭四海同文之治。是否有当，伏祈睿鉴，训示施行等因一折，于嘉庆八年八月初八日具奏，本日奉旨：除缅甸不识汉字各国外，其用汉字表文朝鲜等国，著查前于嘉庆元年如未经通行知照，此次著一并行知。钦此，钦遵到部。谨查圣祖仁皇帝，讳上一字为《书经》"玄德升闻"句内首一字，应以"元"字恭代；下一字左从火、右从华，应以"煜"字恭代。世宗宪皇帝，圣讳上一字为《诗经》"永锡祚胤"句内第四字，应以"允"字恭代；下一字左从示、右从真，应以"祯"字恭代。高宗纯皇帝，讳上一字为《易经》"含弘光大"句内第二字，应以"宏"字恭代；下一字为《书经》"厤象日月星辰"句内首一字，应以"歷"字恭代；皇上御名，上一字为《易经》"有孚颙若"句内第三字，应将"页"偏旁缺写一撇一点；下一字为《书经》"宏璧琬琰在西序"句内第四字，应将右旁第二火字改写"又"字。至圣讳加有偏旁之字，无论音义是否相谐，俱敬缺一笔。相应咨行闽浙总督转行琉球国王，一体钦遵，敬避可也等因。到前部堂，移交本署部堂。准此，相应照会该国王移行，一体钦遵，敬避施行。须至照会者。

右照会琉球国中山王。

嘉庆八年十月二十一日①

【注释】

[1] 农耐国：又译洞扨、禄奈，今天的越南西贡。该词源于东耐（Donnai）河一词，发源于越南中圻南部山地，西南流经西贡，注入南海。[2] 陪价：随从人员。

【简析】

嘉庆八年（1803年），由于新成立的越南阮朝不能完全了解清廷避讳规定，清廷礼部

---

① 《历代宝案》第2集，卷九五，"国立台湾大学"印行，第4658—4659页。

向各使用汉字行文的国家统一发出照会,对如何避讳康熙帝、雍正帝、乾隆帝和嘉庆帝的御名所涉及的字及其偏旁作了详细说明,要求藩属国在书写文书时务必遵守避讳规定。

此事《朝鲜实录》也有记载:"三年癸亥(嘉庆八年,1803 年)十一月庚申,北京礼部以讳名代写咨文出送。"①

文书基本信息表

文书种类	照会	头辞	兼署闽浙总督盐政印务、兵部侍郎兼都察院右副都御史、巡抚福建等处地方提督军务李为咨行事
发送者	中国闽浙总督	尾辞	须至照会者
接受者	琉球国王尚温	正文文体	
纪年标准	中国纪年:嘉庆八年	正文内容	通知藩属国行文中国时的书写避讳
语言种类	古代汉语	用典来源	

二、咨文例析

1. 顺治九年(1652 年)招抚使谢必振给琉球国长史司咨文

钦差赍敕招抚使谢为钦颁敕谕事。照得本使前奉皇上差委,收揽原日在闽官伴,摘发回国,以示柔远;并招入贺,以广归顺。时贵国以方物难备,只差官周国盛赍空表投诚,六年十一月到闽,部抚司道莫不欣羡,赐宴增粮,至七年二月内赴京,蒙皇上大嘉赏赉,革去陋规,推恩十倍。送内院、礼部二衙门,再三询谕,馆留在京守候,贺至一并遣发。且来表内又云献琛[1]稍宽于来裸[2],无以故明印、敕未缴,其中不无游移携贰[3]。幸我皇上诚信待人,不忍以忤逆[4]相料。讵知[5]贵国果怀疑未决,贺音无闻。致本使与周差使逗留京邸[6],离乡背井二十越月有奇。前番往返涉藩,惊魂未定,驰驱复命,瘁骨[7]堪伤,及至留京,翘盼[8]贺船,春而复秋,望眼几穿,焦心成血。荷我皇仁浩荡,赖周差使忠诚同心,协力斡旋回还,是贵国尚失信于天朝,天朝未宰恩于贵国也。复颁敕书一道,差本使再来颁布,当即涕泣恳辞,内院谕以圣旨已定,无容更易,周差使所目击者。蒙兵、礼二部叠差三官护送到福省交割,怀柔盛典至矣尽矣,此古今所未闻也。至八年十一月到闽,抚院谕以王命森严,促即启行,本使又辞。敕书重大,风汛非时,稍待来年,实欲候今春贺船自至,一以免往返航海之艰,二以省贵国供应之费。不想今春来船,只以探听为名,故明印、敕又无申说,遂起院司猜疑,欲拘紧[9]人船,候题定夺。本使百计图维,从权酌处,故以大夫蔡时春为存留,以塞口实,以消疑隙,瓦全[10]终事,亦贵国之福也。谅贵国未知此中衷曲[11]。无奈整办车粮,同周差使束装登舟,六月二十九日自梅花开驾,

---

① 《朝鲜王朝实录》,纯宗三年癸亥十一月庚申条。

七月初四日直抵古米，非荷圣天子威灵，安得如此迅速哉！自今太平有象，底定永清[12]，百物咸熙[13]，探船、差使、贸易，悉行自便，评价事情，乘时亟举[14]。若仍前泄泄[15]，是相耽误矣！矧[16]此番部限紧急，冬汛将至，复命之期，决在十月，所有入贺事宜并故明印、敕，作速呈缴料理。更各员役随带湖丝、毡条、绸布等价值虽不盈万，亦当早为预之。自丙戌[17]迄今，屈指七载，梯山航海，家破人离。本使虽奉王命差遣，实为贵国奔驰，一片苦心，不知贵国鉴谅否？本船刻欲进那霸港安插，奈差使周国盛、郑孟德谆谆恳留。姑暂少待，但天威咫尺，稽延陨越[18]，获罪是惧不已，先行咨会贵司，烦即转达三法司[19]启奏贵国王，悉照来咨内事理，遵奉施行。倘再生疑怀怠[20]，是自取弃此也，于本使何尤！为此，理合移咨。须至咨者。

右咨琉球国长史司。

顺治九年七月十五日①

【注释】

[1]献琛：进献宝贝。[2]来禩：来年；后世。[3]携贰：离心，有二心。[4]忤（wǔ）逆：违抗；冒犯。[5]讵知：谁能料知。[6]京邸：在京的住所。[7]瘁骨：使人劳累。[8]翘盼：翘首盼望，指急切地盼望或期待。[9]拘紧：管束严紧。[10]瓦全：比喻丧失气节而保全生命。此处指含糊应付。[11]衷曲：内情。[12]底定永清：薄海永清，四方底定。[13]百物咸熙：万物兴盛。[14]乘时亟举：把握时机，立即采取行动。[15]泄泄：弛缓；懈怠。[16]矧：况且。[17]丙戌：顺治三年（1646年）。[18]陨越：失职。[19]三法司：三司官，是琉球朝廷的最高执政机构，也是这个机构所有官员的官职名称。三司官的官阶由正一品至从二品，是琉球士族中最高的官阶。[20]怀怠：心怀怠慢。

【简析】

顺治九年（1652年），清廷派出的招抚使谢必振向琉球发出咨文，指责琉球政府拖延与清廷正式建立宗藩关系，要求琉球立即遣使前往北京进贺新政权。

文书基本信息表

文书种类	咨文	头辞	钦差赍敕招抚使谢为钦颁敕谕事
发送者	中国招抚使谢必振	尾辞	须至咨者
接受者	琉球长史司	正文文体	
纪年标准	中国纪年：顺治九年	正文内容	催促琉球上缴故明敕、印，进贺清廷
语言种类	古代汉语	用典来源	

2. 顺治十年（1653年）琉球国王尚质给福建布政司咨文

琉球国王中山王世子尚为遵依敕谕，缴纳敕、印事。照得该国于顺治六年九月十三日

---

① 《历代宝案》（校订本）第1册，第1集，卷九，冲绳县教育委员会，1996年，第295—296页。

蒙天使按临[1]，恭率文武百官迎接、开读[2]外，奈缘[3]舟楫未备，礼仪难办，先具表文投诚，特遣通事周国盛护送天使归朝，祈宽来禩[4]，稽颡[5]阙廷[6]庆贺，该国岂敢愆期！即于顺治七年十月内，虔备不腆[7]之方物，敬修事大之令典[8]，差遣王舅、正议大夫、使者、通事阿榜琨、蔡锦等官，赍捧皇帝陛下并中宫殿下各行庆贺。满拟上达天廷，何期风神作祟，或沉沦，或飘荡，海洋隔绝，音信杳然。幸旧年八月内，天使再临，该国方知，举朝彷徨，引咎不暇[9]。随择吉日，迎进王城，开读新纶[10]，煌煌[11]天语，敢不钦承！奈自洪武历朝之敕，敝国先王告终，即将本王之敕，同行埋葬，今已无存。只自尚宁王至今未葬，其敕犹在。敕历朝各一，印惟洪武专锡也。今仍具礼物，敬遣王舅、正议大夫马宗毅、蔡祚隆等，附天使同到中朝庆贺外，缴故明之敕、印。遵依敕谕，求清朝之符节[12]，永镇邦国等因。为此，移咨贵司，乞依咨文内事理，转移礼部，使敝国去旧从新，耳目改达[13]，舍明事清，心志惟一，则贵司之鸿恩施及方外，宁有既耶[14]！为此具咨。须至咨者。

右咨福建等处承宣布政使司。
顺治十年二月二十七日①

【注释】

[1]按临：巡视。[2]开读：宣读帝王的诏旨。[3]奈缘：怎奈。[4]来禩：来年；后世。[5]稽颡：古代一种跪拜礼，屈膝下拜，以额触地，表示极度的虔诚。[6]阙廷：朝廷。亦借指京城。[7]不腆：不丰厚，浅薄。[8]令典：好的典章法度；泛指宪章法令；指美好的典礼、仪式；指垂范后世的典籍。[9]引咎不暇：来不及自责。[10]新纶：新的帝王诏书。[11]煌煌：明亮辉耀貌。[12]符节：中国古代朝廷传达命令、征调兵将以及用于各项事务的一种凭证。用金、铜、玉、角、竹、木、铅等不同原料制成。[13]耳目改达：转变效忠对象。[14]宁有既耶：影响深远。

【简析】

顺治九年（1652年），清廷派遣谢必振前往琉球催促琉球国王尽快派遣使者入京庆贺。在清廷的压力下，琉球国王于顺治十年（1653年）决定派遣使者上交故明敕、印并庆贺清廷，请求清廷颁发新的敕、印。这是琉球与清廷正式建立宗藩关系的标志。

文书基本信息表

文书种类	咨文	头辞	琉球国王中山王世子尚为遵依敕谕，缴纳敕、印事
发送者	琉球国王尚质	尾辞	须至咨者
接受者	福建布政使司	正文文体	
纪年标准	中国纪年：顺治十年	正文内容	前往北京庆贺新政权
语言种类	古代汉语	用典来源	

---

① 《历代宝案》第1集，卷二一，"国立台湾大学"印行，第697—698页。

3. 康熙二十二年（1683年）册封副使林麟焻给琉球国王尚贞咨文

钦命册封副使加正一品仍带加一级内阁中书林麟焻[1]为册封事。照得本阁钦奉特简[2]册封贵国，同正使翰林院汪[3]赍捧诏、敕、御笔[4]并钦赐礼物等项，于本年二月初一日到闽，俟正使翰林院汪到日，一同开驾，兹准贵藩咨文接封等因到阁。准此，理合就行，为此备咨前移贵藩，烦为察照施行。须至咨者。

右咨琉球国中山王世子尚。

康熙二十二年五月初一日①

【注释】

[1]林麟焻：康熙二十一年（1682年）册封琉球国王的副使。[2]汪：康熙二十一年（1682年）册封琉球国王的正使。[3]特简：特别任命。[4]御笔：皇帝手迹。

【简析】

康熙二十二年（1683年），先期到达福建的册封琉球副使林麟焻发咨，通知琉球政府有关接封事宜。

文书基本信息表

文书种类	咨文	头辞	钦命册封副使加正一品仍带加一级内阁中书林麟焻为册封事
发送者	中国册封副使林麟焻	尾辞	须至咨者
接受者	琉球国王尚贞	正文文体	
纪年标准	中国纪年：康熙二十二年	正文内容	通知琉球接封
语言种类	古代汉语	用典来源	

4. 乾隆十五年（1750年）琉球国王尚敬给礼部谢恩咨文

琉球国中山王尚为恭谢天恩事。窃照敝国僻处海隅，世沐天朝圣泽，输诚纳款，屡蒙皇恩浩荡，有加无已。揆今准古[1]，仅见斯时[2]。查康熙二十三年准礼部咨称：今海禁已开，各省民人海上贸易行走者甚多，应移文滨海外国王等各饬该管地方，凡有船只漂至者，令收养解送等因。钦遵在案。兹乾隆十四年十一、十二两月间，有太仓、泉州等处商民林仕兴等先后共十船遭风飘至敝国，便将船身坚固之林仕兴等六船商人一百三十名，拨给桅木、廪饩[3]回籍。复将被风失舟之吴永盛、陈得昌等四船共计九十二名给廪备舟，遣

---

① 《历代宝案》第1集，卷一〇，"国立台湾大学"印行，第342页。

都通事阮超群等先已送回福建。嗣后有顺天、苏州、漳州等处商民田圣思等先后共六船飘至敝国，皆系被风失舟之难民，也随将圣思等一百十三名给廪备舟，遣都通事陈以桂等解送至闽在案。乃蒙福建总督喀尔吉善、巡抚潘思榘即已以都通事阮超群等护送难民事为题奏，恭蒙上谕：据福建总督喀尔吉善、巡抚潘思榘奏称：乾隆十四年十一、十二两月，内地出洋船只遭风飘至琉球国者先后共十船，该国王将船身坚固之林仕兴等六船商人一百三十名，拨给桅木、廪饩回籍。复将被风失舟之吴永盛、陈得昌等四船共计九十二名给廪备舟，遣都通事阮超群等送回福建等语。琉球国中山王尚敬，素称恭顺。内地商船遭风飘往该国，加意资送回籍，诚款可嘉。著赏赐该国王蟒缎二匹，闪缎二匹，锦二匹，彩缎四匹，素缎四匹，以示嘉奖。其伴送之都通事阮超群、东观旭等著该督抚优加赏赉，该部行文该国王知之，钦此。乾隆十五年九月初九日，阮超群等赍捧御赐蟒缎二匹，闪缎二匹，锦二匹，彩缎四匹，素缎四匹到国，并奉贵部咨文。敬叨[4]蒙殊恩，感愧无地，谨择良辰，躬率百官，恭接御赐蟒缎等物，望阙高呼，一一拜领，举国臣民舞蹈欢忭。敬思救护难民，藩职之当然。过蒙皇恩，抚躬[5]增励，中夜[6]图报，不能仰酬万一。肃具奏文附贡使毛元烈、阮为标等顺赍赴京叩谢天恩。为此，具疏奏明外，合行备由移咨贵部知会，请烦察照施行。须至咨者。

右咨礼部。

乾隆十五年十一月十八日①

【注释】

[1]揆今准古：考查古今。[2]仅见斯时：只出现在此时。[3]廪饩：由公家供给的粮食之类的生活物资。[4]叨：承受。[5]抚躬：反躬自问。[6]中夜：半夜。

【简析】

乾隆十五年（1750年），琉球政府遣人护送漂流到琉球的中国商船返回福建，清廷对琉球的救助行为进行赏赐。琉球国王随后向中国礼部发出咨文致谢。

文书基本信息表

文书种类	咨文	头辞	琉球国中山王尚为恭谢天恩事
发送者	琉球国王尚敬	尾辞	须至咨者
接受者	中国礼部	正文文体	
纪年标准	中国纪年：乾隆十五年	正文内容	感谢天朝赏赐
语言种类	古代汉语	用典来源	

---

① 《历代宝案》第2集，卷三一，"国立台湾大学"印行，第2608—2609页。

5. 乾隆十六年（1751年）琉球国王尚穆给福建布政使司咨文

琉球国中山王世子尚穆为报明父丧，泣摅[1]遗嘱，吁赐具题，以表幽忠[2]，以守藩职事。窃照敝国蕞尔[3]边陲，荷蒙天朝浩恩，俾海外微臣得以世守藩职，代修贡典。天眷之隆，感激无涯。固期[4]父敬永臻[5]耄耋[6]，图报涓埃[7]，讵料[8]沾病[9]，百药无验，于本年正月二十九日薨逝。弥留之余，呼穆至榻前，泣嘱吾职守外藩，深沐圣恩，真如天高地厚，顶踵[10]难酬。今吾不幸因病身故，无复能望风[11]顶祝[12]。得但犬恋主之念，虽死弗谖[13]。尔系嫡子，善体吾心，恪守臣节，莫愆贡期，尽忠即以尽孝，当敬佩无怠。穆闻嘱言，五内如割[14]，茕茕在疚[15]，安敢辄萌嗣位之思。第[16]茅土[17]锡之天家，屏藩责重，诸凡庶务机宜，不得不从权暂摄。兹当循例接贡，理合将父病逝日期并临终遗嘱，特遣正议大夫郑国桢前来报明，伏乞贵司察核转详督抚两院，恳赐具题，上达宸鉴[18]，不特穆终身感佩无穷，即父敬虽死犹生矣。为此，理合移咨贵司，请烦察照施行。须至咨者。

右咨福建等处承宣布政使司。
乾隆十六年十月二十六日①

【注释】

[1]泣摅：哭泣着表述。[2]幽忠：忠心。[3]蕞尔：形容地区小。[4]固期：本来期望。[5]永臻：永远达到。[6]耄耋：长寿。[7]图报涓埃：企图报答万一。[8]讵料：不料。[9]沾病：染病。[10]顶踵：身躯。[11]望风：远望，仰望。[12]顶祝：顶礼祝颂。[13]虽死弗谖（xuān）：虽死不忘。谖：通"谖"，忘。[14]五内如割：比喻悲痛非常。[15]茕茕在疚：孤单忧愁。[16]第：但。[17]茅土：封土。[18]宸鉴：皇帝审阅，鉴察。

【简析】

乾隆十六年（1751年）正月，琉球国王尚敬去世。琉球新王尚穆向福建布政使发出咨文通告丧事。

文书基本信息表

文书种类	咨文	头辞	琉球国中山王世子尚穆为报明父丧，泣摅遗嘱，吁赐具题，以表幽忠，以守藩职事
发送者	琉球国王尚穆	尾辞	须至咨者
接受者	中国福建布政使司	正文文体	
纪年标准	中国纪年：乾隆十六年	正文内容	琉球国王通报丧父
语言种类	古代汉语	用典来源	

---

① 《历代宝案》第2集，卷三二，"国立台湾大学"印行，第2647—2648页。

6. 乾隆十九年（1754年）福建布政使司给琉球国王尚穆咨文

福建等处承宣布政使司为颁告正朔事。钦惟我皇上奄有[1]四海，统御万方。道德同春，遍光风[2]于寰宇；地天咸恭，讫[3]声教[4]于遐邦[5]。国祚卜以万年，纪载绵于百世。永迓天福，敬授人时[6]。本司钦承简命以来，仰体柔怀侯甸，式涣[7]恩纶之沛，更祈永固金汤[8]。案准钦天监颁发时宪书式[9]前来，随委经历官督造去后，兹已造竣[10]。正值贡船到闽，拟合备文颁送，为备咨贵世子，希将颁到大清乾隆十九年分正朔时宪书，钦遵查明，颁布臣民。庶遐远山川，共凛天朝之正朔；子孙千亿，永绵海外之鸿图。仍赐咨复施行。须至咨者。

计咨送绫书二十本。

右咨琉球国中山王世子尚。

乾隆十九年正月三十日①

【注释】

[1]奄有：全部占有。[2]光风：雨止日出时的和风。[3]讫：通"迄"。到，至。[4]声教：声威教化。[5]遐邦：远国。[6]敬授人时：又作敬授民时。将历法付予百姓，使知时令变化，不误农时。后以"敬授人时"指颁布历书。人时：谓耕获之候。《书·尧典》："乃命羲和，钦若昊天，历象日月星辰，敬授人时。"[7]式涣：帝王发布诏书。[8]金汤：金属造的城，沸水流淌的护城河。形容城池险固。[9]时宪书式：时宪书的模本。[10]造竣：制造完毕。

【简析】

中国周边的藩属国朝鲜、琉球、越南每年都从清廷领受时宪书。朝鲜在每年十月份派遣赍咨官前往北京领受下一年的官、民时宪书。琉球则先由相邻省份福建领受后代替琉球督造，由正在福州的贡船或商船赍回。乾隆十九年（1754年）正月，福建布政使司给琉球国王发出咨文，将造好的该年度20本时宪书颁给在闽的琉球贡船。

文书基本信息表

文书种类	咨文	头辞	福建等处承宣布政使司为颁告正朔事
发送者	中国福建布政使司	尾辞	须至咨者
接受者	琉球国王尚穆	正文文体	
纪年标准	中国纪年：乾隆十九年	正文内容	通知领受当年时宪书
语言种类	古代汉语	用典来源	《尚书》

---

① 《历代宝案》第2集，卷三五，"国立台湾大学"印行，第2717—2718页。

7. 乾隆二十二年（1757年）琉球国王尚穆给福建布政使司咨文

琉球国中山王尚为接回进贡官员事。窃照敝国钦遵贡典，于乾隆二十一年冬业遣耳目官向全才、正议大夫阮超群等赍捧表章、方物，驾船二只前来福建，并移咨贵司，烦为转请督抚两院，起送赴京叩祝圣禧[1]等因在案。向例准敝国拨船接回，为此特遣都通事阮超叙等坐驾海船一只，前抵福建地方，恭迎皇上敕书并钦赐物件及贡使向全才、阮超群、存留官毛维基等，伏祈贵司仰体皇仁，恩赐优恤，具详督抚两院，照例题明，希将来船官伴安插馆驿，俟贡使京回，乞于来夏早汛坐驾原船归国，则庶航海末员[2]得免风涛之虞矣。为此，备由移咨贵司烦为察照施行。须至咨者。

右咨福建等处承宣布政使司。

乾隆二十二年十一月初九日①

【注释】

[1]圣禧：帝王的喜庆。[2]末员：微末之员。

【简析】

乾隆二十一年（1756年）冬，琉球派遣使臣进贡。使臣完成使命从北京返回琉球时，需要琉球政府专门派遣船只到福建接回。乾隆二十二年（1757年）冬，琉球国王发咨通报福建布政使司，前来迎接贡使回国的船只到闽后，希望福建地方政府妥善安置船员，将他们安置在福州的琉球馆舍，等候来年夏季的早汛时节驾船归国。

文书基本信息表

文书种类	咨文	头辞	琉球国中山王尚为接回进贡官员事
发送者	琉球国王尚穆	尾辞	须至咨者
接受者	中国福建布政使司	正文文体	
纪年标准	中国纪年：乾隆二十二年	正文内容	请求妥当安排来闽接回贡使的船员
语言种类	古代汉语	用典来源	

8. 嘉庆五年（1800年）琉球国王尚温给礼部咨文

琉球国中山王尚为请旨事。窃臣温恭蒙皇上隆恩，允臣嗣封，于本年五月十二日天使捧节赍临[1]，举国欢忭。奈护封游击陈瑞芳就馆之后，染患病症，医治无效，于七月初三日戌时惨乎辞世。臣温饬令发送棺木、围绸等项既致殡殓，嗣后遣法司致祭。伏思陈瑞芳

---

① 《历代宝案》第2集，卷四〇，"国立台湾大学"印行，第2878页。

入国以来，严施法令，约束兵役，举国人民无不感仰，宜封典礼成，荣回天朝，何一病不起而遽尔[2]云亡[3]。臣温追慕武烈之德，倍益哀痛之忱。今因天使携柩带回，臣温谨将葬费银五百两附陪臣王舅毛国栋、紫金大夫郑得功等进呈。为此，冒昧具奏，伏乞皇上俯鉴臣报劳之微悃，敕部转赐其子孙，少补埋葬之费等因。具疏奏请外，理合移知，为此备咨贵部，请烦察照施行。须至咨者。

右咨礼部。

嘉庆五年①

【注释】

[1]贲临：光临。[2]遽尔：骤然，突然。[3]云亡：死亡。

【简析】

嘉庆五年（1800年），前往册封琉球国王的护封游击陈瑞芳病逝，琉球政府发送棺木殡殓。册封使回国时携带灵柩返国安葬，琉球政府又赠送500两银两充作丧葬之用。琉球国王为此向中国礼部发出咨文备述相关情形。

册封使归国后，清廷下令从福建省公项内拨银300两作为葬祭陈瑞芳之用，将琉球赠送的500两丧葬银归还琉球。

文书基本信息表

文书种类	咨文	头辞	琉球国中山王尚为请旨事
发送者	琉球国王尚温	尾辞	须至咨者
接受者	中国礼部	正文文体	
纪年标准	中国纪年：嘉庆五年	正文内容	请求转给在琉球病逝的护封游击陈瑞芳五百两葬费银
语言种类	古代汉语	用典来源	

9. 嘉庆五年（1800年）琉球国王尚温给礼部咨文

琉球国中山王尚为谢天恩事。窃照敝国弹丸小国，僻处海隅，荷沐皇上鸿慈[1]，允臣嗣封。嘉庆五年钦差正使翰林院修撰赵文楷[2]、副使内阁中书李鼎元[3]等持节赍捧诏、敕、御书、币帛，于本年五月十二日贲临[4]敝国。臣温即率百官臣庶于迎恩亭[5]恭请皇上圣躬万安，奉诏、敕、御书安于天使馆，择吉于六月初八日先蒙谕祭臣祖王臣尚穆，随于七月二十五日荷蒙宣读诏、敕，封臣温为中山王，钦赐蟒缎等项并赐妃彩缎等物。臣温率领百官拜舞[6]叩头谢恩外，随请于天使恳留诏、敕为传国之宝，蒙天使查验前封卷轴，依

---

① 《历代宝案》第2集，卷九一，"国立台湾大学"印行，第4398—4399页。

听许留,付臣一并珍藏。复蒙颁赐御书匾额"海表恭藩",臣温恭设香案拜受。窃惟圣朝加意抚柔,有同覆载,臣温曷胜感激。为此,特遣陪臣法司王舅毛国栋、紫金大夫郑得功、使者向天禧、都通事郑国鼎、通事魏崇仁、郑朝选等赍捧表章,率领官伴、梢役坐驾头号船只,装载土仪:金鹤形一对(鹤踏银岩座各全),盔甲一领(护手、护胈各全),金靶鞘腰刀二把,银靶鞘腰刀二把,黑漆靶鞘镀金铜结束腰刀二十把,黑漆靶鞘镀金铜结束枪一十把,黑漆靶鞘镀金铜结束衮刀一十把,黑漆洒金马鞍一座(辔衔络头前后牵鞲羼脊障泥镫俱全),金彩画围屏二对,精制折扇五百把,土丝棉二百束,蕉布三百匹,土布一百匹,白刚锡五百斤,红铜五百斤外,缘蒙颁赐御书,特加金鹤形一对(鹤踏银岩座各全),前来赴京叩谢天恩。为此,除具疏奏明外,理合备咨前诣贵部,请烦察照施行。须至咨者。

右咨礼部。

嘉庆五年九月十二日①

【注释】

[1]鸿慈:大恩。[2]赵文楷:嘉庆五年(1800年)册封琉球国王的正使。[3]李鼎元:嘉庆五年(1800年)册封琉球国王的副使。[4]按临:巡视。[5]迎恩亭:琉球国王修建在那霸港堤上迎接中国册封使的建筑。[6]拜舞:跪拜与舞蹈。

【简析】

嘉庆五年(1800年),清廷册封琉球国王尚温后,琉球国王向礼部发出咨文表达感谢,派遣使者进贡谢恩贡物。

文书基本信息表

文书种类	咨文	头辞	琉球国中山王尚为谢天恩事
发送者	琉球国王尚温	尾辞	须至咨者
接受者	中国礼部	正文文体	
纪年标准	中国纪年:嘉庆五年	正文内容	感谢天朝册封
语言种类	古代汉语	用典来源	

10. 嘉庆十二年(1807年)琉球国王世孙尚灏给册封使咨文

琉球国中山王世孙尚为恭迎钦差事。照得敝国业于嘉庆十一年八月初七日谨修表文,特遣耳目官杨可敦、正议大夫梁邦弼等赍捧进京,请乞袭封王爵。兹思藩司[1]业照前例,详请督抚两院循例具题,荷蒙皇恩允准袭封,拟今天使临闽,海邦雀跃,特遣正议大夫蔡

---

① 《历代宝案》第2集,卷九一,"国立台湾大学"印行,第4395—4397页。

邦锦护迎钦差宝船按临[2]敝国,理合移咨天使,请烦察照施行。须至咨者。

右咨钦差正使、副使。

嘉庆十二年 月 日①

【注释】

[1]藩司:布政使。[2]按临:巡视。

【简析】

嘉庆十二年(1807年),清廷派遣使者前往琉球册封国王。琉球发给到达福建的中国册封使咨文,琉球已派人员来到福建迎接和护送贡使往封。

文书基本信息表

文书种类	咨文	头辞	琉球国中山王世孙尚为恭迎钦差事
发送者	琉球中山王世孙尚灏	尾辞	须至咨者
接受者	中国册封正、副使	正文文体	
纪年标准	中国纪年:嘉庆十二年	正文内容	通知册封使琉球已派人前往福建迎接护送
语言种类	古代汉语	用典来源	

11. 嘉庆二十三年(1818年)琉球国王尚灏给福建等处承宣布政使司咨文

琉球国中山王尚为探问接贡船只事。案照本爵业于嘉庆二十二年秋,遣都通事魏崇仁等,坐驾海船一只前诣闽省恭迎皇上敕书、钦赐物件,并接京回使臣归国。希将来船员伴,准于来夏早汛同贡使等均令坐驾原船遣发返棹[1]等因在案。兹查魏崇仁等所坐原船,过夏至秋,尚未见归。恐或阻风闽地,抑或飘入本国属岛,亦未可定。倘有淹留[2]闽地,统祈贵司仰体皇上怀柔远人至意,赐遣发回国。望切。为此咨贵司,烦为查照施行。须至咨者。

右咨福建等处承宣布政使司。

嘉庆二十三年八月初六日②

【注释】

[1]返棹:乘船返回。[2]淹留:羁留;逗留。

【简析】

嘉庆二十二年(1817年),琉球政府派遣接贡船前往福建,计划在二十三年(1818

---

① 《历代宝案》第2集,卷一〇二,"国立台湾大学"印行,第4873页。
② 《历代宝案》第2集,卷一二四,"国立台湾大学"印行,第5583页。

年）夏季早讯时返回琉球。但直到二十三年（1818年）的秋天也不见接贡船归来。琉球政府向福建布政使司发出咨文探问接贡船下落：是依然滞留福建，还是途中遭风。如果滞留福建，请求迅速遣发回国。

文书基本信息表

文书种类	咨文	头辞	琉球国中山王尚为探问接贡船只事
发送者	琉球国王尚灏	尾辞	须至咨者
接受者	福建布政使司	正文文体	
纪年标准	中国纪年：嘉庆二十三年	正文内容	探问接贡船的下落
语言种类	古代汉语	用典来源	

12. 道光三年（1823年）礼部给琉球国王尚灏咨文

礼部为知照事。主客司[1]案呈，本部具奏琉球恭进例贡使臣到京日期一折，于道光二年十二月二十九日具奏，奉旨：知道了。钦此。相应知照琉球国王可也。须至咨者。

右咨琉球国王。

道光三年正月　日①

【注释】

[1]主客司：礼部所属部门，掌管朝贡事务。

【简析】

按照惯例，琉球进贡使臣到达中国后的各类活动情形，均由礼部发咨通报琉球国王。道光二年（1822年），琉球使臣在年底前按期到达北京。道光三年（1823年），礼部将贡使到京情形通告了琉球国王。

文书基本信息表

文书种类	咨文	头辞	礼部为知照事
发送者	中国礼部	尾辞	须至咨者
接受者	琉球国王尚灏	正文文体	
纪年标准	中国纪年：道光三年	正文内容	通知琉球进贡使臣到京
语言种类	古代汉语	用典来源	

---

① 《历代宝案》第2集，卷一三六，"国立台湾大学"印行，第5761页。

三、护照例析

1. 乾隆二十六年（1761年）福州海防府发给琉球飘风难人护照

福建福州府正堂兼摄海防分府随带加二级又加一级纪录八次李为给发护照事。照得琉球国难夷山阳西表等夷船一只，上年遭风飘入广东潮阳县，护送到闽安插抚恤，业已遣发回国。缘该夷船出洋之后复遭风浪，船底溢漏，不能驾回球邦[1]，仍收闽省修葺，详蒙上宪[2]动支[3]币项银两给赏。该夷修理完固，仍将原派京回都通事跟伴张能胜、接贡船水梢安次岭在船引带各难夷回国。及匀装接贡船货物暨各难夷原带随身行李物件，业经造册通报，详奉宪示檄行，遣发回国等因。除移营拨兵护送出洋外，诚恐该夷等经由海汛查验无凭，合给护照，为此照给该琉球国伴梢张能胜等，即便赍照引带后开，各难夷小心管驾船只归国。凡遇沿海关津汛口，验照护送出洋，毋得迟滞。到国之日，仍将此照呈缴国王，发交下次贡使赍带赴闽，缴送本分府衙门销，毋得违忽。须至照者。

计开：原飘风广东潮阳县护送到闽难夷，返国被风，复收来闽各难夷：山阳西表、崎原、太史古见、文珪宫良、有若西表、蔡林登野城、上官松崎、山阳摩文仁、金城、仲间、高江洌、前里、宫城、成原、與那国、仲石、当原、仲里、平得、野底、平田、黑屿、南风箭、宫里、比嘉、山城、玻名城、照喜谷、宫城、南风平、上里、安里，以上共计难夷三十二名。

附搭原匀配广东香山县送到飘风难夷：上官登野城、嘉平登久、内间赤麻利、池原真那、上原加麻户、金城保久利、波照保久里、野底毛利、仲字满喜、比嘉嘉铭、梅公南风见、岳昌山城、明镜饶平名、太史大滨、梅公渡久山、上官花城、上官喜濑、松本真作利、稻福伍志户、庆田宇登、国吉伍舍、新川嘉目、新里他吕、松本赤山顾、当间登久、小底津久利，以上共计难夷二十六名。

附搭前进京回都通事跟伴张能胜、前接贡水梢安次岭，以上共计二名，引带各难夷驾船回国。

以上总共回国各难夷共计六十名。
右照给张能胜等赍执。
乾隆二十六年七月十四日给。
府　限　日缴①

【注释】

[1]球邦：琉球。[2]上宪：上级官员。[3]动支：提用；动用。

【简析】

乾隆二十五年（1760年），琉球飘风难人漂流到广东潮阳、香山后，被护送到福建。

---

① 《历代宝案》第2集，卷四五，"国立台湾大学"印行，第3012—3013页。

乾隆二十六年（1761 年），福州府发给这些飘风难人护照遣发回国，要求船只所经沿海关津汛口验照护送，不得迟滞。

文书基本信息表

文书种类	护照	头辞	福建福州府正堂兼摄海防分府随带加二级又加一级纪录八次李为给发护照事
发送者	福州府	尾辞	须至照者
接受者	琉球飘风难人	正文文体	
纪年标准	中国纪年：乾隆二十六年	正文内容	福州府发给琉球飘风难人护照
语言种类	古代汉语	用典来源	

四、执照例析

1. 顺治十年（1653 年）琉球国王尚质给马宗毅等人执照

琉球国中山王尚为庆贺事。照得顺治九年七月内奉天使谢必振等捧赍敕书一道到国，迎至。择吉日八月初十日王城开读[1]。钦此，钦遵。为此特遣王舅、正议大夫、使者、通事等官马宗毅、蔡祚隆等赍咨捧表，坐驾海船一只，装载任土方物：金罐一对（共重六十六两六钱八分），银罐一对（共重五十两六钱），细嫩土蕉布一百匹，漂白细嫩土苎布一百匹，细嫩黄色蕉布一百匹，细嫩赤色蕉布一百匹，泥金彩画帷屏一对，满面泥金扇五十把，满面泥银扇五十把，红花一百斤，胡椒二百斤，苏木一千斤，进奉庆贺皇上。复金粉匣一对（共重七两四钱六分），银粉匣一对（共重七两二钱一分），满面泥金扇二十把，满面泥银扇二十把，细嫩土蕉布二十匹，漂白细嫩土苎布二十匹，进奉中宫殿下。差去员役别无文凭，诚恐所在官司盘阻不便，给仁字第七十五号半印勘合执照，付存留通事郑宗善、蔡国器等收执前去。如欲经过关津把隘[2]去处及沿海巡哨官军，验实即便放行，毋得留难，迟误不便。须至执照者。

计开：王舅一员马宗毅，人伴十五名；正议大夫蔡祚隆，人伴九名；使者一员富自盛，人伴七名；都通事一员，王明佐，人伴六名；存留在船使者二员孙光用、马时盛，人伴六名；存留在驿通事二员郑宗善、蔡国器，人伴六名；管船火长直库二名孙自昌、兰鲍，梢水五十七名。

右执照付存留郑宗善、蔡国器等，准此。
顺治十年二月二十七日给。①

---

① 《历代宝案》（校订本）第 2 册，卷三四，冲绳县教育委员会，1996 年，第 376—377 页。"国立台湾大学"印行的《历代宝案》缺卷三四。

【注释】

[1]开读：宣读帝王的诏旨。[2]把隘：把守的要隘。

【简析】

顺治十年（1653年），琉球国王遣使进贺清廷。琉球国王为此颁发给琉球进贡人员执照。

文书基本信息表

文书种类	执照	头辞	琉球国中山王尚为庆贺事
发送者	琉球国王尚质	尾辞	须至执照者
接受者	马宗毅等	正文文体	
纪年标准	中国纪年：顺治十年	正文内容	琉球国王发给庆贺使臣执照
语言种类	古代汉语	用典来源	

2. 康熙五十八年（1719年）琉球国王尚敬给郑士绅执照

琉球国中山王尚为护送天使还朝事。今特遣都通事郑士绅等驾驶封王宝船，前往福建地方，恐无文凭，官司盘阻不便，今给义字第一百一十一号半印勘合执照一通，付都通事郑士绅等收执前去。如遇经过关津把隘[1]去处及沿海巡哨官军验实，即便放行，毋得留难迟误。须至执照者。

今开护送都通事一员郑士绅，人伴四名；直库一名西铭；水梢共十二名，内六名分坐头号船，六名二号船。

右执照付都通事郑士绅，准此。
康熙五十八年十一月二十二日①

【注释】

[1]把隘：把守的要隘。

【简析】

康熙五十八年（1719年），琉球国王颁发给为护送册封天使回国的琉球都通事郑士绅执照。

---

① 《历代宝案》第2集，卷一〇，"国立台湾大学"印行，第1817页。

文书基本信息表

文书种类	执照	头辞	琉球国中山王尚为护送天使还朝事
发送者	琉球国王尚敬	尾辞	须至执照者
接受者	郑士绅等	正文文体	
纪年标准	中国纪年：康熙五十八年	正文内容	琉球国王发给护送册封使臣回国人员执照
语言种类	古代汉语	用典来源	

3. 嘉庆五年（1800年）琉球国王尚温发给进贡使团执照

琉球国中山王尚为进贡事。窃照本爵世沐天朝洪恩，遵依贡典，二年一贡，钦遵在案。查嘉庆五年乃当进贡之期，特遣耳目官向必显、正议大夫阮翼、都通事蔡邦锦等赍捧表咨，坐驾海船二只，率领官伴、水梢、上下员役，奉除□驾谢恩员役外，共不过二百员名。装运常贡煎熟硫磺一万二千六百斤，红铜三千斤，炼熟白刚锡一千斤，分载两船：一船礼字第一百六十五号，装载煎熟硫磺六千三百斤，红铜一千五百斤，炼熟白刚锡五百斤；一船礼字第一百六十六号，装载煎熟硫磺六千三百斤，红铜一千五百斤，炼熟白刚锡五百斤，前至福建等处承宣布政使司投纳，起送赴京叩祝圣禧[1]。所有差去员役，恐无文凭，以致各处官军阻留不便，为此给发王府礼字第一百六十六号半印勘合执照，付在船都通事蔡肇业等收执前去。如遇经过关津及沿海巡哨官军，验实即便放行，毋得留难迟误。须致执照者。

计开：正使耳目官一员向必显，人伴一十二名；副使正议大夫一员阮翼，人伴一十二名；朝京都通事一员蔡邦锦，人伴七名；在船都通事一员林日新，人伴四名；在船使者二名阿思明、毛著隆，人伴八名；在船通事一员蔡肇业，人伴四名；管船火长直库二名蔡执中、昂长泰，水梢共五十九名。

右执照付在船通事蔡肇业等，准此。

嘉庆五年①

【注释】

[1]圣禧：帝王的喜庆。

【简析】

嘉庆五年（1800年），琉球国王颁发给琉球例行进贡使团执照。

---

① 《历代宝案》第2集，卷九一，"国立台湾大学"印行，第4452—4453页。

文书基本信息表

文书种类	执照	头辞	琉球国中山王尚为进贡事
发送者	琉球国王尚温	尾辞	须至执照者
接受者	琉球进贡使团	正文文体	
纪年标准	中国纪年：嘉庆五年	正文内容	琉球国王发给例行进贡使团执照
语言种类	古代汉语	用典来源	

4. 嘉庆五年（1800年）琉球国王尚温发给谢恩使团执照

琉球国中山王尚为进贡谢恩事。窃照嘉庆五年蒙钦差正使翰林院修撰赵、副使内阁中书李恭捧诏、敕，贲临[1]敝国宣读诏、敕，授封王爵盛典已行。例有遣官具土仪赴京谢恩，为此特遣正使法司王舅毛国栋、副使紫金大夫郑得功、都通事郑国鼎等赍捧表、咨，坐驾头号船，内谢恩官伴六十六员名，进贡官伴水梢七十七员名，共计一百四十三员名。今除谢恩贡物外，装运常贡煎熟硫磺一万二千六百斤，红铜三千斤，炼熟白刚锡一千斤，分载两船：一船礼字第一百六十五号，装载煎熟硫磺六千三百斤，红铜一千五百斤，炼熟白刚锡五百斤；一船礼字第一百六十六号，装载煎熟硫磺六千三百斤，红铜一千五百斤，炼熟白刚锡五百斤，前至福建等处承宣布政使司投纳，起送赴京叩祝圣禧[2]。所据差去员役恐无文凭，各处官军阻留不便，为此理合给发执照，以便通行。今给王府礼字第一百六十五号半印勘台执照，付存留通事毛超群等收执前去。如遇经过关津及沿海巡哨官军，验实即便放行，毋得留难迟误。须至执照者。

计开：正使法司王舅一员毛国栋，人伴二十五名；副使紫金大夫一员郑得功，人伴一十七名；使者一员天禧，人伴七名；朝京都通事一员郑国鼎，人伴六名；进贡在船使者二员向文亨、翁廷柱，人伴八名；进贡存留通事一员毛超群，人伴六名；王舅大夫随带通事二员魏崇仁、郑朝选，人伴五名；管船火长直库二名陈承昌、林贤见，水梢共五十八名。

右执照付存留通事毛超群等，准此。

嘉庆五年九月十二日①

【注释】

[1]贲临：光临。[2]圣禧：帝王的喜庆。

【简析】

嘉庆五年（1800年），琉球国王颁发给为谢册封而派遣谢恩使团执照。

---

① 《历代宝案》第2集，卷九一，"国立台湾大学"印行，第4449页。

文书基本信息表

文书种类	执照	头辞	琉球国中山王尚为进贡谢恩事
发送者	琉球国王尚温	尾辞	须至执照者
接受者	琉球谢恩使团	正文文体	
纪年标准	中国纪年：嘉庆五年	正文内容	琉球国王发给谢恩使团执照
语言种类	古代汉语	用典来源	

5. 嘉庆五年（1800年）琉球国王尚温发给护送使团执照

琉球国中山王尚为护送天使还朝事。今特差都通事蔡清派等驾册封宝船前往福建地方，恐无文凭，官司盘阻不便。今给礼字第一百六十七号半印勘合执照，付都通事蔡清派等收执前去。如遇经过关津把隘[1]去处及沿海巡哨官军，验实即便放行，毋得留难迟误。须至者执照者。

今开：护送都通事一员蔡清派，人伴四名；头号船直库一员昂长基；水梢共二十一名；二号船直库一员新赐福，水梢共五名。

右执照付都通事蔡清派，准此。

嘉庆五年九月十二日①

【注释】

[1]把隘：把守的要隘。

【简析】

嘉庆五年（1800年），琉球国王颁发给为护送册封天使回国的使团执照。

文书基本信息表

文书种类	执照	头辞	琉球国中山王尚为护送天使还朝事
发送者	琉球国王尚温	尾辞	须至执照者
接受者	琉球护送使团	正文文体	
纪年标准	中国纪年：嘉庆五年	正文内容	琉球国王发给护送使团执照
语言种类	古代汉语	用典来源	

---

① 《历代宝案》第2集，卷九一，"国立台湾大学"印行，第4451页。

6. 道光七年（1827年）琉球国中山王尚灏给都通事魏永昌等人执照

琉球国中山王尚为给发护照，以凭关津，以送难人事。照得道光六年十二月二十三日，有江南省松江府上海县难舵工王郡芳等十四名，坐驾海船一只，到永泰沙装载货物，要到山东贸易。洋中陡遭飓风，飘到本国属奇界岛，冲礁击碎。该地方官收养，送到中山泊村，业经发馆安插，照例给与廪饩[1]、衣服等项，钦遵部文内奉旨事理，收养解送。兹特遣都通事魏永昌等，坐驾海船一只，率领梢役共六十七员名，护送难人王群芳等十四名前至闽省。所有差去员役，恐无文凭以致各处官军阻留不便。为此，给发王府礼字第二百四十三号半印勘合执照一通，付都通事魏永昌等收执前去。如遇经过关津及沿海巡哨官军，验实即便放行，毋得留难迟滞。须至执照者。

计开难商名数：舵工王郡芳，耆民周庚，副舵袁同江，水手王文源、王浩林、王宝林、朱明标、韩有才、董芳明、徐廷标、王有贵、金有林、周金如、张余富，以上共计十四名。

护送都通事一员魏永昌，人伴四名；司养赡大使一员向德康，人伴四名；管船伙长直库二名陈若还、柳逢春；水梢共五十五名。

右执照附都通事魏永昌等，准此。

道光七年四月初四日①

【注释】

[1]廪饩：由公家供给的粮食之类的生活物资。

【简析】

道光七年（1827年），琉球国王颁发给为护送中国海难人员回国的琉球官员执照。

文书基本信息表

文书种类	执照	头辞	琉球国中山王尚为给发护照，以凭关津，以送难人事
发送者	琉球国王尚灏	尾辞	须至执照者
接受者	琉球都通事魏永昌	正文文体	
纪年标准	中国纪年：道光七年	正文内容	琉球国王发给护送海难人员的琉球官员执照
语言种类	古代汉语	用典来源	

---

① 《历代宝案》第2集，卷一四四，"国立台湾大学"印行，第5995—5996页。

五、符文例析

1. 嘉庆五年（1800年）琉球国王尚温颁给进贡使节符文

琉球国中山王尚为进贡事。照得本爵世沐天朝洪恩，遵依会典，二年一贡，钦遵在案。兹当嘉庆五年进贡之期，特遣耳目官向必显、正议大夫阮翼、都通事蔡邦锦等赍捧表章，率领梢役共不过二百员名，坐驾海船二只，装运常贡煎熟硫磺一万二千六百斤，红铜三千斤，炼熟白刚锡一千斤，分载两船。一船礼字第一百六十五号，装载煎熟硫磺六千三百斤，红铜一千五百斤，炼熟白刚锡五百斤；一船礼字第一百六十六号，装载煎熟硫磺六千三百斤，红铜一千五百斤，炼熟白刚锡五百斤，前至福建等处承宣布政使司投纳，起送赴京叩祝圣禧[1]。所有差去员役恐无文凭，各处官军阻留不便，为此理合给发符文以便通行。今给王府礼字第一百六十四号半印勘合符文，付都通事蔡邦锦等收执前去。如遇经过关津及沿海巡哨官军，验实即便放行，毋得留难迟误。须至符文者。

计开：正使耳目官一员向必显，人伴一十二名；副使正议大夫一员阮翼，人伴一十二名；朝京都通事一员蔡邦锦，人伴七名；护送都通事一员蔡清派，人伴四名；在船都通事一员林日新，人伴四名；在船使者四员向文亨、翁廷柱、阿思明、毛著隆，人伴一十六名；在留通事一员毛超群，人伴六名；在船通事一员蔡肇业，人伴四名；管船火长直库四名陈承昌、昂长泰、蔡执中、林贤见，外有护送直库昂长基、新赐福二名，水梢共一百十七名，外有护送水梢二十六名。

右符文付都通事蔡邦锦等，准此。

嘉庆五年①

【注释】

[1]圣禧：帝王的喜庆。

【简析】

嘉庆五年（1800年），琉球国王颁发给进贡使节符文。

文书基本信息表

文书种类	符文	头辞	琉球国中山王尚为进贡事
发送者	琉球国王尚温	尾辞	须至符文者
接受者	琉球进贡使节	正文文体	
纪年标准	中国纪年：嘉庆五年	正文内容	琉球国王发给进贡使节符文
语言种类	古代汉语	用典来源	

---

① 《历代宝案》第2集，卷九一，"国立台湾大学"印行，第4448—4449页。

2. 嘉庆二十三年（1818年）琉球国王尚灏颁给进贡使节符文

琉球国中山王尚为进贡事。照得本爵世沐天朝洪恩，遵依会典，二年一贡，钦遵在案。兹当嘉庆二十三年进贡之期，特遣耳目官毛惟新、正议大夫郑克新、都通事梁光地等赍捧表章，率领梢役，共不过二百员名，坐驾海船二只，装运常贡煎熟硫磺一万二千六百斤，红铜三千斤，炼熟白刚锡一千斤。分载两船，一船礼字第二百十八号，装载煎熟硫磺六千三百斤，红铜一千五百斤，炼熟白刚锡五百斤；一船礼字第二百十九号，装载煎熟硫磺六千三百斤，红铜一千五百斤，炼熟白刚锡五百斤，前至福建等处承宣布政使司，投纳起送，赴祝圣禧[1]。所有差去员役，恐无文凭，各处官军阻留不便。为此，理合给发王府礼字第二百十七号半印勘合符文一道，付都通事梁光地等收执前去。如遇经过关津及沿海巡哨官军，验实即便放行，毋得留难迟误。须至符文者。

计开：正使耳目官一员毛惟新，人伴一十二名；副使正议大夫一员郑克新，人伴一十二名；朝京都通事一员梁光地，人伴七名；在船都通事二员，魏思聪、梁文献，人伴八名；在船使者四员，向廷宪、傅国屏、麻崇基、翁文秀，人伴一十六名；在留通事一员王秉谦，人伴六名；在船通事一员魏永昌，人伴四名；管船火长直库四名，王兆杜、善得福、陈喜继、保肇基，水梢共一百二十名。

右符文付都通事梁光地等，准此。

嘉庆二十三年八月初六日①

【注释】

[1]圣禧：帝王的喜庆。

【简析】

嘉庆二十三年（1818年），琉球国王颁发给进贡使节符文。

文书基本信息表

文书种类	符文	头辞	琉球国中山王尚为进贡事
发送者	琉球国王尚灏	尾辞	须至符文者
接受者	琉球进贡使节	正文文体	
纪年标准	中国纪年：嘉庆二十三年	正文内容	琉球国王发给进贡使节符文
语言种类	古代汉语	用典来源	

---

① 《历代宝案》第2集，卷一二四，"国立台湾大学"印行，第5585—5586页。

本章附录：三国时期到明代中日往来朝贡文书

中国与日本在清代没有官方往来的文书，但从汉代到明代，中日两国政府之间有众多往来文书。以下收录清代之前的12份文书。

1. 景初二年（238年）魏明帝报倭女王诏书

制诏亲魏倭王卑弥呼：带方太守刘夏遣使送汝大夫难升米、次使都市牛利奉汝所献男生口四人，女生口六人，班布二匹二丈，以到。汝所在逾远，乃遣使贡献，是汝之忠孝，我甚哀汝。今以汝为亲魏倭王，假金印紫绶，装封付带方太守假授汝。其绥抚种人，勉为孝顺。汝来使难升米、牛利涉远，道路勤劳，今以难升米为率善中郎将，牛利为率善校尉，假银印青绶，引见劳赐遣还。今以绛地交龙锦五匹，绛地绉粟罽十张，蒨绛五十匹，绀青五十匹，答汝所献贡直。又特赐汝绀地句文锦三匹，细班华罽五张，白绢五十匹，金八两，五尺刀二口，铜镜百枚，真珠、铅丹各五十斤，皆装封付难升米、牛利还到录受。悉可以示汝国中人，使知国家哀汝，故郑重赐汝好物也。①

2. 升明二年（478年）倭王武上宋顺帝表文

封国偏远，作藩于外，自昔祖祢，躬擐甲胄，跋涉山川，不遑宁处。东征毛人五十五国，西服众夷六十六国，渡平海北九十五国。王道融泰，廓土遐畿；累叶朝宗，不愆于岁。臣虽下愚，忝胤先绪，驱率所统，归崇天极，道遥百济，装治船舫，而句骊无道，图欲见吞，掠抄边隶，虔刘不已，每致稽滞，以失良风。虽曰进路，或通或不。臣亡考济实忿寇仇，壅塞天路，控弦百万，义声感激，方欲大举，奄丧父兄，使垂成之功，不获一篑。居在谅暗，不动兵甲，是以偃息未捷。至今欲练甲治兵，申父兄之志。义士虎贲，文武效功，白刃交前，亦所不顾。若以帝德覆载，摧此强敌，克靖方难，无替前功。窃自假开府仪同三司，其余咸各假授，以劝忠节。②

3. 日本天皇致隋炀帝书

东天皇敬白西皇帝。使人鸿胪寺掌客裴世清等至，久忆方解。秋季薄冷，尊

---

① 《三国志》，《魏志·倭人传》。
② 《宋书》，列传第五十七，夷蛮。

候如何？想清悉，此即如常。今遣大礼苏因高、大礼乎那利等往。谨白不具。①

4. 隋炀帝颁给日本国王的诏书

皇帝问倭王。使人长吏大礼苏因高等至，具怀。朕钦承宝命，临御区宇，思弘德化，覃被含灵，爱育之情，无隔遐迩。知王介居海表，抚宁民庶，境内安乐，风俗融合。深气至诚，远修朝贡，丹款之美，朕有嘉焉。稍暄，比如常也。故遣鸿胪寺卿掌客裴世清等，指宣往意，并送物如别。②

5. 至元三年（1266年）忽必烈致日本国王诏书

上天眷命大蒙古国皇帝奉书日本国王：朕惟自古小国之君，境土相接，尚务讲信修睦。况我祖宗，受天明命，奄有区夏。遐方异域，畏威怀德者，不可悉数。朕即位之初，以高丽无辜之民，久瘁锋镝，即令罢兵，还其疆域，反其旄倪。高丽君臣，感戴来朝。义虽君臣，而欢若父子。计王之君臣，亦已知之。高丽，朕之东藩也。日本密迩高丽，开国以来，亦时通中国。至于朕躬，而无一乘之使，以通和好。尚恐王国，知之未审。故特遣使持书，布告朕志。冀自今以往，通问结好，以相亲睦。且圣人以四海为家，不相通好，岂一家之理哉？至用兵，夫孰所好？王其图之。不宣。

至元三年八月 日③

6. 洪武二年（1369年）明太祖谕日本诏书

上帝好生恶不仁者。向者，我中国自赵宋失驭，北夷入而据之，播胡俗以膻膻中土，华风不竞，凡百有心，孰不兴愤？自辛卯以来，中原扰扰，彼倭来寇山东，不过乘胡元之衰耳。朕本中国之旧家，耻前王之辱，兴师振旅，扫荡胡番，宵衣旰食，垂二十年。自去岁以来，殄绝北夷，以主中国，惟四夷未报闻者，山东来奏倭兵数寇海边，生离人妻子，损伤物命。故修书特报正统之事，兼谕倭兵越海之由。诏书到日，如臣，奉表来庭；不臣，则修兵自固，永安境土，以应天休；如必为寇盗，朕当命舟师扬帆诸岛，捕绝其徒，直抵其国，缚其王。岂不代天伐不仁者哉？惟王图之。④

---

① 《日本书纪》，推古十六年九月条。
② 《日本书纪》，推古十六年八月条。
③ 《元史》卷二〇八，《外夷传一·日本传》。
④ 《明太祖实录》卷三九，洪武二年二月辛未条。

7. 洪武三年（1370年）明太祖谕日本诏书

朕闻顺天者昌，逆天者亡，此古今不易之定理也。粤自古昔，帝王居中国而治四夷，历代相承，咸由斯道，惟彼元君，本漠北胡夷，窃主中国，今已百年，污坏彝伦，纲常失序，由是英俊起兵，与胡相较，几二十年。朕荷上天祖宗之佑，百神效灵，诸将用命，收海内之群雄，复前代之疆宇，即皇帝位，已三年矣。比尝遣使持书，飞谕四夷，高丽、安南、占城、爪哇、西洋、琐里即能顺天奉命，称臣入贡。既而，西域诸种番王各献良马来朝，俯伏听命；北夷远遁沙漠，将及万里，特遣征虏大将军率马步八十万出塞，追获歼厥渠魁，大统已定。蠢尔倭夷，出没海滨为寇，已尝遣人往问，久而不答，朕疑王使之故扰我民。今中国奠安，猛将无用武之地，智士无所施其谋，二十年鏖战，精锐饱食，终日投石超距。方将整饬巨舟，致罚于尔邦，俄闻被寇者来归，始知前日之寇非王之意，乃命有司，暂停造舟之役。呜呼！朕为中国主，此皆天造地设，华夷之分。朕若效前王，恃甲兵之众、谋士之多，远涉江海，以祸远夷安靖之民，非上帝之所托，亦人事之不然。或乃外夷小邦，故逆天道，不自安分，时来寇扰，此必神人共怒，天理难容。征讨之师，控弦以待，果能革心顺命，共保承平，不亦美乎？呜呼！钦若昊天，王道之常，抚顺伐逆，古今彝宪。王其戒之，以延尔嗣。王若不审巨微，效井底蛙，仰观镜天，自以为大，无乃构隙之源乎？若叛服不常，构隙中国，则必受祸。如吴大帝、晋慕容廆、元世祖皆遣兵往伐，俘获男女以归，千数百年间往事可鉴也，王其审之。①

8. 日本怀良亲王回复明太祖表文

臣闻三王立极，五帝禅宗；唯中华而有主，岂夷狄而无君？乾坤浩荡，非一主之独权；宇宙宽洪，做诸邦以分守。盖天下者，非一人之天下。臣居远弱之倭，偏小之国，城池不满六十，封疆不足三千，尚存知足之心，故知足长足也。今陛下作中华之王，为万乘之君，城池数千余座，封疆百万余里，犹有不足之心，常起灭绝之意。夫天发杀机，移星换宿；地发杀机，龙蛇走陆；人发杀机，天地反复。尧舜有德，四海来宾；汤武施仁，八方奉贡。臣闻陛下有兴战之策，小邦有御敌之图，论文有孔孟道德之文章，论武有孙吴韬略之兵法。又闻陛下选股肱之将，起竭力之兵，来侵臣境。水泽之地，山海之州，是以水来土掩，将至兵迎，岂肯跪途而奉之乎！顺之未必其生，逆之未必其死。相逢贺兰山前，聊以博戏，有何惧哉！若君胜臣负，君亦不武；若臣胜君负，反贻小邦之羞。自古讲和为上，罢战为强；免生灵之涂炭，救黎庶之艰辛。年年进奉于上国，岁岁称臣

---

① 《明太祖实录》卷五十，洪武三年三月条。

为弱倭。今遣使臣答黑麻敬诣丹墀。臣诚惶诚恐，稽首顿首，谨具表以闻①。

9. 1401 年日本足利义满上明朝皇帝表文

日本准三后源道义上书上明皇帝陛下：日本国开辟以来，无不通聘问于上邦。道义幸秉国钧，海内无虞。特遵往古之规法，而使肥富相副祖阿通好，献方物：金千两、马十匹、薄样千帖、扇百本、屏风三双、铠一领、铜丸一领、剑十腰、刀一柄、砚笥一合、同文台一个。搜寻海岛漂寄者几许人还之焉。道义诚惶诚恐，顿首顿首。谨言。

应永八年五月十三日②

10. 1432 年足利义教上明朝皇帝表文

天启大明，万邦悉被光贲；海无惊浪，中国兹占泰平。凡在率滨，孰不惟赖。钦惟大明皇帝陛下，四圣传业，三边九安，勋华继体，从昔所希，宣光中兴，不图复睹。贡节不入，固缘敝邑多虞；行李往来，愿复治朝旧典。是以谨使某人，仰视国光，伏献方物。为是，谨具表。

永享四年八月③

11. 1475 年足利义政上明朝皇帝表文

日本国王源义政上表大明皇帝陛下：日照天临，大明式朝万国；海涵春育，元化爰乃四方。华夏蛮貊归土，草木虫鱼遂性。恭惟大明皇帝陛下，神文圣武，曾智慈仁，皇家一统，车书攸同。弊邑多虞，鼓角未息。禹贡山川之外，身在东陬；洛邑天地之中，心驰北阙。兹遣正使妙茂长老、副使庆瑜首座，谨捧方物，统承宠光；冀推丹衷，曲赐察。谨表以闻。臣源义政诚惶诚恐，顿首谨言。

成化拾壹年乙未秋捌月二十八日上表大明皇帝陛下
日本国王臣源义政（印）④

12. 1483 年足利义政上明朝皇帝书

日本国王臣源义政言：皇天后土，齐归中华之风；甘露庆云，争献瑞麦之颂。丕承祖宗功业，以致社稷治安。钦惟陛下乃圣乃神，惟文惟武，光辉尧舜二

---

① 严从简：《殊域周咨录》卷二，东夷，日本国。
② 《善邻国宝记》卷中。
③ 《善邻国宝记》卷中。
④ 《善邻国宝记》卷中。

典，度越汉唐中兴。顾其弊邑，虽荷国恩，忧在萧蔷，有稽朝贡。布大明于天下，追迹同仁；望长安于日边，始终一节。兹特专使玮长老，伏奉方物，躬趋阙廷。仰望圣慈，曲察衷素，谨表以闻。臣源义政诚惶诚恐，顿首谨言。

成化拾玖年癸卯春三月

日本国王源义政（印）①

---

① 《善邻国宝记》卷下。

第四章 清代中国与越南往来朝贡文书研究

越南在清代嘉庆之前的国号为"安南",嘉庆时期的阮朝改国号为"越南"。清代中国与越南往来朝贡文书开始于顺治末年。如与朝鲜、琉球两国相比,由于贡期间隔时间较长,因而文书数量相对较少。中越朝贡文书往来较密时期,主要集中在康熙时期平定三藩、雍正时期两国划界以及乾隆末年西山阮朝建立前后这几段多事之秋。中越之间的朝贡文书往来结束于法国占领越南全境。

越南曾作为郡县北属中国千余年,唐末藩镇割据,群雄并起,越南在宋代逐渐乘势独立。独立后的一千年期间,越南又长期作为中国的属国。越南接受汉文化的历史源远流长,两国来往的朝贡文书都以汉语为载体,以儒家文化为背景。越南朝贡文书的撰制,由越南专业人士承担,这些专业人士皆经科举考试录取。黎朝、阮朝时期的越南,实行科举取士政策,其会试均有制、诏、表等文书写作的科目,因此越南朝廷呈递中国朝廷的汉语朝贡文书写作应该没有任何困难。据越南潘辉注所编的《科榜标奇》一书记载:梁世荣为安南黎朝圣宗光顺癸未年(1463年)状元,"奉往北使,应对敏捷,声闻两国,交邦辞命,多所拟撰,明人常以'国中有人'称之"[①]。此处资料中所谓的"交邦词命",就是呈递中国的表奏文书之类,由当时颇负盛名的状元梁世荣撰拟。因此,越南与明清中国往来的朝贡表文多由进士出身的官员撰写。[②]

本章正文收录的中越往来的朝贡文书,时代跨越黎、西山和阮3个朝代,内容除进贡、册封等例行事务外,也包含雍正时期中越两国领土纠纷、乾隆末年清军远征越南等重大历史事件。中越朝贡文书中,雍正时期因边界争端往来的两国文书唇枪舌剑,有清廷的最后通牒,也有越方不得已的妥协。乾隆朝与西山阮光平政权的文书来往中,皇帝把两国关系比作"亲如父子",对后来继嗣的国王阮光缵则声称"从前待尔父如子,今即视尔犹孙",令人忍俊不禁。

在章末的附录部分,收录3份宋、元、明时期的中越往来朝贡文书。

第一节　中越朝贡下行文书研究

一、诰命例析

1. 康熙二十二年（1683年）册封安南国王黎维正诰命

迩安远至,敷天[1]怀向化[3]之心;道一风同[3],率土凛[4]来庭[5]之义。惟尊亲之戴[6],世笃忠贞;斯带砺[7]之盟,庆延[8]苗裔[9]。尔安南国王嗣黎维正,地宅[10]南交[11],心悬北阙[12]。千秋茅土[13],常遵声教[14]之颁;万里车书[15],时奉享王[16]之会。

---

① 潘辉注:《科榜标奇》卷二,学生书局1986年版。
② 《钦定越史通鉴纲目》正编卷二三,第2308页。转引自陈文《越南科举制度研究》,商务印书馆2015年版,第228页。

兹当嗣爵，请命于朝。既旧服[17]之克光，益弘令德[18]；宜新恩之加赉[19]，用沛[20]褒纶。特遣使封尔为安南国王。尔其[21]恪守藩封，长为屏翰。虔共[22]匪懈[23]，庶无斁[24]乎前修；忠孝相承，尚永绵夫世泽。钦哉！毋替朕命。①

【注释】

[1]敷天：普天下。敷：通"溥"。《诗·周颂·般》："敷天之下，裒时之对，时周之命。"[2]向化：归服。[3]道一风同：相同的文明和民俗风情。[4]凛：严肃，严正有威势。[5]来庭：来朝，朝觐天子。《诗·大雅·常武》："四方既平，徐方来庭。"[6]戴：尊奉，推崇，拥护。[7]带砺：黄河变成衣带，泰山变为磨刀石，这是永远不可能发生的事情。比喻所封爵位传之久远，或江山永固。带：衣带。砺：砥石。[8]庆延：谓福泽绵延。[9]苗裔：后代，子孙。[10]地宅：地处。[11]南交：交趾；泛指五岭以南。《书·尧典》："申命羲叔，宅南交。"[12]北阙：古代宫殿北面的门楼。是臣子等候朝见或上书奏事之处；用为宫禁或朝廷的别称。[13]茅土：封土。[14]声教：声威教化。[15]万里车书：天下同文同轨。[16]享王：进贡和朝觐。[17]旧服：旧有的属地。《书·仲虺之诰》："天乃锡王勇智，表正万邦，缵禹旧服。"[18]令德：美德。[19]赉：盛大。[20]用沛：因此发布。[21]其：能。[22]虔共：敬诚恭谨。共：通"恭"。[23]匪懈：不松懈。[24]无斁（yì）：无终，无尽。

【简析】

康熙二十二年（1683年），清廷颁发册封安南国王黎维正的诰命。清廷派遣翰林院侍读明图、编修孙卓为正、副使前往安南册封。

文书基本信息表

文书种类	诰命	头辞	
发送者	中国康熙皇帝	尾辞	钦哉！毋替朕命
接受者	安南国王黎维正	正文文体	骈文体
纪年标准	中国纪年：康熙二十二年	正文内容	册封安南国王
语言种类	古代汉语	用典来源	《诗经》、《尚书》

2. 康熙五十八年（1719年）册封安南国王黎维祹诰命

迩安远至，敷天[1]怀向化[2]之心；道一风同[3]，率土凛[4]来庭[5]之义。惟尊亲之戴[6]，世笃忠贞；斯带砺[7]之盟，庆延[8]苗裔[9]。尔安南国王嗣黎维祹，地宅[10]南交[11]，心悬北阙[12]。千秋茅土[13]，常遵声教[14]之颁；万里车书[15]，时奉享王[16]之会。兹当嗣爵，请命于朝。既旧服[17]之克光，益弘令德[18]；宜新恩之加赉[19]，用沛[20]褒纶。特遣官封尔为安南国王。尔其[21]恪守藩封，长为屏翰。虔共[22]匪懈[23]，庶无斁[24]乎前

---

① 《清圣祖实录》卷一〇七，康熙二十二年正月戊辰条。

修；忠孝相承，尚永绵夫世泽。钦哉！毋替朕命。①

【注释】

[1] 敷天：普天下。[2] 向化：归服。[3] 道一风同：相同的文明和民俗风情。[4] 凛：严肃，严正有威势。[5] 来庭：来朝，朝觐天子。[6] 戴：尊奉，推崇，拥护。[7] 带砺：黄河变成衣带，泰山变为磨刀石，这是永远不可能发生的事情。比喻所封爵位传之久远，或江山永固。[8] 庆延：谓福泽绵延。[9] 苗裔：后代，子孙。[10] 地宅：地处。[11] 南交：交趾；泛指五岭以南。[12] 北阙：古代宫殿北面的门楼。是臣子等候朝见或上书奏事之处；用为宫禁或朝廷的别称。[13] 茅土：封土。[14] 声教：声威教化。[15] 万里车书：天下同文同轨。[16] 享王：进贡和朝觐。[17] 旧服：旧有的属地。[18] 令德：美德。[19] 贲：盛大。[20] 用沛：因此发布。[21] 其：能。[22] 虔共：敬诚恭谨。[23] 匪懈：不松懈。[24] 无斁：无终，无尽。

【简析】

康熙五十八年（1719 年），清廷颁发册封安南国王的诰命，词句与康熙二十二年（1683 年）册封诰命完全相同。清廷派遣内阁中书邓廷喆、翰林院编修成文前往安南册封。

文书基本信息表

文书种类	诰命	头辞	
发送者	中国康熙皇帝	尾辞	钦哉！毋替朕命
接受者	安南国王黎维祹	正文文体	骈文体
纪年标准	中国纪年：康熙五十八年	正文内容	册封安南国王
语言种类	古代汉语	用典来源	《诗经》、《尚书》

3. 雍正十二年（1734 年）册封安南国王黎维祜诰命

王朝布化[1]，万邦抒藩翰[2]之忱；海宇[3]同风，六服[4]永河山之祚[5]。奉车书于一统，旧服[6]增修[7]；绵带砺[8]于千秋，新恩特沛[9]。尔安南国王嗣黎维祜，南徼[10]分符[11]，北廷[12]拱极[13]。维屏维翰，常遵声教之颁；来享[14]来王[15]，克笃忠贞之谊。兹当嗣服，请命于朝。既燕翼[16]之克承，光昭[17]令德[18]；宜龙光[19]之趱贲[20]，宠锡荣褒。特封尔为安南国王。尔其[21]恪守先封，虔共[22]尔位。怀仁慕义，时砥砺[23]夫躬修[24]；启后光前[25]，永绵延夫世泽。钦哉！毋替朕命。②

【注释】

[1] 布化：施行教化。[2] 藩翰：喻指藩国。[3] 海宇：海上国家。[4] 六服：侯服、甸服、男服、

---

① 《清圣祖实录》卷二八三，康熙五十八年二月壬子条。
② 《清世宗实录》卷一四〇，雍正十二年二月乙丑条。

采服、卫服、蛮服。[5]祚：福，赐福。[6]旧服：旧有的属地。[7]增修：更加完善与巩固。[8]带砺：黄河变成衣带，泰山变为磨刀石，这是永远不可能发生的事情。比喻所封爵位传之久远，或江山永固。[9]特沛：特别施与。[10]南徼：南方边陲；南部边界。[11]分符：剖符。谓帝王封官授爵，分与符节的一半作为信物。[12]北廷：朝廷。[13]拱极：拱卫北极星。后因以喻拱卫君王或四裔归附。《论语·为政》云："为政以德，譬如北辰，居其所而众星共（拱）之。"[14]来享：进献贡物。[15]来王：朝觐天子。[16]燕翼：善为子孙后代谋划。[17]光昭：彰明显扬；发扬光大。[18]令德：美德。[19]龙光：天子光辉。[20]遐贲：照耀远方。[21]其：能够。[22]虔共：敬诚恭谨。[23]砥砺：磨炼。[24]躬修：反躬修己。[25]启后光前：又光前启后、光前裕后。形容人功业伟大。

【简析】

雍正十二年（1734年），清廷颁发册封安南国王的诰命。清廷派遣翰林院侍讲学士春山、兵科给事中李学裕前往安南册封。

文书基本信息表

文书种类	诰命	头辞	
发送者	中国雍正皇帝	尾辞	钦哉！毋替朕命
接受者	安南国王黎维祜	正文文体	骈文体
纪年标准	中国纪年：雍正十二年	正文内容	册封安南国王
语言种类	古代汉语	用典来源	《论语》

4. 乾隆五十三年（1788年）册封安南国王黎维祁诰命

奉天承运皇帝制曰：朕维抚驭中外，绥靖遐迩。义莫大于治乱持危[1]，道莫隆于兴灭继绝[2]。其有夙共[3]朝命[4]，久列世封[5]，觏[6]家国之多艰，属臣民之不靖[7]，则必去其蟊贼[8]，拯厥[9]颠陨[10]，俾还钟虡[11]之观，以肃屏藩之制。尔安南国嗣孙黎维祁，化沐[12]炎陬[13]，序承家嗣[14]。当尔祖奄逝[15]之日，正阮逆[16]构乱之时，肇衅[17]萧墙[18]，失守符印[19]，孑身[20]播越[21]，阖室迁移，弃彼故都，依于上国[22]。溯百五十年之职贡[23]，能不念其祖宗？披一十六道[24]之舆图，原非利其土地。且柔远人所以大[25]无外，讨乱贼所以儆[26]不虔。是用[27]辑尔室家[28]，克完[29]居处；励尔臣庶，共复仇雠[30]。特敕大吏以濯征[31]，爰董[32]王师而迅剿。先声所詟[33]，巨憨[34]奚逃？内难斯宁[35]，群情[36]更附[37]。释[38]其琐尾流离[39]之困，加以生死肉骨[40]之恩。旧服[41]式循[42]，新纶[43]允贲[44]。兹封尔为安南国王，锡之新印。王其慎修纲纪，祗奉神灵，戢和[45]民人，保守疆土，勿怠荒而废事，勿怀安以败名[46]。庶荷天朝再造之仁，益迓国祚重延之福。钦哉！毋替朕命。①

---

① 《清高宗实录》卷一三一五，乾隆五十三年十月丙辰条。

【注释】

[1]治乱持危：治理乱世，扶持危局。《中庸》："继绝世，举废国，治乱持危，朝聘以时，厚往而薄来，所以怀诸侯也。"[2]兴灭继绝：使灭绝的重新振兴起来，延续下去。《论语·尧曰》："兴灭国，继绝世。"[3]夙共：一直尊奉。[4]朝命：朝廷的命令；朝廷的任命。[5]世封：世代封王。[6]觐：遇见。[7]不靖：不安宁；骚乱。[8]蟊贼：吃禾苗的两种害虫，喻危害人民或国家的人。[9]拯厥：挽救。[10]颠隮（jī）：衰败覆灭；困顿挫折。隮：坠落。[11]钟虡（jù）：饰以猛兽形象的悬乐钟的格架。《周礼·考工记·梓人》："若是者以为钟虡，而由其虡鸣。"[12]化沐：教化。[13]炎陬：指南方炎热边远地区。[14]冢嗣：嫡长子。[15]奄逝：去世。[16]阮逆：反政府的西山阮惠兄弟势力。[17]肇衅：启衅，挑起争端。[18]萧墙：面对国君宫门的小墙，一名"塞门"，又称"屏"；比喻内部。[19]符印：符节印信等凭证物的统称。[20]孑身：单身，独身。[21]播越：逃亡；流离失所。[22]上国：诸侯或蕃邦对中央或中心大国的称呼。[23]职贡：藩属或外国对朝廷按时的贡纳。[24]一十六道：古代越南统治的区域划分为十六道。[25]大：尊重。[26]儆：使人警醒，不犯过错。[27]是用：因此。[28]辑尔室家：使家庭团聚、和睦。辑：使聚集、和睦。室家：房舍、宅院；泛指家庭或家庭中的人，如父母、兄弟、妻子等。[29]克完：能够巩固、恢复。[30]仇雠：仇人；冤家对头。[31]濯征：大征。濯：大。《诗·大雅·常武》："绵绵翼翼，不测不克，濯征徐国。"[32]爰董：统率。爰：于是。董：统率。[33]慹（zhé）：丧胆，惧怕。[34]巨憝（duì）：元凶，大恶人。[35]内难斯宁：内部灾难最终平定。[36]群情：众人的情绪。[37]更附：转换归附。[38]释：解除。[39]琐尾流离：颠沛流离，处境艰难。《诗·邶风·旄丘》："琐兮尾兮，流离之子。"[40]生死肉骨：使死人复生，白骨长肉。形容恩惠极大。[41]旧服：旧有的属地。[42]式循：效法遵循。[43]新纶：新的纶音。[44]允贲：确实盛大。允：确实，果真。[45]戢和：安辑和睦。[46]怀安而败名：一心贪图安逸则会败坏自己的声誉。《左传·僖公三十三年》："怀与安，实败名。"

【简析】

乾隆五十三年（1788年），清廷颁发册封安南国王黎维祁的诰命，由进入安南的清军统帅对安南国王进行册封。

这次册封黎维祁的诰命，与敕谕、王印一起提前由乾隆帝邮寄到远征安南的孙士毅军队中，以供平定安南乱局之后册封黎维祁之用。

文书基本信息表

文书种类	诰命	头辞	奉天承运皇帝制曰
发送者	中国乾隆皇帝	尾辞	钦哉！毋替朕命
接受者	安南国王黎维祁	正文文体	骈文体
纪年标准	中国纪年：乾隆五十三年	正文内容	册封安南国王
语言种类	古代汉语	用典来源	《中庸》、《论语》、《周礼》、《诗经》、《左传》

5. 乾隆五十四年（1789年）册封安南国王阮光平诰命

奉天承运皇帝制曰：朕惟王化遐覃[1]，伐罪[2]因而舍服[3]；侯封[4]恪守，事大所以畏天[5]。鉴诚悃于荒陬[6]，贳[7]其既往[8]；沛[9]恩膏[10]于属国，嘉与维新[11]。贲[12]兹宠命之颁，勖以训行[13]之率。惟安南地居炎徼[14]，开十三道[15]之封疆，而黎氏臣事天朝，修百余年之职贡[16]。每趋王会[17]，旧附方舆。自遭难以流离，遂式微[18]而控愬[19]。方谓兴师复国，字小[20]堪与图存；何期弃印委城[21]，积弱仍归失守。殆天心[22]厌其薄德，致世祚讫于终沦[23]。尔阮光平起自西山，界斯南服[24]，向匪[25]君臣之分，浸成[26]婚媾[27]之仇。衅启交讧[28]，情殊负固[29]。抗颜行[30]于仓卒，虽无心而难掩前愆[31]；悔罪戾以湔除[32]，愿革面而自深痛艾[33]。表笺吁请，使先犹子[34]以抒忱；琛献憬来[35]，躬与[36]明年之祝嘏[37]。自非仰邀[38]封爵，荣借龙光[39]；曷由下莅民氓[40]，妥兹鸠集[41]。况王者无分民，讵[42]在版章其土宇[43]；而生人有司牧[44]，是宜辑宁尔邦家[45]。爰布[46]宠绥，俾凭镇抚。今封尔为安南国王，锡之新印。于戏！有兴有废，天子惟顺天而行；无贰无虞[47]，国王咸举国以听[48]。王其[49]懋[50]将丹款[51]，肃矢[52]冰兢[53]。固圉以长其子孙，勿使逼滋他族[54]；悉心以勤于夙夜[55]，罔令逸欲有邦[56]。益敬奉夫明威[57]，庶永承夫渥典[58]。钦哉！毋替朕命。①

【注释】

[1]遐章：及于远方。[2]伐罪：讨伐有罪。[3]舍服：因顺服而赦免其罪行。《左传·宣公十二年》："叛而伐之，服而舍之，德、刑成矣。伐叛，刑也；柔服，德也，二者立矣。"[4]侯封：封侯。[5]事大所以畏天：小国实行服从大国的政策是敬畏天道、天命的表现。《孟子·梁惠王下》："以大事小者，乐天者也；以小事大者，畏天者也。"[6]荒陬：蛮荒边远地区。[7]贳（shì）：宽纵，赦免。[8]既往：已经过去的事情。[9]沛：施予。[10]恩膏：恩泽。[11]嘉与维新：奖励、批准除旧更新。嘉与：奖励优待；奖掖扶助。维：语助词。新：革新。《书·胤征》："天吏逸德，烈于猛火，歼厥渠魁，胁从罔治。旧染污俗，咸与维新。"[12]贲：盛大。[13]勖以训行：以训教勉励。[14]炎徼：南方炎热的边区。[15]十三道：时安南疆域，东距海，西接老挝，南与占城隔一海口，北连广西、云南，有二十二府，其二府为土司所居，实只有二十府，共分十三道，即安邦、海阳、山南、京北、山西、谅山、太原、明光、兴化、清华、义安、顺化、广南。[16]职贡：藩属或外国对朝廷按时的贡纳。[17]王会：旧时诸侯、四夷或藩属朝贡天子的聚会。[18]式微：原指天将黄昏，后指事物由兴盛而衰落。式：作语助。微：昧，黄昏。《诗·邶风·式微》："式微式微，胡不归？"[19]控愬：控诉。[20]字小：养育小辈。字：养育。[21]委城：弃城。委：抛弃，舍弃。[22]天心：上天。[23]终沦：最终沦陷。[24]南服：南部服属。[25]向匪：一直不是。[26]浸成：逐渐形成。浸：逐渐。[27]婚媾：婚姻，嫁娶；有婚姻关系的亲戚。[28]交讧：交相骚扰作乱。[29]负固：依恃险阻。[30]颜行：前行，前列。[31]前愆：以前的过失。[32]湔（jiān）除：消除。[33]自深痛艾（yì）：深深自责并痛改前非。艾：治理，改正。[34]犹子：侄子。《礼记·檀弓上》："丧服，兄弟之子，犹子也，盖引而进之也。"[35]琛献憬来：进献宝物并前来朝贡。憬：觉悟。憬来：诸侯自觉来进贡。《诗·鲁颂·泮水》："憬彼淮夷，来献其琛。元龟象齿，大赂南金。"[36]躬与：亲身参与。[37]祝嘏（gǔ）：祝贺寿辰。多用于皇室贵族等。[38]仰邀：向上邀恩。[39]龙光：天子光辉。[40]曷由下莅民氓：而是出于对统治下的百姓负责的缘故。民氓：百姓。[41]妥兹鸠集：安置百姓。鸠集：聚集，此处指百姓。[42]讵：岂。[43]土宇：乡土和屋宅。《诗·大雅·桑柔》："忧心殷殷，念我土宇。"[44]生人有司牧：人类自诞生之日起就注定被管理。司牧：管理，统治。《左传·襄公十四年》："天生民而立之君，使司牧之，勿使失性。"[45]辑宁尔邦

---

① 《清高宗实录》卷一三三三，乾隆五十四年六月丙子条。

家：安抚你的邦国。辑宁：安抚，安定。《书·汤诰》："俾予一人，辑宁尔邦家。"[46]爰布：才施予。[47]无贰无虞：不要分心，不要犯错。贰：二心。虞：误。《诗·鲁颂·閟宫》："无贰无虞，上帝临女。"[48]举国以听：把国政全部交给他，由他去治理。举：把……交给。《史记·商君鞅列传》："座之中庶子公孙鞅，年虽少，有奇才，愿王举国而听之。"[49]其：能。[50]懋：努力。[51]丹款：赤诚的心。[52]肃矢：严正发誓。[53]冰兢：表示恐惧、谨慎之意。《诗·小雅·小宛》："战战兢兢，如履薄冰。"[54]逼滋他族：逼迫滋扰他族。《左传·隐公十一年》："无滋他族，实逼处此，以与我郑国争此土也。"[55]夙夜：朝夕，日夜。[56]罔令逸欲有邦：不要贪图安逸和放纵私欲。《书·皋陶谟》："无教逸欲有邦。兢兢业业，一日二日万几。"[57]明威：上天圣明威严的旨意。《书·多士》："我有周佑命，将天明威，致王罚，敕殷命终于帝。"[58]渥典：丰厚的恩典。

【简析】

乾隆五十四年（1789 年），清廷颁发册封西山阮朝新国王阮光平的诰命。这一诰命由前往清廷朝觐的阮光平之侄阮光显带回，标志着清廷正式承认安南新王朝。

文书基本信息表

文书种类	诰命	头辞	奉天承运皇帝制曰
发送者	中国乾隆皇帝	尾辞	钦哉！毋替朕命
接受者	安南国王阮光平	正文文体	骈文体
纪年标准	中国纪年：乾隆五十四年	正文内容	册封安南国王
语言种类	古代汉语	用典来源	《左传》、《孟子》、《尚书》、《诗经》、《礼记》、《史记》

6. 乾隆五十五年（1790 年）册封阮光缵为世子诰命

奉天承运皇帝制曰：朕惟一人宅中[1]驭外，化覃[2]属国之封；列辟[3]守典[4]承庥[5]，佑启[6]克家[7]之胄[8]。禀[9]义方[10]于夙夜[11]，念笃尊亲[12]；知大德[13]之生成[14]，情征[15]爱戴。用沛[16]宗藩之懋赏[17]，特昭旷格[18]之殊恩。维安南远介[19]炎荒[20]，而国王恪遵臣职。藩邦新造，承家绵茀禄[21]之长；崇爵初膺，笃祜[22]遂就瞻[23]之切。表笺吁悃，赆献情殷[24]。际普天同庆之辰，欣跻[25]寿宇[26]；效薄海[27]胪欢[28]之颂，共畅[29]皇风[30]。爰嘉令器[31]象贤[32]，更喜维城宗子[33]。尔阮光缵乃安南国王阮光平之冢嗣，粹质[34]温醇[35]，英姿瑰特[36]。听鹤鸣之阴和[37]，聿培[38]兰玉[39]成行[40]；当鲤训[41]之亲承，快睹荆枝首茁[42]。诒燕翼[43]而镇抚有方，震为长子[44]；誉龙光[45]而箕裘[46]克绍[47]，晋叶康侯[48]。有嘉德而裕及后昆[49]，故推恩[50]而赏延奕世[51]。今封尔为安南国王世子，锡之敕命。于戏！雨自叶以流根[52]，如桥如梓[53]；材由斫而涂塈[54]，肯构肯堂[55]。仪文[56]特贲[57]尔荣，典册载绥尔宠。尔其[58]在家思孝，在国思忠。励乃心[59]于匪懈，学为人臣，学为人子，修厥业以无愆[60]。允不隳[61]夫芳声[62]，并懋承[63]乎多祉[64]。钦哉！毋替朕命。①

【注释】

[1]宅中：居中。[2]化覃：德化广布。[3]列辟（bì）：历代君主；公卿诸官。[4]守典：守护传承。[5]承庥：承受庇护。[6]佑启：佑助启发。《孟子·滕文公下》："《书》曰：'丕显哉，文王谟！丕承者，武王烈！佑启我后人，咸以正无缺。'"[7]克家：能承担家事；继承家业。《易·蒙》："纳妇吉，子克家。"[8]胄：帝王或贵族子孙。[9]禀：承受。[10]义方：行事应该遵守的规范和道理。后多指教子的正道，或曰家教。《逸周书·官人》："省其居处，观其义方。"《左传·隐公三年》："石碏谏曰：臣闻爱子教之以义方，弗纳于邪。"[11]夙夜：朝夕，日夜。[12]念笃尊亲：牢记忠诚于长辈。[13]大德：大功德；大恩。《易·系辞下》："天地之大德曰生。"《诗·小雅·谷风》："忘我大德，思我小怨。"[14]生成：养育，长成。[15]情征：情感体现。[16]用沛：于是发布。[17]懋赏：奖赏以示勉励。褒美奖赏。《书·仲虺之诰》："德懋懋官，功懋懋赏。"[18]旷格：超出平常。[19]远介：远隔。介：间隔，隔开。[20]炎荒：指南方炎热荒远之地。[21]茀禄：福禄。茀：通"福"。《诗·大雅·卷阿》："茀禄尔康矣。"[22]笃祜（hù）：厚福、大福。笃：厚实、深厚、忠实。祜：福。[23]就瞻："瞻云就日"的缩略。原指贤明的君主恩泽施及于民。后多比喻得近天子。[24]情殷：情深。[25]欣跻：有幸跻身。[26]寿宇：又作寿域。人人得尽天年的太平盛世。[27]薄海：到达海边。《书·益稷》："州十有二师，外薄四海，咸建五长。"[28]胪欢：歌呼欢腾。[29]共畅：一起无阻碍地享有。[30]皇风：皇帝的教化。[31]令器：优秀的人才。[32]象贤：效法贤人。[33]维城宗子：王室的嫡子。维城：皇子或皇室宗族。宗子：宗法制度中身承大宗的嫡长子。《诗·大雅·板》："怀德维宁，宗子维城。"[34]粹质：纯美的素质。[35]温醇：淳朴敦厚。[36]瑰特：奇特。亦指奇特之行。[37]鹤鸣之阴和：母鹤暗处鸣叫，小鹤在远处都能相应。《易·中孚》："鹤鸣之阴，其子和之；我有好爵，吾与尔靡之。"王弼注："处内而居重阴之下，而履不失中，不徇于外，任其真者，立诚笃至，虽在暗昧，物亦应焉。"《易·系辞上》："君子居其室，出其言善，则千里之外应之。"[38]聿培：培养。聿：语助词。[39]兰玉：比喻优秀子弟。[40]成行：排成行列。[41]鲤训：父对子的教诲。典出《论语·季氏》中记孔子与儿子孔鲤的一段对话："'学《诗》乎？'对曰：'未也。''不学《诗》，无以言。'鲤退而学《诗》。"[42]荆枝首茁：兄弟中最为优秀的。荆枝：喻兄弟骨肉同气连枝。[43]诒燕翼：即"诒谋燕翼"。给子孙留下好的计谋，使他们平安。《诗·雅·文王有声》："诒厥孙谋，以燕翼子。武王烝哉！"[44]震为长子：震卦代表长子。[45]龙光：天子光辉。[46]箕裘：比喻继承前辈事业。[47]克绍：能继承。[48]晋叶康侯：诸侯受到天子的厚奖。晋：晋卦。康侯：周武王少弟姬封，初封于康，故称康侯。曾因以优异的政绩受到天子赏赐众多车马，在一天之内被三次接见。《易·晋》："晋：康侯用锡马蕃庶，昼日三接。"[49]有嘉德而裕及后昆：因有美好的品德而福泽延及后代。[50]推恩：广施仁爱、恩惠于他人。[51]奕世：累世，代代。[52]雨自叶以流根：时雨润物，自叶而流根。比喻温润的恩泽。[53]如桥如梓：父子相承。桥：乔木，它成长得高大挺拔，主干直立、分枝繁盛。梓：枝干相对矮小而轻软的落叶乔木。《书·梓材》："伯禽与康叔见周公，三见而三笞之。康叔有骇色，谓伯禽曰：'有商子者，贤人也。与子见之。'乃见商子而问焉。商子曰：'南山之阳有木焉，名乔。'二三子往观之，见乔实高高然而上，反以告商子。商子曰：'乔者，父道也；南山之阴有木焉，名梓。'二三子复往观焉，见梓实晋晋然而俯，反以告商子。商子曰：'梓者，子道也。'"[54]材由斲（zhuó）而涂臒（huò）：良材美器是经过砍削、涂彩之后形成的。斲：砍，削。臒：一种红色颜料。《书·梓材》："若作梓材，既勤朴斲，惟其涂丹臒。"[55]肯构肯堂：儿子能继承父亲的事业。[56]仪文：礼仪形式。[57]特贲：特别盛大。[58]其：能够。[59]励乃心：激励。[60]无怼：没

---

① 《清高宗实录》卷一三五六，乾隆五十五年六月丙辰条。

有过失。[61]不殰：不毁坏。[62]芳声：好名声。[63]懋承：继承。[64]多祉：许多福祉。

【简析】

乾隆五十五年（1790年），安南新国王阮光平前往北京朝觐途中，清廷颁发册封其子阮光缵为世子的诰命，以此嘉奖阮光平的恭顺。

文书基本信息表

文书种类	诰命	头辞	奉天承运皇帝制曰
发送者	中国乾隆皇帝	尾辞	钦哉！毋替朕命
接受者	安南世子阮光缵	正文文体	骈文体
纪年标准	中国纪年：乾隆五十五年	正文内容	册封安南世子
语言种类	古代汉语	用典来源	《孟子》、《易经》、《左传》、《诗经》、《尚书》、《论语》

7. 乾隆五十八年（1793年）册封安南国王阮光缵诰命

奉天承运皇帝制曰：朕惟列爵[1]分土，通侯[2]大[3]保世[4]之规；修礼作屏，元子[5]贵象贤[6]之选。荷诒谋于燕翼[7]，开国尤重承家；蒙誉处[8]于龙光[9]，作忠必资移孝[10]。贲[11]兹成命，勖以训行[12]。惟安南远介[13]炎陬[14]，尔阮氏起家庶姓[15]，值残黎[16]之失守，用新造于有邦。万里来庭[17]，躬效[18]梯山[19]之祝；一心恋阙，岁驰[20]菉币[21]之文。谓茀禄[22]其方长，讵讣闻[23]之奄至[24]。七言亲制[25]，既称谏[26]以饰终[27]；一介远来，爰绍封[28]而笃祜[29]。尔阮光缵，英姿苗秀，粹质[30]含和[31]。教为子而教为臣，凤熏陶夫庭训[32]；会有极而归有极[33]，当沐浴于皇风。昔日颁恩，玺韨[34]早光乎世胄[35]；今兹蒙业，仔肩[36]悉萃[37]于藐孤[38]。时叶[39]景风[40]，主器[41]莫若长子；恩深湛露[42]，锡蕃是用康侯[43]。今封尔为安南国王，锡之敕命。于戏！河如带，山如砺，天心[44]惟福善以长延；弓为箕，冶为裘[45]，世祚以承先而益懋。王其抚临茅壤[46]，殚竭葵忱[47]。戒[48]匪彝[49]于出入起居，勤兹夙夜；勉新猷[50]于讲信修睦，慎尔封圻[51]。期世笃以忠贞，常祗承[52]夫恩渥。钦哉！勿替。①

【注释】

[1]列爵：分颁爵位。《书·武成》：「列爵惟五，分土惟三。」[2]通侯：秦汉时代侯爵的最高一等，又称彻侯、列侯。"通"意有两种说法：一为爵位上通天子；一谓"通"与"彻"同义，汉讳武帝作"通"。[3]大：重视。[4]保世：保持爵禄、宗族或王朝的世代相传。[5]元子：嫡长子。[6]象贤：效法先人的贤德。[7]诒谋于燕翼：善为子孙后代谋划。[8]誉处：安乐。誉：通"豫"。《诗·小雅·蓼萧》：「既见君子，我心写兮。燕笑语兮，是以有誉处兮。」[9]龙光：天子光辉。[10]作忠必资移孝：移孝作忠。指把孝顺父母之心转

---

① 《清高宗实录》卷一四二一，乾隆五十八年正月丙辰条。

第四章 清代中国与越南的朝贡文书研究

为效忠君主。[11]贲：盛大。[12]勖以训行：以训教勉励。[13]远介：位于遥远的地方。[14]炎陬：南方炎热边远地区。[15]庶姓：相对于天子或诸侯同姓者而言；就异姓中别之，则又以异姓之无亲者为庶姓。[16]残黎：残存的黎朝。[17]来庭：来朝，朝觐天子。[18]躬效：亲身效力。[19]梯山：攀登高山。泛指远涉险阻。[20]岁驰：每年前往。[21]菜币：登记礼品。[22]茀禄：福禄。[23]讣闻：向亲友报丧的通知，多附有死者的事略。[24]奄至：突然出现。奄：突然。[25]七言亲制：乾隆帝亲自写的悼念阮光平的七言律诗。[26]称诔：赞美死者德行。诔：古代叙述死者生平，表示哀悼。[27]饰终：人死时给予尊荣。《荀子·礼论》："送死，饰终也。"[28]绍封：袭封。[29]笃祜：厚福、大福。[30]粹质：纯美的素质。[31]含和：蕴藏祥和之气。常喻仁德。《淮南子·俶真训》："天含和而未降，地怀气而未扬。"[32]庭训：父亲的教诲；泛指家庭教育。[33]会有极而归有极：君王聚合诸侯臣民，有其准则；诸侯臣民归顺君王，亦有其准则。《书·洪范》："会其有极，归其有极。"[34]玺緺：印玺的丝带。緺：通"绶"，系印的丝带。[35]世胄：世家子弟；贵族后裔。[36]仔肩：担负的担子、任务。仔：胜任。《诗·周颂·敬之》："佛时仔肩。"[37]悉萃：聚集。[38]藐孤：幼弱的孤儿。[39]时叶：每代。叶：世，代。[40]景风：四时祥和之风。[41]主器：太子。古代国君的长子主宗庙祭器，因以称太子为"主器"。《易·序卦》："主器者莫若长子。"[42]湛露：浓重的露水；喻君主之恩泽。《诗·小雅·湛露》："湛湛露兮，匪阳不晞，厌厌夜饮，不醉无归。"[43]锡蕃是用康侯：天子对诸侯赏赐优厚。锡蕃：赏赐优厚而频繁。康侯：周武王少弟姬封，初封于康，故称康侯。[44]天心：上天。[45]弓为箕，冶为裘：比喻继承前辈事业。[46]茅壤：封土、国土。[47]蔡忱：真诚。[48]戒：警戒。[49]匪彝：违背常规的行为。彝：盛酒器具；常理，法理。《书·汤诰》："凡我造邦，无从匪彝，无即慆淫。"[50]新猷：新的谋略，指建功立业而言。猷：计谋，打算，谋划。[51]慎尔封圻：在你的封地上谨慎从事。[52]祗承：敬奉。

【简析】

乾隆五十七年（1792年），阮光平去世，阮光缵权国事。乾隆五十八年（1793年），清廷颁发册封阮光缵为安南国王的诰命。

诰命中提到乾隆帝写给阮光平的七言诔诗，《清实录》记载：

> 外邦例以遣陪臣，展觐从无至己身。
> 纳款最嘉来玉阙，怀疑堪笑代金人。
> 秋中尚忆衣冠肃，膝下诚如父子亲。
> 七字不能罢哀述，怜其忠悃出衷真。①

文书基本信息表

文书种类	诰命	头辞	奉天承运皇帝制曰
发送者	中国乾隆皇帝	尾辞	钦哉！毋替
接受者	安南国王阮光缵	正文文体	骈文体
纪年标准	中国纪年：乾隆五十八年	正文内容	册封安南国王
语言种类	古代汉语	用典来源	《尚书》、《荀子》、《淮南子》、《诗经》、《易经》

---

① 《清高宗实录》卷一四二一，乾隆五十八年正月丙辰条。

二、敕谕例析

1. 顺治四年（1647年）颁给安南国王敕谕

谕安南国王敕曰：朕抚定中原，视天下为一家。念尔安南自古以来世世臣事中国，遣使朝贡，业有[1]往例。今故遣人敕谕尔国，若能顺天循理，可将故明[2]所给封诰、印、敕，遣使赍送来京，朕亦照旧封锡。特谕。①

【注释】

[1]业有：已有。[2]故明：前代明朝。

【简析】

顺治三年（1646年）九月，清军征南大将军贝勒博洛攻入福建，消灭南明隆武政权。清军拘执滞留福建的琉球、安南、吕宋派遣来闽庆贺唐王称帝的使臣，将他们押送入京。外国使臣们在顺治四年（1647年）到达京城。清廷礼部颁发内容相同的敕琉球、安南、吕宋国王书3道，要求该三国使臣将各自敕谕带回本国。《清实录》对此有详细记载：

> 初琉球、安南、吕宋三国各遣使于明季进贡，留闽未还，大兵平闽，执送京师，命赐三国贡使李光耀等衣帽、缎布，仍各给敕谕，遣赴本国，招谕国王。谕琉球国王敕曰：朕抚定中原视天下为一家，念尔琉球自古以来世世臣事中国，遣使朝贡，业有往例，今故遣人敕谕尔国，若能顺天循理，可将故明所给封诰、印、敕，遣使赍送来京，朕亦照旧封锡。谕安南、吕宋二国文同。②

文书基本信息表

文书种类	敕谕	头辞	谕安南国王敕曰
发送者	中国顺治皇帝	尾辞	特谕
接受者	安南国王	正文文体	
纪年标准	中国纪年：顺治四年	正文内容	下令安南归顺清朝
语言种类	古代汉语	用典来源	

2. 顺治十八年（1661年）颁给安南国王黎维祺敕谕

敕谕安南国王黎维祺曰：朕惟修德来远，盛代之弘谟[1]；纳款[2]归仁，人臣之正

---

① 《清世祖实录》卷三二，顺治四年六月丁丑条。另见《历代宝案》第1集，卷三，"国立台湾大学"印行，第108页。

② 《清世祖实录》卷三二，顺治四年六月丁丑条。

谊[3]。既输诚而向化，用锡命以宣恩。褒忠劝良，典甚重也。尔安南国王黎维祺僻处炎荒[4]，保有厥[5]众，乃能被服声教，特先遣使来归。循览表文，忱恂[6]具见。古称识时俊杰，王庶几[7]有之，朕心深为嘉尚[8]，用赐敕奖谕。仍赍尔差官钤仁根银币、衣服等物，遣安南馆[9]通事序班一员，伴送至广西境上。并敕广西巡抚沿途拨发兵马，导之出疆，昭朕嘉与[10]怀柔至意。尔受兹宠命，其益励忠勤，永作藩屏；恪修职贡[11]，丕承[12]无斁[13]。钦哉！特谕。①

【注释】

[1]弘谟：宏大的治国方略。[2]纳款：归顺；降服。[3]正谊：本来的意义；正确的意义。[4]炎荒：指南方炎热荒远之地。[5]厥：乃，其。[6]忱恂：诚信。《书·立政》："迪知忱恂于九德之行。"[7]庶几：有幸。[8]嘉尚：称赞；崇尚。[9]安南馆：清代四译馆之一。[10]嘉与：奖励、批准除旧更新。[11]职贡：藩属或外国对朝廷按时的贡纳。[12]丕承：继承光大前人事业。[13]无斁：无终，无尽。

【简析】

顺治十七年（1660年），安南国王表贡方物。顺治十八年（1661年），清廷发布敕谕对其嘉奖。

文书基本信息表

文书种类	敕谕	头辞	敕谕安南国王黎维祺曰
发送者	中国顺治皇帝	尾辞	钦哉！特谕
接受者	安南国王黎维祺	正文文体	骈文体
纪年标准	中国纪年：顺治十八年	正文内容	敕谕安南国王
语言种类	古代汉语	用典来源	《尚书》

3. 康熙五年（1666年）颁给安南国王黎维禧敕谕

敕谕安南国王黎维禧：自尔父抒诚进贡以来，朕遣使锡赉，恩礼有加。兹海寇杨二、杨三、黄明标等久逋[1]天诛[2]，在尔亦应同仇。近两广督臣卢兴祖奏至云：此数贼并洗彪妻子等俱藏匿尔所属海牙州官潘辅国处，一切船只器用，皆其资给。曾差官往索，乃闭栅开炮，若敌国[3]然。朕览之，殊为骇异。念系边吏所为，或尔未与知。今特此敕谕，尔其[4]祗遵。即察出杨二、杨三、黄明标并其家口及洗彪妻子等，解送两广督臣处交收，且查处潘辅国助逆抗拒情罪。如不将贼犯拏解[5]，不处分尔之属官，恐生兵端，尔其筹之。特谕。②

---

① 《清圣祖实录》卷二，顺治十八年四月癸卯条。
② 《清圣祖实录》卷一九，康熙五年五月乙未条。

【注释】

[1]久逋：长期逃亡。[2]天诛：帝王的征讨或诛罚。[3]敌国：敌对之国；地位或势力相等的国家。[4]其：要，能。[5]挐解：捉拿。

【简析】

康熙五年（1666年），清廷敕谕安南，要求将逃往安南的海盗交出并警告安南政府，如果拒绝交出，将生兵端。

文书基本信息表

文书种类	敕谕	头辞	敕谕安南国王黎维禧
发送者	中国康熙皇帝	尾辞	特谕
接受者	安南国王黎维禧	正文文体	
纪年标准	中国纪年：康熙五年	正文内容	敕谕安南国王
语言种类	古代汉语	用典来源	

4. 康熙七年（1668年）颁给安南国王黎维禧敕谕

皇帝敕谕安南国王黎维禧：据尔奏称：因莫元清之祖莫登庸有逼陷尔先国母、先嗣王，行弑夺国之仇，今兴兵致讨等语。又称：报复尔国前仇，剿除莫氏，止有莫敬恭、莫敬宽窜居高平，尔又往讨，已经设誓和好等语。据此，则尔仇已复，和好完结，各居异地矣。莫氏作乱之人，既皆丧亡，又系故明嘉靖时已完之事，盖已世远年久。莫元清先经纳贡归诚，朕授为都统使之职。尔后又纳贡归诚，随封为王。尔今生事兴兵，称为复仇，理应于未兴兵之前，将情节陈奏，听候敕旨。乃竟未请旨，遽尔兴兵，残破高平地方，弑戮兵民，殊为不合。今既称遵旨罢兵，著将高平地方人民，俱复还莫元清，各守土安生，以副朕绥乂生民之心，尽尔奉藩之义，庶永承宠眷之祉矣。其[1]慎思恪遵而行。毋违！特谕。①

【注释】

[1]其：应该。

【简析】

康熙六年（1667年），黎维禧夺安南都统使莫元清统治的高平，莫元清出奔云南，向清廷上疏陈诉，清帝先将其安置于南宁。康熙七年（1668年），清廷敕谕安南国王，命令将占领高平莫氏割据势力的土地归还莫氏。迫于清廷压力，安南国王不得不归还土地。

高平莫氏割据政权与安南王室的纠葛从明末到清初持续了150年。

---

① 《清圣祖实录》卷二四，康熙七年四月庚寅条。

嘉靖六年（1527年），黎朝权臣安兴王莫登庸胁迫黎恭皇禅让，改元明德，仍以升龙为都，建立莫朝。时任黎朝右卫殿前将军的阮淦，在莫登庸篡位后率族人逃入哀牢，招兵买马图谋复兴黎朝。嘉靖十一年（1532年），阮淦在哀牢寻获昭宗的幼子黎维宁并拥立为帝，是为黎庄宗，在南方的清化与北方的莫朝对抗，安南大乱。

嘉靖八年（1529年）末，莫登庸让位给太子登瀛。翌年正月，登瀛正式即位，改元大正。登庸自称太上皇。嘉靖十六年（1537年），黎庄宗遣使北京陈述莫氏篡位夺权，请求明朝讨伐莫氏。次年，嘉靖皇帝任命仇鸾为都督，毛伯温参赞军务，屯兵镇南关，准备入越攻莫。大兵压境之下，嘉靖十八年（1539年）三月，莫登庸遣使至镇南关请降，将安南土地册及户籍献于大明。

嘉靖十九年（1540年）十一月初三，莫登庸与大臣数十人自缚跪拜，入镇南关向明朝官员纳地请降，明朝将安南国降为安南都统使司，从属国降为属地，改其十三道为十三宣抚司，各设宣抚、同知、副使、佥事，听都统黜陟。封莫氏为安南都统使，秩从二品，世袭，三年一贡。名义上安南再入中国版图。但莫登庸对此似乎也毫不介意，心安理得地对明自称都统使，对内继续称帝建元。

万历二十年（1592年），南方的后黎朝复国后，黎朝得以中兴。黎世宗遣使赴大明，请求明廷恢复以往"安南国王"的册封，但是明廷以局势未定为由，暂时授予"安南都统使"头衔。明朝政府还让黎朝辟出高平、太原让与莫氏子孙。黎朝只好允许莫氏子孙割据高平之地。

清代初期，高平莫氏政权率先向清廷纳表归顺。顺治十八年（1661年），清廷封莫敬耀为归化将军，后又封莫元清为安南都统使。同时，安南黎朝对割据高平的莫氏继续征剿，于康熙六年（1667年）攻破高平。康熙七年（1668年），清廷发布敕谕进行干预，下令安南国王归还占领莫氏的土地，莫氏得以复国。康熙十六年（1677年），安南国王以莫氏附逆吴三桂为由发兵攻占，莫氏政权灭亡。

在明、清中国两代政府的庇护下，莫氏一族5代统治高平。莫氏政权消亡后，其余波回荡尽百年不绝。莫氏后裔以中越边界地区为基地，多次掀起复国运动。乾隆四十三年（1778年），随着被清廷安插在新疆的莫氏后人黄公缵去世，莫氏政治影响力消失殆尽。

文书基本信息表

文书种类	敕谕	头辞	皇帝敕谕安南国王黎维禧
发送者	中国康熙皇帝	尾辞	毋违！特谕
接受者	安南国王黎维禧	正文文体	
纪年标准	中国纪年：康熙七年	正文内容	要求安南国王归还莫氏土地
语言种类	古代汉语	用典来源	

5. 康熙十六年（1677年）颁给安南国王黎维禧敕谕

敕谕安南国王黎维禧：逆贼吴三桂，值明季闯贼之变，委身从贼，以父死贼手，穷窜来归。世祖章皇帝念其投诚,从优渐进王爵,授之军旅,委以事权。异数[1]殊恩,振古[2]未有。爰及[3]朕躬,特进亲王。倚任等于腹心,恩礼加于勋旧。方期其感恩图报,殚竭忠诚,讵意[4]吴三桂,以枭獍[5]之资,怀狙诈[6]之计。阴谋不轨,自启衅端;借请搬移[7],辄行叛逆;煽惑奸宄[8],荼毒生灵;极恶穷凶,神人共愤。连年遣发大兵,各路征剿,秦陇底定,闽粤荡平。惟吴三桂窃踞一隅,苟延旦夕。目今[9]大兵云集,指日授首[10]。恐其窘迫[11],逃窜滇南,倚恃险阻,致稽[12]天讨。兹以王累世以来,抒诚进贡,恭顺有年;谊属屏藩,忠荩[13]夙著[14];乱臣贼子,谅切[15]同仇。今已遣抚蛮灭寇将军、广西巡抚傅弘烈,会同满汉大兵,平定粤西,进取滇黔。尔国壤地相接,素知形势。王宜遴选将士,协心戮力,攻其险要,捣其巢穴,早靖逋诛[16]之寇,用彰忠义之献[17]。懋赏[18]崇褒[19],朝有令典[20]。王其[21]恪遵朕命,克期举事,以奏肤功[22]。①

【注释】

[1]异数:特殊的情况;例外的情形。[2]振古:远古;往昔。振:极。《诗·周颂·载芟》:"匪今斯今,振古如兹。"[3]爰及:到了。[4]讵意:不料。[5]枭獍:传说中食母、食父的禽兽。比喻凶残狠毒、无情无义之人。[6]狙诈:伺机取诈;狡猾奸诈。[7]搬移:搬动;移动。[8]奸宄:犯法作乱的坏人。《书·舜典》:"寇贼奸宄。"[9]目今:现在;如今。[10]授首:投降或被杀。[11]窘迫:迫于无奈。[12]致稽:导致。[13]忠荩:忠诚。[14]夙著:一直著名。[15]谅切:谅必。[16]逋诛:逃避诛罚。[17]忠义之献:忠义之志。[18]懋赏:奖赏以示勉励;褒美奖赏。[19]崇褒:赞扬推崇。[20]令典:好的典章法度;泛指宪章法令。[21]其:能,应该。[22]以奏肤功:事情已经办成,功劳十分显赫。

【简析】

康熙十六年(1677年),清廷敕谕安南,要求安南在清剿吴三桂叛乱时协助清军。这一敕谕颁发对象是安南国王黎维禧,但黎维禧在康熙十二年(1673年)已经去世。

该敕谕现藏中国国家博物馆②,左为满文,右为汉文,钤"敕命之宝"(见图4.1)。该敕谕黄底纸质,纵54厘米,横169厘米,印边云龙纹,1921年教育部拨交清内阁大库档案。

图4.1 康熙十六年(1677年)颁给安南国王敕谕原件

---

① 《清圣祖实录》卷六九,康熙十六年十月丁巳条。
② 《中国国家博物馆馆藏文物研究丛书·档案卷》,上海古籍出版社2007年版,第56页。

文书基本信息表

文书种类	敕谕	头辞	敕谕安南国王黎维禧
发送者	中国康熙皇帝	尾辞	
接受者	安南国王黎维禧	正文文体	
纪年标准	中国纪年：康熙十六年	正文内容	要求安南国王协助清军清剿判军
语言种类	古代汉语	用典来源	

6. 雍正三年（1725年）颁给安南国王黎维祹敕谕

览王奏。云南省官员于斜路村等处立界牌、造兵房等语，此事王未奏之。先云南、贵州总督高其倬方差员勘界之时，即已折奏矣。朕念安南累世恭顺，王能恪继职守可嘉，且此地乃弃自明朝，安南之民住居既久，安土重迁，恐有流离之苦。朕心存柔远，中外一视，甚不忍之，已亲批令其将斜路村等处人员撤回，别议立界之地，务期允当。谅兹时所批已到，必另有料理矣。王但自共厥职[1]，以绥尔民，静候可也。这所奏恳恩情节，知道了。①

【注释】

[1] 自共厥职：忠于职守。共：通"恭"。

【简析】

雍正三年（1725年），清廷向安南国王颁发敕谕。内容涉及中国和越南在赌咒河流域的领土纠纷。

文书基本信息表

文书种类	敕谕	头辞	览王奏
发送者	中国雍正皇帝	尾辞	知道了
接受者	安南国王黎维祹	正文文体	
纪年标准	中国纪年：雍正三年	正文内容	通知安南方面中国从争议边界撤回
语言种类	古代汉语	用典来源	

---

① 《史料旬刊》（一）第4期，雍正安南勘界案，北京图书馆出版社2008年版，第226页。

7. 雍正五年（1727年）颁给安南国王黎维祹敕谕

谕安南国王：朕令内外地方官清理疆界，据原任云贵总督高其倬遵旨详考志书，知开化府与安南国渭川州之界，当在开化府逢春里赌咒河。是以于斜路村等处，设立防汛[1]，以肃边境。比因该国王具奏前来，情词恳切。朕以怀远为心，勉从所请，谕令该督撤回防汛人员，别议立界。此朕委曲保全[2]之特恩也。嗣据新任总督鄂尔泰奏称：查得铅厂山下地方，山川形势，中外截然，且志书可凭，粮册可据，塘汛[3]旧基可查，居民服饰可验，实系内地，应于此立界，诚为仁至义尽等语。朕允其所奏，颁谕该国王遵奉施行。料王祗承[4]之下，定当鼓舞欢欣，戴朕锡土宁人之德，踊跃拜命。乃该国王仍复具奏辩诉，是王以执迷[5]之心，蓄无厌之望，忘先世恭顺之悃忱，负朕怀柔之渥泽[6]也。高其倬、鄂尔泰，皆公平镇静之臣，非喜事邀功之辈。只以官守所在，不敢曲徇私情。朕统御寰区[7]，凡兹臣服之邦，莫非吾土，何必较论此区区四十里之地？但分疆定界，政所当先，侯甸要荒[8]，事同一体。目今[9]远藩蒙古，奉朕谕旨，莫不钦承恐后，岂该国素称礼义之乡，独违越[10]于德化之外哉？王不必以从前侵占内地为嫌，中心疑惧，必欲拳拳申辩，此乃前人之误，非王之过也。王惟祗遵朕谕，朕不深求其既往，仍加惠于将来。倘意或迟回[11]，有失从前恭顺之义，则朕亦无从施怀远之仁矣。朕怙冒[12]远方，至诚至切，用是[13]谆谆晓谕。思之，思之！①

【注释】

[1]防汛：军队的驻防营地。汛：清代千总、把总、外委所属的绿营兵称汛，分防地称汛地。[2]委曲保全：使自己受委屈，以求得保全。[3]塘汛：清代绿营军队两种驻防地。塘：归汛管辖的军营。[4]祗承：敬奉。[5]执迷：固执不悟。[6]渥泽：恩惠。[7]寰区：天下；人世间。[8]侯甸要荒：侯、甸、要、荒属于五服范围。此处借指天下。[9]目今：现在。[10]违越：违反；背离。[11]迟回：迟疑，犹豫。[12]怙冒：丕冒，广被。[13]用是：因此。

【简析】

雍正五年（1727年），清廷重新设立边界后，安南认为中国侵占其40里土地，为此上奏清廷辩诉。雍正帝因此敕谕安南国王，希望安南方面遵守中方的边界划分方案。

文书基本信息表

文书种类	敕谕	头辞	谕安南国王
发送者	中国雍正皇帝	尾辞	思之，思之
接受者	安南国王黎维祹	正文文体	
纪年标准	中国纪年：雍正五年	正文内容	要求安南遵守划界方案
语言种类	古代汉语	用典来源	

---

① 《清世宗实录》卷六五，雍正六年正月己卯条。

8. 乾隆五十四年（1789年）颁给安南阮光平敕谕

安南阮光平知悉：据协办大学士两广总督公福康安等奏：尔遣亲侄阮光显敬赍表贡，抵关乞降等语。将原表呈览，朕阅尔表内称：尔先有广南之地，非与黎氏有上下之分。上年曾遣人叩关，备陈与黎氏构衅缘由。边臣驳书，不即递达。嗣官兵出关征剿，直抵黎城。尔于今年正月前至黎城，欲向黎维祁询问吁请大兵之故。不料官兵一见尔众，奋勇杀戮。尔手下人等，猝难束手就缚。又值江桥拆断，官兵致有损伤，不胜惶惧！已屡次遣人叩关请罪，并送回未出官兵。其戕害提镇之人，业目睹正法。本应躬诣[1]阙廷[2]，陈情请罪，因国内初罹兵革，人情惶惑，尚未安集[3]。谨遣亲侄阮光显随表入觐。并据阮光显禀称：尔俟国事稍定，尚乞亲自到京瞻觐等语。安南黎氏臣事天朝，恪供职贡[4]，百有余年。尔在广南，从前并未修朝贡。上年黎维祁母、妻赴关控诉，以尔构乱称兵，占据其国，吁请救援。此事为天朝字小存亡，体统攸系，是以前任督臣孙士毅自请带兵出关。尔虽曾遣人叩关辩诉，但守边之臣向来只知安南有黎，不知有阮，驳回原禀，亦经奏闻，所办甚正。然督臣孙士毅奏克复黎城之后，朕即以黎氏国内多故，黎维祁又复怯懦无能，看来天心[5]竟有厌弃黎氏之意。朕从来办理庶务，无不顺天而行，随即谕知孙士毅：黎城既复，当即撤兵。乃孙士毅未能遵旨速撤，在彼耽延。兹尔率众至黎城，欲向黎维祁询问。官兵在彼，岂有坐视之理？遂尔奋勇相战。尔手下人众，畏死抵拒，致伤我官兵。在提镇等职司剿御，其临阵捐躯，俱堪嘉悯[6]，已从优议恤。将许世亨封以伯爵，总兵二人皆予世职，并入昭忠祠以示奖励。尔以安南头目，敢于抗拒官兵，戕害提镇大员，获罪甚重，是以将福康安调任两广总督，原令调集各路大兵，整军问罪。但念尔屡次遣人叩阙请罪，是尔尚知畏惧天朝。朕怜汝诚心悔罪，已往之事，不复深究矣。但非亲身诣阙请罪乞恩，仅遣尔侄阮光显随表入觐，遽思仰邀[7]封号，天朝无此体制。尔既未列藩服，所有贡物，亦未便收纳，著仍发交领回。如尔必欲输诚纳款，乾隆五十五年八月，届朕八旬万寿，维时距今又越年余，尔国内亦当安集。尔即可禀知督臣，亲自赴京吁恳，以遂瞻云就日[8]之私。再于安南地方，代为许世亨等建立祠宇，春秋虔祭，庶可稍赎前愆[9]。届时朕鉴尔畏感悃忱，自必格外加恩，或即封以王爵，世世子孙可以长守安南。彼时再呈进贡物，亦即可赏收，仍当加之厚赐，以示优眷。朕临御五十余年，凡庶邦[10]藩部，无不待以诚信。黎维祁柔懦无能，弃印逃窜，若律以天朝擅离职守之条，尚当重治其罪。今念伊系属外藩，仅止无能，尚无违犯。令在桂林省城安插，断无乘尔入觐，复将黎维祁送回安南之理。已谕督臣福康安等，转饬伴送官员，同尔侄阮光显于经过桂林省城之便，亲行看视黎维祁光景，并令尔侄详悉寄知知悉，尔更可无所用其疑虑。兹特赐尔珍珠手串一挂，尔当祗承[11]恩命。计程于明年六、七月内至京，亲诣阙廷恳请，以冀永承渥眷[12]。勉之。钦哉！特谕。①

---

① 《清高宗实录》卷一三二八，乾隆五十四年五月己未条。

【注释】

[1]躬诣：亲自前往。[2]阙廷：朝廷。亦借指京城。[3]安集：安定辑睦。[4]职贡：藩属或外国对朝廷按时的贡纳。[5]天心：上天。[6]嘉悯：嘉许和怜悯。[7]仰邀：向上邀恩。[8]瞻云就日：贤明的君主恩泽施及于民。后多比喻得近天子。[9]前愆：以前的过失。[10]庶邦：诸侯众国。[11]祇承：敬奉。[12]渥眷：厚爱，特别照顾。

【简析】

乾隆五十四年（1789年），阮光平击败河内的清军之后，迫于清军再次进攻的压力，派遣其侄阮光显递表求和，向清廷解释进攻清军属于"误会"，并对中国官兵的损伤表达惶恐不安之意，为此向中国请罪。清廷顺驴下坡，颁发敕谕允准阮光平的请和要求。但提出两个条件：来年乾隆帝八旬万寿时阮光平须亲自到北京朝觐，在安南地方建立祭祀阵亡提督许世亨的祠宇。

这一敕谕内，清廷以"尔"称呼阮光平，表示中国还未正式承认其国王地位。

文书基本信息表

文书种类	敕谕	头辞	安南阮光平知悉
发送者	中国乾隆皇帝	尾辞	钦哉！特谕
接受者	安南国王阮光平	正文文体	
纪年标准	中国纪年：乾隆五十四年	正文内容	要求安南国王阮光平亲自来京朝觐
语言种类	古代汉语	用典来源	

9. 乾隆五十四年（1789年）颁给安南阮光平敕谕

安南阮光平知悉：据协办大学士两广总督公福康安奏，为尔具表谢恩，展陈[1]觐悃[2]。朕披阅表内，词义肫恳[3]，并请于明年进京入觐祝釐[4]，具见恭谨。所有赍到贡物，已谕令赏收，以遂[5]尔芹曝[6]之献。安南以黎维祁庸愦[7]无能，天厌其德，国祚告终。尔现已悔罪投诚，遣亲侄阮光显奉表瞻觐，祈求恳切，不啻再三[8]。朕顺天而行，有废有兴，悉归大公至正。本拟俟明岁亲行叩觐时，赏给王爵。兹阅尔表内所称，造邦伊始，必须仰赖天朝宠荣，锡之封号，方足以资驾驭，自属实情。用是[9]特降恩纶，封尔为安南国王，俾资镇抚。并亲书御制诗章，赐为尔国世宝。嗣后凡有呈进表词及本国行文之处，俱准其书写国王名号。其应行发给印信、敕书，现交各衙门撰文铸篆，俟尔侄阮光显到京，交与赍回。至天朝提镇大员临阵捐躯，尔国内立庙享祀，亦足征悔惧之忱。所请官衔谥号，亦即敕部随后颁发。尔其[10]益当小心敬畏，恪守藩封，永承恩眷。特谕。①

---

① 《清高宗实录》卷一三三五，乾隆五十四年六月丙子条。

【注释】

[1]展陈：显示，呈现。[2]觐悃：觐见的诚心。[3]胪恳：诚厚恳挚。[4]祝釐：祈求福佑，祝福。[5]以遂：以满足。[6]芹曝：谦辞。谓所献微不足道。[7]庸愦：昏庸。[8]不啻再三：几乎再三。[9]用是：因此。[10]其：能够。

【简析】

乾隆五十四年（1789 年），阮光平满足了清廷提出的请和条件。乾隆帝颁发敕谕，对阮光平的恭顺行为做出了回应，提前授予阮光平以国王名号。

文书基本信息表

文书种类	敕谕	头辞	安南阮光平知悉
发送者	中国乾隆皇帝	尾辞	特谕
接受者	安南国王阮光平	正文文体	
纪年标准	中国纪年：乾隆五十四年	正文内容	嘉奖阮光平恭顺行为，册封其为国王
语言种类	古代汉语	用典来源	

10. 乾隆五十五年（1790 年）颁给安南国王阮光平敕谕

赐安南国王阮光平敕谕曰：广西巡抚孙永清奏：国王与左江道汤雄业书，内称阮光显等回国，备述瞻觐阙廷[1]，叠邀宠锡，惟有进京祝釐[2]伸悃[3]，现在修表进贡谢恩。至陪臣阮宏匡等于灯节前到京，与诸国藩王使臣同与筵宴内。暹罗国与安南曾经构衅，恐奉垂询，特寄信与陪臣，令其据实陈奏等语。并据巡抚孙永清将国王寄阮宏匡等原信进呈，披阅之下，深为嘉予。国王备列藩封，叠膺[4]宠眷，感激欣忭[5]，具见悃诚。所寄陪臣之语，令其一切据实陈奏，朕甚嘉之。至国王节次恭遣陪臣，奉表进贡，不绝于道。今年三月内，复亲诣阙廷，祝釐伸悃，足征倾心向化，事大情殷[6]。至因陪臣阮宏匡等到京，正值新年宴赉外藩之时，与各国使臣，齐与庆宴。其中暹罗一国，与安南曾经构衅称兵，恐彼国使臣巧言媒孽[7]，令阮宏匡等于垂询时，据实陈奏。尤见国王抒诚效荩[8]，一切无疑，竟如家人父子，恪事[9]小心。但朕宴赉外藩时，万国朝正，共球[10]毕集。如朝鲜、琉球、暹罗、廓尔喀等国，无不普锡庆筵，同沾阆泽[11]。暹罗使臣与尔国使臣，虽共列朝班，典仪肃穆，无由交接语言。况外藩部落，渥荷龙光[12]，均为属国，朕从来抚驭中外，一视同仁。属国陪臣，断不敢以国中私事，上渎听闻[13]。暹罗使臣与尔国使臣，既相忘无事，天朝体制，亦未尝特加垂问各国私事也。又：国王寄阮宏匡等信内称国王之母，年登八十，气体稍衰，愿得上好人参，以供馔粥[14]。令阮宏匡到京时，多方采买，随便寄回一节。国王因今春入觐祝釐，万里远行，暂违定省[15]，令陪臣购买人参，以供奉养，足见国王既殷瞻觐之诚，复切晨昏之念[16]，实为忠孝兼全，深可嘉尚。兹用特赐人参一斤，以资卿母高年补益。若交阮宏匡等赍回，恐于国王起程之前，未能赶到。特由驿报交巡抚孙永清委员赍赴镇南关，交尔国镇目，转递国王收受，自可早慰娱亲之意。国王更可乘此春融[17]，风日暄和[18]，缓程入觐，承受朕格外恩施。又：国王前次奏谢赏赐朝珠、荷包表文，情词胗恳[19]，朕亲为批答，即交阮宏匡等赍回，今亦附报发去，俾国王早悉朕眷注优厚，为外藩罕觏[20]之事，益当祗承[21]嘉予，倍笃忠忱，仰副朕怀，常膺宠锡。钦哉！特谕。①

【注释】

[1]阙廷：朝廷。亦借指京城。[2]祝釐：祈求福佑，祝福。[3]伸悃：表达忠诚。[4]叠膺：多次承受。[5]欣忭：喜悦。[6]事大情殷：服从大国的感情浓烈。[7]媒孽（niè）：原指酵母和酒曲，比喻借端诬陷，酿成别人的罪过。[8]效荩：效忠。[9]恪事：做事严谨。[10]共球：珍奇异宝。共：通"珙"，玉的一种。球：美玉。[11]阆泽：阆怿，和乐貌。[12]龙光：天子光辉。[13]上渎听闻：亵渎上级的听闻。[14]饘（zhān）粥：稀饭。[15]定省：儿女早晚向父母问安。[16]切晨昏之念：孝顺父母的急切念头。晨昏：儿女晚间服侍父母就寝，早上省视问安。[17]春融：春气融合，春暖解冻。[18]暄和：暖和。[19]胗恳：诚厚恳挚。[20]罕觏：难得遇见。[21]祗承：敬奉。

【简析】

乾隆五十五年（1790年），阮光平担心清廷问询与暹罗构衅缘由，因此写信给在京的安南谢恩使节要求其据实回答，并下令其购买人参以养国王之母。乾隆帝发布敕谕，向阮光平说明中国不会过问安南与暹罗冲突事情。对于人参一事，乾隆帝直接赏赐阮光平。

文书基本信息表

文书种类	敕谕	头辞	赐安南国王阮光平敕谕曰
发送者	中国乾隆皇帝	尾辞	钦哉！特谕
接受者	安南国王阮光平	正文文体	
纪年标准	中国纪年：乾隆五十五年	正文内容	声明不干涉安南与暹罗之间的冲突并恩赐安南国王1斤人参
语言种类	古代汉语	用典来源	

11. 乾隆五十五年（1790年）颁给安南国王阮光平敕谕

敕谕安南国王阮光平曰：惟尔向化输诚，倾心内属。爰效虔恭之悃，屡修贡献之仪。胗款[1]可嘉，文词克茂[2]。兹因朕御赐诗章，并将己酉年[3]例贡，留抵下次正贡，具表遣使陈谢兼进方物。值时巡于春令[4]，礼成岱宗阙里而还[5]；欣叩觐于行庐[6]，跸旋津淀瀛堧之际[7]。既欢迎于鹢首[8]，复瞻拜于马前。用是赉以文绮，谌以广乐[9]，俾得睹环海之

---

① 《清高宗实录》卷一三四七，乾隆五十五年正月甲午条。

殷繁[10]与行营之整肃。今者使臣回国，特赐王锦纪、彩缎等物，以昭优眷。国王情殷[11]祝嘏[12]，计已诹吉[13]遵途[14]。喜相见之匪遥，益承恩于靡既[15]。纶音载锡[16]，巽命爰申[17]。特谕。①

【注释】

[1]肫款：真诚；诚恳。[2]文辞克茂：文词优美。[3]己酉年：乾隆五十四年（1789年）。[4]值时巡于春令：正赶上春天时节。[5]礼成岱宗阙里而还：祭祀岱宗与阙里之后返回。岱宗：泰山别称。阙里：孔子故里。[6]行庐：旅途中的房舍。[7]跸旋津淀瀛壖之际：皇帝返回天津港口之时。[8]鹢首：船头。古代画鹢鸟于船头，故称。[9]讌以广乐：赐宴时奏盛大之乐。讌：通"宴"。广乐：盛大之乐。[10]殷繁：富裕，繁盛。[11]情殷：情深。[12]祝嘏：祝福。[13]诹吉：选择吉日。[14]遵途：遵循道路前进。[15]靡既：没有穷尽。[16]纶音载锡：赐帝王诏书。[17]巽命爰申：诏书下达。巽命：皇帝诏令。

【简析】

乾隆五十五年（1790年），安南谢恩使节在天津觐见乾隆皇帝。乾隆帝赏赐安南国王礼物并发布敕谕。

敕谕中提到的乾隆帝亲笔御制诗，《清实录》记载：

木天希遇两恩荣，戌茂前庚逮后庚。
祖节昔同唐真果，身阶今似汉韦平。
可知袭庆缘修德，所喜力行不务名。
黄阁重逢锡褒什，丝纶盛事纪皇清。②

文书基本信息表

文书种类	敕谕	头辞	敕谕安南国王阮光平曰
发送者	中国乾隆皇帝	尾辞	特谕
接受者	安南国王阮光平	正文文体	骈文体
纪年标准	中国纪年：乾隆五十五年	正文内容	赏赐礼物
语言种类	古代汉语	用典来源	

12. 乾隆五十五年（1790年）颁给安南国王阮光平敕谕

敕谕安南国王阮光平曰：据协办大学士两广总督福康安奏，国王于三月二十九日起程，四月十五日进关，带领亲子阮光垂、陪臣吴文楚等一同瞻觐，并将国王谢恩表文进

---

① 《清高宗实录》卷一三五二，乾隆五十五年四月戊午条。
② 《清高宗实录》卷一三五二，乾隆五十五年四月己未条。

呈。朕览王表，情词真挚，爱戴肫诚[1]。披阅之余，深堪嘉尚，特于表文内亲为批答。国王身受藩封，备膺宠命，以本年八月朕八旬寿辰，亲率王子及陪臣等，远逾万里，诣阙[2]祝釐[3]，并以朕为师为父，深冀成全。鉴王悃忱，真如家人父子。王既以父视朕，朕亦何忍不以子视王。且王子年甫[4]垂髫[5]，情殷[6]瞻就[7]，益征训秉[8]义方[9]，情根至性。特降旨封王子阮光垂为世子。俟入觐时，颁发敕书，并赏给冠服。兹先赐国王御用大荷包一对，小荷包三对，香器六匣。赐王子御用大荷包一对，小荷包二对，香器四匣，用示优宠。计此时国王早经就道，相见匪遥，并当祇奉恩纶，懋承渥眷[10]。钦哉！特谕。①

【注释】

[1]肫诚：诚挚。[2]诣阙：赴京都。[3]祝釐：祈求福佑，祝福。[4]年甫：年龄刚到。[5]垂髫：童年或儿童。[6]情殷：深情。[7]瞻就：得近天子。[8]训秉：教诲。[9]义方：行事应该遵守的规范和道理。后因多指教子的正道，或曰家教。[10]渥眷：厚爱，特别照顾。

【简析】

乾隆五十五年（1790年），得知阮光平进京朝觐的日期和阮光平的谢恩表文后，乾隆帝欣喜异常，特发布敕谕，加封其子阮光垂为世子，并且赏赐阮光平礼物。

文书基本信息表

文书种类	敕谕	头辞	敕谕安南国王阮光平曰
发送者	中国乾隆皇帝	尾辞	钦哉！特谕
接受者	安南国王阮光平	正文文体	
纪年标准	中国纪年：乾隆五十五年	正文内容	册封阮光垂世子、恩赐阮光平礼物
语言种类	古代汉语	用典来源	

13. 乾隆五十八年（1793年）颁给安南国王阮光平敕谕

敕谕安南国王阮光平曰：朕惟慎位[1]列藩[2]，职贡[3]重朝正之典；抚邦柔远，春祺[4]普锡福之恩。效葵向[5]于来庭[6]，介重溟[7]而展礼；数蓂开于献岁[8]，当元日[9]以抒虔。鉴尔悃诚，聿颁优赉。尔安南国王阮光平，作屏十郡[10]，锡胙[11]三年。感恩自切于沦肌[12]，叩关期密；方物来陈夫接踵，就日[13]情殷[14]。比者[15]凤纪[16]回韶[17]，雁臣[18]聚阙[19]。属廓喀[20]之输款[21]，即不加以干戈；遣噶箕[22]而贡忱，愿自通于鞮译[23]。鸮能集泮[24]，献琛逾雪岭以西[25]；鱼亦依蒲[26]，拱极底辰居之北[27]。适尔行李[28]，奉兹捷书[29]。从象胥[30]以偕来，与龙光[31]而锡宴。礼缘敌忾，有征伐则告王；诗美戎功[32]，用辑宁于邦国。摅词恭顺，览表褒嘉。然而黩武佳兵[33]，圣谟[34]所戒；睦

---

① 《清高宗实录》卷一三五三，乾隆五十五年四月癸酉条。

邻修好，侯度[35]宜遵。试思兵日相寻[36]，锋镝[37]之循环何底？即使战能必克，士马之蹂藉已多。王今者内扫残黎[38]，外降万众。孽尽旄邱之葛[39]，氛销[40]铜柱之标[41]。惟当康乐和亲，体《周官》行人[42]谕言之义；以期保世滋大[43]，蒙《小雅》君子受祜之麻[44]。务慎守其土疆，副时雍[45]于方夏[46]。特降敕谕，并赐彩币等件有差。朕惟一视同仁，王其祗承[47]。勿替。①

【注释】

［1］慎位：具高位而谨慎。［2］列蕃：列国。蕃：通"藩"。［3］职贡：藩属或外国对朝廷按时的贡纳。［4］春祺：春天吉祥。比喻帝王的恩泽。［5］葵向：葵草向日。比喻忠心。［6］来庭：来朝，朝觐天子。［7］重溟：大海。［8］数荚开于献岁：在蓂荚叶子开放时进贡。数：计算。蓂：古代传说中的瑞草。月朔始生1荚，月半而生15荚，16日以后，日落1荚，及晦而尽。月小则1荚焦而不落，名曰蓂荚，因蓂荚的更换而知日月，又名历荚。献岁：进入新的一年；岁首正月。［9］元日：农历正月初一日。［10］作屏十郡：安南的十郡作为屏翰。［11］锡胙：受天命获得政权。［12］沦肌：透入肌肉。比喻感受极深。［13］就日：比喻对天子的崇仰或思慕。［14］情殷：情深。［15］比者：近来。［16］凤纪：凤历；正朔。《左传·昭公十七年》："我高祖少皞挚之立也，凤鸟适至，故纪于鸟，为鸟师而鸟名，凤鸟氏，历正也。"［17］回韶：美好的《凤韶》之乐在宫廷回荡。［18］雁臣：使臣。古代北方少数民族首领派遣使者，逢秋到京师朝觐，至春始还部落，以避中国之热，故称"雁臣"。［19］聚阙：聚集朝廷。［20］廓喀：廓尔喀。［21］输款：投诚。［22］噶箕：廓尔喀高级官职。［23］鞮（dī）译：西方和北方的少数民族；借指四方少数民族。《礼记·王制》："五方之民，言语不通，嗜欲不同。达其志，通其欲，东方曰寄，南方曰象，西方曰狄鞮，北方曰译。"［24］鸮能集泮：泮林中的猫头鹰，食泮林之桑葚，可变其丑音。比喻可以被感化。《诗·鲁颂·泮水》："翩彼飞鸮，集于泮林。食我桑葚，怀我好音。"［25］献琛逾雪岭以西：进献贡物从遥远的西部雪山而来。［26］鱼亦依蒲：鱼性喜爱藻、蒲，常常隐藏在水藻下面，依傍于蒲草之间。借喻百姓安居乐业的和谐气氛。《诗·小雅·鱼藻》："鱼在在藻，依于其蒲。王在在镐，有那其居。"［27］拱极底辰居之北：拱卫北极星。［28］适尔行李：刚刚出使。［29］捷书：军事捷报。［30］象胥：接待四方使者的官员。亦用以指翻译人员。［31］龙光：天子光辉。［32］诗美戎功：《诗经》表章大功。戎：大。《诗·周颂·烈文》："念兹戎功，继序其皇之。"［33］佳兵：坚甲利兵或好用兵。［34］圣谟：圣人治天下的宏图大略。后亦为称颂帝王谋略之词。《书·伊训》："圣谟洋洋，嘉言孔彰。"［35］侯度：为君之法度。［36］兵日相寻：战争接连不断。［37］锋镝：刀刃和箭头，泛指兵器，也比喻战争。［38］残黎：残存的黎朝。［39］孽尽旄邱之葛：残余势力已被消灭。《诗·邶风·旄邱》："旄邱之葛兮，何诞之节兮！叔兮伯兮，何多日也？何其处也？必有与也！何其久也？必有以也！狐裘蒙戎，匪车不东。叔兮伯兮，靡所与同。琐兮尾兮，流离之子。叔兮伯兮，褎如充耳。"［40］氛销：消除恶气，平定祸乱。［41］铜柱之标：树立铜柱作为界标。铜柱：东汉时，交趾女子征侧、征贰姐妹起兵反汉，汉光武帝派伏波将军马援率军平定了交趾，并在其地之南建立铜柱（大约在现在越南岘港海滨附近），作为汉朝最南方的边界。［42］《周官》行人：《周官》记载的官名，掌管朝觐聘问。［43］保世滋大：保持世代滋生光大。［44］蒙《小雅》君子受祜之麻：承受《小雅》歌颂的君子获得的福祉。《诗·小雅·桑扈》："交交桑扈，有莺其羽。君子乐胥，受天之祜。"［45］时雍：和熙；时世太平。［46］方夏：中国，华夏。与"四夷"相对。《书·武成》："诞膺天命，以抚方夏。"［47］祗承：敬奉。

【简析】

乾隆五十八年（1793年），清廷发给安南国王阮光平的敕谕。不过，阮光平在乾隆五

---

① 《清高宗实录》卷一四二〇，乾隆五十八年正月乙巳条。

十七年（1792年）九月已经在义安去世。清廷在没有获得正确信息前，依然向已故的安南国王发出了敕谕。

文书基本信息表

文书种类	敕谕	头辞	敕谕安南国王阮光平曰
发送者	中国乾隆皇帝	尾辞	勿替
接受者	安南国王阮光平	正文文体	骈文体
纪年标准	中国纪年：乾隆五十八年	正文内容	新春颁赐礼物
语言种类	古代汉语	用典来源	《左传》、《礼记》、《诗经》、《尚书》

14. 乾隆五十九年（1794年）颁给安南国王阮光缵敕谕

奉天承运皇帝敕谕安南国王阮光缵知悉：两广总督长麟、广西巡抚姚棻奏：接据同知王抚棠禀称：安南国有呈进表文一件，内称阮光缵奉到抚臣陈用敷札知后，遍查该国并无黎维治其人，黎氏宗族亦无奔逃之事，恐系该国土目农福缙、黄文桐余党捏冒内投，恳为究查等语。此事黎维治于上年七月间同随人张廷眷由安南内投，恳求安置，当经同知王抚棠详加询问，据黎维治供称，伊系黎维祁缌麻服叔[1]，原名黎维团，因属黎氏旧支，畏惧干连，改名黎维治，在清华一带藏匿安身，此外并无别情，经总督长麟等据实奏闻，因念黎维治系黎氏旧支，即降旨准其内投，并令押送江南地方安插，俾不至另有勾通煽惑情事，此系朕体恤远邦、为尔消弭反侧之意。今据尔表奏，尔国并无黎维治其人，并查明黎氏宗族亦无奔逃之事，惟上年有农福缙、黄文桐聚众被剿之案，恐系余党捏冒内投等语。尔国既有此项情节，自应究询，朕思黎维祁业于上年病故，其母叔及族属现在京师，因命御前大臣福长安及专管黎氏族属人等之都统金简，传黎维祁之母阮氏素及黎维祁之叔黎维安等面加询问，福长安、金简皆系尔父前次来京时日与周旋，同侍禁籞[2]，为朕所亲信者，今询黎维安称，伊弟即黎维团，系于丁未年二十岁时因病身故，其近族弟兄并无黎维治者，或有取名音同字异之人，因本宗甚多，不能一一记忆等语。并询据黎维祁之母及伊属下人等佥称[3]无异，是尔表内所称尔国并无黎维治之处固属不虚，而黎氏本宗或有取名音同字异之人以未可是，而此人之捏名逃进已实，汝奏实属可嘉，现饬江南督抚将黎维治等押解到京，再命军机大臣切实究讯，并令与黎维安等当面质认，无难得其实情，另行定罪，再令该督抚照会知悉。至尔幼年嗣立，于国内事宜俱能严密查察，明白敷陈，必能继守先业，续承恩眷。朕抚绥藩服，中外一体，从前待尔父如子，今即视尔犹孙。尔能似此克家[4]，朕心深为嘉悦，特颁赏绣蟒袍一件，金锦二匹，葫芦大荷包一对，小荷包六个，并派广西布政使成林率领同知王抚棠亲赍至镇南关颁给祗领，用昭优眷。尔其益矢顺恭，勉承先业，辑宁土宇，以期常荷渥恩。特谕。①

---

① 《文献丛编全编》第4册，第12辑，安南档，北京图书馆出版社2008年版，第480—482页。

【注释】

[1]缌（sī）麻服叔：远支的族叔。缌麻服：多指关系较远的族亲。[2]禁籞（yù）：禁苑。[3]佥称：全都声称。[4]克家：能承担家事；继承家业。

【简析】

乾隆五十八年（1793年），有自称黎王宗族的安南人流亡中国，中国地方官员通报安南政府。乾隆五十九年（1794年），安南政府回复说，经调查其国内并无黎王宗族出逃之事并且怀疑属于国内叛党捏冒，因此要求清廷查清流亡人员的身份。清廷以敕谕回复安南国王，将对这些流亡人员身份展开调查。

文书基本信息表

文书种类	敕谕	头辞	奉天承运皇帝敕谕安南国王阮光缵知悉
发送者	中国乾隆皇帝	尾辞	特谕
接受者	安南国王阮光缵	正文文体	
纪年标准	中国纪年：乾隆五十九年	正文内容	回复安南政府对流亡中国人士身份的探询
语言种类	古代汉语	用典来源	

15. 乾隆五十九年（1794年）颁给安南国王阮光缵敕谕

敕谕安南国王阮光缵曰：前据两广总督长麟等奏：安南国有呈进表文一件，内称：遍查该国并无黎维治其人，黎氏宗族亦无奔逃之事。恐系该国土目农福缙、黄文桐余党，捏冒内投，恳为究查等语。朕因命御前大臣福长安等，询之黎维祁之母阮氏及黎维安等，亦称伊近族弟兄并无名黎维治者，是尔前表非虚，当经降谕嘉奖，并谕江南督抚将安插该省之黎维治押解到京。经朕令军机大臣详加研讯，黎维治原名黎维溥，曾封瑶郡公，实系黎维祁同曾祖族叔，并开呈[1]谱系支派，甚为明晰。随令黎维祁之母及黎维安与之当面识认，彼此俱属相识。是黎维溥之为黎民近支，已无疑义。朕抚驭中外，一视同仁。从前黎氏臣服天朝，百有余年之久，是以黎维祁母子内投时，朕即加恩安插。黎维治内投后，已发江宁安插。嗣经尔表称恐系农福缙、黄文桐余党有捏冒情事，是以令将伊等解京。如审明捏冒属实，尚欲发回尔国。今既问明黎维治原名黎维溥，并非农、黄二姓余党，亦无给还尔国听尔处治之理。其农、黄二姓余党，自必尚在尔国，尔可自行访寻办理。其余黎维溥手下之在安南人等，作何处置悉听尔国办理。总之，尔父受朕厚恩，锡封王爵，俾作屏藩。尔继守先业，惟当敉宁[2]境宇[3]，益矢敬慎，仰承恩眷。黎氏近支现经天朝安插，亦无能复至尔国滋生事端，尔可无庸挂虑。为此详切训谕，尔其祗承[4]朕命，倍加恭顺，毋隳前业，以期常荷渥恩。特谕。①

【注释】

[1]开呈：写出呈上。[2]敉宁：抚定。[3]境宇：境域。[4]祗承：敬奉。

【简析】

乾隆五十九年（1794年），清廷经过调查，在乾隆五十八年（1793年）流亡中国的人员确是黎王的宗亲贵族而并非是其他叛党的捏冒，因此将他们安插在中国内地。清廷将这一结果通告安南政府。

文书基本信息表

文书种类	敕谕	头辞	敕谕安南国王阮光缵曰
发送者	中国乾隆皇帝	尾辞	特谕
接受者	安南国王阮光缵	正文文体	
纪年标准	中国纪年：乾隆五十九年	正文内容	通知安南已经确认了流亡人员的黎王宗族身份
语言种类	古代汉语	用典来源	

16. 嘉庆二年（1797年）颁给安南国王阮光缵敕谕

上奉太上皇帝命敕谕安南国王阮光缵：近因洋面地方，时有匪徒劫掠之事，曾经闽粤总督照会该国王一体协拏。今据两广总督臣奏称：该国王差委官弁丁公雪等带领兵船，前赴夷洋巡查剿捕，拏获盗匪黄柱、陈乐等六十余名，将所获人犯船械解送内地办理，并于贼匪屯聚处所，派委妥干员弁留兵设守。太上皇帝甚嘉该国王小心敬事，恭顺矢诚[1]，用是[2]特沛渥恩，加以优赉。兹颁去如意、玉山、蟒锦、纱器等件，委员赍往宣赐，以昭优奖。该国王仰承宠眷，益当饬令所属员弁，悉力巡防，随时搜捕。如有盗匪仍前在洋滋扰，即行擒拏，解交内地究办。若能拏获盗首，更为奋勉可嘉。务使奸匪肃清，根株净尽，以安商旅而靖海洋。该国王尚其恪恭效顺，弥深感励，以期倍沐恩施。钦此。特谕。②

【注释】

[1]矢诚：忠诚。[2]用是：因此。

【简析】

嘉庆二年（1797年），阮光缵把中国东南洋面进行抢掠的60多名海盗移送中国。嘉

---

① 《清高宗实录》卷一四六三，乾隆五十九年十月丙子条。
② 《清仁宗实录》卷一七，嘉庆二年五月庚子朔条。

庆帝奉太上皇乾隆帝之命向阮光缵发出敕谕，对这一行为进行嘉奖。

文书基本信息表

文书种类	敕谕	头辞	上奉太上皇帝命敕谕安南国王阮光缵
发送者	中国嘉庆皇帝	尾辞	钦此。特谕
接受者	安南国王阮光缵	正文文体	
纪年标准	中国纪年：嘉庆二年	正文内容	奖赏安南递送洋盗60余名
语言种类	古代汉语	用典来源	

第二节　中越朝贡上行文书研究

一、表文例析

1. 康熙二年（1663年）安南国王黎维禧进贡表文

亶聪作后[1]，鼎光[2]辑瑞之朝[3]；懋赏劝功[5]，涣及奉琛之壤[5]。葵心[6]恳款[7]，枫陛[8]邃严[9]。钦惟皇帝陛下，濬哲[10]温恭[11]，聪明睿智。式九围受命，政布汤初[12]；诏八统保庸，礼循周旧[13]。致令异数[14]，猥及遐方[15]。臣教沐暨南[16]，星趋拱北[17]。宠颁师二[18]，仰惟怀远之仁；享用有三[19]，愿效来王[20]之义。①

【注释】

[1]亶（dǎn）聪作后：天子拥有超常的智慧。亶聪：谓天子之聪明，借指天子。作后：成为天子。《书·泰誓上》："亶聪明，作元后，元后作民父母。"[2]鼎光：皇帝光明照耀。[3]辑瑞之朝：井井有序的上朝。[4]懋赏劝功：大大地赏赐功劳。[5]涣及奉琛之壤：帝王恩泽扩展到进贡的属国。[6]葵心：忠心。[7]恳款：恳切忠诚。亦指恳切忠诚之情。[8]枫陛：朝廷。陛为皇宫的台阶，代指皇宫。[9]邃严：幽深庄严。[10]濬（jùn）哲：深邃的智慧。《书·舜典》："濬哲文明，温恭允塞。"[11]温恭：温和恭敬。《书·舜典》："濬哲文明，温恭允塞。"[12]式九围受命，政布汤初：天帝命治理九州，政权初始就开始良好的运转。《诗·商颂·长发》："帝命不违，至于汤齐。汤降不迟，圣敬日跻。昭假迟迟，上帝是祇，帝命式于九围。"[13]诏八统保庸，礼循周旧：使用八种方法统治万民并奖赏功勋，遵循周代的礼制。《周礼·天官·大宰》："以八统诏王驭万民，一曰亲亲，二曰敬故，三曰进贤，四曰使能，五曰保庸，六曰尊贵，七曰达吏，八曰礼宾。"[14]致令异数：导致例外的恩典。[15]猥及遐方：多次惠及远方。猥：众多。[16]教沐暨南：教化达到南方国家。[17]星趋拱北：众星趋向拱卫北极星。[18]宠颁师二：天子褒奖功臣。师二：《易经》师卦的九二，借指功臣受到褒奖。该文词："在师中，吉无

---

① 《清圣祖实录》卷一○，康熙二年十二月辛酉条。

咎，王三锡命。"象曰："在师中吉，承天宠也。王三锡命，怀万邦也。"得到君王的宠信，三度赐给褒扬的荣誉。[19]享用有三：享用天子的赏赐。有三：《易经》大有卦的九三，借指天子的赏赐。该爻词："公用亨于天子，小人弗克。"象曰："公用亨于天子，小人害也。"天子宴请群臣，小人没有什么可得。[20]来王：朝觐天子。

【简析】

康熙二年（1663年），安南国王黎维禧上表进贡。

文书基本信息表

文书种类	表文	头辞	
发送者	安南国王黎维禧	尾辞	
接受者	中国康熙皇帝	正文文体	骈文体
纪年标准	中国纪年：康熙二年	正文内容	进贡中国
语言种类	古代汉语	用典来源	《尚书》、《诗经》、《周礼》、《易经》

2. 康熙六年（1667年）安南国王黎维禧受封谢恩表文

安南国王臣黎维禧诚惶诚恐，稽首顿首，谨上言：康熙六年三月十六日，伏睹天使内国史院学士程芳朝、礼部仪制司郎中张易贲持节奉敕书、金印[1]封臣为安南国王，臣已祗拜受讫，谨奉表称谢者。伏以皇上膺图，丕正[2]居尊之位；侯藩袭爵，被蒙锡宠之荣。春满日南，星趋辰北[3]。钦惟皇帝陛下，乃文乃武，克长克君[4]。存汉光慎政[5]之心，权纲[6]公[7]上揽；迪[8]夏禹君民之德，文教暨远敷[9]。致使遐方[10]，得承先业。臣恩沾涵育[11]，情切瞻依[12]。继世受封，钦仰自天之命；制节谨度[13]，益敦事大之忱[14]。臣下情无任瞻天仰圣，激切屏营之至。所有谢恩仪物[15]，另具本差陪臣阮国魁赍捧赴京外，臣谨奉表称谢以闻。

康熙六年七月初二日，安南国王臣黎维禧谨上表。

旨：览王奏谢。知道了。该部知道。①

【注释】

[1]金印：清廷颁发给安南国王的镀金银印。[2]丕正：中正。[3]星趋辰北：众星趋向拱卫北极星。[4]克长克君：堪做师长人君。《诗·大雅·皇矣》："其德克明，克明克类，克长克君。"[5]汉光慎政：汉光武帝谨慎从政。[6]权纲：朝政大权。[7]公：公开。[8]迪：遵循；继承。[9]远敷：远播。[10]遐方：远方。[11]涵育：涵养化育。[12]情切瞻依：迫切希望能得近天子。[13]制节谨度：节制行为，制度严谨。[14]事大之忱：侍奉大国的诚心。[15]仪物：用于礼仪的物品。

---

① 《古代中越关系史料》，中国社会科学出版社1982年版，第464—465页。

第四章　清代中国与越南的朝贡文书研究

【简析】

康熙五年（1666年），安南国王上缴永历帝敕、印，清廷派遣使者册封安南国王。在康熙六年（1667年）三月册封国王仪式完成后，安南国王上表谢恩。

文书基本信息表

文书种类	表文	头辞	安南国王臣黎维禧诚惶诚恐，稽首顿首，谨上言
发送者	安南国王黎维禧	尾辞	臣谨奉表称谢以闻
接受者	中国康熙皇帝	正文文体	骈文体
纪年标准	中国纪年：康熙六年	正文内容	谢天朝册封
语言种类	古代汉语	用典来源	《诗经》

3. 康熙六年（1667年）安南国王黎维禧进贡表文

安南国王臣黎维禧诚惶诚恐，稽首顿首，谨上言：康熙五年岁贡方物已就整完，臣即投文叩请望达天庭。今奉圣教诞敷[1]，皇仁远及，臣不敢不慎仪[2]奉币[3]以供臣职。臣不胜敬天仰德之至，谨奉表上进者。以圣主宅尊[4]，诞敷泰开之运；遐藩[5]述职[6]，虔将[7]有亨[8]之忱。逶迤[9]驱驰[10]，苕峣[11]象阙[12]。钦惟皇帝陛下，明符晋出[13]，健体乾行[14]。统六合[15]以为家，安内养外[16]；法九经[17]而立国，柔远怀侯。凡居率土之滨，共效来王[18]之义。臣僻居炎徼[19]，遥拱宸枢[20]。投币帛片物之忱，恪遵侯度[21]；赓[22]富寿多男[23]之语，愿祝圣人。臣下情无任瞻天仰圣，激切屏营之至。所有岁贡方物，另具本差陪臣阮润、郑时济、黎荣等赍捧赴京外，臣谨奉表上进以闻。

康熙六年七月初二日，安南国王黎维禧谨上奏。

旨：览王表进贡方物，具见悃诚。知道了。该部知道。①

【注释】

[1]诞敷：遍布。《书·大禹谟》："帝乃诞敷文德，舞干羽于两阶。"[2]慎仪：谨慎礼仪。[3]奉币：进贡。[4]宅尊：居尊。[5]遐藩：远藩。[6]述职：古时诸侯向天子陈述职守。《孟子·梁惠王下》："诸侯朝于天子曰述职。述职者，述所职也。"[7]虔将：虔诚奉献。[8]有亨：亨通顺利。[9]逶迤：遥远。[10]驱驰：策马快跑；喻奔走效力。[11]苕峣（tiáo ráo）：远方。[12]象阙：宫廷。[13]明符晋出：祥瑞出现。[14]健体乾行：刚正而生生不息。[15]六合：上下和四方，泛指天地或宇宙。[16]安内养外：安抚内部，恩养外部。[17]九经：九种治国理念。《中庸》："凡为天下国家有九经，曰：修身也，尊贤也，亲亲也，敬大臣也，体群臣也，子庶民也，来百工也，柔远人也，怀诸侯也。"[18]来王：朝觐天子。[19]炎徼：南方炎热的边区。[20]遥拱宸枢：在远处拱卫朝廷。[21]侯度：为君之法

---

① 《古代中越关系史料》，中国社会科学出版社1982年版，第465页。

度。[22]赓：酬答，应和。[23]富寿多男：富裕、长寿、子嗣繁多。《庄子·天地》："尧观乎华，华封人曰：'嘻，圣人。请祝圣人，使圣人寿。'尧曰：'辞。''使圣人富。'尧曰：'辞。''使圣人多男子。'尧曰：'辞。'封人曰：'寿、富、多男子，人之所欲也，女独不欲，何邪？'尧曰：'多男子则多惧，富则多事，寿则多辱。是三者非所以养德也，故辞。'"

【简析】

康熙六年（1667年），安南国王向清廷例行进贡表文。

文书基本信息表

文书种类	表文	头辞	安南国王臣黎维禧诚惶诚恐，稽首顿首，谨上言
发送者	安南国王黎维禧	尾辞	臣谨奉表上进以闻
接受者	中国康熙皇帝	正文文体	骈文体
纪年标准	中国纪年：康熙六年	正文内容	进贡
语言种类	古代汉语	用典来源	《尚书》、《孟子》、《中庸》、《庄子》

4. 康熙四十二年（1703年）安南国王黎维禛进贡表文

安南国王臣黎维禛诚惶诚恐，稽首顿首，谨上言：康熙三十八年岁贡方物，先以缮整[1]，兹正值两仪并进[2]之期，臣即投文叩请，望达天庭。今奉皇仁溥洽[3]，圣教诞敷[4]，臣敢不谨仪[5]奉币[6]，以供臣职！臣不胜敬天仰德之至，谨奉表上进者。伏以乾元并育，普昭一视之仁；侯度[7]有常，虔致正贡之礼。透迟[8]骊路[9]，咫尺龙颜。臣钦惟皇帝陛下，智勇表邦[10]，聪明作后[11]。阐二帝三王之治，巍巍乎其成功；会九洲四海之民，皞皞如皆顺则[12]。凡蒙覆帱[13]，罔不尊亲。臣僻在日南，豁瞻[14]辰北[15]。任土作贡，载遵夏典[16]之文；自天申休[17]，愿衍周家之历[18]。臣下情无任瞻天仰圣，激切屏营之至。所有奉贡方物，另具本差陪臣何宗穆、阮公董等赍捧赴京外，臣谨奉表上进以闻。

康熙四十二年二月十五日，安南国王臣黎维禛谨上表。①

【注释】

[1]缮整：整理准备。[2]正值两仪并进：正赶上两贡并进。[3]溥洽：周遍，遍及。[4]诞敷：遍布。[5]谨仪：谨慎礼仪。[6]奉币：进贡。[7]侯度：为君之法度。[8]透迟：历远之貌。[9]骊路：使臣驾着杂色的马奔驰在路上。比喻使臣肩负重要的出使任务。《诗·小雅·皇皇者华》："皇皇者华，于彼原隰。駪駪征夫，每怀靡及。……我马维骊，六辔既均。载驰载驱，周爰咨询。"[10]智勇表邦：智勇的品质是国家的象征。[11]聪明作后：天子拥有超常的智慧。[12]皞皞如皆顺则：众人和乐都遵守法则。皞皞：众人和乐状。顺则：顺从法则。[13]覆帱：又作覆焘。覆被；施恩，加惠。《礼记·中庸》："辟如天地之无不持载，无不覆帱。"[14]豁瞻：独瞻；从一处瞻仰。[15]辰北：北极星。[16]夏典：

---

① 《明清史料》（庚编）上册，中华书局1987年版，第80页。

夏代典籍。[17]自天申休：从上天那里得到吉祥。[18]愿衍周家之历：愿意继承周代的历法传统。

【简析】

康熙四十二年（1703年），安南向清廷呈递"三年一贡，两贡并进"例行的进贡表文。康熙三十八年（1699年）、康熙四十一年（1702年）两次的进贡合并于康熙四十二年（1703年）进行。

文书基本信息表

文书种类	表文	头辞	安南国王臣黎维禛诚惶诚恐，稽首顿首，谨上言
发送者	安南国王黎维禛	尾辞	臣谨奉表上进以闻
接受者	中国康熙皇帝	正文文体	骈文体
纪年标准	中国纪年：康熙四十二年	正文内容	例行进贡
语言种类	古代汉语	用典来源	《诗经》、《中庸》

5. 雍正六年（1728年）安南国王黎维祹谢恩表文

安南国王臣黎维祹谨奏：十二月初二日，臣接领敕谕，焚香披阅，喜惧交并。窃臣国渭川州与云南开化府接壤，原以赌咒河为界，即马伯汛下之小河。臣国边目世遵守土，臣罔知侵占内地为何等事。且未奉诏书，是以备因陈奏。旋奉敕谕，令撤回斜路村等处人员，别议立界之地，仰蒙慈照，欣幸无涯。今复奉敕谕，定于铅厂山小河立界，谕臣勿恃优待之恩，怀无厌之望，自干国典。臣悒尺天威，弥深木谷[1]。目今[2]铅厂山经广南知府先已设关门，筑房屋，立界碑。臣国边目土目，遵臣严饬，帖然[3]无言。臣竭诚累世，向化圣朝，蒙圣祖仁皇帝柔怀六十余年。今恭逢皇帝陛下新膺景命[4]，如日方升，且薄海敷天，莫非臣土。此四十里地，臣何敢介意有所觖望[5]也？兹荷纶音[6]，晓谕诚切，臣感戴圣恩，欣跃欢忭[7]。惟愿万方拱命[8]，圣寿无疆。圣朝千万年太平，臣国千万年奉贡。谨奏。①

【注释】

[1]木谷：如登高树，如临深谷。形容恐惧不安。《诗·小雅·宛》："温温恭人，如集于木；惴惴小心，如临于谷。"[2]目今：现在。[3]帖然：顺从服气，俯首收敛。[4]景命：大命。指授予帝王之位的天命。《诗·大雅·既醉》："君子万年，景命有仆。"[5]觖（jué）望：非分企图。[6]纶音：帝王的诏令。[7]欢忭：喜悦。[8]拱命：遵命。

【简析】

雍正五年（1727年）年底，清廷强迫安南接受了中方把铅厂山小河作为两国边界的

---
① 《清世宗实录》卷六五，雍正六年正月己卯条。

方案。雍正六年（1728年）正月，安南国王上表谢恩。

文书基本信息表

文书种类	表文	头辞	安南国王臣黎维祹谨奏
发送者	安南国王黎维祹	尾辞	谨奏
接受者	中国雍正皇帝	正文文体	
纪年标准	中国纪年：雍正六年	正文内容	接受中国的划界方案并谢恩
语言种类	古代汉语	用典来源	《诗经》

6. 雍正七年（1729年）安南国王黎维祹谢赐地表文

安南国王臣黎维祹诚惶诚恐稽首顿首，谨上言：雍正六年六月十六日，伏睹都察院左副都御史加一级杭奕禄、内阁学士兼礼部侍郎加一级任兰枝，赍捧恩编，赏赐臣四十里地，臣已再四祗拜[1]受讫，谨奉表称谢者。伏以运际当阳[2]，崖谷仰光轮之照[3]；仁弘庆地[4]，藩侯[5]沾雨露之施。宠出枫宸[6]，春生桂海[7]。钦惟皇帝陛下聪明睿知，中正粹精[8]。德奉三无[9]，率土仰暨渐之广[10]；仁同一视，普天弘覆帱[11]之公。致令逖远[12]之边疆，俄蒙[13]土田[14]之颁赐。臣僻居午徼[15]，遥拱辰枢[16]。恩被殊事[17]，倍切铭镂[18]之感；命承无数[19]，誓殚爱戴之诚。臣下情无任，瞻天仰圣激切屏营之至。所有谢恩仪物[20]，另具本差陪臣丁辅益、段伯容、管名垣等赍捧赴京外，臣谨奉表以上进闻。

雍正七年十二月二十七日，安南国王臣黎维祹谨上表。

旨：览王奏谢。知道了。该部知道。①

【注释】

[1]祗拜：敬拜。[2]当阳：天子南面向阳而治。[3]崖谷仰光轮之照：山谷仰赖太阳光芒之照耀。[4]仁弘庆地：仁德遍地。[5]藩侯：藩王。[6]枫宸：宫殿。汉代宫廷多植枫树，故有此称。宸：北辰所居，借指帝王的殿庭。[7]桂海：因南海有桂，故将南海称桂海。后泛称南方边远地区。[8]粹精：纯粹精美。[9]三无：即"天无私覆，地无私载，明无私照"。[10]率土仰暨渐之广：全世界都景仰中华声教远播四方。[11]覆帱：覆被；施恩，加惠。[12]逖（tì）远：遥远。[13]俄蒙：突然承蒙。[14]土田：土地；田地。《诗·大雅·崧高》："王命召伯，彻申伯土田。"[15]午徼：南徼。午：古人以十二支配方位，午为正南，因以为南方的代称。[16]遥拱辰枢：在远处拱卫朝廷。[17]恩被殊事：对特别的事务加以施恩。[18]倍切铭镂：感受特别深刻。铭镂：在器物上镌刻文字或图案。比喻感受极深。[19]命承无数：无数次受到天子赏赐。[20]仪物：用于礼仪的物品。

【简析】

雍正六年（1728年）正月，安南国王上表接受中方在铅厂山的划界方案后，雍正帝

---

① 《古代中越关系史资料选编》，中国社会科学出版社1982年版，第563页。

一改以前强硬态度,将边界主动后撤 40 里,将 3 年来斗争赢得的土地赐给安南。雍正七年(1729 年),清廷派遣使者前往安南宣布这一"赐地"行为。安南国王在雍正七年(1729 年)十二月上表谢恩。

文书基本信息表

文书种类	表文	头辞	安南国王臣黎维祹诚惶恐稽首顿首,谨上言
发送者	安南国王黎维祹	尾辞	臣谨奉表以上进闻
接受者	中国雍正皇帝	正文文体	骈文体
纪年标准	中国纪年:雍正七年	正文内容	感谢中国赐地行为
语言种类	古代汉语	用典来源	《诗经》

7. 乾隆五十四年(1789 年)安南国王阮光平谢恩表文

新封安南国王臣阮光平谨奏上言:兹钦奉特颁恩命敕书并赏赐御制亲笔诗章,纶绰[1]辉煌,宸奎[2]璀灿。盖自白雉宾周[3]以后,指南之岭峤[4]重辉;粤从朱鸢属汉[5]迄今,拱北之星辰增彩。实自天之异数[6],真旷古之奇逢。臣叩首承恩,扪心感德。天地父母之为量,固莫得而形容[7];尘壤泪滴之至微,实何阶而报称[8]。谨奉表称谢者。伏以太和保合,乾施昭龙德之正中[9];郅治[10]流行,普锡仰洪恩之溥博[11]。隆沾逮远[12],素悃瞻高[13]。钦惟大皇帝陛下岂弟[14]为纲,中和作则[15]。敬止缉熙穆穆[16],久道而天下化成[17];钦明文思安安[18],惇德[19]而蛮夷率服。北极辰居其所,南溟波自不扬。圣心恢绥附[20]怀来[21],雨露继风霆[22]而润泽;天道体栽培倾覆[23],山陵因渊谷以推移。盖洪钧[24]陶铸[25]之至公,斯皇极训彝[26]之无党[27]。尺札十行天诏[28],赐臣以借宠灵[29]而资镇抚,风行融液之春[30];一章八句宸翰[31],勉臣以谨持守而保封疆,日朗光明之烛。恩旨降而荣回梅驿[32],德音宣而庆溢[33]桂郊[34]。臣敢不祗奉圣谟,恪遵侯度[35]。天颜咫尺,期明年身亲凤阙[36]之钧韶[37];地面十三[38],愿奕世[39]永执象方[40]之玉帛。臣下情无任瞻天仰圣,不胜激切感恋之至。谨奉表称谢以闻。

谨遣奉(贡)家臣三名,阮宏匡、宋名朗、黎梁慎。奉进恭谢仪物[41]金子二十镒[42],银子一百镒,土绢一百匹,罗纨一百匹。象牙三对,该重二百斤。①

【注释】

[1]纶绰:代指皇帝的诏令。《礼记·缁衣》:"王言如丝,其出如纶;王言如纶,其出如绰。"[2]宸奎:御笔。帝王的文章、墨迹。古人认为奎宿主文章,故称。[3]白雉宾周:周成王时越氏献白雉于周。[4]指南之岭峤:通往天子朝廷进贡的五岭畅通。周成王时,越裳前来进献白雉,归国时忘其来路,周公命赐之骈车五乘,皆为向南之制。[5]粤从朱鸢(yuān)属汉:从交趾归属汉代中国开始。粤:

---

① 《古代中越关系史资料选编》,中国社会科学出版社 1982 年版,第 475—476 页。

发语词。朱鸢：在今越南河西、南河地区，为"二征"叛乱的发源地，后被东汉伏波将军马援平定。[6]异数：例外的情形。[7]天地父母之为量，固莫得而形容：天地、父母的生成大德大量，本来就无法表达和形容。[8]尘壤泪滴之至微，实何阶而报称：尘埃、泪滴的至小和至微，实在无法报答。[9]太和保合，乾施昭龙德之正中：阴阳调和，乾德运行表明帝德中正。《易·乾·彖辞》："大哉乾元，万物资始，乃统天。云行雨施，品物流形。大明始终，六位时成，时乘六龙以御天。乾道变化，各正性命，保合太和，乃利贞。首出庶物，万国咸宁。"[10]郅治：大治。[11]溥博：周遍广远。《礼记·中庸》："溥博渊泉，而时出之。"[12]隆沾逮远：厚恩施于远方。[13]素悃瞻高：忠心向上表达。[14]岂弟：和颜悦色，易于接近。岂：通"恺"，欢乐，和乐。弟：通"悌"，能以事兄谓之弟。《诗·大雅·卷阿》："岂弟君子，四方为纲。"[15]中和作则：以中正平和作为原则。[16]敬止缉熙穆穆：智慧深厚广博的文王啊！他的德性实在是绵绵不息，而光明通达，令人敬仰无比。《诗·大雅·文王》："穆穆文王，于缉熙敬止。"[17]久道而天下化成：教化成功。《易·恒》："圣人久于其道，而天下化成。"[18]钦明文思安安：帝尧处理政务敬慎节俭，明察四方，善于治理天下，思虑通达，宽容温和。《书·尧典》："曰若稽古，帝尧曰：放勋，钦明文思安安，允恭克让，光被四表，格于上下。"[19]惇德：厚德。《书·舜典》："惇德允元。"[20]绥附：抚绥附属国。[21]怀来：怀柔归附者。[22]风霆：狂风和暴雷。比喻威势。[23]栽培倾覆：创造与毁灭。[24]洪钧：大钧，天。[25]陶铸：制作陶范并用以铸造金属器物；比喻造就、培育。[26]皇极训彝：天子的训导是可以永远作为百姓的行为准则的。《书·洪范》："皇极之敷言，足彝是训。"[27]无党：无偏。《书·洪范》："无偏无党，王道荡荡；无党无偏，王道平平。"[28]尺札十行天诏：帝王诏书。古代诏书写在简牍上。牍又称"版"、"板"，为长方形，一般书写5行。汉光武帝刘秀则下令书写10行，"其以手迹赐方国者，皆札十行，细书成文"（《后汉书·循吏传》）。[29]宠灵：恩宠光耀；使得到恩宠福泽。[30]风行融液之春：春风和煦消融大地。[31]一章八句宸翰：皇帝写的8句诗篇。乾隆五十五年（1790年），乾隆帝作御制诗1章，共8句，记安南国王阮光平亲身觐见。诗曰："瀛藩入祝值启巡，初见浑如旧识亲。伊古未闻来象国，胜朝往事鄙金人。九经柔远只重译，嘉会于今勉体仁。武偃文修顺天道，大清祚永万年寿。"[32]梅驿：驿所的雅称。[33]庆溢：充满欢庆。[34]桂郊：生长桂树的南方边远地方。岭南地区古代为百越民族生活地区，桂树为重要的当地树种。郊、甸为边远地区之意，故越南在对中国的文书中谦称桂郊、桂甸。《山海经》："番禺之西，八桂成林。"[35]侯度：为君之法度。[36]凤阙：皇宫、朝廷。[37]钧韶：《韶》乐和钧天广乐。亦泛指优美的乐曲。[38]地面十三：安南国内行政区划为13道。[39]奕世：累世。[40]象方：南方产象之地。[41]仪物：用于礼仪的物品。[42]镒（yì）：古代的重量单位，20两或24两为一镒。

【简析】

乾隆五十四年（1789年）十月，清廷在安南册封阮光平为国王，乾隆帝赐予亲笔御制诗章、珠串。阮光平对此上表谢恩，进献贡品1份。

表文中提到的乾隆帝亲笔御制诗，《清实录》记载：

三番耆武匪佳兵，昨岁安南重有征。
无奈复黎黎厌德，爰教封阮阮输诚。
守封疆勿滋他族，传子孙恒奉大清。
幸沐天恩钦久道，不遑日监凛持盈。①

---

① 《清高宗实录》卷一三三三，乾隆五十四年六月丙子条。

文书基本信息表

文书种类	表文	头辞	新封安南国王臣阮光平谨奏上言
发送者	安南国王阮光平	尾辞	谨奉表称谢以闻
接受者	中国乾隆皇帝	正文文体	骈文体
纪年标准	中国纪年：乾隆五十四年	正文内容	感谢天朝册封
语言种类	古代汉语	用典来源	《礼记》、《易经》、《中庸》、《诗经》、《尚书》

8. 乾隆五十四年（1789年）安南国王阮光平进贡表文

新封安南国王臣阮光平谨奏上言：兹臣奉恩旨，敕封为安南王。奉照向例，今年正值臣国岁贡之期，窃惟旅百实庭[1]，会同乃明堂之制[2]；译三献篚[3]，供斯侯度[4]之常。臣幸沐恩光，叨膺[5]穹爵[6]。树之司牧[7]，承天莫状于宏休[8]；陈其物宜[9]，任土[10]恪循于旧典。谨奉表上进者。伏以厥中允执[11]，衣裳感仰于尧明[12]；惟正之供[13]，玉帛虔修于夏贡[14]。抬头见日，叩首焚香。钦惟大皇帝陛下福德圣人，纲常宗主。寿考[15]为纲为纪，出乎震，见乎离，说乎兑，劳乎坎[16]，范围在久之美成[17]；言行是训是彝[18]，渐于东，被于西，暨于朔，讫于南，规矩祗台之德先[19]。盖亭育[20]丕恢[21]于圣度[22]，而寂敷[23]仰体[24]于天心[25]。输诚曲轸[26]微衷[27]，不忍限喧和于铜柱[28]；作屏宠颁新命[29]，遂获登猥陋于宝书[30]。诚泰山沧海之难量，岂勺水涓尘之能极[31]。臣仰蒙陶造[32]，剧切戴亲[33]。共球[34]恪展微仪[35]，正忻九千里海山之初达；冠带愿偕盛会，厘祝[36]亿万年日月之长辉。臣下情无任瞻天仰圣，不胜激切翘望[37]之至。谨奉表上进以闻。

谨遣奉贡家臣三名：陈登天、阮止信、阮偲。奉进岁贡仪物[38]金香炉花瓶四对，该重二百九两，折作金子二十一锭。银盆十二口，该重六百九十一两，折作银子六十九锭。沉香八百八十二两，速香一千九十五两。①

【注释】

[1]旅百实庭：众多礼物陈满朝廷。旅：陈列。百：众多物品。[2]会同乃明堂之制：古代诸侯朝贡觐见制度。[3]译三献篚：远方属国经辗转翻译前来进献贡物。译三：重译。献篚：进献贡物。《书·禹贡》：" 厥篚漆丝，厥篚织文。"孔传："地宜漆林，又宜桑蚕，织文锦绮之属，盛之筐篚而贡焉。"[4]侯度：为君之法度。[5]叨膺：承蒙担任。[6]穹爵：崇高的爵位。[7]树之司牧：确立人民的管理者、统治者。[8]宏休：弘休，洪福。[9]陈其物宜：进献合适的物品。[10]任土：所有土地。[11]厥中允执：即允执厥中。言行符合不偏不倚的中正之道。《书·大禹谟》："人心惟危，道心惟微，惟精惟一，允执厥中。"[12]衣裳感仰于尧明：感佩贤明的尧帝垂裳而治。[13]惟正之供：正税。古代法定百姓交纳的赋税。《书·无逸》："文王不敢盘于游田，以庶邦惟正之供。"[14]玉帛虔修于夏贡：向夏禹虔诚进

---

① 《古代中越关系史资料选编》，中国社会科学出版社1982年版，第476—477页。

献玉帛以表达归顺以及和平的诚意。《左传·哀公七年》："禹合诸侯于涂山，执玉帛者万国。"[15]寿考：年高；长寿。《诗·大雅·棫朴》："周王寿考，遐不作人。"[16]出乎震，见乎离，说乎兑，劳乎坎：万物发展历经多个阶段而后周而复始。《周易·说卦》："帝出乎震，齐乎巽，相见乎离，致役乎坤，说言乎兑，战乎乾，劳乎坎，成言乎艮。"[17]范围在久之美成：树立美满成就来自长久磨炼的典范。范围：树立……的典范。久之美成：《庄子·人间世》："美成在久，恶成不及改，可不慎与？"[18]是训是彝：教诲、训诫。《书·洪范》："皇极之敷言，是彝是训，于帝其训。凡厥庶民，极之敷言，是训是行，以近天子之光。"[19]规矩祗台之德先：立下规矩以敬皇帝的德教为先。台：通"怡"，天子自称。《书·禹贡》："锡土姓，祗台德先，不距朕行"。[20]亭育：养育；培育。[21]丕恢：发扬光大。[22]圣度：帝王的气度。[23]寂敷：默默实施。[24]仰体：体察上情。[25]天心：上天。[26]曲轸：曲垂；垂念。[27]微衷：微小的诚意。常用作谦辞。[28]不忍限暄和于铜柱：不忍将忠心限制在交趾范围之内。暄和：太阳的温暖。此处借指忠心。《列子·杨朱》："昔者宋国有田夫，常衣缊黂，仅以过冬。暨春东作，自曝于日，不知天下之有广厦隩室，绵纩狐貉。顾谓其妻曰：'负日之暄，人莫知者。以献吾君，将有重赏。'"后遂以"负暄"或类似的"暄和"为向君王敬献忠心的典实。[29]作屏宠颁新命：因作中国的屏藩而受宠获得册封。[30]遂获登猥陑于宝书：于是有机会使我在诏敕中被提及。指被皇帝册封之事。猥陑：自我谦称。宝书：皇帝诏书、敕谕。[31]泰山沧海之难量，岂勺水涓尘之能极：皇帝的恩德就如高大的泰山和广阔的大海难以度量，勺中的水和微小的尘埃怎能与它们的广博宏大相比啊！[32]陶造：创造，塑造。[33]剧切戴亲：非常感戴亲人。[34]共球：珍奇异宝。[35]微仪：微小的礼物。[36]厘祝：不断祝贺。[37]翘望：仰首而望。形容盼望殷切。[38]仪物：用于礼仪的物品。

【简析】

乾隆五十四年（1789年）十月，清廷册封阮光平为安南国王之后，安南派遣使臣向清廷上表例行进贡。由于安南同时还进献了谢恩贡物，清廷把此次例贡抵作了下次正贡。

文书基本信息表

文书种类	表文	头辞	新封安南国王臣阮光平谨奏上言
发送者	安南国王阮光平	尾辞	谨奉表上进以闻
接受者	中国乾隆皇帝	正文文体	骈文体
纪年标准	中国纪年：乾隆五十四年	正文内容	
语言种类	古代汉语	用典来源	《尚书》、《左传》、《诗经》、《庄子》、《列子》

9. 乾隆五十六年（1791年）阮光平恭谢表文

安南国王臣阮光平稽首顿首谨奏：为恭谢天恩。臣上年趋觐，渥受恩荣。追奉遵旨回国，恋慕依依，钧韶[1]在仰。臣出关之日，奉有表函陈谢，幸蒙圣慈[2]垂眷，朱批臣表。内既奖臣以忠诚，又宠臣以"那能不日念之"之语。舟奉玉谕[3]云嘉平之吉[4]，特书大"寿"字赐臣以为新春吉庆，并加赏金线葫芦大荷包一对，小荷包四对，内分贮金钱二个，金八宝一分。又白玉鹅一件，汉玉象一件，珐琅金胎碗一件，珐琅海棠碗一对，奶饼一匣，奶皮一匣，果脯一匣。臣接奉广西抚部院陈送交到，登即焚香叩首，敬谨领受。窃恩臣忝备藩封，稠膺[5]优眷，有此名位邦家[6]，莫非天子之赐。臣前奉屡觐祝釐[7]，示其职分当然，尚恐未能少答仁慈万分之一。伏遇大皇帝陛下统宗三极[8]，表正万邦[9]。推安劝[10]之仁，起亲比[11]之义。鉴臣之一心恭恪，轸[12]臣之万里驰驱[13]，恩勤备至，体恤入微，无日不厪注[14]圣怀[15]。臣之所自勉以事君上者，忠诚而已。区区衷素[16]，得以上达宸聪[17]。奎文炳耀[18]，天旨温存。所谓莫若知之，古今罕匹。臣揣分扪衷[19]，莫能名极，惟有抒虔拱响，凛威颜于咫尺，奉宝训[20]以周旋[21]。臣既得之"忠诚"二字，请以此禔躬[22]，以此述职[23]，庶几无负论褒[24]为幸耳。臣南旋之后，重蒙恩赏骈蕃[25]，驰驿颁给，无异趋跄[26]。殿陛间煌煌"寿"字，宝墨飘香，为臣新春迎禧导祥之宝。钦惟圣人代天锡臣以"寿"，将永注南曹之篆[27]，增添东海之筹[28]。非特臣一人之庆，实臣家国之吉祉也。至于荷包八宝，褕袆[29]增华；玉器各色，球琅[30]绚彩。饫[31]尚方[32]之嘉品，浥[33]甘露[34]于清霄[35]，凡皆人世所难之珍，边陬不常见之物。臣何缘获此，忻忻[36]无涯。昨委臣国员目奉迎御批、御赐各件自南关回义安城。雨露沛来，江山妩媚，士庶环观，咸曰大皇帝恩施至于此极，莫不眉欢额庆，歌颂载途。矧臣躬被荣光，感激何以[37]！只惟拭目五云[38]，驰神九陛[39]，长祝圣寿无疆，流泽下国，将无穷已也。臣下情无任瞻天仰圣，感荷欢戴之至。谨奉表陈谢以闻。

乾隆五十六年三月十九日奉朱批：语皆出衷诚，欣悦览之。余有旨谕，将陈用敷办错处令妆知之，亦不必另谢恩也。钦此。①

【注释】

[1]钧韶：《韶》乐和钧天广乐。[2]圣慈：圣明慈祥。旧时对皇帝或皇太后的谀称。[3]舟奉玉谕：在船上接到皇帝的谕旨。阮光平往返过程中要经过很多水路，船只是阮光平在中国行程的重要交通工具。[4]嘉平之吉：腊月平安。嘉平：腊月的别称。[5]稠膺：多次承受。[6]名位邦家：名在属邦之列。[7]祝釐：祈求福佑，祝福。[8]三极：三才，天、地、人。《易·系辞上》："六爻之动，三极之道也。"[9]表正万邦：仪表堂正（才能使）万邦来朝。《书·仲虺之诰》："天乃锡王勇智，表正万邦。"[10]安劝：安抚勉励。《书·顾命》："柔远能迩，安劝小大庶邦。"[11]亲比：亲近依附。[12]轸：轸念。[13]驰驱：策马快跑；喻奔走效力。[14]厪注：厪念。[15]圣怀：皇上的心意。[16]衷素：又作衷愫。内心真情。[17]宸聪：皇帝的听闻。[18]奎文炳耀：御书文采灿烂。[19]揣分扪衷：抚心自省。[20]宝训：皇帝的言论诏谕。[21]周旋：古代行礼时进退揖让的动作。[22]禔（zhī）躬：安身，修身。[23]述职：古时诸侯向天子陈述职守。[24]论褒：嘉奖。[25]骈蕃：繁多。[26]趋跄：入朝做官，出仕。[27]永注南曹之篆：永载南国之史册。[28]增添东海之筹：增加福禄。[29]褕袆（yáo huī）增华：天朝服饰色彩华贵。褕：王后祭先公的祭服。袆：王后从王祭先王的祭服。王后的这两种祭服，均以五彩野鸡（翚翟）为图案，故曰"增华"。[30]球琅：美玉。球：通"璆"，美玉。琅：玉石。[31]饫（yù）：赐。[32]尚方：泛称为宫廷制办和掌管饮食器物的官署、部门。[33]浥（yì）：湿润。[34]甘露：甜美的露水。[35]清霄：天空。[36]忻忻：欣喜得意貌。[37]感激何以：怎样才能表达感激之情。[38]五云：五色瑞云。多作吉祥的征兆。[39]九陛：帝王宝座前的9级台阶，代指朝廷。

---

① 《古代中越关系史资料选编》，中国社会科学出版社1982年版，第480—482页。

【简析】

乾隆五十六年（1791年）正月，阮光平返回安南后，派遣使者上表谢恩。由于清廷日程安排以及信息传送、反馈的时间差，此次安南谢恩使节前往北京过程中多折返桂林一次。对这一过程，乾隆帝在谕旨中做了说明：

> 谕军机大臣等：安南国王阮光平于南旋后，接奉朱批嘉奖并御书大寿字、荷包、玉器等件，具表恭谢，情词肫挚，实皆出自衷诚。披览之余，深为欣悦。已于表内朱笔批示矣。前国王所遣进京谢恩使臣，朕因其入关尚早，程期尚宽，该陪臣等毋庸急于跋涉，降旨传谕广西巡抚陈用敷，令其知会前途，缓程行走，于七月交秋凉爽前赴避暑山庄，与蒙古王公等一同宴赉。此系朕特加体恤，令得缓行赴都，不致途中冒暑劳顿。及陈用敷接奉谕旨，陪臣已过桂林，即不必再令转回，徒劳往返。乃陈用敷拘泥前旨，辄令赶回省城，殊属错谬，已降旨训饬，将陈用敷交部议罪，并恐陪臣等不知原委，见巡抚已令起程，忽又追回，或致心生疑畏。谕令陈用敷将此事情节，向陪臣详悉告知。今再将朕前后降旨饬谕缘由，一并令该国王知之。表内称有"广西抚部院陈"字样，于陈用敷未经书名，其意自属尊重天朝。但君前臣名，汝既备列藩封，与督抚大员同系臣子，何有内外之分！嗣后对朕之言，均应直书督抚名姓，用符体制。汝益当恪恭侯服，励乃忠诚，以期永膺渥眷。所有朱批该国王表文，仍著发交阅看。该国王接奉此谕，不必另行缮表谢恩，副朕嘉惠远藩，优加体恤至意。①

文书基本信息表

文书种类	表文	头辞	安南国王臣阮光平稽首顿首谨奏
发送者	安南国王阮光平	尾辞	谨奉表陈谢以闻
接受者	中国乾隆皇帝	正文文体	
纪年标准	中国纪年：乾隆五十六年	正文内容	恭谢天恩
语言种类	古代汉语	用典来源	《易经》、《尚书》

10. 嘉庆七年（1802年）南越国长阮福映谢恩表文

兹钦仰王道荡平[1]，圣恩溥洽[2]，开阖关何言之。化天施地，生涵育昭；一视之仁，迩安远格[3]。臣不胜感激铭佩之至，谨奉表称谢者。伏以乾元资始[4]，普照通对至之尊亲[5]；皇极建中[6]，大华夏译鞮之怙冒[7]。朔南咸暨[8]，陬澨[9]均沾。钦惟纲纪四方，仪型[10]万国，神其化不遗于成物[11]，故以字大则大畏，字小则小怀，一哉！心无息于政

---

① 《清高宗实录》卷一三七五，乾隆五十六年三月癸巳条。

民[12],虽未施敬而敬同,未施爱而爱合[13]。岂意区区小壤,独蒙湛湛洪恩。矜[14]臣未入职方[15],照临及远离之将士,俾臣遥承恩宠,荣幸标新,构之家邦,沐天沾而喜溢寰瀛[16],叨帝眷而梦驰阊阖[17]。臣敢不倾心向日,翘首望云[18]。沾膏泽于遐边,实重荷[19]柔远绥方之德;仰威颜于咫尺,愿永输畏天事大之忱[20]。臣下情无任瞻天仰圣,急切屏营之至。谨奉表称谢以闻。①

【注释】

[1] 王道荡平:帝王仁德浩荡中正,无敌于天下。[2] 溥洽:周遍、广博。[3] 迩安远格:近处安定,远人来朝。格:来,至。[4] 乾元资始:蓬勃盛大的乾元之气是万物创始化生的动力。《易·乾》:"大哉乾元,万物资始。"[5] 普照通对至之尊亲:普天之下,日月所照,人力所通,霜露所坠,舟车所至,凡有血气者莫不亲近圣人。对:通"坠"。《礼记·中庸》:"唯天下至圣,为能聪明睿知,足以有临也;宽裕温柔,足以有容也;发强刚毅,足以有执也;齐庄中正,足以有敬也;文理密察,足以有别也。溥博渊泉,而时出之。溥博如天,渊泉如渊。见而民莫不敬,言而民莫不信,行而民莫不说。是以声名洋溢乎中国,施及蛮貊。舟车所至,人力所通,天之所覆,地之所载,日月所照,霜露所队,凡有血气者,莫不尊亲,故曰配天。"[6] 皇极建中:帝王统治天下的准则是大中至正之道。《书·洪范》:"皇极,皇建其有极。"[7] 大华夏译鞮(dī)之怙冒:重视让中、外同被天子恩泽。译鞮:此处泛指四夷。怙冒:犹丕冒,谓广被。《礼记·王制》:"五方之民,言语不通,嗜欲不同。达其志,通其欲,东方曰寄,南方曰象,西方曰狄鞮,北方曰译。"[8] 朔南咸暨:传播文明于南方。《书·禹贡》"东渐于海,西被于流沙,朔南暨,声教讫于四海。"[9] 陬澨:山陬海澨;偏远处。[10] 仪型:同"仪刑"。做典型,做楷模。[11] 神其化不遗于成物:上天神奇的化育不遗漏任何一物。《易·系辞上》:"范围天地之化而不过,曲成万物而不遗。"[12] 心无息于政民:永不停息的诚心使百姓明显能感觉到。《中庸》:"故至诚无息,不息则久,久则征,征则悠远,悠远则博厚,博厚则高明。博厚,所以载物也;高明,所以覆物也;悠久,所以成物也。博厚配地,高明配天,悠久无疆。如此者,不见而章,不动而变,无为而成。"[13] 未施敬而敬同,未施爱而爱合:圣人没要求百姓去敬重而百姓却能自发地敬重,没要求百姓去爱戴而百姓却能自发地爱戴。《礼记·檀弓下》:"夏后氏未施敬于民而民敬之,何施而得斯于民也?对曰:墟墓之间,未施哀于民而民哀;社稷宗庙之中,未施敬于民而民敬。"[14] 矜:矜念。[15] 职方:天子属国。[16] 寰瀛:陆地和海洋;全世界。[17] 阊阖:天门;皇宫正门。《楚辞·离骚》:"吾令帝阍开关兮,倚阊阖而望予。"[18] 翘首望云:抬头盼望。望云:仰望白云。比喻仰慕君主。《史记·五帝本纪》:"帝尧者,放勋。其仁如天,其知如神;就之如日,望之如云。"[19] 重荷:深深地承受。[20] 畏天事大之忱:敬畏天道和事大的诚心。《孟子》:"以大事小者,乐天者也;以小事大者,畏天者也。乐天者保天下,畏天者保其国。"

【简析】

嘉庆七年(1802年),南越国王阮福映派遣使者前往中国要求承认其政权。清廷随即满足了阮福映的要求。为此,阮福映呈递谢恩表文,感谢中国政府的承认。

---

① 张荫桓:《张荫桓日记》,上海书店出版社2004年版,第126页。

文书基本信息表

文书种类	表文	头辞	
发送者	越南国长阮福映	尾辞	谨奉表称谢以闻
接受者	中国嘉庆皇帝	正文文体	骈体文
纪年标准	中国纪年：嘉庆七年	正文内容	感谢清朝政府对其新政权的承认
语言种类	古代汉语	用典来源	《易经》、《礼记》、《尚书》、《孟子》、《史记》

11. 嘉庆七年（1802年）南越国国长阮福映求封表文

南越国国长臣阮福映稽首顿首谨奏：为冒沥[1]远忱，仰干[2]睿鉴[3]事由。臣本国颠末[4]事情具在求封表内，不敢赘渎[5]。窃念臣之先祖，辟土炎郊[6]，日以浸广[7]，奄有[8]越裳[9]、真腊[10]等地方，因建国号"南越"，父传子继，二百余年。兹臣遥仗天威，扫清南服[11]，有此疆宇，亦由先祖肇基南越之所自也。臣自惟缔造伊始，实切兢惶[12]。谨遣陪价[13]恭递菲仪[14]，诣关候进[15]，以白畏天服事之诚[16]。伏望圣聪曲垂[17]轸顾[18]，锡以荣封，兼赐国号"南越"，俾臣赖得荷殊恩，继先志，奠安[19]南服，永保藩封。仰大皇帝帱覆[20]柔怀之德，感佩于无穷矣。臣不胜惶恐战栗待命之至。谨奉表以闻。①

【注释】

[1]冒沥：冒昧表达。[2]仰干：冒犯上级。[3]睿鉴：御览；圣鉴。[4]颠末：本末；前后经过情形。[5]赘渎：烦扰；啰唆。[6]炎郊：南方炎热的边区。[7]日以浸广：逐渐扩展。[8]奄有：全部占有。多用于疆土。[9]越裳：古南海国名。《后汉书·南蛮传》："交趾之南，有越裳国。周公居摄六年，制礼作乐，天下和平，越裳以三象重译而献白雉。"[10]真腊：中国古籍中用以称7世纪至17世纪吉蔑王国，位于柬埔寨。[11]南服：南部服属。[12]实切兢惶：的确惊惧惶恐。[13]陪价：随从人员。[14]菲仪：谦辞，菲薄的礼物。[15]诣关候进：到达镇南关前等候批准进关。[16]以白畏天服事之诚：用来表白敬畏天道和事大的诚心。[17]曲垂：敬辞。用于称君上的颁赐。犹言俯赐；俯降。[18]轸顾：轸念顾惜。[19]奠安：安定。[20]帱覆：覆被；施恩，加惠。

【简析】

嘉庆七年（1802年）十一月，阮朝国王阮福映向清廷呈递请封表文。

嘉庆七年（1802年）八月，阮福映进攻升隆城，阮光缵败走被擒。阮福映缚送莫观扶等3名中国海盗头目来粤，并献其攻克富春时所获阮光缵封册、镀金印，奉表投诚。莫观扶等皆中国盗犯，受安南招抚，被封为东海王及总兵等职务。嘉庆帝以"从前阮光平款

---

① 《古代中越关系史料选编》，中国社会科学出版社1982年版，第492页。

阙内附,恩礼有加,阮光缵嗣服南交,复颁敕命,俾其世守勿替。乃薮奸窝盗,肆毒海洋,负恩反噬,莫此为甚!且印信名器至重,辄行舍弃潜逃,罪无可逭!其命两广总督吉庆赴镇南关备边,俟阮福映攻复安南全境以闻。"① 嘉庆七年(1802年)十一月,阮福映遣使上表入贡,声称其国本古越裳之地,今兼并安南,不忘世守,请求国号"南越"。

对于阮福映请求赐以"南越"国号,清廷认为此"南越"国号与汉代赵佗建立的中国地方政权"南越"相混淆。"南越"地理范围所包甚广,中国两广地区皆在其内,这一国号隐隐包含着对中国境内国土拥有历史主权的含义。因此,清廷拒绝给予阮福映"南越"国号,而赐以"越南"国名。"越南"名称不仅意指"中国古代百越地区之南",也指该国拥有古代"越裳"和"安南"两部分。越南这一名称沿用至今。

文书基本信息表

文书种类	表文	头辞	南越国国长臣阮福映稽首顿首谨奏
发送者	越南国长阮福映	尾辞	谨奉表以闻
接受者	中国嘉庆皇帝	正文文体	
纪年标准	中国纪年:嘉庆七年	正文内容	请求天朝册封并赐国号"南越"
语言种类	古代汉语	用典来源	

12. 嘉庆十四年(1809年)越南国王阮福映庆贺表文

越南国王臣阮福映稽首顿首,谨上言:兹仰见中天[1]日丽,南极呈辉。闾阖[2]开而瑞彩辉煌,纶绋[3]布而颂声洋溢。臣诚欢诚忭,谨奉表称贺者。伏以九重渊穆[4],教声遍东西朔暨南;百福绥将[5],大德得位禄名而寿[6]。筹添海屋[7],星共宸垣。钦惟大皇帝陛下,时勑虞几[8],日新汤德[9]。授受一堂[10],明大统石钧[11],承典则之贻[12];绥和八表[13],扇淳风标准[14],建荡平之极[15]。盛美难名后德[16],崇成[17]丕迓[18]天休。五旬初报,仙龄如日方升,稠叠[19]之春秋正富;万纪永延,圣算[20]与天齐寿,怡愉[21]之岁月常新。谦恭致谨操存,焕发覃敷惠泽。臣虔供职贡,仰荷骈蕃[22]。捧龙章[23]而弥切望云[24],乐睹一人有庆;通雉译[25]而永怀倾日,长歌万寿无疆。臣下情无任瞻天仰圣,欢忭颂祷之至。另具庆贺仪物[26]并奏事表一折,委陪臣武桢等赴阙奏进外,谨奉表称贺以闻。

嘉庆十四年五月十日②

【注释】

[1]中天:天空;天顶。[2]闾阖:天门;皇宫正门。[3]纶绋:代指皇帝的诏令。[4]渊穆:极其

---

① 《清史稿》卷一二七,列传三一四。
② 李光涛:《明清档案存真选辑》三集,台湾"中研院"史语所,1975年,第187—188页。

美好;深沉。[5]百福绥将:拥有各种福禄。绥:安;将:扶助。《诗·周南·樛木》:"南有樛木,葛藟累之;乐只君子,福履绥之。南有樛木,葛藟荒之;乐只君子,福履将之。南有樛木,葛藟萦之;乐只君子,福履成之。"[6]大德得位禄名而寿:有崇高品德的人必然能得到与之相应的社会地位,必然得到丰厚的俸禄,必然得到美好的名誉,必然得到长久的寿命。《中庸》:"大德必得其位,必得其禄,必得其名,必得其寿。"[7]筹添海屋:原指长寿,后为祝寿之词。《东坡志林》卷二:"尝有三老人相遇,或问之年。一人曰:'吾年不可记,但忆少年时与盘古有旧。'一人曰:'海水变桑田时,吾辄下一筹,尔来吾筹已满十间屋。'一人曰:'吾所食蟠桃,弃其核于昆仑山下,今已与昆山齐矣。'以余观之,三子者与蜉蝣朝菌何以异哉?"[8]时勒虞几:奉正天命以临民,惟在顺时,惟在慎微。《书·益稷》:"敕天之命,惟时惟几。"[9]日新汤德:德行日日更新。《书·仲虺之诰》:"德日新,万邦惟怀。志自满,九族乃离。"[10]授受一堂:此处指乾隆帝禅让嘉庆帝之帝位后,共同治理国家。[11]明大统石钧:明确了帝位传承的大业。[12]承典则之贻:继承前人留下的典则。《书·五子之歌》:"明明我祖,万邦之君,有典有则,贻厥子孙。"[13]绥和八表:安抚边远地区。[14]扇淳风标准:推广敦厚古朴的风俗制度。[15]建荡平之极:建立太平标准。[16]盛美难名后德:即使使用最好的赞美词汇也难以形容这种大德、厚德。[17]崇成:伟大的成就。《荀子·修身》:"累土而不辍,丘山崇成。"[18]丕迓:盛大迎接。[19]稠叠:稠密重迭;密密层层。[20]圣箅:圣寿。[21]怡愉:喜悦;和悦。[22]帡幪:覆盖;庇荫。[23]龙章:皇帝的诏敕。[24]望云:仰望白云。谓仰慕君王。[25]雉译:远方地区。《尚书大传》:"周成王时,越裳氏来献白雉。"[26]仪物:用于礼仪的物品。

【简析】

嘉庆帝生于乾隆二十五年(1760 年)十月初六日。嘉庆十四年(1809 年)为嘉庆皇帝五十寿辰之年,越南国王为此向清廷呈递庆贺表文。

文书基本信息表

文书种类	表文	头辞	越南国王臣阮福映稽首顿首,谨上言
发送者	越南国王阮福映	尾辞	谨奉表称贺以闻
接受者	中国嘉庆皇帝	正文文体	骈文体
纪年标准	中国纪年:嘉庆十四年	正文内容	庆贺嘉庆皇帝五十寿辰
语言种类	古代汉语	用典来源	《诗经》、《礼记》、《尚书》

13. 同治十二年(1873 年)越南国王阮福时进贡表文

越南国王臣阮福时稽首顿首,谨上言:兹仰见萱阶[1]日煦,桂甸[2]风清。仰天闱[3]而葵藿遥倾[4],瞻王会[5]而梯航恐后。谨奉表上进者。伏以皇畴建五[6],庶邦[7]翘[8]安劝[9]之仁;使驿重三[10],下国效宾从之款[11]。寻常雉贶[12],咫尺螭坳[13]。钦惟大皇帝陛下汤德懋昭[14],尧勋光被[15]。六御辰居极北[16],合遐迩为一家一人;四敷文命暨南[17],公覆载于所通所至。波不扬于周海[18],共毕受于商畿[19]。念臣忝守[20]炎邦[21],世承藩服。久怡[22]同文之化,凤敦[23]述职[24]之虔。土物非藏[25],上届幸停留抵[26];庭香惟谨[27],下情获遂瞻依[28]。臣凭仗宠灵[29],恪修职贡[30]。式金式玉[31],遵王度以不违[32]；维翰维屏[33]，迓天庥于无斁[34]。臣不胜瞻天仰圣，激切屏营之至。除另具岁贡品仪[35]，交陪臣潘仕俶、何文关、阮修等赍递上进外，谨奉表随进以闻。

恭进今年癸酉岁贡品物：象牙一对，犀角二座，土绸一百匹，土纨一百匹，土绢一百匹，土布一百匹，沉香三百两，速香三百两，砂仁米四十五斤，槟榔四十五斤。①

【注释】

[1]萱阶：长着瑞草萱葖的帝尧台阶。[2]桂甸：生长桂树的南方边远地方。[3]天阊：天上的门；皇宫的大门。[4]葵藿遥倾：像葵藿一样从遥远的地方献忠心。[5]王会：旧时诸侯、四夷或藩属朝贡天子的聚会。[6]皇畴建五：天子建立最高权威的首要方法是将长寿、富贵、健康安宁、遵行美德、高寿善终这五类人间幸福赐给百姓。《书·洪范》："皇建其有极，敛时五福，用敷锡厥民。"[7]庶邦：诸侯众国。[8]翘：热盼。[9]安劝：安抚勉励。[10]使驿重三：使者从遥远的地方经过辗转翻译前来进贡。[11]效宾从之款：效归顺之诚。[12]寻常雉赆：平常微薄的贡物。[13]螭坳（chī ào）：宫殿螭阶前坳处。朝会时于殿下值班史官所站的地方。螭：古代传说中一种没有角的龙。古建筑或器物、工艺品上常用它的形状作装饰。[14]汤德懋昭：像商汤那样美好的德行特别显著。[15]尧勋光被：帝尧功勋播及四方。[16]六御辰居极北：天子居住在中心。[17]四敷文命暨南：文德教命传播四方并惠及南方。[18]波不扬于周海：海不扬波。[19]共毕受于商巇：天子接受全部贡物。共：通"珙"，美玉。商巇：代指中国。[20]忝守：勉强守卫。[21]炎邦：炎热地区。[22]久恰：长久以来沐浴。[23]凤敦：一直敦厚。[24]述职：古时诸侯向天子陈述职守。[25]土物非藏：土产物质量不好。[26]上届幸留抵：上届的贡物有幸被留下作为下届的抵贡品。[27]庭香惟谨：法度严谨的朝廷。[28]瞻依：瞻仰依恃。表示对尊长的敬意。《诗·小雅·小弁》："靡瞻匪父，靡依匪母。"[29]宠灵：恩宠光耀；使得到恩宠福泽。[30]职贡：藩属或外国对朝廷按时的贡纳。[31]式金式玉：进献黄金和宝玉。[32]遵王度以不违：遵守王法不违背。[33]维翰维屏：屏翰。[34]无斁：无终，无尽。[35]品仪：礼品。

【简析】

同治十二年（1873年），越南国王阮福时向清廷呈递例行进贡表文。

对于越南国王这份进贡表的文采，清代陈其元评价说："同治十二年，越南国王遣使上表进贡。表文用俪体，选词颇佳。"②

文书基本信息表

文书种类	表文	头辞	越南国王臣阮福时稽首顿首，谨上言
发送者	越南国王阮福时	尾辞	谨奉表随进以闻
接受者	中国同治皇帝	正文文体	骈文体
纪年标准	中国纪年：同治十二年	正文内容	例行进贡
语言种类	古代汉语	用典来源	《尚书》、《诗经》

---

① 陈其元：《庸闲斋笔记》卷五，中华书局1989年版，第111—112页。
② 陈其元：《庸闲斋笔记》卷五，中华书局1989年版，第111页。

二、奏本例析

1. 康熙六年（1667年）安南国王黎维禧奏本

安南国王黎维禧谨奏：……

奉上进贡表文一道。

岁贡方物金炉花瓶四付，该重二百九两；银盆十二口，该重六百九十一两；沉香九百六十两，速香二千三百六十八两；降真香三十株，该重二千四百斤；白木香五十件，该重一千斤；中黑线香八千株；白色土绢二百匹，每匹长四十尺；犀角二十座，该重二十七斤八两；象牙二十枝，该重三百八十斤。

差遣二十一员名，陪臣三员：阮润、郑时济、黎荣。管通事一员：阮勘滨。通事一名：阮勘福。行人四名：阮成珍、范廷寔、李璘、谭有榜。随人一十二名：……

右谨奏。

康熙六年七月初二日，安南国王黎维禧谨奏。①

【简析】

康熙六年（1667年），安南国王向清廷呈递例行进贡的奏文。

文书基本信息表

文书种类	奏本	头辞	安南国王黎维禧谨奏
发送者	安南国王黎维禧	尾辞	右谨奏
接受者	中国康熙皇帝	正文文体	
纪年标准	中国纪年：康熙六年	正文内容	例行进贡
语言种类	古代汉语	用典来源	

2. 康熙四十二年（1703年）安南国王黎维禛进贡奏本

安南国王臣黎维禛谨奏：为奉贡事。臣叨[1]司藩[2]复，谨守国规，六年两贡，一惟常度[3]是遵。康熙四十一年正当奉贡之期，臣与臣国辅国政臣郑椿预整岁贡二部仪物[4]，遴委陪臣即随行员名五。臣先具公文投诸左江道台，请至冬节起程。幸蒙转详题达。钦蒙天旨，谕允奉有总督部院公文明报，准部复转行该国，将岁贡二部仪物，冬节令其恭进，即便钦遵等语。臣于此谨差员目阮世播、范光宅、黎英俊等先诣南关投文叩请，蒙督抚部院列位会疏题报，臣即委差员目搬运仪物，候于关外。康熙四十二年二月十五日，蒙督抚部

---

① 《古代中越关系史料选编》，中国社会科学出版社1982年版，第498—499页。

院委差左江道同南太思府会同验明赐进，今臣谨具奏闻。

一、奉上进表文一通。

一、奉贡方物：金香炉花瓶四副，该重二百九两；银盆一十二口，该重六百九十一两；沉香九百六十两；速香二千三百六十八两；犀角六十座，该重二十七斤八两；象牙二十枝，该重三百八十斤。

一、差遣十四员名。陪臣二员：阮行、阮当襃；行人四名：吴威重、阮寿祯、阮高、练公廉；随人八名：吴恺、范增光、武廷福、段廷祯、阮光运、阮惟贤、阮世胄、吴有晟。

自"为"字起，至"晟"字止，该四百五字，字纸一张。

右谨奏闻。

康熙四十二年二月十五日，安南国王臣黎维禛谨奏。①

【注释】

[1]叨：承蒙。[2]司藩：古代官署名。主管民族和属国事务。[3]常度：固定的法度。[4]仪物：用于礼仪的物品。

【简析】

康熙四十二年（1703年），安南国王向清廷呈递例行进贡奏文。

文书基本信息表

文书种类	奏本	头辞	安南国王臣黎维禧谨奏
发送者	安南国王黎维禛	尾辞	右谨奏闻
接受者	中国康熙皇帝	正文文体	
纪年标准	中国纪年：康熙四十二年	正文内容	例行进贡
语言种类	古代汉语	用典来源	

3. 雍正二年（1724年）安南国王黎维裪谢恩奏本

安南国王臣黎维裪谨奏：为叩谢天恩事。康熙五十九年，臣遣陪臣胡丕绩等赍捧表文、方物入贡并恭谢免进象牙、犀角及册封、赐恤天恩。蒙圣祖仁皇帝增赐缎匹，陪臣、行随并邀加赏，臣祗荷隆恩，不胜戴感。拟即差来叩谢。臣先具公文投报两广总督，乞为题请。雍正元年五月 日，臣接咨来准部咨查例内，臣国凡谢恩进献礼物，俱于正贡之年一同附进。今雍正元年系臣国三年一次之贡期，恭逢皇上诞膺[1]大宝[2]，万国尊亲，应如臣所请，准其遣使赴京叩谢并三年一次之贡仪[3]，一体举行。臣钦遵上命。臣与臣国辅国

---

① 《明清史料》（庚编）上册，中华书局1987年版，第81页。

政臣郑植缮整仪物[4]，遴委陪臣即行随等员名，俟期赍进。臣谨委员目苏世辉、阮审、杨弼擢等迅诣南关投文，请于今年十二月 旬启程，即委差员目搬运仪物于关外等候。雍正二年正月二十二日，蒙督抚委员验明赐进。臣谨差陪臣阮辉润、范廷镜等赍捧谢仪[5]方物并同贡仪，一体赴京上进。所有表文并方物数目，理合开列于后。今臣谨具奏闻。

一、奉进表文一通。

一、谢恩方物：金香炉花瓶一副，该重五十七两五钱，折作金子六锭；银鹤银台各一个，该重四十九两四钱，折作银子五锭；银香炉花瓶一副，该重五十两四钱，折作银子五锭。沉香三十斤，速香六十斤，漆扇一百把。

自"为"字起，至"把"字止，该四百十五字，纸一张。

右谨奏闻。

右具开册。

雍正二年正月二十二日，安南国王臣黎维祹谨奏。①

【注释】

[1]诞膺：承受天命或帝位。《书·武成》："我文考文王，克成厥勋，诞膺天命，以抚方夏。"[2]大宝：帝位。[3]贡仪：进贡物品。[4]仪物：用于礼仪的物品。[5]谢仪：谢恩礼物。

【简析】

雍正二年（1724年），安南国王呈递奏文，例贡清廷并谢恩。

该奏疏原件现收藏于台湾"中研院"史语所内阁档案大库，纵39.3厘米，横224.5厘米。

文书基本信息表

文书种类	奏本	头辞	安南国王臣黎维祹谨奏：为叩谢天恩事
发送者	安南国王黎维祹	尾辞	今臣谨具奏闻
接受者	中国雍正皇帝	正文文体	
纪年标准	中国纪年：雍正二年	正文内容	例贡并谢恩
语言种类	古代汉语	用典来源	《尚书》

4. 乾隆五十四年（1789年）安南国小目阮光平奏本

安南国小目臣阮光平谨奏：为仰干天听事。臣钦奉敕书，宣谕不咎既往，嘉与维新。并谕以乾隆五十五年圣寿八旬祝釐[1]大典，赐进京瞻觐，以遂瞻云就日之私。臣庄诵[2]纶音，敬恭高捧。圣德如天，鉴臣微诚，不以伧荒[3]赐隔，将列之明堂[4]。故颁下朝觐之

---

① 李光涛：《明清档案存真选辑》初集，台湾"中研院"史语所，1959年，第227—229页。

第四章 清代中国与越南的朝贡文书研究

礼，臣诚欢诚忭，无任感激。钦惟大皇帝陛下德迈羲炎[5]，道隆轩昊[6]。五十余年太平天子，盛治备福[7]，旷古所无。臣生长广南，虽其地不与中华通，而闽广海舶往来络绎。窃尝稔闻[8]中国文物声容之盛，尤仰望大皇帝仁义道德之隆。臣诚愿谱在宝书，瞻荷表而望□窣。华身[9]亲见，之之为幸，而匪直以海不扬波为中国有圣之验也。今钦赐瞻觐天颜，祝釐上寿，希奇之遇，何幸如之。臣于臣亲侄阮光显款关代躬行礼，实曾恩封以王爵，世世子孙长守安南，仰见圣人之心，天地父母之为量。臣揣分知踰[10]，不胜忻庆。惟是朝贺大礼，庶邦君长咸在，臣□眷列诸王会，局蹐[11]无地，愧惧交关。又臣本国自黎祚告终，干戈旁午[12]，民坠涂炭。旌倪[13]皇皇，日颙[14]绥辑，幸得早有系属，即国内日就和宁。伏望圣德洞烛微情，特格加恩假臣封号，臣奉有名分，得以凭借天宠，鸠集[15]小邦，实蒙圣天子覆载生成之德。自臣及其子孙世守南服[16]，为天朝之藩屏。惟有恭顺一念，铭佩天恩于无穷也。臣遥瞻绛阙，仰望慈恩，不胜激切屏营之至。谨奏以闻。①

【注释】

[1]祝釐：祈求福佑，祝福。[2]庄诵：庄严诵读。[3]伧荒：泛指荒远僻陋之地。晋、南北朝时，南人讥北地荒远、北人粗鄙，称之为"伧荒"。[4]明堂：古代帝王宣明政教的地方。凡朝会、祭祀、庆赏、选士、养老、教学等大典，都在此举行。《孟子·梁惠王下》："夫明堂者，王者之堂也。"[5]德迈羲炎：德行超过上古圣王伏羲和炎帝。[6]道隆轩昊：道德超过上古圣王轩辕和少昊。[7]备福：多福。[8]稔闻：素有耳闻。[9]华身：使自身荣华。[10]揣分知踰：把握分寸，不越过界限。[11]局蹐：形容谨慎恐惧的样子。[12]旁午：交错；纷繁。[13]旌倪（qiàn）：牛尾和雉羽制成的旗子。[14]日颙：每天盼望。[15]鸠集：聚集；搜集。[16]南服：南部服属。

【简析】

乾隆五十四年（1789年），阮光平上奏清廷，对清廷宣布不责其罪进行谢恩，恳请清廷早日册封其为国王。该奏本（见图4.2）现藏台湾"中研院"史语所。

图4.2 乾隆五十四年（1789年）安南国小目阮光平奏本残件

---

① 李光涛：《明清档案存真选辑》初集，台湾"中研院"史语所，1959年，第245—246页。

文书基本信息表

文书种类	奏本	头辞	安南国小目臣阮光平谨奏：为仰干天听事
发送者	安南阮光平	尾辞	谨奏以闻
接受者	中国乾隆皇帝	正文文体	
纪年标准	中国纪年：乾隆五十四年	正文内容	谢恩并请求册封
语言种类	古代汉语	用典来源	

5. 乾隆五十四年（1789年）安南国王阮光平谢恩奏本

新封安南国王阮光平谨奏：为恭谢圣恩，敬陈下悃[1]，仰祈睿鉴[2]事。臣安南五服之外屏[3]也，自前代丁氏，启宇[4]内属[5]受封，从此世代相因，迭膺[6]封爵之命。然而地僻桂郊[7]，天远枫陛[8]，因以化外外之。宋皇所赐黎王桓之书，元、明所征陈王烜之诏，十年信史，事尤可征。大抵秋肃之意多，春温之泽少。只以函封请命，姑赐回容[9]。固未有恩施稠叠[10]，珍珠偕玉谕[11]而宠颁；宸翰[12]辉煌，御书并敕书而荣锡，如今日大皇帝之隆恩与臣光平此番之遭遇者也。臣本广南之田舍子[13]尔，天造草昧于黎[14]。强臣构乱，沦胥以败[15]，交南无主，臣幸为同志[16]所推，叩阙请命，虽有悃恭一念之诚，而未得展出入三觐[17]之敬。臣所遣亲侄阮光显，赍进投顺之表，身未及阙而恩赐已施。臣嗣遣家臣黄道秀，献上谢恩表文，方当候命在关，而宠纶旋降。臣伏读前、后敕书，圣诏谆谆以顺天而行。播诸温谕，圣人之心即天也。栽培倾覆[18]，大都顺其自然；造化生机，尽于贞下起元[19]。点出继于手串之珠，天子将赐履[20]焉。欲其合璧联珠，旋绕北辰，而有绵延不穷之象也。御赐之诗谆切，以"守封疆"、"传子孙"为训，而且勉之以"钦久道"、"凛持盈"[21]，尤欲其就业持守，祗承[22]天麻，以长守南服[23]之侯度[24]也。夫春秋之义大一统，圣天子一视同仁，并包遍覆，恩泽所加，声教所暨，即胥敖蓬艾[25]咸在盖容[26]亭育[27]之中。顾臣实寡昧[28]，膺此荣光，由本国黎、陈以上，迄于貉龙建国之初[29]，创见而旷闻[30]，何以答高厚始生之万一。臣自闻封旨，即由乂安起程，感激欢欣，急愿早承恩命，适劳顿感寒，旧病复作。伏念臣谬膺封爵，即为南服藩屏，若不自爱其身，病势增剧，是在臣家国为小，而辜负大皇帝如天之恩，负罪益重。用敢[31]禀明调治，另改宣封日期。焦急呻吟中，感念无量天恩，实为至优极渥[32]，沦肌浃髓[33]，夙恙顿除，于十月十五日敬谨领受御诗、敕书，从此司牧[34]南交[35]。臣世世子孙，恪遵圣训，永奉大清。臣以西山布衣荣膺封号，自问无可报答。惟于明年三月上旬，起身赴京，瞻仰天颜，恭祝大皇帝八旬万寿，并得日聆训谕，稍知政治之本，遵奉施行。俾举国臣庶蒙庥，实臣之大愿望也。臣仰感隆恩，俯摅衷素[36]，谨奉遴选家臣阮宏匡、宋名朗、黎梁慎等，赍进谢恩表文并谢仪，款关奉进。再奉：查照向例，今年正值臣国岁贡之期，任土之礼不敢稽旷[37]。谨奉遣家臣陈登大、阮止信、阮偍等，将贡仪一并恭进至关。伏望圣恩曲垂[38]矜字[39]，准赐臣所遣行价[40]等名，恭诣阙庭瞻觐，并将谢仪、贡仪上进。庶得恪守旧章，永覃[41]新泽，无缺共球[42]之职，不坠屏翰之修。臣下情无任瞻天仰圣，激切愿望之至。①

---

① 《〈同文汇考〉中朝史料》（四），吉林文史出版社2005年版，第538—539页。

【注释】

[1]下悃：臣下的忠诚。[2]睿鉴：御览；圣鉴。[3]五服之外屏：五服之外的地区。[4]启宇：初创，开始。[5]内属：归附朝廷为属国或属地。[6]迭膺：多次承受。[7]桂郊：生长桂树的南方边远地方。[8]枫陛：朝廷。陛为皇宫的台阶，代指皇宫。[9]回容：曲法宽容。[10]稠叠：深厚又数量多。[11]玉谕：皇帝的谕旨。[12]宸翰：帝王的墨迹。[13]田舍子：农家人。有时含有轻蔑意。此处为谦辞。[14]天造草昧于黎：从黎朝统治下的安南自然生成。天造草昧：指天地之始，万物草创于混沌蒙昧之中；草创之时。《易·屯》："天造草昧。"[15]沦胥以败：相率衰败、陈腐。沦胥：相率牵连；泛指沦陷、沦丧。《诗·小雅·小旻》："如彼泉流，无沦胥以败。"[16]同志：志同道合的人们。[17]出入三觐：以隆礼觐见天子。《左传·僖公廿八年》："受策以出，出入三觐。"[18]栽培倾覆：培植善者，倾覆恶类。[19]贞下起元：贞之后又重新起元。表示天道人事的循环往复，周流不息。《易·乾》："元亨利贞。"[20]赐履：君主所赐封地。履：所践履之界。《左传·僖公四年》："赐我先君履，东至于海，西至于河，南至于穆陵，北至于无棣。"[21]御赐之诗谆切，以"守封疆"、"传子孙"为训，而且勉之以"钦久道"、"凛持盈"：此处引述乾隆御制诗相关词句："守封疆勿滋他族。传子孙恒奉大清。幸沐天恩钦久道。不遑日监凛持盈。"[22]祗承：敬奉。[23]南服：南部服属。[24]侯度：为君之法度。[25]胃敖蓬艾：野蛮国家。胃敖：尧时代的两个东方国家。蓬艾：蓬蒿与艾草。亦泛指丛生的杂草，也借指荒蛮之地。《庄子·逍遥游第一》："故昔者尧问于舜曰：'我欲伐宗、脍、胃、敖，南面而不释然。其故何也？'舜曰：'夫三子者，犹存乎蓬艾之间。若不释然，何哉？昔者十日并出，万物皆照，而况德之进乎日者乎！'"[26]盖容：覆盖容纳。[27]亭育：养育；培育。[28]寡昧：知识浅陋，不明事理。[29]貉(mò)龙建国之初：貉龙创立国家之初。貉龙传说为越南建立国家的始祖，为炎帝后裔。据《岭南摭怪》首篇《鸿厖传》记载，炎帝神农氏三世孙帝明南巡五岭与婺仙女生禄续，封禄续为"泾阳王"以治南方，泾阳王娶洞庭龙女生"貉龙君"，貉龙君与姬姬生百卵百男，姬姬与五十男居于峰州，自推其长者为王，号雄王，"其国东平南海，西抵巴蜀，北至洞庭，南至狐孙国（今占城国也）"。[30]创见而旷闻：首次见到和很少听到。[31]用敢：因此才敢于。[32]极渥：极其优渥。[33]沦肌浃髓：透入肌肉和骨髓。比喻感受极深刻。[34]司牧：管理，统治。[35]南交：交趾。[36]衷素：内心真情。[37]稽旷：稽时旷日，拖延。[38]曲垂：敬辞。用于称君上的颁赐。[39]矜字：矜恤字小。[40]行价：使者。[41]永覃：永远获得布施。[42]共球：珍奇异宝。

【简析】

阮光平在乾隆五十四年（1789年）十月接受册封之后，上奏谢恩并例行进贡。

文书基本信息表

文书种类	奏本	头辞	新封安南国王臣阮光平谨奏
发送者	安南国王阮光平	尾辞	
接受者	中国乾隆皇帝	正文文体	骈文体
纪年标准	中国纪年：乾隆五十四年	正文内容	感谢册封并例行进贡
语言种类	古代汉语	用典来源	《易经》、《诗经》、《左传》、《庄子》

6. 乾隆五十六年（1791年）阮光平谢恩奏文

安南国王臣阮光平稽首顿首，谨奏：为遵旨回国恭谢天恩事。臣自瞻觐天颜，稠沾[1]恩渥[2]，隆施异数[3]，亘古希闻。既自恩赐南旋，圣慈[4]至垂[5]，体念[6]越千重之山水，而嘉珍赏赐如在承明[7]。至于在道兴居[8]，督抚堂官，仰奉德意，管顾周全，一路极其妥适，眷怜优厚，种种莫可形容。臣仰邀天宠，获保康强[9]，已去年十一月二十九日出关，十二月二十日回到臣国之义安城。仰蒙太皇帝圣泽覃敷[10]，仁风[11]浃洽[12]，臣之国内四境宁贴[13]，五谷丰登。想天府之所自来，惟感颂帝德之广运，与臣民同载日月之光华也。至臣深情、尤所感激铭镂及意料所不到者，臣之亲赴阙庭，展觐[14]祝釐[15]，诚欲借葵向[16]之忱，庶可答天恩万分之一。而臣之国人见臣起身入觐，乃本国前姓李、陈、黎所未有之事，辄敢妄意猜度，间有浮言！钦惟大皇帝陛下天地为心，山海其量，无微不烛，极深研几[17]。鉴臣之诚，赐臣回国之早，非惟彰大信于天下[18]，兼亦于公照于黑人[19]。臣既出南关回到国城，髫耄遮道[20]，皆忻之然[21]曰：大皇帝至德如天，爱出寻常，万万非虫豸[22]之所能测其高深。御制诗文，恩赐物件，置之殿堂之上，几案生乎春风。公之瞻仰，播诸所闻，莫不颂皇仁而歌帝德。臣国从今有磐石之安[23]，有苞桑之固[24]，实惟大皇帝永远之赐，有非言之所能载也。再如臣子阮光缵，年方幼稚，钦奉敕封为世子，早定名分，以系臣国人心。臣庭捧钦颁，臣子拜领之间，臣之家庭、昆弟以及国内臣民，莫不举手加额，感颂大皇帝为臣国家计，又为臣子孙计，绸缪[25]如此之早，培笃[26]如此之深，真是天高地厚莫可状其至仁。以臣区区蕞尔之邦[27]，虽山癯[28]海陆，求得稀世之宝以旅阙庭[29]，亦不足以答圣恩也。况今尺土寸民，皆大皇帝之赐，臣何敢以寻常筐篚[30]，而图报恢恢[31]者乎。臣既忝列[32]藩翰[33]，惟愿恪修职贡，恭敬不失以事上，行善不懈以守邦。臣身在桂郊[34]，神驰北阙[35]，奉有玺笺文表，恭祝大皇帝万寿无疆。谨遣陪臣陈玉视、潘文典、黎辉慎等，赍诣[36]龙墀[37]，并献不腆[38]方物，恭伸叩谢，伏望高聪[39]俯垂[40]谅鉴[41]。臣下情赡天仰圣，不胜感激屏营之至。谨奏以闻。

谨遣奉表陪臣三员，陈玉视、潘文典、黎辉慎。

钦奉上进方物土绢一百匹，白布一百匹，罗纨一百匹，象牙一对（该重一百斤），犀角二对，土椒二百斤，砂仁二百斤。①

【注释】

[1]稠沾：深沾。[2]恩渥：厚恩。[3]异数：例外的情形。[4]圣慈：圣明慈祥。旧时对皇帝或皇太后的谀称。[5]至垂：垂及。[6]体念：体谅。[7]承明：古代天子左右路寝称承明，因承接明堂之后，故称。[8]在道兴居：在途中兴建居所。[9]康强：安乐强健；康健。《书·洪范》："身其康强，子孙其逢，吉。"[10]覃敷：广布。[11]仁风：形容恩泽如风之流布。旧时多用以颂扬帝王或地方长官的德政。[12]浃洽：和谐；融洽。[13]宁贴：安宁舒贴。[14]展觐：敬辞。朝见。[15]祝釐：祈求福佑，祝福。[16]葵向：葵草向日。比喻忠心。[17]极深研几：指探讨研究事物的深奥隐微之处。研：研究，审查。

---

① 《古代中越关系史资料选编》，中国社会科学出版社1982年版，第479—480页。

几:细微。[18]彰大信于天下:彰显诚信于天下。[19]公照于黑人:照亮被蒙蔽的人。[20]髫耄遮道:老幼拥挤在道路上观看盛况。[21]忻之然:喜悦貌;愉快貌。[22]虫豸:小虫的通称。比喻卑劣的人。[23]磐石之安:形容极其安定稳固。[24]苞桑之固:像桑树之本那样牢固。比喻牢固的根基。后因用苞桑指帝王能经常思危而不自安,国家就能巩固。《易·否》:"其亡其亡,系于苞桑。"孔颖达疏:"若能其亡其亡,以自戒慎,则有系于苞桑之固,无倾危也。"[25]绸缪:预备。[26]培笃:扎实培养。[27]蕞尔之邦:地域极小的国家。[28]山癯(qú):山中贫瘠之地。[29]以旅阙庭:把进献的贡物陈列朝廷。[30]筐筐:小小贡物。筐:盛物的竹器。[31]恢恢:非常广大。[32]忝列:谦辞。表示自己愧在其中。[33]藩翰:藩国。[34]桂郊:生长桂树的南方边远地方。[35]北阙:古代宫殿北面的门楼。是臣子等候朝见或上书奏事之处;用为宫禁或朝廷的别称。[36]赍诣:送往。[37]龙墀:丹墀;皇帝。[38]不腆:谦辞。不丰厚,不富足。[39]高聪:圣聪。指称帝王明察之辞。[40]俯垂:敬辞。用于称上级的施恩。[41]谅鉴:体察实情,给以谅解。

【简析】

乾隆五十六年(1791年),安南国王阮光平回国后,派遣使节上奏谢恩。

文书基本信息表

文书种类	奏本	头辞	安南国王臣阮光平稽首顿首,谨奏
发送者	安南国王阮光平	尾辞	谨奏以闻
接受者	中国乾隆皇帝	正文文体	
纪年标准	中国纪年:乾隆五十六年	正文内容	恭谢天朝在京优遇安南国王
语言种类	古代汉语	用典来源	《尚书》、《易经》

7. 嘉庆七年(1802年)南越国长阮福映陈情谢恩奏本

南越国长臣阮福映稽首顿首,谨奏:为恭陈谢悃[1],冒达[2]遥情[3],伏望高聪[4]俯垂[5]烛照[6]事。窃臣九世祖阮淦以黎氏辅臣后裔,愤逆人僭篡[7],纠合国内义士,讨贼复储,扶立黎后。讵意[8]臣先祖中道逝殁[9],其婿郑检自专兵权,协制黎王。臣十世祖阮潢,年在幼龄,止得就封于绝境广南、顺化等处,地嫌势隔,郑氏视以为仇,从此分疆别为一国。嗣后臣之先祖建国于南,辟土浸广,父传子继,二百余年。惟海滺山陬[10],梯航路阻,区区僻壤,未获禀命[11]于天朝。迨臣先叔阮醇冲年[12]嗣服,国祚式微[13],臣辖内奸民阮文岳、阮文惠等倡乱于西山外,而郑氏乘危掩袭,臣先叔阮醇与臣族属播越[14]边方,文惠遂逞毒心,肆行无忌,破毁臣历代坟莹,戕戮臣至亲骨肉,古来盗贼虐焰未有甚于此者。臣时在幼稚,未能图回,因率本部军士寄迹暹罗,深以祖宗之仇未复为耻,卧薪尝胆以待时机。文惠复逞凶威,连破郑氏,遂并吞交南全幅。遥蒙圣德涵容[15],彼竟不能祗承[16]训范[17],犹且荼毒国内,无所不为,苛政暴刑,重征厚敛,阖境士庶靡有聊生,究彼所行,罪盈恶积,诚神人之所共愤,天地之所难容。彼既殒命,其子文缵以顽劣之姿蹈凶残之习,率性妄作,弗畏明威[18]。容养匪徒,劫掠边鄙,暴残之怨,日甚月深。

臣于戊申年[19]始自邻国旋师,先复嘉定、康顺等镇。已未年[20]水陆并举,克复归仁城,破彼巢穴定城。后水兵凯旋,适遇暴风大作,漂入上国[21]广东地方,经督臣题奏恩赐遣还,并照给衣食需装,极其优厚。臣部属获归本国,具述洪恩,仰见圣德如天,并包遍覆。臣谨率本部大小将臣向北叩谢,无不感荷圣慈[22],理该即日遴选陪臣进京恭谢。惟臣尚与西贼[23]构兵,海程多有艰阻,廑念[24]天恩未报,殊切兢惶[25]。辛酉年[26]臣再督本部兵马收狥[27]广南、顺化等镇,悉平故境。文缵只身奔窜,尽弃天朝锡封册命、印信。有齐桅党伙[28]曾与西贼助虐,如伪称东海伯莫观扶、伪总兵梁文庚、樊文才等,并在生俘。实由臣遥仗天威,故获扫清南徼[29]。现当整饬兵戎,水陆并进,报仇雪耻,志在必获国仇而后已。文缵就擒,则洋盗无所凭依,必能节次殄除[30],永清疆圉,是臣之所大愿也。兹幸海程稍已宁贴[31],谨遣陪臣郑怀恩、吴仁静、黄玉蕴等,恭赍不腆[32]方物,仰凭两广督臣代为题奏,恭候赐进,诣阙[33]陈谢,庶表臣敬天事大之忱。再者,册命、印信均是天朝锡封名器[34],皆不敢私自乾没[35]。海匪莫观扶等,系是天朝犯人,臣不敢擅便处决,并委陪臣赍禀缴纳解递,伏望曲垂[36]体恤。窃念臣化外小番,叨沾[37]优渥[38],彤庭[39]天远,瞻就[40]无由,望阙神驰,焚香拜表,臣不胜瞻天仰圣,激切屏营之至。谨奏以闻。

南越国臣阮福映稽首顿首,谨奏上言。①

【注释】

[1]谢悃:感谢的诚意。[2]冒达:冒昧上达。[3]遥情:高远的情思。[4]高聪:圣聪。指称帝王明察之辞。[5]俯垂:敬词。用于称上级的施恩。[6]烛照:光亮照耀;明察;洞悉。[7]僭篡:越分篡窃。[8]讵意:不料。[9]中道逝殁:未及老年而去世。[10]海澨山陬:边远的山区和海滨。[11]禀命:受之于天的命运或体性。[12]冲年:幼年。[13]式微:衰落;衰微。《诗·邶风·式微》:"式微式微,胡不归。"[14]播越:流亡;流离。[15]涵容:包容;包涵。[16]祗承:敬奉。[17]训范:仪范。[18]明威:上天圣明威严的旨意。[19]戊申年:乾隆五十三年(1788年)。[20]已未年:嘉庆四年(1799年)。[21]上国:诸侯或蕃邦对中央或中心大国的称呼。[22]圣慈:圣明慈祥。旧时对皇帝或皇太后的谀称。[23]西贼:指西山阮朝。[24]廑念:殷切关注。[25]殊切兢惶:特别惊惧惶恐。[26]辛酉年:嘉庆六年(1801年)。[27]收狥(xùn):收复攻占。狥:攻占。[28]齐桅党伙:海盗团伙。[29]南徼:南方边陲;南部界线。[30]殄除:剿灭。[31]宁贴:安宁舒贴。[32]不腆:谦辞。不丰厚,不富足。[33]诣阙:前往朝廷进贡。[34]锡封名器:与赐封有关的名贵器物。[35]乾没:投机图利;贪求;侵吞公家或别人的财物。[36]曲垂:敬辞。用于称君上的颁赐。[37]叨沾:承蒙获得。[38]优渥:优厚的恩惠。[39]彤庭:又作彤廷。宫廷,朝廷。宫廷因以朱漆涂饰,故称。[40]瞻就:得近天子。

【简析】

嘉庆七年(1802年),阮福映正式上奏清廷陈述南越进攻西山王朝的缘由过程,上缴清廷册封阮光缵的王印,解递海盗莫观扶。虽然此时西山国王阮光缵还未被擒获,但已大势已去。清廷接受了阮福映首次向清廷最高统治者呈递的文书,标志着清廷正式承认南越新政权。

---

① 《古代中越关系史料选编》,中国社会科学出版社1982年版,第490—491页。

文书基本信息表

文书种类	奏本	头辞	南越国长臣阮福映稽首顿首，谨奏
发送者	南越国长阮福映	尾辞	谨奏以闻
接受者	中国嘉庆皇帝	正文文体	
纪年标准	中国纪年：嘉庆七年	正文内容	备述南越国来历、上缴阮光缵遗弃印信、解递海匪莫观扶
语言种类	古代汉语	用典来源	《诗经》

8. 嘉庆十三年（1808年）越南国王阮福映奏本

越南国王臣阮福映稽首顿首，谨奏：为查明飘风差役恭赉奏折缴进仰祈睿鉴[1]事。嘉庆十三年正月初七日，据臣国广义营镇目启呈：去年十二月初十日，据伊辖洋岛海防员报称，于十一月初十日，适见内地小船一只，飘风泊在伊岛洋面，船只破坏。现有十二人口，带将朱漆箱一件，即将伊等就民居停驻。伊山四面临海，连旬风涛，舟不能行，直待海程静帖，始得开舟驰报。即差吏役就处查验，再被阻风至十二月二十八日，差人始带该船人口回镇。照查伊等呈称，差役一名叶芳，帮役一名黄福，系天朝命镇守福州等处将军赛标下[2]，于九月初四日，承将军传牌，许领奏折夹板一副，装入朱漆箱，自台湾府发，初九日承台湾海防兼南路理番分府钱，拨给船户陈欢并舵工水手共十人，递送伊差役回京。是月十一日起船出港，至十月十七日，风波大作，帆柱并柁破在海外，至十一月初十日申时，漂入伊处洋岛，船板破裂，只带得公文箱登岸，适遇居民，即将回家停驻、给食等情。镇目照验原封，未知真赝。且臣国沿海地方，乌匪[3]不时出没，侦谍往来，变诈百出。年来累奉天朝列位阃臣[4]宣示圣谕。臣凛遵成命，申饬海防员弁，凡遇外来客船，一一细加盘诘。镇目叶芳口词未可遽信，仍将赉来原封拆开看验，的系天朝大员公务奏折，自知亵渎，不胜惶惧，立即以事驰报。其差役与船户共十二人，优给在镇。臣窃照公务奏折最为关重，不敢耽滞，仍饬令镇臣即拨驿递将差役二人发到，委员讯明事情真确，谨将已经拆开原折重加封固外，用锡封国印钳夹，并将差役叶芳、黄福二人，一体奉发。从镇南关陆路，仰广西抚臣转递，除将船户陈欢等十人随后发遣外，谨具原末事情，冒渎睿鉴，不胜战栗之至。兹谨奏。

嘉庆十三年正月十日①

【注释】

[1]睿鉴：御览；圣鉴。[2]将军赛标下：福州将军赛冲阿部下。标下：清代绿营军制，总督、巡抚控制调动的中营又叫中军，叫标营，是战斗力最强的部队。[3]乌匪：乌艚艇匪。这一海匪势力主要

---

① 《古代中越关系史料选编》，中国社会科学出版社1982年版，第635—636页。

由安南内战中战败失意军官和疏散兵丁所组成，驾乌艚船。匪帮火炮、洋枪装备精良，活跃于越南海面与中国东南沿海一带。乌艚船是明、清时，闽、广沿海流行的一种渔船。因船体涂黑色，船形似槽状，船头两侧绘有双眼，闽南语乌、黑同音，故名乌艚。[4]阃（kǔn）臣：外任的大臣。阃：门槛。

【简析】

嘉庆十二年（1807年）十一月，中国1只从台湾驶往北京的携带公文奏折的船只遭风漂到越南。经越南政府查证核实后，越南从陆路镇南关处送回船上人员。嘉庆十三年（1808年）正月，越南国王上奏陈述这一事情的来由。

文书基本信息表

文书种类	奏本	头辞	越南国王臣阮福映稽首顿首，谨奏
发送者	越南国王阮福映	尾辞	兹谨奏
接受者	中国嘉庆皇帝	正文文体	
纪年标准	中国纪年：嘉庆十三年	正文内容	陈述救助漂到越南的中国船只的来龙去脉
语言种类	古代汉语	用典来源	

9. 道光二十九年（1849年）越南国王阮福时谢恩奏本

越南国王臣阮福时稽首顿首，谨奏：为感谢天恩仰祈圣鉴事。臣先父王仰借天朝封植[1]，列在职方[2]，只惟恭恪一心，以永承麻眷，乃于年前溘逝。邦国之政，嘱之臣躬。臣敬遵典例，缮具表文，恭委陪价[3]诣阙叩陈。幸蒙圣慈[4]轸念先臣，优加恤典，特派大员恭赍谕文、祭品前往慰奠。臣伏聆温纶宣谕，追奖先臣，荣哀备至。仰见圣天子柔怀厚道，无间始终；礼数优隆，往存均顶[5]。臣惟有祗承[6]先训，永矢肫忱[7]，庶克绍前徽[8]，以长荷圣朝之光宠。翘瞻天阙，葵悃[9]弥殷。谨奉谢恩仪物[10]并交陪臣潘辉泳等崟候[11]恭递。奉有奏事、谢恩表文二函，凭钦使回轺[12]，转为奏进。除另具谢恩表文外，奉有奏事一折，披沥[13]悃诚，伏候圣聪垂鉴。谨奏。

恭进谢恩仪物：黄金二十镒，白金一百镒，土绢一百匹，土纨一百匹，花犀角二座，象牙二对，肉桂一百斤。

道光二十九年七月二十三日①

【注释】

[1]封植：又作封埴。壅土培育；扶植。[2]职方：古代官职；版图。[3]陪价：陪臣；随从人员。[4]圣慈：圣明慈祥。旧时对皇帝或皇太后的谀称。[5]往存均顶：逝者与生者都拜谢。顶：拜；谢。[6]祗承：敬奉。[7]肫忱：诚恳。[8]前徽：前人美好的德行。[9]葵悃：忠心。[10]仪物：用于礼仪的物品。[11]崟候：专候；特意等候。[12]回轺：乘车返回。轺：轻便的车辆；使节乘坐的车辆。[13]

---

① 李光涛：《明清档案存真选辑》初集，台湾"中研院"史语所，1959年，第249—250页。

披沥：开诚相见，尽所欲言。

【简析】

道光二十九年（1849年），新任越南国王呈递奏文，感谢清廷对已故越南国王的隆重追悼。

该奏原件藏台湾"中研院"史语所内阁大库档案，纵23.5厘米，横147厘米。

文书基本信息表

文书种类	奏本	头辞	越南国王臣阮福时稽首顿首，谨奏
发送者	越南国王阮福时	尾辞	谨奏
接受者	中国道光皇帝	正文文体	骈文体
纪年标准	中国纪年：道光二十九年	正文内容	感谢清廷对已故国王的哀悼
语言种类	古代汉语	用典来源	

三、禀文例析

1. 乾隆五十五年（1790年）安南国王阮光平给福康安禀文

安南国王阮光平肃禀天朝御前大臣、经筵讲官、太子太保、内大臣、议政大臣、协办大学士、吏部尚书兼兵部尚书、兼都察院右都御史、总督广东广西军务兼理粮饷盐课、一等嘉勇公台前曦瞩[1]。兹者接奉宪札[2]，内开：钦奉上谕：令故黎君维祈率同伊属下人户，全行来京，归入汉军旗下，编一佐领。又黎维祁穷蹙[3]内投[4]，亦着一并送京安置，俾小番[5]抚有安南全境，永无后患。仰维大皇帝兴灭继绝之意，不忍黎氏故主齿于齐民[6]，且不欲其翱翔[7]粤西，使黎氏支庶及旧日臣民借此为名，讹言煽惑。余光熠火[8]，未绝星星。故特令全行进京，归旗受职。盖其防微杜渐，所以仁于黎氏者，乃所以厚于小番。圣恩体恤新邦，实属无微不至，其为欢忻感激，何可限量！而亲侄阮光显，陪臣阮有睏、武辉瑨等回国，钦奉颁赐诰命、敕、印并彩币珍品，祗领带回。再奉御赐亲书诗章，稠叠[9]宠荣，实逾[10]常格。盖自本国丁、李、陈、黎觊幸[11]之难，而今日蒙霶[12]之易，岂敢自谓恭顺之至有加于前人？实蒙大皇帝至仁洪慈，将遐远偏方，悉归覆载。殙和[13]沐泽，报答何阶！虽罄土地所有以旅阙庭[14]，曷足以对扬休命[15]！况海岭[16]之尺土寸民，皆天朝之赐。不腆[17]筐包[18]，讵堪[19]尘渎[20]！惟是恪恭奉上之诚，不能自已。奉有谢恩表文一道，谨遣陪臣黎伯玙、吴为贵等随表进京，并赍递贡品上进，尚望[21]尊大人收表转奏。今年八月祝釐[22]大礼，小番谨已点检行装，先期诣关，匍匐稽拜，区区之衷，不遑启居[23]。请以今年四月上浣[24]赴阙，候尊大人带随[25]进京展觐。窃思小番生于布衣，赖天朝宠灵[26]，以克有国[27]。鄙陋荒远，礼制多所未娴。且小番深山缔构[28]以来，主臣相聚，有所跋涉，咸执羁靮以从[29]。今万里程途，个个愿带随偕往。且此次瞻

313

觐丹墀，献万万岁寿，受臣子旷闻之异渥[30]，睹生平未见之大观，鼓舞[31]趋跄[32]，乃众情之同然者[33]，难为峻却[34]。如呈请多带员役，又恐于体制未合。将来行时，当得带随几许员弁，多少部曲[35]；从陆道起若干人马，或从水道作何储顿[36]；又冠带衣服用何品色，统祈早赐开示，庶得预先备办入觐，以合礼仪。且天朝讳避条禁，下邦始奉内属，未得一一详知。窃愿俯赐明教[37]，庶不致冥行[38]径造[39]，以取重戾[0]。又本国自李、陈、黎氏都于升隆城，天朝恩命于此赉临[41]。迩来地气衰歇，今本国富春以南，疆界较前代稍广，设都建国，惟乂安为土中，已于其地之凤凰山前置为本国中都，业经陈达[42]左江汤道官知照。向后一切公文往复，比升隆城日期又多一倍。仰维体照，幸免稽延之咎。家儿光垂方当学礼，玉树生庭[43]之誉，未敢披襟[44]。蒙贶[45]吉祥如意、锦缎多珍，一家父子，均沐恩波，拜领之荣，实深感佩。至如家将吴文楚先后趋赴[46]，乃其职分内事，并蒙彩币之赐，爱屋及乌，顶戴又何如也！再奉钧谕[47]，本国初立，事事草创，一切服用，有缺欠须备用之处，列折呈达，当为采买送来。窃惟衣服所以华躬[48]，中州服色彩章之美，深所景慕。所有龙蛟[49]袍样，谨奉别折开列，希下织坊[50]，照样织造，工竣之后，发付奉领，为小邦朝宴之服。陈请为渎，万望鉴原[51]。临纸向辕[52]，翘瞻[53]胀切[54]。肃禀。

乾隆五十五年正月十日①

【注释】

[1]台前曦瞩：敬语。请上级明察。[2]宪札：上级官员的公文。[3]穷蹙：窘迫；困厄。[4]内投：投附内地。[5]小番：谦辞。小小番人。[6]齿于齐民：编列为普通民众。[7]翱翔：徘徊滞留。[8]余光燐火：余光小火。[9]稠叠：稠密重迭；密密层层。[10]实逾：实际超过。[11]觊幸：希图侥幸。[12]蒙霶：承蒙沾恩。[13]飧（sūn）和：又作餐和。谓生活于和平融洽的环境中。[14]以旅阙庭：把进献的贡物陈列朝廷。[15]对扬休命：答受王命而称扬天子。[16]海岭：海滨山岭地区。[17]不腆：谦辞。不丰厚，不富足。[18]篚包：古代包装物品的器物。借指贡品。[19]讵堪：岂能。[20]尘渎：谦辞。玷污。[21]尚望：专望。[22]祝釐：祈求福佑，祝福。[23]不遑启居：没有时间安居。启居：跪和坐。《诗·小雅·采薇》："不遑启居，狁之故。"[24]上浣：上旬。浣：也作"澣"，十日。[25]带随：带领。[26]宠灵：恩宠光耀；使得到恩宠福泽。[27]以克有国：最终能够建国。[28]缔构：缔造，经营开创。[29]咸执羁靮（dí）以从：都跟随您奔走效力。羁靮：马络头和缰绳。《礼记·檀弓下》："如皆守社稷，则孰执羁靮而从之？"[30]异渥：特别优渥。[31]鼓舞：臣子朝见皇帝时的一种礼仪。[32]趋跄：形容步趋中节。古时朝拜晋谒须依一定的节奏和规则行步。亦指朝拜，进谒。《诗·齐风·猗嗟》："巧趋跄兮。"[33]众情之同然者：是众人一致向往的事情。同然：相同。《孟子·告子上》："心之所同然者何也？谓理也，义也。"[34]峻却：严厉拒绝，坚决推辞。[35]部曲：部属，部下。[36]储顿：居停行走。[37]明教：高明的指教。对别人言论书札的敬语。[38]冥行：夜间行路；盲目行事。[39]径造：直接往访，谓不请人介绍而径自拜访。[40]重戾：严重错误；重罪。[41]赉临：光临。[42]陈达：陈说转达。[43]玉树生庭：优秀子弟。《世说新语·言语》："谢太傅问诸子：'子弟亦何预人事，而正欲使其佳？'诸人莫有言者。车骑答：'譬如芝兰玉树，欲使其生于阶庭耳。'"乾隆五十五年（1790年）册封阮光缵为世子的诰命中，有"聿培兰玉成行"之句。[44]披襟：敞开衣襟。多喻舒畅心怀。[45]蒙贶：承蒙赏赐。[46]趋赴：又作趋赴。奔赴；前往。[47]钧谕：对帝王或尊长的指示、命令的敬

---

① 陈其元：《庸闲斋笔记》，中华书局1989年版，第276—278页。

称。[48]华躬：华服在身。[49]龙蛟：蛟龙。[50]希下织坊：希望将命令下达到织坊。[51]鉴原：鉴察原谅。[52]临纸向辕：看着写好的禀文，心向您所在的官衙。[53]翘瞻：仰盼。[54]肫切：真诚恳切。

【简析】

乾隆五十五年（1790 年）正月，安南国王阮光平向福康安递交禀文，主要内容包括请求转奏谢恩表文，要求告知前往朝觐的各种要求，通报安南新都地点，并请求定做龙袍。

文书基本信息表

文书种类	禀文	头辞	安南国王阮光平肃禀天朝御前大臣、……一等嘉勇公台前曦瞩
发送者	安南国王阮光平	尾辞	肃禀
接受者	福康安	正文文体	
纪年标准	中国纪年：乾隆五十五年	正文内容	请求转奏谢恩表文，要求告知前往朝觐的各种要求，通报安南新都地点，请求定做龙袍
语言种类	古代汉语	用典来源	《诗经》、《礼记》、《孟子》、《世说新语》

2. 嘉庆七年（1802 年）南越国长阮福映禀文

南越国国长阮福映肃禀：嘉庆七年三月 日，接见艚商赵大任，来述上宪赐顾[1]盛情，小番[2]不胜铭感。为此发遣陪价[3]诣辕[4]叩谢，并将颠末[5]事由陈暴[6]，仰希鉴谅，曲为[7]题达。①

【注释】

[1]赐顾：称人到来的敬辞。[2]小番：小小番人。[3]陪价：随从人员。[4]诣辕：前往官衙。[5]颠末：本末。[6]陈暴：陈述。[7]曲为：委曲身份。

【简析】

嘉庆七年（1802 年），广东顺德县民人赵大任被风漂至农耐，经该国长阮福映差人唤至富春，代为修船，给予口粮。赵大任回国时带来阮福映的禀文，内称上年该国有遭风难番曾邀恤赏，叙述感激之意。阮福映借向中国边境官员呈递禀文之机，向清廷表达恭顺之意，并希望中国地方官将此意转奏清廷最高统治者。

对于阮福映发出的试探信息，清廷的态度耐人寻味。清廷决策者认为，农耐与安南之间的战争还处于未定之时，双方构衅交兵也与中国无涉，中国在此时不可稍存偏向。清廷下令两广总督吉庆在回复阮福映的札谕内容中，应指出中国上年恤赏该国难番系属天朝抚

---

① 《古代中越关系史料选编》，中国社会科学出版社 1982 年版，第 491 页。

绥各国外夷常例,因此并未专折奏闻大皇帝圣鉴。今民人赵大任漂至尔国,尔国照料回粤,并带有文禀,本部堂深悉尔国感谢之忱。但上年抚恤尔国难番之事,既未具奏,此时尔国禀词亦不便代为奏达。清廷还谕知中国边境官员,阮福映如续有文禀,若乞兵相助,则应当明示驳饬,告知他们中方对属国内部纷争两无偏向,绝不出兵干涉。

文书基本信息表

文书种类	禀文	头辞	南越国国长阮福映肃禀
发送者	南越国长阮福映	尾辞	
接受者	中国地方官员	正文文体	
纪年标准	中国纪年:嘉庆七年	正文内容	感谢上年的海难救助,试探与清廷建立官方关系
语言种类	古代汉语	用典来源	

3. 嘉庆七年（1802年）南越国长阮福映禀文

南越国国长阮福映肃禀：天朝钦命广西巡抚部院孙大人台前曦瞩[1]。……再者,小番先祖辟土炎郊[2],传继二百余年,国号"南越"。今小番有此疆宇,亦由先祖肇基南越之所自也。谨已并缮表文,备陈诚悃,请赐荣封国号"南越"。仰祈上宪,体悉真衷,曲为成全帮助,俾小番早膺宸眷[3],叨列[4]藩封,赖得荷殊恩,继先志,庶小番阖境士民,知天朝覆载之不遗。本国名分之有定,即小番增光前烈[5],永奠炎基全土。上宪曲赐[6]玉成[7]之德,小番与举国臣民均顶谢[8]无涯矣。……

十一月初 日禀。①

【注释】

[1]台前曦瞩：敬语。请上级明察。[2]炎郊：南方炎热的边区。[3]宸眷：帝王的恩宠、关怀。[4]叨列：承蒙排列。[5]前烈：前人的功业。《书·武臣》："公刘克笃前烈。"[6]曲赐：敬辞。承蒙赐予。[7]玉成：敬辞。促成,成全。[8]顶谢：顶礼感谢。

【简析】

嘉庆七年（1802年）年底,阮福映占有安南全境后派遣使者前往中国请封,向广西巡抚呈递禀文请求转递请封表文。

---

① 《古代中越关系史料选编》,中国社会科学出版社1982年版,第492页。

文书基本信息表

文书种类	禀文	头辞	南越国国长阮福映肃禀
发送者	南越国长阮福映	尾辞	
接受者	中国广西巡抚孙玉庭	正文文体	
纪年标准	中国纪年：嘉庆七年	正文内容	请求广西巡抚转奏请封表文
语言种类	古代汉语	用典来源	《尚书》

四、呈文例析

1. 乾隆四十年（1775年）安南海阳安广镇目呈文

安南国海阳安广镇目阮肃呈于天朝广州钦州正堂加三级纪录五次张治下：国朝乾隆四十年十一月二十一日，据本辖万宁州江坪土目潘长瑞详称，经接贵治移到公文六套，送回本国飘风人口该八十九人，业经接领到镇，逐一讯状，并称漂入内地蒙赐恤给送回。窃照圣朝怙冒[1]万方庶邦[2]，率土之滨，莫非赤子，一视同仁，无间中外。本镇与内地东省[3]接壤，先前本国际海[4]小民，时或遭风漂过，并蒙收恤。再经议定章程，准由贵处转递回籍，历历在案。现今难民漂泊，经州县讯核，奉列位上宪批下，给赐口粮，交替护送，转从贵处拨回饬领，俾萍梗[5]孤踪[6]言复邦族，以共沐涵濡[7]照育[8]之至仁，是维封殖[9]藩邦[10]，奉宣[11]上德[12]波照之余光[13]。本镇不胜景仰。谨启知国王，将接领难民男妇，依数拨还原籍安顿。为此合行呈报，希惟准照，完此公案。今肃呈。

国朝乾隆四十年十二月 日①

【注释】

[1]怙冒：广被。[2]庶邦：诸侯众国。[3]东省：广东省。[4]际海：临海。[5]萍梗：浮萍断梗。因漂泊流徙，故以喻人行止无定。[6]孤踪：孤单；孤独的踪迹。[7]涵濡：滋润；沉浸。[8]照育：光照养育。[9]封殖：壅土培育；引申为扶植势力，培养人才。[10]藩邦：外族或外国。藩：通"番"。[11]奉宣：宣布帝王的命令。[12]上德：至德；盛德。《老子》："上德不德，是以有德；下德不失德，是以无德。"[13]波照之余光：恩德广被，影响深远。杜甫《上韦左相二十韵》："独步才超古，余波德照邻。"

【简析】

乾隆四十年（1775年）十一月，广州钦州府将安南89名飘风难人送回安南。安南海阳地方官递交呈文感谢。

---

① 《古代中越关系史料选编》，中国社会科学出版社1982年版，第631页。

文书基本信息表

文书种类	呈文	头辞	安南国海阳安广镇目阮肃呈于天朝广州钦州正堂加三级纪录五次张治下
发送者	安南海阳安广镇目	尾辞	今肃呈
接受者	中国广州钦州府	正文文体	
纪年标准	中国纪年：乾隆四十年	正文内容	感谢对飘风难民照料并护送回国
语言种类	古代汉语	用典来源	

2. 乾隆六十年（1795年）安南国王阮光缵给广西巡抚姚棻、广西布政使成卓呈文

安南国王阮为呈覆事。小番冲龄[1]孤藐[2]，仰荷圣恩抚恤，叨袭[3]藩封。区区恭顺之地，凛天颜乎咫尺。前冬侧闻[4]恩颁敕赏，喜逾望外，亟欲赴关叩领，因患痘不能亲来。业经具繇[5]声叙[6]。蒙上宪案准[7]远情，转达天听。重荷大皇帝出格垂慈[8]，怜其稚弱，冀其安痊[9]，谆谆著于温绋[10]。小番奉到照会公文，传示谕旨，自愧微躬患痘，上厪[11]圣怀[12]，仁爱优眷，极为周至[13]，虽造化生成之德，家庭顾复[14]之恩，无以复加。感激忻戴[15]不能缕悉。昨者在调摄中，祗领恩赏，欢忻踊跃，顿觉康痊。奉有陈谢表文，业将痘症新瘥[16]之处，尘渎[17]奉达[18]。近来仰统天宠，心神增爽，气体复元。小番能以保身保邦，……恭虔在念，报第[19]无阶。辄敢布达宪览[20]，恳祈代为奏闻，俾偏国情形，幸邀隆鉴，是所，颙祷[21]暄和在候[22]，遥惟衮绣凝禧[23]。无任翘望[24]。须至呈覆者。

乾隆六十年二月十日①

【注释】

[1]冲龄：幼年。[2]孤藐：年幼的孤儿。[3]叨袭：承蒙袭封。[4]侧闻：从旁听到；传闻。[5]具繇：具由。列举缘由。繇：古通"由"，缘由。[6]声叙：明白陈述。[7]案准：公文中引述平行官署来文的起头用语。[8]垂慈：关怀。[9]安痊：痊愈。[10]温绋：帝王诏敕。[11]上厪：引起君上挂念。[12]圣怀：皇帝的心意。[13]周至：周到。[14]顾复：父母之养育。《诗·小雅·蓼莪》："父兮生我，母兮鞠我。拊我畜我，长我育我，顾我复我，出入腹我。"[15]忻戴：欣喜感戴。[16]新瘥：刚刚病愈。[17]尘渎：谦辞。玷污。[18]奉达：敬辞。告诉；表达（多用于书信）。[19]报第：报答。[20]布达宪览：写给上级阅览。布达：书信用语。谓陈述表达。[21]颙（yóng）祷：恭敬地祈求。[22]暄和在候：和暖的阳光即将来临。[23]衮绣凝禧：华丽服装凝结福喜。[24]翘望：仰首而望。

【简析】

乾隆六十年（1795年），安南国王递交呈文表达对乾隆帝赏赐、关怀的感谢。

---

① 《古代中越关系史料选编》，中国社会科学出版社1982年版，第488页。

文书基本信息表

文书种类	呈文	头辞	安南国王阮为呈覆事
发送者	安南国王阮光缵	尾辞	须至呈覆者
接受者	中国广西巡抚姚棻、广西布政使成卓	正文文体	
纪年标准	中国纪年：乾隆六十年	正文内容	感谢大皇帝的关怀、赏赐
语言种类	古代汉语	用典来源	

第三节　中越朝贡平行文书研究

一、照会例析

1. 乾隆四十七年（1782年）云贵总督富纲给安南国王照会（军机处拟）

据该国王咨呈，内开：安西十州，道里[1]窎[2]远。因兵燹[3]之余，内地游民，乘此混越，占认广陵、莱州界址，改名猛辣、猛赖内隶。容俟秋凉，委员进抵十州，究出人犯解送。查出其处界址未清，须当申画等因。殊属不知事体。安南与临安边境接壤，中外界址，本自井然，并无淆混。至沿边六猛地方，自隶入版籍以来，迄今百数十载，历年久远。所辖寨名粮额，均有册籍可稽，无从混入尔国所管夷地。且尔国所属之界址，如果未清，必系尔国之土民，借端影射，希图漏尔国租税，只应自行察核，不应向内地呈请申画也。况天朝抚绥万国，似此边界毗连处所甚多，从未有因地界不清，率请申画者。今尔国如此渎请，皆缘僻处遐荒，不谙礼法所致。本部堂若据情代奏，设交部议，转滋尔越分妄干[4]之咎。念尔国臣事天朝，素称恭顺，是以不即具奏。今将边境版籍所载六猛管辖各寨落，开单明白宣示，即知云南省之沿边疆界，天然判分，本无未清，而该国所请申画之为冒昧也。设有不在版籍所载，而冒名影射者，则是尔土民指称内附，串通内地奸民，在彼冒混滋事。该国王即行按名擒拿，分别解送，以凭本部堂据咨达部，按律惩究。该国王此后务宜益励敬恭，恪守藩服，毋得据镇目一面之词，轻率咨呈，有违天朝德意。大皇帝抚驭外藩，德威交著，该国王久为藩服，与内地一视同仁。该国王应三思，以期永受国恩。为此照会该国王，即便查照办理。①

【注释】

[1]道里：道路；路途。[2]窎（diào）远：遥远。[3]兵燹：因战乱而造成的焚烧破坏等灾害。

---

① 《清高宗实录》卷一一六四，乾隆四十七年九月丁未条。

[4]越分妄干:越出本分,肆意触犯。

【简析】

乾隆四十七年(1782年),云贵总督向安南国王发送照会,回复安南国王有关两国领土争议的咨文。这是中越两国关于六猛边界地方争议最早的一份文件。

六猛是云南临安府属建水县所管,包括猛梭、猛赖、猛喇、猛丁、猛蚌、猛弄6个地方,顺治、康熙年间入中国版图。乾隆四十七年(1782年),后黎朝安南政府提出这些地区是中国游民侵占安南领土,要求重新划分疆界。清廷认为两国边界没有任何争议,并把中国地方政府对六猛行政管辖证据开单出示安南。这是中国和安南之间首次对这一地区的边界争端进行交涉。

此后,安南方面一再对这一地区重新提出领土主权主张。乾隆五十七年(1792年),安南国王阮光平以嵩陵、莱州等州从前贪缘内附为词,由广西投递表章,恳请清理兴化镇界址。广西关吏以所请冒昧,将表文咨呈严行驳回。嘉庆十年(1805年),越南兴化镇目欲令六猛掌寨土舍外附,经内地文武官员查勘清楚,严令六猛掌寨土舍不得外附,并严责兴化镇目狂妄无知。镇目自知理亏,被迫停止扩张举动。中国政府再经照会该国,命该国政府约束镇目,不可轻举妄动,越犯中国领土。道光十年(1830年),建水县衙派人前往六猛缉拿罪犯,越南方面认为侵犯了越南对这一地区的管理权,向中国抗议。中国官员阮元照会越南国王,重申六猛久为中国领土,警告越南不得越境滋事。

咸丰、同治年间,云南发生动乱,越南乘机占领猛梭、猛赖两地。光绪时期,清廷要求越南归还两猛,但越方拒绝归还。后来中法进行滇越划界时,作为一揽子计划,中方获得开化府以南原越南的一块土地,放弃猛蚌和被越南侵占的猛梭、猛赖。随着光绪二十三年(1897年)中法勘界结束,六猛中的南部三猛至此成为外国土地。

文书基本信息表

文书种类	照会	头辞	
发送者	中国云贵总督富纲	尾辞	为此照会该国王,即便查照办理
接受者	安南国王	正文文体	
纪年标准	中国纪年:乾隆四十七年	正文内容	
语言种类	古代汉语	用典来源	

2. 乾隆五十五年(1790年)福康安给安南国王阮光平照会

为照会事。照得本年正月初旬接到国王来函,当即缮写照会寄覆。嗣闻国母须借参苓[1]颐养[2],随以自用参枝,并缮照会发交左江汤道驰送谅山,交该镇目转赍。嗣复奉旨因吴文楚向左江道面恳随同国王进京,仰蒙圣慈[3]格外体恤,以彼系国内得力之人,国王入关朝觐,应令在国居守,庶无牵望[4],是以谆谆谕饬巡抚部院明晰照会,令其此次毋庸

第四章　清代中国与越南的朝贡文书研究

随同前来，宸衷[5]眷顾，优渥[6]殊常，想国王先后均经接到矣。上年宣封委员成道等进关后，皇上轸念[7]该国一切情形，降旨令其驰驿进京，以备垂问，当令迅速起程。兹据成道自京来禀内称：抵京后屡邀召见，蒙皇上以安南岁收丰歉何如？国王年已几何？前次抱恙曾否全痊？膺封之后如何感怀[8]？用人行政是否协宜？人心如何翕附[9]？十三道[10]地方可曾平靖？详加询问，经成道逐一据实覆奏，圣心甚为喜悦。又蒙皇上因国王三月入觐之期已定，复相服饰冠带一一问及，又经成道详晰奏对，随命江南省织造缂丝、细绣、蟒袍、金龙王帽、真金腰带，预备颁赐。嗣又迭奉谕旨，俟国王到京，令行抱见请安[11]之礼，加赏金黄鞓带[12]，用昭优异。并因国王所寄贡使阮宏匡等书函进呈，仰蒙圣垂鉴，国母现已年高，需用药物滋培，国王色养[13]情殷[14]，睿怀[15]嘉予[16]，特颁内府人参一斤，并撰敕书一道，同御笔朱批表文由驿发交广西抚部院迅速转递。凡兹异数[17]隆恩，不但属国藩臣梦想不到，即天朝亲贵，亦不能幸邀，国王自上年纳款以来，即蒙宠锡便蕃[18]，不可胜纪，玺封宸翰[19]，络绎而来。而且求款得款，求封得封，数月之间，藩服早膺，得正名分，开关以通市易，颁朔[20]以正日时，迭次隆施，无非圣主体天心[21]以立牧[22]，顺民心以建贤，恩泽加至万分，光荣迈于千古。本爵阁部堂代国王恩之，于欣感之中弥怀敬畏，盖受恩易而报恩难，因至于莫可名报，则食息寝兴，必悫然[23]有所不安，惟有早趋宸陛[24]，早觐天颜，始可钦承睿训[25]，式构巩图于无可报答中勉思报答也。国王远处炎郊[26]，或未深悉天朝制度，大凡人臣朝觐，自有常仪，抱见请安，乃系逾格旷典，从前惟平定回部将军兆公，平定两金川将军阿公，凯旋入觐，皇上郊劳将士，始命恭行此礼，而金黄鞓带，赐出非常，御笔朱批，属国尤所难得。今国王以南服[27]新藩，种种仰邀异数，实为难觏[28]宠荣。至国王起程赴京，仍应系用红带，恭俟面觐时赏换。再人参为盛京山川灵秀所钟，质量珍贵，不特安南稀有，即内地亦不易购求。前闻阮光显在京购买，原拟俟国王进京觐祝时，代恳恩赐，嗣据左江道来禀，知国王字寄阮宏匡等带购，本爵阁部堂随将自用参枝函寄四两，其品本属中平，内库人参系从数十百斤中选择而出，今蒙皇上隆恩颁赏至一斤之多。国母叨兹渥赐[29]，资以益寿培元，家庆国恩，无涯无量。国王諏吉[30]扬镳[31]，涓诚[32]觐圣，不须系念倚闾[33]。心泰身荣，悉出鸿慈所赐。凡在臣工，同声欢忭[34]，况乎身受，感衔[35]更复何如！国王新正諏祥[36]，开用印信，所有恭谢敕、印、诗章、表文及随表贡物，此时自己遣使恭赍在途，现奉谕旨俟表贡到关，即当赏收，并令将赍贡陪臣护送进京，俾得仰邀宴赍矣。再国王寄阮宏匡等书内令将安南与暹罗构衅缘由据实陈奏，原书呈览之后，皇上深嘉国王小心恭恪，计虑周详，现在两国陪臣同赴朝正，共叨筵宴，彼此俱未提及，亦无纤毫[37]露于形迹，其书函已交阮宏匡等收阅。惟两国从前既有此不和之事，国王进京后，必当令吴文楚居守国中，以资镇抚，俟下次贡期进京。现奉谕旨，令本爵阁部堂再行明白檄谕，圣明优恤，叓窨[38]至再至三，自当钦遵办理，天朝恩溥德洋[39]，共球[40]万国，东西南朔，罔不率俾[41]。兹恭逢皇上八旬万寿，五代一堂，山海梯航，舆琛辇赆[42]而来者，盈于阙下。国王崛起西山，甫膺封爵，即得瞻云就日[43]，叩觐祝釐[44]。行勋贵之礼，极章采之华。光宠无加，恩荣备至。本爵阁部堂惟有预为国王庆遭逢、纪殊遇耳！协风[45]和煦，序入仲春[46]，届诣[47]入关，为期不远。本爵阁部堂于二月下澣[48]，当鼓枻[49]西行，专俟关前相见也。须至照会者。①

【注释】

[1]参苓：人参与茯苓（有滋补健身的作用）。[2]颐养：保养。[3]圣慈：圣明慈祥。旧时对皇帝或皇太后的谀称。[4]牵罣（guà）：牵挂，记挂。[5]宸衷：帝王的心意。[6]优渥：优厚的恩惠。[7]轸念：关怀。[8]感忭：感激高兴。[9]翕附：翕服。顺服。[10]十三道：安南行政区划。[11]抱见请安：抱见礼是满族早期规格比较高的一种礼仪，可行于同辈之间、不同辈之间、男女之间。根据对方的身份及当时的礼遇程度，分为抱大腿、抱小腿或抱膝等等。清代建立后，抱见礼成为国家礼仪制度中的一种礼仪，用于迎接胜利归来的将领、接见蒙古各部的首领或归降的汉族将领等场合。[12]金黄鞓（tīng）带：金黄色的束腰皮带。[13]色养：人子和颜悦色奉养父母或承顺父母颜色。[14]情殷：情深。[15]睿怀：皇帝的心意。[16]嘉予：赞许。[17]异数：例外的情形。[18]便蕃：频繁；屡次。[19]宸翰：帝王的墨迹。[20]颁朔：颁布正朔。[21]天心：上天。[22]立牧：设立官吏管理人民。[23]懋（nì）然：忧思貌。[24]宸陛：天子朝廷。[25]睿训：皇帝的教诲。[26]炎郊：南方炎热的边区。[27]南服：南部服属。[28]难觏：难见。[29]渥赐：厚赐。[30]诹（zōu）吉：选择吉日。[31]扬镳（biāo）：提起马嚼子。谓驱马起程。[32]涓诚：忠诚。[33]倚闾：谓父母望子归来之心般切。[34]欢忭：喜悦。[35]感衔：心怀感激。[36]诹祥：选择吉日。[37]纤毫：极其细微。[38]奚啻：何止；岂但。[39]恩溥德洋：德泽优渥普及。[40]共球：珍奇异宝。[41]率俾：顺从。俾：通"比"，顺从。[42]舆琛辇赆：输送宝物。[43]瞻云就日：得近天子。[44]祝釐：祈求福佑，祝福。[45]协风：春天温和的风。[46]序入仲春：时令进入二月。[47]届诣：到时前往。[48]下澣：下旬。[49]鼓枻：又作鼓枻。棹。划桨；划船。

【简析】

乾隆五十五年（1790年）正月，阮光平向福康安递交禀文，询问国王入京觐见的各项事宜。福康安随后向阮光平发出照会，详述乾隆帝对阮光平的各种恩典，包括赐予国王母亲1斤上好的内府人参，允许来京觐见时使用抱见礼，准备赏赐江南织造生产的精美织品，等等。最后通知阮光平将在二月下旬在镇南关前迎接。

文书基本信息表

文书种类	照会	头辞	为照会事
发送者	中国两广总督福康安	尾辞	须至照会者
接受者	安南国王阮光平	正文文体	
纪年标准	中国纪年：乾隆五十五年	正文内容	详述天朝对阮光平的各种恩典，通知入京觐见时的优遇
语言种类	古代汉语	用典来源	

---

① 台北故宫博物院：《军机处档案》月折包。

3. 乾隆五十九年（1794年）长麟给安南国王阮光缵照会

为照会事。上年七月内有贵国番人黎维治及随人张廷眷剃发内投，据称系黎维祁缌麻服叔[1]，求于内地安置等情，当经本部堂会同前任陈抚部院恭折具奏，钦奉谕旨，准将黎维治等解赴江南地方安置，俾不致另有勾通煽惑情事。原系大皇帝格外恩施，为贵国消除反侧[2]，不使再生枝蔓[3]之至意。今准贵国王咨呈，接奉前任抚院传知后，遍查并无黎维治其人，黎姓宗族亦无奔逃之事，惟上年有农福缙、黄文桐聚众被剿之案，恐系余党捏冒内奔等情。本部堂等也将表文具奏大皇帝，仰蒙俯鉴远忧，因黎维祁已于去年身故，遂特派御前大臣福大人并专管黎氏宗族及属下人等之都统金大人，此二人皆系贵先国王来京时日与周旋同侍禁籞[4]，为大皇帝所亲信者。大皇帝阅表后，即命此二大臣当面询黎维祁之母阮氏素及黎维祁之叔黎维安，详问其故。据黎维安告称，黎氏宗族中有黎维团者，系伊胞弟，已于丁未年二十岁时病故等语。并询据黎维祁之母及属下人等俱无异词，是与贵国王所称并无黎维治其人之处相符，前此投出二人竟系捏冒，但现已安插江南，距京甚远，蒙大皇帝特敕该省总督将黎维治等飞提解京，俟解到后再命军机大臣切实究询，另行定罪，再降谕旨。大皇帝抚绥藩服，恩溥德洋[5]如此！本部堂等将贵国王表文内事理据情转奏，仰蒙大皇帝以贵国王于国内事宜俱能严密查察，明白敷陈，必能嗣守先业，续承恩眷，圣心深为喜悦，特颁谕旨并赏绣蟒袍一件、金锦二匹、葫芦大荷包一对、小荷包六个以昭优眷，钦派广西布政使成林率领同知王抚棠亲身赍至镇南关颁给，为此先行照会，贵国王当敬遣陪臣预期至关，以便成布政使赍捧圣旨同御赐物件面行颁给祗领，想贵国王荣膺天宠，欣感倍深，自必益励寅恭[6]也，应钟[7]协律[8]。贵国王近祉[9]亨佳[10]，无任贺祝。须至照会者。

九月十二日①

【注释】

[1]缌（sī）麻服叔：远房叔叔。缌麻服：关系较远的族亲。[2]反侧：不顺从；不安定。[3]枝蔓：枝条和藤蔓；比喻牵连，株连。[4]禁籞（yù）：禁苑周围的藩篱。指禁苑。[5]恩溥德洋：德泽优渥普及。[6]寅恭：恭敬。[7]应钟：古乐律名。12律之一。古人以12种律与12个月相配，每月以1律应之。应钟与10月相应。[8]协律：调和音乐律吕，使之和谐。[9]近祉：近来幸福。[10]亨佳：美好。

【简析】

乾隆五十八年（1793年），有安南流亡人士内投中国，声称是前黎王宗亲。清廷将其安插江南地方。安南政府来文怀疑其身份可能是国内叛党余孽所捏造，要求清廷协查。清廷通知安南，将把流亡人士提解到北京核查其身份。

---

① 《文献丛编全编》第4册，第12、13辑，安南档，北京图书馆出版社2008年版，第482、563页。

文书基本信息表

文书种类	照会	头辞	为照会事
发送者	中国两广总督长麟	尾辞	须至照会者
接受者	安南国王阮光缵	正文文体	
纪年标准	中国纪年：乾隆五十九年	正文内容	应安南政府要求，将查核流亡中国的黎氏宗亲的真实身份
语言种类	古代汉语	用典来源	

4. 嘉庆四年（1799年）闽浙总督玉德给安南国王阮光缵照会

……据海坛镇总兵许廷进呈报，洋匪黄文海率同内地盗伙及贵国弁目阮信、喀札、黎阿通……前赴该镇舟次[1]投首等情。随经饬提[2]至省审讯。据黄文海供称，该犯原籍福建长乐县人，被李发枝纠上盗船，带入安南，后又随同盗首王信长驶回内地行劫，并邀族侄黄敬发入伙。嘉庆二年，该犯帮同贵国官兵与洞扔[3]打仗，经贵国王给与总兵之职。本年五月，复令该犯与现在同投之阮信等，前往洞扔打仗。该犯心恋故土，起意窜回，商同内地伙伴，……自粤抵闽，沿途行劫。阮信等不能阻止，旋亦听从。嗣因黄敬发等被获正法，该犯等畏惧，赴官投首等语。并据阮信供称，伊系安南都督，经贵国王派令带同现在投首之喀札、黎阿通等，与黄文海各伙伴，前往洞扔打仗，被黄文海赚入内地，沿途行劫。今蒙准投首，恳求遣发回国等情。质之黎阿通等供亦同。并据黄文海、阮信缴出印信执照，查验无异。……饬将黄文海等分别安插内地管束；所有贵国阮信等二十四名，同是缴印信执照并黄文海所缴总兵印信一颗，执照一张，一并移交广西巡抚转行递回贵国王查收办理。……①

【注释】

[1]舟次：船停泊之所，码头；行船途中，船上。[2]饬提：饬传提讯。[3]洞扔：农耐、禄奈的另一种音译，今天的越南西贡。该词源于东耐（Donnai）河一词，发源于越南中圻南部山地，西南流经西贡，注入南海。

【简析】

越南西山朝建立政权后，为对抗以嘉定为根据地的农耐国进攻，一直招纳东南沿海一带的中国海盗势力作为对抗农耐国的海军力量。安南政府授以这些中国海盗头目总兵等官衔，命令他们前往农耐国打仗。由于受到安南政府的正式支持，这些海盗在中国东南沿海一带劫掠活动猖獗，对清廷统治造成严重威胁。清廷曾多次行文安南政府不要招降纳叛，

---

① 《古代中越关系史料选编》，中国社会科学出版社1982年版，第582页。

但安南政府拒绝承认有此行为。

嘉庆四年（1799年），清廷擒获了中国海盗黄文海等人，不仅发现其中有安南官兵，而且也有安南政府任命中国海盗头目为总兵的印信、执照，可谓人赃俱获，安南政府招降纳叛、损害中国利益已经昭然若揭。为此中国地方官员向安南国王发出照会，移送安南官兵和任命海盗头目的总兵印信、执照。清廷的照会有警告安南政府的意涵。

文书基本信息表

文书种类	照会	头辞	
发送者	中国闽浙总督玉德	尾辞	
接受者	安南国王阮光缵	正文文体	
纪年标准	中国纪年：嘉庆四年	正文内容	送还被中国海盗裹挟至中国的安南都督阮信等24名官兵
语言种类	古代汉语	用典来源	

5. 嘉庆十一年（1806年）云贵总督伯麟给越南国王阮福映照会（文稿）

……据天朝云南临元镇总兵蒲尚佐禀报，贵国兴化镇目递送用印传词一纸到临安府建水县属之猛喇、猛丁、茨桶坝各掌寨，令掌寨等外附越南等情。本督抚接阅之下，不胜诧异。查建水县属与贵国接壤之猛赖、猛喇、猛丁、猛梭、猛蚌、猛弄各地方，谓之六猛，系顺治、康熙年间隶入版图，百数十年来，相安无异。乾隆四十七年，黎氏咨申画地界，经前督抚以云南沿边疆界，天然判分，无所用其申画；并将六猛管辖各寨开单照会在案。又乾隆五十七年，阮氏由粤西投递表章，恳请清查兴化界址，复经广西将表文驳回。以上情节，该兴化镇目自当深知。且贵国王甫经定国，吁请封号，情词恭谨，仰蒙大皇帝高厚鸿恩，肇锡[1]国名，赐复南服[2]，自必恪遵侯度[3]，妥为抚绥境土，尽职守邦，永承宠眷。今该兴化镇目，递交传词，欲令六猛掌案等外附，且词内语句谬妄，断非贵国王饬令办理。贵国王臣事天朝素称恭顺，揆之情理，必无此事。是否该镇目不知从前分定界址办理情形，今忽尔冒昧妄为；抑或有外隅奸民怂恿，该镇目不为明察，妄生觊觎，均未可定。是以本督抚不即具奏，将边境版籍所载六猛管辖各寨落，开单明白照会，应听贵国王查明该镇目因何有此传词，是否该镇目妄滋边衅，贵国王自必严办示惩，使边境不致别生事端，以仰副大皇帝柔惠远人之至。为此照会，查照办理。至照会者。

嘉庆十一年正月初八日①

【注释】

[1]肇锡：在开始的时候赐予。《离骚》："皇览揆余初度兮，肇锡余以嘉名。"[2]南服：南部服属。[3]侯度：为君之法度。

---

① 《古代中越关系史料选编》，中国社会科学出版社1982年版，第567—568页。

【简析】

乾隆四十七年（1782年）、五十七年（1792年），安南后黎朝政府、西山朝政府先后对中国六猛地区提出领土要求。中国政府予以坚决驳斥。嘉庆十年（1805年），越南边境兴化镇头目竟然向六猛首领发送传词，要求归附越南。嘉庆十一年（1806年），云贵总督就此事照会越南国王，声明六猛为中国版籍所载，要求越南严惩边境生事官员。

文书基本信息表

文书种类	照会	头辞	
发送者	中国云贵总督伯麟	尾辞	至照会者
接受者	越南国王	正文文体	
纪年标准	中国纪年：嘉庆十一年	正文内容	声明六猛是中国领土
语言种类	古代汉语	用典来源	

二、咨文例析

1. 雍正四年（1726年）鄂尔泰拟发给安南国王黎维祹咨文（稿）

为照。享王无外，兴朝[1]大一统之宏观；画斧分疆[2]，圣主广如天之至德。属在远臣，所宜熟思大义，仰体皇仁，恪共厥职[3]，永固尔土者也。贵国久隶天朝，称臣累世，前督部院高清查旧界，自封疆职守宜然，我皇上俯念贵国王世传恭顺，贵国人民皆为赤子，特命将斜路村等处驻扎人员撤回，别议立界，如天好生之德。窃意贵国王闻之必且稽首崩角[4]，汗浃涕零[5]，世世子孙谨守边围，莫由仰报高深于万一矣。乃闻谕旨到日，不遣官赍迎，不远出跪接，闻者不争传，见者不下拜。偃蹇[6]骄姿至于如此，岂安南僻处遐方，素实未娴礼仪，不然将何恃而不恐？去冬十一月委广南知府潘允敏会勘立界，贵国土目等复肆狂言，不遵定议。窃查此事原委，据《滇南通志》所载：自开化府南二百四十里至交趾诅咒河为界，则凡二百四十里以内均属内地可知，矧[7]铅厂山、逢春里等处近在一百二三十里之间。论赋税则额册炳存[8]，稽塘汛[9]则旧基现在，道里多寡按图可索，居民服色举目可辨，支吾牵混，抑有何词？且查铅厂山地形险峻，中外截然，于此立界贵国亦有利焉，若谓奉旨撤回人员即系界以[10]土地，欲悉斜路村诸地而虎踞[11]之，又岂别议立界，务期允当之旨意耶？幸圣恩、悖大义，纵前督院委婉入奏，圣天子格外宽容，王试蚤夜[12]自思，何以自安？况我皇上圣文神武，海隅日出之乡，雕题[13]凿齿[14]之国，靡不畏威怀德，进土纳贡。贵国世受天恩，尺地一民，谁非王土王臣者，虽尽都龙关以外悉入版图，亦王职分应尔，何有于铅厂山诸地纷纷争执不已哉？本部院奉命统帅滇黔，恭惟我朝一统无外之模，审知王骄姿失礼之处，复仰体皇上中外一视之仁，悯念贵国累世恭顺之绩，故备述国家大体、顺逆通义。惟王熟思，急于定界，庶不失臣子之节，永保祖宗之

326

遗。倘仍听信浮说，固执前见，本部院职任封疆，岂敢弃内地之版章[15]，贻外彝[16]之口实？势不容不据实奏请。恐天兵一指，拉朽摧残，贵国王将噬脐无及[17]矣。①

【注释】

[1]兴朝：新兴的朝代。[2]画斧分疆：宋太祖用玉斧在地图上划分疆界，将大渡河以西土地包括唐代属于中国的安南地区划为外国。《续资治通鉴·宋纪》："王全斌既平蜀，欲乘势取云南，以图献。帝鉴唐天宝之祸，起于南诏，以玉斧画大渡河以西曰：'此外非吾有也！'"[3]恪共厥职：恪守其职。共：通"恭"。[4]稽首崩角：叩头。崩角：以头叩地。《书·泰誓中》："百姓懔懔，若崩厥角。"[5]汗浃涕零：汗流浃背、感激涕零。[6]偃蹇（jiǎn）：骄横；傲慢。[7]矧：何况。[8]炳存：明显存在。[9]塘汛：清代绿营军队两种驻防地。[10]畀以：给予。[11]虎踞：霸占。[12]蚤夜：昼夜；早晚。蚤：通"早"。[13]雕题：额上刺花纹。[14]凿齿：也称"折齿"、"打牙"。产生于古代原始部落民族中的习俗。青春期男女，以敲折、拔除上颌两侧对称牙齿为美观。中国越、僚、濮等古民族以及今仡佬、高山族均有此俗。亚、非、拉美、大洋洲等地也风行。[15]版章：版图，疆域。[16]外彝：外夷。彝：清代避讳"夷"为"彝"字。[17]噬脐无及：自咬腹脐够不着。比喻后悔不及。

【简析】

雍正四年（1726年），中国将向前推进的边界后撤一部分，安南政府不仅对清廷这一善意行动没有感激，还希望中国从争议的所有领土撤出。对此，云贵总督鄂尔泰发咨文警告安南国王。

文书基本信息表

文书种类	咨文	头辞	为照
发送者	中国云贵总督鄂尔泰	尾辞	
接受者	安南国王黎维祹	正文文体	
纪年标准	中国纪年：雍正四年	正文内容	边界划分问题
语言种类	古代汉语	用典来源	《续资治通鉴》、《尚书》

2. 雍正四年（1726年）鄂尔泰复安南国王黎维祹咨文

云南督抚管云贵总督事、兵部侍郎加二级记录三次鄂为咨会事。雍正四年九月初一日批阅来柬，窃甚惜之。伏惟圣天子念贵国累世恭顺，特加恩锡，温旨频颁，始则撤回斜路村驻扎人员，继复以铅厂山河外八十里之地实嘉赉之，亦冀其感激欢忻，敬谨尊奉，不致怀无厌之望以干国典，矜恤[1]殊至而王终不悟，讵[2]不惜哉？前督部院高已屡经开导，辄乃往复诘辩[3]，迷惑至今，仍复有"漫引[4]抄本志书"之语。独不思今之志书古之典籍也，古之诸侯所恃以守其封疆者厥惟典籍，今之大臣所恃以守其封疆者厥有志书。按《滇

---

① 《史料旬刊》（一）第2期，雍正安南勘界案，北京图书馆出版社2008年版，第119—120页。

省通志》于康熙二十二年奉旨纂修《大清一统志》，前督部院蔡纂成抄本具题送部，康熙三十年前督部院范更加考订，特疏刊刻，久已颁行，岂至今独抄本可据耶？贵国僻处偏隅，见闻孤陋，未应妄肆讥议也。试考之志书《疆域志》载云：开化府南二百四十里至交趾诅咒河，其志中舆图所载亦同。今至开化府城南至铅厂山不过一百六十里，以步弓计不过一百二十九里，则贵国之私侵内地亦甚彰明矣。律以王章，尽收其地悉入版图，不究其数十年侵越之罪，已属圣天子宽大弘恩。况明知内地强半赐予，即使捐糜[5]难以仰答，顾绝无衔结[6]之恩，仍怀觊望[7]之意，正恐自取罪戾，贻厥前羞，甚为王不取也。然犹有可解者，特以未读敕谕，故虽天恩高厚尚未尽知，天威严重亦未尽闻，今盥诵[8]之余，试为三复[9]玩味，定当翻然改悔，惶恐无似。本部院已凛遵圣旨，饬令文武各员立界设关矣。若仍复执迷，罔知悛悔[10]，纵容陪贰[11]，辄行玩慢[12]，无论侵疆越土之愆当降之罚，即傲慢不逊之言屡次频闻，形之楮墨[13]，一旦声罪致讨[14]，更复何辞？本部院新奉钦命统帅滇黔，恭惟我朝一统无外之模，审知王骄姿失礼之处，复仰体皇上中外一视之仁，悯念贵国累世恭顺之谊，备述国家大体、顺逆通义。惟望熟思审处，以不失臣子之节，永保祖宗之遗。倘终听信浮言，固执前见，势不容不整兵以待，纵使圣恩宽大，犹欲矜全[15]，责在封疆，谁能隐忍？恐官军一指，拉朽摧枯，贵国王将噬脐无及[16]，又孰从而争此尺土哉？为此合咨，烦为查照。①

【注释】

[1]矜恤：怜悯抚恤。[2]讵：不料。[3]诘辩：对质，辩论。[4]漫引：胡乱引述。[5]捐糜：粉身碎骨，舍弃生命。[6]衔结：衔环结草。比喻感恩报德，至死不忘。[7]觊望：非分企图。[8]盥诵：敬辞。先将手洗干净再诵读别人的诗文或信函。[9]三复：多次。[10]悛悔：悔改；悔悟。[11]陪贰：副手，助手。[12]玩慢：玩忽放纵。[13]楮墨：纸与墨。借指诗文或书画。[14]声罪致讨：宣布罪状，并加讨伐。[15]矜全：怜惜而予以保全。[16]噬脐无及：自咬腹脐够不着。比喻后悔不及。

【简析】

雍正四年（1726年），清廷将边界后撤后，安南政府一直要求后撤到争议爆发之前的边界。鄂尔泰再次发给安南国王咨文，企图以更强硬的姿态压服安南服从新边界。

文书基本信息表

文书种类	咨文	头辞	云南督抚管云贵总督事、兵部侍郎加二级记录三次鄂为咨会事
发送者	中国云贵总督鄂尔泰	尾辞	为此合咨，烦为查照
接受者	安南国王黎维祹	正文文体	
纪年标准	中国纪年：雍正四年	正文内容	边界划分问题
语言种类	古代汉语	用典来源	

---

① 《史料旬刊》（一）第2期，雍正安南勘界案，北京图书馆出版社2008年版，第126—128页。

3. 雍正五年（1727年）复安南国王黎维祹咨文

为咨复事。雍正四年重九日[1]具有复柬，仰体圣天子怀柔至意，详加开导，谅贵国必能翻然悔悟，候敕谕到日自当具本恭谢天恩。迟至数月茫乎未闻，兹于五年闰月九日赍有奏本前来，烦本部院转递，意谓本内所述定当追悔前愆[2]，勉图后效，谢宠颁之厚泽，鸣感激之私忱已耳。及启视来柬，殊不谓然，怨望[3]之情流露行间，迷惑之态现于纸上，甚为惋惜久之。念贵国俨然席茅土之封，膺河山之锡，世世恭顺，得保其土宇以至于今。即令王僻处遐荒，未谙大义，岂无一二陪臣能识顺逆、效忠告者？乃至天冠地履之义[4]全未讲明，君令臣行之文全未体察，在经史所载纵有未知，岂《论》、《孟》之书亦未曾读？宁不闻礼乐征伐出自天子，庆地消地[5]皆由王朝，尺土一民原非私有，故赐之则为藩国，收之则皆王土。今无论实系侵越，幸荷殊恩不复深究，即本非内地，欲归入版图以清疆域，亦安得妄争？乃敢沾沾较量于四十里之区，反自以为覆盆多曲[6]、先言易入[7]。凡此荒诞之辞不知检点，亦悖妄甚矣。至以前督高部院先期咨文为辞，查高部院先期咨文称，马伯汛计程一百二十里，有小河一道亦指为诅咒河，与《开化志》所载不合，故复委员查看当在一百六十里，逢春里之诅咒河乃为交界之地，此前督之文原甚明晰也。即总催杨加功亦称，逢春里接壤交趾，沿途一带地方自设开化府后，每年上仓秋米十二石零。康熙二十一年内遭小交王伪宽内乱仇杀，争夺地方，兴兵骚扰，民不安生，以致钱粮失额，合里赔累。倘荷上宪垂怜，复得疆土，免民赔累钱粮，地方幸甚，此杨加功之禀并无含混也。今并不细阅全文，谬摘一二句反以为证据，通晓文理当不如是。况分疆立界必择形势，所以别内外、垂久远。今既奉旨以铅厂山河为界，已立石设关，谁能更易，谁敢更易？既本部院现任滇南总制，此疆本欲按之旧志将此二百四十里地尽行收入，然敕谕已颁，不敢有违，亦姑且容忍，以待贵国之自新也。误引总催词，不能凛遵圣谕，惑于陪臣悠谬[8]之论，顿忘国土长久之谋，窃为贵国愧之、危之。至于往来喋喋[9]，自逞口辩，倘一干触[10]天威，虽欲包荒[11]不能则噬脐无及[12]，势所必然，并非虚语也。且贵国既知为恭顺之诚，非同违命梗化[13]之邦，今天子有命乃敢屡行抗违，尚不谓之梗化耶，所称恭顺其义安在？今为贵国计，惟有星速另具本章，备陈圣德，答谢天恩，请世世子孙永守此界，本部院自当代达，圣天子嘉予[14]尔诚，礼意有加，荣莫大焉。频年以来，远人慕义向风来归者络绎接踵，凡属海岛之国、异域之乡，前此未奉化者率皆归命投诚，卑顺自效，何况贵国素属藩封，安可自外以干罪戾耶？王既开心具柬烦为转奏，不忍知而不言，有负邻谊，用布芜诚[15]，希惟鉴照[16]。《书》曰："光天之下，敢不敬应[17]。"《礼》曰："王言如丝，其出如纶[18]。"今王言即出，敬应可矣。敢不凛哉！敢不慎哉！①

【注释】

[1]重九日：九月初九日。[2]前愆：以前的过失。[3]怨望：怨恨；心怀不满。[4]天冠地履之义：天地之分、上下之分的大义。[5]庆地消地：赐给与收回土地。[6]覆盆多曲：阳光照不到覆盆之下，因

---

① 《史料旬刊》（一）第2期，雍正安南勘界案，北京图书馆出版社2008年版，第135—138页。

而多有委曲、冤枉。后因以喻社会黑暗或无处申诉的沉冤。[7]先言易入：最先陈述的内容最易被接受。[8]悠谬：荒谬。[9]喋喋：言；唠叨。[10]干触：触犯。[11]包荒：包含荒秽；包容广大。谓度量宽大。《易·泰》："包荒，用冯河，不遐遗。"[12]噬脐无及：自咬腹脐够不着。比喻后悔不及。[13]梗化：顽固不服从教化。[14]嘉予：嘉奖。[15]芜诚：粗鄙的真诚。[16]鉴照：鉴识照察。[17]光天之下，敢不敬应：普天之下，谁敢不恭敬地听从命令。《书·益稷》："禹曰：'俞哉！帝光天之下，至于海隅苍生，万邦黎献，共惟帝臣，惟帝时举。敷纳以言，明庶以功，车服以庸。谁敢不让，敢不敬应？'"[18]王言如丝，其出如纶：君王所说的话像丝那么细，传出去后就像丝带那么粗。《礼记·缁衣》："王言如丝，其出如纶。"

【简析】

雍正五年（1727年），云贵总督鄂尔泰继续就边界问题与安南方面进行争论，并以"光天之下，敢不敬应"的天朝大义理论压服安南。

文书基本信息表

文书种类	咨文	头辞	为咨复事
发送者	中国云贵总督鄂尔泰	尾辞	
接受者	安南国王黎维祹	正文文体	
纪年标准	中国纪年：雍正五年	正文内容	边界划分问题
语言种类	古代汉语	用典来源	《易经》、《尚书》、《礼记》

4. 雍正五年（1727年）发给安南国王黎维祹咨文（稿）

为咨会事。雍正五年九月二十四日准广西抚院提督会咨，内开：雍正五年九月十七日准云贵总督部院鄂尔泰咨开：照得安南国之渭川州与云南开化府接壤，前督部院高其倬清理内外疆界，经据详考志书，当在开化府南之二百四十里安南之都龙关地方的系旧界，嗣因该国王具本情词恳切，我皇上念其屡世恭顺，勉从所请，别议立界，本部院复遵旨委员查勘，看得铅厂山下地方、山川形势中外截然，不独志书可凭，且有粮册可据，塘汛[1]旧基可查，居民服饰可验，原属内地，应于此立界，仅收还四十里，仍予以八十里地，荷蒙愈允并颁谕该国王尊奉。此诚我皇上怀柔至意，委屈保全之特恩也。该国王理应欢忻感戴，上表谢恩，乃又复具本求为题达，既经两广督部院发回，复赍至滇省。阅其来柬，仍怀觖望[2]，本部院一面咨还，一面奏闻，复荷圣恩颁赐敕书一道，诚切晓谕，宥[3]其愚蒙，冀其悔悟，于六月初六日本部院在贵州安笼行署接到，随差弁赍至开化镇转委弁唐定国，于六月十八日赍至铅厂关传谕该国迎接。据该国守关土目黄文绥禀称，曾奉该国王文，因云南总督将所奏本章发回，复行文申饬，此后云南公文一概不接，即有敕书亦仍送至广省大路等语。似抗貌抗逆显著，自应声罪致讨[4]，但念从来仁义之师必先布令陈辞，敢烦贵都院先将情节叙明，诘责[5]该国，并告文会讨缘由。倘果悔悟输诚，即出都龙关迎接敕书，上章谢罪，应从宽典。如或负固不悛[6]，迟回观望，仍以由广省大路为辞，可即一面星速复知,一面调兵齐集,克期四省会进,以为藩不臣者戒等因,到本部院,提督咨会到部院,准此。为照我皇上圣神文武,恩威四讫,凡属遐方异域莫不来享来王[7],输诚向化。该国铅厂山下地方查勘原属内地,我皇上怀柔大德,仍予八十里,该国王自应感戴天恩,倍深敬凛,乃复具本求为题达,经云贵督部院一面咨还,一面奏闻,复荷圣恩颁赐敕书一道,诚切晓谕,此我皇上宽宥愚蒙、格外矜全[8]之至意也。查奉到敕书原系奉旨由云南赍发,守关土目何得混称云南公文一概不接,即有敕书亦仍送至广省大路等语,虽系土目无知,而迎接敕书岂容迟缓?声罪致讨,法所应加,但该国仰沐皇恩,世效恭顺,倘即知罪悔悟,迅出都龙关恭迎敕书进国,上章谢罪以邀特恩宽宥。如或迟回观望,犹以仍送广省大路为辞,定即请旨会兵进剿以戒不臣,噬脐何及[9]?文到先具文柬复,毋迟。为此合用照会前去,安南国王查照施行。

雍正五年九月二十五日①

【注释】

[1]塘汛:清代绿营军队两种驻防地。[2]觊望:非分企图。[3]宥:宽恕。[4]声罪致讨:宣布罪状,并加讨伐。[5]诘责:质问并责备。[6]负固不悛:倚恃险阻而不臣服。[7]来享来王:进献贡物、朝觐天子。《诗·商颂·殷武》:"昔有成汤,自彼氐羌,莫敢不来享,莫敢不来王。"[8]矜全:怜惜而予以保全。[9]噬脐何及:自咬腹脐够不着。比喻后悔不及。

【简析】

雍正五年(1727年)六月,云南方面将雍正帝敕谕发到铅厂山边界,要求安南官员迎敕。但安南边境官员声称,奉国王命拒绝接受从云南发来的各种公文,此后两国来往公文经两广发送,以此抗议云贵总督发回安南国王奏章。鄂尔泰发咨警告安南,要求尽快出都龙关迎敕入国,如果安南国王继续冥顽不化,他将调集兵力,请旨4省兵力会进,进剿安南以惩不臣!这是中国和安南边界争端以来,中国方面最严厉的声明,几与最后通牒同。

文书基本信息表

文书种类	咨文	头辞	为咨会事
发送者	中国云贵总督鄂尔泰	尾辞	为此合用照会前去,安南国王查照施行
接受者	安南国王黎维祹	正文文体	
纪年标准	中国纪年:雍正五年	正文内容	鄂尔泰对安南政府拒绝从云南方向发来的公文提出警告
语言种类	古代汉语	用典来源	《诗经》

---

① 《史料旬刊》(一)第4期,雍正安南勘界案,北京图书馆出版社2008年版,第235—237页。

5. 雍正六年（1728年）中国钦差给安南国王黎维祹咨文

钦差为移知事。都院部堂恭膺简命，宣布恩福。昨经移应，贵国王于本月十一日奉敕宣读，今接来柬所开三次仪注，其中跪拜入门迎送之礼，总与五十八年所行之礼不符。事关典礼，罔敢陨越[1]。今将五十八年钦差邓、成之仪注[2]附上，贵国阅视，此系近年之事，贵国王其忘却之耶。况洪恩远播，尤宜倍加虔敬。何得以身亲行过之礼，忽欲更变，有失恭顺之道，贵国王其敦思之，而它处之。若照五十八年钦使邓、成行过仪注行礼，即于十二日宣读，倘有异议，本都院部堂即当捧回京请旨定夺，不敢有违定之礼，以辱君命也。为此移知，烦即答复。再柬内所用辅政郑者，必贵国辅理国政之陪臣，今辅政之辅字，与恩典之恩字，钦使之钦字，并肩抬头，恐自开辟以来未必有是理也。来柬未便攸好，并仪注三册发回。须至咨者。

右咨安南国王黎。

雍正六年六月十一日①

【注释】

[1]陨越：失职。[2]仪注：制度；仪节。

【简析】

雍正六年（1728年），清廷派遣使者前往安南宣布赐地。使者到达安南后发现安南迎敕的仪注并非三跪九叩礼，而且安南来文内书写格式不符合朝贡文书的行文规则。钦差发咨文指出安南方面的礼仪错误，只有改正错误后方可举行宣谕仪式。

文书基本信息表

文书种类	咨文	头辞	钦差为移知事
发送者	中国钦差杭奕禄、任兰枝	尾辞	须至咨者
接受者	安南国王黎维祹	正文文体	
纪年标准	中国纪年：雍正六年	正文内容	指出礼仪问题
语言种类	古代汉语	用典来源	

6. 乾隆四十年（1775年）安南国王咨文

安南国王黎为咨复事。乾隆四十年八月十八日接奉照会。内开……等因。仍询诸耆

---

① 《南北往来柬札》，越南汉喃院藏手抄本，编号A276，vhc2653，转引自牛军凯《三跪九叩与五拜三叩：清朝与安南的礼仪之争》，载《南洋问题研究》2005年第1期。

目[1]会议,以为取山海之藏,以助经费,而宽田赋,乃为国之常道。本国太原镇产有银矿,召商开采,税课颇轻。粤省邻壤密接,间有人户来住。出力营生,彼往此还,以其所得羡利[2],辗转贩易,亦是从来民生之常,立法原所不禁。……敝邦沿临一带,谅山、太原、高平三镇,民俗朴陋。毫无华靡,……即如送星厂内随聚成市,饭店酒楼,茶坊药铺,极为繁凑[3],亦是内地客人,于力作之处,自相贩易。太原各州民户密迩,间将盐菜食物转卖□□非全靠他生理。……①

【注释】

[1]耆目:长老。[2]羡利:盈利。[3]繁凑:众多事物汇聚在一处。

【简析】

乾隆四十年（1775年），安南国王发来的咨文谈到中国与安南接壤的安南边界一侧的城镇，贸易异常兴隆。

文书基本信息表

文书种类	咨文	头辞	安南国王黎为咨复事
发送者	安南国王	尾辞	
接受者	两广总督	正文文体	
纪年标准	中国纪年：乾隆四十年	正文内容	
语言种类	古代汉语	用典来源	

7. 乾隆四十年（1775年）安南国王咨文

……兹有本国送星厂[1]出产银矿,召商开采。曾有内地客商前来领牌同作,时常往返,食力相安,恪遵约束。迩来厂客日就丛杂,人数倍多,驯至[2]滋事构隙。乾隆三十一年,张任富等争夺矿口,聚众仇杀。本国已于是年七月日具文咨请,檄行所属之韶州府转饬地方员弁,申严内地人民出境滋事之禁。乾隆三十三年三月,据前任总督李照会内开,据布、按二司详称：送星厂聚五千余众,自应押令回籍。惟是人数既多,利之所在,各不愿弃置归家。若以本国镇目一概驱逐,则内地人民不服外藩约束,诚有如尔国咨称,须假兵力逼胁,方能清除,未免致生事端。自应详加慎重,分别办理。至册开在厂之人籍,隶广西、江西、湖南、福建各省,而粤东嘉应、惠州及广、肇、南、韶[3]之人,十居其九,现在已行令各府州转饬原籍州县查明。

乾隆四十年三月十七日②

---

① 《古代中越关系史料选编》，中国社会科学出版社1982年版，第654页。
② 《古代中越关系史料选编》，中国社会科学出版社1982年版，第651—652页。

【注释】

[1]送星厂：又作宋星厂。[2]驯至：逐渐达到；逐渐招致。《易·坤》："履霜坚冰，阴始凝也；驯致其道，至坚冰也。"[3]广、肇、南、韶：广州、肇庆、南雄、韶关。

【简析】

乾隆四十年（1775年），安南国王给两广总督咨文要求查办在安南送星厂内中国籍厂徒械斗事件。

送星厂位于广西边外的安南边界一侧，银矿皆极旺。安南本地人不习烹炼法，故招揽中国人往采，安南则设官收税。由于中国人大量前往送星厂，常常因利益纠纷形成派系，斗殴滋事。乾隆三十九年（1774年），以张德裕、李乔恩各为一方，为争夺采矿槽口而械斗数次，互有杀伤。安南政府驱逐厂徒回国，为避免激起变故，乾隆四十年（1775年），安南国王向中国边境地方官员发出咨文要求协助，并开列厂徒在中国的原籍贯。中国地方政府下令各州县查明。

安南政府后来驱逐送星厂厂徒出境。清廷以"私越滋事"罪将这些回国的厂徒流放、安插到其他各省。

文书基本信息表

文书种类	咨文	头辞	
发送者	安南国王	尾辞	
接受者	两广总督	正文文体	
纪年标准	中国纪年：乾隆四十年	正文内容	叙及送星厂开矿厂徒派系纠纷
语言种类	古代汉语	用典来源	

8. 乾隆五十二年（1787年）安南国王嗣孙黎维祁咨文

……乾隆二十四年，祁祖父黎维禟钦蒙皇帝册命，袭封王爵，赐以金印，俾共藩服，守典保邦，罔敢失坠。顾祁祖父高年在病，辅政郑栋专其威福。乾隆五十一五月，本国广南地方有西山土豪，乘国人弗协，执言[1]于郑氏，侵入国城，郑栋战败，出奔被虏，并亡其国印。祁祖父禟借天朝宠灵[2]，得以直辞[3]，无陨[4]其国。是年七月十七日，祁祖父寻以病终。祁父早亡，祁以世嫡权管国事，理合专员诣阙告哀，且以请命。惟兵燹[5]之后，支应势有未及，为此具繇[6]咨会，希惟体悉远情转达，容俟至岁贡期，并远使臣附□□□事。再祁具以失印事，并为□□□，□或家权给凭信，令本国嗣后有事，当题奏及咨会公文，并用此存验，庶免稽误。

乾隆五十二年三月初十日①

【注释】

[1]执言：借口。[2]宠灵：恩宠光耀；使得到恩宠福泽。[3]直辞：据实陈述。[4]无陨：没有毁坏。[5]兵燹：因战乱而造成的焚烧破坏等灾害。[6]具繇：具由。列举缘由。

【简析】

乾隆五十二年（1787年），新任安南国王黎维祁发出咨文叙及上年王印在战乱中遗失。

文书基本信息表

文书种类	咨文	头辞	
发送者	安南国王黎维祁	尾辞	
接受者	两广总督	正文文体	
纪年标准	中国纪年：乾隆五十二年	正文内容	叙及丢失王印
语言种类	古代汉语	用典来源	

9. 乾隆五十七年（1792年）安南国王阮光平给两广总督郭世勋咨文

安南国王阮为咨呈事。本国仰荷圣恩曲轸[1]，物产短绌，特赐开关通市。自本年正月以来，商贾骈集[2]，百货云屯[3]，国用渐舒，举国臣民皆感颂大皇帝柔远深仁，处处歌舞，惟是商客带来之物，只敷日常需用，而袍服彩章，犹难远致。本国仰蒙天恩，方新厥服。官府仪文，以时藻饰[4]。诚愿学中国文物声容之盛，庶几不囿于陋。且今春始自万象凯还，泽袍[5]将士，亦有安燠[6]之恩。但非从江南织买，体制多不中用。又本国所须物件，式样颇多，必得专人带式前往定织，方可中款。现拟派银数万两，差本国通晓工技者一人，随带五人，亲赴采织。惟念天朝法律森严，江南远隔数省，未敢冒昧。此种琐屑之事，又不敢尘渎[7]圣聪。特此具因，凭龙州分府王右呈台览，专祈仰体圣天子所以优厚远藩之至意，准予咨会江南给下牌照，许贱差通行。并所带银两及将来织买等件，沿途如何雇赁夫船，水陆搬运之处，曲为酌定，俾他有所依凭，早完这一宗事。庶本国绅青[8]，人人咸佩服宪恩于无斁[9]矣。芳暑南薰[10]，寅惟君子弥性[11]，铃阁[12]凝禧[13]为贺。须至咨呈者。

右咨呈天朝钦命兵部侍郎兼都察院副都御史、巡抚广东等处地方提督军务署两广督部堂郭（世勋）大人台前曦瞩[14]。

---

① 《古代中越关系史料选编》，中国社会科学出版社1982年版，第469页。

乾隆五十七年闰四月初 日①

【注释】

[1]曲轸：曲垂；垂念。[2]骈集：凑集；聚会。[3]云屯：如云之聚集。形容盛多。[4]藻饰：装饰；修饰。[5]泽袍：战袍和衬衣。[6]安燠（yù）：舒适温暖。《诗·唐风·无衣》："岂曰无衣六兮，不如子之衣，安且燠兮。"[7]尘渎：谦辞。玷污。[8]绅胄：绅士贵族。[9]无斁：无终，无尽。[10]南薰：南风。[11]寅惟君子弥性：行为敬谨的君子长寿。弥性：生命长久。《诗·大雅·卷阿》："岂弟君子，俾尔弥尔性。"[12]铃阁：指翰林院以及将帅或州郡长官办事的地方。[13]凝禧：福喜永驻。[14]台前曦瞩：敬语。请上级明察。

【简析】

乾隆五十七年（1792年），安南国王发咨请求批准安南派遣1名通晓工技者和5名随行者前往江南定织物件，并要求沿途对安南人员加以照料。江南是中国丝织品最为重要的产地，也是丝织技术最为发达的地区。安南政府不满足仅仅采买中国丝织品，他们以采买的款式多不中用为由，要求派遣技术人员前往"定织"。安南政府这样做显然是企图将中国江南先进的纺织技术引入安南。

文书基本信息表

文书种类	咨文	头辞	安南国王阮为咨呈事
发送者	安南国王阮光平	尾辞	须至咨呈者
接受者	中国两广总督郭世勋	正文文体	
纪年标准	中国纪年：乾隆五十七年	正文内容	要求前往江南定织衣物
语言种类	古代汉语	用典来源	《诗经》

10. 乾隆五十八年（1793年）安南国王阮光缵咨文

袭封安南国王阮为咨呈事。照得本国仰蒙圣恩，俯准开关通市，经前国王查议咨呈，请于谅山镇之驱驴立市，通油隘之商；高平镇之牧马立市，通平而、水口二处之商。业蒙奏奉部议准行，遵照在案。嗣据谅山镇启称，由平而关出口客民，例应前赴牧马贸易，但查自平而水路二百余里，仅可行抵花山，如赴牧马，必须在花山另雇挑脚起旱行走。客民水陆多费，而花山附近村庄甚为稠密，若俱令远赴驱驴贸易，居民又多不便，是以自花山添设行市，招徕平而关商民，其市长[1]、监当[2]诸员，仍从驱驴额设内拨往，其客民中有愿由陆路前赴牧马者，仍从其便，客民、居民无不欢欣踊跃等情，启知前来。前国王未及将花山设市事因转呈两院宪鉴，今小番蒙恩袭爵，理应呈明。……该镇请于花山设立市场，洵属因地制宜、商民两便之法。但原奏内本无花山名目，事关添设市场，自应详明立

---

① 《古代中越关系史料选编》，中国社会科学出版社1982年版，第606—607页。

案。为此具咨，专候察核施行。须咨呈者。①

【注释】

[1]市长：主管市场的官员。[2]监当：征税官员。

【简析】

乾隆五十八年（1793年），安南呈递咨文，请求在边界地带的花山新添行市，希望清廷批准。

文书基本信息表

文书种类	咨文	头辞	袭封安南国王阮为咨呈事
发送者	安南国王阮光缵	尾辞	须咨呈者
接受者	两广总督	正文文体	
纪年标准	中国纪年：乾隆五十八年	正文内容	请求批准新添设的两国边界市场
语言种类	古代汉语	用典来源	

11. 乾隆五十九年（1794年）安南国王阮光缵给两广总督觉罗长麟咨文

安南国王阮为咨呈事。……曩者[1]饬委本国沿海镇戍，修造战艚数十座，时令出洋巡哨以清海澨[2]。兹年七月 日，本国义安镇新造艚二座，该镇员弁撑出巡洋，适因飓风大作，飘向贵辖粤东海湾，他们喜得及岸，有座四个兵丁挨上探问地名，有座二十五个兵丁寻源行汲[3]，内地守港汛官[4]见他们异样，一齐留住不放回船。那时本国员弁现在坐船者，言语不通，弗获诉明情事，不知道所泊是何地方，守港是何职御[5]，亦不知这彪兵丁见在何处拘管，正没伸办，只得趁着风便回界启报。窃思本国……从前凡有漂到人口，业蒙上宪仰体柔怀德意，一切给食送还，今本国巡洋兵丁因飘越界，谅亦当无糜阻[6]……尚祈[7]制台[8]波照[9]，饬下东省沿海防汛员弁，查明地方所留巡兵该二十九人，早赐送还。②

【注释】

[1]曩者：以往，从前。[2]海澨：海滨。[3]行汲：汲水。[4]汛官：汛地营官。[5]职御：职位。[6]糜阻：阻拦。[7]尚祈：专祈。[8]制台：明清时对总督的敬称。[9]波照：关照。

【简析】

乾隆五十九年（1794年），安南国王发咨文请求广东地方官员送还漂流至崖州的29

---

① 《古代中越关系史料选编》，中国社会科学出版社1982年版，第607页。
② 《古代中越关系史料选编》，中国社会科学出版社1982年版，第632页。

名安南巡洋兵丁。咨文中叙述了事情缘由。乾隆五十九年（1794 年）七月，有两艘安南新造巡洋艚船飘至崖州，两艘艚船共有 29 名兵丁上岸。这些兵丁上岸不久即被崖州驻军拘留。两艘船上的其他兵丁则乘风返回安南启报。

安南咨文中所提及的这一巡洋兵丁遭风飘至崖州事件，实有诸多可疑之处。安南此时正与南方农耐国进行战争，他们常常招募在中国东南沿海出没的中国海盗作为军事力量。这次因飘风到达中国的安南两船很有可能就是被安南招纳的中国海匪船只。这些安南兵丁上岸后行为鬼祟，两船则在中国驻军发现之后不久便迅速撤离中国海域。如果是正常的安南海军，按照海上救助惯例，可以堂而皇之地接受清廷的救助和妥善照应，上岸官兵大可不必如此小心谨慎，两船也不必在中国驻军发现后"不辞而别"。此种行为或有隐情。

文书基本信息表

文书种类	咨文	头辞	安南国王阮为咨呈事
发送者	安南国王阮光缵	尾辞	
接受者	中国两广总督长麟	正文文体	
纪年标准	中国纪年：乾隆五十九年	正文内容	请求送还飘风到中国崖州的安南巡洋兵丁
语言种类	古代汉语	用典来源	

12. 乾隆五十九年（1794 年）两广总督觉罗长麟给安南国王阮光缵咨文

为咨复事。本年十一月二十四日，本部堂于阅兵途次，接准贵国王来咨，因贵国义安镇巡洋飘风到粤，咨请早赐送还等因。查事年九月间，据崖州营及该管府县报称，有长发二十一人乘驾小船驶入望楼港，当被崖州汛留住。又有大船一只，在外洋游奕[1]，有长发四人凫水登岸，亦被汛兵留住，大船即向外洋驶去，……是否遭风难夷，崖州并无通晓安南国语之人，除给与衣服口粮抚恤外，拟请送省问明办理等情。本部堂接禀后，……即令其就近回国，毋庸长途送省，徒劳往返，并经委员迎赴前途，妥为照料护送在案，谅此时自已早行回国。惟查阅来咨，贵国王声称，被留住者系二十九人，崖州营及该管府县原禀，被留者系二十五人，是否驶去大船内尚有四人未经登岸，抑或另有别情，相应照会贵国王，即日查明声覆，以凭确查办理可也。……

乾隆五十九年①

【注释】

[1] 游奕：游弋；徘徊；往来游动。

---

① 《古代中越关系史料选编》，中国社会科学出版社 1982 年版，第 632—633 页。

【简析】

乾隆五十九年（1794年），两广总督长麟对安南国王咨文进行回复。安南咨文中提到有29名兵丁留在中国，但中方核对只有25名。

文书基本信息表

文书种类	咨文	头辞	为咨复事
发送者	中国两广总督长麟	尾辞	
接受者	安南国王阮光缵	正文文体	
纪年标准	中国纪年：乾隆五十九年	正文内容	核对留在中国的兵丁人数
语言种类	古代汉语	用典来源	

13. 道光九年（1829年）越南国王咨文

……再者本国地界毗连宝辖[1]，向来所有支用之药材物项，惟资之商货往来而已。其所需用，殆未裕如。窃照外国商船亦有多得通市者，本国事大敬天，恪敦恭顺，曾蒙上国[2]许以文献之邦，实非不通文字之化外诸国者比。况本国都城由海程驶至宝辖界分，才五六日间，船只往来尤为近便。只缘未经定例，故通来商贾未敢唐突往来。夫利用之道，在乎贸迁有无，仰惟大皇帝鸿慈博爱，一视同仁，奉宪台[3]波照[4]盛情，定不以遐方赐隔[5]也。兹因派员护送符传俦等前往宝辖，并此具情布达[6]，统祈将上项事理代为题请，仰恳天恩，准本国船货往来，每次或二三艘驶往宝辖通市，其税课敬请酌定，遵奉供输，庶得以有易无，以充国中人民使用。是惟宪台嘉惠于下邦，受赐不浅矣。

道光九年四月①

【注释】

[1]宝辖：贵地辖境。[2]上国：诸侯或蕃邦对中央或中心大国的称呼。[3]宪台：御史等官职的尊称。因总督、巡抚兼任御史，也指代总督、巡抚官职。[4]波照：关照。[5]赐隔：阻隔。[6]布达：陈述表达。

【简析】

道光九年（1829年），越南向中国发咨请求开放海上贸易。传统中越贸易局限在两国的陆地边界。为扩大贸易渠道，越南方面提出比照前往广东贸易的西方商船允许越南从海路前往广东贸易。对于越南的请求，清廷以"尔国地界毗连两广，向与内地商民有陆路交易处所，货物通流，足资利用，非他国远隔重洋，必须航海载运者可比"② 为由断然

---

① 《古代中越关系史料选编》，中国社会科学出版社1982年版，第612—613页。
② 《清宣宗实录》，卷一五六，道光九年五月辛酉条。

拒绝。

文书基本信息表

文书种类	咨文	头辞	
发送者	越南国王	尾辞	
接受者		正文文体	
纪年标准	中国纪年：道光九年	正文内容	请求从海路前往广东贸易
语言种类	古代汉语	用典来源	

三、移文例析

1. 雍正五年（1727年）两广总督孔毓珣给安南国王黎维祹移文（底稿）

为送回奏本事。雍正五年闰三月初五日据该国王柬称：本国渭川州与开化府疆界一案谨修奏本，仰叩帝阍[1]，希为照详事理，具疏题达等因到本部堂，据此。随查开化府非本部堂辖属，朝廷设官分土各有专司，未便越俎[2]代题，所有赍到奏本理合送回该国王，如有陈奏情节仍由云贵总督处题达。至柬内所开，本部堂无凭置议，惟是我皇上德威远被，丕冒[3]万方，该国世受隆恩，素昭恭顺，疆界一事自应平心恪遵敕谕，以尽事上之诚，其官吏之咨移、差员之传语似可不必过于计较也。为此合用照会前去，该国王查照施行。①

【注释】

[1]帝阍：天门；宫门。[2]越俎：越俎代庖。比喻超出自己业务范围去处理别人所管的事。[3]丕冒：广被。

【简析】

雍正五年（1727年），安南政府与云贵总督鄂尔泰就两国边界划分问题论战不已。安南为报复鄂尔泰，改由两广总督处题达边界问题。两广总督孔毓珣以"设官分土各有专司"为由拒绝代题。另外又提醒安南，处理两国边界问题，应该平心静气，对下级官吏的传言也不必过于计较。

---

① 《史料旬刊》（一），第4期，雍正安南勘界案，北京图书馆出版社2008年版，第232页。

文书基本信息表

文书种类	移文	头辞	为送回奏本事
发送者	两广总督孔毓珣	尾辞	为此合用照会前去，该国王查照施行
接受者	安南国王黎维祹	正文文体	
纪年标准	中国纪年：雍正五年	正文内容	通知安南政府两广总督无权题达有关云南边界争端的事宜
语言种类	古代汉语	用典来源	

四、柬文例析

1. 雍正四年（1726年）安南国王黎维祹给鄂尔泰柬文

安南国王黎肃柬于天朝云南巡抚官云贵总督兼兵部侍郎加二级记录三次鄂台座下。雍正四年七月二十六日接见护理云南开化总镇苏，咨来内开：奉贵台照会，准兵部咨，内开：会议查得开化府南二百四十里与本国为界，前任总督高折请清查，蒙朱批谕旨令其另议立界，今高与贵台具奏称遴委广南府知府潘允敏会同本国遣员清查，看得铅厂山下形势，土著之民窄袖辫发，又有旧汛基址，于此立界诚为至当，伏请特颁谕旨，赍赐本国。奉旨：依议。钦此，钦遵到本部院。准此。除将颁到敕谕一道赍捧前诣，本国预备迎接祗领，仍将祗领日期缘由见复施行等情。窃照疆界一案，频年以来本国累次柬复前任总督高，分明诅咒河是本国渭川州界，自古内外截然，两无干涉等情，居诸屡阅[1]，专竚[2]回音，未蒙报复。忽有总镇冯将兵擅来本国斜路村之鞍马山设立房屋，本国曾以其事具本陈奏，钦蒙圣天子明见万里，不惑先言，亲批令将斜路村等处人员撤回，别议立界之地，务期允当，奉有敕谕颁来本国。再三思维，既求允当，则必依诅咒河之旧，念兹在兹，释兹在兹[3]，谅无他也。既而接见咨来，委差广南府知府潘前来会勘，本国即委差员目胡丕绩等同来界首[4]，眼同[5]揭查，指画里路，自诅咒河东三十里是鞍马山即斜路村之马鞍庄，又二十三里至三土山是斜路村之扶厘庄，又自鞍马山南径十里至铅厂是斜路村之聚歌庄，又二十里为斜路村，又二十里为麻须村，又三十里为扶空村，又二十里为扶尼村，又十里为尔呼村，山川条理绎络相连，若指诸掌，其间邑里相望，凡土著居民并穿本国衣服，椎髻[6]徒跣[7]，老稚相同，那时委差知府潘委曲百端，只要从中斟酌，冀免开化前日捏误之咎。是日胡丕绩等屡以一循公道，照依旧疆为请，不图[8]委差潘意在曲护，援以一二依人[9]飘零佣赁[10]，踪迹浮萍[11]，而指为内地土户，又漫引[12]抄本志书，无凭汛地，妄自详称，以为铅厂山立界乃为至当，无怪部议以为信然。今阅来咨具言前情，继云颁到敕谕，要令预备迎接等情，似此事理，意者覆盆之下未照日月之光[13]，然天诏飞来，礼当迎接，本国谨委员目武廷恩就诅咒河界首备礼接领，以昭恭顺之忱，即于本月初十日起程，约九月中旬就界遵行。乃若界址之事脱或潘委差之说见售[14]，开化侵占之谋得行，

341

本国自当专员赴阙,上达天聪,求伸抑郁,虽累累絮渎[15]亦不能自已也。今肃柬。

朱批：不通欠理,朕未料其如此痴迷。①

【注释】

[1]居诸屡阅：时光过了很久。居诸：光阴。[2]专伫：专门等候。[3]念兹在兹,释兹在兹：念及于此。《书·大禹谟》："帝念哉! 念兹在兹,释兹在兹。名言兹在兹,允出兹在兹,惟帝念功。"[4]界首：边界前缘；交界的地方。[5]眼同：会同；跟同。[6]椎髻：头发结成椎形的髻。[7]徒跣：赤足。[8]不图：不料。[9]侬人：居住在广西和云南交界地区的壮族。[10]飘零佣赁：零散受雇于人。[11]浮萍：飘零。[12]漫引：胡乱引述。[13]覆盆之下未照日月之光：比喻不能得到公正对待。[14]见售：说法被接受。[15]絮渎：连续重复,惹人厌烦。

【简析】

雍正四年（1726年）,安南政府呈递柬文,对清廷确立在铅厂山下小河作为两国边界的各种证据进行反驳。

文书基本信息表

文书种类	柬文	头辞	安南国王黎肃柬于天朝云南巡抚官云贵总督兼兵部侍郎加二级记录三次鄂台座下
发送者	安南国王黎维祹	尾辞	今肃柬
接受者	云贵总督鄂尔泰	正文文体	
纪年标准	中国纪年：雍正四年	正文内容	反驳中方的划界方案
语言种类	古代汉语	用典来源	《尚书》

2. 雍正五年（1727年）安南国王黎维祹给两广总督孔毓珣柬文

安南国王黎肃柬于天朝兵部尚书兼都察院右副都御使、总督广东广西等处地方军务兼理粮饷加三级孔台座下。照得本国渭川州与开化府疆界一案,前缘开化府捏报,继差把总、经历前来斜路村之鞍马山设房分守,本国无奈,仍具情由陈奏,钦蒙颁赐敕谕,已亲批令将斜路村等处人员撤回,别议立界之地,务期允当。本国仰见圣天子公平正大,荡荡平平,自谓当事至此,必能上体无私,一循旧界,谅无他也。既而知府潘前来会勘,本国委差员目胡丕绩等会同揭查,其间山川条理若指诸掌,界限分明,那时知府潘委曲[1]百端,欲从酌量,不获如意,不知作何详称,乃有税册、塘基之说。雍正四年十二月本国委差员目武廷恩奉领到敕谕,定于铅厂山小河立界,本国捧读之余,皇皇在念[2]。自思覆盆之下,常迟两曜之照临[3]；凡事之端,多屈先言之易入[4]。理当申辩,求以自明。今不违旁引他证,照前总督高先期来咨查案马伯汛防供称：自开化府城至马伯汛一百二十里,汛

---

① 《史料旬刊》（一）第2期,北京图书馆出版社2008年版,第124—126页。

下不一里有小河一道，即今为界之诅咒河；又总催杨加功供称：自马伯一里至河即今叫作诅咒河，当总催时就依此河为界等词。此等事理，山川之界限如彼，防汛之供称如此，无缘枉受侵越内地之名，失此四十里之地。再于未奉敕谕之前，讵意广南知府潘邅至铅厂山设房立界，居民男妇奔回悉皆禁遏。又地方官继有来文，一则曰越土侵疆，二则曰声罪致讨[5]，此等说话似待违命梗化[6]之邦，圣朝柔怀之体恐不如是之容忍也。事至于此，屈抑之情殆不能堪，本国谨修奏本仰叩帝阍[7]，为此具由投报，希惟照详事理，具疏题达，以本国奏本陈进，庶使邈远[8]之屈情获蒙日月之明照，如此则余波照邻之德[9]，本国歌诵无既矣。所有奏本一道具在公文夹板内。今肃柬。

雍正五年正月二十五日①

【注释】

[1]委曲：各种借口、理由。[2]皇皇在念：一直处于惶恐急切的想法中。[3]常迟两曜之照临：经常导致日月光辉难以照临。[4]多屈先言之易入：常常吃亏在别人抢先陈述的意见最易于被听者接受。[5]声罪致讨：宣布罪状，并加讨伐。[6]梗化：顽固不服从教化。[7]帝阍：天门；宫门。[8]邈远：遥远。[9]余波照邻之德：恩泽波及邻邦之德。

【简析】

雍正五年（1727年），安南政府因边界纷争，中断了与云南方面的公文来往而通过两广总督向清廷递送申述信件。两广总督接到安南来柬之后，以"陈奏情节仍由云贵总督处题达"为由退回。

文书基本信息表

文书种类	柬文	头辞	安南国王黎肃柬于天朝兵部尚书兼都察院右副都御使、总督广东广西等处地方军务兼理粮饷加三级孔台座下
发送者	安南国王黎维祹	尾辞	今肃柬
接受者	两广总督孔毓珣	正文文体	
纪年标准	中国纪年：雍正五年	正文内容	请求两广总督题达安南有关边界划分的申诉
语言种类	古代汉语	用典来源	

3. 雍正五年（1727年）安南国王黎维祹给鄂尔泰柬文

安南国王黎肃柬于天朝兵部尚书、总督云南贵州等处地方军务兼理粮饷兼都察院右副都御使加三级记录二次鄂台座下。照得本国渭川州与开化府疆界一案，前缘开化府捏报，继差把总、经历前来斜路村之鞍马山设房分守，本国无奈，仍具情由陈奏，钦蒙颁赐敕

---

① 《史料旬刊》（一）第2期，北京图书馆出版社2008年版，第130—132页。

谕，已亲批令将斜路村等处人员撤回，别议立界之地，务期允当。本国仰见圣天子公平正大，荡荡平平，自谓当事至此，必能上体无私，一循旧界，谅无他也。既而知府潘前来会勘，本国委差员目胡丕绩等会同揭查，其间山川条理若指诸掌，界限分明，那时知府潘委曲[1]百端，欲从酌量，不获如意，不知作何详称，乃有税册、塘基之说。雍正四年十一月日，本国委差员目武廷恩奉领到敕谕，定于铅厂山小河立界，本国捧读之余，皇皇在念[2]。自思覆盆之下，常迟两曜之照临[3]；凡事之端，多屈先言之易入[4]。理当申辩，求以自明。今不遑旁引他证，照前总督高先期来咨查案马伯汛防供称，自开化府城至马伯汛一百二十里，汛下不一里有小河一道，即今为界之诅咒河；又总催杨加功供称，自马伯一里至河即叫作诅咒河，当总催时就依此河为界等词。此等事理，山川之界限如彼，防汛之供称如此，无缘枉受侵越内地之名，失此四十里之地，甚为抑屈，情不能堪，仍已历叙情由，具本陈奏，渎于天听[5]，雍正五年正月二十五日驰诣南关投递。今于二月二十四日接来咨，钦奉上谕，本国若有陈奏应从贵省转奏，仰惟圣明先物[6]，推赤置人[7]，裨海[8]之外，无幽不烛，无远不通，本国不胜欣幸。为此具将前项奏本投递，希惟详照事理，具以本国奏本转行奏闻，恭候天旨裁夺，如此则余波之德远照邻封[9]，本国歌诵无既矣。再附有一说焉，去年屡次柬文具道疆界事情，皆出于由衷，罔有矫饰，前奉咨来之辞，一则曰越土侵疆，二则曰声罪致讨[10]，既又云骄恣不恭，继又云噬脐无及[11]，此等说话似待违命梗化[12]之邦，本国始终恭顺之诚殆未见谅，而朝廷柔远之体恐不如是之容忍也。《易》曰"包荒，不遐遗[13]"，高明君子其鉴焉。今肃柬。①

【注释】

[1]委曲：各种借口、理由。[2]皇皇在念：一直处于惶恐急切的想法中。[3]常迟两曜之照临：经常导致日月光辉难以照临。[4]多屈先言之易入：常常吃亏在别人抢先陈述的意见最易于被听者接受。[5]渎于天听：亵渎帝王的听闻。[6]圣明先物：圣明能预料事物先机。[7]推赤置人：推赤心置人腹，推心置腹。[8]裨（bì）海：小海。[9]余波之德远照邻封：恩泽波及邻邦。[10]声罪致讨：宣布罪状，并加讨伐。[11]噬脐无及：自咬腹脐够不着。比喻后悔不及。[12]梗化：顽固不服从教化。[13]包荒，不遐遗：用心弘大，不疏远遗弃。《易·泰》："包荒，用冯河，不遐遗。"

【简析】

雍正五年（1727年），安南向两广总督提交的申诉公文被退回后，安南将退回公文内容略加修改后改由云南递送给云贵总督。

---

① 《史料旬刊》（一）第2期，北京图书馆出版社2008年版，第134—135页。

文书基本信息表

文书种类	束文	头辞	安南国王黎肃束于天朝兵部尚书……台座下
发送者	安南国王黎维祹	尾辞	今肃束
接受者	云贵总督鄂尔泰	正文文体	
纪年标准	中国纪年：雍正五年	正文内容	请求两广总督题达安南有关边界划分的申诉
语言种类	古代汉语	用典来源	《易经》

4. 雍正六年（1728年）安南国王黎维祹给广西巡抚韩良辅束文

安南国王黎肃束于天朝巡抚广西等处地方、提督军务兵部右侍郎兼都察院右副都御使加一级在任守制韩台座下电炤。雍正六年四月初七日接奉云贵总督部院公文，内开：为钦遵圣旨事。照得天冠地履[1]为上下之常经，君令臣共[2]乃乾坤之大义，诚奉君命而不违，自识天颜之有喜，宜乎恩纶之下逮[3]而庆赏之必行也。前据本国于雍正五年十二月初二日恭迎敕谕，随具奏章，用申感谢之忱，备极恪恭之意，本部院展阅来束，知情词恳切，即为驰达天听[4]，上洽圣心，甚为嘉悦。念本国既能感恩悔过，踊跃钦从，着将四十里地仍行锡赉，特简大臣都察院副都御使杭、内阁学士兼礼部侍郎任赍奉敕谕，由粤省前来，本国可即委大员抵关敬谨迎导，再一面委大员赴开化受地，并同滇省委员将分界处逐一勘清，画定界限，以便设关立碑，俾本国永远世守可也。为此合咨本国烦为查照，仍冀见复施行等情。本国感戴天恩，喜逾望外，随即委差员目范谦益、范廷镜、丁文贡、阮有用、裴仕暹、马伯奇等迎接天使，并委阮辉润、阮公寀等受地，并同委员定界。事属欢庆，理合亟行，第[5]今溽暑[6]薰灼[7]，蛮烟[8]蜑雨[9]，跋涉最难，恳迨初秋灏气[10]晴明，瘴岚[11]消霁[12]，一面往凉山界首[13]迎接大人龙节[14]，一面往宣光界首领地并候上宪委员，并于七月中旬起程，已投文于云贵总督部院，请订指[15]天使临关日子并委官临界日期。为此具由明报，希惟照详事理，力为主张，明指天使抵省确信与临关日期，俾本国得以钦遵奉行。今肃束。

雍正六年四月初九日①

【注释】

[1]天冠地履：天地之分、上下之分的大义。[2]君令臣共：君主的命令由臣子忠实执行。共：通"恭"。[3]下逮：下达。[4]驰达天听：迅速传达到天子那里。[5]第：但。[6]溽暑：暑湿之气，指盛夏。[7]薰灼：烟、火熏烤；逼人。[8]蛮烟：指南方少数民族地区山林中的瘴气。[9]蜑雨：泛指南方海上的暴雨。[10]灏气：正大刚直之气。[11]瘴岚：山林间的瘴气。[12]消霁（jì）：消散。[13]界首：边界前缘；交界的地方。[14]龙节：奉王命出使者所持之节。[15]订指：确立指定。

---

① 《史料旬刊》（一）第2期，北京图书馆出版社2008年版，第150—151页。

【简析】

雍正六年（1728年）正月，清廷决定将40里土地赐给安南，中国与安南此处的边界争端戏剧性地结束。清廷决定派遣使者经广西镇南关前往安南宣布赐地事宜。安南政府为迎接中国的使节，向广西巡抚递交柬文，询问使节到达广西镇南关的确切时间。

文书基本信息表

文书种类	柬文	头辞	安南国王黎肃柬于天朝巡抚广西等处地方……台座下电炤
发送者	安南国王黎维祹	尾辞	今肃柬
接受者	广西巡抚韩良辅	正文文体	
纪年标准	中国纪年：雍正六年	正文内容	请求告知宣谕天使到达广西及镇南关的确切时间
语言种类	古代汉语	用典来源	

本章附录：宋、元、明时期中越往来朝贡文书

1. 宋代开宝八年（975年）册封交趾郡王诏书

公元10世纪后期宋朝统一华夏时，灭掉立都广州的南汉国。原来属于南汉国统治地区的交趾出现割据政权并逐渐独立。开宝八年，宋廷封丁部领为交趾郡王。宋朝的这一册封诏书是越南地区从中国郡县向属国转变的标志。

率土来王，方推以恩信；举宗奉国，宜洽于封崇。眷拱极之外臣，举显亲之茂典。尔部领世为右族，克保遐方，夙慕华风，不忘内附属。九州混一，五岭廓清，靡限溟涛，乐输琛赆。嘉乃令子，称吾列藩。特被鸿私，以旌义训。介尔眉寿，服兹宠章。可授开府仪同三司、检校太师，封交趾郡王。①

2. 元代至元三十一年（1294年）安南国王贺元成宗登极表文

凤禀睿聪，表彰仁孝。春秋方盛，符舜生三十之年；日月重明，延周过八百之祚。授神孙以神器，人望久归；尊亲号以亲恩，天下至养。当持盈守成之际，存继志述事之心。龙御云从，鸡竿泽沛。臣归身天北，封爵日南。恩深感于皇朝，报未酬于素志。初即帝位，嘉同汉臣推戴之诚；愿近天威，庶效齐侯下拜之礼。②

3. 明代洪武二年（1369年）册封安南国王陈日煃诏书

咨尔安南国王陈日煃：惟乃祖父，守境南陲，称藩中国，克恭臣职，以永世封。朕荷天地之灵，肃清华夏，驰书往报。卿即奉表称臣，专使来贺，法前人之训，安遐壤之民。眷兹勤诚，深可嘉尚。是用遣使赍印，仍封尔为安南国王。于戏！视广同仁，思效哲王之盛典；爵超五等，俾承奕叶之遗芳。益茂令猷，永为藩辅，钦哉。③

---

① 《宋史》，卷四八八，交趾传。
② 黎崱：《安南志略》卷六。
③ 《明史·安南传》卷三二一。

第五章

清代中国与暹罗、缅甸、南掌和苏禄往来朝贡文书研究清代中国与越南之外的东南亚地区朝贡文书交往主要集中于今天的泰国（暹罗）、老挝北部（南掌）、缅甸和菲律宾南部的苏禄群岛。清代中国与以上国家往来的朝贡文书大都开始于清初。清廷与这些国家往来朝贡文书的结束时间不一。与苏禄的朝贡文书往来在乾隆中期之后就不再存在，与南掌的朝贡文书往来则延续到道光前期。从19世纪中期开始，由于太平天国战乱导致贡道断绝，暹罗中断了向清廷的朝贡政策，中暹朝贡文书往来也就此结束。光绪十一年（1885年）缅甸被英国占领后，缅甸也结束了与清廷的朝贡文书往来。

清代中国与这些国家往来密度相对稀疏，南掌、缅甸等国甚至10年才向中国进贡1次，因此，双方往来的朝贡文书较之中国与朝鲜、琉球、越南往来的朝贡文书数量较少，种类主要以敕谕和表文为主。暹罗、缅甸、南掌等国虽然属于中国传统属国范围，但并不属于儒家文化圈，这些国家向中国呈递的朝贡文书的正本均由本国文字写成，均需翻译1份汉文副本才能上达朝廷。这些国家从明代以来就属于中国的属国，中国的政治、经济影响力巨大，作为汉语副本的朝贡文书保留了中国传统朝贡文书的格式、语体，年号也大多署中国年号。清代东南亚国家与清廷往来文书的材质也多样化，有打制成金叶、银叶形式的，也有书写在蒲叶之上的。清代中国政府向这些国家颁发的汉语诰命、敕谕文书，也使用传统的格式，但用典较少，古奥词汇也不多。

本章正文收录的中国与暹罗、缅甸、南掌和苏禄往来的朝贡文书，内容除了涉及礼仪、日常交往外，还涉及乾隆年间中缅战争、暹缅战争、南掌王室内部斗争以及西班牙入侵苏禄群岛等重大事件。其中中国和暹罗往来文书系统记录了清廷与暹罗阿瑜陀耶、吞武里和曼谷3朝建立朝贡关系的全过程，其中吞武里王朝国王华裔郑信写给中国皇帝的平等国书被清廷翻译成表文格式，曼谷王朝的国王则一直冒充前朝国王郑信的后代以郑华、郑佛等名义与清廷继续往来。在中国与苏禄往来文书中，包含一份乾隆十八年（1753年）用苏禄译语写成的向中国进贡"国土"的表文，该文要求清廷对苏禄进行统治，堪作奇文。清代中国与位于越南广南、暹罗和柬埔寨南部的港口地区的河仙地方政权的文书往来，因与暹罗政权更替密切相关，本章将其归在暹罗文书之下。本章还收录两份吕宋国王（西班牙驻菲律宾总督）与两广总督往来的信函，涉及18世纪上半叶英国与西班牙发生战争期间两国纠纷，这是中方保存的珍贵资料。

在章末的附录部分，收录了中国南朝、唐代、宋代和明代与东南亚国家往来的朝贡文书。

第一节　中国与东南亚国家朝贡下行文书研究

一、诰命例析

（一）暹罗

1. 康熙十二年（1673年）册封暹罗国王森烈拍腊照古龙拍腊马嗪陆坤司由提呀菩埃诰命

来王来享[1]，要荒[2]昭事大之诚；悉主悉臣[3]，国家著柔远之义。朕缵承[4]鸿绪[5]，

第五章 清代中国与暹罗、缅甸、南掌和苏禄往来朝贡文书研究

期德教暨于遐陬[6]；诞抚[7]多方[8]，使屏翰跻[9]于康乂[10]。彝章[11]具在，涣号[12]宜颁。尔暹罗国森烈拍腊照古龙拍腊马嘑陆坤司由提呀菩埃，秉志[13]忠诚，服躬[14]礼义。既倾心以向化，乃航海而请封。砺山带河，克荷维藩之寄；制节谨度[15]，无忘执玉[16]之心。念尔悃忱，朕甚嘉焉。今封尔为暹罗国王，赐之诰命，尔其[17]益矢[18]忠贞，广宣声教，膺兹荣宠，辑[19]乃封圻[20]。于戏！保民社而王，纂[21]休声[22]于旧服[23]；守共球[24]之职，懋嘉绩[25]于侯封[26]。尔其钦哉！毋替朕命。①

【注释】

[1]来王来享：朝觐天子、进贡天子。[2]要荒：古称王畿外极远之地。亦泛指远方之国。要：要服。荒：荒服。[3]悉主悉臣：天下均为君臣关系。[4]缵承：继承。[5]鸿绪：大统；王业。[6]期德教暨于遐陬：期望文德教化传播到远方。遐陬：边远地区。[7]诞抚：安抚。诞：语助词。[8]多方：泛指众邦国。《书·泰誓下》："维我有周，诞受多方。"[9]跻：到达。[10]康乂（yì）：安治。康：安。乂：治。《书·康诰》："若保赤子，惟民其康乂。"[11]彝章：常典；旧典。[12]涣号：帝王的旨令，恩旨。[13]秉志：持志。[14]服躬：自身信服。[15]制节谨度：慎行礼法；严守礼法。《孝经·诸侯》："在上不骄，高而不危；制节谨度，满而不溢。"[16]执玉：持玉祭神。[17]其：能够。[18]益矢：更加表达。[19]辑：使安定。[20]封圻（qí）：封畿，疆土。圻：地的边长。[21]纂：收集，汇聚。[22]休声：赞美声。[23]旧服：旧有的属地。《书·仲虺之诰》："天乃锡王勇智，表正万邦，缵禹旧服。"[24]共球：珍奇异宝。共：通"珙"，玉的一种。球：美玉。[25]嘉绩：美善的功绩。《书·盘庚下》："古我先王，将多于前功，适于山，用降我凶德，嘉绩于朕邦。"[26]侯封：封侯。

【简析】

康熙十二年（1673年），清廷应暹罗请求首次发布册封暹罗国王的诰命。明代中国册封暹罗国王按照惯例均须派遣专使前往暹罗，暹罗属于"遣使往封国家"之列。清廷此次册封暹罗国王，改由暹罗使臣将诰命、王印等赍回国内而不派专使前往，暹罗在清代从此变为"领封国家"之列。如果从这一角度而言，暹罗在清代中国的外交地位比在明代时有所降低。

文书基本信息表

文书种类	诰命	头辞	
发送者	中国康熙皇帝	尾辞	尔其钦哉！毋替朕命
接受者	暹罗国王森烈拍腊照古龙拍腊马嘑陆坤司由提呀菩埃	正文文体	骈文体
纪年标准	中国纪年：康熙十二年	正文内容	册封暹罗国王
语言种类	古代汉语	用典来源	《尚书》、《孝经》

---

① 《清圣祖实录》卷四二，康熙十二年四月丁巳条。另见梁廷枏《海国四说》，《粤贡道说》卷一，暹罗国一，中华书局1993年版，第178—179页。

2. 乾隆五十一年（1786年）册封暹罗国王郑华诰命

我国家诞膺[1]天命，统御万方，声教覃敷[2]，遐迩率服[3]。尔暹罗国地隔重洋，向修职贡，自遭缅匪破灭之后，人民地土悉就摧残，实堪悯恻！前摄国事长郑信[4]，当举国被兵之后，收合余烬，保有一方，不废朝贡。其嗣郑华[5]，克承父志，遣使远来，具见忱悃。朕抚绥方夏[6]，罔有内外，悉主悉臣[7]。设暹罗旧王后嗣尚存，自当择其嫡派，俾守世封。兹闻其旧裔皆因兵革沦亡，郑氏摄国长事，既阅再世，用能[8]保其土宇，辑和[9]人民，阖国臣庶[10]共所推戴。用是[11]特颁朝命[12]，封尔郑华为暹罗国王，锡之诰、印。尚其恪修职事，慎守藩封，抚辑[13]番民，勿替前业，以副朕怀柔海邦、兴废继绝[14]之至意。①

【注释】

[1]诞膺：大受。[2]覃敷：广布。[3]率服：相率而服从。亦指顺服。《书·舜典》："柔远能迩，惇德允元，而难任人，蛮夷率服。"[4]郑信：又名郑昭（1734—1782年），华裔，生于泰国阿瑜陀耶城，吞武里王朝的建立者。[5]郑华：即拉玛一世（Rama I, 1737—1809年），泰国曼谷王朝第一代国王，原名通銮，又称为昭批耶却克里（Chao P'ya Chakri），谥号帕佛陀约华朱拉洛。[6]方夏：中国、华夏，与"四夷"相对。《书·武成》："诞膺天命，以抚方夏。"[7]悉主悉臣：天下均为君臣关系。[8]用能：任用有才干的人。[9]辑和：团结和睦。[10]臣庶：臣民。《书·大禹谟》："惟兹臣庶，罔或干予正。"[11]用是：因此。[12]朝命：朝廷的命令；朝廷的任命。[13]抚辑：安抚辑和。[14]兴废继绝：使灭绝的重新振兴起来，延续下去。

【简析】

乾隆四十七年（1782年），暹罗政局发生变动，曼谷王朝建立。乾隆四十九年（1784年），暹罗国王拉玛一世为了顺利与清朝中国建立关系，以吞武里王朝国王郑信之子郑华的名义向清廷进贡。清廷要求暹罗先要具表请封。乾隆五十一年（1786年）五月，暹罗上表请求册封。同年十二月，清廷发布册封诰命，颁发王印，正式册封郑华为国王。

文书基本信息表

文书种类	诰命	头辞	
发送者	中国乾隆皇帝	尾辞	
接受者	暹罗国王郑华	正文文体	骈文体
纪年标准	中国纪年：乾隆五十一年	正文内容	册封暹罗国王
语言种类	古代汉语	用典来源	《尚书》

---

① 《清高宗实录》卷一二七一，乾隆五十一年十二月戊午条。

(二) 缅甸

1. 乾隆五十五年（1790年）册封缅甸国王孟陨诰命

朕惟德孚[1]柔远，王朝隆[2]无外之模；忱切[3]向风[4]，属国被[5]咸宁[6]之福。既敬将夫职贡[7]，恳备[8]遐藩[9]；宜褒锡[10]以恩纶[11]，允绥[12]嗣服。龙光[13]斯贲[14]，爵命维新。尔缅甸国长孟陨，地处炎陬[15]，系居支庶[16]。曩者家遭多难，祸乱相寻；继因国赖长君，攀援[17]共戴。叩关纳贶[18]，恪恭[19]著摄立之年；降敕颁珍，惠恺[20]浃[21]归仁[22]之感。兹以今岁为朕八旬万寿，敷天庆洽[23]，溥海欢腾。吁大吏以抒情，遣陪臣而祝嘏[24]。先期斋洁[25]，葵倾[26]矢在寸心；重译来同[27]，琛献逾乎万里。庥征[28]所应，肫款[29]堪嘉。至尔国世胄载延，邦基复整。干戈是戢[30]，期镇抚夫民人；钟虡[31]常新，思奠安夫土宇。沥摅[32]虔悃，跂藉[33]荣施[34]。仰祈封号于天家，文披金叶[35]；远赐诗章于下国，宠荷珠光。今封尔阿瓦缅甸国王，赐之敕、印。王其勉修政事，慎简[36]官寮[37]，敦辑睦于邻封，垂敉宁[38]于边境。永受无疆之庆，流及子孙；益坚不贰之诚，保其宗社。钦哉！毋替朕命。①

【注释】

[1]德孚：品德信用。[2]隆：尊崇。[3]忱切：深深的诚意。[4]向风：归依；仰慕。[5]被：遍及。[6]咸宁：安宁太平。《易·乾》："首出庶物，万国咸宁。"[7]职贡：上贡赋税。[8]恳备：诚恳准备。[9]遐藩：远方的藩国。[10]褒锡：嘉奖赐予。[11]恩纶：恩诏。[12]允绥：安抚。[13]龙光：天子光辉。[14]贲：盛大。[15]炎陬：南方炎热地区。[16]支庶：宗法制度谓嫡子以外的旁支。[17]攀援：追随；依附。[18]纳贶：进贡。[19]恪恭：恭敬。《国语·周语上》："王则大徇，耨获亦如之，民用莫不震动，恪恭于农。"[20]惠恺：和乐。[21]浃：通达。[22]归仁：归附仁德、仁政。《孟子·离娄上》："民之归仁也，犹水之就下、兽之走圹也。"[23]庆洽：吉庆和协。[24]祝嘏：祝福。[25]斋洁：斋戒。[26]葵倾：因葵性向日而倾，故常用以比喻向往渴慕之情或对上赤心趋向之意。[27]来同：来朝。《诗·鲁颂·閟宫》："至于海邦，淮夷来同。"[28]庥征：受上天保佑的吉兆。[29]肫款：诚恳。肫：诚恳、真挚。款：诚恳。[30]干戈是戢：同"干戈载戢"。把武器收藏起来。比喻不再进行战争动用武力了。戢：聚藏。《诗·周颂·时迈》："载戢干戈，载櫜弓矢。"[31]钟虡（jù）：饰以猛兽形象的悬乐钟的格架。《周礼·考工记·梓人》："若是者以为钟虡，而由其虡鸣。"[32]沥摅：摅肝沥胆。真心倾吐。[33]跂（qí）藉：抬起脚跟远望；期望。跂：抬起脚跟站立。[34]荣施：施惠。[35]金叶：金叶表文。[36]慎简：谨慎筛选。《书·冏命》："慎简乃僚，无以巧言令色。"[37]官寮：即官僚。指官员。[38]敉宁：抚定；安定。《书·大诰》："民献，有十夫予翼，以于敉宁，武图功。"

【简析】

乾隆五十四年（1789年），缅甸国王孟陨上表请封。乾隆五十五年（1790年），清廷颁发册封孟陨的诰命，由缅甸使者从北京与王印一同带回缅甸。

---

① 《清高宗实录》卷一三五六，乾隆五十五年六月壬午条。

文书基本信息表

文书种类	诰命	头辞	
发送者	中国乾隆皇帝	尾辞	钦哉！毋替朕命
接受者	缅甸国王孟陨	正文文体	骈文体
纪年标准	中国纪年：乾隆五十五年	正文内容	册封缅甸国王
语言种类	古代汉语	用典来源	《易经》、《国语》、《孟子》、《诗经》、《周礼》、《尚书》

二、敕谕例析

（一）暹罗

1. 乾隆三十一年（1766年）颁给暹罗国王森烈拍照广勒马嘑陆坤司由提雅普埃敕谕

皇帝敕谕暹罗国王森烈拍照广勒马嘑陆坤司由提雅普埃……（约缺数字）报礼酬庸，天朝之巨典；宠章……（约缺八字）。暹罗国王森烈拍照广勒马嘑陆坤司由提雅普埃属在遐方[1]，肃将诚悃，遣贡使丕雅嵩统呵沛等，恭赍方物入贡，深可优嘉。今特赐王文琦、珍玩、器皿等物。王其祇承嘉命，益愆[2]忠忱，以副朕眷。钦哉！故敕。

计开赏赐暹罗国王礼物：上用缎四匹，补缎四匹，蟒纱四匹，补纱四匹，缎十八匹，罗缎十八匹，纱十二匹，官用锦八匹。赏暹罗国王妃礼物：上用蟒缎二匹，补缎二匹，蟒纱二匹，补纱二匹，缎六匹，纱六匹，罗缎四匹，罗六匹。加赏暹罗国王礼物：蟒缎一匹，蟒襕缎一匹，片金一匹，闪缎一匹，锦缎二匹，大卷八丝缎四匹，磁珐琅大小碟四件，青花执壶一对，均釉双喜耳瓶一对，青花八卦云鹤碗十件，蓝地紫绿龙碗十件，青花灵芝茶钟十件，五彩八合祥钟二件，雾青无寸盘四件，五彩蚕纹寿字五寸碟一件，磁珐琅壶二件，均釉胆瓶一对，青花四足壶一对，青花小双管瓶一对，雾青撇口碗十二件，雾青茶碗十件，五彩茶钟四件，雾红五寸盘十件，五彩寿枝蟠桃四寸碟五件，青花白地把莲三寸碟十件，蓝菁草瓶一对，青汉玉松梅灵凤双孔花插一件（紫牙乌木座），红白玛瑙佛手双孔花插一件（紫牙紫檀座），石盒砚二方，呆玻璃纸搥瓶二件，黄玻璃磬口碗二件，蓝玻璃铙碗二件，绿玻璃磨花磬口碗二件，绿玻璃五寸盘二件，琥珀玻璃五寸盘二件，红玻璃斗参一件。

乾隆三十一年六月十二日①

---

① 李光涛：《跋：乾隆三十一年给暹罗国王敕谕》，《明清档案论文集》，台北联经出版事业公司1986年版，第1065页。

第五章　清代中国与暹罗、缅甸、南掌和苏禄往来朝贡文书研究

【注释】

[1]遐方：远方。[2]益愆：更加谨慎。愆：谨慎。

【简析】

乾隆三十一年（1766年），暹罗遣使进贡，清廷例行给暹罗颁发敕谕。

1966年，台北"中研院"人员在清理内阁大库残档中的敕谕时，查出了乾隆三十一年（1766年）乾隆帝颁给暹罗国王的敕谕。这一文件纵55厘米，横315厘米，清汉双文，钤有"敕命之宝"，上下五爪龙边用毛笔绘制（见图5.1）。

这一敕谕本来发给暹罗国王，但因暹罗当时已被缅甸灭亡，暹罗贡使无法带回本国，只得将其送回广州。广东巡抚为此发咨礼部："嗣因暹罗国已被花肚番攻破，据陪臣丕雅嵩统呵沛回广称：该国王已故。将原颁敕书及御赐品物赍捧回广。其陪臣等于三十三年十月三十日搭船回国。所有敕书、品物敬谨收贮司库。"① 广东巡抚后来派人将发给暹罗国王的敕谕"缴还"朝廷，以致本应在暹罗的敕谕却保存在了中国。

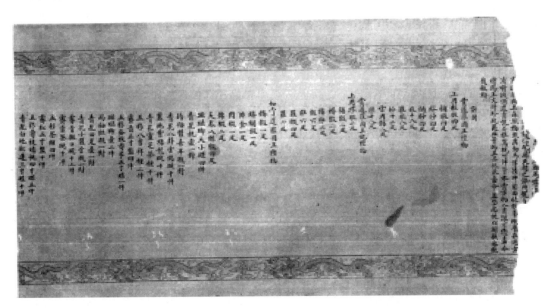

图 5.1　乾隆三十一年（1766 年）颁给暹罗国王森烈拍照广勒马嘑陆坤司由提雅普埃敕谕残件

---

① 《明清史料》庚编，第 534 页。

文书基本信息表

文书种类	敕谕	头辞	皇帝敕谕暹罗国王森烈拍照广勒马嘌陆坤司由提雅埃
发送者	中国乾隆皇帝	尾辞	钦哉！故敕
接受者	暹罗国王森烈拍照广勒马嘌陆坤司由提雅普埃	正文文体	骈文体
纪年标准	中国纪年：乾隆三十一年	正文内容	嘉奖暹罗国王的例行进贡
语言种类	古代汉语	用典来源	

2. 乾隆五十四年（1789年）颁给暹罗国王郑华敕谕

敕谕暹罗国王郑华曰：朕惟自古帝王，功隆丕冒[1]，典重怀柔。凡航海梯山，重译而至者，无不悉归涵育[2]，咸被恩膏。尔暹罗国王郑华，远处海隅，因受封藩职，遣使帕使滑里逊通亚排那赤突等，恭赍方物，谢恩入贡，具昭忱悃，良可褒嘉。朕复念尔与缅甸境壤毗连，从前懵驳、赘角牙相继为暴，侵陵尔国，兴师构怨，匪尔之由。今缅甸孟陨新掌国事，悔罪抒诚，吁求内附，已于该使臣回国时，谕令孟陨与尔国睦邻修好，毋寻干戈。尔国亦宜尽释前嫌，永消兵衅，彼此和好，以期息事宁人，同作藩封，共承恩眷。兹特赐国王彩币等物，尚其祗受[3]嘉命，倍笃忠忱，仰副眷怀，长膺宠锡。钦哉！①

【注释】

[1]丕冒：广被。[2]涵育：涵养化育。[3]祗受：敬受。

【简析】

乾隆五十三年（1788年），暹罗拉玛一世派遣使者前往中国感谢清廷的册封。乾隆五十四年（1789年），清帝发布给暹罗国王的敕谕，对暹罗的谢恩活动表示嘉奖，并且对暹罗与缅甸争端进行调停。

文书基本信息表

文书种类	敕谕	头辞	敕谕暹罗国王郑华曰
发送者	中国乾隆皇帝	尾辞	钦哉
接受者	暹罗国王郑华	正文文体	骈文体
纪年标准	中国纪年：乾隆五十四年	正文内容	对暹罗的谢恩活动进行嘉奖并调停暹罗与缅甸的争端
语言种类	古代汉语	用典来源	

---

① 《清高宗实录》卷一三二一，乾隆五十四年正月甲戌条。

3. 嘉庆二年（1797年）颁给暹罗国王郑华敕谕

敕谕暹罗国王郑华：九服[1]承风[2]，建极[3]著会归[4]之义；三加锡命[5]，乐天广怙冒[6]之仁。旧典维昭，新纶[7]用沛[8]。尔暹罗国王郑华，屡供王会[9]，久列藩封。兹于嘉庆二年，复遣使臣奉表入贡，鉴其忱悃，允荷褒扬。至以天朝叠庆重釐[10]，倍呈方物，具见国王输诚效顺，弗懈益虔，实属可嘉。国家厚往薄来，字小柔远，自有定制。更念尔国僻处海陬，梯航远涉，业经备物呈进，若从摈却[11]，劳费转多。是以特饬所司，将此次所进贡物，俱行收受，加赐国王文绮等件。嗣后只须照常呈进一份，毋庸增添。如国王仍前备进两份，即饬广东督抚发还一份，以昭定制而示体恤。王其祗承[12]眷顾，益懋忠纯[13]，永膺蕃庶[14]之恩，长隶职方[15]之掌。钦哉！特谕。①

【注释】

[1]九服：王畿以外的九等地区。《周礼·夏官·职方氏》："乃辨九服之邦国：方千里曰王畿，其外方五百里曰侯服，又其外方五百里曰甸服，又其外方五百里曰男服，又其外方五百里曰采服，又其外方五百里曰卫服，又其外方五百里曰蛮服，又其外方五百里曰夷服，又其外方五百里曰镇服，又其外方五百里曰藩服。"[2]承风：接受教化。《楚辞·远游》："闻赤松之清尘兮，愿承风乎遗则。"[3]建极：建立中正之道。《书·洪范》："皇建其有极。"[4]会归：共同依归的准则。[5]三加锡命：君主三次诏命赏赐。《易·师》："王三锡命。"[6]怙冒：广被。[7]新纶：新的帝王诏谕。[8]用沛：下达。[9]王会：诸侯、四夷或藩属朝贡天子的聚会。[10]重釐：两种喜庆。[11]摈却：斥退。[12]祗承：敬承。[13]忠纯：忠诚纯正。[14]蕃庶：繁盛；繁衍。[15]职方：主管四夷事务的官职。

【简析】

嘉庆元年（1796年），由于乾隆帝退居太上皇和嘉庆帝登极，暹罗向乾隆帝、嘉庆帝同时进献了贡物。清廷虽然接收了暹罗的两份贡物，但通告暹罗政府以后只需进贡一份贡物。如果此后仍继续进贡两份，在到达广州后将由两广总督、广东巡抚退回一份。

文书基本信息表

文书种类	敕谕	头辞	敕谕暹罗国王郑华
发送者	中国嘉庆皇帝	尾辞	钦哉！特谕
接受者	暹罗国王郑华	正文文体	骈文体
纪年标准	中国纪年：嘉庆二年	正文内容	接受暹罗的两份贡物，但声明此后只需一份贡物
语言种类	古代汉语	用典来源	《周礼》、《楚辞》、《尚书》、《易经》

---

① 《清仁宗实录》卷一三，嘉庆二年正月戊辰条。

4. 嘉庆五年（1800年）颁给暹罗国王郑华敕谕

敕谕暹罗国王郑华：据两广总督吉庆、广东巡抚瑚图礼递到国王进香祭文一道、表文一道。鉴王忱悃，增朕悲怀。惟外藩使臣向无谒陵之例。上年安南国王阮光缵遣使赴京进香，曾经敕谕以高宗纯皇帝业经奉移山陵，计使臣到京，已在永远奉安之后，令该国使臣不必来京，并将所备仪物赍回，用示体恤。今暹罗国王遣使赴京，事同一例。朕怙冒[1]万国，于海徼藩封，并无歧视。所有该国王呈进仪物[2]、方物，仍饬疆吏发交使臣赍回，以免跋涉。该国王具悉朕意，益矢[3]虔恭，永承优眷。钦哉！特谕。①

【注释】

[1]怙冒：广被。[2]仪物：用于礼仪的物品。[3]益矢：更加表达。

【简析】

嘉庆四年（1799年），乾隆皇帝去世，暹罗遣使进献祭文、表文以及礼物。嘉庆五年（1800年），清廷向暹罗国王发出敕谕，以"外藩使臣向无谒陵之例"下令暹罗的进香祭奠使臣不必进京，并将礼物退回。

文书基本信息表

文书种类	敕谕	头辞	敕谕暹罗国王郑华
发送者	中国嘉庆皇帝	尾辞	钦哉！特谕
接受者	暹罗国王郑华	正文文体	
纪年标准	中国纪年：嘉庆五年	正文内容	通知暹罗不必遣使进香
语言种类	古代汉语	用典来源	

5. 嘉庆十二年（1807年）颁给暹罗国王郑华敕谕

暹罗国王郑华：嘉庆十二年九月，据两广总督吴熊光奏称：有船商金协顺、陈澄发，装载暹罗国货物来粤贸易，并请于起货后装载粤省货物，回赴暹罗。经地方官查明：金协顺系福建同安县人，陈澄发系广东澄海县人。饬传暹罗国贡使丕雅史滑厘询问。据称：金协顺、陈澄发二船，委系由该国新造来粤。因该国民人不谙营运，是以多倩福[1]、潮[2]船户代驾，并非冒捏，呈递译书禀结等情。天朝绥怀藩服，准令外域民人赴内地，懋迁货物，惠逮远人，恩至渥也。惟是中外之限，申画厘然[3]。设关讥禁[4]，古有明训。我朝抚御诸邦，如朝鲜、越南、琉球等国，各以本地物产来中土贸易，皆系其本国民人，附朝贡之便，赍带前来，从未有中国之人代彼经纪者。今金协顺、陈澄发，以闽广商民，代暹罗

---

① 《清仁宗实录》卷七一，嘉庆五年七月丁未条。

营运,即属违禁。中土良民,谨守法度,断不敢越制牟利。其私涉外域者,此中良莠不齐,设将贩运货物隐匿拖欠,致启讼端,亦于该国诸多未便。本应将金协顺等饬法治罪,念其船只系由该国制造,给令代驾,从前未经严立科条,此次且从宽免究,并施恩准其起货售兑,仍给照令其置货回帆。特降敕谕知该国王,宣明例禁。嗣后该国王如有自置货船,务用本国人管驾,专差官自带领同来,以为信验,不得再交中国民人营运。若经此次敕禁之后,仍有私交内地商民,冒托往来者,经关津官吏人等查出,除不准进口起货外,仍将该奸商治罪,该国王亦难辞违例之咎。柔远能迩,宽既往以示含宏[5]之义;宅中[6]驭外,申明禁以严逾越之防。尔国王其凛遵毋忽!特谕。①

【注释】

[1]福:福建。[2]潮:广东潮州。[3]厘然:有条理的样子。[4]讥禁:稽察查禁。[5]含宏:又作含弘。包容博厚。宏:清代避讳乾隆之名"弘历",以"宏"代替"弘"字。《易·坤》:"至哉坤元,万物资生……含弘光大,品物咸亨。"[6]宅中:居中。

【简析】

嘉庆十二年(1807年),暹罗来华贸易船只均雇佣华人驾驶。清廷通知暹罗政府,以后来华船只必须由本国人管驾。如果交由内地商民冒托往来,将追究暹罗国王的责任。

文书基本信息表

文书种类	敕谕	头辞	暹罗国王郑华
发送者	中国嘉庆皇帝	尾辞	特谕
接受者	暹罗国王郑华	正文文体	
纪年标准	中国纪年:嘉庆十二年	正文内容	来华贸易的暹罗船只不得由华人驾驶
语言种类	古代汉语	用典来源	《易经》

6. 道光元年(1821年)颁给暹罗国王郑佛敕谕

敕谕暹罗国王郑佛:据两广总督阮元递到国王进香表文一道并庆贺表文一道。鉴王诚悃,增朕悲怀。惟王素沐先朝柔远厚恩,兹谨遣使航海来庭,笃于恭顺,朕心深为嘉纳[1]。第[2]以外藩使臣向无带赴山陵叩谒之例,上年越南国王阮福晈特遣使进香,曾经敕谕以仁宗睿皇帝梓宫[3],业已恭择于本年三月,奉移山陵。计该使臣到京,已在永远奉安之后。今该国王不必遣使远来,其庆贺登极方物,亦无庸呈递。今暹罗国王遣使进香,更在期年以后,事同一例。朕怙冒[4]万国,于海徼藩封,并无歧视。所有该国王呈进仪物[5]、方物,仍饬疆吏,发交该使臣赍回,以免跋涉。该国王具悉朕体恤至意,益矢[6]悲

---

① 《清仁宗实录》卷一八五,嘉庆十二年九月丁未条。另见梁廷枏《海国四说》,《粤道贡国说》卷二,暹罗国二,中华书局1993年版,第194—195页。

忱[7]，永承优眷[8]。钦哉！特谕。①

【注释】

[1]嘉纳：赞许并采纳。多为上对下而言。[2]第：但。[3]梓宫：皇帝、皇后的棺材。[4]怙冒：广被。[5]仪物：用于礼仪的物品。[6]益矢：更加表达。[7]棐（fěi）忱：辅助诚信的人。《书·康诰》："天畏棐忱"。[8]优眷：优待照顾。

【简析】

道光元年（1821年），暹罗遣使进香祭奠嘉庆帝并庆贺道光帝登极。清廷以"外藩使臣向无带赴山陵叩谒之例"婉拒暹罗使臣进京。

文书基本信息表

文书种类	敕谕	头辞	敕谕暹罗国王郑佛
发送者	中国道光皇帝	尾辞	钦哉！特谕
接受者	暹罗国王郑佛	正文文体	
纪年标准	中国纪年：道光元年	正文内容	通知暹罗不必遣使进香
语言种类	古代汉语	用典来源	《尚书》

7. 咸丰元年（1851年）颁给暹罗国嗣王郑明敕谕

敕谕暹罗国嗣王郑明：据两广总督徐广缙、广东巡抚叶名琛递到该嗣王进香表文并庆贺等表文共五道。鉴王诚悃，增朕悲怀。惟嗣王素沐先朝柔远厚恩，兹谨遣使航海来庭，笃于恭顺，朕心深为嘉纳[1]。第[2]以外藩使臣，向无带赴山陵叩谒之例。上年越南国王阮福时遣使进香，曾经敕谕以孝和睿皇后梓宫[3]已于三月内奉移山陵，宣宗成皇帝梓宫亦择于九月内奉移慕陵，该使臣到京，已在奉移之后，不及恭荐[4]，令该国王不必遣使远来，其庆贺登极方物亦无庸呈递。今暹罗国嗣王遣使进香，更在期年以后，事同一例。朕怙冒[5]万国，于海徼藩封，并无歧视。所有该嗣王呈进仪物[6]、方物，仍饬疆吏发交使臣赍回，以免跋涉。该嗣王其悉朕体恤至意，益矢[7]棐忱[8]，永承懋眷[9]。钦哉！②

【注释】

[1]嘉纳：赞许并采纳。[2]第：但是。[3]梓宫：皇帝、皇后的棺材。[4]恭荐：恭敬进献。[5]怙冒：广被。[6]仪物：用于礼仪的物品。[7]益矢：更加表达。[8]棐忱：辅助诚信的人。[9]懋眷：特别优待。

---

① 《清宣宗实录》卷二三，道光元年九月甲戌条。
② 《清文宗实录》卷四四，咸丰元年九月甲戌条。

第五章 清代中国与暹罗、缅甸、南掌和苏禄往来朝贡文书研究

【简析】

咸丰元年（1851年），暹罗遣使进香祭奠道光帝并庆贺咸丰帝登极。清廷仍然以"外藩使臣向无带赴山陵叩谒之例"婉拒暹罗使臣进京。

文书基本信息表

文书种类	敕谕	头辞	敕谕暹罗国嗣王郑明
发送者	中国咸丰皇帝	尾辞	钦哉
接受者	暹罗国嗣王郑明	正文文体	
纪年标准	中国纪年：咸丰元年	正文内容	通知暹罗不必遣使进香
语言种类	古代汉语	用典来源	

（二）缅甸

1. 乾隆五十三年（1788年）颁给缅甸国长孟陨敕谕

朕惟输诚纳赆[1]，炎陬[2]修职贡[3]之仪；舍服[4]招携[5]，王制重怀柔之典。念荒徼克循旧服[6]，则朝廷宜沛新纶[7]。尔缅甸国长孟陨，本为支子[8]，暂托释门[9]，因兄侄梗化[10]而戕残[11]，为国人择亲而拥戴。前愆[12]力改，来享[13]情殷[14]。既然遣使以将虔[15]，复陈词之维挚。具昭忱悃，良可褒嘉。是用[16]降敕奖谕，赐国长并国长之妻佛像、文绮、珍玩、器皿等物，国长尚其敬受，益矢[17]恪恭。朕复念尔国长，当家庭构乱之余，甫掌[18]国是[19]，为土宇绥宁[20]之计，移建城垣。正宜永戢[21]兵端，修和邻好；俾尔人庶，咸遂乐生；副朕眷怀，长承宠锡。故兹敕谕。①

【注释】

[1]纳赆：进贡。[2]炎陬：南方炎热边远地区。[3]职贡：上贡赋税。[4]舍服：赦免服从的人。[5]招携：招安有离心的人。[6]克循旧服：能遵循旧有的制度。[7]新纶：新的帝王诏谕。[8]支子：古代宗法制度以嫡长子及继承先祖嫡系之子为宗子，嫡妻的次子以下及妾子都为支子。《礼记·曲礼下》："支子不祭，祭必告于宗子。"[9]释门：佛门。[10]梗化：顽固不服从教化。[11]戕残：伤残。[12]前愆：以前的错误。[13]来享：进献贡物。[14]情殷：情深。[15]将虔：表达忠诚。[16]是用：因此。[17]益矢：更加表达。[18]甫掌：才掌理。[19]国是：国家的重大政策。[20]绥宁：抚定；安定。[21]永戢：永远消除。

【简析】

乾隆末年，随着缅甸国内外政局的变化，缅甸开始改变对华强硬政策。乾隆五十三年

---
① 《清高宗实录》卷一三一二，乾隆五十三年九月癸亥条。

（1788年），缅甸国王孟陨派遣3名大头目叶渺瑞洞、细哈觉控、委卢撤亚，率小头人、从役100余人，携带金叶表文以及金塔、宝石、金箔、檀香、大呢、象牙、漆盒、绒毡，4种洋布，8头驯象，进贡清廷。乾隆五十三年（1788年），清廷敕谕孟陨，嘉奖其恭顺行为。

文书基本信息表

文书种类	敕谕	头辞	
发送者	中国乾隆皇帝	尾辞	故兹敕谕
接受者	缅甸国长孟陨	正文文体	骈文体
纪年标准	中国纪年：乾隆五十三年	正文内容	嘉奖缅甸国王的恭顺行为
语言种类	古代汉语	用典来源	《礼记》

2. 乾隆五十五年（1790年）颁给缅甸国长孟陨敕谕

据云贵总督富纲奏：尔深感天朝厚恩，敬备贡表，遣使叩祝万寿，并欲求请封号。已将表文呈览。朕批阅表内，词义胗恳[1]，祈吁情殷[2]，诚悃实属可嘉。朕维怀柔藩服，德化所先，效悃[3]将虔[4]，宜嘉褒锡。尔自嗣摄国事以来，即遣陪臣具表叩关，输诚纳贽[5]，朕特鉴尔恭顺，降敕褒奖，并赐尔佛像、文绮、珍玩、器皿等物，用昭优贶[6]。兹复以朕八旬万寿，率土胪欢[7]，遣使祝鳌[8]，远涉万里，尤见向化之忱。已命云贵总督饬送来使，前赴热河行在，与蒙古王公、回部伯克及安南国王、庶邦[9]君长等同与筵宴，瞻仰朝仪，并当加以优赉，共沐恩荣。至尔以摄国有年，欲恳请天朝封号，以资镇抚。因念尔国远在炎陬[10]，恪共职贡，兹于遣使之前，先期坐摆[11]，致洁[12]告虔，更征谨恪[13]，朕甚嘉焉。已降旨交该部封尔王爵，俟尔使臣到京，再将赐封印信、敕书交与赍回。兹先降敕褒谕，亲书御制诗章以赐，并加赏珍珠手串一挂，使尔益加欣忭，并使尔举国臣民同深庆幸。已令该督遣大员二人，亲赍恭捧，送至尔国，面交袛领。尔既受兹宠锡，备沐殊荣，益当倍矢敬共[14]，恪遵侯度[15]，屏藩南服，延及子孙，仰副朕抚远绥来至意。①

【注释】

[1]胗恳：诚厚恳挚。[2]情殷：情深。[3]效悃：表达忠心。[4]将虔：表达忠诚。[5]纳贽：进贡。[6]优贶：厚赐。[7]胪欢：歌呼欢腾。[8]祝鳌：祝福。[9]庶邦：诸侯众国。[10]炎陬：南方炎热边远地区。[11]坐摆：一种宗教仪式。摆：缅甸语"大集会"、"喜庆活动"之意。[12]致洁：洁净。[13]谨恪：谨敬，敬慎。[14]敬共：恭敬。共：通"恭"。[15]侯度：法度。

【简析】

乾隆五十五年（1790年），缅甸国王孟陨遣使庆贺乾隆帝八旬万寿，并请求赐封以及

---

① 《清高宗实录》卷一三五一，乾隆五十五年三月乙巳条。

开放商旅。乾隆帝发布敕谕嘉奖缅甸国王，赐御制诗章、珍珠手串。

敕谕中提到的乾隆御制诗，《清实录》记载：

> 奉表前年施惠往，请封今岁竭诚归。
> 赤心那限万里隔，黄诏从教举国辉。
> 经事自惟老胜壮，化民应识德赢威。
> 内安外顺胥天佑，益切屏营凛敕几。①

文书基本信息表

文书种类	敕谕	头辞	
发送者	中国乾隆皇帝	尾辞	
接受者	缅甸国长孟陨	正文文体	
纪年标准	中国纪年：乾隆五十五年	正文内容	嘉奖缅甸国王，赐御制诗章、珍珠手串
语言种类	古代汉语	用典来源	

3. 乾隆六十年（1795年）颁给缅甸国王孟陨敕谕

朕惟化日舒长[1]，纠缦[2]纪中天之运[3]；皇风[4]该洽[5]，怀柔昭右序[6]之文。抚四始[7]之循环，甲子[8]周而六十；跻[9]八荒[10]于仁寿，耆艾[11]积以万千。嘉兹祝嘏[12]之来，适际胪欢[13]之盛。尔缅甸国王孟陨，僻居炎徼，荣并藩封，守职贡以争先，每赆琛之毕献。当我国家贞下起元[14]之会，庆洽敷天[15]；值予一人八旬开五之辰，情殷[16]就日[17]。鉴兹诚悃，式贲[18]殊恩。今赐王及王妃文绮、珍物有差，用副眷怀，王其祇受[19]。同我太平之化，辑尔邦家；承朕无疆之庥，爰及[20]苗裔。钦哉！特谕。②

【注释】

[1]化日舒长：太平安定、阳光明媚。化日：太平盛世之日。舒长：伸展绵长。[2]纠缦（jiū màn）：萦回缭绕貌。[3]纪中天之运：象征盛世的气运。中天：天运正中，喻盛世。[4]皇风：皇帝的教化。[5]该洽：完备。[6]右序：辅助；佑助。《诗·周颂·时迈》："实右序有周。"[7]四始：农历正月元旦（正月初一早晨，为岁始）、冬至、腊明日（腊日的第2天）、立春。[8]甲子：用干支纪年或计算岁数时，60组干支轮1周叫1个甲子。[9]跻：攀登；达到。[10]八荒：八方边远地区。[11]耆艾：老年人。[12]祝嘏：祝福。[13]胪欢：歌呼欢腾。[14]贞下起元：用以表示天道人事的循环往复，周流不息。《易·乾》："元亨利贞。"[15]庆洽敷天：欢庆遍布天下。[16]情殷：情深。[17]就日：比喻对天子的崇仰或思慕。[18]式贲：盛大。式：语助词。[19]祇受：敬受。[20]爰及：于是扩及。

【简析】

乾隆六十年（1795年），缅甸国王遣使祝釐。乾隆帝为此发布敕谕嘉奖缅甸国王。

---

① 《清高宗实录》卷一三五一，乾隆五十五年三月乙巳条。
② 《清高宗实录》卷一四八四，乾隆六十年八月癸未条。

文书基本信息表

文书种类	敕谕	头辞	
发送者	中国乾隆皇帝	尾辞	钦哉！特谕
接受者	缅甸国王孟陨	正文文体	骈文体
纪年标准	中国纪年：乾隆六十年	正文内容	嘉奖缅甸国王
语言种类	古代汉语	用典来源	《诗经》、《易经》

（三）南掌

1. 雍正八年（1730年）颁给南掌国王敕谕

敕谕南掌国王：朕惟输诚效顺，远人昭向慕之忱；锡命褒庸[1]，天室[2]懋抚柔之典。矧[3]兹殊域，邈听风声[4]；既纳荩诚[5]，宜加赍予。尔南掌国，属在遐陬[6]，克抒[7]丹悃[8]。恪恭遣使，梯航直达于神州；恳切陈词，琛赆[9]并将其方物。允堪嘉尚，用锡褒荣。兹特降敕奖谕，并赐王文绮、器皿等物，王其祗受[10]，益矢[11]虔恭，以副朕眷。至王所请贡期，朕念尔国远在西南，往来迢递[12]，已敕礼臣定议，酌俟五年之外，一修岁献之仪。若王有所敷陈[13]，则可随时上达。故兹敕谕。①

【注释】

[1]褒庸：褒奖功劳。[2]天室：朝廷。[3]矧：况且。[4]邈听风声：听察远古之风声。邈：远。风声：风雅之声。[5]荩诚：忠诚。[6]遐陬：远方。[7]克抒：能表达。[8]丹悃：忠心。[9]琛赆：进贡用的财货礼物。[10]祗受：敬受。[11]益矢：更加表达。[12]迢递：从遥远的地方送达。[13]敷陈：详尽的陈述。

【简析】

雍正七年（1729年），南掌国王岛孙遣使上表并请永定贡期。雍正八年（1730年），南掌贡使到达北京。为此，清廷敕谕嘉奖缅甸恭顺行为，确定南掌贡期为"五年一贡"。中国与南掌正式建立起了朝贡关系。

---

① 《清世宗实录》卷九二，雍正八年二月戊辰条。

文书基本信息表

文书种类	敕谕	头辞	敕谕南掌国王
发送者	中国雍正皇帝	尾辞	故兹敕谕
接受者	南掌国王	正文文体	骈文体
纪年标准	中国纪年：雍正八年	正文内容	嘉奖南掌遣使进贡并确定贡期
语言种类	古代汉语	用典来源	

2. 乾隆六十年（1795年）颁给南掌国王召温猛敕谕

敕谕南掌国王召温猛曰：朕惟大畏[1]小怀[2]，列辟[3]凛尊亲之戴；薄来厚往，皇朝隆赍予[4]之施。疏[5]兹带砺[6]之荣，鉴乃梯航之悃。载颁恩命[7]，益励荩诚[8]。尔南掌国王召温猛，凤隶职方[9]，旧通典属[10]。际六十周甲[11]国庆之会，正八旬开五曼寿[12]之期，葵向[13]维殷[14]，遥望北辰[15]而介纯嘏[16]；龙章[17]用锡，俾奠南服[18]而荷王封。方物具陈，悃忱[19]斯见。今赐尔文绮、珍玩，尔其祗受[20]。四海之内皆有求，朕何贵于异物。千里之良今已至，王宜遂夫远怀，并允所请，赏给骆驼、大马、大骡各二。尚克钦承[21]，用膺多祜[22]。钦哉！特谕。①

【注释】

[1]大畏：敬畏大国。[2]小怀：怀柔小国。[3]列辟：诸侯。[4]赍予：赐予。[5]疏：上疏。[6]带砺：黄河变成衣带，泰山变为磨刀石，这是永远不可能发生的事情。比喻所封爵位传之久远，或江山永固。带：衣带。砺：砥石。[7]恩命：帝王颁发的升官、赦罪之类的诏命。[8]荩诚：忠诚。[9]职方：主管四夷事务的官职。[10]典属：管理属国事务的机构。[11]周甲：满60年。干支纪年1甲子为60年，故称。[12]曼寿：长寿。[13]葵向：忠诚之心。[14]维殷：浓厚。[15]北辰：北极星。[16]介纯嘏：赐给大福。《诗·小雅》曰："靖共尔位，好是正直；神之听之，介尔景福。"[17]龙章：帝王诏敕。[18]南服：南部属国。[19]悃忱：诚恳；忠诚。[20]祗受：敬受。[21]钦承：恭敬地继承或承受。《书·说命下》："监于先王成宪，其永无愆，惟说式克钦承。"[22]用膺多祜：承受多福。

【简析】

乾隆六十年（1795年），南掌国王遣使祝贺乾隆帝万寿。清廷为此发布敕谕进行嘉奖，赏赐南掌国王两只骆驼、两只大马和两只大骡。

---

① 《清高宗实录》卷一四八四，乾隆六十年八月癸未条。

文书基本信息表

文书种类	敕谕	头辞	敕谕南掌国王召温猛曰
发送者	中国乾隆皇帝	尾辞	钦哉！特谕
接受者	南掌国王召温猛	正文文体	骈文体
纪年标准	中国纪年：乾隆六十年	正文内容	嘉奖南掌国王
语言种类	古代汉语	用典来源	《诗经》、《尚书》

（四）苏禄

1. 雍正五年（1727 年）颁给苏禄国王敕谕

敕谕苏禄国王母汉末母拉律林[1]：朕惟职贡虔修，为臣输忠之大义；宠施弘锡[2]，大国柔远之常经。越重海以瞻云[3]，识向风[4]之有素。宜加赉予，以励葸诚[5]。尔苏禄国王母汉末母拉律林，属在遐陬[6]，克抒丹悃[7]。敬恭遣使，梯航不隔于沧溟[8]；恳切陈词，琛贽[9]并将其方物。慕义之忱，良可嘉尚。是用[10]降敕奖谕并赐王文绮、器皿等物，王其祗受[11]，益矢[12]恪恭，副朕眷怀。至王所请贡期，念尔国远在重洋，往来迢递[13]，酌俟五年之外，一修岁献之仪。若王有所敷陈[14]，则随时上达。故兹敕谕。①

【注释】

[1]母汗末母拉律林：母汗末·母拉律林。[2]弘锡：大的赐予。[3]瞻云：得近天子。[4]向风：归依；仰慕。[5]葸诚：忠诚。[6]遐陬：边远地区。[7]丹悃：忠心。[8]沧溟：大海。[9]琛贽：进贡用的财货礼物。[10]是用：因此。[11]祗受：敬受。[12]益矢：更加表达。[13]迢递：从遥远的地方送达。[14]敷陈：详尽的陈述。

【简析】

雍正四年（1726 年），苏禄国王派遣使节首次进贡清廷。雍正五年（1727 年），清廷发布敕谕确立苏禄"五年一贡"的贡期。

---

① 《清世宗实录》卷五八，雍正五年六月丙申条。

第五章　清代中国与暹罗、缅甸、南掌和苏禄往来朝贡文书研究

文书基本信息表

文书种类	敕谕	头辞	敕谕苏禄国王母汉末母拉律林
发送者	中国雍正皇帝	尾辞	故兹敕谕
接受者	苏禄国王母汉末母拉律林	正文文体	骈文体
纪年标准	中国纪年：雍正五年	正文内容	嘉奖苏禄国王并确立贡期
语言种类	古代汉语	用典来源	

2. 乾隆十九年（1754年）颁给苏禄国王苏老丹嘛喊味安柔律嶙敕谕（稿）

奉天承运皇帝敕谕苏禄国王苏老丹[1]嘛喊味安柔律嶙[2]：朕惟义遵荒服，远人输献纳之诚；道在同仁[3]，上国重怀柔之典。盖向风[4]之有素，斯职贡[5]之无愆[6]。尔苏禄国王苏老丹嘛喊味麻安柔律嶙属在遐陬[7]，克抒丹悃[8]。梯航远至，使臣不隔于沧溟[9]；琛贽[10]维虔，诚欵[11]弥形[12]其恳切。慕义之忱，良可嘉尚。是用[13]降敕奖谕并赐王文绮、器皿等物，王其祗受[14]，益矢[15]恪恭，以副朕意。至王所请将疆土、人丁编入中国，尤见倾心向化。但尔国远处重洋，路途迢递[16]，既恪修岁献，即同隶版舆，更不必赍送图籍，以免往来跋涉之烦。故兹敕谕。①

【注释】

[1]苏老丹：又作苏丹、算端、速檀、锁鲁檀、苏尔坦等，为阿拉伯语Sultan的音译，原意为"力量"或"权柄"，引申为"君主"或"统治者"，为部分伊斯兰国家元首称号。[2]嘛喊味安柔律嶙：苏禄苏丹穆伊速丁。[3]同仁：同行仁德者。[4]向风：归依；仰慕。[5]职贡：上贡赋税。[6]无愆：无错。[7]遐陬：边远地区。[8]丹悃：忠心。[9]沧溟：大海。[10]琛贽：进贡用的财货礼物。[11]诚欵：忠诚；真诚。[12]弥形：更加显现。[13]是用：因此。[14]祗受：敬受。[15]益矢：更加表达。[16]迢递：从遥远的地方送达。

【简析】

乾隆十八年（1753年），苏禄国王遣使上表进贡，并要求其版籍归隶天朝管理。乾隆十九年（1754年），清廷敕谕苏禄国王，嘉奖其恭顺行为，但拒绝接受其版籍。

---

① 中国第一历史档案馆：《清代中国与东南亚各国关系档案史料汇编》第2册，菲律宾卷，国际文化出版公司2004年版，第107页。

文书基本信息表

文书种类	敕谕	头辞	奉天承运皇帝敕谕苏禄国王苏老丹嘛喊味安柔律嚄
发送者	中国乾隆皇帝	尾辞	故兹敕谕
接受者	苏禄国王苏老丹嘛喊味安柔律嚄	正文文体	骈文体
纪年标准	中国纪年：乾隆十九年	正文内容	嘉奖苏禄国王但拒绝接受其版籍
语言种类	古代汉语	用典来源	

（五）吕宋

1. 顺治四年（1647年）颁给吕宋国王敕谕

谕吕宋国王敕曰：朕抚定中原，视天下为一家。念尔吕宋自古以来世世臣事中国，遣使朝贡，业有[1]往例。今故遣人敕谕尔国，若能顺天循理，可将故明[2]所给封诰、印、敕，遣使赍送来京，朕亦照旧封锡。特谕。①

【注释】

[1]业有：已有。[2]故明：前代明朝。

【简析】

顺治三年（1646年）九月，清军征南大将军贝勒博洛攻入福建，消灭南明隆武政权。清军拘执滞留福建的琉球、安南、吕宋派遣来闽庆贺唐王称帝的使臣，将他们押送入京。外国使臣们在顺治四年（1647年）到达京城。清廷礼部颁发内容相同的敕琉球、安南、吕宋国王书3道，要求该三国使臣将各自敕谕带回本国。《清实录》对此有详细记载：

初琉球、安南、吕宋三国各遣使于明季进贡，留闽未还，大兵平闽，执送京师，命赐三国贡使李光耀等衣帽、缎布，仍各给敕谕，遣赴本国，招谕国王。谕琉球国王敕曰：朕抚定中原视天下为一家，念尔琉球自古以来世世臣事中国，遣使朝贡，业有往例，今故遣人敕谕尔国，若能顺天循理，可将故明所给封诰、印、敕，遣使赍送来京，朕亦照旧封锡。谕安南、吕宋二国文同。②

吕宋实际上是西班牙在菲律宾群岛的殖民地，所谓吕宋国王即是西班牙殖民总督。清代建立以后，虽然清廷在顺治四年（1647年）颁发敕谕给吕宋，但吕宋当局并未回应清

---

① 《清世祖实录》卷三二，顺治四年六月丁丑条。另见《历代宝案》第1集，卷三，"国立台湾大学"印行，第108页。

② 《清世祖实录》卷三二，顺治四年六月丁丑条。

廷这一要求，鸦片战争前的中国与菲律宾殖民政府只存在民间贸易往来，没有建立起正式的官方关系。

文书基本信息表

文书种类	敕谕	头辞	谕吕宋国王敕曰
发送者	中国顺治皇帝	尾辞	特谕
接受者	吕宋国王	正文文体	
纪年标准	中国纪年：顺治四年	正文内容	下令吕宋归顺清朝
语言种类	古代汉语	用典来源	

三、檄谕例析

（一）暹罗

1. 乾隆三十三年（1768年）两广总督李侍尧发给暹罗国夷目甘恩敕檄谕（军机处代拟）

谕暹罗国夷目甘恩敕[1]曰：尔遣陈美来粤，赍投该夷目呈文，恳请天朝封敕，于理不顺。暹罗国王，越在海峤[2]，世恪职贡，大皇帝嘉其恭顺，历赐褒封。今洊[3]被花肚番[4]侵扰焚掠，国破身亡。尔既为其夷目，谊属君臣，目击尔主遘此鞠凶[5]，即应坚秉忠贞，志图恢复，以期殄仇雪耻。即或因残破之后，夷众流离艰食，孱弱不支，势难骤振，即当求尔主族裔，扶戴复国，以续尔故主宗祧，则暹罗众僚目，孰不推尔匡翊[6]忠勋，共相钦服？即尔嗣王继立，奏告天朝，自必钦尔功绩，大皇帝闻之，亦必深为嘉予。况闻尔与乌肚[7]、汶仔、瘦麻，剿杀得胜，又入山搜寻象牙、犀角等物，给赡难民，是尔之才干，颇为可取。今尔主庶兄诏王吉，孙诏萃、诏世昌，现皆避难，潜居境内，尔不思与众头目，择立拥戴，垂名不朽，乃竟乘其危乱，鸱张[8]自立，并欲妄希封号，僭窃称王，似此干名犯分，蔑礼负恩，不祥孰大[9]！反之于心[10]，岂能自安？且尔本系内地民人[11]，必知大义，岂不闻中国名教，于乱臣贼子不少假借乎？即为尔计，挟世禄、禄坤、高烈三府，因尔欲雄长其地，共切同仇，与尔称兵相拒，彼则名正言顺，尔则逆理悖伦。天道助顺恶逆，胜负之势皎然[12]，岂可自贻伊戚[13]乎？大皇帝抚有夷夏，惟以仁育义正，表率万方。如尔所陈情节，深乖法纪，不可以据词入告，仍掷交陈美赍还。本部堂典守封疆，职在宣布中朝德化，矜[14]尔愚迷，特为剀切[15]申谕。尔如幡然改悔，效忠尔主，仰体圣朝兴灭继绝之经，自可永受大皇帝无疆福庇。慎毋怙终[16]自误。特谕。①

【注释】

[1]甘恩敕：在清代官方文献中，对郑信有甘恩敕、丕雅新、郑昭等不同称呼。[2]海峤：海边山

① 《清高宗实录》卷八一七，乾隆三十三年八月甲戌条。

岭。[3]洊（jiàn）：再；屡次，接连。[4]花肚番：此处指缅甸。将缅甸称其为"花肚番"的原因，大致有三种说法：其一，纹身说。"花肚番，即缅甸也。"（《海国四说》卷二）"花肚番者，缅人以膝股为花，故云。"（《清史稿》卷五二八）缅甸及其附近地区民族有身体纹身的习惯，如我国境内的花腰傣等。其二，转音说。花肚为乌肚的转音。乌肚即乌土、乌图，《海录》"乌土"条："乌土国，在暹罗蓬牙西北，疆域较暹罗更大。由蓬牙陆路行四五日，水路顺风约二日，到佗歪，为乌土属邑，广州人有客于此者。又北行二百余里到媚前居，又西北行二百余里到营工，又西行二百余里到备姑，俱乌土属邑。王都在盎画，由备姑入内河，水行约四十日方至。"小方壶本注："即缅甸，乌土盖其别名也。"乌土、乌肚皆指缅甸，后"乌"音转化为"花"音，乌肚由此变成花肚。其三，土壤颜色说。《海国图志》："暹罗国别号赤土国，则缅之号乌土，均以坟壤异色得名。"[5]鞠凶：极大的灾祸。鞠：大，穷极。《诗·小雅·节南山》："昊天不佣，降此鞠凶。"[6]匡翊：匡正辅佐。[7]乌肚：即乌土、乌图，指缅甸。[8]鸱张：像鸱鸟张翼一样。比喻嚣张，凶暴。[9]不祥孰大：不吉利莫过于此。[10]反之于心：反思。[11]内地民人：郑信原系广东潮州府澄海县民人郑镛在暹罗娶番妇所生之子。[12]皎然：清晰貌；分明貌。[13]伊戚：烦恼、忧患。《诗·小雅·小明》："心之忧矣，自贻伊戚。"[14]矜：怜悯，怜惜。[15]剀（kǎi）切：切实；恳切。[16]怙终：怙终不悛。有所恃而终不悔改。

【简析】

乾隆三十三年（1768年），已经建立吞武里王朝的郑信遣使清廷请封，清廷发出檄谕1份，以暹罗故主宗祧仍在，要求郑信勤王复国，因而拒绝承认其为新的暹罗国王。

这份檄谕当时并未发给郑信。乾隆三十四年（1769年）七月己酉，两广总督李侍尧奏："暹罗仍系甘恩敕窃据，诏氏子孙未复，遵旨毋庸檄谕。"① 面对暹罗全国已被郑信基本控制，诏氏子孙复国无望的局面，清廷将这份谴责郑信的檄谕留在广东。这一做法表明清廷在坚持兴灭继绝政策的同时，也执行现实主义外交政策。

文书基本信息表

文书种类	檄谕	头辞	谕暹罗国夷目甘恩敕曰
发送者	两广总督李侍尧	尾辞	特谕
接受者	暹罗国夷目甘恩敕	正文文体	
纪年标准	中国纪年：乾隆三十三年	正文内容	拒绝承认郑信政权，要求勤王复国
语言种类	古代汉语	用典来源	《诗经》

2. 乾隆三十三年（1768年）两广总督李侍尧发给暹罗河仙镇头目莫士麟檄谕（军机处拟）

谕河仙镇目莫士麟[1]曰：尔僻处海疆，心知向化。因闻天朝查询暹罗情事，即将海外各夷地形势绘图具文，差夷官林义等赍投，甚属恭顺。业经据情奏闻，大皇帝鉴尔之诚，

---

① 《清高宗实录》卷八三九，乾隆三十四年七月己酉条。

深为优奖。又闻尔于暹罗国王之孙诏萃逃入境内，即为安养资生[2]，颇知礼义，亦属可嘉。令特给尔回文并赏缎匹，用示恩意，尔其敬承之。特谕。①

【注释】

[1]莫士麟：又名莫天赐。河仙首任镇目莫久之子。乾隆三十六年（1771年），河仙被暹罗军队占领，乾隆四十五年（1780年），郑信逮捕莫天赐，莫服毒自尽，年70岁。[2]资生：赖以生长；赖以为生。《易·坤》："至哉坤元，万物资生。"

【简析】

乾隆三十三年（1768年），就在郑信派使前往中国求封的同时，位于暹罗南端的河仙镇头目华裔莫士麟也派人到达广州呈送暹罗地形图，通报暹罗国王之孙诏萃到达河仙镇。清廷为此发布檄谕嘉奖、赏赐莫士麟。莫士麟发来的信息使清廷认为暹罗旧王子孙复国有望，同时导致清廷认为郑信建立政权属于篡位行为，清廷由此拒绝承认郑信建立的吞武里王朝。

河仙政权即Pontameas，我国古籍称其为伊代吗、尹代吗、昆大吗等，越语称其地为河仙（Hatien），其地原属柬埔寨。17世纪末至18世纪初，广东雷州人莫久占据此地，从事海外贸易，建立港口国（Kan Cao）。其后，高棉发生王位之争，暹罗派水师进贡河仙，自此河仙地区受暹罗控制。嘉庆十六年（1811年），为越南所占。

文书基本信息表

文书种类	檄谕	头辞	谕河仙镇目莫士麟曰
发送者	两广总督李侍尧	尾辞	特谕
接受者	河仙镇头目莫士麟	正文文体	
纪年标准	中国纪年：乾隆三十三年	正文内容	嘉奖莫士麟通报暹罗政局变动的信息
语言种类	古代汉语	用典来源	《易经》

3. 乾隆三十五年（1770年）两广总督李侍尧发给暹罗河仙镇头目莫士麟檄谕（军机处拟）

檄谕河仙镇目莫士麟曰：尔镇远处海滨，倾心向化，大皇帝素嘉尔忱悃，宠赉频加。且自暹罗残破，后裔流离，尔欲为诏氏力图克复，慕义尤可嘉尚。兹尔以丕雅新[1]逞凶僭据，兴兵攻讨，未能取胜，闻花肚番[2]已降服天朝，欲求圣旨宣谕，使之恢复暹国，以谢前愆[3]。在尔以为其势甚易，顾未反复深思，昧于事理，非计之得也。花肚番本篡夺余孽，怙恶不悛[4]，前此暹罗遭其劫掠，国邑破亡，人民涂炭，其凶残无赖，尔之所知。且

---

① 《清高宗实录》卷八一七，乾隆三十三年八月甲戌条。

彼既与诏氏构怨于前，安能望其匡复于后？而丕雅新[1]之敢于僭窃，未必非私相勾结，借为声援。假使彼引兵至境，转与丕雅新狼狈为奸，是为虎添翼。一害未除，一害滋益。暹国烬后遗黎，岂堪复罹荼毒？浸假[5]而及尔河仙，两敌并临，其何以济？即幸而殄灭逆新，复立诏后，彼必自谓有德于暹罗，遂欲擅为所属，悉索敝赋[6]，为所欲为，稍不顺意，残虐立被。譬之引寇入室，祸由自致。河仙唇齿之地，庸能免乎？且花肚囊者侵扰暹国，犹是岛夷自相仇杀，无可借口也。今若授以中朝威命，彼益自以为兵出有名，无复顾忌，遂仗以恐吓暹民，谁敢与抗？是又鬼蜮伎俩所必然，大皇帝岂肯于此狡诈蠢酋，假以事权，听其贻患海外乎？尔所请断不可行，本部堂不便为尔妄渎天听[7]。尔不忍诏氏宗祧不祀，且欲讨逆继绝，用意良厚。夫名正言顺，众不能违，以此号召诸府，必有从而应之者。且高烈、禄坤未尝不心乎诏氏，徒胁于逆新之势，强颜相从。尔邻封[8]尚奋同仇，若辈闻之，有不慷慨自励者，必非人情！况前此第以后期败绩，若豫为密约，克日举事，更无可虑者。而以正定乱，以顺取逆，胜负之势皎然[9]。尔自量力而行，诚能一举而歼渠魁，复亡国，远近闻之，孰不称尔义，推尔功。本部堂自当为尔转奏，大皇帝亦必奖尔守正扶危，嘉予褒赏，不亦美欤！若尔所计，则有害而无利，实未见其可也。尔既以诚恳来告，本部堂为尔推究筹画，详举以示，尔其善度之。①

【注释】

[1]丕雅新：郑信。[2]花肚番：缅甸。[3]前怨：先前错误。[4]怙恶不悛：坚持作恶，不肯悔改。[5]浸假：假令，假如。[6]悉索敝赋：尽其所有以相供给。[7]天听：帝王的听闻。[8]邻封：邻国。[9]皎然：清晰貌；分明貌。

【简析】

乾隆三十五年（1770年），暹罗边境的割据政权莫氏请求中国下令缅甸帮助暹罗旧有王室复辟。清廷为此向莫氏发布檄谕。清廷认为利用缅甸推翻郑信政权不仅不切实际，而且有引狼入室之虞，最后建议莫氏政权联合暹罗国内反对派推翻郑信政权。

文书基本信息表

文书种类	檄谕	头辞	檄谕河仙镇目莫士麟曰
发送者	两广总督李侍尧	尾辞	
接受者	河仙镇头目莫士麟	正文文体	
纪年标准	中国纪年：乾隆三十五年	正文内容	建议河仙镇联络暹罗国内反对派抵抗郑信政权
语言种类	古代汉语	用典来源	

---

① 《清高宗实录》卷八六四，乾隆三十五年七月乙巳朔条。

4. 乾隆四十年（1775年）李侍尧发给郑信檄谕（军机处拟）

本阁部堂接阅来禀，并开列名单，送回滇省兵丁十九名，具见小心恭顺。所请磺、铁、铳仔，前经驳饬。今除铳仔一项，关系军器，定例不准出洋，未便给发外，其需用硫磺、铁锅，准照上年请买之数，听尔买回，以示奖励。至所称若以缅匪凶顽，罪在不赦，欲加天讨，昭愿率兵合击。但昭统摄[1]初安，军需缺乏，冒乞恩赐磺、铁、铳仔，并恳据情呈奏等语，所言已悉。但天朝统驭寰宇，中外一家，国富兵强，势当全盛。前此平定准噶尔、回部，西北拓地二万余里。今因两金川狼狈为奸，负恩抗拒，官兵征剿，现已捣其巢穴，大功指日告成，献俘行赏。西南诸番部，亦可永庆安全。德威所布，遐迩莫不震慑。至缅匪顽蠢负嵎，甘弃生成之外[2]，实为覆载所不容，亦属贯盈[3]所自取。迩年因申讨金川，遂将滇兵暂撤。今策勋[4]在迩，或阅一二年，稍息士卒之力，再行厚集兵力，将缅匪一举荡平，此时自难豫定。若果欲扫除缅匪，则以百战百胜之王师，奋勇直前，所向无敌，视攻捣阿瓦，不啻摧枯拉朽，何借尔海外弹丸，聚兵合击？或尔欲报故主之仇，纠约青霾[5]、红沙[6]诸邻境，悉力陈兵，尽除花肚[7]，亦听尔自为之。设或尔志得伸，据实禀报，本阁部堂复核无异，自当代为奏闻。大皇帝为天下共主，亦必鉴尔忠诚，予之嘉奖。至于中国之欲平缅匪与否，圣主自有权衡，固非我守土之臣所敢料，亦非尔之所当请问也。①

【注释】

[1]统摄：统领；总辖。[2]生成之外：正常人类之外。[3]贯盈：罪恶满盈。[4]策勋：记功勋于策书之上。此处指立有功勋之人。[5]青霾：清迈。位于泰缅北部边界，今属泰国。[6]红沙：丹那沙林。位于泰缅南部边界，今属缅甸。[7]花肚：缅甸。

【简析】

乾隆四十年（1775年），郑信军队攻占清迈。郑信派人将缅甸俘获的滇兵19人遣返中国，并向清廷递交禀文提出两项要求：与中国联合出兵缅甸；允许暹罗在中国采购铳仔、硫磺和铁锅。清廷以两广总督名义向郑信发出檄谕，拒绝联合出兵的提议，也拒绝出售铳仔，只允许暹罗购买硫磺、铁锅。

文书基本信息表

文书种类	檄谕	头辞	
发送者	两广总督李侍尧	尾辞	
接受者	暹罗郑信	正文文体	
纪年标准	中国纪年：乾隆四十年	正文内容	回复郑信禀文，允许暹罗在华购买硫磺、铁锅
语言种类	古代汉语	用典来源	

---

① 《清高宗实录》卷九九〇，乾隆四十年九月乙卯条。

5. 乾隆四十二年（1777年）两广总督李侍尧发给暹罗郑信檄谕（军机处拟）

本阁部堂在粤省数年，屡次接阅来禀，知尔收合余众，欲为故主报仇。曾诱杀缅匪多人，是尔尚知大义。且节次送回缅匪所留滇省兵民，具见尔小心恭顺，是以尔两次需用硫磺、铁锅等物，并准买回，以示奖励。且代为奏闻大皇帝，亦深为嘉予。至尔从前禀恳，欲邀天朝封号，彼时以尔妄冀[1]恩泽，未为正理。且诏氏虽已无人，而天朝原颁敕、印，现在或存或失，未经声明，不便入告，因而驳回。原欲俟尔稍有出力之处及查明原颁敕、印下落，陈请有名，再行代尔奏恳加恩。今大皇帝因云贵地方紧要，将本阁部堂调任云贵总督，而简任杨大人为两广总督。本阁部堂已将尔历次禀恳之事，详细告知。尔此后如有禀，即禀知新任杨大人，自必照本阁部堂所等，为尔酌办。今启行在即，特将此遇便谕令知之。①

【注释】

[1]妄冀：妄图希冀。

【简析】

乾隆四十二年（1777年），李侍尧由两广总督转任云贵总督。李侍尧赴任前向暹罗郑信发出檄谕，通知暹罗郑信，两广总督职位即将换人，并要求查找暹罗前朝所领的天朝敕、印。

檄谕中特别提到前朝王室诏氏已经无人，要求郑信查明天朝原颁敕、印的下落。檄谕添加这一内容，据李侍尧之前的奏文中称，目的在于"微露其意，郑信自必乞恩求封"，此即诱导郑信向清廷求封。李侍尧认为，郑信如果有了天朝封号，向缅甸作战时会更有号召力，这会使缅甸疲于攻战，等到缅甸困顿不堪之际，中国再扬言大兵进剿，缅甸两面受敌而不得不向中国纳款投诚。李侍尧这一策略的基本思路是交好暹罗，牵制缅甸，最终使中国获益。乾隆帝对这一策略评论说："此亦治病偏方，姑试为之。"②

这一檄谕后来由于事态发生变化而没有发出。乾隆四十二年（1777年）七月丙午，乾隆帝下谕："所有前次代拟李侍尧檄稿，原属询探之意。今郑信既已具禀，前檄即无庸发去。"③

---

① 《清高宗实录》卷一〇三一，乾隆四十二年四月戊午条。
② 《清高宗实录》卷一〇三一，乾隆四十二年四月戊午条。
③ 《清高宗实录》卷一〇三七，乾隆四十二年七月丙戌条。

第五章 清代中国与暹罗、缅甸、南掌和苏禄往来朝贡文书研究

文书基本信息表

文书种类	檄谕	头辞	
发送者	两广总督李侍尧	尾辞	
接受者	暹罗郑信	正文文体	
纪年标准	中国纪年：乾隆四十二年	正文内容	告知两广总督新旧交替，要求查明暹罗前朝所领敕、印
语言种类	古代汉语	用典来源	

6. 乾隆四十二年（1777 年）两广总督杨景素发给暹罗郑信檄谕（军机处拟）

本督部堂接阅来禀，据称暹罗残破以后，朝贡久疏，今欲循旧例备贡，差人具禀，恳为转奏等语，具见悃诚。而收合暹罗余众，思报故主之仇，亦能明于大义。且尔数年来，屡经送回缅甸所留内地兵民，又将所获缅匪，节次解送，实属诚心恭顺。是以前任李总督，嘉尔忠谨[1]，于尔两次请买硫磺、铁锅等物，俱准买回应用。今春李总督调任云贵时，向本督部堂言，尔为暹罗故主杀贼报仇，遂为众所推奉，因诏氏无人，即行统摄国事。且尔心向天朝，屡效诚荩[2]，自当予以奖励。此后如有禀恳之事，不妨酌量办理。本督部堂莅任以来，悉照前例。今尔等既有备贡之请，可以准行。俟尔贡物到境，当为转奏。至尔所称必借天威以彰民望，意欲恳求封号，而又不敢明言，如此隐跃[3]其词，未便据情入告。尔果虔修贡礼，遣使恭进，将国人推戴情殷，诏氏已无嫡派，明晰声叙[4]，具禀请封。本督部堂自当代尔奏闻大皇帝，恭候加恩，方为名正言顺。至尔欲征讨缅甸，为故主复仇，听尔自为之，内地断无发兵相助之理。中国征剿所至，饷足兵强，前此平定准部、回部，昨岁平定两金川，并未稍借外邦之力，谅尔亦当闻知。况缅匪近日已知悔罪，送还内地之人，恳求开关纳贡，此后更无可加兵，然亦必不助缅以攻他国。尔如欲请封，转不必以攻剿缅匪为词也。①

【注释】

[1]忠谨：忠诚敬慎。[2]诚荩：忠诚。[3]隐跃：隐约。[4]声叙：明白陈述。

【简析】

乾隆四十二年（1777 年），暹罗郑信派遣使者前往广州呈递禀文，请求照例朝贡中国，消灭缅甸。清廷以两广总督杨景素之名发布檄谕，暗示郑信可以具禀请封。至于暹罗征讨缅甸为故主复仇，清廷不加干预。

---

① 《清高宗实录》卷一〇三七，乾隆四十二年七月丙戌条。

文书基本信息表

文书种类	檄谕	头辞	
发送者	两广总督杨景素	尾辞	
接受者	暹罗郑信	正文文体	
纪年标准	中国纪年：乾隆四十二年	正文内容	允许郑信递表请封
语言种类	古代汉语	用典来源	

7. 乾隆四十三年（1778年）两广总督桂林发给暹罗郑信檄谕（军机处拟）

接阅来禀，据称现御缅贼，乞宽贡期等语，与所禀情事未合。尔于上年遣使前来请贡，并据丕雅逊吞亚排哪突禀称，已预备象只等物，未敢带来，恳求转奏大皇帝恩准，方敢纳贡。前任杨总督念尔出自诚心，仰体大皇帝一视同仁之盛意，不忍拒绝，因覆檄谕尔，俟贡物到境，当为转奏，并无立定贡期之语，且无必欲令尔入贡之心。前任杨总督调任闽浙，所有档案俱移交本部堂存核，且将前次覆檄谕尔之意，面告本部堂查照，历历可稽，尔何忽有此请宽贡期之语耶？至尔现御缅贼，尚未暇即备贡礼，自属实情，但止须据实禀明，不应妄有宽期之请。幸尔前禀情节，杨总督尚未据情入告，是以本部堂尚可为尔明白开示。尔如果诚心恭顺，虔修贡礼，遣使恭进，并将国人推戴情殷[1]，诏氏子孙已无嫡派[2]，明晰声叙[3]请封，本部堂亦必据禀代奏，恭候加恩。若此等游移无定之词，徒属虚谈无益。且尔之入贡与不入贡，系尔之受封与不受封，于天朝何关轻重。本部堂亦何必望尔之修贡耶？至尔前次求贡，遣使赍呈，殊觉非礼。念尔久居外邦，不谙礼制，姑置勿问。嗣后务益知恪谨，毋稍疏懈干咎[4]。①

【注释】

[1]情殷：情深。[2]嫡派：家族相传的正支。[3]声叙：明白陈述。[4]干咎：自取罪咎。

【简析】

乾隆四十三年（1778年），郑信递交禀文要求宽限贡期。清廷为此向郑信发布檄谕，指出未受册封而请求放宽贡期，不符合朝贡制度的相关规定。制定贡期、确定贡物是在与中国建立朝贡关系即国王获得册封承认之后才有的程序。郑信此时还未收到册封，所谓"乞宽贡期"就成了无源之水、无本之木。清廷以两广总督名义向郑信发出檄谕，指责所谓"乞宽贡期"之语，提示新政权要按照册封程序，首先要递交请封表文。

---

① 《清高宗实录》卷一〇六五，乾隆四十三年八月乙亥条。

第五章 清代中国与暹罗、缅甸、南掌和苏禄往来朝贡文书研究

文书基本信息表

文书种类	檄谕	头辞	
发送者	两广总督桂林	尾辞	
接受者	暹罗郑信	正文文体	
纪年标准	中国纪年：乾隆四十三年	正文内容	斥责郑信所谓"乞宽贡期"之语
语言种类	古代汉语	用典来源	

8. 乾隆四十六年（1781年）两广总督巴延三发给暹罗郑信檄谕（军机处拟）

本部堂接阅来禀，据称暹邦历代供贡，自遭缅匪之后，诏裔无人，以致贡疏。兹群吏众庶，推尔为长，依例备贡恭进等因，具见小心恭顺，出自至诚。本部堂已据情代奏，如蒙大皇帝鉴尔悃忱，加恩格外，准尔入贡。俟本部堂差员伴送尔国陪臣，敬赍入都朝觐。至另禀外，备苏木、象牙等物，为贡外之贡。天朝抚绥万国，一应朝贡多寡，均有定制，岂容任意加增？难以代奏。至致送礼部、督抚各衙门礼物，甚至馈及行商，并求准买铜器千余个，先放空船归国等语，更属琐鄙[1]，不知事体。天朝纲纪肃清，大法小廉[2]，内外臣工，岂有私行收受尔国物件之理？铜斤例禁出洋，更不便准尔采买。若本部堂据情代奏，转滋尔忘分妄干之咎。用是明白晓谕，将贡外之贡及呈送各衙门礼物，发交原船带回。又尔禀后附请给照，载货前往厦门、宁波等处，并欲令行商代觅伙长[3]，往贩日本等语，尤属不知礼体。尔等在外洋，与日本各国贩卖交易，原所不禁。若欲请官为给照及令行商觅伙，往贩日本，则断乎不可，本部堂亦不敢代为具奏。至尔国所请余货在广发行变价一节，此向来交易之常，应听尔等自行觅商售卖，亦不必官为经理。至所称余货变价以作来使盘缠等语，向来各国陪臣进贡，入境之后，一切往来费用，天朝自有例给口粮，无庸卖货支应。尔国甫求入贡，辄以贸易牟利细事，禀请准行，甚非表尔效命归诚之意。本部堂念尔远在外夷，不谙礼法，亦不加责备。是以剀切[4]晓谕，此后务宜益励敬恭，恪守臣节，毋得轻有干渎[5]。①

【注释】

[1]琐鄙：卑鄙。[2]大法小廉：大臣尽忠，小臣尽职。[3]伙长：船舶上掌管罗盘的人。[4]剀切：切实；恳切。[5]干渎：冒犯。

【简析】

乾隆四十六年（1781年），郑信派遣使节来华递交禀文，请求入贡并发给牌照往厦门、宁波等地贸易，并代请伙长驾驶船只往贩日本。为此，两广总督发布檄谕指出，天朝无此体制。清廷虽然拒绝了暹罗的要求，但依然批准其入贡，这是正式承认郑信政权的

---

① 《清高宗实录》卷一一三七，乾隆四十六年七月庚申条。

标志。

文书基本信息表

文书种类	檄谕	头辞	
发送者	两广总督巴延三	尾辞	
接受者	暹罗郑信	正文文体	
纪年标准	中国纪年：乾隆四十六年	正文内容	对郑信禀文中的各项要求进行答复。
语言种类	古代汉语	用典来源	

9. 乾隆四十七年（1782年）两广总督尚安发给暹罗国王郑华檄谕（军机处拟）

接阅来禀，据称尔父郑信业已病故。临终之际，谆谆嘱汝以尊奉天朝，永求福庇为念，理合禀报，俟至贡期，当遵例虔备方物朝贡等因。上年尔父献表输忱，备物进贡，小心恭顺。经本部堂据情代奏，仰蒙圣恩，俯准入贡。并令贡使附于班联之末[1]，一体入宴，瞻仰天颜，特加赏赉。此皆大皇帝俯鉴[2]尔父悃忱，加恩格外，至为优厚。今尔父病故，尔继嗣为长，谨遵汝父遗命，急欲效忠天朝，具见恭顺悃忱。但汝理应具表叩谢天恩，并将尔父身故及尔继嗣各情节详晰声叙[3]，本部堂方可据情转奏。今尔仅遣使禀报，并称俟至贡期，当遵例虔备方物朝贡等语。在尔国僻处遐荒，未谙体制，但本部堂等职司守土，似此情节，不敢冒昧代为具奏。现在尔国贡使候有北风，即可挂帆归国。俟彼到后，传宣入宴蒙赏，屡受大皇帝格外鸿慈[4]，尔当益加感激。如果欲效忠输悃，承受天朝封号，必须具表自行恳求，本部堂方可代为转奏。用是剀切[5]晓谕，尔其知悉。此檄。①

【注释】

[1]班联之末：列在朝觐皇帝队伍之末。班联：朝班的行列。[2]俯鉴：下察。用于书信或公文中的敬辞。[3]声叙：明白陈述。[4]鸿慈：大恩。[5]剀切：切实；恳切。

【简析】

暹罗曼谷王朝建立后，新政权于乾隆四十七年（1782年）派遣使者前往中国通报。由于郑信死前已经获得清廷正式承认，为继承这一资格，拉玛一世把弑君篡位的政变掩饰为父死子继的代际更迭，这样既避免了中国的问罪，也省却了与中国重新建立朝贡关系的烦琐程序。清廷对暹罗政局的实际变动并不关心，而是关心王位继承过程中的"程序正义"。拉玛一世以巧妙的方式解决了身份继承问题后，清廷同年以两广总督名义向暹罗国王颁发檄谕，要求其具表请封。

---

① 《清高宗实录》卷一一六四，乾隆四十七年九月辛丑条。

文书基本信息表

文书种类	檄谕	头辞	
发送者	两广总督尚安	尾辞	此檄
接受者	暹罗国王郑华	正文文体	
纪年标准	中国纪年：乾隆四十七年	正文内容	要求暹罗具表请封
语言种类	古代汉语	用典来源	

（二）缅甸

1. 乾隆三十五年（1770年）阿桂给缅甸国王檄谕（军机处拟）

檄谕缅甸国王知悉：尔缅甸僻处炎荒，久阻声教。我大皇帝悯尔远夷蠢愚，置之化外。然犹听边氓与尔国交易，俾裕尔生计，阜尔民人，恩至渥也。乃尔自作不靖[1]，甘弃生成[2]，竟敢扰我边外土司，甚至阑入[3]内地，侵轶[4]无忌。是尔不知感戴圣主格外包容，自绝于天，罪无可贷。前督院等因统兵问罪，尔犹负固不服，抗我师旅，尔恶益盈。我大皇帝尚不忍遽加歼灭，惟饬我边防，断尔贸易，冀尔或知悔罪，仍可曲赐矜全[5]。乃待以一年，尔竟冥顽无知，始终执迷不悟，实为覆载所不容，国法所难宥。于是始命经略大学士忠勇公傅恒，偕本将军、本督部院等，统率八旗劲旅及各路精兵，水陆并进，厚集[6]征剿。我经略及本将军等恭膺简命，督策将士，奋勇争先，巨炮强弓，威武无敌。去秋自戛鸠[7]济师[8]，即收复猛拱。进次新街，两岸夹击，继以舟师，遂尽破尔栅，夺尔船，拿尔蠢，射殪[9]尔头目，歼戮尔丑徒。尔众之仅存者，丧胆奔逃，势加瓦解。我大军乘胜进攻老官屯，数日之间，拔尔江岸数砦[10]，并昼夜攻围大寨，炮矢交加，尔众力不能支，破在旦夕。尔慑我兵威，自知危窘，从阿瓦遣人至老官屯，同彼处头目诺尔塔赍尔书词，诣我军营，数次恳请解围，情愿奉表纳贡，送还内地被留人众，情辞迫切，恭顺有加。我经略及本将军等，因曾奉大皇帝恩命，以缅酋如或自知悔祸，纳款投诚，姑免捣其巢穴，临时奏闻定夺。遂暂退六军，据尔呈词，星驰入告。蒙大皇帝如天好生，鉴尔诚悃，俯允所请，降旨班师，以全尔众。乃尔自上年十一月遣人奉书以来，距今数月，负教爽约，竟不禀覆，是何情理？今大兵虽暂退，大学士忠勇公虽遵旨还朝，襄赞政务，而本将军尚在滇省，本督部院亦董理[11]粮马、军械，坐镇边地，以观尔动静。尔之奉表迟速，本不足计。以我中国抚有函夏[12]，东自高丽、琉球及东洋、西洋诸大国，南则交趾以南诸国，北则准噶尔全部，西则回部数百城，并入版图。岁时朝贡，何物蔑有[13]？尔弹丸僻壤，即竭力具贡，有何珍异，足为比数？原无所容其督促。且尔贡表一日不至，内地贸易一日不通，尔果安于自误，更无庸代尔筹画。但尔所称送还内地被留之人，有何难办，有何顾虑？而迁延许久，信息杳然，殊不可解。设我大皇帝询及尔迟延之故，本将军等岂肯为尔掩饰欺罔乎？抑尔前此敢以鬼蜮伎俩，巧为尝试乎？万一大皇帝责尔欺慢之罪，复命本将军等率兵进剿，尔自度尔国力量，尚能挡我大兵之压境乎？为此开诚剀切[14]檄示。尔速自熟思审处，抉择祸福，迅即具禀申覆，送还内地人众，则尔国土地人民，庶得安全。倘仍游移观望，后悔无及，尔自度之。特檄。①

【注释】

[1]自作不靖：自己挑起祸端、骚乱。[2]甘弃生成：自甘放弃正常人类生活。[3]阑入：擅自进入不应进去的地方。[4]侵轶：侵犯袭击；越权行事。[5]矜全：怜惜而予以保全。[6]厚集：集中。[7]戛鸠：地名。[8]济师：增援军队；军队渡河。[9]射殪（yì）：射死。[10]砦：通"寨"。[11]董理：监督管理。[12]函夏：全国。[13]蔑有：没有。[14]剀切：切实；恳切。

【简析】

乾隆三十四年（1769年）十一月，中缅在老官屯议和，中方提出"必缮表入贡，还所拘挚官兵，永远不犯边境"作为停战撤军的3项条件，缅军同意。清廷随后撤军回国。但到乾隆三十五年（1770年）三月，缅甸也未依约前来接洽向中国进贡事宜。清廷以阿桂名义向缅甸国王发出檄谕，指责缅甸爽约，并警告缅甸迅速执行议和条款，否则将大兵压境。这一檄谕由都司苏尔相送往，苏尔相到达缅甸后被扣留，直到7年之后的乾隆四十二年（1777年）才被释放。

文书基本信息表

文书种类	檄谕	头辞	檄谕缅甸国王知悉
发送者	中国将军阿桂	尾辞	特檄
接受者	缅甸国王	正文文体	
纪年标准	中国纪年：乾隆三十五年	正文内容	要求缅甸依约奉表纳款
语言种类	古代汉语	用典来源	

2. 乾隆三十五年（1770年）阿桂给缅甸老官屯头目檄谕（军机处拟）

檄谕老官屯头目诺尔塔知悉：上年官兵攻围老官屯时，尔阿瓦王子差人至尔砦[1]中，同尔诣军门[2]，赍书恳求解围，情愿奉表纳款送还内地之人。彼时本将军等鉴尔王子情词恭顺，遂与尔立定教约，给尔回书，撤兵停剿。乃迟至数月，杳无信息。本将军等以尔投诚之语，曾经代尔奏闻大皇帝，尔等即敢于欺诳本将军等，如何敢于大皇帝前，蹈欺罔[3]之咎？因檄示尔王子，索取被留之人。此尔王子遣尔诺尔塔等向我军营求之事，何竟敢行反悔？今尔王子并无回信，尔诺尔塔何物，辄敢向我索还土司，并拘留我送书之苏尔相，且敢投书与本将军肆行狂吠，实为覆载所不容矣。苏尔相一微末武弁，汝即留彼害彼，于天朝毫无所损。正恐尔负此重罪，莫可逃诛，且尔缅国生灵，又将涂炭矣。尔自思

---

① 《清高宗实录》卷八五四，乾隆三十五年三月癸未条。

尔一虫蚁不如之人，辄敢违尔王子去年纳款书词，向本将军等抗词蔑礼，尔尚可比于人类乎？本将军总督奉命镇守边境，视尔穷荒匪目，何等幺麿[4]，岂容尔妄自尊大，出言无状乎？亦岂容尔以尔王子愿受约束之语，擅自反复乎？为此再檄谕尔诺尔塔，即将我所遣都司苏尔相如礼护送入关，并即寄信尔王子，将从前所留之人，速即查明送还，以全尔王子之礼信。毋稍执迷不悟，自贻后悔。祸福惟尔自取。慎之，凛之。特檄。①

【注释】

[1]砦：通"寨"。[2]军门：军营。[3]欺罔：欺骗，蒙蔽。[4]幺麿：微不足道的人；小人。

【简析】

乾隆三十五年（1770年）三月十四日，从老官屯来4人，持头目布拉诺尔塔所发蒲叶缅文来至虎踞关，要求将投诚中国的木邦、蛮暮、猛拱3地的土司放还缅甸。清廷以阿桂名义发布檄谕，拒绝缅甸无理要求，怒斥缅甸背信并扣留中方递送檄谕的使者苏尔相的行为，要求缅方迅速放回苏尔相和此前被扣留的其他中国人。

文书基本信息表

文书种类	檄谕	头辞	檄谕老官屯头目诺尔塔知悉
发送者	中国将军阿桂	尾辞	特檄
接受者	老官屯头目诺尔塔	正文文体	
纪年标准	中国纪年：乾隆三十五年	正文内容	怒斥缅甸要求
语言种类	古代汉语	用典来源	

3. 嘉庆元年（1796年）云南巡抚江兰给缅甸国王檄谕（军机处拟）

云南巡抚为檄知事：照得该国王以今岁恭逢国庆，遣令头目人等敬赍[1]赍到表文、贡物，恳求朝贡进京，经总督部堂勒[2]以该国贡使甫经回国，将此次原赍表文、贡物，仍交来使带回，令该国王俟嘉庆五年再行遣使赴京祝嘏[3]。具奏，蒙大皇帝俯鉴[4]：该国王抒忱效顺，实出至诚，而总督部堂勒新任云、贵，不能仰体大皇帝怀柔至意，率将赍到表文、贡物仍令来使带回，办理错谬。已钦奉谕旨，将勒保革去总督，并交部严加治罪。仍命将办理错误原由传谕该国王知悉。至该国使臣业经遣回，若又令进京朝贡，长途跋涉，未免来往烦劳，特令本抚谕知该国王，应俟嘉庆五年太上皇帝九旬万万寿，再遣使来京祝嘏，以遂瞻就[5]之忱。并特赏该国王绣蟒袍料一件，织金蟒缎一匹，大红片金一匹，大红妆缎一匹，以昭恩赉而示体恤。为此知会该国王，敬谨遵照祗领。须至檄者。②

---

① 《清高宗实录》卷八五九，乾隆三十五年五月庚子条。
② 姚元之：《竹叶亭杂记》卷一，中华书局1982年版，第27页。

【注释】

［1］敂（kòu）关：叩击关门。［2］总督部堂勒：云贵总督勒保。［3］祝嘏：祝福。［4］俯鉴：下察。用于书信或公文中的敬辞。［5］瞻就：原指贤明的君主恩泽施及尤民。后多比喻得近天子。

【简析】

嘉庆元年（1796年），缅甸王以恭逢国庆而遣使朝贡。云南总督勒保以该使臣在上年刚刚进京叩祝为由，遂将原赍表文、贡物令来使带回。嘉庆皇帝得知此事后，以该国地居炎徼，遣使远来，勒保不念使臣跋涉之苦而令其折回，实为办理错谬。清廷以此为由，革去勒保总督之职务，并命军机大臣以云南巡抚江兰名义发给缅甸国王檄谕，通报事件的来龙去脉。

文书基本信息表

文书种类	檄谕	头辞	云南巡抚为檄知事
发送者	云南巡抚江兰	尾辞	须至檄者
接受者	缅甸国王	正文文体	
纪年标准	中国纪年：嘉庆元年	正文内容	解释中方不接受缅使朝贡的原因
语言种类	古代汉语	用典来源	

（三）南掌

1. 乾隆四十六年（1781年）福康安发给南掌檄谕（军机处拟）

该国远居边外，尔先王倾诚向化，始通职贡[1]。数十年以来，极为恭顺。兹以例贡届期，该国王感荷大皇帝恩德，遵守父兄训教，敬遣使臣，奉表恭进。并于例贡驯象二只之外，另具庆祝大皇帝万寿表文，加贡驯象二只。现据云南沿边地方文武官禀报，业已入境，足见尔国之遵奉天朝，恪敬肫诚[2]，允堪嘉尚，本部堂当为据情转奏。此外另有该国王咨呈本部堂公文一件，并咨呈礼部公文一件，内称该国被交趾等处劫掠，因无抵敌器具，是以于贡象之外，又备象一只，恳求本部堂转奏大皇帝，赏给炮位、匠役，并马、骡、驴、羊等物前来。仰惟大皇帝抚驭中外，一视同仁，向来赏赉属国，鉴其臣服小心，靡不从优颁赐，原亦无待恳求。至炮位乃攻战器具，从无给与外藩之例。况交趾与尔国同系天朝属国，设使交趾因与尔国交争，恳赏炮位，天朝岂肯允准给与，资其攻斗之具乎？该国王与交趾自应共矢恭顺，恪守疆界，和协邻封[3]，仰体大皇帝如天好生之德，爱养百姓，保固疆宇，自不致有争斗之事。若不遵天朝德教，残暴民人，势必见轻于邻邦，自取凌侮，虽有炮位，无足恃也。本部堂特以正理告尔国王，所有恳赏炮位、匠役之处，未便据情转奏。咨呈礼部公文一角，亦不便为转达，仍行寄还。至象只，尔国视为难得，天朝本不缺少。所进贡象四只,系向来例之所有者,当为尔国解送京师,奏明大皇帝,以见尔国王之恭顺。其另备余象一只,即交先行遣回之先目人等带还该国,仍令地方官及沿边土司人等照料出境,该国可即收明。至使臣带来致送本部堂牙锦[4]等物,备承国王厚意,即如收受无异,仍俱璧还,亦交先行遣回之先目等带回。该国既需马、骡、驴、羊等物,本部堂仰体大皇帝怀柔至意,于向例之外,酌量加增,俟使臣事竣回国时,给与带往。尔国王尚其畏威怀德,愈励茞忱[5],绥靖边黎,以期永受大皇帝怙冒[6]深仁,常守屏藩之任。本部堂职在封圻[7],亦有厚幸。①

【注释】

[1]职贡:上贡赋税。[2]胙诚:诚挚。[3]邻封:邻国。[4]牙锦:小锦。[5]茞忱:忠诚。[6]怙冒:广被。[7]封圻:封畿,疆土。

【简析】

乾隆四十六年(1781年),南掌例行进贡的同时向福康安、礼部分别呈递咨文,因与安南交战,请清廷赏给炮位、匠役以及马、骡、驴、羊。清廷以福康安名义檄谕南掌,说明清廷对安南与南掌的争端采取中立态度,因而拒绝南掌提出的赏给炮位、匠役的请求。但出于对南掌的恩赐,加赏马、骡、驴、羊等物。另外,退还南掌例贡象只之外的备贡象1只以及赠送福康安的礼物。

文书基本信息表

文书种类	檄谕	头辞	
发送者	中国福康安	尾辞	
接受者	南掌国王	正文文体	
纪年标准	中国纪年:乾隆四十六年	正文内容	答复南掌要求
语言种类	古代汉语	用典来源	

四、札付例析

1. 顺治十六年(1659年)洪承畴饬缅王送出永历札付(稿)

钦命经略湖广、江西、广西、云南、贵州等处地方总督军务兼理粮饷太傅兼太子太师,兵部尚书,都察院右副都御使,武英殿大学士洪,奉皇帝特谕,札付缅甸军民宣慰使司。照得明运告终,草寇蜂起,逆贼张献忠流毒楚、豫、粤、蜀,屠戮几无噍类[1],实为祸首。旋致闯贼李自成同时煽乱,破坏明室。我皇上原欲与故明讲和,相安无事。惟因明

---

① 《清高宗实录》卷一一三七,乾隆四十六年七月乙丑条。

祚沦亡，生民涂炭，不忍置之膜外[2]，乃顺天应人，歼灭群凶，复故明之仇，雪普天之恨。不两年间，统一区宇，臣服中外，殊方绝俗，罔不慕义向风，梯航稽首。惟献贼遗孽李定国自知罪恶滔天，神人共愤，鼠窜云南，假借永历伪号，蛊惑愚民。不知定国既已破坏明朝全盛之天下，安肯复扶明朝疏远之宗支，不过挟制以自专，实图乘衅而自立，横肆暴虐，荼毒生灵，汉土民人，肝脑涂地，实难堪命。我皇上乘龙御天，已庆万国之攸同，岂忍一方之所失。爰整六师[3]，扫除寇氛，救民水火，用全中国版图。至于徼外邦隅，素敬事大之诚，俱在怀柔之内。自弘绥育[4]，决无戕害。兹惟定国闻风先遁，暂逭[5]天诛，如容纳无人，则驻足无地，坐毙指日。有能擒缚解献，则奇功伟绩，立奏上闻，优加爵赏，传之子孙。倘或不审时势，有昧事机，匿留中国罪人，不惟自贻虎狼吞噬之患，我大兵除恶务尽，势必寻踪追剿，直捣渊薮，彼时玉石难分，后悔无及。至闻永历随沐天波避入缅境，想永历为故明宗枝，群逆破坏明室，义不共天，乃为其挟制簸弄，势非得已。今我皇上除李自成、张献忠、李定国，为明复不世之仇，永历若知感德，及时归命，必荷皇恩，仿古三恪[6]，受福无穷。若永历与天波执迷不悟，该宣慰司历事中朝，明权达变，审顺逆之机，早为送出，当照擒逆之功，不靳封赏。不然，留匿一人，累及合属疆土，智者必不为也。安危利害，止争呼吸。本阁部钦遵上谕，备达机宜，惟该宣慰司实输诚悃，即速具报，以明归附。须至札付者。①

【注释】

[1]几无噍类：几乎无人生存。噍类：指能吃东西的动物，特指活人。[2]置之膜外：置之身外。[3]爰整六师：整顿军备。[4]自弘绥育：抚育万物，顺其自然。[5]逭：逃亡。[6]仿古三恪：模仿古代的三恪制度。三恪之制是一种优待前朝帝王之制。周朝新立，封前代三王朝的子孙，给以王侯名号，称三恪，以示敬重。

【简析】

顺治十六年（1659年）九月，洪承畴奉清朝皇帝特谕以札付形式致书缅甸军民宣慰使司，要求缅甸主动交出流亡缅甸的南明永历帝朱由榔和沐天波。在札付中，清廷继承明代对西南边疆地区"三宣六慰"的区划，依然把缅甸地区称作"宣慰使司"。

顺治十八年（1661年）五月二十三日，缅甸国王的弟弟莽白在廷臣支持下发动宫廷政变，处死老国王，自立为王。顺治十八年（1661年）七月十九日，流亡缅甸的南明官员被要求前往者梗之睹波焰塔准备饮咒水盟誓。南明官员到达塔下即被缅兵3000人屠杀。缅军随即突入永历君臣住所搜掠财物、女子，软禁永历帝。

顺治十七年（1660年）八月，在平西王吴三桂的请求下，清廷决定出兵缅甸，迫使其交出明永历皇帝。顺治十八年（1661年）四月，爱星阿军至贵阳，喂马10天后向云南进发。八月二十四日，吴三桂、爱星阿部署满、汉兵由昆明分两路西进。十一月初九日，吴三桂所遣总兵马宁、副都统石国柱以及降将祁三升、马宝、高启隆、马惟兴等由姚关推进到木邦。吴三桂、爱星阿致书缅甸国王，要求交出永历君臣。顺治十八年（1661年）

---

① 故宫博物院文献馆编《文献丛编》，民国十九至三十二年（1930—1943）排印本。

十二月初一日，清军迫近缅甸阿瓦，缅甸国王决定送出朱由榔父子。康熙元年（1662年）三月十日，清廷将朱由榔被俘之事诏告天下，同日，朱由榔和眷属被押回昆明。四月二十五日，朱由榔被处死于昆明。

文书基本信息表

文书种类	札付	头辞	钦命经略……札付缅甸军民宣慰使司
发送者	中国洪承畴	尾辞	须至札付者
接受者	缅甸军民宣慰使司	正文文体	
纪年标准	中国纪年：顺治十六年	正文内容	要求缅甸缚送永历帝
语言种类	古代汉语	用典来源	

第二节 中国与东南亚国家朝贡上行文书研究

一、表文例析

（一）暹罗

1. 康熙三年（1664年）暹罗国王进贡金叶表文

暹罗国王臣森列拍腊照古龙拍腊马嘽陆坤司由提呀菩埃诚惶诚恐，稽首，谨奏大清皇帝陛下：伏以新君御世，普照中天，四海沾缾幪[1]之德，万方被教化之恩。卑国[2]久荷天朝恩渥，未倾葵藿[3]之心。今特躬诚朝贡，敢效输款。敬差正贡使握坤司呇喇耶低迈礼、副贡使握坤心勿吞瓦替、三贡使握坤司刺博瓦绨、大通事揭帝典、办事等臣，梯航渡海，赍奏金叶表文、方物、译书一道，前至广省，差官伴送京师进献，用伸拜舞[4]之诚，恪尽远臣之职。伏冀俯垂[5]，宽宥[6]不恭。微臣瞻天仰圣，曷胜屏营之至。谨具表称奏以闻。①

【注释】

[1]缾幪（píng méng）：本指帐幕。后亦引申为覆盖；庇荫，庇护。[2]卑国：卑下国家。[3]葵藿：葵、藿等草具有向日特征。古人多用以比喻下对上的赤心趋向。[4]拜舞：跪拜与舞蹈。古代朝拜的礼节。[5]俯垂：敬辞。上级垂念。[6]宽宥：宽恕。

---

① 《清圣祖实录》卷一四，康熙四年二月壬申条。另见梁廷枏《海国四说》，《粤道贡国说》卷一，暹罗国一，中华书局1993年版，第175—176页。

【简析】

康熙三年（1664年），暹罗呈递入贡清廷的表文。暹罗第三贡使在赴京途中于康熙三年（1664年）十二月病逝于江西。

此表文中的暹罗国王名字的汉字译音长达19个字。正副使、第三贡使、通事的名字也为汉字译音。这些译音不完全是本人姓名，而是包含了官职、爵位等。20世纪70年代末，《清史稿》的校注者王钟翰曾经为把这些暹罗人的汉字姓名回译为暹罗语，前往北京大学东语系请教，专家回答这些是300年前所用汉字译音的暹罗字，已难以还原成暹罗语了①。

文书基本信息表

文书种类	表文	头辞	暹罗国王臣森列拍腊照古龙拍腊马嗲陆坤司由提呀菩埃诚惶诚恐，稽首，谨奏大清皇帝陛下
发送者	暹罗国王森列拍腊照古龙拍腊马嗲陆坤司由提呀菩埃	尾辞	谨具表称奏以闻
接受者	中国康熙皇帝	正文文体	骈文体
纪年标准	中国纪年：康熙三年	正文内容	进贡
语言种类	古代汉语译文	用典来源	

2. 康熙十二年（1673年）暹罗国王进贡金叶表文

暹罗国王臣森列拍腊照古龙拍腊马嗲陆坤司由提呀菩埃诚欢诚忭，稽首顿首，启奏大清皇帝陛下：伏以天生圣君，嗣登宝位；刚明果断，国治民安；声闻海外，泽及诸彝[1]。卑国[2]世荷皇恩，微臣继袭践祚[3]，远沾九重德化，莫能瞻仰天颜。幸遇贡期，敢效输款。尚差[4]正贡使臣握坤司吝喇耶低迈礼、二贡使臣握坤司殊噶剌耶西、三贡使臣握坤押派瓦耻、通官握坤心物迈知理揭帝典、办事文司叨申理嗲等，梯航渡海，赍捧金叶表文、方物、译书，前至广省，差官伴送京师，朝贡进献，代伸拜舞[5]之诚，恪尽远臣之职。恭祝皇图永固，帝寿遐昌[6]。伏冀俯垂[7]鉴纳[8]，庶存怀远之义。微臣遵旨再陈：明季旧颁敕、银印，卑国以凭进京朝贡。前因宫殿火煨烬[9]无存，今进京朝贡，无可为凭。微臣以表文内不敢琐渎[10]，委握耶大库具文，呈部转奏。圣旨特赐敕、银印，以便进京奉贡。康熙九年三月内，贡使回国，礼部奉旨咨文到暹罗。内开：使臣具表题请，伏望圣恩颁赐敕、印，以光属国，庶朝贡有凭。按古例，贡船三只到广，贡使捧表进京朝贡，其船置办国需，随泛回国，庶臣早知圣体兴隆，于次年再至广省迎接圣敕回国。伏乞谕旨，赐依古例，特敕礼部行文广省各衙门遵照施行。微臣不胜瞻天仰圣，欢忭踊跃之至。谨具表朝贡

---

① 《王钟翰学述》，浙江人民出版社1999年版，第229页。

以闻。①

【注释】

[1]诸彝:诸夷。彝:清代"夷"的避讳替代字。[2]卑国:卑下国家。[3]践祚:即位;登基。[4]尚差:专门差遣。尚:通"专"。[5]拜舞:跪拜与舞蹈。古代朝拜的礼节。[6]遐昌:久盛不衰。[7]俯垂:敬辞。上级垂念。[8]鉴纳:鉴赏收纳。[9]煨烬:经焚烧而化为灰烬。[10]琐渎:琐琐絮聒而渎犯对方。

【简析】

康熙十二年(1673年),暹罗遣使呈递进贡表文并要求颁赐敕谕、王印。除此而外,暹罗提出依照古例,应允许其两次派船前往广州:第一次派船为运送贡使,到达广州后,船只置办需后返回;第二年再派船前往广州,接回完成朝贡任务的贡使。两次派船来华,目的在于尽量获得来华贸易的机会。

文书基本信息表

文书种类	表文	头辞	暹罗国王臣森列拍腊照古龙拍腊马嘹陆坤司由提呀菩埃诚欢诚忭,稽首顿首,启奏大清皇帝陛下
发送者	暹罗国王森列拍腊照古龙拍腊马嘹陆坤司由提呀菩埃	尾辞	谨具表朝贡以闻
接受者	中国康熙皇帝	正文文体	骈文体
纪年标准	中国纪年:康熙十二年	正文内容	进贡并请求颁敕、王印
语言种类	古代汉语译文	用典来源	

3. 康熙二十三年(1684年)暹罗国王进贡表文

启奏大清国皇帝陛下:伏以圣明垂统[1],继天立极[2]。无为而治,德教孚施[3]万国;不动而化[4],风雅泽及诸彝[5]。巍巍莫则,荡荡难名[6]。卑国[7]世荷皇恩,久沾德化,微臣继袭践祚[8],身属遐方,莫能仰瞻天颜。幸遇贡期,敢效输款,尚遣[9]正贡使坤宇述列瓦提、二贡使臣坤巴实提瓦抒、三贡使臣坤司吝塔瓦喳、正通事坤思吝塔披彩、办事文司披述嗒新礼呼等,梯航渡海,赍捧金叶表文、方物、译书,前至广省,差官伴送京师,朝贡进献,代伸拜舞[10]之诚,恪尽臣子之职。恭祝皇图巩固,帝寿遐昌[11]。伏冀俯垂[12]鉴纳[13],庶存怀远之义。微臣瞻天仰圣,不胜屏营之至。②

---

① 《海国四说》,《粤道贡国说》卷一,暹罗国一,中华书局1993年版,第177—178页。
② 王士祯:《池北偶谈》卷四,谈故四,暹罗表,中华书局1982年版,第87页。

【注释】

[1]垂统：把基业流传下去。多指皇位的承袭。[2]继天立极：继承天子之位。[3]德教孚施：施行道德教化。[4]不动而化：自动教化。[5]诸彝：诸夷。[6]巍巍莫则，荡荡难名：功业太伟大以致无人能效法，布德广远以致百姓无法形容。《论语·泰伯第八》："子曰：'大哉！尧之为君也！巍巍乎，唯天为大，唯尧则之。荡荡乎，民无能名焉。巍巍乎其有成功也，焕乎其有文章！'"[7]卑国：卑下国家。自谦之词。[8]践祚：即位。[9]岜遣：专门差遣。[10]拜舞：跪拜与舞蹈。古代朝拜的礼节。[11]遐昌：久盛不衰。[12]俯垂：敬辞。上级垂念。[13]鉴纳：鉴赏收纳。

【简析】

康熙二十三年（1684年），暹罗国王向清廷呈递例行进贡表文。

文书基本信息表

文书种类	表文	头辞	启奏大清国皇帝陛下
发送者	暹罗国王	尾辞	
接受者	中国康熙皇帝	正文文体	骈文体
纪年标准	中国纪年：康熙二十三年	正文内容	例行进贡
语言种类	古代汉语译文	用典来源	《论语》

4. 雍正十三年（1735年）暹罗国王参立拍照广拍马嘑陆坤司由提呀菩埃进贡表文

暹罗国王臣参立拍照广拍马嘑陆坤司由提呀菩埃谨奏：为贡献方物以修臣职事。伏以圣世雍和[1]，万方咸披化日[2]；洪仁普博[3]，千秋永戴殊恩。中外虽分，覆载无异。臣甫践藩封，输诚入贡。前蒙圣慈垂念，远隔重样，赍送不易，嗣后速香、洋布等免进，共十件，内宫亦如所免。敕命煌煌，永著为例。仍又格外加恩，钦赐匾额、奇珍、驼、马、骡、驴，且准使等观光上国，恩赏国帑千金，举国颂圣德于无疆。邻封[4]闻特眷之大典，涓埃莫报，刻骨难酬。臣远处遐方，不能躬亲叩阙，特遣朗三立哇提为正贡使，朗曝理哇振为副使，坤史璘㕧者哪为三贡使，坤新黎嘑吕为通事，柯汉文备迗迈底为办事，赍金叶表文，代伸拜舞，恭祝皇图永固，圣寿无疆。外有衷曲[5]未敢擅陈，令昭丕雅大库呈明大部，恳为转奏。万有意外之事，亦令使等呈明并面圣时奏达宸聪[6]。忖[7]狷庸[8]属国得以瓦全，皆籍皇仁高厚，万里拜瞻。伏望睿鉴。臣临表不胜诚惶诚恐之至。

恭进御前方物：驯象一只，龙涎香一斤，上沉香二斤，幼镙石一斤，犀角三对，象牙三百斤，豆蔻三百斤，藤黄三百斤，降香三百斤，大枫子三百斤，乌木三百斤，苏木三千斤，荜拨一百斤，土桂皮一百斤，树胶香一百斤，儿茶皮一百斤，樟脑一百斤，上檀香一百斤，硫磺一百斤，翠鸟皮六百张，孔雀尾十屏，阔红布十匹，大荷兰毯二领，上冰片一斤，中冰片二斤，冰片油二十瓢，蔷薇露六十罐。恭进内宫前方物：龙涎香八两，沉香一斤，幼镙石八斤，犀角三个，象牙一百五十斤，豆蔻一百五十斤，藤黄一百五十斤，降香一百五十斤，大枫子一百五十斤，乌木一百五十斤，苏木一千五百斤，荜拨五十斤，土桂皮五十斤，树胶香五十斤，儿茶皮五十斤，樟脑五十斤，上檀香五十斤，硫磺五十斤，翠鸟皮三百张，孔雀尾五屏，阔红布五匹，大荷兰毯一领，上冰片八两，中冰片一斤，冰片油十瓢，蔷薇露三十罐。

雍正十三年闰四月 日奏。

乾隆元年五月二十四日奉旨：览王奏。遣使航海远来进贡方物，具见悃诚。知道了。该部知道。①

【注释】

[1]雍和：融洽；和睦。[2]化日：太阳光。[3]普博：广阔。[4]邻封：邻国。[5]衷曲：内中隐秘之处。[6]宸聪：皇帝的听闻。[7]忖：思量；推测。[8]猥庸：又作庸猥。庸鄙。

【简析】

雍正十三年（1735年），暹罗国王遣使呈递表文，进贡清廷。表文内感谢清廷减免贡物种类并赠送暹罗驼、马、驴、骡等。

文书基本信息表

文书种类	表文	头辞	暹罗国王臣参立拍照广拍马嘪陆坤司由提呀菩埃谨奏
发送者	暹罗国王参立拍照广拍马嘪陆坤司由提呀菩埃	尾辞	臣临表不胜诚惶诚恐之至
接受者	中国雍正皇帝	正文文体	骈文体
纪年标准	中国纪年：雍正十三年	正文内容	谢免贡物、赐物并例行进贡
语言种类	古代汉语	用典来源	

5. 乾隆十三年（1748年）暹罗国王进贡表文

窃谓循礼报忠，朝廷之巨典；献琛修职，臣子之微忱。恭惟皇帝陛下英明神圣，文武睿聪。帝德高深，鸿功弥于宇宙；皇仁溥博，恩泽遍及沧溟。是数百代太平天子，千万载挺出神灵。八灵宾服，四海来王。缘以暹区荒陬僻壤，弯处[1]四陲，久荷骈幪[2]，恩永覆载。恭遵圣祖仁皇帝承天御极以来，百有余载；历奉世宗宪皇帝天朝正朔久矣，恭顺向化。钦遵复思浩荡，圣德昭明。每怀唧结[3]之忱，时切涓埃之报。缘以梯山航海，阻隔重险波涛。原于乙卯岁[4]，臣等已经遣贡使人员虔修贡仪、勘合，深入重洋，上贡龙天凤阙。深蒙皇恩宠贶，藩锡下颁。臣等远处天南，遥瞻北阙，叩谢天恩，俾弹丸蕞尔微邦，

---

① 李光涛：《明清档案存真选辑》三集，台湾"中研院"史语所，1975年，第166—167页。

咸沾圣朝雨露，汗颜感激无地。遥想历代相沿，例应朝贡，躬修厥职，少展葵忱。兹以戊辰岁[5]，臣敬合造正副贡船二艘，遣朗呵派呱提为正贡使，朗扒里千叨耶为副贡使，坤申尼嘩备郎为三贡使，坤乐七呱喳迈墀呱增为通事，文勃集纳备问为办事，大小贡使人员，虔赍方物、勘合到粤奉贡皇朝，凛遵国典。物愧不丰，聊由芹献。俯叩宸聪[6]睿鉴，优加抚恤，格外垂仁。怜其荒陬顽蠢，未谙上国规仪。仰冀圣明，日月乾坤，帝德渊涵[7]，俾贡使人员得趁早潮，顺帆回国。其高厚恩泽，下逮边疆之功，永垂奕祀[8]矣。臣虽处天南，只有瞻天仰圣，祝我清之皇图巩固，帝道遐昌[9]，金瓯永奠，玉烛[10]常调。臣等下情不胜悚栗，无任瞻依之至。

恭进御前方物：驯象二只，龙涎香一斤，犀角六颗，沉香二斤，象牙三百斤，降真香三百斤，土璇石十一两二钱，大枫子三百斤，豆蔻三百斤，苏木三千斤，藤黄三百斤，胡椒花一百斤，桂皮三百斤，乌木三百斤，栈仆一百斤，齿舌皮一百斤，樟脑一百斤，檀香一百斤，硫磺一百斤，翠毛六百张，孔雀尾十屏，上冰片一斤，冰片二斤，冰片油二十瓢，红布幔十匹，贺南毯二领，共二十六件。恭进宫内方物：龙涎香半斤，沉香一斤，土璇石四两八钱，犀角三颗，象牙一百五十斤，大枫子一百五十斤，藤黄一百五十斤，降真香一百五十斤，苏木一千五百斤，乌木一百五十斤，桂皮一百五十斤，豆蔻一百五十斤，齿舌皮五十斤，樟脑五十斤，硫磺五十斤，栈仆五十斤，孔雀尾五屏，檀香五十斤，上冰片半斤，翠毛三百张，胡椒花五十斤，冰片一斤，冰片油十瓢，红布幔五匹，贺南毯一领，共二十五件。

乾隆十三年四月奏。

乾隆十四年七月十六日奉旨：览王奏。遣使航海远来进贡方物，具见悃诚。知道了。该部知道。①

【注释】

[1]窎(diào)处：处在边远的地方。[2]帡幪：本指帐幕。后亦引申为覆盖；庇荫，庇护。[3]啣结：通"衔结"。衔环结草。比喻报恩。[4]乙卯岁：雍正十三年（1735年）。[5]戊辰岁：乾隆十三年（1748年）。[6]宸聪：皇帝的听闻。[7]渊涵：包容，深涵。[8]奕祀：世代，代代。[9]遐昌：久盛不衰。[10]玉烛：四时之气和畅。形容太平盛世。

【简析】

乾隆十三年（1748年）闰七月，暹罗进贡使团到达广东。次年六月到达北京。为嘉奖暹罗国王的进贡，乾隆帝赐"炎服屏藩"匾额给暹罗。

---

① 李光涛：《记清代的暹罗国表文》，《明清档案论文集》，台北联经出版事业公司1986年版，第1011—1012页。

文书基本信息表

文书种类	表文	头辞	
发送者	暹罗国王	尾辞	臣等下情不胜悚栗，无任瞻依之至
接受者	中国乾隆皇帝	正文文体	骈文体
纪年标准	中国纪年：乾隆十三年	正文内容	例行进贡
语言种类	古代汉语	用典来源	

6. 乾隆二十六年（1761年）暹罗国王进贡表文

暹罗国王臣森密拍照广勒拍马嘑陆坤司尤提雅普埃谨奏：为贡献方物以修臣职事。窃谓循礼效忠，朝廷之巨典；献琛供职，臣子之微忱。恭惟天朝皇帝陛下道参孔孟，德并唐虞。神威镇山河，正一元而奠六合；圣明同日月，茌中国而抚四夷。是数百代太平天子，亿万载挺出神灵。稽古二帝三王，历代圣贤，或疆宇未丰，犹俟车书之一统；或人民之未席[1]，常鲜玉帛之来同。未有我天朝圣清皇帝，承袭光烈，寅绍[2]丕基[3]，炎服九州，扶绥万国。登苍生于衽席[4]之上，物阜民安；跻宇内于春台之中，河清海晏。是诚覆载无私，华夏咸濡[5]者也。臣暹区荒陬僻壤，阻隔重洋，自臣世代以来，恭顺输诚，倾心向化，历奉天朝正朔，钦沐化育深仁，沦浃肌肤，镂铭万世。屡遣使臣入贡，俱蒙列圣洪慈，念臣远邦纳款，航海抒诚，深荷圣恩格外怀柔，不限贡期，臣承此天高地厚深恩，毕生难酬万一。惟有铭记国史，以志圣朝加恩属国。臣身在天南，心倾朝北。原于丙子年[6]经遣使臣郎嵩统呵沛等，虔赍金叶表文、勘合，入贡天朝。复送原颁旧篆[7]，赴部缴销。深蒙圣德如天，恩膏匝地[8]。颁赏倍加，仙锦奇珍，不啻天家花翠；新赐御篆，龙文凤彩，无异云汉天章[9]。臣率举国臣工郊迎天诏，崇奉金台。切念受此殊恩浩荡，亘古稀闻。兹于辛巳年[10]，特遣朗备彩呱提为贡使，朗扒里呵沛为副贡使，坤加叻耶备扒为三贡使，文扒里申尼嘑为四贡使，坤备集勃千纳、王国政为通事，文武使臣人等，恭赍金叶表文、驯象、方物，航海赴粤，入贡天朝皇帝御前，聊表片诚，厥修臣职。自愧国僻乏仪，少效野人芹献。亵渎之愆，仰恳圣慈宽宥，天量汪涵，恩赐使臣得觐天颜，代申拜舞。恭祝圣母万寿，如天久照，应地无疆。伏愿天朝皇帝万年，金瓯永固，玉烛[11]常调。俾天南末国，永沾圣朝雨露之栽培。臣等感激下情，无任瞻依之至。谨奉丹表[12]奏闻。

乾隆二十六年五月 日，上表跪进。①

【注释】

[1]未席：没有过上安居、太平的日子。[2]寅绍：敬承。[3]丕基：巨大的基业。[4]衽席：床褥与莞簟。借指太平安居的生活。[5]咸濡：共同润泽。[6]丙子年：乾隆二十一年（1756年）。[7]旧篆：

---

① 李光涛：《记清代的暹罗国表文》，《明清档案论文集》，台北联经出版事业公司1986年版，第1016—1017页。

指清廷在乾隆印制改革前颁发给暹罗国王的王印。[8]匝地：遍地，满地。[9]云汉天章：银河与天上日月星辰。比喻非凡的文采。《诗·大雅·棫朴》："倬彼云汉，为章于天。"[10]辛巳年：乾隆二十六年（1761年）。[11]玉烛：四时之气和畅。形容太平盛世。[12]丹表：表达忠心的表文。

【简析】

乾隆二十六年（1761年），暹罗国王递送表文进贡清廷。这一时期，缅甸入侵暹罗，阿瑜陀耶城受到缅军围攻。

这一暹罗国进贡表文的汉译表文原件是从8000麻袋内阁大库档案中检出，与其他文件封装在两件大箱内，被储存于北平北海公园内之蚕坛。后因战乱多次迁徙，在1947年从北平最终运到南京时，两大箱已被分成数小箱包装。对原物清点时，许多文件已经散失，其中就包括这件暹罗国表文。整理这批档案人员之一的李光涛评论说："不意于15万斤烂字纸中整理出来之后竟又重遭遗失，这真是一件痛心的事。所幸当初录有副本，故原件虽不能现，但副本所录史料尚可充分利用，也算一点安慰。"①

文书基本信息表

文书种类	表文	头辞	暹罗国王臣森密拍照广勒拍马嘑陆坤司尤提雅普埃谨奏
发送者	暹罗国王臣森密拍照广勒拍马嘑陆坤司尤提雅普埃	尾辞	臣等感激下情，无任瞻依之至。谨奉丹表奏闻
接受者	中国乾隆皇帝	正文文体	骈文体
纪年标准	中国纪年：乾隆二十六年	正文内容	例行进贡
语言种类	古代汉语	用典来源	《诗经》

7. 乾隆四十六年（1781年）暹罗国长郑信进贡表文

暹罗国长郑昭叩首，上贡大皇帝陛下万岁万岁万万岁。伏以赫赫天朝，万国悦贡；巍巍圣德，八方被泽。至暹罗尤荷荣宠，历受藩封，是以代代供贡，不敢少怠。自遭缅匪之后，昭虽复土报仇，奈求诏裔无人，以致贡典久疏，兹群吏黎庶既已推昭为长，理合遵例朝贡，但初定之邦，府库未充，兼昭生长海隅，不谙大典，贡礼诚难合式，俯思皇恩广荡，必沾涵育[1]。昭不胜惶恐感戴之至。

虔备金表一张；公象一只；母象一只；沉香，外二斤，内一斤，共三斤；龙涎香，外一斤，内八两，共一斤八两；金刚钻，外七两，内三两，共十两；西洋毯，外二领，内一领，共三领；孔雀尾，外十屏，内五屏，共十五屏；翠皮，外六百张，内三百张，共九百张；象牙，外三百斤，内一百五十斤，共四百五十斤；犀角，外六个，内三个，共九个；

---

① 李光涛：《记清代的暹罗国表文》，《明清档案论文集》，台北联经出版事业公司1986年版，第1011页。

降真香，外一百斤，内五十斤，共一百五十斤；檀香，外一百斤，内五十斤，共一百五十斤；白胶香，外一百斤，内五十斤，共一百五十斤；樟脑，外一百斤，内五十斤，共一百五十斤；荜拨，外一百斤，内五十斤，共一百五十斤；白豆蔻，外三百斤，内一百五十斤，共四百五十斤；藤黄，外三百斤，内一百五十斤，共四百五十斤；大枫子，外三百斤，内一百五十斤，共四百五十斤；乌木，外三百斤，内一百五十斤，共四百五十斤；桂皮，外一百斤，内五十斤，共一百五十斤；甘蜜皮，外一百斤，内五十斤，共一百五十斤；苏木，外三十担，内十五担，共四十五担。

特差贡使丕雅逊吞亚排那突、朗丕彩悉呢霞喔抚突、朗拔察那丕汶知突、丕匹浈遮办事，匍赴金阙^[2]恭进，屡沐天恩。柰暹土初定，无以为报，除正贡物外，另敬备公象一只，犀角一担，象牙一百担，洋锡三百担，藤黄一百担，胡椒三千担，苏木一万担。本诚心欲一进献，惟恐有碍越例之愆，是以不敢列入贡单之内，恳蒙容纳俯伏上进，昭不胜感激。冒呈。

乾隆四十六年五月二十六日^①

【注释】

[1]涵育：涵养化育。[2]金阙：天子所居的宫阙。

【简析】

乾隆四十六年（1781年），郑信首次也是最后一次向清廷呈递进贡中国的表文。这一汉译表文（见图5.2）横100厘米，纵24.5厘米，现藏台北故宫博物院。

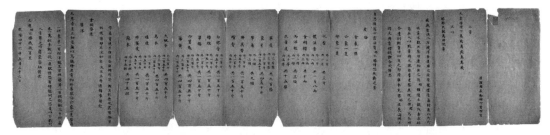

图5.2 乾隆四十六年（1781年）暹罗国长郑信汉译表文底稿

郑信这一表文的暹字文本至今仍存暹廷尚书室存档内，泰国艺术厅1964年进行了公布，许云樵教授曾译出汉文如下：

> 维佛历二三二四年，小历一一四五年，驮那补利朝入朝中国勘合表文云：室利阿蹂陀耶大城国之胜利君主，念及与北京朝廷之邦交，乃敕正使丕耶孙陀罗阿沛、副使銮毗阁耶婆尼诃、三使銮婆遮那毗摩罗、通事坤婆遮那毗支多罗、办事万毗毗陀伐遮，敬具金叶表文及方物，牡象一头，牝象一头，共计两头，循旧例前来进贡于大清国大皇帝陛下。

---

① 《明清史料》庚编，第539页。

一、室利阿蹱陀耶国请进一言，正使丕耶孙陀罗阿沛返国申诉，谓北京之职官抚院前次曾勒令缴交接纳贡品税，计银三十斤，凡此大清国大皇帝陛下知否，其品德为如何乎？此室利阿蹱陀耶国所欲进禀者一也。

一、室利阿蹱陀耶国大小使臣前此赍贡品出发，辄遭幽禁于京都下链之屋内，不得游览。凡此大清国大皇帝陛下得知否，恐或有枉法之外，此室利阿蹱陀耶国所欲进禀者一也。

一、泰国新胜利君主尝遣使出发，总督抚院不使大小使臣乘泰国原船返国，勒令乘坐中国船归航；大小使臣泣诉亦不听，反令使胥索银四片，谓为受诉费，大清国大皇帝陛下知否？此室利阿蹱陀耶国所欲进禀者一也。

一、泰国攻略疆土，获哀夷战俘，别有名单，前曾解送晋京，若辈在泰国皆有定在，而中国置之不理，且已不拟再与缅甸构兵矣，则恳开恩将该哀夷人等释归，勿弃置不顾。

一、室利阿蹱陀耶国送归为风飘往泰国之中国渔夫三十五名，尝予以银钱、布匹、鱼米、膳食等，每次计银一仃，白米三十五桶，每桶值银一铢，共计银八两三铢，合计银一斤八两三铢。一次滇军为缅所破，缅执送囚禁，泰军往讨得之，凡一十九名，获送至北京，费银钱、布匹、鱼米、膳食等，计开：银一斤十二两，衣袴每人一套，每套值银一铢二两，计银七两二钱；白米十九桶，每桶一铢，计银四两三铢，合计银二斤三两三铢二钱。又一次三名，计银九两，衣袴每人一套，每套一铢二钱，计银一两三钱；白米三桶，每桶一铢，计银三铢，合钱十两三铢二钱。总计三条，共计银四斤三两二铢。大清国大皇帝陛下知否？此数乃室利阿蹱陀耶国群奉献北京朝廷，以资修好者。

一、泰国拟重建新都，乞免货船抽分三次，每次三艘。倘中国皇帝准许，室利阿蹱陀耶国即备船载白米、苏枋，并其他货品，出发前往，计广州一艘，宁波一艘，厦门一艘，发售其货，以易非禁品之砖石，每地一艘，一也。

一、乞于中国雇伙长驾泰国货船前往日本装载铜斤二船，一也。

一、室利阿蹱陀耶国奉献贡外之贡于大清国大皇帝陛下以示敦睦，计开：苏枋一万担，象牙一百担，锡三百担，犀角一担，藤黄一百担，胡椒三千担，牡象一头，希大清国大皇帝陛下哂纳。

昔勘合例盖驼纽印，此番遍觅该驼纽印不得，暂盖象首印为凭。①

对比暹语表文和汉译表文，不仅内容有所差异，而且格式、语气也大相径庭。郑信的暹罗语表文是以平等口气书写，虽有"进贡"一词，但也有"修好"、"邦交"等类词汇，内容包含控诉、请求贸易、请功等，暹罗语表文纪年采取佛历。郑信的汉语表文显然经过中国官方翻译者润饰加工，使郑信的暹罗语表文表示平等的含义全失。

---

① 《南洋学报》第七卷第一辑，第12页。

第五章 清代中国与暹罗、缅甸、南掌和苏禄往来朝贡文书研究

文书基本信息表

文书种类	表文	头辞	暹罗国长郑信叩首，上贡大皇帝陛下万岁万岁万万岁
发送者	暹罗国长郑信	尾辞	昭不胜惶恐感戴之至
接受者	中国乾隆皇帝	正文文体	骈文体
纪年标准	中国纪年：乾隆四十六年	正文内容	进贡并请求开放贸易
语言种类	古代汉语译文	用典来源	

8. 乾隆四十九年（1784年）暹罗国长郑华求贡表文

暹罗国长郑华叩首叩首，上贡大皇帝陛下万岁万岁万万岁。伏以皇恩浩荡，泽及遐荒；圣德宏敷[1]，光临海隅。念故父[2]任政暹罗，遣使朝贡，业蒙容纳，不胜荣幸。何期更邀隆遇，格外加恩，怀远属国，无微不照，使华感激无地，外报无门。兹华继嗣父业，当续父志。供奉贡典，不敢少忽；聿修厥职，永效忠诚。但华僻处海隅，遐荒粗定，今备方物来朝，贡礼诚难合式。俯思鸿慈，鉴华悃诚，必沾涵育。

兹虔备金叶表文，公象一只，母象一只。龙涎香，外一斤，内八两；金刚钻，外七两，内三两；沉香，外二斤，内一斤；冰片，外三斤，内一斤八两；犀角，外六个，内三个；孔雀尾，外十屏，内五屏；翠皮，外六百张，内三百张；西洋毯，外二张，内一张；西洋红布，外十匹，内五匹；象牙，外三百斤，内一百五十斤；樟脑，外一百斤，内五十斤；降真香，外三百斤，内一百五十斤；白胶香，外一百斤，内五十斤；大枫子，外三百斤，内一百五十斤；乌木，外三百斤，内一百五十斤；白豆蔻，外三百斤，内一百五十斤；荜拨，外一百斤，内五十斤；檀香，外一百斤，内五十斤；甘蜜皮，外一百斤，内五十斤；桂皮，外一百斤，内五十斤；藤黄，外三百斤，内一百五十斤；苏木，外三千斤，内一千五百斤。特差贡使帕史滑里那突、朗喎汶悉呢霞喔抚突、朗拔察那丕汶知突、汶丕匹泞遮办事，匍赴恭进金阙[3]，恳蒙容纳。华不胜感激荣幸之至。冒呈。①

【注释】

[1]宏敷：遍及。[2]故父：已故的父亲。[3]金阙：天子所居的宫阙。

【简析】

乾隆四十九年（1784年），暹罗国王郑华以郑信之子的名义遣使呈递表文进贡。这是曼谷王朝首次尝试与中国建立官方的朝贡关系。不过，由于郑华未经清廷正式册封，其遣使进贡的行为明显不符合清代的朝贡规定。虽然清廷最后特准暹罗使节进京，但要求暹罗

---

① 李光涛：《记清代的暹罗国表文》，《明清档案论文集》，台北联经出版事业公司1986年版，第1021页。

立即呈递请封表文，清廷再依惯例进行册封。

文书基本信息表

文书种类	表文	头辞	暹罗国长郑华叩首叩首，上贡大皇帝陛下万岁万岁万万岁
发送者	暹罗国王郑华	尾辞	华不胜感激荣幸之至。冒呈
接受者	中国乾隆皇帝	正文文体	骈文体
纪年标准	中国纪年：乾隆四十九年	正文内容	请求进贡
语言种类	古代汉语	用典来源	

9. 乾隆五十一年（1786年）暹罗国长郑华请封表文

……（上缺）封，以彰民望；必……（约缺数字）恩恤。是以不避恐惧，虔备方物朝贡。□□□□□雅史滑里逊通那突、帕喝汶悉呢霞喔抚突、朗拔察那丕汶知突、汶丕匹涔遮办事等俑赴金阙[1]。伏恳皇恩敕赠封号，锡予印绶。无疆圣德，弥天极地[2]。沐恩之下，实出外望。犬马之报，当延及于子子孙孙矣。华诚惶诚恐，不胜慄悚，瞻依之至。谨奏。

虔备金叶表文一张（书暹字），公象一只，母象一只。龙涎香，外一斤，内八两；金刚钻，外七两，内三两；沉香，外二斤，内一斤；犀角，外六个，内三个；孔雀尾，外十屏，内五屏；翠皮，外六百张，内三百张；西洋毯，外二张，内一张；西洋红布，外十匹，内五匹；象牙，外三百斤，内一百五十斤；樟脑，外一百斤，内五十斤；降真香，外三百斤，内一百五十斤；白胶香，外一百斤，内五十斤；荜拨，外一百斤，内五十斤；檀香，外一百斤，内五十斤；甘蜜皮，外一百斤，内五十斤；桂皮，外一百斤，内五十斤；藤黄，外三百斤，内一百五十斤；苏木，外三千斤，内一千五百斤。恭进金阙，恳蒙容纳。华不胜感激荣幸之至。冒呈。

乾隆五十一年五月初八日

  奉旨：览国长奏。遣使航海远来进贡方物，具见悃诚。所有请封事宜，著查例具奏。该部知道。原表并发。①

【注释】

[1]金阙：天子所居的宫阙。[2]弥天极地：遍布天空，弥漫大地。

【简析】

乾隆五十一年（1786年），暹罗郑华新政权向清廷正式递交请封表文（见图5.3）。

---

① 李光涛：《记清代的暹罗国表文》，《明清档案论文集》，台北联经出版事业公司1986年版，第1022—1023页。

清廷随后批准暹罗请求，向暹罗国王颁赐诰命、王印。中国与暹罗曼谷王朝正式确立起了朝贡关系。

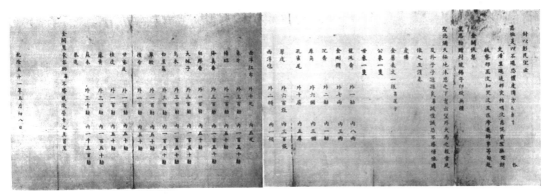

图 5.3 乾隆五十一年（1786 年）暹罗国长郑华请封汉译表文底稿

文书基本信息表

文书种类	表文	头辞	
发送者	暹罗国长郑华	尾辞	谨奏
接受者	中国乾隆皇帝	正文文体	骈文体
纪年标准	中国纪年：乾隆五十一年	正文内容	请求册封
语言种类	古代汉语	用典来源	

10. 乾隆五十三年（1788 年）暹罗国王郑华自译谢恩表文

上言：大皇帝陛下万岁万岁万万岁。伏以帝德覃敷[1]，遐方仰日月之照；皇仁周洽，海隅沐雨露之施。赫声濯灵[2]，方夏之抚柔无远弗届；承先继志，屏藩之职献输□□□。臣忝任[3]邦□，薄德菲材[4]。既创修之无术，偏隅蕞尔亦矩范之多惭[5]。前遣贡使，匍赴至阙进贡请封，不惟幸荷容纳，且蒙皇恩敕赐封号，宠颁诰印。天语煌煌，宣示属国，重于泰山；龙章灿灿，昭镇夷邦，光之奕世[6]。使臣奉诏回国，举国欢呼。臣华谨北面拜受，刻骨铭心。虽效犬马，难报万一。敬承睿训，敢不益加乾惕，慎守藩封，抚辑土民，以仰副圣天子宣德怀柔之至意乎！皇恩浩荡，有加无已！复蒙益赐臣妻彩币等物，拜命之下，倍相感激。今特遣使臣帕史滑里逊通亚排那赤突、唧喝汶悉呢霞喔无实坤鼻、职通事等，虔备方物，恭赍表章，达切念之诚悃，渎九重之聪听。虽区区薄物，乌足以伸酬报；而款款微衷，□顶祝[7]□□□。臣诚惶诚恐，不胜感激之至。谨拜表叩谢以闻。

虔备金叶表文一张（书暹字），公象一只，母象一只。象牙四百五十斤，外三百斤，内一百五十斤；豆蔻四百五十斤，外三百斤，内一百五十斤，折冰片；沉香三斤，外二斤，内一斤；孔雀尾十五屏，外十屏，内五屏；翠毛九百张，外六百张，内三百张；檀香一百五十斤，外三百斤，内一百五十斤，折龙涎香；犀角九个，外六个，内三个。恭进金阙[8]，伏乞容纳。臣不胜感激荣幸之至。谨呈。

乾隆五十三年五月初九日①

【注释】

[1]覃敷：广布。[2]赫声濯灵：赫赫威灵。[3]忝任：有愧的担任。[4]薄德菲材：浅薄的德行与才能。常用作谦辞。[5]既创修之无术，偏隅蕞尔亦矩范之多惭：既无力开创新局面，偏僻小邦的制度也令人惭愧。[6]奕世：累世，代代。[7]顶祝：顶礼祝祷；顶礼祝颂。[8]金阙：天子所居的宫阙。

【简析】

乾隆五十三年（1788年），暹罗因清廷乾隆五十一年（1786年）册封国王而依例上表谢恩。这是暹罗自译的汉字表文（见图5.4）。在文末的年、月、日处钤有清廷于乾隆五十一年（1786年）颁赐的满汉篆书"暹罗国王之印"，是研究清代外国王印制度的重要材料。另外，清代诸多汉译属国表文均为中方翻译，但此一表文是由暹罗政府自己翻译成汉文的，这种外交文件标本是举世稀有的宝贵文件。

这份暹罗黄纸汉字表文横152.2厘米，纵31.8厘米，其发现有一曲折过程。根据李光涛的叙述，内阁大库8000麻袋残档中有800麻袋为贺表。在整理装有800麻袋的材料时，整理人员在挑检出外表完整、好看的文件后，其余的被视为废纸仍装入麻袋弃置一隅。但李光涛却将麻袋内的材料一一倒出进行重新检查，在秽气扑鼻烂纸堆中发现了暹罗国的黄纸汉字表文。这一文件已经糟烂，但后经史语所"裱褙室"重新装裱后面世，"终于成了一个极端好看又极其重要之文件"②。

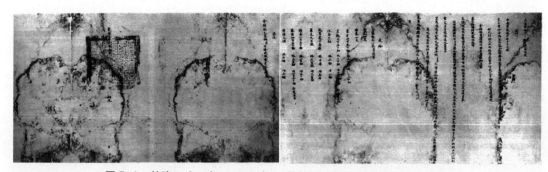

图5.4 乾隆五十三年（1788年）暹罗国王郑华自译谢恩表文残件

---

① 李光涛：《记清代的暹罗国表文》，《明清档案论文集》，台北联经出版事业公司1986年版，第1026—1027页。

② 李光涛：《记清代的暹罗国表文》，《明清档案论文集》，台北联经出版事业公司1986年版，第1026页。

第五章　清代中国与暹罗、缅甸、南掌和苏禄往来朝贡文书研究

文书基本信息表

文书种类	表文	头辞	大皇帝陛下万岁万岁万万岁
发送者	暹罗国王郑华	尾辞	谨拜表叩谢以闻
接受者	中国乾隆皇帝	正文文体	骈文体
纪年标准	中国纪年：乾隆五十三年	正文内容	感谢册封
语言种类	古代汉语	用典来源	

11. 乾隆六十年（1795年）暹罗国王郑华进贡方物表文

暹罗国王郑华臣诚惶诚恐，稽首叩首，上贡大皇帝陛下万岁万岁万万岁。伏以帝量含宏[1]，东渐西被，沾化日[2]；宸衷[3]广运，南歌北舞，乐光天[4]。所存者神，迥异欢虞之小补；所过者化，聿臻王道之大成[5]。巍于其功[6]，焕于其章[7]。矧[8]臣身受皇恩，躬被圣化，屡承天语，夙夜靡敢怠放[9]；抚绥士民，朝夕虔共尔位[10]，以仰答圣天子怀保柔远之盛心。第[11]念殊方陋俗[12]，莫睹华夏之衣冠；异地微区[13]，深荷圣朝之陶铸[14]。感激无地，寸报莫伸。兹当岁贡，虔备金叶表文、驯象、方物，特遣使臣吥雅唛挖粒巡段押拨辣昭突、唧窝们孙泥霞屋拨突、唧拨车哪鼻汶卑鲤突、坤第匹呱遮、办事坤拨车哪、通事林中桂等，代躬俯首，匍赴金阙[15]，谨达异地之诚悃，上渎[16]九重[17]之明听[18]。薄物区区，窃效山野之芹献[19]；忠心耿耿，庆同日月之升恒。恭进大皇帝陛下，伏乞皇恩海涵，深蒙容纳，以表微忱。臣诚惶诚恐，不胜悚惧之至，谨拜表以闻。

虔备金叶表文一道（书暹字）；公象一只；母象一只；沉香，外二斤，内一斤，共三斤；樟脑，外一百斤，内五十斤，共一百五十斤；白胶香，外一百斤，内五十斤，共一百五十斤；降真香，外三百斤，内一百五十斤，共四百五十斤；大枫子，外三百斤，内一百五十斤，共四百五十斤；乌木，外三百斤，内一百五十斤，共四百五十斤；犀角，外六个，内三个，共九个；白豆蔻，外三百斤，内一百五十斤，共四百五十斤；象牙，外十二枝三百斤，内六枝一百五十斤，共四百五十斤；荜拨，外一百斤，内五十斤，共一百五十斤；龙涎香，外一斤，内八两，共一斤八两；檀香，外一百斤，内五十斤，共一百五十斤；上冰片，外一斤，内八两，共一斤八两；中冰片，外二斤，内一斤，共三斤；孔雀尾，外十屏，内五屏，共十五屏；金刚钻，外七两，内三两，共十两；甘蜜皮，外一百斤，内五十斤，共一百五十斤；桂皮，外一百斤，内五十斤，共一百五十斤；西洋毯，外二张，内一张，共三张；西洋红布，外十匹，内五匹，共十五匹；翠皮，外六百张，内三百张，共九百张；藤黄，外三百斤，内一百五十斤，共四百五十斤；苏木，外三千斤，内一千五百斤，共四千五百斤。恭进金阙，俯赐容纳。臣不胜感激之至。叩谢以闻。

乾隆六十年三月 日

奉圣旨：览王奏，遣使远来进贡方物，具见悃忱。知道了。该部知道。①

【注释】

[1]含宏：包容博厚。[2]化日：太阳光。[3]宸衷：帝王的心意。[4]乐光天：普天下快乐。[5]所存者神，迥异欢虞之小补；所过者化，事臻王道之大成：圣人的言行思想与功利投机者相比，符合天道，能给人民、社会带来长久的文明与教化。《孟子·尽心上》："孟子曰：'霸者之民，欢虞如也。王者之民，皞皞如也。杀之而不怨，利之而不庸，民日迁善而不知为之者。夫君子所过者化，所存者神，上下与天地同流，岂曰小补之哉！'"[6]巍于其功：功业伟大。[7]焕于其章：礼仪制度光辉灿烂。[8]矧：况且。[9]怠放：懒惰放纵。[10]朝夕虔共尔位：时刻敬诚恭谨地坚守职位。共：通"恭"。《诗·大雅·韩奕》："夙夜匪解，虔共尔位。"[11]第：但。[12]殊方陋俗：远方鄙陋的风俗。[13]异地微区：偏僻的小地方。[14]陶铸：造就、培育。[15]金阙：天子所居的宫阙。[16]上渎：向上亵渎。[17]九重：宫廷；帝王。[18]明听：圣明天子的听闻。[19]芹献：谦辞。进献微薄之物。

【简析】

乾隆六十年（1795年），暹罗国王向清廷呈递例行进贡表文。

文书基本信息表

文书种类	表文	头辞	暹罗国王郑华臣诚惶诚恐，稽首叩首，上贡大皇帝陛下万岁万岁万万岁
发送者	暹罗国王郑华	尾辞	谨拜表以闻
接受者	中国乾隆皇帝	正文文体	骈文体
纪年标准	中国纪年：乾隆六十年	正文内容	例行进贡
语言种类	古代汉语译文	用典来源	《孟子》、《诗经》

12. 嘉庆元年（1796年）暹罗国王郑华进贡太上皇方物表文

暹罗国王郑华臣诚惶诚恐，稽首叩首，上贡太上皇帝陛下万岁万岁万万岁。伏以荡荡天则，民莫能名[1]；巍巍圣道，中存不与[2]。是故继继承承，襄赞[3]覆载之化育；子子孙孙，克绳祖武[4]之谟训[5]。钦哉！帝之为君也，德泽洽于肌肤[6]，闾阎[7]含哺而鼓腹[8]；功恩沦于骨髓[9]，亿兆以恬而以嬉[10]。若是，寰宇升平，重熙累洽[11]，岂非积善累功数十世所为蓄积而通者乎！我太上皇帝自临御以来，景运[12]庞洪[13]，版图式廓[14]，十全纪绩[15]，历代同堂，此天下所希闻，古今所未有也。类而推之，水火工虞之功利[16]，赖于蕞尔[17]；□□三事之泽神[18]，及于偏隅。臣本庸愚，身沐皇恩，世受藩封，敬承睿训[19]，敢不夙夜匪懈以事一人者乎[20]！前遣使臣，敬具贡品，代躬泥首[21]，匍赴金阙[22]，叩祝万寿无疆。幸蒙容纳，愧无寸报。复邀鸿慈[23]垂眷[24]，赐使班联[25]，屡觐

---

① 罗福颐：《国朝史料拾零》卷一，文海出版社1980年版，第102—107页。

天颜，叠赐筵燕，特颁厚赏，使臣回国祝颂皇恩。使臣铭刻在心，只得稽首朝北面顶祝[26]而无疆矣。兹值禅继[27]之年，虔备表文、方物，特遣使臣丕雅唆挖厘巡吞握派唠喇突、朗窝汶孙厘霞握巴突、朗勃勒哪丕汶知突、坤勃勒哪丕绩、通事焱坤丕匹泞遮、办事等，代躬泥首，匍赴金阙，谨达爱慕之诚，冒渎[28]九重[29]之上。则心藏心写[30]，不顾礼物之维轻；是训是行[31]，惟期耄耋[32]之益壮。恭进太上皇帝陛下，伏乞皇恩覆被，再蒙俞允，臣诚惶诚恐，不胜感激之至。谨拜表叩谢以闻。

虔备金叶表文一道（书暹字），计开进贡方物呈验：沉香，外二斤，内一斤，共三斤；降真香，外三百斤，内一百五十斤，共四百五十斤；白胶香，外一百斤，内五十斤，共一百五十斤；樟脑，外一百斤，内五十斤，共一百五十斤；大枫子，外三百斤，内一百五十斤，共四百五十斤；乌木，外三百斤，内一百五十斤，共四百五十斤；犀角，外十个，内五个，共十五个；豆蔻，外三百斤，内一百五十斤，共四百五十斤；象牙，外三百斤十二枝，内一百五十斤六枝，共四百五十斤；荜拨，外一百斤，内五十斤，共一百五十斤；龙涎香，外一斤，内八两，共一斤八两；冰片，外上二斤中一斤，内上八两中一斤，共上中四斤八两；白檀香，外一百斤，内五十斤，共一百五十斤；孔雀屏，外十屏，内五屏，共十五屏；鸟皮，外六百张，内三百张，共九百张；金刚钻，外七两，内三两，共十两；甘蜜皮，外一百斤，内五十斤，共一百五十斤；桂皮，外一百斤，内五十斤，共一百五十斤；藤黄，外三百斤，内一百五十斤，共四百五十斤；荷兰毯，外二领，内一领，共三领；红毛厘布，外十匹，内五匹，共十五匹；苏木，外三千斤，内一千五百斤，共四千五百斤。

嘉庆元年五月初四日

朱谕：览王奏，遣使远来进贡方物，具见悃忱。知道了。该部知道。①

【注释】

[1]荡荡天则，民莫能名：广远深奥的上天法制，百姓们无法形容。[2]巍巍圣道，中存不与：伟大的圣道，长存不变。[3]襄赞：辅佐帮助。[4]克绳祖武：能够继承祖先的功业。[5]谟训：谋略和训诲。[6]德泽洽于肌肤：恩泽流遍肌肤。[7]间阎：百姓。[8]含哺而鼓腹：口含食物，手拍肚子。形容太平时代无忧无虑的生活。《庄子·马蹄》："夫赫胥氏之时，民居不知所为，行不知所之，含哺而熙，鼓腹而游。"[9]功恩沦于骨髓：恩德渗透到骨髓。[10]亿兆以恬而以嬉：天下百姓嬉戏逸乐。[11]重熙累洽：国家接连几代太平安乐。[12]景运：好时运。[13]庞洪：又作庞鸿。浑然宏大。古人以天体未形成之前，宇宙混沌一体称为"庞鸿"。[14]版图式廓：版图规模。[15]十全纪绩：十全武功的伟大业绩。[16]水火工虞之功利：各种物质文明带来的好处。[17]赖于暹尔：暹尔小国所依赖。[18]□□三事之泽禅：该词句中两个缺字按照语境和语法结构，应为"六府"。六府三事：泛指文明教化的功业。水、木、金、火、土、谷谓六府，正德、利用、厚生谓三事。泽禅：恩泽益处。[19]睿训：皇帝的教诲。[20]敢不夙夜匪懈以事一人者乎：作为臣子，敢不日夜勤恳辅助君王吗？《诗·大雅·烝民》："既明且哲，以保其身，夙夜匪解，以事一人。"[21]代躬泥首：派遣替代者。[22]金阙：天子所居的宫阙。[23]鸿慈：大恩。[24]垂眷：俯念；关怀。[25]赐使班联：赐使臣入朝班行列。[26]顶祝：顶礼祝颂。[27]禅继：

---

① 罗福颐：《国朝史料拾零》卷一，文海出版社1980年版，第107—113页。

禅让继位。[28]冒渎：冒犯亵渎。[29]九重：宫廷；帝王。[30]心藏心写：心怀忠诚、抒发感情。写：宣泄。心藏：怀有忠心。心写：抒发感情。《诗·小雅·裳裳者华》："我觏之子，我心写兮。"《诗·小雅·隰桑》："中心藏之，何日忘之。"[31]是训是行：顺从奉行。《书·洪范》："凡厥庶民，极之敷言，是训是行，以近天子之光。"[32]耄耋：八九十岁。

【简析】

嘉庆元年（1796年）之后，中国出现了两位最高统治者太上皇乾隆帝和嘉庆帝。暹罗因此在向嘉庆帝进献贡物时，也同时向乾隆帝进献贡物。嘉庆二年（1797年），嘉庆帝宣谕声明，以后暹罗进贡只需进贡1份即可。

文书基本信息表

文书种类	表文	头辞	暹罗国王郑华臣诚惶诚恐，稽首叩首，上贡太上皇帝陛下万岁万岁万万岁
发送者	暹罗国王郑华	尾辞	谨拜表叩谢以闻
接受者	中国乾隆太上皇	正文文体	骈文体
纪年标准	中国纪年：嘉庆元年	正文内容	例行向太上皇进贡
语言种类	古代汉语译文	用典来源	《庄子》、《诗经》、《尚书》

13. 嘉庆元年（1796年）暹罗国王郑华进贡方物表文

暹罗国王郑华臣诚惶诚恐，稽首叩首，上贡大皇帝陛下万岁万岁万万岁。伏日月丽中天[1]，万国仰照临之德；乾坤大一统，群生荷覆载之恩。义教[2]敷诞[3]而治具毕张[4]，威武继扬而妖氛顿息。臣民共戴，海宇维腾。惟我大皇帝陛下聪明睿智，卓冠群伦。践祚[5]承祧[6]，共乐清新之盛；膺图[7]御宇[8]，咸歌飏拜之休[9]。天哉帝德，荡荡难名[10]。荐之于天而天受之，显之于民而民受之[11]。臣虽懦弱，不得亲承旨意而千里之遥闻者，莫不兴起也[12]。是故柔远宁迩，既合东西南北而皆然；近悦远来[13]，亦偕山陬海澨[14]而无二[15]。臣即庸愚亦尝侧闻[16]之矣，敢不兢兢业业、守土安民，以仰副圣天子之至意乎？顾自以为薄德菲材[17]，创修既无其术，偏隅蕞尔矩范亦觉多惭[18]。今自圣谕一至，中外咸知，使臣中心藏之，何日忘之。但见举国欢欣，感激无地，只得稽首朝北面顶祝[19]而无疆矣。兹值元年[20]，虔备表文方物，特遣使臣丕雅唆挖厘巡吞握派唠喇突、朗窝汶孙厘霞握巴突、朗勃勒哪丕汶知突、坤勃勒哪丕绩、通事焱坤丕匹涛遮、办事等，代躬泥首[21]，匍赴金阙[22]，谨达念切之诚，冒渎[23]九重[24]之上，则区区薄物，窃效海芹之献[25]；而耿耿[26]微衷[27]，赓[28]同日月之升。恭进大皇帝陛下，伏乞皇恩涵育[29]，幸蒙容纳，臣诚惶诚恐，不胜悚慄之至。谨拜表以闻。

虔备金叶表文一道（书暹字），计开进贡方物呈验：沉香，外二斤，内一斤，共三斤；降真香，外三百斤，内一百五十斤，共四百五十斤；樟脑，外一百斤，内五十斤，共一百五十斤；白胶香，外一百斤，内五十斤，共一百五十斤；大枫子，外三百斤，内一百五十斤，共四百五十斤；乌木，外三百斤，内一百五十斤，共四百五十斤；犀角，外十个，内五个，共十五个；豆蔻，外三百斤，内一百五十斤，共四百五十斤；象牙，外三百斤十二枝，内一百五十斤六枝，共四百五十斤；荜拨，外一百斤，内五十斤，共一百五十斤；龙涎香，外一斤，内八两，共一斤八两；冰片，外上一斤中二斤，内上八两中一斤，共上中四斤八两；白檀香，外一百斤，内五十斤，共一百五十斤；孔雀屏，外十屏，内五屏，共十五屏；鸟皮，外六百张，内三百张，共九百张；金刚钻，外七两，内三两，共十两；甘蜜皮，外一百斤，内五十斤，共一百五十斤；桂皮，外一百斤，内五十斤，共一百五十斤；藤黄，外三百斤，内一百五十斤，共四百五十斤；贺南毯，外二领，内一领，共三领；红毛厘布，外十匹，内五匹，共十五匹；苏木，外三千斤，内一千五百斤，共四千五百斤。

嘉庆元年五月初四日

朱谕：览王奏，遣使远来进贡方物，具见悃忱。知道了。该部知道。①

【注释】

[1]中天：天空；天顶。[2]义教：仁义的教化。[3]敷诞：又作诞敷。遍布。《书·大禹谟》："帝乃诞敷文德，舞干羽于两阶。"[4]治具毕张：规章制度全都建立起来。韩愈《进学解》："方今圣贤相逢，治具毕张，拔去凶邪，登崇畯良。"[5]践阼：即位。[6]承祧：承继为后嗣。[7]膺图：承受瑞应之图。指帝王得国或嗣位。[8]御宇：统治天下。[9]飏拜之休：帝王的美德。飏：通"扬"。《诗·大雅·江汉》："虎拜稽首，对扬王休。"[10]荡荡难名：广远深奥难以形容。[11]荐之于天而天受之，显之于民而民受之：推荐给天，天接受了；公开介绍给百姓，百姓也接受了。《孟子·万章上》："昔者尧荐舜于天而天受之，暴之于民而民受之。"[12]千里之遥闻者，莫不兴起也：远方之人听到，没有一个不因感动而奋起。《孟子·尽心下》："奋乎百世之上，百世之下，闻者莫不兴起也。非圣人而能若是乎？"[13]近悦远来：使近处的人受到好处而高兴，远方的人闻风就会前来投奔。《论语·子路》："叶公问政。子曰：'近者说，远者来。'"[14]山陬海澨：山隅和海边。泛指荒远的地方。[15]无二：没有二心。[16]侧闻：从旁听到；传闻；听说。[17]薄德菲材：浅薄的德行与才能。[18]创修既无其术，偏隅蕞尔矩范亦觉多惭：既无力开创新局面，偏僻小邦的制度也令人惭愧。[19]顶祝：顶礼祝颂。[20]元年：嘉庆元年（1796年）。[21]代躬泥首：派遣替代者。[22]金阙：天子所居的宫阙。[23]冒渎：冒犯亵渎。[24]九重：宫廷；帝王。[25]海芹之献：微薄的礼物。[26]耿耿：形容忠诚。[27]微衷：微诚。[28]赓：连续。[29]涵育：涵养化育。

【简析】

嘉庆元年（1796年），暹罗国王向清廷呈递例行进贡表文。

---

① 罗福颐：《国朝史料拾零》卷一，文海出版社1980年版，第113—118页。

文书基本信息表

文书种类	表文	头辞	暹罗国王郑华臣诚惶诚恐，稽首叩首，上贡大皇帝陛下万岁万岁万万岁
发送者	暹罗国王郑华	尾辞	谨拜表以闻
接受者	中国嘉庆皇帝	正文文体	骈文体
纪年标准	中国纪年：嘉庆元年	正文内容	例行进贡
语言种类	古代汉语译文	用典来源	《尚书》、《诗经》、《孟子》、《论语》

14. 嘉庆十七年（1812年）暹罗国王郑佛谢恩表文

臣暹罗国郑佛，诚惶诚恐，稽首叩首，百拜。恭为遵例贡大皇帝陛下万岁万岁万万岁。伏以帝德巍峨，达于雕题凿齿；皇仁浩荡，施于北狄东夷。文则右召左周[1]，武亦方叔召虎[2]。□□□□□会，正河清海晏之时。□□□大皇帝智由性产，勇自天生。治□□□唐虞，道德宗诸文武。继离明[3]而照四国，恩覃海澨山陬；握乾坤以抚万邦，泽遍中华异域。宜乎保民如同保赤，允矣乃圣，无异乃神。臣地处僻壤，有社有稷，祧幸承自先人，为翰为屏。符实受于帝眷。庆梯航于万国，诰封遥颁；锡带砺[4]于遐方，……（下缺）①

【注释】

[1]右召左周：召公、周公共同辅佐天子。成王时，召公与周公分陕而治。《史记·燕召公》："自陕以西，召公主之；自陕以东，周公主之。"[2]方叔召虎：周宣王时期的两位中兴大臣。方叔：周宣王时，率兵车三千辆南征荆楚，北伐玁狁，为周室中兴一大功臣。《诗·小雅·采芑》："显允方叔，征伐玁狁，蛮荆来威。"召虎：周宣王时，淮夷不服，宣王命召虎领兵出征，平定淮夷，为周室中兴的另一功臣。《诗·大雅·江汉》："江汉之浒，王命召虎。"[3]离明：日光。《易·离》："离为火，为日。"[4]带砺：黄河变成衣带，泰山变为磨刀石，这是永远不可能发生的事情。比喻所封爵位传之久远，或江山永固。

【简析】

嘉庆十四年（1809年），暹罗国王郑华去世，嗣子郑佛继立并向清廷请封。嘉庆十五年（1810年），清廷颁诰命册封。嘉庆十七年（1812年），暹罗国王郑佛遣使呈递谢恩表文。

---

① 李光涛：《记清代的暹罗国表文》，《明清档案论文集》，台北联经出版事业公司1986年版，第1034页。

第五章 清代中国与暹罗、缅甸、南掌和苏禄往来朝贡文书研究

文书基本信息表

文书种类	表文	头辞	臣暹罗国郑佛，诚惶诚恐，稽首叩首，百拜
发送者	暹罗国王郑佛	尾辞	
接受者	中国嘉庆皇帝	正文文体	骈文体
纪年标准	中国纪年：嘉庆十七年	正文内容	感谢册封
语言种类	古代汉语	用典来源	《易经》、《诗经》

（二）缅甸

1. 乾隆十五年（1750年）缅甸国王莽达拉入贡表文

缅甸国王莽达拉谨奏：盛朝统御中外，九服承流[1]，如日月经躔[2]，阳春煦物[3]，无有远近，群乐甄陶[4]。至我皇上，德隆三极[5]，道总百王，洋溢声名，万邦率服。缅甸近在边徼，河清海晏，物阜民和，知中国之有圣人，臣等愿充外藩。备物致贡，祈准起程，由滇赴京，仰观天颜，钦聆谕旨。①

【注释】

[1]承流：接受和继承良好的风尚传统。[2]日月经躔（chún）：日月运行。躔：天体在黄道运行。[3]阳春煦物：温暖的春天养育万物。比喻太平盛世。[4]群乐甄（zhēn）陶：大家都乐于被养育和教化。甄陶：培育；造化。[6]德隆三极：德行超越天地万物。三极：天、地、人。

【简析】

乾隆十五年（1750年），缅甸官方首次通使清廷，次年入京进献金叶表文和银叶表文各一道。此次进呈的银叶表文，现藏于台湾。据台湾"中研院"史语所公布的材料，银叶表中镌刻了7行古缅甸文，自左而右横写。表文内容经法国国家科学研究中心研究员白诗薇（Sylvie Pasquet）解读，其中有吴尚贤人名，以此确定表文大致撰写于乾隆十五年（1750年）。

清代中缅关系经历了曲折的过程。

顺治十五年（1658年），清兵攻破贵州，明永历帝朱由榔逃奔缅甸。清军将领爱星阿、吴三桂等于顺治十八年（1661年）十一月入缅，师至木邦，永历帝将领白文选降于茶山。康熙元年（1662年），缅甸王室自相篡弑，杀明宗室及黔国公沐天波等数百人。清军要求缅甸交出永历帝，缅人不与。清军挥师至阿瓦，缅人惧，遂献出永历帝。清军随后撤出缅甸。

---

① 昭梿：《啸亭杂录》卷五，中华书局1980年版，第116页。

雍正九年（1731年），缅甸与其属地整迈（清迈）构兵。整迈头目向云南地方官员提出归顺中国的请求。缅甸为平衡整迈的势力，由缅目蟒古叮在九龙江通知中国守备燕鸣春，缅甸国王到明年时向中国进贡。鄂尔泰将此情形上报朝廷，得旨："宜听其自然，不必有意设法诱致。"

乾隆十三年（1748年），镇康土司刀闷鼎报缅甸愿通职贡，不许。

乾隆十五年（1750年）七月，葫芦茂隆厂课长吴尚贤禀称：缅甸国王莽达拉携带表文称臣纳贡，永作外藩，于该年四月已抵边界，请代奏。云贵督抚下令司道会议。会议认为：以前镇康土州刀闷鼎禀报缅甸通贡，已不许；明朝置缅甸宣慰司，表内未称宣慰旧衔；表内自称国王，乃蚁穴自封、夜郎天外之言；表内不叙明使臣衔名；木邦乃缅甸所辖，中外攸分，准木邦投诚，木邦即缅甸之叛逆，必至大起衅端，亦有妨于国体。吴尚贤初到厂地，恃强凌弱，今率缅甸来归，实有邀功之意。而且外国归诚，亦断无借一厂民为媒进。将来缅甸设有寇警，必另求援兵，不应则失统御之体，应之则苦师旅之烦，恐鞭长莫及，反难善处。况前明频通赋贡，受侵扰者数十年。目前西南边疆地区获宁谧者百余载，边境之安宁，原不关乎远人之宾服。但云南巡抚图尔炳阿力排众议，将吴尚贤禀词和缅甸表文入告朝廷。

乾隆十六年（1751年）六月，清廷批准缅甸入贡，凡筵宴赏赉一应接待事宜，均按照外国贡使之例，以示绥怀。于是云南地方政府遣官伴送缅使赴京入贡。十月，缅甸贡使回云南。

乾隆十六年（1751年）缅甸通使中国后，由于缅甸不久便发生政局变化，中缅两国官方关系再次中断。乾隆三十年（1765年）开始，中缅之间展开4年大规模战争。直到乾隆五十三年（1788年），缅甸才重新遣使通贡，与清代中国建立起正式的官方关系。

文书基本信息表

文书种类	表文	头辞	缅甸国王莽达拉谨奏
发送者	缅甸国王莽达拉	尾辞	
接受者	中国乾隆皇帝	正文文体	骈文体
纪年标准	中国纪年：乾隆十五年	正文内容	请求进贡中国
语言种类	古代汉语译文	用典来源	

2. 乾隆五十三年（1788年）缅甸进贡表文

……已嗣国家，深知孟驳父子[1]前罪，久欲进贡，因暹罗侵扰，是以稽迟。①……

【注释】

[1] 孟驳父子：缅甸两代国王孟驳、赘角牙。

---

① 魏源：《圣武记》卷六，中华书局1984年版，第272页。

第五章 清代中国与暹罗、缅甸、南掌和苏禄往来朝贡文书研究

【简析】

乾隆五十三年（1788年），缅甸在中缅战争近20年后请求向清廷递交进贡表文。这一表文在《清实录》中并未收录。魏源在《圣武记》中只引用了只言片语，但未说明其出处。

文书基本信息表

文书种类	表文	头辞	
发送者	缅甸国王	尾辞	
接受者	中国乾隆皇帝	正文文体	
纪年标准	中国纪年：乾隆五十三年	正文内容	请求进贡
语言种类	古代汉语	用典来源	

3. 乾隆五十五年（1790年）缅甸国王孟陨请封表文

管辖缅甸地方小臣孟陨谨奏大皇帝宝座：念小臣前岁遣目投诚纳款[1]，仰蒙鸿慈[2]恩准，已属万幸。乃上年贡使细哈觉控等转回，赍到御赐各种珍物，小臣出城三站跪领，不胜感激欢欣。嗣又蒙赏还缅人孟五等四名，小臣差目赴关接回。恩德如天，将何图报。欣闻今年八月，恭逢大皇帝八旬万寿，万国来朝，小臣已经归附天朝，理应进表庆祝，叩谢皇恩，不胜欢欣颂祷之至。至小臣乃蒙恩准内附，自当永沐生成[3]，仍求大皇帝逾格恩施，敕赏小臣阿瓦封号，并准十年进贡一次，俾子子孙孙得以世世称藩，仰承恩泽。再，自禁止通商以后，边民生计艰难，还祈照旧开关，使小臣所产棉花等物借以销售。不但小臣身蒙厚德，即举国臣民均沐天恩于万万年矣。谨具表以闻。①

【注释】

[1]纳款：归顺；降服。[2]鸿慈：大恩。[3]生成：保全性命；养育。

【简析】

乾隆五十五年（1790年），缅甸国王孟陨再次遣使清廷，上表请求册封王号并开放边界棉花等贸易。

---

① 李根源：《永昌府文征》（三），《文录》卷一一，云南美术出版社2001年版，第2405页。

文书基本信息表

文书种类	表文	头辞	管辖缅甸地方小臣孟陨谨奏大皇帝宝座
发送者	缅甸国王孟陨	尾辞	谨具表以闻
接受者	中国乾隆皇帝	正文文体	
纪年标准	中国纪年：乾隆五十五年	正文内容	请求天朝册封并开放通商
语言种类	古代汉语译文	用典来源	

4. 光绪元年（1875年）缅甸国王孟顿进贡表文

缅甸国王小臣孟顿恭奏天朝大皇帝陛下：伏以圣人御宇，川岳悉披夫怀柔；薄海同风，葵藿[1]亦深其向慕。小臣世居缅甸，服属遐荒。自仰蒙天朝恩准内附以来，隶禹甸[2]则例修职贡，戴尧天[3]而愿切嵩呼[4]。前戒[5]烽火于边陲，久阻梯航于远道。今幸兵戈永息，海宇乂安。小臣属在藩封，亟应纳贡。谨备金叶表文一道，长寿圣佛一尊，驯象五只及土产各物，特遣使头目直也驮纪们腊们甸沮素等代躬恭进阙廷[6]，伏启大皇帝赏收。鉴兹恭顺之忱，俾遂瞻依[7]之愿。小臣临表，不胜感激欢忭之至。谨奏。

伏愿大皇帝万岁万万岁！

附呈贡使职名：正贡使直也驮纪们腊们甸沮素、副贡使糯也他沮素、副贡使糯也他觉工①

【注释】

[1]葵藿：葵、藿等草具有向日特征。[2]禹甸：禹所垦辟之地。后因称代中国之地。《诗·小雅·信南山》："信彼南山，维禹甸之。畇畇原隰，曾孙田之。"[3]尧天：称颂帝王盛德和太平盛世。[4]嵩呼：臣下祝颂帝王，高呼"万岁"。《汉书·武帝纪》："（元封元年）春正，行幸缑氏。诏曰：朕用事华山，至于中岳，获驳麃，见夏后启母石。翌日，亲登嵩高，御史乘属，在庙旁吏卒咸闻呼万岁者三。登礼罔不答。"[5]前戒：以往的教训。[6]阙廷：朝廷。[7]瞻依：瞻仰依恃。表示对尊长的敬意。《诗·小雅·小弁》："靡瞻匪父，靡依匪母。"

【简析】

缅甸国王孟顿又作曼同、明顿。光绪元年（1875年）缅甸国王孟顿的进贡表文，曾在当时的外国报刊中转载。1876年9月9日，美国《纽约时报》报道《缅甸国王遣使向大清国进贡》，并登载《印度之友》收到的缅甸国王进贡表文。《纽约时报》所登载的缅甸表文如下：

缅甸王孟顿，谦恭地把奏表呈到天朝大皇帝面前。下王非常谦卑地表示，在天朝大皇帝神圣和万能地支配下，溥天之下、率土之滨莫非王朝，就像葵花向太

---

① 李根源：《永昌府文征》（三），《文录》卷一六，云南美术出版社2001年版，第2560—2561页。

阳低头,世间万民拥戴天朝大国之皇尊。下王虽然身在遥远荒凉的缅甸为王,却莫不深深感怀您天朝大国的浩荡皇恩,因为您把我们的国家包容进了大禹的疆土。按照惯例,通过向天朝大国进献所规定的贡品,我缅甸终于得以纳入您天朝大国的庇护之下,并且汇入了与嵩山赞颂皇帝陛下之吼的同一声音。最近,由于边境接连不断地发生着战乱和抢掠,我们到大清国的交通一直被阻断了;但那些让人极其厌恶的争斗终于有幸结束了,寰宇之内又恢复了平静。所以,现在正是您属国的下王们立刻向您进献贡品的时候了。因此,我们恭敬地用金字写成了这份奏表,同时送上寿星肖像1幅、5头已驯服了的大象和其他一些本国制造的物品。所有这些贡品由1位特使负责,并代表下王恭敬地护送到皇宫之城门。我们谦恭地盼望,天朝大皇帝陛下能够屈尊接受我们的贡品,并能亲切倾听您的臣民们对您的顺从、尊敬和谦恭之情。在书写这封奏表时,下王的整个身心都充满了难以言表的快乐和感激。在这封奏表的最后,下王衷心祝愿大皇帝陛下万岁万万岁!①

文书基本信息表

文书种类	表文	头辞	缅甸国王小臣孟顿恭奏天朝大皇帝陛下
发送者	缅甸国王孟顿	尾辞	小臣临表,不胜感激欢忭之至。谨奏
接受者	中国光绪皇帝	正文文体	骈文体
纪年标准	中国纪年:光绪元年	正文内容	例行进贡
语言种类	古代汉语译文	用典来源	《诗经》、《汉书》

(三) 南掌

1. 乾隆十二年(1747年)礼部译出南掌国王进贡表文

南掌国王臣岛孙[1]为进贡事。窃臣自归顺天朝,遵例五年一贡。蒙皇上天恩,念臣地处边末,改定十年一贡。比年[2]以来,时和年丰,民安物阜,南掌地方均受皇上洪福远庇,长享太平。今臣贡期未届十年,恭闻天朝采购象只,谨遣陪臣叭腮猛滚进牙象[3]二只,敬献皇上以充方物。臣岛孙稽首顿首,不胜惶悚之至。谨奉表上进。

乾隆十二年十一月二十二日②

【注释】

[1]岛孙:全称苏吗喇萨提拉岛孙,琅勃拉邦第3个国王英塔孙,岛孙是其爱称,1723—1749年在

---

① 郑曦原:《帝国的回忆——〈纽约时报〉晚清观察记》,当代中国出版社2007年版,第264—265页。
② 李光涛:《明清档案存真选辑》三集,台湾"中研院"史语所,1975年,第171页。

位。[2]比年：每年。《礼记·王制》："诸侯之欲天子也，比年一小聘。"[3]牙象：小象。

【简析】

雍正八年（1730年），中国与南掌正式建立朝贡关系后，南掌依照五年一贡的贡期按时向清廷进贡，先后在乾隆元年（1736年）、乾隆七年（1742年）进贡清廷。乾隆八年（1743年），清廷改南掌贡期为十年一贡。但到乾隆十二年（1747年），南掌国王以"天朝采购象只"为名提前进贡清廷。

文书基本信息表

文书种类	表文	头辞	南掌国王臣岛孙为进贡事
发送者	南掌国王岛孙	尾辞	谨奉表上进
接受者	中国乾隆皇帝	正文文体	骈文体
纪年标准	中国纪年：乾隆十二年	正文内容	进贡象只
语言种类	古代汉语	用典来源	《礼记》

2. 乾隆六十年（1795年）礼部译出南掌国王召温猛谢恩表文

南掌国王小臣召温猛恭奏大皇帝陛下：伏以天子有道，怀柔及于百蛮；圣寿无疆，慈惠[1]流于千载。小臣僻处边陬，世沐仁慈，幸承恩之有，自愧抚守之无方。乾隆六十年恭逢大皇帝国庆，小臣别无方物，莫展微忱，谨备表文一道并亲写长生金经，敬遣掌事头目叭猛先、叭整烘匍匐阙廷，叩祝大皇帝万寿万寿万万寿。乃蒙大皇帝格外施恩，赏赐册封金印并敕书、文琦等物，交付使目叭猛先等赍回，于本年五月初六日到国。小臣率领大小头目焚香迎接，遥瞻北阙，恭谢天恩，举国欢忻，形于舞蹈。谨将大皇帝赏赐册封金印、敕书、文琦各物，祗领珠藏[2]，永为国中至宝。并督率目民循分尽职，按期入贡，以冀共享大皇帝太平之福于万万世耳。小臣召温猛临表，无任瞻天仰圣，悚惕待命之至。谨奉表恭谢以闻。①

【注释】

[1]慈惠：仁慈与恩惠。[2]珠藏：珍藏。《菜根谭》："君子之才华，玉韫珠藏，不可使人易知。"

【简析】

乾隆五十九年（1794年），南掌国王召温猛遣使清廷求封。乾隆六十年（1795年），清廷颁发册封诰命、镀金银印。同年，召温猛遣使谢封。清廷虽然册封了召温猛，但此时召温猛已经因国内权力斗争而流亡越南。

---

① 李光涛：《明清档案存真选辑》初集，台湾"中研院"史语所，1959年，第247—248页。

第五章　清代中国与暹罗、缅甸、南掌和苏禄往来朝贡文书研究

文书基本信息表

文书种类	表文	头辞	南掌国王小臣召温猛恭奏大皇帝陛下
发送者	南掌国王召温猛	尾辞	谨奉表恭谢以闻
接受者	中国乾隆皇帝	正文文体	骈文体
纪年标准	中国纪年：乾隆六十年	正文内容	谢赏赐金印、敕书、文琦
语言种类	古代汉语	用典来源	

3. 道光十二年（1832年）南掌国王进贡表文

南掌国王小臣召蟒塔度腊[1]恭奏天朝大皇帝陛下：伏以圣德如天，仁恩如海，无远不到，无微不被。小臣国居南掌，地处遐荒，自蒙天朝恩准内附以来，世受藩封，屡修职贡，仰沐恩仁，小臣感激难名。今届例应进贡之年，谨备表文一道，驯象两只，象牙二百斤，犀角二十斤，绸匹五十端，专遣头目叭竜官应乃叭大先等恭赍阙廷[2]，敬申下悃，伏乞大皇帝俯鉴[3]愚诚，施恩赏收，曷胜荣幸。小臣召蟒塔度腊无任欢欣，感恋之至。谨具表恭奏以闻。①

【注释】

[1]召荞塔度腊：召曼塔图腊，1818—1836年在位。[2]阙廷：朝廷。[3]俯鉴：下察。书信或公文中敬辞。

【简析】

道光十二年（1832年），南掌国王向清廷例行上表进贡。

文书基本信息表

文书种类	表文	头辞	南掌国王小臣召蟒塔度腊恭奏天朝大皇帝陛下
发送者	南掌国王召蟒塔度腊	尾辞	谨具表恭奏以闻
接受者	中国道光皇帝	正文文体	
纪年标准	中国纪年：道光十二年	正文内容	例行进贡
语言种类	古代汉语译文	用典来源	

---

① 罗福颐：《国朝史料拾零》卷一，文海出版社1980年版，第119—120页。

(四) 苏禄

1. 雍正四年（1726年）苏禄国王进贡表文

苏禄国苏老丹[1]臣母汉末母拉律林[2]稽首顿首，奉表大清国皇帝陛下万岁万万岁。窃臣僻居荒服，远隔神京[3]。幸际昌期[4]，未由[5]趋觐[6]。迩来天无烈风淫雨[7]，海不扬波，知中国必有大圣人。微臣捧阅历朝纪事，原有觐光[8]之例，顿切[9]朝天之诚，冀海岛草臣[10]得霑圣朝宠锡，以光大前谟[11]。每与本国甲必丹[12]、天朝人氏陈典策图维欲效祖父以输诚，复邀圣恩于海峤[13]。缘沧溟[14]实阻，指南无车[15]，道必经由吕宋地方，彼与臣世为敌国。且思必得熟海之人方能上达愚诚。臣正在思念乏人，幸有龚廷彩自吕宋而到本国。询其来由，因在未奉禁之前贸易至彼，被其狡诈羁留，难归故里，身在异域，心切[16]中华。臣视陈、龚二人，虽为商贾而品行端正，又系天朝士庶，臣愈加敬仰，委以国事。臣喜进趋[17]之有人，实由天假之便[18]也。又适去年有商舶一只，桅舵俱失，被风飘至臣国，船户林合兴揽载商人李衡章、陈森茂等，细验牌照系往海南生理[19]，臣念圣朝难商，即令陈、龚二人引导入港安置，躬请我皇上龙体万安，通船商贩颂扬皇帝陛下缵承大统[20]，德超邃古[21]，道建大中[22]，万国效诚，普天咸庆。益信小国向之[23]得享安澜[24]者非赖大圣人治化[25]覃敷[26]，无限修阻[27]，孰能臻此[28]！臣当竭蹶以趋[29]，仰酬夙愿。今者幸来船，指南之有人，识重洋别道之可通。微臣自慰有志克成，但恨年迫于桑榆[30]，不得躬叩[31]于丹阙[32]，是用遣正使敕嘛禄达[33]臣龚廷彩、副使禄达[34]臣阿石丹，奉臣赤心，仰陈彤陛[35]，敬献本国所产土物：珍珠二颗，玳瑁十二片，描金花布一匹，金头牙萨二匹，白幼洋布二匹，苏山竹布二匹，燕窝一箱，龙头花刀一对，夹花标枪一对，满花番刀一对，花藤席一对，活猿一对，聊效野人负暄[36]之意。伏愿皇帝陛下念臣部落荒陬[37]，民贫国小，惟任土作贡[38]，表远人之慕化；委质[39]事君，比葵藿[40]之倾心。倘我皇帝不弃溪毛[41]而小国所产者，望玉敕[42]下颁，俾臣蓄积三年庶可复献于丹墀，则野莽草僚[43]叩沐恩荣不朽矣。臣不胜诚惶诚恐，谨拜表以闻。

那儿阿希儿一千一百三十八年流路加噫打月亦实念日[44]疏。①

【注释】

[1]苏老丹：苏丹。[2]母汉末母拉律林：母汗末·母拉律林。[3]神京：京城；帝都。[4]昌期：兴隆昌盛时期。[5]未由：无由。[6]趋觐：前往朝觐。[7]烈风淫雨：暴风与连绵不断、过量的雨。[8]觐光：觐见帝王。《书·立政》："以觐文王之耿光，以扬武王之大烈。"[9]顿切：顿时产生激切之情。[10]海岛草臣：海岛微臣。[11]光大前谟：发扬前人事业。[12]甲必丹：英语captain音译。用以称呼将校级军官及商船船长。荷兰、西班牙在东南亚殖民地内，华人为官吏，专司诉讼租税等华侨事务而无预政实权者，亦称甲必丹。[13]海峤：海边山岭。[14]沧溟：大海。[15]指南无车：没有指示方向的指南车。周成王时，越裳前来进献白雉，归国时忘其来路，周公命赐之骈车五乘，皆为向南之制。

---

① 孙尔准、陈寿祺等：《重纂福建通志》卷二六七，《国朝外岛》，同治戊辰春镌，正谊书院藏版。

第五章　清代中国与暹罗、缅甸、南掌和苏禄往来朝贡文书研究

[16] 心切：内心关切。[17] 进趋：举动，行动。[18] 天假之便：上天赐予的方便。[19] 生理：生意；做买卖。[20] 缵承大统：继承帝位。[21] 德超邃古：德性超越古代帝王、圣人。[22] 道建大中：建中正之道。大中：指无过与不及的中正之道。《易·大有》："柔得尊位大中，而上下应之。"[23] 向之：从前。[24] 安澜：比喻太平。[25] 治化：治理国家、教化人民。[26] 覃敷：广布。[27] 无限修阻：不会受到路途遥远的限制而产生阻隔。[28] 孰能臻此：岂能达到此种局面。[29] 竭蹶以趋：竭尽全力前往。[30] 年迫于桑榆：迫于年高。[31] 躬叩：亲身前往。[32] 丹阙：皇帝宫廷。[33] 敕噉禄达：苏禄官名。[34] 禄达：苏禄官名。[35] 彤陛：皇帝宫廷。[36] 野人负暄：比喻向君王敬献忠心。《列子·杨朱》："昔者宋国有田夫，常衣缊黂，仅以过冬。暨春东作，自曝于日，不知天下之有广厦隩室，绵纩狐貉。顾谓其妻曰：'负日之暄，人莫知者。以献吾君，将有重赏。'"[37] 荒陬：边远地区。[38] 任土作贡：依据土地的具体情况，制定贡赋的品种和数量。[39] 委质：又作委挚、委贽。向君主献礼，表示臣服、归附。[40] 葵藿：葵、藿等草具有向日特征。[41] 溪毛：溪边野菜。《左传·隐公三年》："苟有明信，涧溪沼沚之毛……可荐于鬼神，可羞于王公。"[42] 玉敕：帝王命令。[43] 野荐草僚：谦辞。地位低微的人。[44] 那儿阿希儿一千一百三十八年流路加噫打月亦实念日：伊斯兰教的纪年、月、日。那儿阿希儿即希吉拉，一千一百三十八年应为公元1725年，流路加噫打月应为伊斯兰历6月，亦实念日为七曜日之一，应为伊斯兰历星期一。苏禄为信仰伊斯兰教的国家，故使用伊斯兰纪年。伊斯兰纪年称为"希吉拉历"（拉丁文作Anno Hegirae，简写 A. H.），公元622年7月16日是伊斯兰元年1月1日。伊斯兰历法的月份名有专称，源于阿拉伯语。1月，穆哈兰（Muharram）；2月，赛法尔（Saphar）；3月，赖比尔·安外鲁（Rabi 'al - Awwal）；4月，赖比尔·阿赫勒（Rabi 'al - Akhir）；5月，朱马达·乌拉（Jumāda al - 'Ula）；6月，朱马达·阿黑赖（Jumāda - al - Akhirah）；7月，莱哲布（Rajab）；8月，舍尔邦（Sha 'bān）；9月，莱麦丹（Ramadān）；10月，绍瓦勒（Shaww āl）；11月，祖勒·盖尔德（Dhu al - Qa 'dan）；12月，祖勒·罕哲（Dhu al - Hijjah）。伊斯兰教历纪元与公元纪元的换算法：公历＝伊历÷1.031＋622；伊历＝（公历－622）×1.031。

【简析】

雍正四年（1726年），苏禄苏丹首次向清廷进贡。七月二十五日，苏禄使团到达福建泉州目湖港，携带表章一匣，包括汉字和番字表各一。在汉字表文中，叙述以华人龚廷彩为正使的苏禄使团搭乘遭风飘至苏禄的中国商船前来进贡，并声称如果皇帝允许，苏禄在3年后再来进贡。文末署伊斯兰教纪年、月、日。这一表文在《清实录》中也有记载，但较为简略：

> 苏禄国王苏老丹臣母汉末母拉律林表言：臣僻居荒服，远隔神京。幸际昌期，未由趋觐。迩来天无烈风淫雨，海不扬波，知中国必有圣人。臣捧阅历朝纪事，原有觐光之例，是用遣使臣龚廷彩、阿石丹，奉臣赤心，仰陈彤陛，敬献本国所产土物，聊效野人负暄之意。①

---

① 《清世宗实录》卷五八，雍正五年六月丙申条。

文书基本信息表

文书种类	表文	头辞	苏禄国苏老丹臣母汉末母拉律林稽首顿首，奉表大清国皇帝陛下万岁万万岁
发送者	苏禄苏老丹母汉末母拉律林	尾辞	谨拜表以闻
接受者	中国雍正皇帝	正文文体	骈文体
纪年标准	伊斯兰纪年：那儿阿希儿一千一百三十八年流路加噫打月亦实念日	正文内容	进贡中国
语言种类	古代汉语译文	用典来源	《尚书》、《左传》、《列子》

2. 乾隆十八年（1753年）苏禄国王乞隶中国版图表文

苏禄国臣苏老丹[1]嘛喊咪麻安柔律嶙[2]为谨陈披赤[3]输诚仰祈睿鉴事。窃臣僻处海域，远隔神京。望圣明如日月，未由[4]景仰；思膏泽[5]若雨露，实切[6]瞻依[7]。念臣先祖父致竭厥诚[8]，于雍正四年、乾隆五年幸邀天宠，敕许入贡，颁赐龙珍，荣及子孙。迨臣嗣立，且夕惕励[9]，思继先志以求永国祚而贻后世。霑圣德之流馨[10]，时深爱戴；沐天恩之覆载，日切尊亲[11]。恪遵常典[12]，恭敬入贡。缮修小国微芹[13]，只充溪沼之毛[14]；竭尽海外精诚，恐干卤莽之愆。惟是焚香北拜，敬遣亲臣万查喇赍奉表章、国土、物件，伏望鉴臣赤心，俯容[15]不腆[16]。更念臣依区区蕞土[17]，介于强邻，庸才驽劣，未制顽悍[18]。仰冀皇帝陛下，大德敦化，中外咸怀保赤；鸿恩远播，夷狄尽欲子来[19]。臣愿以疆土、人丁、户口编入中国图籍，听任指挥。庶泰山可压邱垤[20]，凤凰必惊燕雀，则三宝颜[21]、干丝仔[22]等闻风远避，臣得袵席[23]攸安，仰德庇于化日[24]之余。倘蒙钧旨[25]喜纳，恭候纶音[26]天降，臣来年编籍晋上，即为中国黎元[27]。伏恳矜臣部落荒陬，实表远人之慕化；委质[28]事君，窃比葵藿[29]之倾心。乞施怀柔至意，不胜受恩感激。臣诚惶诚恐、顿首稽首，谨拜表以闻。伏乞睿鉴施行，臣不胜待命之至。

乾隆十八年七月 日，苏禄国臣苏老丹嘛喊咪安柔律嶙跪奏。①

批语：览王奏。进贡方物，具见悃忱，知道了。尔国远隔重洋，输诚向化，良可嘉尚。所请将疆土、人丁、户口，编入中国之处，已允部议。毋庸赍送图籍。已有旨了。该部知道。②

【注释】

[1]苏老丹：苏丹。[2]嘛喊咪麻安柔律嶙：苏禄苏丹穆伊速丁。[3]披赤：披露忠诚之心。[4]未

---

① 罗福颐：《国朝史料拾零》卷一，文海出版社1980年版，第99—102页。
② 此段批语根据国家中国第一历史档案馆《清代中国与东南亚各国关系档案史料汇编》第2册（菲律宾卷）的书前插图辨识。

由：无由。[5]膏泽：滋润作物的及时雨；比喻给予恩惠。[6]实切：实在；的确。[7]瞻依：瞻仰依恃。表示对尊长的敬意。[8]致竭厥诚：竭尽忠诚。[9]惕励：警惕谨慎；警惕激励。《易·乾》："君子终日乾乾，夕惕若厉，无咎。"[10]流馨：遗泽，遗香。[11]尊亲：尊崇父母或祖先；尊仰而亲附。[12]常典：常例；固定的法典、制度。[13]微芹：微薄的礼物。[14]溪沼之毛：山涧中的草。《左传·隐公三年》："涧溪沼沚之毛。"[15]俯容：俯就容纳。[16]不腆：谦辞。不丰厚，不富足。[17]蕞土：狭小国土。[18]末制顽悍：不能制服蛮横强悍。[19]夷狄尽欲子来：夷狄都愿意受到文明教化。《论语·子罕第九》："子欲居九夷，或曰：'陋，如之何？'子曰：'君子居之，何陋之有？'"[20]邱垤（dié）：小土堆。[21]三宝颜：菲律宾南部棉兰老岛西部，与苏禄群岛遥望，濒临巴西兰海峡。1635年，西班牙殖民当局在三宝颜修筑军事石堡，成为楔入菲律宾南部穆斯林地区的桥头堡。1663年，西班牙殖民者放弃堡垒。1717年，西班牙殖民当局决定重修三宝颜堡垒，逐渐发展为军事移民城镇。[22]干丝仔：菲律宾吕宋地区。该地区在被西班牙殖民后被称为"干丝腊"等名称，均为西班牙卡斯蒂亚王国（Castilla）的音译。[23]衽席：床褥与莞簟。借指太平安居的生活；使得平安。[24]化日：太阳光。[25]钧旨：尊称上司的命令，是古代社会对帝王将相下的命令或发表的言论的尊称。[26]纶音：帝王诏令。[27]黎元：百姓。[28]委质：又作委挚、委贽。向君主献礼，表示臣服、归附。[29]葵藿：葵、藿等草具有向日特征。

【简析】

乾隆十八年（1753年），苏禄向清廷递交表文。这一表文是国家关系中的一则奇文。由于受到西班牙殖民势力的威胁，苏禄国王上表请求将国土和人民交由中国统治。国内一些惯常的看法认为外国与中国建立朝贡关系主要目的在于经济利益，但这一表文内容表明朝贡关系并非完全为经济关系，政治、军事、安全也是朝贡关系中的重要内容。

苏禄这份表文原件现在依然收藏在中国第一历史档案馆中，根据出版的图片资料，该表文用中文由右至左竖写，在末尾时间上加一方长方形印鉴，该印四周粗框装饰有繁复的纹路。另在表文前端录有乾隆的朱批谕旨。

乾隆帝对苏禄请求奉纳版籍的要求不忍当即拒绝，而是等到苏禄贡使到达京城之后再议："该国远隔重洋，原可无庸准其内附，但若因此又行驳回，令其远涉波涛，非国家柔远之道。此时且不必拒绝，第照例料理来京，俟唠独万喳喇到后，交与部臣定议，再降谕旨。"① 苏禄贡使到达京城后，乾隆正式下旨："览王奏。进贡方物，具见悃诚。知道了。尔国远隔重洋，输诚向化，良可嘉尚。所请将疆土、人丁、户口编入中国之处，已允部议，毋庸赍送图籍。"② 清廷对海外的"蛮触相争"一贯保持中立，不愿意卷入无谓的纷争之中。

苏禄这份表文有一个"译语"版本。"译语"即借用汉字标音书写外国文字，表示天下"书同文"之意。闽浙督抚将这类"译语"称之为"表文虽属汉字但系番字"③。我国明、清两代的《华夷译语》系列中，有《满剌加国译语》、《苏禄番文》和《苏禄译语》等马来语汉字标音词汇著作。明清时代苏禄等国使用的马来文字为阿拉伯字母构成的爪夷或爪威文（Jawi），这可由台北故宫博物院收藏使用爪夷文字的苏禄国"番字咨文"等外

---

① 《清高宗实录》卷四四八，乾隆十八年十月庚寅条。
② 《清高宗实录》卷四七六，乾隆十九年十一月戊寅条。
③ 中国第一历史档案馆：《清代中国与东南亚各国关系档案史料汇编》第2册，菲律宾卷，国际文化出版公司2004年版，第209页。

交文书证明。

　　清代使用汉语标音翻译的这些"译语"如果没有原文，难以对其回译，因此无法对这种文本进行标点的工作。以下苏禄表文"译语"中有众多字前加"口"字偏旁，这是古代汉语对外来语音译的特殊标识。但这标记音译的方法，却导致与原有"口"字偏旁的汉字相混淆，诸如"咩"、"噶"、"呵"、"喳"、"喊"等字，是"羊"、"葛"、"可"、"查"、"咸"的音译汉字，还是汉字本身，均无法确定。

　　苏禄国苏老丹嘛喊味麻安柔律嶙加胼噫万埃苏禄利也本也三猫踏林呠笃廪务胼务胼翰猫垅厘三排简祹呀其胼营甲吧胼缎果皇帝惟央吗谙褒干加胼安吗马江呵南那吃犁真也胼律氏览胼力营呠芜尉营惟央夜那奄末吗思佛览吗骗胼礁营吧胼咻呀胼比学那宜里惟央奄末目萨远吁营呠呒葛营呠胼宜惟安喃猫厘加揀加限吧胼咻彦呐礁领雅咻呀胼胼噫胼央万垅呀胼里吧胼骗胼礁合万挨氏仙营呠万垅呀勿里密喳唠营噫里礁胼含务胼貌吁营惟央犁呒山那干葛氏株厘惟央吗那目吧胼班之容咻呀胼吗律邪远营呠呒葛营吗加噫里嶙祹胼喝致咻呀唠惟央万之容貌夏朗营伊株安末礁喃吗思佛角加营安营呠耳务胼罕营沙律礁垅彦呀呀猫胼哞营吧胼万吗僯打干加胼安营马加劳里系株胼胼噫呠加踏学丹咻呀胼噫胼噫哈吧胼营唠厘吧胼沙呐万垅呀呠吗里哈猫沙呠营呠加胼噫安营吗加勿思佛胼览马骗力礁吧胼猫垅谈拔吗那吗那呠哪咻彦呐咻葛唯呒厘伊株吁厘咻呀胼猫唠旦礁胼唠悦营伊株亨呀览马挨胼咻呀唠呒宜里伊株吁厘咻加唯旦礁胼唠悦营马加呵干惟央览密骞伊株呵礁胼旦礁万伦若几呵达氏哈万呵呠加营礁安加胼惟央奄末目萨缎果皇帝吗加噫呠胼里时株胼褒胼雅笃哈吧胼咻加唯胼噫呵干巴厘哈猫咻呠呠加胼安缎果皇帝伊株呠胼宜咻吧突雅胼褒胼缎果皇帝伊株笨厉加礁干垅彦胼噫吗礁夏厘加那呵礁那吗垅加比惟央奄末万那垅雅吧胼咻加唯拔吗那吗览密骞胼宜咻吧突褒胼缎果皇帝伊株厘加礁干惟也胼胼噫吗礁呵悦惟央奄末慈律哞加力吗那吗那希咻加那务雅结职呠目萨沙踏吗务寔干那夏呀哈吧胼麻垅吁垅央加致夜胼安呵逸沙呠感麻唯胼里吧胼伊株咸猫缎果吧啰绞臣沙里使丹嘛喊味麻安柔律嶙买遇汝云株山哈吧胼咻咻乌垅曰日奄末哈吧胼在也安耶伊株胼喘万礁唠惟央胼里比里胼里吧胼咻呀胼旦礁胼曰日惟央奄末日目萨踏咻乌垅安咻乌垅目萨耶伊株缎喃啧览吗营呠赖乌垅安咻乌人喋奕武唠胼宜吁申呠因沐呠咻乌垅安咻真也呵干里柔猫沙营押汝胼欣览吗营马加呵干霞那礁胼沙踏咻呀胼览吗礁萨勿伊株厘奄密彦致吁里吧汝加申沙里使丹嘛喊味麻安柔律嶙麻呵呐喊末骗间里礁胼吧干缎果皇帝吧胼霞胼万卯骗沙里吉沙里吉夏里也吧胼三把罕胼里吧呀喊末缎果吧汝绞臣沙里使丹嘛喊味麻安柔律嶙哈巴胼缎果皇帝吧胼霞万猫里吗临哈吧胼缎果皇帝呵干臣吧胼安喊末缎果吧汝绞臣沙里使丹嘛喊味麻安柔律嶙惟央知呵踏来也吁摆也胼里吧胼萨匪微色根喊味缎果沙律礁知呵踏胼猫呠知胼噫加施胼伊株吧胼万微遮胼干吗汝耶干胼宜里苏禄旱咻厘奄密厘末雅胼呵悦恩吧也吗勿厘押池哈吧胼营吗加惟央礁那苏禄沙踏咻呀胼哒洛呠兜营咻加唯达胼思踏厘沙胼霞干吁厘啥缎果吧汝绞臣沙里使丹嘛喊味麻安柔律嶙哈巴胼缎果皇帝呵干万那万那唠噫加翰咻缎果皇帝吧胼喋奕营呠噫喝营览密坚胼惟央垅彦麻寔礁学咻万胼营引礁霞吗加胼里氏株胼噫呠喊末缎果吧汝绞臣沙里使丹嘛喊

味麻安柔律嶙挽人戎垅彦猫里武犁务加里哈吧脀缎果皇帝沙里吉淡猫呀立末营吗廉沙踏挽人戎厨江目萨猫垅奋戾乌垅吽山茗曰沙里吉吽猫系沙里吉思排喊末缎果吧夏汝绞臣沙里使丹嘛喊味麻安柔律嶙嶙脀戾吗那完哈吧脀脀噫干系也引礁霞马加夏呐脀喊猫缎果吧汝绞臣沙里使丹嘛喊味麻安柔律嶙呵干呵踏脀把落度郎脀里吧脀缎果皇帝加吽那缎果皇帝伊株耶唠脀噫惟央奋末双遇班那氏吗加惟央喊猫缎果耶脀惟央礁唠脀汝萨葱吗加吗那加喊猫缎果吗览鄙厘厘里雅而加茗武干哈吧脀缎果皇帝思排也喊猫缎果山株咧脀里脀猫咳也咧葱咧株吽览密坚脀宜甘吗那绞脀宜喊猫缎果万者里脀噫吗荽猫致沙加脀班葱吉目萨吽吉职咧加唯吗僟干缎果皇帝柔呀惟央脀戾网遇猫知班葱吉目萨吽吉职咧加唯呀孕礁夏吽览密坚脀宜浮脀喊猫缎果吧汝绞臣沙里使丹嘛喊味麻安柔律嶙挽柔戎哈吧脀缎果皇帝加施骆驼咧株吽奇咧株浮伴驴咧株吽奇咧株浮男伴思排也猫汝厘脀戾安吽孕踏吗加加踏安巴三马限伊株勿参脀赖咧株猫力安南周足戾毛福咧株安南周足赖毛福吽加犁氏咧把双吽网交咧把双吽顺帛丹咧把双吽加弄加犁赖加右吽甲寅浮致赖加右吽北加苏禄奋戾加右吽直葛巴寔赖加右吽桢杞咧株淡巴烟吽仙人我朗咧洞吽色色咧洞罗厘咧株吽产呵咧干同武雅若呵礁营哈吧脀缎果皇帝脀里吧唠丹蚋到律氏怡希力时垅安咧万脀营夏致缎果吧汝绞臣沙里使丹嘛喊味麻安柔律嶙哈吧脀缎果皇帝加安那无干雅八突哈吧缎果皇帝呵干猫垅呵吧呵吧同那雅哈吧脀缎果皇帝览密坚脀遇力惟央喊末加施限脀宜脀雅里吉职沙呐猫咧加唯姑垅民礁窀笨垅彦猫脀里务窀笨哈吧脀缎果①

文书基本信息表

文书种类	表文	头辞	苏禄国臣苏老丹嘛喊味麻安柔律嶙为谨陈披赤输诚仰祈睿鉴事
发送者	苏禄国王苏老丹嘛喊味麻安柔律嶙	尾辞	臣诚惶诚恐、顿首稽首，谨拜表以闻。伏乞睿鉴施行，臣不胜待命之至
接受者	中国乾隆皇帝	正文文体	骈文体
纪年标准	中国纪年：乾隆十八年	正文内容	进贡并奉献版籍
语言种类	古代汉语	用典来源	《易经》、《左传》、《论语》

3. 乾隆二十七年（1762年）苏禄国王进贡表文

苏禄国苏老丹[1]臣嘛喊味麻安柔律嶙[2]谨奏：臣向受皇帝天恩至优至渥。皇帝一统寰区，臣属山海皆在皇帝覆载之中。惟微臣地处偏隅，出产无几，即略献微忱，亦不能躬亲诣阙，叩谢洪恩。闻岛人称颂皇上至圣至明，德同天地。臣时存向日[3]之心，本当年年进贡。十九年即欲遣使叩谢，奈过洋必由吕宋，因与伊相争，未能飞越。仰惟皇上仁恩浩

---

① 罗福颐：《国朝史料拾零》卷一，文海出版社1980年版，第90—99页。

荡，至德洋洋，所以祥云拥护，皆圣明之所感格[4]。所降谕旨，字字典型。是以普天率土，莫不钦奉一人。各国以土产争先贡献者，皇上悉加优奖，要徼[5]传颂。臣恭遣亲臣万查喇赍奉表章，另差兵目榄吗何甲，国目□通事王天谨，咟嗟合番丁吗直柔依眼□□□□冬牙咾吗来雍等贡献土产方物，伏望鉴臣赤心，俯容不腆[6]。去年吕宋发进番丁至臣国索取多物，臣畏其强悍，不得已饱其所欲。但向来天朝所产铜、铁、硝磺不准出境，臣国所用硝磺皆取自吕宋。今与彼相争，则硝磺得之无路。伏乞皇上天恩，准将铜、铁、硝磺赏赐些须，并乞天朝赏臣能造枪炮匠役四名，则可以防御吕宋，保守土地矣。再臣耕种田地并无驴驼，乞天恩赏给牝、牡各一对，庶几耕作有赖，衣食无忧。敬奉土产：珍珠两颗，剑一对，标枪一对，吹筒一对，西洋布两匹，花西洋布两匹，竹丝布四匹，藤席两床，丁香粒一罐，燕窝两小匣，玳瑁一匣，鹦鹉一个。臣部落民贫国小，惟任土作贡，表远人之慕化；委质[7]事君，比葵藿[8]之倾心。臣不胜诚惶诚恐。谨拜表以闻。

乾隆二十七年七月 日，苏禄国苏老丹臣嘛喊味麻安柔律嶙跪奏。①

【注释】

[1] 苏老丹：苏丹。[2] 嘛喊味麻安柔律嶙：苏禄苏丹穆伊速丁。[3] 向日：向着太阳。比喻忠心。[4] 感格：感于此而达于彼。[5] 要徼：边境蛮荒地区。[6] 不腆：不丰厚，不富足。[7] 委质：又作委挚、委贽。向君主献礼，表示臣服、归附。[8] 葵藿：葵、藿等草具有向日特征。

【简析】

乾隆二十七年（1762年），苏禄国王向清廷呈递表文，请求中国出口铜、铁、硝磺等军需物品，并请求赏赐驴、骡等动物。奏疏内谈及苏禄与吕宋的争端，反映了这一时期西班牙殖民势力在菲律宾群岛的扩张。

该表文质地为黄绫，纵30厘米，横136.5厘米，因遭水浸，有的字无法辨识。

文书基本信息表

文书种类	表文	头辞	苏禄国苏老丹臣嘛喊味麻安柔律嶙谨奏
发送者	苏禄国王苏老丹嘛喊味麻安柔律嶙	尾辞	谨拜表以闻
接受者	中国乾隆皇帝	正文文体	骈文体
纪年标准	中国纪年：乾隆二十七年	正文内容	请求中国赏赐军需物品等
语言种类	古代汉语	用典来源	

二、禀文例析

1. 光绪十二年（1886年）缅甸土司给中国地方官员禀文

具禀缅国稷祚土司坐把，会合区抹养城、抹打五城、蛮利、蠢动、瑞孤前后寨子、恩

---

① 李光涛：《明清档案存真选辑》初集，台湾"中研院"史语所，1959年，第239—241页。

岛洒五城、篯都城、得不允城、果领城、满杆城、洞足城、格列城、扪梗五城、瑞得择果振满仰城、例克焉得母坎八各土司，公遣阿麻己、发生弄等十人谨禀。

敬禀者：我缅国恭顺天朝数十代，原为藩属。惟自去年冬，英人用兵诈将小王擒去，送往英国，占住瓦城[1]并沿江各城，设有英官管理国政。是以各坐把土司会盟，同起义兵，齐心固守。屡次打仗，因英国船炮皆利，不能取胜。陆路我等坚守，恐亦难久支，势在危急，无可奈何。前曾两次专人前往天朝求发救兵，至今未蒙指示，实深焦急。兹特复遣阿麻己等再赴腾越，务恳转奏天朝大皇帝发兵救援，代为恢复。或恳求简派大臣前往英国调和，另立缅君管政，安抚百姓。纵英国已占水路之地不肯退还，即将我等未降陆路之地择立缅主，亦所至愿。即每年纳与英国租息些须亦无不遵。如英国皆不应允，则唯有拼命一战，胜则或有转机，不胜则我等男女情愿投奔中华，永为子民，势不受英人凌虐。万望各位大人念我等国破君亡，百姓无依，英兵时常攻打，如在水火之中，即速奏明大皇帝，或发兵救援恢复，或派大臣前往议和。如蒙允准，俾缅祀[2]得存，皆天朝锡于我等，缅民感戴恩德万代矣。谨禀。①

【注释】

[1]瓦城：阿瓦城。缅甸古都阿瓦，位于曼德里以南的伊洛瓦底江边，缅甸三朝古都，是缅甸历史时期的政治、经济、文化中心。1838年，阿瓦城在一次地震中被毁，最后被彻底抛弃。[2]缅祀：缅甸政权统系。

【简析】

光绪十二年（1886年）四月初二日，缅甸部分土司向云南腾越呈递禀文，请求中国援助缅甸复国。缅甸土司还提出，如果复国无望，愿率所部归属中国。

文书基本信息表

文书种类	禀文	头辞	敬禀者
发送者	缅甸土司	尾辞	谨禀
接受者	中国地方官员	正文文体	
纪年标准	中国纪年：光绪十二年	正文内容	请求中国援助抗英
语言种类	古代汉语	用典来源	

三、呈文例析

1. 乾隆三十三年（1768年）暹罗郑信递交中国礼部呈文

昭丕雅甘恩敕[1]恭进礼部大堂大人，三跪九叩圣上：前暹罗国王受天朝福荫，国泰民

---

① 岑毓英：《岑襄勤公奏稿》卷二六，光绪二十三年武昌督粮官署刻本，第34—35页。

安，犹如覆载，比连等国，不敢欺凌，乃乌肚番[2]不遵，围城三年，以致国破，若有奏请圣上，岂不发兵救助，焉肯使暹罗被乌肚番所破。今国王兄弟二人及各官，无人计及，止差甘恩敕前往沽泽汶调兵，迨至回暹，王城已破，金银被掠，人民被难，亦有逃遁山林，衣食俱无，如若圣上闻知，得无怜恤！但思向来入贡，叠受皇恩，而暹国宁静，连近别国，俱各钦服。今无福承受，山贼并起，乌肚番拨伊本国并汶仔国之人镇守，亦有各王臣与伊等相通，通国之人，无可依归。甘恩敕带人前去乌肚、汶仔镇守之处攻打逃遁，迨后乌肚、缦麻人等复来，与其大战，亦借天朝荫庇，各皆尽力对敌，乌肚人等大败，乃寻国王子孙未得，且有扶世禄、禄坤、高烈，各据一方，未曾归服。叩乞天朝皇帝庇荫暹罗，俾得恢复如前，比连各国必能钦服，并山贼相通之人，亦不敢复作。现无钱粮，欲向山林搜寻象牙、犀角、苏木等物，以为钱粮，供给镇守人等。因恐不足，未曾讨伐扶世禄、禄坤、高烈三处，暹国现在如此情形。有福为王者，必须天朝敕封，不然不能奉祀。若有天朝敕封，镇守之人同心协力攻打扶世禄、禄坤、高烈，三处清平，备船入贡，永为天朝臣仆。倘乌肚番兴兵复来，自然与其对敌。如圣上有旨令我出军，为叩谢圣恩随即前往，将此下情陈明，是否有合。但从前规矩礼例，已被乌肚番焚烧，从前暹王入贡事仪品物，启奏规矩，天朝定有册案，圣上如何恩旨，叩乞礼部大堂，俯念前例，备文来暹与知。

一千一百三十年[3]八月一日①

【注释】

[1]昭丕雅甘恩敕：郑信。昭：泰语 Chao。丕雅：泰语 Phya。[2]乌肚番：即乌土、乌图，指缅甸。[3]一千一百三十年：此时间为泰历纪年。公元638年3月22日至公元639年3月21日为泰历元年。

【简析】

乾隆三十三年（1768年），郑信差遣使臣陈美向广东地方当局呈递给礼部的呈文，要求中国政府册封新近崛起的郑信政权。清廷对这一请求回文拒绝。

文书基本信息表

文书种类	呈文	头辞	昭丕雅甘恩敕恭进礼部大堂大人，三跪九叩圣上
发送者	郑信	尾辞	叩乞礼部大堂，俯念前例，备文来暹与知
接受者	中国礼部	正文文体	
纪年标准	泰历：一一三十年	正文内容	请求中国册封新王
语言种类	古代汉语	用典来源	

---

① 《军机处·月折包》，第2771箱，69包，10482号，《译出甘恩敕呈礼部文》。

第三节　中国与东南亚国家朝贡平行文书研究

一、照会例析

1. 嘉庆十二年（1807年）云贵总督给缅甸国王照会

天朝云贵总督照会缅甸国王：本年四月间，接据迤西道顺宁府禀称，有贵国旧蛮暮土司孟干来至内地耿马地方，禀称系奉贵国王差遣投递缅文，并求到省面见本部堂等语。复据该道府将缅文译汉，并将原来缅文一并呈送前来。本部堂查阅缅文并非用蒲叶书写，又无贵国王印信。且孟干闻系已革土司，何以差令呈递缅文？疑有假冒，当经札饬该道府向孟干详细查问。兹据该道府禀呈，孟干禀称：此文实系我国王咨呈总督大人之件，历来均不用印，就是孟干非奉缅王差遣，也不敢擅入天朝地方等语。察其情词，想无假冒。

本部堂查阅译出缅文内称，哟打蜡勾结戛于腊[1]来杀孟连土司，天朝给与印信并衣顶一并被戛于腊抢去。又九龙江召三，天朝赏他官做，骂猛勾结戛于腊去杀召三，如今召三已不在九龙江，逃躲山上去了。因戛于腊常来打我们地方，如今我们要调兵去杀戛于腊，请总督大人帮我们兵将。其九龙江骂猛系召三脚下头人，在地方总不安分。骂猛勾结戛于腊总要来杀召三，因此才着孟干来投文，请给回文等语。查孟连土司刀派功系内地土司，如果无故被戛于腊所杀，天朝早已明正戛于腊之罪，岂有不严行查办之理！原因暹罗与尔国争斗，刀派功私自带领兵练、印信出境，与戛于腊寻衅。戛于腊不知是内地土司，黑夜内猝被戕害。倘刀派功尚在，天朝尚当治其私行越境滋事之罪。今既被戛于腊所杀，是其祸由自取。嗣据暹罗国王将印信查出，送入内地，并将戕害刀派功之人查明严办，具文请罪。是天朝所颁印信，既未敢留匿，而杀害刀派功之人，又经该国严办，实属恭顺。天朝断不能因一越境滋事有罪之土司兴兵问罪于暹罗。

又缅文内称召三，遍查案卷，天朝并无赏与官做之召三。至骂猛更无从查其来历。惟据孟干禀称，麻黑浪系前孟艮土司召三第四子等语。是召三为缅甸孟艮旧土司，骂猛如何要杀召三，是非曲直，内地不便查问。又风闻贵国欲将刀永和送回九龙江，令充土职等语。查刀永和本系猛笼土弁，从前因希图宣慰司世职，谋杀土弁刀太昌、召先，并过江焚烧房舍，曾经剿逐，逃往缅地。前已札饬贵国带兵头目召布苏，令其拿解内地治罪。如果此人现在缅地，自应缚送内地，岂有送至九龙江令其复职之理？想来此事贵国王断无此意。兹据该道府讯据孟干禀称，刀永和并未逃至缅甸，如果逃来，自当拿住呈献。九龙江系天朝土司，岂敢将罪人送入来做宣慰等语。但孟干之言，虚实难定。查刀永和犯罪逃窜之后，至今缉拿未获，或该犯潜匿贵国边境，煽惑夷民，散布谣言，亦未可定。请贵国王严饬沿边土目确查，如有刀永和潜匿境内，即行拿解内地办理。固足以昭贵国王恭顺之心，且边界少一招摇滋事之人，可不致互生嫌隙。

又据孟干向迤西道等面禀称，缅国查得九龙江内系天朝地方，江外乃缅国地方等语。

查九龙江土司共辖十三猛,名为十三板纳。其在江外者,尚有天朝五猛地方。百数十年来,疆界甚明,或系孟干不知中外交界,故有此禀。其九龙江外五猛之外,不隶天朝版图,本部堂不能越境管理。至内地九龙江土司,早经本部堂严饬安分守法,固守边境,不得稍有偏助。前年戛于腊与贵国争斗,戛于腊曾向九龙江土司借练借粮,该土司毫无帮助。总之,贵国与暹罗国臣服天朝,俱极恭顺,大皇帝恩同覆载,一视同仁,即或尔两国夙有仇怨,必欲动兵,天朝亦断无偏助一国之理。所有贵国请兵之事,天朝岂可准行。设或将来戛于腊势弱,前来请兵帮助,天朝又岂肯发兵帮助耶!惟尔两国用兵之地,与九龙江宣慰司边界相连,该土司本不敢偏助滋事。本部堂复严行饬谕,令其安分固守,防范边境,不许偏助一国。仍稽察所辖各猛,倘有被戛于腊引诱勾通者,立即严拿治罪,断不宽贷。贵国王亦应严饬带兵头目,毋得于内地九龙江所辖各板纳地方稍有侵犯。倘无知目练在内地所辖各板纳地方,或有强索粮食,强借兵练之事,则九龙江宣慰司岂能坐视,自当即饬目练擒拿,不少宽纵。本部堂仍当奏明,大皇帝明降旨意讯问,恐有未便。

至孟干禀求来省谒见一节,查中外境界攸分,外蕃土目即届期入贡之时,尚须奏明大皇帝,奉旨允准方许入关,从无私行入省之例。是以谕令赍持照会,速行回国,贵国王即查照办理。除照缮一通交孟干赍送外,恐其中或有舛错,仍另文由新街转递。到日贵国王自知天朝于外藩贡国覆载如天地,断无偏倚之心。而贵国王之恭顺天朝,益当竭其诚敬,毋为谣言所惑,致生疑虑。须至照会者。①

【注释】

[1]戛于腊:清迈地区。

【简析】

清代中国文献所称的戛于腊又名喀鱼拉、戈偎,其所辖范围为今天泰北的清迈地区。清迈是元明时期中国文献所称的八百媳妇国的中心地区。八百媳妇,又作兰那、揽那王国(意为百万稻田),兴起于13世纪中叶,以清莱、清迈两城周边为主要活动地域,直接统治及影响范围包括泰北、老挝、缅甸和中国西南普洱等地。

八百媳妇国自成立之初,就是周边大国争夺的对象。在中国元明时期,八百媳妇国被中国政府册封为八百宣慰司。1556年,缅甸东吁王朝攻占清迈,此后两百多年来八百媳妇国归属缅甸。八百大部地区虽被缅甸东吁王朝占领,但原土司首领避居景线(今清盛),被称为小八百。入清以后,八百仍在设法入贡中国以寻求保护。雍正六年(1728年),云南官府在边境思茅、橄榄坝设官戍兵,以扼通缅门户,"老挝、景迈二国皆来贡象,缅甸震焉";雍正九年(1731年),"景迈使至普洱求贡,乞视南掌、暹罗,云贵总督鄂尔泰疑而却之"②。清代中缅战争之初,清军攻入缅境,孟艮(今缅甸景栋)、八百一带土司主动归附中国。乾隆三十一年(1766年),清廷在孟艮设孟艮土指挥使,在八百地区设整卖

---

① 故宫博物院编:《清代外交史料》,嘉庆朝二,1932年版,第4—7页。
② 魏源:《圣武记·征缅甸记》卷六。

（即景迈）宣抚司、景线宣抚司、六本（今南奔）土守备、景海（今清莱）土守备4个土司①。后来清军失利，缅甸重新控制孟艮，整卖等地土司与清朝的联系又被隔断。

乾隆三十二年（1767年），暹罗阿瑜陀耶王朝被缅甸攻灭，不久郑昭起兵复国建立吞武里王朝，乾隆四十年（1775年），暹罗军队占领清迈。乾隆四十一年（1776年）到乾隆五十六年（1791年）清迈被反攻的缅甸军队再次占领。不久，暹罗再次收复清迈，来自暹罗北部南邦公国（Lampang）的昭喀维拉（Chao Kavila）被任命为清迈首领。嘉庆五年（1800年），喀维拉使用砖石材料重建清迈内城，从东、南两个方向扩大城市规模。喀维拉统治下的清迈逐渐发展成为该地区重要的商业中心，成为暹罗北部与中国交往的重要门户。史载从今云南西双版纳南部边境，可从陆路通至暹罗的景迈及国都曼谷等地："商人由车里出外域贸易者有四道：一由易武猛白乌经猛岭，一由大猛龙至猛岭，一由猛混、猛艮至猛八，以上三路均可至暹罗之景梅一带。其由孟艮西过达角江，则走缅甸路也。"景梅即景迈，当时已是人烟稠密、商贾云集，从清迈"至暹都水路十六天，陆程十二日，至盘安水路半日便可以到莫洛缅"②。另外从云南思茅进入老挝丰沙里，向南穿过琅勃拉邦，再向西也可进入泰国清迈地区。喀维拉死于嘉庆二十年（1815年），享年73岁。

清迈归附暹罗后，清代官方使用"戛于腊"对清迈重新命名。戛于腊实际上来源于对清迈统治者Kavila的中文音译。对此，清代官方文献将其清晰地记载为"夷目戛于腊"，后也使用"戛于腊"指代地区名称、民族名称。泰国也使用"戛于腊"作为地名称呼。当代清迈分为Nakhon Ping、Srivijaya、Mengrai和Kavila四个城区，其中的Kavila城区位于最东端。

道光《云南通志·南蛮志·种人》记载："暹罗国戛于腊，又名戈偻。额颅畜发一撮，周身刺花、草、禽、兽等纹，故又名一撮毛、花肚皮，性情强悍，不穿衣裤，仅以红布缠头，白布遮盖下体。喜食酸、辛，间则赌斗枪、刀，凶恶无比。"③戛于腊人因额头蓄发一撮，被称为"一撮毛"，因肚皮有纹身，也称"花肚皮"。戛于腊有另外一个称呼"戈偻"，为戛于腊的另一种译音。另据道光《普洱府志》卷十八"人种志"称：普洱境内有一种少数民族"戛于腊"，"又称一撮毛、花肚皮，暹罗流入者"。表明清代戛于腊人有从暹罗迁移而来中国境内的。《竹叶亭杂记》记载："云南土司，惟宣慰司最大，秩四品。其地隶版图而为南掌、老挝所奴隶，每蹂躏索馈献，有喀鱼拉者为尤甚。宣慰司初尚富，今已凋敝，则不胜其扰，而喀鱼拉之来更频。思茅同知辖是境也，能为之逐喀鱼拉，即为称职。"④此条材料中，戛于腊也被称作喀鱼拉，经常入侵并勒索云南境内土司财物。

清迈归附暹罗后中国改称其为戛于腊，这不仅仅是地名变迁，而是表明清迈及其邻近区域长久以来形成的地缘政治格局发生变动，从16世纪中叶以来缅甸独自占领这一地区到18世纪末最终形成暹罗、缅甸各自占据一区的局面：清迈归属暹罗，孟艮（景栋）归属缅甸，南掌受到暹罗的进一步控制。新的地缘政治格局中，暹罗成为最大的赢家，不仅

---

① （道光）《云南通志稿》卷一三六。
② 黄诚沅：《滇南界务陈牍·刘春霖普洱边界图说》卷中。
③ 方国瑜：《云南史料丛刊》第十三卷，云南大学出版社2001年版，第392页。
④ 姚元之：《竹叶亭杂记》卷三，中华书局1982年版，第87—88页。

占领了清迈,连南掌也在其影响之下。缅甸虽然继续控制着景栋,但在该区域两百多年的主导地位基本丧失。由于暹罗、缅甸在这一地区的持续斗争,波及了邻近地区的车里、孟连两中国土司,暹罗、缅甸两方的土司不仅进入车里、孟连两土司管辖地界,而且还介入中国两土司内部的权力斗争。

嘉庆十年(1805年),清迈与缅甸景栋头目争斗,景栋头目要求中国的孟连土司出兵援助,土司刀派功贪图得利,私自携带印信及士兵300人出境。刀派功率部行经与清迈结盟的孟养住宿时遭到突然袭击而被杀,土司印信遗失。云贵总督照会缅甸、暹罗代为寻找,次年三月,清迈将孟连土司印信交回。

嘉庆十二年(1807年),缅甸头目孟干呈递禀文,叙述缅甸与暹罗所属清迈的争端过程中,有中国境内的土司介入,要求中方发兵帮助缅甸。中方在回复缅甸的照会中声明严守中立的政策,并拒绝孟干前往云南省城谒见的请求。缅方还对九龙江之西13版纳中的5猛提出领土要求,云贵总督郑重声明该区域属于中国。

这一地区新的地缘政治格局虽经历了19世纪下半叶西方殖民势力的猛烈冲击,但依然保持稳定。"二战"之后新兴民族国家的边界划分也未改变这一局面。不过,由于历史、地理、经济、文化、民族、宗教等各方面的内在联系,这一地区虽然分属4个不同国家,但交流依然强劲。1993年泰国政府正式提出中、老、缅、泰"黄金四角计划"(Quadripartite Economic Cooperation,QEC)、"五清沟通计划"(清迈、清莱、景栋、景通即琅勃拉邦、景洪)的经济发展规划,主要针对澜沧江湄公河的结合部,中、老、缅、泰四国的毗邻区,包括中国云南思茅地区和西双版纳傣族自治州8市县、老挝上寮地区5省、缅甸东部掸邦4县1特区、泰国清迈府和清莱府,总面积约18万平方公里,人口近500万。这一计划可谓是悠久历史在当代的回声。

文书基本信息表

文书种类	照会	头辞	天朝云贵总督照会缅甸国王
发送者	中国云贵总督	尾辞	须至照会者
接受者	缅甸国王	正文文体	
纪年标准	中国纪年:嘉庆十二年	正文内容	答复缅甸请求出兵一事
语言种类	古代汉语	用典来源	

2. 嘉庆十三年(1808年)云贵总督、云南巡抚给缅甸国王照会

天朝云贵总督、云南巡抚照会缅甸国王:上年本督部堂接据普洱道禀知,有贵国头目召布苏带领缅练数千,追逐戛于腊[1],来至车里土司界内橄榄坝屯聚,经该镇道专差特札谕遣,该缅目虽将缅练陆续撤退,尚有三四百人未散。本部堂、部院查橄榄坝是内地土司地方,中外疆域攸分,非该缅目应行驻兵之所。况戛于腊已去,该缅目自应将缅练全数撤出境外,何得留屯数百人惊扰边地?本部堂、部院念贵国王臣服天朝,极为恭顺,断无纵容召布苏擅入边地之理,是以照会贵国王速饬召布苏带练退出界外,并嗣后毋任再行擅入

等因。去后，嗣又据普洱镇道禀称，镇道等委派文武官员，带领兵练前赴九龙江巡查，召布苏差二召布等前来求见，禀称召布苏带练来至橄榄坝驻扎，实防戛于腊折回抄袭后路，并不敢于内地边境稍有侵犯。今大兵已到江上，戛于腊不敢复来，我们缅练自当全行撤退。因召布苏在猛养被戛于腊攻围甚急，请天朝官员谕令戛于腊暂行撤退，召布苏即来面禀一切等情。经带兵之思茅同知、游击作札，遣令兵役持谕戛于腊，以尔等与缅子接仗，内地断不偏助。惟尔等争斗之处，距内地土司边界甚近。尔等倘敢惊扰内地，决不轻恕。戛于腊接谕，甚为畏惧，即将夷练撤退。因此，召布苏方得脱身，于十二月二十六、七等日连次求见，仍禀请帮兵攻打戛于腊。该同知等将天朝断无偏向发兵帮助之理详细晓谕，并宣示大皇帝威德。尔等前次擅入土司界内驻扎，不即发兵驱逐，实念尔国王平素恭顺之故。该缅目再三叩谢，禀称嗣后再不敢擅入求助，并与宣慰司刀太康及各猛土司相见，约定此后两不偏助，毋稍猜嫌。召布苏即禀辞，带领出境，退回该国地方，是召布苏犹知仰体贵国王恭顺之意也。

兹于本年二月底，后据普洱镇道抄送召布苏汉字禀本督部堂禀帖一件。接阅之下，殊为诧异。查尔国咨呈内地文件，向用蒲叶缅文，今此禀何以忽用纸写汉字，又无印信？且召布苏不过贵国边境带兵之头人，所有禀商事件，应禀请贵国王咨呈内地，或该缅目禀知思茅厅，由思茅厅转禀。从无该头目径给本部堂来文之例。又该目自称大召布，管理蛙麻准十三猛之主等语，尤属无理之至。召布苏不过尔国边上头目，职分甚微，理宜小心恭顺，安分守法。即贵国王亦系天朝臣子，管理一方，境内之人不过称之为王。今该目竟敢自称为主，是该目已目无贵国王矣。

又称孟连、九龙江一带十三板纳地方都是天朝、缅国钱粮赤子，求总督大人将刀太康同五猛大小弁目遣赴江干[2]，商议地方事件，使钱粮百姓怎样得安居乐业、耕田种地等语。查孟连土司刀派功前因越境滋事，为戛于腊所害。尔国尚以戛于腊戕害内地土司，禀求兴兵问罪，是孟连为天朝所属，贵国之所深知。至九龙江地方，自天朝定鼎之初，即经刀穆祷首先归顺，赐以宣慰司职衔。令刀氏子孙世袭，年纳钱粮，已二百余年。宣慰司所属共十三板纳，其橄榄坝、普藤、猛腊、猛乌、乌得、倚邦、易武、猛旺、整董、六困十土弁在九龙江之内，猛笼、猛阿、猛遮三土弁在九龙江之外。凡承袭宣慰司，历由内地查明刀氏宗图拣选，奏请钦定，与尔国毫无干涉。即如尔国边界蛮暮等处地方，皆附近内地，而蛮暮土司又于乾隆年间曾蒙赏给印信，然收粮袭职等事仍听尔国自行办理，天朝尚从不过问，况孟连、车里本系天朝所属，该缅目自必深知。既属天朝，岂有兼属尔国之理？大皇帝臣隶万分，凡是贡国，悉为子臣。今禀内忽称孟连、车里都是天朝、缅国钱粮百姓，求本郡堂遣令宣慰刀太康及各土目遣往江上商议怎样使百姓安居乐业等语，是诚何言？想该目之意，不过因尔国与戛于腊构衅，该目不能速为完事，倘再被戛于腊打败，又可窜入内地边界，以为屯扎退避之所，并可借以需索九龙江土司地方牲畜粮食，其居心实属狡诈。至于内地土司夷民，自有内地官员督率土司妥为经理，有何不能安居乐业之处？该缅目所禀种种悖谬，与该缅目前见内地官员时面禀恭顺光景大不相同。因思该缅目本不认得汉字，或有汉奸潜逃该地，凭空捏造，否则或由该缅目字识[3]从中怂恿，以连年与戛于腊构衅，屡为所败，又缅国猛勇、整线、整欠等地方皆被戛于腊占去，粮少练单，是以不能取胜。惟车里地方介于缅甸、戛于腊之间，进可以抄袭，退可以屯扎，且借称中外两属之地，则粮练缺少之际，即可就近借用。而戞于腊一闻内地土司出练助粮，必以为天朝帮助缅国，更足以震慑其心，并恐有刀永和于中挑唆，以为该犯曾充猛笼土弁，江外三猛地方均所熟悉。若以两属之言先行尝试，如内地不加申饬，即可借端派使夷民，不愁粮练缺少。该缅目受其愚弄，因而有此一禀。其不用缅文而用汉字，此该缅目为汉奸字识欺蒙之明证也。

贵国王恪恭藩服，断不任听该缅目妄为。特以远在阿瓦，相去车里边界甚远，亦无由察知，但此事本部堂、部院若奏明大皇帝，天威震怒，不但尔国缅目等不能当此无理妄谈之重咎，且失贵国王素日恭顺天朝之诚。本部堂、部院不忍因一无知缅目使贵国得罪天朝，姑将召布苏汉字禀帖照抄发交贵国王自行查办。照会到日，即速饬问召布苏，此禀如果是汉奸捏造或由字识与刀永和怂恿，该缅目不识汉字，为其所愚，即将汉奸字识严拿，并刀永和一同擒送内地治罪。如实系召布苏有心尝试，此等无知缅目久留边上，万一于内地土司地方稍有侵犯，其时即当进兵驱逐，势必致起边衅。贵国正与戞于腊有事，岂能当又与天朝起衅耶？且戞于腊既与贵国相争，如一闻内地用兵，即不待内地使令，即行乘机深入尔国地方，彼时该缅目等腹背受敌，悔之何及！

本部堂、部院仰体大皇帝如天之仁，凡入贡之国能始终恪守臣职，即至千万年可以不动兵革。如任听边界头目妄思侵扰边地，亦断不轻恕。贵国王务须速饬召布苏，令其将是否知情明白禀复。如系刀永和从中播弄，即将刀永和擒献内地。如系汉奸字识所为，即将汉奸字识解送，以凭内地尽法惩治。倘竟系召布苏意存尝试，冒昧具禀，即将召布苏撤回，另安明白土目，庶足明贵国王诚心恭顺，仰承大皇帝太平无疆之庆，慎勿姑容边目，致开嫌隙，自外于大皇帝覆载之恩。利害显然，毋得自误。贵国王查办之后，仍用缅文详细咨复，以凭核办。须至照会者。①

【注释】

[1]戞于腊：泰国清迈地区。[2]江干：江边；江畔。[3]字识：文书。

【简析】

嘉庆十二年（1807年），缅甸边界头目召布苏以追击戞于腊为由带兵进驻中国车里土司所辖橄榄坝。中方派兵前往巡查交涉，缅军撤退。但嘉庆十三年（1808年），缅甸边界头目召布苏递交禀文声称孟连、车里土司属于中国、缅甸两属土地，要求中方将这些地方头目派往边界与缅甸会商地方事件。云贵总督为此照会缅甸国王，斥责缅甸所谓的"两属"主张，指出这些地方几百年来就已归顺中国。对缅甸边界头目的狂妄行为，中方要求缅甸国王进行管束、惩戒。

这是一篇史料价值很高，涉及中国、缅甸、泰国、老挝边界走向的文献。原属中国13版纳中的猛乌、乌得后来归属老挝。

---

① 故宫博物院编：《清代外交史料》，嘉庆朝二，1932年，第15—22页。

第五章 清代中国与暹罗、缅甸、南掌和苏禄往来朝贡文书研究

文书基本信息表

文书种类	照会	头辞	天朝云贵总督、云南巡抚照会缅甸国王
发送者	中国云贵总督、云南巡抚	尾辞	须至照会者
接受者	缅甸国王	正文文体	
纪年标准	中国纪年：嘉庆十三年	正文内容	斥责缅甸边界头目召布苏声称车里、孟连为中国、缅甸两属的主张
语言种类	古代汉语	用典来源	

3. 嘉庆十七年（1812年）云贵总督伯麟给暹罗国王照会

天朝云南普洱府思茅同知所属之车里宣慰司管理九龙江等处地方，西连缅甸，东接南掌，其南有整迈、腊管等处，传闻本属缅甸地方，后为夷目夏于腊[1]所据，投归贵国，渐将缅甸之整欠、猛勇等处夺获，仍复连年与缅甸构衅不已。其争战之地，即与内地土司毗连。查贵国与缅甸均为天朝藩服，俱极恭顺。大皇帝恩同覆载，一视同仁，断不肯偏助一国。本年四月中，有缅甸目练三百余人被夏于腊击败，逃入车里土司界内，寻觅小路遁回缅地。夏于腊随后追至，竟驻扎江干，借粮借练。该土司因奉内地禁谕，不敢借给。而夏于腊辄疑土司将缅练藏匿，仍在彼驻扎，不肯撤退。迨内地文武官前往查明该土司并无偏护藏匿，叠发札谕遣退。夏于腊仍复逗留，是以内地即派官兵前往驱逐。夏于腊闻知畏惧，始行率众遁去。似此不遵谕遣，本部堂、院原应即时奏明大皇帝发兵剿捕。因念贵国恭顺天朝，每届三年航海入贡，仰蒙大皇帝恩赉至优极渥，断无令所属夏于腊扰及天朝土司地方之理。或因相距路远，贵国王未能知此情形，抑或夏于腊假托归附贵国之名，以为恐吓缅甸之计，均未可定。为此照会贵国王，务必查明。夏于腊如系贵国所属，迅速饬令该头目等，嗣后与缅甸争战，毋许再有一人擅入车里土司边界，致滋惊扰。倘夏于腊并非贵国所属，则假托贵国之名惊扰天朝土司地方，是贵国王多年恭顺之诚，因若辈而失，尤应迅速查明，亟加惩办，以明心迹。至夏于腊与缅甸相争，则在内地境外，天朝原不过问也。本部堂、院以贵国王久列藩封，夙昭诚悃，用是特为照会，伫候回复，以凭核办。①

【注释】

[1] 夏于腊：泰国清迈地区。

【简析】

嘉庆十七年（1812年），云贵总督照会暹罗国王，要求管束夏于腊不得因与缅甸争斗而进入中国领土，重申在暹罗与缅甸争端中，中国政府严格奉行中立政策。

---

① 故宫博物院编：《清代外交史料》，嘉庆朝四，1932年版，第1—3页。

文书基本信息表

文书种类	照会	头辞	
发送者	中国云贵总督	尾辞	
接受者	暹罗国王	正文文体	
纪年标准	中国纪年：嘉庆十七年	正文内容	要求暹罗国王管束夏于腊，不得侵犯内地土司
语言种类	古代汉语	用典来源	

4. 道光二年（1822年）云贵总督、云南巡抚给缅甸国王照会

天朝云贵总督、云南巡抚为照会事。照得云南边界车里地方与贵国孟艮等处壤，该土司刀绳武袭职拟来，与孟艮头目召布苏等向敦邻封[1]之谊，和好无嫌。从前其叔刀太康代办土司时，正值夏于腊[2]与贵国连年争斗。刀太康恪遵内地法度，从不稍有偏护。嗣后刀绳武亦遵循无异，此贵国所深知者。

兹闻召布苏差遣瑞令底瓦等来至九龙江外，适刀绳武在彼查边，瑞令底瓦等将刀绳武诱赴孟艮，声称系因拿获老挝，搜出宣慰司印信缅文，内有刀绳武约令南掌谋害刀太康，并有同攻孟艮之语，欲令刀绳武与老挝质对等情。查老挝等六人本系刀太康拿获，其搜出缅文一张虽有宣慰印信，据刀太康查系奸夷召士鼎将收存钤印空白捏写刀绳武之言，欲图倾陷，以泄私忿。且据刀绳武以伊与刀太康并无深怨，何肯招令外域来攻，先扰自己疆土。至与孟艮更无嫌隙，实在非其所为，剖辩甚力。今此项缅文既为召布苏所得，自应移询宣慰辨明真伪。即使事在可疑，亦当禀请内地文武各官查究确实，治以应得之罪。召布苏等何得辄将刀绳武诱赴孟艮？况车里与孟艮中外攸分，该缅目擅遣其属入内，亦大冒昧矣。本应饬行文武率领兵练声问其罪，但念贵国服事天朝，素称恭顺，且贵国王远居阿瓦，恐不能知此情形。其咎止在召布苏等不知轻重所致。为此，照会贵国王，速即转饬孟艮召布苏等将车里土司刀绳武立即送回，务令嗣后边境辑睦，不可怀疑构怨，致堕奸夷召士鼎术中。倘召布苏等将刀绳武淹留不遣，则是不遵贵国王之谕，获罪天朝，本部堂、院必当奏明大皇帝严行惩办，致使贵国王素日恭顺之忱因此而失，谅非所愿。且前项印文是否系召士鼎捏造，内地正须验明查究，当一并交与刀绳武带回，以凭彻底根究，分别办理。至本年春间夏于腊被莽练[3]击败，必图报复。彼时内地断不许刀绳武稍有偏助。但此时睦邻修好，亦召布苏等所当先务，其即转谕孟艮等各缅目遵照是为至要。须至照会者。①

【注释】

[1]邻封：邻国。[2]夏于腊：泰国清迈地区。[3]莽练：莽子土兵。清代"莽子"一词所指不确，有时泛指缅甸："缅甸，土人呼为老缅，或呼为莽子，盖指前酋之姓。"（《啸亭杂录》卷五）有时又大致

---

① 故宫博物院编：《清代外交史料》，道光朝一，1932年版，第24—27页。

指缅甸接壤中国西双版纳一带的掸族:"莽人,其先隶缅甸部落,夷人称其长曰'莽纪',遂以为姓。"(《皇清职贡图》卷七)

【简析】

道光二年(1822年),缅甸孟艮头目以中国车里土司刀绳武企图联络南掌进攻孟艮为由,派人前往车里边界诱使刀绳武前往孟艮后扣留。云南督抚照会缅甸国王,指责其擅闯中国领土,要求放归刀绳武。中方保证在缅甸与戛于腊争端中严守中立。

文书基本信息表

文书种类	照会	头辞	天朝云贵总督、云南巡抚为照会事
发送者	中国云贵总督、云南巡抚	尾辞	须至照会者
接受者	缅甸国王	正文文体	
纪年标准	中国纪年:道光二年	正文内容	要求释放中国车里土司刀绳武
语言种类	古代汉语	用典来源	

二、咨文例析

1. 乾隆二十六年(1761年)苏禄国咨厦门同知汉字咨文(抄稿)

苏禄国苏老丹[1]嘛喊味麻安柔律嶙[2]为咨详事。嶙缘僻处荒陬,地瘦民贫,商贾罕至,文人绝迹。每欲遣使奉贡天朝,乃无文人誊书汉字,又乏唐船[3]附搭前来,是以稽延岁月。兹本年四月初十日有商船石万顺遭风收入敝国,嶙恭请皇上龙体万安,通船商贩颂扬皇上隆恩广济,万国效诚,普天共庆,嶙不胜欣幸。本拟遣使趋承[4]丹陛,再达微诚,奈土产未登[5],余珍未由[6],兼风汛以迫,是以不敢鲁莽。用是[7]敬遣番目等吧啰绞缎赍带国书一折,恭请贡期,伏祈转详,为嶙题请。倘蒙皇上柔远深仁,念嶙赤心,谕旨准贡,来年自当买棹[8]遣使前来,依旨朝贡。为此备咨,伏祈转详。须至咨者。

右咨厦门分府。

大清乾隆二十六年七月初八日咨①

【注释】

[1]苏老丹:苏丹。[2]嘛喊味麻安柔律嶙:苏禄苏丹穆伊速丁。[3]唐船:中国船。[4]趋承:就教;接受教益。[5]土产未登:土产未获丰收。[6]余珍未由:遗留下的珍宝没有途经进献。[7]用是:因此。[8]买棹:买船。

---

① 中国第一历史档案馆:《清代中国与东南亚各国关系档案史料汇编》第2册,菲律宾卷,国际文化出版公司2004年版,第28—29页。

【简析】

乾隆二十六年（1761年），苏禄国王派遣使者搭乘飘风至苏禄的中国船只来到厦门呈递咨文，请求来年正式遣使进贡。

乾隆二十七年（1762年），苏禄国王果然派遣使者进贡，在表文中请求清廷援助炮位、匠役、硫磺等抗击西班牙殖民者。清廷对这一请求依照惯例拒绝。这是清代苏禄最后一次遣使中国。

文书基本信息表

文书种类	咨文	头辞	苏禄国苏老丹嘛喊味麻安柔律嶙为咨详事
发送者	苏禄国苏老丹嘛喊味麻安柔律嶙	尾辞	须至咨者
接受者	中国厦门同知	正文文体	
纪年标准	中国纪年：乾隆二十六年	正文内容	请求来年朝贡中国
语言种类	古代汉语译文	用典来源	

2. 乾隆五十三年（1788年）缅甸咨文

孟陨系瓮籍牙第四子，自幼为僧。因兄懵驳[1]死，侄坠脚牙[2]袭位，淫恶不法，殄灭身亡。头人迎我掌管国事，我深知懵驳父子行事错谬，蒙大皇帝恩德如天，撤兵以后不加征剿，感激殊深，屡欲进贡，因暹罗国时相侵扰，并移建城池，未得备办。今荷大皇帝洪福远庇，缅地得享安宁。特差心腹大头目业渺瑞洞、细哈觉控、委卢撒亚等遵照古例，赍送表文、象只、贡物，恳请转奏送京。①

【注释】

[1]懵驳：孟驳。[2]坠脚牙：赘角牙。

【简析】

乾隆五十三年（1788年），缅甸向云南地方官递交咨文，希望与中国建立起正式的朝贡关系。

---

① 师范：《滇系》典故第四册，光绪丁亥重刻本，第45—46页。

文书基本信息表

文书种类	咨文	头辞	
发送者	缅甸政府	尾辞	
接受者	中国地方官员	正文文体	
纪年标准	中国纪年：乾隆五十三年	正文内容	请求进贡中国
语言种类	古代汉语译文	用典来源	

三、函件例析

1. 乾隆八年（1743 年）吕宋国王来书

西洋[1]分理吕宋[2]等处地方国王启上两广制台大人麾下：祸缘英黎贺兮[3]安损[4]客岁[5]往游香山澳地方，至六月来宋地逞凶，劫掠甲板，内载西洋国饷及货物一网打尽，寄泊广地。兹整修甲板四只，总统刑其力郎安敦吓奇罕耶前来捉获追究原船，伏冀念外涉劳瘁[6]，国费维艰，锄强恶助，远方革清凶虐，以体大清国天子仁爱之心，感德靡疆。倘若纵其肆行，每年间有商船来往，受累匪轻。第念广、宋邻封[7]，休戚相关，谅无不施恩究偿，使逆恶知所儆省[8]。近闻安损将复回本国招集船只再来行恶，此葛藤不断，真有触处靡聘[9]矣。后来有所嘱托，无不依命。春风南渡，虔修尺牍，拜候鸿禧[10]。

右启。①

【注释】

[1]西洋：西班牙。[2]吕宋：西班牙殖民地菲律宾。[3]英黎贺兮：英吉利。[4]安损：又译乔治·安森（George Anson，1697—1762 年）。[5]客岁：去年。[6]劳瘁：辛苦劳累。[7]邻封：邻居。[8]儆省：使人觉悟，反省。[9]此葛藤不断，真有触处靡聘：如果不清除干净，将会出现后患。[10]鸿禧：洪福。

【简析】

这一函件内容涉及英国与西班牙在 18 世纪上半期爆发的战争。1743 年，英国舰队在菲律宾海面抢劫了西班牙大帆船的财宝，后漂流到广州。西班牙在菲律宾的殖民总督即所谓吕宋国王闻讯后派舰队前往广州捉拿英国人，为此发函要求中国两广总督协助。值得注意的是，西班牙总督并未说明英国、西班牙两国交战这一背景，而是将英国船只说成是"往游"澳门时，顺便到吕宋抢劫，更加凸显英国船只的海盗性质。

---

① 中国第一历史档案馆：《清代中国与东南亚各国关系档案史料汇编》第 2 册，菲律宾卷，国际文化出版公司 2004 年版，第 42 页。

这一吕宋国王来函没有标明时间，但根据函中提出派舰队前来广州捉拿依然在港内的英国船只，发函时间应该是乾隆八年（1743年）。清初中国与吕宋派遣至明朝政府的使者有所接触，但此后就维持在地方交往层次。这一信函是清代中国与吕宋国王（西班牙殖民总督）交往的重要资料。

安森船队来华这一事件的具体背景和过程如下：

在欧洲奥地利王位继承战争（1740—1748年）期间，英国与西班牙为敌。早在1739年10月，英国已经对西班牙宣战。1740年年底，英国海军准将乔治·安森率领一支舰队绕过合恩角，进攻位于南美洲西海岸上的西班牙殖民地。舰队在风暴季节通过合恩角，以致舰船连续遭到暴风雨的袭击，舰队被暴风吹散，安森率领剩下的3艘沿南美洲海岸进行海盗抢劫，并计划前往巴拿马与英国另一支舰队会合。当得知这支舰队在卡塔赫纳遭惨败之后，安森决定横渡太平洋，伏击每年从阿卡普尔科驶向马尼拉的西班牙大帆船。1743年，舰队抵达菲律宾附近海域，安森指挥"百夫长"号俘获了一艘西班牙运送大量财宝的大帆船。但"百夫长"号此时已经残破不堪，船员三分之二因败血症死亡，船只必须停靠港口整修、补给，否则将面临覆灭，英国船只最后幸运地到达中国广州海域。在1748年出版的《环球旅行记》一书的第三部分有5个章节记载了乔治·安森舰队于1743年在中国广州的种种经历。

安森船队的旗舰"百夫长"号于1743年7月14日抵达广州虎门海域，要求进入广州进行修理和补给，遭到中国地方官员的拒绝。但安森带着他的舰队强行通过了虎门要塞。对于安森舰队进入广州海面一事，《清实录》有一珍贵记载：

> 据署广东总督策楞等奏：上年（1742年）十一月内，英咭唎国巡哨船只，遭风坏船，飘至澳门海面，并遣夷目撑驾三板小船，径至省城，恳求接济水米。沿途水塘汛弁，绝无盘诘稽查。后经督抚准令湾泊内海，接济口粮，采买木料，修理船只，俟风信便时，饬令出口。策楞随将海口毫无查察之副将王璋、并不早为揭报之总兵焦景竑题参。夫题参固当，然亦该省向来因循之所致也。马尔泰到任后，当亟力整顿。至王安国，虽无节制总兵之责，但地方公务，皆职守所关，必协力同心，诸凡商酌，于事乃克有济。若抚臣于海疆诸务，推诿武职，而肩承不力，或镇臣玩视巡抚，而呼应不灵，不但失和衷之道，且于地方公务，必致贻误，岂朕委任之意。用是特降谕旨，著该部即行文该省督抚、镇臣等知之。①

《清实录》所录的两广总督奏折中记载的英船到达广东的时间与《环球旅行记》不同，但由于《环球旅行记》根据航海日志写成，应比两广总督奏折中转述的更为准确。

安森舰队闯过虎门不久，开始与中国官员接洽。中国官员按照入港的外国商船惯例，要求安森交纳关税，安森则声称"百夫长"号作为一艘军舰，没有任何理由缴纳关税。最后中国官员放弃了这一要求。

1743年7月16日，安森向广州当局送信，要求拜访总督。广州方面同意为舰队提供补给，但拒绝安森拜见总督的要求。中方在得悉英船关押大量从西班牙大帆船上俘虏的西

---

① 《清高宗实录》卷一九八，乾隆八年八月甲寅条。

班牙人后,要求释放他们。安森顺水推舟,释放了290多名早就成为英国人补给累赘的西班牙人。到了9月份,两广总督依然拒绝接见安森,对英国舰队提出的补给要求也没有答复。10月1日,安森前往广州城直接去找总督,但被广州行商阻拦了一个多月。11月26日,安森和他的手下帮中国人扑灭了广州城的一场大火,两广总督才终于同意在11月30日接见安森。会见场面隆重,广州官员全数到场,并安排了一场有10000名士兵在场的阅兵式。会谈中,安森提出中国官吏向外国船只征收苛捐杂税等问题,对于这些超出安森权限的问题,两广总督并未理睬。两广总督随后颁发了允许英国人装载各种补给品的批文。

1743年12月7日,得到充分补给的英国船起锚离开广州,10日驶出虎门,"百夫长"号返程经过虎门时,中国官兵排兵布阵向舰队示威。15日,这艘英国船最终从澳门离开前往英国。安森的船只在中国前后总共停留了5个月。

安森的"百夫长"号船作为军舰,在没有得到中国政府的允许下,非法闯入中国,这是对中国国家主权的严重侵犯。但广州当局出于人道主义考虑,还是允许其入港买卖食物并发给粮食等补给品,显示了中国人的胸襟。但安森在《环球旅行记》中对中国政府、人民进行了诸多负面评价,这完全出于当时西方殖民者的傲慢。安森竟然指责广州当局对英国军舰补给效率低下,他显然将中国地方政府当成了需要为英国服务的后勤部门。即使按照现代国际法,对于处在交战的敌对双方,中国政府也无任何义务对英国船加以特殊照顾。广州当局允许安森的船只在中国整修、停留时间长达5个月而未对其驱逐出境,这是对来路不明、流离失所的英国海盗船极大的恩赐。安森对广东政府的救命之举不仅没有半点感激之情,竟然要求中国待以座上宾,并违反中国的各项法律,抓扣中国境内民众,西方各类海盗们的丑恶嘴脸暴露无遗。不过,这一事件也显示出清代海防存在严重漏洞。虎门作为南海门户和海防要塞,竟然被基本失去战斗力的英国舰队轻易闯入,已经显示出清代海防力量与西方近代海权国家存在的巨大差距。

文书基本信息表

文书种类	函件	头辞	西洋分理吕宋等处地方国王启上两广制台大人麾下
发送者	吕宋国王	尾辞	右启
接受者	两广总督	正文文体	
纪年标准	中国纪年:乾隆八年	正文内容	要求广州政府协助捉拿抢劫西班牙大帆船的英国军舰
语言种类	古代汉语译文	用典来源	

2. 乾隆八年(1743年)复吕宋国王书(稿)

兵部尚书、总督两广部院马[1]字复吕宋国王知照。据分防海口文武各官呈缴该国王来书一封,内因该国商船上年曾被英吉利国番目安心[2]劫夺船货,今遣甲板船四只,欲图报复,并恳请天朝应援,以锄强梁等情。据此。为查上年英吉利番目安心之船本在洋面失风飘入内海并绝口粮，来求接济，缘天朝凡遇外洋遭风之船，向有抚恤之典，是以姑准寄椗，后闻该船之内竟有羁系吕宋之人，不忍歧视，随委员前往晓谕，勒令将原掳之人交出。倘或故违，即不准其湾泊。该番目安心亦谨遵天朝法度，共交该国之人二百九十余名，经委员押发[3]住澳番目[4]收领，搭船回国。此皆仰圣天子胞与[5]为量，扶绥万方至意。今该国王整顿船只，联艑而来[6]，于相近内洋寄椗湾泊，并求内地应援，其意在于复仇。但英吉利与该国同属天朝外藩，两国相与构兵已大非圣主同仁一视至意，而况无端应援，为该国报仇计乎？且即已上年而论，一闻英吉利掳掠该国民人之事，不待该国申请，即行勒令放还者，亦以仰体圣天子好生之德，为该二国和好之意耳！今之不忍两国之生衅，是犹前之不忍坐视其仇杀也。中外各有界限，该国来船四只，既未遭风，又非商舶，内地洋面不便久留。已檄饬地方文武各官传谕番目驾船回国。该国王当上体天心，与英吉利应各敦睦邻之谊，勿再生衅，转致日事葛藤[7]。本部院职守封疆，节制边海，有承宣圣化之责，特此，切嘱不一。①

【注释】

[1]马：时任两广总督的马尔泰。[2]安心：上一公文译作"安损"，即乔治·安森。[3]押发：押解发送。[4]住澳番目：驻扎澳门的外国代表。[5]胞与：泛爱一切人与物。[6]联艑而来：多艘船只一起前来。[7]日事葛藤：比喻麻烦不断。

【简析】

这是两广总督马尔泰答复西班牙驻菲律宾总督的复函。两广总督认为西班牙军舰未经中国同意即进入中国港口违法，而且拒绝了西班牙总督的协助要求。这一答复体现了中国不介入海外蛮夷之争的一贯政策。清廷既不愿意卷入海外事务，也不愿意在交战双方中挑拨离间，从中谋利。

文书基本信息表

文书种类	函件	头辞	兵部尚书、总督两广部院马字复吕宋国王知照
发送者	两广总督马尔泰	尾辞	特此，切嘱不一
接受者	吕宋国王	正文文体	
纪年标准	中国纪年：乾隆八年	正文内容	拒绝西班牙提出协助捉拿英国军舰的请求
语言种类	古代汉语译文	用典来源	

---

① 中国第一历史档案馆：《清代中国与东南亚各国关系档案史料汇编》第2册，菲律宾卷，国际文化出版公司2004年版，第40—41页。

本章附录一：南朝中国与东南亚国家往来文书

南朝政权与东南亚国家之间有着密切的联系，双方之间往来文书具有佛教特色，这是我国历史上少有的以佛教作为正统意识形态时期。

1. 元嘉十年（433 年）呵罗单国王进贡表文

呵罗单国王毗沙跋摩奉表曰：常胜天子陛下：诸佛世尊，常乐安隐，三达六通，为世间道，是名如来，应供正觉，遗形舍利，造诸塔像，庄严国土，如须弥山，村邑聚落，次第罗匝，城郭馆宇，如忉利天宫，宫殿高广，楼阁庄严，四兵具足，能伏怨敌，国土丰乐，无诸患难。奉承先王，正法治化，人民良善，庆无不利，处雪山阴，雪水流注，百川洋溢，八味清净，周匝屈曲，顺趣大海，一切众生，咸得受用。于诸国土，殊胜第一，是名震旦，大宋扬都，承嗣常胜，大王之业，德合天心，仁荫四海，圣智周备，化无不顺，虽人是天，护世降生，功德宝藏，大悲救世，为我尊主常胜天子。是故至诚五体敬礼。呵罗单国王毗沙跋摩稽首问讯。①

2. 元嘉十三年（436 年）呵罗单国王进贡表文

大吉天子足下：离淫怒痴，哀愍群生。想好具足，天龙神等，恭敬供养。世尊威德，身光明照，如水中月，如日初出。眉间白毫，普照十方，其白如雪，亦如月光。清净如华，颜色照耀。威仪殊胜，诸天龙神之所恭敬。以正法宝，梵行众僧，庄严国土。人民炽盛，安隐快乐。城阁高峻，如乾陀山。众多勇士，守护此城。楼阁庄严，道巷平正。著种种衣，犹如天服。于一切国，为最殊胜吉。扬州城无忧天主，愍念群生，安乐民人，律仪清净，慈心深广，正法治化，供养三宝。名称远至，一切并闻。民人乐见，如月初生。譬如梵王，世界之主。一切人天，恭敬作礼。呵罗单跋摩以顶礼足，犹如现前。以体布地，如殿陛道。供养恭敬，如奉世尊。以顶着地，曲躬问讯。悉承先业，嘉庆无量。忽为恶子所见争夺，遂失本国。今唯一心归诚天子，以自存命。今遣毗纫问讯大家，意欲自往，归诚宣诉，复畏大海，风波不达。今命得存，亦由毗纫此人忠志，其恩难报。此是大家国，今为恶子所夺，而见驱摈。意颇忿惋，规欲雪复。伏愿大家听毗纫买诸铠仗、袍袄及马，愿为料理毗纫使得时还。前遣阇邪仙婆罗诃，蒙大家厚赐，

---

① 《宋书》，列传第五十七，夷蛮。

悉恶子夺去,启大家使知。今奉薄献,愿垂纳受。①

3. 元嘉二十六年（449 年）刘宋王朝颁发呵罗单策命

惟汝慕义款化,效诚荒遐；恩之所洽,殊远必甄；用敷典章,显兹策授。尔其钦奉凝命,永固厥职,可不慎欤。②

本章附录二：唐代中国颁发尸利佛誓国、骠国的文书

唐代是我国对外交流最为密切的时代之一,东南亚是唐代海上丝绸之路经过的重要地区。中国与该地区国家往来的外交文书存世数量不少。

1. 开元十二年（724 年）唐代赐尸利佛誓国制

尸利佛誓国三尸利陀罗拔摩,远修职贡,载勤忠款,嘉其乃诚,宜有褒赐。可遥授左武卫大将军,赐紫袍金钿带。③

2. 贞元十八年（802 年）唐代与骠国王雍羌敕书

敕骠国王雍羌：卿性宏毅勇,代济贞良；训抚师徒,镇宁邦部；钦承王化,思奉朝章。得睦邻之善谋,秉事大之明义。又令爱子,远赴阙庭,万里纳忠,一心禀命,诚信弥著,嘉想益深。今授卿检校太常卿,并卿男舒难陀那及元佐摩诃思那等二人,亦各授官,诰往至,宜领之。此所以表卿勋勤,申朕恩礼；敬受新命,永为外臣；勉宏令图,以副遐瞩。今有少信物,具如别录,想宜知悉也。冬寒,卿比平安,官吏、百姓等并存问之。遣书指不多及。④

本章附录三：宋代占城、淳泥进贡中国表文

宋代与东南亚国家的官方往来在两宋时期虽较为稀疏,但也有往来外交文书存世。

---

① 《宋书》,列传第五十七,夷蛮。
② 《宋书》,列传第五十七,夷蛮。
③ 《全唐文》卷二二,元宗（三）。
④ 《全唐文》卷六六五,白居易（十）。

第五章 清代中国与暹罗、缅甸、南掌和苏禄往来朝贡文书研究

1. 宋代占城国王进贡表文

臣僻处海隅，久被王灵之宠；远驰方物，聿修臣职之贡。辄转奉封，上干典属。窃以越裳重译，闻盛德而归周；槃木献歌，怀至仁而颂汉。惟一人笃迩而举远，故百蛮睦义而向风。况小邦虽称遐陬，在昔日盖为列郡。象林划邑，常归粤地之图；铜柱分疆，尚看伏波之迹。适乐中土，多有历年。方艺祖开基，首骏奔而来贺；迨累朝继绍，亦踵至而贡修。嘉种助于丰年，珍奇献于上苑。每荷蓼萧之泽，聿知葵藿之心。颁纶绰以丁宁，锡乘黄而繁庶。臣幸逢兴运，叨抚故封。文诏分辉，聊偷安于蚁垤；尧天在望，阻趋贺于龙庭。敢陈任土之仪，少效苞茅之贡。恭惟皇帝陛下，仁同一视，道合三无。舞干羽于两阶，诞敷帝德；执玉帛者万国，咸造王庭。岂止绥哀牢而开永昌，方将发西域而抚交趾。容光必照，不忘僻陋之区；岐道有夷，职在要荒之服。臣占风服化，就日驰诚。涉万里之瀛波，第勤输贶，梦九重之钧奏，徒怅戴盆，誓殚绵薄之忠，永答洪庞之施。①

2. 太平兴国二年（977年）浡泥国王进贡表文

浡泥国王向打稽首拜，皇帝万岁万岁万万岁，愿皇帝万岁寿，今遣使进贡。向打闻有朝廷，无路得到。昨有商人蒲卢歇船泊水口，差人迎到州，言自中朝来，比诣阇婆国，遇猛风破其船，不得去。此时闻自中国来，国人皆大喜，即造舶船，令蒲卢歇导达入朝贡，所遣使人只愿平善见皇帝。每年令人入朝贡，每年修贡，虑风吹至占城界，望皇帝诏占城，令有向打船到，不要留。臣本国别无异物，乞皇帝勿怪。②

本章附录四：明代中国与浡泥、苏禄往来文书

明代中国海外贸易非常发达，东南亚国家作为郑和下西洋路途经过地区与中国有着广泛的交往，保存有大量往来外交文书。

1. 洪武四年（1371年）浡泥国王进贡中国表文

浡泥国王臣马哈谟沙，为这几年天下不宁静的，上头俺在番邦里住地呵，没主的一般。今有皇帝使臣来，开读了皇帝的诏书，知道皇帝登了宝位，与天下做

---

① 黎崱：《安南志略》，中华书局2000年版，第156—157页。
② 《宋史》，列传第二百四十八，外国五。

主，俺心里好生欢喜。本国地面，是阇婆管下的小去处，乍消得皇帝记心，这几日全被苏禄家没道理，使国将歹人来把房子烧了，百姓每都吃害了。托着皇帝诏书来的福荫，喜得一家儿人没事。如今国别无好的东西，有些不中的土物，使将头目每替我身子，跟随者皇帝跟前的来的使臣去见皇帝。愿皇帝万万岁，皇太子千千岁。可怜见休怪。洪武四年五月，浡泥国王臣马哈谟沙表。①

2. 永乐十五年（1417年）明代中国给苏禄国王的敕谕

敕谕都马含曰：尔父知尊中国，躬率家属陪臣，远涉海道，万里来朝。朕眷其诚悃，已锡王封，优加赐赉，遣官护归。舟次德州，遭疾陨殁。朕闻之，深为哀悼，已葬祭如礼。尔以嫡长，为国人所属，宜即继承，用绥藩服。今特封尔为苏禄国东王。尔尚益笃忠贞，敬承天道，以副眷怀，以继尔父之志。钦哉！②

3. 永乐十五年（1417年）明代中国给苏禄国王的谕祭文

惟王聪慧明达，赋性温厚，敬天之道，诚事知几，不惮数万里，率其眷属及陪臣国人，历涉海道，忠顺之心可谓至矣。兹特厚加赏赉，锡以恩诰，封以王爵，俾尔身家荣显，福尔一国之人。近命还国，何其婴疾，遽焉殒逝，讣音来闻，不胜痛悼。今特赐尔谥曰恭定，仍命尔子承尔王爵，率其眷属回还。于戏！死生者人理之常，尔享荣禄于生前，垂福庆于后嗣，身虽死殁，而贤德令名昭播后世，与天地相为悠久，虽死犹生，复何憾焉。兹用遣人祭以牲醴，九泉有知，尚克享之。

---

① 宋濂：《宋学士全集》卷四，台湾商务印书馆，1986年影印本。
② 《明史》卷三二五，苏禄传。

第六章 清代中国与中亚国家往来朝贡文书研究

清代中国与中亚国家朝贡文书往来开始于乾隆平定准部、回部之后。准噶尔帝国灭亡后，原属准噶尔帝国邻部的哈萨克、乌兹别克诸部以及当代地理上属于南亚克什米尔地区的巴达克山（今塔吉克斯坦西南和阿富汗东北）、博罗尔（今巴基斯坦吉尔吉特地区）、巴勒提（今巴基斯坦巴尔蒂斯坦地区）和坎巨提（今巴基斯坦吉尔吉特西北）等地区纷纷向清廷递交投诚归顺表文，清廷也以敕谕形式回文这些国家，中国与这些国家和地区正式建立起宗藩关系。中国与爱乌罕（今阿富汗）也有了初步接触，两国间有外交文书往来。清廷经略中亚是唐代"安史之乱"放弃安西都护府1000年之后中国重返中亚地区①。

本书把博罗尔、巴勒提等现在属于南亚地理范围的国家也归入中亚国家范围。葱岭以南克什米尔地区与传统中亚国家往来密切，我国一些正史如《新唐书》、《明史》以及玄奘《大唐西域记》都将其列入"西域"部分，梁启超曾说："吾国史家所称西域，不惟包含印度，乃至地中海四岸诸国，咸括于此名称之下。"②

19世纪七八十年代，随着中亚及其邻近地区落入俄国、英国之手，英俄两国开始改变中亚地区与中国名义上的藩属关系。据光绪十九年（1893年）五月二十三日《薛福成日记》记载，英国占领坎巨提之后，拒绝中国莎车地方官员向坎巨提首领发布的"谕单"③。这一事件象征着朝贡文书在中亚地区的结束。

清代中国与中亚国家往来的朝贡文书种类主要是敕谕和表文。这些国家的表文以突厥文、波斯文或西蒙古文字写成，再由通事翻译成汉文。表文的内容体现了伊斯兰特色，时间为伊斯兰纪年。清廷颁给中亚国家敕谕的语言风格重在叙事，平实无华，很少引经据典。在外交文书中"用经、用典是有文化的认知要求的，相同的文化圈，引经据典可以强化官文书的论据作用，但不同的文化圈，大量的引经据典反而会削弱官文书的执行效力"④。

本章正文收录的中国与中亚国家往来的朝贡文书，主要包括中国皇帝发给中亚各国的敕谕，内容涉及清廷对这些国家的告诫以及仲裁这些国家之间的领土争端。而中亚各国呈递清廷的表文，以巴达克山、博罗尔、巴勒提等国尤为珍贵，这些文书体现了清代中国与帕米尔、克什米尔等地区交往历史。另外，也收录清廷颁给游牧到伏尔加河流域的土尔扈特汗王的3份敕谕。

在章末的附录部分，收录唐代、明代中国与中亚国家往来的多份朝贡文书。

---

① 没包含元代察哈台汗国的历史。
② 梁启超：《佛学研究十八篇》，上海古籍出版社2001年版，第101—102页。
③ 《薛福成日记》下册，吉林文史出版社2004年版，第813—814页。
④ 冒志祥：《论宋朝外交文书形态》，广陵书社2012年版，第106页。

第一节 中国与中亚国家朝贡下行文书研究

一、敕谕例析

1. 康熙五十一年（1712年）颁给土尔扈特汗阿玉奇敕谕

皇帝敕谕土尔扈特之阿玉奇：朕统御天下，抚育万邦，从不分内外，一视同仁，断然不二。据尔阿玉奇疏言：圣主向广阔无边之神瞻部洲[1]训谕教化，使不灭之金轮[2]谕训，导致生灵于康乐安泰之境，胜誉如同天雨降下，实不胜欣悦。将万众引向德化，恩赐如沧海之满福，更念流落天涯者，像上天似赐予希望。耳闻君之圣躬，君之谕训，如日之无玷，德威齐树，八宝俱全，天赋东土文殊舍利活佛[3]，秉公不偏，端坐金刚宝座，治理广域，使寰宇共乐升平。敬尊万灵之释迦牟尼佛法，广行边陲之地。今微贱之躯善在，更敬仰文殊舍利宗喀巴之教。今遣使之原委，在于卫藏地方，有达赖喇嘛之弟子，倘若有欲行善事者，彼处亦可行善。今为万物生灵怀仁德之菩萨，扶世为君，并以如来之十戒，引导教诲。今小的为主上之万寿，不时诵经，祈祷上三宝，祝佑圣躬康豫。扶持黄教，统一德化，向如沧海清明圣主，遣使启奏。所差遣之使，乃吾心腹小役，圣主若有密旨，请赐口谕。吾将圣主之敕训，同日月之永恒，借鉴不绝等语。尔阿玉奇，一向恭顺，进贡请安，输诚已久。然被策旺阿喇布坦阻截数载，未能相通，今又一心一意，自俄罗斯地方，遣尔心腹差役萨穆坦等为使，特向朕躬请安贡物，朕甚嘉奖。故朕心宠眷，施以殊恩，赏赐金银制五十两圆筒奶茶壶一具，五十两银制盆一具，酒杯一个，镂空雕花马鞍一个，各色绸缎三十匹，布二百匹，茶叶各四篓。赏多尔济拉布坦、沙克都尔札布绸缎各二十匹，布各二百匹，茶叶各四篓。尔所差遣之使萨穆坦、车臣、鄂木布、丹津等，也足赏银两、绸缎、布匹、茶叶等有差。再之，尔弟之子阿拉布珠尔，与其母同赴藏期间，策旺阿拉布坦与尔相猜交恶，道路被阻，不得返回，而困于嘉峪关之外，嗣后向朕叩乞而来。朕好生天下众生，故授封小子阿拉布珠尔为贝子，安置在党色尔腾[4]地方，年赏赐俸银、绸缎，使之生计有着，以致富裕矣。朕轸念尔自效顺以来，频行请安，一向化之举，亦念小子阿拉布珠尔与伊父及尔分散年久，用何计遣送之处，与俄罗斯商买头目哈密萨尔相询，哈密萨尔亦允送至时，朕正欲降旨接回阿拉布珠尔之随从，同俄罗斯一同遣往之际，适值尔差使者萨穆坦等前来，正合朕意矣。因此，特令侍读学士衔殷札纳、郎中纳颜、主事衔图理琛、护军校亚图、五品官拿纳等，手持敕书，会同阿拉布珠尔及其随从等人一并遣往。

康熙五十一年五月二十日①

---

① 满文见中国第一历史档案馆编《清内阁蒙古堂档》，内蒙古人民出版社2000年版，第452—458页；汉译见马大正、郭蕴华《〈康熙谕阿玉奇敕书〉试析》，载《民族研究》1984年第2期。

【注释】

[1]神瞻部洲：南瞻部洲。佛教四大部洲略称"四洲"，即东胜神洲、南瞻部洲、西牛贺洲和北俱卢洲，位于须弥山四方的咸海之中。[2]金轮：佛教信仰里的手持金轮宝、化被天下、统率四方的转轮圣王。[3]文殊舍利活佛：藏传佛教中对清帝的尊称。[4]党色尔腾：今甘肃西部党河、色尔腾河流域。

【简析】

敕谕原件为满蒙合璧，缮写在黄色缎幅上，纵40厘米，横200厘米，四周有墨色云龙边，满蒙文末均钤有"敕命之宝"御印，缎幅四周用宣纸裱糊成卷，两端装有木制卷轴，一端有骨制别针（见图6.1）。① 该敕谕原来秘藏在新疆维吾尔自治区和静县卓哩克图汗府，后在1979年与《雍正谕土尔扈特敕书》、《乾隆帝谕渥巴锡、策伯克多尔济、舍楞敕书》一起被人公诸于世，现存新疆维吾尔自治区档案馆。2002年，入选首批《中国档案文献遗产名录》。

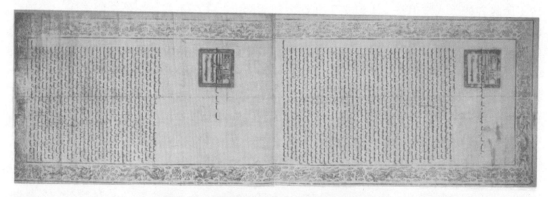

图6.1 康熙谕阿玉奇汗满蒙合璧敕书原件

康熙四十八年（1709年），土尔扈特部阿玉奇汗派遣萨穆坦出使清廷。因土尔扈特与准噶尔汗国交恶致使通中国的南路断绝，萨穆坦一行8人取道西伯利亚，经喀尔喀蒙古库伦，经过两年多时间，于康熙五十年（1711年）六月到达北京，向清廷"表贡方物"。萨穆坦使团的公开使命是为了与清廷交涉滞留中国的土尔扈特贵族阿拉布珠尔的遣返问题。但使团的秘密使命，中外研究者做过多种推测：或为商讨联合对付日益强大并威胁各自安全的准噶尔策妄阿拉布坦的势力；或为土尔扈特向清廷求援以对付沙俄对其独立自由的威胁。

康熙帝于萨穆坦来朝的第二年就破格地派出使团去土尔扈特部进行了回访。清廷派出的使团，由太子侍读殷札纳、理藩院郎中纳颜、内阁侍读图理琛及卫拉特人舒歌、米斯5人组成，同行的有随从武官和22名仆役，以及阿拉布珠尔的4名人员，共34人，这就是驰名中外的"图理琛使团"。使团于康熙五十一年（1712年）五月二十四日由北京启程，至康熙五十三年（1714年）五月渡过伏尔加河进入土尔扈特游牧地。六月一日到阿玉奇

---

① 马大正、郭蕴华：《〈康熙谕阿玉奇敕书〉试析》，载《民族研究》1984年第2期。

汗牙帐所在地马努托海附近。次日,阿玉奇汗举行了隆重的欢迎仪式。阿玉奇汗在会见使团时谈到沙俄不时断绝土尔扈特前往中国的道路,不仅不能向清廷进贡,也无法前往西藏礼佛。六月十四日,阿玉奇汗派属部各首领率兵护送使团返国,渡过伏尔加河后依依惜别。半年后,使团回到中国。

图理琛使团出访土尔扈特部,增强了清廷与土尔扈特的政治联系。"中国派了一个使团去土尔扈特那里试探情况,播下了一粒在半个世纪后才会成熟和结果的种子,那就是,使这些离家的游子重返他们的故土准噶尔。"① "我们设想一下,土尔扈特若不是由于中国甘言许诺因而长久怀有重归故土的想法,怎么可能在1771年突然决定离开他们已经生活了一个世纪的国土,同时又冒着旅途上的种种危险,而且前途未卜,就回到故土去呢?"②

文书基本信息表

文书种类	敕谕	头辞	皇帝敕谕土尔扈特之阿玉奇
发送者	中国康熙皇帝	尾辞	
接受者	土尔扈特阿玉奇汗	正文文体	
纪年标准	中国纪年:康熙五十一年	正文内容	回复阿玉奇表文并交涉滞留在中国的土尔扈特贵族问题
语言种类	古代汉语	用典来源	

2. 雍正七年（1729年）颁给土尔扈特汗王敕谕

奉天承运皇帝敕谕:土尔扈特汗安否?前阿玉奇汗仰慕吾圣祖皇父仁化,笃意遣使取道俄罗斯之路,上书请安,呈进方物。圣祖皇父,明鉴嘉许,特加施恩,遣使致意。彼时,阿玉奇汗曾欲假道俄罗斯再遣使臣,或为准噶尔所困,道路梗阻,或向俄罗斯假道未果,实难逆料。尔等土尔扈特部,虽远居边陲,然向行善事,人怀忠心,以诚远来,笃请圣安,圣祖皇父业明鉴。尔纳札尔玛穆特[1]之子阿拉布珠尔,随同其母来藏叩拜,返回时为策旺阿拉布坦所阻,兹念悯其不得返归,封为贝子,且已另行安置,施恩养育。悉闻阿玉奇汗已殁,朕嘉许其恭顺之举,待以仁德。今朕居龙位,念阿玉奇汗素以忠诚之心,请安于圣祖皇父,故命原副都统满泰、副都统达布什、副都统阿思海为使节,前往慰谕土尔扈特。余言由使臣面叙。特谕。

雍正七年五月十八日③

---

① （法）加斯东·加恩著,江载华等译:《彼得大帝时期的中俄关系》,商务印书馆1980年版,第89页。
② （法）加斯东·加恩著,江载华等译:《彼得大帝时期的中俄关系》,商务印书馆1980年版,第117页。
③ 马汝珩、马大正:《试论〈雍正谕土尔扈特敕书〉与满泰使团的出使》,载《民族研究》1988年第1期。

【注释】

[1] 纳札尔玛穆特：西迁土尔扈特第二代汗书库尔岱青的曾孙。

【简析】

敕谕原件（见图6.2）形制与康熙颁给阿玉奇的敕文相同，也为满蒙合璧，缮写在黄色缎幅上，纵40厘米，横200厘米，四周有墨色云龙边，满蒙文末均钤有"敕命之宝"御印，缎幅四周用宣纸裱糊成卷，两端装有木制卷轴，一端有骨制别针。① 此件敕书原来秘藏在新疆维吾尔自治区和静县卓哩克图汗府，后在1979年与《康熙谕阿玉奇汗敕书》、《乾隆帝谕渥巴锡、策伯克多尔济、舍楞敕书》一同公诸于世，现存新疆维吾尔自治区档案馆。2002年，入选首批《中国档案文献遗产名录》。

图6.2 雍正谕土尔扈特满蒙合璧敕书原件

雍正八年（1730年），雍正帝派出以满泰为首的使团出访伏尔加河流域的土尔扈特部，对其进行慰问。满泰使团一行于雍正九年（1731年）二月三十日抵萨拉托夫。土尔扈特首领、阿玉奇之子车凌端布多派遣宰桑刚达什、札布专程迎接。同年五月七日，满泰一行到达土尔扈特游牧地。五月十一日，阿玉奇汗遗孀可敦达尔玛巴拉、车凌端布多举行盛典，会见满泰使团。车凌端布多向使团表示：朝廷倘派大军进剿准噶尔，土尔扈特必获悉其信；倘有准噶尔人败北而窜入土尔扈特，在收留之后，再行奏闻。其母达尔玛巴拉更是向使团表示亲往谒见达赖喇嘛的意愿。满泰使团于五月二十四日启程返国。

文书基本信息表

文书种类	敕谕	头辞	奉天承运皇帝敕谕
发送者	中国雍正皇帝	尾辞	特谕
接受者	土尔扈特汗	正文文体	
纪年标准	中国纪年：雍正七年	正文内容	追溯清廷与土尔扈特友好往来并悼念阿玉奇汗
语言种类	古代汉语	用典来源	

---

① 马汝珩、马大正：《试论〈雍正谕土尔扈特敕书〉与满泰使团的出使》，载《民族研究》1988年第1期。

3. 乾隆三十六年（1771年）颁给渥巴锡、策伯克多尔济、舍楞敕谕

奉天承运皇帝敕谕土尔扈特台吉渥巴锡、策伯克多尔济、舍楞及众头目：吾驻伊犁将军大臣闻奏，尔等数万之众，不慕异教，眷念佛法，禀承朕恩，乞求前来。朕鉴于尔等不慕异教，眷念佛法而来者，殊为可嘉，明鉴施仁。再，渥巴锡、策伯克多尔济，均系旧土尔扈特，昔时属于俄罗斯之际，尔汗敦多克达什曾于乾隆二十一年，遣使赴藏熬茶[1]，行做善事等情，告俄罗斯代为转奏，乞求施恩，朕即仁慈鉴照施恩于彼，遣尔使吹札布等，赴藏诵经布施。今尔等诚心诚意，不忘佛经，既已归顺于朕，朕即睿照施恩尔等。尔后倘有赴藏叩拜熬茶，欲行善事，朕即施因，照尔之愿准行。另，舍楞者，乃为前与吾军争战而窜逃俄罗斯之人，今尔既怀念佛法，欲蒙朕恩，乞降前来，朕绝不究尔前罪，宽宥免罪，尚且施恩于尔。昔日讨伐尔时，倘被吾兵捕获，当要治罪，现既亲身来降，不仅无罪，尚与渥巴锡、策伯克多尔济同样施恩哉！再有，尔等自俄罗斯脱出前来，途经哈萨克游牧之地，声称略取哈萨克之粮食之，此也非紧经之事。然自此之后，尔等不得再于哈萨克之地滋生事端，惟有好生保持和睦。即是尔等之间，亦勿行盗窃之事，只有相互关照，慈爱老幼，承蒙朕恩，遵照朕旨而行，则外无事端，内无贼盗，安宁居住，黾勉不怠。又，尔等既自远道艰辛跋涉而来，故于安置尔等之时，朕业已降旨伊犁将军大臣等，指给良牧，安置水草丰美之地，歇身安居。当尔等来朝之际，定赏衔品，重施厚恩，著尔等蒙受存留之。特谕。

乾隆三十六年六月二十日

【注释】

[1]赴藏熬茶：熬茶又称煎茶，是一种由信徒向藏传佛教寺院发放布施的宗教活动，一般是由熬茶者向寺院僧众布施金钱或者酥油茶，而寺院的僧侣们则为之唪经祈福。明、清准噶尔部贵族以及广大蒙古族牧民，由于信奉喇嘛教，曾多次派遣喇嘛信徒和使者，赶着牲畜，沿途贸易后，赴西藏向喇嘛庙寺院僧众进行熬茶布施活动，史称"入藏熬茶"或称"进藏熬茶贸易"活动。

【简析】

原敕谕（见图6.3、图6.4）为满蒙合璧，缮写在黄色缎幅上，四周有墨色云龙边，满蒙文末均钤有"敕命之宝"御印。此件敕书原来秘藏在新疆维吾尔自治区和静县卓哩克图汗府，后在1979年与《康熙谕阿玉奇汗敕书》、《雍正谕土尔扈特敕书》同时公诸于世，现存新疆维吾尔自治区档案馆。2002年，入选首批《中国档案文献遗产名录》。

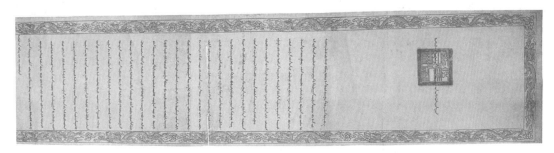

图6.3 乾隆谕渥巴锡等敕书原件的蒙文部分

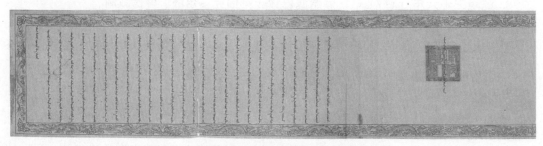

图6.4 乾隆谕渥巴锡等敕文书原件的满文部分

乾隆三十六年（1771年）一月，西迁游牧于伏尔加河近一个半世纪的中国土尔扈特蒙古部落，在年仅27岁的首领渥巴锡等人率领下，近17万人举部东归（东归路线见图6.5）。乾隆三十六年五月二十六日（1771年7月8日），东归的土尔扈特蒙古前锋部队在策伯克多尔济率领下，在伊犁河流域察林河畔与前来相迎的清军相遇。六月初五日（1771年7月16日），清军总管伊昌阿、硕通在伊犁河畔会见了刚刚抵达的渥巴锡、舍楞以及土尔扈特的东归主力部队和家属。初六日东归人员起程奔赴伊犁。十三日抵达伊犁会见舒赫德。在伊犁期间，舒赫德向渥巴锡反复申述了乾隆的旨意：要求东归首领来京入觐，但念其均未出痘，京城暑热，甚不相宜，而避暑山庄凉爽，在九月中旬可前往觐见。舒赫德还将专门从北京"六百里加急驰递"的《乾隆谕渥巴锡、策伯克多尔济、舍楞敕书》交给渥巴锡等。

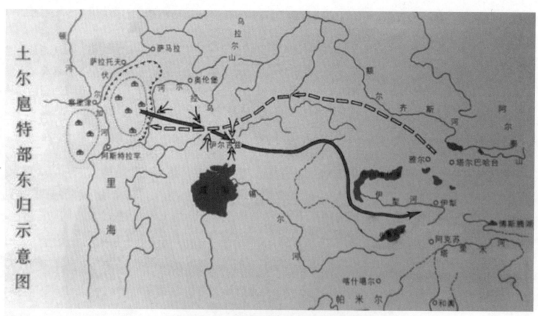

图6.5 土尔扈特部东归路线示意图

乾隆三十六年九月初八日（1771年10月15日）傍晚，渥巴锡于当日抵承德后即赶赴木兰围场伊绵峪觐见乾隆帝，进献礼品。渥巴锡将祖传腰刀进献给乾隆皇帝。除了这把腰刀，土尔扈特部还进献了马匹、鸟枪、铁盔等。乾隆帝以蒙古语垂询渥巴锡，在蒙古包里以茶食招待了他们。九月初九日，乾隆帝在伊绵峪围猎营地设盛宴，参加筵宴的大臣权贵、内外蒙古王公和卫拉特诸部首领有86人。渥巴锡等东归首领在伊绵峪参加规模盛大的一年一度的围猎。10天之后，乾隆帝又在承德避暑山庄澹泊敬诚殿（俗称楠木殿）接见渥巴锡一行，之后又在四知书屋和卷阿胜境个别召见渥巴锡并与之长谈。

对于回归的土尔扈特部落，乾隆制定了有效的安置措施，封渥巴锡为卓里克图汗（意为英武勇敢的汗），其余分别封为亲王、郡王、贝勒、贝子及各等公，并赏黄马褂、黄辔头等。另根据他们的爵位等级，赐给相应的顶戴冠服，并对其部众进行大力赈济。赈济物资计有牛羊20余万头，米麦4万多石，茶叶2万余封，羊裘5万多张，棉布6万多匹，棉花近6万斤以及大量毡庐等。乾隆对东归部落，众建分其势：将渥巴锡所部旧土尔扈特编为东西南北4路10旗，其放牧地安置在天山以南珠勒都斯地区，由伊犁将军管辖；舍楞所属新土尔扈特编为2旗，其牧地在科布多西南，由科布多大臣兼辖。

17世纪30年代，土尔扈特为寻找更为辽阔的牧场，在首领和鄂尔勒克率领下远徙伏尔加河流域，在那里经历了近150年、共7世8代汗王的统治。1771年，土尔扈特放弃伏尔加河流域游牧地而选择东归故土，这是一次民族迁徙的壮举，也是一曲游牧民族的悲歌。如果不把土尔扈特东归放在特定的框架下分析，而是将其放在历史演进的长时段视角检视，这一事件会呈现出耐人寻味的意义。从18世纪末开始，人类历史已经进入了一个转折期。长期以来游牧社会凭借超强机动性、高度组织性而在军事上压倒农耕社会的局面被彻底扭转，传统游牧社会面临一个艰难的抉择：要不灭亡，要不融入其他社会系统。准噶尔帝国的灭亡标志着游牧帝国最后荣光的消失。从地缘政治而言，18世纪末以来的中亚游牧社会已经处在大清、沙俄与英印三大帝国夹击的风暴眼中心。东归领袖之一舍楞的命运极具象征意义：先是作为准噶尔帝国的维护者叛逃到大清，后又叛逃到沙俄，走投无路后又返回故地。然而，东归后的土尔扈特部落未来的命运依然捉摸不定，近代以来中亚以及我国新疆发生的巨大政治变迁浪潮，将土尔扈特部落裹挟其中，其命运沉浮，可歌可泣。即使清廷和沙俄在20世纪初期均已崩溃，但游牧力量再也无法在草原上重新崛起。

人类面对宿命，大多数随波逐流，少数则坚持抗争。土尔扈特东归英雄们以绝大的勇气和生命的代价对抗各地强权，去追寻一个自由独立的梦想，去追逐一个美丽的家园，其行为虽然蒙上了堂吉诃德式的色彩，但其伟大的、不甘命运摆布的浪漫精神永远值得赞颂。1772年，法国在华耶稣会传教士阿米奥（即钱德明）将《土尔扈特全部归顺记》译成法文在巴黎发表，在按语中评论："土尔扈特人在逾越万千艰险之后，到达伊犁河流域，虔诚地吁请加入中华帝国许多藩属之列，是最光荣的事件。"[①] 1837年，英国文学家德昆赛在《鞑靼人的反叛》一书中赞叹："从有最早的历史记录以来，没有一桩伟大的事业能像土尔扈特跨越亚洲无垠的草原向东迁移那样轰动于世和激动人心了。"[②] 1939年，美国

---

① 《准噶尔史略》编写组：《准噶尔史论文集》（二），中国社会科学院民族史研究所编印，1980年，第405页。
② 《准噶尔史略》编写组：《准噶尔史论文集》（二），中国社会科学院民族史研究所编印，1980年，第405页。

作家 W. L. 芮弗在《土尔扈特》一书中则褒扬:"土尔扈特人的悲壮之举不是消失在历史上的传奇交界地区的一个孤立事件,而是人类永恒地追求自由与和平的一个真实范例,是值得我们传诵的一篇伟大的叙事史诗。"①

文书基本信息表

文书种类	敕谕	头辞	奉天承运皇帝敕谕土尔扈特台吉渥巴锡、策伯克多尔济、舍楞及众头目
发送者	中国乾隆皇帝	尾辞	特谕
接受者	渥巴锡等	正文文体	
纪年标准	中国纪年:乾隆三十六年	正文内容	优遇渥巴锡等土尔扈特首领
语言种类	古代汉语	用典来源	

4. 乾隆二十一年(1756 年)颁给哈萨克特芤敕谕

谕哈萨克特芤等:准噶尔地方,频年扰乱,厄鲁特等莫不颠连失所,而车凌、车凌乌巴什、阿睦尔撒纳率属数万归诚请命。朕统一寰区[1],中外不忍异视。因各加厚泽,逮[2]其属下,悉令得所。更念准噶尔部众,皆罹水火,特发大兵平定,使彼众咸登衽席[3],且欲尔等相邻部落,同享安居之福。因命将军大臣遣使谕尔。尔亦远慕皇仁,遣使启请于将军大臣,愿奉诏守法,经将军大臣转奏。朕鉴尔诚悃,方欲加恩,不意逆贼阿睦尔撒纳狼心辜德,于入觐时中途潜遁,是用未遑[4]降诏。今逆贼阿睦尔撒纳业就擒解京,额琳沁亦已为伯什阿噶什所杀,巴特玛车凌出痘身死。贼之党羽,剿除净尽,地方肃清。准噶尔人众,悉属朕之臣仆。朕谕令各守疆土,久远安居,勿得肆扰邻部。尔亦当约束属下,一如前日不扰准噶之人。尔若仰企仁风,愿沾恺泽[5],朕当令尔不离故土,仍尔故俗,子孙乐业,尚有殊恩。若尔谓哈萨克原属化外,不便内附,亦听尔之自便,朕不相强也。惟宜遵朕谕旨,严行约束属人,朕自加惠无已。用特遣侍卫宰桑[6],赍诏谆谕。尔奉到朕诏,宜体天朝休养群生之至意,以期永奉恩施。特谕。②

【注释】

[1]寰区:天下;人世间。[2]逮:及。[3]衽席:安定太平。[4]未遑:没有时间顾及;来不及。[5]恺泽:恩泽。[6]宰桑:蒙古官号,为汉语"宰相"的音转。此处指高级官僚。

【简析】

乾隆二十年(1755 年)九月,准噶尔阿睦尔撒纳归顺后复叛清廷,平准大业受挫。不久清廷获悉阿睦尔撒纳被擒获的信息(后证实为误传)。乾隆二十一年(1756 年)年

---

① (美)芮弗著,凌颂纯等译:《土尔扈特》前言,新疆人民出版社 1988 年版。
② 《清高宗实录》卷五〇六,乾隆二十一年二月壬子条。

初，清廷发布敕谕给哈萨克，告诫其不得越界侵犯，并郑重承诺，哈萨克既可要求内附，也可保持独立，清廷决不强求。乾隆帝在这一敕谕中提出的不强求哈萨克内附中国、维持其独立地位的政策是平准之后清廷对中亚政策的基调。

文书基本信息表

文书种类	敕谕	头辞	谕哈萨克特苾等
发送者	中国乾隆皇帝	尾辞	特谕
接受者	哈萨克特苾等	正文文体	
纪年标准	中国纪年：乾隆二十一年	正文内容	要求哈萨克不要轻举妄动
语言种类	古代汉语	用典来源	

5. 乾隆二十二年（1757年）七月颁给哈萨克阿布赉敕谕

谕哈萨克汗阿布赉曰：朕为天下共主，中外一体。尔哈萨克为准噶尔所隔，未通贡使。兹以大兵平定准部，率属归诚，朕深鉴悉。据将军等奏，尔既归降，应加封号，并察明游牧。朕谓不必过拘。尔等僻处遐方，非可与喀尔喀诸部比。尔称号为汗，朕即加封，无以过此。或尔因系自称，欲朕赐以封号，亦待来奏。朕惟期尔部落安居乐业，俾游牧各仍旧俗，即贡献亦从尔便。如遣使入觐，朕自优加赏赉。至逆贼阿睦尔撒纳负恩叛乱，诱尔部众，以致游牧不安。将军等奏尔所言，如逆贼等逃入境内，即当擒献。朕深信之。尔今既向化归诚，则当知准噶尔全部，悉我疆域，宜谨守本境，勿阑入[1]侵扰。惟我军凯旋后，厄鲁特等或间有率游牧窜入尔境者，尔缚献首恶[2]，而收其属人，尚属可行。兹因尔使入觐，还归尚需时日，先由驿递驰谕。并赐尔大缎四端，莽缎二端。尔其钦遵朕训，永受无穷之福。特谕。①

【注释】

[1]阑入：擅自进入不应进去的地方。[2]首恶：罪恶行为的为首分子。

【简析】

乾隆二十二年（1757年），随着清军追剿阿睦尔撒纳战争进入尾声，哈萨克阿布赉汗遣使上表投诚。乾隆帝为此发布敕谕，宣布对哈萨克不设郡县管理，只名义加封，进献贡品从便，入觐则优加赏赉。

大军兵临城下，施之以威；怀柔恩赏，施之以恩。先威后恩，最终使邻邦服属。乾隆帝平定准噶尔战争之后的对中亚政策是非常成功的。

---

① 《清高宗实录》卷五四三，乾隆二十二年七月丁未条。

文书基本信息表

文书种类	敕谕	头辞	谕哈萨克阿布赉曰
发送者	中国乾隆皇帝	尾辞	特谕
接受者	哈萨克阿布赉	正文文体	
纪年标准	中国纪年：乾隆二十二年	正文内容	给予哈萨克优待政策
语言种类	古代汉语	用典来源	

6. 乾隆二十二年（1757年）十月颁给哈萨克阿布赉敕谕

哈萨克汗阿布赉、阿布勒比斯：尔等遣使亨集噶尔、塔纳锡、阿塔海乌穆尔泰、都楞、阿兰扎、拜克奈等于热河朝觐，朕加恩筵宴，拟从行在[1]遣回。而亨集噶尔等恳请来京，是以令其随驾入都，重申宴赉。念阿布赉等，远在外藩，若照内地扎萨克授以爵秩[2]，恐尔等有拘职守。仍依尔旧俗，各安游牧，庶无扰累。若尔等遣使入觐，朕不靳[3]恩赏。至尔来使奏称，塔尔巴哈台原系尔等旧游牧，恳恩赏给等语。此地新经平定，尚属荒闲，朕本无所惜。但尔等甫效归诚，未有功绩，若即行赐给，于国家体制未合，尔心亦必不安。尔等果将逆贼阿睦尔撒纳擒送前来，自当加恩赏给。尔使臣来时，正值大兵络绎前进，是以由西路行走。今当冬季彻兵[4]之期，恐长途防护稍疏[5]，赏赐尔等物件致有遗失。兹特派散秩大臣和硕齐、巴图鲁侍卫富锡勒、穆伦保带领索伦蒙古兵丁护送尔使，由额尔齐斯、塔尔巴哈台至古尔班察尔。其赐尔阿布赉、阿布勒比斯衣物若干，使臣到日，尔等祗受。又赏来使七人衣物若干及使臣随仆等市买物件，共赏银千两，俱谕尔等知之。嗣后勉抒[6]诚悃，自必优加恩泽，永享无穷之福。特谕。①

【注释】

[1]行在：天子所在地方。[2]爵秩：爵禄。[3]不靳：不惜。[4]彻兵：撤军。[5]稍疏：稍微松懈。[6]勉抒：努力抒发、表达。

【简析】

乾隆二十二年（1757年）十月，哈萨克进贡使臣即将返国，乾隆帝发布敕谕给哈萨克汗阿布赉等，重申清廷不会按照内地扎萨克的爵秩去册封哈萨克汗，以免受到爵秩的拘束。虽然未受清廷册封，但哈萨克遣使入觐不受限制。另外，对哈萨克提出赏赐塔尔巴哈台牧地的请求予以拒绝。

---

① 《清高宗实录》卷五四八，乾隆二十二年十月甲子条。

文书基本信息表

文书种类	敕谕	头辞	哈萨克汗阿布赉、阿布勒比斯
发送者	中国乾隆皇帝	尾辞	特谕
接受者	哈萨克阿布赉、阿布勒比斯	正文文体	
纪年标准	中国纪年：乾隆二十二年	正文内容	宣布对哈萨克左部的优待政策
语言种类	古代汉语	用典来源	

7. 乾隆二十三年（1758年）颁给右部哈萨克阿比里斯敕谕

皇帝敕谕右部哈萨克汗阿比里斯、汗巴巴等：尔等遣使卓兰、博索尔瑙等于行宫朝觐，朕加恩筵宴，复随驾入都，重申宴赉。念尔阿比里斯等远在外藩，若照内地扎萨克授以爵秩[1]，恐尔等有拘职守。仍依尔旧俗，各安游牧，庶无扰累。尔等如遣使入觐，朕自加以恩赉。一切事体，已面谕来使卓兰等，回抵游牧时，想宜领悉。其赐尔阿比里斯衣物若干，使臣到日，尔其祇受。又赏来使等衣物若干及使臣随仆等市易物件，共赏银千两。又闻尔汗巴巴当侍卫等入境时，不在游牧，故未遣使，亦加恩酌赏衣物若干，俱谕尔等知之。嗣后勉抒[2]诚悃，永享无穷之福。特谕。①

【注释】

[1]爵秩：爵禄。[2]勉抒：努力抒发、表达。

【简析】

乾隆二十三年（1758年），清廷颁发敕谕给哈萨克右部首领，宣布清廷对右部与左部同样的优待政策，即不加内地扎萨克的爵秩。

文书基本信息表

文书种类	敕谕	头辞	皇帝敕谕右部哈萨克汗阿比里斯、汗巴巴等
发送者	中国乾隆皇帝	尾辞	特谕
接受者	哈萨克右部阿比里斯、巴巴	正文文体	
纪年标准	中国纪年：乾隆二十三年	正文内容	宣布对哈萨克右部的优待政策
语言种类	古代汉语	用典来源	

---

① 《清高宗实录》卷五七五，乾隆二十三年十一月己亥条。

8. 乾隆二十三年（1758年）颁给布鲁特部落敕谕

谕曰：准噶尔自噶尔丹策零身故以来，互相杀害，群生不得宁居。朕为天下共主，罔有内外，一体抚绥，何忍坐视其乱。用是[1]特遣大兵，平定伊犁，擒获达瓦齐，安集众厄鲁特部落，俾得其所。乃准噶尔人等听逆贼阿睦尔撒纳之言反复逃叛，为大兵击败。阿睦尔撒纳逃入哈萨克。我兵深入追袭。哈萨克阿布赉拒战大败，仅以身免，始悔为逆贼所误，于上年遣使归诚，欲擒献阿睦尔撒纳。逆贼知觉，复逃入俄罗斯。今已出痘身死，俄罗斯遣人送尸请验。在准噶尔人等，罪恶深重，不得已始行剿灭，以靖边陲。尔布鲁特本不与准噶尔相涉，但旧为邻国。今准噶尔全部平定，则尔土地即与朕疆界毗连。尔等若如哈萨克慕化来归，朕将令照旧安居，不易服色，不授官爵，不责贡赋。惟遣使来请朕安，即加恩赏赉。其或尔等以外藩习俗，与中国异宜[2]，不欲投诚降服，亦惟尔便。但能约束所部，永守边界，不生事端，朕亦不加兵骚扰。倘尔等不安常分，或越界游牧，肆行盗窃，则系自启衅端。斯时问罪兴师，尔悔将何及！朕仁爱为心，不惜开示利害，尚其熟思审处。①

【注释】

[1]用是：因此。[2]异宜：所宜各不相同。《礼记·王制》："民生其间者，五味异和，器械异制，衣服异宜。"

【简析】

乾隆二十三年（1758年），清廷敕谕布鲁特，提及平定准噶尔及哈萨克等部归降事，令布鲁特守分安居，不得侵越和肆行盗窃，否则将兴师问罪。此外敕谕还指出，布鲁特如果投诚归顺，将按照哈萨克之例，"不易服色，不授官爵，不责贡赋"，只需遣使请安即可。

文书基本信息表

文书种类	敕谕	头辞	谕曰
发送者	中国乾隆皇帝	尾辞	
接受者	布鲁特部落	正文文体	
纪年标准	中国纪年：乾隆二十三年	正文内容	要求布鲁特不得侵越边界
语言种类	古代汉语	用典来源	

---

① 《清高宗实录》卷五五五，乾隆二十三年正月丙辰条。

9. 乾隆二十四年（1759年）正月颁给布鲁特车里克齐敕谕

赐布鲁特车里克齐等敕书曰：近据将军大臣等奏称，差往尔等游牧之侍卫布瞻泰，曾见尔策哩木伯特及明伊勒哈等。知尔等游牧人少，且牧放牲只[1]，又值冬寒雪大，不能发兵等语。朕洞悉情形，已降旨传谕。尔等以极边藩部，慕义归诚，特欲共享安乐。且将军大臣，此时应已成功，尔等派兵与否，无甚关系。但逆贼布拉呢敦、霍集占及附和之回人、厄鲁特等，为大兵攻剿，有逃入尔等游牧者，务将著名首恶[2]查拏缚送，即可见感恩效力之忱，朕必重加恩赏。又近差往右部哈萨克之章京纳旺等，带领使臣入觐，途遇尔布鲁特喀喇巴图等差往哈萨克之巴尔瑚图告云：厄鲁特哈萨克锡喇挈眷二十余人，逃入尔布鲁特之萨雅克、萨喇巴噶什鄂拓克等语。哈萨克锡喇系负恩背叛之贼，不可宽宥者。今逃入尔等游牧，似属实情。尔等自应晓示该鄂拓克人等，将逃贼夫妇，即行拏送，其属人不妨存留。尔车里克齐等，奉到谕旨，即酌量该鄂拓克距尔等游牧远近，或亲往查拏，或令其擒送，并传示云：若复如前隐匿，则将军大臣等领兵亲往搜捕，该鄂拓克必致惊扰。惟速为擒送军营，将军等奏闻，定邀厚赏。我大兵昨进剿逆回，传闻尔布鲁特人等，曾抢掠喀什噶尔之英吉沙尔城，布拉呢敦转回救应。今尔游牧，并无发兵之说，则此举又系何人？大兵正在攻取贼城，此等布鲁特发兵抢掠，以分贼势，甚属可嘉，朕欲加恩奖励，尔等亦查明具奏。此等布鲁特皆尔同类，伊受朕恩，尔等亦与有荣施[3]也。尔等其据实缮写奏章，交沿途所遇驻扎大臣，即为转奏。特谕。①

【注释】

[1]牲只：牲畜。[2]首恶：罪恶行为的为首分子。[3]荣施：施惠。

【简析】

乾隆帝得到厄鲁特逃犯已到布鲁特境内游牧的消息后，在乾隆二十四年（1759年）正月颁发给在返国途中的布鲁特使臣车里克齐，要求拿获逃犯。此外，敕谕还提到在清军进攻大、小和卓叛军时，有布鲁特人前往英吉沙尔城抢劫，迫使大和卓回兵救援，这在客观上起了"分贼势"的效果，要求车里克齐回国后查明上报，天朝会有所奖励。

文书基本信息表

文书种类	敕谕	头辞	赐布鲁特车里克奇等敕书曰
发送者	中国乾隆皇帝	尾辞	特谕
接受者	布鲁特车里克奇	正文文体	
纪年标准	中国纪年：乾隆二十四年	正文内容	要求布鲁特人移交逃入其地的天朝通缉罪犯
语言种类	古代汉语	用典来源	

---

① 《清高宗实录》卷五七九，乾隆二十四年正月丁未条。

10. 乾隆二十四年（1759年）二月颁给哈萨克阿布勒巴木比特敕谕

哈萨克汗阿布勒巴木比特、阿布赉、阿布勒比斯等：昨据将军等具奏，尔等遣俄罗斯苏勒统等代请朕安，由乌里雅苏台伴送至京。朕嘉尔等诚悃，叠申宴赉。念尔阿布勒巴木比特等远在外藩，若照内地扎萨克，授以爵秩[1]，恐尔等有拘职守。前阿布赉等遣使入觐时，就已传谕及此。尔阿布勒巴木比特，亦各依旧俗，安居游牧，庶无扰累。尔等如遣使输忱，朕亦不靳[2]恩赏。其赐尔阿布勒巴木比特等缎匹、器物、茶叶若干，使臣归日，尔等其各祗受。又赐来使等衣物、银两若干及使臣随仆等缎匹、银两，俱谕尔等知之。又昨准俄罗斯部落来文，有尔等哈萨克旧系伊属之语。朕命所司传谕云：前大兵进剿厄鲁特，抵哈萨克边界，伊等慕化投诚，我大国之体，自当抚纳。非若汝外邦，动以威力相加，与之约誓，责其贡赋，亦未尝禁其服属他国也。嗣后尔等即与俄罗斯往来，亦所不较。其勉输诚悃，永享无穷之福。特谕。①

【注释】

[1]爵秩：爵禄。[2]不靳：不惜。

【简析】

乾隆二十四年（1759年），乾隆帝向哈萨克各部首领颁发敕谕，再次重申"不授官职"的政策，并且通告了俄罗斯发给中国的外交文件内容。俄罗斯文内声称哈萨克原系其所属。但清廷通知哈萨克，中国不禁止也不计较哈萨克与俄罗斯有臣属关系。乾隆四十四年（1779年），对哈萨克遣使俄罗斯一事，乾隆帝批示曰：

> 据伊勒图奏称，有来伊犁贩卖牲畜之哈萨克帕勒顿等带有卓勒齐文书，其封面纸上有回字、俄罗斯字各一段，译出阅看，知是阿布勒比斯有事欲遣伊子布普往俄罗斯，先致书于彼。此系俄罗斯所付回书，谨将原书呈奏等语。哈萨克原有二心，伊虽已臣服于我，而俄罗斯亦系大部落，与伊接壤，哈萨克不免疑虑两顾。今观哈萨克阿布勒比斯，欲将伊子遣往俄罗斯托奔城，请示于俄罗斯，则伊又欲归附于彼，其意显然。此事虽不甚关紧要，仅可作为不知，置之不议。但从前阿布赉来投时，俄罗斯曾有书来言，阿布赉系伊处之人，不可收留，朕亦敕复以阿布赉系尔之人，尔等如善为抚驭，必不来投我。今既不能使之安居乐业，致伊等投降我国，即系我国之人。揆之柔远之意，岂能却之。尔又岂可干与乎！看来此等俱系无定之人。此际再有投来者，恐俄罗斯等咨呈领取。著将从前敕复俄罗斯之文，钞录一分，寄与伊勒图知之。将来如遇此等事，办理亦得主意。并将现译出回字、俄罗斯字书札，一并寄与阅看。②

---

① 《清高宗实录》卷五八〇，乾隆二十四年二月壬戌条。
② 《清高宗实录》卷一〇九四，乾隆四十四年十一月辛巳朔条。

清廷实际上默许、不干涉哈萨克与俄罗斯拥有臣属关系。

清代中国经略西域震动了中亚原有的地缘政治格局,俄罗斯开始与中国展开争夺哈萨克的控制权。哈萨克至此同时受到中、俄两国的影响,这是中亚地缘政治发展史上的重要事件。如果再联系乾隆二十二年（1757 年）英国东印度公司吞并孟加拉,英国殖民势力蔓延印度次大陆,将迟早北上印度的西北地区而紧邻中亚,中、俄、英"中亚大竞逐"的地缘战略态势正在悄然形成。

文书基本信息表

文书种类	敕谕	头辞	哈萨克汗阿布勒巴木比特、阿布赉、阿布勒比斯等
发送者	中国乾隆皇帝	尾辞	特谕
接受者	哈萨克阿布勒巴木比特等	正文文体	
纪年标准	中国纪年：乾隆二十四年	正文内容	重申清廷对哈萨克"不授官职"的政策
语言种类	古代汉语	用典来源	

11. 乾隆二十四年（1759 年）九月颁给巴达克山素勒坦沙敕谕

敕谕巴达克山汗素勒坦沙：据将军富德等奏,尔奉将军檄文,擒拏逆贼霍集占、布拉呢敦,具见恭顺。闻霍集占受伤身故,布拉呢敦现在拘禁。尔复遣鄂穆尔拜同侍卫等前来,以尔等经典擒获派噶木巴尔子孙不便呈献,致别部落兴戎[1]。将军大臣等以霍集占等罪恶,再行晓示。若不呈献,即日进兵。朕为天下共主,内外一体,咸加抚育。况尔慕化归诚,深用嘉悦。惟是霍集占兄弟前为准噶尔拘禁,因大兵平定伊犁,释其囚絷[2],俾居故地,自应感激图报,乃负恩背义,反将所遣大臣官兵,尽行戕害。是以兴师问罪,复敢聚党抗命,肆虐无辜,强夺妇女,与尔等经教大相背戾[3],众怨沸腾。今年大兵进剿叶尔羌、喀什噶尔等城,咸思归附。二贼恐被缚献,先率其党与[4]跳身远遁。然逆徒数万,直抵巴达克山,虽不敢抗我军威,实足据尔土地。我大兵抚定各城,即行追袭,剿杀无算,乞降者万余人。仅存余孽,以入尔境。将军大臣等非不能穷追直入,实体朕好生之心,不忍扰害无罪部落。朕亦屡谕将军等暂停师旅,故逆贼等未即就擒。今尔乃以阿珲摩罗离心及别部落启衅为词,此等情事纵实,尚属未然。今大兵压境,即暂时休息,来年必兵马云集,斯时又谁能相助！此中利害之重轻,自宜熟计。至我大国兵力,尔等当亦闻知。即平定准噶尔由于传说,若收服叶尔羌、喀什噶尔,逆贼数万众望风奔窜,乃尔等目睹者。尔素勒坦沙宜中有定见,勿惑人言,将霍集占之尸与布拉呢敦送至军前,朕必厚加恩赏。但尔如果已剿擒霍集占等,又何惜而不献。其为尔部落留养,饰词以对,情节显然。此等语将军、大臣尚不受尔欺,矧[5]敢于朕前支饰[6]耶！此时惟悔悟缚献,则前事皆可不论。今因降敕,赐尔蟒缎、色缎各二端。尔其深思熟计,以享无穷之福。特谕。①

---

① 《清高宗实录》卷五九七,乾隆二十四年九月丁丑条。

【注释】

[1]兴戎：发动战争；引起争端。《书·大禹谟》："惟口出好兴戎，朕言不再。"[2]囚絷（zhí）：拘禁。[3]背戾：悖谬；相反。[4]党与：同党之人。[5]矧：何况。[6]支饰：支吾掩饰。

【简析】

乾隆二十四年（1759年）八月，大、小和卓布拉呢敦、霍集占在叶什勒库勒淖尔兵败后逃奔巴达克山。清军副将军富德率军追击，遣使要求巴达克山擒献两和卓。不久巴达克山擒获霍集占兄弟。但巴达克山统治者以伊斯兰教经典规定不得向外教呈献同宗之人为由，拖延递送俘虏。清廷因此在乾隆二十四年（1759年）九月向巴达克山首领发布敕谕，提醒和卓军队可能反客为主，占据巴达克山土地，使巴达克山明白利害得失；同时又慑以兵威，大军集结巴达克山边界瓦罕以待。

文书基本信息表

文书种类	敕谕	头辞	敕谕巴达克山汗素勒坦沙
发送者	中国乾隆皇帝	尾辞	特谕
接受者	巴达克山汗素勒坦沙	正文文体	
纪年标准	中国纪年：乾隆二十四年	正文内容	要求巴达克山尽快献俘
语言种类	古代汉语	用典来源	《尚书》

12. 乾隆二十四年（1759年）十月颁给巴达克山素勒坦沙敕谕

敕谕巴达克山素勒坦沙：据将军富德等奏称：尔遵将军大臣等传檄，攻围逆贼霍集占、布拉呢敦，俱经擒获，具见尔愿为臣仆之心。闻霍集占受伤身死，布拉呢敦尚在拘禁。尔等以所奉经教，不欲将派噶木巴尔后裔呈献，是以踌躇未决，遣使前来军营。将军、大臣等复以逆贼等悖逆暴虐，蔑弃经教，大兵进剿，降者接踵，仅存余孽，窜入尔境。我师惟恐骚扰，尚行远驻。惟以游骑向尔约期索取，若逾时不至，即进兵搜捕。详加晓示，节次奏报。朕为天下共主，内外一体，俱加抚恤。尔素勒坦沙，慕思仁化，朕已洞悉。至霍集占等负恩背叛，种种奸恶，尔亦闻知。将军、大臣再三遣使，特体朕招携[1]怀远之至意，其务将霍集占兄弟俘馘[2]以献。今因颁敕，赐尔蟒缎四端。俟逆贼等送到时，朕必沛殊恩以酬诚悃。尔其深思远虑，永荷无疆之福。特谕。①

【注释】

[1]招携：招引尚未归心的人。《左传·僖公七年》："招携以礼，怀远以德。"[2]俘馘：俘获斩杀。

---

① 《清高宗实录》卷五九八，乾隆二十四年十月丁亥条。

【简析】

乾隆二十四年（1759 年）十月，乾隆帝再次发布敕谕催促巴达克山献俘。

文书基本信息表

文书种类	敕谕	头辞	敕谕巴达克山素勒坦沙
发送者	中国乾隆皇帝	尾辞	特谕
接受者	巴达克山汗素勒坦沙	正文文体	
纪年标准	中国纪年：乾隆二十四年	正文内容	再次要求巴达克山尽快献俘
语言种类	古代汉语	用典来源	《左传》

13. 乾隆二十四年（1759 年）十月颁给巴达克山素勒坦沙敕谕

敕谕巴达克山素勒坦沙：将军富德等奏，尔擒获逆贼霍集占、布拉呢敦，因邻部生心，俱行杀戮。遣使请验逆尸，函首[1]以献，全部归降，愿为臣仆。恭顺之忱，深用嘉悦。俟尔使至京，自必优加赏赍。兹以降敕，赐尔蟒缎四端。其尔处所拘之阿布都海里、鄂斯璊，俱受逆贼信任，附和为恶。将军、大臣等奏请，谕尔缚献。朕念伊等尚非霍集占之负恩反噬[2]可比，尔等若以业经誓约，乞其余生，朕亦加恩赏给。但此二人在叶尔羌、喀什噶尔诸回人中，颇著名字，尔游牧相近，当严行约束，毋俾潜逃生事，致有乖[3]忱悃。尔与所属，其善自为计，以永荷将来之恩泽。特谕。①

【注释】

[1]函首：用匣子装盛人头。[2]负恩反噬：辜负恩典而背叛。[3]有乖：有违。

【简析】

迫于清军强大压力，巴达克山首领处死霍集占，但原已死亡的布拉呢敦尸体被盗走。巴达克山将霍集占的尸体献给清军，率其部落 10 万户和博罗尔部 3 万户归顺清廷。

乾隆二十四年（1759 年）十月，清廷获悉巴达克山进献霍集占尸体后，发布敕谕进行嘉奖。乾隆二十五年（1760 年），巴达克山遣使清廷，两国建立起了友好关系。

---

① 《清高宗实录》卷五九九，乾隆二十四年十月庚子条。

文书基本信息表

文书种类	敕谕	头辞	敕谕巴达克山素勒坦沙
发送者	中国乾隆皇帝	尾辞	特谕
接受者	巴达克山汗素勒坦沙	正文文体	
纪年标准	中国纪年：乾隆二十四年	正文内容	对巴达克山献尸进行嘉奖
语言种类	古代汉语	用典来源	

14. 乾隆二十五年（1760年）颁给霍罕伯克额尔德尼敕谕

赐霍罕额尔德尼伯克敕书曰：尔远处边陲，闻大兵平定回城、逆贼逃窜信息，即慕化归诚，请擒贼自效，遣使入觐，深可嘉尚[1]。来使等俱安善至京。朕加恩召见，频申宴赉，赐尔缎匹、器什若干，尔其祗受。又赏来使及从人等服饰、器用、银两有差。览尔奏内，有未尽之词，俾使人面陈等语。今来使等并无所请，朕故未有他谕。但尔部落素被准噶尔侵扰，今既为朕臣仆，自必加恩抚恤。尔其约束所部，永享无疆之福。护送尔使臣之索诺木车凌等，仍有面传谕旨，尔其知悉。①

【注释】

[1] 嘉尚：赞美；赞许。

【简析】

乾隆二十四年（1759年），清军将军兆惠追捕霍集占，派遣侍卫前往霍罕晓谕。霍罕伯克迎至城内热情款待。侍卫返回后，霍罕随即遣使前往兆惠军营，恭进投诚表文。乾隆二十五年（1760年）正月，遣使进京朝贡。清廷为此发布敕谕进行嘉奖。

文书基本信息表

文书种类	敕谕	头辞	赐霍罕额尔德尼伯克敕书曰
发送者	中国乾隆皇帝	尾辞	尔其知悉
接受者	霍罕额尔德尼伯克	正文文体	
纪年标准	中国纪年：乾隆二十五年	正文内容	嘉奖霍罕投诚
语言种类	古代汉语	用典来源	

---

① 《清高宗实录》卷六〇六，乾隆二十五年二月丙子条。

15. 乾隆二十五年（1760年）颁给巴达克山素勒坦沙敕谕

赐巴达克山素勒坦沙敕书曰：尔远处边陲，诚心向化。擒戮逆贼霍集占、布拉呢敦，呈献尸首，愿以全部为朕臣仆。又遣额穆尔伯克巴图尔伯克入觐。恭顺之忱，深可嘉尚[1]。今来使等俱安善[2]至京。朕加恩召见，频申宴赉。以尔擒贼有劳，特赐蟒缎、文绮、衣服器什若干，尔其祇受。并赏来使及从人等服饰器用、银两有差。从前准噶尔侵扰尔等部落，今既为朕臣仆，自必加恩抚恤。其循尔旧俗，以安生理。约束所部，永享无疆之福。至来使奏称，尔部落人等恐以霍集占之故，致肇衅邻封等语。夫霍集占负恩悖逆，远迩咸知。况已就擒戮，谅邻部亦未敢妄动。尔向来若与邻封有隙，当自行办理。或果因霍集占启衅，可呈报驻扎叶尔羌大臣，俟查奏办理。护送尔使之明仁等仍有面传谕旨。尔其知悉。①

【注释】

[1]嘉尚：赞许。[2]安善：安吉；安好。

【简析】

乾隆二十五年（1760年），清廷敕谕巴达克山，嘉奖其献尸、遣使朝贡。另外还对巴达克山因担心献尸事件引起与邻国纠纷做出承诺，如果由此引发兵端，可以报告清廷驻叶尔羌大臣进行处理。

文书基本信息表

文书种类	敕谕	头辞	赐巴达克山素勒坦沙敕书曰
发送者	中国乾隆皇帝	尾辞	尔其知悉
接受者	巴达克山素勒坦沙	正文文体	
纪年标准	中国纪年：乾隆二十五年	正文内容	嘉奖进贡行为并承诺帮助应付与邻国争端
语言种类	古代汉语	用典来源	

16. 乾隆二十五年（1760年）颁给布鲁特、博罗尔、齐里克敕谕

赐布鲁特阿济比、博罗尔沙呼沙默特、齐里克[1]卓尔玛特等敕书曰：尔远处边陲闻大兵平定回部，巴达克山呈献逆贼尸首，即慕化归诚，遣使入觐，深可嘉尚[2]。今来使安善[3]至京，朕加恩召见，频申[4]宴赉。赐尔缎匹、器什若干，尔其祇受。又赏来使及从人等服饰、器用、银两有差。尔部落素被准噶尔侵扰，今既为朕臣仆，自必加恩抚恤。尔其

---

① 《清高宗实录》卷六〇六，乾隆二十五年二月丙子条。

约束所部，永享无疆之福。再代尔入觐之使人，诸凡妥协，当加以爱惜。尔其知之。①

【注释】

[1]齐里克：西布鲁特15部落之一。[2]嘉尚：赞许。[3]安善：安好。[4]频申：多次。

【简析】

乾隆二十四年（1759年），随着清廷平定回部，巴达克山进献霍集占尸体，中亚地区各部落纷纷派使前往中国。乾隆二十五年（1760年），清廷颁发敕谕嘉奖布鲁特、博罗尔和齐里克等部遣使行为。

文书基本信息表

文书种类	敕谕	头辞	赐布鲁特阿济比、博罗尔沙呼沙默特、齐里克卓尔玛特等敕书曰
发送者	中国乾隆皇帝	尾辞	尔其知之
接受者	布鲁特阿济比、博罗尔沙呼沙默特、齐里克卓尔玛特	正文文体	
纪年标准	中国纪年：乾隆二十五年	正文内容	嘉奖布鲁特、博罗尔、齐里克遣使入觐
语言种类	古代汉语	用典来源	

17. 乾隆二十七年（1762年）八月颁给哈萨克阿布赉敕谕

皇帝敕谕哈萨克阿布赉：尔遣使都勒特克呼苏勒统前来进呈奏章，恳请赐以玺书，愿世世子孙恪守藩服。若非老成明达、乐善循理，何以及此。果能常存此心，朕必叠沛[1]恩施，永远无斁[2]。尔所以矢恭顺之忱者，要在约束所部，守分安生。但尔属人等，往往恃大国宽容，越境游牧。我驻扎伊犁大臣等慎固封疆，自必严行驱逐。朕虽欲加恩，亦不能废法曲贷[3]。试思尔哈萨克等，若非潜来塔尔巴哈台等处，我大臣等何尝有领兵逐捕之事。尔当传谕全部，俾知朕意。今命尔来使等随驾木兰观围，加恩赏赉。赐尔阿布赉蟒锦及各色缎匹、绸绫、器什、芽茶，使人归日，尔其祗受。又赐尔使人品级顶戴、孔雀翎、衣物、器什、银两各有差。尔所奏使人乌默尔旧居伊犁，今愿安插该处，往来行走。已如所请，加恩授乌默尔为乾清门侍卫，准其暂归挈眷。因将来迁移户口，别赏乌默尔及伊弟等路费银两，并谕尔知之。特谕。②

【注释】

[1]叠沛：多次施予。[2]无斁：无终，无尽。[3]曲贷：私恩。

---

① 《清高宗实录》卷六〇六，乾隆二十五年二月丙子条。
② 《清高宗实录》卷六六八，乾隆二十七年八月壬寅条。

【简析】

乾隆二十七年（1762年），清廷敕谕哈萨克，要求其约束部众，不要再越境前往塔尔巴哈台等处游牧。对于哈萨克请求使人乌默尔移住伊犁的请求，清廷予以批准。

文书基本信息表

文书种类	敕谕	头辞	皇帝敕谕哈萨克阿布赉
发送者	中国乾隆皇帝	尾辞	特谕
接受者	哈萨克阿布赉	正文文体	
纪年标准	中国纪年：乾隆二十七年	正文内容	要求哈萨克约束部众不要越境游牧
语言种类	古代汉语	用典来源	

18. 乾隆二十八年（1763年）正月颁给爱乌罕爱哈默特沙敕谕

赐爱乌罕爱哈默特沙敕书曰：尔远在外藩，向慕仁化。遣使入觐，具见诚悃。朕以叶尔羌大臣奏报，特派侍卫迎护尔使和卓密尔哈等前来入觐。朕叠沛恩施，屡申宴赉。赐尔蟒锦、缎匹、绸绫、器什，使人归日，尔其祗受。又赐尔使及随从员役缎匹、皮张、器什、银两各有差，并谕尔知之。览尔所进表文，谓相去辽远，向为准噶尔、回部所隔，未能通使中国。今闻诸部率服，不胜欣慰，是以入觐，朕深为嘉悦。至准、回诸部，朕非利其土地人民，因伊等自相残害，群生不安，是用发兵拯救。从前准噶尔达瓦齐乘机自立，旋为大兵擒获。阿睦尔撒纳已降复叛，大兵穷追至俄罗斯，遂伏冥诛[1]。及回部霍集占兄弟，负恩反噬[2]，败逃至巴达克山，为素勒坦沙所杀，献馘[3]归诚。今伊犁、叶尔羌等处咸入版图，霍罕、布鲁特诸部尽为臣仆。朕宽其贡赋，有来修岁事者，优加赐赉。尔虽邈听[4]，亦应开知[5]。至尔所奏玛尔塔汗纳巴拉池，闻尔取扎哈那巴特城，纠其邻部，合马步各数十万众来争。至奇里纳勒，闻尔领众前来，伊等俱避入帕尼帕特城。尔攻围六月，歼其大伯克数十人，党众十万余，获金银、器械无算。夫纳巴拉池既能纠党众如许[6]，乃未经接战即入坚城，坐待诛戮，其事殊不可解。尔又云欲往攻布哈尔，闻已归附中国，不便侵伐，足昭恭顺之忱。朕为天下共主，中外一视。赏善罚恶，惟秉至公。尔此次因素勒坦沙抒虔遣使，其循理守分[7]可知。且如尔奏，数年来各处攻战，未获稍安，则尔之属人，亦殊劳苦。尚其和协邻封[8]，休养部落。俾群享太平之福，以受朕恩泽于无穷。特谕。①

【注释】

[1]冥诛：受到死神的诛杀，指自然死亡。[2]负恩反噬：辜负恩典而背叛。[3]献馘：古时出战杀敌，割取左耳，以献上论功。[4]邈听：在远处听到。[5]开知：能够了解。[6]如许：如此多，那样多。

---

① 《清高宗实录》卷六七八，乾隆二十八年正月己巳条。

[7]循理守分：言谈行为遵循事理，安分守己。[8]邻封：邻国。

【简析】

乾隆二十七年（1762年），爱乌罕汗爱哈默特沙在清廷平定西域之后，首次遣使密尔哈等来朝，进贡刀、骏马。这是清代爱乌罕仅有的一次遣使清廷。清廷对爱乌罕此次遣使非常重视，"爱乌罕系一大部落，其使人初次经行内地，天朝百技，俱所未睹。所有经过各省会，理宜预备筵宴，陈设戏具。以示富丽严肃"；"使臣回时，理宜派出大臣护送，并降旨加恩"①。但爱乌罕使者到京觐见时虽跪呈奏章，但不肯叩头，坚持以本地礼仪朝觐。军机大臣指责其无礼行为，强调大皇帝乃天下一统之君，不但爱乌罕需要行叩头礼，凡俄罗斯、西洋人以及从前准噶尔人等来朝，无不行以叩拜之礼。君即如天，爱乌罕难道不拜天吗？经过反复晓示，使者方转行叩拜之礼，但终究勉强。在乾隆帝御制诗中，乾隆帝提到使者"长跪百铼双手擎"②。

乾隆二十八年（1763年）正月，清廷颁赐敕谕，对爱乌罕遣使进行嘉奖，重申平定准部、回部是因其咎由自取，保证对中亚各邻国实施友好和平政策以解除爱乌罕的警戒之心。此外，乾隆帝对爱乌罕汗表文中声称的武功进行质疑，认为有夸饰之嫌。

文书基本信息表

文书种类	敕谕	头辞	赐爱乌罕爱哈默特沙敕书曰
发送者	中国乾隆皇帝	尾辞	特谕
接受者	爱乌罕爱哈默特沙	正文文体	
纪年标准	中国纪年：乾隆二十八年	正文内容	通告平定准部、回部，褒奖朝觐行为，并质疑爱乌罕表文中声称的武功
语言种类	古代汉语	用典来源	

19. 乾隆二十八年（1763年）颁给巴达克山素勒坦沙敕谕

赐巴达克山素勒坦沙敕书曰：尔所遣使人阿布都尔阿木咱等入觐，朕加恩宴赉。赐汝蟒缎、绸绫、器什，又赏尔使人及随从员役、缎匹、皮张、银两各有差，并谕尔知之。尔受朕恩深重，应谨守天朝法度，约束属人，和睦邻封[1]，一切事务，俱遵驻扎喀什噶尔、叶尔羌大臣等节制。再去岁汝弟为博罗尔戕杀，汝因报复，遂有杀掠。但博罗尔系与汝一体内附之人，汝等虽有仇怨，亦不可夺其土地、人民。前据叶尔羌大臣等奏称，遣萨里等往谕汝，归所掠于博罗尔。朕特面谕汝使，汝奉到朕命，宜即遵旨给还，慎勿延缓，庶可以永邀隆恩。若观望抗违，则叶尔羌大臣等，必请旨发兵问罪，悔无及矣。特谕。③

---

① 《清高宗实录》卷六七二，乾隆二十七年十月癸卯条。
② 《〈西域图志〉校注》卷四六，《御制爱乌罕刀》，新疆人民出版社2002年版，第587页。
③ 《清高宗实录》卷六七八，乾隆二十八年正月己巳条。

【注释】

[1]邻封：邻国。

【简析】

乾隆二十七年（1762年），爱乌罕爱哈默特沙遣使贡马。巴达克山素勒坦沙也遣使随同入觐。乾隆二十八年（1763年），清廷发布谕旨要求巴达克山停止与邻部博罗尔的争端，归还所夺取的土地和人民。

这一时期，清廷不仅调停了巴达克山与博罗尔之间的领土纠纷，而且也调停了霍罕与布鲁特、霍罕与哈萨克之间的领土纠纷。清廷作为仲裁者，迫令侵略者退还所占土地。清廷在中亚的声势达到顶峰。

文书基本信息表

文书种类	敕谕	头辞	赐巴达克山素勒坦沙敕书曰
发送者	中国乾隆皇帝	尾辞	特谕
接受者	巴达克山素勒坦沙	正文文体	
纪年标准	中国纪年：乾隆二十八年	正文内容	嘉奖遣使朝觐，调停巴达克山与博罗尔争端
语言种类	古代汉语	用典来源	

20. 乾隆二十八年（1763年）颁给霍罕伯克额尔德尼敕谕

赐霍罕额尔德尼伯克敕书曰：尔所遣使巴巴什克入觐，朕加恩宴赉。赐汝蟒缎、绸绫、器什，又赏来使巴巴什克缎匹、皮张、器什、银两各有差。汝受朕恩深重，应谨守法度，约束属人，和睦邻封[1]，一切事务，俱遵驻扎喀什噶尔、叶尔羌大臣等节制。再额德格讷[2]之人，去岁侵掠汝等安集延商人，汝因报复，掠彼鄂斯[3]等地。但额德格讷系与汝一体内附之人，汝虽有仇怨，亦不可妄肆攻夺。前经喀什噶尔大臣移咨，令汝给还所掠额德格讷土地人民。今朕已面谕汝使，汝奉到此旨，即遵奉归还，慎勿延缓，则可以永邀隆恩。若迟延不给，驻扎喀什噶尔大臣等，必具奏请旨，发兵问罪，悔无及矣。特谕。①

【注释】

[1]邻封：邻国。[2]额德格讷：西布鲁特部落之一。[3]鄂斯：汉代称贰师，为大宛国王城。汉武帝为获得大宛的天马，封李广利为贰师将军远征大宛。贰师今称奥什，吉尔吉斯斯坦奥什州首府，为该国第二大城市。

---

① 《清高宗实录》卷六七八，乾隆二十八年正月己巳条。

【简析】

乾隆二十八年（1763年），清廷发布敕谕，调停霍罕与西布鲁特额德格讷部的纠纷。乾隆二十七年（1762年），霍罕占领了额德格讷部的游牧地鄂斯。后来在清廷驻喀什噶尔大臣的干涉下霍罕退出该地。

文书基本信息表

文书种类	敕谕	头辞	赐霍罕额尔德尼伯克敕书曰
发送者	中国乾隆皇帝	尾辞	特谕
接受者	霍罕额尔德尼伯克	正文文体	
纪年标准	中国纪年：乾隆二十八年	正文内容	嘉奖遣使朝觐，调停霍罕与额德格讷的争端
语言种类	古代汉语	用典来源	

21. 乾隆二十八年（1763年）颁给额德格讷阿济比衣敕谕

赐额德格讷阿济比衣[1]敕书曰：汝遣使色里库楚克入觐，朕加恩宴赉。赐汝缎匹、绸绫、器什，又赏汝使器什、银两各有差。汝受朕重恩，应奉守法度，约束属人，和睦邻封[2]。一切事务，俱遵驻扎喀什噶尔、叶尔羌大臣等节制，毋得抗违，庶祗受隆恩于勿替。特谕。①

【注释】

[1]比衣：又作比，首领。《西域见闻录》：布鲁特"称其君曰比，或有管领一、二十爱曼者，或有管领二、三十爱曼者。爱曼人户，即其阿拉巴图（意为纳贡者、属民）。虽皆为布鲁特，而其比不一，各君其地，各子其民"。《清史稿·布鲁特传》："凡布鲁特大首领称为'比'，犹回部阿奇木伯克也，比以下有阿哈拉克齐大小头目。"[2]邻封：邻国。

【简析】

乾隆二十八年（1763年），清廷向西布鲁特额德格讷部落首领发布敕谕，要求其遵守清廷驻喀什噶尔大臣的节制。

---

① 《清高宗实录》卷六七八，乾隆二十八年正月己巳条。

文书基本信息表

文书种类	敕谕	头辞	赐额德格讷阿济比衣敕书曰
发送者	中国乾隆皇帝	尾辞	特谕
接受者	额德格讷阿济比衣	正文文体	
纪年标准	中国纪年：乾隆二十八年	正文内容	嘉奖遣使朝觐，要求遵守清廷驻喀什噶尔大臣节制
语言种类	古代汉语	用典来源	

22. 乾隆二十八年（1763年）颁给齐里克照玛喇特比衣、沙藏比衣敕谕

赐齐里克照玛喇特比衣[1]、沙藏比衣敕书曰：汝遣使诺海图玛入觐，朕加恩宴赉。赐汝缎匹、绸绫、器什，又赏来使缎匹、器什、银两各有差。汝受朕恩，应谨守天朝法度，约束属人，和睦邻封[2]。一切事务，俱遵驻扎喀什噶尔、叶尔羌大臣等节制，慎毋抗违，庶永邀朕恩于勿替。特谕。①

【注释】

[1]比衣：首领。[2]邻封：邻国。

【简析】

乾隆二十八年（1763年），清廷向西布鲁特齐里克部落首领发布敕谕，要求其遵守清廷驻喀什噶尔大臣的节制。

文书基本信息表

文书种类	敕谕	头辞	赐齐里克照玛喇特比衣、沙藏比衣敕书曰
发送者	中国乾隆皇帝	尾辞	特谕
接受者	齐里克照玛喇特比衣、沙藏比衣	正文文体	
纪年标准	中国纪年：乾隆二十八年	正文内容	嘉奖遣使朝觐，要求遵守清廷驻喀什噶尔大臣节制
语言种类	古代汉语	用典来源	

---

① 《清高宗实录》卷六七八，乾隆二十八年正月己巳条。

23. 乾隆二十八年（1763年）颁给右部哈萨克奇齐玉斯努尔里等敕谕

赐右部哈萨克奇齐玉斯努尔里等敕书曰：汝等仰慕皇风，输诚表贡，遣使入觐。经驻扎乌鲁木齐大臣等奏到，朕心嘉悦。已令护送到都，加恩宴赉。赐汝等缎匹、绸绫、器什并赏来使等翎顶、器什、银两各有差。汝远在遐荒，未通朝命。闻巴达克山、霍罕各部落、各部布鲁特及邻近之鄂尔图玉斯哈萨克阿布赉等俱已归附，祇受殊恩。汝向风景化[1]，愿为臣仆，进贡马匹，具见悃诚。念汝游牧之地甚远，初通贡使，赏赉特优。汝受天朝大恩，应谨守法度，约束属人，和睦邻封[2]，以期永膺休眷[3]。特谕。①

【注释】

[1]向风景化：归依敬仰。[2]邻封：邻国。[3]休眷：美好的眷顾。

【简析】

右部哈萨克奇齐玉斯努尔里遣使清廷，清廷为此在乾隆二十八年（1763年）发布敕谕进行嘉奖。

文书基本信息表

文书种类	敕谕	头辞	赐右部哈萨克奇齐玉斯努尔里等敕书曰
发送者	中国乾隆皇帝	尾辞	特谕
接受者	右部哈萨克奇齐玉斯努尔里	正文文体	
纪年标准	中国纪年：乾隆二十八年	正文内容	嘉奖遣使朝觐
语言种类	古代汉语	用典来源	

24. 乾隆二十八年（1763年）颁给右部哈萨克乌尔根齐哈扎布敕谕

赐右部哈萨克乌尔根齐哈扎布敕书曰：汝仰慕皇风，输诚表贡，遣使入觐。经驻扎乌鲁木齐大臣等奏到，朕心嘉悦。已令护送到都，加恩宴赉。赐汝缎匹、绸绫、器什并赏来使等翎顶、器什、银两各有差。汝远在遐荒，未通朝命。闻巴达克山、霍罕各部落、各部布鲁特及邻近之鄂尔图玉斯哈萨克阿布赉等，俱已归附，祇受殊恩。汝向风景化[1]，愿为臣仆，进贡马匹，具见悃诚。念汝游牧之地甚远，初通贡使，赏赉特优。汝受天朝大恩，应谨守法度，约束属人，和睦邻封[2]，以期永膺休眷[3]。特谕。②

---

① 《清高宗实录》卷六七八，乾隆二十八年正月己巳条。
② 《清高宗实录》卷六七八，乾隆二十八年正月己巳条。

【注释】

[1]向风景化：归依敬仰。[2]邻封：邻国。[3]休眷：美好的眷顾。

【简析】

右部哈萨克乌尔根齐哈扎布遣使清廷，清廷为此在乾隆二十八年（1763年）发布敕谕进行嘉奖。

文书基本信息表

文书种类	敕谕	头辞	赐右部哈萨克乌尔根齐哈扎布敕书曰
发送者	中国乾隆皇帝	尾辞	特谕
接受者	右部哈萨克乌尔根齐哈扎布	正文文体	
纪年标准	中国纪年：乾隆二十八年	正文内容	嘉奖遣使朝觐
语言种类	古代汉语	用典来源	

25. 乾隆二十八年（1763年）颁给哈萨克阿布勒毕斯等敕谕

赐哈萨克阿布勒毕斯等敕书曰：汝等所遣使入觐，朕加恩宴赉。赐汝等缎匹、器什，又赏给策伯克索勒屯、萨呢雅斯索勒屯、图库索勒屯、哈末巴巴索勒屯等缎匹、器什，又赏来使翎顶、缎匹、器什、银两各有差。汝受朕厚恩，宜约束属人，安居游牧。毋得越境。若恃恩贪利，复潜往塔尔巴哈台等处迁移，则驻扎伊犁将军大臣等必申明约束，驱逐出界，伤汝牲畜，朕不能为汝庇也。当谨遵节制，以副恩养[1]。特谕。①

【注释】

[1]以副恩养：以报答皇帝施恩养育之情。

【简析】

哈萨克阿布勒毕斯遣使清廷，清廷为此在乾隆二十八年（1763年）发布敕谕进行嘉奖，要求该部遵守清廷驻扎伊犁将军约束，不得前往中国土地塔尔巴哈台游牧。

---

① 《清高宗实录》卷六七八，乾隆二十八年正月己巳条。

文书基本信息表

文书种类	敕谕	头辞	赐哈萨克阿布勒毕斯等敕书曰
发送者	中国乾隆皇帝	尾辞	特谕
接受者	哈萨克阿布勒毕斯	正文文体	
纪年标准	中国纪年：乾隆二十八年	正文内容	嘉奖遣使朝觐
语言种类	古代汉语	用典来源	

26. 乾隆二十九年（1764年）颁给巴达克山素勒坦沙敕谕

赐巴达克山伯克素勒坦沙敕书曰：据叶尔羌驻扎大臣进尔奏章及大臣与尔往复文书，朕俱览悉尔奏称。前此献出霍集占首级，意希重赏，因道远未得委曲陈奏。又称，爱乌罕等时窥伺尔游牧，齐特喇尔[1]乃尔先世旧地。因叶尔羌大臣听沙呼沙默特[2]一偏之词，勒令给还，恳恩查给，并恳赏尔所属万人粮饷。本年收取游牧数处，请俱为天朝臣仆等语。从前霍集占兄弟，逃入尔地，尔畏我大兵；又利其所有，始决计献馘。朕已优加赏赉，而逆贼所有资装，皆未索取，独非赏乎！尔以献馘为有功，不思尔若再为容留，尚能保尔游牧乎！且年来遣使入觐，赏赉尤多。此次给还齐特喇尔游牧，复加奖赏，皆以尔恭顺之故，当益加谨恪。若仍不知足，是自取咎矣。至爱乌罕等果窥尔游牧，似非无端生衅。即如尔奏，收取附近游牧数处，则尔之侵扰邻封可知。朕为天下共主，一视同仁，非于尔有所偏徇也。齐特喇尔为博罗尔所属，在准夷时为尔舅氏沙玛玛特所据，后沙呼沙默特之祖恢复故地，皆我大臣所深悉。尔肆行攘夺，尚应问罪。因业已遵谕给还，反加奖赏，可谓宽厚之至。而尔诡词具奏，岂以叶尔羌大臣新经更替，谓可欺饰耶！今驻扎大臣玉素布乃故哈密国王后裔，岂不知回部旧事！且前驻大臣吐鲁番郡王额敏和卓，日后仍来更替，尔斯时又将何以为词。尔从前称额敏和卓为父，乃伊甫回游牧，即诋其偏听人言，亦太反复矣。尔所称万众粮饷，以天朝之广大，何所吝惜，但赏以酬劳，非巧言可得。尔之所属未尝与叶尔羌等处回人，一体效力，岂可无劳而获赏哉！朕念尔前功，欲长加保护，特降敕训谕。尔其循理守分，勿萌侥幸无厌之心，始可永承恩泽也。勉之勿怠。①

【注释】

[1]齐特喇尔：Chitral 的译音，又作奇特拉尔、吉德拉尔，唐代的竭师国。今为巴基斯坦西北边境省的一个县，西邻阿富汗，东邻巴控克什米尔，南邻斯瓦特县和上第尔县，总面积14850平方公里，总人口318689（1998年），当地主要语言为科瓦氏语。该县尚存一个古老而独特的小民族——卡拉什人（Kalash people），人口只有6000人，据称是古希腊人的后代，他们仍保留着古老的传统信仰。[2]沙呼沙默特：博罗尔部落首领。

---

① 《清高宗实录》卷七一三，乾隆二十九年六月辛丑条。

【简析】

乾隆二十九年（1764年），巴达克山统治者与清廷驻扎叶尔羌大臣往来文书中，要求因乾隆二十四年（1759年）献出霍集占首级得到报偿，将天朝调停赐给博罗尔的奇特喇尔归还巴达克山，天朝赏赐可供1万人的粮饷。对这些要求，乾隆帝发布敕谕进行答复：巴达克山献首是迫于大兵压境不得已做出的举动，而且霍集占兄弟叛军的所有资装中国并未索取，这已经就是奖赏了。况且巴达克山屡次遣使，中国不断恩加赏赐，这是多么地优待啊！要求博罗尔返还奇特喇尔地区，更属无理。奇特喇尔属于博罗尔的证据昭然，岂能归还！另外要求赏赐万众粮饷，天朝无此制度。最后，乾隆帝告诫巴达克山，要求其知足，勿有侥幸贪婪之心。

乾隆帝这一敕谕对巴达克山统治者的要求严拒。在乾隆二十四年（1759年）颁给巴达克山的敕谕中，清廷曾承诺巴达克山统治者，如果因送出霍集占尸体而招来同教国家的进攻，可以请求清廷驻边界大臣办理。巴达克山要求赏赐万人粮饷可能就是按照清廷这一承诺提出的。巴达克山当时与邻近部落爱乌罕、博罗尔等发生争端，因而才有了这一要求。

文书基本信息表

文书种类	敕谕	头辞	赐巴达克山伯克素勒坦沙敕书曰
发送者	中国乾隆皇帝	尾辞	勉之勿怠
接受者	巴达克山伯克素勒坦沙	正文文体	
纪年标准	中国纪年：乾隆二十九年	正文内容	要求巴达克山安分
语言种类	古代汉语	用典来源	

27. 乾隆二十九年（1764年）颁给霍罕伯克额尔德尼敕谕

赐霍罕伯克额尔德尼敕书曰：从前喀什噶尔驻扎大臣，遣章京挖穆齐图率同伊什罕伯克阿布都喇伊木，谕尔给阿济比[1]鄂斯[2]之地。阿布都喇伊木潜遣其亲信郭帕和卓等致书于尔，谓回部和卓木等皆见诛戮，惟尔尚存。此次索还侵地，来使不过数人，未曾派兵。尔但示以不惧，勿出迎候。且喀什噶尔等城留兵甚少，尔当领众前来，我为内应等语。尔亦权词相答，谓现与丕色勒构难，俟可行时，再相约会。此等情节，皆经发觉，审讯明确。故将阿布都喇伊木等立置[3]重典，家口亦皆从坐。大臣等以尔心怀叵测，请发兵问罪。朕思阿布都喇伊木向随霍集占等为逆，本应诛戮。因其献城纳款[4]，是以加恩录用。今负恩谋叛，孽由自作。尔归附以来，颇知恭顺。此次一得逆书，若即行出首[5]，必重加恩赏。原尔之情，盖恐阿布都喇伊木或仍狡辩，致生事端，是以未敢出首，姑缓言相复。则与逆犯结约，原非尔本心。朕观尔行止，尚属晓事。设尔竟如所约，袭取喀什噶尔，岂不思叶尔羌、阿克苏、和阗皆有官兵，伊犁有将军大兵驻扎，尔能守喀什噶尔乎？恐大兵一至，霍罕、安集延尽皆殄灭[6]，悔之何及。尔盖筹计及此，故数月以来，并未私遣一信。知尔不敢负朕恩，而罪尚可逭[7]也。今已谕驻扎大臣等，不必进兵。尔荷朕包荒[8]大度，当益加恭顺，恪守藩服，以期永保福禄于无穷。倘有不逞[9]之徒，以叛逆之事诱胁尔者，即据实以闻，勿为所愚。特谕。①

【注释】

[1]阿济比：西布鲁特额德格讷部落首领。[2]鄂斯：为大宛国王城。今称奥什，吉尔吉斯斯坦奥什州首府。[3]置：制定。[4]纳款：归顺；降服。[5]出首：自首；告发别人。[6]殄灭：消灭；灭绝。[7]可逭（huàn）：可以逃避。[8]包荒：包含荒秽。谓度量宽大。《易·泰》："包荒，用冯河，不遐遗。"[9]不逞：作乱，叛变。

【简析】

阿布都喇伊木原为喀什噶尔伯克。自归附清廷以来，因未授为阿奇木伯克，心怀背叛，常与霍罕额尔德尼致书通问，泄露中国信息。乾隆二十七年（1762年）冬，阿布都喇伊木令其亲属摩罗郭帕和卓致书霍罕的额尔德尼，报告清廷为布鲁特索取鄂斯游牧地一事并不打算用兵，建议霍罕清廷将来遣使到霍罕时不必远迎。同时泄露喀什噶尔无大兵驻扎，邀请霍罕伯克乘机进攻，并约为内应，同取喀什噶尔。阿布都喇伊木这一里应外合的阴谋被人揭露，清廷审讯后将其处死。这一阴谋涉及霍罕伯克。乾隆二十九年（1764年），清廷发布敕谕通告霍罕伯克，警告其不要受到引诱。

文书基本信息表

文书种类	敕谕	头辞	赐霍罕伯克额尔德尼敕书曰
发送者	中国乾隆皇帝	尾辞	特谕
接受者	霍罕伯克额尔德尼	正文文体	
纪年标准	中国纪年：乾隆二十九年	正文内容	通报阿布都喇伊木图谋叛逆被诛，警告霍罕伯克不得妄动
语言种类	古代汉语	用典来源	

28. 乾隆三十二年（1767年）颁给哈萨克汗阿布赉敕谕

敕谕哈萨克汗阿布赉曰：伊犁将军大臣派员护送尔使臣至木兰入觐，将尔所呈之书具奏。霍罕额尔德尼伯克于去岁杀尔弟依斯干达尔汗，又杀其四子，掳其妻子以去，尔等前往攻战，击杀多人。额尔德尼败北，入毕什克特城内不出，尔欲攻取城池，又无大炮，仰恳大皇帝发兵二万，并乞大炮等语。所奏甚属过当。尔哈萨克、霍罕等皆系归服朕之臣仆，额尔德尼在朕前并无过犯，岂有助一臣仆攻一臣仆之理。如因尔请兵攻额尔德尼，朕即行赏给。倘伊亦因攻击尔等请兵，朕又将何以处之。此事断不可行。且数年尔等渐近内

---

① 《清高宗实录》卷七一五，乾隆二十九年七月丙寅条。

地游牧，经我将军、大臣等具奏欲行治罪，朕加恩曲为宽免。兹复降旨，卡座[1]以内空闲地方，准尔等穷民游牧，此特因尔等均属恭顺之藩夷，俾各得休养安生，尔宜与同藩和好，以图永沐朕恩。如一味仇杀，彼此报复，又何所底，此两败俱伤之事也。适额尔德尼亦遣使恭请朕安，到时朕亦如此训示。朕为天下共主，所有归服藩夷臣仆，俱一体眷顾，并无左袒。尔所遣来使都勒特克呀等，朕施恩令其瞻仰，随围与宴，赏赉有加。又特赐尔蟒缎等物，交尔使臣赍回。尔惟恪共臣职，和睦同藩[2]。勿替朕嘉惠至意。特谕。①

【注释】

[1]卡座：又作卡位，即卡伦。清代设于边防要道的岗哨。[2]同藩：同为藩属的国家。

【简析】

乾隆三十二年（1767年），哈萨克因与霍罕发生争端，要求清廷发兵2万并援助大炮。清廷发布敕谕宣布不介入邻国争端的政策。此外，清廷允许哈萨克贫穷牧民进入中国境内游牧。

文书基本信息表

文书种类	敕谕	头辞	敕谕哈萨克汗阿布赉曰
发送者	中国乾隆皇帝	尾辞	特谕
接受者	哈萨克汗阿布赉	正文文体	
纪年标准	中国纪年：乾隆三十二年	正文内容	宣布清廷不参与哈萨克与霍罕的争端
语言种类	古代汉语	用典来源	

29. 乾隆三十三年（1768年）颁给哈萨克阿布赉敕谕

敕谕哈萨克阿布赉曰：前以厄鲁特台吉蒙固勒捐躯行阵，闻伊弟绰诺寄居尔处，因那旺查办边卡之便，向尔询问，尔即将绰诺送出，并派人同那旺至京，朕甚嘉之。经朕加恩，将绰诺承袭伊兄之职，赏戴翎顶，并恩准留京。绰诺系尔养子，尔如思念，越数年可命绰诺暂归省视[1]。今加恩赏尔蟒缎、妆缎各一，锦缎、八丝缎、五丝缎各二。尔接奉朕旨，益当恭顺诚切，以期永沐朕恩。特谕。②

【注释】

[1]省视：察看；探望。

【简析】

乾隆三十三年（1768年），因为清廷效力而捐躯的厄鲁特台吉蒙固勒之弟绰诺寄居哈

---

① 《清高宗实录》卷七九三，乾隆三十二年八月己丑条。
② 《清高宗实录》卷八一九，乾隆三十三年九月甲寅条。

萨克,哈萨克将其送往北京,清廷加恩由绰诺承袭其兄之职,赏戴翎顶。清廷为此发布敕谕进行嘉奖。

文书基本信息表

文书种类	敕谕	头辞	敕谕哈萨克阿布赉曰
发送者	中国乾隆皇帝	尾辞	特谕
接受者	哈萨克阿布赉	正文文体	
纪年标准	中国纪年:乾隆三十三年	正文内容	嘉奖哈萨克恭顺行为
语言种类	古代汉语	用典来源	

30. 乾隆三十五年(1770年)颁给霍罕伯克那尔巴图敕谕

赐霍罕伯克那尔巴图敕谕曰:朕披览来表,尔继尔祖额尔德尼为霍罕伯克,笃诚遣使,奏请朕安,甚属可嘉。使臣拜默特来时,朕加恩赐宴。兹特赐尔莽缎、龙缎,尔其祗受。再尔奏称,谨记尔祖额尔德尼训词,较前倍加效力等语,朕甚嘉悦。嗣后尔当益矢[1]笃忱,恪遵法度,约束属下,毋使滋事,惟宜辑睦[2]邻封[3],不可恃强凌弱,一切凛遵喀什噶尔、叶尔羌大臣等命令,安常守分,以期永沐朕恩。①

【注释】

[1]益矢:更加表达。[2]辑睦:团结和睦。[2]邻封:邻国。

【简析】

乾隆三十五年(1770年),霍罕新任伯克那尔巴图上表朝觐,清廷发布敕谕对其恭顺行为予以嘉奖。

文书基本信息表

文书种类	敕谕	头辞	赐霍罕伯克那尔巴图敕谕曰
发送者	中国乾隆皇帝	尾辞	
接受者	霍罕伯克那尔巴图	正文文体	
纪年标准	中国纪年:乾隆三十五年	正文内容	嘉奖霍罕恭顺行为
语言种类	古代汉语	用典来源	

---

① 《清高宗实录》卷八六六,乾隆三十二年十二月辛巳条。

31. 乾隆四十二年（1777年）颁给哈萨克阿布赉敕谕

敕谕阿布赉曰：尔使鄂托尔齐等朝觐京师，呈尔所奏托特字[1]表文，内称尔愿将数世征贡之塔什罕三万户人丁献纳等语。所奏非是。前者尔使鄂托尔齐至伊犁，将此事呈请将军。将军知尔心存侥幸，剖晰情理，行文饬驳。奏到时，朕谓其所办甚当。今尔使鄂托尔齐来京，复以此为请，则是尔侥幸之念，尚未止息。朕统一区宇，尔哈萨克、布鲁特、霍罕、安集延回众，皆朕臣仆，朕一视同仁，毫无偏向。从前尔因争塔什罕土地，向霍罕额尔德尼构兵。因遣都勒特克呼前来请援，经伊犁将军饬驳，朕曾降旨宣示。尔今复以塔什罕为尔数世征贡之属裔，欲纳于朕。是尔从前无力争夺，欲假天朝威力以取之耳！尔哈萨克与塔什罕皆系朕之臣仆，岂肯为尔攻彼乎。况尔欲谋取塔什罕，即允所请，倘他部落中如有欲谋取尔哈萨克者，朕亦将允其请乎？汝惟知多方谋取塔什罕，以冀侥幸，而并未实计其利害，殊属非是。阿布赉汝奉朕此谕，惟宜善自保守游牧，结好邻邦，以期永荷朕恩，断不可妄生觊觎，构祸邻国也。再尔使鄂托尔齐所呈表文，内称哈萨克阿浑曾言经内有云，白帽之人[2]屏逐[3]默克、哈萨克、布鲁特等，深惧斯言，情愿永为臣妾，惟期不为屏逐等语。斯言甚属怪异，不知从何而起。谅必因我兵新灭金川，前此将军伊勒图曾遣回尔使，恐我兵乘胜，并将哈萨克办理，是以假借经文，托词尝试，则是尔未知朕抚绥之意，而妄自疑惧矣。夫天朝之于外番，恭顺则抚恤之，鸱张[4]则讨灭之。迩来大小金川，负朕厚恩，恣意侵邻，遂加天讨。乃不知警惧，复敢抗拒王师，始命将出师，殄灭[5]小丑耳。今尔哈萨克归顺已久，朕方加惠抚恤，岂肯无故即加屏逐。且屏逐尔等，空其土地，将复畀[6]之何人。朕已谕将军传谕尔等，然非朕亲谕，不足以释汝之疑。朕故特降谕旨发往阿布赉，惟期永荷朕恩，恭顺是效，毋得妄行忤逆[7]，以自速祸也。特谕。①

【注释】

[1]托特字：又作托忒字，为"明了的文字"之义。和硕特学者扎雅·班迪达于1648年在古代蒙语基础之上，经整理并创新之后最终形成了简洁清晰的文字，故称为"托特字"。17世纪至19世纪托特文字在卫拉特蒙古以及中亚诸多民族与清朝的交往中曾作为外交文字广泛使用。[2]白帽之人：伊斯兰教男子以布缠头。清代回疆穆斯林分黑帽、白帽两派，自称穆罕默德后裔者以黑布缠头，其他则以白布缠头。此敕谕中的"白帽之人"应指回疆境内的白帽派。[3]屏逐：驱逐，排除。[4]鸱张：嚣张、凶暴。[5]殄灭：灭绝。[6]畀：给与。[7]忤逆：违抗；冒犯。

【简析】

乾隆四十二年（1777年），哈萨克呈请将塔什罕献给清廷。哈萨克此一目的在于利用清廷名义吞并塔什罕。清廷发布敕谕，揭露此种做法乃"从前无力争夺，欲假天朝威力以取之耳！"另外，又对哈萨克境内传言的"白帽之人"将驱逐哈萨克、布鲁特人进行批驳。

---

① 《清高宗实录》卷一〇二四，乾隆四十二年正月丁丑条。

文书基本信息表

文书种类	敕谕	头辞	敕谕阿布赉曰
发送者	中国乾隆皇帝	尾辞	特谕
接受者	哈萨克阿布赉	正文文体	
纪年标准	中国纪年：乾隆四十二年	正文内容	拒绝哈萨克的献地行为
语言种类	古代汉语	用典来源	

32. 乾隆四十八年（1783年）颁给霍罕伯克那尔巴图敕谕

赐霍罕伯克那尔巴图敕谕曰：尔那尔巴图继尔祖额尔德尼为霍罕伯克，前曾遣使来请朕安，今复感戴朕恩，遣使具疏请安，笃诚可嘉。使臣鄂布勒克色木前来朝觐，施恩赐宴。兹以特恩赐尔敕谕，赏尔那尔巴图妆蟒缎匹、玻璃、磁器等物，交与鄂布勒克色木带回，并赏鄂布勒克色木锦缎、绒绸、皮张、银两，其跟役四名亦各赏银两、缎匹，仍派侍卫照料遣回，到时尔其祇领，惟当感戴朕恩，益矢[1]诚悃。至尔所请，将前在叶尔羌私贩玉石、拟绞监禁回犯阿布拉赏还一事，鄂布勒克色木已代尔奏。但阿布拉之罪，原应正法，因系边远无知回人，未经正法，只行监禁。今以尔欣戴朕恩，遣使奏请，特施殊恩，姑予宽免，将阿布拉交使臣鄂布勒克色木带回。此格外宽典，非可屡邀，嗣后不得以此等事再行渎奏。阿布拉到后，尔其严行管束，勿令复滋事端。汝属下一切人等，不时善为教训，使各安居，与邻部和好，勿倚强凌弱。凡事俱遵驻喀什噶尔、叶尔羌大臣交派而行，安分自守，以期永享朕恩。特谕。①

【注释】

[1]益矢：更加表达。

【简析】

乾隆四十八年（1783年），清廷发布谕旨，批准霍罕伯克那尔巴图的请求，释放了在叶尔羌私贩玉石的回人阿布拉。这是霍罕干涉清廷对回部司法管理的开始。

---

① 《清高宗实录》卷一一七三，乾隆四十八年正月壬子条。

文书基本信息表

文书种类	敕谕	头辞	赐霍罕伯克那尔巴图敕谕曰
发送者	中国乾隆皇帝	尾辞	特谕
接受者	霍罕伯克那尔巴图	正文文体	
纪年标准	中国纪年：乾隆四十八年	正文内容	批准释放犯人的请求
语言种类	古代汉语	用典来源	

33. 嘉庆二年（1797年）颁给霍罕伯克那尔巴图敕谕

敕谕霍罕伯克那尔巴图：据喀什噶尔参赞大臣等奏，尔一闻萨木萨克等有欲来滋扰喀什噶尔之信，即带兵前往堵擒，又遣尔子迈玛迪敏往拏萨木萨克之子玉素普等语。从前尔祖额尔德尼比在时，诸事恭顺，曾受恩眷。尔承袭后，能继尔祖恭顺之忱，朕深嘉悦。今又能带兵协剿萨木萨克，列为可嘉。朕意欲赏尔职衔以示鼓励，但闻尔已为阿浑[1]。尔等回教，凡阿浑即不应补放伯克，今特赏尔珊瑚数珠一串，锦二匹，蟒缎一匹，闪缎二匹，尔其祗领。更当感戴朕恩，愈加奋勉，嗣后再有出力之处，朕必倍施恩赏。勉之，毋怠。特谕。①

【注释】

[1]阿浑：回教语。通经典的主教。

【简析】

嘉庆二年（1797年），清廷发布谕旨嘉奖霍罕伯克派兵协剿大和卓后代的恭顺行为。

文书基本信息表

文书种类	敕谕	头辞	敕谕霍罕伯克那尔巴图
发送者	中国嘉庆皇帝	尾辞	特谕
接受者	霍罕伯克那尔巴图	正文文体	
纪年标准	中国纪年：嘉庆二年	正文内容	嘉奖擒拿叛党
语言种类	古代汉语	用典来源	

---

① 《清仁宗实录》卷二四，嘉庆二年十一月庚辰条。

34. 道光三年（1823年）颁给哈萨克汗爱毕勒达敕谕

敕谕哈萨克汗爱毕勒达：昨据伊犁将军奏，尔遣弟占图喇苏勒坦呈递回子文禀，内称尔父瓦里苏勒坦上年病故。尔父丧事完毕，即遣尔弟占图喇苏勒坦等呈报事故，恭进贡马。并尔父故后，尔哈萨克等众公议，愿尔承袭汗爵。因未奉谕旨，不敢称汗，祈朕矜恤[1]施恩等语。朕闻尔父身故，甚为轸惜[2]。尔祖、尔父均属恭顺，仰受朕恩。兹尔父身故，尔虽管辖哈萨克等众，因无朕旨，不敢称汗。特遣尔弟占图喇苏勒坦禀称众皆愿尔为汗，请朕谕旨，尚属出于至诚，实堪嘉尚[3]。汗爵系尔祖父所遗，尔父在时尔即帮办游牧事务，属下哈萨克等均皆敬服。尔能约束伊等，朕所确知。特命大臣赍去银、纸等物，赐奠尔父。尔父汗爵，加恩即著袭封，赐以诏书。尔接奉此诏，惟当感戴朕恩。哈萨克等众，留心妥为管束。友睦子弟，勿生事端，肃清边陲，严拏盗匪，和辑邻封[4]。凡一切事务，悉听伊犁将军、塔尔巴哈台参赞指示，妥为办理，不可丝毫冀幸取巧。尔果能如尔祖、父勤恪[5]，朕必倍加优眷。尔宜钦遵恩旨，以期万万年永受朕恩。钦哉！勿怠。今因颁诏，赏尔大缎四匹，赍到祗领。再据伊犁将军转奏，尔遣尔侄阿布赉苏勒坦、伊弟丕口口赖伊里苏勒坦等，祈将尔故兄阿帕斯苏勒坦公爵恩赏阿布赉苏勒坦承袭等语。此公爵系尔祖父宣力多年，特恩赏给，并非世袭。今阿帕斯苏勒坦病故，理应停袭。惟念尔侄阿布赉苏勒坦远遣伊弟丕口口赖伊里苏勒坦等恭请朕安，并进贡马，尚为恭顺，将此公爵即赏阿布赉苏勒坦承袭。此系朕矜恤外藩，恩施格外，不可为例。尔将此明白晓谕尔侄阿布赉苏勒坦知之。特谕。①

【注释】

[1]矜恤：怜悯抚恤。[2]轸惜：痛惜。[3]嘉尚：赞许。[4]邻封：邻国。[5]勤恪：勤勉恭谨。

【简析】

哈萨克发生汗位交替，新继承人请求清廷加封汗位。道光三年（1823年），清廷发布敕谕，批准袭封汗位。

文书基本信息表

文书种类	敕谕	头辞	敕谕哈萨克汗爱毕勒达
发送者	中国道光皇帝	尾辞	特谕
接受者	哈萨克汗爱毕勒达	正文文体	
纪年标准	中国纪年：道光三年	正文内容	册封爱毕勒达为汗
语言种类	古代汉语	用典来源	

---

① 《清宣宗实录》卷六一，道光三年十一月辛卯条。

二、檄谕例析

1. 道光十二年（1832年）三月清朝官员发给霍罕伯克檄谕

谕知霍罕伯克知悉。据你差来的吊噶尔拜、迈玛特哪海到喀什噶尔，你所递禀帖上求的四件事，本扬威将军、伊犁将军、参赞大臣都看过了。你们霍罕自乾隆年间受天朝厚恩，就准你们进卡做买卖，至今七十余年，你们也狠受过大皇帝恩典。如今你们既知道悔罪，本扬威将军、伊犁将军、参赞大臣替你们奏明，想来大皇帝必就不治你的罪了。所求仍进卡做买卖免税的事，大皇帝已经有过恩典，准你们的人照旧做买卖，并免你们的税。再你们设立商头的事，既准你们做买卖，就仍照旧安设。所有你们八年上入官的田地、茶叶，据吊噶尔拜等说，你属下的安集延都是穷苦的，还求赏还他们。查前年伊犁哈萨克王江霍卓也曾求过，本扬威将军、伊犁将军、参赞大臣替你奏明，想来大皇帝也必照江霍卓的事一样施恩赏还。这些事情都可以准你的。至于各城发遣的回子，实因他们跟着张格尔[1]闹事，所以才治罪的。如今既是你们恳求，我们天朝规矩，臣下不敢做主，必须奏恳大皇帝施恩，听候旨意，或者大皇帝施恩允准，亦未可定。为此特谕。①

【注释】

[1] 张格尔：新疆伊斯兰教白山派首领。大和卓布拉呢敦之孙，后来在新疆发动叛乱，被中国政府平定后押解京师处斩。

【简析】

道光年间，清廷平定张格尔叛乱后，派那彦成对南疆地区进行治理，其中就有断绝与霍罕贸易、没收霍罕人在喀什噶尔财产的举措。但这种强硬政策引起反弹，霍罕派兵入侵喀什噶尔，清军虽击退入侵者，但面临沉重的财政压力，因此有意恢复与霍罕正常贸易关系。道光十二年（1832年），霍罕向清廷递交禀文，提出通商免税、派设商头、返还田产、释放发遣回犯等要求。对霍罕这四项要求，正在新疆主持军政事务的长龄发布檄谕，基本满足了霍罕要求。

文书基本信息表

文书种类	檄谕	头辞	谕知霍罕伯克知悉
发送者	中国地方官员	尾辞	为此特谕
接受者	霍罕伯克	正文文体	
纪年标准	中国纪年：道光十二年	正文内容	允许霍罕重新到喀什噶尔经商
语言种类	古代汉语	用典来源	

---

① 潘志平：《霍罕国与西域政治》，新疆人民出版社2006年版，第166页。

第二节　中国与中亚国家朝贡上行文书研究

一、表文例析

1. 康熙十二年（1673年）吐鲁番进贡表文

吐鲁番国王某，上言于乃圣乃仁[1]天下治平皇帝陛下：恭惟皇上一统攸同[2]，何异于古之占什特；惠泽群生，相同乎昔之达剌汗；法纪军威，比隆于楷黑塞劳；聪明格物，媲美乎伊思谦达尔。皇上睿知天锡，如日升之无不照；皇上拨乱为治，如月恒之无不临。旌旗闪烁，超越乎墨乌戚尔；皇恩浩荡，实出于度量宽仁。国祚无疆，而万国咸宁；洪福靡际，而皇图应运。①

【注释】

[1]乃圣乃仁：神圣仁爱。[2]一统攸同：天下一统。

【简析】

康熙十二年（1673年），吐鲁番国向清廷呈递进贡清廷的表文。表文中"占什特"、"达剌汗"、"楷黑塞劳"、"伊思谦达尔"、"墨乌戚尔"等人物应该都属于伊斯兰回教国家中有名的英雄人物。这一表文的书写格式反映了伊斯兰文书特点。

吐鲁番国是明末清初叶尔羌汗国的东部政权。顺治三年（1646年），叶尔羌汗阿不杜拉委托吐鲁番的小汗阿布伦·木汉默德·阿济汗遣使北京。顺治帝接见了吐鲁番贡使，并颁发敕谕："吐鲁番乃元青吉斯汗次子察哈岱受封之地，前明立国隔绝二百八十余载，今得幸而复令，岂非天乎！"在给吐鲁番统治者的谕旨中还说："尔等诚能恪修贡职，时来朝贡，大贡小贡悉如旧例，则恩自相加。"顺治十三年（1656年），阿不杜拉再次组织庞大使团前往北京进贡。在清帝给阿不杜拉的敕谕中说："念尔国远隔山河，跋涉不易，宜加赏赉，用劝忠诚。今遣归来使，特赐尔缎三百三十八匹，绢七百二十三匹，以昭宠赐之意。"②康熙十二年（1673年）、康熙十三年（1674年），阿不杜拉继续遣使进贡清廷。

康熙十九年（1680年）后，叶尔羌汗国纳入准噶尔汗国的影响之下，其东部领土吐鲁番和哈密也受到准噶尔汗国的支配。虽然如此，叶尔羌和吐鲁番还继续与清廷保持着商业和政治上的联系。康熙二十年（1681年）、康熙二十五年（1686年）、康熙二十六年（1687年）和康熙三十五年（1696年）相继遣使清廷。相关研究指出，康熙二十年

---

① 王士禛：《池北偶谈》卷一，谈故一，吐鲁番表文，中华书局1982年版，第10—11页。
② 《清世祖实录》卷二六，顺治三年五月壬午条。

(1681年）的使节是由叶尔羌统治者穆罕默德·依明汗派遣，请求批准自己登上叶尔羌汗位。康熙二十五年（1686年）、康熙二十六年（1687年）两次遣使，也为穆罕默德·依明汗所派，向清廷报告对准噶尔人战争的胜利。康熙三十五年（1696年）的使节则由哈密统治者阿不杜拉·达尔汗所派，请求清廷支援威胁哈密的准噶尔人。此后再未出现相关遣使清廷的记载。

文书基本信息表

文书种类	表文	头辞	吐鲁番国王某，上言于乃圣乃仁天下治平皇帝陛下
发送者	吐鲁番国王	尾辞	
接受者	中国康熙皇帝	正文文体	
纪年标准	中国纪年：康熙十二年	正文内容	进贡清廷
语言种类	古代汉语	用典来源	

2. 康熙二十五年（1686年）吐鲁番进贡表文

吐鲁番阿布尔萨布拍尔马哈马特厄敏巴图尔哈西汗疏言：我承苏喇伊满汗之业，所居之地虽广，惟知谨守疆界。然道里云遥，向风殊切。今遣五禄合泽等头目五人，谨贡方物。但向进贡头目所带人役甚多，甘州、肃州亦有我土之人居住。因遭贼乱，俱各星散。今闻流寓西宁地方，乞将此等人仍令居住甘、肃，以便往返行走。臣系青吉斯汗[1]后裔，故敢陈情。①

【注释】

[1]青吉斯汗：成吉思汗。

【简析】

康熙二十五年（1686年），吐鲁番为进贡方便，要求将流散到青海地区的本族人遣返甘州、肃州，以便使者往返行走。

---

① 《清圣祖实录》卷一二八，康熙二十五年十一月丙午条。

文书基本信息表

文书种类	表文	头辞	吐鲁番阿布尔萨布拍尔马哈马特厄敏巴图尔哈西汗疏言
发送者	吐鲁番阿布尔萨布拍尔马哈马特厄敏巴图尔哈西汗	尾辞	
接受者	中国康熙皇帝	正文文体	
纪年标准	中国纪年：康熙二十五年	正文内容	进贡清廷
语言种类	古代汉语	用典来源	

3. 乾隆二十二年（1757年）哈萨克汗阿布赉进贡表文

哈萨克小臣阿布赉谨奏中国大皇帝御前：自臣祖额什木扬吉尔汗以来，从未得通中国声教，今祇奉大皇帝谕旨，加恩边末部落，臣暨臣属，靡不欢忭，感慕皇仁。臣阿布赉愿率哈萨克全部归于鸿化[1]，永为中国臣仆，伏惟中国大皇帝睿鉴。谨遣头目七人及随役十一人，赍捧表文恭请万安，并敬备马匹进献。谨奏。①

【注释】

[1]鸿化：宏大的教化。

【简析】

乾隆二十二年（1757年），清廷平定准噶尔部，哈萨克左部阿布赉上表投诚。

文书基本信息表

文书种类	表文	头辞	哈萨克小臣阿布赉谨奏中国大皇帝御前
发送者	哈萨克左部阿布赉	尾辞	谨奏
接受者	中国乾隆皇帝	正文文体	
纪年标准	中国纪年：乾隆二十二年	正文内容	归顺清廷
语言种类	古代汉语	用典来源	

4. 乾隆二十三年（1758年）哈萨克右部归顺清朝表文

伏念臣者久思内附，远外边末，与左部阿布赉各长一方，为准噶尔阻绝，未由自通。

---

① 《清高宗实录》卷五四六，乾隆二十二年七月丁未条。

近闻左部输服，被恩优渥。恭惟天使惠来，祗领宸训[1]，得均隶臣仆，诚欢诚忭。谨遣子弟入觐，瞻仰天颜，如天覆育之。圣人在上，臣愿竭衰驽[2]，奋勉[3]自效，永无二心，倍于左部。①

【注释】

[1]宸训：帝王训谕。[2]衰驽：谦辞。衰弱的力量。[3]奋勉：振作努力。

【简析】

乾隆二十三年（1758年），哈萨克右部首领上表归顺清廷。

文书基本信息表

文书种类	表文	头辞	
发送者	哈萨克右部	尾辞	
接受者	中国乾隆皇帝	正文文体	
纪年标准	中国纪年：乾隆二十三年	正文内容	归顺清廷
语言种类	古代汉语	用典来源	

5. 乾隆二十八年（1763年）巴达克山素勒坦沙表文

巴达克山伯克臣素勒坦沙谨奏请圣鉴。自为臣仆，受大皇帝深恩，实出众伯克之上。今布哈尔、乌苏伯克等皆以臣杀害布拉呢敦、霍集占等结怨兴兵。臣虽勉力支持，然别无可倚赖。所幸为大皇帝臣仆，实心效力，整顿部落，即身故之日亦必嘱咐子孙，无改臣素日恭顺。至臣地所埋布拉呢敦尸骸及其妻子、仆人，蒙叶尔羌驻扎大臣等，遣使查取，臣不敢迟误，即遣臣亲随[1]密尔咱阿达里布等呈献，并令入觐。②

【注释】

[1]亲随：亲信随从。

【简析】

乾隆二十四年（1759年），霍集占之首被巴达克山上交清廷，而布拉呢敦的尸首被盗失踪。乾隆二十八年（1763年），巴达克山查获埋葬大和卓的墓地，将其尸体移交清廷。至此，大小和卓的尸体全部移交给了清廷。

---

① 《〈西域图志〉校注》，藩属一，新疆人民出版社2002年版，第569页。
② 《清高宗实录》卷六八二，乾隆二十八年三月戊午朔条。

文书基本信息表

文书种类	表文	头辞	巴达克山伯克臣素勒坦沙谨奏请圣鉴
发送者	巴达克山素勒坦沙	尾辞	
接受者	中国乾隆皇帝	正文文体	
纪年标准	中国纪年：乾隆二十八年	正文内容	交出清廷要求的大和卓尸体
语言种类	古代汉语	用典来源	

6. 乾隆二十九年（1764年）巴达克山素勒坦沙表文

臣素勒坦沙谨奏：十月十三日奉到训旨。跪聆之下，不胜感戴。回人风俗，凡事急图表白。前此所奏，今始知非，惟是痛自改悔而已。爱乌罕原有构怨之意，今似不复相侵。齐特喇尔[1]之地，臣意欲仍行赏给，实甚糊涂。臣处有众万人属实，但不知天朝无给饷之例，妄行渎请。嗣后惟有约束部落，不敢稍存异念，以图仰报皇恩。至额敏和卓，臣称之曰父，何敢诽谤。或因所遣和济克兰，造言生事，今已严加惩治。一切俱凛遵敕谕，不敢稍有违悖。谨奏。①

【注释】

[1] 齐特喇尔：今为巴基斯坦西北边境省的一个县。

【简析】

乾隆二十八年（1763年），清廷向巴达克山发布敕谕，严厉斥责巴达克山要求归还奇特喇尔、奖赏万人粮饷等事。乾隆二十九年（1764年），巴达克山上表悔过。

文书基本信息表

文书种类	表文	头辞	臣素勒坦沙谨奏
发送者	巴达克山素勒坦沙	尾辞	谨奏
接受者	中国乾隆皇帝	正文文体	
纪年标准	中国纪年：乾隆二十九年	正文内容	悔过
语言种类	古代汉语	用典来源	

---

① 《清高宗实录》卷七二五，乾隆二十九年十二月癸卯条。

第六章 清代中国与中亚国家往来朝贡文书研究

7. 道光十二年（1832年）霍罕伯克进贡表文

霍罕伯克迈买底里表呈高福高寿管万民的大皇帝上：前者阿奇木伯克作霍尔敦使依山阿吉前来送字儿，内言霍罕各处地方有贸易回子，准其出入贸易，并求免抽税，因此使人给信等语。正是大皇帝上赐天高之恩，难以形容。至有恳求四件事俱奏大皇上允准，霍罕所属小回子都沾上大皇帝上如天之仁，如日之明，俱各欢喜，从此就过平安好日子。迈买底里身子虽是外国人，心里与中原人一般，以后，此心万不能改变。霍罕在天朝从无背叛之事，如今一切坏心俱已去过，惟有恭顺。以后，迈买底里如再改悔前言，至令回子受害，即是迈买底里重罪。为此秉心[1]抱经发誓，惟有永远恭顺，常念天朝恩典，为此用图书表文叩请圣安。①

【注释】

[1] 秉心：持心。《诗·鄘风·定之方中》："匪直也人，秉心塞渊。"

【简析】

道光十二年（1832年），霍罕伯克在清廷满足了其重新开放喀什噶尔等地贸易等的基本要求后，上表道光皇帝谢恩。

文书基本信息表

文书种类	表文	头辞	霍罕伯克迈买底里表呈高福高寿管万民的大皇帝上
发送者	霍罕伯克	尾辞	为此用图书表文叩请圣安
接受者	中国道光皇帝	正文文体	
纪年标准	中国纪年：道光十二年	正文内容	感谢清廷重新开放贸易
语言种类	古代汉语译文	用典来源	

二、禀文例析

1. 道光十二年（1832年）霍罕国禀文

霍罕伯克呈中堂将军参赞的字儿：前者密孜爱斯玛特回来，阿奇木差依山阿吉一同到来，将经典上不准的话询问我们说了，因此将他们遣回，将依山阿吉留下了。我们心里想着，上次充发喀什噶尔回子俱说，因霍罕的人闹事，因此发在各处，有从各处逃回的都怨

---

① 潘志平：《霍罕国与西域政治》，新疆人民出版社2006年版，第167页。

恨我人，如今求着把他们都赦回来。再求，将官收我们的房子、土地、茶叶也求着赏还我们。再求，卡外进来贸易的外夷回子求准我们设商头管束。再求，贸易来的货物也免我们的税。后来依山阿吉告诉我，叫我派迈玛特哪海、吊噶尔拜一同前去，将我的心里所求的四件事情，若是准了，给我带一个盖印的谕帖[1]来，两下里和好，与所有里外的回子都好呢。因此派迈玛特哪海，总要求准行才好呢。①

【注释】

[1]谕帖：上级给下级的手令、告诫的文书。

【简析】

道光十二年（1832年），霍罕向清廷呈递禀文，提出四项要求。这份禀文，有研究者根据原文重新进行汉译：

> 呈中堂将军、诸参赞：从前密孜爱斯玛特回来时，阿奇木伯克派来的依山阿吉一起到来。他们说了些真主和圣人所不允许的话，因此我们把（其他）使节打发回去，只把依山阿吉留下。我们这样做的目的是：以前被迫外出的喀什噶尔人均因霍罕之事流往各地，他们受到牵连，我们要为之请愿，（要求）你们能将他们赦免收回；（还要求）你们将官府抄收的穆斯林们的土地、房屋、茶叶退还；并且请你能把从卡外进来的人们的臣民身份（管束权）和随使节一起来的商队的税务（征收权）交给（我）。后来，依山阿吉说："您让我随同迈玛特哪海、吊噶尔拜等人（前去），如能接受所要求的这四件事，就让他们带回盖印的谕帖，让穆斯林们放心。"因此，我让迈玛特哪海、吊噶尔拜随依山阿吉一起去（你处），希望你接受我们的请求。
>
> 1248年（公历1832年）。②

霍罕国用察哈台文所写的禀文原件（见图6.6），右侧盖有"双耳罐"形汗印鉴③。这里所谓的汗王印鉴或为中亚、西亚国家流行的戒指花押制度，与天主教教皇的渔人权戒类似。《西域番国志》记载：哈烈"官府文书行移，不用印信。国主而次，与凡任事者有所施行，止用小纸一方，于上直书事体，用各人花押印记，即便奉行。花押之制，以金银为戒子，上镌本主姓名，别无关防，罔有为奸伪者"④。另外，这种霍罕汗王印鉴也可能受奥斯曼帝国苏丹的花押制度影响。花押是奥斯曼帝国苏丹独有的书法签字或印章，会附加在所有的官方文件和信函上，同时也作为苏丹统治期间的象征并会铸造在硬币上。

---

① 潘志平：《霍罕国与西域政治》，新疆人民出版社2006年版，第161—162页。
② 潘志平：《霍罕国与西域政治》，新疆人民出版社2006年版，第161页。
③ 潘志平：《霍罕国与西域政治》，新疆人民出版社2006年版，第169页。
④ 陈诚：《西域番国志》，中华书局2000年版，第67页。

第六章 清代中国与中亚国家往来朝贡文书研究

1832年浩罕汗致清王朝文书

图6.6 道光十二年（1832年）霍罕国察哈台语禀文

文书基本信息表

文书种类	禀文	头辞	霍罕伯克呈中堂将军参赞的字儿
发送者	霍罕伯克	尾辞	
接受者	中国将军	正文文体	
纪年标准	中国纪年：道光十二年	正文内容	向清廷提出四项要求
语言种类	古代汉语译文	用典来源	

三、呈文例析

1. 乾隆三十年（1765年）巴勒提哈帕隆地方伯克呈文

以真主的名义。

论富国强兵可与法里东比肩,像贾姆希德大帝一样伟大庄严,像阿奴席尔旺国王一样播扬正义,伟大的摄政王为国主宰江山。谨致当代之主 Jink Jon 大汗[1]:

在下穆罕默德·阿里·汗谨致函王权的杰出继承者、开疆拓土的元勋、慷慨的赐予者、国王的出鞘之剑、王座之主宰、洪福当头之王、矛锋之光、无往不胜的旗手、奇思妙计之主、敌人的克星 Jink Jon 大汗,谨祝大王福寿康宁!在下世代承恩受惠,蒙大王及大王的众臣关怀照应,深感荣幸。

在下愿按以往成例,重开途经我土之商路,俾使我方得以为护路效力,为过往客商服务,使我辈列入为大王效力者的名册之中。若此愿果能实现,我等不胜荣幸之至。

因相距路途遥远,谨派一名哈桑·贝克(他系可信赖之人)面呈一切,并表示我辈竭忠效力之诚意。如蒙召见,不仅是他本人之荣幸,实亦体现大王慷慨好客之德。

略备薄礼,不成敬意,万望笑纳。

愿大王关怀照顾之恩永世不衰。①

【注释】

[1]Jink Jon 大汗:可能为乾隆大汗或叶儿羌都统新柱的译音。

【简析】

该文书原文为波斯文。巴勒提人主体为藏民族,使用语言为藏语一种,但无正式书面语。波斯文化在当地有着重要影响,文书中"法里东"、"贾姆希德"、"阿奴席尔旺"等均为波斯史诗《列王纪》中的帝王。

巴勒提曾在乾隆二十五年(1760年)派人前往叶尔羌与中国官方联络、通商。乾隆三十年(1765年),巴勒提的哈帕隆伯克向中国地方官员递交呈文,请求开通原有商路。有研究者认为:"乾隆二十五年开始的巴尔蒂斯坦同中国的官方往来,是有文字记载的勃律及大勃律同唐朝之间官方往来之后该地再次同中国官方的直接交往,其间相隔已近千年之久。"②

文书基本信息表

文书种类	呈文	头辞	以真主的名义
发送者	巴勒提哈帕隆地方伯克	尾辞	愿大王关怀照顾之恩永世不衰
接受者	中国地方官员	正文文体	
纪年标准	中国纪年:乾隆三十年	正文内容	请求开通商路,承诺承担护路任务
语言种类	汉语译文	用典来源	

---

① (巴基斯坦)穆罕默德·尤素夫·侯赛因阿巴迪等著,陆水林译:《巴尔蒂斯坦(小西藏)的历史与文化》,中国藏学出版社2011年版,第537—538页。

② 陆水林:《乾隆时期巴尔蒂斯坦(小西藏)与清朝关系初探》,载《中国藏学》2004年第1期。

2. 乾隆三十年（1765年）巴勒提哈帕隆地方伯克呈文

以真主的名义。

敬启者。在下穆罕默德·阿里·汗谨致函至高无上、仁德慈爱、除灾祛祸、无限崇高、战无不胜的大军统帅、伟大的 Yusuf Wan 大王[1] 阶前：

在下历承先王及先王后之隆恩厚德，于今敢不竭忠效力于阶前。故此，还望施恩关怀，视为子民，俾得效命。在下愿尽忠尽力，在力所能及之情况下维护由贵方经我方过境之商路，愿竭尽全力为护路养路尽责。

现谨派译员哈桑·贝克携函往谒，面呈诸事。如依例准予朝见，不胜荣幸之至。

祝愿大王江山永固，福寿绵长。①

【注释】

[1] Yusuf Wan 大王：玉素甫大王。

【简析】

该文书原文为波斯文。乾隆三十年（1765年），巴勒提哈帕隆地方伯克向一位中国地方官员呈递呈文。

文书基本信息表

文书种类	呈文	头辞	以真主的名义
发送者	巴勒提哈帕隆地方伯克	尾辞	祝愿大王江山永固，福寿绵长
接受者	中国地方官员	正文文体	
纪年标准	中国纪年：乾隆三十年	正文内容	请求开通商路，承诺承担护路任务
语言种类	汉语译文	用典来源	

3. 乾隆三十九年（1774年）巴勒提伯克额依默特呈文

额依默特我派遣属下人社克尔为使臣，率领商人前往大臣处。侯社克尔贸易完毕，请令与前来我处之商人一起尽快返回。至商人行走之道，我均已妥善修葺，极为平安。由叶尔羌赴克什米尔等处贸易之人，若经我处道路行走，则额依默特我毫不劳累伊等，尽力看护通行。现派遣使臣社克尔向大臣等请安，进献礼品花巴布提[1]一个，请接收。请大臣等

---

① （巴基斯坦）穆罕默德·尤素夫·侯赛因阿巴迪等著，陆水林译：《巴尔蒂斯坦（小西藏）的历史与文化》，中国藏学出版社2011年版，第538页。

悯爱，乘商人往返之便，赏给文书一封，额依默特我不胜感戴，欣然奉读。①

【注释】

[1]花巴布提：不知何种物品。

【简析】

该文书原文为波斯文。乾隆三十九年（1774年），巴勒提一位伯克向叶儿羌参赞大臣递交呈文，要求尽快安排巴勒提商人返回。此外还建议中方派遣商人前往克什米尔等处进行贸易，在途经巴勒提时会给予看护措施。

文书基本信息表

文书种类	呈文	头辞	
发送者	巴勒提某地伯克	尾辞	
接受者	中国地方官员	正文文体	
纪年标准	中国纪年：乾隆三十九年	正文内容	要求安排商人回国，承诺承担护路任务
语言种类	汉语译文	用典来源	

---

① （巴基斯坦）穆罕默德·尤素夫·侯赛因阿巴迪等著，陆水林译：《巴尔蒂斯坦（小西藏）的历史与文化》，中国藏学出版社2011年版，第544—545页。

本章附录一：
唐代中国册封勃律、小勃律、个失密、罽宾、竭师、护密、黠戛斯、回鹘的文书

唐代在中亚地区设置羁縻州府进行统治，当地各小国统治者名义上都受唐朝中央政府册封。

1. 开元五年（717年）册勃律国王苏弗舍利支离泥文

维开元五年，岁次丁巳，五月庚子朔，二十七日丙寅，皇帝若曰：于戏！夫象贤踵德，匪直诸华，开国承家，无隔殊俗。咨尔勃律国王苏弗舍利支离泥，卿历代酋渠，执心忠肃，遥申诚款，克修职贡。谢知信由其远略，郭虔瓘所以足兵，行观郁成授首，何止匈奴断臂。是用命尔为勃律国王，尔宜善始令终，长奉正朔，宁人保国，庆及苗裔。往钦哉！其光膺典册，祗朕宠命，可不慎欤！①

2. 开元十九年（731年）册小勃律国王难泥书

惟尔代雄荒服，为国藩卫。居万里之外，竭一心之忠。用能潜应王师，克翦悖寇，葱河失险，青海无波，使我威灵远加。由尔诚节克著，言念功效，叹美良深。今册尔为本国王，并赐衣带，至宜领取。②

3. 开元二十一年（733年）册个失密国王木多笔文

维开元二十一年，岁次癸酉，四月丁酉朔，五日辛丑，皇帝若曰：咨尔个失密国王木多笔：于戏！奕叶归顺，远输诚节。修职贡之礼，受藩落之寄。时有代谢，兄亡弟袭，保界山川，辑率黎庶，国有制度，俗尚清净，可不勉欤！今命尔为个失密国王，恭膺册命。往钦哉！③

4. 开元二十九年（741年）册小勃律国王麻来兮文

于戏！王泽无偏，义宏于远迩；朝荣所厚，谅敦于款诚。咨尔麻来兮，代袭

---

① 《全唐文》卷三十九，元宗（二十）。
② 《全唐文》卷四十，元宗（二十一）。
③ 《全唐文》卷三十九，元宗（二十）。

君长，家传忠信。地虽限于绝域，心每归于本朝。爰逮尔躬，足继前绪。素有驭下之略，益坚奉上之心。是用册尔为勃律国王。尔其敬膺典册，无忘节义，永保土宇，以贻子孙。可不慎欤！①

5. 天宝元年（742年）赐护密国王子颉吉里匐铁券文

咨尔护密王子颉吉里匐，夫藩扞可寄，惟信是从；节义可积，中远弗隔。卿之先代，尝附国朝，通使有常，书译相次。自卿父继立，近阻强邻，被制凶威，有乖夙志。今遂能献诚款，潜讬归怀，自非心晤远图，何以克存失意？念此诚恳，嘉尚尤深。今赐卿丹书铁券，以旌忠孝，长表信义，永传子孙，日月同明，山河齐久。可不美欤！可不慎欤！②

6. 天宝四年（745年）册罽宾国王勃匐准文

维天宝四载，岁次乙酉，九月乙卯朔，二十二日丙子，皇帝诏曰：于戏！远方恭顺，襃锡宜优，累代忠勤，宠章斯及。咨尔罽宾国王男勃匐准，宿承信义，早竭款诚，宁彼下人，二蕃安静。继其旧业，万里来朝，秉节不逾，恳怀弥著。愿情之至，深可嘉焉！是用册命袭罽宾国王及乌苌国王，仍授右骁卫将军。往钦哉！尔其肃恭典册，保尚忠义。承膺于宠命，以率于遐蕃。可不慎欤！③

7. 天宝九年（750年）册朅师国王素迦文

于戏！赏劳之制，必崇名器；怀柔之典，无替畴庸。咨尔朅师国王勃特没兄素迦，代竭忠诚，僻居遐裔，夙怀智识，早闻勇义。顷以勃特没于乡不孝，于国不忠，而卿报屈既深，久被沦弃。今恶党已殄，凶徒就擒，卿遂能输忠赤于朝廷，表仁惠于蕃部。永言效节，宜膺旌赏。是用册尔为朅师国王。尔其丕荷国恩，克修蕃礼，子孙万代，长保宠荣。岂不美欤！可不慎欤！④

8. 会昌五年（845年）册黠戛斯可汗文

我国家光宅四海，君临八荒，声教所覃，册命咸被。况乎族称宗姓，地接封疆，爰申建立之恩，用广怀来之道，有加常典，得不敬承。黠戛斯国生穷阴之乡，禀元朔之气。少卿之后，骨裔且异于蕃夷；大漠之中，英杰自雄于种落。日

---

① 《全唐文》卷三十九，元宗（二十）。
② 《全唐文》卷三十九，元宗（二十）。
③ 《全唐文》卷三十九，元宗（二十）。
④ 《全唐文》卷三十九，元宗（二十）。

者居于绝徼，隔以强邻，空驰向化之心，莫通事大之体。旋能奋其武勇，清彼朔陲，万里归诚，重译而至。时既当于无外，义必在于固存，是用特降徽章，载明深恩。加其美号，锡以丹书，贻厥后昆，遂荒有北。举兹盛典，彰示远戎，祗服宠光，永孚恩化。可册为宗英雄武明诚可汗，命右散骑常侍兼御史中丞李栻持节充册立使。仍命有司择日，备礼册命。①

9. 大中十一年（857年）册回鹘可汗文

皇帝若曰：我国家诞膺天命，光宅中土，君临九有，包举八荒，声教所加，册命咸及。而况回鹘北方之强，供济其烈，惠行邻境，俗慕华风。立国以来，尝效臣节，代为甥舅，每岁通和，推诚不疑，为我与国。当会昌之际，自属天灾，人罕粒食，上下离散，牙帐为墟，地多种落所侵，国甚《黍离》之叹。朕自登宝祚，每轸素怀，爰发使臣，访其后嗣，轺车既出，蕃使爰来。咨尔回鹘可汗，挺此雄材，生于贵族，能收既绝之烬，常存再振之心。愿嗣天骄，载归地著，发使请命，诚辞可哀。夫亲仁善邻，国家之宝，兴灭继绝，王者之宜。况朕布德滂仁，施于海外，尔乃坚诚励节，行乎域中。所以公侯子孙，道在必复，华夏屏卫，理宜长存。既将还定旧封，式承坠绪，克绍崇构，允膺鸿休。今遣使臣朝议郎检校秘书监兼卫尉少卿御史中丞上柱国赐紫金鱼袋王端章、副使臣朝议郎检校尚书工部郎中兼国子礼记博士御史赐绯鱼袋李浔持节备礼，册命为九姓回鹘嗢禄登里啰汩没密施合俱录毗伽怀建可汗。尔其服我恩荣，膺兹位号，勉修前好，恢复故疆。宜克己于蹛林，长归心于魏阙，无怠尔志，永孚于休。②

本章附录二：明代中国与帖木儿帝国来往外交文书

明代前期，中亚崛起了帖木儿帝国，成为明代中国的重大安全威胁。两国关系在经历了相互试探、战争威胁之后，最终进入了和平共处时期。两国往来的外交文书都以各自文明价值为基础，劝导对方皈依各自的文明体系。

1. 洪武二十七年（1394年）帖木儿贡马表文

恭惟大明大皇帝，受天明命，统一四海，仁德洪布，恩养庶类，万国欣仰，咸知上天欲平治天下，特出皇帝出膺运数，为亿兆之主，光明广大，昭若天镜，无有远近，咸照临之。臣帖木儿，僻在万里之外，恭闻圣德宽大，超越万古。自

---

① 《唐大诏令集》卷一二八，会昌五年五月《黠戛斯为可汗制》。
② 《全唐文》卷八十二，宣宗（四）。

古所无之福,皇帝皆有之;所未服之国,皇帝皆服之。远方绝域,昏昧之地,皆清明之。老者无不安乐,少者无不长遂,善者无不蒙福,恶者无不知惧。今又特蒙施恩远国,凡商贾之来中国者,使观览都邑城池,富贵雄壮,如出昏暗之中,忽睹天日,和幸如之。又承敕书,恩抚劳问,使站驿相通,道路无壅,远国之人,咸得其济。钦仰圣心,如照世之杯,使臣心中豁然光明。臣国中部落,闻兹德音,欢舞感戴。臣无以报恩,惟仰天祝颂圣寿福禄如天地,永永无极。①

2. 明朝永乐帝发给哈烈国王沙哈鲁敕谕

大明皇帝诏谕撒马尔罕国沙哈鲁把都尔:皇天生万物,使凡在天之下,地之上,莫不熙然宁处。朕以皇天之灵,为天下万物主,寅遵天命,临御宇内黎庶,无有遐迩,一视同仁,期咸能安居乐业。前闻尔仁智过人,能遵天命,关怀民瘼,慎治甲兵,恩辑其属,朕甚嘉之,故遣使锡尔织金文绮、红绫诸服,以表朕意。使至尔处尔受命甚恭谨,遵事朕躬,大小人民,莫不欣跃,即遣使来朝,贡马匹方物,以明尔之忠诚,嘉锡殊宠,尔实应得无愧。前者元社既屋,尔之先人帖木儿驸马能识天命,归藩太祖高皇帝,贡献不绝,以故朝廷加恩于尔遐僻之国,使得艾宁无事,人民亦皆安谧。朕闻尔能继先人遗志,恪守旧章,今遣都指挥白阿儿忻台、千户某及随从若干人,赍敕赐尔织金文绮、红绫诸服及他色物件,示朕眷遇之意,期此后信使往来,朝聘不绝,商旅安然互市,各遂其欲。尔从子哈里锁鲁檀,实尔懿亲,当务敦睦,宜信朕言,恪遵所命勿替。钦此。②

3. 哈烈国王沙哈鲁致中国明朝永乐皇帝国书

沙哈鲁锁鲁檀致书大明皇帝陛下,敬问圣安。在昔天降亚当(祝其灵安谧!)锡以全智大能,使其子孙中若干人为先知预言家遣之于民,纳民于正道。自是代有预言家作。如亚伯拉罕、摩西、大卫、穆罕默德(祝诸圣之灵安谧!),皆见于书。立教律昭示天下人民,使咸遵守其法,虔奉其教。先知等使民归于一神宗教,崇拜上帝,而禁民拜奉日月星辰君主,每项皆设专律治之。于是民咸崇奉独一无二之上帝矣。自大圣穆罕默德先知,袭先知预言家之职位,(祝上帝加以慰劳安宁!)革除旧教律,为全世界之先知预言家。凡学士、官吏、王公、大臣、贫富,大小行事皆遵其法。弃国废法者死,信真理正义者此,穆罕默德教所言者此。曩者成吉思汗作,遣其子孙西征各国,使术赤汗征萨莱、克里米亚、钦察大原,其地嗣位诸君主,如月即伯,如札你汗兀鲁思皆崇伊斯兰教,守穆罕默德

---

① 邵循正:《有明初叶与帖木儿帝国之关系》,载《邵循正历史论文集》,北京大学出版社 1985 年版,第87—88页。

② 邵循正:《有明初叶与帖木儿帝国之关系》,载《邵循正历史论文集》,北京大学出版社 1985 年版,第90—91页。

(祝其灵安谧!)之法。旭烈兀汗取呼罗珊、伊拉克各地,其子孙中继守各地者,多崇信伊斯兰教,终身不衰,穆罕默德教律若朝曦之耀其心也。历正地皇帝合赞、完者都锁鲁檀及隆盛皇帝不赛因把都尔汗,以讫我皇考帖木儿驸马(祝其陵寝芬馨!)受大统,君临国内,皆诏令全国谨守穆罕默德(祝其灵安谧!)教律。当此时,信教者之光荣盖无以复加。今赖上帝威灵,呼罗珊、河外伊拉克等地,悉归敝国,故以先知洗涤罪恶之教律,发号施令于全国,劝行善而戒为不善。……上帝仁惠,望贵国亦崇奉穆罕默德先知(祝天赐其灵安谧!)教律,借增圣教之力量,以沟通暂今世界之帝国与未来世界之帝国。适逢使者下临,惠加盛锡,且言和好。……谨遣穆罕默德巴黑失奉使前往修好。约定道路通行之后,人民可自由往来无阻,此实为两国之兴隆及现今、未来两世界之令名计也。愿共守此约,勿蔑友好之言。敬上。①

4. 明朝永乐皇帝致哈烈国王沙哈鲁国书

大明国大皇帝致书算端沙哈鲁:朕深悉天赋尔聪明善德,政行回邦,故人民丰富宴乐。尔聪敏才能,回邦之冠。克顺天命,敬勤所事,故能得天佑也。朕前遣爱迷儿赛雷李达等至尔国。李达等归报,蒙隆礼优待。尔使拜克布花等偕李达等归朝,并带来尔所献缟、玛瑙、野猫、天方马等,朕皆检阅一过。尔之诚敬,朕已洞悉。西方为回教发源之地,自昔以产圣贤著名于四方。惟能超过尔者,恐无人也。朕承天命,爱育黎元。西域之人,来中国者,皆善为保护礼遇。相隔虽远,而亲爱愈密,心心相印,如镜对照。天岂有不乐人之相爱者乎!交友之道,礼让为先。不独如是,更有甚焉者也!朕今遣吴昌国等会同尔国使拜克布花等,携带菲礼鹰七头,文锦若干匹以赐尔。鹰乃朕常亲玩者也,不产中国,来自东海边,至为稀罕。彼人常进献于朕,故朕有鹰甚多。闻尔国无此,故择良者赐尔七头也。尔既雄猛,鹰即所以象德也。其为物也虽小,然用以表情则诚,尔其受之。愿自是以后,两国国交,日臻亲睦。信使商旅,可以来往无阻,两国臣民,共享安富太平之福也。朕望上天,更使尔我得知其慈善也。书不尽言。②

---

① 邵循正:《有明初叶与帖木儿帝国之关系》,载《邵循正历史论文集》,北京大学出版社1985年版,第91—93页。

② 张星烺:《中西交通史料汇编》第二册,中华书局2003年版,第1224—1225页。

第七章 清代中国与南亚国家往来朝贡文书研究

与清代中国往来的南亚国家主要包括今天的尼泊尔（国名先为巴勒布，后为廓尔喀）、不丹（布鲁克巴）和锡金（哲孟雄）。清廷与这3个南亚山国往来的朝贡文书，始于雍正年间。由于这些国家当时受西藏影响，清廷在多数时期是通过西藏地方政府与这些地区联系。乾隆后期，在击退尼泊尔两次入侵西藏的战争之后，清廷加强了对西藏地方政府与周边国家往来文书的监管和控制。乾隆五十八年（1793年），在《钦定藏内善后章程29条》第14条中，专门对中国西藏与南亚国家往来文书作了规定："各藩属给达赖喇嘛等人的来文，须译呈驻藏大臣查看，并代为酌定回书，交来人带回。所有噶伦都不得私自向外方藩属通信，即或由外方藩邦行文给噶伦时，也得呈交驻藏大臣和达赖喇嘛审阅处理，不得由噶伦私自缮写回信。以上有关涉外事务的规定，应严格遵守。"① 因此，此后达赖喇嘛及其下属噶伦与南亚国家往来文书，必须经过驻藏大臣审阅并按照统一格式书写。

南亚国家是与中国进行朝贡文书往来结束最晚的国家，时间一直延续到20世纪初期。1910年1月8日英国与不丹签订《新曲拉条约》，规定不丹外交事务完全由英国负责，至此，南亚几个山国才完全被英国控制。英国对中国与不丹、尼泊尔往来的传统朝贡文书开始干预。1910年9月，英国驻华公使向清廷外务部递交照会，抗议驻藏大臣发给不丹国王文书中使用的命令口气："不丹国王接到7月4日中国驻藏大臣所发文书，中多命令语调，毫未注意邻邦国王之身份，动辄用之恫吓之词……英国政府对该驻藏大臣之文书语句，保留异日提出抗议（之权），甚望中国政府自今以后，令饬驻藏大臣，凡致不丹王文书，须经英国政府转交，始能有效。"1910年9月26日，清廷外务部复照严行回绝英国抗议："不丹向为中国藩属，中国驻藏大臣对该部酋行文，向用檄谕程式……至于不丹与英订有若何条约，中国政府未尝闻之。中国驻藏大臣对于不丹行文，采用何种程式，绝对不能受英国政府之限制。"英国随后复文："英国政府不能承认不丹、尼泊尔两部落犹为中国藩邦，今后中国政府对该两部落如仍有所干涉，英国政府不能不采取对抗之行动。"② 1911年，清廷覆亡，中国与南亚国家传统朝贡关系结束。直至今日，我国也未能与不丹建立外交关系。

南亚山地国家的民族血缘有的与藏族相近，受藏文化影响较深。南亚国家呈递的上行文书有的使用西藏奏书的形式，本民族的一些独有词汇、语法结构也常出现在文书中。文书对中国皇帝的称呼均采用宗教词汇，诸如"文殊菩萨"、"西天大菩萨"等，文末有的使用藏历纪年。清代南亚朝贡文书内容也具有宗教特色。在1份清代尼泊尔为侵略西藏进行辩护的朝贡文书中，就有轮回转世的内容。在这份文书中，国王把尼泊尔侵略西藏的责任推给流亡其地的西藏红教领袖沙玛尔巴，指出正是他教唆尼泊尔人放胆侵略后藏而不必顾忌中国中央政府的反击，文书引述沙玛尔巴的话说："我是转过10辈的人，有1辈在天朝地方住过7年，还知道天朝的规矩。你们去抢后藏，是无妨的。""我们听他这些话，信以为实，才往扎什伦布去（抢劫）的。这总为错听了沙玛尔巴的话，才得了这样大不是，如今心里害怕，有很懊悔。"（详细内容见以下相关文书）尼泊尔以此作为发动侵略战争的借口，应属世界战争史上绝无仅有的。

---

① 牙含章：《达赖喇嘛传》，人民出版社1984年版，第68页。
② 牙含章：《达赖喇嘛传》，人民出版社1984年版，第206页。

清代与南亚国家往来的具有宗教特色的朝贡文书，不仅反映了清代中国与南亚山地国家之间的宗教交流，也可以与我国南北朝时期南海、西域诸国与中国王朝往来的佛教朝贡文书①交相辉映。

本章正文收录的中国与南亚国家往来的朝贡文书，内容包含了3次藏廓战争以及英廓战争、颇罗鼐平息布鲁克巴内乱等重大历史事件。

在章末的附录部分，收录了南北朝时期狮子国、天竺国与中国往来的佛教朝贡文书。

第一节 中国与南亚国家朝贡下行文书研究

一、诰命例析

1. 乾隆五十五年（1790年）册封巴勒布国王诰命

奉天承运皇帝制曰：朕惟万方覆冒[1]，日月不私其照临；百族怀归，帝王用公其刑赏。既畏威而景德[2]，乐抒向化之诚；爰[3]昭屈[4]以示柔，特沛[5]宣恩之典。方当侵扰，原[6]正罪[7]以命师；旋查情形，因控诉而矜枉[8]。尔巴勒布科尔喀部额尔德尼王子喇纳巴都尔，与卫藏唐古特夙号[9]辑和[10]，常通市易。前者以噶布伦[11]索诺木旺扎尔、第巴[12]桑干等私增税额，掺和土盐，既苛求而肆贪饕[13]，复嫉忌而多蒙饰[14]。尔则欲假[15]兴兵以构怨，借得奉表以展忱。而我驻藏大臣昧于处事，雍于上闻[16]，遂致申诉稽迟，真情莫达。师以命讨，天牖其衷[17]。朕烛照[18]于万里之遥，辨雪[19]于诘朝[20]之速。惟公乃正，是非审[21]而黩法者[22]褫职[23]示惩；惟断九成[24]，曲直分而献忠者奖赏用劝。尔既怀风[25]而慕义，朕将一视以同仁。岂惟鉴归顺之忱，抑且[26]宥[27]称戈[28]之罪。今者尔遣大头目哈哩萨野、巴拉叭都尔喀哇斯等顶经[29]祝嘏[30]，奉表觐光[31]。锦函则贝叶[32]初翻[33]，虹气[34]则ùn刀在御。届春元之初祉[35]，爰式燕[36]以示慈。载沛殊恩，同加崇爵。封尔喇纳巴都尔为额尔德尼王，封尔叔父巴都萨野为图萨拉克齐公，封大头目哈哩萨野、巴拉巴都尔喀哇斯为戴绷[37]。并宣纶绰[38]，特饬典仪。用是[39]锡以纂组[40]文绮[41]之华，赉及日用器物之细，俾使臣咸邀渥泽，与诸藩共被宠荣。从此世胙[42]茅封[43]，奠宁番部[44]。尔其钦承朕命，奉黄教[45]而恪遵法律，与藏地则常依齿唇。感朕大公无我之怀，勿逾成宪[46]；体中外一家之念，勿启衅端。逖[47]矣西土之人，永作王家之翰[48]。于戏！慎乃旧服[49]，尚克垂裕[50]而延祚；同我太平，庶几讲信而修睦。尔其敬哉！毋替

---

① 关于南北朝时期的南海诸国与中国多个政权往来的佛教朝贡文书，可参见（日）铃木中正《关于南海诸国献给南朝诸帝的国书》，载《铃木俊教授六十寿辰纪念论文集》，铃木俊教授六十寿辰纪念会出版，1964年；（日）河上麻由子《佛教与朝贡的关系——以南北朝时期为中心》，《传统中国研究集刊》第一辑，上海人民出版社2006年版。

497

朕命。①

【注释】

[1]覆冒：笼罩，掩盖。[2]景德：敬德。[3]爰：于是。[4]昭屈：昭雪冤屈。[5]特沛：特别施与。[6]原：推究。[7]正罪：应得的罪行。[8]矜枉：怜惜受冤枉之人。[9]夙号：平素号称。[10]辑和：团结和睦。[11]噶布伦：又作噶布伦、噶卜伦、噶伦、噶隆。原西藏地方政府主管官员，多由大贵族充任。乾隆十六年（1751年），清廷废原封郡王，命由噶伦4人（三品，3俗1僧）为主持噶厦之官，总办西藏行政事务，受驻藏大臣及达赖喇嘛管辖，成为定制。民国时期与新中国成立初期继续存在。新中国成立初期，地方政府又增设助理噶伦、代理噶伦。1959年西藏叛乱事件发生后废除。[12]第巴：西藏地区官名。藏语音译，原为酋长之意。清初为奉达赖命，代执西藏地方政务的官员。康熙末年，清廷废除第巴执政之制。其后第巴变成地方的中下级执事官吏之名。[13]贪饕：贪得无厌。《战国策·燕策三》："今秦有贪饕之心，而欲不可足也。"[14]蒙饰：蒙骗掩饰。[15]假：借口。[16]雍于上闻：阻塞信息至上级。[17]天腨其衷：上天洞察其衷心。[18]烛照：明察；洞悉。[19]辨雪：辨白昭雪。辨：通"辩"。[20]诘朝：同"诘旦"，即平明，清晨。[21]是非审：明辨是非。[22]骫（wěi）法者：枉法者。[23]褫（chǐ）职：革去官职。[24]惟断九成：帝王的明断。九成：九重；代指帝王。[25]怀风：向往归化。[26]抑且：况且；而且。[27]宥：宽容，饶恕。[28]称戈：本谓举起戈，后用以指动用武力，发动战争。[29]顶经：头顶经书。[30]祝嘏：祝福。[31]觐光：朝觐。[32]贝叶：贝叶经。[33]初翻：崭新。[34]虹气：天地的精气。[35]春元之初祉：新春新禧。[36]式燕：赐宴。式：语助词。[37]戴绷：又作戴琫。详见"戴琫"条。[38]纶绋：皇帝诏令。[39]用是：因此。[40]纂组：编织。多指精美的织物。[41]文绮：华丽的丝织物。[42]世柞：世代享有封爵。[43]茅封：诸侯封地。[44]番部：少数民族地区；亦指外国。[45]黄教：格鲁派。[46]成宪：原有的法律、规章制度。《书·说命下》："监于先王成宪，其永无愆。"[47]迩：远。[48]王家之翰：天子的屏翰。[49]慎乃旧服：谨慎施行原来的法度。[50]垂裕：为后人留下业绩或名声。《书·仲虺之诰》："王懋昭大德，建中于民，以义制事，以礼制心，垂裕后昆。"

【简析】

乾隆五十三年（1788年），被清廷称为巴勒布的南亚山国因与西藏在银钱、贸易等问题上的纷争而入侵西藏。清廷派遣军队入藏。乾隆五十四年（1789年），西藏与巴勒布私自讲和，许银赎地，巴勒布退兵。派往西藏的中央代表侍卫巴忠默许并以"贼降"上报清廷。巴勒布随后派遣使者入京，清廷颁发诰命册封巴勒布王子为国王。

乾隆五十四年（1789年）十月，巴勒布又向驻藏大臣递交谢恩表文和贡物。驻藏大臣因贡物数量不足以及巴勒布方面没有派出专门前往北京的使节而拒收表、贡。巴勒布人只好将表、贡暂时存放在西藏经商的本国商人处。乾隆五十八年（1793年），乾隆帝对驻藏大臣拒收巴勒布递交谢恩表、贡一事以"压搁不奏"进行处罚。

---

① 《钦定巴勒布纪略》卷二六，中国藏学出版社2006年版，第375—377页。

第七章 清代中国与南亚国家往来朝贡文书研究

文书基本信息表

文书种类	诰命	头辞	奉天承运皇帝制曰
发送者	中国乾隆皇帝	尾辞	尔其敬哉！毋替朕命
接受者	巴勒布国王	正文文体	骈文体
纪年标准	中国纪年：乾隆五十五年	正文内容	册封巴勒布国王
语言种类	古代汉语	用典来源	《尚书》

二、敕谕例析

1. 雍正十年（1732年）颁给巴尔布国三汗敕谕

敕谕巴尔布国[1]雅木布[2]、叶楞[3]、库库穆[4]三汗：据尔等奏称，从前不知内地礼仪，未遂观光之志。今遣使朝觐，恭请训谕。进贡之物不多，略尽恭敬之忱等语。朕为天下主，一视同仁。尔等汗越在边远，自古未通华夏。慕朕仁化，万里输诚，朕甚嘉悦。所进方物，悉已收纳。第念道路遥远，往返艰难。尔使臣即由西藏遣回，尔等汗但与西藏贝勒颇罗鼐协力和衷[5]，维持黄教[6]，以副朕普育群生之至意。特赐缎匹、玻璃、磁器[7]各种，一并发往。①

【注释】

[1]巴尔布国：清代尼泊尔地区。雍正时期的巴尔布指加德满都谷地的阳布、帕坦和巴德冈3个公国。乾隆三十三年（1768年）、乾隆三十四年（1769年）间，3个公国被廓尔喀吞并。在藏文史籍中称古代尼泊尔为"巴勒布"或"巴尔布"。这一称谓的来历，据称来源于藏语。加德满都谷地寺庙众多，这些寺庙被称为巴哈尔、巴哈、巴希，居住在巴哈或巴希的人称之为巴尔布，意为巴哈或巴希国家之子之意，即寺庙国之子。[2]雅木布：阳布。[3]叶楞：帕坦地区。[4]库库穆：巴德冈地区。[5]和衷：和睦同心；和善。《书·皋陶谟》："同寅协恭和衷哉。"[6]黄教：格鲁派。[7]磁器：瓷器。古代"磁器"、"瓷器"两名称通用。

【简析】

清廷在平定青海、蒙古的和硕特部贵族罗卜藏丹津的叛乱后，于雍正四年（1726年）设立驻藏大臣。中国强大的政治影响力开始辐射西藏的邻国。由于历史和地缘因素，巴尔布3个部落在雍正十年（1732年）首次遣使清廷，雍正帝为此发布敕谕嘉奖。

---

① 《清世宗实录》卷一二二，雍正十年八月庚午条。

文书基本信息表

文书种类	敕谕	头辞	敕谕巴尔布国雅木布、叶楞、库库穆三汗
发送者	中国雍正皇帝	尾辞	
接受者	巴尔布三汗	正文文体	
纪年标准	中国纪年：雍正十年	正文内容	嘉奖进贡
语言种类	古代汉语	用典来源	《尚书》

2. 乾隆五十七年（1792年）颁给廓尔喀拉特纳巴都尔敕谕

大皇帝敕谕廓尔喀拉特纳巴都尔[1]、巴都尔萨野：尔部落于上次差人进京朝觐，锡尔王公封爵，至为优厚，嗣因尔误听沙玛尔巴唆使，辄以边界细故，复行滋事，扰至扎什伦布，实属罪无可逭[2]，特命大将军福康安统领劲兵深入，本当荡平尔境，将尔等悉行擒俘治罪。今因尔畏威悔罪，缴出前抢扎什伦布物件，送出沙玛尔巴骨殖[3]，屡次吁恳归诚，并遣大头人第乌达特塔巴[4]等恭赍表文，呈进方物，又遣头目苏必达[5]巴依喇忻喀瓦斯等赴营呈送牛、羊、酒、米、果品、糖食等物，备犒官兵，俱经大将军福康安转奏，并将尔情愿永遵禁约，不敢再提从前合同及停止行使廓尔喀钱文，即济咙向给鹰、马，亦永远不敢索取，并将扎木地方仍属西藏等事，一一奏闻。朕念尔年幼无知，为沙玛尔巴煽惑唆使，妄生衅端。兹尔众被大兵擒戮者已有五六千人，虽系边外番氓，皆属赤子，朕仰上天好生之德，不忍概予诛夷[6]，况尔既畏惧兵威，真心纳款，不特进贡抒诚，并为官兵备犒物件，恭顺出于至诚，特降旨赦尔前罪，准尔纳表进贡，此非为尔一人起见，亦所以保全尔阖境生灵，尔当知感知畏，倾心向化，以期永受恩荣，特赐拉特纳巴都尔珍珠念珠一串，大荷包一对，小荷包八个；巴都尔萨野珊瑚念珠一串，大荷包一对，小荷包四个，以示优奖。至尔等前已得受王公封爵，今因自作不靖，尔仍照旧缮写王公封号字样，俟尔所差之大头人到京，另行颁赏敕书恩赍。再协布鲁、东觉、博尔东拉、噶勒拉、堆补木、帕朗古等处俱系大兵攻克，本应即以此等处为边界，今念尔悔罪投诚，仍行赏还，其聂拉木边外扎木地方，尔请仍归西藏之处，扎木地方本系藏内管辖，自应仍归后藏，此后尔部落不得再有侵越。又尔部落向与唐古特互相贸易，致启争端，今思贸易一事，原为谋利起见，尔部落与唐古特人等俱欲贪得便宜，彼此交易不公，易生嫌隙，此后竟应停止，毋得仍前交易，即尔部落或有必需藏地物件，现在尔自言五年一贡，届期自有贡使往来藏地，或尔国因道路险远，方物无多，即十年一贡，以达悃忱，亦无不可。所需物件自可于贡使进京之便，顺道带至前藏，凭公交易，亦属省便。其平时竟不必再通贸易，更可永杜争端，共安乐利。朕抚驭万国，恩威并用；携贰者法所必诛，归顺者悉邀懋赏；雷霆雨露，称物平施[7]。尔其永遵约束，长沐殊恩。特谕。①

---

① 庄吉发：《清高宗十全武功研究》，中华书局1987年版，第470—471页。

【注释】

[1]拉特纳巴都尔：尼泊尔国王英语名 Rana Bahadur 的译音。拉特纳巴都尔生于1775年，卒于1805年，1777年11月17日—1799年3月23日间在位。[2]罪无可逭（huàn）：罪行之大，无可逃避。逭：逃避。[3]骨殖（shi）：尸骨。[4]第乌达特塔巴：英语 Devadatta Thapa 的译音。[5]苏必达：廓尔喀军事头目，管兵二三百名。[6]诛夷：杀戮，诛杀。[7]称物平施：根据物品的多少，做到施与均衡。《易·谦》："君子以裒多益寡，称物平施。"

【简析】

乾隆五十七年（1792年），廓尔喀投降后，乾隆帝发布敕谕，重申廓尔喀投降的各项条件，要求廓尔喀必须遵守。

文书基本信息表

文书种类	敕谕	头辞	大皇帝敕谕廓尔喀拉特纳巴都尔、巴都尔萨野
发送者	中国乾隆皇帝	尾辞	特谕
接受者	廓尔喀拉特纳巴都尔	正文文体	
纪年标准	中国纪年：乾隆五十七年	正文内容	嘉奖进贡，重申投降的各项条件
语言种类	古代汉语	用典来源	《易经》

3. 嘉庆元年（1796年）颁给廓尔喀额尔德尼王拉特纳巴都尔敕谕

敕谕廓尔喀额尔德尼王拉特纳巴都尔曰：尔自归顺以来，遵奉天朝定制，诸事恭谨尽礼。昨岁因朕在位六十年大庆，专陈表贡，并将年例表贡遣噶箕[1]乃尔兴、头人玛都萨野恭赍进呈，具见诚悃可嘉。据表文内称，尔年已长成，所有尔部落事务，均能亲理。披览之余，尤为欣慰，并悉尔叔图萨拉克齐公巴都尔萨野已将部落事务归尔自理，伊住庙诵经等语。从前尔年幼时，巴都尔萨野曾为尔代办一切，今以尔长成，遂将部落事务交代，甚属得体。尔今既躬亲理事，倍当感朕恩施，凛遵法度，辑睦[2]邻封[3]，御下有方[4]，庶事[5]咸期[6]妥协。并当念尔叔巴都尔萨野前劳，时加眷顾。巴都尔萨野亦应恪供臣职，勉荷王休[7]。今噶箕乃尔兴等至京朝觐，屡加筵宴，特颁敕谕，锡尔及尔叔巴都尔萨野品物。从前巴都尔萨野系随尔合贡一分，此次巴都尔萨野另备表贡，与例不符，未便赏收。然朕鉴伊诚悃，赏赍仍同一例，俱交乃尔兴赍回，到日其各祗领，并赏乃尔兴二品顶戴花翎，玛都萨野三品顶戴花翎，大头人八名五品顶戴，小头人五名六品顶戴，仍各赏章服、锦缎、银两等物，其随从人等及兵丁各赏缎布、银两，并派员带领伊等遍游天衢[8]市集，备观繁盛及厩中所育驯象三十余只。此象乃安南、缅甸、琉球、暹罗、南掌诸国所进。天朝仪仗内，惟用四五驯象，余无所需，亦无分赏王公象只之事，已降旨各国停其贡进。尔部落此二次俱经贡象，因京师驯象过多，将尔等所进留于卫藏，分赏达赖喇嘛、班禅额尔德尼。再天朝有马万亿，于攻伐行围，极为得力。尔等所进马既未调习，且道路辽远，解送为劳。以后尔例贡内毋庸贡象、马，以副朕曲加体恤之意。再朕即位之初，年甫二十有五，彼时曾叩祝上天，若能在位六十年，即传位嗣子。今蒙上天眷佑，在位六十年，春秋八十有五，足符初愿，于丙辰元旦传位皇太子，改元嘉庆元年，朕称太上皇帝，此实从古罕遘[9]之洪庥。朕躬跻[10]上寿[11]，是以召集七十以上臣工军民赐宴，并令乃尔兴等一同入宴，以昭旷典，特谕尔部知之。嗣后天下庶政以及抚绥藩服事宜，嗣皇帝悉遵朕指示办理。尔部落诸宜恪守旧规，安居边徼，遵奉钦差大臣法度，公平贸易，严束下人，勿致滋事，以期永受殊恩。再，此次乃尔兴赍回赏件，尔祗领后，毋庸专差谢恩，惟具表文送交驻藏大臣转递可也。特谕。①

【注释】

[1]噶箕：英语 Kazi 的译音，廓尔喀高级职位官衔，其地位与西藏噶伦相当。[2]辑睦：和睦。[3]邻封：邻国。[4]御下有方：统治有方。[5]庶事：平常的事。[6]咸期：都被期望。[7]王休：帝王的美德。[8]天衢：京都。[9]遘：遇。[10]躬跻：跻身。[11]上寿：最高的年寿。

【简析】

乾隆六十年（1795 年），廓尔喀遣使进贡并庆贺乾隆执政 60 年。为此，乾隆帝在嘉庆元年（1796 年）发布敕谕嘉奖廓尔喀恭顺行为。敕谕还对廓尔喀国王亲政和其叔父退隐表示祝贺，减免廓尔喀贡物定例中的象、马，并通告乾隆帝已传位皇太子。

文书基本信息表

文书种类	敕谕	头辞	敕谕廓尔喀额尔德尼王拉特纳巴都尔曰
发送者	中国乾隆皇帝	尾辞	特谕
接受者	廓尔喀额尔德尼王拉特纳巴都尔	正文文体	
纪年标准	中国纪年：嘉庆元年	正文内容	嘉奖进贡
语言种类	古代汉语	用典来源	

4. 道光元年（1821 年）颁给廓尔喀额尔德尼王热尊达尔毕噶尔玛萨野敕谕

诏谕廓尔喀额尔德尼王热尊达尔毕噶尔玛萨野：昨据驻藏大臣转奏，尔闻仁宗睿皇帝升遐[1]，即率领部落人等哀叩成服[2]，并呈进奏书、金线缎一折。仁宗睿皇帝临御二十五年，抚绥寰区[3]，推广皇仁，无有不被。尔廓尔喀仰承殊恩，至优且渥。今闻升遐，即率阖境人等成服向上叩拜，焚香念经，实属至诚，朕甚嘉焉。朕遘遭仁宗睿皇帝大故[4]，虽孝思不匮[5]，时深哀痛。仰赖天恩，朕躬尚属康健。专此晓谕并降诏书，赏给热尊达尔毕噶尔玛萨野金花缎一匹，花缎一匹，八丝缎一匹，盒子一个，大荷包一对，小荷包四个，

---

① 《清高宗实录》卷一四九四，嘉庆元年正月戊辰条。

火镰荷包[6]一个。嗣后热尊达尔毕噶尔玛萨野感戴世受厚恩，照例妥理夷务，严管属下，和睦邻封[7]，益加奋勉[8]，永受朕恩。毋怠。特谕。①

【注释】

[1]升遐：帝王死去的婉辞。[2]成服：丧礼大殓之后，亲属按照与死者关系的亲疏穿上不同的丧服，叫"成服"。[3]寰区：天下；人世间。[4]大故：死亡。[5]不匮：不竭；不缺乏。《诗·大雅·既醉》："孝子不匮，永锡尔类。"[6]火镰荷包：装有火镰的荷包。火镰是古代的燃火工具。荷包式镰套内通常装火绒、火石，使用时用火绒包住火石，与火镰刃摩擦，使之起火燃烧。[7]邻封：邻国。[8]奋勉：振作努力。

【简析】

嘉庆皇帝去世后，廓尔喀国王哀悼并进呈奏书。为此，道光元年（1821年），清廷发布敕谕嘉奖并赐物。

文书基本信息表

文书种类	敕谕	头辞	诏谕廓尔喀额尔德尼王热尊达尔毕噶尔玛萨野
发送者	中国道光皇帝	尾辞	特谕
接受者	廓尔喀额尔德尼王热尊达尔毕噶尔玛萨野	正文文体	
纪年标准	中国纪年：道光元年	正文内容	嘉奖廓尔喀国王的恭顺行为
语言种类	古代汉语	用典来源	《诗经》

5. 道光三年（1823年）颁给廓尔喀额尔德尼王热尊达尔毕噶尔玛萨野敕谕

谕廓尔喀额尔德尼王热尊达尔毕噶尔玛萨野：朕临御天下，柔远能迩[1]，俾寰海共享雍熙[2]。自王袭爵以来，恪守小国，恭顺黾勉[3]，一切事宜，谨照驻藏大臣指示遵行，甚属可嘉。兹特遣噶箕[4]达纳彭咱邦礼等恭请朕安，复贺朕躬御极，呈进表贡，朕俱嘉阅。鉴尔之诚，召尔来使，赏宴数次。兹因噶箕达纳彭咱邦礼旋归，特降诏书。赏尔杂色大缎、玉如意等物一并交付噶箕达纳彭咱邦礼赍去，给尔祗领。嗣后尔尤当感朕之恩，遵照驻藏大臣指示，仍前恭顺，竭尽悃诚，尽力管束属下，各令安居乐业，以期永沐朕泽。钦哉！勿怠。特谕。②

---

① 《清宣宗实录》卷一二，道光元年正月庚辰条。
② 《清宣宗实录》卷四八，道光三年正月戊寅条。

【注释】

[1]柔远能迩：怀柔远方，优抚近地。指安抚笼络远近之人而使归附。[2]雍熙：和乐升平。[3]黾勉：勉励，尽力。《诗·邶风·谷风》："黾勉同心。"[4]噶箕：廓尔喀高级职位官衔。

【简析】

道光二年（1822年），廓尔喀遣使例贡并叩贺道光帝登极。道光三年（1823年），清廷发布敕谕嘉奖。

文书基本信息表

文书种类	敕谕	头辞	谕廓尔喀额尔德尼王热尊达尔毕噶尔玛萨野
发送者	中国道光皇帝	尾辞	特谕
接受者	廓尔喀额尔德尼王热尊达尔毕噶尔玛萨野	正文文体	
纪年标准	中国纪年：道光三年	正文内容	嘉奖进贡
语言种类	古代汉语	用典来源	《诗经》

6. 道光二十三年（1843年）颁给廓尔喀额尔德尼王热尊达尔毕噶尔玛萨野敕谕

谕廓尔喀额尔德尼王热尊达尔毕噶尔玛萨野：朕临御天下，柔远能迩[1]，寰海共乐升平。王自袭尔父爵以来，恪守藩封，敬顺将事[2]，一切事宜，均照驻藏大臣指示遵行，甚属可嘉。兹遣使噶箕[3]咱噶达巴孟邦哲等恭请朕安，呈进表贡，朕嘉悦[4]览之。当令来使噶箕咱噶达巴孟邦哲等觐见，筵宴数次，使观诸艺。至王所进表文内，添叙尔国被披楞[5]欺凌，叩求赏派天兵救助，并赏赐银两、地方及见换地方等情。天朝统驭万方，一视同仁。尔王惟有爱惜百姓，把守边界，不可轻举妄动，自无他虞。且各部落各守土地，百姓日久相安，从无借兵、借饷、赏赐地方及易换地方之事。道光十八年间，曾因尔国王求赏银两，特降敕书明白晓谕，尔国王自己领悉。此时不当轻信虚诞[6]之言，再有所请。天朝优待外藩，恩礼备至。尔国王效顺有年，久通朝贡，自必深明大义，恪守藩封，断不可为浮言所惑也。今噶箕咱噶达巴孟邦哲等回旋，将颁给诏谕、赏尔缎匹物件交伊等赍往，至时祗领。嗣后深感朕恩，遵驻藏大臣指示，永尽恭顺之道，力效肫诚[7]之心。凡尔属下，善为管理，以期各享安乐，永受朕恩。钦哉！勿怠。特谕。①

【注释】

[1]柔远能迩：指安抚笼络远近之人而使归附。[2]将事：从事于某项任务或工作。[3]噶箕：廓尔

---

① 《清宣宗实录》卷三八八，道光二十三年正月丁巳条。

喀高级职位官衔。[4]嘉悦：高兴并赞许。[5]披楞：指18、19世纪的英印殖民政府。该词源自波斯语Farangi，是阿拉伯人对法国人的称呼，在印度则用来称呼欧洲人。藏语则把Farangi这一外来语转写成Phe-rang，在藏语中，因缺乏f-音，故代之以p-音。Phe-rang后又演变成藏族本土语phyi-gling，意为外国人。"披楞"则是对藏语phyi-gling的满、汉语译音。"披"为藏语的发音。"楞"音则来源于汉、满语对r-的音译。汉语习惯把外语的r-音译为l-音，满语读音规则中无r-音，在译读r-音时，也读作l-音。因此，"披楞"这一词汇的生成有着复杂的语言谱系背景，该词混杂的演化过程甚至影响了清廷对英印殖民政府与英国关系的判断，以致认为披楞是与英国彼此不同的两个国家。[6]虚诞：荒诞无稽。[7]肫诚：诚恳、真挚。

【简析】

道光二十二年（1842年），廓尔喀遣使上表，表内叙述与披楞争端，请求天朝援兵、赐银并交换土地。道光二十三年（1843年），清廷发布敕谕，拒绝以上要求。

文书基本信息表

文书种类	敕谕	头辞	谕廓尔喀额尔德尼王热尊达尔毕噶尔玛萨野
发送者	中国道光皇帝	尾辞	特谕
接受者	廓尔喀额尔德尼王热尊达尔毕噶尔玛萨野	正文文体	
纪年标准	中国纪年：道光二十三年	正文内容	答复廓尔喀请求
语言种类	古代汉语	用典来源	

三、檄谕例析

1. 乾隆五十三年（1788年）驻藏大臣发给巴勒布科尔喀檄谕

钦差驻藏大臣全衔，檄谕巴勒布部落科尔喀[1]等知悉：前经驻扎边境之第巴[2]等报称，尔属下首领苏尔巴尔达布整军前抵我境，将聂拉木、济咙两处抢掠。此两处虽边外蕞尔[3]之区，原系藏中旧属，非尔之地。从前五辈达赖喇嘛时，尔等侵夺济咙，经达赖喇嘛发兵夺回。今尔整顿兵旅，谅系与他部起衅，不意滋扰藏界，犹欲向宗喀前来，殊出情理之外。尔巴勒布部落不过边隅小部，理宜守法安居，以享升平之福，乃如此妄行蠢动。大皇帝虽至仁至慈，体上帝好生之德，似此狡焉思逞[4]之徒亦断不容稍为轻赦，必发大兵歼戮剿除。前者如大、小金川滋衅，经大皇帝特发劲旅，全境荡平。即如藏中前被准噶尔侵夺时，大皇帝不惟恢复藏地，且将准噶尔阖属回部诸城全行剿灭。今岁复生擒台湾贼首，土宇廓清。我大国兵威尔岂茫无闻见耶！今尔或一时昏昧，若及早引罪退兵，献还两处，大皇帝仁慈洞烛，不加深究，或可曲邀[5]宽宥[6]，诚为尔等之福。倘不思利害，一意肆行，不知悛止[7]，本都统已备兵数万，统领前进，并续调数十万兵，一经举动，大兵全至，尔部落可须臾尽灭。彼时即恐惧哀恳撤兵，势亦不能中止。岂将聂拉木、济咙等处全行收复，必将尔阖部亦如两金川、准噶尔、台湾之尽行荡除，不遗余孽，方足以昭天讨。兹念数十年来尔部落尚属宁静，且往来贸易者络绎不绝，与尔等亦大有利益。今无故跳梁起衅，自非尔之本意，必系属下匪徒，就中取利，唆使妄行。本都统不教而杀[8]，心有不忍，是以明白宣示，谕尔檄文。尔接阅此书，须往复熟筹，速行退兵，将聂拉木、济咙等处全行献出。否则大兵一发，尔等靡有孑遗[9]，追悔莫及。尚其详审利害，毋自贻伊戚[10]也。特谕。①

【注释】

[1]科尔喀：廓尔喀。[2]第巴：西藏地区官名。藏语音译，原为首长之意。[3]蕞尔：形容地区小。[4]狡焉思逞：怀贪诈之心图谋侵人之国。[5]曲邀：私情。[6]宽宥：宽容；饶恕。[7]悛止：悔改而停止。[8]不教而杀：不警告就处死。指事先不教育人，一犯错误就加以惩罚。《论语·尧曰》："不教而杀谓之虐。"[9]靡有孑遗：荡然无存，毫无遗留。《诗·大雅·云汉》："旱既太甚，则不可推。兢兢业业，如霆如雷。周余黎民，靡有孑遗。"[10]自贻伊戚：又作自诒伊戚。自寻烦恼；自招灾殃。《诗·小雅·小明》："心之忧矣，自诒伊戚。"

【简析】

乾隆五十三年（1788年），廓尔喀因与西藏银钱、贸易纠纷而入侵西藏，占领聂拉木、济咙两地。西藏向清廷告急。清廷随后以驻藏大臣庆林名义向廓尔喀发布敕谕，要求其马上退兵、还地，否则将大兵压境。

该檄谕由军机处发给驻藏大臣后，乾隆帝觉得檄谕意犹未尽，又补充了一些内容要求加入檄谕内：

> 谕军机大臣等：昨寄庆麟发交廓尔喀檄文内尚有未到之处。如雍正年间巴勒布之叶棱雅木布、库库木等，两次遣使抒诚纳贡。嘉其恭顺诚信，恩赏便蕃。今之廓尔喀者乃雅木布之呢尔巴也，当伊侵扰三部之时，即应兴师问罪。特以三部本属微弱，且究系外番之事，故未深究。廓尔喀理宜安分静守，何得复行侵扰。卫藏济咙等处，地方虽小，乃系天朝疆界。一经蠢动，天讨必加。今若畏罪投诚，将济咙等处恭顺奉回，大圣皇帝备极仁慈，尚可谅加宽宥。若仍昏愦无知，逞其螳臂，必致大兴劲旅，歼戮无遗。尔等若倚恃路远，尤为冒昧。试思伊犁等处回城，道路如何险远，天朝俱经剿灭。尔等跳梁小丑，更何难一举歼擒。维时非特不能保其部落，且不能稍延残喘。可将此译写速寄庆麟等，一并添入檄谕内，交与巴勒布。如何登答，即速奏闻。②

---

① 《钦定巴勒布纪略》卷二，中国藏学出版社2006年版，第37—38页。另见《清高宗实录》卷一三一〇，乾隆五十三年八月壬辰条。

② 《清高宗实录》卷一三一〇，乾隆五十三年八月甲午条。

第七章　清代中国与南亚国家往来朝贡文书研究

文书基本信息表

文书种类	檄谕	头辞	钦差驻藏大臣全衔，檄谕巴勒布部落科尔喀等知悉
发送者	中国驻藏大臣	尾辞	特谕
接受者	巴勒布部落科尔喀	正文文体	
纪年标准	中国纪年：乾隆五十三年	正文内容	令其退出侵占的藏地
语言种类	古代汉语	用典来源	《论语》、《诗经》

2. 乾隆五十七年（1792年）福康安发给廓尔喀拉特纳巴都尔檄谕

御前大臣太子太保协办大学士将军一等嘉勇公福谕廓尔喀拉特纳巴都尔知悉：照得本将军恭膺简命，统领大兵前来，近接尔呈寄总督将军禀内称唐古特人许给银两，并不按年给予，背弃盟誓前言，转带领多兵前来，此事如此办理，并未奏闻大皇帝等语。尔此言实属无知已极。大皇帝抚驭中外，事无巨细，悉奉圣明裁酌办理，尔之使者进京，曾未见乎？即本将军现在督师前来声罪致讨[1]，皆系秉承训谕，敬谨遵办，岂有未奉圣旨即轻涉尔地之理。至尔部落与唐古特人等既因钱债细事，彼此争竞，即应将实在情形，禀明天朝驻藏大臣，听候查办。或驻藏大臣不为申理，亦应禀知总督、将军等，自必为尔秉公判断。且尔上次有进贡头人巴拉巴都尔喀哇斯、哈哩撒野等，曾蒙圣恩赏给顶戴，尔即欲具表遣头人赍奏大皇帝，谁能将尔差人阻抑。乃尔自外生成，辄敢称兵滋扰卫藏，不但占据边界，且敢侵犯扎什伦布，将庙宇塔座损坏，镶嵌金什物肆行抢掠，尔岂不思卫藏之地，即天朝之地，岂容尔等作践。况尔得受大皇帝封爵，宠荣逾格，竟全不知感激，如此反复无常，负恩藐法，实属罪大恶极，为覆载所不容。今本将军奉命亲统大兵问尔廓尔喀之罪，惟有将尔部落一举荡平，申明天讨，尔等从前所议钱债细事，该不值理论。现在调集各兵，源源而来，刻期进发，捣尔巢穴，务在悉数歼擒，不留余孽，此皆尔孽由自作，速取灭亡，恶贯满盈，罪在不赦。至尔给噶布伦信内称，若能说和，也免汉番官兵并廓尔喀的生灵受罪，如要动干戈，我处也预备着等语，尤属妄诞。本将军统领雄兵劲旅，无不以一当千，尔所目击，随后尚有统兵猛将，率领大兵陆续进发，较现在所统之兵更为众多，将士亦更为骁勇，谅尔等幺麽，顷刻尽成齑粉，彼时尔虽欲悔罪乞降，噬脐何及[2]。本将军共行天罚，号令严明，即日统兵进剿，断不似从前与尔说和完事，谅宜知悉。①

【注释】

[1]声罪致讨：宣布罪状，并加讨伐。[2]噬脐何及：像咬自己肚脐似的，够不着。比喻后悔也来不及。

---

① 庄吉发：《清高宗十全武功研究》，中华书局1987年版，第458—459页。

【简析】

乾隆五十七年（1792年）三月，福康安率领大军反击廓尔喀侵略军行动之前，向廓尔喀递送檄文，发出了中方将坚决使用军事力量解决纷争的信息，以获得先声夺人之效。

文书基本信息表

文书种类	檄谕	头辞	御前大臣太子太保协办大学士将军一等嘉勇公福谕廓尔喀拉特纳巴都尔知悉
发送者	中国大将军福康安	尾辞	谅宜知悉
接受者	廓尔喀拉特纳巴都尔	正文文体	
纪年标准	中国纪年：乾隆五十七年	正文内容	发出进攻信号，以期先声夺人
语言种类	古代汉语	用典来源	

3. 乾隆五十七年（1792年）福康安发给廓尔喀拉特纳巴都尔檄谕

檄谕拉特纳巴都尔知悉：尔部落借端构衅，占据西藏边界，肆掠扎什伦布，背恩反复，获罪天朝。本大将军钦奉大皇帝圣旨，统帅劲兵，特申天讨，犹以尔年幼无知，尔叔巴都尔萨野罔识天朝法度，尚可稍从末减，是以两次发檄，宣示大皇帝恩威，晓以利害，令于大兵未到之先，悔罪归诚，亲来吁恳。讵料尔执迷不悟，不即禀复，所有占据边界仍未退还，是尔怙终不悛[1]，自取覆灭，必应整旅进征，明正尔罪。本大将军统帅将士，临莅边界，恭秉大皇帝睿谟[2]，一战而即破擦木，再战而歼玛噶尔、辖尔甲贼众，三战三捷，遂克济咙。尔之头目兵众，擒戮殆尽。及大兵攻克热索桥，直入尔境，尔并未迎于境上，尚敢恃其地险，抗我颜行。本大将军乘胜直前，屡破尔众。如协布鲁、东觉、博尔东拉等处，山川险要，尔之精锐，蚁聚蜂屯[3]，碉卡木城遍山罗布，大兵戈铤[4]所指，靡坚不摧，斩伐艾夷[5]，骸骨填委，即有余众溃回，亦皆救死扶伤，奔逃无路。屡次攻战，尔亦当知我军威。若从此直抵阳布，扫荡尔巢穴，歼除尔种类，直如拉朽摧枯，荡平立奏。今本大将军仰体大皇帝好生之德，不忍将尔部落全行夷灭，宽其一线，准令归诚。乃尔并不亲来请罪，又不遣大头人前来，仅止将上年诱执之兵丁王刚、第巴塘迈及跟役等送出，附呈一禀，妄想乞降，可谓愚妄已极。

天朝统御万方，讨逆舍顺。若果如安南阮光平束身归命，亲觐阙廷，自当仰蒙大皇帝隆恩，赦原前罪。今尔具禀乞降，仅交上年诱执之人来营呈递，而于诱执诸人内先遣数人前来尝试，尚不肯全行送出，是尔心存觊觎，愚憨无知，毫无悔惧真诚，断难为尔奏陈，仰邀恩准。批阅来禀，一味支吾搪塞，借为缓兵之计，全非出于至诚。即如所禀唐古特与尔不合，诱执汉兵、噶布伦等及抢掠扎什伦布等事，悉系沙玛尔巴唆使主持，正拟缚献，遽已暴毙。种种虚言，全不足信。沙玛尔巴居心险诈，敢于勾结外番，作践藏地，其罪固不待言。然尔被其煽惑，辄敢借端侵犯边圉，大肆劫掠，自作之孽，百喙奚辞[6]，今尔全诿他人，并不与尔叔俯首认罪，本大将军声罪致讨[7]，岂肯轻恕尔乎？尔若知沙玛尔巴为罪魁祸首，早应缚献送出，何必待其身死，无从究问，始以为诿罪之地。况沙玛尔巴在阳布居住已阅多年，何以大兵压境之时，适伊身伏冥诛之日，非尔致死灭口，掩饰党恶真情，即系捏报病亡，现尚私藏他处。本人将军洞烛情伪，岂尔饰词所能欺蔽。

尔禀内称，与唐古特本属和好，近来微有嫌隙，恳求本大将军查察等语。可见尔贪愚狡诈之心至死不悔，实堪痛恨。尔之借端与唐古特寻衅者，即指不使银钱、不照合同两事。本大将军到藏时，早经查明，藏内虽与尔部落通商互市，行使银钱，但后藏系天朝所属，不照尔处钱法行使，唐古特毫无过失。此等交易细故，何致遽构兵端？至丹津班珠尔等所立合同，全系为尔等诱胁，私行定议，前檄严行斥驳，所谕甚明。今来禀不敢复提此事，只称恳求详察，故作隐跃之辞，以见唐古特不为无过。而呈递各官员官兵等禀内，又以唐古特不照合同行事，微露一语。如此诡辞巧辩，本大将军早已洞鉴肺肝，尔与唐古特争论琐事，断不值再为论及。

总之，尔负恩反复，自外生成，罪恶贯盈，擢发难数。本大将军奉命督师进讨，兵力精强，霆击风驰，屡次大捷，从此乘胜直捣巢穴，务将尔廓尔喀痛加歼戮，噍类无遗[8]，断非口舌虚词所能支饰。尔若于大兵未抵阳布之前，率同巴都尔萨野、玛木萨野、沙玛尔巴等亲来请罪，泥首[9]军门，本大将军详察诚伪，再当奏明大皇帝，或能赦宥前罪，逾格施恩，亦未可定。

本大将军统率大兵，不能在中途久待，尔宜早定自全之计，速来吁恳。若俟兵临城下，尔部落立就灭亡，虽欲悔罪乞降，亦复噬脐何及[10]耶？至于噶布伦丹津班珠尔、札什敦珠布及兵丁三名，在尔既思投顺，自应概行送出。但丹津班珠尔等办事错谬，已将噶布伦革退；兵丁等不能守御边疆，被尔诱胁，均系获罪之人，尔之送出与否，均属无关紧要，不值向尔索取，尔勿借此为要挟之具。其丹津班珠尔等寄唐古特头人书信及伊等家信之语，同声附和，代为说辞，竟系尔授意，令其书写，全不足凭。本大将军定即通兵进剿，不但尔之土地人民不能保守，即尔与尔之宗族头目，悉当骈首[11]就戮，断不能复邀宽贷。此檄。①

【注释】

[1]怙终不悛：有所恃而终不悔改。悛：悔改。《书·舜典》："眚灾肆赦，怙终贼刑。"[2]睿谟：皇帝圣明的谋略。[3]蚁聚蜂屯：像蚂蚁、蠡斯一般集聚。比喻集结者之众多。[4]戈铤（chán）：戈与铤。亦泛指兵器。铤：古代一种铁柄短矛。也泛指短矛。[5]芟（shān）夷：削平。芟：删除杂草。[6]百喙莫辞：百口不能辩白。[7]声罪致讨：宣布罪状，并加讨伐。[8]噍类无遗：没有剩下活人。噍：嚼，吃东西。噍类：指活着的人。[9]泥首：以泥涂首，表示自辱服罪。后指顿首至地。[10]噬脐何及：像咬自己肚脐似的，够不着。比喻后悔也来不及。[11]骈首：头靠着头，并排。

【简析】

乾隆五十七年（1792年）六月，福康安率领大军攻入廓尔喀境内，接到廓尔喀方面的求降禀文后，福康安回复一份措辞强硬的檄谕，要求放归被裹挟到廓尔喀的西藏官员

---

① 中国藏学研究中心等编：《元以来西藏地方与中央政府关系档案史料汇编》（3），中国藏学出版社1994年版，第739—741页。

等，并下令廓尔喀无条件投降。

文书基本信息表

文书种类	檄谕	头辞	檄谕拉特纳巴都尔知悉
发送者	中国大将军福康安	尾辞	此檄
接受者	廓尔喀拉特纳巴都尔	正文文体	骈文体
纪年标准	中国纪年：乾隆五十七年	正文内容	令廓尔喀投降
语言种类	古代汉语	用典来源	《尚书》

4. 乾隆五十七年（1792年）福康安发给廓尔喀拉特纳巴都尔檄谕

檄谕拉特纳巴都尔知悉：尔所遣普都尔帮哩、朗穆几尔帮哩、乃尔兴、巴拉巴都尔哈瓦斯等，来营呈递两禀，俱已阅悉。并据普都尔帮哩等面禀，尔悔罪投诚一切情形，本大将军已逐加面谕矣。尔从前诱执汉兵、噶布伦等及抢掠扎什伦布物件，虽由沙玛尔巴唆使主持，然尔与尔叔轻听煽惑之言，即系尔等之罪。今既哀恳投诚，禀内情词尚属恭顺，并言听候示谕，无不遵依，感畏圣主德威，力图改悔，是即尔之福，不但可保尔之土宇，即阖境番民亦得各全身命。但尔既真心投顺，并不亲自前来吁恳，仅遣头目前来，断难遽准。大皇帝平定各处地方甚多，远年之事，无暇详谕。即如本大将军于乾隆五十三年征剿安南，该国长阮光平震慑军威，唯恐覆灭，即行悔过，亲自投降。本大将军鉴其出于诚悃，奏明大皇帝，带回该国王入京，仰蒙大皇帝锡封王爵，复其国土，加锡多珍，至今承受天恩，宠劳备极，前已谕尔知悉。况天朝属国甚多，各国王无不恭预朝会，仰沐隆恩。今尔部落系边外小番，罔识天朝法度，心性多疑，尔与叔即不敢亲身赴京，亦须来谒见，叩头认罪。本大将军察尔果出真诚，方可奏明大皇帝，准令降附，断不肯乘机诓诱，失信于尔。

今普都尔帮哩等面禀，欲将不敢再行滋事缘由立据甘结，所言尤属不合。天朝怀柔藩服，恩德覃敷[1]，本大将军待人以诚，广布威信，外藩人等果能真心归顺，何必写立甘结，始足为据。（朱批：此语略软，当云"岂屑与汝立结"。）上次唐古特与尔说和，议立合同，边界大人亦即将就了事，原非体制。本大将军奉大皇帝圣旨，前来声罪致讨[2]，尔之情伪无不周知，尔即逞诡谲伎俩，亦能洞烛隐微。今仰体大皇帝如天好生之德，不忍全数诛锄，网开一面，准尔投降，断不能如上次边界大人草率办理。

至沙玛尔巴从中簸弄，实为罪魁祸首，必当立正典刑，即使已伏冥诛，亦应将沙玛尔巴焚余之躯呈验，并将伊眷属、徒弟、跟役，按名送出，以凭究讯。又尔部落抢去扎什伦布金银及各种物件，尔既知从前抢掠之罪，必须全行交还。再从前在济咙边界所立大小合同两张，全系沙玛尔巴诓诱所立，今此事已不准再行提及，应一并送来查销。

本大将军已至雍雅，山坡狭窄，不能容驻多兵，尔即将抵御之兵全数撤回，以便移营前进，驻扎受降。本大将军约束严明，经过尔境内地方，凡有寨落俱皆安抚。况廓尔喀番民即系天朝百姓，断不肯稍有扰累，大兵前往，番民仍可安居，毋庸惊惧。尔等自阳布来降，道路亦甚近便。如尔妄生疑虑，不敢撤回兵众，本大将军即统兵前往，亦不必尔来迎请也。

尔禀内屡言听候本大将军吩咐，无不遵依，恳于遣来四人内令二人先回，（朱批：即令四人全回，亦无不可。）今故遣朗穆几尔帮哩、巴拉巴都尔哈瓦斯二人速回阳布，详述本大将军面谕一切事宜，并特发檄谕，交伊等赍回，着即逐节遵照呈复，表尔改悔真诚，方可代为陈奏。此关系尔部落存亡之机，计宜早定，若再游移，仍即统兵进剿。所有呈递官员官兵禀内，金花绿卡契布一匹，即著掷还。此檄。①

【注释】

[1]覃敷：广布。[2]声罪致讨：宣布罪状，并加讨伐。

【简析】

乾隆五十七年（1792年）六月，福康安向廓尔喀发出檄谕，提出满足中方各项条件后可以接受廓尔喀的投降请求。

据有关成果介绍，台湾王丰铨先生藏有两件有关第二次藏廓战争的文书：一为乾隆五十六年（1791年）萨迦法王致廓尔喀王的一封信，二为清军胜利后福康安发给廓尔喀王的檄谕。② 福康安在乾隆五十七年（1792年）多次向廓尔喀国王发布檄谕，这份台湾收藏的"清军胜利后福康安给廓尔喀王的檄谕"不知是否就是乾隆五十七年（1792年）六月的檄文。

文书基本信息表

文书种类	檄谕	头辞	檄谕拉特纳巴都尔知悉
发送者	中国大将军福康安	尾辞	此檄
接受者	廓尔喀拉特纳巴都尔	正文文体	骈文体
纪年标准	中国纪年：乾隆五十七年	正文内容	令廓尔喀投降
语言种类	古代汉语	用典来源	

5. 嘉庆二十年（1815年）驻藏大臣发给廓尔喀额尔德尼王吉尔巴纳足塔毕噶尔玛萨野檄谕

钦差驻藏大臣喜[1]、珂[2]檄谕廓尔喀额尔德尼王吉尔巴纳足塔毕噶尔玛萨野[3]知悉：去年十二月内，接据尔王来禀内称，刻下西南方各地界并阳布临近等处地方，现在与披

---

① 中国藏学研究中心等编：《元以来西藏地方与中央政府关系档案史料汇编》（3），中国藏学出版社1994年版，第747—748页。

② 王剑智：《中国西藏地方与廓尔喀的官方文书》，载《中国藏学》2010年S1期。

楞[4]打仗。尔国兵丁损伤甚多，尔国头目人等已将披楞之人杀伤数千。伊等总不肯将兵撤退，尚在各处屯扎，总要争闹。若再要向伊等打仗，尔国兵虽多，只是短少口粮，求本大臣等转奏大皇帝赏给金银，尔国兵目亦好出力。等语。

维思天朝所属天下四方边界各部落臣服天朝，遇有与外夷争闹打仗等事，天朝一视同仁，从无因外藩被兵赏助金银之事。即使以金银赏赐，仍须尔国自为备御。如备御不力，非但赏去金银被其抢夺，即尔国自有财物亦难保守。尔国疆土，界在披楞及唐古特之间，披楞欲至唐古特闹事，必先将尔国抢占，断不能越境而来。尔为天朝固守藩篱，即所以自固藩篱，无庸多为冒渎，本大臣等亦不敢代为具奏。今尔王来禀内称，尔廓尔喀若抵挡不住，必欲来藏闹事。天朝自乾隆五十八年于西藏添设汉番官兵，终日操演，原以防范地方而设，尔王只可放心，不必挂念。尔王惟当严密防范，谨守疆土，诚信和睦，邻邦自必悦服。

特此谕知，并问近好。此谕。①

【注释】

[1]喜：驻藏办事大臣喜明。[2]珂：驻藏帮办大臣珂实克。[3]吉尔巴纳足塔毕噶尔玛萨野：英语名 Rajendra Bikram Shah 的译音。1813 年生，1881 年卒。1816 年 11 月 20 日—1847 年 5 月 12 日间在位。[4]披楞：指 18、19 世纪的英印殖民政府。

【简析】

19 世纪初，英国侵占印度东北部的奥德后继续向北推进，与向南扩张的尼泊尔发生冲突。英印殖民当局为巩固其对北印的统治并控制尼泊尔，于 1814 年（嘉庆十九年）11 月 1 日借口边防哨所遭袭击，调集军队 3.4 万人，分 4 路对尼泊尔发动全面进攻。但英殖民军缺少山地作战经验，对山地运输、通信困难估计不足，首战失利。由剽悍的廓尔喀人组成的尼泊尔军队，计有 1.2 万人，以机动灵活的山地战术屡败英军，先后将 4 路英军击退。英军吸取失败教训，加强山地作战训练，招募廓尔喀人的宿敌、熟谙山地作战的北印罗希尔坎德人，并增调预备队，1815 年（嘉庆二十年）对尼泊尔再次发起进攻，5 月 15 日在默隆歼灭尼泊尔军队主力，随后分割歼灭各地抵抗力量，迫使尼泊尔求和。11 月 28 日，双方缔结《萨高利和约》。尼泊尔主战派上台执政后，拒绝批准条约。1816 年（嘉庆二十一年），双方战事又起。英军翻山地岭，于 2 月 28 日在距尼泊尔首都加德满都 80 公里的默格万布尔打败尼军。3 月，尼泊尔被迫接受《萨高利和约》。根据条约，尼泊尔内政、外交均由英国控制，南部边境低地平原及东、西部若干地区割让给英国。

在英廓战争期间，廓尔喀呈递禀文请求中国支援，中国发布檄谕拒绝其请求。

---

① 中国藏学研究中心等编：《元以来西藏地方与中央政府关系档案史料汇编》（3），中国藏学出版社 1994 年版，第 840 页。

文书基本信息表

文书种类	檄谕	头辞	钦差驻藏大臣喜、珂檄谕廓尔喀额尔德尼王吉尔巴纳足塔毕噶尔玛萨野知悉
发送者	中国驻藏大臣	尾辞	特此谕知,并问近好。此谕
接受者	廓尔喀国王	正文文体	
纪年标准	嘉庆二十年	正文内容	拒绝廓尔喀的请援要求,宣布中国的中立政策
语言种类	古代汉语	用典来源	

6. 嘉庆二十一年(1816年)驻藏大臣发给廓尔喀额尔德尼王吉尔巴纳足塔毕噶尔玛萨野檄谕(底稿)

钦差驻藏大臣喜[1]、珂[2]檄谕廓尔喀额尔德尼王吉尔巴纳足塔毕噶尔玛萨野[3]知悉:本年二月二十七日尔王所差达萨尔[4]巴凌角行抵西藏,接到尔王来禀,也已译阅。至尔国情由,据巴凌角备细回明。所有尔王禀内言称披楞[5]仗势发兵临境,只离阳布两天路程,若不救护,尔国实在不能抵敌。今专差达萨尔巴凌角来藏面禀,备悉一切情由,所禀事件,务乞赏准,并请本大臣等转奏,肯恩赏给敕书,指明与披楞以尔廓尔喀系投顺天朝之人,令披楞不得争占尔国地方,所有得过尔国地界一并退还,如此请给敕书,晓谕披楞头人。若再不能或叫你们去投披楞,不必投天朝,也须与你一个字样;若这样也使不得,只求本大臣等念尔廓尔喀是永远投诚之人,求乞差人前赴你们两国交界地方救护等语。

查尔王投顺天朝,久沐大皇帝天恩,自应仰体大皇帝怜悯尔王之圣心,谨守疆土,和睦邻封[6],永享升平之福。乃尔国自不守分,欺凌邻邦,今被披楞前来争战,尔国不能抵敌,转恳奏请大皇帝赏给敕书,令将披楞所占尔国地方退还。伏思大皇帝抚驭万国,一视同仁,遇有外藩构兵之事,天朝一秉至公,从无偏助一国之理。至称或叫你们去投诚披楞,不必投诚天朝,也须与你一个字样之语,甚属悖谬。尔王久经投诚天朝,即为天朝臣仆。今尔王胆敢擅称叫你们去投披楞,不必投诚天朝,尚须与你一个字样,实属背叛。尔国与披楞或和或战,即或竟投诚披楞,天朝总置不问。若将此禀奏闻,大皇帝必然震怒,立即兴师讨罪,尔王那时即不能当此重咎,彼时尔王追悔何及。本大臣等是以不敢具奏。

又求差人前赴你们两国交界地方救护,并披楞叫尔王让出哲孟雄之路等语。尔国与披楞彼此争竞,以外夷境内,天朝亦无驻兵之理。若系唐古特边界,自有大兵镇守,披楞断不敢窥伺。谅披楞岂敢说叫尔王让出哲孟雄之路,即或尔国将哲孟雄之路让出,披楞倘敢侵及边界,立即剿杀。况披楞幺麽小国,何能为患。

本大臣等怜念尔王年轻,不知事体,屡次妄行渎禀,本大臣等均未敢具奏,是以谕知尔王遵照,嗣后毋得再为捏造此悖谬之言,妄行渎禀,致干罪戾。

513

并问近好。此谕。①

【注释】

[1]喜：驻藏办事大臣喜明。[2]珂：驻藏帮办大臣珂实克。[3]吉尔巴纳足塔毕噶尔玛萨野：英语 Rajendra Bikram Shah 的译音，1816年11月20日—1847年5月12日间在位。[4]达萨尔：英语 Taksari 的音译，官名，掌管铸钱。[5]披楞：指18、19世纪的英印殖民政府。[6]邻封：邻国。

【简析】

嘉庆二十一年（1816年），驻藏大臣对廓尔喀来禀中的一些说法进行批驳，对其请求援助的要求再次予以拒绝。

文书基本信息表

文书种类	檄谕	头辞	钦差驻藏大臣喜、珂檄谕廓尔喀额尔德尼王吉尔巴纳足塔毕噶尔玛萨野知悉
发送者	中国驻藏大臣	尾辞	并问近好。此谕
接受者	廓尔喀国王	正文文体	
纪年标准	嘉庆二十一年	正文内容	回复廓尔喀禀文，对其荒谬观点进行驳斥，重申中国的中立政策
语言种类	古代汉语	用典来源	

7. 嘉庆二十一年（1816年）四川将军赛冲阿等发给廓尔喀额尔德尼王吉尔巴纳足塔毕噶尔玛萨野檄谕

钦差大臣世袭二等男爵斐凌额巴图鲁镇守四川将军赛[1]、钦差驻藏大臣理藩院右侍郎副都统衔腾克特依巴图鲁喜[2]、钦差驻藏大臣副都统衔珂[3]檄谕廓尔喀额尔德尼王吉尔巴纳足塔毕噶尔玛萨野[4]知悉：照得本爵大臣将军赛钦奉大皇帝圣旨，据驻藏大臣奏称，尔廓尔喀王禀称，披楞令尔将唐古特路径并走哲孟雄山路让出，即与和好，尔国投诚披楞[5]，即不容与天朝进贡，尚求汉番官兵分驻边界，以作声势等语。特颁发钦差大臣关防一颗，著本爵大臣将军赛带领满汉屯土官兵[6]驰往唐古特，查问此等悖谬之词，究系出自何人，即行带兵剿灭。本爵大臣将军赛遵旨挑带久经战阵镇将百数十员，满汉劲旅屯土官弁兵丁数千员名，又檄调唐古特汉番官兵数千余名，驻扎定日，查办此案。如披楞果有令尔让出走唐古特及哲孟雄山路径，并不容进贡天朝之语，是披楞敢于窥伺边境，肆无忌惮，法所不容。本爵大臣将军赛即带兵剿灭披楞，以彰大皇帝天威；如披楞并无此语，尔

---

① 中国藏学研究中心等编：《元以来西藏地方与中央政府关系档案史料汇编》（3），中国藏学出版社1994年版，第846—847页。

廓尔喀敢于捏造狂悖之词，冒渎天朝，本爵大臣将军赛即带兵问尔之罪。惟念尔国自纳贡输成以来，素称恭顺，今因与披楞构衅交兵，被逼无奈，捏造浮词，希图动听，又以徼外小夷，不知礼义，措词不善，致以虚词而受灾祸，其情亦觉可怜。若本爵大臣将军不加训诲，立即带兵进剿，是不教而诛，亦非大皇帝抚驭万方、一视同仁之至意。为此，格外施恩，先行檄谕，如罪在披楞，即剿披楞；罪在尔国，即剿尔国。赏功罚罪，一秉至公。谕到着即将所称让出唐古特路径、阻尔纳贡之语，究竟出自何人，明白禀复，以凭剿办。本爵大臣将军现已檄询披楞，谅该国奉到檄谕，即行禀复。倘系尔国造词狂言，则本爵大臣将军赛一面分派大兵，由济咙、聂拉木两路齐进，直捣阳布，并檄饬披楞攻尔南面，（朱批：胡说混道，醉生梦死之言。）以尔弹丸之地，四面受敌，自必刻日殄除。尔国不能敌披楞之兵，岂能抗天朝之众，大兵一到，玉石俱焚，呼吸之间，存亡立判。尔如自知罪戾，改过自新，速即恭缮认罪表文，专差噶箕[7]头人赍呈本爵大臣将军赛行营，代为具奏，仰求大皇帝格外垂慈，俯念尔王年幼无知，措词不善，误犯天威，今敬谨纳贡，祈恩施与一线生路，免其剿灭，以后不再滋生事端，冒昧禀渎，庶几大皇帝高厚生成，宥尔罪戾，本爵大臣将军赛即撤兵归伍，尔国与披楞或战或和，（朱批：不觉自相矛盾？）大皇帝一概不问，（朱批：太自相矛盾矣。）求赏求兵，一概不准。如尔国不即进表纳贡认罪祈恩，则是尔国自取灭亡。本爵大臣将军赛惟有发兵剿杀，断不姑容。

为此特谕，各宜知悉。此谕。①

【注释】

[1]赛：四川将军赛冲阿。[2]喜：驻藏办事大臣喜明。[3]珂：驻藏帮办大臣珂实克。[4]吉尔巴纳足塔毕噶尔玛萨野：英语 Rajendra Bikram Shah 的译音，1816 年 11 月 20 日—1847 年 5 月 12 日间在位。[5]披楞：指 18、19 世纪的英印殖民政府。[6]屯土官兵：清廷将平定金川后的当地屯兵、土兵编入清军序列，称为屯土兵制。嘉戎地区习惯上被称为"四土五屯"，"四土"指梭磨土司、卓克基土司、松岗土司、党坝土司；"五屯"指上孟屯、下孟屯、杂谷脑屯、九子屯、甘堡屯。屯兵练勇，因其系当地土著，与满、汉兵相比，更长于爬山越岭，吃苦耐劳，且作战勇猛，遵守法度，成为清军中一支非常有战斗力的山地军队。[7]噶箕：廓尔喀高级职位官衔。

【简析】

嘉庆二十一年（1816 年），派往西藏的四川将军赛冲阿向廓尔喀国王发布檄谕，对廓尔喀来禀中诸如披楞要占领哲孟雄通往西藏的道路、披楞阻拦廓尔喀向中国进贡的一些说法予以批驳，并威胁如果廓尔喀捏造事实，中国将发兵攻打廓尔喀。嘉庆帝对这一檄谕内容大为不满，认为赛冲阿自相矛盾：一方面声称中国绝不干涉廓尔喀与披楞的争端，一方面又威胁说要派兵攻灭廓尔喀。对檄谕中提出要与披楞南北夹攻廓尔喀，嘉庆帝更斥之为"胡说混道，醉生梦死之言"。

---

① 中国藏学研究中心等编：《元以来西藏地方与中央政府关系档案史料汇编》（3），中国藏学出版社 1994 年版，第 859—861 页。

文书基本信息表

文书种类	檄谕	头辞	钦差大臣世袭二等男爵斐凌额巴图鲁镇守四川将军赛、钦差驻藏大臣理藩院右侍郎副都统衔腾克特依巴图鲁喜、钦差驻藏大臣副都统衔珂檄谕廓尔喀额尔德尼王吉尔巴纳足塔毕噶尔玛萨野知悉
发送者	中国四川将军冲阿	尾辞	为此特谕，各宜知悉。此谕
接受者	廓尔喀国王	正文文体	
纪年标准	嘉庆二十一年	正文内容	以武力威吓廓尔喀
语言种类	古代汉语	用典来源	

8. 道光二十年（1840年）驻藏大臣发给廓尔喀额尔德尼王檄谕

钦差驻藏大臣孟[1]、海[2]檄谕廓尔喀额尔德尼王：来禀内称：披楞[3]之人与京属汉人打仗，京属那边督率大兵与披楞打仗六次，又将披楞洋船烧毁等情。尔王闻信甚是欢喜，禀报前来，足见恭顺诚悃，实属可嘉。查披楞不知守分，已将洋船均被烧毁，皆系自取其咎。尔王禀请将此情转奏大皇帝，尔好预备去打披楞等语。但既系披楞有犯京属地方之事，自有天兵前往，不日克平，自无庸再劳尔王兵旅也。尔王去打披楞之处，本大臣不敢率行代奏。尔王系累受大皇帝重恩之人，惟当各自小心把守边界，照常和睦邻封[4]，永享升平之福，是为至要。特此谕知，并问尔王好。①

【注释】

[1]孟：驻藏办事大臣孟保。[2]海：驻藏帮办大臣海朴。[3]披楞：指18、19世纪的英印殖民政府。[4]邻封：邻国。

【简析】

道光二十年（1840年），中英鸦片战争爆发。远在南亚的小国尼泊尔由于地近英印殖民地区，对中英战况了解甚详。由于不断受到英印政府侵略，尼泊尔借中英战争之机，请求攻打英国以支援中国。清廷对此建议予以拒绝。

廓尔喀主动请缨之举，是想借助中国力量牵制英国，并借机向中国索饷、索地。不久之后廓尔喀即向中国提出派兵、借银、换地的请求，证明了廓尔喀所谓的"助兵"请求背后隐藏着不可告人的阴谋。清廷拒绝廓尔喀请求属于明智之举，反映了清廷对于借助外国势力达成国内政治目的这一手法的警惕，这不仅源于中国历史上众多引狼入室的负面教训，更由于清廷取代明廷统治中国的自身成功经验：吴三桂企图借助满洲势力"挽救"明

---

① 《西藏奏疏》卷三，中国藏学出版社2006年版，第78—79页。

廷反而导致灭亡。

文书基本信息表

文书种类	檄谕	头辞	钦差驻藏大臣孟、海檄谕廓尔喀额尔德尼王
发送者	中国钦差驻藏大臣	尾辞	特此谕知，并问尔王好
接受者	廓尔喀国王	正文文体	
纪年标准	中国纪年：道光二十年	正文内容	拒绝廓尔喀出兵请求
语言种类	古代汉语	用典来源	

9. 道光二十二年（1842年）驻藏大臣发给廓尔喀额尔德尼王热尊达尔毕噶尔玛萨野檄谕

钦差驻藏大臣孟[1]、海[2]檄谕廓尔喀额尔德尼王热尊达尔毕噶尔玛萨野知悉：前于七月十六日有尔王专差噶箕[3]杂噶达拔蒙帮哲等恭赍表贡，行抵前藏，当将表文译阅，内有添叙尔国屡被披楞[4]欺凌、仰求赏赐银两、发兵堵御并请易换地方等情。本大臣查，外藩呈进表章词句，必须庄重，今尔王将（朱笔增：不与天朝相干之）私事叙入，实与体制未协。本应驳回另缮，因恐耽延时日，有误贡期。且据尔王差来之噶箕等再四恳求，是以姑准呈进，以后不得再行错误。所有尔王求赏银两一事，本大臣曾于上年谕以天朝向无赏赐外夷银两之例，令尔王钦遵前奉谕旨，毋庸赘请在案。何以此次复有求赏银两之事？尔王仍应遵照道光十八年钦奉谕旨办理，毋再假托浮词，妄行渎恳。至尔王求请发兵堵御一节，查天朝统御万方，一视同仁，从无拨兵与外夷代守地方之例，尔王惟有爱惜百姓，好为把守各处边界，不可轻举妄动，自无他虞。又，尔王欲以尔国所属莫斯党地方易换唐古特所属达坝噶尔地方一节，查达坝噶尔地方系唐古特原有之地，百姓安居日久，一旦易换，多有不便，且各部落各有地土，从无听有易换地方之事，尔王请易地方一事，亦难准（朱笔增：断不可）行。又，尔王请以拉达克[5]部落归入尔王管束，如森巴[6]再来滋扰，情愿抵御一节，固属尔王以为抵御森巴起见。查森巴滋事皆由倭色尔一人起衅，今已将倭色尔歼毙，并将该贼首级号令通衢，尔国噶箕等来藏时亦皆目睹。此时边外渐次安静，并无一人敢来干犯。且拉达克头人、百姓等诚心投归唐古特，前已奏蒙大皇帝施恩，覆准投诚，赦其不死，无足令其进贡，所有一切善后事宜，现已办理完结。此事或因尔王未能备悉，故有此请。所有将拉达克归入尔王管束之处，亦毋庸议（朱笔增：更不可行）。又，尔王请将布鲁克巴地方给与尔王十里之地，尔王安兵固守，以御披楞等语。查布鲁克巴系唐古特边外一小部落，向不归唐古特管束，各有各土，断无以他人之地割给尔王之理，此事尤不可行。至披楞给与尔王信息，叫尔王与披楞交好，尔王并不听信，当即拒绝，所办甚是，足见尔王恭顺之诚，不为他人所惑。至广东地方，前经天兵前往，（朱笔增：业经办理完事）早将夷匪诛灭，地方已极静谧。今披楞给尔王之信，俱系伪诞之词，嗣后无须轻听，致招未便。再，尔王之子向无进表之例，本大臣不敢冒昧代奏，现将尔王之子所进表文一道存贮前藏，俟尔王差去之噶箕等回国时仍交伊等带回。尔王世受大皇帝重恩，惟当益矢恭顺，各守地方，诸事循照旧章办理，自能久享升平之福。特此谕知，并问尔王好。①

【注释】

[1]孟：驻藏办事大臣孟保。[2]海：驻藏帮办大臣海朴。[3]噶箕：廓尔喀高级职位官衔。[4]披楞：指18、19世纪的英印殖民政府。[5]拉达克：今印控克什米尔东部，近代以前属于西藏属国，与我国阿里、阿克赛钦等地区接壤。[6]森巴：西藏对拉达克西南的然吉森、谷朗森和索热森3地区人的称呼。森巴的"森"即上述3地区统治者姓名"辛格"（Singh）的异译，"巴"（pa）是藏语"人"的意思。

【简析】

道光二十二年（1842年），廓尔喀向清廷提出赏赐银两、发兵堵御、换易地方以及管辖拉达克、获得布鲁克巴10里土地等各种无理请求，清廷发布檄谕对这些要求一一批驳拒绝。廓尔喀还以拒绝披楞交好的请求以邀功清廷。廓尔喀还以王子名义向清廷进表，清廷以不合体制退回。廓尔喀在中国的多事之秋，趁火打劫之心昭然若揭。

文书基本信息表

文书种类	檄谕	头辞	钦差驻藏大臣孟、海檄谕廓尔喀额尔德尼王热尊达尔毕噶尔玛萨野知悉
发送者	中国道光皇帝	尾辞	特此谕知，并问尔王好
接受者	廓尔喀额尔德尼王热尊达尔毕噶尔玛萨野	正文文体	
纪年标准	中国纪年：道光二十二年	正文内容	拒绝廓尔喀请求
语言种类	古代汉语	用典来源	

10. 道光二十四年（1844年）驻藏大臣发给廓尔喀额尔德尼王热尊达尔毕噶尔玛萨野檄谕（底稿）

钦差驻藏大臣孟[1]、钟[2]檄谕廓尔喀额尔德尼王热尊达尔毕噶尔玛萨野知悉：兹据尔王恭将叩谢天恩表文呈递前来，当时译阅，内有添叙尔王诉苦情由。又另单一纸，系噶箕[3]萨尔达尔未行回国之事。本大臣查外藩呈递谢恩表章词句，必须庄重。今尔王将分应把守自己地方之事叙诉苦情，写入表内，实与体制未协。本应驳回另缮，因此次表文已较上届过迟，恐误尔王恭顺之诚，姑准呈进，以后不得再行如此。尔王所称与大皇帝把守地

---

① 《西藏奏疏》卷三，中国藏学出版社2006年版，第87—88页。

方,这样苦情,谅必仰邀施恩怜悯等语。本大臣查尔王祖上投诚以来,深(朱批改:承)受天朝重恩,诸赖(朱笔删:赖)遵体制,从无例外之举,所以大皇帝覆荫至今(朱笔删:"大"以下七字)尔国五十余年,安享升平之福。尔王自当仰体圣恩,遵照旧章,诸事循分[4],爱惜百姓,和睦邻封[5],自无他虞。有何不能把守地方,又何苦情恳求大皇帝垂悯(朱批:向无此体!)耶(朱笔删:耶)?想尔王不过一时私见,未明大义,今遵本大臣檄谕义理,与尔王解释,尔王心中自然晓畅。日后即不能再为私意所累。又,尔王以噶箕萨尔达尔未行回国求请具奏之处,本大臣于未接尔王来禀之前,业经奏闻大皇帝,将任听噶箕由绒辖尔行走之游击应国锐及通晓尔国字话之都司李国安严行参处矣。嗣后尔王惟当恩待属下,属下自必依恋尔王,岂肯走向别处?(朱批:此非天朝应管之!)况尔王前禀曾称,该噶箕萨尔达尔均有家小在国,尔王已好为安慰,遍传晓谕,以示尔王优待属下之恩,尔王所见甚是。不但该噶箕闻之,自然回国,及邻封闻之,亦俱以尔王为好,无不思与尔王和睦。尔王当念世受大皇帝重恩,益矢恭顺,切勿有负本大臣教导可也。特此谕知,并问尔王好。

道光二十四年正月二十八日具奏。

朱批:照朱笔所改,谕知可以。①

【注释】

[1]孟:驻藏办事大臣孟保。[2]钟:驻藏帮办大臣钟方。[3]噶箕:廓尔喀高级职位官衔。[4]循分:恪守职分。[5]邻封:邻国。

【简析】

道光二十四年(1844年),中国向廓尔喀发布檄谕。该檄谕有两项内容:其一,指出廓尔喀国王的表文内容不庄重,表内叙述廓尔喀为大皇帝把守边境的"苦情"不合体制,但由于进贡时间紧迫恩准不必修改;其二,回复因廓尔喀内乱导致进贡使臣回国时从中国边境出走一事,要求廓尔喀国王体恤属下。

文书基本信息表

文书种类	檄谕	头辞	钦差驻藏大臣孟、钟檄谕廓尔喀额尔德尼王热尊达尔毕噶尔玛萨野知悉
发送者	中国驻藏大臣	尾辞	特此谕知,并问尔王好
接受者	廓尔喀额尔德尼王热尊达尔毕噶尔玛萨野	正文文体	
纪年标准	中国纪年:道光二十四年	正文内容	指出廓尔喀表文不合体制
语言种类	古代汉语	用典来源	

① 《西藏奏疏》卷三,中国藏学出版社2006年版,第108—109页。

11. 光绪二年（1876年）驻藏大臣发给布鲁克巴、哲孟雄部长檄谕

钦差驻藏办事大臣副都统衔松[1]檄谕布鲁克巴[2]、哲孟雄[3]部长知悉：照得本大臣于光绪二年闰五月十九日具奏委员阻回披楞[4]边界一律安堵一折，兹于八月二十二日巡阅途次阳八井[5]，接奉批回：军机大臣奉旨：另有旨。钦此。并承准军机大臣字寄驻藏大臣松：光绪二年七月初四日奉上谕：松奏披楞屡欲通商设法阻止一折云云。遵旨寄信前来等因。合行恭录并将奏稿清单檄谕。

为此谕仰该赏加总堪布衔布鲁克巴、哲孟雄部长欧柱汪曲、吐多朗结即便钦遵知照毋违。特札。

计奏折一件，清单一纸。檄谕赏加总堪布[6]衔布鲁克巴部长欧柱汪曲、赏加总堪布衔哲孟雄部长吐多朗结。

光绪二年八月 日①

【注释】

[1]松：驻藏办事大臣松溎。[2]布鲁克巴：今不丹。[3]哲孟雄：今印度锡金邦。[4]披楞：指18、19世纪的英印殖民政府。[5]阳八井：今作羊八井，距拉萨西北110公里。[6]堪布：西藏地方政府僧官系统之职称。

【简析】

光绪元年（1875年），英印殖民政府向布鲁克巴提出修筑穿越布境入藏道路的要求，布鲁克巴部长向驻藏大臣求援。光绪二年（1876年），驻藏大臣发布檄谕，要求布鲁克巴设法拒绝英印殖民政府的要求。

文书基本信息表

文书种类	檄谕	头辞	钦差驻藏办事大臣副都统衔松檄谕布鲁克巴、哲孟雄部长知悉
发送者	中国驻藏大臣	尾辞	特札
接受者	布鲁克巴、哲孟雄部长	正文文体	
纪年标准	中国纪年：光绪二年	正文内容	通知布鲁克巴、哲孟雄部长有关问题的处理意见
语言种类	古代汉语	用典来源	

12. 光绪十一年（1885年）五月驻藏大臣发给布鲁克巴部长檄谕

据此该部长所禀各情，本大臣均已阅悉。查巴竹奔洛[1]等，系属该部长应管头目，竟

---

① 《西藏奏议》，上海古籍出版社2012年版，第39—40页。

敢兴兵围攻官寨，殊属不遵法度。惟此事究系因何起衅，尚未深知，自应查明，秉公办理。现经本大臣拣派汉、番大员即日前往，调集该两造人证，秉公妥办，务期折服，以息争端。并一面饬知该头目巴竹奔洛等，不准妄自兴兵，听候汉、番大员查办。该部长亦即静候办理，勿得轻举妄动，是为至要。此谕。

檄谕布鲁克巴部长。

光绪十一年五月 日①

【注释】

[1]奔洛：不丹地方官名。

【简析】

光绪十一年（1885年），中国驻藏大臣应布鲁克巴部长之请，调停布鲁克巴内部纠纷。清廷为此向布鲁克巴部长发布檄谕要求纷争双方停止争斗，等待中国驻藏大臣派出的汉、藏官员仲裁。

文书基本信息表

文书种类	檄谕	头辞	据此该部长所禀各情，本大臣均已阅悉
发送者	中国驻藏大臣	尾辞	此谕
接受者	布鲁克巴部长	正文文体	
纪年标准	中国纪年：光绪十一年	正文内容	调停布鲁克巴内争
语言种类	古代汉语	用典来源	

13. 光绪十一年（1885年）五月驻藏大臣发给布鲁克巴头目檄谕

为檄谕布鲁克巴头目巴竹奔洛[1]、终萨奔洛等知悉：照得本大臣据布鲁克巴部长禀称：该头目与该部长互相争斗等情。据此，查该头目系该部长所属之人，自应和衷[2]办事，保卫地方，岂可彼此相仇，扰累部落中百姓。惟此事实在情形，尚未深知。自应查明，秉公办理。现经本大臣拣派汉、番大员即日前往，调集该两造人证，秉公妥办，务期折服，以息争端。该头目巴竹奔洛、终萨奔洛等迅速罢兵，静候查办。如有冤屈，即可赴汉、番委员处呈诉，万不准轻举妄动，自取咎戾。除谕知布鲁克巴部长亦不准妄动、静候办理外，仰即凛遵毋违。特谕。

檄谕布鲁克巴头目巴竹奔洛、终萨奔洛，准此。

光绪十一年五月 日②

---

① 《西藏奏议》，上海古籍出版社2012年版，第51页。
② 《西藏奏议》，上海古籍出版社2012年版，第51—52页。

【注释】

[1]奔洛：不丹地方官名。[2]和衷：和睦同心。

【简析】

光绪十一年（1885年），清廷向布鲁克巴内争的一方巴竹奔洛等发布檄谕，要求纷争双方停止争斗，等待中国派出的汉、藏官员仲裁。

文书基本信息表

文书种类	檄谕	头辞	为檄谕布鲁克巴头目巴竹奔洛、终萨奔洛等知悉
发送者	中国驻藏大臣	尾辞	特谕
接受者	布鲁克巴头目巴竹奔洛、终萨奔洛	正文文体	
纪年标准	中国纪年：光绪十一年	正文内容	调停布鲁克巴内争
语言种类	古代汉语	用典来源	

14. 光绪十七年（1891年）二月驻藏大臣发给布鲁克巴部长檄谕

为檄谕事。照得光绪十七年二月初九日准礼部咨仪制司案呈所有具奏添铸布坦部长诺们罕[1]印、办理布鲁克巴事务东路奔洛[2]正扎萨克印、帮办布鲁克巴事务西路奔洛副扎萨克印共三颗缮模进呈一折，于光绪十六年十二月十三日具奏，奉旨：知道了。钦此。相应抄录原奏，知照驻藏大臣可也。计单一纸等因。准此。合亟粘用汉、番合璧檄谕。为此，谕仰该部长即便祗领，知照可也。特札。

计抄折稿一件。
檄谕布鲁克巴部长。
光绪十七年二月 日①

【注释】

[1]诺们罕：藏传佛教中大喇嘛之名号。即法王之义，位次呼图克图。[2]奔洛：不丹地方官名。

【简析】

光绪十六年（1890年），礼部发给仪制司咨文，要求制作布鲁克巴部长的诺们罕以及东、西路奔洛的正、副扎萨克印模。光绪十七年（1891年），驻藏大臣檄谕布鲁克巴部长，要求其领受清廷颁布的3颗印信。

---

① 《西藏奏议》，上海古籍出版社2012年版，第86—87页。

第七章 清代中国与南亚国家往来朝贡文书研究

文书基本信息表

文书种类	檄谕	头辞	为檄谕事
发送者	中国驻藏大臣	尾辞	特札
接受者	布鲁克巴部长	正文文体	
纪年标准	中国纪年：光绪十七年	正文内容	颁发布鲁克巴部长、官员印信
语言种类	古代汉语	用典来源	

15. 光绪十七年（1891年）四月驻藏大臣发给布鲁克巴部长檄谕

为檄谕事。案准理藩院咨开准吏部片：查前经总理各国事务衙门会同本部具奏之部长桑结夺吉等各撰敕书一道，其总办布鲁克巴事务中萨奔洛[1]正扎萨克及布鲁克巴巴竹奔洛副扎萨克应各赏给敕书一道。惟该正、副扎萨克两员现系何名，原奏并未声叙[2]，亦未据该大臣另案咨报。本部无凭撰拟。事关藏务，未便久悬等因前来。相应咨行驻藏办事大臣迅速查明该两奔洛正、副扎萨克二员究系何名，赶紧声覆报院，以便转覆可也等因。准此，合行檄谕。为此，谕仰该布鲁克巴部长即便遵照，迅将两奔洛正、副扎萨克二员之名赶紧据实飞禀来辕[3]，以凭咨部核办，勿得延宕。是为至要。切切。特谕。

谕布鲁克巴部长。

光绪十七年四月 日①

【注释】

[1]奔洛：不丹地方官名。[2]声叙：明白陈述。[3]来辕：来访的车乘。

【简析】

光绪十七年（1891年），清廷为撰拟颁发布鲁克巴正、副扎萨克的两道敕谕，要求布鲁克巴部长上报两奔洛之名。

文书基本信息表

文书种类	檄谕	头辞	为檄谕事
发送者	中国驻藏大臣	尾辞	特谕
接受者	布鲁克巴部长	正文文体	
纪年标准	中国纪年：光绪十七年	正文内容	要求布鲁克巴部长通报正、副扎萨克之名
语言种类	古代汉语	用典来源	

---

① 《西藏奏议》，上海古籍出版社2012年版，第88—89页。

16. 光绪十七年（1891年）四月驻藏大臣发给布鲁克巴部长檄谕

为檄谕事。照得该部长倾诚向化，前经边案完结，本大臣具奏请颁发布鲁克巴部长暨正、副扎萨克等敕、印在案。兹于光绪十七年四月十一日承准总理各国事务衙门：为咨行事。前准贵大臣咨称所有奏请颁发布鲁克巴部长暨正、副扎萨克等敕、印，迅即由驿递藏等因。咨准内阁、礼部，先后将敕谕三道、印信三颗咨送到署，相应备文发交兵部，由驿递藏，即希贵大臣查收转给祇领，并将收到转给各日期声复[1]备查可也。计赍送木匣一个，内装印三颗；竹筒一个，内装敕谕三道等因。承准此，本大臣不日即将派员赍送该部。合亟粘用汉、番合璧译行该部长等知照，迅备夫马，专派头目恭迎到部祇领可也。此谕。

檄谕布鲁克巴部长等。

光绪十七年四月 日①

【注释】

[1] 声复：明白回复。

【简析】

光绪十七年（1891年），总理衙门将颁发布鲁克巴的3道敕谕、3颗印信发交兵部驿递到藏，要求驻藏大臣收领并转交布鲁克巴方面。驻藏大臣檄谕布鲁克巴部长，要求其派人祇领。

文书基本信息表

文书种类	檄谕	头辞	为檄谕事
发送者	中国驻藏大臣	尾辞	此谕
接受者	布鲁克巴部长	正文文体	
纪年标准	中国纪年：光绪十七年	正文内容	要求领受敕谕、印信
语言种类	古代汉语	用典来源	

17. 光绪十七年（1891年）十月驻藏大臣发给布鲁克巴部长的檄谕

为檄谕妥派迎护事。照得前经本大臣由边具奏请颁发布鲁克巴部长暨正、副扎萨克等敕、印，已由驿驰递前来，当经檄行该部长等先期选派明白晓事头目出境迎护在案。兹据营务处张镇栋派得巡捕一员张文元，戈什哈[1]二名周克先、郝渡云，译字房一名马永安，通役一名，跟丁五名罗得喜、张义忠、潘洪顺、马恩禄、李玉升，即将印信三颗，敕谕三

---

① 《西藏奏议》，上海古籍出版社2012年版，第88页。

道，定于十一月初五日由藏起程，赍送该部以昭慎重。合亟粘用汉、番合璧檄谕该部长等遵照，迅备夫马，专派妥慎头目出境恭迎，到部祗领可也。特谕。

计赍送木匣三个，内装印三颗；竹筒三筒，内装敕谕三道。

檄谕布鲁克巴部长等。

光绪十七年十月 日①

【注释】

[1] 戈什哈：满语护卫之意，是清代高级官员的侍从武弁。

【简析】

光绪十七年（1891年）十月，清廷颁发的敕谕、印信驿递到藏。驻藏大臣决定在十一月初五日派人前往布鲁克巴。驻藏大臣为此发布檄谕，要求布鲁克巴派遣头目迎接使者到达境内后领受敕、印。

文书基本信息表

文书种类	檄谕	头辞	为檄谕妥派迎护事
发送者	中国驻藏大臣	尾辞	特谕
接受者	布鲁克巴部长	正文文体	
纪年标准	中国纪年：光绪十七年	正文内容	通知布鲁克巴迎接敕、印
语言种类	古代汉语	用典来源	

18. 光绪三十四年（1908年）驻藏大臣发给布鲁克巴部长檄谕

兹查有卸任靖西同知马吉符堪以派委前往布鲁克巴考查，以便举办一切。除札委靖西同知外，合行檄谕。为此，谕仰该部长遵照转饬，俟委员入境，即将地方情形详细告知。一面派委头目妥为照料，将所需夫马照章支应。此事为力求百姓富庶、商务振兴起见，该部长尤须加意筹维，以裨[1]地方为要。特此谕知，顺问尔部长好。

檄谕布鲁克巴部长。

光绪三十四年正月 日②

【注释】

[1] 裨（bì）：增添，补助。

---

① 《西藏奏议》，上海古籍出版社2012年版，第90—91页。
② 《西藏奏议》，上海古籍出版社2012年版，第99—100页。

【简析】

光绪三十四年（1908年），驻藏大臣派遣官员前往布鲁克巴考察商务，为此向布鲁克巴发布檄谕，要求该部对中方考察人员进行接待、照料，并将该部详细情形告知。中方此行目的在于振兴商务，表明清末的中国政府开始注重通过商业往来扩大在周边属国的影响力。

光绪三十四年（1908年）驻藏大臣发给廓尔喀国王的檄谕封套（见图7.1），正面书"檄谕廓尔喀国王"，使用廓尔喀文，加注收信人官衔，背面是预印的"钦差驻藏大臣衙门封"。正反两面共钤驻藏大臣朱砂关防三。① 这一材料可以作清廷发给布鲁克巴檄谕等同类文书封套的参考。

图7.1　光绪三十四年（1908年）驻藏大臣发给廓尔喀国王檄谕的封套

---

① 王剑智：《中国西藏地方与廓尔喀的官方文书》，载《中国藏学》2010年S1期。

第七章 清代中国与南亚国家往来朝贡文书研究

文书基本信息表

文书种类	檄谕	头辞	兹查有
发送者	中国驻藏大臣	尾辞	特此谕知,顺问尔部长好
接受者	布鲁克巴部长	正文文体	
纪年标准	中国纪年:光绪三十四年	正文内容	要求布鲁克巴对前往该部考察的中方官员进行接待、照料、汇报
语言种类	古代汉语	用典来源	

19. 光绪三十四年(1908年)驻藏大臣发给布鲁克巴檄谕

檄谕布鲁克巴部长知悉:兹阅尔部长来禀,呈送本大臣年例礼物,以表敬诚。念其远道送来,业已收受,今回赏尔部长大缎二匹,哈达二方,尔即查收。惟该部长务宜爱惜百姓,和睦邻封[1],是为至要。特此谕知,顺问尔部长好。

檄谕布鲁克巴部长。

光绪三十四年正月 日①

【注释】

[1]邻封:邻国。

【简析】

光绪三十四年(1908年),布鲁克巴按例呈送驻藏大臣年例礼物,驻藏大臣为此发布檄谕,回赏布鲁克巴部长礼物。

文书基本信息表

文书种类	檄谕	头辞	檄谕布鲁克巴部长知悉
发送者	中国驻藏大臣	尾辞	特此谕知,顺问尔部长好
接受者	布鲁克巴部长	正文文体	
纪年标准	中国纪年:光绪三十四年	正文内容	嘉奖布鲁克巴进献年例礼物
语言种类	古代汉语	用典来源	

---

① 《西藏奏议》,上海古籍出版社2012年版,第110—111页。

四、札谕例析

1. 光绪十五年（1889年）驻藏大臣给布鲁克巴部长札谕

　　为札覆事。案据该部长禀称：窃查布鲁克巴自从前以来原归大皇帝属下子民，小部落之人曾有呈进贡物、夷禀之例。近来系因微末部落地方甚小，以致不能呈进贡物、夷禀；兼以本地黄教不免之灾，披、布两相不睦，故将布属边境甲昔各地方失守。之时屡与藏中具禀，虽属未蒙作主，曾经本属现在之人亦无附和他方，有坏佛教重务情事，设法尽心竭力，次第办理，保守边疆。所有边隘地方被害何等情形，均在大人及各委员洞鉴之中。兹小的布属官员头目及僧俗大众公派大小替身等层次前赴各站禀见，并陈诉我属地方先后敬谨体顾佛门教道，竭力保守大皇帝边疆一切情形，总求施恩抚恤小的们。从前披、布不睦之时，布鲁克巴之人实系财力不敌，只得两相和息，将失去边界甲昔各地任他霸占，每年拨给布鲁克巴地租银钱，现在交收。今恳者：历任部长经管地方内外，别国是谁永远不准借故扰害等情，务求邀恳圣恩，赏给盖用宝印敕书一道，从优奖赏顶戴、职分，并赐办事钤用印信一颗，务望大人转邀天恩，俯赐允准。小的自应仰体大皇帝鸿恩，诚心顾念黄教，保守边疆，将来可无他患。设恐不免之灾，倘有他虞，随时准其具禀。此项例规，请于大皇帝案卷内注明，务恳准如所请，则沾恩典。伏思小的若得此项赏赐，敕书、印信仅足威镇外敌。因地处极边，复恳请与东面曲仔奔洛[1]及西面仁绷奔洛等各赏赐敕书、印信，其该二员所恳开列于后，总望施恩赏准，是所盼祷，为此叩禀等情。并将二头目所请各情一并由该部长转禀前来。

　　据此，查该部长等所请颁赏敕书、印信，系因保守边疆，诚心出力起见。本大臣自应据情具奏，一俟奉到谕旨，再行恭录行知。至请赏爵秩[2]一节，查爵秩乃系有功于国者，始能出自大皇帝天恩特赏，非臣下所能自请。除分别具奏外，合填预印空白粘用汉、番合璧札覆。为此，札仰该部长遵照，即便听候具奏，并转饬各头目知照可也。毋违。特札。

　　札布鲁克巴部长。

　　光绪十五年正月　日①

【注释】

[1]奔洛：不丹地方官名。[2]爵秩：爵禄。爵位的等级和俸禄。

【简析】

　　光绪十五年（1889年），布鲁克巴向驻藏大臣进呈禀文，指出由于受到英印殖民政府的侵略，布鲁克巴丧失部分国土，也无力再继续向西藏进贡礼物。为加强布鲁克巴的地位，请求中国大皇帝颁发敕谕、印信并赏给顶戴、官职以威震外敌。驻藏大臣回复札谕，答应将布鲁克巴的请求转奏大皇帝。

---

① 《西藏奏议》，上海古籍出版社2012年版，第74—76页。

第七章 清代中国与南亚国家往来朝贡文书研究

文书基本信息表

文书种类	札谕	头辞	为札覆事
发送者	中国驻藏大臣	尾辞	特札
接受者	布鲁克巴部长	正文文体	
纪年标准	中国纪年：光绪十五年	正文内容	答应将颁发敕、印的请求上奏皇帝
语言种类	古代汉语	用典来源	

2. 光绪十六年（1890年）驻藏大臣给布鲁克巴部长札谕

为札知事。照得上年藏印交兵，本大臣亲临边境，曾据该部长禀请，奏恳天恩赏颁敕、印等情。本大臣因该部长倾诚向化，曾经据情代恳大皇帝殊恩。光绪十五年四月二十三日，兵部递回原折，奉旨：该衙门议奏。旋准总理各国事务衙门咨开，会同理藩院衙门议奏，准如所请，奉旨：依议。钦此。惟总理衙门咨明以藏印边事尚未就绪，应俟藏边议有成约，局势大定，再将应颁敕、印由驿递藏，转给该部长祗领等由。承准此。查藏印边事，本大臣亲赴印洋，现经立约画押，藏印交兵重案业已完结，所有该部长前恳赏颁敕、印，兹本大臣于光绪十六年四月初一日附片奏恳天恩饬部迅将敕、印由驿递藏。应俟递到之日，本大臣再当派员赍送该部长祗领。合亟[1]粘用汉、番合璧先行札知。为此，札仰该部长即便钦遵知照可也。特札。

札布鲁克巴部长。
光绪十六年三月　日①

【注释】

[1]合亟：公文用语。理应急速。

【简析】

光绪十五年（1889年），布鲁克巴向清廷请求颁发敕、印。总理衙门会同理藩院议奏批准布鲁克巴的请求，不过需要等待西藏与英印殖民政府冲突平息之后。光绪十六年（1890年），藏英冲突结束，驻藏大臣上奏清廷请求迅速将敕、印驿递到藏。为此，驻藏大臣将此事以檄谕形式通告布鲁克巴。

---

① 《西藏奏议》，上海古籍出版社2012年版，第84页。

文书基本信息表

文书种类	札谕	头辞	为札知事
发送者	中国驻藏大臣	尾辞	特札
接受者	布鲁克巴部长	正文文体	
纪年标准	中国纪年：光绪十六年	正文内容	通知批准颁发敕、印的请求
语言种类	古代汉语	用典来源	

五、断牌例析

1. 光绪十二年（1886年）中国派往布鲁克巴处理内部纠纷官员发布断牌

一、旧任部长本应令其复任，姑念该部长屡具禀结，以年纪高迈弗能胜任等词恳请辞退，是以俯允所请。但彼既曾充部长，现虽事权不属，而分位仍尊，宜择宽大寺院，使之安居，更宜隆以礼貌，仿照从前辞退部长之例，优给养赡银两，俾得终其天年。

一、吞布补纳及雄噶伦等原有产业均宜给还，并经本汉、番官员断定，于巴竹吞布补纳各缺属下割给岭昔、噶萨、拉雅、海仲巴、洞朗、浪工朗六处营官缺，划清疆界，由吞布等自行管理，至一切差赋数目多少及应在何处上纳，仍照旧章，勿许借词争执。尔两造更宜解释仇怨，修好联和。该终萨等不得倚势欺凌；该吞布等，亦不得寻衅报复。

一、随从吞布等逃出难番约百余人，流离播迁，殊为可悯。尔两造既归和好，此辈尤属无辜，宜令各返故乡，仍复旧业。倘有犯事者，宜送归本管头目，自行究办，不得借端欺扰，致令负屈莫伸。

一、新任部长不得由尔等擅立，宜与尔部落中头目人等公同保举，禀请钦宪、藏王点放，方准充当。尔等必须凡事禀称，切勿弄权跋扈。此后，每逢部长缺出，皆宜如此办理。

一、尔部落中部长以下，惟终萨奔洛[1]等八项大缺职司较重，今以终萨奔洛兼第巴[2]森琫[3]之缺，禀请赏给三品顶戴，并戴花翎，辅助部长办理该部落中事务，再以达噶奔洛兼拉森缺，雄卓尼[4]兼噶伦缺，以及巴竹汪宗并新放吞布补纳、营官等均经禀请赏给三品顶戴，分理政务。此后，每有前八项缺出，宜由部长秉公保举，开具名单，禀请钦宪、藏王补放，以昭慎重而示优异。其有罪应斥革者，亦宜将斥革缘由禀明，存案备查。其余小头目即由部长自作主张，无庸禀请。

一、尔部落向为唐古特属地，同遵黄教，和好有年。从前披楞[5]屡欲假道进藏，未能得志，是尔部落之于佛教不为无功。此后，尔两造各有土地人民，均宜发奋自强，修明武备，倘值边境有事，尤宜协力同心，互相救应，以固疆圉而御外侮，永为藏卫藩篱。

一、尔部落向派洛洽娃一名长川驻藏，每逢年节，呈送土宜礼物以效悃忱。此后，必须按照向章，勿稍懈怠，其商上[6]等处回赏物件亦皆照常赏给，则彼此情谊浃洽[7]，可以历久不渝。至吞布等受汉、番厚恩，如果报效情殷，亦准其备办土宜，派人赴藏呈送。

一、布属海仲巴番民常有至卓木及帕克里一带地方偷窃、抢劫之事，现据控告有案，宜按名交出，以凭究惩。嗣后，此缺既据拨归吞布等管理，即宜予以责成，务须严加约束，各守疆界，勿得越境相侵。再有犯者，惟该吞布等是问。

一、唐属边境番民素鲜盖藏，多半穷苦，必须加以体恤，始免逃亡。此后，尔部落中派人进藏，如呈送礼物、投递禀件等事，公务攸关，自应照常支应夫马，此外，如贸易往来、贩运货物等项，凡无马牌[8]者，均宜自备夫马，或如数发给脚价，不得滥索支应，以致苦累穷民。

一、此案既经剖断了息，自今以后，尔两造人等必须互出切结，永敦和好，各泯疑忌之私，切勿因小忿微嫌辄相争竞。即偶有不平之事，只宜就近禀请部长剖断是非，或倩人居间善为排解，不得以琐屑细故赴藏呈诉，致劳钦宪及藏王萦心。①

【注释】

[1]奔洛：不丹地方官名。[2]第巴：西藏地区官名。藏语音译，原为首长之意。[3]森琫：随侍达赖身边负责起居之人。[4]雄卓尼：大卓尼。高级僧官。[5]披楞：指18、19世纪的英印殖民政府。[6]商上：西藏摄政王。在未找到达赖喇嘛转世灵童的时期以及达赖喇嘛亲政之前，执掌西藏政教大权的官员为摄政王。汉语文献常称之为"掌办商上事务"。"商"为藏文"商卓特巴"的简称，字面含义为"管库房的人"。[7]浃洽：和谐；融洽。[8]马牌：官员因公远行，支用驿站车马的凭证。

【简析】

光绪十二年（1886年），应布鲁克巴方面邀请，清廷派往该地的中国官员为处理当地纠纷而进行调解、仲裁后颁布"断牌"。断牌内包含善后事宜10条，重申布鲁克巴属于唐古特属地，规定布鲁克巴首领、地方官员的任命需经驻藏大臣和藏王的批准，西藏对布鲁克巴具有司法管辖权。

文书基本信息表

文书种类	断牌	头辞	
发送者		尾辞	
接受者		正文文体	
纪年标准	中国纪年：光绪十二年	正文内容	处理布鲁克巴内部事务
语言种类	古代汉语	用典来源	

---

① 《西藏奏议》，上海古籍出版社2012年版，第57—59页。

第二节 中国与南亚国家朝贡上行文书研究

一、表文例析

1. 乾隆五十四年（1789年）巴勒布首领进贡表文

巴勒布微臣喇纳巴都尔同微臣之叔巴都萨野合掌诚心，具表天下万国大皇帝万岁陛下。自微臣祖父以来，即诚心愿归圣化，附隶版图，只因僻在遐荒，区区之心，未由[1]上达。去岁曾具表恳求进贡，又有阻遏。今蒙钦差大人遣官宣布皇仁，微臣实中心悦服，情愿归依覆帱[2]。窃照巴勒布地方在北京西南，昔年有甲噶尔[3]、普拉各处部落曾出兵致寇，均经微臣攻击溃逃，未被侵占。前此未能上荷天鉴，兹特一并上陈。谨遣头目巴拉叭都尔喀哇斯、哈哩萨野恭进表文，并献方物，虔诚上恳大皇帝恩赏敕书，世守荒服，俾边徼小番子子孙孙永受天朝怙冒[4]之恩，长享升平之福。微臣曷胜激切屏营之至。谨具表以闻。

附巴勒布科尔喀所属部落户口数目清单：

达纳隆大头人名哈哩古玛拉，居民八千户；
纳木冲大头人名索墨弥隆玛担，居民一万六千户；
噶日斯哩特大头人名斯底纳担，居民八千户；
巴尔巴大头人名吉地吗当木，居民八千户；
纳乌柯克大头人名那拉那蓝，居民六千户；
多尔大头人名星布卡，居民二千户；
斯笼大头人名索斯海，居民二千户；
巴涌大头人名申，居民二千户；
格令大头人名甲什恩夺吗，居民二千户；
力陛大头人名哈哩纳拉星，居民六千户；
秘哩骨札大头人名依达拉本布吧坑，居民六千户；
铜笼大头人名康，居民六千户；
噶里骨札大头人名吧吗喇，居民二千户；
依比吗大头人（此系遗缺，尚未补人），居民四千户；
卡奇大头人名申达，居民四千户；
阿尔噶大头人名吧海，居民四千户；
骨尔米大头人（此系遗缺，尚未补人），居民八千户；
八吧大头人名吗哈达申，居民二万四千户；
白乌唐大头人名吗勒遵达，居民一万二千户；
噶作地大头人（此系遗缺，尚未补人），居民四千户；

科克哩大头人（此系遗缺，尚未补人），居民七百户；
噶作尔大头人（此系遗缺，尚未补人），居民二千户；
党拉大头人名那申，居民八千户；
巴岭大头人名萨海，居民八千户；
赤领大头人名巴顺，居民二千户；
陆空大头人（此系遗缺，尚未补人），居民二千户；
吧批大头人（此系遗缺，尚未补人），居民六千户；
以上二十七处俱系科尔喀所属居民。
外有科尔喀本处百姓五万四千户：
巴勒布阳布居民一万八千户；
郭卡木居民一万二千户；
伊凌居民二万四千户。
以上三处，即系科尔喀现居之所。
总共三十处，居民二十二万七百户有零。①

【注释】

[1]未由：无由。[2]覆帱：又作覆焘。覆被；施恩，加惠。《礼记·中庸》："辟如天地之无不持载，无不覆帱。"[3]甲噶尔：为藏语 rGya–gar 印度之译音。《西藏赋》："甲噶尔部在南海，贝叶经皆平头垂露文，译出唐古特字也。"[4]怙冒：广被。

【简析】

乾隆五十三年（1788 年），巴勒布入侵西藏。乾隆五十四年（1789 年），巴勒布与西藏讲和并向清廷上表进贡。

文书基本信息表

文书种类	表文	头辞	巴勒布微臣喇纳巴都尔同微臣之叔巴都萨野合掌诚心，具表天下万国大皇帝万岁陛下
发送者	巴勒布喇纳巴都尔与其叔巴都萨野	尾辞	谨具表以闻
接受者	中国乾隆皇帝	正文文体	
纪年标准	中国纪年：乾隆五十四年	正文内容	巴勒布进贡并归顺中国
语言种类	古代汉语	用典来源	《中庸》

---

① 《钦定巴勒布纪略》卷二五，中国藏学出版社 2006 年版，第 360 页。

2. 乾隆五十七年（1792年）廓尔喀拉特纳巴都尔进贡表文

廓尔喀小臣拉特纳巴都尔率领小臣之叔巴都尔萨野恭敬合掌跪叩：奉表如天覆育、如日月照临大皇帝御前。钦惟大皇帝统御天下万国，在佛天之上，至尊至大，爱护众生，仁慈广被，普照一切世界，胜于佛顶光明；大皇帝圣寿如天，又如须弥山巩固亿万载，凡属人民物类，皆得永受生成。小臣部落系偏僻番地，曾被声教，早欲投顺天朝，未能如愿。乾隆五十四年，恳请归诚，仰蒙大皇帝赏封小臣拉特纳巴都尔王爵，小臣之叔巴都尔萨野公爵，特赐珍物，并将差去之把拉巴都尔哈瓦斯等，加赏翎顶。小臣身受天恩，至今顶戴，原应谨守部落，不敢滋事。小臣福分浅薄，不能承受，有沙玛尔巴从中唆使，小臣年齿幼小，小臣之叔巴都尔萨野自无主见，误听其言，与唐古特构衅。此因由沙玛尔巴怀挟私嫌，有心簸弄，然小臣等被伊煽惑，即系辜负大皇帝恩慈，身犯重罪，无可推诿。所以上干天谴，抢掠后藏之人，在雪山冻死二千三百余名，回至阳布，所存无几。今大将军钦奉大皇帝圣旨，统领大兵，前来问罪，大兵一直进剿，攻克许多地方，剿杀三四千人，小臣及阖部落头目百姓，人人震恐，心惊胆裂，逃窜慌乱，不能安居，沙玛尔巴原说与唐古特相争，天朝断不远来问罪，极为怂恿。今大兵从天而降，如此大加剿杀，小臣实属万分懊悔，万分恐惧。如今自怨自恨，业已无及。若沙玛尔巴尚在，自必生擒献出。今已病身故，将伊骨殖及伊女人与徒弟、什物等项，全行送出。从前济咙所立大小合同二件，实系祸根，必应呈缴。所抢扎什伦布物件，小臣收到者，亦一并交还。此后尊奉天朝王法，与唐古特和好。从前私立合同，原是错误，此后不敢再提一字，永远不敢侵犯边界，亦断不敢如上次投诚，又有反复，自取灭亡。屡次具禀，哀恳大将军转奏，大皇帝俯念小臣及小臣之叔巴都尔萨野系愚蠢小番，不识天朝法度，身陷大罪，总由误听人言，并非敢于有心背叛，如蒙大皇帝特沛恩施，怜念小臣年幼，外番无知，允准降附，阖部落生灵，皆蒙大皇帝保全；阖部落境土，皆系大皇帝天威安抚地方。子子孙孙，永当衔结[1]。小臣不过微末之人，比于虫蚁，愿与微细众生，同游化宇[2]。大皇帝天地之量，无所不容，惟求大皇帝逾格开恩，宥赦[3]前罪，以全小臣躯命，实为万幸。本应亲身朝觐，而小臣年尚幼小，欲派小臣之叔巴都尔萨野赴京，又因办事无人，不能远离，兹特派办事噶箕[4]第乌达特塔巴[5]进京。伊家系小臣祖父以来世为噶箕，深为倚信之人，令其同苏巴巴尔底曼喇纳甲、察布拉咱音达萨野、喀尔达尔巴拉巴达尔[6]等，恭赍表文，代躬叩觐大皇帝天颜，并虔备乐工及驯象、番马并方物等件，叩首恭进，敬申微忱，恳求赏收。嗣后永远服属天朝，本应年年纳贡，但小臣部落距天朝遥远，恳请五年一贡，每次派噶箕一名，恭赍进京，伏乞大皇帝俯鉴小臣蝼蚁微忱，格外施恩，宽宥重罪，小臣无任感激惶悚之至。

乾隆五十七年八月吉日，小臣拉特纳巴都尔等跪奏。①

【注释】

[1]衔结：结环衔草。比喻感恩图报，至死不忘。[2]化宇：天地宇宙。[3]宥赦：宽恕，赦免。

---

① 《卫藏通志》，西藏人民出版社1982年版，第423—424页。

[4]噶箕：廓尔喀高级职位官衔。[5]第乌达特塔巴：Devadatta Thapa 的译音。

【简析】

廓尔喀这一表文的汉译本至今仍然保存在台湾内阁大库档案中，纸质，纵 25 厘米，横 12 厘米（见图 7.2）。

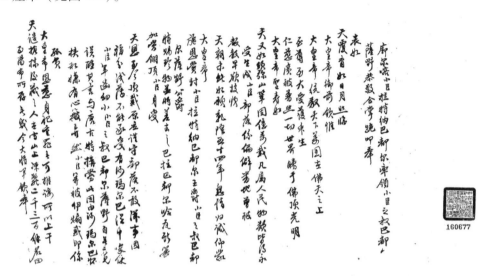

图 7.2　乾隆五十七年（1792 年）廓尔喀拉特纳巴都尔汉译表文底稿局部

乾隆五十七年（1792 年）八月，廓尔喀王拉特纳巴都尔上表投降。八月八日，廓尔喀遣世家三代任噶箕的大头人第乌达特塔巴等 4 人，带着呈大将军福康安的禀文和上皇帝的表文来到清军大营。两份文件内容基本相同，叙述上年抢掠后藏的廓军归途上在雪山冻死 2300 余人，今年在大军攻剿下又死了三四千人，阖部震恐，懊悔自怨，此皆是误信沙玛尔巴之过，请求再度归诚，不敢反复。文中声称廓尔喀王子本应亲身朝觐，唯年龄尚小，欲派王叔赴京，又因身旁办事无人，不能远离，现拟派第乌达特塔巴等大头人恭赍表文，代为觐见大皇帝，并准备乐工及驯象、番马、方物等件，随从带往，恳求赏收，今后拟五年一贡。

文书基本信息表

文书种类	表文	头辞	廓尔喀小臣拉特纳巴都尔率领小臣之叔巴都尔萨野恭敬合掌跪叩：奉表如天覆育、如日月照临大皇帝御前
发送者	廓尔喀拉特纳巴都尔	尾辞	小臣无任感激惶悚之至
接受者	中国乾隆皇帝	正文文体	
纪年标准	中国纪年：乾隆五十七年	正文内容	廓尔喀投顺中国
语言种类	古代汉语	用典来源	

3. 嘉庆八年（1803年）廓尔喀额尔德尼王吉尔巴纳足塔毕噶尔玛萨因教匪荡平庆贺表文

小臣廓尔喀额尔德尼王吉尔巴纳足塔毕噶尔玛萨九叩跪奏如天覆育、如日月照临、抚育万国、寿如须弥山[1]坚固、至大至尊文殊菩萨[2]大皇帝宝座前。窃小臣闻湖南教匪滋事，致天威震怒，遣兵剿除，今已平定，从此永享升平之福，小臣闻之欣慰。小臣受恩深重，虔修土产微物、表文，叩贺天喜。小臣屡蒙天恩，视如子民，惟有一心归顺，和睦邻封[3]。小臣阳布[4]离京甚远，小臣年幼，恳将小臣当作奴辈，常时施恩教导，沾恩不浅。①

【注释】

[1]须弥山：佛教宇宙观中的诸山之王、世界中心。[2]文殊菩萨：梵文 Mañjuśrī，藏文写作 ajams-dbayngs，蒙语译为曼殊师利、满殊什哩、满主西立等。汉文将其译为文殊菩萨、文殊师利。满文称讷苏肯和隆乌拂萨。又因 Mañju 意为美妙、雅致、可爱，śrī 意为吉祥、美观、庄严，文殊菩萨又意译为妙吉祥菩萨。文殊菩萨是佛教四大菩萨之首，代表聪明智慧。西藏佛教认为中国皇帝是文殊菩萨的化身，因此西藏及其周边国家以此称呼清朝皇帝。在西藏布达拉宫红宫，"当今皇帝万岁万岁万万岁"的满、蒙、汉、藏四体文字牌位背后，有一幅乾隆帝着佛装的唐卡像，也为文殊菩萨形象。文殊菩萨大皇帝这一称呼象征藏传佛教将清代中国皇帝整合进了蒙、藏民族的宗教世界中，为藏传佛教在清帝国广阔地域内进行推广创造了有利条件。反过来，清代皇帝拥有这一佛教特殊称号，也为清廷统治信奉佛教的蒙、藏等多民族大帝国提供了重要的宗教合法性。这是政、教相互利用的一种有趣现象。[3]邻封：邻国。[4]阳布：加德满都。

【简析】

嘉庆八年（1803年），持续多年的川、陕、楚白莲教起义被镇压。为此，廓尔喀国王上表进贺。

文书基本信息表

文书种类	表文	头辞	小臣廓尔喀额尔德尼王吉尔巴纳足塔毕噶尔玛萨九叩跪奏如天覆育、如日月照临、抚育万国、寿如须弥山坚固、至大至尊文殊菩萨大皇帝宝座前
发送者	廓尔喀额尔德尼王吉尔巴纳足塔毕噶尔玛萨	尾辞	恳将小臣当作奴辈，常时施恩教导，沾恩不浅
接受者	中国嘉庆皇帝	正文文体	
纪年标准	中国纪年：嘉庆八年	正文内容	庆贺清廷平定湖南教匪
语言种类	古代汉语	用典来源	

---

① 陈康祺：《郎潜纪闻初笔》卷一二，中华书局1984年版，第268页。

4. 道光二十二年（1842年）廓尔喀国王进贡表文

如天覆育、如日月照临、抚育万国、寿如须弥山[1]坚固、至大至寿文殊菩萨[2]大皇帝宝座前，恭请圣安。窃小臣本年例应专差噶箕[3]赴京朝觐。今遵照向例，备办贡物，拣派得亲信噶箕达木达热帮哲之孙噶箕杂噶达拔蒙帮哲并萨尔达尔毕热拔达热噶热格以及大小头目恭赍表贡赴京朝觐。伏念小臣自从前投诚以来，曾奉谕旨内开：尔系小国王子，五年朝觐一次。倘有外人骚扰及侵占地方等事，尔可缮表具奏，酌派人马前往，或赏尔银两资助。钦此，钦遵。所有备细情由。自小臣祖父拉特纳巴都尔萨野于乾隆五十八年八月内曾奉此谕旨，计今将及五十年。小臣自祖父至今三代，均蒙大皇帝天威保护。虽廓尔喀地方西有森巴[4]，南有披楞[5]，仰荷天恩，无人恃强欺凌。从前小臣年幼，不知祖上投诚大皇帝，奉有谕旨，封赏王位。一切事务原是亲信噶箕名达木达热帮哲办理，后来并无亲信之人，惟有局外一小人名毕木兴塔巴充当噶箕，总管事务。俟毕木兴塔巴私与披楞交好，将披楞二人，一名噶仁，一名八鲁约在阳布城居住，并将廓尔喀东、西、南三处地方给与披楞之人，至今披楞之人仍在彼居住。小臣至道光十七年始将该噶箕革职监禁。今又据披楞给信，言说广东等处地方已被他们侵占，叫小臣与他们交好，并投归他们，好取唐古特地方。如若不然，他们就要来廓尔喀地方骚扰。但是他说的话，小臣并无听从，业已回信去了。披楞前在广东地方滋事，今又向小臣说这些言语，可见披楞欺凌廓尔喀势孤，要叫小臣随他生事。小臣心想将此情形恳请大人转奏，又恐大皇帝震怒。兹届例贡之期，只得叩求大皇帝赏兵，抑或赏给银两资助，以便将披楞人逐出，小臣也好保守地方。小臣自祖上以来，即系投诚天朝之人，一心一意诚心恭顺，今受披楞欺逼如此，大皇帝自必怜悯百姓生灵。再，查唐古特达坝噶尔地方，距小臣地界相近，情愿将莫斯党地方与唐古特易换，如有森巴之人欺凌唐古特时，小臣情愿帮唐古特打仗。至拉达克[6]地方，从前被森巴占去，今拉达克若归小臣管束，亦照例与大皇帝进贡。又，披楞久想唐古特地方，已在哲孟雄界上修理路经、营房，安人驻守。恳请将布鲁克巴附近地方赏给十里之地，安兵驻守，小臣可保唐古特边界坚固。设有大小事件，亦可以禀明。因此具奏，恳请如此办理。此等事件，俱系实情。俯念小臣系从前竭力恭顺投诚之人，邀恳在小臣身上施恩，也好保守南面地方坚固。小臣遭此苦情的话已经写于表上，叩求大皇帝施恩，俾小臣得以遵循。

为此于道光二十二年五月二十三日，小臣廓尔喀额尔德尼王热尊达尔毕噶尔玛萨野自阳布九叩跪奏。①

【注释】

[1]须弥山：佛教宇宙观中的世界中心。[2]文殊菩萨：佛教四大菩萨之首。西藏佛教认为中国皇帝是文殊菩萨的化身，因此西藏及其周边国家以此称呼清朝皇帝。[3]噶箕：廓尔喀高级职位官衔。[4]森巴：西藏对拉达克西南的然吉森、谷朗森和索热森3地区人的称呼。[5]披楞：指18、19世纪的英印殖民政府。[6]拉达克：今印控克什米尔东部，近代以前属于西藏属国，与我国阿里、阿克赛钦等地区接壤。

---

① 《西藏奏疏》卷三，中国藏学出版社2008年版，第85—87页。

【简析】

道光二十二年（1842年），廓尔喀从英印殖民政府的信件中获知英国"占领广东地方"，因此利用例贡之机上表向清廷提出各项无理要求：赏兵、赐银、交换地方、接管拉达克、获得布鲁克巴10里土地。

文书基本信息表

文书种类	表文	头辞	如天覆育、如日月照临、抚育万国、寿如须弥山坚固、至大至尊文殊菩萨大皇帝宝座前，恭请圣安
发送者	廓尔喀国王	尾辞	叩求大皇帝施恩，俾小臣得以遵循
接受者	中国道光皇帝	正文文体	
纪年标准	中国纪年：道光二十二年	正文内容	向清廷提出各种要求
语言种类	古代汉语	用典来源	

5. 道光二十三年（1843年）廓尔喀国王谢恩表文

小臣廓尔喀额尔德尼王热尊达尔毕噶尔玛萨野九叩跪奏如天覆育、如日月照临、抚育万国、寿如须弥山[1]坚固、至大至尊文殊菩萨[2]大皇帝宝座前，恭请圣安。窃小臣仰蒙大皇帝于道光二十三年正月十七日赏发小臣敕书、物件，小臣闻之欢喜不尽，随即照例豫派头目人等前赴济咙迎回阳布。小臣率领噶箕[3]头目及队伍、象、马，焚香作乐，远赴郊外恭迎，供奉佛堂，九叩跪读敕书，内开：皇帝敕谕额尔德尼王热尊达尔毕噶尔玛萨野知悉：尔王自承袭前辈王爵以来，守乃偏邦之宜，恭顺黾勉[4]，一切事宜，均遵驻藏大臣指示办理，朕甚嘉焉。今特遣使臣噶箕杂噶达拨蒙帮哲等恭请朕安，纳贡进表，朕欣嘉阅。当命使臣噶箕杂噶达拨蒙帮哲等数次朝见天颜，赐给筵宴，赏观各景。至尔王所进表内添叙请发大兵、求赏银两，一切均悉。天朝统御万方，一视同仁，尔王惟有固守边隅，不可轻举妄动，自无他虞。今噶箕杂噶达拨蒙帮哲等转回，随敕赍赏各色大缎三十四匹，妆缎四匹，闪缎四匹，金丝缎四匹，锦缎四匹，漳绒四匹，漳绒坐褥面八个，三十两重银背壶二把，二十两重银盖碗二个，珐琅器二件，玻璃器二件，把儿碗二对，磁器[5]二件，奶茶磁碗二对，加赏玉如意一柄，朝珠一盘，玉器二件，雕漆器二件，玛瑙器二件，水晶器二件，竹器二件，大荷包二对，小荷包二对，茶叶八瓶，均交噶箕杂噶达拨蒙帮哲等赍往，尔其祗领。嗣后尔当益感朕恩，遵从驻藏大臣指示，照前恭顺，殚其悃诚，勉力奋为，严约属下，俾各安居乐业，以期永沐朕恩。钦哉！勿怠。特谕等因。钦此，钦遵。伏思小臣五年例进表贡，拣派噶箕等赴京，蒙大皇帝施恩优厚，数次朝见天颜，赐给筵宴，赏观各景。今大小头目等回国，小臣得邀重恩赏敕训谕，并恩赐许多贵重物件。祗领之下，小臣及噶箕、头目、百姓人等实在感激之至。伏念小臣自祖父投诚以来，部落中凡遇事件，均遵驻藏二位大人指示办理。嗣后小臣惟当仰体圣恩，尽心恭顺，但小臣遇有一切苦情，总是禀请驻藏二位大人分解,据情奏明大皇帝览悉。况小臣系大皇帝恭顺臣仆,犹如赤子一般,得蒙曲赐[6]矜全[7],解释苦情,小臣曷胜荣感。此时仰赖天恩,邻封[8]部落与小臣尚称和睦,诚恐将来被人欺凌之时,恳求大皇帝格外施恩,就沾感无既。若不然,则小臣实难把守南方之地了。伏乞大皇帝俯念小臣系边外极小部落,不知天朝体制,今具叩谢天恩表文中词意是否合例,尚祈大皇帝格外宽宥[9],小臣就感激高厚鸿恩益不尽矣。

为此于道光二十三年十二月二十九日,自阳布九叩跪奏。①

【注释】

[1]须弥山:佛教宇宙观中的世界中心。[2]文殊菩萨:此处指清朝皇帝。[3]噶箕:廓尔喀高级职位官衔。[4]黾勉:勉励,尽力。[5]磁器:瓷器。[6]曲赐:称尊长的赐予、关照等。[7]矜全:怜惜而予以保全。[8]邻封:邻国。[9]宽宥:宽容。

【简析】

道光二十二年(1842年),廓尔喀利用进贡之机向清廷提出多项要求。道光二十三年(1843年),清廷发布敕谕嘉奖其进贡行为的同时,又对廓尔喀提出的各项要求进行批驳。为此,廓尔喀对清廷赏赐上表谢恩,并继续请求清廷援助廓尔喀抵抗英印殖民政府的侵略。

文书基本信息表

文书种类	表文	头辞	小臣廓尔喀额尔德尼王热尊达尔毕噶尔玛萨野九叩跪奏如天覆育、如日月照临、抚育万国、寿如须弥山坚固、至大至尊文殊菩萨大皇帝宝座前,恭请圣安
发送者	廓尔喀额尔德尼王热尊达尔毕噶尔玛萨野	尾辞	小臣就感激高厚鸿恩益不尽矣
接受者	中国道光皇帝	正文文体	
纪年标准	中国纪年:道光二十三年	正文内容	谢恩
语言种类	古代汉语	用典来源	

6. 光绪元年(1875年)廓尔喀额尔德尼王进贡表文

廓尔喀额尔德尼王苏热达热毕噶尔玛萨哈九叩跪奏如天覆育、如日月照临、抚育万国、寿如须弥山[1]坚固、至大至寿文殊菩萨[2]大皇帝宝座前,恭请圣安。窃小臣部落,自前辈投诚以来,迄今数十余载,仰蒙圣恩,年岁丰登,百姓安乐。小臣惟有诚心归顺。从

---

① 孟保:《西藏奏疏》,中国藏学出版社2006年版,第103—105页。

前历遣使臣恭进方物，小臣承袭后亦曾专差噶箕[3]头目人等赍贡到京觐瞻天颜，真如日月照临，不遗草木。仰蒙赏给敕书，小臣受恩深重，实在钦感不尽。今接奉驻藏二位大人檄谕，光绪元年二月二十日寅刻大行皇后崩逝，小臣及果敢王衔[4]总噶箕藏格巴都尔并大小头目阖部人民惊悉之下，莫不悲哀。无奈因地方遥远，不能稍尽蚁忱[5]，惟有恭设神位，敬向东北叩头，穿孝献供，焚香诵经，聊尽小臣一点虔心。所有哀慕微忱，谨具表文，由驻藏二位大人代为恭进。伏乞大皇帝御览。惟请将小臣同奴辈一般，恩施看待，小臣永远承受天恩，则沾感圣慈于不朽矣。

为此于光绪二年六月十一日，自阳布城跪奏。①

【注释】

[1]须弥山：佛教宇宙观中的世界中心。[2]文殊菩萨：此处指清朝皇帝。[3]噶箕：廓尔喀高级职位官衔。[4]果敢王衔：尼泊尔政府首相，又称"统领兵马果敢王衔"。[5]蚁忱：谦辞。微末的真诚。

【简析】

光绪元年（1875年）二月，咸丰皇后去世。廓尔喀国王获悉消息后上表悼念。

文书基本信息表

文书种类	表文	头辞	廓尔喀额尔德尼王苏热达热毕噶尔玛萨哈九叩跪奏如天覆育、如日月照临、抚育万国、寿如须弥山坚固、至大至寿文殊菩萨大皇帝宝座前，恭请圣安
发送者	廓尔喀额尔德尼王苏热达热毕噶尔玛萨哈九叩跪奏	尾辞	小臣永远承受天恩，则沾感圣慈于不朽矣
接受者	中国光绪皇帝	正文文体	
纪年标准	中国纪年：光绪元年	正文内容	悼念去世的中国皇后
语言种类	古代汉语	用典来源	

7. 光绪十二年（1886年）廓尔喀额尔德尼王进贡表文

廓尔喀额尔德尼王毕热提毕毕噶尔玛生写热曾噶扒哈都热萨哈九叩跪奏如天覆育、如日月照临、抚育万国、寿如须弥山[1]坚固、至大至寿文殊菩萨[2]大皇帝宝座前，恭请圣安。窃五年一次年班例贡，应于本年专差噶箕[3]等恭赍赴京呈进。今已敬谨备办齐全，拣派正贡使噶箕热拉毕噶尔玛热纳、副贡使萨尔达尔的热克漫拉及大小头目人等，于光绪十二年七月初五日自阳布城恭赍启行。从前部落凡遇事件，皆系禀由驻藏二位大人代为转奏。今仍禀请二位大人，念廓尔喀离京遥远，不知天朝规矩，并念诚心向化，详细情节，代为奏明。想部落自祖上投诚天朝以来，诚心归向。今惟有一心一意，敬谨恭顺，伏乞大

---

① 王彦威：《清季外交史料》第1册，卷八，书目文献出版社1987年版，第152—153页。

第七章 清代中国与南亚国家往来朝贡文书研究

皇帝俯念系投诚出力之人,现在年幼,办事恐有错误,将视同奴隶一般,恩施宽待,得以永远仰承天恩,就感戴不尽。

为此于光绪十二年七月初五日,自阳布城九叩跪奏。①

【注释】

[1]须弥山:佛教宇宙观中的世界中心。[2]文殊菩萨:此处指清朝皇帝。[3]噶箕:廓尔喀高级职位官衔。

【简析】

光绪十二年(1886年),廓尔喀国王呈递例贡表文。

文书基本信息表

文书种类	表文	头辞	廓尔喀额尔德尼王……九叩跪奏……大皇帝宝座前,恭请圣安
发送者	廓尔喀额尔德尼王毕热提毕毕噶尔玛生写热曾噶扒哈都热萨哈	尾辞	得以永远仰承天恩,就感戴不尽
接受者	中国光绪皇帝	正文文体	
纪年标准	中国纪年:光绪十二年	正文内容	例行进贡
语言种类	古代汉语	用典来源	

8. 光绪二十年(1894年)廓尔喀额尔德尼王进贡表文

小臣廓尔喀额尔德尼王毕热提毕毕噶尔玛生写热曾噶叭哈都热萨哈九叩跪奏如天覆育、如日月照临、抚育万国、寿如须弥山[1]坚固、至大至尊文殊菩萨[2]大皇帝宝座前,恭请圣安。窃小臣五年一次年班例贡,应于本年专差噶箕[3]等恭赍赴京呈进。今已敬谨备办齐全,拣派正使噶箕英达热必噶尔玛热纳叭哈都热、副使萨尔达尔足达毕热卡札噶且底热及字识大小头目人等,于光绪二十年六月初八日自阳布恭赍贡物起程。从前小臣部落中,凡遇事件,皆系禀明驻藏大臣代为转奏。今仍禀请驻藏大臣俯念廓尔喀离京遥远,不知天朝规矩,并念小人诚心向化,详细情节,代为奏明。想小臣部落祖上投诚天朝以来,倾心归顺。今小臣惟有一心一意,敬谨恭顺,伏乞大皇帝俯念小臣系投诚出力之人,此后办事恐有错误,将小臣如同奴隶一般,施恩看待,俾得以永远仰承天恩,小臣就应感戴不尽矣。

此于光绪二十年七月十四日,自阳布九叩跪奏。

谨押表金丝缎一匹。②

---

① 继昌:《行素斋杂记》卷上,上海书店1984年版。
② 赵祖铭:《清代文献迈古录》,大众文艺出版社2003年版,第285—286页。

【注释】

[1]须弥山：佛教宇宙观中的世界中心。[2]文殊菩萨：此处指清朝皇帝。[3]噶箕：廓尔喀高级职位官衔。

【简析】

光绪二十年（1894年），廓尔喀国王呈递例行进贡表文。

文书基本信息表

文书种类	表文	头辞	小臣廓尔喀额尔德尼王……九叩跪奏……大皇帝宝座前，恭请圣安
发送者	廓尔喀额尔德尼王毕热提毕毕噶尔玛生写热曾噶叭哈都热萨哈	尾辞	小臣就应感戴不尽矣
接受者	中国光绪皇帝	正文文体	
纪年标准	中国纪年：光绪二十年	正文内容	例行进贡
语言种类	古代汉语	用典来源	

9. 光绪三十年（1904年）廓尔喀国王谢恩表文

小臣廓尔喀麻哈热杂比日提毕热毕噶尔玛生写曾噶扒哈都热萨哈额尔德尼王跪奏如天覆育、如日月照临、抚育万国、寿如须弥山[1]坚固、至大至尊文殊菩萨[2]大皇帝宝座前，恭请圣安。窃小臣于光绪二十九年十一月二十一日接奉驻藏大臣檄谕：案准理藩院来咨，内开该大臣具奏，恳恩赏给果敢王衔[3]总噶箕[4]噶免札热、英纳己扒杂拉热、纳曾达热、生写热、曾哈热、纳扒哈都热敕书、穿戴，奉旨允准。现已由军机处交出穿戴、敕书等件，本院装盛木箱，包裹妥协，开具赏单，咨送兵部转送驻藏大臣查照转给颁发。俟接到时，仍行咨发本院备核可也。计粘单一纸等因。准此，查所颁敕书、穿戴现已到藏，本大臣照章拣派守备孟得胜赍送到国。该国王遵即照章拣派妥员，前往边地恭迎回国，转给新袭果敢王衔总噶箕敬谨祗领，再将叩谢天恩表文照例恭缮，妥交守备孟得胜呈送来辕，以凭据情代奏。切切，毋违。特谕等因。奉此，当即拣派头目前往济咙边界，恭迎敕书、穿戴及护送官员，接至阳布城。择期于本年三月初六日，荷蒙大皇帝鸿恩所赏敕书、穿戴，派员迎至额尔德尼王宫内供奉佛堂，照例行礼，当将敕书、穿戴之箱启验，逐一敬谨祗领。伏蒙大皇帝恩施至优极渥，有加无已，小臣等望北叩谢圣恩，跪读大皇帝于光绪二十九年五月内颁发小臣敕谕：

朕视普天下众生灵一视同仁，抚育万方。我朝文以施其教，武以奋其安，上彰劳勋[5]之典，下怀远仁之私，表扬中外之至意，层次转由驻藏大臣代奏该国总噶箕纳曾达热、生写热、曾哈热、纳扒哈都热请赏统领兵马果敢王衔名号，既云该总噶箕纳曾达热、生写热、曾哈热、纳扒哈都热办理国事忠心可靠，恳加爵秩[6]名号。查所奏情词尚属相合，该头目既称办事忠心，特封果敢王衔名号，着即准行，用昭奖励，嗣后益当感念朕恩。钦此，钦遵。

小臣跪聆之下，欢欣难言，当即率领新袭总噶箕果敢王衔望北叩谢天恩。伏思小臣荷蒙大皇帝施此重恩，今赏总噶箕噶免札热、英纳已扒杂拉热、纳曾达热、生写热、曾哈热、纳扒哈都热敕书、穿戴，遵领白风毛狐皮蟒袍一件，貂皮里红青绸面带团龙补褂一件，蓝绸夹衬衣一件，宝石顶貂皮带缨帽一顶，朝珠一串，蓝石身新珊瑚记捻新翠背鱼坠角粉石佛头青缎宫靴一双，忠孝带一分，蓝丝线带一条。继又由塘颁发青狐端罩一件，貂皮朝服一件，貂皮披领一件，青狐朝冠一顶，红宝石冬朝冠顶一座，猞猁狲缘貂皮带托坐褥一件，夹朝衣一件，夹披领一件，夹蟒袍一件，夏朝冠一顶，红宝石夏朝冠顶一座，蓝缎绣蟒坐褥一件，雨冠一顶，雨冠缨一分等，敬谨祗领。既蒙大皇帝体恤藩封无微不至，小臣及总噶箕、大小头目并合国军民人等无不鼓舞胪欢[7]，额手称庆。小臣自祖上投诚天朝以来，俱系倾心向化，曾蒙大皇帝鸿恩，俯念旧藩历辈以来世受国恩，今小臣亦当仰赖天朝覆育之恩，嗣后仍望照前恩施渥宠，小臣益当一心一意，永远恭顺。

今据新袭总噶箕果敢王衔回称：邀蒙天恩赏给爵秩、穿戴，感激铭诸肺腑，实属无可图报，今虔备些微贡物，叩谢天恩，稍申悃忱，代为呈进，恭呈御览等语。小臣据情代禀，照前敬备叩谢天恩表文一道，总求驻藏大臣代为转奏，伏乞大皇帝圣鉴。但所进表文恐有陨越[8]之处，尚祈俯念小臣系弹丸部落出力报效之人，愚昧无知，恩施宽宥[9]，俾小臣得以永远承受天恩。小臣感激圣恩于无涯矣。

为此于光绪三十年四月初二日，自阳布城跪奏。

统领兵马果敢王衔总噶箕噶免札热、英纳己扒杂拉热、纳曾达热、生写热、曾哈热、纳扒哈都热叩谢天恩。呈进金丝缎一匹，廓尔喀金钱五圆。①

【注释】

[1]须弥山：佛教宇宙观中的世界中心。[2]文殊菩萨：此处指清朝皇帝。[3]果敢王衔：尼泊尔政府首相。[4]噶箕：廓尔喀高级职位官衔。[5]劳勚（yì）：劳苦。[6]爵秩：爵禄。[7]胪欢：歌呼欢腾。[8]陨越：失职。[9]宽宥：宽容。

【简析】

光绪二十九年（1903年），清廷赏赐廓尔喀高级官员穿戴、敕书。光绪三十年（1904年），廓尔喀祗领穿戴、敕书。对清廷的赏赐，廓尔喀国王上表谢恩。

---

① 《川藏奏底》，上海古籍出版社2012年版，第127—130页。

文书基本信息表

文书种类	表文	头辞	小臣廓尔喀……跪奏……大皇帝宝座前，恭请圣安
发送者	廓尔喀麻哈热杂比日提毕热毕噶尔玛生写曾噶扒哈都热萨哈额尔德尼王	尾辞	小臣感激圣恩于无涯矣
接受者	中国光绪皇帝	正文文体	
纪年标准	中国纪年：光绪三十年	正文内容	感谢清廷赐予廓尔喀官员穿戴、敕谕
语言种类	古代汉语	用典来源	

二、奏书例析

1. 雍正八年（1730年）布鲁克巴呼毕勒罕喇嘛扎色里·布鲁克古济、诺彦林亲·齐类·拉卜济等奏书

布鲁克巴[1]之呼毕勒罕[2]喇嘛扎色里·布鲁克古济、诺彦[3]林亲·齐类·拉卜济敬呈东方大国之诸大臣、贝子。我布鲁克巴四部人众原曾尊奉纳鲁巴呼毕勒罕阿旺·那木札勒。该呼毕勒罕喇嘛圆寂转世后，诺彦旺帕柱率扎藏[4]之喇嘛等迎请入庙坐床。其后又出一呼毕勒罕喇嘛，我诺彦旺帕柱称伊非真呼毕勒罕喇嘛，遣人杀害之。此被害之呼毕勒罕喇嘛又于我母亲体内降生，扎藏之喇嘛等得知后，会商隐瞒，供养十五年之久。去年，诺彦旺帕柱闻信，又派人欲加戕害，扎藏之喇嘛等将旺帕柱所遣之人执而杀之，随即向我诺彦旺帕柱宣战，旺帕柱兵败，为喇嘛等所杀。扎藏之喇嘛等遂共同会议，扶我胞弟扎色里·布鲁克古济呼毕勒罕喇嘛坐床，推我为布鲁克巴之诺彦。诺彦旺帕柱尊奉之呼毕勒罕喇嘛楚克赖·那木札勒属下为首办事之噶毕东罗布喇嘛被扎藏之喇嘛等执拿，欲以杀之。其时，呼毕勒罕喇嘛扎色里·布鲁克古济、诺彦林亲·齐类·拉卜济我等二人恳请诸喇嘛免其一死。然而噶毕东罗布悖恩反叛，我闻后派兵欲以擒拿，噶毕东罗布随即献首归顺大国之贝子颇罗鼐。贝子颇罗鼐为俾我双方和解，遣使前来，我误以为发兵前来征伐我等，遂出兵相战。后颇罗鼐又致书于我，申明宣谕，我阅后当即罢兵，向使臣等谢罪，率我布鲁克巴四部二万余户人众归服东方大国。并与前来解和之使臣共同协商，照约定鄙林亲·齐类·拉卜济送胞叔车凌·旺津喇嘛驻招[5]；遣刚定喇嘛为使前往大臣、贝子处，以我布鲁克巴之呼毕勒罕喇嘛扎色里·布鲁克古济、诺彦林亲·齐类·拉卜济二人归服东方大国之礼，恭请东方文殊师利[6]大汗万安，谢恩敬献方物。恳请转奏东方文殊师利大汗，以期于鄙二微末布鲁克巴得与众生一视同仁，永不遗弃为鉴。嗣后，我布鲁克巴等期以仰赖东方文殊师利大汗威福，永享太平；并拟于每年八月向达赖喇嘛遣使问安进贡。此外，且蒙何旨示下，我将遵奉而行。再，车凌·旺津喇嘛、刚定喇嘛献上布鲁克巴之呼毕勒罕喇嘛扎色里·布鲁克古济及诺彦林亲·齐类·拉卜济二人进贡皇上之物：福哈达二，孔雀扇一

对，盛满白米之银碗五，银纳粘[7]一对，银钱五十，花缎四，红花毡一，黄红拉达（la-da）、白布各一，漆藤牌一，腰刀一，象牙一对。恭设香案，望阙行三跪九叩礼。祈请大臣等将我布鲁克巴之呼毕勒罕喇嘛、诺彦二人向东方文殊师利大汗进献方物、恭请仁训之处转奏。①

【注释】

[1]布鲁克巴：藏族人称不丹地方为"竹域（brug–yul）"，称不丹人为"竹巴（brug–pa）"，意为信奉竹巴噶举的地方或人民。藏文"brug–pa"一词在满文中对译为"burukpa"，故清代汉文文献中根据满文发音，称不丹为"布鲁克巴"。[2]呼毕勒罕：又作呼必勒罕。蒙语 xubilgan 音译，意为转世或化身，指喇嘛教中活佛转世再生。[3]诺彦：王。[4]扎藏：原指藏传佛教寺院内依地域或学行内容划分的僧院。但此处之扎藏特指1620年由当时不丹的政教领袖夏仲·阿旺南杰组建的类似"国家寺院"的僧侣集团。[5]招：西藏拉萨。[6]文殊师利：同文殊菩萨，此处指清朝皇帝。[7]纳粘：藏语 na jan，耳饰。

【简析】

清廷在平定青海蒙古和硕特部贵族罗卜藏丹津的叛乱后，于雍正四年（1726年）设立驻藏大臣，两年后任命西藏贵族颇罗鼐协助驻藏大臣总理西藏政务。由于清廷经略西藏的积极政策，中国开始对南亚诸国产生强大的政治影响力。这一时期布鲁克巴因发生活佛转世纷争，纠纷一方向西藏颇罗鼐求援。颇罗鼐派兵前往布鲁克巴进行调解，压服双方和解。雍正八年（1730年），现任的布鲁克巴呼毕勒罕、诺颜向颇罗鼐进献奏书，请求归顺并献方物给东方大皇帝。清代中国与布鲁克巴之间的宗藩关系由此开始建立。

文书基本信息表

文书种类	奏书	头辞	布鲁克巴之呼毕勒罕喇嘛扎色里·布鲁克古济、诺彦林亲·齐类·拉卜济敬呈东方大国之诸大臣、贝子
发送者	布鲁克巴呼毕勒罕喇嘛扎色里·布鲁克古济、诺彦林亲·齐类·拉卜济	尾辞	祈请大臣等将我布鲁克巴之呼毕勒罕喇嘛、诺彦二人向东方文殊师利大汗进献方物、恭请仁训之处转奏
接受者	中国贝子颇罗鼐	正文文体	
纪年标准	中国纪年：雍正八年	正文内容	布鲁克巴首领归顺西藏并向清廷进献贡物
语言种类	古代汉语	用典来源	

---

① 《雍正年间平息布鲁克巴内乱史料（上）》，载《历史档案》2005年第4期。

2. 雍正八年（1730年）布鲁克巴噶毕东罗布喇嘛奏书

布鲁克巴之噶毕东罗布敬呈东方大国之诸大臣、贝子：我等之旺帕柱诺彦[1]于布鲁克巴四部人众曾有大恩，扎藏[2]之喇嘛等反叛将其戕害，将真正之纳鲁巴呼毕勒罕[3]囚禁，妄扶另一喇嘛坐床。鄙噶毕东罗布自祖、父始，世为噶毕部主，统领我噶毕部众，乃因兵祸，献首归顺于土伯特贝子。土伯特贝子出手相助，遣兵征伐布鲁克巴之五大城，俾我布鲁克巴之喇嘛、诺彦咸俱归服，双方和解，划分各城人众，誓以嗣后毋再交恶。今噶毕东罗布我惟遵土伯特贝子指教，恭请训旨，以期鄙噶毕东罗布仰赖大皇帝之恩，永不为弃。进献大皇帝之礼品：福哈达一，珊瑚素珠一串，盛满米之银碗五，孔雀扇一，银纳粘[4]一对，红哈萨克毯氆一，绿哈萨克毯氆一，花绒毯一，白布一，红布一，漆藤牌二，腰刀一，象牙一对，虎皮一，豹皮二。谨恭设香案，望阙行三跪九叩礼。所有噶毕东罗布向文殊师利[5]大皇帝进献方物、恭请仁训之处，恳请大臣等转奏。①

【注释】

[1]诺彦：王。[2]扎藏：此处指1620年由当时不丹的政教领袖夏仲·阿旺南杰组建的类似"国家寺院"的僧侣集团。[3]呼毕勒罕：指喇嘛教中活佛转世再生。[4]纳粘：耳饰。[5]文殊师利：同文殊菩萨，此处指清朝皇帝。

【简析】

雍正八年（1730年），布鲁克巴因活佛转世发生纷争的一方噶毕东罗布向西藏颇罗鼐求援，颇罗鼐派兵入境压服双方和解。噶毕东罗布向颇罗鼐进献奏书，请求归顺并献方物给东方大皇帝。

文书基本信息表

文书种类	奏书	头辞	布鲁克巴之噶毕东罗布敬呈东方大国之诸大臣、贝子
发送者	布鲁克巴噶毕东罗布	尾辞	所有噶毕东罗布向文殊师利大皇帝进献方物、恭请仁训之处，恳请大臣等转奏
接受者	中国贝子颇罗鼐	正文文体	
纪年标准	中国纪年：雍正八年	正文内容	布鲁克巴首领归顺西藏并向清廷进献贡物
语言种类	古代汉语	用典来源	

---

① 《雍正年间平息布鲁克巴内乱史料（上）》，载《历史档案》2005年第4期。

3. 雍正十一年（1733年）巴尔布库库穆罕奏书

大主明鉴，微末库库穆[1]罕合掌谨奏：大主圣体安和，不胜幸甚。库库穆罕以实心戴感大主仁恩，蒙赐以敕书、缎匹、玻璃等项。向闻大主天威仁惠，至于天恩温旨如此霈降[2]，实出望外。今贝勒转奏蒙赐敕书，无涯大恩，爱我生灵，如同父母，曷胜欣庆。特差巴尾尼桑格尔恭谢天恩。伏思库库穆罕边鄙小罕，惟仰赖大主仁恩以安其生，仰乞温旨不时下降。奏书微仪[3]：哈达一个，大珊瑚二个，小珊瑚六个，小珊瑚一串一百零八个，各色金丝织成卡契带十条，金丝织成卡契缎一匹，银丝织成卡契缎一匹，孔雀尾管子碗二个，各色卡契布二十匹，白卡契布五十九匹，各色药六包，额纳克特克[4]、巴尔布等处地图一张。

癸丑年[5]十一月十七日奏。①

【注释】

[1]库库穆：巴德冈地区。[2]霈降：降恩。[3]微仪：谦辞。微小的礼物。[4]额纳克特克：又作厄讷特可克、厄讷特克、额讷特克等，指印度。额纳克特克是满语 Enetkek、蒙语 Enedkeg 的汉语音译，源自藏语的甲噶儿（Rgya‐gar）、察合台文的痕都斯坦（Hendustan）。还有学者考证，此名为奥德（Oudh）之藏语音译。奥德属于莫卧儿帝国的1个省，在印度北部与尼泊尔毗邻。《瀛寰志略》卷三《五印度》云："亚加拉，米图作阿尔各拉，又名额纳特珂克，在五印度东西适中之地。元时，蒙古初据印度全土，以此为都城，所谓中印度也。……道光十三年，英人于其地立藩部，称为地内省，辖四部。"《西藏赋》："额讷特克国，西南海中，大西天也。《楞严经咒》乃额讷特克字译为唐古特文也。"《御制楞严经序》："三藏十二部皆出自天竺，流通震旦，其自西达东，为中途承接者，则实'乌斯藏天竺'，即所谓'厄讷特克乌斯藏'，即所谓'图伯特'也。"[5]癸丑年：雍正十一年（1733年）。

【简析】

雍正十年（1732年），巴尔布库库穆罕遣使清廷，清廷发布敕谕嘉奖。雍正十一年（1733年），巴尔布库库穆罕进献奏书谢恩。

文书基本信息表

文书种类	奏书	头辞	大主明鉴，微末库库穆罕合掌谨奏
发送者	巴尔布库库穆罕	尾辞	仰乞温旨不时下降
接受者	中国雍正皇帝	正文文体	
纪年标准	中国纪年：癸丑年	正文内容	谢恩
语言种类	古代汉语	用典来源	

---

① 《西藏志考》，中央民族大学出版社2010年版，第82—84页。另见《西藏志》，西藏人民出版社1982年版，第38页。

4. 雍正十一年（1733年）巴尔布布颜汗奏书

大主明鉴，微末布颜杂杂噶麻尔合掌谨奏：大主圣体冲和[1]，微末布颜汗不胜庆幸，蒙大主仁恩赏以敕书、缎匹、琉璃、磁器[2]等类，仰瞻圣明，不胜欣庆。向闻大主仁化，即欲遣使请安，拉藏罕不为转奏，计无所出。今蒙贝勒奏请，得沾大主天恩，又得遣使奏书，诚大幸也。伏愿温旨时颁，边鄙小罕普沾天惠矣。鉴之鉴之。奏书微仪[3]：哈达一个，珊瑚树一株，珊瑚一串五十五个，小珊瑚一串一百零八个，琥珀一串四十六个，金丝织成卡契带三条，金丝织成卡契小带五条，各色卡契缎三匹，白卡契布四匹，犀角一筒，孔雀尾扇二柄，孔雀尾一束，黑香一包，各色药一包。

癸丑年[4]十一月二十八日奏。①

【注释】

[1]冲和：淡泊平和。[2]磁器：瓷器。[3]微仪：微小的礼物。[4]癸丑年：雍正十一年（1733年）。

【简析】

雍正十年（1732年），巴尔布布颜汗遣使清廷，清廷发布敕谕嘉奖。雍正十一年（1733年），巴尔布布颜汗进献奏书谢恩。

文书基本信息表

文书种类	奏书	头辞	大主明鉴，微末布颜杂杂噶麻尔合掌谨奏
发送者	巴尔布布颜汗	尾辞	鉴之鉴之
接受者	中国雍正皇帝	正文文体	
纪年标准	中国纪年：癸丑年	正文内容	谢恩
语言种类	古代汉语	用典来源	

5. 雍正十一年（1733年）巴尔布叶楞罕奏书

大主明鉴，微末叶楞[1]罕合掌谨奏：大主圣体安和，不胜幸甚。向因额勒特罕[2]不将大主天威仁化晓谕我等，今幸贝勒宣传，我等方知，虔诚恭顺得遂。赏赐敕书、缎匹、玻璃、磁器[3]等项，如我亲瞻天颜，不胜欣庆之至。边鄙小罕，惟乞大主怜爱。鉴之鉴之。奏书微仪[4]：哈达一个，大小金钱二个，林亲中内佛一尊，珊瑚一串一百零八个，小珊瑚

---

① 《西藏志考》，中央民族大学出版社2010年版，第80—82页。另见《西藏志》，西藏人民出版社1982年版，第38—39页。

一串一百三十六个，香盒一个，孔雀尾管子碗一个，孔雀尾扇子一把，金丝织成卡契缎一匹，银丝织成卡契缎一匹，各色药一包，巴尔布带二条，白卡契布三匹，各色布十匹，卡契缎三匹，巴尔布布四匹，星衮一包，黑香一包，阿鲁拉二包。

癸丑年[5]十一月二十九日奏。①

【注释】

[1]叶楞：帕坦地区。[2]额勒特罕：厄鲁特汗。[3]磁器：瓷器。[4]微仪：微小的礼物。[5]癸丑年：雍正十一年（1733年）。

【简析】

雍正十年（1732年），巴尔布叶楞罕遣使清廷，清廷发布敕谕嘉奖。雍正十一年（1733年），巴尔布叶楞罕进献奏书谢恩。

文书基本信息表

文书种类	奏书	头辞	大主明鉴，微末叶楞罕合掌谨奏
发送者	巴尔布叶楞罕	尾辞	鉴之鉴之
接受者	中国雍正皇帝	正文文体	
纪年标准	中国纪年：癸丑年	正文内容	谢恩
语言种类	古代汉语	用典来源	

6. 雍正十二年（1734年）布鲁克巴查色立、诺彦林亲·齐类·拉卜济奏书

天下含生共感戴满主西立[1]大主明鉴。微末布鲁克巴喇嘛查色立·布鲁克古即[2]、诺彦林亲·齐类·拉卜济等焚香望阙，合掌叩拜谨奏：为恭请圣安，仰乞天恩事。西陲愚众，不辨善恶，妄行侵杀，西藏贝勒致书宣谕大主天恩仁化，我等不胜欣感。遣使至大人贝勒处，乞准归命。复蒙大主赐以生平未睹之异数，恩远贵于黄金满世界矣。此好天之大恩，实万不能图报，惟有感激恭谢天恩。但布鲁克巴人愚如兽，不知法教，因与噶毕屡次构祸，蒙驻藏大人转奏，大主怜悯众生，特差官员噶隆为我等和解，又蒙西藏贝勒亲至江则[3]宣谕大主天威仁化，分晰利害，每处置一碟巴[4]照看办事，谆谆致书教训，我等俱各感激，欣然和好。自今以后，唯有感戴皇恩，永远安乐。敬求者，有布鲁克巴人等多不知法度者，求大主赏以敕、印以便管辖。且愚人上畏天威，各守法度，不致生事，世世子孙永得安生者，皆大主再造之恩。于大主别无所思，伏乞怜悯，时降教训。鉴之鉴之。为此，特差格隆布尔冲恭请圣安，伏乞天恩并献土产：各色卡契带五条，卡契缎一匹，珊瑚珠一串一百零八个，蜜蜡珠子一串四十六个，五色花布四匹，布鲁克巴白布二十匹，卡契

---

① 《西藏志考》，中央民族大学出版社2010年版，第84—85页。另见《西藏志》，西藏人民出版社1982年版，第39页。

小刀一把，银碗一个。

　　月之吉日[5]奏。①

【注释】

[1]满主西立：又译曼殊师利。详见"文殊菩萨"条。[2]查色立·布鲁克古即：又译扎色里·布鲁克古济。[3]江则：江孜城。有的版本作"则江"或"汪则"，应为翻刻、抄录讹误。[4]碟巴：第巴。西藏地区官名。[5]月之吉日：藏族及其邻近地区的人民在自己传统文化、伦理观念和佛教教规经义及信仰习俗的基础上，约定俗成为每1个月有4个吉祥的日子，即初八、初十、十五、三十。初八是药师佛节，初十是空行聚合节，十五是释迦牟尼节，三十是无量光佛节。另外，在藏历中，四月份是全年最吉祥的月份，佛诞、涅槃全在此月。

【简析】

雍正十年（1732年），布鲁克巴呼毕勒罕查色立·布鲁克古即、诺彦林亲·齐类·拉卜济归顺清廷后，在雍正十二年（1734年）遣使上奏求封，恳请清廷颁布封爵印信。清廷随后接受其请求，封爵赐印，清代中国与布鲁克巴之间的宗藩关系正式形成。

文书基本信息表

文书种类	奏书	头辞	天下含生共感戴满主西立大主明鉴
发送者	布鲁克巴喇嘛查色立·布鲁克古即、诺彦林亲·齐类·拉卜济	尾辞	鉴之鉴之
接受者	中国雍正皇帝	正文文体	
纪年标准	西藏纪年：月之吉日	正文内容	请求赏赐敕、印
语言种类	古代汉语	用典来源	

7. 雍正十二年（1734年）布鲁克巴噶毕东鲁卜奏书

天下含生共感戴满主西立[1]大主明鉴。微末布鲁克巴噶毕东鲁卜[2]喇嘛焚香望阙，合掌叩拜谨奏：为恭请圣安、仰祈天恩事。东鲁卜上合天心，恭顺归命，仰赖大主恩威，安生乐业。奏请训旨之后，蒙赐以有生未见异数大恩，噶毕东鲁卜不胜欣感。曾经恭请天恩，实不但今生虽万万世不能仰报，惟有三宝佛前虔诚讽经祝满主西立大主万万年耳。但布鲁克巴等生性愚昧如畜，屡年彼此生隙仇杀，驻藏大人奏闻，大主普爱生灵，差官员噶隆为和解，贝勒又至则江[3]宣谕大主天威仁化，分晰利害，教训和好，各处差碟巴[4]一人照看办事等因。致书教诲，如幼儿得父母，欣感无既。今复和好，惟感大主庇宥[5]宏恩，永思安乐而已。拜求者，满主西立大主怜悯愚生，赐以敕、印，得赖恩威，便于管辖所赐

---

① 《西藏志考》，中央民族大学出版社2010年版，第88—90页。另见《西藏志》，西藏人民出版社1982年版，第40页。

五城人民，彼亦知敬畏，各守法度，以安其生。此皆满主西立大主怜悯再造之恩也。鉴之鉴之。为此，特差使者商纳克诺尔布恭请圣安，仰祈天恩并献土物、奏书：哈达一个，珊瑚八个，小珊瑚七十个，金丝织成卡契缎二匹，花缎一匹，象牙一根，卡契带五条，帛布三十匹，小蜜蜡珠子一盘一百一十五个。

月之吉日[6]奏。①

【注释】

[1]满主西立：又译曼殊师利。详见"文殊菩萨"条。[2]噶毕东鲁卜：又译噶毕东罗布。布鲁克巴西部首领。[3]江则：江孜。[4]碟巴：西藏地区官名。[5]庇宥：庇护宽恕。[6]月之吉日：藏族及其邻近地区的人民约定俗成为每1个月有4个吉祥的日子，即初八、初十、十五、三十。

【简析】

雍正十年（1732年），布鲁克巴噶毕东鲁卜归顺清廷后，在雍正十二年（1734年）遣使上奏求封，恳请清廷颁布封爵印信。清廷随后接受其请求，封爵赐印，清代中国与布鲁克巴另外一部的宗藩关系正式形成。

文书基本信息表

文书种类	奏书	头辞	天下含生共感戴满主西立大主明鉴
发送者	布鲁克巴噶毕东鲁卜	尾辞	鉴之鉴之
接受者	中国雍正皇帝	正文文体	
纪年标准	西藏纪年：月之吉日	正文内容	请求赏赐敕、印
语言种类	古代汉语	用典来源	

三、禀文例析

1. 乾隆五十七年（1792年）廓尔喀拉特纳巴都尔禀文

拉特纳巴都尔字请鄂[1]、成[2]二位大人台安，我们这里托庇甚好。从前唐古特、廓尔喀构衅起事之时，蒙各位大人立约讲和，后因唐古特不依前约，是以我们才将丹津班珠尔围困，带兵至扎什伦布。今接二位大人来谕，一切领悉，但从前两处之事，皆系二位大人所办，今有如何训谕之处，我们无不敬谨尊奉。为此，谨具缎一方呈递。②

---

① 《西藏志考》，中央民族大学出版社2010年版，第91—93页。另见《西藏志》，西藏人民出版社1982年版，第41页。

② 庄吉发：《清高宗十全武功研究》，中华书局1987年版，第457页。

【注释】

[1]鄂：鄂辉。[2]成：成德。

【简析】

乾隆五十六年（1791年），廓尔喀第二次入侵后藏，抢劫扎什伦布。乾隆帝派遣鄂辉、成德率领军队在年底反击廓尔喀侵略军。鄂、成二人向廓尔喀发出檄谕后，廓尔喀发来禀文要求谈判。

文书基本信息表

文书种类	禀文	头辞	拉特纳巴都尔请鄂、成二位大人台安
发送者	廓尔喀拉特纳巴都尔	尾辞	为此，谨具缎一方呈递
接受者	中国官员鄂辉、成德	正文文体	
纪年标准	中国纪年：乾隆五十七年	正文内容	请求谈判
语言种类	古代汉语	用典来源	

2. 乾隆五十七年（1792年）廓尔喀拉特纳巴都尔禀文

拉特纳巴都尔谨禀钦差公中堂大将军麾下：今蒙文殊菩萨[1]大皇帝差大将军前来，如同天上星宿一样，救度众生。大将军赏来的檄谕，我们接到了，很喜欢。知道大皇帝并大将军到藏里来，心里又很感激。从前唐古特与廓尔喀相好，如同一家人。就是巴勒布，也与唐古特很相好。自廓尔喀得了阳布，常通往来。因为唐古特不使我们的银钱，彼此不和，又因沙玛尔巴在阳布挑唆主使，就闹起事来。正在打仗时，有天朝的官员来晓谕，又有藏里的人来讲和，我想天朝不比别处地方，是不敢得罪的，所以我们差人去请罪。仰蒙大皇帝天恩，加封王爵、公爵，赏赐许多物件，又下了很好的旨意，我感激大皇帝恩典很重，就不敢闹事了。我们廓尔喀与唐古特，既都是天朝的属下，依旧彼此和好。

上年有唐古特的噶布伦到边界上来说话，我们打发了头目同沙玛尔巴去见他。到了聂拉木，沙玛尔巴向众人说，唐古特不照乾隆五十四年说的话了，如今带了兵来，要害我们。众人听见了这些话，才把两个噶布伦、四个汉兵裹进来，就去抢扎什伦布。这全是沙玛尔巴从中挑唆主使，叫我们动的兵。想来是他在藏被人欺负，所以借以报仇的。唐古特又从没有给我们一个信，说沙玛尔巴是个坏人，我们也不知道。今奉到大将军赏来檄谕，才知道他是个坏人，正要把他拿送出来，不料他就死了。沙玛尔巴病死的缘故，两个噶布伦并四个汉兵，自然是要禀明的。

唐古特与廓尔喀边界相连，如同一家，亲弟兄一样。就是亲弟兄，也有一时间口舌争论。廓尔喀从前的王子，与前辈达赖喇嘛相好，我们原照着从前一般行事。近来两家有些微不和，求大将军查一查就知道了。大将军前来，就如星宿降临，不拘怎么吩咐，我们总是不敢不遵的。

大皇帝就是上天，我们时刻顶在头上。如今天朝发大兵来，我们也实在抵敌不住，总求大将军奏明大皇帝，照施与唐古特的恩典一样，施与廓尔喀。如蒙大将军恩准，再具禀差大头人到军营里来恳求。谨禀。

五月二十八日①

【注释】

[1]文殊菩萨：此处指清朝皇帝。

【简析】

乾隆五十七年（1792年）五月，福康安攻下廓尔喀军队占领的擦木要塞，收复济咙，打通了大军进入廓尔喀的大门。廓尔喀派人递送禀文，叙述与西藏交恶的缘由，将责任完全推给西藏红教喇嘛沙玛尔巴身上，并希望清廷开恩宽恕。

文书基本信息表

文书种类	禀文	头辞	拉特纳巴都尔谨禀钦差公中堂大将军麾下
发送者	廓尔喀拉特纳巴都尔	尾辞	谨禀
接受者	中国大将军福康安	正文文体	
纪年标准	中国纪年：乾隆五十七年	正文内容	请求与西藏讲和
语言种类	古代汉语	用典来源	

3. 乾隆五十七年（1792年）廓尔喀拉特纳巴都尔禀文

拉特纳巴都尔谨禀如天覆育、如日月照临、大皇帝钦差公中堂大将军麾下：大将军蒙三宝佛爷保佑，身子很安。一切事情，前已禀过。从前王子纳喇木萨野与前辈达赖喇嘛相好，如同一家。唐古特与巴勒布也很相好。后来廓尔喀得了巴勒布的地方，因唐古特买卖上不公道，并行使银钱的事情，就不很和气了。那时刚有沙玛尔巴到来，我们向他说，你是唐古特有名的喇嘛，我们与唐古特不和的事，都要求你设法能够奏明大皇帝才好。所以一切事情，都靠着他，听他的话。谁知沙玛尔巴虽然应允，心里却怀着坏意，闹得我们更不和气了，并且得罪了天朝。上年噶布伦们来边界上讲话，我差一个噶布党[1]、一个噶箕[2]前往，同沙玛尔巴前去会他。听得噶布伦带了五千马兵，要把我们的头人并沙玛尔巴害了，还要来把我拿住。头人们知道了这个信，才把噶布伦们裹进阳布来。至抢掠扎什伦布的事情，是沙玛尔巴叫我们去的。他又说：已经向扎什伦布的商卓特巴[3]说过了，你们一到，扎什伦布的人必定逃走，你们只管去抢。况且管事的噶布伦已经裹进来了，藏内的兵断断不能挡住的。我们说：唐古特的人就算不能挡住，但恐抢了扎什伦布，天朝降下罪

---

① 中国藏学研究中心等编：《元以来西藏地方与中央政府关系档案史料汇编》（3），中国藏学出版社1994年版，第741—742页。

来，如何当得起呢。沙玛尔巴说：诸事有我一力担当，断断不怕的。我说：唐古特的光景，我们还知道，天朝的规矩，我们实在不懂得。沙玛尔巴说：我是转过十辈的人，有一辈在天朝地方住过七年，还知道天朝的规矩。你们去抢后藏，是无妨的。我们听他这些话，信以为实，才往扎什伦布去的。这总为错听了沙玛尔巴的话，才得了这样大不是，如今心里害怕，有很懊悔，只求大将军如何吩咐，我们无不遵依，我们总遵着大皇帝的王法，再不敢抗拒了。况上次投诚时，差了哈哩萨野、巴拉巴都尔哈瓦斯等到京进贡，蒙大皇帝施恩很重，加了封号，赏赐许多物件，我都跪领了，实在感激不尽，把施给我们的恩典，时时顶在头上。应该如何教导，只求吩咐下来，不敢稍有违拗。大将军是奉大皇帝旨意来的，大将军遵旨吩咐的话，我们还敢不遵？大将军在藏发来檄谕，说这事是沙玛尔巴从中挑唆的。我们就叫人抬了他来，问他说：你既说天朝的规矩你都知道，叫我们去抢后藏，一切有你担当，如今天朝怪下来了，你该带着噶布伦们，到边界上去见大将军回话。他听了这话，颜色登时就变了，勉强说，等我病好了就去。本来要缚献出来，不料他病势日重一日，延至五月十五日就完了。噶布伦们都来验过，因为天气炎热，恐怕朽坏，所以就烧化了。这些情节，噶布伦们都知道详细，因此打发噶布伦同着汉兵出来回禀一切，恳求施恩指示。

六月初九日，阳布城禀。①

【注释】

[1]噶布党：英语 Captain 的音译，管兵的大头目。当时廓尔喀军队总共有设有 4 位噶布党。[2]噶箕：廓尔喀高级职位官衔。[3]商卓特巴：藏语 phyag–mdzod 的译音，西藏官名，管理财务的官员。

【简析】

乾隆五十七年（1792 年），廓尔喀递交禀文，进一步把廓尔喀侵略西藏的责任推到沙玛尔巴身上，企图以此向清军求和。

文书基本信息表

文书种类	禀文	头辞	拉特纳巴都尔谨禀如天覆育、如日月照临、大皇帝钦差公中堂大将军麾下
发送者	廓尔喀拉特纳巴都尔	尾辞	恳求施恩指示
接受者	中国大将军福康安	正文文体	
纪年标准	中国纪年：乾隆五十七年	正文内容	请求和平
语言种类	古代汉语	用典来源	

---

① 中国藏学研究中心等编：《元以来西藏地方与中央政府关系档案史料汇编》（3），中国藏学出版社 1994 年版，第 748—750 页。

4. 乾隆五十七年（1792年）廓尔喀拉特纳巴都尔禀文

拉特纳巴都尔谨禀如天覆育、如日月照临大皇帝钦差公中堂大将军麾下：我从前归顺过天朝，至今总是感激大皇帝的恩典。昨奉到大将军檄谕，说我年幼无知，抢占后藏的事，都是手下头人们闹的。大兵已经到了我们的地方，要我亲自出来才好，今畏惧不敢前来，又不先差大头人来营面禀，可谓无知已极。如此指示，我实在感激得很，并且准我归顺，我情愿磕头投降，这是我的真心。上年闹的一切事情，全是我造的罪，我不过是小地方的番子，大皇帝同天一样，普天下都管得着的，我实在不敢抗拒。如今准我认罪，自然是肯加恩宽恕的。大将军檄谕内怪我，说大兵已过热索桥，为什么还不来迎接。我因不知大将军带兵进来，所以没有早差人来迎接。后来知道大将军已经来了，曾经具过禀帖，昨已特打发噶布党普都尔帮哩[1]、噶箕朗穆几尔帮哩[2]、达萨尔乃尔兴[3]、巴拉巴都尔哈瓦斯出来叩见大将军，并面禀一切情形。大将军如何指示，求叫两个人回来，留两个人在大营里伺候。

六月十八日，自阳布城禀。①

【注释】

[1]噶布党普都尔帮哩：英语 Captain Bhotu Pande 的音译。噶布党：管兵的大头目。[2]噶箕朗穆几尔帮哩：英语 Kazi Ranjit Pande 的音译。噶箕：廓尔喀高级职位官衔。[3]达萨尔乃尔兴：英语 Taksari Narasinha 的音译。达萨尔：英语 Taksari 的音译，官名，掌管铸钱。

【简析】

乾隆五十七年（1792年），廓尔喀派遣重要官员向清军递送禀文，表达遵从清军要求，表达归顺天朝的心愿。

文书基本信息表

文书种类	禀文	头辞	拉特纳巴都尔谨禀如天覆育、如日月照临大皇帝钦差公中堂大将军麾下
发送者	廓尔喀拉特纳巴都尔	尾辞	
接受者	中国大将军福康安	正文文体	
纪年标准	中国纪年：乾隆五十七年	正文内容	请求归顺
语言种类	古代汉语	用典来源	

---

① 中国藏学研究中心等编：《元以来西藏地方与中央政府关系档案史料汇编》（3），中国藏学出版社1994年版，第750页。

5. 嘉庆二十一年（1816年）廓尔喀额尔德尼王吉尔巴纳足塔毕噶尔玛萨野禀文

廓尔喀额尔德尼王吉尔巴纳足塔毕噶尔玛萨野[1]具禀钦差总理西藏事务二位大人台前请安：缘因披楞[2]与我国争闹，将我国地方自姑玛乌起至西方之撒达鲁达尔止，并我国旧有地界，一并占去。今披楞之兵，现已预备过山来与我兵打仗情由，前禀内俱已禀明在案。今披楞仗势发兵邻境，只离我阳布两天路程，若不救护，我国实在不能抵敌。若要细禀，已禀之不及。我廓尔喀离北京鸾远[3]，所有我们苦处备细，总系先行具禀驻藏二位大人，然后转奏大皇帝。今专差达萨尔[4]巴凌角来藏，面禀二位大人备悉一切情由。所禀事件，务乞赏准。

再，此时披楞实在势大，吓唬我国将走哲孟雄之路径让出，如不让出之时，便要与我国大闹等语。我王随差噶箕[5]阿玛尔兴塔巴前往毕曾布然地方防守。若该噶箕到彼看了情形，自必详细具禀大人。但此禀必由宗喀西喀尔宗一带递赴来藏，二位大人自必深知。今恳俯念我王原是投诚天朝之人，目下尽被披楞吞平在迩。如此急迫，从前已经禀明，全仗二位大人奏明大皇帝。今遇此大难，也是要恳求二位大人转奏大皇帝的。因此，专差巴凌角来藏呈投禀帖，并面禀我国苦处，总乞赏准听信具奏大皇帝。我廓尔喀系永远投诚天朝之人，若施恩救得廓尔喀地方，亦显得二位大人名声也好，今务乞赏救，不然恳求二位大人转奏，恳恩赏给敕书一道，指明披楞之人，以我廓尔喀系投顺天朝，令披楞不得争占我国地方，所有得过我国地界，一并退还。如此请给敕书，晓谕披楞不得争占我国地方，所有得过我国地界，一并退还。如此请给敕书，晓谕披楞头人，恳乞即速照此办理，沾恩无既矣。若再不能或叫我们去投披楞，不必投天朝，也须与我一个字样。若这样也使不得，只求二位大人念我廓尔喀是永远投诚之人，求乞施恩，差人前来我们两国交界地方救护，实沾恩不尽。如又不能允准，还是仍求二位大人转奏大皇帝赏给敕书，与披楞大头人钩然拉纳[6]札玛野尔[7]二人说，廓尔喀是投诚天朝，你不得占他们地方。今你披楞将得过他们地方务须退给，遵照旧界分还，两相和睦，各守旧界。如此速即肯给敕书前来，即可将得廓尔喀地方救下。再，北京离此鸾远，难以一时难以前来，还求二位大人设法先行照前禀恳一切檄谕披楞头人，实沾恩便。

为此，十月二十四日自阳布具禀。①

【注释】

[1]吉尔巴纳足塔毕噶尔玛萨野：英语Rajendra Bikram Shah的译音。1816年11月20日—1847年5月12日间在位。[2]披楞：指18、19世纪的英印殖民政府。[3]鸾远：遥远。[4]达萨尔：官名，掌管铸钱。[5]噶箕：廓尔喀高级职位官衔。[6]钩然拉纳：英语Governor的译音。总督。[7]札玛野尔：英语Amherst的译音。1823—1828年间出任英国驻扎印度总督。

---

① 中国藏学研究中心等编：《元以来西藏地方与中央政府关系档案史料汇编》（3），中国藏学出版社1994年版，第845—846页。

【简析】

嘉庆十九年（1814年）到二十一年（1816年）英廓战争期间，廓尔喀在面临被英国完全占领的危机下向中国政府求援，要求出兵或者向英国发一道敕谕勒令退出廓尔喀地界。19世纪初期，中国在南亚地缘政治中还拥有一定的优势地位。对于廓尔喀这一请求，中国驻藏大臣在回复檄谕中予以拒绝。

文书基本信息表

文书种类	禀文	头辞	廓尔喀额尔德尼王吉尔巴纳足塔毕噶尔玛萨野具禀钦差总理西藏事务二位大人台前请安
发送者	廓尔喀国王	尾辞	为此，十月二十四日自阳布具禀
接受者	中国驻藏大臣	正文文体	
纪年标准	嘉庆二十一年	正文内容	请求在与披楞战争过程中援助
语言种类	古代汉语	用典来源	

6. 道光二十年（1840年）廓尔喀额尔德尼王禀文

廓尔喀额尔德尼王热尊达尔毕噶尔玛萨野具禀：前闻京属那边督率大兵与披楞[1]打仗六次，兹又据派守甲喀[2]边界驻扎第哩[3]之人报称：京属那边督率大兵与披楞打仗，披楞又聚兵二万五千，并有马队、军械现在屯扎聂噶金那[4]地方，预备与京属打仗一年。又闻京属边界上马瓜野[5]地方又有披楞大备洋船，与京属大员打仗，复聚五万五千大队。京属大员能大展计谋，由水路用火攻，将披楞洋船烧毁。披楞后队一闻此信，随即转回等语。续称：此刻披楞洋船又被京属大兵围住。我们闻得此信，甚是欢喜。谨将此情况禀明二位大人，或真或假，想来二位大人是知道的。再，我们系投诚大皇帝把守南方之人，还望二位大人将小的所禀情节转奏。如奉大皇帝旨意叫我们去打披楞，我们就去。小的现已预备妥协，候大人如何教导、指示。

为此自阳布具禀。①

【注释】

[1]披楞：指18、19世纪的英印殖民政府。[2]甲喀：藏语 rGya-gar 印度之译音。《西藏赋》："甲噶尔部在南海，贝叶经皆平头垂露文，译出唐古特字也。"[3]第哩：德里。[4]聂噶金那：在《清实录》中，对这一地名有两种不同的解释：一说"系披楞洋面地名。其披楞之东噶哩噶达地方，直达广东边

---

① 孟保：《西藏奏疏》，中国藏学出版社2006年版，第78页。

界。"① 一说"聂噶金那即聂噶钗那，例译作'在中国海岸'五字。"② 根据发音、逻辑判断，"在中国海岸"应为正确的解释。[5]马瓜野：或指澳门 Macao 的音译。

【简析】

　　道光二十年（1840年），廓尔喀听闻中国与英国爆发战争，递禀请求驻藏大臣转奏大皇帝，廓尔喀愿意出兵攻打英国。

文书基本信息表

文书种类	禀文	头辞	廓尔喀额尔德尼王热尊达尔毕噶尔玛萨野具禀
发送者	廓尔喀额尔德尼王热尊达尔毕噶尔玛萨野	尾辞	为此自阳布具禀
接受者	中国驻藏大臣	正文文体	
纪年标准	中国纪年：道光二十年	正文内容	请求攻打披楞
语言种类	古代汉语	用典来源	

7. 咸丰五年（1855年）廓尔喀额尔德尼王苏热达热毕噶尔玛萨哈禀文

　　廓尔喀额尔德尼王苏热达热毕噶尔玛萨哈[1]具禀钦差驻藏大人台前，叩请金安。敬禀者：窃小的于本年四月十五日，接奉大人由后藏专差巡捕辜建勋、把总马升云等赍来檄谕，内开一切，均已聆悉。所有饬令小的不必与唐古特打仗，闻听大人亲赴边界查办等谕。小的尊奉之下，我廓尔喀实深感激之至。小的国内米你什札热央总管、大噶箕[2]藏格巴都尔伏思倘若不遵查办，恐有不便。随将欲往八热漫布达热曲水河之兵三万名，业已带回阳布，只留有兵住守。该噶箕杀过地方，倘蒙大人将该噶箕所胜地土施恩断给，嗣后俾小的得以永远保守大皇帝南方之门。况小的从前至今，均系尊敬大皇帝如同天神一般。若不能将小的所胜地方断给明白，小的仍要与唐古特争斗。今既奉大人檄谕，饬令拣派噶箕一名来至行辕候办等语，小的自当谨遵大人指示办理，随即拣派噶箕一名兴哈必热邦折、王子总管事一名希提玛纳兴、办理部落中事务字识[3]一名提热咱拉热兴等，前去听候大人天断。至于小的现在所占地方，或蒙大人施恩，使其不致争端，分晰断给，或令与唐古特争闹之处，均出自大人喜欢。所有小的部落中应奏大皇帝事件，向由大人作主。此番或蒙大皇帝在小的头上施恩及在小的头上震怒，亦由大人施恩作主。

　　为此，于咸丰五年四月十六日，自宗喀具奏。③

---

　　① 《清宣宗实录》卷三四五，道光二十一年正月壬子条。
　　② 《清宣宗实录》卷三四八，道光二十一年三月癸巳条。
　　③ 中国藏学研究中心等编：《元以来西藏地方与中央政府关系档案史料汇编》（3），中国藏学出版社1994年版，第977页。

【注释】

[1]苏热达热毕噶尔玛萨哈：英语 Surendra Bikram Shah 的译音。1829 年生，1847 年 5 月 12 日—1881 年 5 月 17 日间在位。[2]噶箕：廓尔喀高级职位官衔。[3]字识：文书。

【简析】

咸丰四年（1854 年），廓尔喀曾致书清廷，提出派兵助剿太平天国，军费由西藏地方承担，清廷未予应允。廓尔喀又指责西藏官员违约向尼泊尔人征税并抢劫、毙伤廓尔喀商民。次年，清廷谕令驻藏大臣赫特贺秉公查办，"毋得偏袒，致该国有所借口"。咸丰五年（1855 年）三月，廓尔喀派兵占据济咙、聂拉木、补人宗、绒辖。时值内地官兵全力与太平军等作战，清廷无暇调兵入藏，只得依靠西藏本地番兵抵抗。十月，藏兵一度收复聂拉木，廓尔喀派兵增援，再度夺回。年底，清廷令驻藏帮办大臣满庆调集内地官兵两千人入藏增援，廓尔喀遂趁势提出议和。此时十一世达赖喇嘛凯珠嘉措圆寂，清廷亦不愿拖延战事。咸丰六年（1856 年）三月，中、尼双方在尼泊尔的塔帕塔利（Thapathali）订立和约。条约共 10 条，主要内容有：

西藏每年向尼泊尔王室支付 10000 卢比；尼泊尔、西藏共同尊奉中国大皇帝；西藏为佛教圣地，若遇外国入侵，尼泊尔须派兵援救；西藏不得对尼泊尔人征收贸易、过境等税；尼泊尔向拉萨派驻官方代表；尼泊尔人可在拉萨开设商铺，并得自由贸易；西藏、尼泊尔商人在对方境内犯法，由两方官员会同审讯，一方不得自行断决；西藏将在以前的冲突中俘获的锡克士兵交给廓尔喀。

通过这一条约，廓尔喀取得在我国西藏的治外法权和特殊免税权等各种特权。该条约在西藏执行近百年，中尼两国于 1956 年签订新的条约后废除。

文书基本信息表

文书种类	禀文	头辞	廓尔喀额尔德尼王苏热达热毕噶尔玛萨哈具禀钦差驻藏大人台前，叩请金安
发送者	廓尔喀国王	尾辞	为此，于咸丰五年四月十六日，自宗喀具奏
接受者	中国驻藏大臣	正文文体	
纪年标准	咸丰五年	正文内容	要求中国割给廓尔喀占领的西藏土地
语言种类	古代汉语	用典来源	

8. 光绪二年（1876 年）布鲁克巴部长禀文

敬禀者：伏思大人办理大皇帝一切公务，谅必清平，抚镇边疆，实深沾感之至。前由藏差具禀布鲁克巴部长与披楞[1]专差头人等面晤一层，缘因披国头人纳尔萨海带领从人即由噶勒噶达[2]行至夺结岭[3]地方，转至巴桑卡尔地境，前该差未经抵境之时，预先寄来二三封书信，令该部长前来面晤一次之说。嗣该差亦复亲身来到，两次云及贵部长须至巴桑卡尔地境，若不至彼，伊定行前来，故耳预先达知之说。惟披、布两家之人，从前虽无交涉面晤之例，今我方之人若不前往，不但两国地方相近，兼复连界，倘伊行至，我方实非富饶之地，势难接应。况该外藩之人窜入藏地，更与佛国地方不识，有何事故，殊不可测。小的前于九月内便道前往，接连七八日，即如何晓以利害，开导该番。据云：噶尔萨岭昔一带地方离藏尚近，就道欲往西藏通商，营做买卖。若能开修路道，你们纵要若干工价、赏项并应用器具，概能付给，至于每年例给地租银钱五十千元而外，今添给银钱三十千元。务要开修路道，再会商前来。惟思布、唐两按系为修经佛地，教同一体，实力设法开导，该夷必能听从，断不致置若罔闻。惟我布鲁克巴地方窄狭，民力稀少，更无胆略，兼以布属各处寺院多被水火之灾，此刻虽无大事可报，但开道通商一事，你处纵能发给工资、赏项，并有工匠器用等件可出，而我们实不敢开修此路。尔属若果不便修理，自有他人开径之说。遂云我们布属地僻山险，路运丛杂，夏来涨水，冬间复火，以致各路岩桥尽被火烧，虽随时修整，难逾一二年之久，依然如是。况开修此路，你们亦可常以往来交商之说。惟布鲁克巴之人素性刁恶，往往出头生事，栖住深山，如同畜类，难期教约。既有此事，尔何不照法惩禁，现在披、布两家邻封[4]，和好内相，并无嫌隙，不可如斯行事之说。目下披楞之人实难劝回，随据披楞头人纳尔萨海言及此次该部长现已届期，可往卓隆地方，我等欲往噶勒噶达议事。嗣至春间二月内，或部长亲至巴桑卡尔地方，或在半路一会，或差本国头人一名直至布属地方。可否之处，必得寄回确信等语，一时势难劝回，只可暂缓。其此事若果随乎他心，势必有心陷害佛教，况该披番等已将布、唐两家地势山形并通衢各路一概勘绘地图均在伊手外，他方现在备办军器、鸟枪等件，均属齐全，以备宽埧[5]之用，并夺结岭过往各处江河修设数桥，俾易冬夏往来不至掣肘之举。至该哲孟雄一带而往卓木之路，业与哲孟雄给予价租、赏项，现在修路，能令象只往来。但思哲孟雄地方原与披楞连界，该番等难免不无引进外藩，殊不可解。但该外藩披楞借道通商之事，情节较重，若不声叙[6]明白，即由我们自相会晤，又恐不宜。若一时禀明，西藏诸方事体殷繁，深恐操烦[7]上聪，未敢遽行妄禀。倘他方再有借道通商之事，应将始终好歹只向前藏声诉，均系从前旧规。惟前于庚申年[8]廓尔喀与唐古特构衅时，荷蒙大皇帝遣使天兵攻剿之时，钦奉大皇帝谕旨：但该布鲁克巴虽系属下子民，于事毫无益损等谕，严行申饬前来，嗣经小的布鲁克巴差派中译曲吉等前往廓、唐两国从中帮同说和之后，不致大受申饬。是所起见，此次若不将此情形细为明达大皇帝圣聪，再若坐视不理，现在多事之秋，尤恐照前代过。所有此项情形，不得不禀请奏明大皇帝圣聪，是以据情禀明。维思大皇帝简命上司，现在藏中，理应禀明，伏候衡夺，但此事虽系小的具禀，全赖宪台施恩主办。小的现与披楞说其情由，劝导该番推缓数向，据他言及唐古特番商凡至我国地面，并未阻挡；我披楞商人前往藏地通商，谓何不令前行之说。当用善言开导该番：非唐古特不令你们商人经过他处，惟该番系属天朝大皇帝子民，若不请示允谁，不敢擅专令其越境。况该唐古特纵有买卖，亦往内地交商生理。现往你方交商之人，均系滥竽闲杂之辈，自带资本营做买卖。譬如我布鲁克巴亦系大皇帝属民纳贡之人，亦不禀请具奏，不得擅派商人往做生易。去后据云你们若能派商行抵我国，与汝接交为友之说。随云但此事有犯大皇帝法度，实与我们性命攸关，不可如斯相论等情去讫。但思西藏乃修经佛国地面，不但教经恩广，且各寺僧众佛法通灵，兼以处处神灵护法，实属威显，自能护佑。此项事件，若能认真广举大善,讽经禳解[9],似此外藩未有不劝回本地也。刻下披楞之人就近,如何劝禁该番,现因西藏达赖喇嘛圆寂,而诺们罕[10]亦未拣放,此时应当宽缓等因,开导去讫。今将掌办之人若经拣放即可毋庸再叙;若未接管任事,应请饬迅速接管,以便请示开导外藩,劝令回籍,尚祈施恩办理,今恳者,禀同前由。所有披楞言及此事务于二月内定要问复之说,今将回复该国之事,若由本布属地面具报,紧急公件,未免长途弯远[11],诚恐稽延时日,故派头人亲身赴藏听候。披、布两家之事不知成何好歹,实无所悔,若仍饬令劝阻,不准该番越境者,惟布、唐两家尚属一体同教,自应认真办理,不敢稍存偏心,总望明示饬遵,以便办理;或令布鲁克巴地方褊小,不敌外藩,令其他人各随自便,亦即明白示知,请将回谕不到正月十五、十六等日以前,务望飞速饬遵,则沾恩典,伏乞在心,嗣后仍望保重金体,办理国务诸臻兴顺[12],并恳常赏指示教导。①

【注释】

[1]披楞:指18、19世纪的英印殖民政府。[2]噶勒噶达:今译加尔各答。[3]夺结岭:今译大吉岭。[4]邻封:邻国。[5]宽埧:加宽堤坝。[6]声叙:明白陈述。[7]操烦:使操心烦扰。[8]庚申年:乾隆五年(1740年)、嘉庆五年(1800年)为庚申年。乾隆帝晚年两征廓尔喀,此处应为戊申年(乾隆五十三年,1788年)或庚戌年(乾隆五十五年,1790年)之误。[9]禳解:向神祈求解除灾祸。[10]诺们罕:藏传佛教中大喇嘛之名号。[11]弯远:遥远。[12]诸臻兴顺:诸事顺利。

【简析】

光绪元年(1875年),英印殖民政府向布鲁克巴提出修筑穿越布境入藏道路的要求。光绪二年(1876年),布鲁克巴部长向驻藏大臣递禀求援。

文书基本信息表

文书种类	禀文	头辞	敬禀者
发送者	布鲁克巴部长	尾辞	
接受者	中国驻藏大臣	正文文体	
纪年标准	光绪二年	正文内容	请求驻藏大臣指示政策
语言种类	古代汉语	用典来源	

9. 光绪二年(1876年)布鲁克巴部长禀文

布鲁克巴掌教部长具禀西藏办事各位噶布伦[1]阁下:为具禀事。窃将昔年披楞[2]面晤布鲁克巴情形,后因不睦争闹,理说和息,拟立和约,现在相安情由,以及将来唐、布两家黄教务要协同振兴等各事件一并申诉缘因。

从前布鲁克巴之佛沙布咙[3]阿旺朗结在生时,大海外补度卡[4]地方之披楞女王派来之

---

① 《西藏奏议》,上海古籍出版社2012年版,第4—8页。

人三名及从役等渡海，由披属一带来至布鲁克巴补汤地方，与佛爷递送礼物，言及佛爷如有仇患，我们地方兵广，自能相助等语。佛爷因思披楞之人若到藏地，实属不好。当即与伊等重送礼物，劝阻回籍。起至十五辈历任部长止，不但并无来往，且无一语至。部长昔打尔任内时，披楞人等即到噶里噶达[5]成业，彼因争论交界，巴桑卡地方部长吉美森根任内差派甲仲洛布白噶前往噶里噶达理说。该萨海三四人带兵来会布鲁克巴头目，行抵布地水岸时，当经布鲁克巴官员会商，言外番披楞之人来至布地不好，备送缎匹等物以抚他心，仍行阻回噶里噶达地方。至十六辈部长止，亦无言语。

所有我们布鲁克巴边界地方初失披楞之根缘。自有布鲁克巴终萨地方以来，东有七处地方与乌翁热咱国毗连，稍须给租，边界地土人民等自行管束之时，东边棒噶纳热咱国欺负乌翁热咱，将边界地方全行劫夺，该伊驱逐别地。该乌翁热咱实心不服，前往噶里噶达投与披楞，带领披兵夺去东边七处地方，即到相近曲木陆的水之外岸有葛尔哈朱地方栖住，此系布民所作，将东边各处地土暂且该伊霸占。当时部长盼谕[6]迤东各官员派兵攻打时，只能冬间进剿。如至夏天暑大，我布鲁克巴实难驻扎。因此其间专人备财说和，将边界地方仍复退还。之后部长普结任内，该葛尔哈朱人等云及，披楞萨海等欲往会晤布鲁克巴官员之面等语。若外藩之人由布地入藏，实属不宜，嘱伊勿庸前来。去后亦不依从，恐伊滋事，尚难阻挡。该萨海数名及兵丁等由东方巴桑卡尔前来，行抵布地会见部长，随经宽行赏号，由西阻回噶里噶达本地。

又部长夺吉洛布任内，因查我属边界百姓作乱，投与披楞，将东边七处地方被葛尔哈朱属下披楞占据。我们意欲夺回，奈仅可冬间争战，如到夏天，暑热正大，实难受暑，是以不得不设法说和，专派替身古咱闵柱朗结及噶旺噶冲、噶旺噶多驮带缎匹、财帛等项，前赴葛尔哈朱处理说，该伊不能了结等语。

自东方葛尔哈朱转赴西方噶里噶达，经过四十站之路，并受水暑之苦，即到噶里噶达。住坐一年，面晤纳尔萨海说其此番情形。伊言：我们披楞之规，所夺地方不能退还，令取地租洋钱三十吊。奈该葛尔哈朱将东边七处地方之租只给洋钱十吊，已收二十五年之久。至部长彭错朗结任内，布鲁克巴终萨奔洛[7]每年例收西边布属界地帕纳噶札地方地差[8]洋钱二千元。借因披楞占夺，将地差亦不交纳至本布属边界并迤西各处界地。若派布鲁克巴之人前往办事，不服暑热，势难派往；而边界毗连外番地方办事之人不得不靠能受暑热边外之人经理。该披属不肖之徒等在彼抢劫财帛，贻祸于布鲁克巴，因此纷争于甲子年。部长噶举任内时，由西边夺令卡一带有哲孟雄之牙巴仔把勾引披楞倚珍萨海及通行萨海二名，随带披兵数人等前来，该伊背夫均系哲孟雄之人。我们随即带信，就在布属西边督令卡住，候我处派人前去理说。去后，该伊不肯住彼，尚且不在海地及巴竹、札喜曲宗等处地方守候，直至布鲁克巴绷汤地方。时布鲁克巴各上司商议，虽设法开导劝回，惟因布鲁克巴之人从前曾未与披楞交涉，且又不识规礼，因此该番心中不遂，仍行转回噶里噶达。之后，于乙丑年部长策旺斯吐任内时，外番进兵寻衅，将本布属边界及巴竹所属边界等八处地方夺去，并达令卡营官寨攻破，僧人俱皆败散。仍将营官寨拆毁，属下众民伊自行管束，各处地土概行霸占，遂进布鲁克巴山沟。该番系由东面山沟前来，布鲁克巴众上司众皆会商，查外番不但边界各地夺取，难免复欲进攻本地方，是以不得不堵剿一次。曾经本部由栋浪及巴桑卡两路进兵，又仁绷之兵由桑孜前进，又东终萨之官兵由栋桑进兵，官兵等各自战敌。该披楞萨海兵丁等不能抵敌，我们布鲁克巴追剿得胜，抢夺炮位二尊，将伊所带器具物件多半弃掷。该番退至平坝扎营，数处堵敌。而布鲁克巴各兵因由山沟行走十四五天之程，亦不能两相帮助合攻。到至热天，不服暑热，身故甚多，只得寻觅凉地，支下帐房住歇，嗣到寒天九月内欲行派兵复攻他处。派有萨海纳冬由巴桑卡前来，云及说和、议给地租等语。我们布鲁克巴此一次依从该番之意和息，将来不睦之时自必争竞，那时无悔，暂且说和。我处噶厦[9]内栋派森琫[10]及卓尼尔[11]二人赴巴桑卡苏赛浪热邦之地，披、布会集理论。据云该番派来商议拟给地租，本年初立和约，议给地租洋钱六十吊，以后每年拟给洋钱五十吊之说，暂时不能不从。该森琫、卓尼尔二人转回之后，该外番提说前曾东面你们夺去大炮二尊，仍复退交等情前来，我们布鲁克巴言及战夺之炮不能退还，互相纷争，因此借口随时未退，短交地租洋钱四十五吊，第二年又短交洋钱十吊，第三年短少五吊，以致如此未提。况我们布鲁克巴官员会商，揆思我们布鲁克巴与披楞两相争闹，倘再过界，恐无该外番之人贻害佛国修经之地，殊难逆料。譬如一处不安、百处难安一般，且我布、唐两家教同一体，与唐古特商上[12]不得不禀明，至将来有何好歹，以便禀知之意。曾于乙丑年披、布争闹时，我处专派替身格隆墨躲仁青及业巴之老小娃等赴藏，始终好歹一切苦楚情形禀明商上诺们罕[13]、噶布伦等，并未提叙后事如何举行，赏给金子数包及缎匹等项以作念经之资等语。此外亦无此事作何办理回复。嗣由终萨地方复派曲卡巴朗结赴藏，即向诺们罕、噶布伦等处禀诉披楞情形时，稍为赏给念经财资，并未理事，亦无寄到如何办法回信。之后，又由藏中派委柱巴汤结青巴及拉隆喇嘛等前来，但思布鲁克巴与披楞互争之事，即如布、唐不睦一般，商议令部长及终萨奔洛来至唐古特边界，会晤该喇嘛等语，因此拖延。嗣于丁卯年，老部长充当副终奔洛时，部长及众喇嘛等公同与藏中钦宪大人暨诺们罕、噶布伦等处修禀，交副奔洛赴藏申诉一切情形。实因布、唐两家佛教务要协同振兴之事，但将来布鲁克巴地方不安之时，唐古特地方尚难安静。此次我们地方暂被该番侵占，应收地租不能按照从前该伊议定之数全收。若唐古特帮助，布鲁克巴时岂有不能抵敌外番之人等各情形，派令副第巴[14]奔洛前往与达赖佛爷及诺们罕并钦宪二位大人以及噶厦等处递具夷禀，而副奔洛敬送礼物去后，不但此事未蒙办理，亦且该差到彼无人照料，即行饬回。该差由东转回，其无应覆回信。虽由西路远道寄到，彼时事未成就。复思以后我处再如何具禀，实难接奉定准覆谕之想。自彼起，至乙亥年止，并未禀渎。乙亥年因纳尔萨海云务要部长来至巴桑卡尔与伊会晤等语。是以具禀钦宪二位大人以及噶厦等处，尚未接到回复，其赴往巴桑卡尔面晤披楞，仅以会面，亦无别故，何须琐渎[15]，必不具禀。奈该外番一味言及准由噶萨岭昔一带开路通商之说，随即接连七八日，如何理论开导劝解，实难劝阻。惟唐、布两按同教一体，实心不忍，始与钦宪大人及噶布伦等处修禀，专派策忍彭错呈投，当蒙钦宪大人委派替身粮府及随员等官，由噶布伦等派来戴琫[16]、如琫[17]等，业经行抵布鲁克巴本地。惟部长料想二位委员前来，将始终事体、如何行止必有详细明示之望。随同粮府、戴琫二位会商如何办理之时，委员奉派缘因披楞于二月内定要确实回信等情。始耳派往查办，此外现未奉有如何定局之示。当由粮府、戴琫二位饬令部长自须筹量。目前作何则好，以后如何则妥，必须商议，总能准行等语。部长揆思披楞情形究竟实难猜测，本年总萨海仍复派有萨海头目人等来至边界，提叙去年之事，随经部长遵照汉、番严谕设法仍行劝阻回籍。此情粮府、戴琫深知，上司自能洞鉴。且查外番之人，他方相安之时，借故无中生有，恣意得尺进丈，若伊不便之时，前提之事停压数年不理，此等行为殊难逆料。我们如何议定。目前作此可安，将来如此可妥，虽不便回诉，而粮府、戴琫二位乃系钦宪大人及噶布伦等之替身，如同耳目一般。今蒙行抵本地，不然唐古特官员实难速行来至我处，且我们离藏弯远[18]，尚难派人赴藏。况该外番之人与布鲁克巴相隔两日路程地方住居。但布、唐两按佛国地面之城，乃系我们布鲁克巴之人，目今我们布鲁克巴不安，即如佛国地面不安，均必贵处洞鉴之中。惟我们从前至今将布、唐两按黄教众皆珠宝一般，自有力量之人、财、势力三项，仅以尽心竭力设法阻挡劝解回籍。实有此意，并无坏念。以后该番不提开修路道之事，托蒙神天护佑暨大皇帝鸿恩，亦无所禀；设或复提前事者，我们自当设法开导，或纳财帛。若能劝阻之处，实系有心劝阻回籍，本无置之不理之意。倘若再四开路通商前来者，我布鲁克巴地方褊小，势力难阻。方分无奈之时，务念布、唐同教，大局紧要，贵处实能帮助设法相顾，如蒙允诺，系为黄教事体，我布鲁克巴不顾性命之虞，必能出力；若照从前，无论如何禀恳，始终事件作何举止，亦无可定批示之处，我们只有各自守分，与外番不能硬行抵敌。况外番大国之人，我们布鲁克巴势难作对，任该外番随便。倘后外番窜入藏内，贵处各位上司必须恭折奏明大皇帝。若果查询外番之人由何处窜入藏中之时，声明由布鲁克巴地方入藏，必派委员前来查办。彼时我们将乙亥年起至丙子年止，与唐古特商上随时情由，屡次具禀，贵处各位官员并未回复，不肯帮助，以致如斯懈怠。必得彼时回诉。大皇帝自能曲直攸分。请勿使其如斯，务恳顾念布、唐两家终久事件，勿使外番贻害。如能顾持黄教大体，照如所请办理者，将我处与披楞相近所有一切苦楚情形业经详诉。粮府、戴琫二位均皆深悉其此项情节，由二位委员面禀，务恳作主，且我们布鲁克巴总能顾念布、唐两帮佛教大体，以后必能永远保守边界。该外番若再前来提说前事，或能阻挡，或应开导劝回之处，本系黄教政务，设出万全之计，竭力阻挡，并不能抛弃不理，诚恐外番富饶势强，实难抵御欺侮前来时，惟藏中不使我们势孤，帮兵相助，妥为设法协同办理。可否允准，亦或不准之处，速赐回谕施行。

为此于丙子年[19]三月二十六日，自布鲁克巴札喜曲宗地方具禀。

光绪二年六月　日①

【注释】

[1]噶布伦：原西藏地方政府主管官员。[2]披楞：指18、19世纪的英印殖民政府。[3]沙布咙：藏传佛教喇嘛的阶位名。[4]补度卡：不列颠。[5]噶里噶达：今译加尔各答。[6]吩谕：吩咐。[7]奔洛：不丹地方官名。[8]地差：地租。[9]噶厦：西藏地方政府。达赖、摄政以下是政府行政机构，藏语称"噶厦"。"噶"是命令的意思，"厦"是房屋的意思，"噶厦"就是发号施令的地方。[10]森琫：随侍达赖身边负责起居之人。[11]卓尼：噶厦办事之官。[12]商上：西藏摄政王。[13]诺们罕：藏传佛教中大喇嘛之名号。[14]第巴：西藏地区官名。[15]琐渎：谓琐琐絮聒而渎犯对方，常作书信套语。[16]戴琫：藏军高级军官。藏内管兵头目戴琫共设5～6名。[17]如琫：藏军低级军官。戴琫之下设立12名如琫，每名管兵250人。[18]弯远：遥远。[19]丙子年：光绪二年（1876年）。

---

① 《西藏奏议》，上海古籍出版社2012年版，第29—37页。

【简析】

光绪二年（1876年），布鲁克巴部长给西藏噶布伦呈递禀文，叙述英国与布鲁克巴交往的历史以及英国不断侵略布鲁克巴的事实，请求西藏派兵相助，共同保卫黄教大业。这一禀文内容是英国侵略布鲁克巴的证据。

文书基本信息表

文书种类	禀文	头辞	布鲁克巴掌教部长具禀西藏办事各位噶布伦阁下
发送者	布鲁克巴部长	尾辞	自布鲁克巴札喜曲宗地方具禀
接受者	中国西藏噶布伦	正文文体	
纪年标准	中国纪年：光绪二年	正文内容	请求支持抵抗披楞侵略
语言种类	古代汉语	用典来源	

10. 光绪二年（1876年）布鲁克巴部长禀文

布鲁克巴掌教部长恭请西藏办事各位噶布伦[1]福履[2]安泰，办理一切诸务谅必顺遂。前由部中专差策忍彭错转回之便，各位赏来函谕、大哈达及金子五两，马一匹等项业已收领，实深感谢之至。

敬启者。兹接各位信内披楞[3]之事如何办理，虽未详细开明，而接奉大人札谕内披楞案情委派大老爷暨戴琫[4]二员前往该处查办，务须恪遵大皇帝钦定章程，预筹防范边界等谕。至粮府大老爷及戴琫二员应宜来至本处地方，据戴琫毋庸前赴布鲁克巴地面，令其我处请派属下得力噶隆一名前赴帕克里商办等情。当经回信，按照大人札谕总须亲身来至我处面商此事，方能办结。去后粮府及戴琫二员行至布属札喜曲宗地方，至前披楞言及借道通商之事。始终作何办理之处限于二月内即由该部长自行呈覆等因前来。兹该披楞总萨海仍照前词，专差已抵边界地邻，务要切词回复之说。遂遵奉汉、番宪谕，并出自实心实力设法劝回。其此项情节，现该粮府、戴琫二位均能深悉，祈请裁夺外，此番所幸仰叨释迦牟尼佛恩佑，中沐文殊佛[5]大皇帝鸿恩保护，下得仰沾布、唐两教神灵扶持，该国现与东群互生兵燹，所有披楞之纳尔萨海以及头人一百余名，披兵七八千名遽行阵亡。刻下虽未接见回复，将来该外藩等不识何居，行势[6]叵测，未便妄称。况该披楞之事，前此办理情形并嗣后举行各事概问粮府、戴琫等详细禀明，均在洞鉴之中外，其应禀各事另开供单，略为禀明，伏乞西藏办事各位噶布伦悯念布、唐一体同教，请将应办各项事宜详细查夺，总期目前清平，久后[7]核实定妥，伫望饬下照办，俾得有所遵循。伏冀在怀，为此押禀片子及五色布礼。

布鲁克巴札喜曲宗地方具。

光绪二年六月 日①

【注释】

[1]噶布伦：原西藏地方政府主管官员。[2]福履：福禄。[3]披楞：指18、19世纪的英印殖民政府。[4]戴琫：藏军高级军官。[5]文殊佛：文殊菩萨。[6]行势：发展形势。[7]久后：以后，将来。

【简析】

光绪二年（1876年），西藏派遣粮府、戴琫前往布鲁克巴处理英印殖民政府在布鲁克巴修路通商事宜。此时英印殖民政府发生战事暂时搁置了这一计划，布鲁克巴把这一情形通报西藏噶布伦。

文书基本信息表

文书种类	禀文	头辞	布鲁克巴掌教部长恭请西藏办事各位噶布伦福履安泰，办理一切诸务谅必顺遂
发送者	布鲁克巴部长	尾辞	布鲁克巴札喜曲宗地方具
接受者	中国西藏噶布伦	正文文体	
纪年标准	中国纪年：光绪二年	正文内容	通报披楞开路通商事
语言种类	古代汉语	用典来源	

11. 光绪十一年（1885年）布鲁克巴部长禀文

窃思德泽远大，福履[1]亨佳[2]，抚镇岩疆[3]，群沾惠泽。小的贱躯如常，敬谨办理部落中教政一切，莫不勤慎。实因小的地方遭了大害，实属情迫，不得不禀情因：唐、布两家协同掌教，系为施主，邻封[4]和好，明镜相照，本无疵迹。只因本处黑面部长承充旧任终萨奔洛[5]时，借以进藏朝佛为名到藏，藐法不遵前任汉、番上司，种种凶刁，难以枚举。且于丁丑年，商属卓木百姓桑彭之亲被该汪宗无故借端一案，派委戴琫[6]、如琫[7]同抵帕克里时，不遵商上[8]公断，即由汪宗无故侵取许多财帛，人所共知。随后该部长病故，伊子派充巴竹奔洛。

前于癸未年，布鲁克巴部长不知何故，无过被该汪宗挐捆帕克里营官，抢劫各商许多财帛。自伊父母以来，即与廓尔喀交好，故于壬申年十二月初三日，廓尔喀派来甲噶噶丹夺热等主仆五人，系伊接应照料前来之便。廓尔喀国王与沙布咙[9]佛爷以及部长处各递夷信，缘因前藏无故被该僧俗人等抢劫巴商八十二家财帛兴讼一案，现拟进兵。我们布鲁克巴部长帮伊与唐古特或进兵，或将军需吃食米粮糌粑，无论多寡，应由帕克里一带动拨等因。寄信前来。小的云即西藏佛地，唐、布两家协同掌教，不能帮伊凑助兵、财两项，与

---

① 《西藏奏议》，上海古籍出版社2012年版，第37—38页。

藏进兵之事，万不可行，概未应允，因此生了怒怨，与小的不和，将小的南疆内大小营官、百姓、差役以及仁绷、终萨、汪宗等各营寨均被占了。刻下小的布鲁克巴部长只守得哲宗、绷汤，而外别无地段。昨该仁绷、终萨、汪宗三营寨之人恃强，攻夺取前项两寨，兹于乙酉年正月二十三日备兵进攻前来，危迫已极，需用军器，鸟枪、药铅等项最关紧要。惟有仰恳大宪，所要者军器蛮枪二百杆，火药、铅子各三百包，迅请宽为拨借，则沾恩典。况唐、布两家协同护教，嗣后无论有何好歹，全靠大宪作主保护。仍查其本地一切苦况，层次再行具禀。所有本地情形，务望鸿施[10]逾格，俯赐作主，即如父母爱惜子嗣一般，格外施恩。此次唐、布两家，彼此原为作善施主，上下均请照前一视同仁，务请和睦。嗣后务举一片美意，有应需军器鸟枪、药铅等项，俯准照禀办理，切勿忘怀，发交该差，则沾恩典。将来鸟枪、药铅等项，或呈缴原物，或照样赔还，或批价呈缴，自应遵行以上回批，施恩迅速赏发。并请照常爱待，时赐佳音，是所盼祷施行。①

【注释】

[1]福履：福禄。[2]亨佳：亨顺。[3]岩疆：边远险要之地。[4]邻封：邻国。[5]奔洛：不丹地方官名。[6]戴琫：藏军高级军官。[7]如琫：藏军低级军官。[8]商上：西藏摄政王。[9]沙布咙：藏传佛教喇嘛的阶位名。[10]鸿施：鸿恩。

【简析】

光绪十一年（1885 年），因发生内乱，布鲁克巴部长请求支援鸟枪、药铅等。

文书基本信息表

文书种类	禀文	头辞	窃思……不得不禀情因
发送者	布鲁克巴部长	尾辞	并请照常爱待，时赐佳音，是所盼祷施行
接受者	中国西藏官员	正文文体	
纪年标准	中国纪年：光绪十一年	正文内容	请求支援鸟枪、药铅
语言种类	古代汉语	用典来源	

12. 光绪十一年（1885 年）布鲁克巴部长禀文

伏思前程浩大，慈宁安康，办理诸务，鸿光普被，实甚感佩。因小的地方有要紧事件，有操上怀。今禀者：上任本处黑面部长父子与小的上下人等情衷素好，祸福同当。嗣经该部长故后，我属待伊原无二心，即如父子相爱。本处所管各大小管官、百姓、差役人等，随伊遣用，本系施恩甚重，不致异启外心，同共相处。不意近因佛教之灾，众生福运所致，仁（绷）、汪（宗）、终萨三营寨之人渐次进兵叛乱。小的地方无有军械，刻下所

---

① 《西藏奏议》，上海古籍出版社 2012 年版，第 41—43 页。

要者，军器乏乎。伏思唐、布两家一体同教，想其此恩，实难忘却。今仍始终有何好歹，惟有仰祈二位大人及达赖佛爷掌办。佛爷并供职各员之处各递夷禀，务请俞允。将前禀枪火及回批等项，务恳允准照办，不致空望，祈候作主，以救性命，勿失为祷。小的部长以及头目、人众等必能实力报效。此次还望大宪格外施仁，始终一切尚祈垂怜作主。其此项细由，小的事在急迫，不能细说，该差自必亲身面禀。伏候钧鉴[1]，是所至祷。①

【注释】

[1]钧鉴：书信中敬请收信人阅知的敬辞。对尊长或上级使用。

【简析】

光绪十一年（1885年），布鲁克巴部长再次呈递禀文请求援助枪支、弹药平息内乱。

文书基本信息表

文书种类	禀文	头辞	伏思……今禀者
发送者	布鲁克巴部长	尾辞	伏候钧鉴，是所至祷
接受者	中国驻藏大臣	正文文体	
纪年标准	中国纪年：光绪十一年	正文内容	再次请求援助鸟枪、铅药
语言种类	古代汉语	用典来源	

13. 光绪十一年（1885年）布鲁克巴部长禀文

兹禀者：癸未年，巴竹奔洛[1]并未禀明部长，拟往拉隆地方。行至帕克里，不但不遵部长，亦不敬重商上[2]，自敢挐捆帕克里营官，抢劫商属苦民，并将营寨业巴以及番民五人带至巴竹之时，始禀部长，借以帕克里营官二人不来拜我，以致扰累营官百姓。似此小事，商上谅不致借故争论；即如争论，尚有终萨奔洛帮手，祈望部长相帮等因前来。当经部长回复，内开：尔奔洛尚不通禀于我，擅敢自专，拟赴拉隆，行抵帕境，藐视不遵汉、番，致犯此样罪愆。复敢凶刁逞强，我何以护助于你。迄今不知商上派何委员前来，由尔自行辩明，总不可致使唐、布两中失和，毋得推于部长之身。

去后，商上委员亦至帕克里地方，经该二位委员即与部长来信，内开巴竹奔洛亲身以及营寨业巴人财等项即速交出等谕。经部长札饬巴竹奔洛：此案谁是谁非，尔即亲身前赴商上委员案下自行辩明，妥为了案，不准唐、布两下失和滋事。将案完竣之后，两处官职即行辞退，毋得由尔任意刁狡，致使唐、布两家失和。深恐汉、番两案疑我管束不严，必须辞退等谕。去后，他方小使内派人二名前往了案，之后所有呈送商上银两，在于部长百姓名下摊凑送交，遂将职分虽属辞退，就近部长不得专权，由伊不法委放两处官长，遑尔

---

① 《西藏奏议》，上海古籍出版社2012年版，第43页。

前赴伊弟终萨奔洛处住居。当经派令伊弟终萨奔洛随带手下布兵以去岁帕克里滋事时。部长不肯齐必助剿为词，即有终萨、汪宗、巴竹人等谋叛，进兵抗拒。且幸吉人天向，依旧相安，尚无伤损情事，而百姓等被抢、欺负尤甚。据该众百姓向部长声称此等恶毒为害，实难栖守地方，赏准逃往披楞[3]地方之说，并伊父名黑面部长任内，我属许多百姓逃往披楞地境，尚未回籍。至该黑面部长进藏朝佛之时，何等刁凶，并卓木一带商属百姓处所如何欺凌，谅上司均必洞悉。其从前旧任巴竹奔洛策汪洛布亦系黑面部长任内投归披楞，现任部长始才调回，派管森夺宗寨药局备攻，外贼即敢勾通归于终萨尔属下。兹恳者，该部长来今一切事体全赖大皇帝及达赖佛爷作主保护。此外，别无依靠。禀内已曾申明，况藏属、布鲁克巴民人等勿致流落别方。今该刁番等不知作何事体，殊难逆料。暂请由汉、番拨借鸟枪二百余杆，尚望施恩，自应呈缴，不能失损。倘有碍难，亦当议价归缴；并出让药铅三百包，自应缴价。以前布鲁克巴地方不法官民人等竟自谋叛，并在于唐、布从中每每滋事。嗣后，不得如此狂妄。伏祈二位大人派委汉、番能事大员查办，以救性命；请于五月十五日以前按抵帕克里地方，自应拣派与部长相似可靠之人，亲往各位委员案下。至委员未到其间，迅请妥札严饬终萨尔、汪宗、巴竹等处布番，断不准搂索百姓，自相争闹。

以上所禀一切，尚望施恩。俯如所请办理，伫候速赐见复；若不施恩俞允，此等惯长刁风之人不识何居，实非叵测，更难久待，务望迅办，是切深祷。①

【注释】

[1]奔洛：不丹地方官名。[2]商上：西藏摄政王。[3]披楞：指18、19世纪的英印殖民政府。

【简析】

光绪十一年（1885年），布鲁克巴部长呈递表文请求驻藏大臣派汉、番官员前往调解纠纷。

文书基本信息表

文书种类	禀文	头辞	兹禀者
发送者	布鲁克巴部长	尾辞	务望迅办，是切深祷
接受者	中国驻藏大臣	正文文体	
纪年标准	中国纪年：光绪十一年	正文内容	请求派人调解纠纷
语言种类	古代汉语	用典来源	

---

① 《西藏奏议》，上海古籍出版社2012年版，第43—45页。

14. 光绪十五年（1889年）布鲁克巴部长禀文

窃查布鲁克巴自从前以来原归大皇帝属下子民，小部落之人曾有呈进贡物、夷禀之例。近来系因微末部落地方甚小，以致不能呈进贡物、夷禀。兼以本地黄教不免之灾，披、布两相不睦，故将布属边境甲昔各地方失守。之时屡与藏中具禀，虽属未蒙作主，曾经本属现在之人亦无附和他方，有坏佛教重务情事，设法尽心竭力，次第办理，保守边疆。所有边隘地方被害何等情形，均在大人及各委员洞鉴之中。兹小的布属官员头目及僧俗大众公派大小替身等层次前赴各站禀见，并陈诉我属地方先后敬谨体顾佛门教道，竭力保守大皇帝边疆一切情形，总求施恩抚恤小的们。从前披、布不睦之时，布鲁克巴之人实系财力不敌，只得两相和息，将失去边界甲昔各地任他霸占，每年拨给布鲁克巴地租银钱，现在交收。今恳者：历任部长经管地方内外，别国是谁永远不准借故扰害等情，务求邀恳圣恩，赏给盖用宝印敕书一道，从优奖赏顶戴、职分，并赐办事钤用印信一颗，务望大人转邀天恩，俯赐允准。小的自应仰体大皇帝鸿恩，诚心顾念黄教，保守边疆，将来可无他患。设恐不免之灾，倘有他虞，随时准其具禀。此项例规，请于大皇帝案卷内注明，务恳准如所请，则沾恩典。伏思小的若得此项赏赐，敕书、印信仅足威镇外敌。因地处极边，复恳请与东面曲仔奔洛[1]及西面仁绷奔洛等各赏赐敕书、印信，其该二员所恳开列于后，总望施恩赏准，是所盼祷，为此叩禀。①

【注释】

[1]奔洛：不丹地方官名。

【简析】

光绪十五年（1889年），布鲁克巴为对抗英印殖民政府的侵略请求清廷颁布敕、印。

文书基本信息表

文书种类	禀文	头辞	
发送者	布鲁克巴部长	尾辞	是所盼祷，为此叩禀
接受者	中国驻藏大臣	正文文体	
纪年标准	中国纪年：光绪十五年	正文内容	请求赏赐敕谕、印信
语言种类	古代汉语	用典来源	

15. 光绪三十四年（1908年）布鲁克巴部长给达赖禀文

小的布鲁克巴部长叩禀达赖佛爷宝座前：窃维佛躬[1]起居康泰，广衍黄法，众生均护

---

① 《西藏奏议》，上海古籍出版社2012年版，第74—75页。

清平，实深欣慰。此间仰赖佛庇，贱躯如常，应办部落中事务莫不尽心竭力。敬禀者：乙巳、丙午、丁未年应送礼物，兹专派夏季番商赴藏呈递，祈请赏收，并望照章给马牌[2]施行。嗣后，仰望珍重佛躬，赏赐好音，为此押信三包、礼米各三包等项。

自布鲁克巴札簪垫幔曲地方吉日[3]具。

光绪三十四年三月　日①

【注释】

[1]佛躬：佛身。[2]马牌：官员因公远行，支用驿站车马的凭证。[3]吉日：见"月之吉日"条。藏族及其邻近地区的人民约定俗成为每1个月有4个吉祥的日子，即初八、初十、十五、三十。

【简析】

光绪三十四年（1908年），布鲁克巴依例派夏季番商呈递禀文向达赖进献贡物。

文书基本信息表

文书种类	禀文	头辞	小的布鲁克巴部长叩禀达赖佛爷宝座前
发送者	布鲁克巴部长	尾辞	自布鲁克巴札簪垫幔曲地方吉日具
接受者	中国西藏达赖	正文文体	
纪年标准	中国纪年：光绪三十四年	正文内容	例行进贡礼物
语言种类	古代汉语	用典来源	

16. 光绪三十四年（1908年）布鲁克巴部长给达赖禀文

小的布鲁克巴部长具禀达赖佛爷宝座前：窃维佛躬[1]起居清泰，超度群生，实深欣感莫名。此间贱体照常，应办一切部务从妥经理。敬禀者：照例应递乙巳、丙午、丁未年分礼物专差洛洽赴藏呈送，恳请照数赏收为荷。嗣后，祈即珍重，常赐示谕，为此押禀、哈达。

自布鲁克巴札喜曲地方吉日[2]具。

光绪三十四年三月　日②

【注释】

[1]佛躬：佛身。[2]吉日：藏族及其邻近地区的人民约定俗成为每1个月有4个吉祥的日子，即初八、初十、十五、三十。

---

① 《西藏奏议》，上海古籍出版社2012年版，第104页。
② 《西藏奏议》，上海古籍出版社2012年版，第104—105页。

【简析】

光绪三十四年（1908年），布鲁克巴依例派专差呈递禀文向达赖进献贡物。

文书基本信息表

文书种类	禀文	头辞	小的布鲁克巴部长具禀达赖佛爷宝座前
发送者	布鲁克巴部长	尾辞	自布鲁克巴札喜曲地方吉日具
接受者	中国西藏达赖	正文文体	
纪年标准	中国纪年：光绪三十四年	正文内容	例行进贡礼物
语言种类	古代汉语	用典来源	

17. 光绪三十四年（1908年）布鲁克巴部长给达赖禀文

小的布鲁克巴部长叩禀达赖佛爷宝座前：恭请慈躬[1]安泰，广衍佛门教务，生灵均得相安，实深感佩之至。兹照例呈递乙巳、丙午、丁未年礼尼片、白藏绸、各色布匹、犀角、象牙，因难采购，今折茜草、米包等项，祈请赏收。以后还望珍重，常赏佳音，为此押禀、哈达。

吉日[2]具。

光绪三十四年三月 日①

【注释】

[1]慈躬：对父母等长辈身体的尊称。[2]吉日：藏族及其邻近地区的人民约定俗成为每1个月有4个吉祥的日子，即初八、初十、十五、三十。

【简析】

光绪三十四年（1908年），布鲁克巴依例呈递禀文向达赖进献贡物。

文书基本信息表

文书种类	禀文	头辞	小的布鲁克巴部长叩禀达赖佛爷宝座前
发送者	布鲁克巴部长	尾辞	吉日具
接受者	中国西藏达赖	正文文体	
纪年标准	中国纪年：光绪三十四年	正文内容	例行进贡礼物
语言种类	古代汉语	用典来源	

---

① 《西藏奏议》，上海古籍出版社2012年版，第105页。

18. 光绪三十四年（1908年）布鲁克巴部长给掌办西藏教政佛爷禀文

小的布鲁克巴部长具信字在掌办西藏教政佛爷[1]起居安泰，抚绥藏卫教政自必顺畅。兹启者：此间将乙巳、丙午、丁未三年分循例专派洛洽赴藏递送年礼，祈即赏收。嗣后尚望珍重，常赐示谕。为此押禀、哈达、米包。

自布鲁克巴簪垫幔拉地方禀。

光绪三十四年三月 日①

【注释】

[1]佛爷：汉语对佛的尊称。

【简析】

光绪三十四年（1908年），布鲁克巴依例派遣专差呈递禀文向掌办西藏教政佛爷进献贡物。

文书基本信息表

文书种类	禀文	头辞	小的布鲁克巴部长具信字在掌办西藏教政佛爷起居安泰，抚绥藏卫教政自必顺畅。兹启者
发送者	布鲁克巴部长	尾辞	自布鲁克巴簪垫幔拉地方禀
接受者	掌办西藏政教佛爷	正文文体	
纪年标准	中国纪年：光绪三十四年	正文内容	例行进贡礼物
语言种类	古代汉语	用典来源	

19. 光绪三十四年（1908年）布鲁克巴部长给掌办西藏教政佛爷禀文

小的布鲁克巴部长具信字在掌办西藏教政佛爷[1]起居安泰，抚绥藏卫教政自必顺畅。兹启者：此间将乙巳、丙午、丁未三年分循例专差夏季番商赴藏送礼，祈即赏收，该差返回，尚祈给予马牌[2]为荷。嗣后尚望珍重，常赐示谕。为此押禀、哈达、米包。

自布鲁克巴簪垫幔拉地方禀。

光绪三十四年三月 日②

---

① 《西藏奏议》，上海古籍出版社2012年版，第106—107页。
② 《西藏奏议》，上海古籍出版社2012年版，第107页。

【注释】

[1]佛爷：汉语对佛的尊称。[2]马牌：官员因公远行，支用驿站车马的凭证。

【简析】

光绪三十四年（1908年），布鲁克巴依例派遣夏季番商呈递禀文向掌办西藏教政佛爷进献贡物。

文书基本信息表

文书种类	禀文	头辞	小的布鲁克巴部长……兹启者
发送者	布鲁克巴部长	尾辞	自布鲁克巴簪垫幔拉地方禀
接受者	掌办西藏政教佛爷	正文文体	
纪年标准	中国纪年：光绪三十四年	正文内容	依例进贡礼物
语言种类	古代汉语	用典来源	

20. 光绪三十四年（1908年）布鲁克巴部长给西藏各位噶布伦禀文

布鲁克巴部长字候西藏各位噶布伦[1]阁下：窃维禔躬[2]延釐[3]，政务顺畅为颂。此间仰赖福佑，身躯平健，办理一切敬谨从事。启者：兹将乙巳、丙午、丁未三年分照例专派夏季番商赴藏呈送。至于所需马牌[4]并一切行止，祈请照料。嗣后还须珍重，常寄信函。为此押信、四色礼米各一包。

吉日[5]具。

光绪三十四年三月 日①

【注释】

[1]噶布伦：原西藏地方政府主管官员。[2]禔躬：身体平安。禔：平安。[3]延釐：延福。[4]马牌：官员因公远行，支用驿站车马的凭证。[5]吉日：藏族及其邻近地区的人民约定俗成为每1个月有4个吉祥的日子，即初八、初十、十五、三十。

【简析】

光绪三十四年（1908年），布鲁克巴依例派遣夏季番商呈递禀文向西藏各位噶布伦进献贡物。

---

① 《西藏奏议》，上海古籍出版社2012年版，第108页。

第七章　清代中国与南亚国家往来朝贡文书研究

文书基本信息表

文书种类	禀文	头辞	布鲁克巴部长字候西藏各位噶布伦阁下
发送者	布鲁克巴部长	尾辞	吉日具
接受者	西藏噶布伦	正文文体	
纪年标准	中国纪年：光绪三十四年	正文内容	依例进贡礼物
语言种类	古代汉语	用典来源	

21. 光绪三十四年（1908年）布鲁克巴部长给西藏各位噶布伦禀文

布鲁克巴部长字候西藏各位噶布伦[1]阁下：近稔[2]福祉日兴，政务凝祥，实胜欣慰。此间托赖福庇，身体尚好，认真办理部务。启者：兹将乙巳、丙午、丁未三年分年礼、尼片、米，专派洛洽娃前赴讫至[3]，祈查收。嗣后仍望珍重，常寄好音。

为此自布鲁克巴札喜曲地方具。

光绪三十四年三月　日①

【注释】

[1]噶布伦：原西藏地方政府主管官员。[2]近稔：近年。稔：年。[3]讫至：到，至。

【简析】

光绪三十四年（1908年），布鲁克巴依例派遣专差呈递禀文向西藏各位噶布伦进献贡物。

文书基本信息表

文书种类	禀文	头辞	布鲁克巴部长字候西藏各位噶布伦阁下
发送者	布鲁克巴部长	尾辞	为此自布鲁克巴札喜曲地方具
接受者	西藏噶布伦	正文文体	
纪年标准	中国纪年：光绪三十四年	正文内容	依例进贡礼物
语言种类	古代汉语	用典来源	

22. 光绪三十四年（1908年）布鲁克巴部长给驻藏大臣禀文

小的布鲁克巴部长具禀钦差总理西藏事务大人台前：窃惟宪台大人福履[1]绥和[2]，政

---

① 《西藏奏议》，上海古籍出版社2012年版，第108—109页。

575

务平宁为慰以颂。此间小的身体康健,地方平静。兹值庆贺新春之期,专差洛洽赴藏循例递呈礼物,伏乞赏收。嗣后尚望珍重,时赐示谕。为此押禀、哈达。

自布鲁克巴簪垫幔拉寨子具禀。

光绪三十四年正月 日①

【注释】

[1]福履:福禄。[2]绥和:安和。

【简析】

光绪三十四年(1908年),布鲁克巴遣专差呈递禀文向驻藏大臣进献新年礼物。

文书基本信息表

文书种类	禀文	头辞	小的布鲁克巴部长具禀钦差总理西藏事务大人台前
发送者	布鲁克巴部长	尾辞	自布鲁克巴簪垫幔拉寨子具禀
接受者	中国驻藏大臣	正文文体	
纪年标准	中国纪年:光绪三十四年	正文内容	依例进贡新年礼物
语言种类	古代汉语	用典来源	

四、呈文例析

1. 雍正十一年(1733年)布鲁克巴给都统青保所遣和解之员和合结文之呈

向三宝佛及大皇帝所遣和解之员具结呈称:为报鄙布鲁克巴之诺彦[1]林亲·齐类·拉卜济[2]、噶毕喇嘛东罗布[3]我等两造和合事。我布鲁克巴仆众恶事遍起,两造仇杀大作,前已呈请土伯特贝勒将我等休戚之情转告知之。昔因贝勒颇罗鼐宣谕大皇帝恩威,我等献首归诚,仰蒙隆恩怜恤,谕令我等两造毋再仇杀,安宁而生,由此和好。惟宿怨太深,和合践毁。兹蒙大皇帝之臣所遣之使游击和尚及贝勒之使格隆策棱旺扎尔为我等排解,贝勒至扎什伦布后又亲向我等开谕利害,俾我两造之事及地域划分俱照水鼠年[4]和约确定。兹约定:嗣后,噶毕东罗布房屋及诺彦林亲之毕玛特地方房屋被焚之事,彼此免究不论;再喇嘛楚克赖·那木札勒既至噶毕处,毋庸给还,以噶毕之吉普、丁沁两处属民予以诺彦林亲补偿;前诺彦林亲喇嘛拘禁之楚克赖·那木札勒父母族人,予以释放,俾之安好;双方逃人愿返回者,听其自便,不得挟嫌阻止;至额讷特科克[5]之第纳迪瓦部仍如往昔而处,不得与噶毕通好;其余琐事毋庸议。又奉谕示:嗣后贝勒之两名贤能第巴[6]于两造地方各

---

① 《西藏奏议》,上海古籍出版社2012年版,第110页。

驻一名照看办事，当遵示而行。此皆大圣主为布鲁克巴两方臣仆再造之恩也。从此往后，惟有和好，无论何旨，俱以遵行等语。嗣后如悖谕旨和约，构祸生事，听凭大军讨伐，罚取我等资财可也等情。须至呈者。

布鲁克巴之诺彦林亲·齐类·拉卜济、噶毕喇嘛东罗布钤记①

【注释】

[1]诺彦：王。[2]林亲·齐类·拉卜济：第巴米旁旺布，1729—1736年在位。[3]噶毕喇嘛东罗布：布鲁克巴西部首领。[4]水鼠年：藏历纪年。[5]额讷特科克：指印度。[6]第巴：西藏地区官名。

【简析】

雍正十一年（1733年），布鲁克巴纠纷双方在中国官员调停下重归于好。为此，纠纷双方向中国官员递交呈文保证和好，否则甘愿接受惩罚。

文书基本信息表

文书种类	呈文	头辞	向三宝佛及大皇帝所遣和解之员具结呈称
发送者	布鲁克巴诺彦林亲·齐类·拉卜济、噶毕喇嘛东罗布	尾辞	须至呈者
接受者	中国官员都统青保	正文文体	
纪年标准	中国纪年：雍正十一年	正文内容	保证和好
语言种类	古代汉语	用典来源	

五、甘结例析

1. 雍正十一年（1733年）布鲁克巴两造和合约结

佛神众护法在上，执法各头领为证盟誓。布鲁克巴诺彦[1]齐类·拉卜济[2]、噶毕东罗布[3]喇嘛公同具结：昔日我布鲁克巴部内乱无宁，各献首投归大皇帝，蒙圣主抚准所请，施以隆恩，贝勒颇罗鼐又宣谕大皇帝恩威，当即和合。然宿怨甚深，仇杀再起。兹蒙大皇帝之臣所遣顾宗叶与贝勒之使共同为我等排解，贝勒颇罗鼐自扎什伦布返回又亲临开谕，是以一致遵奉，即照壬子年和约以行：往昔火烧噶毕之城及布鲁克巴伯默特城之事，免究不论；喇嘛楚克赖巴既自布鲁克巴荣[4]转赴噶毕一方，毋庸返回，以噶毕之拉克兹布东面地方以为布鲁克巴荣之补偿；彼此尽弃前嫌，不得翻覆；喇嘛楚克赖巴之父母族亲予以释放，使之安好；额讷特科克[5]之第纳迪瓦部仍如往昔保持安静，不得偏向噶毕而滋事端。

---

① 《雍正年间平息布鲁克巴内乱史料（下）》，载《历史档案》2006年第1期。

其他琐事俱免议不论。嗣后我等布鲁克巴荣及噶毕两造，俱遵贝勒颇罗鼐所遣办事之人指示而行，和睦相处，断不负圣主恤爱我布鲁克巴之恩也。倘有毁约者，以天道国法论处，断无怨言。为此，布鲁克巴荣之诺彦林亲·齐类·拉卜济具结画押，噶毕东罗布喇嘛具结画押。①

【注释】

[1]诺彦：王。[2]齐类·拉卜济：第巴米旁旺布，1729—1736年在位。[3]噶毕东罗布：布鲁克巴西部首领。[4]荣：藏文gzhong之转音，意为政府。[5]额讷特科克：指印度。

【简析】

雍正十一年（1733年），布鲁克巴纠纷双方在中国官员调停下重归于好。为此，纠纷双方向中国官员递交甘结保证和好，否则甘愿接受惩罚。

文书基本信息表

文书种类	甘结	头辞	佛神众护法在上，执法各头领为证盟誓
发送者	布鲁克巴诺彦齐类·拉卜济、噶毕东罗布喇嘛	尾辞	为此，布鲁克巴荣之诺彦林亲·齐类·拉卜济具结画押，噶毕东罗布喇嘛具结画押
接受者		正文文体	
纪年标准	雍正十一年	正文内容	保证和好
语言种类	古代汉语	用典来源	

2. 光绪十二年（1886年）布鲁克巴部长出具甘结

小的部长格娃桑布今于王法主子台前，为出具甘结事情。缘巴竹、终萨、汪宗等与吞布营官自相争闹一案，自去年四月起，该吞布营官属下专差他琫阶炯即与汉、番处，以小的部长格娃桑布所递夷禀为名。兹有汉、番委员已到巴竹地方查询是否小的具禀等情。今小的亲身及终萨替身、仁绷森琫[1]，并吞布营官替身老业巴摆噶曲批、洛直噶躲等会集之处查询小的一节，惟自去岁四月起至今，并未由吞布营官主仆向汉、番递具有禀，且前岁奉汉、番之谕曾由终萨奔洛[2]呈递夷禀，复令仍旧充当部长等谕。接奉之时，将年纪高迈，不堪胜任，准其辞退等情，并去岁尚无具禀情形以及亦无估令辞退部长职任各情，即与汉、番委员处所具甘结、夷禀，均系小的亲自呈递禀结。为此，小的部长格娃桑布出具图记，甘结是实。②

【注释】

[1]森琫：随侍达赖身边负责起居之人。[2]奔洛：不丹地方官名。

---

① 《雍正年间平息布鲁克巴内乱史料（下）》，载《历史档案》2006年第1期。
② 《西藏奏议》，上海古籍出版社2012年版，第59—60页。

第七章 清代中国与南亚国家往来朝贡文书研究

【简析】

光绪十二年（1886年），在中国官员调停下布鲁克巴纷争双方和解，其中布鲁克巴部长格娃桑布出具1份甘结，保证和好。

文书基本信息表

文书种类	甘结	头辞	小的部长格娃桑布今于王法主子台前，为出具甘结事情
发送者	布鲁克巴部长格娃桑布	尾辞	甘结是实
接受者		正文文体	
纪年标准	中国纪年：光绪十二年	正文内容	保证和好
语言种类	古代汉语	用典来源	

3. 光绪十二年（1886年）布鲁克巴终萨奔洛等出具甘结

小的终萨奔洛[1]乌坚汪曲及各头目人等今于王法主子台前，为出具甘愿无悔切结事情。因布内吞布营官等与巴竹、终萨、汪宗等自相争闹一案，该吞布营官等禀控汉、番大宪，蒙派汉、番各位委员驾临帕克里地方，将此案情形查明剖断，饬令两造永远遵守，缮发断牌事宜，自愿永远恪遵，亦不敢怀嫌互相贻害争竞。倘使两造是谁如有违谕者，即与违犯之人应当如何究办，自当按照汉、番上宪吩谕[2]。遵示坐罪。为此，小的兼任第巴[3]、森琫[4]之缺终萨奔洛乌坚汪曲出具图记，新放巴竹奔洛四朗汪堆出具图记，汪宗营官降巴顿柱出具图记，兼任达噶之缺喇嘛森琫工却汪堆出具图记，兼任噶伦之缺雄卓尼尔[5]宜玛顿柱出具图记，署理吞布营官滚桑称勒出具图记，署补纳营官札喜边觉出具图记，旧任吞布营官夺吉出具图记，旧任补纳营官挡曲仁青出具图记，旧任噶伦阿汪协饶出具图记，旧任第巴森琫丹珍欧柱出具图记，甘结是实。①

【注释】

[1]奔洛：不丹地方官名。[2]吩谕：吩咐。[3]第巴：西藏地区官名。[4]森琫：随侍达赖身边负责起居之人。[5]雄卓尼尔：高级僧官。

【简析】

光绪十二年（1886年），在中国官员调停下布鲁克巴纷争双方和解，其中布鲁克巴终萨奔洛乌坚汪曲及各头目出具1份甘结，保证和好。

---

① 《西藏奏议》，上海古籍出版社2012年版，第60—61页。

文书基本信息表

文书种类	甘结	头辞	小的终萨奔洛乌坚汪曲及各头目人等今于王法主子台前，为出具甘愿无悔切结事情
发送者	终萨奔洛乌坚汪曲及各头目	尾辞	甘结是实
接受者		正文文体	
纪年标准	光绪十二年	正文内容	保证和好
语言种类	古代汉语	用典来源	

4. 光绪十二年（1886年）布鲁克巴喇嘛等出具甘结

小的喇嘛阿旺朗结、堪布寺僧人等今于王法主子台前，为出具甘结事情。因吞布营官等各员与巴竹、终萨、汪宗等互争一案，已蒙汉、番各位委员抚恤两造，查明情形，妥为剖断，以资永远遵守，缮给断牌，内开事宜，均各出具遵依甘结，两造人等必能永远遵守。小的沙布咙[1]及札仓堪布领袖、寺僧等情愿从中作保，嗣后亦不敢违谕生端。倘有聚众滋事，不能约束情形，即将违犯之首据实禀明汉、番上宪，亦不徇情蒙哄违误。倘有故违情事，自甘遵示坐罪。为此，喇嘛阿旺朗结出具图记，札仓堪布称勒坚参出具图记，布中寺院众僧等公同出具图记，甘结是实。①

【注释】

[1]沙布咙：藏传佛教喇嘛的阶位名。

【简析】

光绪十二年（1886年），在中国官员调停下布鲁克巴纷争双方和解，纷争双方之外的第三方出具1份甘结，保证和好。

文书基本信息表

文书种类	甘结	头辞	小的喇嘛阿旺朗结、堪布寺僧人等今于王法主子台前，为出具甘结事情
发送者	布鲁克巴喇嘛阿旺朗结、堪布寺僧人	尾辞	甘结是实
接受者		正文文体	
纪年标准	中国纪年：光绪十二年	正文内容	保证和好
语言种类	古代汉语	用典来源	

---

① 《西藏奏议》，上海古籍出版社2012年版，第61页。

本章附录：南北朝时期狮子国、天竺国上南朝刘宋表文

狮子国、天竺国分别为今天的斯里兰卡、印度地区，这些地区当时为佛教流行地区，我国南朝政权同样信奉佛教，因此两国与南朝往来外交文书内容充满佛教特色。

1. 元嘉五年（428年）狮子国朝贡表文

狮子国王刹利摩诃南奉表曰：谨白大宋明主。虽山海殊隔，而音信时通。伏承皇帝道德高远，覆载同于天地，明照齐乎日月，四海之外，无往不伏。方国诸王，莫不遣信奉献，以表归德之诚。或泛海三年，陆行千日，畏威怀德，无远不至。我先王以来，唯以修德为正，不严而治；奉事三宝，道济天下；欣人为善，庆若在己。欲与天子共弘正法，以度难化。故托四道人遣二白衣送牙台像以为信誓，信还，愿垂音告。①

2. 元嘉五年（428年）天竺迦毗黎国朝贡表文

天竺迦毗黎国国王月爱遣使奉表曰：伏闻彼国，据江傍海，山川周固，众妙悉备，庄严清净，犹如化城。宫殿庄严，街巷平坦。人民充满，欢娱安乐。圣王出游，四海随从。圣明仁爱，不害众生。万邦归仰，国富如海。国中众生，奉顺正法。大王仁圣，化之以道。慈施群生，无所遗惜。帝修净戒，轨道不及。无上法船，济诸沈溺。群僚百官，受乐无怨。诸天拥护，万神侍卫。天魔降伏，莫不归化。王身庄严，如日初出。仁泽普润，犹如大云。圣贤承业，如日月天。于彼真丹，最为殊胜。臣之所住，名迦毗河，东际于海。其城四边，悉紫绀石。首罗天护，令国安隐。国王相承，未尝断绝。国中人民，率皆修善。诸国来集，共遵道法。诸寺舍中，皆七宝形像，众妙供具，如先王法。臣自修检，不犯道禁。臣名月爱，弃世王种。惟愿大王圣体和善，群臣百官，悉自安隐。今以此国群臣吏民，山川珍宝，一切归属，五体归诚大王足下。山海迢隔，无由朝觐。宗仰之至，遣使下承。使主父名天魔悉达，使主名尼陁达，此人由来良善忠信，是故今遣奉使表诚。大王若有所须，珍奇异物，悉当奉送。此之境土，便是王国。王之法令，治国善道，悉当承用。愿二国信使往来不绝。此反使还，愿赐一使，具宣圣命，备敕所宜。款至之诚，望不空反。所白如是，愿加哀愍。奉献金刚指环、摩勒金环诸宝物，赤白鹦鹉各一头。②

---

① 《宋书》，列传第五十七，夷蛮。
② 《宋书》，列传第五十七，夷蛮。

第八章 清代中国与欧洲国家往来朝贡文书研究

荷兰、葡萄牙和俄罗斯在顺治年间开始与清代中国往来，意大利教廷在康熙年间、英国在乾隆末年也与清廷有过密切往来。中、西交往过程中，这些国家的国王或教皇都向清帝呈递各类国书，清帝也相应向以上西方国家、教皇颁发敕谕。除此之外，在广州体制和恰克图体制下，英国东印度公司驻广州大班与广东地方政府、俄罗斯与清廷理藩院有大量的平行文书的往来。

西方国家的各类国书原件，使用本国语言，采用平等语气写成。荷兰、葡萄牙、英国、教廷的国书文末以基督教纪年，俄罗斯的国书文末以俄历纪年。清廷对俄罗斯等西方国家表文内容、格式评论说："表内不遵正朔，称一千一百六十五年，又自称大汗，语多不逊。"① 但这些西方国书进入中国后，大多被翻译成中国传统的表文形式。其中荷兰的国书甚至被翻译成经典的四六骈文风格的朝贡表文格式。俄罗斯国书在顺治年间因书写格式不符清廷规定被退回。中国颁给西方各国的敕谕除了汉文正本外，有的还附有拉丁文副本。

对于中国政府把中、欧双方往来的外交文书称为表文、敕谕，当时欧洲人有着清醒的认识："欧洲君主与中国皇帝之间的来往信函，中、欧双方有着不同的称谓。中方把收到的欧洲君主信函称作'表文'，给人以下级请求上级的意涵；把回复欧洲君主的信函则被称作'敕谕'，即皇上的训令。我们欧洲人则把中、欧双方来往的信函一律称作'书'（信件），表示双方的对等往来。"② 欧洲来华使节对于把西方外交文书翻译成为中方的朝贡文书格式虽有所抵制，但出于策略考虑，在大多数情形下至少是默认的。清代欧洲国书翻译成汉语以及清帝敕谕翻译成欧洲文字的过程是一种复杂的政治博弈过程，中、欧文本之间的转换体现了中国政府、欧洲各国政府、译者三方的妥协过程。清代欧洲国书被翻译成为朝贡文书格式，实际上反映了鸦片战争之前长期形成的东、西方权力关系格局。鸦片战争之后，西方国家开始对西方国书翻译成汉语的字、词从法律上进行了规定，诸如不得用"夷"字对应"外国"、"外国人"，则反映了19世纪中期之后形成的新的世界权力格局。

本章收录的中国与欧洲国家往来的外交文书，内容包含了清代中国与欧洲国家在政治、商业、宗教等各方面的交流，其中包括康熙末年与罗马教皇发生"礼仪之争"时清廷颁布的红票、永居票以及康熙四十八年（1709年）印有渔人权戒标志的教皇表文，英国3次遣使中国过程中双方来往的官方外交文书，康熙二十七年（1688年）法王路易十四写给康熙帝的信函，等等。其中几份英国表文的英语原文、1份荷兰表文的荷兰语原文具有重要的文献参考价值。

在章末的附录部分，收录了明代时期英国、俄国致中国皇帝的多份国书。

---

① 《清世祖实录》卷一三五，顺治十七年五月丁巳条。
② （英）克拉克·阿裨尔著，刘海岩译：《中国旅行记（1816—1817年）——阿美士德使团医官笔下的清代中国》，上海古籍出版社2012年版，第333页。此段汉语翻译引文，笔者略作修改。

第八章 清代中国与欧洲国家往来朝贡文书研究

第一节 中国与欧洲国家朝贡下行文书研究

一、敕谕例析

(一) 荷兰

1. 顺治十三年(1656年)颁给荷兰国王敕谕

惟尔荷兰国墨投为也[1]甲必丹[2]物马绥掘[3],僻在西陲,海洋险远。历代以来,声教[4]不及。乃能缅怀德化,效慕[5]尊亲,择尔贡使杯突高啮[6]、惹诺皆色[7]等赴阙[8]来朝,虔修职贡[9],地逾万里,怀忠抱义,朕甚嘉之。用是[10]优加锡赉大蟒缎二匹,倭缎二匹,闪缎四匹,蓝花缎四匹,青花缎四匹,蓝素缎四匹,帽缎四匹,衣素缎四匹,绫十匹,纺丝十匹,罗十匹,银三百两,以报孚忱[11]。至所请朝贡出入,贸易有无,虽灌输货贝[12],利益商民,但念道里悠长,风波险阻,舟车跋涉,阅历星霜[13],劳勚[14]可悯。若朝贡频数,猥烦[15]多人,朕皆不忍。着八年一次来朝,员役不过百人,止令二十人到京。所携货物,在馆交易,不得于广东海上私自货卖。尔其[16]体朕怀保[17]之仁,恪恭[18]藩服,慎乃常职[19],祇承[20]宠命[21]。钦哉!故谕。

奉旨:览表奏,慕义输诚,航海修贡,深可嘉悦。所请朝贡出入,著礼部议奏。①

【注释】

[1]墨投为也:巴达维亚。[2]甲必丹:首领,头目。此处指荷兰驻巴达维亚总督。[3]物马绥掘:即Johan Maetsuycker,又译如翰没碎格。荷兰巴达维亚总督。[4]声教:声威教化。《书·禹贡》:"东渐于海,西被于流沙,朔南暨,声教讫于四海。"[5]效慕:羡慕,仿效。[6]杯突高啮:即Pieter de Goyer,又译伯多罗也、彼得·哥页、德·豪伊尔。[7]惹诺皆色:即Jacob keyzer,又译雅哥伯克斯、雅可布·凯泽。[8]赴阙:入朝,觐见皇帝。[9]职贡:藩属或外国对天朝按时的贡纳。[10]用是:因此。[11]孚忱:信任和热诚。孚:信任。[12]货贝:古代用贝壳做的货币,亦借指财货珍宝、货物、商品。[13]星霜:星辰一年一周转,霜每年遇寒而降,因以星霜指年岁。[14]劳勚(yì):劳苦。[15]猥烦:敬辞。烦劳,有劳。[16]其:能。[17]怀保:安抚保护;抚养。《书·无逸》:"徽柔懿恭,怀保小民。"[18]恪恭:恭谨;恭敬。[19]常职:固有的职务。[20]祇承:敬奉。祇:恭敬。《书·大禹谟》:"文命敷于四海,祇承于帝。"[21]宠命:加恩特赐的任命。中国古代社会中对上司任命的敬辞。

---

① 《清世祖实录》卷一〇二,顺治十三年八月甲辰条。另见梁廷枏《海国四说》,《粤道贡国说》卷三,荷兰国,中华书局,1993年,第205—206页。李光涛:《明清档案存真选辑》(初集),台湾"中研院"史语所,1959年,第224页。

【简析】

顺治十二年（1655年），荷兰东印度公司派遣使者朝贡清廷。顺治十三年（1656年），清廷发布敕谕给荷兰国王，嘉奖荷兰的恭顺行为。

顺治帝颁给荷兰国王的敕谕被翻译成荷兰语：

  De koning zend dezen Brief na Hollandsch Batavia, aanden Gouverneur Generaal Iohan Maatzuiker. Onze Landden zijn zoo verre als Oosten van 't Westen gescheiden, zulx wy elk andre zeer zwaarlijk, genaken kunnen. En van vele voorgaande Eeuwen, tot dezen tegenwoordigen tijdt, zijn de Hollanders by ons niet gezien geweest; Doch ghy zijt zeer wijs en van een goedt gemoedt, als die tot my gezonden hebt, Pieter de Goyer, en Iakob de Keizer; de welke uit uwen name voor my verscheenen zijn, en geschenken gebracht hebben. Uw landt is tien duizent * mijlen verre gelegen: doch ghy toont uw oprecht gemoedt, dat ghy mijner gedenkt. Hier om is mijn hert ook zeer tot u genegen. Derhalve zend ik aan u twee rollen Zatijn met Draken, noch twee andere rollen Zatijn. Vier rollen gebloemt Zatijn. Vier rollen blaauwe Zatijn zonder Bloemen, noch vier rollen Kin. Vier rollen gekamelot, tien stuks Pelinx, tien stuk Phansy, tien stuks doorluchtige stofjes, en drie hondert teil Zilvers. Gy hebt verzocht om in mijn lant te komen handelen, Waren daar in te brengen, en andere Warendaar weder uit te voeren, waar van de gemeene man groot profijt zou kunnen strijken. Doch aangezien uw lant zeer verre afgelegen is, en hier zeer harde winden waien, waar door de scheepen met groot gevaar overkomen, en het hier aan lant zeer kout is, zulks het bagelt en sneeuwt, zoo zou het my deren, en in't herte zeer doen, indien hier van uw volk quam. indien het u derhalve behaagt, dat ze hier komen, zoo laat ze alleen om d'acht jaren eens komen; en niet meer als hondert man; Waar van twintig ter plaatze mogen optrekken, daar ik mijn Hof houde. En dan kunt gy uwe koopmanschappen aan lant in uw Logiment brengen, zonder die op Zee voor Kanton te verhandelen. Dit heb ik uit goede genegenheit t'uwen besten also goetgevonden, en vertrouwe dat u zulks ook zal aangenaam wezen. Dit is het dat ik u Wilde bekant maken.

  In het dertiende Jaar, acht
  maanden en 29. dagen,
  Der Regeering van SUNGTE.

以下是1份将荷兰语回译成汉语的文字内容：

  国王送此书给荷兰巴达维亚总督约翰·马绥掘（Johan Maetsuycker）：我们两国远隔东西，难以沟通联系。自古以来，我们从未见过荷兰人。但你现在派遣杯突高嗒和惹诺皆色以你的名义来看望我，并馈赠礼品，足见你的智慧和品德。你的国家与中国远隔万里，但你仍表示了惦念我的诚意，我在此表示非常欣赏。因此，我赠你两匹绘龙缎……（以下礼品名称略）你们请求在我们国家进行贸易，互通有无，大家得利。但虑及你们国家是如此遥远，你的人民如果来中国，要历风波之险，霜雪之寒，我心不忍。如果你们愿意来，就每八年来一次，每次不过百人，其中二十人到皇宫，你可将货物带到你的寓所，不要在广州海面上交易。我的诚意你将会理解，而且相信你会满意。

顺治十三年八月二十九日①

通过对照汉语敕谕原文和荷兰译文，有研究者认为："中文本的语气虚骄跋扈，俨然上国天朝降谕蛮邦小国。"② 而对于荷兰译文则评论说："清朝皇帝和官僚都不会知道是如此翻译的，他们肯定都沉醉在天朝大国的上谕美梦中。"③ 这种评价有失偏颇。我们如果不是以当代"后事之明"进行评价，而从17世纪中期的清帝国与荷兰的客观实力进行对比，中国的确是天朝大国，荷兰的确只是小国而已。占领台湾的荷兰殖民者，在此不久之后就被郑成功驱逐，荷兰这一阶段的实力仅与中国海盗集团处在伯仲之间。通事把中国皇帝敕谕翻译成一份平等的信件，反而扭曲了原文具有的上下尊卑含义。

文书基本信息表

文书种类	敕谕	头辞	
发送者	中国顺治皇帝	尾辞	钦哉！故谕
接受者	荷兰国王	正文文体	
纪年标准	中国纪年：顺治十三年	正文内容	嘉奖荷兰进贡
语言种类	古代汉语	用典来源	《尚书》

2. 康熙二十五年（1686年）颁给荷兰国王敕谕

皇帝敕谕荷兰国王耀汉连氏、甘勃氏[1]：朕惟柔远能迩[2]，盛代[3]之嘉谟[4]；修职[5]献琛，藩臣之大节。输诚匪懈[6]，宠赉[7]宜颁。尔荷兰国王，属在遐方[8]，克抒[9]丹悃[10]，遣使赍表纳贡，忠荩之忱，良可嘉尚[11]。用是[12]降敕奖谕，并赐王文绮、白金等物。王其祗承[13]，益励忠贞，以副[14]朕眷。钦哉！故敕。

计开：大蟒缎三匹，妆缎三匹，倭缎三匹，片金一匹，闪缎五匹，蓝花缎五匹，青花缎五匹，蓝素缎五匹，帽缎五匹，衣素五匹，绫子十四匹，纺丝十四匹，罗十匹，绢二匹，银三百两。

康熙二十五年七月二十七日④

---

① 庄国土：《〈荷使初访中国记〉研究》，厦门大学出版社1989年版，第40页。
② 庄国土：《〈荷使初访中国记〉研究》，厦门大学出版社1989年版，第39页。
③ 庄国土：《〈荷使初访中国记〉研究》，厦门大学出版社1989年版，第40页。
④ 《清圣祖实录》卷一二七，康熙二十五年七月己酉条。另见梁廷枏《海国四说》，《粤道贡国说》卷三，荷兰国，中华书局1993年版，第210页。

【注释】

[1]耀汉连氏、甘勃氏：荷兰威廉三世（William of Orange），1672—1702年在位。[2]能迹：能安抚邻国而与之和睦相处。[3]盛代：昌明的时代。[4]嘉谟：嘉谋。高明的经国谋略。[5]修职：处理政事；尽职。[6]匪懈：不懈怠。匪：通"非"。懈：懈怠。[7]宠赉：帝王的赏赐。[8]遐方：远方。[9]克抒：尽力表达。克：能。[10]丹悃：赤诚的心。[11]嘉尚：赞美；赞许。[12]用是：因此。[13]祗承：敬奉。[14]副：相称，符合。

【简析】

康熙二十四年（1685年），荷兰东印度公司派宾先巴芝（Vincent Paets）、通事林奇逢等出使中国，请求获得自由贸易的权利。此次荷兰表文的一些词句，被清廷翻译成"外邦之丸泥尺土，乃是中国飞埃；异域之勺水蹄涔，原属天家滴露"。清廷最后只给予荷兰贡期从"八年一贡"减到"五年一贡"的待遇。康熙二十五年（1686年），清廷发布敕谕嘉奖荷兰此次进贡。

该敕谕底稿（见图8.1），现藏中国第一历史档案馆，满汉文合璧，纸质①。

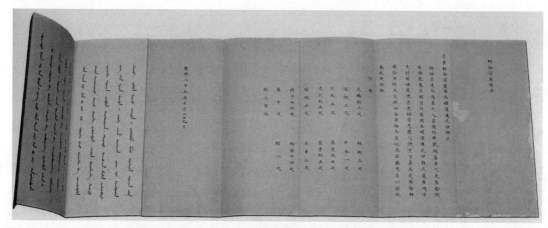

图8.1　康熙二十五年（1686年）颁给荷兰国王敕谕底稿

文书基本信息表

文书种类	敕谕	头辞	皇帝敕谕荷兰国王耀汉连氏、甘勃氏
发送者	中国康熙皇帝	尾辞	钦哉！故敕
接受者	荷兰国王	正文文体	骈文体
纪年标准	中国纪年：康熙二十五年	正文内容	嘉奖进贡
语言种类	古代汉语	用典来源	

---

① 中国第一历史档案馆：《清代文书档案图鉴》，岳麓书社2004版，第70页。

3. 乾隆六十年（1795年）颁给荷兰国王敕谕

敕谕荷兰国王喊啉哗哒咥哪哩[1]曰：朕仰承昊缚[2]，寅绍[3]丕基[4]，临御六十年来，四海永清，万方向化，德威远播，禔福[5]毕臻[6]。统中外为一家，视臣民若一体。推恩布惠，罔间[7]寰瀛[8]；亿国[9]梯航，鳞萃[10]徕贺[11]。朕惟励精图治，嘉纳[12]款诚[13]，与尔众邦共溥[14]无疆之庥，甚盛事也。咨尔国重洋遥隔，丹悃克抒，敬赍表章，备进方物，叩祝国庆。披阅之下，周详恳切，词意虔恭，具见慕义输忱，良可嘉尚[15]。尔邦自贸易岙门[16]，历有年所，天朝怀柔远人，无不曲加[17]抚恤。如博尔都噶里亚、意大哩亚、英吉利等国，孝顺献琛，天朝一视同仁，薄来厚往，尔邦谅备闻之。今来使虽非尔国王所遣，尔公班衙[18]等能体尔国王平时慕化情殷[19]，属令[20]探听天朝庆典，具表抒忱。兹值天朝六十年国庆，公班衙等因道远不及禀知该国王，即代为修职来庭，则感被声教之诚，即与尔国王无异。是以一律优待，示朕眷怀。所有赍到表贡之来使，小心知礼，已令大臣带领瞻觐，赐予筵宴，并于禁苑诸名胜处，悉令游览，使其叨[21]兹荣宠，共享太平。除使臣恩赉叠加，及各官通事兵役人等正赏、加赏各物件另单饬知外，兹因尔使臣归国，特颁敕谕，赐赍尔王文绮珍物如前仪，加赐彩缎、罗绮、文玩、器具诸珍，另有清单。王其祗受，益笃忠贞，保乂[22]尔邦，永副朕眷。钦哉！特敕。①

【注释】

[1]喊啉哗哒咥哪哩：荷兰国王威廉·奥兰治·拿骚。[2]昊缚：上天大业。[3]寅绍：敬承。寅：敬。[4]丕基：巨大的基业。丕：大。[5]禔福：安宁幸福。[6]毕臻：全备。[7]罔间：没有错过一处。[8]寰瀛：天下；全世界。[9]亿国：万国。[10]鳞萃：群集。[11]徕贺：招致祝贺。[12]嘉纳：赞许并采纳。多为上对下而言。[13]款诚：忠诚；真诚。[14]共溥：共同享有。[15]嘉尚：嘉许。[16]岙门：澳门。[17]曲加：恩赐。[18]公班衙：英文company及荷兰文compagnie的音译。鸦片战争前，中国人对英国东印度公司驻广州机构及南洋华侨对荷兰东印度公司吧城（雅加达）的称呼。[19]情殷：情深。[20]属令：下令；告诫。[21]叨：承蒙。[22]保乂：又作保艾。治理使之安定太平。《书·君奭》："率惟兹有陈，保乂有殷。"

【简析】

乾隆五十九年（1794年），荷兰东印度公司派遣德胜、范罢览以贺寿名义向清廷进贡。乾隆六十年（1795年），清廷发布敕谕给荷兰国王，嘉奖其行为。

---

① 《文献丛编全编》第3册，荷兰国交聘案，北京图书馆出版社2008年版，第384—385页。另见《清高宗实录》卷一四六九，乾隆六十年正月己亥条。

文书基本信息表

文书种类	敕谕	头辞	敕谕荷兰国王喊啉哗咥咥哪哞曰
发送者	中国乾隆皇帝	尾辞	钦哉！特敕
接受者	荷兰国王	正文文体	
纪年标准	中国纪年：乾隆六十年	正文内容	嘉奖荷兰进贡
语言种类	古代汉语	用典来源	《尚书》

（二）葡萄牙

1. 康熙九年（1670年）颁给葡萄牙国王敕谕

朕要使欧洲的阿丰索国王知道，在您所在的遥远的欧洲土地上，自从世界开辟鸿蒙[1]直至现在，在朕的记忆里从未来过您的大名，朕的名字也从未到过您的记忆，只有现在朕方得到了您通过您的官员马努埃尔·迪·萨尔达尼亚给朕送的礼品，他的隆重的礼仪和好心肠向朕表达了您的爱心和善意，朕对此十分欣赏和欣慰。现轮到朕以更大的爱心和谢意向您作一还报：朕谨向您寄上蛇饰[2]，三件雕品[3]，三块丝绒[4]，一件金器[5]，五件双色，五块精绣的蓝丝绸料，五块蓝色的平纹绸，五块毛料，三件青马褂，三百锭银子。朕以此向您表达吾巨大的爱，请您以吾向您表达同样的爱收上这份礼品，以便永远增添您的喜爱、友谊和忠诚，而朕亦因此永感欣慰。愿上苍保佑，朕是为此而寄这封信的。朕所启九年七月七日，康熙。①

【注释】

[1]鸿蒙：宇宙形成前的混沌状态。《庄子·在宥》："云将东游，过扶摇之枝，而适遭鸿蒙。"[2]蛇饰：翻译错误，应为"大蟒缎三匹"。[3]三件雕品：翻译错误，应为"妆缎三匹"。[4]三块丝绒：应指"倭缎三匹"。[5]一件金器：翻译错误，应为"片金缎一"。片金缎是以金线、丝线等混合织造的纺织品。

【简析】

康熙九年，葡萄牙国王派遣玛呐撒尔达聂前往中国北京访问。清廷为此发布敕谕进行嘉奖。这一敕谕汉语原文未收录在《清实录》中，以上敕谕回译自葡语。

这份回译成汉语的敕谕对于清帝赐给葡萄牙国王的礼物项目和数量翻译为："蛇饰，三件雕品，三块丝绒，一件金器，五件双色，五块精绣的蓝丝绸料，五块蓝色的平纹绸，五块毛料，三件青马褂，三百锭银子。"中文资料记载此次赏赐礼物单："赐国王大蟒缎、

---

① E·布拉章：《葡萄牙和中国外交关系史的几点补充——马努埃尔·迪·萨尔达尼亚出使中国（1667—1670）》，载《文化杂志》1994年第18期。

妆缎、倭缎各三，闪缎五，片金缎一，花缎十，帽缎、蓝缎、青缎各五，绫、纺丝各十有四，罗十，绢二，银三百两。"①

对照中文资料，这一回译成汉语敕谕中的礼物名称翻译多有错误。

"蛇饰"应与中文资料中的"大蟒缎三匹"相对应，将织物理解成器皿，属于翻译错误。

"三块丝绒"应与"倭缎三"相对应，这一翻译基本正确，丝绒实际上就是倭缎，又称漳绒。

"一件金器"应与"片金缎一"相对应，将织物理解成器皿，属于翻译错误。

"三百锭银子"应与"三百两银"相对应。这一翻译的名称和数量正确，但将银子单位"两"翻译成"锭"不准确。因为一锭银子有几两到几十两不等。

"五件双色，五块精绣的蓝丝绸料，五块蓝色的平纹绸，五块毛料"应与"帽缎、蓝缎、青缎各五"相对应，如果从颜色和织物的基本特征来说，这一翻译基本正确。

"三件青马褂"在中文礼物单中没有对应物。应该属于对某一礼物中文名称的误译。

"三件雕品"应与"妆缎三"相对应，将织物理解成器皿，属于翻译错误。译者把"妆缎"中的"妆"字本义"化妆"理解成"雕刻"。

另外，中文资料礼物单中还包含"绫、纺丝各十有四，罗十，绢二"，这些礼物项目在这份回译的敕谕中没有出现，应该属于漏译。

文书基本信息表

文书种类	敕谕	头辞	
发送者	中国康熙皇帝	尾辞	
接受者	葡萄牙国王阿丰索	正文文体	
纪年标准	中国纪年：康熙九年	正文内容	嘉奖进贡
语言种类	汉语译文	用典来源	

2. 康熙十七年（1678年）颁给西洋国王阿丰索敕谕（稿）

皇帝敕谕西洋国[1]王阿丰索：来琛修贡，藩服之常经[2]；隆礼酬忠，朝廷之大典。屡陈丹悃，宜示褒嘉。尔西洋国王阿丰索僻在西陲，地居遐远，再遣贡使本多白勒拉赍捧方物，入献诚悃，深可嘉尚[3]。兹特从优加赐尔大蟒缎四匹，妆缎四匹，倭缎四匹，片金二匹，闪缎六匹，蓝花缎六匹，青花缎六匹，蓝素缎六匹，帽缎六匹，衣素六匹，绫子十八匹，纺丝十八匹，绢四匹，罗十匹，银三百两。用昭恩眷，示其祗承[4]宠命[5]，益愍[6]忠贞，以副朕怀远至意。钦哉！故敕。

康熙十七年九月②

---

① 梁廷枏：《海国四说》，《粤道贡国说》卷四，西洋诸国，中华书局1993年版，第219页。
② 《中葡关系档案史料汇编》上册，中国档案出版社2000年版，第3页。

【注释】

[1]西洋国：葡萄牙。清代中国称呼葡萄牙使用3类名称：佛郎机，来源于阿拉伯人对欧洲人的称呼Frangi；大西洋国、西洋国，来源于葡萄牙的地理位置；蒲都丽家、博尔都噶亚、博尔都噶尔雅、波尔都噶尔亚、布洛亚、捕道倪、波尔都欺、葡萄牙等，来源于对Portugal的各种音译。[2]常经：通常的行事方式，常规。[3]嘉尚：嘉许。[4]祗承：敬奉。[5]宠命：封建社会中对上司任命的敬辞。[6]益慇：更加慎重、小心翼翼。慇：慎重。

【简析】

康熙十三年（1674年），葡萄牙国王为解除清初海禁给澳门带来的贸易萎缩，决定派遣本多白垒拉遣使中国，向清廷进贡的贡物中有1只东非狮子。康熙十七年（1678年），葡萄牙使团到达北京。为此，清廷发布敕谕嘉奖葡萄牙国王。

文书基本信息表

文书种类	敕谕	头辞	皇帝敕谕西洋国王阿丰索
发送者	中国康熙皇帝	尾辞	钦哉！故敕
接受者	葡萄牙国王阿丰索	正文文体	骈体文
纪年标准	中国纪年：康熙十七年	正文内容	嘉奖进贡
语言种类	古代汉语	用典来源	

3. 乾隆十八年（1753年）颁给博尔都噶尔雅国王敕谕

奉天承运皇帝敕谕博尔都噶尔雅[1]国王：览王奏并进方物，具见悃忱。洪惟我圣祖仁皇帝、世宗宪皇帝，恩覃[2]九有[3]，光被[4]万方。因该国王慕义抒诚，夙昭恭顺，是以叠沛[5]温纶[6]，并加宠锡。今王载遴使命，远涉重瀛[7]。感列祖之垂慈[8]，踵[9]阙廷[10]而致祝。敬恭式著[11]，礼数弥虔。披阅奏章，朕心嘉悦。既召见使臣，遂其瞻仰之愿；复亲御帐殿，优以宴赏之荣。西洋国人官京师者，晋加显秩，慰王远念。兹以使臣归国，特颁斯敕。其锡赉珍绮，俱如常仪。加赐彩缎、罗绮、珍玩、器具等物，王其祗受，悉朕眷怀[12]。故兹敕谕。

计开：大蟒缎六匹，妆缎六匹，倭缎六匹，片金四匹，闪缎八匹，蓝花缎八匹，青花缎八匹，蓝素缎八匹，帽缎八匹，衣素缎八匹，绫二十二匹，纺丝二十二匹，罗十三匹，杭细七匹。加赏：满地风云龙缎四匹，妆缎八匹，百花妆缎十二匹，新花样缎八匹，线缎八匹，绫二十二匹，纺丝二十二匹，罗十三匹，杭细七匹，白玉龙凤双交瓶一件，白玉天鹅双卮一件，白玉戟葵凤花瓠一件，白玉菱花壶一件，碧玉双环盖罐一件，青玉花瓠一件，红白玛瑙花插一件，丝珐碗十件，丝珐提梁壶一对，雕漆圆盘一对，雕漆长方盘一件，填漆瑞草菱盒一对，填漆双喜菊盘一对，填漆万福圆盘二对，填漆宝香盒一对，金漆三层八角方罩盒一对，洋漆罩格一对（内盛方胜盒一对、六方罐一对、三层圆盒一对），圆盒一对,洋漆方胜子母罩盒一对,洋漆三层罩格一对,洋漆插屏一件,洋漆葵花笔筒一件,洋漆凉枕一件,洋漆盖碗一对,洋漆罩炕桌四张,紫檀镶漆边八方纱灯六对,玳瑁装象牙织成花卉册页一册,葫芦盘一件,葫芦小碗四件,葫芦大碗二件,紫檀书格一对,紫檀金银丝书格一对,黄地五彩天球二件,青花白地大鱼缸二件,五彩瓷小鱼缸二件,钧釉瓶二件,青花白地瓶二件,红花梅瓶二件,冬青釉旋转瓶二件,五彩瓷挂瓶二件,瓷珐壶二件,绿釉瓷壶二件,霁青瓷卤壶二件,青花白地碗八件,红花瓷碗四件,青花瓷碗四件,霁红白里瓷碗八件,五彩红地瓷碗十二件,霁青白里磁盘八件,五彩葵花盘八件,五彩瓷小碟六件,红蝠瓷碟四件,五彩瓷碟四件,五彩瓷茶钟四件,青花白地瓷茶钟四件,霁红瓷杯十件,霁红瓷花卉杯十件,冬青釉瓷杯十件,霁青瓷杯十件,画绢一百张,洒金五色字绢五十张,五色笺纸二百张,白露纸一百张,高丽纸二百张,墨二十匣,连三香袋八匣,香袋十六匣,宫扇二十六柄,扇二百柄,香饼八匣,普洱茶八十团,茶膏十匣,松膏十匣,哈密瓜干二匣,香瓜干二匣,武夷茶二十罐,藕粉六匣,莲子六匣。

乾隆十八年四月二十五日①

【注释】

[1]博尔都噶尔雅:葡萄牙。[2]恩章:恩情遍及。[3]九有:九州。[4]光被:遍及。光:通"广"。《书·尧典》:"光被四表,格于上下。"[5]叠沛:多次发布。[6]温纶:帝王诏令。[7]重瀛:重重的海洋。泛指海外各地。[8]垂慈:施以慈爱。[9]躔:到达。[10]阙廷:朝廷。[11]式著:显著。式:语助词。[12]眷怀:垂爱;关注。

【简析】

乾隆十八年(1753年),葡萄牙国王遣使巴哲格、伯里多玛诺前往北京。为此,清廷颁布敕谕嘉奖。

这一敕谕横385厘米,纵86厘米,以汉文、满文和葡文书写,上、下为龙边,中间钤有"敕命之宝"。它依然完好如初地珍藏在葡萄牙里斯本阿儒达(Ajuda)皇家图书馆。这一外交敕谕在格式、外部形态完整保留了清代朝贡敕谕文书的全貌,具有重要的史料价值。我国学者黄庆华曾在1998年从葡萄牙将此件微缩复制回国。②

2010年,上海世博会葡萄牙国家馆通过电子技术虚拟展出了这一敕谕(见图8.2)。通过触摸屏,参观者可以亲手翻阅这一敕谕。

---

① 《中葡关系档案史料汇编》上册,中国档案出版社2000年版,第78页。另见《清高宗实录》卷四三七,乾隆十八年四月辛丑条。

② 黄庆华:《中葡关系史》上册,黄山书社2006年版,第445页。

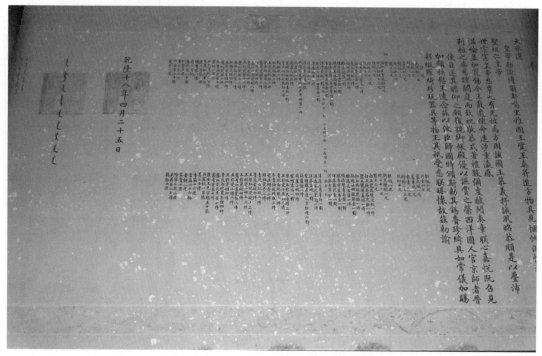

图 8.2 乾隆十八年（1753 年）颁给葡萄牙国王敕谕原件局部

文书基本信息表

文书种类	敕谕	头辞	奉天承运皇帝敕谕博尔都噶尔雅国王
发送者	中国乾隆皇帝	尾辞	故兹敕谕
接受者	葡萄牙国王	正文文体	骈文体
纪年标准	中国纪年：乾隆十八年	正文内容	嘉奖进贡
语言种类	古代汉语	用典来源	《尚书》

（三）教廷

1. 康熙五十九年（1720 年）颁给意大利教化王敕谕

皇帝上谕意大哩亚国教王：所差使臣嘉乐于十二月初三日到来请朕恭安兼谢朕历年爱养西洋人重恩。朕轸念[1]西洋距中国九万里，自古及今从无通贡。兹尔教王竭诚遣使远来，殊属可嘉。尔使臣嘉乐朕念系教王所差，特赐殊恩，备加荣宠。兹因使臣嘉乐遣人回西洋，特寄赐教王玩物数种，以示怀柔至意。特谕。

十二月十七日①

---

① 陈垣：《康熙与罗马使节关系文书影印本》，文海出版社 1974 年版，第 66 页。

【注释】

[1]轸念：思念。

【简析】

康熙五十九年（1720年）十一月，应康熙帝要求，教皇特使嘉乐来到北京。十二月，嘉乐觐见皇帝后，康熙随后发布敕谕嘉奖教皇。

此后，康熙帝与嘉乐多次讨论中国传统礼仪与天主教教规问题。但在发现教皇在传教政策方面毫无妥协余地的情况下，康熙帝决定在中国全面禁教，清廷对待来华西方传教士的政策急转直下。本来，在多罗使华后，由于礼仪之争，康熙帝只是禁止不遵守利玛窦规矩的西方传教士传教，那些不遵守利玛窦规矩的在华西方传教士被逐至广州，并限制新来西方传教士随便进入内地；对于遵守利玛窦规矩的在华西方传教士则不但给票允其继续留华，同时也未禁止其继续传教。但嘉乐使华带来的教皇政策使康熙帝感到，十数年来多方试图与教廷达成妥协的努力没有收到任何效果，因而决定"以后不必西洋人在中国行教，禁止可也，免得多事"。此前的部分禁教转为全面禁教，从此，西方传教士在华传教由合法转为非法。

文书基本信息表

文书种类	敕谕	头辞	皇帝上谕意大哩亚国教王
发送者	中国康熙皇帝	尾辞	特谕
接受者	意大利教化王	正文文体	
纪年标准	中国纪年：乾隆五十九年	正文内容	赏赐教王礼物
语言种类	古代汉语	用典来源	

2. 雍正三年（1725年）颁给意大利教化王敕谕

奉天承运皇帝敕谕意大哩亚国教王：览王奏并进方物，具见悃诚。我圣祖仁皇帝，怙冒[1]万方，无远弗届[2]。龙驭[3]升遐[4]，中外臣民悲思永慕。朕缵承[5]大统，勉思绍述[6]前徽[7]。教化王远行陈奏，感先帝之垂恩，祝朕躬[8]之衍庆[9]，周详恳至，词意虔恭。披阅之下，朕心嘉慰。使臣远来，朕已加礼优待。至于西洋寓居中国之人，朕以万物一体为怀，时教其谨饬[10]安静。果能慎守法度，行止无愆，朕自推恩抚恤。兹因使臣归，特颁斯敕。并赐妆缎、锦缎、大缎六十匹，次缎四十匹。王其领受，悉朕惓惓[11]之意。故兹敕谕。①

---

① 《清世宗实录》卷三七，雍正三年十月癸酉条。另见梁廷枏《海国四说》，《粤道贡国说》卷四，意大哩亚，中华书局1993年版，第225—226页。

【注释】

[1]怙冒：广被。[2]无远弗届：不管多远之处，没有不到的。《书·大禹谟》："惟德动天，无远弗届，满招损，谦受益，时乃天道。"[3]龙驭：婉辞。谓帝王去世。[4]升遐：帝王死去的婉辞。[5]缵承：继承。[6]绍述：承继前人所为。[7]前徽：前人美好的德行。[8]朕躬：我，我身。多用于天子自称。《书·汤诰》："尔有善，朕弗敢蔽；罪当朕躬，弗敢自赦。"[9]衍庆：绵延吉庆。常用作祝颂之词。[10]谨饬：又作谨饰。谨慎自饬。[11]惓惓：深切思念；念念不忘。

【简析】

雍正三年（1725年），意大利教皇伯纳地多遣使葛达都、易德丰进表庆贺雍正登极并请求释放被关押的传教士。为此，清廷向教皇发布敕谕。

文书基本信息表

文书种类	敕谕	头辞	奉天承运皇帝敕谕意大哩亚国教王
发送者	中国雍正皇帝	尾辞	故兹敕谕
接受者	意大利教化王	正文文体	
纪年标准	中国纪年：雍正三年	正文内容	嘉奖进贡
语言种类	古代汉语	用典来源	《尚书》

3. 雍正四年（1726年）六月颁给意大利教化王敕谕

奉天承运皇帝敕谕意大哩亚国教王：览王奏请援释放德里格[1]之例，将广东监禁之毕天祥[2]、纪有纲[3]一体施恩释放等语。查德里格于康熙五十九年，因传信不实，又妄行陈奏，圣祖仁皇帝念系海外之人，从宽禁锢。及朕即位后，颁降恩诏，凡情罪可原者，悉与赦免，开以自新。德里格所犯与赦款相符，故得省释。彼时广东大吏未曾以毕天祥、纪有纲之案入大赦册内具题上闻。今据王奏请，朕查二人所犯，非在不宥[4]之条，即王不行陈奏，朕亦必察出施恩。今特降旨与广东大吏，将毕天祥、纪有纲释放，以示朕中外一体、宽大矜全[5]之至意。兹因使臣回国，再赐人参、貂皮等项，用展朕怀，王其收受。故兹敕谕。①

【注释】

[1]德理格：又作德里格、德立格、德礼格，西方传教士。[2]毕天祥：西方传教士。[3]纪有纲：又作计有纲，西方传教士。[4]非在不宥：并非不可饶恕。[5]矜全：怜惜而予以保全。

---

① 《清世宗实录》卷四五，雍正四年六月丙寅条。另见梁廷枏《海国四说》，《粤道贡国说》卷四，意大哩亚，中华书局1993年版，第226—227页。

【简析】

雍正四年（1726年），清廷在教皇请求下释放关押的西方传教士毕天祥、纪有纲，为此发布敕谕通知教廷。

这一敕谕涉及的3名西方教士德理格、毕天祥和纪有纲，具体事略如下：

德理格是康熙朝来华的西洋传教士之一，西名Theodoricus Pedrini，意大利人，1670年生于费尔莫（Fermo），1701年由罗马教皇派遣来华传教。德理格于1703年12月26日自法国圣马洛（Saint-Malo）启程，途中历经艰辛，辗转多国，费时8年，于1710年1月3日抵达澳门，1711年2月5日（康熙四十九年十二月十八日）到达北京，不久觐见康熙皇帝，从此在清宫中担任乐师职务。德理格在宫中受到康熙帝的宠爱。此后，由于发生中西礼仪之争，德理格失宠。1720年，德理格在中国阴历的新年之日未到宫中循俗行九叩首礼给皇帝拜年，两年前皇太后去世时德理格也未入宫吊丧，康熙皇帝认为这是因为奉行教皇的禁约而拒绝行礼。另外，在康熙授意下的部分传教士向教皇申述的信件上，德理格也拒绝签名。所有事件最终导致德理格于1721年2月下狱。该年5月，康熙皇帝仍命其同往关外，此后德理格又再度下狱。雍正继位后，大赦天下，德理格于1723年2月23日出狱，仍住北京。1740年，德理格请求回欧洲，言自己已70高龄，双手发抖。这一请求虽被批准，德理格却又不忍舍弃他奠基的教会而离去。1741年，乾隆皇帝召德理格重入宫中，担任其年轻时为康熙帝所承担之工作。1746年，德理格去世，时年77岁。德理格在中国生活了30多年，度过了自己的后半生，历经康、雍、乾3朝。他参与编纂了《律吕正义》一书，对西洋音乐在中国的传播也做出了显著贡献。

毕天祥，西名Appiani，法国人，1687年5月10日在罗马入遣使会（即味增爵会，亦名拉杂里斯得派）。1697年加入教务考察团，1699年10月14日抵达广州。1703年居重庆，1705年至广州，被教皇聘为特使多罗的译员，该年12月4日抵京，次年8月28日出京，旋即被扣留于淮安。此后辗转北京、四川，由四川北上京城，再由北京南下广州，1710年5月17日入狱。1726年8月21日获释。1732年8月29日卒于广州。

纪有纲，西名Antoine Guignles，法国亚未农人。1703年入巴黎外方传教会，其后数年，曾在广州任该会办事处主任。

文书基本信息表

文书种类	敕谕	头辞	奉天承运皇帝敕谕意大哩亚国教王
发送者	中国雍正皇帝	尾辞	故兹敕谕
接受者	意大哩亚教化王	正文文体	
纪年标准	中国纪年：雍正四年	正文内容	释放关押传教士
语言种类	古代汉语	用典来源	

（四）英国

1. 乾隆五十八年（1793年）颁给英国国王敕谕

奉天承运皇帝敕谕英吉利国王：朕光宅[1]四海，统御万邦。远至迩安，泽既覃[2]夫中外；薄来厚往，恩尤遍于怀柔。嘉兹恭顺之忱，式贲宠绥之命[3]。尔英吉利世居西澥[4]，地隔重瀛[5]，名不隶于职方[6]，事罕征乎史册，因向风[7]而慕义，始献赆以趋廷。谓前者八旬，未预延釐[8]之庆；今值万寿，来伸祝嘏[9]之诚。荐陈[10]备列夫多仪，利涉[11]远逾乎万里，是谓一心以向日，敢云惟德之动天。朕既召见使臣，俾遂觐扬[12]之愿；偕兹藩服，同沾宴赏之荣。轸念[13]勤劬[14]，按日优颁饩廪[15]；远虞匮乏[16]，计年宽给糇粮[17]。爰逮使还[18]，聿彰[19]覃高[20]。所有锡赉珍奇，俱如常仪。加赐彩缎、罗绮、文玩、器具诸珍，王其祗受。于戏！曰寿富，曰康宁，朕惟自强勉不息；有民人，有社稷，王宜敬事永无愆[21]。其悉不宝远物之怀，永副同底太平之化。故兹敕谕，毋替钦承。①

【注释】

[1]光宅：广有。[2]覃：深广。[3]式贲宠绥之命：光耀恩宠。[4]西澥：西部海域。[5]重瀛：重重的海洋。泛指海外各地。[6]职方：主管四夷事务的官职。[7]向风：归依；仰慕。[8]延釐：旧时祝颂语，谓迎来福祥。[9]祝嘏：祝贺寿辰。多用于皇室贵族等。[10]荐陈：进献并陈列。[11]利涉：舟楫。[12]觐扬：觐见并赞美帝王。[13]轸念：思念。[14]勤劬（qú）：辛勤劳累。[15]饩廪：由公家供给的粮食之类的生活物资。[16]远虞匮乏：担心将来物资缺乏。[17]计年宽给糇粮：按一年的配额从宽发给使团粮食物资。糇粮：干粮；食粮。[18]爰逮使还：等到使节返回。[19]聿彰：表彰。聿：语助词。[20]覃高：奖赏优厚。[21]无愆：无错。

【简析】

乾隆五十七年（1792年），英国国王派遣大型使团访华要求扩大与中国贸易。乾隆五十八年（1793年），清廷发布敕谕嘉奖英国。

文书基本信息表

文书种类	敕谕	头辞	奉天承运皇帝敕谕英吉利国王
发送者	中国乾隆皇帝	尾辞	故兹敕谕，毋替钦承
接受者	英国国王	正文文体	骈文体
纪年标准	中国纪年：乾隆五十八年	正文内容	嘉奖进贡
语言种类	古代汉语	用典来源	

---

① 《文献丛编全编》第2册，马嘎尔尼来聘案，北京图书馆出版社2008年版，第344—345页。

2. 乾隆五十八年（1793年）颁给英国国王敕谕

奉天承运皇帝敕谕英吉利国王知悉：尔国远在重洋，倾心向化，特遣使恭赍表章，航海来庭，叩祝万寿。并备进方物，用将[1]忱悃。朕披阅表文，词意肫恳[2]，具见尔国王恭顺之诚，深为嘉许。所有赍到表贡之正、副使臣，念其奉使远涉，推恩加礼，已令大臣带领瞻觐，锡予筵宴，叠加赏赍，用示怀柔。其已回珠山[3]之管船官役人等六百余名，虽未来京，朕亦优加赏赐，俾得普沾恩惠，一视同仁。至尔国王表内恳请派一尔国之人住居天朝，照管尔国买卖一节。此则与天朝体制不合，断不可行。向来西洋各国，有愿来天朝当差之人，原准其来京。但既来之后，即遵用天朝服色，安置堂内，永远不准复回本国。此系天朝定制，想尔国王亦所知悉。今尔国王欲求派一尔国之人住居京城，既不能若来京当差之西洋人在京居住不归本国，又不可听其往来常通信息，实为无益之事。且天朝所管地方，最为广远，凡外番使臣到京，驿馆供给，行止出入，俱有一定体制，从无听其自便之例。今尔国欲留人在京，言语不通，衣服殊制，无地可以安置。若必似来京当差之西洋人，令其一例改易服色，天朝亦从不肯强人以所难。设天朝欲差人常住尔国，亦岂尔国所能遵行？况西洋诸国甚多，非止尔一国，若俱似尔国王恳请派人留京，岂能一一听许？是此事断难准行。岂能因尔国王一人之请，以致更张天朝百余年法度？若云尔国王为照料买卖起见，则尔国人在澳门贸易，非止一日，原无不加以恩视。即如从前博尔都噶尔亚、意大哩亚等国，屡次遣使来朝，亦曾以照料贸易为请。天朝鉴其悃忱，优加体恤。凡遇该国等贸易之事，无不照料周备。前次广东商人吴昭平，有拖欠洋船价值银两者，俱饬令该管总督，由官库内先行动支帑项[4]，代为清还，并将拖欠商人重治其罪。想此事尔国亦闻知矣。尔国又何必派人留京，为此越例断不可行之请？况留人在京，距澳门贸易处所，几及万里，伊亦何能照料耶？若云仰慕天朝，欲其观习教化，则天朝自有天朝礼法，与尔国不相同，尔国所留之人，即能习学，尔国自有风俗制度，亦断不能效法中国，即学会亦属无用。天朝抚有四海，惟励精图治，办理政务。奇珍异宝，并不贵重。尔国王此次赍进各物，念其诚心远献，特谕该管衙门收纳。其实天朝德威远被，万国来王，种种贵重之物，梯航毕集，无所不有，尔国之正使等所亲见。然从不贵奇巧，并无更需尔国制办物件。是尔国王所请派人留京一事，与天朝体制既属不合，而与尔国亦殊觉无益。特此详晰开示，遣令贡使等安程回国。尔国王惟当善体朕意，益励款诚[5]，永大恭顺，以保乂[6]尔有邦[7]，共享太平之福。除正、副使臣以下各官及通事、兵役人等正赏、加赏各物件另单赏给外，兹因尔国使臣归国，特颁敕谕，并赐赉尔国王文绮、珍物，俱如常仪。加赐彩缎、罗绮、文玩、器具诸珍，另有清单。王祗收受，悉朕眷怀。特此敕谕。①

【注释】

[1]用将：表达。[2]肫恳：诚厚恳挚。[3]珠山：舟山。[4]帑项：国库里的钱财；款项。[5]款

---

① 《清高宗实录》卷一四三五，乾隆五十八年八月己卯条。另见梁廷枏《海国四说》，《粤道贡国说》卷五，英吉利国一，中华书局1993年版，第241—243页。

诚：忠诚；真诚。[6]保乂：治理使之安定太平。[7]有邦：指诸侯。亦泛指国家。《书·吕刑》："王曰：'吁！来，有邦有土，告尔祥刑。'"

【简析】

乾隆五十八年（1793年），清廷发布敕谕对英国要求派遣使者常驻京城进行拒绝，指出英国这一请求与中国天朝体制不相符合。

以下是这一敕谕的英译文：

You, O King, live beyond the confines of many seas, nevertheless, impelled by your humble desire to partake of the benefits of our civilization, you have dispatched a mission respectfully bearing your memorial. Your Envoy has crossed the seas and paid his respects at my Court on the anniversary of my birthday. To show your devotion, you have also sent offerings of your country's produce.

I have perused your memorial: the earnest terms in which it is couched reveal a respectful humility on your part, which is highly praiseworthy. In consideration of the fact that your Ambassador and his deputy have come a long way with your memorial and tribute, I have shown them high favour and have allowed them to be introduced into my presence. To manifest my indulgence, I have entertained them at a banquet and made them numerous gifts. I have also caused presents to be forwarded to the Naval Commander and six hundred of his officers and men, although they did not come to Peking, so that they too may share in my all – embracing kindness.

As to your entreaty to send one of your nationals to be accredited to my Celestial Court and to be in control of your country's trade with China, this request is contrary to all usage of my dynasty and cannot possibly be entertained. It is true that Europeans, in the service of the dynasty, have been permitted to live at Peking, but they are compelled to adopt Chinese dress, they are strictly confined to their own precincts and are never permitted to return home. You are presumably familiar with our dynastic regulations. Your proposed Envoy to my Court could not be placed in a position similar to that of European officials in Peking who are forbidden to leave China, nor could he, on the other hand, be allowed liberty of movement and the privilege of corresponding with his own country; so that you would gain nothing by his residence in our midst.

Moreover, our Celestial dynasty possesses vast territories, and tribute missions from the dependencies are provided for by the Department for Tributary States, which ministers to their wants and exercises strict control over their movements. It would be quite impossible to leave them to their own devices. Supposing that your Envoy should come to our Court, his language and national dress differ from that of our people, and there would be no place in which to bestow him. It may be suggested that he might imitate the Europeans permanently resident in Peking and adopt the dress and customs of China, but it has never been our dynasty's wish to force people to do things unseemly and inconvenient. Besides, supposing I sent an Ambassador to reside in your country, how could you possibly make for him the requisite arrangements? Europe consists of many other nations besides your own: if each and all demanded to be represented at our Court, how could we possibly consent? The thing is utterly impracticable. How can our dynasty alter its whole procedure and system of etiquette, established for more than a century, in order to meet your individual views? If it be said that your object is to exercise control over your country's trade, your nationals have had full liberty to trade at Canton for many a year, and have received the greatest consideration at our hands. Missions have been sent by Portugal and Italy, preferring similar requests. The Throne appreciated their sincerity and loaded them with favours, besides authorising measures to facilitate their trade with China. You are no doubt aware that, when my Canton merchant, Wu Chao-ping, was in debt to the foreign ships, I made the Viceroy advance the monies due, out of the provincial treasury, and ordered him to punish the culprit severely. Why then should foreign nations advance this utterly unreasonable request to be represented at my Court? Peking is nearly two thousand miles from Canton, and at such a distance what possible control could any British representative exercise?

If you assert that your reverence for Our Celestial dynasty fills you with a desire to acquire our civilization, our ceremonies and code of laws differ so completely from your own that, even if your Envoy were able to acquire the rudiments of our civilization, you could not possibly transplant our manners and customs to your alien soil. Therefore, however adept the Envoy might become, nothing would be gained thereby.

Swaying the wide world, I have but one aim in view, namely, to maintain a perfect governance and to fulfil the duties of the State: strange and costly objects do not interest me. If I have commanded that the tribute offerings sent by you, O King, are to be accepted, this was solely in consideration for the spirit which prompted you to dispatch them from afar. Our dynasty's majestic virtue has penetrated unto every country under Heaven, and Kings of all nations have offered their costly tribute by land and sea. As your Ambassador can see for himself, we possess all things. I set no value on objects strange or ingenious, and have no use for your country's manufactures. This then is my answer to your request to appoint a representative at my Court, a request contrary to our dynastic usage, which would only result in inconvenience to yourself. I have expounded my wishes in detail and have commanded your tribute Envoys to leave in peace on their homeward journey. It behoves you, O King, to respect my sentiments and to display even greater devotion and loyalty in future, so that, by perpetual submission to our Throne, you may secure peace and prosperity for your country hereafter. Besides making gifts (of which I enclose an inventory) to each member of your Mission, I confer upon you, O King, valuable presents in excess of the number usually bestowed on such occasions, including silks and curios – a list of which is likewise enclosed. Do you reverently receive them and take note of my tender goodwill towards you! A special mandate!①

文书基本信息表

文书种类	敕谕	头辞	奉天承运皇帝敕谕英吉利国王知悉
发送者	中国乾隆皇帝	尾辞	特此敕谕
接受者	英国国王	正文文体	
纪年标准	乾隆五十八年	正文内容	拒绝英国派使常驻北京的请求
语言种类	古代汉语	用典来源	

3. 乾隆五十八年（1793年）颁给英国国王敕谕

尔国王远慕声教，向化维殷[1]，遣使恭赍表贡，航海祝釐[2]。朕见尔国王恭顺之诚，令大臣带领使臣瞻觐，锡之筵宴，赉予骈蕃[3]，业已颁给敕谕，赐尔国王文绮、珍玩，用示怀柔。昨据尔使臣以尔国贸易之事，咨请大臣等转奏，皆系更张定制，不便准行。向来西洋各国及尔国夷商赴天朝贸易，悉于澳门互市，历久相沿，已非一日。天朝物产丰盈，无所不有，原不借外夷货物以通有无。特因天朝所产茶叶、瓷器、丝斤为西洋各国及尔国必需之物，是以加恩体恤，在澳门开设洋行，俾得日用有资，并沾雨润。今尔国使臣于定例之外多有陈乞，大乖[4]仰体[5]天朝加惠远人、抚育四夷之道。且天朝统驭万国，一视同仁，即在广东贸易者，亦不仅尔英吉利一国，若俱纷纷效尤[6]，以难行之事妄行干渎[7]，岂能曲徇[8]所请。念尔国僻居荒远，间隔重瀛[9]，于天朝体制原未谙悉，是以命大臣等向使臣等详加开导，遣令回国。恐尔使臣等回国后，禀达未能明晰，复将所请各条，缮敕[10]逐一晓谕，想能领悉。

据尔使臣称，尔国货船将来或到浙江宁波、珠山[11]及天津、广东地方收泊交易一节。向来西洋各国前赴天朝地方贸易，俱在澳门，设有洋行，收发各货，由来已久。尔国亦一律遵行多年，并无异语。其浙江宁波、直隶天津等海口，均未设有洋行。尔国船只到彼，亦无从销卖货物。况该处并无通事，不能谙晓尔国语言，诸多未便。除广东澳门地方仍准照旧交易外，所有尔使臣恳请向浙江宁波、珠山及直隶天津地方泊船贸易之处，皆不可行。

又据尔使臣称，尔国买卖人要在天朝京城，另立一行收贮货物发卖，仿照俄罗斯之例一节，更断不可行。京城为万方拱极[12]之区，体制森严，法令整肃，从无外藩人等在京城开设货行之事。尔国向在澳门交易，亦因澳门与海口较近，且系西洋各国聚会之处，往来便益。若于京城设行发货，尔国在京城西北地方，相距辽远，运送货物，亦甚不便。从前俄罗斯人，在京城设馆贸易，因未立恰克图以前，不过暂行给屋居住。嗣因设立恰克图以后，俄罗斯在该处交易买卖，即不准在京城居住，亦已数十年。现在俄罗斯在恰克图边

---

① Backhouse E, Bland J O P. Annals and Memoirs of the Court of Peking. Boston: Houghton Mifflin, 1914, pp. 322—331.

界交易，即与尔国在澳门交易相似。尔国既有澳门洋行发卖货物，何必又欲在京城另立一行。天朝疆界严明，从不许外藩人等稍有越境搀杂，是尔国欲在京城立行之事，必不可行。

又据尔使臣称，欲求相近珠山地方小海岛一处，商人到彼，即在该处停歇，以便收存货物一节。尔国欲在珠山海岛地方居住，原为发卖货物而起。今珠山地方既无洋行，又无通事，尔国船只已不在彼停泊，尔国要此海岛地方，亦属无用。天朝尺土俱归版籍，疆址森然，即岛屿沙洲，亦必划界分疆，各有专属。况外夷向化天朝，交易货物者，亦不仅尔英吉利一国。若别国纷纷效尤，恳请赏给地方居住买卖之人，岂能各应所求，且天朝亦无此体制，此事尤不便准行。

又据称，拨给附近广东省城小地方一处，居住尔国夷商，或准令澳门居住之人，出入自便一节。向来西洋各国夷商，居住澳门贸易，画定住址地界，不得踰越尺寸。其赴洋行发货夷商，亦不得擅入省城，原以杜民夷之争论，立中外之大防。今欲于附近省城地方，另拨一处给尔国夷商居住，已非西洋夷商历来在澳门定例。况西洋各国，在广东贸易多年，获利丰厚，来者日众，岂能一一拨给地方分住耶？至于夷商等出入往来，悉由地方官督率洋行商人，随时稽察，若竟毫无限制，恐内地民人与尔国夷人间有争论，转非体恤之意。核之事理，自应仍照定例，在澳门居住，方为妥善。

又据称，英吉利国夷商自广东下澳门，由内河行走，货物或不上税，或少上税一节。夷商贸易往来，纳税皆有定则，西洋各国，均属相同。此时既不能因尔国船只较多，征收稍有溢额[13]，亦不便将尔国上税之例，独为减少，惟应照例公平抽收，与别国一体办理。嗣后尔国夷商贩货赴澳门，仍当随时照料，用示体恤。

又据称，尔国船只，请照例上税一节。粤海关征收船料，向有定例。今既未便于他处海口设行交易，自应仍在粤海关按例纳税，毋庸另行晓谕。

至于尔国所奉之天主教，原系西洋各国向奉之教。天朝自开辟以来，圣帝明王，垂教创法，四方亿兆，率由有素，不敢惑于异说。即在京当差之西洋人等，居住在堂，亦不准与中国人民交结，妄行传教。华夷之辩甚严。今尔国使臣之意，欲任听夷人传教，尤属不可。

以上所谕各条，原因尔使臣之妄说。尔国王或未能深悉天朝体制，并非有意妄干[14]。朕于入贡诸邦，诚心向化者，无不加之体恤，用示怀柔。如有恳求之事，若于体制无妨，无不曲从所请。况尔国王僻处重洋，输诚纳贡，朕之锡予优嘉，倍于他国。今尔使臣所恳各条不但于天朝法制攸关，即为尔国王谋，亦俱无益。难行之事，兹再明白晓谕。尔国王当仰体朕心，永远尊奉，共享太平之福。若经此次详谕后，尔国王或误听尔下人之言，任从夷商将货船驶至浙江、天津地方，欲求上岸交易，天朝法制森严，各处守土文武，恪遵功令[15]，尔国船只到彼，该处文武必不肯令其停留，定当立时驱逐出洋，未免尔国夷商徒劳往返，勿谓言之不预[16]也。其凛遵毋忽，特此再谕。①

【注释】

[1]维殷：殷切。[2]祝釐：祝福。[3]骈蕃：繁多。[4]大乖：大大违背。[5]仰体：体察上情。

---

① 《清高宗实录》卷一四三五，乾隆五十八年八月己卯条。

[6]效尤：仿效坏的行为。[7]干渎：冒犯。[8]曲徇：顺从；曲从。[9]重瀛：重重的海洋。泛指海外各地。[10]缮敕：缮写敕谕。[11]珠山：舟山。[12]拱极：拱卫北极星。后因以喻拱卫君王或四夷归附。[13]溢额：超额。[14]妄干：冒犯。[15]功令：法律、命令。[16]言之不预：预先没有提醒。

【简析】

乾隆五十八年（1793年）八月二十九日，马嘎尔尼以禀帖形式向清廷提出英国政府的7项要求：

第一，允许英商在舟山、宁波、天津等处贸易。

第二，请中国按照从前俄罗斯商人在中国通商之例，允许英国商人在北京设一洋行，买卖货物。

第三，请于舟山附近划一未经设防之小岛，归英国商人使用，以便英国商船到彼即得收歇，存放一切货物，且可居住商人。

第四，请于广州附近得一同样之权利，且听英国人自由来往，不加禁止。

第五，由澳门运往广州的英国货物请予免税或减税。

第六，英国船货按照中国所定之税率交税，不额外加征，请将所定税率公布，以便遵行。

第七，听任洋人传播天主教。

针对马嘎尔尼代表英国政府提出的上述7项要求，清廷在通常的敕谕外，再专门发布一道敕谕痛加驳斥，指出马嘎尔尼呈递禀文已违反天朝体制，并警告英国，如果胆敢擅自在华行动，必将被驱逐出境。这道敕谕中，中国向英国发出了非常清晰、有力的信息。

以下是这一敕谕的英译文：

> You, O King, from afar have yearned after the blessings of our civilization, and in your eagerness to come into touch with our converting influence have sent an Embassy across the sea bearing a memorial. I have already taken note of your respectful spirit of submission, have treated your mission with extreme favor and loaded with gifts, besides issuing a mandate to you, O King, and honoring you with the bestowal of valuable presents. Thus has my indulgence been manifested. Yesterday your Ambassador petitioned my Ministers to memorialize me regarding your trade with China, but his proposal is not consistent with our dynastic usage and cannot be entertained. Hitherto, all European nations, including your own country's barbarian merchants, have carried on their trade with Our Celestial Empire at Canton. Such as been the procedure for many years, although Our Celestial Empire possesses all things in prolific abundance and lacks no product within its own borders. There was therefore no need to import the manufactures of outside barbarians in exchange for our own produce. But as a tea, silk, and porcelain which the Celestial Empire produces are absolute necessities to European nations, and to yourselves, we have permitted, as a signal mark of favor, that foreign *hongs* [government – regulated associations of Chinese merchants] should be established at Canton, so that your wants may be supplied and your country thus participate in our beneficence.

But your Ambassador has now put forward new requests which completely fail to recognize the Throne's principles to "treat strangers from afar with indulgence," and to exercise a pacifying control over barbarian tribes, the world over. Moreover our dynasty, swaying the myriad races of the globe, extends the same benevolence toward all. Your England is not the only nation trading at Canton. If other nations, following your bad example, wrongfully importune my ear with further impossible requests, how will it be possible for me to treat them with easy indulgence? Nevertheless I do not forget the lonely remote lists of your island, cut off from the world by intervening wastes of sea, nor do I overlook your excusable ignorance of the usages of our Celestial Empire. I have consequently commanded my ministers to enlighten your Ambassador on the subject and have ordered the departure of the mission. But I have concerns that after your Envoy's return he may fail to acquaint you with my view in detail or that he may be lacking in lucidity, so that I shall now proceed to take your requests in turn and to issue my mandate on each question separately. In this way you will, I trust, comprehend my meaning.

1. Your Ambassador requests facilities for ships of your nation to call at Ningpo, Chusan, Tientsin, and other places for purpose of trade. Until now trade with European nations has always been conducted at Macao, where the foreign *hongs* are established to store and sell foreign merchandise. Your nation has obediently complied with this regulation for years past without raising any objection. In none of the other ports named have *hongs* been established, so that even if your vessels were to proceed thither they would have no means of disposing of their cargoes. Furthermore no interpreters are available so you would have no means of explaining your wants, and nothing but general inconvenience would result. For the future, as in the past, I decree that your request is refused and that the trade shall be limited to Macao.

2. The request that your merchants may establish a repository in the capital of my Empire for the storing and sale of your produce, in accordance with the precedent granted to Russia, is even more impracticable than the last. My capital is the hub and center about which all quarters of globe revolve. Its ordinances are most august and its laws are strict in the extreme. The subjects of our dependencies have never been allowed to open places of business in Peking. Foreign trade has hitherto been conducted at Macao, because it is conveniently near to the sea, and therefore an important gathering place for the ships of all nations sailing to and fro. If warehouses were established in Peking, the remoteness of your country line far to the northwest of my capital would render transport extremely difficult. This request is also refused.

3. Your request for small island near Chusan, where your merchants may reside and goods be warehoused, arises from your desire to develop trade. As there are neither foreign *hongs* nor interpreters in or near Chusan, where none of your ships have ever called, such an island would be utterly useless for your purposes. Every inch of the ter-

ritory of our empire is marked on the map and the strictest vigilance is exercised over it all: even tiny islets and far – lying sandbanks are clearly defined as part of the provinces to which they belong. Consider, moreover, that England is not the only barbarian land which wishes to establish relations with our civilization and trade with our empire. Supposing that other nations were all to imitate your evil example and beseech me to present them each at all the site for trading purposes, how could I possibly comply? This is also a flagrant infringement on the usages of my Empire and cannot possibly be entertained.

4. The next request, for a small site in the vicinity of Canton City, where your barbarian merchants may lodge or, alternatively, that there no longer be restrictions over their movements at Macao, has arisen from the following clauses. Hitherto, the barbarian merchants of Europe have had a definite locality assigned to them at Macao for residence and trade, and have been forbidden to encroach an inch beyond the limits assigned to that locality. Barbarian merchants having business with the *hongs* have never been allowed to enter the city of Canton; by these measures, disputes between Chinese and barbarians are prevented, and a firm barrier is raised between my subjects and those of other countries. The present request is quite contrary to precedent; furthermore, European nations have been trading with Canton for a number of years and, as they make large profits, the number of traders is constantly increasing. How would it be possible to grant such a site to each country? The merchants of the foreign *hongs* are responsible to local officials for the proceedings of barbarian merchants and they carry out periodical inspections. If these restrictions were withdrawn, frictions would inevitably occur between the Chinese and your barbarian subjects, and the results would militate against the benevolent regard that I feel toward you. From every point of view, therefore, it is best that the regulations now in force should continue unchanged.

5. Regarding your request for remission or reduction of duties on merchandise discharged by your British barbarian merchants at Macao and distributed throughout the interior, there is a regular tariff in force for barbarian merchants' goods, which applies equally to all European nations. It would be as wrong to increase the duty imposed on your nation's merchandise on the ground the bulk of foreign trade is in your hands, as to make an exception in your case in the shape of specially reduced duties. In future, duty shall be leveled equitably without discrimination between your nation and any other, and, in order to manifest my regard, your barbarian merchants show continue to be shown every consideration at Macao.

6. As to your request that your ships shall pay the duties leviable by tariff, there are regular rules in force at the Canton custom house respecting the amounts payable, and since I have refused your request to be allowed to trade of other ports, this duty will naturally continue to be paid at Canton as heretofore.

7. Regarding your nation's worship of the Lord of Heaven, it is the same religion as

that of other European nations. Ever since the beginning of history, sage emperors and wise rulers have bestowed on China a moral system and inculcated a code, which from time immemorial has been religiously observed by the myriad of my subjects. There has been no hankering after heterodox doctrines. Even the European missionary officials in my capital are forbidden to hold intercourse with Chinese subjects; they are restricted within the limits of their appointed residences, and may not go about propagating their religion. The distinction between Chinese and barbarian is most strict, and your Ambassador's request the barbarians be given full liberty to disseminate their religion is utterly unreasonable.

It may be, O King, that the above proposals have been wantonly made by your Ambassador on his own responsibility, or peradventure you yourself are ignorant of our dynastic regulations and had no intention of transgressing them when you expressed these wild ideas and hopes. I have ever shown the greatest condescension to the tribute missions of all states which sincerely yearn after the blessings of civilization, so as to manifest my kindly indulgence. I have even gone out of my way to grant any requests which are in any way consistent with Chinese usage. Above all, upon you, who live in a remote and inaccessible region, far across the spaces of ocean, but who have shown your submissive loyalty by sending this tribute mission, I have heaped benefits far in excess of those accorded to other nations. But the demands presented by your Embassy are not only a contravention of dynastic tradition, but would be utterly unproductive of good results to yourself, besides being quite impracticable. I have accordingly stated the facts to you in detail, and it is your bounden duty reverently to appreciate my feelings and to obey these instructions henceforward for all time, so that you may enjoy the blessings of perpetual piece. If, after the receipt of this explicit decree, you lightly give ear to the representations of your subordinates and allow your barbarian merchants to proceed to Chekiang and Tientsin, with the object of landing and trading there, the ordinances of my Celestial Empire are strict the extreme, and the local officials, both civil and military, are bound reverently to obey the law of the land. Should your vessels touch the shore, your merchants will assuredly never be permitted to land or to reside there, but will be subject to instant expulsion. In that event your barbarian merchants will have had a long journey for nothing. Do not say that you were not warned in due time! Tremblingly obey and show no negligence! A special mandate![①]

---

① Backhouse E, Bland J O P. Annals and Memoirs of the Court of Peking. Boston: Houghton Mifflin, 1914, pp. 322—331.

文书基本信息表

文书种类	敕谕	头辞	
发送者	中国乾隆皇帝	尾辞	特此再谕
接受者	英国国王	正文文体	
纪年标准	乾隆五十八年	正文内容	拒绝马嘎尔尼的要求
语言种类	古代汉语	用典来源	

4. 乾隆六十年（1795年）颁给英国国王敕谕

奉天承运皇帝敕谕英吉利国王知悉：尔国远在重洋，上年遣使恭赍表贡，航海祝釐[1]。朕鉴尔国王忱悃，令使臣等瞻觐、与宴、赐赍骈蕃[2]，颁发敕谕回国并赐尔国王文绮、珍玩，用示怀柔。兹尔国王复备具表文、土物，由夷船寄粤呈进，俱见恭顺之诚。天朝抚有万国，琛赆[3]来廷，不贵其物，惟重其诚。已敕谕疆臣，将贡物进收，俾伸虔敬。至天朝从前剿廓尔喀时，大将军[4]统领大兵深入，连得要隘，廓尔喀震慑兵威，匍匐乞降，大将军始据情入奏。天朝仁慈广被，中外一体，不忍该处生灵咸就殄除，是以允准投诚。彼时曾据大将军奏及尔国王遣使前去卫藏投禀，有劝令廓尔喀投顺之语。其时大功业已告成，并未烦尔国兵力。今国王表文内，以此事在从前贡使起身之后，未及奏明，想未详悉始末。今尔国王能知大义，恭顺天朝，深堪嘉尚[5]。兹特颁尔国王锦缎等件，尔国王其益励荩诚[6]，永承恩眷，以副朕绥远敷仁[7]至意。钦哉！特谕。①

【注释】

[1]祝釐：祝福。[2]骈蕃：繁多。[3]琛赆：献贡的财货。[4]大将军：指乾隆五十五年（1790年）远征廓尔喀的统帅福康安。[5]嘉尚：嘉许。[6]荩诚：忠诚。[7]敷仁：遍施仁义。

【简析】

马嘎尔尼访华后，英王在乾隆六十年（1795年）再次递交表文、贡物，乾隆帝为此颁发敕谕回复英王。从中英双方密切往来这一事实来观察，中英之间关系比以前更加亲密。英国在给清帝的表文中，提到在中国用兵廓尔喀时，英国曾支持中国。英国提及此事，一方面在向清帝示好，另一方面则有示威之意。英国希望清廷了解到英国与中国一样具有强大的国家实力，中国应当尊重英国的地位和英国商人在广州的利益。

中国用兵廓尔喀时，称呼英印殖民政府为披楞。国内有研究成果认为，清廷直到鸦片战争时期也不知披楞与英国属于同一国家。但这一敕谕清晰地表明，清廷早在18世纪晚期就已了解披楞就是英国。

---

① 《清高宗实录》卷一四九三，乾隆六十年十二月壬寅条。另见《文献丛编全编》第3册，英吉利国交聘案，北京图书馆出版社2008年版，第394—395页。

文书基本信息表

文书种类	敕谕	头辞	奉天承运皇帝敕谕英吉利国王知悉
发送者	中国乾隆皇帝	尾辞	钦哉！特谕
接受者	英国国王	正文文体	
纪年标准	中国纪年：乾隆六十年	正文内容	嘉奖进贡
语言种类	古代汉语	用典来源	

5. 嘉庆十年（1805年）颁给英国国王敕谕

奉天承运皇帝敕谕英吉利国王知悉：朕寅承[1]骏命[2]，祗遹[3]鸿图[4]；求宁观成[5]，光宅[6]区宇[7]。译传风之化，鉴归善之诚。震叠怀柔，外薄四海；无有远迩，同我太平；夐赆憬琛[8]，梯航鳞集[9]。朕益惟宵旰盱理[10]，兢业万几[11]。允冀祉锡[12]无疆，化绥有截[13]。尔邦远界海域，恪守藩维。遥申向日之忱，载肃来庭之使。循览陈奏，情词恪恭。已令将贡品进收，俾遂殷悃。至尔邦民人前来贸易，历有岁年。天朝一视同仁，无不曲加体恤，亦无需尔邦出力之处。兹国王特矼[14]表抒诚，极陈爱戴，并饬港脚[15]等处地方官员：凡遇天朝兵民人等，倍加敬谨。具见尔国王慕义向化，深所褒嘉。是用颁敕奖励，并锡赉文绮等物。尔国王其祗承渥眷，弥矢荩怀[16]。长荷天朝之宠灵，益凛友邦之修睦。率职[17]共球[18]，延禧带砺[19]。以副朕怀远敷仁至意。钦哉！特谕。①

【注释】

[1]寅承：敬承。寅：敬。[2]骏命：指上天或帝王的命令。骏：大。《诗·大雅·文王》："宜鉴于殷，骏命不易。"[3]祗遹（yù）：恭敬顺从。遹：遵循。《书·康诰》："今民将在祗遹乃文考，绍闻衣德言。"[4]鸿图：伟大基业。多指帝位。[5]观成：看到成果。《诗·大雅·文王有声》："遹观厥成。"[6]光宅：广有。光：通"广"，广大。宅：拥有。《书·尧典序》："昔在帝尧，聪明文思，光宅天下。"[7]区宇：境域；天下。[8]夐（xiòng）赆憬琛：从远方来的贡品。夐：遥远的。憬：远的。[9]鳞集：云集。[10]宵旰盱理：形容勤政。[11]万几：皇帝办理事务的繁多。[12]祉锡：赐福。[13]有截：齐一貌；整齐貌。有：助词。《诗·商颂·长发》："苞有三蘖，莫遂莫达，九有有截。韦顾既伐，昆吾夏桀。"[14]矼（gòng）：到达。[15]港脚：在广州从事贸易的英国和印度的散商。英文是 country merchant，也译作"国家商人"或"土商"，其词源意义已暧昧不明。从17世纪末叶到19世纪中叶，印度、东印度群岛同中国之间的贸易叫作港脚贸易，这些商人叫港脚商，其中主要是经过东印度公司特许的从事贸易的私商。此处"港脚"似指英国在亚洲的殖民地。[16]荩怀：怀有忠心。[17]率职：进贡。[18]共球：珍奇异宝。共：通"珙"，玉的一种。球：美玉。[19]带砺：意指受皇家恩宠，与国同休之典。带：衣带。砺：砥石。

---

① 《清仁宗实录》卷一五一，嘉庆十年十月丙申条。

【简析】

嘉庆九年（1804年），4艘英国护货兵船来到广州港口，并带来英王表文，通报英国与法国的战争。为示好中国，英王在表文中表示愿意效劳大清皇帝。嘉庆十年（1805年），清廷为此发布敕谕给英国国王，嘉奖英王的恭顺行为。

《清实录》中记载了清廷发布这一敕谕的背景：

> 谕军机大臣等：据倭什布等奏：英吉利国呈进表贡、请旨遵行一折。该国王重译输诚，情词恭顺。从前乾隆六十年间，曾经附进表贡。蒙皇考高宗纯皇帝俯赐赏收，加以锡赉，赐之敕书。此次既据该国王备进方物，自应照例赏收。著那彦成等查照办理。并将贡品赍京呈递，再行颁给敕书赏件，俾遂忱悃而示怀柔。至所称该国有护货兵船四只来广一节，近闻外洋货船到粤，均有兵船护送，亦不独英吉利国为然，必系因洋面不能肃清自为守卫之计。追驶至澳门，已近内地口岸，或有窃掠之事，岂不贻笑外夷。该督等当严饬地方文武，整饬巡防，使澳门一带商船停泊，得以安静无虞。至伊等护货兵船向来必有湾泊处所，总当循照旧规，勿令任意越进为要。再阅译出该国原表，内称有别项事情要我出力，我亦十分欢喜效力等语。此言似非无因，自系闻洋面时有盗警，或需伊国兵力帮同缉捕，是以隐跃其词。海洋地面番舶往来，原应内地官兵实力查缉，焉有借助外藩消除奸匪之理！那彦成到任后，惟当遵照节次谕旨，修明武备，整顿营伍，使奸徒闻风自远，以慑外夷而靖海疆，方为不负委任。将此谕令知之。①

嘉庆帝的这一敕谕英文如下：

THE DECLARATION OF THE EMPEROR FOR THE KNOWLEDGE AND CONSIDERATION OF THE KING OF ENGLAND

IN devout obedience to the Divine Command we have received the Inheritance of a vast Empire, in which universal tranquility is now happily established according to our desire; the splendor of our greatness has not failed to pervade every part of the Earth; animated by our exertions and example virtuous inclinations are more cultivated than formerly, and the public manners are ameliorated. Awed by our Superiority and Power, or gained by our kindness and Indulgence, even the Nations beyond the four Seas, the nearest as well as the most remote, emulate and participate in this our happy pacification, and. In testimony of their Sentiments, they incessantly navigate the Seas and scale the Mountains in order to offer their choicest productions for our acceptance.

In the mean while our Imperial Solicitude is never relaxed; from the dawn of day to the close of the Evening we are continually employed, either in the Active duties of Government, or in meditating upon, and discovering innumerable modes of rendering our administration still more perfect and efficatious, to the end that the increase of Happi-

---

① 《清仁宗实录》卷一四〇，嘉庆十年二月辛酉条。

ness and the progress of improvement may be constant and unlimited.

Your Majesty's Kingdom is at a remote distance beyond the Seas, but is observant of its duties and obedient to its Laws. Beholding from Afar the Glory of our Empire and respectfully acclaiming the perfection of our Government, Your Majesty has dispatched Messengers with Letters for our perusal and consideration; we find that they are dictated by appropriate Sentiments of Esteem and veneration, and being therefore inclined to fulfil the Wishes and expectations of your Majesty, we have determined to accept the whole of the accompanying offering.

With regard to those of your Majesty's Subjects who for a long Course of Years have been in the habit of trading to our Empire, we must observe to you that our Celestial Government regards all persons and Nations with eyes of Charity and Benevolence, and always treats and considers your subjects with the utmost indulgence and affection; on their Account therefore there can be no place or occasion for the exertion of Your Majesty's Government.

But since the letters which your Majesty hasexpressly addressed to us, are equally demonstrative of the rectitude of your being and the grateful sense you entertain of our loving kindness towards you, and as moreover your Majesty has given Orders to the Governors and Magistrates of your Command to pay peculiar attention and respect to any of Soldiers or other subjects of the Celestial Empire who may happen to be within the limits of their respective jurisdictions, we behold these unequivocal proofs of your Majesty's Justice and virtue with the greatest admiration and applause , and in order to encourage and exhort you to persevere in a Conduct and in Sentiments so favourable we address you these Letters, and have accompanied them by some presents, of which we desire your acceptance.

May your Majesty respectfully receive these great and signal testimonies of our kindness and benevolence, and long continue to cherish the recollection of the inestmable favours thus conferred on you by the Celestial Empire.

With the Kingdoms in your Neighbourhood may you cultivate peace and may you direct the Magistrates of your own Kingdom to perform their duties with fidelity. The happiest, consequences Will be found to ensue both to the present and to future generations; you will imitate and correspond with the sentiments of Universal Charity and Benevolence with which we are actuated and of which the effects are widely diffused. May you lastly duly consider what we have now expressly written for your information.

The first day of the Eleventh Moon of the Tenth year of the Emperor Kia King

21st of December 1805[①]

[①] Morse H B. The Chronicles of the East India Company Trading to China, 1635—1844, Vol. Ⅲ. Oxford: The Clarendon Press, 1926—1929, pp. 50—51.

文书基本信息表

文书种类	敕谕	头辞	奉天承运皇帝敕谕英吉利国王知悉
发送者	中国嘉庆皇帝	尾辞	钦哉！特谕
接受者	英国国王	正文文体	骈文体
纪年标准	中国纪年：嘉庆十年	正文内容	嘉奖进贡
语言种类	古代汉语	用典来源	《诗经》、《尚书》

6. 嘉庆二十一年（1816年）颁给英国国王敕谕

奉天承运皇帝敕谕英吉利国王知悉：尔国远在重洋，输诚慕化。前于乾隆五十八年，先朝高宗纯皇帝御极[1]时，曾遣使航海来庭。维时尔使臣恪恭成礼，不愆于仪[2]，用能仰承恩宠，瞻觐、筵宴、锡赉便蕃[3]。本年尔国王复遣使赍奉表章，备进方物。朕念尔国王笃于恭顺，深为愉悦。循考旧典，爰饬百司，俟尔使臣至日，瞻觐宴赉，悉仿先朝之礼举行。尔使臣始达天津，朕饬派官吏，在彼赐宴。讵[4]尔使臣于谢宴时即不遵礼节。朕以远国小臣，未娴仪度，可从矜恕[5]，特命大臣于尔使臣将次抵京之时，告以乾隆五十八年尔使臣行礼，悉跪如仪，此次岂容改异。尔使臣面告我大臣，以临期遵行跪叩，不致愆仪[6]。我大臣据以入奏，朕乃降旨，于七月初七日令尔使臣瞻觐。初八日于正大光明殿赐宴、颁赏，再于同乐园赐食；初九日陛辞，并于是日赐游万寿山；十一日在太和门颁赏，再赴礼部筵宴；十二日遣行。其行礼日期、仪节，我大臣俱以告知尔使臣矣。初七日瞻觐之期，使臣已至宫门，朕将御殿，尔正使忽称急病，不能动履[7]。朕以正使猝病，事或有之，因只令副使入见。乃副使二人亦同称患病。其为无礼，莫此为甚！朕不加深责，即日遣令归国。尔使臣既未瞻觐，则尔国王表文亦不便进呈，仍由尔使臣赍回。但念尔国王数万里外，奉表纳贽[8]，尔使臣不能敬恭将事，代达悃忱，乃尔使臣之咎。尔国王恭顺之心，朕实鉴之。特将贡物内地理图、画像、山水、人像收纳，嘉尔诚心，即同全收。并赐尔国王白玉如意一柄，翡翠玉朝珠一盘，大荷包两对，小荷包八个，以示怀柔。至尔国距中华遥远，遣使远涉，良非易事。且来使于中国礼仪不能谙习[9]，重劳唇舌，非所乐闻。天朝不宝远物，凡尔国奇巧之器，亦不视为珍异。尔国王其辑和[10]尔人民，慎固[11]尔疆土，无间远迩，朕实嘉之。嗣后毋庸遣使远来，徒烦跋涉。但能倾心效顺，不必岁时来朝，始称向化也。俾尔永遵，故兹敕谕。

嘉庆二十一年七月二十日①

【注释】

[1]御极：登极；即位。[2]不愆于仪：仪容端正有礼貌。《诗·大雅·抑》："淑慎尔止，不愆于仪。"[3]便蕃：频繁；屡次。[4]讵：不料。[5]矜恕：怜悯宽恕。[6]愆仪：失礼。[7]动履：行动。

---

① 《清仁宗实录》卷三二〇，嘉庆二十一年七月乙卯条。

[8]纳贶：进贡财物。[9]谙习：熟悉。[10]辑和：团结和睦。[11]慎固：使谨严坚固。

【简析】

嘉庆二十一年（1816年），英国派遣阿美士德使团访问中国，后因礼仪之争被遣返回国。清廷为此向英国发布敕谕，通告中国与英国使团礼仪纷争过程，指出使团被逐的主要责任在于使节不执行中国礼仪，最后告知英国政府，以后不必遣使来朝。这一敕谕全文记载于《清实录》。

清廷颁给英王的这一敕谕在阿美士德使团折返到广州之后，1817年1月7日由两广总督颁发给英国使团。关于颁发敕谕的仪式，使团的一名成员追述说：

> 会面仪式在一处可以被称作寺庙的开放型小建筑中举行，里面摆放着铺有黄色绸缎的供案、香炉以及各种各样难以理解的装饰物。总督、抚院及海部在这里接受皇帝的信，信放在一个盖着黄缎子的竹匣里，由36名轿夫抬着一乘椅轿送到。他们在单独行过跪拜礼之后，便等待着特使到来。特使阁下身穿礼袍，与小斯当东爵士和埃利斯先生一起，在他的随员和商馆人员、霍尔上校以及其他几名海军军官的陪同下，由卫队和乐队引路，大约中午时分离开他的住所前往回见地点。卫队和乐队在寺庙内相隔几码分别站成两排，特使从他们中间穿过，与跟在他后面的随员们离开一点距离，走上台阶，总督则站在台阶上迎接。稍作寒暄之后，总督从供案上拿起信，双手举过头顶，递给特使，特使以同样方式接过了信，又以相似的礼节把信交给他的私人秘书，举起帽子，弯腰鞠躬。然后，所有人转到另一座经过装饰的建筑中继续会谈。①

皇帝敕谕先颁发给两广总督，两广总督再颁发给英国使团。英国使节在接受敕谕时，以卫队和乐队为仪仗，双手举过头顶接受两广总督递来的敕谕，并以同样方式转交给私人秘书。

英国使团将敕谕带回了英国，放置在了英国外交部。据薛福成在光绪十七年（1891年）正月二十七日的日记记载：

> 英外部侍郎山特生函约参赞马格里赴外部晤谈，据云清厘档案或有华文要件属其代认也。余嘱马君，如有要件，可暂携至英馆，交张听帆录一清稿见示。既而马君来至巴黎。告余曰，外部有一匣，黄绫包裹重叠，庋存室中七十余年矣。但相传自中国寄来，并不知为何物。今启视之，则匣内复以黄绫包裹竹筒，筒内有函轴。展视则嘉庆二十一年仁宗睿皇帝赐英吉利国王敕谕也。系清文、汉字、拉丁文三样合璧。余恭阅钞稿，乃与王益吾祭酒《东华续录》所载，一字不殊。……昔年风气未开，中西语言文字莫相通晓。观其包裹完好，久庋外部，盖英廷固无人能读者，实未尝启视也。②

---

① （英）克拉克·阿裨尔著，刘海岩译：《中国旅行记（1816—1817年）——阿美士德使团医官笔下的清代中国》，上海古籍出版社2012年版，第199页。
② 《薛福成日记》下册，吉林文史出版社2004年版，第613页。

根据日记内容,颁给英王的敕谕使用满文、汉文和拉丁文3种语言。敕谕拉丁文的译文应该是留居北京的西方耶稣会士所译。这与葡萄牙阿儒达皇家图书馆收藏的乾隆十八年(1753年)颁给葡萄牙国王的敕谕使用满文、汉文和葡萄牙文3种语言相似。由此可知,清代颁发给西方国家的敕谕一般都使用3种语言。另外,日记还描述了敕谕为函轴形式,装在竹筒内,竹筒由几层黄绫包裹,再置入匣内。英国上述资料也描述清廷给英王的"信放在一个盖着黄缎子的竹匣里"。这些描述,体现了清廷特有的敕谕包装制度。

另外,薛福成在日记中认为,根据其从英国外交部获得的敕谕包装情况判断,清廷给英王的敕谕当时的英国政府不仅没有阅读过,而且根本没有打开过。但参照英方资料,薛福成这一结论是错误的。实际上,阿美士德早在广州接受敕谕不久之后,就决定直接打开敕谕包装,以了解敕谕的内容:

> 皇帝致国王的复函,藏于雕刻整洁的竹盒中,口上以盖有汉文印章纸条慎重粘封——阿美士德勋爵亲手将竹盒开启,皇帝的信件以汉文和拉丁文写在一张折叠多层的黄纸上。马礼逊获得阿美士德勋爵的许可,将汉文本抄录,并细心译成英文,它与拉丁文译本比较,显示后者将原来的对国王陛下政府以及对其特使的高傲及轻蔑表示的某些地方的意义,或则省略,或将其改为较平和的辞句。不管怎样,提供这份特殊文件的拉丁文译本的传教士可能存有修好的企图,但实际上深为遗憾的是,国王陛下政府或我们尊贵的雇主会因任何对这种粗鲁辞句好意的掩饰而致误解,而这些辞句是该政府毫无顾忌地向不列颠君主说的。因此我们的记录,将不包含皇帝函件的拉丁文副本在内,就不是件有什么遗憾的事情,因为我们珍视马礼逊更正确的翻译。①

英国人迫不及待地打开敕谕后,发现敕谕由汉语、满语、拉丁语3种文字写成。在对汉语文本和拉丁文本对比后,发现二者有很大差异。相比而言,拉丁文本的敕谕在口吻、语气上比汉语文本更为温和。不过,英国人对清廷在敕谕中严重歪曲事实感到无比义愤:"事实上,信中内容包括一些厚颜无耻的谎言;其中,他们坚持说,马嘎尔尼勋爵行了跪拜礼,阿美士德勋爵已经答应照样做,后来却又拒绝了。当我们了解到一个政府如此背信弃义时,并不感到惋惜。"② 为了避免把错误的信息带回英国而引起误解,马礼逊按照汉语文本进行了英文翻译。阿美士德使团决定使用马礼逊翻译出的更能表达中国皇帝本意的英文文本递交英国政府。因此,英国政府早就从马礼逊翻译的英文敕谕文本中完全知悉了中国皇帝敕谕的内容。

马礼逊对这份中国皇帝敕谕的印象如此之深,以致1829年2月24日给小斯当东的信中在提到道光皇帝的一份诏书时还记得敕谕开头的格式:"此诏书的开头就像已故皇帝

---

① (英)马士著,区宗华译:《东印度公司对华贸易编年史》第三卷,中山大学出版社1991年版,第294—295页。

② (英)克拉克·阿裨尔著,刘海岩译:《中国旅行记(1816—1817年)——阿美士德使团医官笔下的清代中国》,上海古籍出版社2012年版,第200页。

（嘉庆帝）致英国国王陛下的那封信。"①

文书基本信息表

文书种类	敕谕	头辞	奉天承运皇帝敕谕英吉利国王知悉
发送者	中国嘉庆皇帝	尾辞	俾尔永遵，故兹敕谕
接受者	英国国王	正文文体	
纪年标准	中国纪年：嘉庆二十一年	正文内容	通告英国使团的礼仪错误
语言种类	古代汉语	用典来源	《诗经》

（五）俄国

1. 顺治十二年（1655年）颁给俄罗斯察干汗敕谕

大清国皇帝敕谕俄罗斯国察干汗[1]：尔国远处西北，从未一达中华。今尔诚心向化，遣使进贡方物，朕甚嘉之，特颁恩赐，即俾尔使人赍回，昭朕柔远至意。尔其钦承，永效忠顺，以副恩宠。特谕。②

【注释】

[1]察干汗：又译察罕汗。该词是蒙古人对沙皇的称呼（Chagan Khan），为"白汗"之意。中、俄两国最初的相识是以蒙古人为媒介的，清初汉语采用了这一名称。

【简析】

顺治十一年（1654年），俄罗斯派遣费奥多尔·巴伊科夫出使中国，顺治十三年（1656年）到达北京，这是俄罗斯派往清代中国的第一个外交使团。

清廷发给沙俄的这道敕谕，内阁对其用纸、用印情况记录曰："俄罗斯察罕汗初次遣使来朝请安，进贡方物。将给察罕汗敕书交来使毕西里克赍回。敕书盖降敕御宝二颗，用金龙香笺黄纸缮写满、蒙文。"③

---

① （英）艾丽莎·马礼逊编，中国外国语大学中国海外汉学研究中心翻译组译：《马礼逊回忆录》第二卷，大象出版社2008年版，第213页。
② 《清世祖实录》卷九一，顺治十二年五月乙巳条。
③ 《清代中俄关系档案史料选编》第1编下册，中华书局1981年版，第18页。

文书基本信息表

文书种类	敕谕	头辞	大清国皇帝敕谕俄罗斯国察干汗
发送者	中国顺治皇帝	尾辞	特谕
接受者	俄罗斯国察干汗	正文文体	
纪年标准	中国纪年：顺治十二年	正文内容	奖赏俄罗斯首次进贡
语言种类	古代汉语	用典来源	

2. 康熙六十年（1721年）颁给俄罗斯使臣敕谕

敕谕俄罗斯使臣伊兹马依洛夫：尔国君主恭请朕安，愿日敦[1]两国之睦谊，祝中国愈加繁荣昌盛、诸事成功等情之奏书，朕已收阅，贡物皆已收下，凡事皆已当面降旨。著尔恭记朕旨，转告尔主，事竣妥为返回。特此敕谕。①

【注释】

[1]日敦：日益敦厚。

【简析】

康熙五十九年（1720年），俄罗斯沙皇派遣伊兹马依洛夫访华。康熙六十年（1721年），清廷向使者而不是向沙皇发布敕谕，这是清廷为避免与俄罗斯在外交文书格式、称谓等方面产生不必要的纠纷而采取的妥协行动。

这一敕谕由于颁发对象是俄罗斯使臣，因此该敕谕所用纸张并非是惯用的龙笺纸，文末的用印也并非"敕命之宝"，而是使用较为普通的香笺纸，文末加盖"图书"印信②。

文书基本信息表

文书种类	敕谕	头辞	敕谕俄罗斯使臣伊兹马依洛夫
发送者	中国康熙皇帝	尾辞	特此敕谕
接受者	俄罗斯使臣	正文文体	
纪年标准	中国纪年：康熙六十年	正文内容	通告访华情形
语言种类	古代汉语	用典来源	

---

① 《清代中俄关系档案史料选编》第1编下册，中华书局1981年版，第407页。
② 《清代中俄关系档案史料选编》第1编下册，中华书局1981年版，第407页。

二、谕贴例析

1. 道光十四年（1834年）粤海关监督中祥颁给洋商谕

钦命奉宸苑卿、管理粤海关税务、热河正总管加二级随带二级纪录二十三次中[1]谕洋行商人等知悉：照得准督部堂咨开：案照外夷在粤贸易船只出入海口，应放应阻及夷人在馆居住，历来均有奏定章程，咨行遵照在案。近来外洋贸易货船日多，英吉利公司散局[2]，现有夷目来粤，其船只出入等事，一切均应遵照旧章办理。

一、向来英吉利夷目船户，始准坐驾插旗三板船只。若非夷目船户，不得妄驾插旗之船。其送信出入，只准用小三板船只。如内出者，由总巡口报验。外入者，有横档[3]虎门口报验。该关口验无军械私货，给与照票，知会附近水师炮台，准予放行。其照票船至黄埔者，由黄埔口收缴。往巡船者，由横档虎门口收缴。至省城者，着总巡口收缴。如查有军械私货，税口不准给照，炮台不准放行。

一、夷商在省，不准携带枪炮。向来责成关口巡查弁兵，认真访查。遇有夷人偷运炮械，欲至省垣，即行协力拦截，不准前进。若弁兵失于觉察，甚或知情纵放，致令夷人有偷运枪炮至省之事，即提弁兵究拟。

一、夷人不准私带番妇来省。倘敢故违，即停其买卖，并即押令回澳。一面责成关口巡查弁兵，如遇夷人携带番妇入省，即行拦阻截回，知会炮台，不准放入。

一、夷商寓歇行商馆内，责成行商加紧管束，不得任意出入，致与奸民交易营私。

一、夷人具禀事务，事关紧要者，应将禀词交保商代递，不准夷人擅至城门口自投。其寻常贸易事务，应赴海关衙门具禀。又查嘉庆二十一年蒋前部堂酌定章程，夷人锢处[4]夷馆，恐生疾病，照旧准其前往海幢寺花地，闲游散解。每月止准初八、十八、二十八三次。每次不准过十人。着令通事赴经过行后，西炮台各口报明，带同前往。限于日落时，仍赴各口报明回馆。不准饮酒滋事，亦不得在外过夜。其余附近省城村落墟市，不准任意游荡，以免滋生事端等因，在案。

以上均系久定章程，不容紊越。如果各关口及各海口水师弁兵稽查认真，夷船安能出入自游！而夷人寓歇商馆，全在地方官督饬行商，晓以定例，随时约束，勿任日久法驰。除咨水师提督转饬各海口水师炮台弁兵，遵照旧章。如有夷船不候税口查验、请领红牌，或携带番妇、炮械进口者，即行拦截，不准放入。如敢私纵，定将经由汛口弁兵分别参处究惩。其寻常送信小三板，及此外贸易夷船，领有照票者，例应准其出入，随到随放，不得混行拦阻外，相应咨会查照，希即谕饬各关口书役人等，查照旧章，小心严密稽查出入夷船，不得任其来去自由，并谕行商将旧章晓谕夷人遵照。除每月逢八日期，不准出外游行，并饬通事人等，不得与定期之外，混行引带游玩，致干查究施行等因，到本关部，准此。除通饬各关口书役人等，查照旧章，小心严密稽查出入夷船，不得任其来去自由外，合行谕饬，谕到，该商等即将旧章晓谕夷人遵照。除每月逢八日期，不准出外游行，并饬通事人等，不得与定期之外，混行引带游玩。倘敢私纵，定行严究不贷。各宜凛遵，勿违。特谕。

道光十四年（1834年）六月二十八日①

【注释】

[1]中：粤海关监督中祥，道光九年（1829年）十一月十八日至十四年八月二十日在任。[2]散局：英国国会在1833年通过了一项《特许状法案》，结束了英国东印度公司长久以来在对华贸易上所拥有的贸易垄断权。[3]横档：位于珠江口虎门水道主航道两侧，珠江中流横挡山麓，岛分上下两横，是狮子洋入口的咽喉，与镇远、靖远、威远三台隔江峙。[4]锢处：禁闭住所。

【简析】

1834年7月25日，英国首任驻华贸易监督律劳卑违例进入广州，要求获得与广州官员平等地位。为此，粤海关监督向行商发布谕贴，重申广州体制下对外商的各种规定。

文书基本信息表

文书种类	谕贴	头辞	钦命奉宸苑卿、管理粤海关税务、热河正总管加二级随带二级纪录二十三次中谕洋行商人等知悉
发送者	粤海关监督	尾辞	各宜凛遵，勿违。特谕
接受者	洋商	正文文体	
纪年标准	中国纪年：道光十四年	正文内容	重申对在粤外国商人的禁令
语言种类	古代汉语	用典来源	

2. 道光十七年（1837年）两广总督邓廷桢发给洋商谕

兵部尚书两广总督部堂邓谕洋商知悉：道光十七年十月二十一日，据英吉利领事义律禀，据本国商船苏威也船主禀称，十月十五日，该船水手二人，在黄埔地方上岸，附近河滨偶遇民人四名，欲诱伊远游乡村，水手不允，乃转回河岸，被该民人忽然逞凶，将割禾小刀击打，其水手一人，幸得逃脱，一人被该奸民殴打倒地，用刀刺伤腿股，即将身上小物拿走，其被打水手，现在该船重伤未愈等情，远职理应据情禀明大人，恳请将此不法民人缉拿严办，且黄埔长洲岗[1]地方，向例既准水手上岸散步，是以恳谕该处沿河居民，遇有水手上岸安静纳凉，无故不得相欺，免滋事端等由，到本部堂，据此。查此案据禀苏威也夷人水手，因船泊黄埔，上登河岸，遇民人诱令远游乡村未允，并无不合，何致该民辄行逞凶，将水手夷人用刀刺伤，拿去小物，其中恐有起衅别情。除札东按察司会同布政司速饬番禺县验明该水手伤痕，并查拘该民人等到案，确讯实情，分别究报，毋稍纵延外，合就谕知，谕到，该总商等立即传谕该领事遵照，勿违此谕。

---

① （日）佐佐木正哉：《鸦片战争前中英交涉文书》，文海出版社1977年版，第2—3页。

道光十七年十月二十四日①

【注释】

[1] 长洲岗：即长洲岛位，是黄埔地区珠江上的一个江心岛，面积11.5平方公里，其中陆地面积为8.5平方公里。

【简析】

道光十七年（1837年），一英国商船水手在长洲岛上岸散步而遭到岸上民人攻击受伤，英国领事义律要求中国官府缉拿凶手。两广总督对这一要求做出回应，将处理结果通报义律。

文书基本信息表

文书种类	谕贴	头辞	兵部尚书两广总督部堂邓谕洋商知悉
发送者	两广总督	尾辞	勿违此谕
接受者	洋商	正文文体	
纪年标准	中国纪年：道光十七年	正文内容	通知官府对中国民人伤害英国水手案件的处理情况
语言种类	古代汉语	用典来源	

3. 道光十九年（1839年）怡良等颁发封港晓谕

兵部侍郎广东巡抚部院怡[1]、钦差大臣兵部尚书两江总督部堂林[2]、兵部尚书广东总督部堂邓[3]为晓谕事：案照本大臣、部堂于十月十五日钦奉上谕，夷船出具初结，如果可靠，自必渐就肃清。倘该夷再有反复，即当示以兵威，永远不准交易，俾冥顽之徒知所儆惧等因，钦此。查先于八月间，据澳门同知转据义律求准出结贸易，本部堂、大臣、部院以诚相待，不肯多疑，是以据情具奏，仰蒙大皇帝预料夷情难免反复，今英夷仍敢抗不遵结，果系反复无常，难逃圣明洞鉴，应即钦遵谕旨，断其贸易，除别国各船及港脚之湾刺、当唡二船，均已遵式具结，系正经贸易夷商，仍准照常贸易外，兹定于十一月初一日封港，奏明遵旨，永停英吉利国贸易，合行示知。为此示仰各关官吏及洋商、通事、引水并各国夷人一体知悉，自定期封港以后，所有英吉利、港脚货船概不准与之交易。此外各国夷船遵式具结者，仍准通商，以示劝惩而分良歹。但不许私听英夷勾串，将该船只货物，或改名冒混，或带运代销，致干查出，一并断绝贸易，此系钦遵谕旨，永杜鸦片来源，儆戒夷情反复，不得视为泛常。各宜凛遵，勿违特示。

道光十九年十月廿二日示②

---

① （日）佐佐木正哉：《鸦片战争前中英交涉文书》，文海出版社1977年版，第130—131页。
② （日）佐佐木正哉：《鸦片战争前中英交涉文书》，文海出版社1977年版，第170页。

【注释】

[1]怡：怡良。[2]林：林则徐。[3]邓：邓廷桢。

【简析】

道光十九年（1839年），清廷下令在该年十一月将对拒不提交走私鸦片结状的英国商人封港。为此，广东地方政府发布晓谕，公告这一措施。

文书基本信息表

文书种类	谕贴	头辞	兵部侍郎广东巡抚部院怡、钦差大臣兵部尚书两江总督部堂林、兵部尚书广东总督部堂邓为晓谕事
发送者	广东巡抚等	尾辞	各宜凛遵，勿违特示
接受者	洋商、通事、引水、外国人	正文文体	
纪年标准	中国纪年：道光十九年	正文内容	通告断绝与拒绝具结的英国商人贸易
语言种类	古代汉语	用典来源	

第二节　中国与欧洲国家朝贡上行文书研究

一、表文例析

（一）荷兰

1. 顺治十二年（1655年）荷兰巴达维亚总督进贡表文

管在小西诸处[1]荷兰国人统领如翰没碎格[2]奉贺大清国皇帝御体安和，万事如意，永寿于世。造物主造成大地，分有万国，或土产，或手制，此所以彼之所有，此之所无。造物主之意，盖欲人民彼此有无交易，因而相爱相和，所以我们多有漂海远游，各方皆到，到处即得与国主相与。闻得大清皇帝每得大胜，做了中国之主，此皆天主简任之恩，我们要来奉贺，并求凡可泊船处，准我人民在此贸易。一者是天主所定，一者是各国规矩皆然，且令中国人民兼得利益。我心中十分满望如此，恐无凭据，特遣两老者，一名伯多罗俄也[3]，一名雅哥伯克斯[4]，皆久用事之人，赍贡礼物前去。伏愿安和如意，永寿于世。八答未[5]（广东南雅物岛地名，盖谓在此写的），天主降生一千六百五十五年，西历七月十三日，统领如翰没碎格。①

【注释】

[1]小西诸处：小西洋各处。今印度洋地区。[2]如翰没碎格：即 Joan Maetsuyker，又译物马绥掘。[3]伯多罗俄也：即 Pieter de Goyer，又译德·豪伊尔、杯突高啮、彼得·哥页。[4]雅哥伯克斯：即 Jacob Keyzer，又译凯瑟尔。[5]八答未：巴达维亚。

【简析】

顺治十二年（1655年），荷兰东印度公司派遣使团访华，呈递表文请求与中国进行自由贸易。以上表文为中国礼部所译。这件荷兰表文的译件现存台湾"中研院"史语所。

这份荷兰东印度公司给清廷的表文是欧洲最早向中国表达"自由贸易"思想的文件。各国通过商贸活动互通有无，"一者是天主所定，一者是各国规矩皆然"，这种基于"造物主之意"的思想成为早期欧洲人要求中国开港通商的重要理论。

文书基本信息表

文书种类	表文	头辞	管在小西诸处荷兰国人统领如翰没碎格奉贺大清国皇帝御体安和，万事如意，永寿于世
发送者	荷兰巴达维亚总督	尾辞	伏愿安和如意，永寿于世
接受者	中国顺治皇帝	正文文体	
纪年标准	中国纪年：顺治十二年	正文内容	请求贸易
语言种类	古代汉语	用典来源	

2. 乾隆五十九年（1794年）荷兰进贡表文

和兰国王勃嶙氏[1]委吧国公勃沙里仁直唠[2]兼管牛屿[3]暨公班衙[4]等处地方事务泥律帽禄[5]、沃力丁[6]、勃里稽年[7]、时袂力[8]等顿首书：奉皇帝陛下以德临御，宜履四海之福；以仁恤众，将来无疆之寿。溯自圣祖仁皇帝以至于今，敝邑在粤东贸易，永承圣泽之广被，而远迩无不向化者也。来岁恭逢国寿，天下咸庆之期，万民乐德之秋，历稽开古以来，未有我皇上圣神建极之盛也。勃嶙属在遐陬[9]，历受惠泽，敢不闻风而致庆焉。谨遣来使余悚第生[10]，恭赴阙下，谨行朝贡，兼贺皇太子来年践祚[11]，庆万国之咸宁，叶[12]千龄之广运。来使倘礼法疏略，万乞包容。仍恳速赐旋棹[13]，曷胜激切仰慕之至。伏惟圣慈垂鉴。谨奉表以闻。

---

① 《明清史料》（丙编）第4本，第377页。另见李光涛《明清档案存真选辑》（初集），台湾"中研院"史语所，1959年，第221页。

乾隆五十九年六月三十日，和兰七月廿六日①
噶喇吧土库内朱葛樵书

【注释】

[1]勃嶙氏：荷兰国王威廉。闽南方言将"威廉"读若"勃嶙"。此处指奥兰治亲王（the Prince of Orange）。[2]吧国公勃沙里仁直唠：巴达维亚商务总管。[3]牛屿：好望角（Cape of Good Hope）。这是一个音义结合的译名。闽南方言"牛"字读音与good相近，"屿"为"小岛"之意，与"海角"意相似。[4]公班衙：英文company及荷兰文compagnie的音译。鸦片战争前，中国人对英国东印度公司驻广州机构及南洋华侨对荷兰东印度公司吧城（雅加达）的称呼。[5]泥律帽禄：人名，Nederburgh的音译。[6]沃力丁：人名，Alting的音译。[7]勃里稽年：人名，Frykenius的音译。[8]时袂力：人名，Siberg的音译。[9]遐陬：偏僻地区。[10]余悚第生：荷兰公使Isaac Titsingh的音译，又译德胜、伊萨克·蒂津。[11]践祚：即位；登基。[12]叶：世代。[13]旋棹：返归。

【简析】

乾隆五十九年（1794年），荷兰东印度公司派遣使者以祝寿庆贺名义向乾隆皇帝朝贡并递送表文。荷兰表文由一位署名"噶喇吧土库内朱葛樵"的人翻译成汉语②。这一署名中的"噶喇吧"即荷兰巴达维亚（今雅加达），"土库内"即"商行内"，"朱葛樵"为人名。因此，这份汉译表文翻译者的身份可能是一位居住在雅加达地区商行的福建买办商人。

这个署名中最值得关注的词汇是"土库"一词。汉语"土库"是指"贮藏财物的私人库房"。福建方言中的"土库"也有相同的含义。随着福建沿海居民移民爪哇，这个词也被带到了噶喇吧，用来称呼荷兰东印度公司在港口筑起的办公、居住和贮存货物的城堡式建筑——贸易站。《明史》列传第二一三《外国传六·渤泥》云："万历时，红毛番强商其境，筑'土库'以居。""土库"一词后被印尼语和马来语吸收，成为当地社会的日常用语，即今天我们所用的Toko，泛指一般商行或商店。

荷兰表文除了汉译文本外，还有由在京法国传教士翻译的法语文本，而表文的原始荷兰语文本保留在范罢览使华回忆录中。以下即为表文的荷兰语文本：

Aan den Keijzer van China

De Grootmagtige Doorlugtige en alomme beroemde Keijzer van China word door

Mr Sebastiaan Cornelis Nederburgh

Simon Hendrik Frijkenius

Mr Willem Arnold Alting en

Johannes Siberg

Commissarissen Generaal over geheel Neederlandsch Indien en Cabo de Goede

---

① 《海国四说》，《粤道贡国说》卷三，荷兰国，中华书局1993年版，第211—212页。
② Duyvendak. The Last Dutch Embassy to the Chinese Court, pp. 29—30.

第八章　清代中国与欧洲国家往来朝贡文书研究

Hoop, repræsenteerende Zijne Doorluchtige Hoogheid den Heere Prince van Orange en Nassau Erfstadhouder Capitain Generaal en Admiraal der Vereenigde Neederlanden, Opper Bewindhebber en Gouverneur Generaal van de Generaal geoctroijeerde Neederlandsche Comp: etc: etc: etc: en de Heeren Bewindhebberen gecommitteerd ter Vergadering van 17^{en} de gem: Comp: repræsenteerende toegewenscht (e) en bestendig genot van alle Zeegeningen die het geluk van de bevoorregtste Sterveling op deeze aarde kunnen Volmaken Daar de roem van Uw Majesteit wijze Regeering zied over de voornaamste gewesten van de aardbol heeft verspreid en de Nederlandsche Compagnie het Streelend Geluk geniet zeedert zij in het Rijk van China heeft handel gedreeven, met de onwardeerbaare Vriendschap van Uwe Majesteits Doorlugtige voor Vaderen en ook van Uwe Majeiteits begunstigd te worden, hebben ook de bestierders van de Neederlandsche Oost Indische Compagnie steeds de vuurigste zucht voor de voorspoed en het Heil van het Chinasche Rijk gekoesterd. Dit heeft hun dan ook bestendig oplettend doen zijn op de gewichtige gebeurtenisse die op het zelve betrekking haden, en daar door is aan ons die tans ter deeser Hoofdplaats Batavia aanweezig zijn, voorzien met een buijtengewoone commissie ten einde het bilang der Neederlandsche Oost Indische Comp^e te bevorderen niet ontslipt een der Zeldzaamste gebeurtenissen waar van men bij de geschiedenisse der beroemste Rijken naauwelijk een voorbeeld vind, het tijdstip namentlijk dat Uw Majesteit in het aanstaande Jaar 1795 het Zestigste jaar zijner Loffelijke Regeering zal hebben bereik tot vergroting van het geluk zijner onderdanen, tot Volmaking van het Heil zijner uitgebreide Staten — De erkentenis die de Neederlandsche Oost Indische Comp^e voor zo lang jaarig (e) en meenigvuldige weldaden gevoeld, heeft ons aangespoord, een plegtig gezandschap te benoemen om Uwe Doorlugtige Majesteit met die zigtbaare blijk der bescherming van dan Heemel te vergelukken waar toe Wij tans afvaardigen den persoon van Mr Isaac Titsingh een Man van aanzien en een Lid uit de Hoge vergadering van Neederlandsche Indien Wie wij in de bezondere toegeneegentheid van Uwe Majesteit aanbeveelen Deeze onze Ambassdeur zal Uwe Majesteit uit onze naam bij welke thans, als daar toe gecommitteerd door Hoogst gemelde Zijne Doorlugtige Hoogheid den Heere Prince van Orange en Nassau, de aanzienlijke vergadering van 17^{en} het opperste bestuur over de Neederlandsche Oost Indische Comp^e in deese gewesten word uitaeoeffend, met de gevoeligste deelneeming, en diepen eerbied vergelukken met die groote en Zeldzame gebeurtenis en toewenschen dat het Almagtig opperweezen door welk de Regeering van Uwe Majesteit zo lange heeft voortgeduurd, en gezeegend is met vreede, Luijster, en Welvaart, in de geheele uitgestrekheid van het Rijk—Ja zo, dat uwe Majesteit het waarljik voor een Regeerder groot genoegen gevoeld, van de bewustheid dat desselvs beveelen en schikkingen steeds gestrekt hebben tot bevordering van het wel zijn van het Rijk den luijster hearer Regeeringe, en de welvaard haarer onderdanen, dat datzelfde Almachtig opperweezen, na dat uwe Majesteit navolgens desselvs verlangeen zal hebben opgehouden Keijzer te zijn, Uwe Majesteit zal doen genieten de Zoetste Rust, met het Streelend vermaak, te zien, dat dezelfde voorspoed waarmeede Uwe Majesteit begunstigd is gebleeven, aan de opvolger in het Keijzerrijk geschonken, en dat volk in het Rijk gezeegend en bewaard word.

Wij verlangen zeer na het bericht, dat dit gezandschap aan Uwe Majesteit aangenaam is geweest en desselvs verlangens in onze voor aangehaalde wenschen voor de Welvaart en het genoege van Uwe Majesteit vervuld zijn, en het zal ons om die reedenen ook aangenaam zijn, dat voorm; onzen gezant bij Uwe Majesteit een spoedig gehoor verleen (d) word.

Geschreeven in het Casteel Batavia op het Eiland Groot Java deezen 26 July A 1794①

文书基本信息表

文书种类	表文	头辞	和兰国王勃嶙氏委吧国公勃沙里仁直唠兼管牛屿暨公班衙等处地方事务泥律帽禄、沃力丁、勃里稽年、时袂力等顿首书
发送者	荷兰国王	尾辞	谨奉表以闻
接受者	中国乾隆皇帝	正文文体	
纪年标准	中国纪年：乾隆五十九年	正文内容	庆贺万寿、皇太子来年继位
语言种类	古代汉语	用典来源	

（二）葡萄牙

1. 康熙十三年（1674年）葡萄牙国王进贡表文

谨奏请大清皇帝万安。前次所遣使臣玛讷萨尔达聂[1]叨蒙[2]皇帝德意鸿恩，同去之员俱沾柔远之恩。闻之不胜欢忭[3]，时时感激隆眷，仰瞻巍巍大清国宠光[4]。因谕凡在东洋[5]所属，永怀尊敬大清国之心，祝万寿无疆，俾诸国永远沾恩，等日月之无穷。今特遣本多白垒拉[6]赍献狮子。

天主降生一千六百七十四年三月十七日奏。②

【注释】

[1]玛讷萨尔达聂：Manoel de Saldagna 的译音。[2]叨蒙：承蒙。[3]欢忭：喜悦。[4]宠光：恩宠

---

① Duyvendak. The Last Dutch Embassy to the Chinese Court, pp. 33—35.
② 《清圣祖实录》卷七六，康熙十七年八月庚午条。

光耀。[5]东洋：泛指亚洲东部。[6]本多白垒拉：Bento Pereira de Faria 的译音，又译本托·白垒。

【简析】

康熙十三年（1674年），葡萄牙派遣使者本多白垒拉上表进献狮子。康熙十七年（1678年），葡萄牙使团到达北京。关于康熙十七年（1678年）葡萄牙使团献狮事件的详情，可参见拙文《康熙十七年葡萄牙献狮研究》①。

另据学者研究，康熙十三年（1674年）葡萄牙国王发给康熙帝的这份表文并非来自葡萄牙宫廷，而是由澳门的葡萄牙人精心伪造的。②

文书基本信息表

文书种类	表文	头辞	谨奏请大清皇帝万安
发送者	葡萄牙国王	尾辞	
接受者	中国康熙皇帝	正文文体	
纪年标准	基督纪年：天主降生一千六百七十四年	正文内容	进献狮子
语言种类	古代汉语	用典来源	

2. 雍正三年（1725年）葡萄牙进贡表文

波尔都噶尔国[1]、阿尔噶尔物国[2]等处国王若望[3]谨专使恭请中国大能皇帝安福，以表诚敬。钦惟圣祖仁皇帝恺泽[4]溥施[5]，声名洋溢，私心感慕，义切于怀。凡我国臣民，寓居中国者，莫不多方顾复[6]，事无巨细，备极周详。盖数十年来于兹[7]矣。复差我国之臣张安多附赍珍品，俾远国深知，德意无穷。心领之下，正图竭蹶[8]报称[9]，忽闻各路惊传圣祖仁皇帝大行[10]之恸，心中伤感，不胜思慕之极。恭遇我皇嗣位，丕显[11]前谟[12]，遂稍解此中迫切之情。钦惟我皇，纯孝至仁，缵承[13]鸿业[14]，当日往来之盛典，自然济美[15]于今时。窃自不揣[16]，特遣大臣历山麦德乐[17]航海而前趋朝恭贺，以申数万里外向慕之忱，与前无异庶几。自今以后，更相得而益彰也。不尽之言，使臣子能口达。惟望俯垂鉴纳[18]，曲盼[19]优容[20]。想使臣小心敬谨，必能仰合我皇之心也。忝居[21]列土[22]庶邦[23]之末，敢借民胞一体[24]之仁，仰求天主保佑大能皇帝玉体永安，国家多福。

天主降生一千七百二十五年二月十六日，里西波城[25]谨封。

雍正五年四月十三日奉旨：览王奏，具见悃诚。知道了。该部知道。③

【注释】

[1]波尔都噶尔国：葡萄牙。[2]阿尔噶尔物国：阿尔加尔维国。今葡萄牙法鲁地区。[3]若望：即

---

① 何新华：《康熙十七年葡萄牙献狮研究》，载《清史研究》2014年第1期。
② 黄庆华：《中葡关系史》上册，黄山书社2006年版，第386页。
③ 《中葡关系档案史料汇编》上册，中国档案出版社2000年版，第27—28页。

Dom Jean V，葡萄牙国王若望五世。[4]恺泽：又作阎怿。和乐貌。[5]溥施：遍施。[6]顾复：父母之养育；关心照料。《诗·小雅·蓼莪》："父兮生我，母兮鞠我。拊我畜我，长我育我，顾我复我，出入腹我。"[7]于兹：至今。[8]竭蹶：尽力。[9]报称：报答。[10]大行：刚死而尚未定谥号的皇帝、皇后。[11]丕显：大显。[12]前谟：前人的治国方针。[13]缵承：继承。[14]鸿业：大业。[15]济美：在前人的基础上发扬光大。《左传·文公十八年》："世济其美，不陨其名。"[16]窃自不揣：自己不自量。多用作谦辞。[17]历山麦德乐：Alexandre Metello 的译音。[18]鉴纳：鉴赏接纳。[19]曲盼：非分地盼望。[20]优容：宽容；宽待。[21]忝居：愧列。常用作谦辞。[22]列土：分封土地。[23]庶邦：诸侯众国。[24]民胞一体：天下百姓都是同胞兄弟。此处指不分种族、国别的全人类之爱。[25]里西波城：里斯本。

【简析】

雍正三年（1725年），为解决澳门贸易和传教问题，葡萄牙国王派遣麦德乐上表前往中国进贡。雍正五年（1727年），使团到达北京。该表文原件（见图8.3）现藏中国第一历史档案馆，纸质，葡萄牙文，横44厘米，纵33厘米。背面贴有黄签，注有"雍正五年博尔都雅国恭进原表"的字样。① 按照惯例，清廷将此文书翻译成朝贡文书格式，连原文书写时间西历1725年3月29日也被改写成1725年2月16日。

图 8.3　雍正三年（1725 年）葡萄牙进贡表文原件

---

① 第一历史档案馆：《清代文书档案图鉴》，岳麓书社2004年版，第272页。

对葡萄牙国王若昂五世葡语表文的图像进行辨识之后,重新汉译如下:

> 至高无上的中国皇帝,我伟大的兄弟和朋友:本人唐·若昂五世,奉天承运,乃葡萄牙、阿尔加维、非洲、海内外之王,几内亚及埃塞俄比亚、阿拉伯、波斯、印度及满剌加等地征服、航行及贸易之主,在此特向中国皇帝陛下,我非常喜爱又敬重的兄弟,送上至诚问候。通过多方消息,我已经获悉康熙皇帝陛下安然离世。抚今追昔,先帝优遇在贵国居住的我国臣属,对我国利益多方照顾,并特派在华的我国使臣张安多携带珍贵礼品出使我国。现在陛下已经顺利继位,大力发扬先帝遗志,为此致以祝贺。值此之际,为向陛下表达继续巩固业已建立的两国友好关系的良好愿望,我特命我朝大臣麦德乐以特使身份前往中国恭贺陛下登基,以使两国友好气氛长久保持,并能与陛下建立良好的互动关系。盼望陛下像先帝一样能给予我国和其他国家商人优惠权利,以使两国关系更上一层楼。最后,恳请陛下能耐心宽宏地倾听我国特使陈述并对其赐以信任。盼望我的特使届时能够从陛下处获得优厚待遇。至高无上的皇帝,我的喜爱及敬重的兄弟。祈祷天主永佑陛下。写于西方里斯本,1725 年 3 月 29 日。
>
> 你的兄弟、好朋友
>
> 签名:唐·若昂

文书基本信息表

文书种类	表文	头辞	波尔都噶尔国、阿尔噶尔物国等处国王若望谨专使恭请中国大能皇帝安福,以表诚敬
发送者	葡萄牙国王	尾辞	仰求天主保佑大能皇帝玉体永安,国家多福
接受者	中国雍正皇帝	正文文体	
纪年标准	基督纪年:天主降生一千七百二十五年	正文内容	恭贺雍正登极
语言种类	古代汉语	用典来源	

3. 乾隆十八年(1753 年)葡萄牙进贡表文

西洋波尔都噶尔亚[1]国王遣使巴哲格[2]恭请大清国圣主万安,奏言:臣父[3]昔年仰奉圣主圣祖皇帝、世宗皇帝,备极诚敬。臣父即世[4],臣嗣服[5]以来,缵承[6]父志,敬效虔恭。臣闻寓居中国西洋人等,仰蒙圣主施恩优眷,积有年所,臣不胜感激欢忭[7]。谨遣一介使臣,以申诚敬,因遣使巴哲格等,代臣恭请圣主万安,并行庆贺,伏乞圣主自天施降诸福,以惠小邦。至寓居中国西洋人等,更乞鸿慈[8]优待。再所遣使臣,明白自爱,臣国诸务,俱令料理,臣遣其至京,必能慰悦圣怀。其所陈奏,伏乞采纳。①

【注释】

[1]西洋波尔都噶尔亚:详见"波尔都噶尔国"条。[2]巴哲格:Pachecoy 的译音。[3]臣父:指若望五世。若望五世去世后,由若瑟一世继位。[4]即世:去世。[5]嗣服:继承王位。[6]缵承:继承。[7]欢忭:喜悦。[8]鸿慈:大恩。

【简析】

乾隆十八年(1753年),葡萄牙国王派遣巴哲格上表进贡清廷。该表文原件现藏中国第一历史档案馆,其背面贴有黄签,注有"乾隆十八年博尔都雅国恭进原表"的字样。

文书基本信息表

文书种类	表文	头辞	西洋波尔都噶尔亚国王遣使巴哲格恭请大清国圣主万安,奏言
发送者	葡萄牙国王	尾辞	其所陈奏,伏乞采纳
接受者	中国乾隆皇帝	正文文体	
纪年标准	中国纪年:乾隆十八年	正文内容	进贡
语言种类	古代汉语	用典来源	

(三)英国

1. 乾隆五十二年(1787年)卡斯卡特使团进贡表文

大不列颠、法兰西及爱尔兰国王,宗教的捍卫者等乔治三世致书最伟大的君主,中国的乾隆皇帝。由陛下的先人建立,并由陛下本人之长远及富强治理的经验已证实,在广大帝国范围内建立与远方各国的贸易,增进相互之间的福利、发明、工业和财富;伟大的上帝将各种不同的土壤和气候赐予散居世界各处的子民;我等深信陛下长期以来,总有意于在适合双方君主荣誉与安全的公平及平等的原则之下,鼓励臣民间的这种交换货品的政策。而我等感到遗憾者,为陛下与我等从未有过交往,为了建立我等心中热望增进之友谊,使能迅速改善两国臣民在频繁商业交易中所产生的各种不便与误会问题。

在这种情况下,我等认为适宜于委派一位特使前往陛下庄严的朝廷。

为达成这种使命,我等选任卡斯卡特先生,彼出身名门,亦为大不列颠议院成员,携带盖有我国国玺且我等亲笔签名之委任书;恳求陛下赐予接待,并惠予倾听。

赖陛下之明智与公正,惠予我国安分守己之臣民,居住贵国领土内,在陛下颁发之律

---

① 《清高宗实录》卷四三六,乾隆十八年四月己丑条。

令下，自由买卖，而其生命财产之安全亦受帝国保护，即一人不致为别人之罪而受害，至于违反法令或扰乱两国间之安宁与友谊者，陛下政府及我国将采取必要处置，予以应得之惩罚。

我等已指示特使尽力用各种办法向陛下致意并表示友好，如能给我等的希望以宽大许诺，则幸甚。

祝万能上帝之圣爱降临陛下。

书于敝圣詹姆斯殿[1]上。①

【注释】

[1]圣詹姆斯殿：即圣詹姆士宫。英国皇室拥有的法定官邸，其正式名称为圣詹姆斯宫廷（Court of St. James's）。1837年，维多利亚女王正式搬离圣詹姆斯宫，结束了法定皇家居所地位。

【简析】

1787年，英国派出以查尔斯·卡斯卡特（Charles Cathcart）为正使的使团正式访华。1787年12月21日，使团从斯皮特黑德（Spithead）出发。1788年6月10日，使团航行至印度尼西亚西部的邦加海峡时，卡斯卡特因病去世。按照英国政府的训令，使团折返英国。英国派往中国的第一个政府使团以中途夭折而告终。

卡斯卡特使团访华的主要目的在于与中国建立正式的官方关系以进一步扩大对华贸易规模，保障英国在华的自由贸易权利，并改变英商主要通过广东行商与广东地方官员接触的局面。英国政府派遣卡斯卡特使华是7年后马嘎尔尼访华的先声，在中英外交关系史上占有重要的地位。

卡斯卡特使团出使清廷的表文英文如下：

LETTER FROM THE KING TO THE EMPEROR OF CHINA, Nov. 30TH, 1787

George The Third, by the Grace of God King of Great Britain, France and Ireland, Defender of the Faith &c. &c. &c.

To Kien Long, the Most August Sovereign &c. &c. &c. Emperor of China. As it is a truth established by the practice of Your Majesty's Imperial Predecessors, and confirmed by the experience of Your own long and prosperous Reign over the extensive Empire of China, that the Establishment of a well regulated Trade between Nations distantly situated, tends to Their mutual happiness, invention, industry and Wealth; and that the Blessings which the Great God of Heaven hath conferred upon various soils and Climates are thus distributed among HIS Creatures scattered over the whole Earth; We are persuaded that Your Royal Mind has long ago been convinced of the Policy of encouraging such an interchange of Commodities between our respective Subjects, conducted upon fair and equitable principles, consistent with the honor and safety of both Sovereigns. It is a sub-

---

① （英）马士著，区宗华译：《东印度公司对华贸易编年史》第二卷，中山大学出版社1991年版，第485页。

ject of regret to Us, that no Intercourse has hitherto taken place between Your Majesty and Us, in order to ratify and invigorate the friendship which it is the anxious wish of Our heart to maintain, and to afford a speedy remedy to all those inconveniences or misunderstandings which are liable to arise between Our Subjects in mercantile Transactions of much magnitude.

Under these circumstances We have judged it expedient to depute an Ambassador to Your Sublime Court.

For this Commission We have chosen Charles Cathcart Esqr. a Gentleman of Noble Birth, and a member of the Legislative Body of Great Britain, with Credentials under the Great Seal of Our Kingdom and Our Own Sign Manual; To whom We intreat Your Majesty to give a gracious reception and a favourable ear to his representations.

We rely on Your Majesty's wisdom and justice, that you will afford Our Subjects, as long as They conduct themselves with propriety, a secure Residence within your Dominions, and a fair access to Your Markets, under such Laws and Regulations as Your Majesty shall think right, That their lives and Properties shall be safe under your imperial Protection: That one Man shall not suffer for another's Crime, but that every necessary Measure shall be taken on the part on Your Majesty's Government, as it certainly shall on Ours, to bring to condign punishment, all Persons who may transgress the Laws, and any way disturb the Peace and Friendship subsisting between Us.

We have instructed Our Ambassador to take every Method in his power to mark Our regard and friendly disposition to Your Majesty, and it will give Us the utmost Satisfaction to learn that Our wishes in that respect have been amply complied with.

May the Almighty have you in His Holy Protection.

Given at Our Court at St. James's &c. ①

文书基本信息表

文书种类	表文	头辞	大不列颠、法兰西及爱尔兰国王，宗教的捍卫者等乔治三世致书最伟大的君主，中国的乾隆皇帝
发送者	英国国王	尾辞	祝万能上帝之圣爱降临陛下
接受者	中国乾隆皇帝	正文文体	
纪年标准	公元纪年：1787年11月30日	正文内容	扩大英国对华贸易，获取更大的权利
语言种类	现代汉语译文	用典来源	

---

① Morse H B. The Chronicles of the East India Company Trading to China, 1635—1844, Vol. Ⅱ. Oxford: The Clarendon Press, 1926—1929, pp. 167—168.

2. 乾隆五十七年（1792年）马嘎尔尼进贡表文

英吉利国王热沃尔日[1]敬奏中国大皇帝万万岁，热沃尔日第三世蒙天主恩，英吉利国大红毛[2]及佛郎西依[3]、拜尔呢雅[4]国王、海主恭维大皇帝万万岁，应该坐殿万万年。本国知道中国地方甚大，管的百姓甚多，大皇帝的心里长把天下的事情、各处的人民时时照管，不但中国的地方，连外国的地方都要他保护，他们又都心里悦服，内外安宁，各国所有各样学问，各样技艺，大皇帝恩典都照管他们，叫他们尽心出力，又能长进生发，变通精妙，本国早有心要差人来，皆因本境周围地方俱不平安，耽搁多时，如今把四面的仇敌都平服了，本境平安，造了多少大船，差了多少明白的人漂洋到各处，并不是要想添自己的国土，自己的国土也够了，也不是为贪图买卖便宜，但为着要见识普天下各地方有多少处，各处事情、物件可以彼此通融，别国的好处我们能得着，我们的好处别国也能得着，恐各处地方我们有知道不全的，也有全不知道的，从前的想头要知道，如今蒙天主的恩可办成了。要把各处的禽兽、草木、土物各件都要知道，要把四方十界的物件各国互相交易，大家都得便宜，是以长想要将各国的风俗礼法明白了。如今闻得各处只有中国大皇帝管的地方风俗礼法比别处更高，至精至妙，实在是头一处，各处也都赞美心服的，故此越发想念着来向化输诚，此时不但大西洋都平安，就是小西洋红毛邻国的人落，没有理同本国打仗，也都平复了，如今本国与各处全都平安了，所以趁此时候得与中国大皇帝进献表文，盼望得些好处。

从前本国的许多人到中国海口来做买卖，两下的人都能得好处，但两下往来，各处都有规矩，自然各守法度，唯愿我的人到各处去安分守规矩，不叫他们生事，但人心不一样，如没有一个人严严管束他们，就恐不能保其不生事，故此求与中国永远平安和好，必得派一我国的人带我的权柄，住在中国地方，以便弹压我们来的人，有不是罚他们，有委屈亦可护他们，这样办法可保诸事平安，我如今为这些缘故特差一个人到中国来照管这些事情，要得一妥当明白的人，又有才学，又有权柄，又要到得大皇帝跟前对答得上来的，故此我所派的热沃尔日·吗哩格德厄·公·哩萨诺吧咙[5]是本国王的亲戚，忠信良善，议国事的大臣，身上带的两个恩典的凭据，从许多博学的人里挑出来一个大博学的人，他从前办过多少大事，又到俄罗斯国出过差，又管过多少地方办事，又到过小西洋本噶拉[6]等处属国地方料理过事情，这就是此次派的正贡使到大皇帝驾前办事，因他能办差使，表文上有本国的印信为凭，所以叫他将表文呈进在大皇帝驾前说话如自己说话一般，如今求大皇帝见他，即同见我，与他说话即同与我说话一样，施恩典看待他。

我又恐正贡使到那里或有别的缘故，所以又派一副贡使临时替他，也与正贡使一样，热沃尔日·孚沃纳多·司当东[7]，这也是个体面人，他的博学、会办事与正贡使一样的，故此从前派他在海岛平服过许多的事情，又到小西洋痕都斯坦国[8]与第博·苏渥尔当王[9]讲过和，因他能办这些事，能出力，故此派他同去，预备着好替正贡使办事，再求大皇帝也与正贡使一样恩待他。如今我国知道，大皇帝圣功威德、公正仁爱的好处，故恳准将所差的人在北京城切近观光沐浴教化，以便回国时奉扬德政，化道本国众人。至所差的人，如大皇帝用他的学问巧思，要他办些事，做些精巧技艺，只管委他，或在内地办不出来，还好寄信来在大西洋各地方采办得出来。

我本国的人或是在中国管的地方住着或是来做买卖，若是他能安分小心，求大皇帝加恩，他们都好仗着鸿福承受厚恩，他们若得了不是，即该处治，若并无不是，自然常受大皇帝的恩典。贡使起身已详细嘱咐他在大皇帝前小心敬慎，方显得一片诚心，能得大皇帝喜欢，下怀亦得喜欢。唯有祷求全善天主保护大皇帝长享太平之福，庇佑英吉利国永远平安受福。

天主降生一千七百九十二年，英吉利国王热沃尔日三十二年①

【注释】

[1]热沃尔日：英国国王乔治三世。[2]大红毛：英国。红毛：清代汉语文献中一般指荷兰、英国。[3]佛郎西依：英王名称中带有统治法国领土的头衔。英王对法国王位的主张，最先由英王爱德华三世在1340年提出。爱德华是法国诺曼人的后代，其母亲伊莎贝拉是法王查理四世的妹妹。因此爱德华三世在其法王舅父驾崩后，作为其最近的男性血亲，宣称自己拥有法国王位继承权。此后英王名称中一直有法王头衔，直到法国大革命之后。[4]拜尔呢雅：根据英文原文对照，指爱尔兰。[5]热沃尔日·吗哩格德厄·公·哩萨诺吧咙：马嘎尔尼。这一长串名称是对马嘎尔尼的姓名、头衔进行的音译和意译的结果，来自原文 Lord Viscount Macartney, Baron of Lissanoure。热沃尔日是 George 的音译，吗哩格德厄 Macartney 的音译，公是 Lord 的意译，哩萨诺吧咙是 Baron of Lissanoure 的音译。[6]小西洋本噶拉：印度洋地区的孟加拉。[7]热沃尔日·孚沃纳多·司当东：George Leonard Staunton 的音译。[8]小西洋痕都斯坦国：印度斯坦国。[9]第博·苏渥尔当王：Tippoo Sultaun 的音译。

【简析】

乾隆五十七年（1792年），英国派遣马嘎尔尼使团携带表文正式访华。乾隆五十八年（1793年），英国使团到达北京。英国马嘎尔尼访华时携带有正式外交国书，并有一份汉译表文。汉译表文为英国人自译，还是由广州方面翻译，或由清廷内阁翻译，不得而知。但根据翻译风格推断，有在华耶稣会士翻译的痕迹。

以下是英国国书原件文字：

His Most Sacred Majesty George the Third, by the Grace of God King of Great Britain, France and Ireland, Sovereign of the Seas, Defender of the Faith and so forth, To the Supreme Emperor of China Kien - long worthy to live tens of thousands and tens of thousands thousand years, sendeth Greeting.

The natural disposition of a great and benevolent Sovereign, such as is Your Imperial Majesty, whom Providence has seated upon a Throne for the good of Mankind is to watch over the peace and security of his dominion, and to take pains for disseminating happiness, virtue and knowledge among his subjects, extending also the same beneficence with all the peaceful arts, as far as he is able, to the whole human race. Impressed with such sentiments from the beginning of Our Reign when We found Our Peo-

---

① 《文献丛编全编》第2册，马嘎尔尼来聘案，北京图书馆出版社2008年版，第208—213页。

ple engaged in War We granted to Our enemies, after obtaining Victories over them in the four quarters of the World the blessings of Peace upon the most equitable condition. Since that period not satisfied with promoting the prosperity of Our own subjects in every respect, and beyond the example of any former times We have taken various opportunities of fitting out Ships and sending in them some of the most wise and learned of Our Own People, for the discovery of distant and unknown region, not for the purpose of conquest, or of enlarging Our dominion which are already sufficiently extensive for all Our wishes, not for the purpose of acquiring wealth, or even of favoring the commerce of Our Subjects, but for the sake of increasing Our knowledge of the habitable Globe, of finding out the various production of the Earth, and for communicating the arts and comforts of life to those parts where they were hitherto little known; and We have since sent vessels with the animals and vegetables most useful to Man, to Islands and places where it appeared they had been wanting. We have been still more anxious to enquire into the arts and manners of Countries where civilization has been perfected by the wise ordinances and virtuous examples of their Sovereigns thro a long series of ages; and above all, Our ardent wish had been to become acquainted with those celebrated institution of Your Majesty's populous and extensive Empire which have carried its prosperity to such a height as to be the admiration of all surrounding Nations. And now that We have by prudence and Justice avoided the calamities of War into which discord and ambition have plunged most of the other Kingdoms of Europe, and that by engaging Our Allies in Hindostan to put an end to hostilities occasioned by the attack of an ambious Neighbour, even when it was in Our power to destroy him, We have the happiness of being at peace with all the World, no time can be so propitious for extending the bounds of friendship and benebolence, and for proposing to communicate and receive those benefits which must result from an unreserved and amicable intercourse, between such great and civilized Nation as China and Great Britain. Many of Our subjects have also frequented for a long time past a remote part of Your Majesty's dominion for the purpose of Trade. No doubt, the interchange of commodities between Nation distantly situated tends to their mutual convenience, industry and wealth, as the blessings which the Great God of Heaven has conferred upon various soils and climates are thus distributed among his Creatures scattered over the surface of the Earth. But such an intercourse requires to be properly conducted, so as that the new Comers may not infringe the laws and Customs of the Country they visit, and that on the other hand they may be received on terms of hospitality and meet the Justice and protection due to Strangers. We are indeed equally desirous to restrain Our Subjects from doing evil or even of shewing ill example in any foreign Country, as We are that [they] should receive no injury in it. There is no method of effecting so good a purpose, but by the residence of a proper Person authorized by Us to regulate their conduct and to receive complaints against them whenever they should give occasion for any to be made against them, as well as any they might consider as having just cause to make of ill treatment towards them.

By such means every misunderstanding may be prevented, every inconveniences removed, a firm and lasting friendship cemented and a return of mutual good offices secured between our respective Empires.

All these consideration have determined Us to depute an Embassador Extraordinary and Plenipotentiary to Your Court, and willing to make choice for this purpose of a Person truly worthy of representing Us and of appearing before Your August Presence We have fixed upon Our right trusty and well – beloved Cousin and Counsellor the Right Honorable George Lord Viscount Macartney, Baron of Lissanoure and one of Our most honorable Privy Council of Our Kingdom of Great Britain, Knight of the most honorable order of the Bath and of the most ancient and royal order of the White Eagle, and Fellow of Our Royal Society of London for the promotion of natural knowledge, a Nobleman of high rank and quality, of great virtue, wisdom and ability, who has filled many important offices in the State of trust and honor, has already worthily represented Our Person in an Embassy to the Court of Russia, and has governed with mildness, justice and success, several of Our most considerable possession in the Eastern and western Parts of the World, and appointed to the Government General of Bengal, to be Our Embassador Extraordinary and Plenipotentiary to Your Imperial Majesty with credentials under Our Great Seal of Our Kingdoms and Our Sign Manual, to whom We entreat Your Majesty to grant a gracious reception, as well as a favorable attention to his Representation.

And in order to avoid every possibility of interruption in this amicable communication which we wish to establish and maintain with Your sublime Person and Court, and which might happen after the departure of Our said Embassador Extraordinary whose presence may be necessary to Our Affairs elsewhere or in case of his death or ocassional absence from Your Capital. We have appointed Our trusty and well beloved Sir George Staunton, Bart., honorary Doctor of Laws of Our University of Oxford, and Fellow of Our Royal Society of London for the promotion of natural knowledge, whom We have appointed Our Secretary of Embassy under the direction of Our Embassador as a Gentleman of wisdom and knowledge who hath already served us with fidelity and zeal as a Member of Our honorable Council and Colonel of Militia in some of Our Dominion in the West Indies, and appointed by Us Our Attorney General in the same, and hath since exercised with ability and success the Office of Commissioner for treating and making Peace with Tippoo Sultaun, one of the most coniderable Princes of Hindostan, to be also Minister Plenipotentiary to Your August Person, with Credentials likewise under Our Great Seal, and for whom, in case of the death departure or occasional absence of Our said Embassador Extraordinary, We entreat in like manner Your Majesty's gracious reception and attention to his Representation in Our name.

We rely on Your Imperial Majesty's wisdom and Justice and general benevolence to Mankind so conpicuous in Your long and happy reign that You will please to allow Our Ambassador and Representative at Your Court to have the opportunity of contemplating the example of Your virtues and to obtain such information of Your celebrated institution as will enable him to enlighten Our People on his return; He, on Our part being directed to give, as far as Your Majesty shall please to desire it, a full and free communication of any art, science, or observation, either of use or curiosity, which the industry ingenuity and experience of Europeans may have enabled them to acquire: And also that You will be pleased to allow to any of Our Subjects frequenting the Coasts of Your dominion, and conducting themselves with propriety a secure residence there, and a fair access to Your Markets, under such laws and regulation, as Your Majesty shall think right, and that their lives and properties shall be safe under Your Imperial protection: that one Man shall not suffer for the crime of another, in which he did not participate, and whose evasion for Justice he did not assist, but that every measure shall be taken on the part of your Government as Our Embassador is instructed strictly to direct to be taken on the part of Our People to seize and bring to condign Punishment, any of Our Subjects transgressing the laws or good order of Your Empire, or disturbing the Peace and friendship subsisting between Us.

We have particularly instructed Our Embassador to take every method in his Power to mark Our regard and friendly disposition to Your Imperial Majesty, and it will give Us the utmost satisfaction to learn that Our wishes in that respect have been amply complied with and that as We are Brethren in Sovereignty, so may a Brotherly affection ever subsist between Us.

May the Almighty have you in his holy protection!

Given at Our Court at St. James's in London the

And in the 32nd Year of Our Reign.

Imperator Augustissime

Vester bonus grater et Amicus

Georgius R

Augustissimo Principi

Kien Long

Sinarum Supremo Imperatori[①]

对照原始英文文本和汉译文本，汉译表文对原国书中描述英王和英国力量强大的词汇作了"降级"处理，使其显得较为中性化，甚至使用"大红毛国"来翻译英国的名称。对描写中国和乾隆帝的词汇则作了"升级"处理，使其显得更符合中国为万邦朝贡、乾隆

---

① Morse H B. The Chronicles of the East India Company Trading to China, 1635—1844, Vol. Ⅱ. Oxford: The Clarendon Press, 1926—1929, pp. 244—247.

帝为天下共主的特征。汉译表文对原文中介绍两位使节辉煌经历的内容也作了简化、平淡化处理。通过这种"一升一降"的处理改动，英国原国书的书写格式和体裁发生了转换，一份平等的外交国书被转换成了符合中国朝贡文书体例的属国向天朝递交的上行文书。

虽然汉译表文对原英文国书格式进行了改动，但对原文中英国主张的基本信息翻译无误：英国认为国家间商业来往是天然权利；要求增加在中国的通商港口数量；要求中方保护英国在华人员；要求派驻使节管理在华英商；等等。这些看似合乎现代国家间关系、符合现代性特征的平等要求，其实隐约包含着损害中国主权的内容。诸如要求派驻使节使用英国的规则来管理在华英人，实际上就是企图获取在华的领事裁判权；扩大在华的通商权利，是英国单方面强加给农业中国的自由主义贸易政策。如果结合马嘎尔尼离华前夕向中国提出的7项要求，损害中国主权之意更加明显。

"中国档案文献遗产工程"国家咨询委员会评审会于2003年10月10日在北京召开。专家评定出35件组档案文献列入第二批中国档案文献遗产名录，英国这份外交文件名列其中。

文书基本信息表

文书种类	表文	头辞	英吉利国王热沃尔日敬奏中国大皇帝万万岁，热沃尔日第三世蒙天主恩，英吉利国大红毛及佛郎西依、拜尔呢雅国王、海主恭维大皇帝万万岁，应该坐殿万万年
发送者	英国国王	尾辞	唯有祷求全善天主保护大皇帝长享太平之福，庇佑英吉利国永远平安受福
接受者	中国乾隆皇帝	正文文体	
纪年标准	基督纪年和英国纪年：天主降生一千七百九十二年，英吉利国王热沃尔日三十二年	正文内容	请求贸易通商、派驻使节
语言种类	古代汉语	用典来源	

3. 乾隆六十年（1795年）英吉利国谢恩表文

英吉利国王雅治[1]，管弗兰西国[2]并嗳仑[3]等处地方，呈天朝大皇帝：我宗室议政大臣马甘尼[4]由天朝京都回到本国，带有大皇帝书信所谕，情由恩典，我心中十分感谢欢喜。所差贡使进的礼物蒙皇上赏收。此贡物不过表相好之心并望同大皇帝永远通好之意。多谢大皇帝赏脸与贡使及随从人等。因贡使恭顺诚敬进贡，已沾大皇帝恩典，我也看得他重。他赍到大皇帝御赐各物，当即拜领，足感大皇帝记念的心，即如大皇帝赏收我的贡物记念一样。中华、外国的物件均是要紧合用之物，但至贵重的是彼此相通的心事。我彼此虽隔重洋，但俱要望通国太平无事，百姓安宁。是以彼此都要通好，相依相交。蒙大皇帝谕称，凡有我本国的人来中国贸易，俱要公平恩待，这是大皇帝最大的天恩。虽然天朝百姓不能来我国贸易，若有来的，我亦要尽心一样看待。我已吩咐在港脚[5]等处地方官员，遇有天朝百姓、兵丁人等，务要以好朋友相待。为此从前有一次天朝差大将军带兵到的密[6]地方，我的兵总也曾相助。前贡使到京时，未得我们因都士单[7]地方音信，是以未曾将此事奏明大皇帝，得见我们诚敬的真心。但将来亦有机会可以表达我们的诚心，彼此通好，即如贡使未起程时亦曾奉上谕，恩准贡使再到广东候旨进京。将来或再差使叩见大皇帝以表远夷的诚心。据贡使回称，大皇帝万寿康宁，并谕称我将来年寿，仰托大皇帝鸿福，均同一样，我心实在欢喜感激。惟望大皇帝天下太平，中华同外国永久共沐天恩。顺具本国些须土物，伏乞大皇帝赏收。

自英吉利国本都呈。

一千七百九十五年六月二十日①

【注释】

[1]雅治：乔治三世。[2]弗兰西国：法国。[3]嗳仑：英语Ireland的音译。爱尔兰。[4]马甘尼：马嘎尔尼。[5]港脚：在广州从事贸易的英国和印度的散商。[6]的密：这一地名具体所指不详。大将军福康安乾隆五十七年（1792年）进兵廓尔喀，曾传檄东印度公司，要求其从廓尔喀南部边界攻打廓尔喀，但英国东印度公司并未出兵。按照发音，的密或指加德满都。当时两广总督朱珪在收到这一表文时曾询问英国驻广州的大班："'的密'是何地方？据云在中华西北地方，与本国海道毗连等语。是'的密'即系廓尔喀地名。"②[7]因都士单：印度斯坦。

【简析】

在朝贡体制下，外国使节回国后一般要以外国国王的名义向皇帝进献一份谢恩表文。英国马嘎尔尼使团回国后，在乾隆六十年（1795年）也向乾隆皇帝呈交了一份感谢文件。对这一谢恩表文，清廷发布敕谕进行回复。

英国在乾隆六十年（1795年）向中国提供的表文既有英语文本，也有英国人自译的汉语文本。上述汉译表文则是两广总督朱珪下令当地英文通事对照英文表文与英国自译的汉语表文进行核对之后另外译出的。中国之所以没有采用英国方面自译的汉语表文文本而重新进行翻译，是因为英国的汉语表文"虽系中华字书，而文理舛错，难以句读"③。这份"难以句读"的英国汉语表文就是乾隆六十年（1795年）宅株士·多马·斯当东亲书的汉字呈文：

宅株士的儿烧士马个你不丹爷国又佛兰西意国又熙吧尼意国王恭敬大清乾隆皇帝万岁万万岁。王亲宰相骂加罗尔因来了，从大皇上面前到我们京里，我们受了从他大皇上的书子，及狠喜欢认得中国万岁好心亲爱与英吉利亚国王，我们也喜欢知道所我们发的钦差礼物为大皇上中意，这一总我们发了如我们爱心及同你

---

① 《文献丛编全编》第3册，英吉利国交聘案，北京图书馆出版社2008年版，第390—391页。另见梁廷枏《海国四说》，《粤道贡国说》卷五，英吉利国一，中华书局1993年版，第244—245页。

② 《清代档案史料选编》第3册，上海书店出版社2010年版，第820页。

③ 《清代档案史料选编》第3册，上海书店出版社2010年版，第820页。

们相连记号，我们也狠多谢大皇帝喜欢他。他拿来了大皇上礼物，我们必定受那件礼物，因为是大皇上好心的记号，如此大皇上受了我们的。虽然你们及我们的国每一个出、每一个用的及要紧的东西，但所更贵是所我们知道我们的相爱，必定一总国国皇或国王所喜欢他们国平安，该当彼此有相合相爱。大皇帝不能给我们更好他好心的记号，比多暂定了有义及恩典，为那一总英吉利亚人所来了中国买卖的缘故。因为不是中国人的规矩来英吉利亚国，我们不能这样报恩，但英吉利亚国国王吩咐了他总督，在小西洋做一总样好事，及恩惠与那一总皇上的兵及别的中国人所来近小西洋，故此前不多时，他做了好事与中国军阵多咱一个皇上的将军，那时不远小西洋官兵写了书字与我们总督，我们如今因来了的钦差多咱在中国，没有往来同小西洋，为这个他不能知道或告诉大皇帝，那时我们做了甚么及这样给你们知道，我们亲爱的老实，但恐怕别样也有机会，为这个及为接连的来往及爱彼此你们及我们。因为我们从如今因来的钦差听见所大皇帝喜欢，若是我们常常亲爱的记号，打发后一点别的一个钦差去中国所前头来广东及在那里，等到那时多咱大皇上吩咐他来京里，我们如今单单要讲这么多，我们喜欢听所大皇上常常平安及狠多谢大皇上讲骂加罗尔钦差所望英吉利亚国国（王）慢慢同自己一样老及常常一样平安，这个好心狠大，我们必定该报。我们心中望所中国人及外国人在中国住的还好，久享大皇上父母爱心。我们求大皇上受几个小礼物，英吉利亚国做的。在我们京里，在伦吨城。

英吉利亚国一千七百九十五年六月十七日

此呈系宅株士·多马·斯当东亲手写。①

上述呈文的字、词句、文理多有不通，诸如"及恩惠与那一总皇上的兵及别的中国人所来近小西洋，故此前不多时，他做了好事与中国军阵多咱一个皇上的将军"，如果没有原文对照，根本不知所云，可见表文作者汉语水平之低。根据文末"宅株士·多马·斯当东亲手写"，可知此汉语表文作者为 George Thomas Staunton，中国习惯称其为小斯当东，以区别于其父老斯当东。小斯当东当时已算是英国顶级的汉语人才，为英国政府在对华交往时所倚重，但从其所亲书、亲译的信件来看，大约为汉语入门级水平。英国当时缺乏与中国打交道的高级翻译人才，这已是一个不争的事实。当代人对清代由通事翻译的外国表文内容多有指责甚至嘲讽，认为常常扭曲原文含义。造成这一局面一方面由于翻译者囿于固有的天朝话语体系所致，另一方面，外国无法培养出第一流的汉语翻译人才将其准确的信息传达到中国政府，以致不得不依赖中方"扭曲"翻译。

---

① 《文献丛编全编》第 3 册，英吉利国交聘案，北京图书馆出版社 2008 年版，第 392—394 页。

文书基本信息表

文书种类	表文	头辞	英吉利国王雅治，管弗兰西国并噯仑等处地方，呈天朝大皇帝
发送者	英国国王	尾辞	顺具本国些须土物，伏乞大皇帝赏收
接受者	中国乾隆皇帝	正文文体	
纪年标准	基督纪年：一千七百九十五年	正文内容	谢恩
语言种类	古代汉语译文	用典来源	

4. 嘉庆九年（1804年）英吉利国进贡表文

英吉利国王雅治[1]，管噯仑[2]等处地方，呈天朝大皇帝：从前太上皇帝恩威远播，四海升平。今大皇帝仁慈威武，天下太平，均同一德。我十分喜欢。天朝同本国往来通好，定蒙大皇帝照太上皇帝一样，永远通好。从前凡有本国的人来中国贸易，俱蒙太上皇帝公平恩待。今闻近来本国的人到中国贸易，均蒙大皇帝一体公平恩待。我因天朝百姓不能来我本国贸易，我已吩咐在港脚[3]等处地方官员，如与中国相连地方，有天朝百姓、兵丁人等，务要加意相待。即遇有别项事情，要我出力，我亦十分喜欢效力。我与佛兰西国，前已修和。因和之后，伊国强横无理，是以我今复与伊国战争。我本意欲和好无事，岂料伊国强横凌辱，至我不能忍受，又于海口地方设立重兵，显有歹意。我恐被伊国占夺，无奈亦只得设立重兵防守，并非意存好斗。我虽然与伊国争战，仍可照旧来中国贸易通好，并无阻碍。那佛兰西国海口虽有重兵，我已用兵船围住，伊不能出口。此外又多派兵船护送，是以我贸易船只可保无虞。又幸遇大皇帝圣明，即使佛兰西国有着人到中国，谣言疏间[4]我国，我想大皇帝必不听信。再伊国不独存心想占夺我国，并欲占夺我之属国。伊国若兵力不能相敌，伊必另设阴谋。即伊国恃强设计，我国均能设备提防，可保无虞。查该佛兰西国内已乱了十三年。一切事宜，毋庸我细陈，定邀大皇帝洞悉。即如佛兰西老国王为人甚好，竟被伊国人弑害，料想大皇帝早已闻知，深为可悯可恨。如今伊国有一人做了国长，存心无道，意欲惑乱人心，使通国之人，不顾五伦，不畏天地。我想，伊断不能惑中国，大皇帝英明素着，定然洞察其奸。恭祝大皇帝长享四海升平之福，万寿康宁。我将来战争平定，身体强健。中华同外国天下太平，我心实在欢喜。顺具本国些须土物，伏乞大皇帝赏收。

奉圣谕：那彦成等覆奏英吉利国呈进贡表一折，览奏俱悉。英吉利献表输诚，呈进方物，前已降旨加恩赏收。现在那彦成等奏明，专员齐京。俟到京时，颁给敕书、赏件，用示怀柔。①

---

① 梁廷枏：《海国四说》，《粤道贡国说》卷六，英吉利国二，中华书局1993年版，第247—248页。

【注释】

[1]雅治：乔治三世。[2]嗳仑：爱尔兰。[3]港脚：在广州从事贸易的英国和印度的散商。[4]疏间：疏远离间。

【简析】

嘉庆九年（1804年），英国遣使上表通报英国与法兰西发生战争，请求中国不要听信法国的离间而损害英国在华利益。19世纪初期欧洲的战火扩展到中国。英国为争取中国的支持，向中国政府示好。嘉庆十年（1805年），清廷发布敕谕回复英国。

文书基本信息表

文书种类	表文	头辞	英吉利国王雅治，管嗳仑等处地方，呈天朝大皇帝
发送者	英国国王	尾辞	顺具本国些须土物，伏乞大皇帝赏收
接受者	中国嘉庆皇帝	正文文体	
纪年标准	中国纪年：嘉庆九年	正文内容	通报英法战争
语言种类	古代汉语译文	用典来源	

5. 嘉庆二十一年（1816年）英吉利国进贡表文

摄政王乔治[1]，以顺天承运大不列颠及北爱尔兰联合王国国王、基督教信仰捍卫者，汉诺威王、布伦斯威克和吕讷堡公爵等等的乔治三世之名义及委托，致书最德高望重的天子、中国皇帝、我们的兄弟和中表健康及福祉。

最德高望重的天子。

我的病痛缠绵的尊贵而可敬的父王，交由我摄掌君权，我非常急于将重要事项通知尊贵的皇帝陛下，并以我力所能及的种种方法修好和增进友谊，它早已幸福地存在于我们的尊贵祖先与你们的历代皇帝之间。迩者，上帝眷顾，赐福和平遍及我的尊贵父亲各领地及欧洲各国，于是给我以最佳的时机致书于皇帝陛下。因此，我特委派我们堪受信赖和宠爱的议员阿美士德勋爵，大不列颠及爱尔兰联合王国上议院议员和枢密院勋爵之一晋见陛下。他曾担任各项重要使命，我们对他完全寄予信任，特委派为国王陛下全权特使，让他将带同我的深切重视并确保忠诚送呈此信于皇帝陛下。国王陛下特使还送上我父王领土的一些产品及工艺品，以表示我的敬意，并希皇帝陛下珍视宠纳。鉴于皇帝陛下卓著之明智精神与宽仁政策，陛下会指令贵光辉朝廷宠信之大臣与国王陛下特使会谈有关双方帝国相互间之利益与繁荣的事情。我已训令并授权特使接受同样的任务，而在他的方面将以我认为与此有关的重要事项面陈。并祝皇帝陛下康宁，福寿王疆。书于我们卡尔顿宫（Carlton House）的朝廷上，1816年1月19日，即国王陛下御临之第五十六年——

贵皇帝陛下的最亲爱的兄弟及中表

签名：摄政王乔治（George P. R.）①

【注释】

[1]摄政王乔治：乔治·奥古斯塔斯，是乔治三世的长子，封威尔士亲王。1810年，乔治三世病重，根据议会通过的"摄政法"成为摄政王。1820年，父亲乔治三世去世后成为英国国王、汉诺威选侯，称乔治四世，1830年去世。

【简析】

以上现代汉语译本的英国国书译自马士《东印度公司对华贸易编年史》英文版第3卷 Letter from the Prince Regent to the Emperor of China②。

阿美士德使团携带的这份英国表文原件，装在一个"精美绝伦的小盒子里"③。国书中阐述了传统的中英友谊，并授权阿美士德对中英贸易问题与中国政府进行谈判。在进京途中，使团译员马礼逊对用英文写成的表文、礼单、成员名单等相关公文进行了汉语书面翻译，其中的表文汉译副本又交由副使小斯当东审核确定。英国使团计划将表文正本在觐见皇帝时直接递交，而汉语副本在觐见前几日内交给中国的相关大臣。

1816年8月12日，英国使团到达天津。中国方面，按照清代朝贡制度的程序，外国使臣在觐见皇帝前，中国地方官员事先需要对外国的表文、贡物等进行审查。因此，使团到达天津后，中方官员要求使团提交英国表文的汉语副本。英方在8月13日将马礼逊翻译的汉语表文副本装在一个封了口的信封中交给了中方的接待官员苏楞额和广惠。

中方对英方翻译的汉语表文审查后，认为表文内容不符合传统朝贡表文的用语，其中英国摄政王称呼中国皇帝为"兄弟"，这是对中国皇帝的一种冒犯。在中国传统政治文化中，外交文书里中、外皇帝使用代表亲属关系的词汇相互进行称谓具有特殊的政治意涵，是双方长时期内在政治、经济、军事等互动、较量的结果。从中国历代外交文书相互称谓所确立的亲属关系来看，中、外皇帝之间有不同的等级称谓关系。兄弟关系，如宋辽之间："兄大宋皇帝致弟大契丹皇帝"。侄叔（伯）关系，如宋金之间："侄宋皇帝致书于叔大金皇帝"，"侄宋皇帝致书于伯大金皇帝"。甥舅关系，如1081年（宋神宗元丰四年）中亚黑汗王遣使阿辛致书北宋皇帝："于阗国偻儸有福力量知文法黑汗王，书与东方日出处大世界田地主汉家阿舅大官家"。父子关系，五代时几个割据中原政权的皇帝对北方帝国都自称"儿皇帝"。中、外皇帝在外交文书中的相互称谓体现出的不同种类"国家关系"，借由亲属称谓体现了出来。正是汉语丰富的亲属称谓词汇，表达了国家间关系如此多的层次和性质。即使是同一种性质的关系，因用词不同，两国关系性质也有微妙的差异。在平等的兄弟国家关系中，"兄"国的地位略高于"弟"国；在不平等的侄叔（伯）国家关系中，侄叔关系的平等程度略高于侄伯关系。因此，在中国的传统外交文书中，皇

---

① （英）马士著，区宗华译：《东印度公司对华贸易编年史》第三卷，中山大学出版社1991年版，第273—274页。

② Morse H B. The Chronicles of the East India Company Trading to China, 1635—1844, Vol. Ⅱ. Oxford: The Clarendon Press, 1926—1929, p.278.

③ （英）依里斯著，叶凤美译：《依里斯日记中记载的礼仪之争》，载《清史研究》2009年第2期。

帝或国王之间在使用这些亲属称谓的词汇时是非常慎重的，必须考虑到两国关系的性质。清代皇帝自认属于天下共主，实在无法接受一个来自遥远的蛮夷国家的国王以"兄弟"名义向其问候。

中国官员在8月14日就将这一表文的汉语译本退还英国使团，要求对汉译表文中有关不恰当内容进行删改。

如与中国政治文化相比，欧洲外交文书里国王间的称谓使用"兄弟"表达两国间的亲密关系，也是外交惯用词语。因此，对于中方提出修改、删除表文汉语副本中诸如"兄弟"等词汇的要求，马礼逊拒绝："对于这个要求，我们没有答应。"但使团副使依里斯则认为："删除摄政王信中的称谓，在我看来没什么要紧。不是删除原文中的，只是删除汉语译文中的。英国君主的尊严不会因此受到影响。"① 8月15日，中方官员再次要求英方对汉译表文进行修改，不过，由于中方与英国使团在更重要的问题——觐见礼仪方面陷入激烈的争执以及随后发生的太多事件，使英国使团的汉语表文副本的翻译问题被搁置了下来。直到使团被从北京驱逐，表文汉语副本中存在的问题也没有被提及。

由马礼逊翻译的这份表文的汉译副本并没有被保留下来。但根据中方要求修改这一情节推知，马礼逊翻译的汉语副本应该较为忠实地反映了英国表文原件的内容。英国表文里英王对中国皇帝的称谓"兄弟"这一词汇被忠实地翻译了出来，马礼逊在汉译表文里并没有将其修改并扭曲为中方熟悉的朝贡词汇。如与马嘎尔尼使团的汉译表文相比，马礼逊的译文较好地传达了中英两国是平等国家的信息。有研究者认为，这是"马礼逊作为使团译者的一个重要贡献"②。

由于阿美士德没有觐见中国皇帝，无论表文正本，还是汉译副本，都未能正式呈递清廷。但英国的表文问题，其后还是出现了一些波澜。据《清实录》记载：

> 又谕：英吉利贡使回国，沿途经过省份，各派藩臬一员护送。直隶派出臬司盛泰。昨盛泰前来行在，于召见时偶询及该夷使沿途行走情形。据奏称曾与该夷官论及该国表文，又问伊国兵船数目等语。英吉利贡使遣回时，其表文朕并未阅看。盛泰系护送之员，并未降上谕令其诘问该贡使，乃无端论及表文并该国兵船数目，实属胆大妄为，甚属狂纵。盛泰着即革职，发往盛京，交晋昌以苦差委用，以为越分多事者戒。③

在直隶境内护送英国使团回国的直隶按察使盛泰因向使团成员问及英国表文，嘉庆帝认为该官员行为属于未经上谕批准而无端越分生事。清廷不仅将盛泰革职，还将其发往盛京"以苦差委用"。

阿美士德使团携带的国书现藏于大英图书馆（见图8.4）。国书装在一个信封里，阿美士德上写如下文字："这是摄政王给中国的皇帝的原信。我没有机会递交。"

---

① （英）依里斯著，叶凤美译：《依里斯日记中记载的礼仪之争》，载《清史研究》2009年第2期。
② 王宏志：《"我会穿上缀有英国皇家领扣的副领事服"：马礼逊的政治翻译活动》，《编译论丛》第三卷第一期（2010年3月）。
③ 《清仁宗实录》卷三二二，嘉庆二十一年九月己未条。

第八章 清代中国与欧洲国家往来朝贡文书研究

图 8.4 嘉庆二十一年（1816年）英吉利国进贡表文原件

文书基本信息表

文书种类	表文	头辞	摄政王乔治，以顺天承运大不列颠及北爱尔兰联合王国国王、基督教信仰捍卫者，汉诺威王、布伦斯威克和吕讷堡公爵等等的乔治三世之名义及委托，致书最德高望重的天子、中国皇帝、我们的兄弟和中表健康及福祉
发送者	英国国王	尾辞	并祝皇帝陛下康宁，福寿无疆
接受者	中国嘉庆皇帝	正文文体	
纪年标准	基督纪年：1816年	正文内容	保障、扩大英国在华贸易
语言种类	现代汉语译文	用典来源	

（四）法国

1. 康熙二十七年（1688年）法王路易十四给康熙表文

　　杰出、卓越、万能而又崇高的陛下，朕最为亲密的朋友：上帝愿增加您的荣耀，使您有一个幸福的归宿。获悉陛下希望在身边及贵国有大量精通欧洲科学的饱学之士，朕在几年前曾下旨派遣了六位皇家数学家，为陛下带去我们巴黎城内著名的皇家科学院中最新奇的科学知识和最新的天文观测成果。但是分隔我们两国的漫长海路使人极易遭遇种种不

643

测，只有耗费大量时间并历尽各种艰险才能完成旅途。朕拟此次向陛下再派一批皇家数学家耶稣会士，随西里伯爵经更短、更安全的陆路前往，以便他们能作为我们相互尊重和友谊的证明尽早到达陛下身边，以便通过西里伯爵归国后对您令人赞赏行为的记述，使朕能够忠实地见证所有非凡的事件。在此，朕请求上帝能够增加您的荣耀，并使您得到一个非常幸福的归宿。

1688年8月7日，马尔利[1]

【注释】

[1] 马尔利：马尔利宫殿。

【简析】

康熙时期，欧洲传教士前往中国主要通过海路到达澳门进入中国。但海路与陆路相比，不仅行程更长，而且危险巨大。1687年，在华传教士南怀仁建议法王路易十四开辟从陆路派遣传教士的道路。此项提议得到了路易十四的支持，他指派了闻名欧洲的西里伯爵负责开辟前往中国的陆路通道，并指派给他4位传教士和一些侍从。1688年8月7日，路易十四写了致中国皇帝的信函，寄送给了在华沙的西里伯爵。西里伯爵收到法王的信后，于1688年9月初从华沙启程前往莫斯科，另外两位神父则通过土耳其、波斯一直到达希尔万公国首都沙马基。由于俄罗斯国的百般阻挠，两路传教士都未完成使命，1690年只得返回法国，路易十四写给康熙帝的信件被带回法国，现存于法国外交部档案处。

2011年10月3日至2012年1月3日在台北故宫博物院举办的"康熙大帝与太阳王路易十四：中法艺术文化的交会"特展期间曾展出这一信函的复印件（见图8.5）。

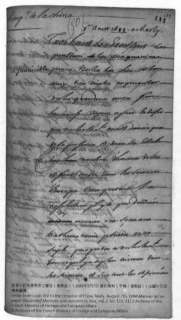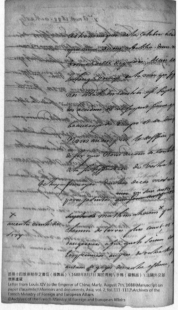

图8.5　康熙二十七年（1688年）路易十四信函复制品

文书基本信息表

文书种类	表文	头辞	杰出、卓越、万能而又崇高的陛下，朕最为亲密的朋友
发送者	法国国王路易十四	尾辞	在此，朕请求上帝能够增加您的荣耀，并使您得到一个非常幸福的归宿
接受者	中国康熙皇帝	正文文体	
纪年标准	基督纪年：1688年	正文内容	通知清廷法国从陆路派遣传教士来华
语言种类	现代汉语译文	用典来源	

（五）教廷

1. 康熙四十八年（1709年）教皇表文

克莱芒十一世教化王[1]谨奉中华并东西塞外大皇帝之表曰：天主降厥天聪之明予厥圣衷之安，为大皇帝之功，此我之所深愿也。大皇帝秉广王之权[2]，具异常之德，明哲至圣，不但遍及西洋诸国，而周天下之人无一不知也。余先曾将信任之臣姓多罗[3]名保罗者，原任伊洋地俄吉亚大主教，今为罗玛府圣教公会家尔地那尔之职，特差伊往中华，第一代为感谢诸传教士屡沾大皇帝柔远重恩，第二亦代观天主教中之事。随后得知多罗幸至大皇帝御前，亲受格外隆恩，彼时余心从来无有如此之忻愉[4]者。

及后又闻多罗不幸有失仁爱之泽，大皇帝疑惑多罗果真是余所差信任之臣否，而干大皇帝明恕[5]之机，似获不谨[6]之罪，此时余心从来无有如此之忧闷者。然我之忧闷虽然恒苦于心，但为默想明知多罗毫无获罪于大皇帝之心意。思至于此，足以略慰心中之忧虑也。向者多罗所寄之书，不止一次盛称目见大皇帝非常之至德，详录屡屡身受洪仁之锡，而内云今虽写书亦不能备述大皇帝之恩德。想多罗所寄我之书，感恩如此，则多罗获罪之故，甚实难解。

闻之大皇帝憎恶多罗因系论天主教几端传于教中诸士者，有碍于中国之风俗。但彼所传者非一己之私心，乃教化王本来之意，所传者于伊无干。想多罗原思我天主教普世之史书俱详记大皇帝永不可忘圣恩，且幸数年前蒙准天主教行于中华，而中华之人入教者凡事规矩宜合于天主教行，彼时多罗不得不想大皇帝已准行教，则亦准绝不合于天主教之风俗，是以多罗始传伊教中言也。又未久有传教之士，自中国至罗玛府报大皇帝之万安，并带中国风俗之辞论，余因报大皇帝之万安着至于前相待甚厚，再待愈厚，俟后细观所带辞论之时更可详明之也。今不得不先暂说，吾原不敢诽谤中国名邦所有敬先祖、敬先师之风俗，以报厥生教之本者[7]。

然而托赖大皇帝公义神明之德，敢求旧日所准在中国入天主教者，风行敬先之礼必皆合于天主教之清规，严为禁止不可以敬至尊无对造天地真主之礼而敬凡如人类受造者也。

645

再敢求大皇帝传命多罗,如先随意游行复归于大皇帝洪仁之心。余因大皇帝先待多罗甚重,是以由大主教之位又升伊至家尔地那尔之职,乃教化王之后第一尊位也。然选彼以代我住在中华名邦大国,是以举之于我后第一尊位以尽天主付我教化王爱人之任,又不得不仰求大皇帝保存天主教并天主教中之事之人平行于中国。盖此辈人之本分不但应明见于所讲之道,更应明见于所行之事,始不负大皇帝之德爱。盖圣教之终始俱宜小心谨慎,和睦众人,毫不得罪于人,蹈至顺无逆之路,丹心存敬。

  凡秉于天主之权者,由帝王至于官员之众,所命无伤于天主之戒,无有不遵奉者也。余实切望传教之众士,悉甘心以合于天主之戒及我所嘱之训,皆守己分不越规矩,又求保存之泽。倘有不明大皇帝之慈恩者,妄生议论,求为勿致阻隔,俾得守分修道而成己事。或者大皇帝有新禁之令,还望大皇帝洪慈柔远之德,宽其禁约,复使之安居。

  今托大皇帝异常之仁,伏望大皇帝准以上所求诸事。心欲仰报万一,惟求幸知大皇帝或有喜悦所能之事,余必尽心竭力图维,虽相隔东西二海之远,断不至有负报答圣恩之意。天降厥平安予厥圣荣以永大皇帝之躬,此乃余之深愿也。

  此表所发之系罗玛府圣伯多罗天主大殿。渔人之印封[8]。

  天主降生以后一千七百零九年马尔西约月[9]初二日①

【注释】

  [1]克莱芒十一世教化王:即 Clement XI,系康熙三十九年(1700年)至六十年(1721年)之罗马教皇,先后在1705年、1720年两次派遣使臣来华。[2]秉广王之权:拥有广大领土和权力的帝王。[3]多罗:即 Charles Thoms Maillard de Tournon,意大利人,1705年4月8日到广东,11月16日在北京觐见康熙帝。后于1707年(康熙四十六年)在南京颁布命令,禁止中国天主教徒行敬祖、敬孔之礼。康熙拘捕多罗,押送澳门由葡人看管。1710年6月8日死于狱中。1711年10月14日,克莱芒十一世誉之为"致命者"。[4]忻愉:欢快。[5]明恕:明信宽厚;明察宽大。《左传·隐公三年》:"明恕而行,要之以礼,虽无有质,谁能间之?"[6]不谨:不敬慎。[7]以报厥生教之本者:用以报答祖先之恩。《孝经·开宗明义章第一》:"子曰:夫孝,德之本也,教之所由生。"[8]渔人之印封:指教皇佩戴的渔人权戒,或称渔夫戒指。[9]马尔西约月:公元3月。

【简析】

  康熙四十六年(1707年),教皇派往中国的使臣多罗在南京宣布禁约,要求中国天主教徒不得行尊孔、敬祖之礼。康熙为此拘捕多罗。教皇得知消息后,于康熙四十八年(1709年)上表为多罗辩护,指出多罗行为只是执行教皇旨意而已,希望康熙帝解禁天主教。

  除了表文内容有关中西礼仪之争外,教皇给中国皇帝的表文加上了著名的渔人权戒,这是教皇文书的重要标志。1709年(康熙四十八年)教皇表文的文末明确注明"此表所发之系罗玛府圣伯多罗天主大殿",加有"渔人之印封"。"渔人之印封"即渔人权戒的印封,正是教皇颁发的官方文件的标志。

  教皇从13世纪开始佩戴渔人权戒(Ring of the Fisherman),这枚金质戒指所嵌宝石上

---

① 阎宗临:《中西交通史》,广西师范大学出版社2007年版,第121—122页。

刻有圣彼得在船上拉网捕鱼的雕像及教皇的名号,表示教皇继承加里肋亚渔夫——圣伯多禄的使命,寓意作万民的渔夫。教皇过世后,在教皇侍从与教廷总务长主持的第一次会议上,权戒将与教皇的其他图章一起被销毁。渔人权戒是一个印戒(signet ring),早期被用于封印教皇的私人、官方两种文件。用于私人通信时,权戒的使用方法是将权戒压入熔化在一张折叠着的纸或信封上的红色封蜡中;用于公共文件时,则将权戒压入文件系着的铅中,这样的文件历史上被称为教皇诏书。15 世纪后,权戒主要被用来封印教皇签署的官方文件。1842 年之后,权戒的印记形式都被红墨水戳记取代。

文书基本信息表

文书种类	表文	头辞	克莱芒十一世教化王谨奉中华并东西塞外大皇帝之表曰
发送者	罗马教皇	尾辞	天降厥平安予厥圣荣以永大皇帝之躬,此乃余之深愿也
接受者	中国康熙皇帝	正文文体	
纪年标准	基督纪年:天主降生以后一千七百零九年	正文内容	解释礼仪问题
语言种类	古代汉语	用典来源	《左传》、《孝经》

2. 雍正二年(1724 年)教皇表文

教化王伯纳弟多[1]恭请中国大皇帝安。窃惟无始无终全能造物之天主,照临下土,眷顾四方,遂使苦乐悲欢并发于一时。盖因先帝大行[2]之哀诏,忽尔惊传,中心痛切之至,乃大皇帝御极[3]之喜音,同日恭闻,又欢乐无限,此诚在天之主预为调剂以慰此苦也。

伏思先帝以至公无私之恩德,赏善罚恶,俾率土臣民,久安长治,俟制作具[4],然后大行随以万民悦服之。圣躬[5]丕承[6]鸿业,庶几所得之喜,意倍于所失之苦焉。若不如是,何以解之先帝之恩逾于父母,即据西洋修道诸人而论,其多年抚养,言难尽述,区区远国,适当莅政[7]之初,追纪往事,满望将来教恩广益。倘或其时惟知先帝力行不获,即闻大皇帝践祚[8]之喜,万难解此刺心之忧苦,可知明天之上唯一主宰,多方眷顾,不令人久怀郁郁也。由此心以观,仰见大皇帝盛德上智,统御广大之幅员,从今瞻望之心,比前更切,故敢竭未尽之诚,献兹微悃,约有三端:一为表先帝之大行,虽属僻远之君,而恸悲靡极[9],更遥忆大皇帝大孝大哀,必然身受难言之惨痛;一为表大皇帝即位临民享玉帛[10]冠裳[11]之朝会,居豪华富丽之名都,特申贺敬;一为表教化王之位,本来不愿缵承[12],乃勉循众请耳。渎陈[13]此意,想睿照[14]之下未有不乐闻教。三端之外,侧闻[15]御极后,即宽释一西洋人,其余者俱许专务修道,不容行无益之事,似此仁爱有加,令人愈企仰[16]也。

先教化王之使臣加乐,蒙先皇帝给以宝物,倘获拜登[17],必什袭[18]珍藏,以征旷典,奈因海舶被焚,徒深浩叹。然所失之宝,已珍藏心内,永存而不忘。今特将些微土物,附陈数语，用达远怀。每思竭力图报，惟以仰合大皇帝之欢心，而无可适从，所望大恩广被，凡西洋修道之人在中国者，俱邀庇护，此诚无可报效之恩施。惟有恒求无声无臭生物生人之天主眷顾圣躬，常享太平之福，使域中臣庶[19]，共凛国威，不忘人物之本原籍焉，万善之根基，不胜幸甚。

天主降生一千七百二十四年十月初六日①

【注释】

[1]伯纳弟多：教皇本笃十三世。[2]大行：刚死而尚未定谥号的皇帝、皇后。[3]御极：登极；即位。[4]俟制作具：等到建立制度。[5]圣躬：臣下称皇帝的身体。亦代指皇帝。[6]丕承：很好地继承；帝王承天受命。[7]莅政：临朝治理政事。[8]践祚：即位；登基。[9]靡极：非常；十分。[10]玉帛：借指执献玉帛的诸侯或外国使者。[11]冠裳：指文明、礼仪制度。[12]缵承：继承。[13]渎陈：烦扰陈述。[14]睿照：圣明关照。[15]侧闻：从旁听到；听说。[16]企仰：踮起脚来仰望。引申为景仰，仰慕。[17]拜登：敬辞。接受赐赠。[18]什袭：重重包裹，谓郑重珍藏。什：十。[19]臣庶：臣民。

【简析】

雍正二年（1724年），罗马教皇遣使上表中国，使节次年到达北京，一方面恭贺雍正登极，一方面要求解禁天主教。

文书基本信息表

文书种类	表文	头辞	教化王伯纳弟多恭请中国大皇帝安
发送者	罗马教皇	尾辞	不胜幸甚
接受者	中国雍正皇帝	正文文体	
纪年标准	基督纪年：天主降生一千七百二十四年	正文内容	恭贺雍正登极
语言种类	古代汉语	用典来源	

3. 雍正二年（1724年）教皇表文

教化王伯纳弟多[1]恭请中国新皇帝安。窃思在天之主，降特达[2]之聪明，成新皇帝之功用，所具者非常之德，所秉者广大之权。享太平巩固之鸿图，乐国富民安之原福，宜乎称颂尊威，赞扬美善，遍及西洋诸国也。仰自御极[3]以来，公义覃敷[4]，仁慈普被。钦兹二德[5]，照著万方，迄今薄海内外，共乐升平，皆由无限之新恩所致。且即如德理格[6]脱离牢之苦难，见兹宽典。满望传教之人，必能广扬天主，鼓舞作新，仰承德化，故惟有实心实意，引领颂谢而已。尚有一事冒渎[7]，向闻西洋人毕天祥[8]、纪有纲[9]监禁于广州府内，悯此二人可怜，久禁未宽。俯恳新皇帝特颁公义、仁慈之命，亦如赦免德理格之恩，

---

① 阎宗临：《中西交通史》，广西师范大学出版社2007年版，第148页。

俾其早脱系刑，同沾仁泽，虽报效无由，而朝暮焚祝。祈求天地、神人、万物之主，时垂宠佑于国家，仰见一人有庆，万福无疆，此区区之本愿也。伏祈睿断[10]施行。①

【注释】

[1]伯纳弟多：教皇本笃十三世。[2]特达：至为明达；极其通达。[3]御极：登极；即位。[4]覃敷：广布。[5]钦兹二德：公义和仁慈这两种德行。[6]德理格：西方传教士。[7]冒渎：冒犯亵渎。[8]毕天祥：西方传教士。[9]纪有纲：西方传教士。[10]睿断：皇帝圣明的决断。

【简析】

雍正二年（1724年），罗马教皇遣使上表，请求释放被拘押的传教士毕天祥、纪有纲。

文书基本信息表

文书种类	表文	头辞	教化王伯纳弟多恭请中国新皇帝安
发送者	罗马教皇	尾辞	伏祈睿断施行
接受者	中国雍正皇帝	正文文体	
纪年标准		正文内容	请求释放毕天祥、纪有纲
语言种类	古代汉语	用典来源	

4. 雍正二年（1724年）教皇表文

教化王伯纳弟多[1]恭请中国大皇帝安。窃思自古历代帝王，皆用公义、仁慈二德，享受永远太平之福。今见大皇帝初登大位，二德即发挥普照，我国闻知，众心喜悦很慰。我心因大皇帝掌万国之权，随发恩旨，释德理格[2]，脱离灾难，照旧容其效力，我心很乐，感恩不尽。还望大皇帝照顾天主圣教，再求大皇帝公义、仁慈，如放德理格之恩，再先皇帝时禁在广州府毕天祥[3]、纪有纲[4]，得沾此恩，感谢不尽，虽无以报答，惟求造化王主宰保护大皇帝万寿无疆，率土人民乐享永福于世世。②

【注释】

[1]伯纳弟多：教皇本笃十三世。[2]德理格：西方传教士。[3]毕天祥：西方传教士。[4]纪有纲：西方传教士。

【简析】

雍正二年（1724年），罗马教皇遣使上表，请求释放被拘押的传教士毕天祥、纪

---

① 阎宗临：《中西交通史》，广西师范大学出版社2007年版，第149页。
② 阎宗临：《中西交通史》，广西师范大学出版社2007年版，第149页。

有纲。

文书基本信息表

文书种类	表文	头辞	教化王伯纳弟多恭请中国大皇帝安
发送者	罗马教皇	尾辞	
接受者	中国雍正皇帝	正文文体	
纪年标准		正文内容	请求释放毕天祥、纪有纲
语言种类	古代汉语	用典来源	

二、奏本例析

1. 乾隆五十九年（1794年）荷兰进贡奏本

至大普惠仁慈中外洋溢天朝大皇帝陛下：呢德波、啡呢坚、尔吐厌喇打、施啤喱[1]四人，专主办理贺兰国事务，恭代国王喊啉哗呔咥哪嗖[2]具奏：保佑天朝大皇帝万事遂心，吉祥如意。天降征祥，从心所欲。因为声教覃敷[3]，天下一人。圣明睿智，天下无不感颂。再，贺兰国来广东贸易，感沐天朝列祖大皇帝、天朝大皇帝格外施恩。缘本国王同公班衙[4]世代沾恩感激，本国王久有心输诚，命专主国事呢德波四人，在叭打未[5]就近探听，闻得明年恭逢天朝大皇帝六十年大庆，普天同庆。本国王同公班衙十分欢喜，一面启知本国王，一面专差贡使得胜[6]，赍表到京叩贺。务求天朝大皇帝赏脸。今贡使得胜恭代国王来京虔诚叩首，恭贺千载难逢之盛典，即如本国王亲来叩贺一样。贡使叩见天朝大皇帝面奏，惟愿上苍庇佑，岁岁天下太平，长生万万岁，将来天朝在皇帝亲见皇太子受天庇佑，万事如意，均同天朝大皇帝一样。贡使得胜来京叩贺，定邀天朝大皇帝喜欢优容[7]。惟愿贡使回国时，面述天朝盛典，更加舞蹈欢呼。

一千七百九十四年七月二十六日①

【注释】

[1]呢德波、啡呢坚、尔吐厌喇打、施啤喱：4个人名。在荷兰进贡表文中译作泥律帽禄、沃力丁、勃里稽年、时袂力。[2]喊啉哗呔咥哪嗖：荷兰国王威廉·奥兰治·拿骚。[3]覃敷：广布。[4]公班衙：鸦片战争前，中国人对英国东印度公司驻广州机构及南洋华侨对荷兰东印度公司吧城（雅加达）的称呼。[5]叭打未：巴达维亚。[6]得胜：荷兰公使Isaac Titsingh的音译。[7]优容：宽容。

---

① 梁廷枏：《海国四说》，《粤道贡国说》卷三，荷兰国，中华书局1993年版，第212页。

【简析】

乾隆五十九年（1794年），荷兰东印度公司派遣使者以祝寿庆贺名义向乾隆皇帝朝贡。

文书基本信息表

文书种类	奏本	头辞	至大普惠仁慈中外洋溢天朝大皇帝陛下
发送者	荷兰国王	尾辞	惟愿贡使回国时，面述天朝盛典，更加舞蹈欢呼
接受者	中国乾隆皇帝	正文文体	
纪年标准	基督纪年：一千七百九十四年	正文内容	祝寿进贡
语言种类	古代汉语	用典来源	

三、禀文例析

1. 乾隆五十七年（1792年）英吉利总头目官管理贸易事百灵禀文

英吉利国总头目官管理贸易事百灵谨呈天朝大人，恭请钧安[1]。我本国王，管有呀兰地嘧吨[2]、佛兰西[3]、嗳仑[4]等三处地方，发船来广贸易。闻得天朝大皇帝八旬大万寿，本国未曾着人进京叩祝万寿，我国王心中十分不安。我国王说称：恳想求天朝大皇帝施恩通好。凡有我本国的人来广，与天朝的人贸易，均各相好，但望生理[5]愈大，饷货丰盈。今本国王命本国官员公辅国大臣马嘎尔尼，差往天津。倘邀天朝大皇帝赏见此人，我国王即十分欢喜，包管英吉利国人与天朝国人永远相好。此人即日扬帆前往天津，带有进贡贵重物件，内有大件品物，恐路上难行，由水路到京，不致损坏，并冀早日到京。另有差船护送同行。总求大人先代我国王奏明天朝大皇帝施恩，准此船到天津，或就近地方湾泊。我惟有虔叩天地保佑天朝大人福寿绵长。

又，禀请天朝大人钧安。敬禀者：我国王自管三处地方，向有夷商来广贸易，素沐皇仁。今闻天朝大皇帝八旬万寿，未能遣使进京叩祝，我国王心中惶恐不安。今我国王命亲信大臣公选妥干贡使马嘎尔尼前来，带有贵重贡物，进呈天朝大皇帝，以表其恭顺之心。惟愿大皇帝恩施远夷，准其永远通好，俾中国百姓与外国远夷同沾乐利，物产丰盈，我国王感激不尽。现在，马嘎尔尼即自本国起身，因贡物极大极好，恐由广东进京，水陆途遥远，致有损坏，令其往赴天津，免得路远难带。为此具禀，求代奏大皇帝，恳祈由天津海口，或附近地方进此贡物。想来必蒙大皇帝恩准。谨禀。

西洋一千七百九十二年四月二十七日①

【注释】

[1]钧安：与尊长或上级通信时问安的敬语。[2]呀兰地嚤吨：不列颠。[3]佛兰西：法兰西。[4]嗳仑：爱尔兰。[5]生理：生意；买卖。

【简析】

乾隆五十七年（1792年），英国广州大班百灵通知广东地方政府英国方面将派遣马嘎尔尼使团访华的内容。

以下是英文原禀：

The Honorable the President and Chairman of the Honorable the Court of Directors under Whose orders and authority the Commerce of Great Britain is carried on with the Chinese Nation at Canton to the High and Mighty Lord the Tsontock or Viceroy of the provinces of Quantong and Kiang‐Si Greeting.

These are with our hearty commendations to acquaint you that Our most Gracious Sovereign His most Excellent Majesty George the Third King of Great Britain France and Ireland Vc:ᵃVc:ᵃ. whose fame extends to all parts of the World having heard that it had been expected his Subjects settled at Canton in the Chinese Empire should have sent a Deputation to the Court of Pekin in order to congratulate The Emperor on his entering into the eightieth year of his age , and that such Deputation had not been immediately dispatched His Majesty expressed great displeasure thereat. And being desirous of cultivating the friendship of the Emperor of China and of improving the connection intercourse and good correspondence between the Courts of London and Pekin, and of increasing and extending the commerce between their respective subjects resolved to send his well‐beloved Cousin and Counsellor The Right Honorable George Lord Macartney Baron of Lissanoure one of his most honorable Privy Council of Ireland and Knight of the most honorable Order of the Bath and of the most ancient and royal Order of the white Eagle, a nobleman of high rank and quality, of great virtue wisdom and ability who has already filled many important offices and Employments in the State as his Ambassador Extraordinary and Plenipotentiary to the Emperor of China to represent his Person and to express in the strongest terms the satisfaction he shall feel if this mark of his attention and regard serves as a foundation to prove the sincerity of his sentiments and of his earnest wishes to promote the advantage and interest of the two Nations of Great Britain and China, and to establish a perpetual harmony and alliance between them.

The Ambassador with his attendants will very soon set out on his Voyage and having

---

① 梁廷枏：《海国四说》，《粤道贡国说》卷五，英吉利国一，中华书局1993年版，第235—236页。另见《文献丛编全编》第1册，英使马嘎尔尼来聘案，北京图书馆出版社2008年版，第32—34页。

several Presents for the Emperor of China from the King of Great Britain which from their size nice mechanism and value could not be conveyed through the interior of the Country to so great a distance as from Canton to Pekin without the risk of much damage and injury will proceed directly and without delay in one of His Majesty's Ships properly accompanied to the Port of Tien – Sing, in order to mark his particular respect by approaching in the first instance as near as possible to the residence of the Emperor of China. We request therefore that you will please to convey this information to the Court of Pekin, trusting that the Imperial Orders and Directions will be issued for the proper reception of the King of Great Britain's Ships with his Ambassador and his attendants on board them as soon as they shall appear at Tian – Sing or on the neighboring Coasts. And so praying the Almighty God to grant you all happiness and long life and to take you under his heavenly protection we bid you heartily farewell.

Given at London the 27th: day of the month of April in the year of 1792 of the Christian Era.

FRANCIS BARING[①]

文书基本信息表

文书种类	禀文	头辞	英吉利国总头目官管理贸易事百灵谨呈天朝大人，恭请钧安
发送者	英国管理贸易头目百灵	尾辞	谨禀
接受者	两广总督	正文文体	
纪年标准	西洋纪年：西洋一千七百九十二年	正文内容	通报马嘎尔尼访华事宜
语言种类	古代汉语	用典来源	

2. 嘉庆十七年（1812年）英国禀文

英吉利国益花臣[1]禀请中堂松大人[2]万福金安[3]。切益前蒙大人恩典甚厚，久已铭在心上，讫终身无不日日刻刻感激之至矣。惟愿大人福寿无疆，永受大皇帝宠命，事事如意。兹益奉敝国学士罗大弥礼未利[4]文书，谕令益代拜候大人，现在敝国学士记忆恳蒙大人礼待前进京朝见使官马嘎尔尼，又闻大人前奉旨命任两广总督，甚喜，恭贺恭贺，愿大人永享天赐之万福。为此谨禀赴中堂大人爵前施恩鉴照。

嘉庆十七年九月十五日禀。[②]

---

① 《文献丛编全编》第1册，英使马嘎尔尼来聘案，北京图书馆出版社2008年版，第39—40页。
② 《文献丛编全编》第4册，清嘉庆朝中外通商史料，北京图书馆出版社2008年版，第142页。

【注释】

[1]益花臣：东印度公司驻华大班 John Fullarton Elphinstone 的中文名。[2]松大人：松筠。[3]万福金安：祝福语。多用于对长辈和尊敬的人。[4]罗大弥礼未利：英国首相 Lord Liverpool 的译音。

【简析】

嘉庆十七年（1812年），东印度公司驻华大班呈递禀文祝贺松筠接任两广总督。

文书基本信息表

文书种类	禀文	头辞	英吉利国益花臣禀请中堂松大人万福金安
发送者	英国驻广州大班益花臣	尾辞	为此谨禀赴中堂大人爵前施恩鉴照
接受者	中国两广总督松筠	正文文体	
纪年标准	中国纪年：嘉庆十七年	正文内容	恭贺松筠任两广总督
语言种类	古代汉语	用典来源	

3. 嘉庆二十年（1815年）英国禀文

英吉利国宰相部京咸舍[1]，奉本国王命，率同通国官员，恭请两广总督大人金安[2]。今因奉命将本国情由详述与总督大人知悉：我老国王抚有一国，地方辽阔。今因年老有病，将通国地方事务，全交与长太子掌管。我太子时常思念天朝乾隆太上皇帝英明恩德，万邦钦服。我太子自摄政以来，一向与佛兰西国战争，无时止息。今因将佛兰西假王般哪哗地[3]捉获，另立佛兰西旧王亲人[4]做佛兰西国真王，本国与各国俱安静无事。我太子是以专差大臣敬诣天朝，叩见大皇帝并赍呈书函及各方物，驾驶巡船于一个月后自本国起程，仍照二十三年前，经由舟山一路水程行走入都，叩见天朝大皇帝。钦仰天朝大皇帝仁心圣德，天下太平，万邦颂扬，四海欢腾。奉本国太子命肃具此书，寄与公班衙[5]在粤办理贸易事务头人转呈两广总督大人得悉本国太子专差使臣入都情由，伏祈按例照料一切。

以上皆系奉本国摄政太子之命。

英吉利国一千八百一十五年十月初七日，部京咸舍①

【注释】

[1]部京咸舍：印度管理委员会主席白金汉公爵 Earl of Buckinghamshire 的译音。《海国四说》中将"部京咸舍"误作"部京咸含"。1993年中华书局版《海国四说》对音译的外国名称、物品有诸多错误，诸如将"部京咸舍"之"舍"误作"含"，将"因都士丹"之"士"误作"土"，将"古巴依瓦"之"古"先后误作"石"、"右"等等。在校勘古籍中的外国译名时，如果能找出其原始词源，会避免诸多

---

① 台北故宫博物院编《清代外交史料：嘉庆朝》第5册，成文出版社1968年版，第2—3页。另见梁廷枏：《海国四说》,《粤道贡国说》卷六，英吉利国二，中华书局1993年版，第256页。

"形误"词汇。[2]金安：祝福语。多用于对长辈和尊敬的人。[3]佛兰西假王般哪哗地：法兰西伪王波拿巴。此处指法兰西第一帝国皇帝拿破仑一世。[4]佛兰西旧王亲人：拿破仑被俘后，波旁王朝复辟。[5]公班衙：鸦片战争前，中国人对英国东印度公司驻广州机构及南洋华侨对荷兰东印度公司吧城（雅加达）的称呼。

【简析】

嘉庆二十年（1815年），英国白金汉公爵致函通知两广总督，英国派遣使团将启程访华。这一函件由马礼逊翻译成汉语后，以禀文形式递交两广总督。

马礼逊曾在日记中，对英国递交这份禀文给广东地方官员的过程有详细记载：

> 英国东印度公司董事会一致认为，派遣特使前往中国是有利之举，印度管理委员会主席白金汉公爵为此致函两广总督，告知摄政王殿下的意图。
>
> 公爵信函于1816年5月末送达。特选委员会主席小斯当东阁下从澳门通知广州地方政府，请求给予适当的交通便利，以便前往广州呈递此函。
>
> 委员会成员觅加府阁下、英国皇家军舰"奥兰多号"克拉维尔上校、时任特选委员会中国部译员兼秘书马礼逊先生、东印度公司在华机构成员丹尼尔先生，前往广州请求拜会抚院（总督当时正在朝廷），拜会日期相应确定在6月4日，即我们到达广州后的第二天。
>
> 我们乘轿前往巡抚衙门，在衙前下轿，从大堂左侧被领入一个房间，首席行商在那里迎候，请我们喝茶。我们坐了大约十分钟，其间协商的是应由觅加府阁下将信函递到抚院手中，还是由其他人转呈。觅加府阁下坚持按照前一种方法，并得到准许。这时只听一声号令，堂门大开，侍从齐声高喊，礼炮三响。满族将军出现在现场，一队清军排列成通往大堂的通道。负责对外贸易的朝廷大臣，被称作"海部"者，也出现在大堂上。接着，我们被要求前往呈函，信函放在一个匣子里，由马礼逊先生捧着。我们走上大堂的最高阶，鞠躬行礼，然后再将帽子戴上，因为帽子拿在手中不方便。随后，觅加府阁下打开匣子，将信函递到抚院手中。他接过信函，抬起头，问候老国王可好，摄政王无恙，又谈到前任特使来华结果令人满意，然后将信函交给随侍官员。这时，我们退出大堂，回到刚刚待过的房门口，准备离开衙门。年老且精力充沛的行商潘启官，上次特使来访时便由他负责通报，现在他又要我们等候抚院可能提出的一些问题。
>
> 可是，觅加府阁下认为如有问题最好送到商馆，这对中国人来说更显得尊重，也能有更多的时间准备恰当的答复。老潘启官强迫我们在那里等候，结果毫无效用，只得叹口气道："没有办法。"
>
> 觅加府阁下在广州停留了几日，在此期间从官府传来各种问题，如有几艘船前来？特使叫什么名字？带些什么礼品？船只是否从澳门前来？都有哪些欧洲国家正在打仗？摄政王的年龄多大？政府大权是何时交由他掌管的？等等。
>
> 过了一两天，官府又传来消息，要求克拉维尔上校等待朝廷的答复，因为潘启官作为白金汉公爵信函的呈递人不合规制。我们发现有文件记录在案，证明在通报马嘎尔尼使团即将来华时，行商曾向官府做出担保，保证送信者一直停留到

朝廷答复送至。克拉维尔上校没有答应这一要求,因为实际上信函不是由他递交的,他准备在朝廷答复送达之前离开广州。觅加府阁下提供了一份书面保证,称他将留在广州;可是政府当局并不感到满意,只要求行商代表克拉维尔上校做出承诺。行商拒绝了这一要求。他们被带到广州府衙,扣押了一两天;最终,他们达成谅解,行商按照要求提供担保,同时官府向行商做出保证,不会强求他们兑现担保中做出的承诺。

当这些事宜安排妥当后,觅加府阁下及其随员们返回澳门。①

文书基本信息表

文书种类	禀文	头辞	英吉利国宰相部京咸舍,奉本国王命,率同通国官员,恭请两广总督大人金安
发送者	英吉利国宰相部京咸舍	尾辞	伏祈按例照料一切
接受者	中国两广总督	正文文体	
纪年标准	西洋纪年:英吉利国一千八百一十五年	正文内容	通报阿美士德访华
语言种类	古代汉语	用典来源	

4. 道光十七年(1837年)英国领事义律禀文

英吉利国领事义律敬禀两广总督大人:为水手被民殴伤,禀请严行究办事。现据本国船主苏微也[1]禀称,十月十五日,该船水手二人,在黄埔地方上岸,附近河滨,偶遇民人四名,欲请伊远游乡村,水手不允,乃转回河岸,被该民人忽然逞凶,用割禾小刀击打,其水手一人,幸得脱逃,一人被该奸民殴打倒地,及用刀刺伤腿股,即将身上小物拿走。其被打水手,现住本船重伤未愈等因。远职理应据情禀明大人,恳将此不法民人缉拿严办,且黄埔长洲岗地方,向例既准水手上岸散手,是以恳谕黄埔沿河居民遇有水手上岸安静纳凉,无故不得相欺,免滋事端,远职叠蒙粤省大宪洞鉴,一秉至公,力为绝弊。缘此禀赴两广总督大人台前,察核施行。

道光十七年十月十八日②

【注释】

[1] 苏微也:又译作苏威也。

---

① (英)克拉克·阿裨尔著,刘海岩译:《中国旅行记(1816—1817年)——阿美士德使团医官笔下的清代中国》,上海古籍出版社2012年版,第323—325页。
② (日)佐佐木正哉:《鸦片战争前中英交涉文书》,文海出版社1977年版,第127页。

【简析】

道光十七年（1837年），英国商船水手在长洲岛散步而受到当地民人攻击受伤，英国领事义律向两广总督递交禀文要求缉拿凶手。

文书基本信息表

文书种类	禀文	头辞	英吉利国领事义律敬禀两广总督大人
发送者	英国领事义律	尾辞	缘此禀赴两广总督大人台前，察核施行
接受者	两广总督	正文文体	
纪年标准	中国纪年：道光十七年	正文内容	要求广东政府缉拿伤害英国上岸水手的中国民人
语言种类	古代汉语	用典来源	

四、呈文例析

1. 顺治十二年（1655年）荷兰国如翰没碎格给管治广东两位藩王呈文

管在小西诸处[1]荷兰国人统领如翰没碎格[2]贺靖、平南王[3]奉大清国皇帝命统管广东省，求造物主准赐安和永寿。向闻造物主准朝廷得了广东地方。朝廷又有德，以公道治天下，乃命有德的好官管治百姓。你德重爵尊，统领众官，效法朝廷，公道服民。我等外国人闻之喜悦。我等系以交易为生者，到处寻地方居住，近至广海。初在北港着人前去做交易的勾当，不料做不成，回来说，若要做成，须差人到北京大主之前。今特差二人有年纪者，一名伯多罗俄也[4]，一名雅哥伯克斯[5]，代我众人奉贺朝廷新得天下，并贡礼物，料来不至虚我之望也。靠你福庇，管他去进贡，又管他回来，令我等放心。外又差一人方济各懒斯蛮[6]在你广东治下住着，理料去使来回、零碎货物，我地方人感激不尽，望你福庇。准此。

八答未[7]，天主降生一千六百五十五年，西历七月十三日，统领如翰没碎格①

【注释】

[1]小西诸处：即小西洋诸处，指荷兰在亚洲的殖民地。清代文献中，小西洋指东南亚、南亚一带的海洋国家。大西洋则指欧洲地区。荷兰本土地处大西洋地区，为了把荷兰在亚洲等地的殖民地与欧洲本土区分，故称小西洋诸处。[2]如翰没碎格：巴达维亚总督Johan Maetsuycker的音译。[3]靖、平南王：靖南王耿继茂、平南王尚可喜。[4]伯多罗俄也：Pieter de Goyer的音译。[5]雅哥伯克斯：Jacob

---

① 《明清史料》丙编第4本，《译荷兰国与两王文》，第378页。

keyzer 的音译。[6]方济各懒斯蛮：Francois Lantman 的音译。[7]八答未：巴达维亚。

【简析】

顺治十二年（1655 年），荷兰东印度公司向广东的靖南王、平南王递交呈文，请求向北京进贡。

文书基本信息表

文书种类	呈文	头辞	管在小西诸处荷兰国人统领如翰没碎格贺靖、平南王奉大清国皇帝命统管广东省，求造物主准赐安和永寿
发送者	荷兰国人统领如翰没碎格	尾辞	准此
接受者	中国靖南王、平南王	正文文体	
纪年标准	基督纪年：天主降生一千六百五十五年	正文内容	请求进贡
语言种类	古代汉语	用典来源	

2. 雍正三年（1725 年）西洋传教士郭中传呈文

具呈：西洋修士郭中传，呈为报明贺献事。窃因西洋罗马国都教化皇仰慕圣朝德化，四海沾恩，凡西洋修士，俱荷覆帱[1]之中。前闻皇上新登宝位，特遣葛达都、易德丰二臣，奉书送西洋方物，航海数万里远来，欲进京诣阙贺献。今者始得舶至广省，理合具呈报明，伏乞大老爷电鉴[2]，验明具题，令其入京。又现有送上之物几箱，俱在洋舡[3]，恳乞大老爷俯准，许其来城，则感戴鸿恩，永不朽矣。上呈总督部院大老爷台下。①

【注释】

[1]覆帱：又作覆焘。覆被；施恩，加惠。《礼记·中庸》："辟如天地之无不持载，无不覆帱。"[2]电鉴：明察。[3]洋舡：洋船。舡：通"船"。

【简析】

雍正三年（1725 年），罗马教皇派遣的访华使者到达广东，西洋传教士向两广总督递送呈文通报。

---

① 阎宗临：《中西交通史》，广西师范大学出版社 2007 年版，第 146—147 页。

文书基本信息表

文书种类	呈文	头辞	具呈
发送者	西洋修士郭中传	尾辞	上呈总督部院大老爷台下
接受者	中国两广总督	正文文体	
纪年标准		正文内容	通报罗马教皇进贡
语言种类	古代汉语	用典来源	《中庸》

3. 乾隆五十八年（1793年）英使马嘎尔尼谢恩呈文

英吉利国使臣马嘎尔尼谢大皇帝恩典。我们国王敬大皇帝大福大寿，实心恭顺。如今蒙大皇帝看出我国王诚心，准我们再具表文进献，实在是大皇帝大寿万万年，我们国王万万年听教训。这实在是大皇帝的恩典，也是我国的造化。大皇帝又不嗔怪[1]我们，又不限年月。我们感激喜欢口不能说，我国王也心感激。求大人替我们奏谢大皇帝恩典。

此呈系哆吗嘶当东[2]亲手写。①

【注释】

[1]嗔怪：责怪。[2]哆吗嘶当东：小斯当东，全名 George Thomas Staunton。

【简析】

这是乾隆五十八年（1793年）小斯当东在从北京返回广州途中亲自书写的马嘎尔尼谢恩书原件（见图8.6）②，没有经过中方人员任何润色。如果说英国向中国呈交的各种文书的汉译本内容与英文原文有所差异的话，这份汉文呈文没有受到任何歪曲。

文书基本信息表

文书种类	呈文	头辞	英吉利国使臣马嘎尔尼谢大皇帝恩典
发送者	英国马嘎尔尼	尾辞	求大人替我们奏谢大皇帝恩典
接受者	中国官员	正文文体	
纪年标准		正文内容	谢恩
语言种类	古代汉语	用典来源	

---

① 斯当东：《1793英使谒见乾隆纪实》，上海书店出版社2005年版，第202页。
② 《文献丛编全编》第2册，马嘎尔尼来聘案，北京图书馆出版社2008年版，第106页。

图 8.6 乾隆五十八年（1793 年）斯当东亲写的谢恩呈文

第三节 中国与欧洲国家朝贡平行文书研究

一、照会例析

1. 道光十九年（1839 年）林则徐给英国国王照会

为照会事。洪惟我大皇帝，抚绥中外，一视同仁，利则与天下公之，害则为天下去之，盖以天地之心为心也。贵国王累世相传，皆称恭顺。观历次进贡表文云：凡本国人到中国贸易，均蒙大皇帝一体公平恩待等语。窃喜贵国王深明大义，感激天恩，是以天朝柔远绥怀,倍加优礼,贸易之利,垂二百年。该国所由以富庶称者,赖有此也。惟是通商已久,众夷良莠不齐,遂有夹带鸦片,诱惑华民,以致毒流各省者。似此但知利己,不顾害人,乃天理所不容,人神所共愤。大皇帝闻而震怒,特遣本大臣来至广东与本总督部堂巡抚部院会同查办。凡内地民人贩鸦片食鸦片者,皆应处死。若追究夷人历年贩卖之罪,则其贻害深而攫利重,本为法所当诛。惟念众夷尚知悔罪乞诚,将趸船[1]鸦片二万二百八十三箱,由领事官义律禀请缴收,全行毁化,叠经本大臣等据实具奏。幸蒙大皇帝格外施恩,以自首者情尚可原,姑宽免罪,再犯者法难屡贷,立定新章。谅贵国王向化倾心,定能谕令众夷,兢兢奉法,但必晓以利害,乃知天朝法度,断不可以不凛遵也。查该国距内地六七万里,而夷船争来贸易者,为获利之厚故耳。以中国之利利外夷,是夷人所获之厚利,皆从华民分去,岂有反以毒物害华民之理!即夷人未必有心为害,而贪利之极,不顾害人,试问天良安在?闻该国禁食鸦片甚严,是固明知鸦片之为害也。既不使为害于该国,则他国尚不可移害,况中国乎!中国所行于外国者,无一非利人之物,利于食,利于用,并利于转卖,皆利也。中国曾有一物为害外国否!况如茶叶、大黄,外国所不可一日无也。中国若靳[2]其利而不恤其害,则夷人何以为生!又外国之呢羽、毕几,非得中国丝斤,不能成织。若中国亦靳其利,夷人何利可图。其余食物自糖料、姜桂而外,用物自绸缎、磁器而外,外国所必需者,曷可胜数。而外来之物,皆不过以供玩好,可有可无,既非中国要需,何难闭关绝市!乃天朝于茶、丝诸货,悉任其贩运流通,绝不靳惜,无他,利与天下公之也。该国带去内地货物,不特自资食用,且得以分售各国,获利三倍,即不卖鸦片,而其三倍之利自在。何忍更以害人之物,恣无厌之求乎!设使别国有人贩鸦片至英国诱人买食,当亦贵国王所深恶而痛绝之也。向闻贵国王存心仁厚,自不肯以己所不欲者施之于人。并闻来粤之船,皆经颁给条约,有不许携带禁物之语,是贵国王之政令,本属严明。只因商船众多,前此或未加察,今行文照会,明知天朝禁令之严,定必使之不敢再犯。且闻贵国王所都之兰顿及斯葛兰、爱伦等处,本皆不产鸦片。惟所辖印度地方,如孟阿拉、曼达拉萨、孟买、八达拿、默拿、麻尔洼数处,连山栽种,开池制造,累月经年,以厚其毒,臭秽上达,天怒神恫。贵国王诚能于此等处,拔尽根株,尽锄其地,改种五谷。有敢再图种造鸦片者,重治其罪。此真兴利除害之大仁政,天所佑而神所福,延年寿、长子孙,必在此举矣!至夷商来至内地,饮食居处,无非天朝之恩膏,积聚丰盈,无非天朝之乐利。其在该国之日犹少,而在粤东之日转多。弼教明刑[3],古今通义,譬如别国人到英国贸易,尚须遵英国法度,况天朝乎!今定华民之例,卖鸦片者死,食者亦死。试思夷人若无鸦片带来,则华民何由转卖,何由吸食,是奸夷实陷华民于死,岂能独予以生!彼害人一命者,尚须以命抵之。况鸦片之害人,岂止一命已乎!故新例于带鸦片来内地之夷人,定以斩绞之罪,所谓为天下去害者此也。复查本年二月间,据该国领事义律,以鸦片禁令森严,禀求宽限。凡印度港脚[4]属地,请限五月,英国本地,请限十月,然后即以新例遵行等语。今本大臣等奏蒙大皇帝格外天恩,倍加体恤。凡在一年六个月之内,误带鸦片,但能自首全缴者,免其治罪。若过此限期,仍有带来,则是明知故犯,即行正法,断不宽宥,可谓仁之至义之尽矣!我天朝君临万国,尽有不测神威,然不忍不教而诛,故特明宣定例,该国夷商欲图长久贸易,必当凛遵宪典,将鸦片永断来源,切勿以身试法。王其诘奸除慝[5],以保乂[6]尔有邦[7],益昭恭顺之忱,共享太平之福。幸甚!幸甚！接到此文之后，即将杜绝鸦片缘由，速行移覆，切勿诿延。须至照会者。

道光帝朱批：得体周到。①

【注释】

[1]趸（dǔn）船：英文 store ship 的音译。无动力装置的矩形平底船，通常固定在岸边，最初仅作为浮码头使用，用于装卸货物或供行人上下。鸦片战争前，外国不法商人利用趸船走私鸦片。在零丁洋面，停泊着许多大型趸船，外国鸦片商人把鸦片运到趸船贮存，每艘可载鸦片1000箱左右，中国商人凭提单到趸船取货，再雇快蟹船将鸦片运回广州大窖口，然后转售。随着鸦片走私的日益泛滥，外国鸦片贩子改变做法，自己直接从趸船走私，把鸦片运到岸上交给买主。[2]靳：吝惜，不肯给予。[3]弼教明刑：彰明刑罚，辅以礼教。弼：辅助、辅弼。《书·大禹谟》："明于五刑，以弼五教，期于予治。"[4]港脚：在广州从事贸易的英国和印度的散商。[5]诘（jié）奸除慝（tè）：究办和铲除奸盗。诘：追究。慝：奸邪，邪恶。《书·周官》："司寇掌邦禁，诘奸慝，刑暴乱。"[6]保乂：治理使之安定太平。[7]有邦：指诸侯。亦泛指国家。

【简析】

道光十九年（1839年）六月二十四日，林则徐、邓廷桢、怡良会奏《拟谕英吉利国王檄》，道光十九年（1839年）七月十九日，上谕批复："谕军机大臣等：据林则徐等奏拟具檄谕英吉利国王底稿附摺呈览，朕详加披阅。所议得体周到。著林则徐等即行照录，颁发该国王。"②在获得道光帝的批准后，林则徐命人将这一檄谕翻译成英文，以照会形式递交英王。林则徐为了将这份汉语照会包含的信息准确地传达到英王那里，先把汉语文本翻译成英语。为确保译文的精确，林则徐在翻译过程中采取了非常严苛的方法：先将汉文照会底稿由袁德辉翻译成英文后，再请美国商人威廉·亨德将这一英文译本回译成汉文，与原来的汉语照会两相对照。他又托美国医生伯驾另译一份英文稿，与原来的英文译本进行对照。不仅如此，林则徐还将英文照会交给在华遭难英船"杉达"号（Sanda）上的外国人喜尔（Hill）审阅。喜尔对此事叙述说："他交付一封给英国女王的函件。文辞仍旧是一贯的浮夸口气，使我不禁失声而笑。他一看见这种情况，便问是不是不合适。我们说我们所笑的，只是文辞上的几处讹误。于是他便吩咐我们将信带入里屋，在那里修改我们所发现的一切错误，并在那里进茶点。"③

从翻译过程可以看出，照会译文至少有3个不同底本，经过比较、核对后，最终综合成正式的照会译本。经过不同人员的多次翻译、校核，较大程度地排除了翻译这一中间环节导致的"失真"，使这份英文照会成为中国外交史上最能反映汉语原文含义的外交文书之一。

1840年1月18日，这份致英王照会被托付给了英船"担麻士葛"号船主弯喇，让他带往伦敦交给英王。为了确保照会带到英国，林则徐还与英国船主订立了字据《英夷弯喇

---

① 《林则徐使粤两广奏稿》，南京大学出版社1988年版，第89—92页。
② 《清宣宗实录》卷三二四，道光十九年七月壬子条。
③ 《中国近代史资料丛刊·鸦片战争》第五册，上海人民出版社2000年版，第325页。

收领照会文书夷据》，以下是该字据原文：

> 我英国人船主弯喇，收到三位大官钦差林、两广总督邓、广东抚院怡照会文书一封与我国王后。我小心谨慎带之，并交与所寄之人。我所应承，必诚实做之。
>
> 道光十九年十二月十四日，弯喇担带。一千八百四十年正月十八日广东①

这份照会最终送达英国政府，不久便在《泰晤士报》全文发表。英国人对此评价说："林则徐苍白的语言，无力的威胁，看起来非常可笑。这次事件被搬上了舞台，成为流行的喜剧，在其中，英国商人在广州的遭遇被用来取乐。他们挥舞着滑稽的、夸张的手枪，把自己打扮成海盗。在遥远的中国发生的鸦片战争成为伦敦的笑料和一种娱乐。"② 英国政府将一封中英政府间的照会授权报刊公开发表，最终激起英国公众对中国政府的极度反感。英国政府通过操弄舆情获得民众对英国侵华战争的支持这一做法，与现在某些西方媒体抹黑中国的策略如出一辙。

在这份照会形式的檄谕中，林则徐以普世价值观念为理论基础，强调中英开展正常贸易，呼吁英王禁止英国商人将鸦片输入中国，毒害华民。至于印度的鸦片种植地，林则徐建议以种植粮食代替。对于鸦片走私贩，林则徐则采取内外有别的政策：对国内烟贩，处以极刑；而对英国烟贩，林则徐给予1年半的期限，在这一期限内，如果将鸦片全部缴出，中国政府将既往不咎。这种对英国毒贩"不忍不教而诛"，体现了林则徐伟大的人道主义。但在1年半的期限之后，英商如果继续输入鸦片，中国政府将按照中国律例严加惩处。这又体现了林则徐维护国家利益的坚定意志。

林则徐发给英王照会除了格式上为中国传统的朝贡文书内容外，其内容合情、合理、合法，没有任何虚矫，也无任何蛮横。道光帝对照会内容评价说"得体周到"。照会中，林则徐企图以情动人，以理服人，以仁德感化英国国王使其下令禁止英国商人进行走私贩毒的罪恶勾当。即使是照会中提出的"茶叶、大黄，外国所不可一日无也"的观点，也并非愚昧自大，而是反映了那个时代部分的真实情况。1818年出版的阿美士德使团随行医官的回忆录就曾指出当时英国对中国茶叶的依赖："要是从我们自己的属地获取茶叶符合本国政策的话，那么就可以肯定地说，我们将终止这种基本上已经成为我们各阶层国民生活中享受之物的商品对中国的依赖。"③

对于这份照会内容，一些当代中国人却多有指责，少有正面评价者，甚至将林则徐看作挑起中英战争的推手。此一局面乃各类现代史观长期浸润的后果。僵化的意识形态教育，桎梏、窒息着人们的思维，不仅使当代中国人不自觉地处于历史观的严重自虐中，还成为帝国主义殖民史观的同谋者，丧失了理解一份包含普世真理、逻辑又非常简单明了文献的能力。

---

① 杨国桢：《中国近代思想家文库·林则徐卷》，中国人民大学出版社2013年版，第229页。
② （美）特拉维斯·黑尼斯三世、弗兰克·萨奈罗著，周辉荣译：《鸦片战争：一个帝国的沉迷和另一个帝国的堕落》，生活·读书·新知三联书店2005年版，第96页。
③ （英）克拉克·阿裨尔著，刘海岩译：《中国旅行记（1816—1817年）——阿美士德使团医官笔下的清代中国》，上海古籍出版社2012年版，第213页。

以下照会的英文译本来自1840年《中国丛报》：

Commissioner Lin: Letter to Queen Victoria, 1839

Lin, high imperial commissioner, a president of the Board of War, viceroy of the two Kwang provinces, &c., Tang, a president of the Board of War, viceroy of the two Kwang provinces, &c., and E., a vice-president of the Board of War, lieut. -governor of Kwangtung, &c., hereby conjointly address this public dispatch to the queen of England for the purpose of giving her clear and distinct information (on the state of affairs) &c.

It is only our high and mighty emperor, who alike supports and cherishes those of the Inner Land, and those from beyond the seas – who looks upon all mankind with equal benevolence—who, if a source of profit exists anywhere, diffuses it over the whole world—who, if the tree of evil takes root anywhere, plucks it up for the benefit of all nations; —who, in a word, hath implanted in his breast that heart (by which beneficent nature herself) governs the heavens and the earth! You, the queen of your honorable nation, sit upon a throne occupied through successive generations by predecessors, all of whom have been styled respectful and obedient. Looking over the public documents accompanying the tribute sent (by your predecessors) on various occasions, we find the following: "All the people of my country, arriving at the Central Land for purposes of trade, have to feel grateful to the great emperor for the most perfect justice, for the kindest treatment," and other words to that effect. Delighted did we feel that the kings of your honorable nation so clearly understood the great principles of propriety, and were so deeply grateful for the heavenly goodness (of our emperor): —therefore, it was that we of the heavenly dynasty nourished and cherished your people from afar, and bestowed upon them redoubled proofs of our urbanity and kindness. It is merely from these circumstances, that your country—deriving immense advantage from its commercial intercourse with us, which has endured now two hundred years—has become the rich and flourishing kingdom that it is said to be!

But, during the commercial intercourse which has existed so long, among the numerous foreign merchants resorting hither, are wheat and tares, good and bad; and of these latter are some, who, by means of introducing opium by stealth, have seduced our Chinese people, and caused every province of the land to overflow with that poison. These then know merely to advantage themselves, they care not about injuring others! This is a principle which heaven's Providence repugnates; and which mankind conjointly look upon with abhorrence! Moreover, the great emperor hearing of it, actually quivered with indignation, and especially dispatched me, the commissioner, to Canton, that in conjunction with the viceroy and lieut. -governor of the province, means might be taken for its suppression!

Every native of the Inner Land who sells opium, as also all who smoke it, are alike adjudged to death. Were we then to go back and take up the crimes of the foreigners, who, by selling it for many years have induced dreadful calamity and robbed us of enormous wealth, and punish them with equal severity, our laws could not but award to them absolute annihilation! But, considering that these said foreigners did yet repent of their crime, and with a sincere heart beg for mercy; that they took 20,283 chests of opium piled up in their store-ships, and through Elliot, the superintendent of the trade of your said country, petitioned that they might be delivered up to us, when the same were all utterly destroyed, of which we, the imperial commissioner and colleagues, made a duly prepared memorial to his majesty; —considering these circumstances, we have happily received a fresh proof of the extraordinary goodness of the great emperor, inasmuch as he who voluntarily comes forward, may yet be deemed a fit subject for mercy, and his crimes be graciously remitted him. But as for him who again knowingly violates the laws, difficult indeed will it be thus to go on repeatedly pardoning! He or they shall alike be doomed to the penalties of the new statute. We presume that you, the sovereign of your honorable nation, on pouring out your heart before the altar of eternal justice, cannot but command all foreigners with the deepest respect to reverence our laws! If we only lay clearly before your eyes, what is profitable and what is destructive, you will then know that the statutes of the heavenly dynasty cannot but be obeyed with fear and trembling!

We find that your country is distant from us about sixty or seventy thousand miles, that your foreign ships come hither striving the one with the other for our trade, and for the simple reason of their strong desire to reap a profit. Now, out of the wealth of our Inner Land, if we take a part to bestow upon foreigners from afar, it follows, that the immense wealth which the said foreigners amass, ought properly speaking to be portion of our own native Chinese people. By what principle of reason then, should these foreigners send in return a poisonous drug, which involves in destruction those very natives of China? Without meaning to say that the foreigners harbor such destructive intentions in their hearts, we yet positively assert that from their inordinate thirst after gain, they are perfectly careless about the injuries they inflict upon us! And such being the case, we should like to ask what has become of that conscience which heaven has implanted in the breasts of all men?

We have heard that in your own country opium is prohibited with the utmost strictness and severity: —this is a strong proof that you know full well how hurtful it is to mankind. Since then you do not permit it to injure your own country, you ought not to have the injurious drug transferred to another country, and above all others, how much less to the Inner Land! Of the products which China exports to your foreign countries, there is not one which is not beneficial to mankind in some shape or other. There are those which serve for food, those which are useful, and those which are calculated for re

– sale; but all are beneficial. Has China (we should like to ask) ever yet sent forth a noxious article from its soil? Not to speak of our tea and rhubarb, things which your foreign countries could not exist a single day without, if we of the Central Land were to grudge you what is beneficial, and not to compassionate your wants, then wherewithal could you foreigners manage to exist? And further, as regards your woolens, camlets, and longells, were it not that you get supplied with our native raw silk, you could not get these manufactured! If China were to grudge you those things which yield a profit, how could you foreigners scheme after any profit at all? Our other articles of food, such as sugar, ginger, cinnamon, &c., and our other articles for use, such as silk piece – goods, chinaware, &c., are all so many necessaries of life to you; how can we reckon up their number! On the other hand, the things that come from your foreign countries are only calculated to make presents of, or serve for mere amusement. It is quite the same to us if we have them, or if we have them not. If then these are of no material consequence to us of the Inner Land, what difficulty would there be in prohibiting and shutting our market against them? It is only that our heavenly dynasty most freely permits you to take off her tea, silk, and other commodities, and convey them for consumption everywhere, without the slightest stint or grudge, for no other reason, but that where a profit exists, we wish that it be diffused abroad for the benefit of all the earth!

Your honorable nation takes away the products of our central land, and not only do you thereby obtain food and support for yourselves, but moreover, by re – selling these products to other countries you reap a threefold profit. Now if you would only not sell opium, this threefold profit would be secured to you: how can you possibly consent to forgo it for a drug that is hurtful to men, and an unbridled craving after gain that seems to know no bounds! Let us suppose that foreigners came from another country, and brought opium into England, and seduced the people of your country to smoke it, would not you, the sovereign of the said country, look upon such a procedure with anger, and in your just indignation endeavor to get rid of it? Now we have always heard that your highness possesses a most kind and benevolent heart, surely then you are incapable of doing or causing to be done unto another, that which you should not wish another to do unto you! We have at the same time heard that your ships which come to Canton do each and every of them carry a document granted by your highness' self, on which are written these words "you shall not be permitted to carry contraband goods;" this shows that the laws of your highness are in their origin both distinct and severe, and we can only suppose that because the ships coming here have been very numerous, due attention has not been given to search and examine; and for this reason it is that we now address you this public document, that you may clearly know how stern and severe are the laws of the central dynasty, and most certainly you will cause that they be not again rashly violated!

Moreover, we have heard that in London the metropolis where you dwell, as also in

Scotland, Ireland, and other such places, no opium whatever is produced. It is only in sundry parts of your colonial kingdom of Hindostan, such as Bengal, Madras, Bombay, Patna, Malwa, Benares, Malacca, and other places where the very hills are covered with the opium plant, where tanks are made for the preparing of the drug; month by month, and year by year, the volume of the poison increases, its unclean stench ascends upwards, until heaven itself grows angry, and the very gods thereat get indignant! You, the queen of the said honorable nation, ought immediately to have the plant in those parts plucked up by the very root! Cause the land there to be hoed up afresh, sow in its stead the five grains, and if any man dare again to plant in these grounds a single poppy, visit his crime with the most severe punishment. By a truly benevolent system of government such as this, will you indeed reap advantage, and do away with a source of evil. Heaven must support you, and the gods will crown you with felicity! This will get for yourself the blessing of long life, and from this will proceed the security and stability of your descendants!

In reference to the foreign merchants who come to this our central land, the food that they eat, and the dwellings that they abide in, proceed entirely from the goodness of our heavenly dynasty: the profits which they reap, and the fortunes which they amass, have their origin only in that portion of benefit which our heavenly dynasty kindly allots them: and as these pass but little of their time in your country, and the greater part of their time in our's, it is a generally received maxim of old and of modern times, that we should conjointly admonish, and clearly make known the punishment that awaits them.

Suppose the subject of another country were to come to England to trade, he would certainly be required to comply with the laws of England, then how much more does this apply to us of the celestial empire! Now it is a fixed statute of this empire, that any native Chinese who sells opium is punishable with death, and even he who merely smokes it, must not less die. Pause and reflect for a moment: if you foreigners did not bring the opium hither, where should our Chinese people get it to re‑sell? It is you foreigners who involve our simple natives in the pit of death, and are they alone to be permitted to escape alive? If so much as one of those deprive one of our people of his life, he must forfeit his life in requital for that which he has taken: how much more does this apply to him who by means of opium destroys his fellow‑men? Does the havoc which he commits stop with a single life? Therefore it is that those foreigners who now import opium into the Central Land are condemned to be beheaded and strangled by the new statute, and this explains what we said at the beginning about plucking up the tree of evil, wherever it takes root, for the benefit of all nations.

We further find that during the second month of this present year, the superintendent of your honorable country, Elliot, viewing the law in relation to the prohibiting of opium as excessively severe, duly petitioned us, begging for "an extension of the term already limited, say five months for Hindostan and the different parts of India, and ten for England, after which they would obey and act in conformity with the new statute", and other words to the same effect. Now we, the high commissioner and colleagues, upon making a duly prepared memorial to the great emperor, have to feel grateful for his extraordinary goodness, for his redoubled compassion. Any one who within the next year and a half may by mistake bring opium to this country, if he will but voluntarily come forward, and deliver up the entire quantity, he shall be absolved from all punishment for his crime. If, however, the appointed term shall have expired, and there are still persons who continue to bring it, then such shall be accounted as knowingly violating the laws, and shall most assuredly be put to death! On no account shall we show mercy or clemency! This then may be called truly the extreme of benevolence, and the very perfection of justice!

Our celestial empire rules over ten thousand kingdoms! Most surely do we possess a measure of godlike majesty which ye cannot fathom! Still we cannot bear to slay or exterminate without previous warning, and it is for this reason that we now clearly make known to you the fixed laws of our land. If the foreign merchants of your said honorable nation desire to continue their commercial intercourse, they then must tremblingly obey our recorded statutes, they must cut off for ever the source from which the opium flows, and on no account make an experiment of our laws in their own persons! Let then your highness punish those of your subjects who may be criminal, do not endeavor to screen or conceal them, and thus you will secure peace and quietness to your possessions, thus will you more than ever display a proper sense of respect and obedience, and thus may we unitedly enjoy the common blessings of peace and happiness. What greater joy! What more complete felicity than this!

Let your highness immediately, upon the receipt of this communication, inform us promptly of the state of matters, and of the measure you are pursuing utterly to put a stop to the opium evil. Please let your reply be speedy. Do not on any account make excuses or procrastinate. A most important communication.

P. S. We annex an abstract of the new law, now about to be put in force.

"Any foreigner or foreigners bringing opium to the Central Land, with design to sell the same, the principals shall most assuredly be decapitated, and the accessories strangled; and all property (found on board the same ship) shall be confiscated. The space of a year and a half is granted, within the which, if any one bringing opium by mistake, shall voluntarily step forward and deliver it up, he shall be absolved from all consequences of his crime."

This said imperial edict was received on the 9th day of the 6th month of the 19th year of Taoukwang, at which the period of grace begins, and runs on to the 9th day of the 12th month of the 20th year of Taoukwang, when it is completed.①

文书基本信息表

文书种类	照会	头辞	为照会事
发送者	中国钦差大臣林则徐	尾辞	须至照会者
接受者	英国国王	正文文体	骈文体
纪年标准	道光十九年	正文内容	要求英王下令禁止英商走私鸦片
语言种类	古代汉语	用典来源	《尚书》

二、咨文例析

1. 雍正七年（1729年）署理广东巡抚给意大利教皇咨文

署理广东巡抚印务户部右侍郎傅[1]为知会事。雍正七年十二月十八日，准礼部咨主客清吏司呈准仪制司付称礼科抄出西洋国教王伯纳弟多[2]为谢赐珍珠等项，恭请表文称谢。雍正七年十一月初五日奉旨：览王奏谢。知道了。该部知道。钦此，钦遵。抄出到部，相应移咨该抚，转知会该国王可也。合咨前去，查照施行等因到部堂。准此，相应咨会。为此合咨贵国王，烦为钦遵，查照施行。须至咨者。

右咨西洋国王。

雍正七年十二月二十一日

发番禺县给西洋人郭中传转递。②

【注释】

[1]傅：傅泰，满洲旗人，雍正六年（1728年）八月以户部右侍郎署理巡抚，雍正八年五月召回京。[2]伯纳弟多：教皇本笃十三世。

【简析】

雍正三年（1725年），罗马教皇派遣使者访华。归国后，罗马教皇又上表致谢雍正帝赐珍珠等物。为此，清廷于雍正七年（1729年）发布咨文回复教皇。

---

① Chinese Repository, Vol. 8. 1840, pp. 497—503.
② 阎宗临：《中西交通史》，广西师范大学出版社2007年版，第151页。

文书基本信息表

文书种类	咨文	头辞	署理广东巡抚印务户部右侍郎傅为知会事
发送者	署理广东巡抚傅泰	尾辞	须至咨者
接受者	罗马教皇	正文文体	
纪年标准	中国纪年：雍正七年	正文内容	收到谢恩表文
语言种类	古代汉语	用典来源	

2. 道光五年（1825年）理藩院给俄罗斯萨那特衙门请将越境所建房屋应速行拆毁咨文

大清国理藩院为遵旨查询边界建房情由咨行转饬遵照事。本年十月初六日据伊犁将军庆祥奏称，领队大臣乌凌阿巡查哈萨克边界，行至哈喇塔拉地方离卡伦[1]仅四百里，见有土房十间，询据哈萨克台吉[2]图鲁克称，系六、七月间有俄罗斯属下头人布尔昆德克带兵三百名来此建盖，因闻天朝查边官出卡，旋去无踪等因，奉旨：交理藩院查询具奏。钦此，钦遵。到院。

本院照得，我朝与俄罗斯交通贸易历有年所，迨乾隆五十七年复与该国立定条约，互市如初，各守边圉，世相和好，数十年来毫无侵越，今俄罗斯于我朝立有鄂博[3]界内建盖房间，不知何故。我朝自平定准噶尔后厘定疆界，凡爱古斯勒布什、哈喇塔拉均立有鄂博，是哈喇塔拉系我朝勘定疆土，舆图所载甚明。今俄罗斯越境远来盖房侵占，经我查边领队大臣查出，不可不询问明确，此地距俄罗斯国都遥远，自系尔边界头人不遵旧章，妄行侵越，察罕汗[4]谅不知情，特此行知萨那特衙门[5]，即询问尔国属下头人因何擅越边界盖房间，此处距我卡伦仅四百里，断难令其侵越，应即饬令尔国守边头目速行拆毁，仍将办理缘由复知，庶不失两国百余年通好之谊。为此知照。

道光五年十月二十一日①

【注释】

[1]卡伦：指清代的哨所。亦作喀伦、卡路、喀龙，为"台"或"站"的满语音译。卡伦由于任务、作用、设置地点和条件不同，有多种形式。[2]台吉：源于汉语皇太子、皇太弟，是对蒙古部落首领的一种称呼。[3]鄂博：蒙古语obuga、oboo译音。意为石堆。游牧民族地区用土石垒成高堆，插上旗杆，作为路标或界标，叫作"鄂博"。有些用作界限的山河，也叫"鄂博"。[4]察罕汗：蒙古人对沙皇的称呼。[5]萨那特衙门：俄国枢密院。

【简析】

道光五年（1825年）夏，俄罗斯军官舒宾上校率300名窜到巴尔喀什湖以东的哈喇塔

---

① 《文献丛编全编》第7册，俄罗斯档，第283—284页。

拉地方，建造房屋，向当地哈萨克人勒索租税。同年秋，清朝领队大臣率兵出卡巡查边界，俄军闻讯，慌忙撤走。中国理藩院为此向俄罗斯发出咨文，要求拆除所建房屋。

文书基本信息表

文书种类	咨文	头辞	大清国理藩院为遵旨查询边界建房情由咨行转饬遵照事
发送者	中国理藩院	尾辞	为此知照
接受者	俄罗斯萨那特衙门	正文文体	
纪年标准	中国纪年：道光五年	正文内容	要求俄罗斯拆除越境所盖房屋
语言种类	古代汉语	用典来源	

3. 道光六年（1826年）俄罗斯萨那特衙门复理藩院咨文

道光五年十二月准大清国理藩院来文，内称为在哈萨克界内建盖土房一事，当即呈明本国王，奉谕：理藩院来文言词和睦，实为两国通好，所称筑房等事尔等自当查明妥协办理，奉此。查哈萨克部落人数众多，应归何国统属从前定立条约并未议及，后哈萨克等因结仇争斗，往返贸易，前来我国求兵相助。我国王伊定叶喇托尔[1]因其出于至诚，允其所请，晓谕驻扎西比尔[2]地方大臣，嗣后哈萨克等如再有所求，即酌量办理，务使哈萨克永享太平，两国贸易民人均有照应等谕在案。

上年哈萨克等复又遣人前来求兵资助，是以本国驻边大臣曾经遵谕派兵前赴该处，后因应办事件完毕旋即撤回。至该兵丁等有无在哈萨克界内建盖房间，并未呈明国王。及兵丁等建盖土房数间，自系因当时暂避风雨起见，谅不日亦必坍塌，现已札知驻边大臣令其详加察看，俟咨复到日如有可疑之处，即行停止。

今大清国既因两国和好遵守约条，我国守护边界即与贵大臣无异，此言实系万真，且奉我国王伊定叶喇托尔谕，曾奉祖父遗命两国和好，遵守约条以图永久，何敢违悖？祈将此情转奏大皇帝。

道光六年四月初四日①

【注释】

[1]伊定叶喇托尔：沙皇尼古拉一世·巴甫洛维奇。[2]西比尔：西伯利亚。

【简析】

道光六年（1826年），俄罗斯对清廷咨文进行回复。对于中国政府提出的越境指责，俄罗斯政府自知理屈，含糊其词地答复说：俄兵是否曾在哈喇塔拉建房，"并未呈明国王，即兵丁等建盖土房数间，自系因当时暂避风雨起见，谅不日亦坍塌"。同时又提出："哈萨

---

① 《文献丛编全编》第7册，俄罗斯档，北京图书馆出版社2008年版，第284—285页。

克人数众多，应归何国统属，从前定立之条约，并未议及。"

以下是王之相《故宫俄文史料》所载俄罗斯咨文的今译本，可以作为对照：

> 径复者，查道光五年十二月十五日贵王与昂邦大臣之来函，我院已经阅悉，并经立即奏请我国仁慈君主大皇帝陛下御览，我大皇帝陛下至深欣悦，认为贵国表示之关怀，完全符合于我国圣上保卫两国之间由来已久顺善存在之和平及睦谊关系之关怀，为避免相互友好关系发生任何之误会与反感，兹特钦遵圣上谕旨，将尊处此次来函中所叙述之情况，加以真相之说明。
>
> 吉尔吉斯哈萨克，于许多世代以来，皆被认为独立之民族（因在俄罗斯帝国与中国所签订之条约中，无论其为某一国家属民，无论其游牧地域疆界，无论其居民人口数目，都未曾加以规定），依其自愿之动机，曾经祈求我国大皇帝陛下之保护。其国君、酋长及头目人等曾提出多次之坚决申请，请求派遣我国军队前往彼处，以便调和互相仇视关系、保护过路商贾，一言以蔽之，建立其相互间之秩序及安谧，我大皇帝陛下对于吉尔吉斯人之内讧扩大，甚至达于我国国界，极为重视，因此注意其多次之申请，谕令我西比利亚边疆事务长官满足吉尔吉斯头目人等之好意请求，主要目的在于达到邻居之治安，惟一之努力在于保证两国属民共同有益之商业关系。
>
> 因此之故，依照吉尔吉斯哈萨克大游牧群之迫切请求，曾于上年派遣我国少数军队前往其本游牧区，只为贯彻上述建立和平秩序之意图，该项军队于具有成效达到此种意图之后，已经仍旧返回我国边疆防地之城堡。惟该部队是否曾经作出何种建筑，我国宫廷尚无任何情报，因此以极大之盖然性推测，如有此种建筑，则必为不坚固之建筑物，而为暂时性之建筑，通常军队人等之作成此种建筑，乃系在于保卫自己本身及自己马匹避免恶劣之天气。因此所有房屋，如果吉尔吉斯人未经焚毁，亦必于短时期内自行塌毁也。虽系如此，已经派遣专差前往，饬令边疆事务长官将在草原之所作所为详细呈报矣。一俟接到报告之后，定将采取严厉办法，务期免除足以发生误会之任何原因，务期在吉尔吉斯草原之上，虽然我国认为独立区域，而在接近中国国界地方不再采取任何足以产生不愉快情事之措施（有如在其他国界地方亦可看到之此种情事）。
>
> 从上述之情形可以显见，现时发生之事故在任何意义上皆不能认为破坏和平条约之行为，和平条约之效力正为我国方面加以严格及经常之遵守，乃与贵国方面完全相同，盖因两大国家之睦谊及友好关系，正系建立于其基础之上也。为更加巩固此种友好关系，我国仁慈君主大皇帝陛下圣旨指示：凡系大皇帝陛下祖先于俄罗斯帝国与中国之间所缔结之一切友好条约，必须严格加以维护，凡系足以冷淡我国热诚友谊之任何情事或措施，必须全力加以避免。我院钦遵我国君主之此种旨意，作为必须遵守之法律，敬祈贵王与昂邦大臣即将此意奏明贵国圣主大皇帝陛下为荷。
>
> 为此钦遵我国圣上旨意，专函奉达，请烦查照。
> 全俄罗斯独裁君主尼古垃·帕夫洛维奇大皇帝陛下在位第一年
> 一八二六年五月十日

从皇都圣彼得堡发①

文书基本信息表

文书种类	咨文	头辞	道光五年十二月准大清国理藩院来文
发送者	俄罗斯萨那特衙门	尾辞	祈将此情转奏大皇帝
接受者	中国理藩院	正文文体	
纪年标准	中国纪年：道光六年	正文内容	为俄罗斯越境建房辩护
语言种类	古代汉语	用典来源	

4. 咸丰元年（1851年）俄罗斯国为拿获越境喇嘛给库伦办事大臣咨文

俄罗斯国署固毕尔那托尔[1]咨行大清国库伦办事大臣：为咨行事。本年五月间本国界内霍龄所属布里雅特地方拿获素不识认之喇嘛一名，供认名鄂池尔伊尔格依，系贵国图占斯部落[2]人，在巴尔海河地方居住，由阿星景斯克卡伦[3]行走一日至阿勒廉巴里丙斯克庙，著格隆喇嘛因欲往七泽泉治病念经，是以越境，并无不法，亦可在我国境内居住。讯其越境之事，据供：冬至月初七日起身，伊徒三人送伊至界，又有喇嘛舒通格隆知伊在七泽泉，是以前往治病等语。其为舒连等回境之便起意窃取该喇嘛伊尔格依物件，已无疑义。喇嘛伊尔格依本不欲在布里雅特久住，但时运乖舛，病人求其救治，伊每因病躯耽拦，未能前往，起程时合伙同至阿星景斯克卡伦，由彼越境前来本国所属布里雅特游牧地方治病念经，被拿送官，其赴游牧时送伊喇嘛三名遣令随同喇嘛巴咱盖回家，后闻伊等皆由巴勒志康卡伦越境回家。拿获喇嘛伊尔格依，查出马匹、物件，当即讯问，供认在本国所属之布里雅特地方治病念经得来等语。相应知照贵大臣，现将越境喇嘛留在特罗伊慈廓萨幅斯克城看守，伊在本处并未犯有重咎，贵处应照例治以越境之罪，或由贵大臣派员至恰克图，或由本国驻边之玛雨尔起解至游牧章京处交收给，给予复文之处，贵大臣自行裁酌，尚望贵大臣将此案如何办理之处仍请示知，所有马匹、物件遵照两国定例办理。为此咨行。②

【注释】

[1]固毕尔那托尔：武官省长。[2]图占斯部落：车臣部落。[3]卡伦：清代的哨所。

【简析】

咸丰元年（1851年），俄罗斯边界长官咨文清廷库伦办事大臣，通报拿获中国越境喇嘛，要求清廷处理。

---

① 王之相：《故宫俄文史料》，第175件《全俄罗斯帝国政府枢密院致中国理藩院函1826》。
② 《文献丛编全编》第8册，俄罗斯档，北京图书馆出版社2008年版，第202—203页。

文书基本信息表

文书种类	咨文	头辞	俄罗斯国署固毕尔那托尔咨行大清国库伦办事大臣：为咨行事
发送者	俄罗斯固毕尔那托尔	尾辞	为此咨行
接受者	中国库伦办事大臣	正文文体	
纪年标准	中国纪年：咸丰元年	正文内容	处理越境喇嘛事宜
语言种类	古代汉语	用典来源	

5. 咸丰二年（1852年）俄罗斯国请代查拿越境逃人咨文

俄罗斯国固毕尔那托尔[1]咨行大清国库伦办事大臣：为咨行事。敝国一千八百五十九年九月敝领催瓦什里擅收官项，现已逃走，经武弁踩缉[2]，该犯等于十月带人二名越境，即饬边界之玛雨尔等于本年十一月初六日告知贵国库库多拜卡官，此项人犯现获重咎越境，祈将该犯迅速查拿解送本国边界，该卡伦[3]官并未回明上司。上年十二月贵国章京伊凌阿等会遇敝国玛雨尔时告知该玛雨尔，以致今未回文，于本年五月十三日本国大臣赴库库多拜卡伦时求为查拿此犯，九月十三日复将此案情节详细告知该卡官员等。十月初八、初九等日，本国大臣派委章京时经玛雨尔将此情节告知，而于逃犯形迹少有舛误，本国上司迄今未闻缉犯信息，且查拿此犯最关紧要，该犯偷窃前任要件若干官项不少，是以本国上司饬职行文贵大臣，伏乞按照两国相交和好之道，将越境逃人拿获解送敝国，贵大臣若允所请，遵照定例办理，则我两国和好之道益为坚固，亦显贵国诚笃之心。为此咨行。

咸丰二年正月二十四日①

【注释】

[1]固毕尔那托尔：武官省长。[2]踩缉：追捕。[3]卡伦：清代的哨所。

【简析】

咸丰二年（1852年），有俄罗斯人携公款逃往中国。俄罗斯边境官员为此向中国库伦办事大臣发出咨文，要求代为拿获，交递俄罗斯。

---

① 《文献丛编全编》第8册，俄罗斯档，北京图书馆出版社2008年版，第105—106页。

文书基本信息表

文书种类	咨文	头辞	俄罗斯国固毕尔那托尔咨行大清国库伦办事大臣：为咨行事
发送者	俄罗斯固毕尔那托尔	尾辞	为此咨行
接受者	中国库伦办事大臣	正文文体	
纪年标准	中国纪年：咸丰二年	正文内容	请求中方拿获俄罗斯越境逃人
语言种类	古代汉语	用典来源	

6. 咸丰二年（1852年）库伦办事大臣给俄罗斯关于越境逃人已饬官兵访查咨文

大清国库伦办事大臣咨行俄罗斯国固毕尔那托尔[1]：为知照事。昨接尔处来文，批阅均悉，惟称逃人三名越境并非本大臣所属地方，且此次来文于该犯究由何卡越境，彼时曾否我国卡伦[2]官兵查明踪迹之处均未提明。再我国东省将军亦未行文本大臣，是以无凭查办。然我两国办事大员遇有似此边界之事向不推诿，均秉公办理，本大臣立即饬令库克多博卡伦官兵查明，务将尔国逃犯迅速访查拿解，并知照黑龙江将军矣，俟接到回文再行知照。为此咨行。

咸丰二年正月二十四日①

【注释】

[1]固毕尔那托尔：武官省长。[2]卡伦：清代的哨所。

【简析】

咸丰二年（1852年），库伦办事大臣发咨答复俄罗斯，虽然俄罗斯咨文中没有逃犯的详情，但中方会依例访查拿解。

文书基本信息表

文书种类	咨文	头辞	大清国库伦办事大臣咨行俄罗斯国固毕尔那托尔：为知照事
发送者	中国库伦办事大臣	尾辞	为此咨行
接受者	俄罗斯固毕尔那托尔	正文文体	
纪年标准	中国纪年：咸丰二年	正文内容	答允俄罗斯查拿逃犯
语言种类	古代汉语	用典来源	

---

① 《文献丛编全编》第8册，俄罗斯档，北京图书馆出版社2008年版，第106—107页。

7. 咸丰二年（1852年）俄罗斯国请代查拿越境俄兵给库伦办事大臣咨文

俄罗斯国固毕尔那托尔[1]咨行库伦办事大臣：为咨行事。前于本年正月三十日因本国俄罗斯人瓦什里随同二人于前年九月间潜由敝界逃至贵国地方，当经咨行贵大臣在案。兹于咸丰二年二月初六日来文复称，此次逃犯三名越境并非所属地方，已咨行黑龙江将军饬所属之库库多拜卡官令其严密查拿解送矣等因，咨行前来。本年四月间本管大臣派出武官雅库幅等前赴库库多拜卡伦[2]，会同商办逃犯之案，互相换给执照，裁明贵国官员既于境内将在逃之瓦什里等未能拿获，即毋庸查拿等语。惟此次逃犯之案系贵大臣所知本国官员访闻逃犯瓦什里等现在贵国境内隐藏，当即咨行库库多拜章京伊凌阿等与本国玛雨尔会议时声明，再此案业已禀知本国大臣，曾于上年九月十四日令本国玛雨尔开明该犯年貌咨行库库多拜卡伦，惟该处借端不认识字未收咨文，亦未换给执照，是贵国管界之员并未按照本处前后咨报将该逃犯等设法查拿，所以于该逃犯越边踪迹未能查出，想该逃犯等必由未设卡伦处越边，贵国库库多拜卡员失于机会，耽延时日，故难缉捕。惟瓦什里等至今并未回国，实系逃往贵国境内无疑，是以复祈贵大臣等务将逃犯查拿解送敝国恰克图地方，谅贵大臣等必遵两国和好之道，按照咨文办理。再本国遇有似此案件，即请迅速查拿，原因不欲两国有违和好定制，致生事端，即如前次拿获贵国喇嘛伊尔格依当即送回，昨又在拜喀尔海地方拿获贵国喇嘛咱本苏亦欲送回，敝国边界案件尚能如此办理，况逃赴贵处之俄罗斯人岂可不行查拿？惟望贵大臣等将在逃之俄罗斯人等如何办理之处知照本职。为此咨行。①

【注释】

[1]固毕尔那托尔：武官省长。[2]卡伦：清代的哨所。

【简析】

咸丰二年（1852年），俄罗斯对于中国库伦办事大臣的复咨回复，指责中方边境人员未能在第一时间掌握俄罗斯逃犯的行踪，完全是中方人员失职，并进一步要求迅速查拿。

文书基本信息表

文书种类	咨文	头辞	俄罗斯国固毕尔那托尔咨行库伦办事大臣：为咨行事
发送者	俄罗斯固毕尔那托尔	尾辞	为此咨行
接受者	中国库伦办事大臣	正文文体	
纪年标准		正文内容	要求中方尽力拿获俄罗斯逃犯
语言种类	古代汉语	用典来源	

---

① 《文献丛编全编》第8册，俄罗斯档，北京图书馆出版社2008年版，第203—205页。

第八章 清代中国与欧洲国家往来朝贡文书研究

8. 咸丰二年（1852年）库伦办事大臣为俄国逃兵被鄂伦春人击毙事给俄罗斯咨文

大清国库伦办事大臣咨行俄罗斯国固毕尔那托尔[1]：为咨行事。本年正月据尔咨称，尔国军务衙门有兵丁瓦什里一名、跟役二名逃走越境，请将该犯三名迅速察拿解送等因，咨行前来。当即飞咨黑龙江将军，饬令将逃犯三名迅速查拿解送之处知照固毕尔那托尔在案。昨据黑龙江将军咨称，严饬各属务令将俄国逃犯三名访知查拿去后，旋据打牲总管[2]乌凌阿等禀称，访知逃入我国边界之逃犯三名在噜噜肯地方被鄂伦春人萨尔炳阿等枪毙，其马六匹、银钱等物均经分用，即派官兵先将鄂伦春人德彭额拿获，讯据供认：鄂伦春等遇逃人三名，当即枪毙，将尸具抛弃旷野，分取马匹、鞍子、银钱等物不讳，嗣经该处将枪毙逃入鄂伦春人犯萨尔炳阿等全行拿获等语。拟将此案逃入越境时并未报明地方严拿、日久延宕之骁骑校棒扎拉克察革职，从重在库克多博卡伦[3]枷号三个月，并将呼伦贝尔副都统衔总管德昌等均咨部分别议处等因，咨行前来。

正拟详查两国原定章程历次办理成案备文知照间，接据尔来文声明两国和好，一切事务妥为办理在案，此次越境逃犯务须竭力察拿，由恰克图解交等语。本大臣亦逐一阅看，现在我国黑龙江将军已将伤尔逃入之犯拿获，两国向遇此等持械杀人盗窃等案，均照两国原定章程，将案内人证带至恰克图，两国委员公同质讯，俟审明时各回本处，将照例办理，两国委员互相调取案卷，仍将费用物件罚赔之项照数赔还，办理亦在案。

此案自应各派委员将案内人等带至交界处所会同审明，照向例办理。惟我国黑龙江距库伦较远，俟尔国回文到时始能知照黑龙江将军咨提案内人证，往返均需数月，此案应赶紧办理，即派章京瑞福等赴恰克图，仍着恰克图章京赛音博勒格图于本年九月初一日会同尔国委员审明凶犯，遵照定例办理，照旧互相调取案卷，其应赔之马匹、物件亦着照数赔给。倘黑龙江案内人证不全或于定限内未能解到我国，火速知照。此案静候尔国复文始能行知黑龙江将军，务祈尔迅速咨复以尽和好。为此咨行。①

【注释】

[1]固毕尔那托尔：武官省长。[2]打牲总管：打牲乌拉衙门总管，负责打牲部落行政事务和向皇室进贡当地物产。[3]卡伦：清代的哨所。

【简析】

咸丰二年（1852年），逃入中国境内的俄罗斯3名逃犯被中国鄂伦春人击毙，并将其财产、马匹分用。中方还对边界官员未能及时拿获逃犯进行枷号、革职处理。库伦办事大臣为此发咨通报俄罗斯。

---

① 《文献丛编全编》第8册，俄罗斯档，北京图书馆出版社2008年版，第205—207页。

文书基本信息表

文书种类	咨文	头辞	大清国库伦办事大臣咨行俄罗斯国固毕尔那托尔
发送者	中国库伦办事大臣	尾辞	为此咨行
接受者	俄罗斯固毕尔那托尔	正文文体	
纪年标准	中国纪年：咸丰二年	正文内容	通报击毙俄国逃犯
语言种类	古代汉语	用典来源	

9. 咸丰二年（1852年）库伦办事大臣为越境喇嘛事及更换卡兵事给俄罗斯咨文

大清国库伦办事大臣咨行俄罗斯国固毕尔那托尔[1]：为咨行事。上年据尔国固毕尔那托尔来文咨称，尔国霍里部落布里雅特游牧拿获我国瓦齐尔额尔克喇嘛一名，讯据供认伊随同格隆楚勒德木五人由原处起身，自阿星古卡伦[2]越境至布里雅特游牧、医病、诵经被拿，伊徒喇嘛三人随格隆楚勒德木旋回等语。或将该犯送至恰克图守候，或专派委员接领，或交恰克图章京接领酌量办理等因，咨行前来。当由本处饬交恰克图章京赛音博勒格图，将此案被拿之喇嘛瓦齐尔额尔克认领，复加严审随伊越边旋回之犯拿获质审，并将在布里雅特首先诵经之喇嘛旺沁、受意之格隆楚勒德木等均拟遣戍，其随同之喇嘛及未能查出之卡伦官兵均分别定拟，咨报大部，俟大部核半咨复到时另行知照。查从前我国喇嘛噶勒桑索特巴越境至布里雅特游牧，跟随土尔扈特布里雅特旋回时被拿解送前来，我国当将喇嘛噶勒桑索特巴严审拟遣，其疏忽之卡伦官兵亦已惩办，仍通饬卡伦札萨克官员，嗣后遇有此等闲人断不准任其越境，严密巡查，务使两国毫无事端以昭和好，并行知尔固毕尔那托尔在案。嗣又有喇嘛瓦齐尔额尔克等越境至尔国布里雅特游牧、诵经被拿，经我国审明拟结，咨报大部。现在复有喇嘛贡楚克扎木楚赴尔国界内被拿之案，是皆各札萨克等管兵不严，卡伦官兵恃札萨克等不行严饬，任听游民往来，并不留心稽查所致，本大臣不立清疆圉，各卡官兵必致因循，将来处处效尤越境，谋利诵经，不惟布里雅特等靡费资财，并恐滋生事端，是以本大臣期于两国边界丝毫无事，严饬卡伦札萨克等督率官兵，并将恰克图东边屡次游民越境之卡伦兵丁悉数撤换，调委兵丁驻扎，特此咨行尔固毕尔那托尔转饬卡伦官兵，遇有此等游民亦着一体稽查，毋令越境。为此咨行。

咸丰二年六月二十二日①

【注释】

[1]固毕尔那托尔：武官省长。[2]卡伦：清代的哨所。

【简析】

咸丰元年（1851年），俄罗斯发咨中国库伦办事大臣，有中方一侧喇嘛越境进入俄罗

---

① 《文献丛编全编》第8册，俄罗斯档，北京图书馆出版社2008年版，第210—212页。

斯布里雅特一带被拘，要求中方处理。咸丰二年（1852年），库伦办事大臣复咨通报中方将加强边界管理，对失职卡伦官兵进行处分、撤换。

文书基本信息表

文书种类	咨文	头辞	大清国库伦办事大臣咨行俄罗斯国固毕尔那托尔
发送者	中国库伦办事大臣	尾辞	为此咨行
接受者	俄罗斯固毕尔那托尔	正文文体	
纪年标准	中国纪年：咸丰二年	正文内容	通报加强边界管理措施
语言种类	古代汉语	用典来源	

10. 咸丰二年（1852年）库伦办事大臣为催解人犯给俄罗斯咨文

大清国库伦办事大臣咨行俄罗斯国固毕尔那托尔[1]：为迅速咨行事。准我国科布多参赞大臣文称，转据索郭克卡伦[2]侍卫凤保等陆续呈称，俄夷塔塔哩巴拜来至卡伦禀称，道光三十年间该国图什墨忒因我国阿勒坦诺尔乌梁海之蒙古勒等向伊领取鹿茸等物，在索郭克卡伦售卖，经卡伦章京巴勒靳、兵丁鄂扎都尔图门等赊取鹿茸一支，伊来索债，适值章京、兵丁等均不在卡，坐候五日章京巴勒靳等始回，虽将欠债归还，伊所乘马匹在卡伦地方失去，当即报明协理台吉[3]等，蒙饬欠债之章京、兵丁等赔还，令伊旋回，现在并未将马匹赔给，协理台吉被章京巴勒靳等怨恨等语一案。又俄夷玛什赖遣逢塔塔哩塔台来至阿勒坦诺尔乌梁海总管莽岱旂下西伊尔卡伦禀称，道光三十六年索郭克卡伦章京贡楚克等至阿勒坦诺尔乌梁海游牧，遇着俄夷玛什赖，贡楚克向玛什赖赊买鹿茸一支，计价应欠厚砖茶六十块、薄砖茶四十块，章京倬依扎布亦向玛什赖赊买鹿茸一支、鸟枪一杆、倭缎四十五匹，计价应欠厚砖茶二百块、獭皮五十张，向其索欠，该章京等均已下班各回游牧等语一案。又据阿勒坦诺尔乌梁海总管莽岱旂下杜兰报称，俄夷图什墨忒与我国乌梁海蒙古勒等去往卡伦，卖给章京巴勒靳等鹿茸，虽由塔塔哩巴拜手领取，现无欠债，闻鹿茸系由乌梁海买来，俄夷随从入卡索债，章京巴勒靳等并未还给，塔塔哩塔台旋又失去马匹。二十九年杜兰向俄夷巴什赖赊买鹿茸，欠付砖茶四十块，现欲索八十块，杜兰无法赔还，报知章京呢玛忒，该章京等转达夷官，致被夺去羊只五十只、牛二十四头，给予俄夷巴什赖作为偿还蒙古勒欠项，伊大受亏。又杜兰向俄夷博博什克赊卖氆氇三匹，折价砖茶二十二块，此项氆氇被蒙古勒窃取逃走，俄夷博博什克除将原欠砖茶二十二块勒偿四十四块，并遣夷人夺取牛只等语一案。又俄夷塔塔哩和尔满来至卡伦禀称，二十八年间卖给乌梁海总管莽岱之兄绰罗鹿茸九支，交给兵丁济尔噶勒收领，折价砖茶二十四筐放给总管莽岱旂下依尔巴噶什，尚欠砖茶二十块，向该兵丁济尔噶勒索讨时，伊付给砖茶三十块，旋即诬告莽岱旂下之依尔巴噶什偷窃砖茶。又和尔满鹿茸一支卖给卡伦兵丁噶尔玛，折价砖茶二十块，当即带回十块，尚欠砖茶十块，上年卡伦兵丁济尔噶勒替依尔巴噶什赔还砖茶三十块，和尔满挑取厚砖茶十块旋回，是以兵丁济尔噶勒怨恨等语。逐款声明，并称两国人证均在边疆候质，恳请查明虚实，照例惩罚，以昭炯戒[4]等因，咨行前来。查科布多所属坐卡官兵及阿勒坦诺尔乌梁海人等于尔国人塔塔哩等彼此谋利，任意越境赊买鹿茸，以致滋生弊端，自应将两国人证立即提至边界质讯，查明虚实，以昭炯戒，严除似此任意越境贸易恶习，以靖疆圉。

我国科布多所属阿勒坦诺尔乌梁海人等与尔国塔塔哩人等游牧相距甚近，现在即应将两国人证传至库伦恰克图，该犯道路远近大约相同，着迅速咨行固毕尔那托尔，将关系此案之图什墨忒等七名，务于本年八月十五日以前按名解至库伦恰克图地方，交两国前次承审之员质讯办理，本处俟接到复文时始行知照科布多等处，尔国能否遵照定限将人犯解至恰克图之处，妥为筹画，迅速咨复，以期科布多等处人证不致有误。为此咨行。

咸丰二年七月初五日①

【注释】

[1]固毕尔那托尔：武官省长。[2]卡伦：清代的哨所。[3]台吉：蒙古部落首领的一种称呼。[4]炯戒：又作炯诫。明显的鉴戒或警戒。

【简析】

中俄边界，俄罗斯商人与中国卡伦官兵私自贸易，以致不断发生卡伦官兵赊欠俄罗斯商人的案件，由此出现俄罗斯商人前往中方边界一侧索债事件。为解决纠纷，咸丰二年（1852年），中方咨会俄罗斯，要求俄罗斯边界官员将牵涉债务纠纷的俄罗斯商人解送到恰克图与中方涉案人员对质。这一咨文内容反映了晚清对中俄边界的管理不仅混乱甚至达到废弛地步。

文书基本信息表

文书种类	咨文	头辞	大清国库伦办事大臣咨行俄罗斯国固毕尔那托尔
发送者	中国库伦办事大臣	尾辞	为此咨行
接受者	俄罗斯固毕尔那托尔	正文文体	
纪年标准	中国纪年：咸丰二年	正文内容	要求俄方将涉案人员解送至恰克图
语言种类	古代汉语	用典来源	

三、信函例析

1. 道光十四年（1834年）英国首任商务监督律劳卑给两广总督信函

大英国正贵水师船督、特命总管本国贸易人等正监督、世袭师古泰侯爵无比[1]书两广

---

① 《文献丛编全编》第8册，俄罗斯档，北京图书馆出版社2008年版，第213—216页。

总督大人：敬书者。因奉我大英国恩主特命，幸得达知以抵粤省会。带有王令设立我为由英国来大清国贸易人等者之正监督。斯王令亦设前属贵公班衙驻粤大班德秘师为协办左监督，男爵罗宾逊为协办右监督。且斯王令特赐我等大英国主所设各位监督有权为护理凡有英国人等自从本国四海属下各地方到大皇帝各地方贸易者。盖向来特准贵公班衙所属商贾来广贸易。惟今本国大主同协治国政之大部发谕，令公班衙贸易止息了。兹又达知以我大主恩赐我以有国策及审案之权。照时势可用中者。惟请大人给我同左、右监督等早日到衙拜会时，我当将更改事理而特命我等为监督之处解明与大人听。今且恭将我主大英国国君敬谨之意请大人代奏皇上闻。特此谨书。

道光十四年六月十四日①

【注释】

[1]无比：律劳卑英文名称的另一种译法。

【简析】

道光十四年（1834年），英国首任驻华商务监督律劳卑向两广总督递交平行信函，宣布结束东印度公司在华的垄断权利，公布自己在华履行的职责权利。此信函由于递交方式以及信内自称"大英国"与传统的广州体制不相符合而未能送达中国政府。律劳卑违例到达、居住广州以及这一书信问题，导致中英之间发生重大冲突。广东当局宣布封港，英国军舰驶入内河，双方形势剑拔弩张。最终英国做出妥协，律劳卑退出广州，撤往澳门居住，不久病死。

文书基本信息表

文书种类	信函	头辞	大英国正贵水师船督、特命总管本国贸易人等正监督、世袭师古泰侯爵无比书两广总督大人
发送者	英国首任驻华商务监督律劳卑	尾辞	特此谨书
接受者	两广总督	正文文体	
纪年标准	中国纪年：道光十四年	正文内容	要求取得与中国官员平等通信、领事裁判权等
语言种类	古代汉语	用典来源	

2. 道光十四年（1834年）英国商人给行商伍浩官等信函

敬达者。现接七月十一日列位来书。所谕之事，既是官务，并非弟等所能主理。惟能接收布复[1]而已。专此并候近好、不一。伍浩官暨列位洋商均照。

---

① （日）佐佐木正哉：《鸦片战争前中英交涉文书》，文海出版社1977年版，第2页。

道光十四年七月十二日付①

【注释】

[1]布复：书信用语。谓陈述己见以答复对方。

【简析】

在道光十四年（1834年）律劳卑事件中，洋商将广东官府谕贴传达英国商人，英国商人以信件涉及官方政策为由而拒绝作为中介人。英国商人回复洋商的信件反映了这一时期严峻的中英形势。

文书基本信息表

文书种类	信函	头辞	敬达者
发送者	英国商人	尾辞	伍浩官暨列位洋商均照
接受者	行商	正文文体	
纪年标准	中国纪年：道光十四年	正文内容	拒绝洋商转达的谕贴
语言种类	古代汉语	用典来源	

3. 道光十七年（1837年）英国领事义律给行商信函

英吉利国领事义律致书列位台驾：敬启者。昨接二十四日来书，并抄录督宪谕帖一道，皆得悉矣。惟本国有例，凡遇暂居外国之民，捐银设立医馆、神堂等事，国主亦应照民捐之数，同数赏给，以昭鼓励。是以本国商民，因现令各船泊在黄埔，近年梢人多染疾病，而无以医治，且去年偶遇北架[1]一船枯坏，不敢复渡重洋，经该商民捐银，而国王照数赏给，随将该船公费买来，暂泊医治各情，业已于七月内，据实陈明督宪矣。兹得接抄送谕帖，即应行文寄本国，请准将船查明拆破。盖领事未奉国命，不敢擅自遽行拆破，而船已枯坏，亦不敢令伊下货出口，恐或连船梢皆被溺水，缘此欲求准其仍泊黄埔，俟明年奉命妥行办理可也，领事系任职官，言出不敢复食，情愿保伊专为医治而设，此外不准梢有滋弊，且领事驻粤责任甚重，尽职务取督宪笃信，言诚语实，于国体职分，大有关系也，专此并候，近好、不一。上伍绍荣暨列位总商全照。

道光十七年十月二十六日②

【注释】

[1]北架：英国船名 baker 的译音。

---

① （日）佐佐木正哉：《鸦片战争前中英交涉文书》，文海出版社 1977 年版，第 6 页。
② （日）佐佐木正哉：《鸦片战争前中英交涉文书》，文海出版社 1977 年版，第 132 页。

【简析】

道光十七年（1837年），英国在黄埔地区一艘英国废弃船只上非法开办海员医院。广东当局要求立即拆除。英国领事义律递交禀文说明情况，要求准许开办。

文书基本信息表

文书种类	信函	头辞	英吉利国领事义律致书列位台驾
发送者	英国领事义律	尾辞	上伍绍荣暨列位总商全照
接受者	行商	正文文体	
纪年标准	中国纪年：道光十七年	正文内容	请求在黄埔设立医院船
语言种类	古代汉语	用典来源	

4. 道光十八年（1838年）行商给义律信函

敬启者。弟等现奉关宪谕帖一道，内开：据澳门口委员等禀，道光十八年正月十三日据引水邓启泰禀称，本日卯刻，有英吉利国庇力巡船一只，复来至九洲沙沥抛泊，小的向查其何以又复来缘由，据该巡船主称说，伊船于去年九月内，由九洲扬帆开行，驶往各夷埠，今由歌架兰[1]夷埠，护带书信前来，送交领事义律，是以又来暂泊等语，谕饬弟等转知兄台，催令该巡船作速开行，毋任逗留等因，弟等理合通知，希为查照，是荷，专此布达，并候日好、不一，上美士义律玉照。弟伍绍荣、卢继光、潘绍光全具。

道光十八年正月十九日①

【注释】

[1] 歌架兰：所指不详。

【简析】

道光十八年（1838年），有英国巡船闯入澳门洋面，官府谕令洋商通知英国方面，要求英国船只迅速离开中国洋面。

文书基本信息表

文书种类	信函	头辞	敬启者
发送者	行商	尾辞	弟伍绍荣、卢继光、潘绍光全具
接受者	英国领事义律	正文文体	
纪年标准	中国纪年：道光十八年	正文内容	要求闯入澳门洋面的英国兵船尽速离开
语言种类	古代汉语	用典来源	

---

① （日）佐佐木正哉：《鸦片战争前中英交涉文书》，文海出版社1977年版，第142页。

四、永居票例析

1. 康熙四十五年（1706年）签发的意大利传教士永居票（副本）

西洋意大哩亚国人康和子，年三十四岁，系方济各会[1]人，来中国已经七年，兹赴京都陛见，永不复回西洋，为此给予信票。

康熙四十五年十二月二十五日①

【注释】

[1]方济各会：天主教托钵修会的一种。1209年，由意大利人方济各得教皇批准创立。

【简析】

康熙四十五年（1706年），清廷颁给意大利人康和子的永居票副本。

康熙晚期清廷开始对传教士的活动进行限制。康熙四十五年（1706年），首先实行了在中国的传教士必须领永居票制度，其中规定凡是在中国境内的传教士必须进京申请，宣誓永远留居中国，不再返回西方，并交上自己的履历，经内务府批准方准留居。如无永居票者，一概驱逐到澳门。"凡不回去的西洋人等，写票用内务府印给发。票写西洋某国人，年若干，在某会，来中国若干年，永不复回西洋，已经来京朝觐陛见，为此给票，兼满汉字，将千字文编成号数，挨次存记。"②据中国第一历史档案馆所保存的永居票来看，都写有传教士的姓名、年龄、会别、现在中国所居省份、宣誓永不返回的证据、发票的日期等。均用满、汉两种文字并写，按千字文顺序编号，并盖有总管内务府印记。

文书基本信息表

文书种类	永居票	头辞	西洋意大哩亚国人康和子
发送者	清廷	尾辞	为此给予信票
接受者	西洋意大哩亚国人康和子	正文文体	
纪年标准	中国纪年：康熙四十五年	正文内容	允许在中国居住
语言种类	古代汉语	用典来源	

---

① 阎宗临：《中西交通史》，广西师范大学出版社2007年版，第143页。
② 鞠德源：《清宫廷画家郎世宁年谱——兼在华耶稣会士史事稽年》，载《故宫博物院院刊》1988年第2期。

五、红票例析

1. 康熙五十五年（1716年）颁给罗马教皇红票

武英殿等处监修书官伊都立、王道化、赵昌等字寄与自西洋来的众人：我等谨遵旨于康熙四十五年已曾差西洋人龙安国[1]、薄贤士[2]，四十七年差西洋人艾若瑟[3]、陆若瑟[4]奉旨往西洋去了。至今数年不但没有信来，所以难辨真假，又有乱来之信，因此与鄂罗斯的人又带信去，想是到去了。毕竟我等差去人回时，事情都明白之后，方可信得。若是我等差去之人不回，无真凭据，虽有甚么书信，总信不得。因此，唯恐书信不通，写此字兼上西洋字刊对，用广东巡抚院印，书不封缄，凡来的众西洋人，多发与带去。

康熙五十五年九月十七日①

【注释】

[1]龙安国：即Antoine de Barros，1664—1708年，来华葡萄牙传教士。[2]薄贤士：即Antoine de Beanvollier，1656—1708年，来华法国传教士。[3]艾若瑟：即Joseph-Antoine Provana，1662—1720年，来华意大利传教士。[4]陆若瑟：即Raymond-Jeseph Arxo，1659—1711年，来华西班牙传教士。

【简析】

康熙四十五年（1706年）、四十七年（1708年），康熙帝两次派遣使者前往教廷要求教皇解释禁止中国教徒参加祭祖祭孔仪式的政策。在没有得到教皇答复情形下，康熙五十五年九月，清廷向教皇发出一份公开信，又称"红票"、"红字票"、"朱笔文书"，催促教皇回音。该信函（见图8.7）为木刻印刷、五爪龙边，纵39厘米，横93厘米，使用满、汉、拉丁3种文字书写。在拉丁文部分的文末，有16位耶稣会士的签名，其中最末一个签名为郎世宁。清廷下令广东巡抚对此信函大量刊印并加盖广东巡抚印，不封缄。据梵蒂冈档案处第257卷第367—368页藏有两广总督谕广州知府文书，透露这一红票共有150张。② 为了能及时将信函送达教廷，清廷下令散给各天主堂居住的西洋人、外国洋船内的体面商人。多份信函在被送往粤海关后，交到返回欧洲的传教士、商旅手里，让他们带往欧洲。清廷使用这种特殊渠道，最终于康熙五十七年（1718年）将信函成功递达教皇。

这份致教皇信函后来被收藏在罗马传信部档案处《东方文献》第13卷内。在台北故宫博物院也收藏有一份木刻印刷的清廷致教皇的信函。

---

① 陈垣：《康熙与罗马使节关系文书影印本》，文海出版社1974年版，第29—30页。
② 阎宗临：《康熙使臣艾若瑟事迹补志》，《中西交通史》，广西师范大学出版社2007年版，第118—119页。

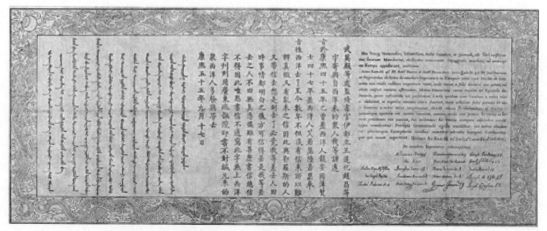

图 8.7　康熙五十五年（1716 年）颁给罗马教皇红票原件

关于这份信函，学术界也有所涉及。陈垣曾将此信的副本收入《康熙与罗马使节关系文书影印本》。由于信件副本没有标注时间，陈垣推论："此件与前件同装一匣，且纸式字体及传旨之人大概相同，前件既在五十六年，此件亦当相去不远"，因此颁信时间应为康熙五十六年（1717 年）①。白新良则参照《康熙朝汉文未批奏折汇编》第 2640、2669 条两条资料，判断该信颁布时间应在康熙五十五年（1716 年）九、十月间②。现根据罗马传信部档案处、台北故宫博物院保存的原件内容，可知准确的发布时间应是康熙五十五年（1716 年）九月十七日。

红票拉丁文字如下：

> Nos Ytoury, Voamtaohoa, Tchaotcham, Aulæ Ouintien, et ejusmodi, ubi libri conficiuntur. Locorum Mandarini, obedientes reverenter Imperatoris mandato, ad omnes qui ex Europa appulerunt, scribimus.
>
> Anno Kam – Hi 45° PP. Ant^s Barros et Ant^s Beauvolier：anno Kam – Hi 47° PP. Jose^s Provana et Raymondus de Arxo de mandato Impertoris in Europam missi sunt. Multis ab hinc annis non modò nullam responsum venit, unde verum e falso discernis non potest, sed etiam confusi rumores afferuntur. Idcirco Muscovitis rursus tradita est Epistola deferenda, quam verisimile est pervenisse. Certè quidem cum homines a nobis missi redierint, et negotia omnino clara fuerint, tunc adhiberi fides poterit. At nisi homines a nobis missi revertantur, dcerit verum fundamentum：et etiamsi quæcumque epistolæ vel nuntia venerint, omnino credi non potest. Et veriti ne litteræ penetrare non possint, has scribimus：his versio europæa adjiciatur：omnia typis mandentur：Proregis Cantoniensis sigillo muniatur：non autem claudantur：pluriamque Exemplaria omnibus recenter advectis Europæis distribuantur, quæ ipsi secum asportent. Datum An：Kam – Hi 55° (1716) 9^{æ} Lunæ die 17^a（Octob：31.）

---

① 陈垣：《康熙与罗马使节关系文书影印本》，文海出版社 1974 年版，第 4 页。
② 白新良：《康熙朝奏折和来华西方传教士》，载《南开学报》2003 年第 1 期。

De mandato Imperatoris subscripsimus
Kilianus Stumpf，Soc Jesu
Dominicus Parrenin SocJ：
Joseph Baudinus S. J.
Petr. Vinc. De Tartre S. J.
Frantz Stadtlin S. J.
Mathaus Ripa Mys Aptious，Sac. Cong. Prop. Fide
Josephus Suares S. J.
Petrus Jartoux Soc：J.
Jacobus Brocard S. J.
Joachimus Bouvet Soc. J.
Tranc. Cardoso Soc. J.
Joseph da Costa S. J.
Theodor s Pedrini M. A.
Joan. Franc. Foucquet，S. J.
Johannes J Mourao S. J.
Joseph Castiglione S. J.

文书基本信息表

文书种类	红票	头辞	武英殿等处监修书官伊都立、王道化、赵昌等字寄与自西洋来的众人
发送者	康熙皇帝	尾辞	
接受者	罗马教皇	正文文体	
纪年标准	中国纪年：康熙五十五年	正文内容	催促教皇回音
语言种类	古代汉语	用典来源	

六、船牌例析

1. 乾隆六年（1741年）粤海关发给洋商离港船牌

分守广东粮驿道按察使司金事署理粤海关印务纪录一次朱[1]，为会题请旨事。照得西洋船只既经丈抽[2]纳饷，或因风水不顺，飘至他省，原非专往贸易，查有丈抽印票，即便放行，不得重征。先经会同定议，具题在案。今据洋船商亚氏梦装载货物前往瑞国贸易，所有丈抽税饷，已经照例完纳，合行给牌照验。为此，牌给本船商收执。如遇关津要隘巡防处所，验即放行，不得重征税饷，留难阻滞。其随带防船火炮器械，按照旧例，填注牌内，毋许多带并夹带违禁货物。取究未便。须牌。

番梢一百二十名、剑刀三十口、大炮三十门、鸟枪三十枝、火药十担、弹子三百个。
右牌给夷商亚氏梦收执。
乾隆六年十二月十一日
粤海关行：遵照。

【注释】

[1]朱：粤海关监督朱叔权。[2]丈抽：中国对来华外国商船征收税银的一种方法。通过丈量船只的长、宽和吃水深度计算出船内载货的重量和数量，从而确定征收商船税银的数量。

【简析】

乾隆六年（1741年）十二月十一日，粤海关发给洋商的出口船牌（见图8.8）。对于广州日益增多的海外贸易，清廷加强了对外国商人的管理力度。这一船牌显示了清代粤海关对西方商船的管理制度。

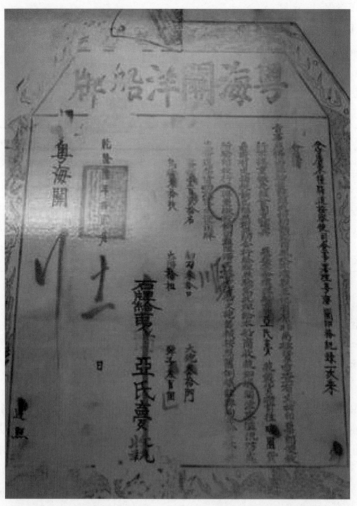

图8.8　乾隆六年（1741年）粤海关发给洋商离港船牌

第八章　清代中国与欧洲国家往来朝贡文书研究

此船牌原件由美国学者 paul van dyke 在 2003 年发现于瑞典斯德哥尔摩国王图书馆。该船牌横 77 厘米、纵 51 厘米，上方有"粤海关洋船牌"6 个大字，四边印有龙的装饰图案。据 paul van dyke 博士考证，该船牌是"哥德堡号"第 2 次来广州后从十三行出关的通行证。

文书基本信息表

文书种类	船牌	头辞	分守广东粮驿道按察使司金事署理粤海关印务纪录一次朱，为会题请旨事
发送者	中国粤海关	尾辞	右牌给夷商亚氏梦收执
接受者	夷商亚氏梦	正文文体	
纪年标准	中国纪年：乾隆六年	正文内容	放行证
语言种类	古代汉语	用典来源	

2. 乾隆五十七年（1792 年）澳门同知发给洋商前往广州船牌

特授广州澳门海防军民府加一级又随带加一级纪录五次韦[1]，为乞恩给照上省有凭事。乾隆五十七年七月初六日，据该夷目禀称：现据瑞国夷商故颠等说称：上年十二月内遵例来澳居住，兹欲携带写字、小厮等上省料理贸易事务，恳乞转恳给照前往。理合恳乞俯准给照，俾沿途盘诘[2]有凭。连开：夷商故颠一名、板林一名、写字吐蔑宾一名、小厮乙文一名、看忌连一名、防身鸟枪六枝、剑刀四口、衣箱行李、厨房家伙什物全，等情。到府。

据此，合行填照发给。为此，牌仰该夷目，立将发来牌照一纸转发该夷商收执，前往省城料理贸易事务，毋得夹带违禁货物，并饬令该夷商事竣来澳，将照禀缴察销。毋违。须牌。

右牌仰夷目委黎多[3]，准此。
乾隆五十七年七月初七日
府行：限即日缴。①

【注释】

[1] 韦：澳门同知韦协中。[2] 盘诘：查问；盘问。[3] 委黎多：澳门理事官。葡文为 Procurador，一称检察长，是澳葡理事会（Senado）成员之一。其职能主要负责澳门内部的船舶税课、兵饷、财政收支、修理城台街道，以及同香山县地方政府的协调关系，解决有关澳门地租商税、船舶进出、人员往来、案件处理等等重大问题。理事官向香山县官员发文书时，通常自称督理濠镜澳事务西洋理事官委黎多，或简称西洋理事官委黎多、西洋理事官、理事官委黎多、澳门委黎多等。葡萄牙在澳门的理事官初设于

---

① 范振水：《中国护照》，世界知识出版社 2003 年版，第 155—156 页。另收录在《葡萄牙东坡塔档案馆藏清代澳门中文档案汇编》下册，1422 \ co604 - 130 \ C02 \ 0238。

万历十一年（1583年）。《澳门纪略》对于理事官的职能记载："掌本澳蕃舶、税课、兵饷、财货出入之数。"

【简析】

乾隆五十七年（1792年），澳门同知韦协中发给澳门理事官转发瑞典商人故颠等人前往广州的牌照。牌照原件横58.5厘米，纵41厘米。

文书基本信息表

文书种类	船牌	头辞	特授广州澳门海防军民府加一级又随带加一级纪录五次韦[1]，为乞恩给照上省有凭事
发送者	中国澳门同知韦协中	尾辞	右牌仰夷目委黎多，准此
接受者	瑞典商人故颠	正文文体	
纪年标准	乾隆五十七年	正文内容	允准从澳门前往省城广州
语言种类	古代汉语	用典来源	

3. 道光十一年（1831年）粤海关颁发给洋船玛利亚号船长埃文斯离港船牌

钦命督理粤海关税务中[1]，遵旨颁发此照。西洋船只，业经丈量，交纳税饷，现已起程。倘遇横风逆水，以致驶往他省海岸（不属指定贸易范围内），如携有此项盖印清单，应准其继续航行，不得截拦阻止，并予备案。

今有洋船"埃文"，载有货物前往花旗国买卖。该船业已按例丈量，清征税饷。该船现既启碇，理应颁发执照，交该夷商收执妥藏，如经任何关卡，不得稽延。各处炮台，亦应查验执照，准该船通行无阻，并不得诱令其停留买卖，收取任何规费税饷，否则必将引起纷乱。

遵照旧例，该船携带防卫船只之炮械、军火及其他武器均列单在内。不得额外携带，亦不敢在船上收藏违禁物品。如发现该船违反律例，则此执照自应拒发。谨查验放行。

（海关监督之印）

水手26人，大炮4门，炮弹100发，剑10把，滑膛枪10枝，火药200斤。

道光十一年十月十二日①

【注释】

[1]中：粤海关监督中祥。

【简析】

道光十一年（1831年），粤海关发给洋船船长的由英文译回汉文的"离港船牌"，原

---

① （美）亨特著，冯树铁、沈正邦译：《广州番鬼录》，广东人民出版社2009年版，第102页。

文作 Grand Chop，中国文献称为"红牌"，又称"粤海关外洋船牌"。如将这一现代汉语译文与上文乾隆六年（1741年）船牌原件对照，二者内容几乎一致。

文书基本信息表

文书种类	船牌	头辞	钦命督理粤海关税务中，遵旨颁发此照
发送者	中国粤海关	尾辞	谨查验放行
接受者	洋船玛利亚号	正文文体	
纪年标准	中国纪年：道光十一年	正文内容	放行证
语言种类	古代汉语	用典来源	

七、执照例析

1. 康熙六十一年（1722年）俄罗斯发给本国来华商务专员执照

兹奉俄罗斯察罕汗[1]谕旨，由我处派遣商务专员斯捷潘·特列蒂雅科夫等，携带我官货貂皮等物，前往贵国销售，并购买我所需之贵国物品。既然我两国修好有年，请仍按前例，准我所派商务专员等经过贵国喀尔喀等地，并请沿途护送至京城。到达后，希拨给栈院，准我商务专员将所带货物自由销售，并购买贵国货物，相互交易。交易完毕，携带货物返回时，望仍准伊等经贵国所属蒙古塔拉、喀尔喀等地方，并望派员协助，沿途照看货物，妥送至我边界。同时，我察罕汗业已指令我属人员，若尔方有事，亦将妥善办理。惟恐无据，特由莫斯科签发执照，盖我国印，交付商务专员带去。

天主降世一七二二年七月二十日即建国四十一年[2]，掌管国印大臣赫洛夫金①

【注释】

[1]察罕汗：蒙古人对沙皇的称呼。[2]天主降世一七二二年七月二十日即建国四十一年：公元1722年，沙皇彼得一世（1682—1725年）在位第41年。

【简析】

康熙六十一年（1722年），俄罗斯政府发给来华商务专员的执照。

从1698年第一支俄罗斯国家商队经尼布楚来北京，直到1762年最后一支国家商队为止，60年间总共曾有17支国家商队到达北京②。俄罗斯官方商队来华，均有俄罗斯政府

---

① 范振水：《中国护照》，世界知识出版社2003年版，第148—149页。
② （苏）米·约·斯拉德科夫斯基著，宿丰林译：《俄国各民族与中国贸易经济关系史》，社会科学文献出版社2008年版，第155页。

签发的执照。1722 年 7 月 20 日,俄罗斯掌玺大臣给来华的商务专员签发的这份来京执照,以拉丁文雕版印制。

执照内容透露了这一时期俄罗斯来华商队贸易的重要信息。俄罗斯官方商队经过外蒙到达北京,所带主要货物是皮毛。商队在中国境内由中国负责护送,到达北京之后,中方要安排货栈,并允许自由贸易。法国传教士白晋在给路易十四所写的报告中指出,当年莫斯科的使者一踏上大清的土地,就受到康熙特使的全程陪同热情招待,"北京是皇帝允许莫斯科人自由通商的大城市,在通商过程中,他们无须交税,更不会受到欺凌。皇帝这样做是为了使他们有利可图,以便永远保持通商的睦邻关系"①。

文书基本信息表

文书种类	执照	头辞	兹奉俄罗斯察罕汗谕旨
发送者	俄罗斯掌管国印大臣赫洛夫金	尾辞	惟恐无据,特由莫斯科签发执照,盖我国印,交付商务专员带去
接受者	俄罗斯来华商务专员斯捷潘·特列蒂雅科夫	正文文体	
纪年标准	基督教和俄罗斯纪年:天主降世一七二二年七月二十日即建国四十一年	正文内容	要求来华途中照应
语言种类	古代汉语译文	用典来源	

---

① 白晋:《康熙帝传》,见《清史资料》(第 1 辑),中华书局 1980 年版,第 202 页。

本章附录一：
英国女王伊丽莎白一世给明代中国皇帝的 3 封国书

从 16 世纪末期到鸦片战争之间，英国为取得与中国通商权利多次遣使中国，先后向明清两代中国皇帝呈递 8 封国书。

（1）明代时期伊丽莎白女王的 3 封国书。英国女王伊丽莎白一世曾于 1583 年、1596 年和 1602 年 3 次致信中国皇帝。由于当时交通技术和葡萄牙舰队的袭击，英国女王致中国皇帝的国书都未能顺利送达中国。

（2）明代时期詹姆士一世的 2 封国书。1610 年，詹姆士一世修书两封致中国万历皇帝，派商人尼古拉·道通为代表，持信前往中国。尼古拉·道通原定先经过万丹、日本，寻找在那里的中国人陪同，再将两封国书呈送中国皇帝。尼古拉·道通抵万丹后遇到不少中国商人，但此时正好发生万历年间的天主教案，明朝政府正在大力驱逐耶稣会士，没有一个中国商人敢于翻译和转送这些国书，因为中国法律规定，个人私下交通外夷将被处以死刑。1617 年 1 月，万丹的商馆总管很泄气地说，他找遍了碰到的所有中国人，谁都不敢翻译和呈送国书。两封英王致中国皇帝的国书，在万丹搁置 4 年之久，最后竟不知落于何人之手。

（3）清代时期英王的 3 封国书。到清代，英国继续寻求与中国贸易的机会，在 1787 年、1792 年和 1816 年 3 次遣使中国。与 3 次遣使相对应，英王 3 次致书中国皇帝。1787 年的英国国书因特使中途去世而未能送达清廷，1816 年的英国国书因礼仪之争而被清廷拒收，只有 1792 年的英国国书被顺利递交清廷。

因此，英王致中国皇帝的 8 封国书中，只有 1792 年马嘎尔尼使团携带的那封国书递达成功，其他 7 封国书则命运多舛：有的因海难葬身海底，有的因无法递交以致流落他处而不知所终，有的因使者中途去世而未有机会送达，有的则被中国皇帝拒收。中英两国早期交往，既无天时，亦无地利，更缺人和，英国国书的下场正显示了这一特点。

英王致中国皇帝的 8 封国书，正文中已经收录了清代的 3 封，以下又收录了明代伊丽莎白一世的 3 封。詹姆士一世的两份国书则未能搜罗到，否则将成英国致华国书全璧。

1. 1583 年英国女王伊丽莎白一世给明朝皇帝的国书

1583 年，英国女王伊丽莎白一世派出商人约翰·纽伯莱率船队前往东方，寻找通往中国、印度两国的航线。船队携带两封国书，一封致莫卧儿帝国皇帝，一封致中华帝国皇帝。船队在忽鲁谟斯地区被葡萄牙人俘获后被送往果阿，国书未能送达中国。这封伊丽莎白女王给中国皇帝的信，至今仍由大不列颠历史博物馆收藏。

天命英格兰诸国之女王伊丽莎白，致最伟大及不可战胜之君王陛下：呈上此信之吾国忠实臣民约翰·纽伯莱，得吾人之允许而前往贵国各地旅行。彼之能作

693

此难事,在于完全相信陛下之宽宏与仁慈,认为在经历若干危险后,必能获得陛下之宽大接待,何况此行于贵国无任何损害,且有利于贵国人民。彼既于此无任何怀疑,乃更乐于准备此一于吾人有益之旅行。吾人认为:我西方诸国君王从相互贸易中所获得之利益,陛下及所有臣属陛下之人均可获得。此利益在于输出吾人富有之物及输入吾人所需之物。吾人以为:我等天生为相互需要者,吾人必需互相帮助,吾人希望陛下能同意此点,而我臣民亦不能不作此类之尝试。如陛下能促成此事,且给予安全通行之权,并给予吾人在与贵国臣民贸易中所极需之其他特权,则陛下实行至尊贵仁慈国君之能事,而吾人将永不能忘陛下之功业。吾人极愿吾人之请求为陛下之洪恩所允许,而当陛下之仁慈及于吾人及吾邻居时,吾人将力图报答陛下也。愿上天保佑陛下。耶稣诞生后1583年,伊丽莎白登基第25年,授于格林威治宫。

伊丽莎白①

2.1596年英国女王伊丽莎白一世给明朝皇帝的国书

1596年,美洲殖民地商人准备航行中国。英国女王伊丽莎白一世决定派使臣本杰明·伍德随同英商里查·阿伦和汤麦司·布伦菲一同前往中国,并让带去她致中国皇帝的第二封国书。但是,他们驾驶的3艘船,1艘到好望角即沉没了,另2艘则遭到葡萄牙舰队袭击。经过18天的激战,最后只剩下1只船,不幸这条船又在布通岛覆没。仅存的4人携带女王致中国皇帝的国书,逃到波多黎各,不幸又为西班牙人所俘,后遭枪杀。这封英王致中国皇帝的国书也不知所终。

天命英格兰、法兰西及爱尔兰之女王,使基督之名不被滥用的真实基督教信仰之罪强有力保护者伊丽莎白,致至尊主权国君,伟大中华王国之最强力主宰者,亚洲各部与及附近诸岛屿最主要之皇帝陛下:愿陛下安康,多寿多喜,百事顺利。持此信致陛下之吾国忠实臣民里查·阿伦及汤麦司·布伦菲,系我英格兰王国伦敦城之商人。彼等坚决恳求吾人准许彼等取海道前往贵国贸易。盖贵国治理坚固而贤明,其声誉传遍天下,是以此等我臣民不仅欲参见陛下,且愿与彼等身居贵国期间,遵循贵国之法令。此等商人,为交还货物故,愿前往远方我等不熟知之国,以图将我国所丰有之货物以及各类产品,展示于陛下与贵国臣民之前。则彼等能得知何种我国货物能于贵国有用,可否以各国现行之合法关税交换得贵国富有之产品与制品。吾人对于此般忠心臣民之合理请求,不得不为认可。因吾人实见公平之通商,无任何不便与损失之处,且极有利于我两国之国君及臣民。以其所有,易其所无,各得其所,何乐不为!今求至尊之陛下,凡我国人来贵国某处、某港、某地、某镇或某城贸易时,务请赐以自由出入之权,俾得与贵国人交易,在陛下仁慈治下,使其得享受自由特典及权利,与其他国人在贵国贸易所享受者一无差等。则吾人在他方面不独对于陛下尽具事上国之道,且为我两

---

① 张铁东:《中英两国最早的接触》附录一,载《历史研究》1958年第5期。

国国君及臣民之互爱与贸易起见，愿对于贵国人民之入境贸易者，到处予以自由，加以保护（如陛下以为善者）。所有此等条件，吾人皆已固以国玺。愿至慈悲与至强之上帝及天地之创造者永远保护尊王陛下。耶稣降生后一五九六年，伊丽莎白登基第三十八年，六月十一日，授于格林威治宫。

伊丽莎白①

3. 1602 年英国女王伊丽莎白一世给明朝皇帝的国书

1602 年，英国东印度公司派遣威茅斯携带英女王伊丽莎白一世致中国皇帝的国书前往中国请求开拓中英贸易。航行途中，船只遇风遭难，英王给中国皇帝的信件也葬身大海。1978 年，这封沉没海底多年的信件被人重新打捞上来。1986 年，英国女王伊丽莎白二世第一次访华时，把伊丽莎白一世 1602 年写给明朝皇帝的信件作为国礼赠送中国政府，英国贸易大臣亲手将其交给中国的外贸部长。1986 年 10 月 13 日晚，在中国国家主席李先念为女王举行的盛大国宴上，女王发表讲演说："我的祖先伊丽莎白一世曾写信给中国万历皇帝，希望中国皇帝考虑发展中英贸易。不过，特使在出使时发生了不幸，船在开往中国的路上遇到了风暴，这封信始终没有送到。幸而从 1602 年以来，邮政改进了，中国对我的邀请才安全地收到，我极其荣幸地接受了这个邀请。"

以下是英文信件原文，用中古英文写成：

ELIZABETH, BY THE GRACE OF GOD, QUEEN OF England, France and Ireland, Defendor of the faith ets. To the great, mighty, and Invincible Emperour of Cathaia, greeting. Wee haue receaued Dyuers, and sundry relac – ons both by our owne Subiects, and by others, whoe haue visited some parts of your Ma^{-ts} Empire, and Dominions, wherby they haue reported unto us as well your Inuincible greatness, as your kind vsage of Strangers, that resorte unto yo – r Kindomes with trade of merchandise, w – ch hath wrought in us a desire, to fynd oute some nearer waye of passage by Seas from us, into your cuntrey, then the usuall frequented course that hitherto hath byn houlden by compassing the greatest part of the world. By which nearer passage, not only opportunity of entercourse of traffique of merchandize may be offred between ye Subiects of both o^r Kindomes, but also a mutuall league, and amity may growe, and be continued, between yo^{r}Ma^{ts} and us, or Cuntries, and Dominions being in their distance of scituations, not so farr remote, or severed, as they are estranged, and unknowen the one to the other, by reason of the long and tedious course of Navigecon hitherto used – from theis party unto yor. To which ende wee have heretofore many yeares past, and at sundry tymes synce mase choice of some of O^r Subi^{or}ects, being a people by nature enclyned to great attempts, and to the discouery of Contries, and Kingdomes unknowen and sett them in

---

① 张铁东：《中英两国最早的接触》附录二，载《历史研究》1958 年第 5 期。

hand wth the fynding out of some nearer passage by Seas into yor Ma^ts Contries, through the North. Or East parts of the World, wherin hitherto not preuayling, but some of their Ships neuer returning back agayne, nor being heard synce theirn departure hence, & some of them retourning back agayne being hindered in their entended voyage by the frozen Seas, and intolerable cold of those Clymayes; wee haue yet once more of o^r earnest desire to try the uttermost ye may be done to pforme at length a neerer discouery of yor Contrye, prepared and sett fourth two small Shipps under ye direction of our Subject & Seruant George Waymouth being ye principall Pylott of this present voyage, a man for his knowledge & Experience in navigacon, specially chosen by us to this attepmpte, Whom if it shall please god so to prosper in his passage, y^t either he, or any of his company shall aryue in any port of your Kingdome, wee pray yor Matie in fauor of us, who haue soe desired ye attaining this meanes of accesse unto yo^u, & in regard of an enyerprize pformed by hym, & his company wth so great difficulty, & danger, y^t you will use them wth that regard y^t may gyue them encouragem^t to make this their newe discouered passage, wch hitherto hath not byn freguented, or knowne by any to become a usuall frequented trade from their pts of ye world to yor Matie. By wch meanes yor contry may hereafter be serued wth the natyue comodityes of theis parts of speciall seruice, & use both for yor Matie and Subiects and by returne, and enterchange of your contrey comodities, wee & our Subiects may be furnished wth thinges of lyke seruice and use out of wch mutuall benefit amity, and frendshipe may growe, and be established between us, wch wee for our part will not lett hereby to offer unto you for the honorable report wch we haue heard of yor Matie and because in yis first discouery of the waye to y^or contrey, it seemed to us not convenient to ymploy Shipps of that burthen wch might bring them any great quantity of or natyue commodities wherby they might be pestered, wee had resolue to use small shipps as fittest for an unkowen passage, laden for ye most part wth such necessaries, as were of use for their discouery. It may please yor Matie by the pticukers of such things, as are brought in theis shipps to understand y^t of goods of those kyndes, or kingdome is able to furnish yor Matie most amply & also of sundry other kynds of merchandize of like use, wherof it may please yor Matie be more pticulerly enformed by the said George waymuth, & his company, of all wch upon signifcaco unto us by yor Matie Lres to be returned by o^r said Subiect, your visiting of yor Kingdomes wth our shipps, & merchandize shalbe acceptable, & kindly receiued, wee will in the next fleet, wch wee shall send unto you, make it more fully appeare what use, & beneftt, or amity & entercourse may bring you Matie & contre. And in the meane tyme do commend yor Matie to the protection of the Eternall God, whose providence guideth, and pserueth all Kinges, and Kingdomes. From our Royall Pallace of Greenwiche the fourthe of May ano Dni 1602 and of or Raigne 44

  Elizabeth R

该信的汉语译文如下:

　　神恩天命英格兰、法兰西及爱尔兰诸国之女王,信仰的守护者伊丽莎白致敬伟大及强大而不可战胜的大明皇帝陛下:我们通过对各方的文献记录的了解,以及那些有幸游历过陛下雄伟帝国的商人的倾述,从而得知陛下的伟大和对远方客人的仁爱。这鼓舞我们去寻找比世界大部分的航行路线更短的到达大明帝国的航海路线。由于更近的航行路线,较近的通道提供我们两国直接的贸易机遇和友好关系的增长。出于这种考虑,过去我们很多次鼓励开拓者穿过北部地区寻找更近的通道。他们中的一些船只至今未归也从未听到有关他们的消息,据推测可能由于冰冻海洋和无法忍受的寒冷。尽管如此,我们希望再次尝试并做好准备在具有丰富学识和航行经验的总领航员乔治·威茅斯的指挥下驾驶两艘小船出发。我们考虑初航不应该太麻烦陛下,所以此次带的商品样本比较少,因为船只航行于未知的航线并需要必需品来探索航线。届时请陛下检验我们商船上带来的各式各样的商品样本,并告诉乔治·威茅斯哪些商品可以运来交易,我们将在下一批商船舰队提供这些货物。我们希望仁慈的陛下能给予他们关照,并鼓励他们,开通这个它迄今为止还没有被经常光顾的贸易航行。通过这种方式我们两国家可以增强贸易合作,各取所需并增进两国人民的友谊。在此之际,我等愿上天保佑陛下。耶稣降生后一六〇二年,伊丽莎白登基第四十四年,五月四日。格林威治宫。

　　伊丽莎白

本章附录二:
俄国外交档案保存的明代中国皇帝致沙皇的 2 封国书

清代来华使者斯帕法里携带了 2 封据说是来自中国明代皇帝致沙皇的汉语国书,在出使途中寻找到懂汉语的人员译成俄语后寄回俄国。这 2 两封国书的俄译本现保存在俄国沙皇阿列克谢·米哈伊洛维奇时代的外务衙门档案里。国书原件则被斯帕法里带到中国进行辨识,在由清宫耶稣会士查看后被认定为伪造。[①]

1. 中国万历皇帝致俄国沙皇国书

　　中国万历皇帝。有二人自罗斯来。中国万历皇帝语彼等俄罗斯人曰:尔等既为通商而来,则通商可也。归去后仍可再来。寰宇之内,尔为大国君主,朕亦非小皇帝。愿两国之间道路畅通无阻,尔等可常相往来。尔若进贡珍品,朕亦以优质绸缎相酬。而今尔等即将归去,如再来,或大君主派人前来,应携带大君主致

---

① 郝镇华:《两封中国明代皇帝致俄国沙皇国书真伪辨》,载《世界历史》1986 年第 1 期。

朕之国书，届时朕亦将以国书作答。尔等如携有国书前来，朕将颇感荣幸，命令以礼接待使者。因路途遥远，且言语不通，朕不便遣使访问贵大君主，现谨向贵大君主致意，并谨奉礼物。一旦朕之使者有路可去大君主处，朕将遣使前往。基于吾国习惯，朕为皇帝，不能躬亲出国，也不许本国使臣及商人出国。

（本文写于五十六年前。）

2. 中国皇帝致俄国沙皇国书

中国万历汗之子朱汉基。父王在位时，大君主之商民曾时来通商，今朕处则无大君主之商民前来。父王在位时，大君主之臣民来此者皆睹天颜。朕今在位，竟无来此者。尔商民若来朕处，必获光明如在之月。尔商民来，朕甚欢迎，并予恩赐。尔今献鹿角一对，朕回尔绸缎七百匹。尔进贡珍品，朕必加倍赐予。朕派人从阿比送大君主玉杯三十二只。尔大君主使臣来此者三人，朕已命人从吾国隆重护送彼等至大河，并遣三千人陪送一日程。

（本文书写于二十六年前。）

本章附录三：蒙元时期罗马教廷与蒙古大汗往来国书

13世纪蒙古人西征引发罗马教廷向蒙古大汗的一系列遣使以及双方之间的往来国书。本书收录两封蒙古贵由大汗与教廷往来国书和一封元顺帝致罗马教廷的敕谕。其中贵由回复教皇国书原件由黑墨书写，由横1.1米，纵0.2米的两片棉纸粘接而成，两处钤盖蒙古文方印，印文为"长生天在上，贵由汗在地，圣旨所致处，众生须敬之"。2009年由比利时出版社VdH出版的《梵蒂冈秘密档案》将这一国书公诸于世。

1. 罗马教皇致书贵由大汗国书

天主仆役之仆役、主教英诺森谨致书于鞑靼国王及臣民曰：天主好生，创造人类动物以及地上所有有机物质。以明神为例，故有生之物，莫不相亲相爱，安居乐定，永不相扰。余闻王等侵入基督教诸国以及他境，所过杀戮，千里为墟，血流盈壑。直至于今，王及部下凶狠之气，破坏毒手，未稍休止。解除一切天然束缚，不论男女老幼，无有幸脱王之剑铓者。余代天主行教，闻王所为如此，不胜诧异。余本天主好生之德，欲合人类于一家，据敬天明神之理，特申劝告并警戒，请求王及部下止息此类暴行，尤不可虐待基督教徒。王所犯罪恶多而且重，必遭天主所谴，可毋庸疑。王须急宜忏悔，使天主满意。以前诸国所以为王克服者，乃天主所使，非王之兵力所能也。以后王及部下亟宜停止暴行，须知天主可畏也。骄横跋扈之人，固有时幸逃天主法网。然若怙恶不悛，始终不知迁善谦让,天主未有不严刑惩罚者也。余今遣所爱兄弟约翰及同伴数人,携国书聘礼,往王之廷。诸人皆谨厚守礼,笃信宗教,通晓《圣经》。余希望王温颜接受,善待诸人,则不啻身受王之惠矣。诸人代余所说者,愿王倾心信之。所言和平方法,尤宜深加采纳。更愿通告诸人,王究因何而扫灭他国,王以后意志如何,亦请示知。诸人往来,长途跋涉,愿王派使护送为便。归回时,亦请供给沿途所需,俾得来达余处也。约翰等僧,皆品行端正,深通《圣经》,能告王等以吾救世主之为人谦逊,故余遣之。若仅能为王奔走,代王布德,有利于王者,则余将不遣彼等,而另遣其他高僧或有权势之人矣。①

2. 贵由大汗复罗马教皇国书

长生天气力里、贵由大汗、全人类之君主圣旨。咨尔大教皇:尔及西方基督教人民,遣使携国书,远来与朕讲和。朕召见使者,听其言,阅其书,知尔等之意,确欲讲和。然既欲讲和,尔教皇、皇帝、国王及各城市之有权势者,皆须火速来此议和,听候朕之回答及朕之意旨。尔之来书,谓朕及臣民皆须受洗,改奉基督教。朕可简略告尔:朕实不解,为何必须如此也。尔之来书,又谓尔等见国兵杀人,尤以基督信徒匈牙利人、波兰人及摩拉维亚人等,甚为诧异云云。朕可简略告尔:尔所云者,朕实亦不解也。然朕若不言,尔或不明其故,兹特答尔如下:彼等不守上帝及成吉思汗之教训,相聚为不善,杀戮我国使,故上帝震怒,命灭彼国,而将彼人交入朕手也。若非上帝所使,人对于人,何能如是乎?尔等居住西方之人,自信以为独奉基督教,而轻视他人。然尔知上帝究将加恩于谁人乎?朕等亦敬事上帝。赖上帝之力,将自东徂西,征服全世界也。朕等亦人,若非有上帝之力相助,何能成功耶?

六四四年第二月主马答之末数日内写来。②

3. 元顺帝谕罗马教皇国书

长生天力气里、皇帝之皇帝圣旨。咨尔西方日没处、七海之外、法兰克基督教徒之主、罗马教皇:朕遣法兰克人安德鲁及随从十五人至尔教皇廷,设法修好,俾今后时得通聘。仰尔教皇赐福于朕,日祷时不忘朕名。朕之侍者阿兰人,皆基督之孝子顺孙。朕特介绍于尔教皇。朕使人归时,仰尔教皇,为朕购求西方良马,及日没处之珍宝,不可空回也。准此。

鼠儿年六月三日,书自汗八里城。③

---

① 张星烺:《中西交通史料汇编》第一册,中华书局2003年版,第284—285页。
② 张星烺:《中西交通史料汇编》第一册,中华书局2003年版,第286页。
③ 张星烺:《中西交通史料汇编》第一册,中华书局2003年版,第341—342页。

第九章 晚清近代外交文书

鸦片战争之前清朝的对外文书体例为朝贡文书。鸦片战争后，由于国内外形势发生急剧变化，清朝的外交制度开始发生变化。这一时期，在与传统朝贡国来往继续使用朝贡文书的同时，出现了与西方国家来往的近代外交文书。

第一节　晚清近代外交文书制度

近代外交文书是近代国际体系下国家之间往来活动使用的专用文书，发文主体有元首、外交机关、派出机构、外交代表。近代外交文书种类很多，包括国书、全权证书、领事任命书、颂词、答词、照会、信函、电报、条约等。晚清中国也出现了近代外交文书，出版于1876年的《星轺指掌》附录的"公文程式"中，就曾收录了同治年间的2件国书、8件照会、5件信函①。

一、晚清近代外交文书的特点

如与传统的朝贡文书相比，晚清出现的近代外交文书在如下几个方面发生了变化：

第一，行文方向发生了变化。清代传统的朝贡文书体例，上行的表文和下行的敕谕占绝大比例。近代外交文书因须遵循并体现交往国家对等的原则则以平行文书为主。国家政府、元首之间往来使用国书种类；地方层级交流则用照会文体。1842年8月29日《南京条约》第十一款规定："两国属员往来必平行照会。"1844年《黄埔条约》第四款规定："中国地方官与该领事等官均应以礼相待，往来文移俱用平行。"

第二，书写格式发生了变化。朝贡文书体例中，缮写内容时如遇有中国皇帝及其相关词汇，均要抬格书写，以示尊重，而外国国名、元首名则不能抬格，有的字形还要写小。近代外交文书则对中外双方国名、元首名都同样抬写，以示平等。

第三，称谓发生了变化。朝贡文书中，对中国皇帝的名字用词要进行避讳，外国国王要称"名"、称"臣"。其他方面的遣词造句也需遵守儒家伦理指导下的宗藩关系。在近代外交文书中，对中外双方的称呼统一用尊词，不能使用诸如贬损外国的"夷"的称谓，《中英天津条约》第五十一款规定："嗣后各式公文无论京内外，叙大英公文自不得提出'夷'字。"在各国的国名前都要一律加"大"字，如大英国、大日本等，《中法天津条约》第三款规定："凡大法国大宪领事等官有公文照会中国大宪及地方官员均用'大法国'字样。"各国元首名称根据政体不同称为大皇帝、大天后、大君主、大伯理玺天德，称呼对方国家为"贵国"，对国家元首则称呼"陛下"。

第四，文书专用词发生了变化。朝贡文书中，"谕"、"奏"、"拜"、"诚惶诚恐"等文书专用词体现出的上下尊卑关系含义明显。近代国书则出现了"某元首敬白某元首"、

---

① （德）查尔斯·马斯顿著，联芳、庆常译：《星轺指掌》，中国政法大学出版社2006年版，第213—228页。

"某元首问某元首好"、"敬祝"等平等词汇。

二、晚清近代外交文书的制撰和外部形态

清代朝贡文书的制撰由礼部负责，晚清外交文书则由负责外交事务的机构——前期为总理衙门，后期则为外务部负责撰写。

中国近代外交文书的外部形态，以国书最为典型。晚清中国的国书制作基本继承了传统敕谕制作的风格，精良华丽。葡萄牙国家档案馆保存一份1908年中国致葡萄牙的国书，国书封面五彩粲然。根据现存的晚清国书实物，国书具体形制如下：

其一，用印制度。中国近代外交文书的书写格式虽然与国外基本一致，但在用印方面保留了我国传统文书的特点。在一般国家的近代国书末尾，必须有国家元首签署、外交部长副署才能生效。晚清中国颁发的国书既无皇帝的签署、也无外交负责官员的副署，只是钤盖"皇帝之宝"玺印。"在中国，皇帝陛下之批准书上只钤御玺为证，并不以御笔书署，是乃永年之惯例。"[①] 这一做法体现了中国的政治文化传统，特别是皇帝玺印是国玺，是"神器"，代表了政权的天命所在和天下重托，在中国政治中具有无可比拟的权威性，而私人签名或刻有私人姓名的印信则缺乏这种国家层面的公共性、权威性。这是中西政治文化的区别所在。

其二，材质和语言。晚清国书装帧形式为折叠式，因此，除了中间的正文部分之外，前后还有封面、封底。封面、封底为缎面刺绣，正文部分为纸质。文字墨书，满汉合璧，左为满文，右为汉文。

其三，图案设计。晚清国书图案设计颇具中国特色。正文的上、下为印边二龙戏珠纹：两条云中波浪形的行龙昂首拱起一颗火焰珠。这一图案寓意着日出东方与光明盛世。封面、封底为金丝和绒线绣制的金色坐龙，坐龙是龙形中最为尊贵的姿态，只有皇帝正殿、龙袍才可使用。把坐龙使用于国书封面，意在表示国书代表天子。坐龙的四边为对称的五彩祥云纹饰。彩云又称庆云、景云、卿云，表示天子之气。国书封面、封底的整体构图巧妙呈现内椭圆、外长方形的结构。（见图9.1）

其四，函套。函套是装置国书的锦匣，用缎制成，除了函面外，其他均为红面黄底。函面的图案设计与清代诏令、高级表奏文书封面设计相类似。函面中间书墨色满、汉文字"大清国国书"，文字上端有一条正面金色坐龙，文字左右为两条金色行龙，标志着龙行天下。五色祥云点缀于三龙之间。两条金色升龙下方则为黄、白、蓝海水江崖纹饰，含义为江山一统。函面整体构图以龙为主要构件，龙姿或端坐，或遨游在云、山、水之间。整个图案，龙形威严，海浪翻滚，既体现了中国传统龙图腾元素，也与国书肃穆的特征相吻合。（见图9.2）

[①] 《伍廷芳集》上册，中华书局1993年版，第16页。

图9.1 晚清国书封面、封底

图9.2 晚清国书函套封面

三、晚清近代外交文书的种类

（一）国书

1. 常驻使节国书及其相关文书

（1）常驻使节就任国书。就任国书又称派遣国书，是一国元首因派遣大使、公使前赴他国执行外交任务而致书他国元首的信任状和介绍信，由派使国的元首签署、外交部长副署。就任国书一式两份，副本开封，于使节抵达驻在国后，呈送驻在国外交部长；正本密封，于觐见驻在国元首时当面递交。驻在国元首接受国书时，一般均举行隆重的仪式，在许多国家还同时由派遣大使致颂词，接使国元首致答词。

（2）常驻使节辞任国书。辞任国书又称召回国书，因使节任届期满或由于其他原因召回时，向驻在国元首说明。一般由使节在辞别时面交，如该使节业已提前返国，则由继任使节连同其就任国书一并递交。也有将派遣与召回合并为一份国书的情形。

（3）使节任命书。外交任命书是国家对所派使节担任使命、职务的任命状、证明文书，包括该国政府对全权大使、公使、领事任命书等不同种类。晚清中国高级外交官任命书采用传统的敕书形式，低级外交官采用文凭形式。接受国对派驻国所发任命书确认后，也需颁发接受国的确认证书。

（4）使节颂词、元首答词。使节颂词是派遣国大使向接使国元首及政府所致的友好祝愿文书。主要内容为表述被任命大使的心情，转达派遣国元首及其他领导人对驻在国元首及其他领导人、政府和人民的问候，赞颂与评价两国的关系，赞颂驻在国所取得的成就，表示自己将努力完成所负使命的愿望，并希望驻在国予以协助和支持等。颂词的正本由派遣国大使于递交国书时面对驻在国元首诵读后递交；颂词副本于抵达驻在国后，连同国书副本一起呈送驻在国外交部长。中国第一历史档案馆收藏一件光绪二十八年（1902年）比利时公使上的颂词原件，羊皮封，内纸，纵42厘米，横33厘米。①

元首答词是接使国元首对派遣国大使所致颂词的回答文书。内容主要为表示接受和欢迎派遣国大使，感谢派遣国元首及其他领导人的问候，对国际形势及所关心的问题的议论，对两国关系的评价与颂扬，赞颂派遣国的成就及表示愿意协助和支持派遣国大使的工作等。答词由接使国元首诵读后面交派遣国大使。

在近代的外交实践中，各国不断改革外交礼仪，有些国家免去互致颂词、答词，采取较简便自由的觐见谈话方式。据《薛福成日记》记载，光绪十七年（1891年）二月二十一日向意大利国王递交国书，"查照旧例，不用颂词，鞠躬致递国书，王免冠鞠躬接受"，双方"立谈两刻之久"，"复与参赞叙谈二十余语，与翻译寒暄十余语"。②

2. 访问国书

国家间相互交往须派遣一定级别的政府人员、外交官员率团出访其他国家，这些出访他国的政府人员需要携带该国元首颁发的国书，内容包含授权范围、访问目的等。

3. 首脑国书

国家元首间互致庆贺、慰问等礼仪问题以及对重大事件交换看法的文书。
（1）礼仪性国书。近代国家间为联络友情，元首之间会互致各种礼仪性国书。包括即位、生日、婚庆场合的致贺国书，丧事场合的吊唁国书，以及对对方元首的致谢国书。
（2）事件国书。国家元首间对涉及国家的军政大事、国际事件交换看法时向对方发出的国书。

（二）外交照会

照会是近现代外交制度下的一种形式上最郑重的外交文书。用于相关国家的外交机构及外交代表之间在外事交涉时表明立场、观点、态度、做法或通知事项等。外交照会分为

---

① 中国第一历史档案馆：《清代文书档案图鉴》，岳麓书社2004年版，第273页。
② 《薛福成日记》下册，吉林文史出版社2004年版，第623页。

正式照会和普通照会两种。

正式照会一般用第一人称写成，由具有全权代表身份的国家元首、政府首脑、外交部长、大使、代办等签署发出，用于正式通知重大事情，如国家之间的承认、建交、断交、复交，国家领导人的变更，大使、领事的更换等；交涉重要问题，如建议缔结或修改条约、召开国际会议、互设领事馆、委托代管本国财产等；隆重的礼仪表示，如庆贺、吊唁，通知外交使节就任、离任、返任等。

普通照会用第三人称写成，加盖发照机关印章而不用签署，用于外交部及部内的有关单位与驻该国的各国大使馆之间进行外事交涉、行政性通知、交际酬答等，如接受邀请、转送材料、通告丧事、通告假日、批准某协定、提出抗议或警告等。普通照会是一种最常用的外交文书，其庄严性仅次于正式照会。

（三）外交函件

外交函件是国家领导人、外交代表之间进行外事交涉的来往信函。用于交流双方的观点、意见，协商与联系解决问题。根据通信者双方的身份及通信内容的重要程度，分正式函件和便函。

正式函件用于国家领导人、外交部长、大使、代办等有全权代表身份者交涉重要事项，如邀请、应邀、致谢、建议、表态、吊唁、慰问等，是庄重的外交信件，一般机密性较高。文首写明国名或首都名及受函者职衔、姓名、尊称，文尾写致敬语、发函者职衔、亲笔署名、发函年月日与地点，以示郑重。

便函用于事务性内容，如一般的祝贺、吊唁、馈赠、邀请进餐或观看演出、借还物品等。格式比较随便。外交函件有时也用于国家机关、团体、企事业单位和地方政府领导人致他国相应机构和人士交涉事务。

（四）外交电报

外交电报是一国的领导人、外交机关及其派出机构或代表发给他国或国际组织和代表的一种文体，是一种常用的快速通讯的外交文书，其内容与用法同外交函件相似，有邀请电、贺电、唁电、慰问电、感谢电等。电文简短，文字精练。按发电者形式可分为单发与联发两种：单发电报系由单一组织或以个人名义拍发的电报；联发电报系由两个或两个以上组织或以个人名义联名发出的电报。按内容及保密要求可分为密电和明电。传递方式有通过电讯号传输文字内容的电报，有直接传送文件图表和照片的传真电报。

电报出现于清朝末期，光绪初年开始在官文书中出现。光绪二十四年（1898年）以后，电报才与公文具有同等效用。各官员电奏发出后，要经过军机处、总理衙门译抄后呈皇帝阅看。

第二节 晚清外交国书选析

一、使节国书及其相关文书

（一）晚清中国常驻外国使节就任、辞任国书

1. 光绪三年（1877 年）郭嵩焘就任驻英公使国书（副本）

大清国大皇帝问大英国大君主、五印度大后帝好。朕前因贵国翻译官马嘉理被戕，深为惋惜，特简署礼部左侍郎郭嵩焘前赴贵国代达衷曲。兹据该侍郎奏称，行抵贵国，优与接待，朕甚慰之。因念该侍郎忠诚夙著，现已接为兵部左侍郎，即命驻贵国都城为钦差出使大臣，并特撰国书寄交该侍郎面陈，以表真心和好之据。该侍郎于办理交涉事件必能悉臻妥协，务望推诚相信，长敦和好，共享升平，谅必同深庆幸焉。①

【简析】

此为清廷任命郭嵩焘为首任驻英公使的国书副本（见图 9.3），现存英国国家档案馆。该国书是中国历史上首份驻外公使就任国书，在中国外交史上具有重要的史料价值。这份就任国书副本没有标明时间，但由于总理衙门是在郭嵩焘于光绪二年（1876 年）递交首份国书后的 10 个月后制撰了这份国书，因此年份应该是光绪三年（1877 年）。

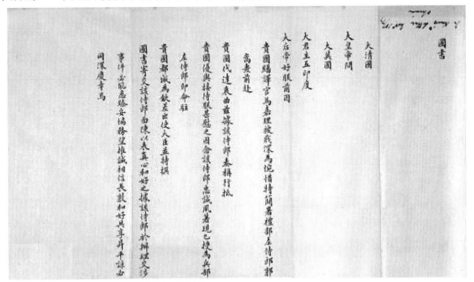

图 9.3　光绪三年（1877 年）郭嵩焘就任驻英公使国书副本

---

① 《中国档案报》2014 年 11 月 21 日，总第 2688 期第一版。

鸦片战争后，英国进一步加紧对中国的掠夺。随着对缅甸南部地区的占领，英国对中国西南的兴趣增大，并力图打开中国的西南大门，开辟一条从缅甸经云南进入中国内地的通道。同治十三年（1874年），英国组织以柏郎为首的由200余人组成的探测队，从缅甸进入云南，探明滇缅陆路交通状况。为此，英国驻华公使威妥玛派翻译马嘉理前往中缅边界迎接。马嘉理由上海出发，途经湖北、湖南、贵州、云南，于光绪元年十二月十日（1876年1月17日）到达了缅甸的八莫，与探测队会合。十二日，马嘉理带着队伍进入了云南境内，十五日，在前往腾越的途中与当地民众发生冲突，马嘉理被击毙，柏郎等被迫返回八莫。这就是轰动一时的"马嘉理案件"，又称"滇案"。这一案件的发生，推动了清政府在国外设立外交机构的进程。

事件发生后，英国借机向清政府施加外交压力，英驻华公使威妥玛向清政府提出交涉，声言事件如不能按英方意愿得以妥善解决，英政府将派兵入滇。此时另有传言，英国可能会与俄国联手侵占新疆。在此形势下，清政府权衡再三，遂命李鸿章、丁日昌一同妥善办理此事。光绪二年七月三日（1876年8月21日），李鸿章与威妥玛在山东烟台正式开始谈判，七月二十六日（9月13日）双方签订了解决"马嘉理事件"的不平等条约——《中英烟台条约》。

《中英烟台条约》共分三大部分十六条款，其中之一就是中国赔偿被害人员家属恤款及英国处理"马嘉里事件"所需的经费等共20万两白银，并派钦差前往英国向英女王当面道歉。清政府决定派遣主张洋务改革、时任福建按察使的郭嵩焘赴英"道歉"。此时，英、美、法、俄等国已在中国建有公使馆等外交代办机构，而清政府尚无外派使节，郭嵩焘赴英道歉，也让清政府感到有在外派驻使节的必要，于是，郭嵩焘便同时被任命为驻英公使，令其完成道歉使命后留英常驻。

光绪二年十月十七日（1876年12月2日），郭嵩焘与副使刘锡鸿、参赞黎庶昌、翻译凤仪、德明、马格里（英国人）等30余人，从上海乘船启程。经过一个半月的航程，于光绪二年十二月八日（1877年1月21日）抵达英国南部港口城市南安普顿，然后改乘火车前往伦敦。在郭嵩焘一行抵英之前，时任中国海关驻伦敦办事处主任、苏格兰人金登干已经租好波特兰大街49号。郭一行抵伦敦后便下榻在这座100年前建造的5层楼房。光绪二年十二月二十五日（1877年2月7日），郭嵩焘觐见维多利亚女王，就马嘉里案件正式道歉，并递交了道歉国书。10个月后，清廷又撰制了郭嵩焘的就任国书，郭嵩焘成为中国首位驻外公使。郭嵩焘在任3年2个月。波特兰大街49号从此便成了中国历史上第一个驻外外交机构——中国公使馆，并一直沿用至今。

2. 光绪四年（1878年）陈兰彬就任美国公使国书

大清国大皇帝问大亚美利驾合众国大伯理玺天德好。贵国与中国换约以来，睦谊攸关，凤敦和好。兹特简赏戴花翎、二品顶戴、太常寺卿陈兰彬出使为驻扎贵国都城钦差大臣，以二品顶戴道员容闳副之，并准其随时往来。朕稔知陈兰彬等忠诚笃实，沈毅有为，办理交涉事件必能悉臻妥协。朕恭膺天命，寅绍丕基，中外一家，罔有歧视，嗣后愿与贵国益敦友睦，长享升平，朕有厚望焉。

光绪四年正月二十五日①

【简析】

此为中国首任驻美公使陈兰彬的就任国书。光绪四年九月三日（1878 年 9 月 28 日），陈兰彬在美国华盛顿白宫蓝厅将国书亲递时任美国总统的伯查德·海斯。以下为陈兰彬记载的递交国书详细经过：

> 九月初三日，巳正三刻，兰彬与容副使闳率同参赞容增祥，翻译陈言善、蔡锡勇俱用行装，并同洋员柏立乘马车先到外部衙门，从正门入，各官旁立点首。行前数十步，由升车上楼，至第一层，入左边官厅，陈设铺垫俱极富丽。伊椷士并其参赞施华陪叙片刻，起偕兰彬等出乘马车，前赴伯理玺天德宫门外下车。伊椷士前导，兰彬先，闳后，增祥捧国书继之，翻译及洋员随进，至殿右静候。殿长约四丈，阔二丈余，玻璃、窗槅、几帘、垫褥，一切蓝色，译称蔚蓝宫。少顷，伯理玺天德由殿左上，站立左首，随从六员：库务大臣沙文、律政大臣低云士、兵部大臣麦加拉利、驿务大臣胎拿、内部大臣别而、内务参赞罗乍士，皆在左序立。伯理玺天德略一点首，彬等点首答之。伯理玺天德趋近，与兰彬、闳握手毕，兰彬随即朗宣颂词，增祥奉上国书，交兰彬恭捧，闳继用英语宣颂。词讫，兰彬敬将国书递与伯理玺天德接受后，转交伊椷士，即自展答词。诵毕，复与曾祥等各员逐一握手示敬。伊椷士又引兰彬等与六大臣握手相见。施参赞亦带增祥等与各官握手。然后退出，伯理玺天德送至殿前，谕令伊椷士陪过东殿游玩。少顷，乃别各大臣等，登车回寓。是日往返，男女观者夹道，即外部及宫殿门外亦挤拥如市。②

以上递交国书礼仪，与朝贡体制下派遣使节前往属国册封外国国王的礼仪两相对照，有霄壤之别。另有描绘陈兰彬递交国书的油画保存在美国国会图书馆中。

陈兰彬（1816—1895 年），字荔秋，广东省吴川市黄坡村人，咸丰年间中进士。同治十一年（1872 年），陈兰彬以留学生监督身份率领第一批留学生 30 人赴美。光绪元年（1875 年）被任命为驻美公使，光绪四年（1878 年）陈兰彬赴任，为我国首任驻美大使。

3. 光绪十五年（1889 年）薛福成就任中国驻英国公使国书

大清国大皇帝问大英国大君主、五印度大后帝好。朕诞膺天命，寅绍丕基，眷念友邦，言归于好。兹特简二品顶戴，候补三品京堂薛福成出使为驻扎贵国钦差大臣，亲赍国书，以表真心和好之据。朕稔知薛福成忠诚素著，明练有为，办理交涉事件，必能悉臻妥协。惟愿推诚相信，俾克尽厥职，以与贵国益敦友睦，长享升平，朕有厚望焉。

---

① 转引自梁碧莹《陈兰彬与晚清外交》，广东人民出版社 2011 年版，第 557 页。
② 陈兰彬：《使美记略》，转引自梁碧莹《陈兰彬与晚清外交》，广东人民出版社 2011 年版，第 616—617 页。

大清光绪十五年五月二十八日①

【简析】

此为薛福成的就任驻英公使的国书。光绪十五年（1889年）四月十六日，清廷任命薛福成为中国驻英公使。

4. 光绪十五年（1889年）薛福成就任中国驻法国公使国书

大清国大皇帝问大法民主国大伯理玺天德好。贵国与中国换约以来，夙敦睦谊。兹特简二品顶戴、候补三品京堂薛福成出使为驻扎贵国钦差大臣，亲赍国书，以表真心和好之据。朕稔知该大臣忠诚素著，明练有为，办理交涉事件，必能悉臻妥协。朕恭膺天命，寅绍丕基，中外一家，罔有歧视。嗣后愿与大伯理玺天德益笃友睦，长享升平，谅必同深欣悦焉。

大清光绪十五年五月二十八日②

【简析】

此为薛福成兼任驻法公使的国书。晚清在设立驻外使节制度后，在前期限于人才、经费等问题，往往由一国公使兼任邻近国家的公使。中国驻法公使一般由驻英公使兼任。

5. 光绪十五年（1889年）薛福成就任中国驻意大利公使国书

大清国大皇帝问大意国大君主好。贵国与中国换约以来，夙称和睦。兹特简二品顶戴、候补三品京堂薛福成为钦差出使大臣，前往贵国都城通问，并令亲赍国书，以表真心和好之据。朕稔知该大臣老成练达，公正和平。办理交涉事件，必能悉臻妥协。朕恭膺天命，寅绍丕基，中外一家，罔有歧视。嗣后当与贵国益敦友谊，长享升平，朕有厚望焉。

大清光绪十五年五月二十八日③

【简析】

此为光绪十五年（1889年）薛福成兼任意大利公使的国书。

6. 光绪十五年（1889年）薛福成就任中国驻比利时公使国书

大清国大皇帝问大比国大君主好。贵国与中国换约以来，夙称和睦。兹特简二品顶戴、候补三品京堂薛福成为钦差出使大臣，前往贵国都城通问，并令亲赍国书，以表真心

---

① 《薛福成日记》下册，吉林文史出版社2004年版，第539页。
② 《薛福成日记》下册，吉林文史出版社2004年版，第529页。
③ 《薛福成日记》下册，吉林文史出版社2004年版，第623页。

和好之据。朕稔知该大臣老成练达，公正和平。办理交涉事件，必能悉臻妥协。朕恭膺天命，寅绍丕基，中外一家，罔有歧视。嗣后当与贵国益敦友谊，长享升平，朕有厚望焉。

大清光绪十五年五月二十八日①

【简析】

此为光绪十五年（1889年）薛福成兼任比利时公使的国书。

7. 光绪十九年（1893年）薛福成辞任中国驻英公使国书

大清国大皇帝问大英国大君主、五印度大后帝好。朕眷念友邦，素敦睦谊。前于光绪十五年，特简二品顶戴、升任都察院左副都御史薛福成为驻扎贵国钦差大臣。五年以来，极承推诚相信，俾尽厥职。今薛福成出使任满，特召回国，谕令于临行时亲递国书，告辞使任，以昭衔命往来之礼。并已另简头品顶戴、侍郎衔、候补三品京堂龚照瑗，亲赍国书前往接替，用示郑重邦交至意。

大清光绪十九年十一月十五日②

【简析】

此为薛福成辞任英国公使的国书。光绪十九年（1893年）薛福成任期届满，向英王递交辞任国书。

8. 光绪二十一年（1895年）龚照瑗辞任中国驻法国公使国书（稿）

大清国大皇帝问大法民主国大伯理玺天德好。朕眷念友邦，夙敦睦谊。兹因出使大臣头品顶戴、侍郎衔、宗人府府丞龚照瑗前经特简驻扎贵国都城，极承推诚相信，俾尽厥职。今龚照瑗出使任满，特召回国，仍令于濒行呈递国书告辞使任，以重邦交。至现驻贵国使臣庆常久承贵国优待，良深感纫。

【简析】

此为驻法公使龚照瑗辞任法国公使的国书，书稿现藏台北故宫博物院（见图9.4）。该辞任国书草稿没有注明时间，但根据内容，应为光绪二十一年（1895年）年底。

龚照瑗在光绪十九年（1893年）至二十二年（1896年）任驻英公使，在光绪二十一年（1895年）前兼任驻法国公使。光绪二十一年（1895年）六月八日，清廷决定设置驻法专使，该年八月十八日，清廷任命庆常为驻法公使，龚照瑗不再兼任驻法公使。十月二十五日，庆常到任。这份国书即为龚照瑗辞任法国公使国书。

龚照瑗，安徽合肥人。初为江苏候补道。光绪九年（1883年），参与长江设电线事

---

① 《薛福成日记》下册，吉林文史出版社2004年版，第547页。
② 《薛福成日记》下册，吉林文史出版社2004年版，第864页。

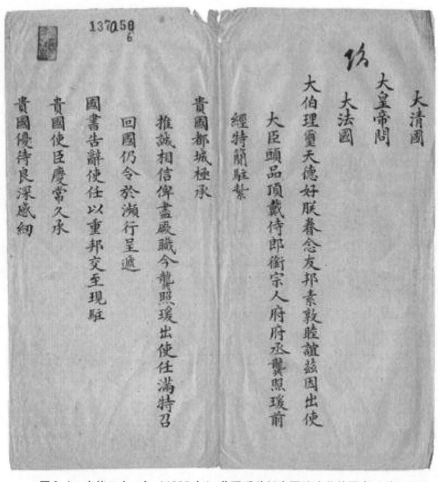

图9.4 光绪二十一年（1895年）龚照瑗辞任中国驻法公使国书（稿）

宜。次年，因中法战争爆发，随全权大臣、署两江总督曾国荃到沪同法国公使巴德诺谈判和约。奉命会同苏松太道邵友濂在沪筹办台湾后路军火饷械及续调营勇等事。光绪十一年（1885年），因转运台湾饷械出力，获赏花翎。次年，任苏松太道。任内谕令上海县署在租界内拘提人犯，拘票需经领事副署，并由巡捕房协助。光绪十三年（1887年），奉命督同重办上海机器织布局。光绪十六年（1890年），调任浙江按察使。光绪十九年（1893年）被任命为驻英、法、意、比公使。光绪二十一年（1895年），不再兼任驻法公使。光绪二十二年（1896年）在英国伦敦诱捕孙中山，将其囚禁在公使馆内。光绪二十二年（1896年）因病辞职，由罗丰禄接替。龚照瑗于光绪二十三年五月十六日（1897年6月15日）抵达上海吴淞码头，光绪二十三年六月二十一日（1897年7月20日）黎明时分在上海"北河南路天后宫出使行辕"病逝。

9. 光绪二十二年（1896年）龚照瑗辞任中国驻比利时公使国书（稿）

大清国大皇帝问大比国大君主好。朕眷念友邦，夙敦睦谊。前于光绪十八年特简头品顶戴、侍郎衔、宗人府府丞龚照瑷为驻扎贵国都城钦差大臣。三年以来，极承推诚相信，俾尽厥职。今龚照瑷出使任满，特召回国，谕令于濒行亲递国书告辞使任，以昭衔命往来之礼。并已另简二品顶戴、四品卿衔罗丰禄亲赍国书接替，用示郑重邦交至意。

【简析】

此为龚照瑷辞任比利时公使的国书，书稿现藏台北故宫博物院（见图9.5）。该国书稿没有标明时间，根据龚照瑷履历，应为光绪二十二年（1896年）。

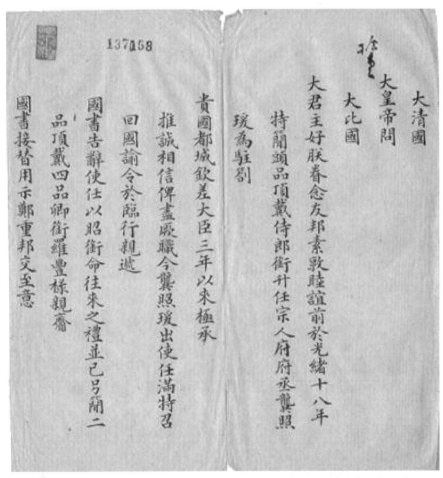

图9.5 光绪二十二年（1896年）龚照瑷辞任中国驻比利时公使国书（稿）

10. 光绪二十二年（1896年）龚照瑷辞任中国驻意大利公使国书（稿）

大清国大皇帝问大义国大君主好。朕眷念友邦，夙敦睦谊。前于光绪十八年特简头品顶戴、侍郎衔、宗人府府丞龚照瑷为驻扎贵国都城钦差大臣。三年以来，极承推诚相信，俾尽厥职。今龚照瑷出使任满，特召回国，谕令于濒行亲递国书告辞使任，以昭衔命往来之礼。并已另简二品顶戴、四品卿衔罗丰禄亲赍国书接替，用示郑重邦交至意。

【简析】

此为龚照瑗辞任意大利公使的国书，书稿现藏台北故宫博物院（见图9.6）。该国书稿没有标明时间，根据龚照瑗履历，应为光绪二十二年（1896年）。

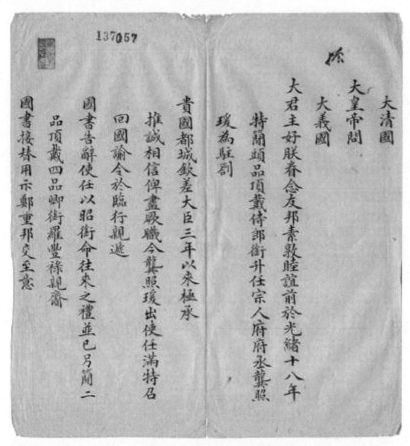

图9.6 光绪二十二年（1896年）龚照瑗辞任中国驻意大利公使国书（稿）

11. 光绪二十四年（1898年）黄遵宪就任中国驻日本公使国书（稿）

大清国大皇帝敬问我同洲至亲至近友邦、诞膺天佑、践万世一系帝祚之大日本国大皇帝好。我两国同在亚洲，海程密迩。自各派使臣驻扎以来，诚信相孚，情谊弥挚。每念东方时局，益凛辅车唇齿之思。现在贵国驻京使臣矢野文雄到华以来，凡遇两国交涉之事，无不准情办理，归于公平，已征邻好。曩复贻书总理各国事务衙门，备述贵国政府关念中国需才孔亟，愿中国选派学生前赴贵国学堂，肄习各种学问，尤佩大皇帝休戚相关之意，曷胜感谢。朕已谕令总理各国事务王大臣与贵国驻京使臣商订章程，认真选派，以副大皇帝盛意。兹因出使大臣裕庚奉使期满，特派二品衔候补、三品京堂黄遵宪为出使驻扎贵国都城钦差大臣，亲赍国书，表明朕意。该大臣托志贞亮，学识宏通，办理两国交涉事件，必能悉臻允当，尚望大皇帝优加接待，俾能尽职。从此两国信使往来，邦交益密，共相维持,以期保固东方大局。大皇帝谅有同情也。①

【简析】

此为光绪帝任命黄遵宪为驻日公使的国书稿。该国书撰拟时间在戊戌变法失败之前的六、七月间。随着政局的变化,黄遵宪就任驻日公使没有成为现实,该国书永远停留在了草稿阶段。黄遵宪为晚清知日派、改革派,光绪帝任命其为驻日公使,寄予着光绪帝以日本为师、变法图强的热烈愿望。

12. 光绪二十四年(1898年)徐寿朋就任出使韩国大臣国书(稿)

大清国大皇帝敬问大韩国大皇帝好。我两国同在亚洲,水陆紧连,数百年来,休戚相关,无分彼己。凡可相扶相助之事,辄竭心力,期以奠安。贵国典籍具存,无烦缕述。光绪初年,贵国与墨、欧诸洲立约,仍备文声述,足征贵国久要不忘之美。比年环球各国均以自主、自保为公义,是以光绪二十一年中日《马关条约》第一款,中国认明贵国独立自主。远怀旧好,近察时艰,辅车唇齿之义,尤当共切讲求。兹派二品衔、候补三品京堂徐寿朋为出使大臣,亲赍国书,驰诣汉城,代宣朕意。该大臣朴实忠诚,办事明练,尚望大皇帝优加接待,俾与贵国政府酌议通商条约,以垂久远。从此两国永敦和好,共享升平,朕有厚望焉。

光绪二十四年八月二十一日②

【简析】

此为徐寿朋出任与韩国谈判通商条约(建交谈判)的国书。光绪二十三年(1897年)大韩帝国宣布成立后,中韩两国为建立新型国家关系多方协商。光绪二十四年(1898年),清廷决定向韩国先行派出出使大臣徐寿朋前往谈判、签订两国通商条约。与此同时,清廷拟定徐寿朋赴韩国书。在国书的确定过程中,其用词斟酌再三,诸如将草稿中的"朝鲜国"改为"贵国",将"大君主"改为"大皇帝",等等。

光绪二十四年十二月十四日(1899年1月25日),徐寿朋携带国书抵达汉城(今首尔),十二月二十一日(1899年2月1日)向韩国皇帝递交国书。光绪二十五年八月七日(1899年9月11日),《中韩通商条约》签订,清廷授徐寿朋太仆寺卿。光绪二十五年十一月九日(1899年12月11日),徐寿朋改任首任中国驻韩公使(正式头衔为"出使朝鲜国钦差大臣")。

13. 光绪二十八年(1902年)张德彝就任中国驻比利时公使国书

大清国大皇帝问大比国大君主好。贵国与中国睦谊夙睦,比复言归于好。兹因出使贵

---

① 中国第一历史档案馆藏《随手登记档》,光绪二十四年秋季档。转引自茅海建《戊戌变法史事考》,生活·读书·新知三联书店2005年版,第441页。
② 《清光绪朝中日交涉史料》卷52,第12页。

国大臣罗丰禄任满，特简二品衔、三品卿衔记名副都统张德彝为饮差出使大臣，前往贵国都城亲递国书，以表真心和好之据。朕知该大臣谙练老成，通达时务，办理交涉事件，必能悉臻妥协。惟愿推诚相信，俾尽厥职，嗣后与贵国邦交永固，共享升平，朕有厚望焉。

　　光绪二十八年二月初六日①

【简析】

　　此为张德彝就任比利时公使的国书，现藏中国第一历史档案馆（见图9.7）。光绪二十七年（1901年）十月六日，清廷任命张德彝接替罗丰禄为驻英大臣，兼任驻意大利、比利时大臣。清廷制作好了张德彝赴3国就任的国书，但在光绪二十八年（1902年）四月十二日，清廷改命张德彝专任中国驻英国公使，由杨兆鋆任专驻比利时公使，许珏任专驻意大利公使，原来为张德彝制作的就任比利时公使的国书作废而存留清宫中。

图9.7　光绪二十八年（1902年）张德彝就任中国驻比利时公使国书汉语部分

　　张德彝（1847—1918年），又名张德明，字在初，祖籍盛京铁岭，汉军旗人。同治元年（1862年）15岁时考入京师同文馆，为该馆培养出的第一批译员之一。同治五年（1866年），随同中国近代第一个官方外派的斌椿使团出访。随后40年间，虽然没有担任过驻外最高使节，但始终从事外交活动。同治七年（1868年）蒲安臣使团出使欧美时任通事，环游了欧美各国。同治九年（1870年），钦差大臣崇厚因天津教案一事专程赴法道歉，任随员。此间目睹了巴黎公社事件。光绪二年（1876年），出任中国驻英使馆译官，光绪十三年（1887年）任秘书。后曾一度回国，任光绪皇帝的英语教师。光绪二十二年（1896年），任出使英、意、比大臣罗丰禄的参赞。光绪二十七年（1901年），以记名道二品卿衔出任驻英、意、比大臣，后改任专职驻英使臣。光绪三十五年（1909年）任满回国。张德彝一生中8次出国，在国外度过了27年，陆续把其见闻写成了8部"述奇"，1918年病逝于北京。

14. 光绪二十八年（1902年）许珏就任中国驻意大利公使国书

　　大清国大皇帝敬问大义国大君主好。中国与贵国通商以来，庶称辑睦。近以交涉日

---

①　中国第一历史档案馆展品。

繁，特简四品卿衔山东候补道许珏为专驻贵国钦差大臣，并令亲赍国书以表真心和好之据。朕稔知该大臣才识，兼长办理交涉事宜，必能悉臻妥协，尚望大君主推诚优待，俾我两国永敦友谊，同享升平，朕有厚望焉。

大清光绪二十八年七月十三日

【简析】

此为许珏就任意大利公使的国书（见图9.8）。该国书是2007年春季北京保利拍卖会拍品。这一国书本应递交意大利，但为何流传中国，原因不详。

图9.8　光绪二十八年（1902年）许珏就任中国驻意大利公使国书汉语部分

许珏（1843—1916年），江苏无锡人。字静山，号复庵。光绪年初，游幕于鲁抚丁宝桢等。光绪十一年（1885年）随张荫桓使美。光绪十六年（1890年）以候补知县衔随薛福成出使英、法、意等国为参赞。光绪二十年（1894年）又以知府衔随杨儒使美、西、秘任参赞，力主签订保护在美华工新约。甲午中日战起，因抨击朝政，被迫辞职。后又因上疏禁绝鸦片，未被采纳，乃回乡设置禁烟局，提倡戒烟。光绪二十八年（1902年），以候选道赏四品卿衔出使意大利，是首位专职驻意大利公使。光绪三十二年（1906年）任期届满回国。

15. 光绪三十一年（1905年）杨晟就任中国驻荷兰公使国书

大清国大皇帝敬问大和国大君主好。中国与贵国通好以来，交谊庶称辑睦。兹因召令出使大臣荫昌回华当差，特简四品卿衔山东候补道杨晟为出使贵国钦差大臣，并令亲递国书，借示和好之意。该大臣忠诚笃实，学识优长，办理两交涉事宜必能悉臻妥慎，惟冀推诚相待，俾尽厥职，与贵国益敦睦谊，同享升平，是为厚望。

大清光绪三十一年十月初一日

【简析】

此为杨晟就任荷兰公使的国书，现藏中国第一历史档案馆（见图9.9）。光绪三十一年（1905年）清廷任命驻奥国公使杨晟调任驻荷兰公使，但不久清廷改任陆征祥为驻荷公使，清廷为杨晟制作的就任荷兰公使的国书因任命改变而作废，得以留存清宫。

"中国档案文献遗产工程"国家咨询委员会评审会于2003年10月10日在北京召开。专家评定出35件组档案文献列入第二批中国档案文献遗产名录，因"该国书是目前能够见到的中国历史上最早的国书原件之一，在内容上、时间上和形制上都具有特殊意义，对于研究清史、外交史、文书史都具有重要价值"而名列其中。[①] 中国第一历史档案馆还藏有类似的多件国书原件，不知为何仅仅把这件国书列入"名录"。

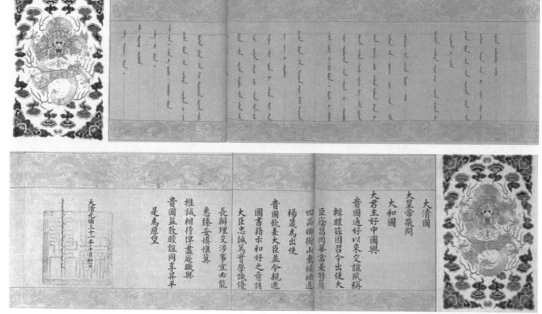

图9.9 光绪三十一年（1905年）杨晟就任中国驻荷兰公使国书

杨晟，广东人，早年留学国外。义和团毁德使馆，杨晟被派随专使赴德"赔罪"。回国后，袁世凯推荐杨晟任山东候补道员、帮办山东军务兼洋务委员、铁路矿务处提调等职，成了袁世凯得力助手。光绪二十八年（1902年）任山东巡警事宜总理，仍兼管洋务局事务。该年十月二十五日被任命为出使奥地利大臣，光绪三十一年八月二十二日（1905年9月20日）调任驻德国大臣。光绪三十二年（1906年），因母逝辞官回国奔丧，守孝3年。后出任两江总督张人骏的顾问，被委为南洋商务交涉使兼督署军事总参议、两江督练公所军事参议官。

16. 光绪三十二年（1906年）刘式训就任葡萄牙公使国书（拟）

大清国大皇帝敬问大葡萄牙国大君主好。中国与贵国缔交以来，庶称辑睦，近复重订条约，自应遣使通问，益加亲密。兹特派二品衔、候补四五品京堂刘式训为出使贵国大臣，亲赍国书前往大君主御前呈递。该大臣才猷练达，秉性笃诚，办理两国交涉事宜必能

---

① http://www.archives.gov.cn/zpda/zpdazgdawxycmldej/201412/t20141216_4027.html.

悉臻妥洽，尚冀推诚优待，俾尽厥职，用副朕望。①

【简析】

此为驻法公使刘式训兼任驻葡萄牙公使的国书稿。刘式训（1868—1929年），字筝笙，号紫箴，江苏南汇下沙镇人。光绪五年（1879年）12岁时，刘式训被父母亲送入上海方言馆学法文。光绪十六年（1890年），刘式训与陆征祥、刘镜人等被选送京师同文馆学习。光绪十六年（1890年），清朝政府任命薛福成为出使英国、法国、意大利、比利时等国大臣，刘式训为驻法公使馆翻译。在法国期间，刘式训又到巴黎大学深造。光绪二十二年（1896年），刘式训又随许景澄出使俄国，担任翻译，后升任参赞。他的继室法籍女教师顾多罗氏也随行，并在圣彼得堡生下女儿刘媚。光绪二十六年（1900年）许景澄因涉及戊戌变法遭杀，刘式训也因受到牵连而出走并在下沙镇隐居年余。光绪二十七年（1901年）协助李鸿章参与《辛丑条约》的谈判。光绪二十八年（1902年）清廷派遣专使载振出席英王爱德华七世加冕典礼，刘式训为专使秘书，随后又访问了法国、比利时、美国和日本。光绪三十一年（1905年）八月六日清廷委任他为出使法国兼任西班牙大臣，八月十六日又下令其兼任驻葡萄牙公使。宣统三年（1911年）免兼出使西班牙大臣，改兼出使巴西大臣。宣统三年（1911年）九月三十日，刘式训辞去驻外大臣职务，离开外交界。

（二）晚清外国常驻中国使节就任、辞任国书

1. 1855年伯驾就任美国驻华公使国书

致中华帝国皇帝陛下。伟大而友好的朋友，我已选择我们最卓越多公民之一——伯驾前往贵国，担任美利坚合众国公使。从此以后，他以外交官的身份居住于贵国，他已全面了解我们两国之间的相关利益，以及我们对培养和加强两国友谊和联系的真诚愿望。我们了解他的忠诚、正直和良好的操守，所以我们完全相信，他将为维持和发展两国的利益和福祉进行不懈的努力，并因此使他自己获得您的认可。因此我请求陛下亲切地接待他，对他代表美国所说的一切都完全给予信任，特别是当他向陛下保证我们之间的友谊以及希望贵国繁荣昌盛的时候，陛下完全可以信任他的诚意。我向上帝祈祷，愿陛下安康。

写于华盛顿，公元1855年9月5日
您的好友美利坚合众国总统富兰克林·皮尔斯（签名）
国务卿威廉·马西（签名）②

【简析】

此为伯驾就任驻华公使的国书。伯驾（Peter Parker，1804—1888年）是美国早期第

---

① 《中葡档案史料汇编》下册，中国档案出版社2000年版，第84页。
② （美）爱德华·V. 吉利克著，董少新译：《伯驾与中国的开放》，广西师范大学出版社2008年版，第308页。

一位来华医疗传教士。伯驾于1831年在耶鲁大学获得学士学位,并于1834年从耶鲁医学院获得博士学位,随后进入神学院并得到去往中国传教的委派。因为广州十三行不允许外国人学习中文,他先去新加坡学习了一段时间中文之后,于1835年11月再度返回广州。他先在外国人驻地开了一间药房,开始为中国病人看病,他主治的大部分是眼疾病。后来他的药房扩展而成一家眼科医院——博济医院,这家医院发展变成了今天著名的广州眼科医院。1840年鸦片战争爆发,伯驾关闭了博济医院回到了美国,两年后他再一次回到中国,重开博济医院,并且增加了医院人手和扩大了规模。伯驾将西方医疗技术带到了中国,他的行为被誉为"用柳叶刀(即手术刀)传福音"。

1844年,伯驾参与《望厦条约》的谈判与签订。1847年,担任美国驻华代办,1855年因健康原因回国,同年正式被委任为美国驻华公使。伯驾作为美国政府的代表,对华态度强硬,积极谋求扩大美国在华权益。伯驾在中国工作直到1857年,再一次由于健康原因卸任,回到美国。此后,他常居华盛顿特区,于1888年去世。

2. 光绪二十八年(1902年)九月二十二日韩国驻华公使朴齐纯就任国书

大韩国大皇帝敬问大清国大皇帝好。往年贵国先遣使臣订定通商条约,驻节汉城,妥办交涉事宜,从此旧谊不渝,新交尤笃,眷念大局,殊深欣幸。辅车之义宜先讲究玉帛之礼,贵相往来。兹选正二品正宪大夫、议政府赞政、陆军参将勋、三等朴齐纯作为特命全权公使前往贵国,驻扎北京,亲呈国书,代达朕意。该使臣忠勤综明,堪任厥职,尚冀大皇帝推诚相信,优加接待,俾两国永敦和好,共跻郅隆,朕有厚望焉。
光武六年九月二十二日在汉城庆运宫亲署名钤玺
御名(钤盖"大韩国玺")
奉勅外部大臣署理崔容夏(钤盖"外部大臣之印")

【简析】

此为大韩帝国首任驻华公使朴齐纯的就任国书(见图9.10)。甲午战争后,中朝宗藩关系结束。光绪二十三年(1897年)朝鲜王朝宣布成立大韩帝国,光绪二十八年(1902年)向中国派出首任驻华公使朴齐纯,标志着中朝两国关系进入"四千年后,今日对等"(大韩皇帝语)的局面。这一国书就是大韩国皇帝任命首任韩国驻华公使的任命书。

韩国这份近代国书内容涉及的中、韩双方的国家名称、元首称谓、书写格式,与朝贡文书形成鲜明对照,对于研究外交文书制度变迁具有重要意义。朝贡文书中朝鲜国王自称"朝鲜国王臣",在国书中改成"大韩国大皇帝";朝贡文书中称呼中国为"上国",在国书中改成"贵国";朝贡文书中缮写时遇到"朝鲜国王臣"时,"臣"字小写,在国书中,遇到"大韩国大皇帝"时与"大清国大皇帝"同样抬格;朝贡文书中,纪年为大清纪年,在国书中改成韩国"光武"纪年。

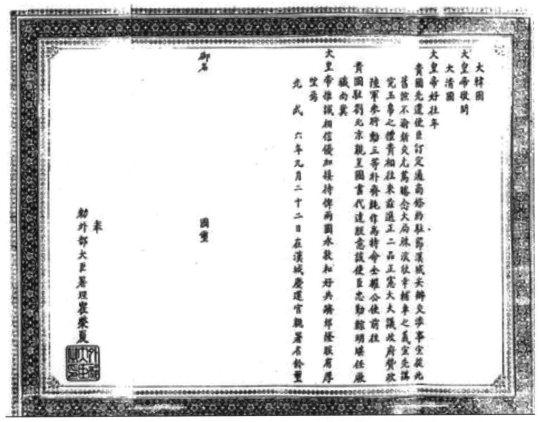

图 9.10　光绪二十八年（1902 年）韩国驻华公使朴齐纯就任国书

3. 光绪二十七年（1901 年）葡萄牙公使白朗谷就任公使国书汉译（稿）

大西洋大君主问大清国大皇帝好。兹因前时本国与贵国所立条约之内，尚有未尽事宜不宜再置，朕深愿易为妥订，俾两国友谊益加巩固。是以特行简派参政大臣上议院白朗谷为驻扎北京钦差便宜行事大臣并授以全权之责以为商订此事。查该大臣素称勤能，办事妥慎，谅必允洽宸衷。凡其代朕转达之词，深冀大皇帝推情优待，信慕相加。并祝大皇帝永承天眷，长享升平，朕实有厚望焉。

西历一千九百零一年十一月初七日书于京都赛熙达地宫。

（御笔画押钤玺）①

【简析】

此为白朗谷就任葡萄牙驻华公使的国书。义和团事件之后，西方列强对华步步紧逼，

---

① 《中葡档案史料汇编》上册，中国档案出版社 2000 年版，第 294 页。

葡萄牙也不甘人后，企图向清廷攫取在澳门更大的利益。光绪二十七年（1901年）九月二十七日，葡萄牙委任上议院议员白朗谷为驻华公使，与清廷就庚子赔款、澳门划界、海关征税、修筑广澳铁路等问题进行交涉。

4. 光绪二十九年（1903年）葡萄牙公使白朗谷再任公使国书汉译（稿）

大西洋国大君主问大清国大皇帝好。兹特简派参政大臣上议院员白朗谷为驻扎北京钦差便宜行事大臣并授以全权之责总管本国官商，俾两国友谊益加巩固。查该大臣素称勤能，办事详慎，谅必允洽宸衷。凡其代朕转达之词，深冀大皇帝推情优待，信慕相加。并祝大皇帝永承天眷，长享升平，朕实有厚望焉。

西历一千九百零一年十一月初七日书于京都赛熙达地宫。

（御笔画押钤玺）

西历一千九百零三年十月三十日、光绪二十九年九月十一日书于本国京都赛熙达地宫。①

【简析】

此为白朗谷第二次担任葡萄牙驻华全权公使的国书。

5. 光绪三十年（1904年）韩国驻华公使辞任国书

大韩国大皇帝敬白大清国大皇帝陛下。往年简派正二品议政府赞政、陆军参将勋、三等朴齐纯作为特命全权公使驻扎贵国京都，今著归任矣。朴齐纯克体朕意，恪勤将命，致使两国交谊益敦，叨承陛下宠眷，朕所□□。致当奉派简任，肃订亲受之宸，并颂陛下福祉。

光武八年二月一日在汉城庆运宫亲署名钤玺

熙（钤盖"大韩国玺"）

奉敕外部大臣署理李址镕（钤盖"外部大臣之印"）

【简析】

此为光绪三十年（韩国光武八年，1904年）韩国首任驻华公使朴齐纯的辞任国书（见图9.11），现藏台北故宫博物院。国书纵16厘米，横53.3厘米。另有封套一件，纵22厘米，横16厘米。

该份国书末尾有大韩帝国皇帝的签名"熙"，此字即李熙名字"熙"的异体字。在清代中文资料中，"李熙"为朝鲜高宗名字最常见的书写形式。

---

① 《中葡光绪档案史料汇编》上册，中国档案出版社2000年版，第409页。

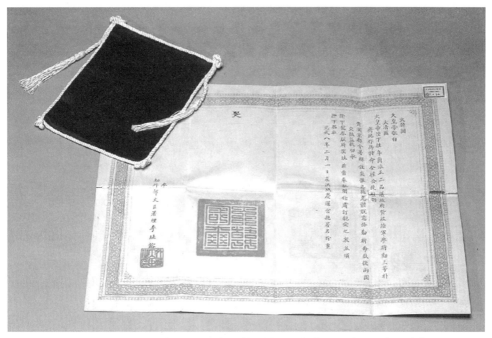

图 9.11　光绪三十年（1904 年）韩国驻华公使朴齐纯辞任国书及封套

6. 光绪三十四年（1908 年）葡萄牙公使白朗谷辞任国书

大西洋国大君主致书大清国皇太后、大皇帝陛下：朕思前敝国驻华使臣白朗谷在华办理交涉，谅均委善。现已调往他处。兹特派伯爵森达继其后任，朕并谕其代达。敬祝皇太后暨大皇帝圣躬康强，国家兴盛。

（御笔书押及本国外务部总理事务大臣李玛书押）

光绪三十四年正月二十六日、西历一千九百零八年二月二十七号书于本国京都内赛熙达地宫。①

【简析】

此为葡萄牙驻华公使白朗谷的辞任国书。

7. 光绪三十四年（1908 年）葡萄牙公使森达就任国书汉译（稿）

大西洋国大君主玛诺尔第二问大清国皇太后、大皇帝好。朕意欲两国邦交日笃，睦谊益敦，非特派名望素著之贤员不足以宣布朕意。兹简伯爵森达为驻华使臣。该员品学兼

---

① 《中葡关系档案史料汇编》下册，中国档案出版社 2000 年版，第 157 页。

优,为守素裕,并得有本国及俄、法等国宝星十一座。朕请大皇帝于该使臣言行,务望深信。伏愿皇太后暨大皇帝圣躬康泰,国富民安。

(御笔书押及本国外务部总理事务大臣李玛书押)

光绪三十四年正月二十六日、西历一千九百零八年二月二十七号书于本国京都内赛熙达地宫。①

【简析】

此为葡萄牙驻日公使森达兼任葡萄牙驻华公使的国书。

(三)使节颂词、元首答词

1. 光绪三年(1877年)十一月初八日郭嵩焘在英国呈递国书之颂词与英王答词

郭嵩焘颂词(十一月初七日递交英外交部底稿):大清国钦差大臣奉本国大皇帝敕书,特命驻扎英国,以固邦交而敦友谊,补递国书为凭。溯自呈递惋惜滇案国书已逾十月之期,获睹大君主光闳政化,使臣愧无才能,于所陈谢事件,尚未能奏复朝命。又接奉驻扎之旨,俾获久驻伦敦,期使两国友谊日臻惇信明睦,相与推诚,以求永好,无任庆祷之私。所有奉命驻扎之词,具于国书,谨上呈鉴收。②

郭嵩焘现场颂词:中国大皇帝派遣公使驻扎伦敦,补递国书,恭呈大君主鉴收。

英国国王答词:闻钦差已奉命驻扎英国,可以久住,闻之不胜喜悦。③

2. 光绪四年(1878年)郭嵩焘在法国呈递国书之法国总统答词

初闻中国简派大臣驻扎法国,甚为心感。迨后闻所派为贵钦差,早闻其名,尤为喜悦。得钦差居此,必能使两国和谊日深,交相维系。遇有应办事件,无不竭力帮助。④

3. 光绪四年(1878年)陈兰彬在美国呈递国书之颂词与美国总统答词

陈兰彬颂词:使臣等恭赍我大清国大皇帝亲简,命赍国书前来驻扎,以表永远和好之意。伏惟大伯理玺天德勋崇绩茂,福锡群伦,大皇帝实深欣悦。前此聘问贵国,曾遣使臣,彼此情通,成效已睹。今使臣等驻扎伊始,惟愿固往日之交谊,冀资将来之益。赍奉国书,谨此呈览。

美国总统答词:十年前,我前任接见大皇帝初次派来三位公使。彼时人皆欢喜接纳,

---

① 《中葡关系档案史料汇编》下册,中国档案出版社2000年版,第156—157页。
② 《薛福成日记》上册,吉林文史出版社2004年版,第212页。
③ 郭嵩焘:《伦敦与巴黎日记》,岳麓书社1984年版,第393页。
④ 郭嵩焘:《伦敦与巴黎日记》,岳麓书社1984年版,第563页。

以为开日后好处之先路，不独令两国声气交通，且预兆将来两国人民贸易加增及货物通畅。此皆当时预卜，后来果著成效。是以我今再接中国公使，尤为欣悦。现因贵大臣等欲设公署，在此京都常任，如别国公使一样，我无思疑。有公署在此，可令现在我两国交谊益加坚固，由此并可革除烦难及妥办以后两国一切交涉事宜。我今更加欣悦者，查得中国大皇帝所特简两位使臣办此等关系职事，皆从前在我国所有交往者，为人所素仰。兹贵公使等代达贵国大皇帝友睦之忱，我亦虔诚回候。恭颂贵国大皇帝好，并祈福祉安康，国家昌盛，是所厚望。①

4. 光绪五年（1879年）二月二十八日曾纪泽在英国呈递国书之颂词与英王答词

曾纪泽颂词：大清国钦差大臣、一等毅勇侯曾纪泽，钦承简命，驻扎贵国，恭惟大英国大君主、五印度大后帝武功治化，远近闻知。使臣亲奉国书，上呈尊览，以为永敦和好之据。惟冀大君主、大后帝体中国大皇帝之意，彼此益加亲睦，俾两国民人长享升平，使臣不胜庆幸之至。

英国国王答词：贵钦差所宣贵国大皇帝意旨，与本君主之意无不相同。本君主敬问贵国大皇帝好，并望两国多年之友谊可以永敦勿替。②

5. 光绪五年（1879年）曾纪泽在法国呈递国书之法国总统麦克马洪答词

中国大皇帝遣派贵使臣前来，本总统不胜欣幸。从此两国和好愈笃，日益亲密。贵使臣品秩甚崇，如有交涉应办事件，本总统必竭力襄助。且贵使臣之父曾国藩，本总统亦素所钦佩。贵使臣能长在此办事，实属彼此有益。③

6. 光绪五年（1879年）四月初四日陈兰彬在西班牙呈递国书之颂词与西班牙国王答词

陈兰彬颂词：使臣陈兰彬恭膺我大清国大皇帝简命，亲赍国书前来，以表永远和好之意。伏惟大日斯巴尼亚大君主仁心善政，锡福群伦，五土友邦均敦睦谊，我大皇帝实深欣悦。今使臣聘问贵国，驻扎伊始，惟愿彼此情通，两国共臻安乐，长享升平，不胜庆幸之至。赍奉国书，谨此呈览。

西班牙国王答词：今吾接奉国书，十分欣幸。因贵国大臣是大清国大皇帝特派公使，驻扎本国都城；贵大臣又达贵国大皇帝和睦之意，吾甚感激。吾今亦虔诚答复，恭颂贵国大皇帝福祉日增，国家隆盛。请贵大臣达知贵国大皇帝，彼此两国友谊益敦，均有利益。

---

① 《薛福成日记》上册，吉林文史出版社2004年版，第236页。
② 《薛福成日记》上册，吉林文史出版社2004年版，第260页。
③ 黎庶昌：《西洋杂志》，社会科学文献出版社2007年版，第12页。

贵大臣才望素著,以后吾国同心帮助,贵大臣亦可容易尽职。用特颂复。①

7. 光绪五年（1879年）七月十五日李凤苞在德国呈递国书之颂词与德皇答词

李凤苞颂词：大清国使臣李凤苞谨奉国书,呈递大德国大皇帝亲览。伏念贵国居欧洲中土,政治学问向为各国宗仰。自与中国立约以来,果能交谊日孚。使臣前驻贵国,权摄使篆,历蒙推诚相待,礼意殷拳。今奉大皇帝特命,亲递国书,充为驻扎使臣,以表真心结好,使臣益当谨慎将事。想大皇帝定愿与我大皇帝同心,互相体谅,亲睦日深,俾两国臣民永享升平,同需利益。

德国皇帝答词：我德国君主接奉大清国大皇帝简派贵使为驻德大臣之国书,深为欣悦。溯德国与大清国立约以来,彼此有俾交谊,日形亲密。甚喜贵使能益联两国之欢,我国家亦必随时相助。今请贵使转奏大皇帝我重申敦好之词,并愿大皇帝福祉无疆,大清国日益隆盛。②

8. 光绪十五年（1889年）薛福成在法国呈递国书之颂词与法国总统答词

薛福成颂词：大清国钦差大臣薛福成,钦奉简命,出使贵国。恭惟大法民主国大伯理玺天德,勋高望重,深得民心,使臣久有所闻,实所钦佩。今日亲奉国书,上呈尊览,以为永敦和好之据。惟冀大伯理玺天德,体中国大皇帝之意,彼此益加辑睦,永享隆平。使臣不胜庆幸之至。

法国总统答词：承送国书,欣知大清国大皇帝派贵大臣为大清钦差出使大臣,驻扎敝国,具见大皇帝意在永敦和好,实深感荷。敝国自当仰待大皇帝之意,益加辑睦,庶两国往来日加亲密,永享承平。敬烦贵大臣转为奏闻。至贵大臣驻扎此邦,凡一切交涉公务,敝国必竭诚优待,赞成大功,以副大皇帝厚望焉。③

9. 光绪十五年（1889年）薛福成在英国呈递国书之颂词与英国国王答词

薛福成颂词：大清国钦差大臣薛福成,钦承简命,驻扎贵国。恭惟大英国大君主、五印度大后帝德化懋昭,治功显著,为遐迩所钦仰。使臣亲奉国书,上呈尊览,以为永敦和好之据。惟冀大君主、大后帝体中国大皇帝之意,万年辑睦,同享隆平,使臣不胜庆幸之至。

英国国王答词：本君主敬问贵国大皇帝好。本君主深愿贵国派一有名之人来驻本国,闻贵钦差学问极好,著书颇多,我意亦甚欣悦。贵钦差所宣贵国大皇帝之意旨,与本君主

---

① 《薛福成日记》上册,吉林文史出版社2004年版,第268—269页。
② 《薛福成日记》上册,吉林文史出版社2004年版,第286页。
③ 《薛福成日记》下册,吉林文史出版社2004年版,第529页。

之意相同。本君主益喜两国永敦和好，共享升平。①

10. 光绪十六年（1890年）薛福成在比利时呈递国书之颂词与比利时国王答词

薛福成颂词：大清国钦差大臣薛福成，钦承简命，驻扎贵国。恭惟大比国大君主前曾游历中华，与我中国最称亲睦，勋猷学识，超越寻常，内政外交，蒸蒸日上。使臣亲奉国书，上呈尊览，以为永敦和好之据。惟冀大君主体中国大皇帝之意，益笃邦交，互求裨益，使臣不胜欣忭之至。

比利时国王答词：蒙贵大臣来递大清国大皇帝国书，不胜欣感。本君主前经游历中华，见其风俗政治，知为教化最先之国；而人民繁盛，物产殷富，实甲于地球。今虽事隔二十余年，本君主追念前游，未尝不神往也。敝国以局外立邦，丁口稠密，借可勤求制造。如中国有采办军械事件，深愿效劳，敝国亦可渐习中国之教化，以补其不及。烦贵大臣转奏大皇帝，表我此心，实于两国互有裨益。②

11. 光绪二十年（1894年）正月薛福成归国之英国国王答词

闻贵大臣将归，甚为怅怅。然贵大臣称我格外优待，我亦欢喜无量，我深愿两国辑睦之意，与贵大臣相同。贵大臣在此所办之事，我深嘉之。此行善自珍重。从此两国永敦和好，同享隆平，岂不快哉！③

12. 光绪二十七年（1901年）十二月十三日葡萄牙使臣觐见颂词与光绪答词

觐见颂词：今本大臣谨将本国大君主特简本大臣为驻扎北京钦差便宜行事全权大臣之国书亲呈于大皇帝座前。本大臣驻扎贵国，愿将两国多年之友谊愈加敦笃，谅必允洽宸衷焉。

光绪答词：贵使臣特膺简命驻节中华，赍递国书，语意肫诚，实深嘉悦。特问贵国大君主好，并愿贵使臣嗣后于交涉事宜和衷商办，朕自当推诚优待，俾两国邦交益臻亲密，共享升平。④

13. 光绪三十年（1904年）葡萄牙使臣呈递国书之颂词与光绪答词

大西洋国使臣白朗谷觐见颂词：今本大臣谨将本国大君主馈赠大皇帝之吾主耶稣基利斯督、圣本笃阿威什、圣雅各伯三联皇帝宝星、国书躬亲呈递大皇帝座前。其所以馈赠宝

---

① 《薛福成日记》下册，吉林文史出版社2004年版，第539页。
② 《薛福成日记》下册，吉林文史出版社2004年版，第547页。
③ 《薛福成日记》下册，吉林文史出版社2004年版，第629页。
④ 《中葡关系档案史料汇编》上册，中国档案出版社2000年版，第300—301页。

星者,特祝皇太后、大皇帝永享升平,俾本国与贵国邦交益笃,睦谊愈敦耳。

　　光绪答词(拟):贵使臣赍递国书、宝星,抒诚入觐,备达悃忱,良深欣悦。特问贵国大君主好。我两国和好有年,兹承贵国大君主寄赠宝星、专书致祝,情词肫挚,弥惬朕怀。惟愿福祚聿隆,从此邦交益加亲睦,有厚望焉。①

14. 光绪三十年(1904年)葡萄牙使臣呈递之致贺国书颂词与慈禧答词

　　大西洋国署使臣阿梅达觐见颂词:今本署使臣谨将本国大君主恭贺皇太后七旬万寿国书躬亲呈递皇太后座前。兹特祝寿同岳永,天下升平,并愿本国与贵国睦谊益敦,邦交愈笃,谅必允洽宸衷。

　　慈禧答词:大西洋国贵使臣赍递贵国大君主国书,因余七旬生辰,遥为致贺,语义吉祥,实深感谢。惟愿贵国大君主福徵履恭,寿叶升恒,是所祝祷,贵使臣好。贵使臣王事宣勤,邦交克笃,深堪嘉尚。愿贵使臣驻华福履增绥,允符厚望。②

15. 光绪三十四年(1908年)三月二十五日葡萄牙公使森达觐见颂词与光绪答词

　　森达颂词:大清国皇太后、大皇帝陛下:窃使臣奉我国大君主特旨,派令代达大君主敦睦邦交,以表睦谊之至意。设能办理合宜,亦使臣之至愿。惟望贵国大皇帝及政府赞成襄助,尚可易于奏功。兹特悉承斯命,嘱令于觐见时敬宣大君主所祝皇太后暨大皇帝圣寿无疆,民安物阜之微忱。使臣恭祝皇太后暨大皇帝圣躬康健,借以上达,尤愿我两国友谊益敦,共享升平之福,是所切祷,谨奏。

　　光绪答词(拟):贵使臣赍递国书,奏进颂词并致贵国大君主之意,朕心深为欣悦。我两国通好有年,夙称辑睦。此次贵使臣奉命来华,接充使任,自当推诚优待,俾邦交益加亲密,有厚望焉。③

16. 光绪三十二年(1906年)刘式训在葡萄牙呈递国书之颂词与葡王答词

　　刘式训的颂词:大清国出使大臣刘式训钦承简命,奉使贵国,谨将国书呈递大君主御前。查贵国与中国通好历数百年,在泰西各国之先。兹遣使之初,使臣得膺其选,实深荣幸,切盼两国交谊益加亲密,惟愿大君主推诚优待,俾易尽职,是所厚望。

　　葡王答词:接奉国书,敬悉贵大臣奉大皇帝命来使敝邦,实为欣幸。查中葡两国通好最先,诚如贵大臣所云。兹当遣使之初,该大臣荣膺是选,足征大皇帝敦睦友邦之盛意。至贵大臣声望素著,凡一切交涉事务,本君主必竭诚优待,用赞成功,以副厚望也。④

---

① 《中葡关系档案史料汇编》上册,中国档案出版社2000年版,第433—434页。
② 《中葡关系档案史料汇编》上册,中国档案出版社2000年版,第506—507页。
③ 《中葡关系档案史料汇编》下册,中国档案出版社2000年版,第159—160页。
④ 《中葡关系档案史料汇编》下册,中国档案出版社2000年版,第59页。

17. 光绪三十四年（1908年）四月十五日各国使臣觐见颂词和答词

使臣代表的颂词：领衔使臣带领各国使臣等仰遵皇太后、大皇帝恩命在颐和园觐见、游宴。各使臣等中心感激，亟愿钦遵同往，共祝皇太后、大皇帝圣躬康泰、福泽绵延，并望大清国诸事发达，万年巩固，不胜至诚颂祷焉。

答词（拟）：贵使臣偕同各国使臣等随班入觐，合词进颂，备达悃忱，良深嘉悦。兹值淑景清和，欢联中外，惟愿贵使臣等起居纳祜，即事多欣，允符厚望。

实际答词：贵使臣等好。语意吉祥，实深欣悦。今日天气清和，饭毕前往各处游览。①

（四）外交任命书

1. 1855年美国总统颁给伯驾的公使任命书

由于对于您——来自马萨诸塞的伯驾先生——的忠诚、谨慎和能力抱有特别的信任与信心，我任命您为美国驻中国公使；据此，授权您处理和开展与中国有关的事务。您担任该公使馆公使一职的期限为：从接到我的任命之日起至下届美国参议院结束时为止。此任命有美国政府印章为证。

总统：富兰克林·皮尔斯（签名）
国务卿：威廉·马西（签名）
华盛顿，1855年8月16日，美国独立后80年②

【简析】

此为美国总统任命伯驾为公使的证书。关于伯驾就任驻华公使，参见前文"1855年伯驾就任美国驻华公使国书"的简析部分。

2. 1878年美国总统批准陈树棠为旧金山总领事执照

美国大伯理玺天德谕。凡此照所关及者知悉：兹有妥当凭据陈明我知，陈树棠经已立为大清国驻扎嘉里科尼阿省圣夫兰西士哥埠之总领事。兹我准认彼为该处总领事，并声明彼能申行及享受该职内所应行之事以及所应得之权利。按照公法与美国律例，及美国与中国所立和约内给与总领事者，兹发给此照，以为允准之凭，并盖大美合众国印，以为证据的笔画押。

于华盛顿都，一千八百七十八年十一月初九日，美国自主第一百零三年

---

① 《中葡关系档案史料汇编》下册，中国档案出版社2000年版，第178页。
② （美）爱德华·V. 吉利克著，董少新译：《伯驾与中国的开放》，广西师范大学出版社2008年版，第307—308页。

总统画押，外部大臣伊械士画押①

【简析】

此为美国总统批准陈树棠为旧金山总领事的执照。

3. 1878 年英王批准胡璇泽为新加坡领事官执照

维克多尔利亚奉上帝命为大英及爱尔兰合国君主，维克多尔利亚诚心保护者谕各忠爱百姓：中国大皇帝所派密司德尔胡璇泽为领事官驻扎新加坡，我允接认胡璇泽为中国大皇帝之领事官。兹特申谕：从此尔等应即接认胡璇泽，其任内事务，当优为协助，并应享权利，一切得以自主。
一千八百七十八年十二月二十一日，参斋穆宫在位之四十二年
君主意旨，扫利司伯里（押）②

【简析】

此为英国女王批准首任清廷驻新加坡领事官胡璇泽的执照（敕书）。中国驻英使馆参赞黎庶昌亲见这一文件，黎庶昌对其描述曰：

> 英外部送到敕书一道，其书系羊皮纸所写，宽一尺，长一尺二三寸。首行维克多尔利亚君主名，末行扫利司伯里名，皆亲笔所签。首行之前，别用羊皮纸一方，宽广二寸，缘以黑边，斜贴于上。钤盖印信，式椭圆，径一寸二分，有圈三道棱起。外圈刻文"维克多尔利亚奉天命为布赖敦尼亚君主"，内圈刻文系一古箴规语，圆圈外上方刻君主礼冠，圆圈之内别为条方。圈间为四格，中刻小狮形八（左上三、下一，右上一、下三），盖英国以狮为记号，犹如中国之用龙。其缘黑边者，不知是新有公主之丧，抑君主为其故夫服之礼也。布赖敦尼亚则英国之总名也。所写敕语，前后均属定式刻文。惟中间"胡璇泽充领事"数语，系写入者。③

4. 光绪二十一年（1895 年）李鸿章赴日谈判全权任命敕谕

大清国大皇帝敕谕：现因与大日本国重敦睦谊，特授文华殿大学士、直隶总督、北洋大臣、一等肃毅伯李鸿章为头等全权大臣，与日本国所派全权大臣会同商议，便宜行事，豫定和约条款，予以署名画押之全权。该大臣公忠体国，夙著勋劳，定能详慎将事，缔结邦交，不负朕之委任。所定条约，朕亲加查阅，果为妥善，便行批准。特敕。④

---

① 《薛福成日记》上册，吉林文史出版社 2004 年版，第 248 页。
② 黎庶昌：《西洋杂志》，社会科学文献出版社 2007 年版，第 18 页。
③ 黎庶昌：《西洋杂志》，社会科学文献出版社 2007 年版，第 18 页。
④ 《李鸿章全集》第 11 册，时代文艺出版社 1998 年版，第 6831 页。

【简析】

此为清廷任命李鸿章赴日谈判的全权任命敕谕。甲午战争清廷战败,李鸿章被委任为与日本谈判的全权代表。在李鸿章的主持下,中日之间签订了《马关条约》。

5. 光绪二十七年(1901年)那桐赴日道歉任命敕谕

皇帝敕谕头品顶戴户部右侍郎那桐:朕维交邻之道详于古经,遣使之文著为令典,矧在同洲之国,尤切辅车之依。兹因大日本国使馆书记生杉山彬在京被戕,朕心惋惜,宜示优荣,特授尔为钦差专使大臣,亲赍国书前往呈递,务宜殚竭忠诚,敬谨将事,于一切交际仪文,悉心经理,勉副皇华之选,益联与国之欢尔。其钦承朕命,无负委任。特谕。①

【简析】

此为清廷任命那桐为赴日道歉专使的任命敕谕。光绪二十七年(1901年),清廷任命那桐为因枪杀日本外交官杉山彬向日本赔礼道歉的专使。

6. 光绪三十三年(1907年)中国外务部颁发给左秉隆驻新嘉坡兼辖海门等处总领事官证书

外务部为发给文凭事。存记道员左秉隆,经本部于光绪三十三年五月十二日,奏请派新嘉坡兼辖海门等处总领事官,奉朱批:知道了。钦此,钦遵在案。相应缮具文凭,发交该总领事收执。务即尽心职守,保护本国商民,所有一切应办事件,均应禀报本部核夺,仍一面申报出使大臣,察核施行。须至文凭者。
右给驻新嘉坡兼辖海门等处总领事左秉隆收执。
光绪叁拾叁年伍月拾陆日
外务部印②

【简析】

此为清廷任命左秉隆为驻新加坡总领事的证书(见图9.12)。原件为一大张白棉纸,印有一个纵49厘米、横21厘米的木印黑线版框,顶端有"文凭"二字,正文以毛笔正楷书写,文末书写日期,日期上钤有一方紫色的"外务部印"。行文之间,还有一些用朱笔勾画,是颁发此文凭的外务部堂官的批押,颁发日期的"拾陆"日也用朱笔填写。

---

① 《李鸿章全集》第12册,时代文艺出版社1998年版,第7215页。
② 杜南发:《左秉隆文凭发现记》,载新加坡《联合早报》2011年04月10日,新闻/副刊。

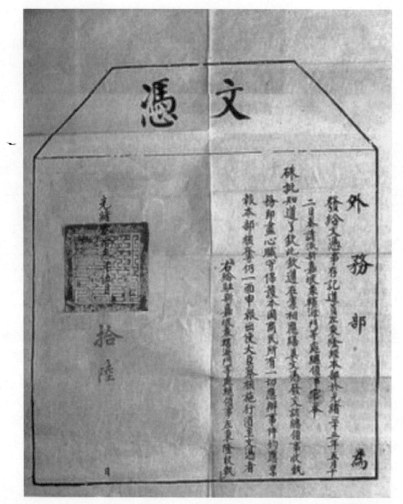

图 9.12　光绪三十三年（1907 年）外务部颁给中国驻新加坡总领事馆文凭证书

　　这件文凭，由北京送给当时在香港担任领事的左秉隆后，依外交惯例，送到英国伦敦，呈递英王批准。不久，英国政府通知中方，文凭只有中国外务部之印而无代表国家的皇帝玺印，必须在钤盖"国宝"之后英王才会批准。光绪三十三年八月十八日（1907 年 9 月 25 日），被委派为"钦差出使英国大臣"的李经方，赴英途中从上海发出一份紧急信函到北京，将此事报告清廷外务部并指出，虽然英国拒绝接受这件总领事文凭，但英国外交部允许左秉隆先上任，后再补办一件钤盖"国宝"的新文凭向英王请准。

　　李经方在八月廿八日（10 月 5 日）乘德国邮船离开上海赴英途中，经过香港时，与左秉隆会合后一同南下新加坡。李经方在九月初六日（10 月 12 日）从香港发送一份咨文向外务部汇报情况。咨文内称：左秉隆把原来那份钤盖"外务部印"的文凭上交给他，由他寄缴北京。他再次要求外务部尽快颁发一件钤盖国宝的新文凭，并从北京直接寄到英国，让"英外部验请英主准敕"，然后再由伦敦直接寄交上任的左秉隆。在咨文最后，李经方还特别写了"附文凭一纸"一行小字。外务部 3 周后收到咨文并将其存档，档案编号和说明文字为:"衣字964号/外务部收使英李大臣文一件/缴回新嘉坡总领事左道秉隆文凭一纸,请换用国宝书之文凭",另外又特别写了一行小字:"附文凭一纸。"①

左秉隆缴回的这份作废的领事文凭见证了晚清外交艰难的转折过程,清廷在不断的试错过程中逐渐与世界融合。

7. 宣统元年(1909年)三月初五日清廷委任桂芳为驻扎海参崴等处总领事官敕谕

皇帝敕谕驻扎海参崴总领事官桂芳:兹因俄国海参崴各埠商务殷繁,华侨甚众,调查保护责任宜专,特派尔充海参崴等处总领事官驻扎海参崴埠,所有在外华商人等以及商务事宜,须随时妥为照料,遇有交涉事件,秉承外务部覆示遵行,并呈报出使俄国大臣查核,俾臻详慎,尔其殚竭智虑,敬谨将事,毋负委任。特谕。
宣统元年三月初五日②

【简析】

此为清廷委任桂芳为海参崴总领事的敕谕(见图9.13),现藏中国国家博物馆,纵63厘米,横94.6厘米,黄纸墨写楷书,云龙纹边框,左为满文,右为汉文,钤"敕命之宝"。该领事敕谕对于研究清代外交文书具有重要价值。

图9.13 宣统元年(1909年)清廷委任桂芳为海参崴总领事的任命敕谕

---

① 以上内容参见杜南发《左秉隆文凭发现记》,载新加坡《联合早报》2011年04月10日,新闻/副刊。
② 中国国家博物馆藏品。

宣统元年闰二月十一日（1909年4月1日），清廷增设海参崴总领事一员①，由桂芳担任。台湾"中研院"近代史所存外务部闰二月二十一日（1909年4月11日）"具奏颁给海参崴总领事桂芳敕谕由"一件。桂芳，字植忱，又作植承。北京大兴县人，满族旗籍。少时卒业同文馆，后留学俄国，谙习俄文。曾任驻俄公使随员、北洋洋务局随办。光绪三十二年（1906年），桂芳任驻俄国海参崴商务专员。宣统元年（1909年）改任驻海参崴总领事，直至宣统三年（1911年）。

二、出访国书

1. 同治七年（1868年）志刚、蒲安臣、孙家谷大臣出使各国国书

大清国大皇帝问大某国大（君主、皇帝、伯理玺天德）好。朕寅承天命，中外一家，眷念友邦，永敦和好，特选贤能智士、前驻京合众国使臣蒲安臣熟悉中外情形，于办理两国交涉事宜，可期代达衷曲，并派二品衔志刚、孙家谷同赴大某国。俱膺特简重任大臣，以为真心和好之据。朕知此三臣，共享升平，谅必深为欢悦也。②

【简析】

此为蒲安臣使团出访国书。蒲安臣使团于同治七年二月三日（1868年2月25日）从上海出发，先乘船横渡太平洋到美国，访问了旧金山、纽约、华盛顿，然后横渡大西洋赴欧洲，访问了英国、法国、瑞典、丹麦、荷兰、普鲁士、俄国、比利时、意大利、西班牙等国，直至同治九年九月二十四日（1870年10月18日）回到上海，历时两年八个月，先后访问了欧美11个国家。在同治九年一月二十四日（1870年2月23日）访问俄罗斯时，蒲安臣病逝。

蒲安臣使团是晚期中国派到国外考察访问的第一个正式的外交使团，为清廷与欧美世界建立近代国家关系做出了积极贡献。

2. 光绪四年（1878年）清廷派遣崇厚前往俄国谈判国书

大清国大皇帝问俄国大皇帝好。贵国与中国二百余年来睦谊攸关，夙敦和好。朕诞膺天命，寅绍丕基，中外一家，罔有歧视。兹特简赏戴花翎、头品顶戴、太子少保、内大臣衔、总理各国事务大臣、吏部左侍郎崇厚前赴贵国都城，并令亲赍国书，代达衷曲，以为通好修约之据。朕深知崇厚公忠体国，办事和平，于中外交涉事务最为熟悉。惟冀推诚相信，优礼有加，从此益敦友睦，长享升平，朕实有厚望焉。③

---

① 《清史稿》，宣统皇帝本纪，宣统元年闰二月辛卯条。
② （德）查尔斯·马斯顿著，联芳、庆常译：《星轺指掌》，中国政法大学出版社2006年版，第213页。
③ 《薛福成日记》上册，吉林文史出版社2004年版，第225页。

【简析】

此为清廷派遣崇厚出使俄国交涉归还伊犁事宜的国书。完颜崇厚（1826—1893年），字地山，内务府镶黄旗人。同治九年（1870年），因天津教案出使法国。光绪四年（1878年），充出使俄国大臣，擅自与俄签订《里瓦几亚条约》，因此被弹劾入狱，后降职获释。

3. 光绪二十七年（1901年）清廷派遣那桐前往日本道歉国书

大清国大皇帝敬致书于大日本国大皇帝陛下。朕维中国与贵国同在亚洲，海程密迩。彼此遣使驻扎以来，诚信相孚，情谊弥挚。乃上年五月京师猝遭拳匪之乱，兵民交讧。贵国使馆书记生杉山彬竟至被戕殒命。该书记生随使来华应获保护之益，不意变生仓猝，遽尔捐躯。朕自维薄德未能先事预防，致令友邦官员惨遭不测，有伤睦谊，弥切疚心。业派大臣致祭，并颁发内帑以示优恤。兹派头品顶戴、户部右侍郎那桐为钦差专使大臣亲赍国书前往贵国呈递。该大臣忠诚素著，朕所深信，特令敬谨将事，表明惋惜之怀，借达优荣之典。此次大皇帝遣师远涉，到京之日，首先安民，又于和议要端尽力维持，特伸公论。东方大局赖以保全，义问仁声，昭布遐迩，朕心尤为欣感，并令该大臣代达谢忱。惟望大皇帝尽弃前嫌，益敦夙好，唇齿辅车之谊，历久弥亲。从此海宇乂安，升平同享，惟大皇帝鉴察焉。①

【简析】

此为清廷派遣那桐前往日本道歉的国书。关于此事，见前文有关那桐任命敕谕的简析部分。

4. 光绪三十一年（1905年）八月初九日清廷遣使考察英国国书

大清国大皇帝敬问大英国大皇帝好。中国与贵国通好有年，交谊益臻亲密，夙闻贵政府文明久著，政治日新，凡所措施悉臻美善。朕眷念时局，力图振作，思以亲仁善邻之道，为参观互证之资。兹特派镇国公载泽、署兵部左侍郎徐世昌、商部右丞绍英前赴贵国考求政治。该大臣等究心时务，才识明通，久为朕所信任，爰命恭赍国书，代达朕意，惟望大伯理玺天德推诚优待，俾将一切良法美意从容考究，用备采酌施行，实感大皇帝嘉惠友邦之厚谊。

大清光绪三十一年八月初九日

【简析】

此为清廷委派载泽等人考察英国的国书，现藏台北故宫博物院，纵34.5厘米，横269厘米；函套纵34.5厘米，横23厘米，高2.5厘米（见图9.14）。

---

① 《李鸿章全集》第12册，时代文艺出版社1998年版，第7215页。

图 9.14　光绪三十一年（1905 年）清廷遣使考察英国国书

光绪三十一年（1905 年），由于大清国势衰弱，清廷为平息政局纷扰，决心进行政治改革，建立君主立宪政体。光绪皇帝以立宪为名，派遣载泽、戴鸿慈、徐世昌、端方和绍英五大臣分赴东西洋考察各国宪政。革命党人吴樾得知此事后，担心立宪成功，使民主共和无望，决心阻止，在北京正阳门东车站以炸弹袭击出洋五大臣，吴樾壮烈成仁。《大清国致大英国国书》和《大清国致大法国国书》正是本次出使准备呈递受访国的外交文书。因吴樾的阻挠，清廷对出国考察人员进行调整，国书不得不重新制作，原有国书留存清宫，辗转赴台，成为见证清末"立宪运动消亡，民主政治初升"的重要历史文物。

5. 光绪三十一年（1905 年）八月初九日清廷遣使考察法国国书

大清国大皇帝敬问大法国大伯理玺天德好。中国与贵国通好有年，交谊益臻亲密，夙闻贵政府文明久著，政治日新，凡所措施悉臻美善。朕眷念时局，力图振作，思以亲仁善邻之道，为参观互证之资。兹特派镇国公载泽、署兵部左侍郎徐世昌、商部右丞绍英前赴贵国考求政治。该大臣等究心时务，才识明通，久为朕所信任，爰命恭赍国书，代达朕意，惟望大伯理玺天德推诚优待，俾将一切良法美意从容考究，用备采酌施行，实感大伯理玺天德嘉惠友邦之厚谊。

大清光绪三十一年八月初九日

【简析】

此为清廷委派载泽等人考察法国的国书，现藏台北故宫博物院，纵 34.5 厘米，横 269 厘米；函套纵 34.5 厘米，横 23 厘米，高 2.5 厘米（见图 9.15）。与上件赴英国考察的国书一样，因考察人员发生变化，该件国书作废而留存清宫。

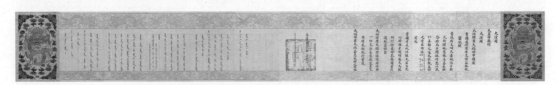

图 9.15　光绪三十一年（1905 年）清廷遣使考察法国国书

6. 光绪三十一年（1905 年）八月初九日清廷遣使考察比利时国书

大清国大皇帝敬问大比国大君主好。中国与贵国通好有年，交谊益臻亲密，夙闻贵政府文明久著，政治日新，凡所措施悉臻美善。朕眷念时局，力图振作，思以亲仁善邻之道，为参观互证之资。兹特派镇国公载泽、署兵部左侍郎徐世昌、商部右丞绍英前赴贵国考求政治。该大臣等究心时务，才识明通，久为朕所信任，爰命恭赍国书，代达朕意，惟望大君主推诚优待，俾将一切良法美意从容考究，用备采酌施行，实感大君主嘉惠友邦之厚谊。

大清光绪三十一年八月初九日①

【简析】

此为清廷委派载泽等人考察比利时的国书，现藏中国第一历史档案馆，编号为"宫中档·外事往来478"。该国书纵34.5厘米，横235厘米，与台北故宫博物院收藏的赴英、赴法两件国书为同一批作废的国书。

1996年9月2日，中国邮政发行《中国古代档案珍藏》特种邮票，其中第4图《纸质档案·清代国书》即为这一国书的局部图片（见图9.16）。不过，将一份近代国书命名为中国古代档案珍藏品在时代上有所不妥。

图9.16 1996年中国邮政发行《中国古代档案珍藏（T）》之《纸质档案·清代国书》

---

① 第一历史档案馆：《清代文书档案图鉴》，岳麓书社2004年版，第268页。

清廷虽然推迟了向欧洲派出人员考察的时间，但在对考察团人员稍作调整后，使团最终还是前往欧美访问。各国对考察团作了热情接待，并分别向清廷发出了回复国书。中国第一历史档案馆至今仍然保存着一批欧美国家包括丹麦、意大利、美国等国家的回复国书。其中 1906 年比利时国王回复的国书信封一直没有拆开，封口的红漆依然留存，其上盖有皇冠图形的印迹完好。

7. 光绪三十四年（1908 年）清廷派遣唐绍仪前往英、日、德、法、俄、意、奥、比国考察财政的第一份国书（稿）

大清国大皇帝敬问大英、日本、德、法、俄、义、奥、比国大皇帝（伯理玺天德、君主）好。中国与贵国通好有年，友谊益臻亲密，夙闻贵国文明久著，财政精良，国计民生日臻进步。朕眷怀时局，锐意图新，因思庶政之待兴，实以理财为首务，兹特派尚书衔、奉天巡抚唐绍仪前赴贵国考求财政。该大臣忠诚亮达，才识俱优，久为朕所信任，爰命恭赍国书，代达朕意。惟望大皇帝（伯理玺天德、大君主）推诚优待，俾将一切美法良规得以从容研究，用备采酌施行，实感大皇帝（伯理玺天德、君主）嘉惠友邦之至意。①

【简析】

此为清廷委派唐绍仪考察外国的国书。唐绍仪在光绪三十四年（1908 年）九月至宣统元年（1909 年）三月间，奉清廷之命，出使日、英、法、意、奥、德、俄、比 8 国考察财政，这是晚清政府继光绪三十一年（1905 年）派载泽、端方等五大臣出使欧、美、日考察政治之后的又一重要涉外活动。

8. 光绪三十四年（1908 年）清廷派遣唐绍仪前往英、日、德、法、俄、意、奥、比国考察财政的第二份国书（稿）

大清国大皇帝敬大英、日本、德、法、俄、意、奥、比国大皇帝（伯理玺天德、君主）好。朕维政典以治富为大纲，理财乃经国之要务，先皇帝以贵国讲求财政，考镜足资，特遣尚书衔、奉天巡抚唐绍怡恭赍国书，前赴贵国考察财政。兹朕缵承大统，遵守成规，允宜加备国书，命该大臣赍往，一并呈递。该大臣才识明通，究心财政，尚望大皇帝（伯理玺天德、君主）推诚优待，俾得从容研究，取益宏多，实纫厚谊。②

【简析】

此为清廷委派唐绍仪考察外国的国书，书稿（见图 9.17）现藏台北故宫博物院。

---

① 第一历史档案馆：《唐绍仪出使日欧八国考察财政史料》，载《历史档案》1990 年第 2 期。
② 第一历史档案馆：《唐绍仪出使日欧八国考察财政史料》，载《历史档案》1990 年第 2 期。

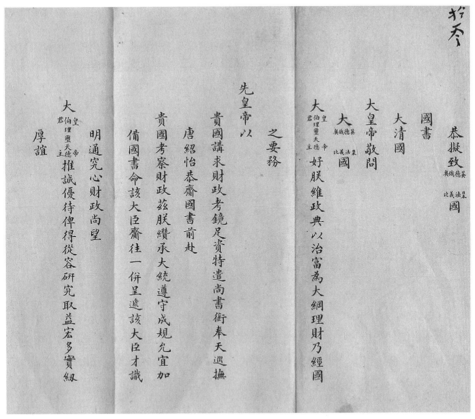

图9.17 光绪三十四年（1908年）清廷遣唐绍仪考察各国第二份国书（稿）

光绪三十四年（1908年）十月二十一日，光绪帝去世。外务部发电通知正在檀香山的唐绍仪。十月二十二日，唐绍仪自檀香山发电报给外务部，征询应否另发国书一道以及为避讳新帝溥仪之名而改名"绍怡"："大行皇帝龙驭上宾，不胜哀痛，檀岛侨民同深哀悼。此次使美，国书应否改发，候示遵行。绍某原名，例应避写，拟改为绍怡。"

光绪三十四年（1908年）十一月十七日，外务部为此事上奏清廷，请求重新颁发国书一道，与先前国书一起呈递。外务部为此拟写了第二份国书的草稿，请求批准。在草稿中，将"唐绍仪"改为"唐绍怡"。

清廷为唐绍仪颁发第二道国书，体现了近代国书的递交制度：如果任命该使节的前任元首去世，国书必须由继任元首重新颁发、任命。另外，唐绍仪为避讳溥仪名而改名，体现了中国特有的文字避讳制度。

9. 宣统元年（1909年）意大利君主复清帝派遣唐绍仪访问意大利国书

天惠民意、大义大利亚国大君主威德礼额哀玛诺维利第三致书于大清国大皇帝陛下。朕特问大皇帝好。兹因奉天巡抚唐绍怡已奉先皇帝国书，派充本国考察财政大臣，再奉大皇帝新国书，仍派为考察财政大臣，俾得调查要政，现唐大臣已将国书二道呈览。朕惟大皇帝重派唐大臣之意，必系与朕并我国邦交格外亲密，实据唐大臣呈递国书时所奏之词，朕深嘉悦。该使臣代达大皇帝之意旨，并考察财政最妙之法，足以知该大臣颇堪为大皇帝信任之使。朕深望唐使臣既信任得力，详细考察本国财政律例章程，此后华、义两国交谊日增亲睦，实于大皇帝国家必有极大之利益。朕用表明与大皇帝时常钦慕和好之情，敬祝大皇帝圣躬强健暨皇室永绥，福祚昌盛荣光，实所厚望。

在罗马宫
罗马一千九百零九年三月二十五日
大皇帝至好良友威德礼额（御笔）
外部大臣迪多呢（书押）①

【简析】

此为意大利国王回复中国派遣唐绍仪考察意大利的国书。这种回复国书是国际通行惯例。

三、首脑国书

1. 同治十二年（1873年）清帝答复日本国书

大清国大皇帝复问大日本国大皇帝好。兹接使臣副岛重臣赍到来书，批阅之余，实深欣悦。朕祗承天命，寅绍丕基，中外一家，罔有歧视，矧关邻谊，尤重推诚。上年所立条规，现已宣谕刊布，嘉仪孔多，足征厚意；用答微物，借使寄将。愿我两国永敦和好，同荷天庥，朕有厚望焉。②

【简析】

此为清廷回复日本的国书。同治十二年（1873年）四月，日本特使、外务大臣副岛种臣来华交换《中日修好条规》。

2. 光绪十三年（1887年）英君主谢贺登位五十年国书

维多利亚奉天承命、英吉利爱尔兰君主五印度后帝请中国大皇帝兄台安。今由贵使臣刘瑞芬处接得大皇帝来函，贺我登位五十年之喜，并赐物。大皇帝函内，友睦之意及庆贺之辞，与本处所接别国君民同式贺函，令我极为欣忭，曷胜感谢。又惠赠珍物，以志此番盛事，见贵国工艺制造之精美，尤深感谢。我想此必由于贵使臣刘瑞芬遵办大皇帝之谕得法，仰邀大皇帝之悦豫。我趁此机会，表我极睦之谊，并深祝大皇帝万寿无疆，洪福齐天，神明保佑。

---

① 第一历史档案馆：《唐绍仪出使日欧八国考察财政史料》，载《历史档案》1990年第2期。
② （德）查尔斯·马斯顿著，联芳、庆常译：《星轺指掌》，中国政法大学出版社2006年版，第214页。

大皇帝之亲妹维多利亚（签名）

沙力斯伯里（签名）

耶稣降世一千八百八十七年，即登位之第五十一年，十二月初一日自温则宫发。①

【简析】

此为英国女王对光绪致贺即位 50 年国书的致谢国书。注意这一国书的签名为"大皇帝之亲妹维多利亚"，实际上光绪帝当时只有 16 岁，英国女王 68 岁，明显是英国女王的谦辞而已。

3. 光绪十六年（1890 年）三月十九日光绪帝致贺葡王卡洛斯一世即位国书

……大君主诞登宝位，奠欧洲之大局，乐海宇之承平，因念中国与贵国自换约以来，夙敦睦谊，和好最深。朕诞膺天命，寅绍丕基，中外一家，罔有歧视。兹特具国书通好致贺，惟冀益敦友睦，历久不渝，从此共承天眷，长享升平，朕实有厚望焉。

大清光绪十六年三月十九日

【简析】

此为光绪帝致贺葡萄牙国王卡洛斯一世即位国书。卡洛斯一世 1889 年到 1908 年在位。2010 年上海世博会葡萄牙馆展出这一国书正本的局部（见图 9.18）。

图 9.18　光绪十六年（1890 年）三月十九日光绪帝致贺葡萄牙国王即位国书局部

---

① 《薛福成日记》下册，吉林文史出版社 2004 年版，第 600 页。

4. 光绪十六年（1890年）九月九日清帝谢英君主致贺大婚国书

大清国大皇帝问大英国大君主兼五印度大后帝好。前以朕躬庆典，贵国使臣华尔身，恭传大君主雅意申贺。兹复由贵国使臣华尔身，赍到国书，并自鸣钟一座。良工巧制，十二时备致嘉祥；古语遥颁，亿万年永膺福祉。（原刻钟上祝辞云：日月同明，报十二时吉祥如意；天地合德，庆亿万年富贵寿康。）接阅之余，莫名欣悦。我两国国家和好有年，益敦睦谊。今特派驻扎贵国大臣薛福成，恭赍国书，亲递致谢。从此邦交永固，共享升平，朕实有厚望焉。

光绪十六年九月初九日①

【简析】

光绪十五年（1889年）正月二十七日，光绪举行大婚典礼。此为光绪帝致谢英国女王祝贺其大婚的国书。

5. 清廷光绪二十六年（1900年）六月十九日清帝致俄国皇帝国书

大清国大皇帝问大俄国大皇帝好。中国与贵国邻邦接壤，二百数十年来，敦睦最先，交谊最笃。近因民教相仇，乱民乘机肆扰，各国致疑朝廷袒民嫉教。贵国使臣格尔思曾向总理衙门请速剿乱民，以解各国之疑。而其时京城内外乱民蔓延已遍，风声煽播，自兵民以及王公府第，同声与洋教为仇，势不两立。若操之太蹙，既恐各使馆保护不及，激成大祸。又恐各海口同时举事，益复不可收拾。所以不能不踌躇审顾者，以此乃各国水师不能相谅，致有攻占大沽炮台之事。于是兵连祸结，时局益形纷扰。因思中外论交，贵国之与中国绝非寻常邻谊可比。前年曾授李鸿章为全权专使，立有密约，载在盟府，今中国为时势所迫，几致干犯众怒，排难解纷不得不惟贵国是赖。为此开诚布臆，肫切致书，惟望大皇帝设法筹维，执牛耳以挽回时局。并希惠示德音，不胜激切翘企之至。②

【简析】

此为光绪帝在义和团运动期间因八国联军入侵中国而向俄国沙皇发出的国书，希望俄国沙皇调停、调解日益恶化的中外关系。

6. 光绪二十六年（1900年）六月十九日清帝致英国国王国书

大清国大皇帝问大英国大君主兼五印度大后帝好。中国与各国通商以来，惟贵国始终以商务为重，并无觊觎疆土之意。近因民教相仇，乱民乘机肆横，各国致疑朝廷袒民嫉

---

① 《薛福成日记》下册，吉林文史出版社2004年版，第599—600页。
② 《李鸿章全集》第11册，时代文艺出版社1998年版，第6506—6507页。

教,遂有攻占大沽炮台之事,从此兵连祸结,大局益形纷扰。因思中国商务,贵国实居十之七八,关税既轻于各国,例禁亦宽于他邦。是以数十年来,通商各口之于贵国商民最相浃洽,几如中外一家。今以互相猜疑之故,时势一变至此。万一中国竟不能支,恐各国中必有思其地大物博,争雄逞志于其间者,于贵国以商立国之本意有碍,其得失当可想而知。现在中国筹兵、筹饷应接不暇,排难解纷不得不惟贵国是赖。为此开诚布臆,肫切致书,惟望大君主设法筹维,执牛耳以挽回时局,并希惠示德音,不胜激切翘企之至。①

【简析】

此为光绪帝在义和团运动期间向外国皇帝发出的同一批请求调解的国书之一。国书中强调英国在中国有重要商业利益,希望英国出面调解危局。

7. 光绪二十六年（1900 年）六月十九日清帝致日本皇帝国书

大清国大皇帝问大日本国大皇帝好。中国与贵国相依唇齿,敦睦无嫌,月前忽有使馆书记被戕之事,正深惋惜,一面拿凶惩办。间而各国因民教仇杀,致疑朝廷袒民嫉教,竟尔攻占大沽炮台。于是兵衅遂开,大局益形纷扰。因思中外大势东西并峙,而东方只我两国支柱,其间彼称雄西土,虎视眈眈者,其注意岂独在中国哉？万一中国不支,恐贵国亦难独立,彼此休戚相关,亟应暂置小嫌共维全局。现在中国筹兵、筹饷应接不暇,排难解纷不得不惟同洲是赖。为此开诚布臆,肫切致书,惟望大皇帝设法筹维,执牛耳以挽回时局,并希惠示德音,不胜激切翘企之至。②

【简析】

此为光绪帝在义和团运动期间向外国皇帝发出的同一批请求调解的国书之一。国书以中日共同为亚洲两大国家,应该互相扶持为由请求日本调解危局。

8. 光绪二十六年（1900 年）六月二十七日美国总统回复清帝的国书

大美国大伯理玺天德问大清国大皇帝好。奉光绪二十六年六月二十三日国书,荷蒙大皇帝鉴察敝国愿敦睦谊持平办事之衷,实深欣幸。美国派兵在中国登岸,原为援卫使馆、保护寓华商民起见,各国派兵亦同此意,均经声明。阅惠书,知中国乱匪骚扰戕害德使及日馆书记,围困各使,违旨作乱,并非贵国朝廷袒纵,谨拟办法,切盼施行。一、愿贵国将驻京各使臣现在情形宣告各国。二、立准各使臣与本国任便通信,仍切实保护,俾免惊险。三、谕饬各大员与各国兵官会商,协救使馆,保护各国人民,安靖地方。倘蒙允行,则此次扰乱各事,不难与各国妥商了结。各国如允敝国调停,敝国乐为贵国效劳,敬布悃忱,伏乞省览。

---

① 《李鸿章全集》第 11 册,时代文艺出版社 1998 年版,第 6506—6507 页。
② 《李鸿章全集》第 11 册,时代文艺出版社 1998 年版,第 6506—6507 页。

西历一千九百年七月二十三日①

【简析】

此为义和团运动期间美国对光绪帝请求协调的回复国书。国书中指出，如果中方愿意满足美国开列的3项条件，美国愿意出面调停乱局。

9. 光绪二十六年十二月（1901年1月）清帝致英国国王的吊唁国书

大清国大皇帝敬致书于大英国大君主五印度大皇帝陛下。朕惊闻贵国先大君主龙驭升遐，曷胜悲悼。钦维先大君主临御宇内六十余年，丰功伟烈震烁古今。凡在友邦同深钦仰，尤与中国休戚相关，和好无间。本年五月中国猝遭变乱，尤赖先大君主执牛耳之盟，保通商之利，俾得和议速成，大局早定，朕心尤为铭感。方冀先大君主克享遐龄，期颐迭晋，遽闻噩耗，震悼殊深。兹特派某为钦差大臣恭赍国书，前往贵国表朕唁慰之意。惟望大君主仰承先志，益懋宏规，本孝思不匮之诚，致海宇升平之治，以无负先大君主付托之至意。惟大君主鉴察焉。②

【简析】

此为光绪帝向新的英王发出吊唁国书。1901年1月22日，英王维多利亚女王逝世。

10. 光绪二十六年十二月二十一日（1901年2月9日）清帝致俄国皇帝国书

大清国大皇帝敬问大俄国大皇帝好。朕维讲信修睦，为国之常经；救灾恤患，交邻之盛事。中国与贵国交好二百数十年，从无纤芥之隙。本年六、七月间中国京城乱民滋事，一时扑灭不易，蔓延及于东三省。疆吏不善处置，致烦贵国用兵，是贵国代我剿平匪乱，非与中国有隙也。及各国联军入京，贵国首先撤队出都，以明不贪土地之意。并许贵国在我东三省兵力所及之处一律归还，义声昭著，环球各国无不钦仰。朕前经两次电书致谢，谅邀鉴及。兹闻贵国政府与统兵官持议颇异，于前欲将东三省政权隐由贵国主裁，而中国所得者特一空名。如此，则欧美各国势将群起效法，有妨中国内治之权。朕知尊意必不出此，窃思大皇帝笃念邦交，信义昭著，欲结欢中国之盛心至优且渥。今日之事尤赖贵国主持，为各国示之准则。中国与贵国毗连之界二万余里，唇齿相依，他日苟有可以报答大惠之处，当惟力是视。所有东三省现筑铁路，关系紧要，自应照常经理。夫铁路之利非独贵国重之，即中国亦赖之也，朕断无漠视不加保护之理。此次保护不力之疆吏，已重加惩治。以后当严饬地方官防患未萌，尽力保卫，务洽贵国之意。朕昨已派杨儒为全权大臣，以便就近从长计议。惟顾大皇帝念我两国多年交好与他国不同，鉴朕此心，俾我东三省政

---

① 《李鸿章全集》第11册，时代文艺出版社1998年版，第6525—6526页。
② 《李鸿章全集》第12册，时代文艺出版社1998年版，第6915—6916页。

权无损。悉照从前办理，庶几两国生民乐业，和好永敦，朕实有厚望焉。①

【简析】

义和团运动期间，俄国驻军东北。随着局势的渐趋稳定，俄军拒绝撤军东北。光绪帝发出国书要求俄国尊重中国在东北的主权。

11. 光绪二十六年十二月二十八日（1901年2月16日）清帝致俄、法、德、意、美、日的国书

各大国会议要款，敝国现已次第议商照办，惟赔款一事不得不通盘筹划。此次兵事，各处财物毁失过多，且敝国地利商务尚少开通，一时不易筹集巨款，索之太急，必致搜括无遗，民穷生变，当为大皇帝所鉴谅。敬念大皇帝谊笃邦交，亦欲敝国竭力图治，永保亚东太平之局，开通商不竭之利源。敝国现议力行实政，正期图报各大国之惠于后日。望贵国始终玉成，商同各大国允将赔款酌减数目，宽定年限，另筹妥法摊偿，免使多借息款，借得稍苏喘息，整顿内政，将来中外必能益加修睦，与各大国永享无穷之利益。感仰厚德，非言可宣，谨布腹心，惟希鉴察，不胜盼祷之至。②

【简析】

此为义和团运动期间清廷与入侵各国谈判协商赔款总额时，光绪帝致各国元首国书，要求减少赔款总额。

12. 光绪二十六年十二月（1901年1月）清帝庆贺英国国王即位国书

大清国皇帝敬致书于大英国大君主五印度大皇帝陛下。朕欣闻大君主嗣登宝位，宏绍丕基，卜福祚之绵长，征邦基之永固，朕心实深欣慰。因念中国与贵国订约以来，永敦辑睦，商务之盛甲于五洲。既利益之相关，宜情好之弥挚。兹逢即位大典，特派某为钦差大臣，恭赍国书，前往贵国，表朕欣贺之意。惟望大君主克绍前徽，益宏宝祚，保四海升平之局，慰环球企望之忱。从此我两国睦谊益敦，和好无间，朕不胜欣盼之至。③

【简析】

此为光绪帝庆贺英国新国王爱德华七世的致贺国书。

13. 光绪二十九年（1903年）二月二十六日清廷致贺韩国皇帝国书

大清国大皇帝问大韩国大皇帝好。闻本年四月举行即位四十年称庆典礼，朕心慰悦良

---

① 《李鸿章全集》第12册，时代文艺出版社1998年版，第6928—6929页。
② 《李鸿章全集》第12册，时代文艺出版社1998年版，第6943页。
③ 《李鸿章全集》第12册，时代文艺出版社1998年版，第6915页。

深，特简驻扎贵国使臣许台身呈进国书代为致贺，并颂大皇帝嘉名远播，国祚永康，用副朕笃念邻邦之至意。

大清光绪二十九年二月二十六日

【简析】

此为清廷致韩国国书，内容为光绪帝特派中国第二任驻韩公使许台身呈递国书，致贺其即位40年（见图9.19）。这一国书出现在1994年秋季举行的嘉德拍卖会中，来源不详。

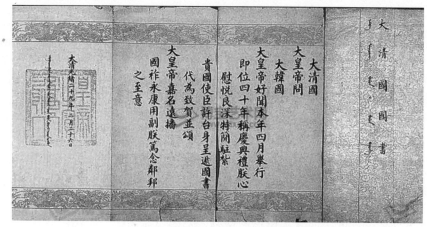

图9.19　光绪二十九年（1903年）清廷致韩国国书局部

14. 光绪二十九年（1903年）九月十五日葡萄牙国王馈赠光绪宝星国书

大皇帝钧鉴：董嘎鲁什为本国大君主与贵国和好有年。久悉大皇帝宸谟广达，皇祚孔绥，用特馈赠吾主耶稣基利斯督、圣本笃威什为武宝星、圣雅各伯为文宝星三联皇帝宝星一座，并同国书致达大皇帝座前。惟祝大皇帝永承天眷，长享升平，朕所深企焉。

（御笔书押、首相书押）

光绪二十九年九月十五日、西历一千九百零三年十一月三日书于本国内赛熙达地宫。①

【简析】

此为葡萄牙国王赠光绪帝勋章的国书。葡萄牙国王馈赠光绪帝的宝星种类为Banda das Tres Ordens（BDO）勋章，该勋章图案由耶稣基利斯督、圣本笃阿威什、圣雅各伯之剑3种骑士团徽章组成，故在国书汉译本中译为"三联皇帝宝星"。该勋章将3种徽章图案合为一体，显示其高等级别。前两种单个徽章颁发对象为武职人员，故称武宝星，后一种徽章颁发对象为文职人员，故称文宝星。

晚清时期，清帝曾接受法国、德国、葡萄牙王室赠送的勋章，清帝也向各国皇帝赠送中国特色勋章——宝星。

---

① 《中葡关系档案史料汇编》上册，中国档案出版社2000年版，第433页。

15. 光绪三十年（1904年）清帝致谢葡萄牙国王赠宝星国书

大清国大皇帝敬问大西洋国大君主好。光绪三十年二月初十日，贵国使臣白朗谷亲递大君主惠书暨所赠三联宝星。朕接阅之余，良深欣悦。兹备致谢国书一通并答赠头等第一龙珠宝星一座。特派出使法国参赞官刘式训亲赍前往面递，已达朕意。从此我两国友谊益敦，邦交加密。尤愿大君主长延福祚，共享升平，朕有厚望焉。①

【简析】

此为光绪帝因葡萄牙国王赠送勋章而向其致谢的国书。

16. 光绪三十年（1904年）比利时国王致贺慈禧七旬万寿国书

大比国大君主问大清国皇太后好。凡值万寿良辰，中外无不欢欣鼓舞，朕心同忭。时当皇太后七旬万寿圣节，典仪整肃，满符朕景慕之忱，是以乐乘，以申庆贺，并鸣颂祝皇太后笃祜无极。朕念大清国国运隆盛，我两国邦交敦重，均皆仰赖皇太后寿宇绵长，惟有恭祝上天重锡多寿，是为至祷矣。此次国书特谕本国驻京全权大臣葛费业敬谨呈递上闻。

【简析】

此为比利时国王致贺慈禧太后70寿辰的国书，汉译稿现藏台湾故宫博物院（见图9.20）。

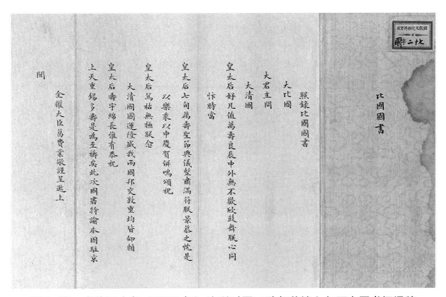

图9.20　光绪三十年（1904年）比利时国王致贺慈禧七旬万寿国书汉译稿

---

① 《中葡关系档案史料汇编》上册，中国档案出版社2000年版，第474页。

17. 光绪三十年（1904年）葡萄牙国王庆贺皇太后七旬万寿国书

大西洋国大君主问大清国皇太后好。现届皇太后七旬万寿，深为欢忭。遐溯普天洽嵩呼之愿，率土胪华祝之欢，咸以上达璇陛。朕特申庆祝，实本至诚，惟愿遐龄天赐，景福审膺，当兹寿域宏开，滥陬称贺。凡此欣幸之意，谅必允洽宸衷，并祝宸宇升平，宗族昌盛。兹维圣节，实切颂扬，用敦睦谊。①

【简析】

此为葡萄牙国王致贺慈禧太后70寿辰的国书。台北故宫博物院收藏一件1904年8月17日由葡萄牙驻北京参赞、署理公使阿梅达进呈的庆贺慈禧七十寿诞的葡文国书（见图9.21），这应该就是这一汉语国书的原本。

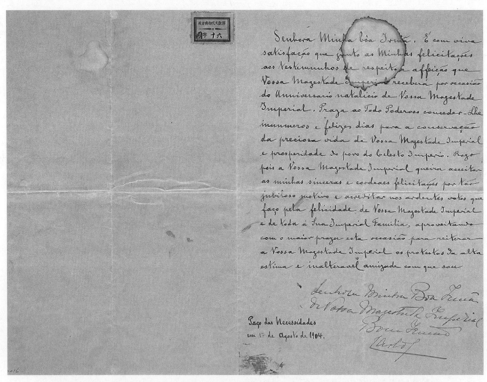

图9.21　光绪三十年（1904年）葡萄牙国王致贺慈禧七旬万寿国书原件

18. 光绪三十年（1904年）西班牙国王致贺慈禧七旬圣诞国书

汉译文字（缺）。

---

① 《中葡关系档案史料汇编》上册，中国档案出版社2000年版，第506页。

【简析】

此为西班牙国王致贺慈禧太后 70 寿辰的国书，原件现藏台湾故宫博物院（见图 9.22）。没有查到清廷对此国书的汉译本。

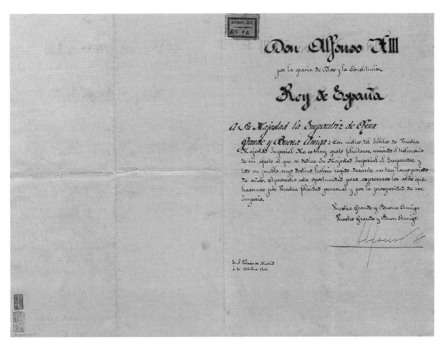

图 9.22 光绪三十年（1904 年）西班牙国王致贺慈禧七旬圣诞国书原件

19. 光绪三十年（1904 年）罗马教皇致贺慈禧七旬圣诞国书

大罗马大教皇必约第十问大清国皇太后、大皇帝好。径启者：兹闻中历今年十月初十日为皇太后七旬万寿正节，敷天称庆，大地胪欢。恭惟皇太后陛下望重寰区，保教康民，柔远能迩，久为泰西所景仰，举世所钦尊。由大德以享大年，四方来贺；本纯仁而膺纯嘏，百禄是宜。朕逢此庆辰，实深欣慰，爰具不腆之仪，用伸无疆之庆。伏望全能天主保佑皇太后神形时泰，国祚日隆，悠游仁寿之天，安享升平之福，以副朕重洋万里殷殷祝贺之实意焉。

西历一千九百零四年七月初六日

必约元年吉日由罗马圣伯多禄大殿书

（此件国书系由北堂正主教樊国梁、副主教林懋德转呈外务部。于光绪三十年十月初四日由外务部代递，并呈教皇至赠之瓷瓶一件。）

【简析】

此为罗马教皇致贺慈禧太后 70 寿辰的国书，汉译稿现藏台北故宫博物院（见图 9.23）。

羅瑪教皇國書
大羅瑪
大教皇必約第十問
大清國
皇太后
大皇帝好還啟者茲聞中歷今年十月
初十日為
皇太后七旬萬壽正節數天稱慶大地
臚懽恭惟
皇太后陛下
德孚中外
望重寰區
保教康民
柔遠能邇久為泰西所景仰宜為寰
世所欽尊由
大德以享
大年四方來賀本純仁而膺純嘏百
祿是宜朕逢此慶辰實深欣慰
爰具不腆之儀用伸無疆之慶
伏望
全能天主保佑
皇太后神形時泰
國祚日隆優游仁壽之天安享昇平之
福以副朕重洋萬里殷殷祝賀之
實意焉
西歷一千九百零四年七月初六日
必約元年吉日由羅瑪聖伯多祿大殿書
此件國書係由北堂正主教樊國樑副主教
林懋德轉呈外務部 於光緒三十年十月初四
日由外務部代遞並呈教皇致贈之瓷瓶一件

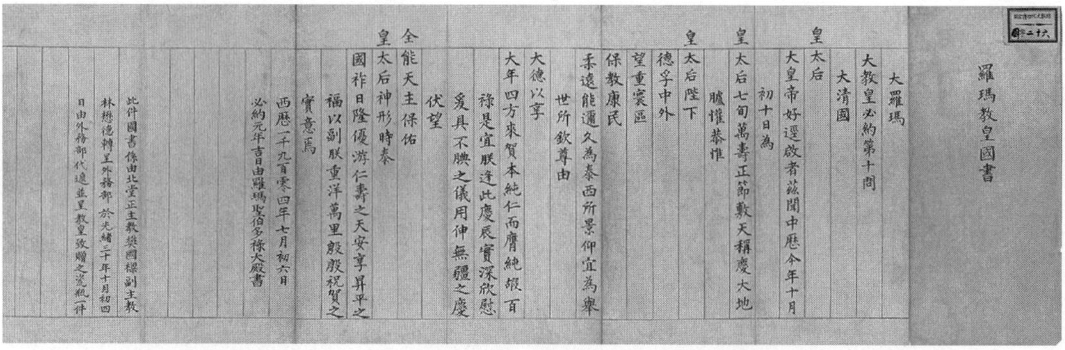

图 9.23　光绪三十年（1904 年）罗马教皇致贺慈禧七旬圣诞国书汉译稿

20. 光绪三十年（1904 年）俄国沙皇致贺慈禧七旬万寿国书

大俄国大皇帝问大清国皇太后圣安。兹逢本年皇太后七旬万寿圣节，遥聆之余，曷胜欣幸，是以极喜致颂，用伸贺忭，并祝圣躬康强，万年吉庆之忱。欣际圣节，朕不能不忆及两邻国乐订夙好，以致两有裨益。朕更望两国之旧好将来无改，深为至盼，恭颂皇太后万寿无疆，致令中国同享万善之福。

【简析】

此为沙皇致贺慈禧太后 70 寿辰的国书，汉译稿现藏台北故宫博物院（见图 9. 24）。

故宮博物院文獻館
國字二十八
俄國國書
照錄俄國國書
大俄國
大皇帝問
大清國
皇太后聖安茲逢本年
皇太后七旬萬壽聖節遥聆之餘曷勝欣幸是以極喜
致頌用伸賀忭並祝
聖躬康强
萬年吉慶之忱欣際
聖節朕不能不憶及兩鄰國樂訂夙好以致兩有裨益
朕更望兩國之舊好將來無改深為至盼恭頌
皇太后萬壽無疆致令中國同享萬善之福

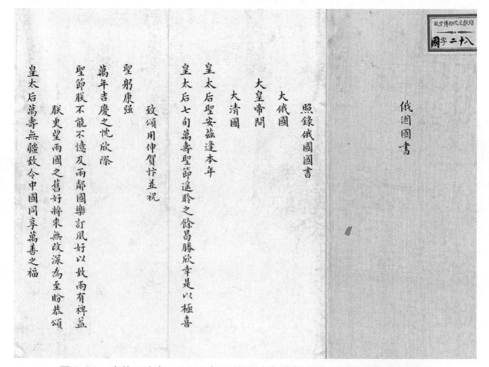

图 9. 24　光绪三十年（1904 年）俄国沙皇致贺慈禧七旬万寿国书汉译稿

21. 光绪三十四年（1908年）清廷为宣布宣统帝继位致各国国书（稿）

大清国大皇帝敬致书于大（美、德、英、法、俄、日本、日、比、奥、义、和、墨、葡、古巴、瑞典、那威、巴西、丹、秘鲁）大皇帝（伯理玺天德、君主、君后）陛下。朕以冲龄践祚，宝箓诞膺，天命祗承，夙夜乾惕，惟有恪遵成宪，孜孜求治，亲仁善邻，以期于与国共臻辑睦。贵国与中国通好有年，迩来邦交尤笃。兹朕当继统之始，允宜修书布告，虔达悃忱，大皇帝（伯理玺天德、君主、君后）宣化绥猷，令名久著，自必笃念旧好，表示同情。从此履祉延釐，四方和会，两国臣民亦莫不登康乐而享乂安，不禁有厚望焉。

【简析】

此为清廷宣布宣统帝即位致各国政府的国书，书稿现藏台北故宫博物院（见图9.25）。

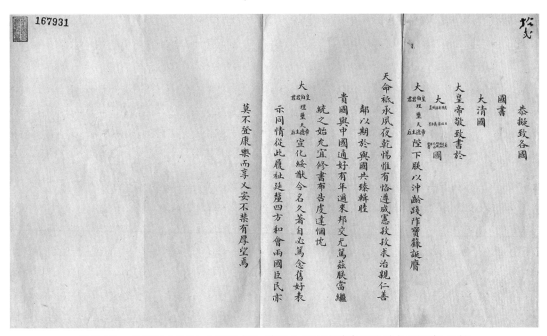

图9.25　光绪三十四年（1908年）清廷为宣布宣统帝继位致各国国书（稿）

由于慈禧太后和光绪皇帝先后骤逝，末代皇帝爱新觉罗溥仪在光绪三十四年十一月初九日（1908年12月2日）登基，外务部为使各国知悉中国已有新君，特别草拟送往英国、奥地利、瑞典、挪威、法国、意大利、巴西、德国、比利时、古巴、俄国、荷兰、丹麦、美国、西班牙、葡萄牙、日本、墨西哥和秘鲁等国的国书，表达宣统帝修好之意。

22. 光绪三十四年（1908年）宣统帝重新委任驻外使臣致各国国书（稿）

大清国大皇帝敬致书于大（美、德、英、法、俄、比、奥、日本、义、和、古巴、日、墨、葡、秘鲁）大（皇帝、伯理玺天德、君主、君后）好。中国与贵国通好有年，使命往还，向称亲密。兹朕仰承天命，寅绍丕基，特命驻扎贵国使臣呈递国书，以表朕委任之意。该大臣忠诚亮达，学识宏通，办理交涉事件，悉臻允洽，尚望大（皇帝、伯理玺天德、君主、君后）照常接待，俾尽厥职，克令两国邦交益敦亲睦，是所厚望。

【简析】

此为宣统帝重新委任中国驻外使节的国书，书稿现藏台北故宫博物院（见图9.26）。按照一般惯例，新任元首需要对前任委任的驻外使节进行重新任命。溥仪登基后，清廷对驻外使节重新任命。

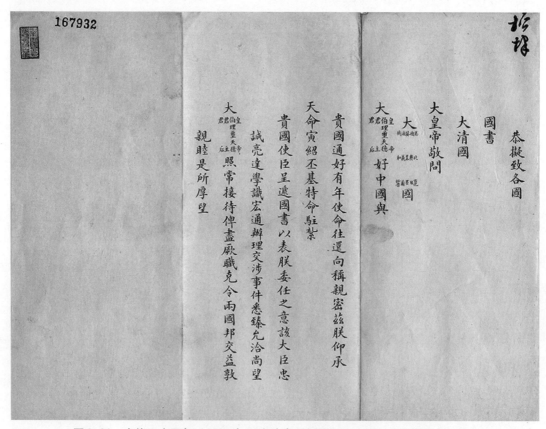

图9.26　光绪三十四年（1908年）宣统帝重新委任驻外使臣致各国国书（稿）

23. 宣统元年（1909年）四月二十二日西班牙国王致贺宣统帝登基国书

天恩宪意、大日斯巴尼亚国大君主澄爱奉索第十三致书给大清国大皇帝陛下。朕特问大皇帝好。承准大皇帝御书示知大皇帝登极大典，朕闻知曷胜喜悦。大皇帝御书表明两国夙有敦笃睦谊，愿日益修好亲密之意，朕感谢之下应表同情，并愿大皇帝百福骈臻，德政盛隆，诸凡如意。借此庆辰，以表朕与大皇帝最重亲睦和好、永久不渝之情也。

大日斯巴尼亚国大君主御名亲自画押

外务部尚书阿林德萨拉萨尔之签押

发书在马德利德宫于西历一千九百九年六月九号①

【简析】

此为西班牙国王对清廷在上年发给西班牙宣布登基国书的回复国书，原件和汉译稿均收藏在中国第一历史档案馆。原件为纸质，纵48厘米，横35.2厘米；信封纵12.5厘米，横18.5厘米。②

24. 宣统元年（1909年）十二月初五日清廷致贺玻利维亚国总统连任国书

大清国大皇帝问大巴利维亚国大总统好。接展来书得悉大总统荣膺大位，众望允符，深为欣悦。兹特专书答复，惟祝大总统永绥多福，国泰民安，有厚望焉。

大清宣统元年十二月初五日

【简析】

此为清廷致贺玻利维亚总统就任的国书（见图9.27）。这一国书是1996年春季北京瀚海拍卖公司拍品，纸本，1册3开，来源不详。

图9.27　宣统元年（1909年）清廷致贺玻利维亚国总统连任国书

---

① 中国第一历史档案馆：《清代文书档案图鉴》，岳麓书社2004年版，第35页。
② 中国第一历史档案馆：《清代文书档案图鉴》，岳麓书社2004年版，第35页。

第三节　晚清外交照会、函件、电报选编

一、外交照会

1. 光绪元年（1875年）总理衙门复照日本森有礼

为照复事。光绪元年（一八七五年，日明治八年）十二月十九日准贵大臣照会一件，以日前贵大臣来本衙门议及贵国欲与朝鲜和好各情，谓本王大臣曾有朝鲜虽曰属国，地固不隶中国，以故中国曾无干预内政，其与外国交涉，亦听彼国自主，不可相强等语。本王大臣查朝鲜为中国属国，隶即属也，现云属国，自不得云不隶中国。且日前回复贵大臣，并无"不隶中国"之说。《修好条约》内载所属邦土，朝鲜实中国所属之邦之一，无人不知。至中国向不勉强各情，已于本月十八日具复节略中备言其义，今准贵大臣照会，本大臣仍应声明。合照《修好条规》所属邦土不相侵越之意。彼此同守，不敢断以己意，谓于条约上无所关系，相应照会贵大臣查照可也。须至照复者。①

2. 光绪二年（1876年）日本森有礼照会清朝总理衙门

为照会事。本大臣于明治九年（一八七六年，清光绪二年）一月十日晤会贵王大臣，详述朝鲜背约拒使，况在江华炮击我船，今我政府犹遣主和使臣往彼问事，恐其仍前芥蒂而愤事也，命本大臣告知贵国，以昭两国睦邻之谊等情。据贵王大臣云：朝鲜虽曰属国，地固不隶中国，以故中国曾无干预内政，其与外国交涉，亦听彼国自主，不可相强等语。由是观之，朝鲜是一独立之国，而贵国谓之属国者，徒空名耳。彼此为邻，加我暴戾，而今不得不遣使以责之，且为我国人民自尽保安海疆之义。因此，凡事起于朝鲜、日本间者，于清国与日本国条约上无所关系。兹本大臣临事决意回明本国如此，相应备文照会贵王大臣查照可也。须至照会者。②

3. 光绪四年（1878年）中国驻日公使何如璋致日本照会

为照会事。查琉球国为中国洋面一小岛，地势狭小，物产浇薄，贪之无可贪，并之无可并。孤悬海中，从古至今，自成一国。自明朝洪武五年（一三七二年），臣服中国，封王进贡，列为藩属；惟国中政令许其自治，至今不改。我大清怜其弱小，优待有加；琉球事我，尤为恭顺。定例二年一贡，从无间断。所有一切典礼，载在《大清会典》、《礼部

---

① 《清光绪朝中日交涉史料》卷一，北平故宫博物院编，1932年，第4—5页。
② 《清光绪朝中日交涉史料》卷一，北平故宫博物院编，1932年，第4页。

则例》及历届册封琉球使所著《中山传信录》等书,即球人所作《中山史略》、《球阳志》,并贵国人近刻《琉球志》,皆明载之。又琉球国于我咸丰年间,曾与美利坚合众国、法兰西、荷兰国立约,约中皆用我年号、历朔、文字,是琉球为服属我朝之国,欧美各国无不知之。今忽闻贵国禁止琉球进贡我国,我政府闻之,以为日本堂堂大国,谅不肯背邻交,欺弱国,为此不信、不义、无情、无理之事。本大臣驻此数月,查间情事,窃念我两国自立《修好条规》以来,倍敦和谊,条规中第一条即言"两国所属邦土,亦各以礼相待,不可互有侵越",自应遵守不渝,此贵国之所知也。今若欺陵琉球,擅改旧章,将何以对我国?且何以对与琉球有约之国?琉球虽小,其服事我朝之心,上下如一,亦断断难以屈从。方今宇内交通,礼为先务,无端而废弃条约,压制小邦,则揆之情事,稽之公法,恐万国闻之,亦不愿贵国有此举动。本大臣奉使贵邦,意在修好,前两次晤谈此事,谆谆相告。深虑言语不通,未达鄙怀,故特据实照会,务望贵国待琉球以礼,俾琉球国体、政体一切率循旧章,并不准阻我贡事,庶足以全友谊,固邻交,不致贻笑于万国。贵大臣办理外务,才识周通,必能详察曲直利害之端,一以情理信义为准。为此照会贵大臣,希即据实照复可也。须至照会者。①

4. 光绪四年(1878年)十月十四日中国驻美公使陈兰彬致美国国务卿照会

大清钦差出使大臣花翎二品顶戴、宗人府府丞陈、补用道容,为照会事。照得本大臣现派二品花翎、候选道陈树棠为驻扎贵国金山大埠总领事官,兹将所给文凭咨送察核,希为转奏贵国大伯理玺天德发给准照,俾该员陈树棠得以莅任视事。为此照会,顺候时祉。②

5. 光绪二十六年(1900年)五月在华外国公使致在华各国水师提督照会

为照会事。照得在华各国水师提督等,情愿知会各总督及各省、各府、各县并海口大吏、地方官,各沿海河口,各文武官员等,所有动兵用械,只为弹压义和拳匪及所有拦阻我军等驰往北京,救援各本国人等。为此知会,请烦查照可也。③

6. 光绪二十六年(1900年)法国毕使致清廷照会

照复事。于光绪二十六年(1900年)闰八月二十二日,接准照会内称,中国极犯万国公法之要条,并将拟先议之通行专约,特拟底稿附送查阅等因前来。本大臣因中国既已声明,于万国公法自认违背,理应先行将此事未出以前所有诸人责咎,均当显露。查贵王大臣和本大臣,一律认明端郡王、庄亲王、辅国公载澜、提督董福祥、协办大学士刚毅、山西巡抚毓贤、刑部尚书赵舒翘等员,均系首犯。且此等罪犯,妄起祸乱,是以各礼义之

---

① 王芸生:《六十年来中国与日本》,生活·读书·新知三联书店1981年版,第160—161页。
② 转引自梁碧莹《陈兰彬与晚清外交》,广东人民出版社2011年版,第557—558页。
③ 《李鸿章全集》第11册,时代文艺出版社1998年版,第6451页。

国实难看待伊等。况该犯等至今未正典刑，在本大臣未便达知我国家停战矣。至开议情事，本大臣深如贵王大臣之意，甚为尽善。然而所有滋祸之犯，在中国不应仍作虚语，总宜刻当治罪可也。①

7. 光绪二十七年（1901年）五月美国柔克义致清廷照会

为照会事。上年六、七月间，中国诛戮各大员时，曾将从前发遣新疆大员张荫桓亦经诛戮。追忆一千八百八十五至八十九年间，张大臣奉使本国时，尽心尽力，使两国邦交日益加厚，无论公私各事，无不使人心均佩服。计由本国回华，迄其受刑时，虽已十一载，本国华盛顿人民闻其被戮，犹无不均为悼惜。本国国家亦以心契之友，今已云亡。中国如此宣力之臣，竟尔弃市，深为悲悯。此等宣力大员不得善终，本国大伯理玺天德深以为贵国大皇帝猝然刑一多年出力之大员，另有确据，不过系因彼时地方变乱摇动之所致，嗣后必将按公允，予昭雪，是以嘱本大臣转请贵王大臣据情入奏，请将张荫桓一切罪名开除，赏还原衔，追予谥典。诚能允如所请，本国国家与人民更必以贵国素敦睦谊，向于交涉一切，悉秉至公，系为格外有据也。为此照会贵王大臣查照。须至照会者。②

8. 光绪二十七年（1901年）五月英国使臣萨道义致清廷照会

为照会事。照得前总理各国事务衙门大臣张荫桓，曾经发往新疆交官管束，上年六月间在新疆地方被害。张大臣前因我大君主临御六十年庆典，由中国朝廷特派往贺，经英廷颁给殊荣宝星，是以深为本国朝廷所赏识，又为本国前欧、窦两大臣所佩服。况当发遣新疆时，人皆以为非其罪也，均望日后开复录用。且该员在配已经两载，稍蔽厥辜。乃当肇乱之时，竟遭杀害。凡属英国旧识，无不惨悼于心。本大臣查此情形，谅中国大皇帝必不能以义理优待老臣，应请贵王大臣奏明，请旨将前已革户部左侍郎张荫桓开复原官，以示昭雪而见大公。若皇上恩逮泉台，则我英廷士民莫不心悦诚服矣。须至照会者。③

二、外交函件

1. 同治十二年（1873年）七月二十一日俄国公使倭致总理衙门大臣函

自违台范，数月于兹；企慕之怀，时深凤夕。敬维文大臣起居绥和，嘉祺日晋，载颂载欣。本大臣驻京十载，今瓜期已届，拟回本国，惜临歧未得晤叙，实为怅怅。历思贵大臣筹办中外交涉事宜，无一不与两国家有益，足见公忠体国之素志。本大臣历年与贵大臣商办诸务，虽偶遇参差之处，而终归和平，尤征贵大臣深悉两国情形，是以事事允协也。

---

① 《李鸿章全集》第11册，时代文艺出版社1998年版，第6729页。
② 《李鸿章全集》第5册，时代文艺出版社1998年版，第3001页。
③ 《李鸿章全集》第5册，时代文艺出版社1998年版，第3002页。

今本国已命大臣接任，此后两国有筹议之事，望贵大臣推情相待，始终如一，则感谢不独本大臣一人矣。肃此敬候，近祉诸系，光照不既。①

2. 同治十三年（1874年）正月初三日总理衙门函复英国公使威妥玛

径复者。现接贵大臣函称，驻粤领事官罗由通线发文，内称澳门总理西洋大臣今奉伊国旨，以澳门招工出洋之举，嗣永禁止等因。总理大臣特示该处官民，定期三月，务须一律遏禁等情前来。本王大臣闻此，既喜西洋国新政之嘉，更感贵大臣关切之谊，曷胜欣慰，特此布谢。复颂日祉。②

3. 同治十三年（1874年）正月初三日英国公使威来函

径启者。兹际贵国新年，历任大臣向例前往贵署致贺。未审贵亲王、贵中堂列位大臣何日、何时得暇，望祈见复，以便遵章尽礼，先此布达。顺颂新禧。③

4. 同治十三年（1874年）正月初八日法国公使热来函

径启者。兹届贵国新年，理宜同深拜贺，以申景慕之忱。不意请谒有期，忽而足疾举发，步履维艰，因之具函奉告，当承贵亲王暨诸贵大臣温言体谅，心感良殷。所可幸者，本大臣于抱歉之中，偶遂期望之意。明日各国大臣等同诣贵衙门拜贺之约，亦可力疾偕往。虽接见之次，早经贵王大臣订准时刻，无须更改。序乏于后，亦无不可，即希将所定之时见复，以便依序。专函再达，顺颂新祉。④

5. 光绪元年（1875年）二月十八日致函美国公使艾

径启者。昨日贵大臣来署畅叙，深为快慰。兹本大臣等定于十九日三点半钟，前赴贵馆晤谈，并送卫参赞行旌，希贵大臣同卫参赞在馆少候为荷。此颂日祉。⑤

6. 光绪五年（1879年）格兰特致李鸿章外交函

中国六月十四日，西历八月初一日，自日本东京致书李中堂阁下。自到东洋多日，诸务倥偬，未及专函道候，并谢贵中堂接待优厚之意，感歎莫名。前在中国游历各处，得见

---

① （德）查尔斯·马斯顿著，联芳、庆常译：《星轺指掌》，中国政法大学出版社2006年版，第225—226页。
② （德）查尔斯·马斯顿著，联芳、庆常译：《星轺指掌》，中国政法大学2006年版，第226页。
③ （德）查尔斯·马斯顿著，联芳、庆常译：《星轺指掌》，中国政法大学2006年版，第227页。
④ （德）查尔斯·马斯顿著，联芳、庆常译：《星轺指掌》，中国政法大学2006年版，第227页。
⑤ （德）查尔斯·马斯顿著，联芳、庆常译：《星轺指掌》，中国政法大学2006年版，第227—228页。

恭亲王与贵中堂，为一代名臣，心未尝一日忘也。贵中堂所托琉球之事，已经向日本说过。屡与敝国平安大臣商议，适日本大臣伊藤、赛阁二位来离阁地方谒晤，当将此事与之详论一番，现回东京。日本内阁诸大臣，拟仍来会面，妥商办法。是否能令日中两国俱各允服，我尚不敢预定。两国应该彼此互让，庶不至于失和，似不必再请他国出为调处。我看亚细亚洲，只有中华、日本可称两大强国，甚盼两国各设法自强，诸事可得自主。日本气象，似一年兴旺一年。中国人民财产本富，自强亦非难事。俟我起程回国时，当再函报。查德领事人极正派，谋事谨慎，有信即交伊转达。回国后如贵中堂有相托事件，必为尽心筹办。格兰特顿首。①

7. 光绪五年（1879年）格兰特又致李鸿章外交函件

西历八月二十三日即中国七月初六日。我到日本以后，屡次会晤内阁大臣，将恭亲王与李中堂所托琉球之事妥商设法，使中日两国不至失和。看日人议论琉球事，与在北京、天津所闻，情节微有不符。虽然不甚符合，日本确无要与中国失和之意。在日人自谓琉球事系其应办，并非无理；但若中国肯让日人，日本亦愿退让中国，足见其本心不愿与中国失和。从前两国商办此事，有一件文书，措语太重，使其不能转弯，日人心颇不平。如此文不肯撤销，以后恐难商议；如肯先行撤回，则日人悦服，情愿特派大员与中国特派大员妥商办法。此两国特派之大员，必要商定万全之策，俾两国永远和睦。譬如两人行路，各让少许，便自过去，无须他人帮助。两国大员会议时，如用洋人翻译，亦须两边愿意，不必再请各国公使调停。倘两国意见实有不合之处，可另请一国秉公议办，两国应各遵行，亦不可仅令驻京公使理说。亚细亚洲人数，居地球三分之二，惟中日两国最大，诸事可得自主。所有人民皆灵敏有胆，又能勤苦省俭，倘再参用西法，国势必日强盛，各国自不敢侵侮。即以前所订条约，吃亏之处，尚可徐议更改，各国通商获利之处，中国亦不至落后。盖取用西法，广行通商，则民人生理，国家财源，必臻富庶。不但外国有益，本国利益更多矣。日本数年来采用西法，始能自立，无论何国再想强勉挟制立约，彼不甘受。日本既能如此，中国亦有此权力。我甚盼望中国亟求自强。我深知通商各大国内，有那般奸人，愿中国日弱，他好乘机图得便宜。我实有爱惜此两国百姓之诚心，不得不苦口奉劝，勿申那般奸人觊觎之计。再过两礼拜，我即启程回国。日后若听闻中日两国为琉球事业经说合，并有永远和好之意，我更十分欢悦。我原不肯干预两国政务，越俎多事；但既出此言，两国果皆信以为实，球事可望了结，我亦不虚此行，与有荣施也。前在中国各处，大小官员待我礼貌甚厚，至今感念不置。②

8. 光绪二十六年（1900年）八月张之洞致德国穆使信函

昨汉口禄领事来见，谓贵大臣已抵沪，当即面告一切。领事云：如鄙人有意见，可径

---

① 《李鸿章全集》第8册，时代文艺出版社2008年版，第4441页。
② 《李鸿章全集》第8册，时代文艺出版社2008年版，第4448—4449页。

达尊处。查，自北方乱匪滋事，敝处迭接柏林吕星使及上海德总领事来电，均谓贵国外部云：贵国深知我两宫为难，并无仇视意。各省督抚。若不开端失和，贵国愿敦睦谊。贵外部又云：李中堂各国素所信服，均盼早日北上各等语。又，接贵国亨利亲王来电传述，贵国大皇帝意旨亦甚平和，具仰贵国大皇帝宽厚为怀，曷胜敬佩！兹又特派贵大臣来华续修前好，益见敦睦之诚。尤为欣幸！惟望贵大臣上体贵国大皇帝之德意，下念中国良民之无辜，即日倡议停战。闻英、俄、美、日四国，均有此意，若贵国倡议，定必允从。查，此次北方匪徒滋事，害及贵国使臣，开罪各国，实出我两宫意外。我大皇帝已致国书婉谢，并早派李中堂为全权，专候各国停战开议。近日沪上洋报多有毁谤中堂者，悠悠之口，均不足信。查，自起事之初，李中堂即屡次力奏保使剿匪，与沿江、沿海各督抚意见相同，故各督抚联名会奏，请派李为全权，奉旨允准。洋兵入京后，中历七月廿五日又奉特旨，派李为全权，催其迅与各国筹办。是李中堂确系我朝廷所特派，且系沿江、沿海督抚联名奏保者，毫无可疑。此时若再迟疑，不与开议，似与贵国初心不合。且洋兵入都大旨有二：一曰救使，一曰剿匪。今洋兵已入京，各使已出险。拳匪乱兵已逃散四方，若再穷兵黩武，天下骚然。一日不停战，则各省人心一日不定，何所底止！虽曰剿匪，而真匪未必可获，良民实受其害。况我两宫，此次蒙尘西幸，艰苦备当，直隶省数千里之内，乱匪、乱兵焚杀劫掠，流离失所者，不下数十万户。中国所损实已多矣！贵国又何必延及他省乎！务望早日倡议停战，与李中堂开议，俾中国可以自行从容剿捕真匪，以谢各国为祷。再，山东抚台袁，保护洋人最为实力，亦与各督抚同心，亦望贵大臣于山东诸事与袁和衷商办，当能彼此有益。十数年来，鄂省办事所用洋人德人最多，故深知贵国人慷慨仗义。又，承贵国亨利亲王不弃，订为交好，故于贵国之情极为亲切，际兹中国国事孔艰，调停一切，惟贵国是赖。用敢缕陈，尚希鉴察。示复。①

9. 光绪二十六年（1900年）八月德国穆使回复张之洞信函

昨接贵部堂，本月初三日发来惠电，内开：德国先倡议停战，并即与奉命全权大臣李中堂开议办结事宜云云。诸承不弃，惠赐直言，本大臣接读之下，实深感佩。惟本大臣尚望长江各督部堂，恪守前与各国所订之约，实力保护各国，亦甚愿实心保全大局。是以我国大皇帝按照英、法两国办法，特命德国兵一队驻扎上海，以资保护。至来电所请，使北方停战及开议一节，目前本国政府实碍难照允。如欲办理此事，必俟中国朝廷先将有罪诸人严行惩办。本大臣意，谓此次事变，某王及王大臣实为罪魁，必俟中国朝廷明降诏书，切谕示，声明其甚恶。既往这事，以昭信实而保将来，如此则始可望有开议之端。本国政府望中国大局早定之心，亦如贵部堂之心，同为殷切。惟日前大局所击者，即在各督抚能力任保护，想贵部堂愿愿大局，必能实心实力照办。所谓保护者，非特指长江一带，但凡有各国人民及产业之省，亦必须保护。如山东一省，尤为紧要。本大臣既承贵部堂不弃，将来彼此协力同心，必能将中国目前纷扰之事，办理妥协，使我两国仍归于好，而百姓得

---

① 《李鸿章全集》第11册，时代文艺出版社1998年版，第6635页。

享太平之福,是本大臣之至愿。①

10. 光绪二十六年（1900年）九月葛络干来函

敬复者。昨日接到王爷、中堂来函,内云:开议一事,已由本大臣通知驻京各国公使,兹据各使属为函答,俟各奉到本国训条之后,即行奉闻。特此顺候福祉。②

11. 光绪二十六年（1900年）九月庆亲王、李鸿章致俄国格使信函

径启者。前接驻使杨大臣电称,与贵国外、户部筹商,允可交收东三省地方,洵属敦睦好意。当经本爵等电奏朝廷,深为感谢！连日商询,贵大臣与贵外户部美意相同,足征力顾大局。昨奉九月初六日电旨,黑龙江将军本日已放绰哈布。盛京将军增祺、吉林将军长顺,即著设法查明现在何处,准其传旨,先行接管等因,钦此。查,京城与奉吉道路阻隔,信息不通,未知增祺、长顺如何下落,蒙贵大臣面允分电旅顺提督、伯力总督,就近查询该两将军现在何处,代为传旨,先行接管。旅顺阿提督来函,亦盼望早为接收,以便料理地方民事。我两国同心商办,事无不成！曷胜欣幸！合先布谢,顺颂勋祺。庆亲王、李鸿章同具。③

12. 光绪二十六年（1900年）十月盛宣怀致德国钦差函

贵国现由青岛特造水线至烟台,自为大局起见。惟烟台至上海,中国电报公司已询英、丹两国,东北公司代造水线,费巨料坚,所有烟台至上海各国官商电报,无不格外神速。且此线现归东北公司代理二十五年,断无漏泄迟延之弊。贵国只为接递烟胶电报,必当严饬格外妥速传递,似可不必另设烟台至上海水线,徒糜巨费。素蒙关爱,用特电恳贵大臣迅速电商贵国政府为幸。督办中国电报公司盛宣怀,十月十五日。④

三、外交电报

1. 光绪十七年（1891年）十二月十七日清廷发给英国国王长孙唁电

本大臣接奉本国国家电谕,大清国大皇帝闻贵国主长孙克兰斯侯薨逝,悼惜殊深,即令电达贵国大君主并大太子及大太子妃,以申吊唁之情,而示休戚相关之意。本大臣奉

---

① 《李鸿章全集》第11册,时代文艺出版社1998年版,第6658—6659页。
② 《李鸿章全集》第11册,时代文艺出版社1998年版,第6770页。
③ 《李鸿章全集》第11册,时代文艺出版社1998年版,第6768—6769页。
④ 《李鸿章全集》第11册,时代文艺出版社1998年版,第6834页。

此，即请贵大臣奏明贵国大君主为祷。①

2. 光绪二十六年（1900年）十二月十五日慈禧太后发给英国国王唁电

本清国皇太后致唁大英国大嗣君主苫次。前据出使大臣罗丰禄电奏，惊悉贵国先大君主崩殂之耗，不胜悲感。余当命皇帝专电唁慰，并另派专使敬代致奠。余追念先大君主临六十余年，丰功伟烈震烁寰区。与中国交涉事宜，商务尤多，至深且久。余垂帘听政先后垂四十年，睦谊素敦，两心相契。彼此交际日见亲密，方冀克享期颐，永言和好，忽闻噩耗，倍切怆怀，尚望大嗣君主勉抑哀思，亲承庶政，用副环球企望之至意。②

3. 光绪二十六年（1900年）十二月十三日光绪帝发给英国国王贺电

大清国大皇帝欣稔大英国大嗣君主诞登宝位，庆忭良殷，深惟大嗣君主天禀聪明，瀛寰钦仰。今兹承先嗣统，治功德化，自必日进无疆，而我两国和睦如初，永敦旧好，遥企崇墀，莫名喜颂，特先电致贺忱，当即饬专派使臣恭赍国书，以达欣贺之意，惟大嗣君主鉴察。③

4. 光绪二十六年（1900年）十二月二十七日英国国王给清帝两份致谢电

大英国大君主、五印度大皇帝额德华致谢大清国大皇帝陛下：接到初八日国电，以先大君主、五印度先大后帝崩殂，蒙大皇帝锡以亲切慰唁之辞，余接读之余，不禁中怀感激，且命以调摄贵躬，黾勉国事，敢不敬承！一并鸣谢。

大英国大君主、五印度大皇帝额德华致谢大清国大皇帝陛下：接到十二日国电，承大皇帝锡以褒赞，感篆无涯。余惟有以大皇帝之心为心，同愿中英多年邦交即日复初，逾恒辑睦，曷胜盼望之至。④

5. 光绪三十二年（1906年）葡萄牙国王发给慈禧与光绪新年贺电

兹值新年，祝愿皇太后、大皇帝陛下一年福吉。葡萄牙王一千九百零六年十二月三十一号十二点十分由葡京里斯本发，一点四十五分到。⑤

---

① 《薛福成日记》下册，吉林文史出版社2004年版，第680页。
② 《李鸿章全集》第12册，时代文艺出版社1998年版，第6914页。
③ 《李鸿章全集》第12册，时代文艺出版社1998年版，第6911页。
④ 《李鸿章全集》第12册，时代文艺出版社1998年版，第6942页。
⑤ 《中葡关系档案史料汇编》下册，中国档案出版社2000年版，第81页。

6. 光绪三十二年（1906年）清帝电贺葡萄牙国王（拟）

大清国大皇帝电复大西洋国大君主：接阅来电，欣悦良深。钦奉慈禧端佑康颐昭豫庄诚寿恭钦献崇熙皇太后懿旨，电贺大君主新年之喜。①

---

① 《中葡关系档案史料汇编》下册，中国档案出版社2000年版，第82页。

本书附录一：本书收录朝贡文书目录总汇（532件）

一、清代中国与朝鲜往来朝贡文书（59件）

（一）诏书

1. 顺治六年（1649年）册封朝鲜国王李淏诏书
2. 顺治十六年（1659年）册封朝鲜国王李棩诏书
3. 嘉庆五年（1800年）册封朝鲜国王李玜诏书
4. 道光二十九年（1849年）册封朝鲜国王李昪诏书
5. 同治三年（1864年）册封朝鲜国王李熙诏书

（二）诰命

1. 顺治二年（1645年）册封朝鲜世子李淏诰命
2. 顺治六年（1649年）册封朝鲜国王李淏诰命
3. 顺治六年（1649年）册封朝鲜国王李淏妃张氏诰命
4. 顺治十一年（1654年）册封朝鲜世子李棩诰命
5. 顺治十六年（1659年）册封朝鲜国王李棩诰命
6. 顺治十六年（1659年）册封朝鲜国王李棩妃金氏诰命
7. 嘉庆十七年（1812年）册封朝鲜世子李旲诰命
8. 道光十一年（1831年）册封朝鲜世孙李奂诰命
9. 道光十五年（1835年）追封朝鲜国王李旲诰命
10. 道光十五年（1835年）册封朝鲜国王李旲妃诰命
11. 道光二十五年（1845年）册封朝鲜国王李奂继妃诰命
12. 光绪元年（1875年）册封朝鲜世子李坧诰命

（三）谕祭文

1. 顺治六年（1649年）谕祭朝鲜国王李倧文
2. 顺治十六年（1659年）谕祭朝鲜国王李淏文

（四）敕谕

1. 顺治元年（1644年）颁给朝鲜国王李倧敕谕

2. 康熙十四年（1675 年）颁给朝鲜国王李焞敕谕
3. 康熙二十八年（1689 年）颁给朝鲜国王李焞敕谕
4. 道光二十五年（1845 年）颁给朝鲜国王李烉敕谕
5. 同治三年（1864 年）颁给朝鲜国王李熙敕谕
6. 光绪元年（1875 年）颁给朝鲜国王李熙敕谕

（五）表文

1. 崇德三年（1638 年）朝鲜国王李倧谢册封恩表文
2. 顺治九年（1652 年）朝鲜国王李淏冬至表和方物表文
3. 顺治十年（1653 年）朝鲜国王李淏正朝表和方物表文
4. 顺治十年（1653 年）朝鲜国王李淏圣节表和方物表文
5. 雍正元年（1723 年）朝鲜国王李昀谢恩表文
6. 乾隆九年（1744 年）朝鲜国王李昑谢使臣参宴表文
7. 乾隆十三年（1748 年）朝鲜国王李昑方物表

（六）状文

1. 顺治元年（1644 年）朝鲜国王李倧方物状文
2. 乾隆八年（1743 年）朝鲜国王李昑方物状文

（七）奏本

1. 顺治二年（1645 年）朝鲜国王李倧请册封世子奏本
2. 顺治三年（1646 年）朝鲜国王李倧奏本
3. 康熙十三年（1674 年）朝鲜庄穆王妃请世子嗣位奏本
4. 康熙十五年（1676 年）朝鲜国王李焞陈情奏本
5. 康熙二十年（1681 年）朝鲜国王李焞请封王妃奏本
6. 乾隆三十六年（1771 年）朝鲜国王李昑请刊正史诬奏本
7. 乾隆五十二年（1787 年）朝鲜国王李祘年贡奏本
8. 同治二年（1863 年）朝鲜国王请辨正《廿一史约编》奏本

（八）奏折

1. 乾隆四十三年（1778 年）朝鲜国王李祘谢恩奏折

（九）祭文

1. 嘉庆二十五年（1820年）朝鲜国王李玜祭皇帝文
2. 道光十三年（1833年）朝鲜国王李玜祭皇后文

（十）呈文

1. 嘉庆十年（1805年）朝鲜义州府尹给盛京将军呈文
2. 道光元年（1821年）朝鲜使臣给礼部呈文
3. 道光元年（1821年）朝鲜使臣给礼部呈文
4. 同治二年（1863年）朝鲜使臣给礼部呈文
5. 同治四年（1865年）朝鲜大通官给盛京将军呈文
6. 光绪七年（1881年）朝鲜大通官给中国官员呈文

（十一）申文

1. 康熙十三年（1674年）朝鲜国议政府发给礼部的请历申文

（十二）咨文

1. 乾隆二十四年（1759年）礼部知会朝鲜日食咨文
2. 乾隆四十七年（1782年）礼部发给朝鲜素服救食咨文
3. 乾隆五十二年（1787年）朝鲜国王请历咨文
4. 乾隆五十二年（1787年）礼部发给朝鲜颁历咨文
5. 嘉庆七年（1802年）礼部发给朝鲜国王咨文
6. 嘉庆七年（1802年）朝鲜国王复礼部咨文
7. 同治三年（1864年）礼部知会朝鲜国王讳名避写咨文

二、清代中国与琉球往来朝贡文书（103件）

（一）诏书

1. 顺治十一年（1654年）封琉球国王尚质诏书
2. 康熙二十一年（1682年）封琉球国王尚贞诏书
3. 康熙五十七年（1718年）封琉球国王尚敬诏书
4. 乾隆二十年（1755年）封琉球国王尚穆诏书
5. 嘉庆五年（1800年）封琉球国王尚温诏书

6. 嘉庆十三年（1808年）封琉球国王尚灏诏书
7. 道光十八年（1838年）封琉球国王尚育诏书
8. 同治五年（1866年）封琉球国王尚泰诏书

（二）诰命

1. 嘉庆十三年（1808年）追封琉球故世子尚成国王诰命

（三）谕祭文

1. 康熙二十二年（1683年）谕祭琉球故王尚质文
2. 康熙五十八年（1719年）谕祭琉球故王尚贞文
3. 康熙五十八年（1719年）谕祭琉球故王尚益文
4. 乾隆二十一年（1756年）谕祭琉球故王尚敬文
5. 道光十八年（1838年）谕祭琉球故王尚灏文
6. 同治五年（1866年）谕祭琉球故王尚育文
7. 康熙四十年（1701年）谕祭琉球国正使毛德范文
8. 乾隆六年（1741年）谕祭琉球国副使蔡其栋文
9. 康熙二十二年（1683年）谕祭海神文（祈、报二道）
10. 康熙五十八（1719年）、五十九年（1720年）谕祭海神文（祈、报二道）
11. 乾隆二十一年（1756年）、二十二年（1757年）谕祭海神文（祈、报二道）
12. 道光十八年（1838年）谕祭天后文（祈、报二道）
13. 道光十八年（1838年）谕祭南海之神文（祈、报二道）
14. 同治五年（1866年）谕祭天后文（祈、报二道）
15. 同治五年（1866年）谕祭南海之神文（祈、报二道）

（四）敕谕

1. 顺治四年（1647年）颁给琉球世子尚贤敕谕
2. 顺治八年（1651年）颁给琉球国王尚质敕谕
3. 顺治十一年（1654年）颁给琉球国王尚质敕谕
4. 康熙元年（1662年）颁给琉球国王尚质敕谕
5. 康熙二十一年（1682年）颁给琉球国王尚贞敕谕
6. 康熙五十七年（1718年）颁给琉球国王尚敬敕谕
7. 乾隆二十年（1755年）颁给琉球中山王世子尚穆敕谕
8. 乾隆六十年（1795年）颁给琉球国中山王世孙王尚温敕谕
9. 嘉庆三年（1798年）颁给琉球国王尚温敕谕
10. 嘉庆五年（1800年）颁给琉球国王尚温敕谕

11. 嘉庆十三年（1808年）颁给琉球国王尚灏敕谕
12. 道光十七年（1837年）颁给琉球中山王尚育敕谕
13. 同治五年（1866年）颁给琉球国王尚泰敕谕

（五）表文

1. 顺治六年（1649年）琉球国中山王尚质投诚表文
2. 康熙三十一年（1692年）琉球国中山王尚贞谢恩表文
3. 康熙五十八（1719年）琉球国王尚敬谢恩表文
4. 雍正六年（1728年）琉球国王尚敬谢恩表文
5. 乾隆二年（1737年）琉球国王尚敬祝贺乾隆皇帝登基表文
6. 乾隆十九年（1754年）琉球国中山王世子尚穆请封表文
7. 乾隆二十一年（1756年）琉球国王尚穆谢恩表文
8. 乾隆二十七年（1762年）琉球国王尚穆谢恩表文
9. 乾隆三十九年（1774年）琉球国王尚穆进贡表文
10. 嘉庆三年（1798年）琉球国世孙尚温请封表文
11. 嘉庆十五年（1810年）琉球国王尚灏为祝贺嘉庆帝五十大寿庆贺表文
12. 道光四年（1824年）琉球国中山王尚灏谢恩表文
13. 道光十年（1830年）琉球国王尚灏进贡表文
14. 道光十六年（1836年）琉球国中山王世子尚育请封表文
15. 道光十八年（1838年）琉球国中山王尚育谢恩表文
16. 同治三年（1864年）琉球中山王世子尚泰请封表文
17. 同治五年（1866年）琉球国中山王尚泰谢恩表文
18. 同治九年（1870年）琉球国王尚泰进贡表文

（六）奏本

1. 康熙二年（1663年）中山王尚质谢恩奏本
2. 康熙二十二年（1683年）中山王尚贞谢恩奏本
3. 康熙五十八年（1719年）琉球中山王尚敬请存旧礼以劳使臣奏本
4. 雍正元年（1723年）琉球中山王尚敬庆贺奏本
5. 雍正元年（1723年）琉球中山王尚敬进香奏本
6. 雍正十年（1732年）琉球中山王尚敬谢恩奏本
7. 雍正十四年（1736年）琉球国王尚敬进贡奏本
8. 乾隆七年（1742年）琉球国王尚敬进贡奏本
9. 乾隆十五年（1750年）琉球中山王尚敬谢恩奏本
10. 乾隆十九年（1754年）琉球中山王世子尚穆请封奏本
11. 乾隆二十一年（1756年）琉球国王尚穆谢恩兼陈封舟情形奏本

12. 乾隆二十一年（1756年）琉球国王尚穆请存旧礼以劳使臣奏本
13. 乾隆二十三年（1758年）琉球国王尚穆为遣官生入国子监奏本
14. 乾隆二十七年（1762年）琉球国王尚穆为补贡职事奏本
15. 乾隆二十七年（1762年）琉球国王尚穆为请准官生归国事奏本
16. 乾隆三十一年（1766年）琉球国王尚穆为恭谢天恩事奏本
17. 道光十六年（1836年）琉球中山王世子尚育请封奏本
18. 道光十八年（1838年）琉球国王尚育谢恩奏本
19. 道光十八年（1838年）琉球中山王尚育请存旧礼以劳使臣奏本
20. 同治二年（1863年）琉球国中山王世子尚泰为恭谢天恩奏本
21. 同治三年（1864年）琉球国中山王世子尚泰请封奏本
22. 同治五年（1866年）琉球国中山王尚泰谢恩奏本
23. 同治五年（1866年）中山王尚泰请存旧礼以劳使臣奏本

（七）奏折

1. 道光元年（1821年）八月十六日琉球国中山王尚灏奏折

（八）禀文

1. 光绪五年（1879年）五月十四日琉球使者向德宏求援禀文

（九）通国结状

1. 乾隆十九年（1754年）琉球国通国结状

（十）照会

1. 嘉庆八年（1803年）十月二十一日福建巡抚李殿图转发礼部关于藩属国行文中国时公文书写须避讳给琉球国王尚温照会

（十一）咨文

1. 顺治九年（1652年）招抚使谢必振给琉球国长史司咨文
2. 顺治十年（1653年）琉球国王尚质给福建布政司咨文
3. 康熙二十二年（1683年）册封副使林麟焻给琉球国王尚贞咨文
4. 乾隆十五年（1750年）琉球国王尚敬给礼部谢恩咨文
5. 乾隆十六年（1751年）琉球国王尚穆给福建布政使司咨文
6. 乾隆十九年（1754年）福建布政使司给琉球国王尚穆咨文

7. 乾隆二十二年（1757 年）琉球国王尚穆给福建布政使司咨文
8. 嘉庆五年（1800 年）琉球国王尚温给礼部咨文
9. 嘉庆五年（1800 年）琉球国王尚温给礼部咨文
10. 嘉庆十二年（1807 年）琉球国王世孙尚灝给册封使咨文
11. 嘉庆二十三年（1818 年）琉球国王尚灝给福建等处承宣布政使司咨文
12. 道光三年（1823 年）礼部给琉球国王尚灝咨文

（十二）护照

1. 乾隆二十六年（1761 年）福州海防府发给琉球飘风难人护照

（十三）执照

1. 顺治十年（1653 年）琉球国王尚质给马宗毅等人执照
2. 康熙五十八年（1719 年）琉球国王尚敬给郑士绅执照
3. 嘉庆五年（1800 年）琉球国王尚温发给进贡使团执照
4. 嘉庆五年（1800 年）琉球国王尚温发给谢恩使团执照
5. 嘉庆五年（1800 年）琉球国王尚温发给护送使团执照
6. 道光七年（1827 年）琉球国中山王尚灝给都通事魏永昌等人执照

（十四）符文

1. 嘉庆五年（1800 年）琉球国王尚温颁给进贡使节符文
2. 嘉庆二十三年（1818 年）琉球国王尚灝颁给进贡使节符文

三、清代中国与越南往来朝贡文书（73 件）

（一）诰命

1. 康熙二十二年（1683 年）册封安南国王黎维正诰命
2. 康熙五十八年（1719 年）册封安南国王黎维裪诰命
3. 雍正十二年（1734 年）册封安南国王黎维祜诰命
4. 乾隆五十三年（1788 年）册封安南国王黎维祁诰命
5. 乾隆五十四年（1789 年）册封安南国王阮光平诰命
6. 乾隆五十五年（1790 年）册封阮光缵为世子诰命
7. 乾隆五十八年（1793 年）册封安南国王阮光缵诰命

（二）敕谕

1. 顺治四年（1647年）颁给安南国王敕谕
2. 顺治十八年（1661年）颁给安南国王黎维祺敕谕
3. 康熙五年（1666年）颁给安南国王黎维禧敕谕
4. 康熙七年（1668年）颁给安南国王黎维禧敕谕
5. 康熙十六年（1677年）颁给安南国王黎维禧敕谕
6. 雍正三年（1725年）颁给安南国王黎维裪敕谕
7. 雍正五年（1727年）颁给安南国王黎维裪敕谕
8. 乾隆五十四年（1789年）颁给安南阮光平敕谕
9. 乾隆五十四年（1789年）颁给安南阮光平敕谕
10. 乾隆五十五年（1790年）颁给安南国王阮光平敕谕
11. 乾隆五十五年（1790年）颁给安南国王阮光平敕谕
12. 乾隆五十五年（1790年）颁给安南国王阮光平敕谕
13. 乾隆五十八年（1793年）颁给安南国王阮光平敕谕
14. 乾隆五十九年（1793年）颁给安南国王阮光缵敕谕
15. 乾隆五十九年（1793年）颁给安南国王阮光缵敕谕
16. 嘉庆二年（1797年）颁给安南国王阮光缵敕谕

（三）表文

1. 康熙二年（1663年）安南国王黎维禧进贡表文
2. 康熙六年（1667年）安南国王黎维禧受封谢恩表文
3. 康熙六年（1667年）安南国王黎维禧进贡表文
4. 康熙四十二年（1703年）安南国王黎维禛进贡表文
5. 雍正六年（1728年）安南国王黎维裪谢恩表文
6. 雍正七年（1729年）安南国王黎维裪谢赐地表文
7. 乾隆五十四年（1789年）安南国王阮光平谢恩表文
8. 乾隆五十四年（1789年）安南国王阮光平进贡表文
9. 乾隆五十六年（1791年）阮光平恭谢表文
10. 嘉庆七年（1802年）南越国长阮福映谢恩表文
11. 嘉庆七年（1802年）南越国国长阮福映求封表文
12. 嘉庆十四年（1809年）越南国王阮福映庆贺表文
13. 同治十二年（1873年）越南国王阮福时进贡表文

（四）奏本

1. 康熙六年（1667年）安南国王黎维禧奏本
2. 康熙四十二年（1703年）安南国王黎维禛进贡奏本
3. 雍正二年（1724年）安南国王黎维祹谢恩奏本
4. 乾隆五十四年（1789年）安南国小目阮光平奏本
5. 乾隆五十四年（1789年）安南国王阮光平谢恩奏本
6. 乾隆五十六年（1791年）阮光平谢恩奏本
7. 嘉庆七年（1802年）南越国长阮福映陈情谢恩奏本
8. 嘉庆十三年（1808年）越南国王阮福映奏本
9. 道光二十九年（1849年）越南国王阮福时谢恩奏本

（五）禀文

1. 乾隆五十五年（1790年）安南国王阮光平给福康安禀文
2. 嘉庆七年（1802年）南越国长阮福映禀文
3. 嘉庆七年（1802年）南越国长阮福映禀文

（六）呈文

1. 乾隆四十年（1775年）安南海阳安广镇目呈文
2. 乾隆六十年（1795年）安南国王阮光缵给广西巡抚姚棻、广西布政使成卓呈文

（七）照会

1. 乾隆四十七年（1782年）云贵总督富纲给安南国王照会（军机处拟）
2. 乾隆五十五年（1790年）福康安给安南国王阮光平照会
3. 乾隆五十九年（1794年）长麟给安南国王阮光缵照会
4. 嘉庆四年（1799年）闽浙总督玉德给安南国王阮光缵照会
5. 嘉庆十一年（1806年）云贵总督伯麟给越南国王阮福映照会（文稿）

（八）咨文

1. 雍正四年（1726年）鄂尔泰拟发给安南国王黎维祹咨文（稿）
2. 雍正四年（1726年）鄂尔泰复安南国王黎维祹咨文
3. 雍正五年（1727年）复安南国王黎维祹咨文
4. 雍正五年（1727年）发给安南国王黎维祹咨文（稿）

5. 雍正六年（1728年）中国钦差给安南国王黎维祹咨文
6. 乾隆四十年（1775年）安南国王咨文
7. 乾隆四十年（1775年）安南国王咨文
8. 乾隆五十二年（1787年）安南国王嗣孙黎维祁咨文
9. 乾隆五十七年（1792年）安南国王阮光平给两广总督郭世勋咨文
10. 乾隆五十八年（1793年）安南国王阮光缵咨文
11. 乾隆五十九年（1794年）安南国王阮光缵给两广总督觉罗长麟咨文
12. 乾隆五十九年（1794年）两广总督觉罗长麟给安南国王阮光缵咨文
13. 道光九年（1829年）越南国王咨文

（九）移文

1. 雍正五年（1727年）两广总督孔毓珣给安南国王黎维祹移文（底稿）

（十）柬文

1. 雍正四年（1726年）安南国王黎维祹给鄂尔泰柬文
2. 雍正五年（1727年）安南国王黎维祹给两广总督孔毓珣柬文
3. 雍正五年（1727年）安南国王黎维祹给鄂尔泰柬文
4. 雍正六年（1728年）安南国王黎维祹给广西巡抚韩良辅柬文

四、清代中国与暹罗往来朝贡文书（34件）

（一）诰命

1. 康熙十二年（1673年）册封暹罗国王森烈拍腊照古龙拍腊马嘑陆坤司由提呀菩埃诰命
2. 乾隆五十一年（1786年）册封暹罗国王郑华诰命

（二）敕谕

1. 乾隆三十一年（1766年）颁给暹罗国王森烈拍照广勒马嘑陆坤司由提雅普埃敕谕
2. 乾隆五十四年（1789年）颁给暹罗国王郑华敕谕
3. 嘉庆二年（1797年）颁给暹罗国王郑华敕谕
4. 嘉庆五年（1800年）颁给暹罗国王郑华敕谕
5. 嘉庆十二年（1807年）颁给暹罗国王郑华敕谕
6. 道光元年（1821年）颁给暹罗国王郑佛敕谕
7. 咸丰元年（1851年）颁给暹罗国嗣王郑明敕谕

（三）檄谕

1. 乾隆三十三年（1768年）两广总督李侍尧发给暹罗国夷目甘恩敕檄谕（军机处代拟）
2. 乾隆三十三年（1768年）两广总督李侍尧发给暹罗河仙镇头目莫士麟檄谕（军机处拟）
3. 乾隆三十五年（1770年）两广总督李侍尧发给暹罗河仙镇头目莫士麟檄谕（军机处拟）
4. 乾隆四十年（1775年）两广总督李侍尧发给郑信檄谕（军机处拟）
5. 乾隆四十二年（1777年）两广总督李侍尧发给暹罗郑信檄谕（军机处拟）
6. 乾隆四十二年（1777年）两广总督杨景素发给暹罗郑信檄谕（军机处拟）
7. 乾隆四十三年（1778年）两广总督桂林发给暹罗郑信檄谕（军机处拟）
8. 乾隆四十六年（1781年）两广总督巴延三发给暹罗郑信檄谕（军机处拟）
9. 乾隆四十七年（1782年）两广总督尚安发给暹罗国王郑华檄谕（军机处拟）

（四）表文

1. 康熙三年（1664年）暹罗国王进贡金叶表文
2. 康熙十二年（1673年）暹罗国王进贡金叶表文
3. 康熙二十三年（1684年）暹罗王进贡表文
4. 雍正十三年（1735年）暹罗国王参立拍照广拍马嘑陆坤司由提呀菩埃进贡表文
5. 乾隆十三年（1748年）暹罗国王进贡表文
6. 乾隆二十六年（1761年）暹罗国王进贡表文
7. 乾隆四十六年（1781年）暹罗国长郑信进贡表文
8. 乾隆四十九年（1784年）暹罗国长郑华求贡表文
9. 乾隆五十一年（1786年）暹罗国长郑华请封表文
10. 乾隆五十三年（1788年）暹罗国王郑华自译谢恩表文
11. 乾隆六十年（1795年）暹罗国王郑华进贡方物表文
12. 嘉庆元年（1796年）暹罗国王郑华进贡太上皇方物表文
13. 嘉庆元年（1796年）暹罗国王郑华进贡方物表文
14. 嘉庆十七年（1812年）暹罗国王郑佛谢恩表文

（五）呈文

1. 乾隆三十三年（1768年）暹罗郑信递交中国礼部呈文

（六）照会

1. 嘉庆十七年（1812年）云贵总督伯麟给暹罗国王照会

五、清代中国与缅甸往来朝贡文书（17件）

（一）诰命

1. 乾隆五十五年（1790年）册封缅甸国王孟陨诰命

（二）敕谕

1. 乾隆五十三年（1788年）颁给缅甸国长孟陨敕谕
2. 乾隆五十五年（1790年）颁给缅甸国长孟陨敕谕
3. 乾隆六十年（1795年）颁给缅甸国王孟陨敕谕

（三）檄谕

1. 乾隆三十五年（1770年）阿桂给缅甸国王檄谕（军机处拟）
2. 乾隆三十五年（1770年）阿桂给缅甸老官屯头目檄谕（军机处拟）
3. 嘉庆元年（1796年）云南巡抚江兰给缅甸国王檄谕（军机处拟）

（四）札付

1. 顺治十六年（1659年）洪承畴饬缅王送出永历札付

（五）表文

1. 乾隆十五年（1750年）缅甸国王莽达拉入贡表文
2. 乾隆五十三年（1788年）缅甸进贡表文
3. 乾隆五十五年（1790年）缅甸国王孟陨请封表文
4. 光绪元年（1875年）缅甸国王孟顿进贡表文

（六）禀文

1. 光绪十二年（1886年）缅甸土司给中国地方官员禀文

（七）照会

1. 嘉庆十二年（1807年）云贵总督给缅甸国王照会
2. 嘉庆十三年（1808年）云贵总督、云南巡抚给缅甸国王照会
3. 道光二年（1822年）云贵总督、云南巡抚给缅甸国王照会

（八）咨文

1. 乾隆五十三年（1788年）缅甸咨文

六、清代中国与南掌、苏禄、吕宋往来朝贡文书（15件）

（一）敕谕

1. 顺治四年（1647年）颁给吕宋国王敕谕
2. 雍正八年（1730年）颁给南掌国王敕谕
3. 乾隆六十年（1795年）颁给南掌国王召温猛敕谕
4. 雍正五年（1727年）颁给苏禄国王敕谕
5. 乾隆十九年（1754年）颁给苏禄国王苏老丹嘛喊味麻安柔律嶙敕谕（稿）

（二）檄谕

1. 乾隆四十六年（1781年）福康安发给南掌檄谕（军机处拟）

（三）表文

1. 乾隆十二年（1747年）礼部译出南掌国王进贡表文
2. 乾隆六十年（1795年）礼部译出南掌国王召温猛谢恩表文
3. 道光十二年（1832年）南掌国王进贡表文
4. 雍正四年（1726年）苏禄国王进贡表文
5. 乾隆十八年（1753年）苏禄国王乞隶中国版图表文
6. 乾隆二十七年（1762年）苏禄国王进贡表文

（四）咨文

1. 乾隆二十六年（1761年）苏禄国咨厦门同知汉字咨文（抄稿）

（五）函件

1. 乾隆八年（1743年）吕宋国王来书
2. 乾隆八年（1743年）复吕宋国王书（稿）

七、清代中国与中亚国家往来朝贡文书（46件）

（一）敕谕

1. 康熙五十一年（1712年）颁给土尔扈特汗阿玉奇敕谕
2. 雍正七年（1729年）颁给土尔扈特汗王敕谕
3. 乾隆三十六年（1771年）颁给渥巴锡、策伯克多尔济、舍楞敕谕
4. 乾隆二十一年（1756年）颁给哈萨克特茏敕谕
5. 乾隆二十二年（1757年）颁给哈萨克阿布赉敕谕
6. 乾隆二十二年（1757年）十月颁给哈萨克阿布赉敕谕
7. 乾隆二十三年（1758年）颁给右部哈萨克阿比里斯敕谕
8. 乾隆二十三年（1758年）颁给布鲁特部落敕谕
9. 乾隆二十四年（1759年）正月颁给布鲁特车里克齐敕谕
10. 乾隆二十四年（1759年）二月颁给哈萨克阿布勒巴木比特敕谕
11. 乾隆二十四年（1759年）九月颁给巴达克山素勒坦沙敕谕
12. 乾隆二十四年（1759年）十月颁给巴达克山素勒坦沙敕谕
13. 乾隆二十四年（1759年）十月颁给巴达克山素勒坦沙敕谕
14. 乾隆二十五年（1760年）颁给霍罕额尔德尼伯克敕谕
15. 乾隆二十五年（1760年）颁给巴达克山素勒坦沙敕谕
16. 乾隆二十五年（1760年）颁给布鲁特、博罗尔、齐里克敕谕
17. 乾隆二十七年（1762年）八月颁给哈萨克阿布赉敕谕
18. 乾隆二十八年（1763年）正月颁给爱乌罕爱哈默特沙敕谕
19. 乾隆二十八年（1763年）颁给巴达克山素勒坦沙敕谕
20. 乾隆二十八年（1763年）颁给霍罕额尔德尼伯克敕谕
21. 乾隆二十八年（1763年）颁给额德格讷阿济比衣敕谕
22. 乾隆二十八年（1763年）颁给齐里克照玛喇特比衣、沙藏比衣敕谕
23. 乾隆二十八年（1763年）颁给右部哈萨克奇齐玉斯努尔里等敕谕
24. 乾隆二十八年（1763年）颁给右部哈萨克乌尔根齐哈扎布敕谕
25. 乾隆二十八年（1763年）颁给哈萨克阿布勒毕斯等敕谕
26. 乾隆二十九年（1764年）颁给巴达克山素勒坦沙敕谕
27. 乾隆二十九年（1764年）颁给霍罕伯克额尔德尼敕谕
28. 乾隆三十二年（1767年）颁给哈萨克汗阿布赉敕谕

29. 乾隆三十三年（1768年）颁给哈萨克阿布赉敕谕
30. 乾隆三十五年（1770年）颁给霍罕伯克那尔巴图敕谕
31. 乾隆四十二年（1777年）颁给哈萨克阿布赉敕谕
32. 乾隆四十八年（1783年）颁给霍罕伯克那尔巴图敕谕
33. 嘉庆二年（1797年）颁给霍罕伯克那尔巴图敕谕
34. 道光三年（1823年）颁给哈萨克汗爱毕勒达敕谕

（二）檄谕

1. 道光十二年（1832年）三月清朝官员发给霍罕伯克檄谕

（三）表文

1. 康熙十二年（1673年）吐鲁番进贡表文
2. 康熙二十五年（1686年）吐鲁番进贡表文
3. 乾隆二十二年（1757年）哈萨克汗阿布赉进贡表文
4. 乾隆二十三年（1758年）哈萨克右部归顺清朝表文
5. 乾隆二十八年（1763年）巴达克山素勒坦沙表文
6. 乾隆二十九年（1764年）巴达克山素勒坦沙表文
7. 道光十二年（1832年）霍罕伯克进贡表文

（四）禀文

1. 道光十二年（1832年）霍罕国禀文

（五）呈文

1. 乾隆三十年（1765年）巴勒提哈帕隆伯克呈文
2. 乾隆三十年（1765年）巴勒提哈帕隆伯克呈文
3. 乾隆三十九年（1774年）巴勒提伯克额依默特呈文

八、清代中国与南亚国家往来朝贡文书（72件）

（一）诰命

1. 乾隆五十五年（1790年）册封巴勒布国王诰命

（二）敕谕

1. 雍正十年（1732年）颁给巴尔布国三汗敕谕
2. 乾隆五十七年（1792年）颁给廓尔喀拉特纳巴都尔敕谕
3. 嘉庆元年（1796年）颁给廓尔喀额尔德尼王拉特纳巴都尔敕谕
4. 道光元年（1821年）颁给廓尔喀额尔德尼王热尊达尔毕噶尔玛萨野敕谕
5. 道光三年（1823年）颁给廓尔喀额尔德尼王热尊达尔毕噶尔玛萨野敕谕
6. 道光二十三年（1843年）颁给廓尔喀额尔德尼王热尊达尔毕噶尔玛萨野敕谕

（三）檄谕

1. 乾隆五十三年（1788年）驻藏大臣发给巴勒布科尔喀檄谕
2. 乾隆五十七年（1792年）福康安发给廓尔喀拉特纳巴都尔檄谕
3. 乾隆五十七年（1792年）福康安发给廓尔喀拉特纳巴都尔檄谕
4. 乾隆五十七年（1792年）福康安发给廓尔喀拉特纳巴都尔檄谕
5. 嘉庆二十年（1815年）驻藏大臣发给廓尔喀额尔德尼王吉尔巴纳足塔毕噶尔玛萨野檄谕
6. 嘉庆二十一年（1816年）驻藏大臣发给廓尔喀额尔德尼王吉尔巴纳足塔毕噶尔玛萨野檄谕
7. 嘉庆二十一年（1816年）四川将军赛冲阿等发给廓尔喀额尔德尼王吉尔巴纳足塔毕噶尔玛萨野檄谕
8. 道光二十年（1840年）驻藏大臣发给廓尔喀额尔德尼王檄谕
9. 道光二十二年（1842年）驻藏大臣发给廓尔喀额尔德尼王热尊达尔毕噶尔玛萨野檄谕
10. 道光二十四年（1844年）驻藏大臣发给廓尔喀额尔德尼王热尊达尔毕噶尔玛萨野檄谕（底稿）
11. 光绪二年（1876年）驻藏大臣发给布鲁克巴、哲孟雄部长檄谕
12. 光绪十一年（1885年）五月驻藏大臣发给布鲁克巴部长檄谕
13. 光绪十一年（1885年）五月驻藏大臣发给布鲁克巴头目檄谕
14. 光绪十七年（1891年）二月驻藏大臣发给布鲁克巴部长檄谕
15. 光绪十七年（1891年）四月驻藏大臣发给布鲁克巴部长檄谕
16. 光绪十七年（1891年）四月驻藏大臣发给布鲁克巴部长檄谕
17. 光绪十七年（1891年）十月驻藏大臣发给布鲁克巴部长檄谕
18. 光绪三十四年（1908年）驻藏大臣发给布鲁克巴部长檄谕
19. 光绪三十四年（1908年）驻藏大臣发给布鲁克巴檄谕

（四）札谕

1. 光绪十五年（1889年）驻藏大臣给布鲁克巴部长札谕
2. 光绪十六年（1890年）驻藏大臣给布鲁克巴部长札谕

（五）断牌

1. 光绪十二年（1886年）中国派往布鲁克巴处理内部纠纷官员发布断牌

（六）表文

1. 乾隆五十四年（1789年）巴勒布首领进贡表文
2. 乾隆五十七年（1792年）廓尔喀拉特纳巴都尔进贡表文
3. 嘉庆八年（1803年）廓尔喀额尔德尼王吉尔巴纳足塔毕噶尔玛萨因教匪荡平庆贺表文
4. 道光二十二年（1842年）廓尔喀国王进贡表文
5. 道光二十三年（1843年）廓尔喀国王谢恩表文
6. 光绪元年（1875年）廓尔喀额尔德尼王进贡表文
7. 光绪十二年（1886年）廓尔喀额尔德尼王进贡表文
8. 光绪二十年（1894年）廓尔喀额尔德尼王进贡表文
9. 光绪三十年（1904年）廓尔喀国王谢恩表文

（七）奏书

1. 雍正八年（1730年）布鲁克巴呼毕勒罕喇嘛扎色里·布鲁克古济、诺彦林亲·齐类·拉卜济等奏书
2. 雍正八年（1730年）布鲁克巴噶毕东罗布喇嘛奏书
3. 雍正十一年（1733年）巴尔布库穆罕奏书
4. 雍正十一年（1733年）巴尔布布颜汗奏书
5. 雍正十一年（1733年）巴尔布叶楞罕奏书
6. 雍正十二年（1734年）布鲁克巴查色立、诺彦林亲·齐类·拉卜济奏书
7. 雍正十二年（1734年）布鲁克巴噶毕东鲁卜奏书

（八）禀文

1. 乾隆五十七年（1792年）廓尔喀拉特纳巴都尔禀文
2. 乾隆五十七年（1792年）廓尔喀拉特纳巴都尔禀文

3. 乾隆五十七年（1792年）廓尔喀拉特纳巴都尔禀文
4. 乾隆五十七年（1792年）廓尔喀拉特纳巴都尔禀文
5. 嘉庆二十一年（1816年）廓尔喀额尔德尼王吉尔巴纳足塔毕噶尔玛萨野禀文
6. 道光二十年（1840年）廓尔喀额尔德尼王禀文
7. 咸丰五年（1855年）廓尔喀额尔德尼王苏热达热毕噶尔玛萨哈禀文
8. 光绪二年（1876年）布鲁克巴部长禀文
9. 光绪二年（1876年）布鲁克巴部长禀文
10. 光绪二年（1876年）布鲁克巴部长禀文
11. 光绪十一年（1885年）布鲁克巴部长禀文
12. 光绪十一年（1885年）布鲁克巴部长禀文
13. 光绪十一年（1885年）布鲁克巴部长禀文
14. 光绪十五年（1889年）布鲁克巴部长禀文
15. 光绪三十四年（1908年）布鲁克巴部长给达赖禀文
16. 光绪三十四年（1908年）布鲁克巴部长给达赖禀文
17. 光绪三十四年（1908年）布鲁克巴部长给达赖禀文
18. 光绪三十四年（1908年）布鲁克巴部长给掌办西藏教政佛爷禀文
19. 光绪三十四年（1908年）布鲁克巴部长给掌办西藏教政佛爷禀文
20. 光绪三十四年（1908年）布鲁克巴部长给西藏各位噶布伦禀文
21. 光绪三十四年（1908年）布鲁克巴部长给西藏各位噶布伦禀文
22. 光绪三十四年（1908年）布鲁克巴部长给驻藏大臣禀文

（九）呈文

1. 雍正十一年（1733年）布鲁克巴给都统青保所遣和解之员和合结文之呈

（十）甘结

1. 雍正十一年（1733年）布鲁克巴两造和合约结
2. 光绪十二年（1886年）布鲁克巴部长出具甘结
3. 光绪十二年（1886年）布鲁克巴终萨奔洛等出具甘结
4. 光绪十二年（1886年）布鲁克巴喇嘛等出具甘结

九、清代中国与欧洲国家往来朝贡文书（64件）

（一）敕谕

1. 顺治十二年（1655年）颁给俄罗斯察干汗敕谕
2. 顺治十三年（1656年）颁给荷兰国王敕谕

3. 康熙九年（1670年）颁给葡萄牙国王敕谕
4. 康熙十七年（1678年）颁给西洋国王阿丰索敕谕（稿）
5. 康熙二十五年（1686年）颁给荷兰国王敕谕
6. 康熙五十九年（1720年）颁给意大利教化王敕谕
7. 康熙六十年（1721年）颁给俄罗斯使臣敕谕
8. 雍正三年（1725年）颁给意大利教化王敕谕
9. 雍正四年（1726年）六月颁给意大利教化王敕谕
10. 乾隆十八年（1753年）颁给博尔都噶尔雅国王敕谕
11. 乾隆五十八年（1793年）颁给英国国王敕谕
12. 乾隆五十八年（1793年）颁给英国国王敕谕
13. 乾隆五十八年（1793年）颁给英国国王敕谕
14. 乾隆六十年（1795年）颁给荷兰国王敕谕
15. 乾隆六十年（1795年）颁给英国国王敕谕
16. 嘉庆十年（1805年）颁给英国国王敕谕
17. 嘉庆二十一年（1816年）颁给英国国王敕谕

（二）谕贴

1. 道光十四年（1834年）粤海关监督中祥颁给洋商谕
2. 道光十七年（1837年）两广总督邓廷桢发给洋商谕
3. 道光十九年（1839年）怡良等颁发封港晓谕

（三）表文

1. 顺治十二年（1655年）荷兰巴达维亚总督进贡表文
2. 康熙十三年（1674年）葡萄牙国王进贡表文
3. 康熙二十七年（1688年）法王路易十四给康熙表文
4. 康熙四十八年（1709年）教皇表文
5. 雍正二年（1724年）教皇表文
6. 雍正二年（1724年）教皇表文
7. 雍正二年（1724年）教皇表文
8. 雍正三年（1725年）葡萄牙进贡表文
9. 乾隆十八年（1753年）葡萄牙进贡表文
10. 乾隆五十二年（1787年）卡斯卡特使团进贡表文
11. 乾隆五十七年（1792年）马嘎尔尼进贡表文
12. 乾隆五十九年（1794年）荷兰进贡表文
13. 乾隆六十年（1795年）英吉利国王谢恩表文
14. 嘉庆九年（1804年）英吉利国进贡表文

15. 嘉庆二十一年（1816年）英吉利国进贡表文

（四）奏本

1. 乾隆五十九年（1794年）荷兰进贡奏本

（五）禀文

1. 乾隆五十七年（1792年）英吉利总头目官管理贸易事百灵禀文
2. 嘉庆十七年（1812年）英国禀文
3. 嘉庆二十年（1815年）英国禀文
4. 道光十七年（1837年）英国领事义律禀文

（六）呈文

1. 顺治十二年（1655年）荷兰国如翰没碎格给管治广东两位藩王呈文
2. 雍正三年（1725年）西洋传教士郭中传呈文
3. 乾隆五十八年（1793年）英使马嘎尔尼谢恩呈文

（七）照会

1. 道光十九年（1839年）林则徐给英国国王照会

（八）咨文

1. 雍正七年（1729年）署理广东巡抚给意大利教皇咨文
2. 道光五年（1825年）理藩院给俄罗斯萨那特衙门请将越境所建房屋应速行拆毁咨文
3. 道光六年（1826年）俄罗斯萨那特衙门复理藩院咨文
4. 咸丰元年（1851年）俄罗斯国为拿获越境喇嘛给库伦办事大臣咨文
5. 咸丰二年（1852年）俄罗斯国请代查拿越境逃人咨文
6. 咸丰二年（1852年）库伦办事大臣给俄罗斯关于越境逃人已饬官兵访查咨文
7. 咸丰二年（1852年）俄罗斯国请代查拿越境俄兵给库伦办事大臣咨文
8. 咸丰二年（1852年）库伦办事大臣为俄国逃兵被鄂伦春人击毙事给俄罗斯咨文
9. 咸丰二年（1852年）库伦办事大臣为越境喇嘛事及更换卡兵事给俄罗斯咨文
10. 咸丰二年（1852年）库伦办事大臣为催解人犯给俄罗斯咨文

（九）信函

1. 道光十四年（1834年）英国首任商务监督律劳卑给两广总督信函
2. 道光十四年（1834年）英国商人给行商伍浩官等信函
3. 道光十七年（1837年）英国领事义律给行商信函
4. 道光十八年（1838年）行商给义律信函

（十）永居票

1. 康熙四十五年（1706年）签发的意大利传教士永居票（副本）

（十一）红票

1. 康熙五十五年（1716年）颁给罗马教皇红票

（十二）船牌

1. 乾隆六年（1741年）粤海关发给洋商离港船牌
2. 乾隆五十七年（1792年）澳门同知发给洋商前往广州船牌
3. 道光十一年（1831年）粤海关颁发给洋船玛利亚号船长埃文斯离港船牌

（十三）执照

1. 康熙六十一年（1722年）俄罗斯发给本国来华商务专员执照

十、本书收录清代以前的朝贡文书（49件）

（一）朝鲜

1. 唐朝新罗国王表文

（二）日本

1. 景初二年（238年）魏明帝报倭女王诏书
2. 升明二年（478年）倭王武上宋顺帝表文
3. 隋炀帝颁给日本国王的诏书
4. 日本天皇致隋炀帝书

5. 至元三年（1266年）忽必烈致日本国王诏书
6. 洪武二年（1369年）明太祖谕日本诏书
7. 洪武三年（1370年）明太祖谕日本诏书
8. 日本怀良亲王回复明太祖表文
9. 1401年日本足利义满上明朝皇帝表文
10. 1432年足利义教上明朝皇帝表文
11. 1475年足利义政上明朝皇帝表文
12. 1483年足利义政上明朝皇帝书

（三）东南亚国家

1. 元嘉十年（433年）呵罗单国王进贡表文
2. 元嘉十三年（436年）呵罗单国王进贡表文
3. 元嘉二十六年（449年）刘宋王朝颁发呵罗单策命
4. 开元十二年（724年）唐代赐尸利佛誓国制
5. 贞元十八年（802年）唐代与骠国王雍羌敕书
6. 开宝八年（975年）宋代册封交趾郡王诏书
7. 太平兴国二年（977年）浡泥国王进贡表文
8. 宋代占城国王进贡表文
9. 至元三十一年（1294年）安南国王贺元成宗登极表文
10. 洪武二年（1369年）册封安南国王陈日煃诏书
11. 洪武四年（1371年）浡泥国王进贡中国表文
12. 永乐十五年（1417年）明代中国给苏禄国王的敕谕
13. 永乐十五年（1417年）明代中国给苏禄国王的谕祭文

（四）南亚国家

1. 元嘉五年（428年）狮子国朝贡表文
2. 元嘉五年（428年）天竺迦毗黎国朝贡表文

（五）中亚国家

1. 开元五年（717年）册勃律国王苏弗舍利支离泥文
2. 开元十九年（731年）册小勃律国王难泥书
3. 开元二十一年（733年）册个失密国王木多笔文
4. 开元二十九年（741年）册小勃律国王麻来兮文
5. 天宝元年（742年）赐护密国王子颉吉里匐铁券文
6. 天宝四年（745年）册罽宾国王勃匐准文

7. 天宝九年（750年）册揭帅国王素迦文
8. 会昌五年（845年）册黠戛斯可汗文
9. 大中十一年（857年）册回鹘可汗文
10. 洪武二十七年（1394年）帖木儿贡马表文
11. 明朝永乐帝发给哈烈国王沙哈鲁敕谕
12. 哈烈国王沙哈鲁致中国明朝皇帝国书
13. 明朝永乐皇帝致哈烈国王沙哈鲁国书

（六）欧洲国家

1. 罗马教皇致书贵由大汗国书
2. 贵由大汗复罗马教皇国书
3. 元顺帝谕罗马教皇国书
4. 1583年英国女王伊丽莎白一世给明朝皇帝的国书
5. 1596年英国女王伊丽莎白一世给明朝皇帝的国书
6. 1602年英国女王伊丽莎白一世给明朝皇帝的国书
7. 中国万历皇帝致俄国沙皇国书
8. 中国皇帝致俄国沙皇国书

本书附录二：台湾"中央研究院"史语所内阁大库档案收藏清代属国朝贡表奏文书目录

台湾"中央研究院"史语所内阁大库档案收藏的清代朝贡国表文、奏本是研究朝贡文书的重要资料，目前还未看到对这批重要资料的系统研究。以下将内阁大库档案中收藏的100多份朝贡国表文、奏本的时间、发文人、简单内容列表如下：

时间	发文国家元首	表奏内容
崇德三年（1638年）十一月二十六日	朝鲜国王李倧	据陪臣南一雄呈，我国朴爱京等男妇六口逃至上国，蒙恩送还，依律正法讫，我臣民不胜感激，遣陪臣锦阳君朴潊上表谢恩，贡方物
顺治八年（1651年）一月二十九日	朝鲜国王李淏	表贺万寿圣节
顺治？年九月初一日	朝鲜国王李淏	表贺万寿圣节上皇帝
顺治十年（1653年）正月初一日	朝鲜国王李淏	庆贺顺治十年正月初一日元旦表章稿
顺治十年（1653年）正月三十日	朝鲜国王李淏	庆贺顺治十年正月三十日万寿圣节
康熙六年（1667年）七月初二日	安南国王黎维禧	为康熙六年三月十六日伏睹天使内国史院学士程芳朝、礼部仪制司郎中张易贲持节奉敕书、金印封臣为安南国王，臣已祗拜受讫，谨奉表称谢
康熙六年（1667年）七月初二日	安南国王黎维禧	为康熙五年岁贡方物已就整完，臣即投文叩请，望达天庭。今奉圣教诞敷，皇仁远及，臣敢不慎仪奉币以共臣职。臣不胜敬天仰德之至，谨奉表上进
康熙六年（1667年）七月初二日	安南国王黎维禧	奏报臣谨差本国陪臣阮润、郑时济、黎荣等赍捧康熙五年岁贡方物赴京上进，所有表文并方物数目理合开列
康熙十九年（1680年）九月三十日	琉球世子尚贞	表为恭请新封
康熙二十年（1681年）十月十日	安南国王嗣黎维禛	为康熙十八年七月臣遥授奏本请旨擒逆等情。康熙十九年二月臣奉内部咨来遵照施行。今天亡逆莫，地复旧疆，臣不胜感恩戴德之至，谨上表称谢
康熙二十四年（1685年）七月初六日	安南国王黎维禛	为康熙二十二年五月 日臣钦奉天旨行该督抚，将故莫敬光家属人口发回，臣已奉接领，安插讫。臣不胜敬天仰德之至，谨上表称谢

本书附录二：台湾"中央研究院"史语所内阁大库档案收藏清代属国表奏文书

续上表

时间	发文国家元首	表奏内容
康熙四十二年（1703年）二月十五日	安南国王黎维禛	陪臣阮沔、阮当褒等捧赍康熙四十一年岁贡方物赴京上进，所有表文并方物数目，使从员名，理合开列于后。今臣谨具奏闻
康熙五十一年（1712年）正月初一日	朝鲜国王李焞	钦遇康熙五十一年正月初一日元旦令节，谨奉表称贺
康熙五十四年（1715年）三月二十八日	安南国王黎维禛	为康熙五十年岁贡方物先已缮整，臣即投文叩请，望达天庭。今奉圣教旁宣，皇仁远播，臣谨守常仪以共臣职。臣不胜敬天仰德之至，谨奉表上进
康熙五十四年（1715年）三月二十八日	安南国王黎维禛	为康熙五十三年正值贡期，臣即投文叩请，望达天庭。今奉圣德昭融，皇风浩荡，臣谨遵常度以共臣职。臣不胜敬天仰德之至，谨表上进
康熙五十五年（1716年）十月十一日	琉球国王世曾孙尚敬	奏报祖尚纯为世子时已弃世，父尚益未及请封即薨逝，伏望圣恩体循曾祖事例，乞差天使封袭王爵，以上光宠渥之盛典，下效恭顺之微忱
康熙五十六年（1717年）十一月二十日	朝鲜国王李焞	钦遇康熙五十六年十一月二十日长至令节，谨奉表称贺
康熙五十七年（1718年）二月二十七日	朝鲜国王李焞	慰仁宪皇太后遗诰哀表
康熙六十年（1721年）三月二十八日	安南国王黎维祹	为康熙五十八年十二月二日伏睹天使赐一品正、副使邓廷喆、成文赍祭文并恩赐祭物，谕祭先臣黎维禛，臣钦蒙成礼，已奉照受讫，谨上表称谢
雍正元年（1723年）八月初八日	安南国王李昀	雍正元年七月初六日敕使赍捧到仁寿皇太后遗诰布谕，谨奉表称慰
雍正二年（1724年）一月二十二日	安南国王黎维祹	奏为今雍正元年恭逢皇上诞膺大宝，万国尊亲，并三年一次之贡期，谨差陪臣阮辉润等入贡，所有表文并方物数目，理合开列，谨奉表谢恩
雍正五年（1727年）十一月十日	朝鲜国王李昑	钦遇雍正五年十一月十日冬至令节，谨奉表称贺
雍正六年（1728年）十一月十日	琉球国王尚敬	臣敬僻居海岛，世沐天恩。引领瞻云，莫遂登朝之愿；共职献雉，敢缺纳贡之期。特遣陪臣毛鸿基、郑秉彝等恭赍芹曝之微诚，以抒下国之效顺
雍正六年（1728年）十一月十日	琉球国王尚敬	臣敬僻处海隅，荷沐天眷。虽竭诚而拜颂，实仰报而无从。谨遣陪臣毛鸿基、郑秉彝等恭赍短疏，聊申谢悃
雍正七年（1729年）十二月二十七日	安南国王黎维祹	为雍正七年岁贡方物，先已缮整，兹正值贡期，臣即投文叩请，望达天庭。今奉皇恩浩荡，圣德昭融，臣谨守常规以共臣职。臣不胜敬天仰德之至，谨奉表上进以闻

续上表

时间	发文国家元首	表奏内容
雍正七年（1729年）十二月二十七日	安南国王黎维祹	为雍正七年岁贡方物，先已缮整。兹正值贡仪并进之期，臣即投文叩请，望达天庭。今奉皇恩浩荡，圣德昭融，臣谨守常规以共臣职，谨奉表上进
雍正七年（1729年）十二月二十七日	安南国王黎维祹	为雍正四年岁贡方物，先已缮整。兹正值贡仪并进之期，臣即投文叩请，望达天庭。今奉圣教弘敷，皇仁溥洽，臣谨守常仪以共臣职，谨奉表上进
雍正七年（1729年）十二月二十七日	安南国王黎维祹	为雍正六年六月十六日伏睹都察院左副都御史杭奕禄、内阁学士兼礼部侍郎任兰枝赍捧恩纶，赏赐臣四十里，臣已祗拜受讫，谨奉表称谢
雍正九年（1731年）正月初一日	朝鲜国王李昑	钦遇雍正九年正月初一日元旦令节，谨奉表称贺
乾隆元年（1736年）三月初六日	朝鲜国王李昑	表为谢恩，于乾隆元年三月初四日钦差敕使特颁皇太后尊号诏旨
乾隆元年（1736年）四月初六日	安南国王嗣黎维祎	为雍正十二年十一日初九日伏睹天使赐一品服正使、赐一品服副使赍捧诰命封先兄黎维祐为安南国王。今臣亲承嘱付，遥仰皇恩，不胜感戴，谨奉表称谢
乾隆元年（1736年）四月初六日	安南国王嗣黎维祎	为雍正十年岁贡方物，臣先兄黎维祐谨已缮理，讵意先兄违世，遗命以国事嘱之于臣。今正值贡仪并进之期，谨奉表上进
乾隆元年（1736年）四月初六日	安南国王嗣黎维祎	奉表称谢，上赐诰命封先兄黎维祐为安南国王，已祗拜受讫。今臣亲承嘱付，遥仰皇恩，不胜感戴之至
乾隆元年（1736年）四月初六日	安南国王嗣黎维祎	为雍正十二年十一月十日正、副使翰林院侍讲学士春山等员赍到祭文并恩赐祭物，谕祭先父黎维祹及先兄黎维祐，已祗拜受讫。今臣亲承嘱付，谨奉表称谢以闻
乾隆元年（1736年）四月初六日	安南国王嗣黎维祎	为雍正十年岁贡方物，臣先兄黎维祐谨已缮理，讵意先兄违世，遗命以国事嘱之于臣。今正值贡仪并进之期，谨奉表上进，所有奉贡方物另具本，差陪臣阮仲常、武晖、武惟宰等赍捧赴京
乾隆二年（1737年）闰九月初三日	安南国王嗣黎维祎	为乾隆元年皇上新登宝位，表正万邦，不胜欣跃欢忭之至，谨奉表称贺
乾隆二年（1737年）闰九月初三日	安南国王嗣黎维祎	奉表称贺皇上新登实位，表正万邦，不胜欣跃欢忭之至。所有庆贺方物另具本，差陪臣阮令仪、黎有铎等赍捧赴京
乾隆四年（1739年）正月初一日	朝鲜国王李昑	钦遇乾隆四年正月初一日正旦令节，谨奉表称贺
乾隆七年（1742年）正月初一日	朝鲜国王李昑	钦遇乾隆七年正月初一日正旦令节，谨奉表称贺

本书附录二：台湾"中央研究院"史语所内阁大库档案收藏清代属国表奏文书

续上表

时间	发文国家元首	表奏内容
乾隆七年（1742年）十一月十三日	琉球国王尚敬	奏为当进贡之期，仍遵旧典，特遣耳目官毛文和、正议大夫蔡用弼、都通事郑国观等赍捧表章，恭陈纳款下情等事
乾隆七年（1742年）十二月七日	安南国王黎维祎	为乾隆六年正值两贡并举之期，臣谨已缮整岁贡方物，仍投文叩请，望达天庭。今接公咨，准将二次贡仪一体上进，谨奉表上进，所有奉贡仪物另具本，差陪臣阮翘阮、宗室邓茂等赍捧赴京
乾隆十一年（1746年）十一月十一日	朝鲜国王李昑	钦遇乾隆十一年十一月十一日冬至令节，谨奉表称贺上皇帝
乾隆十二年（1747年）十一月二十二日	南掌国王岛孙	为比年以来南掌地方均受皇上洪福远庇，今臣贡期未届十年，听闻天朝采买象只，谨遣陪臣叭腮猛滚进牙象二只敬献皇上，以充方物，谨奉表上进
乾隆十二年（1747年）十一月二十二日	南掌国王岛孙	臣自归顺天朝遵例五年一贡，蒙皇上天恩，念臣地处边末，改定十年一贡。今臣贡期未届十年，恭闻天朝采买象只，谨遣陪臣叭腮猛滚进牙象二只敬献皇上，以充方物
乾隆二十四年（1759年）正月初一日	朝鲜国王李昑	伏以聿迓天休，政属岁新之节；恭执壤奠，敢申星拱之诚。谨备黄、白细苎布，黄、白细绵绸，龙文帘席、黄花席、满花席、杂彩花席、白绵纸等物，谨随表奉进以闻
乾隆二十四年（1759年）十一月初四日	朝鲜国王李昑	钦遇乾隆二十四年十一月初四日冬至令节，谨奉表称贺
乾隆二十五年（1760年）二月二十五日	安南国王嗣黎维禟	奉表上进，谨守常仪以共臣职，曷胜敬天仰德之至。所有奉贡方物另具本，差陪臣赍捧赴京
乾隆二十七年（1762年）七月	苏禄国苏老丹麻喊味麻安柔律嶙	奏请准将铜、铁、硝磺赏赐些须，并乞天朝赏臣能造枪炮匠役四名，可以防御吕宋，保守土地。再，臣耕种田地并无驴驼，请赏给牝牡各一对。敬奉土产：珍珠两颗，剑一对，标枪一对，吹筒一对，西洋布两匹等项
乾隆二十七年（1762年）	安南国王黎维禟	为乾隆二十六年十一月日正、副使翰林院侍读德保等赍到祭文和恩赐祭物，谕祭臣先叔国王臣黎维祎，钦蒙成礼，臣已祗拜受讫，谨奉表称谢以闻
乾隆二十八年（1763年）正月初一	朝鲜国王李昑	伏以聿迓天休，政属岁新之节；恭执壤奠，敢申星拱之诚。谨备黄、白细苎布，黄、白细绵绸，龙文帘席、黄花席、白绵纸等物，谨随表奉进以闻
乾隆二十八年（1763年）二月初二日	朝鲜国王李昑	谨备红细苎布一十匹，白细苎布一十匹，白细绵绸一十匹，满花一十张，杂彩花席一十张
乾隆二十八年（1763年）二月十二日	朝鲜国王李昑	表为奉进黄细苎布、绵绸等物

续上表

时间	发文国家元首	表奏内容
乾隆二十九年（1764年）	朝鲜国王李昑	为礼部题朝鲜民人朴厚赞等越境一案，请将朝鲜国王照例议处。奉旨：该王免其议处
乾隆三十年（1765年）八月十三日	朝鲜国王李昑	钦此钦遵，抄出到部，相应移咨朝鲜国王遵照等因，奉此。臣与一国臣民不胜兢惶感激，谨奉表称谢以闻
乾隆三十年（1765年）十一月初二日	朝鲜国王李昑	钦遇乾隆三十年八月十三日万寿圣节，谨奉表称贺
乾隆三十年（1765年）十一月初二日	朝鲜国王李昑	为朝鲜国凶犯金凤守等一案，免其议处，恭进谢恩礼物等准作正贡，谨奉表谢恩
乾隆三十四年（1769年）正月初一日	朝鲜国王李昑	钦遇乾隆三十四年正月初一日正旦令节，谨奉表称贺
乾隆三十五年（1770年）十一月初六日	朝鲜国王李昑	钦遇乾隆三十五年十一月初六日冬至令节，谨奉表称贺
乾隆三十七年（1772年）十一月二十七日	朝鲜国王李昑	表为谨备黄细苎布一十匹，龙文帘席二张，白绵纸一千三百卷等物享上，聊表由中，无任兢惶激切之至
乾隆三十八年（1773年）正月初一日	朝鲜国王李昑	为乾隆三十八年正月初一日正旦令节，谨奉表称贺，上皇帝陛下
乾隆三十八年（1773年）十一月初八日	朝鲜国王李昑	钦遇乾隆三十八年十一月初八日冬至令节，谨奉表称贺
乾隆三十九年（1774年）正月初一	朝鲜国王李昑	伏以聿迓天休，政属虹流之节；恭执壤奠，敢申星拱之诚。谨备黄白细苎布、黄白细绵绸、龙文帘席、黄花席、獭皮、白绵纸等物，谨随表奉进以闻
乾隆三十九年（1774年）十一月二日	朝鲜国王李昑	表贺冬至令节
乾隆三十九年（1774年）	朝鲜国王李昑	表为称谢送还在弥罗山北海捕鱼遭风破船朝鲜人金春等五人
乾隆四十一年（1776年）正月初一日	朝鲜国王李昑	钦遇乾隆四十一年正月初一日正旦令节，谨奉表称贺
乾隆四十一年（1776年）八月十三日	朝鲜国王李祘	钦遇乾隆四十一年八月十三日万寿圣节，谨奉表称贺
乾隆四十五年（1780年）十月二十八日	朝鲜国王李祘	表为奉进黄细苎布、绵绸等物
乾隆四十五年（1780年）十一月六日	琉球国王尚穆	表为遣陪臣向翼、毛景昌等虔赍微物进贡，聊表寸忱
乾隆四十八年（1783年）九月十一日	安南国王黎维禟	为所有奉贡仪物另具本，差陪臣范阮达、吴希褚、阮香等赍捧赴京，外臣谨奉表上进以闻

续上表

时间	发文国家元首	表奏内容
乾隆四十九年（1784年）十二月十一日	朝鲜国王李祘	表为奉进黄细苧布、绵绸等物
乾隆五十一年（1786年）五月八日	暹罗国长郑华	为虔备金叶表文方物伏，恳皇恩敕赠封号，锡予印绶表文
乾隆五十二年（1787年）十一月十四日	朝鲜国王李祘	为乾隆五十二年十一月十四日冬至令节，谨奉表称贺，上皇帝陛下
乾隆五十三年（1788年）五月九日	暹罗国王郑华	为前遣贡使匍赴金阙进贡请封，不惟幸荷容纳，且蒙皇恩敕赐封号，宠颁诰、印，臣华谨北面拜受。今特遣使臣虔备方物，金叶表文一张，公象一只，母象一只，象牙四百五十斤等项，恭进金阙，伏乞容纳
乾隆五十三年（1788年）十一月初二日	琉球国王尚穆	表为遣陪臣向处中、郑永功等进贡，叩祝圣禧
乾隆五十七年（1792年）八月	廓尔喀拉特纳巴都尔	奏为遣使恭赍表文，代躬叩觐大皇帝，并虔备乐工及驯象、番马并方物等件，叩首恭进，恳求赏收，嗣后永远服属天朝。因距离遥远，恳请五年一贡
乾隆?年正月初一日	朝鲜国王李昑	伏以聿迓天休，政属岁新之节；恭执壤奠，敢申星拱之诚。谨备黄白细苧布、黄白细绵绸、龙文帘席、黄花席、白绵纸等物，谨随表奉进以闻
乾隆六十年（1795年）	南掌国王召温猛	为乾隆六十年恭逢大皇帝国庆，臣谨备表文一道，并亲写长生金经，遣员匍匐阙廷叩祝，乃蒙施恩赏赐册封金印并敕书、文绮等物，谨奉表恭谢以闻
嘉庆元年（1796年）十月初六日	朝鲜国王李玜	谨备黄细苧布、白细苧布、黄细绵绸、紫细绵绸、白细绵绸、龙文帘席等件物，随表奉进
嘉庆三年（1798年）正月初一日	朝鲜国王李玜	为嘉庆三年正月初一日正旦令节，谨奉表称贺，上皇帝陛下
嘉庆七年（1802年）十一月二十八日	朝鲜国王李玜	为嘉庆七年十一月二十八日冬至令节，谨奉表称贺，上皇帝陛下
嘉庆十四年（1809年）五月初十日	越南国王阮福映	奉表称贺大皇帝陛下万寿无疆
嘉庆十八年（1813年）十月初六日	朝鲜国王李玜	朝鲜国王李玜恭进万寿节贡物表
嘉庆二十二年（1817年）三月	越南国王阮福映	谨奏为恭遇贡期，敬将乙亥、丁丑两次例贡方物交陪臣胡公顺等赍递，钦候恩准赏收，另具表文上进
嘉庆二十二年（1817年）十月初六日	朝鲜国王李玜	为嘉庆二十二年十月初六日万寿圣节，谨奉表称贺，上皇帝陛下

续上表

时间	发文国家元首	表奏内容
嘉庆？年正月初一日	朝鲜国王李玜	右伏以丰迓天休，政属岁新之节；恭执壤奠，敢申星拱之诚。谨备黄细、白细苎布，黄细、白细绵绸，龙文帘席、黄花席、满花方席、杂彩花席、白绵纸等物，谨随表奉进以闻
嘉庆？年八月十三日	朝鲜国王李玜	右伏以丰迓天休，政属虹流之节；恭执壤奠，敢申星拱之诚。谨备黄细、白细苎布，黄细、紫细、白细绵绸，龙文帘席、黄花席、满花方席、杂彩花席、獭皮、白绵纸等物，谨随表奉进以闻
道光元年（1821年）十二月二十日	越南国王阮福晈	谨上言，兹奉恤典，奉表称谢，所有谢恩仪物，谨交陪臣黄金焕等赍捧上进
道光二年（1822年）十一月初十日	朝鲜国王李玜	钦遇道光二年十一月初十日冬至令节，谨奉表称贺，上皇帝
道光四年（1824年）八月初十日	朝鲜国王李玜	为道光四年八月初十日万寿圣节，谨奉表称贺，上皇帝陛下
道光七年（1827年）十一月初五日	朝鲜国王李玜	为道光七年十一月初五日冬至令节，谨奉表称贺，上皇帝陛下
道光九年（1829年）一月十一日	越南国王阮福晈	奏为恭值贡期，谨将丁亥、己丑两贡品仪交陪臣阮仲瑀等赍递，另具表文上进
道光十年（1830年）八月初十日	朝鲜国王李玜	为道光十年八月初十日万寿圣节，谨奉表称贺，上皇帝陛下
道光十二年（1832年）八月初十日	朝鲜国王李玜	为道光十二年八月初十日万寿圣节，谨奉表称贺，上皇帝陛下
道光十三年（1833年）正月初一日	朝鲜国王李玜	为道光十三年正月初一日正旦令节，谨奉表称贺，上皇帝陛下
道光三十年（1850年）十月二十日	朝鲜国王李昪	表进方物
道光？年十月二十九日	朝鲜国王李玜	为谨备恭慈皇太后陛下，进献礼物，奉进红细苎布十匹，白细苎布十匹，满花席十张，杂彩花席十张
道光？年十一月十日	朝鲜国王李玜	谨备黄细苎布十匹，龙文帘席二张，白绵纸一千三百卷等物随表奉进
咸丰三年（1853年）四月二十日	朝鲜国王李昪	表谢颁册立皇后礼成诏
咸丰三年（1853年）十月二十六日	朝鲜国王李昪	表进方物

续上表

时间	发文国家元首	表奏内容
咸丰五年（1855年）一月二十四日	朝鲜国王李昇	表进礼物
同治二年（1863年）八月四日	琉球国王世子尚泰	奏为兹逢皇上膺图握箓，顺纪体元，特遣陪臣王舅马文英、正议大夫毛克述等虔赍表文，谨备土产金罐、银罐、金靶鞘腰刀等物进呈皇帝陛下。复备金粉匣等物进呈皇后殿下，恭贺龙禧
同治五年（1866年）八月二十三日	朝鲜国王李㷩	为同治五年八月二十三日，臣承准进贺谢恩兼奏请陪臣议政府、右议政柳厚祚等回自京师，赍到赏赐克食羊肉一方，乳饼一盘，蒸糕一盘，馒首一盘，谨奉表称谢以闻
同治十二年（1873年）三月十一日	朝鲜国王李㷩	为缛仪载成，谨备黄细苎布等物献芹，随表奉进
同治十二年（1873年）三月十一日	朝鲜国王李㷩	为颁给大婚礼成加上慈安皇太后、慈禧皇太后徽号诏书谢恩表
同治十二年（1873年）三月十一日	朝鲜国王李㷩	朝鲜国王李㷩谨备红细苎布、白细苎布、白细绵绸、满花席、杂彩花席等物进献慈安端裕康庆皇太后
光绪元年（1875年）十一月十七日	朝鲜国王李㷩	随表奉进黄细苎布、白细苎布、黄细绵绸、白细绵绸、龙文帘席、黄花席、满花席、满花方席、杂彩花席、白绵纸等件物
光绪六年（1880年）十一月七日	朝鲜国王李㷩	为钦奉诏旨，穆宗皇帝、孝哲皇后神位合祔于太庙，奉表庆贺
光绪十三年（1887年）十一月二日	朝鲜国王李㷩	表谢准派驻使西国

参 考 文 献

一、基本资料

[1] 尚书正义[M]. 上海：上海古籍出版社，2007.
[2] 诗经译注[M]. 北京：中华书局，2010.
[3] 周易译注[M]. 上海：上海古籍出版社，2004.
[4] 周礼注疏[M]. 北京：北京大学出版社，1999.
[5] 仪礼[M]. 郑州：中州古籍出版社，2011.
[6] 礼记译注[M]. 上海：上海古籍出版社，2004.
[7] 春秋繁露[M]. 北京：中华书局，1975.
[8] 春秋经传集解[M]. 上海：上海古籍出版社，1988.
[9] 郭璞著，邢昺疏. 尔雅注疏[M]. 上海：上海古籍出版社，2010.
[10] 王念孙. 广雅疏证[M]. 北京：中华书局，2004.
[11] 刘勰. 文心雕龙[M]. 郑州：中州古籍出版社，2008.
[12] 史记[M]. 北京：中华书局，1982.
[13] 汉书[M]. 北京：中华书局，2000.
[14] 后汉书[M]. 北京：中华书局，1974.
[15] 新唐书[M]. 北京：中华书局，2000.
[16] 全唐诗[M]. 北京：中华书局，1999.
[17] 唐大诏令集[M]. 北京：中华书局，2008.
[18] 唐大诏令补编[M]. 北京：中华书局，2012.
[19] 宋史[M]. 北京：中华书局，1977.
[20] 宋大诏令集[M]. 北京：中华书局，1962.
[21] 元史[M]. 北京：中华书局，1976.
[22] 明史[M]. 北京：中华书局，1974.
[23] 清史稿[M]. 北京：中华书局，1977.
[24] 清世祖实录[M]. 北京：中华书局，1985.
[25] 清圣祖实录[M]. 北京：中华书局，1985.
[26] 清世宗实录[M]. 北京：中华书局，1985.
[27] 清高宗实录[M]. 北京：中华书局，1985.
[28] 清仁宗实录[M]. 北京：中华书局，1986.

[29] 清宣宗实录[M]. 北京：中华书局，1986.
[30] 清文宗实录[M]. 北京：中华书局，1986.
[31] 清代方略馆编纂钦定巴勒布纪略[M]. 北京：中国藏学出版社，2006.
[32] 清代方略馆编纂钦定廓尔喀纪略[M]. 北京：中国藏学出版社，2006.
[33] 孟保. 西藏奏疏[M]. 北京：中国藏学出版社，2006.
[34] 西藏志[M]. 拉萨：西藏人民出版社，1982.
[35] 西藏志考[M]. 北京：中央民族大学出版社，2010.
[36] 卫藏通志[M]. 拉萨：西藏人民出版社，1982.
[37] 西藏奏议[M]. 上海：上海古籍出版社，2012.
[38] 川藏奏底[M]. 上海：上海古籍出版社，2012.
[39] 杨国桢. 中国近代思想家文库·林则徐卷[M]. 北京：中国人民大学出版社，2013.
[40] 李鸿章全集[M]. 长春：时代文艺出版社，1998.
[41] 故宫博物院. 史料旬刊[M]. 北京：北京图书馆出版社，2008.
[42] 故宫博物院. 文献丛编全编[M]. 北京：北京图书馆出版社，2008.
[43] 台北故宫博物院. 清代外交史料：嘉庆朝[M]. 台北：成文出版社，1968.
[44] 明清史料·丙编[M]. 北京：北京图书馆出版社，2008.
[45] 明清史料·庚编[M]. 北京：中华书局，1987.
[46] 台湾"中研院"史语所. 明清档案[M]. 台北：联经出版事业公司，1986.
[47] 李光涛. 明清档案存真选辑·初集[M]. 台北：台湾"中研院"史语所，1959.
[48] 李光涛. 明清档案存真选辑·二集[M]. 台北：台湾"中研院"史语所，1973.
[49] 李光涛. 明清档案存真选辑·三集[M]. 台北：台湾"中研院"史语所，1975.
[50] 罗福颐. 国朝史料拾零[M]. 新北：文海出版社，1980.
[51] 中国藏学中心. 元以来西藏地方与中央政府关系档案史料汇编[M]. 北京：中国藏学出版社，1994.
[52] 故宫博物院. 清代外交史料[M]. 1932.
[53] 张星烺. 中西交通史料汇编[M]. 北京：中华书局，2003.
[54] 中国第一历史档案馆. 清内阁蒙古堂档[M]. 呼和浩特：内蒙古人民出版社，2000.
[55] 中国第一历史档案馆. 清代文书档案图鉴[M]. 长沙：岳麓书社，2004.
[56] 王彦威. 清季外交史料[M]. 北京：书目文献出版社，1987.
[57] 赵兴元，等.《同文汇考》中朝史料（一）[M]. 长春：吉林文史出版社，2003.
[58] 赵兴元，等.《同文汇考》中朝史料（三）[M]. 长春：吉林文史出版社，2005.
[59] 赵兴元，等.《同文汇考》中朝史料（四）[M]. 长春：吉林文史出版社，2005.
[60] 张存武，叶泉宏. 清入关前与朝鲜国书汇编（1619—1643）[M]. 台北："国史馆"，2000.
[61] 国家图书馆藏琉球资料汇编[M]. 北京：北京图书馆出版社，2002.
[62] 国家图书馆藏琉球资料续编[M]. 北京：北京图书馆出版社，2002.
[63] 中国第一历史档案馆. 清代琉球国王表奏文书选录[M]. 合肥：黄山书社，1997.
[64] 徐葆光. 中山传信录[M]//台湾银行经济研究室. 台湾文献丛刊第306种，1972.

[65] 周煌. 琉球国志略[M]//台湾银行经济研究室. 台湾文献丛刊第 293 种，1972.
[66] 赵新. 续琉球国志略[M]//台湾银行经济研究室. 台湾文献丛刊第 293 种，1972.
[67] 齐鲲. 续琉球国志略[M]//台湾银行经济研究室. 台湾文献丛刊第 293 种，1972.
[68] 潘相. 琉球入学见闻录[M]//台湾银行经济研究室. 台湾文献丛刊第 299 种，1972.
[69] 那霸市史编纂委员会. 那霸市史（资料篇）[M]. 那霸：那霸市企画部市史编集室，1980.
[70] 历代宝案[M]. 台北："国立台湾大学"，1972.
[71] 中国社会科学院历史研究所. 古代中越关系史料[M]. 北京：中国社会科学出版社，1982.
[72] 中国第一历史档案馆. 清代中国与东南亚各国关系档案史料汇编（第 2 册）·菲律宾卷[M]. 北京：国际文化出版公司，2004.
[73] 余定邦，黄重言. 中国古籍中有关缅甸资料汇编[M]. 北京：中华书局，2002.
[74] 伯麟. 滇省夷人图说[M]. 北京：中国社会科学出版社，2009.
[75] 方国瑜. 云南史料丛刊[M]. 昆明：云南大学出版社，1999.
[76] 李根源. 永昌府文征[M]. 昆明：云南美术出版社，2001.
[77] 陈垣. 康熙与罗马使节关系文书（影印本）[M]. 新北：文海出版社，1974.
[78] 明清时期澳门问题档案文献汇编[M]. 北京：人民出版社，1999.
[79] 中国第一历史档案馆. 中葡关系档案史料汇编[M]. 北京：中国档案出版社，2000.
[80] 刘芳辑，章文钦校. 葡萄牙东坡塔档案馆藏清代澳门中文档案汇编[M]. 澳门：澳门基金会，1999.
[81] 王之相. 故宫俄文史料[M]//历史研究编辑部. 清史译文新编（第 1 辑），2005.
[82] 故宫博物院明清档案部. 清代中俄关系档案史料选编[M]. 北京：中华书局，1981.
[83] 许地山. 达衷集（鸦片战争前中英交涉史料）[M]. 北京：商务印书馆，1931.
[84] 王芸生. 六十年来中国与日本[M]. 北京：生活·读书·新知三联书店，1981.
[85] 王铁崖. 中外旧约章汇编·第 1 册[M]. 北京：生活·读书·新知三联书店，1957.
[86] 钟兴麒，等.《西域图志》校注[M]. 乌鲁木齐：新疆人民出版社，2002.
[87] 池万兴，等.《西藏赋》校注[M]. 济南：齐鲁书社，2013.
[88] 孙尔准，陈寿祺，等. 重纂福建通志[M]. 同治戊辰春镌，正谊书院藏版。
[89] 花沙纳. 东使纪程[M]. 北京：中华书局，2007.
[90] 薛福成. 薛福成日记[M]. 长春：吉林文史出版社，2004.
[91] 昭梿. 啸亭杂录[M]. 北京：中华书局，1980.
[92] 姚元之. 竹叶亭杂记[M]. 北京：中华书局，1982.
[93] 陈其元. 庸闲斋笔记[M]. 北京：中华书局，1989.
[94] 魏源. 圣武记[M]. 北京：中华书局，1984.
[95] 梁廷枏. 海国四说[M]. 北京：中华书局，1993.
[96] 继昌. 行素斋杂记[M]. 上海：上海书店，1984.
[97] 陈康祺. 郎潜纪闻初笔[M]. 北京：中华书局，1984.
[98] 王士禛. 池北偶谈[M]. 北京：中华书局，1982.

[99] 戴震．戴震文集[M]．北京：中华书局，1980．

[100] 张荫桓．张荫桓日记[M]．上海：上海书店出版社，2004．

[101]（英）斯当东．1793英使谒见乾隆纪实[M]．叶笃义，译．上海：上海书店出版社，2005．

[102]（英）克拉克·阿裨尔．中国旅行记（1816—1817年）：阿美士德使团医官笔下的清代中国[M]．刘海岩，译．上海：上海古籍出版社，2012．

[103]（英）艾丽莎·马礼逊．马礼逊回忆录[M]．中国外国语大学中国海外汉学研究中心翻译组，译．郑州：大象出版社，2008．

[104]（美）亨特．广州番鬼录[M]．冯树铁，沈正邦，译．广州：广东人民出版社，2009．

[105]（美）爱德华·V. 吉利克．伯驾与中国的开放[M]．董少新，译．桂林：广西师范大学出版社，2008．

[106]（德）查尔斯·马斯顿．星轺指掌[M]．联芳，庆常，译．北京：中国政法大学出版社，2006．

[107]（俄）尼古拉·班蒂什-卡缅斯基编，中国人民大学俄语教研室译．俄中两国外交文献汇编[M]．北京：商务印书馆，1982．

[108]（日）佐佐木正哉．鸦片战争前中英交涉文书[M]．新北：文海出版社，1977．

二、研究论著

[1] 邵循正．邵循正历史论文集[M]．北京：北京大学出版社，1985．

[2] 刘禾．帝国的话语政治：从近代中西冲突看现代世界秩序的形成[M]．北京：生活·读书·新知三联书店，2009．

[3] 刘正埮，高名凯．汉语外来词词典[M]．上海：上海辞书出版社，1984．

[4] 雷荣广，姚乐野．清代文书纲要[M]．成都：四川大学出版社，1990．

[5] 闵庚尧．中国公文研究[M]．北京：中国社会科学出版社，2008．

[6] 吴承学．中国古代文体形态研究[M]．广州：中山大学出版社，2000．

[7] 于景祥．骈文论稿[M]．北京：中华书局，2012．

[8] 沈从文．龙凤艺术[M]．北京：北京十月文艺出版社，2013．

[9] 庄国土．《荷使初访中国记》研究[M]．厦门：厦门大学出版社，1989．

[10] 庄吉发．清高宗十全武功研究[M]．北京：中华书局，1987．

[11] 白晋．康熙帝传[M]//清史资料·第1辑．北京：中华书局，1980．

[12] 范振水．中国护照[M]．北京：世界知识出版社，2003．

[13] 蔡鸿生．中外交流史事考述[M]．郑州：大象出版社，2007．

[14] 阎宗临．中西交通史[M]．桂林：广西师范大学出版社，2007．

[15] 余定邦、陈树森．中泰关系史[M]．北京：中华书局，2009．

[16] 李善洪．朝鲜对明清外交文书研究[M]．长春：吉林人民出版社，2009．

[17] 丁春梅．清代中琉关系档案研究[M]．北京：中国档案出版社，2007．

[18] 郑曦原. 帝国的回忆：《纽约时报》晚清观察记[M]. 北京：当代中国出版社，2007.

[19] 潘志平. 浩罕国与西域政治[M]. 乌鲁木齐：新疆人民出版社，2006.

[20] 牙含章. 达赖喇嘛传[M]. 北京：人民出版社，1984.

[21] 陆建东. 陈寅恪的最后二十年（修订本）[M]. 北京：生活·读书·新知三联书店，2013.

[22] 扎洛. 清代西藏与布鲁克巴[M]. 北京：中国社会科学出版社，2012.

[23] 石之瑜，徐耿胤. 恢复朝贡关系中的主体：韩国学者全海宗与李春植的中国研究[M]. 台北："国立台湾大学"政治学系中国大陆暨两岸关系教学与研究中心，2012.

[24] 何新华. 威仪天下：清代外交礼仪及其变革[M]. 上海：上海社会科学院出版社，2011.

[25] 何新华. 清代贡物制度研究[M]. 北京：社会科学文献出版社，2012.

[26] 何新华. 最后的天朝：清代外交制度研究[M]. 北京：人民出版社，2013.

[27] 王小红，何新华. 天下体系：一种建构世界秩序的中国经验[M]. 北京：光明日报出版社，2014.

[28] （苏）米·约·斯拉德科夫斯基. 俄国各民族与中国贸易经济关系史[M]. 宿丰林，译. 北京：社会科学文献出版社，2008.

[29] （法）加斯东·加恩. 彼得大帝时期的中俄关系[M]. 江载华，郑永泰，译. 北京：商务印书馆，1980.

[30] （英）哈威. 缅甸史[M]. 姚楠，译. 北京：商务印书馆，1957.

[31] （英）马士. 东印度公司对华贸易编年史[M]. 区宗华，译. 广州：中山大学出版社，1991.

[32] （巴基斯坦）穆罕默德·尤素夫·侯赛因阿巴迪，等. 巴尔蒂斯坦（小西藏）的历史与文化[M]. 陆水林，译. 北京：中国藏学出版社，2011.

[33] Morse H B. The Chronicles of the East India Company Trading to China, 1635—1844[M]. Oxford: The Clarendon Press, 1926—1929.

三、研究论文

[1] 李光涛. 朝鲜国表文之研究[C]//明清档案论文集. 台北：联经出版事业公司，1986.

[2] 李光涛. 记清代暹罗国表文[C]//明清档案论文集. 台北：联经出版事业公司，1986.

[3] 乌拉熙春. 清朝、朝鲜关系史的新资料：韩国国立中央博物馆所藏满汉合璧"朝鲜国王奏谢表"[J]. 中国文物报，2012-8-1.

[4] 秦国经. 清代中琉关系文书研究[J]. 历史档案，1994（4）.

[5] 朱淑媛. 清代琉球国的谢恩与表奏文书[J]. 清史研究，1998（4）.

[6] 丁春梅. 清代中俄两国国书书写材料的比较研究[J]. 档案学研究, 2009 (4).
[7] 白新良. 康熙朝奏折和来华西方传教士[J]. 南开学报, 2003 (1).
[8] 王剑智. 中国西藏地方与廓尔喀的官方文书[J]. 中国藏学, 2010 (S1).
[9] 徐恭生. 福州与那霸关系史初探[C]//中日关系史论集·第2辑. 长春: 吉林人民出版社, 1984.
[10] 鞠德源. 清宫廷画家郎世宁年谱: 兼在华耶稣会士史事稽年[J]. 故宫博物院院刊, 1988 (2).
[11] E. 布拉章. 葡萄牙和中国外交关系史的几点补充[J]. 文化杂志, 1994 (19).
[12] 牛军凯. 三跪九叩与五拜三叩: 清朝与安南的礼仪之争[J]. 南洋问题研究, 2005 (1).
[13] 雍正年间平息布鲁克巴内乱史料(上)[J]. 历史档案, 2005 (4).
[14] 雍正年间平息布鲁克巴内乱史料(下)[J]. 历史档案, 2006 (1).
[15] 马大正, 郭蕴华. 《康熙谕阿玉奇敕书》试析[J]. 民族研究, 1984 (2).
[16] 马汝珩, 马大正. 试论《雍正谕土尔扈特敕书》与满泰使团的出使[J]. 民族研究, 1988 (1).
[17] 杨国桢. 洋商与大班: 广东十三行文书初探[J]. 近代史研究, 1996 (3).
[18] 王宏志. 马嘎尔尼使华的翻译问题[J]. "中央研究院"近代史研究集刊, 2009 (63).
[19] 王宏志. "我会穿上缀有英国皇家领扣的副领事服": 马礼逊的政治翻译活动[J]. 编译论丛, 2010, 3 (1).
[20] 王辉. 天朝话语与乔治三世致乾隆皇帝书的清宫译文[J]. 中国翻译, 2009 (1).
[21] (日) 三王昌代. 清代中期苏禄与中国之间的文书往来[J]. 东洋学报, 2009, 91 (1).
[22] (日) 铃木中正. 关于南海诸国献给南朝诸帝的国书[C]//铃木俊教授六十寿辰纪念会. 铃木俊教授六十寿辰纪念论文集, 1964.
[23] (日) 河上麻由子. 佛教与朝贡的关系: 以南北朝时期为中心[C]//传统中国研究集刊·第1辑. 上海: 上海人民出版社, 2006.
[24] Duyvendak J J L. The Last Dutch Embassy to the Chinese Court (1794—1795), T'oung Pao 34 [C]. Leiden: Brill, 1938.

跋

　　清代朝贡制度是我国古代朝贡制度的最后阶段，其复杂程度绝非几个简单概念所能概括。本书《清代朝贡文书研究》是作者关于清代朝贡制度系列研究的最后一部分，在完成该书的写作之际，有必要对这一系列研究做一小结。

　　2011年出版《威仪天下：清代外交制度及其变革》（上海社会科学院出版社）从外交礼仪入手对清代朝贡制度进行剖析，从清代前中期的中国与传统属国之间的朝贡、册封礼仪，到中国与荷兰、葡萄牙、俄国、英国的中西礼仪冲突，再到晚清同治、光绪时期多次觐见礼仪改革后清代传统朝贡礼仪最终瓦解，全面展示清代朝贡礼仪的发展及其变革。此书不仅对清代外交礼仪的发展、变革从纵向进行梳理，而且对清代外交礼仪改革的评价不同于各类流行的进化论史观对清代外交礼仪及其变革中的清廷进行全盘否定，而是对清廷在外交礼仪及其变革中力图维护中华道统，为维护国家主权与西方帝国主义顽强抗争作了"同情"式理解。2012年出版《清代贡物制度研究》（社会科学文献出版社）对清代国内、国外的贡物制度进行了全面研究，该书是首部详细研究清代贡物制度的著作，显示了朝贡制度下中外之间丰富的物质、科技交流。贡物制度是清代朝贡制度下重要的物质交换形式之一，它不等同于经济贸易活动，有着很强的礼仪性质。2013年出版《最后的天朝：清代朝贡制度研究》（人民出版社），除了对清代朝贡制度中诸如贡期、贡道等一般性制度研究之外，还首次对清廷颁发属国王印的制度、伴送贡使的制度、属国乐舞制度以及其他一些鲜有研究的内容进行了探索。2014年出版《天下体系：一种建构世界秩序的中国经验》（合著）（光明日报出版社）对中国朝贡制度的观念源头、朝贡制度从秦汉到明清的纵向历史演变、朝贡制度的理论分析以及朝贡制度对当代国际秩序的启示等几个方面进行综合研究。《清代朝贡文书研究》则对中国与世界各国来往的朝贡文书从文字、文体和历史等方面进行了较为系统的研究。

　　通过以上几个阶段的研究，作者基本上完成了对清代朝贡制度的综合性研究。作者对清代朝贡制度进行这种系列研究，主要目的有以下几点：

　　其一，纠正学术研究中的一些误区，提供认识清代外交史的另外一种系统资源。

　　清代朝贡制度是特定历史时期在中国及其周边建立起的区域性世界秩序，它为古代东亚国家提供了重要的和平保障。对于东亚流行两千年而且传承有序的这一重要的世界秩序体系，由于各种原因，学术界对朝贡体系充满了主观的、定性的、贴标签式的研究，缺乏基础性、系统性、实证性的研究，导致人们对朝贡体系一知半解，甚至误解。

　　一些当代中国学者从处理当代国家间关系的原则出发，将"朝贡"、"天朝"视作忌避词汇，因担忧周边国家的不当反应而主动模糊历史。陈寅恪1943年在商务印书馆出版的《唐代政治史述论稿》中因有"朝鲜，小国也"的论述，以致新中国成立后大陆某出版社准备再版这一著作时，竟然要求作者删除这一"明显有违时俗，但也是千年前真实的历史词语"①。在我国古代朝贡制度研究方面也是如此。事实上，东亚属国长期以来将中国王朝称为"天朝"，将中国派往属国的使者称为"天使"，将中国使者在当地的下榻地命名为"天使馆"、"慕华馆"，这显示古代朝贡制度既不是中国历代统治者臆想、虚幻，也非中国单方面的一厢情愿，而是古代政治历史条件下的特定产物。

另外一些学者则片面强调朝贡关系中属国的主体性而有意忽略宗主国——中国政府在东亚朝贡体系中的主体性。这一观点认为，在研究朝贡关系史的过程中，"属国主体性"的确立关系到某些国家建构当代"国族认同"的民族国家合法性问题。② 这一做法是"当代政治"严重影响学术研究的典型案例。在古代东亚朝贡关系中，宗主国的主体性明显大于属国的主体性，朝贡制度更多显示了宗主国的意志：不论是属国遣使进贡，还是中国派遣使者前往属国册封国王，都需遵循宗主国规定的礼仪制度。如果属国的主体性大于宗主国的主体性，或者说朝贡体系的主体性归于属国，那么体现宗藩尊卑关系的朝贡体系就不会存在了。皮之不存，毛将焉附！这是一个非常简单明了的逻辑。朝贡体制下的尊卑关系也为当时属国编纂的浩大史籍如《同文汇考》、《历代宝案》收录的各类朝贡文书所证实。我们不反对从属国视角看待朝贡体系，然而，这种所谓"属国主体性"的建构却更多基于现代民族国家观点之上。我们既不能因为当代民族国家的政治需要而去修正、篡改历史，也不能因为原为朝贡属国的现代国家之国民对朝贡体系有屈辱感而毁灭历史事实。在朝贡制度研究中，恢复朝贡制度下中国的主体地位，这一目标并非延续天朝上国的心态，也非"中国中心主义"，而是恢复学术研究的求真宗旨——尊重历史事实而非因现实政治原因去扭曲事实。

向读者提供较为真实的历史图景并避免因政治现实而扭曲历史事实，是任何历史研究者的重要目的和任务。在当代东亚世界，包括中国、朝鲜、韩国、日本，甚至还有越南，共同面对的历史问题不仅仅是当代日本不断地美化"二战"侵略史，而且还有整个东亚地区的古代史。为现实政治而扭曲事实是当代东亚国家共有的一种史学传统。我们无法面对当代越南人习惯性地把公元10世纪以前的一千多年里越南作为中国郡县时期的中央与地方关系史当作独立国家反抗北方大国侵略的历史，也无法理解一些人将东亚古代长期存在的朝贡体制与现代国际体系下的霸权体制相比附。历史事实不因尧存，也不因桀亡，人类经历的每一段历史不会因当代人的主观感受而有丝毫改变。

其二，正确评价朝贡制度，对我国学术界使用进化史观研究朝贡制度进行全面反思。

各种进化史观以进化论作为重要理论来源，把社会变化放入一条线性的、链条式发展的框架中，将西方现代化社会作为人类社会发展的目标和参照系。凡是符合西方现代化发展方向的就是进步的，否则就是落后和无价值的。这些抱持进化史观的学者动辄把朝贡制度与近代以来出现的国际体系进行对比，使用"进步"、"落后"等标签将朝贡制度扫入"封建"遗产中。他们喜欢对我国古代朝贡制度进行无原则的挞伐，一谈到历史时期中国

---

① 陆建东：《陈寅恪的最后二十年》（修订本），生活·读书·新知三联书店2013年版，第147页。
② 石之瑜、徐耿胤：《恢复朝贡关系中的主体：韩国学者全海宗与李春植的中国研究》，"国立台湾大学"政治学系中国大陆暨两岸关系教学与研究中心，2012年。

政府与周边国家的朝贡关系,便指责中国历代政府虚矫、霸道,以为不如此则无法切断与落后传统的关系,不如此则无以显示其正确的现代性立场。各种进化论熏陶下的中国研究者们也无法摆脱19世纪末期以来中国没落为三等国家后国民形成的一种弱国、第三世界心态的惯性思维,以致无法正确理解、体验中国历史上长期处于一流大国时期国民拥有的那种傲视天下的思想、心态。然而,这种学术立场不仅使具有实证特征的学术研究成为一种大而无当的投机性的政治正确性表态,也导致研究者无视朝贡体制的时代性而使用现代价值标准否定朝贡制度的价值,甚至漠视历史客观事实而否定朝贡制度的存在,不仅不自觉地陷入了历史虚无主义,而且还陷入了无休止鞭挞本国历史的自虐史观中。

其三,确立中国国际关系学、外交学等研究领域中的中国文化主体性。

近代以来的外交学、国际关系理论更是基于欧洲的国际关系经验,西方世界凭借强大的军事和经济实力把诞生于世界一隅的地方性经验和知识普世化。现代国际法或国际公约起源于西方人以殖民体系思维建立的一套西方话语霸权,与我国古代对外交往规则之间缺乏公度性。我国古代朝贡制度源于东亚本土,其中体现的价值是古代东亚社会独有的。作为人文研究领域的重要内容,本研究系列在观照西方理论的前提下,立足于本土问题,从本土视角研究清代的朝贡制度。

以上几点只是作者的研究目标而已。本书及其他研究成果肯定有诸多缺陷甚至偏见、谬误,就如《荀子·解蔽》所言:"凡人之患,蔽于一曲而暗于大理。""欲为蔽,恶为蔽,始为蔽,终为蔽,远为蔽,近为蔽,博为蔽,浅为蔽,古为蔽,今为蔽。"对于研究成果中因作者先天立场、认知局限而出现的不足之处,希望学术界给予严肃批评指正。

作者以上研究成果均建立在众多前贤的研究基础之上,为此要特别感谢当代信息社会拥有的强大搜索引擎技术和数据库,使研究者得以在一个开放、多元的学术资源和资讯中自由徜徉,通过键盘就能即时即地通达古今中外的各项研究成果。也感谢全球化条件下当代中国高速发展的物流制度、现代物流平台使得人们在短时间内就可坐拥一个数量庞大的书城。如果没有现代信息技术以及现代物流平台支撑,在相对较短的时间内爬梳如此庞大的资料,掌握如此众多异彩纷呈的观点几乎是不可能完成的任务。笔者相信,随着技术条件发生深刻变化,当代信息技术正在冲破各种人为壁垒,使象牙塔内的学术研究开始真正变成天下公器,研究者既不必依附于某类机构,也不必委身于某些学术工程。少数机构、知识权贵以及学阀垄断知识、操纵话语霸权的时代即将结束,学术研究的个性化、民主化时代即将到来!